憲法理論與政府體制

吳　庚
陳淳文　著

民國一一二年九月增訂八版

三民書局

增訂第八版修改重點

一、本次增訂係依憲政實務發展與法令變遷所作必要之修訂，所論及之大法官解釋與憲法法庭裁判，最新至 112 年憲判字第 10 號判決。

二、憲法訴訟法自民國 111 年 1 月起正式生效後，隨即於民國 112 年 5 月進行小幅修訂；新修訂內容已將修法融入本書。又過去以「司法院大法官釋字第 X 號解釋」的記述方式，至釋字第 813 號解釋正式劃下句點。自民國 111 年起，已改由「憲法法庭 X 年憲判字第 X 號判決」所取代。憲法法庭依據新法已作出多件裁判；其對於我國憲法訴訟之發展，具一定程度的引導作用。

三、增訂內容涉及變更解釋之部分，包括強制受刑人勞動或工作是否違憲？釋字第 812 號解釋變更釋字第 528 號解釋；法院強制敗訴者應公開道歉是否違憲？ 111 年憲判字第 2 號判決變更釋字第 656 號解釋等，皆有增補。另 112 年憲判字第 1 號判決繼釋字第 728 號解釋之後，再度對祭祀公業派下員之資格表示意見；112 年憲判字第 8 號判決則補充釋字第 509 號解釋等，亦有所著墨。

四、至於其他增訂部分，諸如強制抽血檢測酒精濃度與採尿取證等涉及人身自由之保障；原住民族之認同與身分認定；辯護人之在場筆記權與搜索律師事務所；健保資料之使用；中央與地方權限爭執的萊豬案；農田水利會改制與延續轉型正義政策而生的公職年資併社團年資案。另改定親權事件暫時處分案係憲法訴訟新制上路後首件暫時處分，同時也引發憲法法庭與各終審法院間的分工問題等，皆在增訂之列。

五、本版次改由三民書局出版，透過其專業出版團隊的協助，不僅讓增訂工作得以如期完成，更大幅降低本書可能出現之錯誤或瑕疵。

導　讀

吳　庚

　　這本書的前身是本人單獨撰寫的《憲法的解釋與適用》（2003 年初版，2004 年發行第三版後，因無暇增訂內容，2005 年以後即停止大量印行）。現在改名為《憲法理論與政府體制》，並邀請陳淳文教授跟我合著。陳教授臺大畢業後即負笈法國，在素以法律、政治教學聞名的巴黎第二大學進修，獲博士學位。返國十年一直在臺大政治系（所）講授憲法與政府相關課程，並發表許多專論。由於陳教授對政府制度及運作有專精的研究，所以新書的第三編政府體制部分由陳教授執筆。至於第一編現行憲法的基本原則、第二編基本權的理論體系及第四編憲法爭訟的建制與程序，則由本人就舊著重新增刪而成。所以新書可說是完整的憲法及政府的讀本，適合作為教科書、進階研究、準備考試等用途。同時將舊書最後一編討論詮釋學及憲法解釋學的章節，暫不列入，因為這一部分稍嫌艱深。

　　本書以講解我國憲法與政府組織及運作為內容，但是我們並不照條文章節和條次敘述。因為本書不是逐條釋義，更何況憲法本文經增修條文修改或停止適用者為數不少，若逐條寫來反有支離破碎之感。是故本書採提綱挈領的寫法，但並不是因此省略對憲法條文給予詮釋。例如：關於國體（憲法第 1 條）、主權（第 2 條）本書在討論共和國及民主國等基本原則中討論，領土問題（憲法第 4 條）屬於司法院大法官釋字第 328 號解釋的標的，基本國策則在民生福利國家原則中討論，請讀者諒察。

　　我們在這本書撰寫過程中特別重視三點：一是不單純解說憲法及增修條文的文本，尤其著力於呈現「活的憲法」(living constitution, lebendiges Verfassungsrecht)，所謂活的憲法包括歷來司法院大法官對憲法所作的解釋，以及憲法機關實踐憲法的行為；二是作必要的比較研究，因為我國政

府體制從制憲之初到增修條文或多或少都仿效外國憲法而訂定；大法官近年的解釋則以參考德國憲法裁判或相關文獻居多，窮本溯源，加以比較有其必要。三是注意當前所發生之憲政問題的討論，例如：人權公約、軍中人權、同性結婚、總統與閣揆的權限劃分、獨立機關、立法效率、黨團協商、監察院的存廢、考試院的功能等，還請讀者加以注意。

　　我們謹守學術著作的規矩，參考資料出處一定不厭其詳的註明。寫附註有三項功能：第一，不掠人之美；第二，加強論證，更能取得讀者的信服；第三，指引深入探討，讀者可經由註解的引導，作更進一步的研究。我們引用資料包括英文、德文及法文三種，通曉英文的人顯然較德文、法文者多，而本書引用後兩種文字遠超過英文，實在是情非得已。蓋憲法解釋不僅向德國傾斜，甚至有亦步亦趨之勢。至於政府體制修憲之際，屢次宣稱是模仿法國第五共和的半總統制（或稱雙首長制）而來，我們也就有義務從法國的文獻中，探求其憲法的實踐。所謂「他鄉之石，可以攻錯」，正是此意。

凡　例

本書所使用的外文縮寫，循例說明如下：

aaO. 或 a. a. O. = am angeführten Ort 同上註解或前已引用之書籍或期刊

AöR = Archiv desöffentlichen Rechts 期刊名

Aufl. = Auflage 版

Bd. = Band 或 Bde. = Bände 冊

BGHZ = Entscheidungen des Bundesgerichtshofs in Zivilsachen 德國聯邦法院民事裁判

BVerfGE = Entscheidungen des Bundesverfassungsgerichts 德國聯邦憲法法院裁判

BVerwGE = Entscheidungen des Bundesverwaltungsgerichts 德國聯邦行政法院裁判

bzw. = beziehungsweise 相關，就……而言

C. C. 法國憲法委員會

cf. = confer = compare 參照

DC 法國憲法委員會決定（例如 86–224DC，即 86 年第 224 號決定）

DÖV = Dieöffentliche Verwaltung 期刊名

Ebenda 或 Ebd. 同上註

et al. = et alibi 及其他

f. 或 ff. = folgende 以下一頁或以下數頁

FN 或 Fn. = Fußnote 註解

FS = Festschrift 紀念文集

Hg. 或 Hrsg. = Herausgeber 出版者或主編者

JuS = Juristische Schulung 期刊名

JZ = Juristenzeitung 期刊名

LGDJ 出版社名（法學及判例出版社）

NJW = Neue Juristische Wochenschrift 期刊名

Österr. = Österreich 或 österreichisch 奧國或奧國的

p. 12 et s. 第 12 頁及次頁

p. 12 et ss. 第 12 頁以下

PUF 出版社名（法國大學出版社）

R.D.P. 期刊名（公法學雜誌）

R.F.D.A. 期刊名（法國行政法雜誌）

Rec. 法國裁判彙編

Rn. 或 Rdn. = Randnummer 印在書頁邊緣之分段號碼

S. = Seite 頁

Slg. = Sammlung 彙編（專指奧國之憲法法院或行政法院裁判彙編）

ss = ß

Tome 冊（如 tome II 即第二冊）

u. a. = und andere 及其他人

VFG = Verfassungsgerichtshof 奧國憲法法院

vgl. = vergleiche 參照

憲法理論與政府體制

目　錄

第二編　基本權的理論體系

第一章　基本權的一般理論 ⋯⋯⋯⋯⋯⋯⋯⋯⋯⋯⋯⋯⋯⋯ 095

第二章　平等權及自由權 ⋯⋯⋯⋯⋯⋯⋯⋯⋯⋯⋯⋯⋯⋯⋯ 181

第三章　社會的基本權 ⋯⋯⋯⋯⋯⋯⋯⋯⋯⋯⋯⋯⋯⋯⋯⋯ 313

第三編　國家權力機關之組織與運作

第四編　憲法爭訟的建制與程序

第一章　憲法爭訟制度的起源 ······················· 729

第一編　現行憲法的基本原則

第一章　憲法的意義

　　憲法是來自西方的舶來品。亞里斯多德可謂是最早提出將法律分成兩大類：第一類是組建社會的基礎法，即是今日憲法概念的前身；第二類則是依附在第一類基礎法之下的其他一般法律。這種將組構政治社群最重要之基礎規範或根本架構的各類規範通稱之為「憲法」，可以稱為傳統概念的憲法❶。不過，今日吾人所理解之近代意義的憲法概念係在歐洲民族國家出現之後方才誕生，尤其是與 18 世紀所蓬勃發展的立憲主義（或稱憲政主義 (Constitutionalism)）密不可分。對當時的立憲主義者而言，個人自由與國家權力二者是互斥關係；為確保自由，就必須建制法規範（即憲法）來節制框限公權力。立憲主義者所倡導的憲法必然包含兩種要素：一是組織建構國家體制的規範，一是限制國家權力的規範。

●第一節　立憲主義與西方近代憲法的誕生

　　立憲主義是一種強調憲法之法律地位或法律位階必須高於其他一切法

---

❶　亞里斯多德在其政治學中如此描述：「憲法即是城邦中不同官員，特別是享有最高權威之官員的組成方式與權限規定。而在任何一個地方，皆是由政府持有城邦中之最高權威，故憲法就是政府的組成規範。……憲法與政府體制其實是指同一件事。」(*Politique*, livre III, 6.1., texte établi et traduit par J. Aubonnet, Paris, Gallimard, 1993, p. 84 et 86) 這種傳統的憲法觀一直持續到 18 世紀，例如 1733 年英國理論家 Lord Bolingbroke 亦如此描述憲法：「精確而言，應如此理解憲法：它就是所有源自於理性所確立之原則而建構的法律、制度與習俗，這些規範共同組構一個讓政治社群可以被統治的體制。」(A. W. Bradley & K. D. Ewing, *Constitutional and Administrative Law*, London, Longman, 12 ed., 1997, p. 4)

規範的法學理論，其核心關懷乃在處理「人」與「法」之關係，其主張：人的意志，特別是統治者的意志，必須受到法所節制。早在希臘悲劇之經典作品 *Antigone* ❷一劇中，Antigone 公主主張：統治者所頒布之法令，即將其兄曝屍荒野之令，不得否定、超越「死者為大，人人皆應享有入土為安之尊嚴」的神法。Antigone 公主認為「人法」不得牴觸「神法」，公主不顧統治者之禁令，執意為其亡兄收屍安葬的行為雖最後遭致處死；但其已提出質疑或甚至是否認「人法或城邦法至高無上」的想法，也就是：「人法（或城邦法）應有其界限」。其實，「死者為大，應入土為安」的想法，與其說是「神法」，不如說是長期為眾人所肯認並普遍被遵循的習俗。而統治者一人之意志可以凌駕於眾人之上，踐踏眾人長期實踐的慣行嗎？自西元 8 世紀起，歐陸即有「凡涉及眾人之事，皆應經眾人討論並同意 ❸」的格言；亦即統治者不能以一敵眾，事事獨斷獨行。約自 12 世紀起，法國亦已有被統稱為「王國基本法」的不成文規範，限制君主的權力 ❹。故爾後孟德斯鳩依此傳統區分「君主政體」與「專制政體」，前者係指：在已建構並

---

❷ 該劇是希臘著名劇作家 Sophocles 的名作之一，描繪由兄弟相殘所引發的連鎖悲劇。

❸ 其拉丁原文為：*Quod omnes tangit ab omnibus tractari et approbari debet.*

❹ 這些限制君王權力的不成文規範來源十分多元，從歷朝君王所留下之政令、法院之裁判或決議，乃至國王之信件文稿與閣員回憶錄等。最重要的就是王位繼承規定（即由嫡子順位繼承），王權係由法所授與（即國王的權力不是源自其自身），王權不得自由處置原則（即國王不得拋棄王位，也無權選擇或指定繼位者）與王室領土不得讓與原則等。相較於中國過去雖也有嫡長子繼承原則，但因欠缺「王權係由法所授與」之認知與規範，所以中國歷代君王常常出現自己選擇其所偏好之繼承人，因而引發政爭的事例。有關法國之王國基本法的介紹，參見 B. Basse, *La Constitution de l'ancienne France: Principes et lois fondamentales de la royauté française*, Bouère, Dominique Martin Morin, 1986, p. 15.

固定的法律下，由一人統治；而後者則指：在無法律或規範之前提下，任由一人之意志及其恣意所統治之政體❺。法國的王國基本法並非由貴族一手獨力所締造，但卻成為貴族限制君王權力，並擴張其自身權力的工具，最後終致引發法國大革命。貴族或封建領主與君王相互角力的情形也見於英國，但是不同於法國，英國係由貴族所掌控之國會自行創造限制王權之相關規範。透過逐步限縮王權，英國國會取得至高無上的地位，國會所議決之規範成為最高規範。然而引發美國獨立運動的 1765 年印花稅法 (Stamp Act)，係國會依其正常立法程序所通過之法律，本身並無任何合法性問題。但美洲殖民地卻以該法牴觸 1215 年大憲章中之 *No taxation without representation* 為由拒絕接受，進而爆發獨立戰爭。

一、美國獨立運動與近代憲法

在「國會至上」的想法下，國會所通過之任何規範都具有「最高規範」之特性，因此不論是 1215 年的大憲章，1679 年的人身保護規定，還是 1689 年的權利法案，與 1675 年的印花稅法，形式上皆為國會議決之產物，理論上應屬相同之法律位階。然而國會至上與國會所通過之法律位階皆相同的結果，卻造成美洲殖民地人民之財產權遭受侵害（被課徵印花稅）。基此人民權利受英國國會侵害之經驗，並援引「社會契約論」與「人權不可讓與」等兩種思潮，美國獨立運動者建構了嶄新的近代憲法概念。

首先，前述英國過去諸多限制王權或保障臣民權利的相關法律文件，並無較高之法律地位而足以對抗國會立法行為。應該將這些更重要的法律規範彙整於一部名為憲法的法典內，使其得以與一般法律相互區別，並賦予其高於一般法律的地位。由於像 1215 年大憲章那樣長期被宣稱為憲法原則或憲政慣例的規範竟遭國會立法所推翻，故獨立運動者的制憲工程首先

---

❺　參見孟德斯鳩著，許明龍譯，論法的精神，上卷，第 1 編第 2 章第 4 節及第 5 節，五南出版，2019 年，頁 83 以下。

是：終結不成文法的傳統，創立成文憲法法典，此係近代憲法的第一個重要特徵：成文法典。其次，鑑於人民權利很可能遭致國家侵害的印花稅法經驗，憲法法典必須闡明國家之權力係以人民之同意為基礎，並且必須保障人民天生所不可讓與之自由與權利。為達此目的，憲法必須清楚規範國家機關之權限與機關間之權力互動關係。於此出現近代憲法的第二個重要特徵：憲法應有特定基本內容，亦即揭櫫以限制國家權力與保障人權為目的的制憲理念，並具體規範國家機關之權限內容與其互動關係。再者，基於人權係永恆不可讓與的特質，保障人權的憲法也必須擁有永恆不可變更的特質，尤其不能像英國國會的印花稅法那樣，僅以一時的國會多數竟就可輕易變更「無代表即不得徵稅」的基本原則。為確保這些應列入憲法法典的重要規範內容不會於日後遭到國會予以變更，就必須使憲法的產生方式不同於國會的一般立法方式。於是於國會之外另創「制憲會議」，另選制憲代表來研議憲法草案，且此憲法草案須經人民同意後方才生效。這個經由特設之制憲會議研議，再經人民同意的制憲程序，成為近代憲法的第三個重要特徵。最後，美國獨立初期的憲政運作情形仍延續英國國會至上的傳統，即便有英國所無之成文憲法，但國會仍可能無視成文憲法的存在而作出違憲行為❻。為確保憲法的「至高性」與「永恆不變性」，必須建立違憲審查機制來制裁違憲行為❼。透過建立違憲審查機制來落實憲法的規範

---

❻ 在美國獨立初期，即便各州已通過州憲法，但其議會卻常透過立法架空憲法內涵，進而侵害行政權、司法權或人權。最著名的例子為 1786 年在麻塞諸塞州爆發由 Daniel Shays 所領導的農民叛變，他們阻止法院運作，攻擊聯邦軍火庫。叛變的起因是農民因參與獨立戰爭而荒廢農作，導致無力償債。叛變雖然被壓制，但這些叛變分子的支持者於 1787 年的州選舉中大有斬獲，新選出之議會隨即通過暫時中止農民清償債務的立法，如此即侵害債權人的財產權。

❼ 早在 1787 年，後來成為聯邦最高法院法官的 James Iredell 就已提出：法官的責任就是，在個案中確定憲法與國會法律何者應被優先適用；此想法後於 1803 年 Marbury v. Madison 一案中首次被落實。參見 E. Zoller, *Droit*

效力，使憲法成為規範性憲法是近代憲法概念的第四個重要特徵。

　　前述四個近代憲法特徵，皆源自美國的制憲運動與其制憲後的憲政發展；皆屬美國對近代憲法概念之形成所做的重大貢獻。而 1787 年於費城制憲會議完成起草，並經十三州之代表批准後於 1789 年正式生效的美國聯邦憲法，堪稱世界第一部國家級的成文憲法❽。該憲法施行迄今超過兩世紀，僅修改過二十七次❾，亦屬世界上最長壽且最穩定的憲法。

二、法國大革命與近代憲法

　　不同於美洲殖民地的立憲經驗，歐陸立憲主義的開展深受其封建體制與教會控制的影響。首先，在封建體制下，每個個體皆被鑲嵌在層層節制的社會結構裡，並藉由上（封建領主）對下（臣民）的宰制關係來分配資源與維繫社會結構的穩定。此外，教會的思想控制更深入每個人的生活與言行。個體所享有的社會地位與所擁有的物質條件基本上是世襲命定的，很難經由個體的努力而予以改變，且在精神上更為宗教教條所禁錮。在此背景下，自然激發出對自由的強烈渴望。其次，封建體制下的政治組織模式可稱為「階級團體國家」(Etat d'ordres; Ständestaat)❿，其主要由三類階

---

constitutionnel, Paris, PUF, 1998, p. 40.

❽　如果以州的層次而言，美國 1776 年維吉尼亞州之州憲法亦是成文憲法，且其對日後的聯邦憲法影響甚深。而 1755 年在 Pascal Paoli 主導下所通過的「科西嘉憲法」，亦是成文憲法；且該憲法於 1755 至 1769 年間在科西嘉島施行，其對美國日後制憲亦有相當影響。有不少美國市鎮冠上 Paoli 之名，即肇因於此。盧梭於 1762 年出版的《社會契約論》中曾提及：「在歐洲還有一個國家有能力立法，這就是科西嘉島，我有預感有一天這個島將震驚全歐洲。」單就時序而言，1755 年的科西嘉憲法可謂第一部付諸施行的成文憲法；只是其壽命甚短。

❾　美國最近一次修憲是 1992 年通過的憲法第 27 修正案，其內容係規定：國會議員薪酬之變更須於下一次國會選舉後方才生效。

❿　C. Schmitt, Théorie de la constitution, Paris, PUF, p. 177.

級團體組成：第一類團體是保護政治社群之靈魂，負責祈禱工作的教士團體 (*Oratores*)，第二類是維繫政治社群之安全的戰士團體 (*Bellatores*)，最後一類則是負責生產的勞動團體 (*Laboratores*)❶。在君權神授的理論下，君王依賴教會之承認與支持。教會不僅擁有龐大財產且享有免納稅捐之特權，自己尚可徵宗教稅（什一稅），同時擁有印刷出版品之審查權。戰士團體即是由封建領主所組成的貴族團體，他們因戰功而被分封領地並被免除大部分稅捐。貴族在其領地內享有行政、司法、軍事與財政等特權，形同一個自治團體。在這樣由不同階級團體所組成的王國裡，王權因受制於教會與封建領主而顯得相對薄弱。這個時期架構王國政治秩序的「憲法」，其實就是由教士與貴族等階級團體與君王所簽訂之諸多協約所組成。由於教士與貴族並非一般人民，他們與君王所簽訂的契約自與近代憲法概念相去甚遠❷。最後，在封建體制下，「國家」尚難被視為是一個「統一的政治實

❶　根據史學家 Georges Lefebvre 的估算，在 1789 年法國大革命前夕，教士團體（又稱「第一階級」）共約十萬人，戰士（即貴族，亦稱「第二階級」）團體約四十萬人，而勞動庶民團體則約二六五〇萬人。勞動庶民團體又稱「第三階級」，其占總人口的百分之九十以上，卻要承擔幾乎所有稅賦。在「第三階級」裡約有兩百萬人稱為資產階級 (la bourgeoisie)，主要是住在城市裡的工商業者，他們通常在身分上擁有豁免於封建領主管轄的自由地位，並掌控工商業之資本。這些富有的資產階級除了購地置產外，也投資子女教育，使其後代紛紛進入諸如律師或會計師等專門職業，以擺脫庸俗的商人標誌。另一方面，他們也投資報業與出版業、捐建劇院，學校或圖書館等，這些有助於知識傳遞與思想傳播的投資，為日後之大革命奠定其必要基礎。

❷　以 1215 年英國的大憲章 (Magna Carta) 為例，它就是封建貴族與英王所簽訂之協約，它僅是一種「封建文書」，其目的係以保護貴族不受王權侵害，如貴族不得被任意逮捕或監禁。因其所保護之對象是數量極為稀少的貴族，而非一般人民，故自與近代意義憲法係以保護人民權利為目的之內涵有雲泥之別。有關英國大憲章的發展歷程，中文文獻可參閱許介鱗，英國史綱，增訂三版，三民書局出版，2019 年，頁 45 以下。

體」。因為君王受制於教士與貴族，其統治權經封建領主分割瓜占而無法及於人民；君王僅是王國內最大的封建領主，而非至高無上的主權者。近代憲法概念係以「統一的政治實體」為其前提，必須先有此統一的政治實體作為「主權」的承載體。而法國大革命對形成近代憲法概念的主要貢獻，恰是在於推翻封建體制與教會控制，建立維護權利與保障自由的自由憲政體制。

　　法國大革命及其立憲運動對近代憲法概念的第一個重要的貢獻就是提出「制憲力」(pouvoir constituant) 與「國民主權」(souveraineté nationale) 等概念❸。此「制憲力」係以一個「統一的政治實體」（國民）為前提，它係由組成此政治實體之成員所共同享有，他們有共同的政治認知，並有能力做出決定（主權）。更詳細地說，即是人民有自己就是此政治實體之主人的認知，並以主人的身分作出政治決定（也就是制定憲法），決定了自己的前途與命運。從臣民的身分一躍而成為主人的身分，從大小封建領主間的契約變成由主人單方所決定的規範，與傳統憲法概念相比較，這樣的轉變確實是革命性的。

　　其次，1789 年的 「人權與公民權利宣言」 (Déclaration des droits de l'homme et du citoyen) 所揭櫫之規範內容， 成為近代憲法概念中人權清單的典範。雖然 1776 年已有美國獨立宣言，且維吉尼亞州州憲法中亦有人權條款，法國人權宣言與前述美國憲法文件仍有三點重要差異：第一，宗教或是造物主（神）的角色在美國獨立宣言中甚為明顯，在法國人權宣言中「最高存在」（神）僅扮演旁觀者的角色，而非權利的締造者或賦予者❹。

---

❸　詳見本編第二章第一節。

❹　法國人權宣言中，唯一一次出現「神」的用語是「在最高存在的見證與支持之下」(en présence et sous les auspices de l'Être Suprême)。而美國獨立宣言一開始就出現「上帝的意旨」，接著闡述不可被剝奪的權利係「造物主所賦予」，最後以「堅信上帝的庇護」作結；上帝的角色至為突出。事實上，法國大革命與其

第二,「人權」與「公民權」係兩個不同概念,後者特別強調作為一個社會成員應有的法律地位;此種區分亦為美國所無。而正是這種區分,法國人權宣言中的公民權利特別強調權利應兼顧「社會」或「集體」等面向❶。第三,大革命時的制憲者認為憲法應包含「權利宣言(清單)」與「憲法本文」等兩個部分,並將宣言置於憲法之前,與憲法文本相互區隔;就此確立近代憲法應有之基本內容。而這樣的區分,也因權利宣言先於憲法,並與憲法分為兩個不同文件,故權利宣言並不受憲法文本中修憲條款所規範。換言之,此區分其實也隱含著憲法條文可能於日後被修正,但權利宣言是永恆不得被更改的想像❶。這種二分法,在日後史密特 (Carl Schmitt)「憲章」與「憲律」二分之說,有更豐富的理論闡述❶。最後,透過權力分立來去除主權的危險性,是法國立憲運動對近代憲法概念的另一個重要貢獻。法國的制憲過程固然一方面確立了政治社群係主權的承載體,而主權本身又具有至高無上的絕對特質,在邏輯上要如何避免主權傷害人權?雖然革命者宣稱主權由「國民」或「人民」所擁有❶,國民或人民又豈會自己傷害自己的人權?但是只要以「多數決」作為決策方式,不論是在直接民主

　　立憲運動既以擺脫教會與貴族對國家與社會的控制為目的,自然要儘量避免再提到上帝與宗教。

❶　例如法國人權宣言第 4 條強調:自由權之行使係以不侵犯他人之自由為界線,第 5 條強調法律僅能限制危害社會之行為,第 13 條則規定納稅義務等。

❶　關於人權宣言的永恆性格,參見陳淳文,憲法與主權:由修憲觀點淺談兩個公法學上的基本概念,收於:劉孔中、陳新民主編,憲法解釋之理論與實務,第三輯,中研院社科所出版,2002 年,頁 166 以下。

❶　詳見本編第二章第一節。

❶　有關國民主權的正確理解,以及國民主權與人民主權的差異,請參見陳淳文,民主共和與國民主權——評司法院大法官釋字第 645 號解釋,收於:黃舒芃主編,憲法解釋之理論與實務,第七輯,下冊,中研院法律所出版,2010 年,頁 360–365。

或代議民主之下，都會出現多數欺壓侵害少數的多數暴力問題。基此，「主權在民」並不會改變主權至高且絕對的性格，以及其侵害人權的可能性。真正能限制主權的方法就是透過制憲將「國家權力」分割並馴化為「職權」。制憲過程本身包含兩個階段：首先是主權者親自現身行使主權，也就是制憲力的展現，研擬並通過憲法；此屬革命階段。但憲法一經公布施行，革命便告終結而進入憲政國家階段；此際主權者隨即自動退位並進入沉睡狀態，所有國家權力轉換為受憲法框限的各種職權。原生的主權經制憲過程轉化為衍生的國家權力，此即建立代議體制；而憲法更進一步將國家權力予以分割成各種職權，讓其相互牽制制衡，此即權力分立❶❾。法國人權宣言第 16 條強調「沒有權力分立，即無憲法」，清楚揭櫫權力分立係近代憲法概念的核心要素。

法國大革命之後，先後於 1791 年與 1793 年通過兩部成文憲法，前者除憲法前言外，共分七大章，其第 1 章名為「憲法所保障之基本規範」，主要的人權條款皆列於此；後者更是世界第一部經人民複決的憲法。法、美兩國的立憲理念與經歷共同形塑了近代憲法概念，而所謂近代意義的憲法，就是立憲主義的憲法，其核心內涵就是以憲法作為節制國家權力的最高規範，以實現保護人權之目的；且此最高規範應超越執政者之意志，不得由其依一般立法程序予以變更；此外，不論制憲或修憲，在程序上必須與一般國會立法程序明顯不同。

● 第二節　形式意義與實質意義的憲法

憲法是一個國家或政治實體所建立之法秩序中最高層級的規範，除所謂不成文憲法的國家外❷⓪，其制定及修改程序與其他法律規範明顯不同。

---

❶❾　詳見第三編第一章。

❷⓪　「不成文憲法」乃指國家最高位階的法規範，並未被體系化地彙整於一部法典內，通常以英國為代表。但是不成文憲法國家的法律體系裡，仍有最高位階之

對憲法概念的詮釋，憲法學者常將其區分為形式意義的憲法與實質意義的憲法兩種❷❶。前者是指依制憲或修憲程序所訂定的憲法法規，在我國即民國 36 年元旦公布，同年 12 月 25 日施行的憲法本文，以及在動員戡亂時期終了前所適用並經多次修正的臨時條款；目前有效的憲法增修條文當然與憲法本文，構成現行憲法法典的全部，而屬於所謂形式意義的憲法。至於實質意義的憲法指涉範圍甚廣，除涉及國體、疆域、人民基本權利義務、國家最高機關組織及職權、中央與地方權限劃分、基本國策以及憲法本身修改之相關程序外，其他尚具有補充憲法而有活的憲法 (living constitution) 之稱的司法院相關解釋與裁判，對行政、立法兩權行使有決定性影響的行政院組織法、行政院會議規則與立法院職權行使法，性質屬於司法權、監察權、考試權行使之準據的憲法訴訟法、法院組織法、監察法及考試法等，此外對憲法有原則性意義的中央法規標準法、地方制度法（相當於地方自治團體之基本法）、財政收支劃分法（相當於外國所謂的財政憲法 (Finanzverfassung)），以及與民主體制運作相關的政黨法、選舉罷免法、公民投票法等，均可包括在內。然在現行數以千計的法規之中，何以僅上述

法規範。且看英國最高法院在其判決中如此陳述：The United Kingdom has no written constitution, but we have a number of constitutional instruments. They include Magna Carta, the Petition of Right 1628, the Bill of Rights and (in Scotland) the Claim of Rights Act 1689, the Act of Settlement 1701 and the Act of Union 1707. The European Communities Act 1972, the Human Rights Act 1998 and the Constitutional Reform Act 2005 may now be added to this list. The common law itself also recognizes certain principles as fundamental to the rule of law.(Buckinghamshire Country Council v. Secretary of State for Transport [2014] 1 WLR 324, para 207.)

❷❶ 出自早期德奧法學名家如 G. Jellinek, Allgemeine Staatslehre, 1925, S. 252ff.; Hans Kelsen, Allgemeine Staatslehre, 1925, S. 248ff. 至今仍為許多憲法著作所沿用。

法規被定性為實質意義的憲法？自應有取捨的標準，而「具有本質重要性，且為憲法進一步實施所不可或缺的法規」❷，或可作為此標準。

由上所述，形式意義的憲法依我國制度，乃是指憲法法典本身（即本文及增修條文），非常明確。若干歐洲國家則並非如此，以奧地利及義大利兩國為例，修憲條文有：㈠須經公民投票始生效者；㈡國會以比一般法案較高之可決數（譬如二分之一出席，三分之二贊成），通過專為修改憲法所制定的法律者；㈢在普通法案中特別指明某一條文或數個條文是以較高可決票通過，而成為具有憲法效力之規定者（以上參照奧地利憲法第 44 條、義大利憲法第 138 條）。以奧地利而言，第二類即有五十種左右，第三類則不計其數，多到難以統計❷，所以辨識形式上的憲法在這些國家就構成難題，但這種困難在我國並不存在。關於實質意義的憲法，其規範效力應分別觀察，大法官針對憲法條文所作的解釋或裁判，位階與作為解釋對象的條文相同，具有憲法同等效力❷，至於其餘包括在實質意義憲法內的法規，雖具有原則重要性，但因其位階較低，仍不能與憲法法典等量齊觀。

形式與實質的二分法並非是絕對的，實際上二者並非完全重疊而可能出現交錯情形。首先，名義上不稱為憲法（如德國 1949 年基本法），或不列於憲法法典內（如歐盟條約）的法規範，仍可能屬於形式意義的憲法。是以形式意義憲法的判斷基準應包含「位階最高」與「經特別產生方式」等兩部分。其次，形式上被列入憲法法典內的法規範，並非每一項都「具

---

❷　也有憲法學者不贊成這種說法，奧地利的溫克勒 (G. Winkler) 就認為憲法沒有其他法律配合是難以想像的，而區別法律之中何者是為實施憲法而制定，何者是一般的法律，並不容易。見其所著 Studien zum Verfassungsrecht, Wien, 1991, S. 7.

❷　Vgl. F. Ermacora, Österreichische Verfassungsgesetze, Wien, 1989, S. 21ff.

❷　例如憲法第 81 條的法官，就是釋字第 13 號解釋所指的法官，因此釋字第 13 號與第 81 條有同等的效力。

有本質重要性，且為憲法實施所不可或缺」。例如憲法第 6 條有關國旗之顏色與型式，其與落實憲法無關，也非真的像人權保障或權力分立那般具有本質重要性。但制憲者特別將其列入憲法典內，即是透過將其憲法化以避免日後無窮的爭執❷。故雖就實質意義的憲法來看，國旗規範不屬憲法應規範事項；但一旦其被列入憲法裡，就因形式意義而具有憲法位階。最後，憲法越是持久，越有適度補充修改的必要。但若是因修憲程序相對嚴謹而導致修憲不易，就會使大量本應具實質意義憲法地位的法規範淪為一般法律。為避免應具實質意義憲法地位之法規範（如我國之地方制度法或公民投票法）任令國會以一般立法程序頻繁更改，解決之道或可針對這類重要事項於其立法程序中建置加重多數機制。

● 第三節　政治意義的憲法

　　前述形式與實質意義的憲法之外，尚有多種對憲法概念的剖析，但通常都是法學方法的運用，無論如何純熟，對現象的解說仍有實際的差距。若超越法學視野之外，以政治的及現實的角度，或許更能正確的描述憲法。基於這項觀點，可以獲致下列的界說：「憲法是政治社會中，政治菁英分子有關政治理念的宣言，而經由某種程序被視為已經社會成員普遍接受。」雖然每一國家的憲法都宣稱是由全國人民所制定，但事實上並非如此。不論是 1787 年在費城制定的美國聯邦憲法還是 1791 年法國大革命後的首部憲法，都是政治菁英的傑作。我國現行憲法也是在國民政府主導下，由極少數政黨領袖與政治菁英主稿而成的產物。為使憲法取得最高規範的正當性，必須經由特別設計的程序，表現其已為國民所接受，這就是制憲的正式程序。各國憲法所採取的制憲程序並不相同，例如美國聯邦憲法參與制定者十三州，經其中九個州議會批准後生效（第 7 條），嗣後的修改則應有

---

❷　例如法國現行憲法，即 1958 年第五共和憲法第 2 條不僅規範國旗，還規範國歌與國家箴言（即自由、平等與博愛）。

國會兩院議員三分之二或三分之二州提議召集的修憲會議提出修憲案，經四分之三州州議會或四分之三州為修憲而召開的特別會議通過；而法國1793 年憲法則是世界第一部經過公民複決的憲法。晚近各國憲法的制定或憲法的全盤修正，多以經由公民投票的方式，取得正當性。至於憲法局部修正，則可委由國會以特別多數（例如三分之二）及特別程序（如兩院聯席會議）為之。除此之外，還有若干戰敗國家的制憲特例，如西德基本法係先由菁英分子組成的專家會議在金姆湖 (Herrenchiemsee) 集會，依照盟國占領軍當局的指示起草初稿，然後召開國民會議 (Nationalversammlung)加以批准。日本現行憲法又稱為「麥克阿瑟憲法」，美軍獨掌其制憲全局是不爭的事實。此外，英國在亞非等處殖民地獨立之初的憲法，往往是由英國政府按照 1931 年國會制定的一種憲法範例 「西敏寺法」 (Westminster Act)，替獨立的屬地代擬一部「欽定憲法」，由末代總督交付新國家的領導人，因此這類憲法又有總督憲法 (Governors' Constitution) 的稱謂。我國憲法從重慶的政治協商會議、南京的制憲國民大會到陽明山的修憲，莫不由少數政黨領袖或專家學者「密室作業」，然後提交國民大會完成法定手續，整個過程中雖有輿論參與，但時論甚少產生決定性的影響，事實上仍無法改變憲法為政治菁英分子理念宣言的本質。

　　憲法產生方式既然態樣繁多，其是否能充分反映國家的政治及經社情勢；換言之，憲法規範 (Verfassungsnorm) 與憲政現實 (Verfassungswirklichkeit) 是否完全一致，便成為值得檢討的問題。以憲法規範與憲政現實契合的程度，借用德國憲法學者 K. Löwenstein 的分類❷❻，可以區分為幾個層次：㈠規範性憲法 (normative constitution)：規範與現實

---

❷❻　K. Löwenstein, Political Power and the Governmental Process (Chicago, 1957), pp. 134–140. 此部分有中文翻譯，賀凌虛譯，認識憲法，原載憲政思潮季刊，第 4 期，1968 年 10 月，又收於：憲政思潮選集㈢，國民大會出版，1980 年，頁 52–91。

完全一致，即政治運作確實以現時有效的憲法為遵行的規則❷，這種現象多存在於西歐及北美的先進國家；㈡名義性憲法 (nominal constitution)：規範與現實不完全一致，憲法並未真正受到遵行，或者只有部分條文（通常是符合執政者利益的規定）發生效力。何以產生這種差距？原因可能不止一端，或者由於憲法純粹是境外移植，不適合本國經社環境；或者由於憲法制定之後國家情勢經重大變遷，已喪失原有實施的條件；㈢巧語性憲法 (semantic constitution)：規範與現實完全背離，權力的運用全然不受憲法的羈束，執政者根本無意願，也無能力實施憲法。從殖民地獨立的亞非國家常屬這一類，擁有一部憲法無非表示已經獨立，「我也有憲法」 (me too constitution)，然後將憲法當作新國家的出生證明，用來加入國際社會，具體來說就是成為聯合國會員國而已。Löwenstein 又用衣服作了很傳神的比喻：規範性憲法就是一套合身而事實上日常穿著的衣服，名義性憲法是掛在衣櫥裡的衣服，要等到體態發育健全時才適合穿著，巧語性憲法根本不是真正的衣裳，而只是一套披風或化裝用的衣服❷。

　　根據美國政治學者 A. Lijphart 的研究，戰後數十年間世界各國能按照憲法規定，和平移轉政權的國家只有二十一個❷，我們可以說這些國家大致上可視為憲法規範與憲政現實具有一致性。至於在名義性憲法及巧語性憲法下的國家，規範與現實的差距越大，政治不穩定的程度就越高，甚至長期處於合法性危機 (legitimacy crisis) 之中，這種情況下統治者只有靠個

---

❷　規範性憲法的另一層意思是指：憲法能夠發生規範效力，能夠制約公權力與政治參與者之行為。所謂憲法能發生規範效力的意思，就是指憲法被遵守，違憲行為被制裁。就此而言，規範性憲法通常誕生於違憲審查機制建制之後；沒有建立違憲審查制度，憲法就很難具有規範性。

❷　K. Löwenstein, Political Power and the Governmental Process (Chicago, 1957), pp.

❷　Cf. Arend Lijphart, Democracies: Patterns of Majoritarian and Consensus Government in Twenty-One Countries (New Haven, 1984).

人魅力 (charisma) 或傳統因素維持其統治的正當性基礎❸，而借助於意識型態的操控和現代情治組織的壓制，也是習見的手段。

　　我國現行憲法以大中國為適用的範圍，公布伊始，國民政府在兩年間即喪失對大陸的統治權，而以台澎金馬一隅之地繼續實施全部憲法，理論與事實上俱有困難。動員戡亂時期臨時條款在台經過六次修改，其中有一項目的就是要縮小或調整憲法規範與憲政現實之間的差距，凍結憲法本文的許多規定。然而因為中央民意代表未能全面改選，政治權威的民主正當性欠缺最基本的條件，時日越久，合法性危機也就越擴大，直到釋字第261號解釋出爐之後，使原來的中央民代在民國 80 年 12 月 31 日以前終止行使職權，國會全面更新，危機方告解除。此後開啟迄今共七次的修憲活動，皆由兩大主要政黨協力，並由具充分民主正當性基礎的民選代表議決通過。現行憲法增修條文以憲政現實為依據，規範政府體制與國家根本方略，已使憲法在相當程度上契合憲政現實，故在形式上已可堪稱為規範性憲法。若干指稱現行中華民國憲法已過時、不合身、且欠缺民主正當性的論述，顯屬昧於修憲史實的偏執之見。

● 第四節　憲法理解的變遷

　　每一位憲法學者幾乎都有一套對憲法的定義，或者他個人對憲法概念的理解。這些定義或理解通常受著者本身理念與他所處的時代所影響，譬如孫中山先生常說：「憲法者人民權利之保障書也」，這一界說一方面顯示中山先生所接觸的 19 世紀英美之憲法觀念，另一方面反映他創導及所處的民權革命的時代。這類源自個人的理念，也可能成為某一時期，客觀上普遍性的憲法理解 (Verfassungsverständnis)。不過，今日吾人所理解的憲法係源自於 18 世紀的立憲主義思潮。從亞里斯多德、馬其維里到柏克 (Edmund

---

❸　有關韋伯 (Max Weber) 傳統、個人魅力、合理式三種權威的正當性，參閱吳庚，韋伯的政治理論及其哲學基礎，聯經出版，1993 年，頁 55 以下。

Burke) 都認為每個社會（政治社群或政治體）皆會有其憲法，皆有其特定之政府組織形式；憲法（或是政府體制）是必然存在的事實，缺乏憲法的政治體是不可想像的。立憲主義思潮最重要的創見包括「政治體沒有憲法是可能的」，以及「可以為政治體創造一部憲法」。在此新的想法下，過去存在的憲法都不算是憲法，或都是壞的憲法；僅有符合立憲主義精神的憲法，才能稱之為憲法。自此以降，憲法一詞與立憲主義精神無法分離；所謂憲法，就是立憲主義式的憲法❸。

　　法實證主義普遍主張憲法是基本大法 (leges fundamentales)，在形如金字塔的國家法制體系頂端便是憲法，憲法成為「國家法人」的構成法，也提供法律產生的程序及內容，法律又提供命令產生的程序和內容，下位規範不得牴觸上位規範，上位規範有「擊破」下位規範的效力，何以形成這種規範秩序？則非實證法理論所能解說，故提倡純粹法學的克爾生 (H. Kelsen) 訴諸超實證法的基本規範 (Grundnorm)❸。今天採成文憲法的西方民主國家，在憲法適用層次，相當程度是基於前述這種純粹從實用觀點，而不含其他因素的實證主義之立場，各國憲法法院的態度也是如此。但並非所有的憲法學者都是「純粹」的實證主義者，因而對憲法的觀點，也就非常分歧。

　　第一次世界大戰德國徹底戰敗，第二帝國崩潰，德國從中央到各邦的君主及貴族體制瓦解，德意志人民面臨再造國家的抉擇。在這種情形下，1919 年制定的憲法（即世稱威瑪憲法），對德意志新的國家構造作出重大決定，當時的法學家史密特對憲法的理解是：經由憲法制定者的權力，對政治實體特別的存在形式 (Existenzform)，所作的一次總決定，所以憲法的實證定義 (Verfassung im positive Sinne) 可給予以下的界說：「憲法只是政治

---

❸　這也就是為什麼法國 1789 年人權宣言第 16 條揭示：沒有權力分立，不能保障人權，該社會即無憲法。

❸　H. Kelsen, Allgemeine Staatslehre, 1925, Neudruck 1963, S. 119ff; auch Adamovich/Funk, Österreichische Verfassungsrecht, 1982, S. 17.

實體對其自身的特殊整體構造之規範，所作的決定❸。」從這個觀點出發，史密特主張政治決定是政治實體的權利：「**每一個現存的政治實體，都有其價值和存在的權利 (Existenzberechtigung)，不是基於規範的正當性或實用性，而是基於存在的本身。凡是作為政治單位存在的，從法律的觀點，存在就是價值，因此自保之權利優先於一切之上，以保持自己的生存為第一要務，這就是史賓諾沙 (Spinoza) 所說的尋求自保 (in suo esse perseverare)。政治實體要保衛自己的存在、完整、安全和憲法——一切存在的價值❸。**」憲法是政治實體的一項存在價值，雖然面對著戰勝國的壓力，德國也應保衛存在的權利。威瑪時期另一位憲法學者 R. Smend 則將憲法概念定位為：國家整合過程的法之秩序 (rechtliche Ordnung des Prozesses staatlicher Integration)❸。這個憲法定義以今天的觀點看，與民主政治頗為契合。但在創導之初有意以憲法來團結國家，其後納粹執政，Smend 轉而趨向將國民整合 (Integration des Staatsvolks)，與當時許多法學家一樣，從法律的實證主義轉為社會的實證主義，最後便是法西斯主義❸。

---

❸　Carl Schmitt, Verfassungslehre, 8. Aufl., 1993 (1928), S. 21. 史密特所謂整體構造 (Gesamtgestalt) 的總決定，就威瑪憲法而言，就是本書後述第二章第一節指該憲法中屬於「憲章」的幾項原則。史密特又以法國第三共和為例，國民會議 1875 年 2 月 25 日制定的憲法就欠缺一項重要決定，即君主制或共和國體？以致於這一問題懸而未決，1884 年 8 月 14 日國會通過一項法律，規定共和國體不得以修憲方式變更之，以補充憲法第 8 條第 3 項的不足。在此之前，Mac Mahon 總統曾經解散國會兩次，改選結果每次贊成共和的議員都占過半數議席，國體問題，始告解決，見 Schmitt, aaO., S. 29.

❸　Schmitt, aaO., S. 22.

❸　Rudolf Smend, Verfassung und Verfassungsrecht, Staatliche Abhandlungen, 1928, Neudruck 1968, S. 189.

❸　Vgl. Ingeborg Maus, Bürgerliche Rechtstheorie und Faschismus, 1976 München, S. 47. 除 Maus 氏之外，本書著者吳庚曾不只一次聽到維也納大學的公法教授

戰前另一位知名學者 H. Heller 將憲法界定為：在正確的觀念指導下，具有穩定及對不斷出現之現實問題所必要的行為規劃❸。此仍然不是對憲法應有的常態理解。

　　憲法理解的變遷可能發生在任何國家，連美國這種政治發展穩定成熟的國度，也幾度發生重大變遷，即所謂的憲法時刻 (constitutional moment)：革命建國時期、內戰重建時期、羅斯福新政時期，這類變遷，或多或少會影響對憲法的認知❸　，但仍以戰敗而須進行國家徹底改造者最顯著。 H. Ehmke 1953 年的著作中，對憲法的認知是：憲法應作限制權力或權力合理化，以及保障自由的一種生活過程而瞭解❸。這種憲法概念已經不屬於德國的傳統說法，而是基於自由主義及有限政府的憲法理念之表現。戰後西德教科書多數恢復早期的實質意義憲法與形式意義憲法的說法。實質意義的憲法理解可以 R. Zippelius 為代表：憲法是一種基本的規範，它規定國家最高機關的地位、權責、行使職權的程序及效果；規定政治社會的基本結構，諸如聯邦國構造，規定人民在國家中的地位，尤其是政治上的權利、基本權利及基本自由❹　。 K. Hesse 則盱衡西德立國情勢及波昂基本法 ((Bonner Grundgesetz)，即德國現行憲法) 的特質，以功能觀點建構其憲

温克勒嚴詞批評 Smend（Smend 是中國現代聞人徐道鄰上世紀 30 年代在柏林大學的業師）：謂 Smend 不但戰爭前後言論不一致，而且其所做所為都是詐騙 (Gaunelei)，這是長久以來，著者所聞溫教授對同行批評最激烈的一位。雖然如此，戰後史密特受到盟國占領軍的整肅，不得任課並在紐倫堡接受戰犯審判，Smend 的遭遇較佳，諒是史密特樹大招風之故。

❸　H. Heller, Staatslehre, 1934, Neudr. 1963, S. 88ff., 228f.

❸　這是美國當代憲法學者 B. Ackerman 在其著作 *We the People—Foundation* 的說法，見其中譯本：布魯斯艾克曼著，楊智傑譯註，我們人民——憲法根基，聯經出版，2015 年，頁 78 以下。

❸　Ehmke, Grenzen der Verfassungsänderung, 1953, S. 88f.

❹　Zippelius, Allgemeine Staatslehre, 13. Aufl., 1999, S. 51.

法理解。K. Hesse 認為憲法的任務是建立政治單一性結構 (politische Einheitsbildung) 及法的秩序。所謂政治單一性結構，是著眼於具體的及歷史的過程，而非如同抽象的、一成不變賦予法人資格的實體——「國家」，也不是強求族群的、宗教的、世界觀的，甚至生活經驗上的一致性，這些原則的存在必須受到承認。在這一前提下，經由協調、同意或默認產生國家，作為行為實體，而不致淪為內戰或無政府狀態❹。其次關於法的秩序 (rechtliche Ordnung)，國家作為政治單一體（或政治實體），為實現其功能須有一套程序的規則，便是法的秩序，從法的秩序之內容，可決定國家處理國民生活的共同事務 (Gemeinwesen) 具有正當性及合法性，所謂正當不能單從法本身衡判，應從歷史（即排除歷史上不正確的規範），經過數個世代之法律經驗發展而成的法律原則，以及所形成當代及未來的主流思想❷。至於共同事務，因工業及經濟發展的結果，已不能從國家與社會分離的二元論，遽認憲法只規制國家公權力的活動，而置經濟活動及其他生活領域於不顧，致違背社會國原則的要求❸。這樣的憲法理解，從政治思潮歷史 (politische Ideengeschichte) 的角度討論，是強調一致性、秩序、功能的德國傳統國家思想，與西方自由的立憲主義基本理念折衷的產物。

另外一項可能導致憲法理解變遷的衝擊，是超國家組織的興起，從聯合國憲章第 25 條賦予其決議之法律上拘束力，各會員國有遵守義務❹，經過歐洲煤鋼共同體（歐洲煤鋼共同體條約第 14 條、第 15 條）、歐洲原子能共同體（歐洲原子能共同體條約第 161 條）、歐洲共同體（即歐洲聯盟之前身，歐洲共同體條約第 249 條）到現今的歐洲聯盟（歐盟運作條約第 288

---

❹ K. Hesse, Grundzüge des Verfassungsrechts der Bundesrepublik Deutschland, 20. Aufl., 1995, inbes. S. 5f.

❷ Ebd., S. 9f.

❸ Ebd., S. 8, 10f.

❹ 丘宏達，現代國際法，三民書局出版，1995 年，頁 909。

條）取得超國家的管轄高權 (Hoheitsbefugnis)。換言之，會員國提供上述國際組織在其領域內，行使特定管轄權的事實❹，對傳統憲法及主權概念自有相當的影響，隨著歐洲統合的密集，憲法概念的檢討與調適，正在展開❻。目前暫時以兩元理論 (die dualistische theorie)，為解說上述現象的通說❼。根據兩元理論，條約及其他國際法規，原則上僅拘束國家及其他國際法主體，只有在例外情形，基於有利於當事人的考量，也拘束個人（如戰犯），或是人權法院的管轄等。國家有責任將條約義務轉換為國內法律以利執行，但並非謂條約高於憲法及國內法而否定後者的效力。國家接受條約或其他國際法拘束，是以下列論述自圓其說：基於國家的自願接受拘束，或者憲法明定視條約為國法的一部分（如美國憲法第 6 條第 2 項，波昂基本法第 25 條），或者憲法更進一步允許將高權讓與國際組織（波昂基本法第 24 條第 1 項，丹麥憲法第 20 條，荷蘭憲法第 92 條等）❽。

現在再回顧我國的情形：自從民國 38 年年底大陸全部棄守，中央政府撤退來台，憲政發展我們且將之劃分為三個時期。機械時期 (mechanical period)，從民國 39 年至民國 54 年，政府組織、中央民意機構、政治口號乃至憲法條文（修改臨時條款解除總統連任之限制外），都一成不變。在國家機關的結構之外，憲法被認真執行者，並不多見，但卻將憲法視為光復大陸的武器，憲法必須完整的帶返大陸。憲法未能充分實施，最主要的原因，當然是兩岸兵戎相見，戰爭尚未停息，而政府實際管領的疆域只有台

---

❹ Zippelius, aaO., S. 71.

❻ Vgl. Theo Öhlinger, Verfassungsfragen einer Mitgliedschaft zur europäschen Union, Wien, 1999.

❼ Zippelius, aaO.

❽ 文中所引有關德國、丹麥及荷蘭的憲法條文，都規定國家得讓與其部分高權予國際機構。此外義大利憲法第 11 條則規定：放棄戰爭或侵入作為解決國際爭端的手段；為保障國際和平及正義，義大利願在其他國家相同之條件下，限制主權。

澎一隅之地。為配合動員戡亂時期臨時條款及戒嚴法的實行，在憲法理解上創出所謂「戰時憲法」的概念❹，企圖為現狀正當化與合理化。這個時期經由修憲的變遷，固然不存在，因釋憲機關解釋而形成的改變，也不可能❺。機械的特性除穩定而不變動之外，就是只接受同質性投入，如果異質事物出現，便不能接受並予除去，所以這時期任何與政府或執政黨大政方針相左的主張，都在禁止之列。憲法讀本仍在與國父遺教或五五憲草孰優孰劣的比較之下，或者陷於憲法規定的中央政府究竟是總統制、內閣制或其他什麼制的窠臼中，憲法讀本的閱讀者幾乎全屬參與考試的學生。

　　第二期則從民國 55 年到 76 年，可稱之為生物時期 (biological period)。民國 55 年 3 月臨時條款增訂：「對於依選舉產生之中央公職人員，因人口增加或因故出缺，而能增選或補選之自由地區及光復地區，均得訂頒辦法

❹　戰時憲法與平時憲法的分類，首見於林紀東，國家總動員法概論，1956 年，其後在其所著中華民國憲法釋論中，一再強調（見該書第二章及第十五章等處），遂成為當時憲法書籍常用之概念，迄今坊間憲法教科書仍有採取上述分類者。按平時、戰時憲法的分類諒是仿做平時、戰時國際公法而來，其實兩者不可同日而語，不能強加模仿。戰時國際公法是規範交戰國交戰行為的法規，諸如禁止使用某種武器、不得虐待俘虜等，並不是要取代平時國際公法的地位。西歐國家遇有國際戰爭，國會也會通過有助於作戰的法律，統稱為戰爭法 (Kriegsrecht)，在英美諸國則有緊急立法 (emergency legislation) 授予行政首長應變的緊急權，這些都是在憲法位階之下的限時法，危機一過即行失效，從未有歐美學者稱之為戰時憲法，反而有學者以現實主義的觀點，稱之為憲政獨裁，見 Clinton Rossiter, Constitutional Dictatorship, Princeton, 1948. 此書國民大會出版有中譯本。

❺　民國 49 年 8 月 15 日司法院大法官作成釋字第 86 號解釋：認為當時將高等法院以下各級法院隸屬於行政系統的司法行政部，與憲法不符，應改隸司法院。有關機關經多次檢討之後，阻力甚多，無意執行。直到中美斷交，為一新耳目，方於民國 69 年實施，距解釋公布已逾 20 年。從這個事件也可看出機械、生物兩個時期的僵化與變動的不同。

實施之。」此外，並授權總統設置動員戡亂機構，決定動員戡亂大政方針❺❶。民國58年根據上開條款授權所訂的辦法，補選少數中央民意代表之後，民國61年再次修改臨時條款，授權在自由地區增加中央民意代表名額，並定期改選，於是大量增額民代挾最新的民意進入立法院及國民大會。生物的特性乃是：適應環境以求生存，及遇刺激則反應的本能。這個時期發生刺激大事包括：中華民國喪失聯合國席次、美國與「中華人民共和國」建交，撤銷對中華民國的承認，終止與我國的共同防禦協定，許多國家跟隨聯合國及美國之後與我國斷交；內部要求改革的聲音甚囂塵上，主張台灣獨立者甚至以暗殺方式遂行其理念。憲政體制面臨來自外部及內在的合法性危機，對此最主要的反應即定期增選中央民意代表，擴大現行體制的民主基礎。這個時期對憲法理解的體現是：透過修憲程序取得法源，然後採行定期改選的措施，並以增進人民憲法上權利的保障（如民國70年實施國家賠償法），作為補強體制合法性的手段。

　　第三個時期是從民國76年的解除戒嚴以迄今日，可定位為民主化時期(democratizing period)。解除戒嚴及廢止臨時條款，終止動員戡亂，回復文官主治的政府，消除軍權高漲的現象；開放黨禁、報禁，實施中央民意代表的全面改選，總統直接民選並造成政黨輪替。各方對國家定位及現行憲法的正當性欠缺共識，隨著民主化、社會多元化及言論自由的保障，於這

---

❺❶　設置動員戡亂機構，即國家安全會議及其所屬的國家建設，總動員及戰地政務等委員會，當時客觀上並無設置的必要，只不過將早已存在卻無法源依據的國防會議正名化而已，至於國防會議可能是得自抗戰時期國民政府主席之下所設的最高國防會議。最高國防會議是否取自美國則不得而知，美國在第一次世界大戰期間（1916年）曾成立Council of National Defense，第二次世界大戰中（1933年）設置國家緊急會議(National Emergency Council)。國家安全會議的設置並無必要，可從蔣經國氏接任行政院長之後，立即裁撤總動員及戰地政務委員會，又將國家建設委員會改為國家建設研究委員會而得知，國家安全會議則在其後歷屆總統任期中，不常被啟動。

個時期在在顯示出來，一般人對國家未來走向，有不確定感，所以也不妨稱為不確定時期 (uncertain period)。這個時期研究憲法或鼓吹改革憲政的文獻，目不暇給，議論紛紛，可大別修憲派及制憲派，由於主張差距過大，南轅而北轍，不造成政治上的衝突，已屬萬幸，欲求獲得共識，戛戛難矣。這一時期的憲法理解，也呈現多元風貌，大體而言，多認為憲法應反映政治實體存在的現狀，不再是「頒行全國，永矢咸遵」的「不磨大典」❸，但憲法變更必須合理而非為一時的權宜，以致於修改之墨瀋未乾，已覺其窒礙難行。解嚴以降的幾次修憲，就有這種弊病。不過，自民國 94 年 6 月修憲後，憲法修改程序已經改由立法院提案，並需經人民複決，通過修憲的門檻相對變高，促使憲法得以回歸成文憲法應有的穩定特質。而在國際情勢的發展上，伴隨中國大陸政經及軍事力量的崛起，想要制定新憲法或創設新國家的想法，與現實相去更遠。面對國內外情勢與主客觀條件都不允許輕易被更動的現行憲法，守憲行憲成為實踐立憲主義理念的唯一途徑。

---

❸　參照許志雄，憲法秩序之變動，自版，2000 年，頁 6。

第二章　憲法變遷與憲法基本原則

　　成文憲法雖被稱為剛性憲法，並不表示憲法不得被修正或變更；而是憲法必須依特定的程序且由特定的機關來修改。只是，制憲作為終結革命的手段，就是希望憲法公布施行之後，一切回歸常態秩序；而憲法的再次變動，無異於重回革命時期的動盪。為確保常態秩序，憲法本身所預設的修憲程序，通常繁複且嚴格。由於形式上依憲法規定而實現的憲法變遷受制於嚴格的修憲程序而不易進行，憲政實務上尚有其他實質的憲法變遷途徑，包括最重要的解釋憲法途徑，以及其他的常態立法或政治作為❶。至於「剛性」的用語，其不僅涉及應由特定組織為之，更因其程序通常都極為嚴謹繁複而得名。一旦論及成文憲法的剛性特質，就不能不提及法人希耶士 (Sieyès) 有關制憲力與修憲權的分立，以及德人史密特之憲章與憲律的區分。

● 第一節　概念的起源

一、希耶士的二分法

　　在法國大革命以前的君主專政時代，君主享有相當主權，得以制定各類規範。在推翻君主之後，由誰來取代君主執掌主權成為最重要的問題。

---

❶　各種國家之公權力行為或事實行為，在其未經違憲審查機關宣告為違憲之前，皆被推定為合憲。基於司法權本身消極被動性格，只要沒有人啟動違憲審查機制，特定違憲行為就因其持續存在而改變憲法原意，產生實質憲法變遷的效果。例如，美學者艾克曼指出：不論是建國時期，內戰重建時期與新政時期等三個美國憲法史上的憲法時刻，皆屬非經形式修憲程序的憲法變遷。參見布魯斯艾克曼著，楊智傑譯註，我們人民——憲法根基，聯經出版，2015年，頁71以下。

大革命時期的思想家希耶士提出國民主權的主張，其認為主權應是由「抽象的國民整體」（也就是由國民所組成之國家）所擁有，主權的行使就必須仰賴「抽象國民整體」（即國家）的代理人或代表人來行使。換言之，希耶士倡議代議體制，要讓每個具體鮮活的國民皆消融在「國民整體」之中❷。由於人民不自己行使主權，為確保代替人民行使主權的代理人不要僭越，所以必須區分制憲力與修憲權：「那些法之所以被稱為最根本的法（也就是憲法），並不是因為其能獨立於國民意志之外，而是因為因憲法而生且為憲法而運作的組織（如國會）完全不能觸碰憲法。憲法的每一個部分都是源自於『制憲力』（pouvoir constituant），而非屬『被制定之權力』（pouvoir constitué）的作品。任何一種被授權的權力係完全不可能得以改變其授權條件的❸。」透過此二分法，一方面維持憲法的最高性，同時也確保憲法的穩定性。「制憲力」與「被制定之權力」的區分、權力分立原則與違憲審查制度堪稱立憲主義最重要的三大要素，它們皆是人權保障所不可或缺的基石。

　　所謂「被制定之權力」，就是依據憲法而產生，由憲法所授權的權力；舉凡憲法設置之機關（如我國憲法之五院）所行使之權力皆屬之。在此意義下，因修憲機關與修憲程序皆由憲法所規範，故其所行使之修憲權亦屬被制定的權力。然修憲權既然得以觸碰憲法，邏輯上已具主權者之地位而似可無所不為，如此即可能破壞憲法。為解決前述矛盾，學理進一步將制憲力分為「原始制憲力」與「衍生制憲力」；前者制定憲法，後者修改憲法。「衍生制憲力」也就是修憲權，因其係依憲法而生且受憲法所框限，所以是一種「被制定之權力」，該權力之行使自有其界限。

---

❷　有關國民主權的正確理解，以及國民主權與人民主權的差異，請參見陳淳文，民主共和與國民主權——評司法院大法官釋字第 645 號解釋，收於：黃舒芃主編，憲法解釋之理論與實務，第七輯，下冊，中研院法律所出版，2010 年，頁 360–365。

❸　Emmanuel Sieyès, *Qu'est-ce que le Tiers Etat?*, Paris, PUF, 1989, p. 67.

　　制憲力雖是一種原始性的權力，但並非無所不能而仍應受有限制。制憲過程固然可以將國家權力馴化為憲法職權，但制憲力仍因其具主權性格而充滿危險性；故法國大革命之政治菁英特別提出彙整諸多重要原則的「人權宣言」，並將其置於憲法之前，以框限制憲力。所以「人權宣言」的效力是強過包括憲法在內的所有法規範❹，而人權宣言所揭櫫的原則，就如在 Antigone 一劇中凡死者皆應享有入土為安的安葬權，「就是不待法律明文規定而自行存在，無需法律賦予而直接具有效力❺。」這些重要原則制憲者僅止於發現並確認，他們既不能創造，也無能力予以修改或廢止。除了超越原始制憲力，在制憲者之上的重要原則之外，尚有制憲者自己所創設的原則規範用以節制衍生制憲力。詳言之，制憲者所設定的修憲界限可細分為形式與實質等兩種次類性。例如憲法生效後 10 年內不得修憲，戰爭期間、部分領土被他國占領期間或緊急狀態期間不得修憲等，皆屬不觸及條文內容的形式修憲界限。至於諸如共和國體制不得修改或聯邦體制不得修改等規定，皆觸及憲法條文之內容，屬於修憲之實質界限；此部分可進一步與史密特的學說相連結。

二、史密特的二分法

　　憲法的基本原則簡單的界說，就是憲法所含蘊的具有本質意義之原理或法則。憲法基本原則有時直接表現於憲法條文之中，更多的情形是須從憲法法典的精神或文本的詮釋中予以發現。基本原則 (Grundprinzipien) 與

---

❹　這是法國學者 L. Duguit 的見解，參見陳淳文，憲法與主權：由修憲觀點淺談兩個公法學上的基本概念，收於：劉孔中、陳新民主編，憲法解釋之理論與實務，第三輯，中研院社科所出版，2002 年，頁 167–168。

❺　這是法國學者 M. Hauriou 的見解，參見陳淳文，憲法與主權：由修憲觀點淺談兩個公法學上的基本概念，收於：劉孔中、陳新民主編，憲法解釋之理論與實務，第三輯，中研院社科所出版，2002 年，頁 168–169。

法的一般原則 (allgemeine Grundsätze des Rechts) 不同。法的一般原則指成文法以外的補助性法源，這類原則可能來自習慣、他種法律體系、現行法規之抽象化、法理或正義原則等❻；基本原則與單純的原則也有區別，在量的方面：法的原則為數甚多，而能稱為基本原則者只是其中的極少數；在質的方面：必須是具有本質重要意義的原則，才可能成為基本原則。

　　討論憲法基本原則無疑的是受到德國威瑪共和憲法學家史密特的影響。史密特將憲法分為兩部分：憲法 (Verfassung) 與憲法法規 (Verfassungsgesetze)——也譯作憲章與憲律❼。史密特在其名著《憲法學》(Verfassungslehre) 一書中，認為憲法是掌握制定憲法權力者，對一個政治實體存在的形式及屬性，所作的政治決定 (politische Entscheidung)，並不包含於法條或規範之中；至於憲法法規則是指憲法法典或具有憲法效力的法規中之各個條款而言❽。以 1919 年的威瑪憲法而論，史密特認為屬於「憲法」成分者，不外「民主」、「國家之權力來自國民」、「德意志為共和國」、「聯邦國結構」、「立法機關與政府之關係為國會代議形態」以及「市民階級法治國」等項而已❾，其餘部分則為不具政治決定性質之憲法法規。如果不追根究底討論史密特「憲法」與「憲法法規」二分法的動機，也不探索此項主張的意識形態背景❿，則史密特所謂的「憲法」（或稱憲章），與

---

❻　一般法律原則是國內公法（行政法）與國際公法的法源，相關教科書對此皆有討論，參閱吳庚，行政法之理論與實用，增訂十二版，2012 年，頁 56；丘宏達，現代國際法，三民書局出版，1995 年，頁 76 以下。

❼　前輩學者薩孟武及劉慶瑞就採取憲章與憲律的譯法，參照劉慶瑞，中華民國憲法要義，修訂十三版，自版，1987 年，頁 11。

❽　C. Schmitt, Verfassungslehre, München, 1993 (1928), S. 14, 21, 23. 並參照吳庚，政治的新浪漫主義——卡爾・史密特政治哲學之研究，五南出版，1981 年，頁 122。

❾　C. Schmitt, aaO., S. 24f.

❿　關於史密特這一主張的動機和思想背景，有不同的解釋，對史密特素持批判態

度的 Fijalkowski 認為：史密特無非在於說明，憲法是威瑪共和各個政黨爭權奪利的工具；憲法所保障的基本權利，實際有賴國會多數的相關決議，才有具體的實施可能，但國會卻受各種利益集團所操縱支配，因此基本權利完全落空，歸根到底是為史密特貶低資產階級法治國，及認定議會制度已經變質 (Entartung des Parlaments) 提供例證（參照 Fijlakowski, Wendung zum Führerstaat, Köln, 1958, S. 48, 51ff.）。維護史密特的人，如 Ernst Forsthoff 等則另有解釋：史密特的憲法與憲法法規的區分，目的在保護憲法中的核心部分 (Kernbestand) 樹立最後的反擊防線，因為當時立法機關的侵犯憲法已很明顯；保護憲法核心部分的用心，甚至對國社黨利用國會合法授權而奪取權力，也有其適用（參照 E. Forsthoff, Zur Problematik der Verfassungsauslegung, Stuttgart, 1968, S. 27; derselber, Gerhard Anschutz, in: "Der Staat" 6 (1967), S. 150; vgl. auch Ingeborg Maus, Bürgerliche Rechtstheorie und Faschismus, München, 1976, S. 110.）。鑑於 1933 年以後，史密特對國社黨毫無保留的支持態度，Forsthoff 等人的說法，恐不易引起共鳴。Ingeborg Maus 對這個問題則有比較深入的分析，他認為憲法與憲法法規的兩極化，相當於史密特憲法理論中穩定和變動的兩項因素 (statische und dynamische Momente)。而這兩項因素又以威瑪憲法的妥協性質為背景，一方面基於資產階級法治國的理論，基本權利尤其是財產權有神聖不可侵犯的特徵；另一方面又容納社會主義的意識型態，有不顧既得權益，形成新的財產關係的制憲目的。史密特拋棄當時盛行的實證主義觀點，將憲法中的實質部分與憲法條款分開，即有調和兩種思想的作用，同時史密特反對當時國會不顧抽象和普遍性法律與具體的行政及司法處置的區別，制定剝奪舊日貴族財產的措施性法律，侵犯財產權和破壞權力分立兩項憲法的實質部分，乃強調憲法的穩定性，藉以維護資產階級的法治國秩序（參照 Maus, aaO., S. 107–133.），對史密特憲法與憲法基本原則（或憲章與憲律）二分法的解讀，其實可以歸納為簡單的結論：從法國大革命時期思想家 E. J. Sieyès 及 Benjamin Constant 所提倡，將國家權力分為制定憲法的權力（即制憲力）與憲法所設置的權力（即被制定之權力）的理論，獲得啟發，進而針對威瑪共和當時的「憲法時刻」所建構，以上並參照吳庚，政治的新浪漫主義——卡爾‧史密特政治哲學之研究，第六章第三節，1981 年，五南出版，頁 117 以下。

一般所指涉的憲法之基本原則，在概念上極為接近。

　　並非所有的憲法學者都贊成在實證的憲法法規之外，還有基本原則的存在。在法學理論上與史密特一向居於對立地位的奧國法學家克爾生❶，認為原則無非是一種自然的法規則 (natürliche Rechtsregeln)，只有與實證的法律規範結合始有實現的可能，故尋求憲法或其他法律的基本原則，是無意義的事❷。希臘憲法學者 D. Vezanis 則指摘史密特從憲法與憲法法規的區別出發，反對有超越實證的憲法基本原則存在，他指出：「憲法原則的學說可視為自然法理論的現代翻版，也具有自然法理論相同的缺點。這種學說是主觀的，與個人所代表的信仰有關。就是處於相同世界觀領域之內，仍然有不同的取向，因此屬於主觀的；作為出發點的基本理念，也是主觀的。承認這種主觀法律原則的有效性，會造成極大的法律不安定之結果❸。」但 Vezanis 也承認，或確有被國家機關所接受的憲法原則，惟只能稱之為習慣法的法則而已❹。

　　然而，接受或明顯受史密特前述理論影響的各國學者，也不乏其人。另一位與克爾生齊名的奧國公法學者墨克爾 (A. Merkl) 主張在憲法之外，尚有作為產生憲法內容的更高原則存在，並稱之為憲法的建構原則 (Baugesetzen der Verfassung)，並且是不能依法定途徑改變的部分❺，瑞士

---

❶　Vgl. M. Prisching, Hans Kelsen und Carl Scmitt. Zur Konfrontation zweier staatstheoretischer Modelle, in: O. Weinberger, W. Krawietz (Hrsg.), Reine Rechtslehre im Spiegel ihrer Fortsetzer und Kritiker, Wien, 1988, S. 77ff.

❷　H. Kelsen, Wesen und Entwicklung der Staatsgerichtsbarkeit, VVDStRL, 5 (1929), S. 68; vgl. auch N. Wimmer, Materiales Verfassungsverständnis, Wien, 1971, S. 43.

❸　D. Vezanis, Verfassung und Verfassungsrecht, in: K. D. Bracher et al. (Hrsg.), Die moderne Demokratie und ihr Recht, 2. Bd., Tübingen, 1966, S. 148.

❹　Ebenda.

❺　A. Merkl, Die ständischautoritäre Verfassung Österreichs, Wien, 1935, S. 143; vgl. auch Wimmer, aaO., S. 45.

法學家 H. Nawiasky 則提出兩層次的憲法理論 (im Verfassungsrecht einer Zweistufigkeit)，亦即在憲法之上尚有一種國家基本規範 (Staatsfundamentalnorm)，這一規範是國家與憲法具有連續性的前提，也是屬於可以隨時修改的憲法條文存續的基石和指南❶❻。論者認為無論 Merkl 或 Nawiasky 都是源自史密特的二分法❶❼。

三、對各國憲法的影響

如所周知，史密特倡言憲法與憲法法規的區別，其目的在得出一項結論：憲法法規可以被修改，憲法是不能依修憲程序加以變更❶❽，一旦憲法法規變更涉及憲法（即核心的憲章），則不再是修憲，而為重新制憲或者是政變❶❾。1949 年的西德基本法（即德國現行憲法）採納史密特的理論❷⓿，於第 79 條第 3 項規定：「基本法之修正不得改變各邦之區劃，各邦參與聯邦立法之主要權能以及第一條與第二十條所訂定之各項原則。」其中基本法第 1 條規定：「人的尊嚴不受侵犯，國家權力有保護人的尊嚴的義務；德國人民享有不受侵害及不可讓與之人權；基本法有關基本權利之規定直接拘束立法及行政權，司法機關並得直接適用。」第 20 條共分為四項：「德意志聯邦共和國為民主及社會之聯邦國」、「一切國家權力均來自國民、經由選舉及公民投票產生之立法、行政及司法機關行使」、「立法應符合憲法秩序，行政及司法應受法律及法之羈束」、「對於廢除前三項之秩序者，於已無其他救濟時，德國人民有反抗權利」。德國憲法既作此規定，該國學者自然就致力於憲法基本原則的討論❷❶，而一般通說，認為西德憲法上的基

❶❻　H. Nawiasky, Allgemeine Rechtslehre, 2. Aufl., 1948, S. 31ff.

❶❼　G. Winkler, Studien zum Verfassungsrecht, Wien, 1991, S. 29.

❶❽　Carl Schmitt, aaO., S. 25–27.

❶❾　AaO., S. 88, 99.

❷⓿　這也是憲法學者的通說，見 Maunz/Dürig, Grundgesetz Kommentar, Art. 79, Rn. 22.

❷❶　此類文獻不勝枚舉，參照 D. C. Göldner, Verfassungsprinzip und

本原則不外：代議共和、政黨民主、法治國、社會國及聯邦國五種❷。這幾項原則乃是對上述禁止修改規定以及基本法整體內容抽象化及普遍化而來，在德國可謂已獲共識。其他國家憲法因為欠缺如同德國基本法一樣的明文規定，到底是基於哪些原則，學者之間見解未必完全一致。現以奧國為例 H. Schäffer 綜合學說上的見解及憲法法院的判決，認為該國現行憲法的綱領或原則有下列七項：㈠民主主義；㈡聯邦國主義；㈢共和主義；㈣法治國主義；㈤議會主義；㈥自由主義（即承認人民基本自由及權利之存在）；㈦公法裁判權之存在（指憲法所保障的權利受侵害時，經由憲法法院的裁判獲得保障之建制）❸。但另一位學者 F. Ermacora，則認為奧國憲法的基本原則，同時也是奧國國政的基本方針計有下列九項：㈠從 1918 年奧地利成為共和國以來法統延續之原則，㈡從哈布斯堡皇朝崩潰，中間經過德國兼併國家人格仍然繼續之原則，㈢國家獨立之原則，㈣視國內法律體系為優越的法律觀統一原則，㈤永久中立原則，㈥多黨民主原則，㈦法治國原則，㈧弱勢的總統制共和政體原則，㈨聯邦國家特性之原則❹。美國法制基於實用的精神，較少像歐陸國家以主義或原則相標榜，但依然會有美國學者，作類似的討論❺，指出美國聯邦憲法具有幾項結構上的原則(structural principle)：民主政治、權力分立、制衡原則、平等原則，而這些原則都是在實現制憲的最終目的：保障個人自由。日本學者對於戰後新憲

Privatrechtsnorm in der verfassungskonformen Auslegung und Rechtsfortbildung, Berlin, 1969, S. 25.

❷ Maunz-Zippelius, Deutsches Staatsrecht, 22. Aufl., München, 1985, S. 60ff.

❸ H. Schäffer, Verfassungsinterpretation in Österreich, Wien, 1971, S. 75.

❹ F. Ermacora, Österreichische Bundesverfassungsgesetze, 2. Aufl., Wien, 1969, S. 12.

❺ David P. Currie, The Constitution of the United States: The First 200 Years, deliveried at the Conference on "The Evolving U. S. Constitution: 1787–1987," June 2–4, 1988, Institute of American Culture, Academia Sinica, Taipei.

法與明治憲法，在基本原則（或原理）上的區別，亦常予強調，例如清宮四郎分析日本新憲法所包含的基本原理：國民主權主義、基本人權尊重主義、永久和平主義與明治憲法的天皇專主原則、民主及自由主義原則有所不同❷⑥。

●第二節　修憲與憲法基本原則理論的應用

憲法若永久僵固不動，必然會與社會脫節。憲法若頻繁更迭，則會動搖憲法所欲建構的穩定秩序。憲法在僵固與變遷之間，必須取得一個理性的平衡點。然而「變遷」蘊含著各種可能的變革方向，一部保障人權的憲法，可否經由形式變遷途徑（即修憲）或其他實質變遷途徑而成為一部侵害人權的憲法？若單從「主權」的觀點來看，一方面主權的性格是至高無上，本就不受任何拘束；在另一方面，主權的擁有者若是人民，則前一代人民的主權並不會高於後一代人民的主權。更何況從「民主」的角度而言，人民意志即是國家最高意志；現存人民的最高意志，自然不應受已故前人意志之拘束。故法國 1793 年憲法的人權宣言第 28 條明定：「人民永遠有權重新檢視、改革及變更其憲法。一個世代不得以其法限制另一個世代❷⑦。」但若從西方立憲主義的理念來看，若可將本是保障人權的憲法修改成侵害人權的憲法，這樣的憲法變遷結果已使憲法喪失其存在意義，「侵害人權的憲法」已非立憲主義之憲法，根本不能被稱之為憲法。故而在立憲主義的觀點下，即使可能與「主權」及「民主」等概念相衝突，憲法變遷仍應有其極限，憲法修改應當存在界限。憲法變遷不能導致憲法破毀，修憲條款

---

❷⑥　清宮四郎，憲法 I，有斐閣，1957 年，頁 24–26，頁 37，另參照佐藤立夫，憲法原論，第二版，1977 年，頁 110 以下。

❷⑦　法國 1793 年憲法是一部雖經人民複決程序，但卻因大革命的動亂而從未施行的憲法。至於該部憲法之前，亦有一個「人權與公民權利宣言」，內含三十五個條文。

應是保衛憲法的配備，而不能淪為憲法的自我毀滅裝置。但問題是：界限在哪裡？憲法或有明文自定的修憲界限；但在此之外，仍可由整部憲法的規範內容與規範精神萃取出憲法基本原則，此亦可成為憲法變遷之界限。

一、憲法之修改

作為憲法自我保護機制的修憲條款通常包含形式與實質等兩類規範：先就形式規範而言，係指有關修改憲法之相關條件與程序：諸如誰可啟動修憲？何時可以進行修憲？誰來研議修憲內容？以何種程序確定修憲草案及如何通過此草案？最後是議決修憲的門檻為何等事項。至於修憲的實質規範則涉及修改之內容，通常是規範某些事項，如「共和體制」，不得被修改。我國憲法本文及增修條文皆無明文規定禁止修改之事項，而形式修憲規定也相當簡略，僅規定通過憲法修正案的主體與門檻而已。相較於同時兼具形式修憲規範與實質修憲規範的憲法而言，我國現行憲法的修憲規定並不算嚴格。不過，鑑於人民複決修憲案的門檻相對較高，以及第一次人民複決修憲案未能通過的經驗[23]，遂有出現調降現行修憲門檻的呼聲；甚至有宣稱現行修憲規定違憲的主張。這些針對修憲條款的批評是否合理？應以立憲主義理念與比較法途徑予以評價。

(一)修憲規範本身違憲？

宣稱憲法所規定之修憲規範違憲，就是指憲法條文本身違憲，此於邏輯上無法成立。若從立憲主義的觀點來看，一旦有憲法本文侵害人權或無法有效限制國家權力，這種憲法也不能稱之為「憲法」，故亦無違憲問題。

---

[23] 與民國 111 年 11 月地方選舉同日併合辦理的十八歲公民權修憲複決案，投票率達百分之五十九點一 (11345932/19239392)，其中支持與反對各為百分之五十二點九六與百分之四十七點〇四，有效同意票為五百六十四萬七千一百零二票，其占選舉人總額百分之二十九點三五，距離憲法要求的通過門檻（即百分之五十一）尚缺三百九十七萬兩千五百九十四票。

更進一步言，憲法本身所規定的修憲規範不外就是形式與實質等兩種類型。實質修憲規範直接涉及內容，如共和體制或君主體制不得變更之規定。一旦實質內容牴觸立憲主義之精神，這種憲法不能稱之為憲法，故因之而無違憲問題已如前述。至於形式修憲規範本身因不涉及內容，通常與人權保障與限制國家權力無關；因而也不易發生牴觸立憲主義的情形。例如美國聯邦憲法第 5 條規定 20 年內不得修改憲法第 1 條第 9 款之規定，由於此禁止規定僅涉及「時間」而屬形式修憲規範。至於第 1 條第 9 款則涉及各州之人員入境管轄權，國會在 20 年內不得立法限制；此雖屬實質修憲規定，但也無法僅因「暫時性」地尊重各州之入境管轄權而直接認為其侵害人權。即便前述美國憲法第 5 條導致奴隸制度延續 20 年，但也無法逕而宣告該條文違反立憲主義。

　　雖邏輯上不會出現憲法本身條文違憲的情形，但修憲後的憲法修正條文卻有可能出現違憲的情形。此種情形有二：一是修憲後的實質內容牴觸立憲主義精神，如此導致原為立憲主義憲法一經修改後成為非立憲主義憲法；二是變更包括修憲規定在內的原始形式規範，使得憲法喪失最高位階的地位：例如透過修憲廢止我國憲法第 171 條或將修憲程序改為一般立法程序。一旦憲法最高位階不復存在，或修憲程序改與一般立法程序相同，憲法概念形同破毀，憲法條文與法律條文已無任何區別❷❾。除了這兩種情形外，僅因修憲門檻過高或過低而欲宣告此條文違憲，在法理上找不到任

❷❾ 例如現行中華人民共和國憲法（即 1982 年憲法）第 64 條規定：「憲法的修改，由全國人民代表大會常務委員會或者五分之一以上的全國人民代表大會代表提議，並由全國人民代表大會以**全體代表的三分之二以上的多數通過**（第 1 項）。法律和其他議案由全國人民代表大會以**全體代表的過半數通過**（第 2 項）。」其修憲與立法皆由同一機關（即全國人大）行使，僅通過之門檻不同而已。假若透過修憲將修憲門檻降為與立法門檻相同，則此憲法即不復存在矣。另 2018 年其透過修憲廢止國家主席之連任限制，雖引起各界諸多討論，但卻未見有針對此修憲門檻是否太高或太低而為評價者。

何可以支撐的依據。

(二)修憲門檻過高？

修憲門檻的高低應如何判斷？僅以立法院的修憲提案門檻與人民複決門檻作為比較基準，實屬既粗糙又幼稚。單就國會提案門檻而言，因選制所形成的國會內政黨體系結構，自然影響取得加重多數的難易程度。更遑論西方民主國家鮮少為一院制國會，兩院制國會的運作情況自難與一院制國會等量齊觀。而人民複決的門檻除了是否得與選舉合併辦理外，尚有應否考慮投票結果於各地區之分布情形。美國立憲迄今超過兩世紀，在數以千計的修憲提案中，僅有三十三個提案通過國會兩院的審議程序，而最終僅有二十七個憲法修正案獲得通過。美國多數修憲案在兩三年內通過，但其第 27 修正案係 1789 年提出，到 1992 年才通過，歷時超過兩百年。瑞士的修憲複決案需要一半以上的邦同意與選民同意票過半等雙重門檻❸。丹麥與比利時皆規定：一旦國會通過修憲提案，國會應立即解散並重新改選。而丹麥進一步規定新選出的國會如能再次通過前國會所提出之修憲案後，還要將修憲案交付人民複決❶。至於比利時則規定解散後新選出的國會兩院皆需以三分之二出席且三分之二同意的門檻通過相同修憲條文，且經國王同意後方才完成修憲程序❷。

從前述比較法的觀點來看，國家體制（單一國或聯邦國）、國會結構（一院制或兩院制）、選制與政黨體系（兩黨制或多黨制）、社會結構（單一族群或多元族群）、各國憲政歷史，乃至國際壓力或國際影響力等各因素，皆會影響修憲限制與修憲程序的安排。以德國基本法所規範之修憲規定（基本法第 79 條第 2 項）為例，僅國會兩院分別以三分之二多數通過即

---

❸　瑞士現行聯邦憲法第 140 條第 1 項 a 款及第 142 條第 2 項。

❶　丹麥現行憲法第 88 條。其人民複決門檻為有效同意票過半，且有效同意票達選舉人總額百分之四十以上者，修憲案方才通過。

❷　比利時現行憲法第 195 條。

可；其門檻看似相對寬鬆。但是基於威瑪憲法曾遭破毀與納粹政權侵害人權的慘痛歷史經驗，基本法制定非常廣泛的修憲界限：依基本法第 79 條第 3 項所規定的修憲界限，從聯邦組織、各邦參與國家立法權、人性尊嚴與基本法第 1 章所規範的人權條款、以及基本法第 20 條所規定之民主國、社會國、法治國與抵抗權等，皆屬其明示的修憲界限。在如此廣泛的修憲界限下，修憲門檻是高是低已無足輕重。基此，修憲門檻高低與否的判斷基準，必須予以廣泛考量。若完全無視前述各項因素，且僅以一次修憲複決未果就宣稱我國修憲門檻過高的論述，實殊難被證立。

不過，必須特別注意的是：一旦形式憲法變遷（即修憲）途徑較為嚴謹困難，即可能導致實質憲法變遷途徑變得更為活化，特別是透過違憲審查途徑所實現的憲法變遷。在此情況下，若違憲審查機關透過釋憲機會重新形塑並創造憲法，即有可能出現釋憲者凌駕於憲法之上、進而架空憲法的危機。當這種「釋憲者」僭越為「主權者」的情況出現時，國民主權即不復存在，司法獨裁於焉形成矣。

二、釋字第 499 號解釋

憲法與憲法原則的關係，正如憲法學家 K. Hesse 所說：彼此之間乃是互為因果，憲法原則的合法性 (Legalität; légalité) 在於它們是由成文憲法而來，憲法原則的正當性 (Legitimität; légitimité) 則因為它們受到成文憲法之外的更高層級原則所指引❸❸。當代法哲學家 R. Dworkin 曾致力於法律原則與法律相互關係的深層研究，他也認為原則有使條文（包括憲法或各種法規）正當化的作用❸❹。從而，憲法基本原則之於憲法法規，首先提供的就是正當化功能。其次，憲法基本原則具有引導憲法解釋的功能，這也是許

---

❸❸　Hesse, Grundzüge des Verfassungsrechts der Bundesrepublik Deutschland, 15. Aufl., Heidelberg, 1985, S. 14f.

❸❹　R. Dworkin, Taking Rights Seriously (London, 1977), p. 66.

多學者共同的見解。H. Schäffer 則主張憲法基本原則亦具有法的拘束力，並倡言：「憲法結構上的原則，就是憲法解釋的原則」 ㉟，N. Wimmer 認為憲法規範在解釋時有多種可能的意義 (Deutungsmöglichkeiten)，除藉助解釋方法之外，唯有與憲法原則相一致的解釋，才具有正當性㊱。Wimmer 的結論是：「對憲法的實質理解，應以憲法原則為範疇㊲。」 此外 D. C. Göldner 將憲法原則區別為組織性的憲法原則與法倫理性的 (rechtsethische) 憲法原則兩類，前者如法治國原則、權力分立原則等；後者如平等原則、人類尊嚴原則等與私法的關係甚為密切㊳。並基於私法的解釋及適用觀點，認為憲法原則具有補充及調整的作用，經由憲法原則之具體化 (Konkretisierung der Verfassungsprinzip) 的解釋方式，整合並維持以憲法為本的法律體系之統一性㊴。

挪威現行憲法，即 1814 年憲法第 112 條早已明定：「任何憲法修改皆不得牴觸憲法原則，憲法修改僅能在不改變憲法精神的情況下修訂特定條文。」此乃以憲法原則作為修憲界限的典範規定。此規定除揭櫫修憲原則外，憲法與憲法基本原則區別最大效應，就是建立不得以通常修憲程序更改的憲法核心領域。事實上，這種理論也已經條文化表現在前述德國基本法的修憲界限中。除德國之外，憲法明文規定有不得修改條款者，在歐洲國家甚為常見，諸如義大利 1947 年之憲法第 139 條、法國 1958 年第五共和憲法第 89 條第 5 項、葡萄牙 1976 年憲法第 288 條、土耳其憲法第 9 條及南非 1994 年憲法。其中以南非情形較為特殊㊵，葡萄牙不得修改之內容

㉟　Schäffer, aaO., S. 72.

㊱　N. Wimmer, aaO., S. 41.

㊲　Ebd.

㊳　D. C. Göldner, aaO., S. 24.

㊴　AaO., S. 26f., 36f.

㊵　南非 1994 年過渡憲法明定修憲案公布前，應經憲法法庭審查，審查之基準，過渡憲法也規定於附件，參照 V. C. Jackson and M. Tushnet, Comparative

最為廣泛，多達十餘項，其餘義、法等國都僅止於共和國體不得變更❹。在憲法定有禁止修改的條文下，很容易獲致修憲有界限的結論，一旦發生修憲是否逾越界限時，作為憲法守護者的憲法法院有權予以審查，較無爭議。反之，憲法沒有禁止修改的條款，或者修改的條文雖然涉及基本原則，但卻不是屬於不得修改之禁止的事項（例如共和國體），則憲法法院或類似的司法機關是否也有權審查，便成為一項難題。因為憲法法院的首要職掌就是違憲審查，而違憲審查顧名思義原是指審查位階低於憲法的規範，諸如法律、條約或命令等有無牴觸憲法。以修改憲法程序制定的修憲條文或變更憲法的法律，與憲法同一位階，理論上不發生憲法違背憲法的問題。不過在實際的經驗中，違背憲法之憲法規範 (Verfassungswidriger Verfassungsnorm) 的出現，也非罕見。所謂違憲的憲法規範，不是單指修憲條文與憲法本文規定的內容不同，這是當然之事（如果相同何必修憲），而是指新制定憲法條文悖離憲法原本的精神或基本原則，當修憲機關以正常修憲程序制定這類憲法條文時，便是所謂憲法破毀 (Verfassungsdurchbrechung)❷。違憲的憲法規範在威瑪憲法時期首先出現，當時憲法學理上也予容認❸。戰後，德國基本法第 79 條之設計，就是要避

Constitutional Law, 647 (1999).

❹　各國憲法條文，引自 Beck-Texte, Verfassungen der EU-Mitgliedstaaten, 5. Aufl., 2000.

❷　憲法破毀也是源自史密特《憲法學》一書，他並將憲法破毀分成兩類，一類是完全不顧修憲程序，逕行改變憲法條文的規定；另一類是經由修憲程序破壞憲法的規定，史氏正是以國會通過憲法修正案延長議員或總統的任期為例（德國國會確實於 1922 年 10 月 27 日通過修憲法律，延長興登堡總統的任期），以上參看 Schmitt, aaO., S. 100。後來憲法破毀常用來形容威瑪共和的政治狀態。憲法破毀概念迄今仍為憲法學者所廣泛使用，參照 Maunz/Dürig, Grundgesetz Kommentar, 1991, Anm. 1 zu Art. 79; G. Winkler, Studien zum Verfassungsrecht, aaO., S. 194f.

❸　G. Anschütz, Die Verfassung des Deutschen Reichs, Neudruck 1960, Anm. 3 zu

免威瑪共和憲法破毀的重現。

我國現行憲法並沒有如同德國基本法第 79 條的規定，因此，當國民大會第三屆第四次會議在民國 88 年 9 月 3 日通過增修條文 （通稱第五次修憲），舉國譁然，立法院各黨黨團分別聲請釋憲（即釋字第 499 號解釋），司法院大法官立即面臨前述有無審查權限的困難。以下先就晚近各國相關的實際情形加以說明：德國聯邦憲法法院於 1970 年 12 月 15 日針對 1968 年依照修憲程序制定之「書信郵件及電信秘密限制法」，不僅作實質審查，而且對其合憲性予以非難❹，即是貫徹基本法第 79 條第 3 項的案例❺。前述土耳其憲法第 9 條規定共和國體不得變更，但同法第 147 條第 1 項則限定憲法法院只能就修憲作程序合憲的審查，1970 年該國憲法法院曾兩度行使這項審查權❻。義大利憲法也規定，共和國體不得變更，但是義大利憲法法院在 1988 年一件著名的案件判決中❼，認為修憲不得變更者不限於共

Art. 76.

❹ BVerfGE 30, 1ff. 並參照本書第二編第二章關於秘密通訊自由之說明。

❺ 另有兩個德國審查修憲界限的案例亦可參考：一是兩德統一協議中承認於 1945 至 1949 年間在東德地區沒收與國有化人民財產之行為係合法行為，而此侵害東德人民財產權的公權力行為，因兩德統一協議係透過修憲程序附加於基本法而成為修憲條文的一部分，其是否牴觸基本法第 79 條第 3 項的修憲界限引發爭議。德國聯邦憲法法院於 1991 年 4 月 23 日的裁判中以基本法不能用來對抗外國政權（主要是指當時占領東德地區的蘇聯政權）為由，宣告兩德統一協議未牴觸基本法而合憲 (BVerfGE 84, 90)。另一個案例是修改基本法第 16 條有關政治庇護權規定，新規定排除來自於所謂「安全」國家（如歐盟會員國）之政治庇護請求者的庇護請求權，聯邦憲法法院於其 1996 年 5 月 14 日的裁判中表示：此修憲條文既未侵害人性尊嚴，也無牴觸法治國原則而合憲 (BVerfG 952-2 BvR 1938/93, 2 BvR 2315/93)。此二修憲行為雖皆被判定為合憲，但法院確實審查修憲條文是否逾越修憲界限。此外，由於此二案係涉及外國政權或外國人，故法院有可能採較為寬鬆的審查態度。

❻ Ernst E. Hirsch, Verfassungswidrige Verfassungsänderung, AöR, 98 (1973).

❼ Sent, n. 1146 del 1988. 本件判決要旨之英譯如下："The Italian Constitution

和國體,「義大利憲法所包含的若干最高原則,其本質內容亦不容以制定變更憲法之法律或以其他憲法上行為加以變更❹。」根據這一判決的意旨,變更憲法的法律程序是否合法,實質內容是否更改最高原則,憲法法院皆有權審查❹,義大利憲法法院在本件中甚至主張經國會制定的修憲法律,法院得加以審查,即使修憲的法律條文經公民複決亦然。這種觀點與法國發生過的先例不同,1962年戴高樂不依憲法所定由國會修憲的程序,以公民投票的方式將憲法規定的總統選舉改為公民直選,參議院將修憲案提交憲法委員會審查,憲法委員會認為其審查權限依憲法規定僅針對國會立法程序,公民投票是國民主權的直接體現,不在其法定審查範圍內。在 1992年有關馬斯垂克條約的修憲案中,憲法委員會如此表述:「除了在下述的兩種限制之外,修憲權是至高無上的;其一是源自於憲法第七條、第十六條

---

includes a set of supreme principles which cannot be subverted or modified in their essential content, not even by laws amending the Constitution or other constitutional acts. Such are both those principles which the Constitution itself expressly has laid down as absolute limits to the power of amending the Constitution, as the Republican form of the State (art. 139 Cost.), and those though not expressly mentioned among those which cannot be revised, belong to the very substance [nature] of the supreme values on which the Italian Constitution is based" ... "Therefore, it cannot be denied the legitimacy of laws amending the Constitution and the other constitutional acts even in the face of the supreme principles of the constitutional order. If it wouldn't be so, the absurd consequence would be that the national guarantees of the Constitution would prove to be deficient and ineffective in relation to its rules of the highest value." 以上譯文是司法院大法官助理陳慧雯經由網路央請佛羅倫斯大學公法學系教授 Carlo Fusaro 執筆。

❹ Ebd.

❹ Temistocle Martines, Diritto Constituzionale, Nona ed., Milano, 1998, pp. 375, 600.

及第八十九條第四項所明定不得啟動或進行修憲程序的期間限制,其二是源自於憲法第八十九條第五項共和國體制不得變更的內容限制。」由於本案並未觸及前述兩種限制,故修憲條文至高無上而不受審查。到了 2003 年有關地方分權的修憲案,憲法委員會十分簡潔地說:「不論是憲法第六十一條、第八十九條,還是其他任何一個憲法條文,都未賦予憲法委員會審查修憲條文之職權。」換言之,憲法委員會無權審查修憲案。自此,法國學界對於修憲案能否被審查的問題,多數是持否定的看法。但仍有少數認為因為歐盟因素,憲法委員會在審查將歐盟法令移轉為法國國內法是否牴觸法國憲法時,憲法委員會強調憲法為法國國內法中之最高規範,欲將歐盟法令國內法化時,既不得牴觸法國憲法,也不得違背「法國憲法意識中固有的規範或原則」❺⓪;此種強調頗有提出不可超越之憲法界限的態勢。此外,除了人權保障的國際化發展已使人權成為另一道修憲界限外,法國 2008 年修憲時修改憲法第 11 條,增設少數發動全國性公投的機制,並同時規定憲法委員會應事前審查公投提案;此新規定已變更過去公投不受審查的態度。綜上,法國法上修憲案不受違憲審查的說法尚有商榷餘地❺①。

　　奧地利憲法並沒有不可改變的條款,因此早年在學說及憲法法院判例均認為,憲法法院無權審查修憲條文的合憲性❺②,但這種見解已被廢棄多時。因為奧國的修憲程序可以區分為個別條款的變更及整體變更兩種,前者僅國會特別多數通過即可,後者尚須提交公民複決,而所謂整體變更在奧國並非指憲法條文全盤重新修訂,縱然是個別變更,如果已涉及憲法存

---

❺⓪　陳淳文,歐盟司法整合新近發展之觀察與省思,收於:洪德欽、陳淳文主編,歐盟法之基礎原則與實務發展,上冊,台大出版中心出版,2015 年,頁 76 以下。

❺①　A. Divellec, A. Levade, C. M. Pimentel, Le contôle de constitutionnalité des lois constitutionnelles-Avant-propos, *Cahiers du conseil constitutionnel*, 2010, n° 27.

❺②　Vfslg 1607/1948.

立之建構法則 (Baugesetze) 的改變，也視為整體變更❸。什麼是建構法則憲法並未規定（通說指民主國、法治國、聯邦國等原則而言），因此國會制定之修憲法律條文是否已變更建構法則並因而產生程序或實質上的瑕疵，憲法法院便有權審查❹。

　　從前述義大利及奧地利之例，可知不論憲法有無明定不得變更的條款，憲法法院必要時均得審查修憲法律是否違背憲法的最高原則或建構法則，是故憲法法院對違憲憲法規範的審查權，與憲法規定修憲界限與否無必然的關係。正如前引義大利憲法法院判決所稱：「憲法法院此際克盡其防護憲法的職責，以維護憲法的最高價值。」

　　前述比較憲法上的實踐事例，從釋字第 499 號釋憲解釋理由書的引述中，可得知審理過程中曾予參考。國民大會通過的修憲條文最受時論指責者是所謂「延任自肥」，實則「延任自肥」固然令人髮指，從學理的觀點，其扭曲民主憲政實不下於延任。在程序方面：先是國大有關黨團負責人一再宣稱，修憲提案只是讓部分代表宣洩情緒，一定會在讀會時予以封殺，而事實上則在議長領導下一路闖關，並不顧國大修憲慣例及議事規則，以不記名方式反覆表決，直到達成可決票數為止；在實質方面，自次屆（第五屆）起國大代表不再辦理選舉，而以立法委員各政黨推薦及獨立參選者，依得票比例計算國大代表當選名額，並僭稱之為比例代表方式。若這番增修條文得予實施，則不經選舉的人員可以稱為國民大會代表，組成國家最高的政權機關（憲法第 25 條），這是任何民主政體所不能容許。釋字第 499 號解釋從民主理論、憲政規範及各國實踐情形論證第五次修憲程序上有重大明顯瑕疵，實體上逾越修憲的界限，而宣布其不生效力。但是釋字第 499 號解釋並未直接引用史密特憲律與憲章二分法——修改憲法謂之修

---

❸　Vfslg 11829/1986.

❹　Th. Öhlinger, Verfassungsfragen einer Mitgliedschaft zur Europäischen Union, aaO., 1999, S. 44.

憲，變更憲章則為憲法破毀，作為界限，而是企圖從法律詮釋學 (Juristische Hermeneutik) 的觀點建構理由：該號解釋理由書第 3 段先引兩位方法論或詮釋學大師 Karl Larenz 與 Emilio Betti 的著作，指出：「法律規範之解釋，其首要功能即在解決規範競合與規範衝突，包括對於先後制定之規範因相互牴觸所形成缺漏而生之疑義，斯為釋憲機關職責之所在。」然後再導出解釋理由書倒數第 4 段：「國民大會依正當修憲程序行使憲法第一百七十四條修改憲法職權，所制定之憲法增修條文與未經修改之憲法條文係處於同等位階，惟憲法條文中具有本質之重要性而為規範秩序存立之基礎者，如聽任修改條文予以變更，則憲法上整體規範秩序將形同破毀，此等修改之條文則失其應有之正當性。我國憲法雖未明定不可變更之條款，然憲法條文中，諸如：第一條所樹立之民主共和國原則、第二條國民主權原則、第二章保障人民權利、以及有關權力分立與制衡之原則，具有本質之重要性，亦為憲法基本原則之所在。基於前述規定所形成之自由民主憲政秩序 （參照現行憲法增修條文第五條第五項及本院釋字第三八一號解釋），乃現行憲法賴以存立之基礎，凡憲法設置之機關均有遵守之義務。國民大會為憲法所設置之機關，其具有之職權既為憲法所賦予，亦應受憲法之規範。國民大會代表就職時宣示效忠憲法，此項效忠係指對憲法忠誠❺❺，憲法忠誠在依憲法第一百七十四條規定行使修憲權限之際，亦應兼顧。憲法之修改如純為國家組織結構之調整，固屬『有權修憲之機關衡情度勢，

---

❺❺ 宣誓遵守憲法的法律意義是什麼？早年德國學者 E. Friesenhahn 及 Schmitt 均有深入的詮釋：宣誓者不是誓言遵守憲法的個別條文，更不是只遵守規定修憲程序的特定條文（以威瑪憲法而言即第 176 條），而是宣誓人終身當受憲法所定政治存在形態之羈束 (Der Schwörende bindet sich mit seiner Person existentiell; der Eid auf die Verfassung ist eine solche Bindung an die politische Existenzform)，並接受憲章所採納的政治決定 (politische Entscheidungen)，引自 Schmitt, aaO., S. 28.

斟酌損益』之範疇（見前引本院解釋續編，第十冊，頁333），而應予尊重，但涉及基於前述基本原則所形成之自由民主憲政秩序之違反者，已悖離國民之付託，影響憲法本身存立之基礎，應受憲法所設置其他權力部門之制約，凡此亦屬憲法自我防衛之機制。從而牴觸憲法基本原則而形成規範衝突之條文，自亦不具實質正當性❺❻。」

❺❻ 評論釋字第499號的學術論著，諸如許志雄，憲法保障與違憲的憲法規範——司法院釋字第四九九號評析，台灣本土法學雜誌，第11期，2000年6月，頁27以下；顏厥安，憲法文本與中央政府體制，月旦法學雜誌，第61期，2000年6月，頁40；李惠宗，談憲法的價值體系，月旦法學雜誌，第61期，2000年6月，頁140以下，對本號解釋均多所肯定。許宗力，憲法違憲乎？評釋字第四九九號解釋，月旦法學雜誌，第60期，2000年5月，頁141以下，在肯定修憲應有界限及國大延任背離民主原則之餘，既認為依附於立法委員之國大代表產生方式是「強迫搭配」、「強姦民意」，但結論則稱此部分「尚非不能承認其合憲」似難自圓其說；又該文末尾主張應另定失效期間，使國大多延任三兩個月也無妨，須知系爭之增修條文雖經公告，但實際上尚未實施，不生現狀維護或法安定性的問題，與通常法律施行一段時日後宣告違憲正好相反，焉有刻意使其產生違憲事實狀態之後，再行失效之理？何況本解釋認定修憲程序有重大明顯之瑕疵，除自始無效外，充其量只能「延長」至該號解釋公布日起失效。又論者或謂這次國大延任修憲，程序上的瑕疵若與釋字第342號解釋關於「國安三法」立法程序相較，本件的嚴重程度並未超過先前解釋所涉及之事項，但釋字第342號解釋卻認為已經公布，仍應發生效力。對於這項質疑著者有三點補充說明：一、修改憲法直接涉及「國民主權行使，應公開透明以滿足理性溝通之條件」，依國大議事規則及歷次修憲之慣例亦應以公開原則行之，與立法程序有別。二、釋字第342號解釋曾要求立法院自行補正瑕疵之程序（立法院曾遵照補行），國大因非經常集會，且出席及可決之法定人數極高，一旦不能補正時，難於善其後。三、釋憲的司法機關對修憲內容有無實質的審查權，學理上容有爭議，而程序的審查權則中外皆無不同意見，釋字第499號解釋兼從程序及實質兩方面立論，可謂茲事體大而採「雙重保險機制」。美國開國元勳James Madison在《聯邦主義者》(The Federalist, No. 51) 一書中說：

按民意代表任期屆滿即應改選，乃實施民主憲政最基本的條件。民國以來，因國家多故，以法令變更民意代表任期之事，經常發生，以至於國大代表誤判情勢，認為修憲延任成為事實，國人亦莫可奈何。

釋字第 499 號的作成，使定期改選原則從此確定，今後無論權勢如何顯赫的政治人物，其不敢重蹈國大之覆轍殆可斷言，這是本號解釋的政治效應。其次，在憲法理論上則確立了憲法中有不得以通常修憲程序變更的憲法基本原則。釋字第 721 號解釋理由書第 1 段末重申修憲有界限說的立場，該解釋並宣告憲法增修條文第 4 條第 1 項及第 2 項有關立法委員選舉制度與政黨比例席次門檻之規定並未違憲。最後，國大延任自肥案能夠通過，自然是執政黨與主要在野黨聯手協力的結果。釋字第 499 號解釋將其宣告為違憲，是大法官直接推翻政治權力部門之意志的經典力作。

第三節　憲法的目的、功能與挑戰

一、目的與功能

成文憲法可能面臨被破毀的威脅，不僅僅源自於修憲行為，更可能來自於日常憲政實踐的挑戰。其之所以如此，要從制定成文憲法的目的，以及其所欲發揮的功能談起。先就目的而言，立憲主義者制定成文憲法就是為了限制國家權力，使君主專制時期王權至高無上，恣意專擅且可無所不

「野心必須用野心來對抗」(Ambition must be made to counteract ambition)，少數人毀憲自肥的野心，為大法官所擊破，作為憲法守護者的大法官所呈現的不是野心，而是基於職責的抱負。值得一提者：美國最高法院大法官 Antonin Scalia 於 2002 年 9 月來台訪問，Scalia 是公認保守派的大法官，一向主張原始主義或文本解釋主義，反對釋憲者「擴權」，他在 9 月 16 日下午與司法院大法官座談時，宣稱如他遇到釋字第 499 號解釋的情形，也會投票支持多數意見，可謂人同此心，心同此理。

為的絕對權力不再出現。一旦國家權力受到限制，人民的權利自然就能獲得保障。故限制絕對權力，保障人民權利，無疑是制憲的核心目的。

再就功能而言，憲法首先在法律層面上是國家法體系一切規範的基礎，透過憲法的最高位階地位，進而可以架構整個國家法體系的規範秩序。其次，憲法也對憲政機關之組織與權限分配，以及執掌公權力之公職人員的產生方式進行安排。最後，憲法也揭櫫國家存立最重要的基本原則或決定，此即本章所謂的憲法基本原則，以作為所有規範衝突或權力爭執的解決依據或指引。就政治層面而言，憲法首先讓權力必須和平轉移。其次，憲法也為執政者行使權力提供正當性基礎，並調和各種利益。最後，憲法有統合的作用，讓可能本屬不同的族群、語言或文化傳統的人可以統攝在憲法之下，形成國家認同。從而，真正的愛國者必然是一個熱愛並服膺憲法的人。

然而，正是因為立憲主義式憲法必然內涵限制權力、強制政權和平移轉的本質，與人性愛權、集權、擴權與不願放權的本質相違背；故對掌權者而言，憲法更像權力枷鎖與自動除權器。由於法之束縛是權力最佳的解毒劑，追求權力的政治行動者與掌權者都想擺脫憲法的束縛。權力之愛通常不會產生憲法之愛，更多的是導致嫌惡憲法，以為其違憲、修憲與毀憲提供藉口與理由❺❼。

---

❺❼　政治行動者，尤其是執政者提出修憲的理由，必然是以憲法存有待改善之缺點，不合時、不合用、不能與時俱進，不能反映當下多數民意或主流價值為理由。以俄羅斯 2020 年之修憲為例，普丁總統在 2020 年 1 月 15 日於國會演講時，突然提出讓俄羅斯更符合法治國的修憲計畫。同日即由包括政界、學界、著名法學家、工會、商界及社會各界代表共七十五人組成修憲委員會，僅在 5 天之內即提出共二十一頁的修憲草案。草案交付國會審議後，同年 3 月 10 日由俄國象徵性女性代表 Valentina Terechkova（第一位上太空的女性太空人）提出新的修正案，將憲法第 81 條第 3 項「不得連任」的字句刪除，僅規定總統任期不得超過兩任。而就是此修正案讓普丁的總統任期「歸零」，可在 2024

年任期屆滿後再參選兩任，最多可再當 12 年總統。事實上普丁在 2008 年即曾修憲，將總統任期由 4 年改為 6 年。此次整個憲法修正案於 3 月 11 日由國會兩院通過（下院 Douma 共三八三票支持，四十三票棄權，零票反對；上院一百六十票支持，三票棄權，一票反對）；然後在 2020 年 6 月 25 日（原訂 4 月 22 日投票因疫情而延期）交付人民投票，投票期間長達 6 日，最後以百分之六十七點九七的投票率與百分之七十七點九二的同意票通過此案。此看似十分民主的修憲過程潛藏多處細節。首先，依俄羅斯 1993 年憲法規定，憲法第 135 條規範可以觸及憲法核心的修憲，第 136 條則屬一般修憲程序；前者程序比後者嚴格，頗符史密特憲章與憲律之分。此次修憲屬憲法第 135 條之範圍，但卻走第 136 條之程序，已明顯違憲。為緩解前述違憲質疑，普丁在 1 月提出修憲案時即特別強調民主與法治，表示該修憲案會先經憲法法院違憲審查，再經人民投票。然依憲法第 125 條有關憲法法院之審查權限，並無審查修憲草案之權。俄羅斯國會在 2020 年 3 月 14 日通過法律，賦予憲法法院審查修憲案之權，且須在一週內完成審查；審查不即即不能交付人民投票。憲法法院隨即在 5 日內宣告此修憲草案合憲，可以交付人民投票。再就交付人民投票而言，此次修憲是透過 3 月 14 日法律所新創的「國民投票」程序 (общероссийское голосование)，它既不是法定的公民投票 (референдум) 程序，也不是憲法第 135 條所規定的修憲複決程序 (всенародное голосование)。其特色就是投票期間長達 6 日，而且取消公投法有關宣傳活動的嚴格限制。於是出現各種獎勵投票的活動（諸如抽獎或送折價券），還有許多名為「勇於改變之英雄」的年輕人擔任「憲法志工」，到處鼓吹投票。最後，人民必須對包含四十三個彼此不相關的修憲條文一次包裹表決。然而依 1988 年 3 月 4 日俄羅斯聯邦法律第 2.1 條即規定：一個修憲案內之條文必須彼此相關。此修憲案不相關的條文包括與國家組織無關之社會福利條款，宣揚宗教與家庭價值的條文，以及明定婚姻是一男一女的異性結合等；這些修憲條文顯然符合主流民意與傳統價值。從 2000 年起出任總統的普丁，前 8 年兩任總統任期屆滿後，因不得連任而改任總理 4 年，由其代理人出任無實權之總統。2012 年再參選修憲後任期改為 6 年的總統，順利當選並連任。若 2024 年再度參選成功並連任，其執政期間將長達 36 年。

二、例外狀態與特殊性立法：憲法的強心針還是奪命丸？

對想要擺脫憲法束縛的執政者而言，修憲常是一種風險甚高且成本鉅大的程序；不若審時度勢、善用或製造時機，宣告國家進入危急狀態。若此，憲法及法治因之可以暫時被中止，執政者因而得以掙脫憲法之枷鎖而能自由揮灑權力。延續史密特提出「例外狀態」的想法，義大利學者阿岡本 (Giorgio Agamben) 在 2003 年出版其系列著作《法外人》(*Homo sacer*) **❺❽**的第二冊，書名即是《例外狀態》(*État d'exception*)。此書的扉頁寫著這麼一句話：「法律人，對於與您相關的事，您為什麼沉默？」

阿岡本所謂的「法外人」，就是指沒有任何法律地位，在法律保障之外的人；納粹集中營中的猶太人，當代歐洲各國收容所中的難民，或是美軍監獄中的伊斯蘭恐怖分子等皆屬之。而例外狀態就是一種不受憲法與常規法律所規範的「法外狀態」。在此狀態下，出現各種特殊性法律；而被特殊性立法所規範的人，就成為「法外人」。換言之，例外狀態，特殊性立法與法外人描繪出憲政崩解，人權銷蝕的可怕景象。面對此情境，法律人又怎能沉默呢？

㈠例外狀態

顧名思義「例外狀態」就是「非常態」或「特殊狀態」，是一種不尋常的意外情境：主觀上非常人所能預料，客觀上與日常情況明顯不同。阿岡本以法國 1791 年 7 月 8 日制憲大會所創設的「圍城狀態」(l'état de siège)

---

❺❽　「法外人」，有譯為「神聖人」，亦有譯為「受譴咒的人」。就拉丁字源而言，阿岡本援用古羅馬法的一種刑罰，凡被判 *Sacer esto* 的人，他被棄置於世間，既不受人間法之保護，任何人都可恣意殺死他而不犯罪；也被排除於神法之外，他無資格在獻祭儀式中作為犧牲。因其被排除於所有法之外，故譯為「法外人」。有關此翻譯的深入討論，參見朱元鴻，阿岡本「例外統治」裡的薄暮或晨晦，文化研究，第 1 期，2005 年 9 月，頁 208–209。

作為例外狀態概念之濫觴；在此狀態下，司法權移交到軍方手上，革命政府享有莫大的權限。希特勒所掌控的德國在 1933 年 2 月 28 日發布「保護國家及人民令」，透過該命令凍結了威瑪憲法，民選國會進入休眠狀態。美國不論是在內戰或兩次世界大戰期間，總統皆行使超越憲法之權力。如 1939 年美國宣告進入國家緊急狀態，並在 1941 年以違反其憲法與法律之方式集中監禁在美的四萬名日本人及七萬名日裔美國人。在 911 恐攻之後，布希總統在 2001 年 11 月 13 日發布軍事命令規定：與恐攻相關之非美國公民或是被懷疑為參與恐攻之「敵對戰士」者，得以在尚未有明確罪名，不經法院聽審，且不得諮詢辯護人的情況下被無限期監禁❺❾。英國 2001 年由國會所通過的反恐法 (the Anti-terrorism, Crime and Security Act 2001) 亦規定：對於不具英國國籍之恐怖活動嫌疑犯，可以不經法院聽審就予以拘禁❻⓪。從前述案例可以看到例外狀態出現時就是人權喪送的開始，而其出現時機通常包括外敵入侵、內戰與恐攻，另外諸如重大自然災害、嚴重群

---

❺❾　美國聯邦最高法院在 2004 年 Hamdi v. Rumsfeld, 542 U. S. 507 (2004) 一案中指出：即便是與美國為敵的美國公民，其人身自由權亦不可未經正當法律程序而被剝奪。雖然如此，美國聯邦最高法院對於本案中「非美國公民」的人身保障問題，則沉默不語。更詳細地說，本案當事人 Yaser Esam Hamdi 是在阿富汗被逮捕，然後被送到關塔那摩灣 (Guantánamo Bay) 監禁，其不享有國際公約中「戰俘」的地位，而是被視為是「敵對戰士」(enemy combatant)，也就是恐攻嫌疑犯，他在沒有明確被控訴之罪名以及未經正當法律程序的情況下被無限期拘禁。有關美國以反恐之名侵害人身自由的問題，詳見陳淳文，從正當法律程序看我國人身自由保障之司法實踐，收於：如沐法之春風──陳春生大法官榮退論文集，元照出版，2020 年，頁 3 以下。

❻⓪　但該法最後被英國上議院認定為違法 (A. v. Secretary of State for the Home Department [2004] UKHL, 56, [2005] 2 AC 68.) 詳見陳淳文，從正當法律程序看我國人身自由保障之司法實踐，收於：如沐法之春風──陳春生大法官榮退論文集，元照出版，2020 年，頁 18。

眾暴動或抗爭、經濟金融危機或是傳染病疫情等亦屬衝擊國家的重大危險。在此情況下，原本應相互分立制衡的權力被集中，原本應限制公權力並保護人民權利的憲法與法律被凍結或架空。例外狀態其實是創設一個法外狀態，其目的是為了對抗重大威脅與危難以挽救國家。就此而言，此法外狀態可以說是幫助國家渡過危險的必要手段，維繫憲法存續的強心針。但是也正因其係處於常態法制之外或之上，政府很容易濫權，人權岌岌可危；更重要的是此時政府專權可能還獲得多數群眾之支持❻，所以它更常是像憲法的奪命丸。

　　有不少憲法對例外狀態進行規範，以讓憲政國家可以因應重大危機。但正是因其必然伴隨極高風險，故對例外狀態之界定、發動與監督，皆採憲法保留方式；不容許立法者以一般法律架空憲法對例外狀態的控制。我國憲法的例外狀態係規定於憲法第 39 條的「戒嚴狀態」與第 43 條的「緊急狀態」，但前者僅規定總統之宣布與立法院之通過或追認，對於戒嚴的其他規範皆交由戒嚴法規定。就此而言，「戒嚴狀態」屬法律位階的例外狀態，國家權力並未發生移轉或變更。反之，緊急狀態下發生權力變動效果，憲法必須詳為規定，故屬憲法位階。憲法本文將緊急狀態之事由界定為「天然災害、瘟疫，或國家財政經濟上有重大變故」等三項，憲法增修條文第 2 條第 3 項將事由改為「國家或人民遭遇緊急危難或財政經濟上重大變故」等兩項，此改變顯然是放寬了原本明確列舉的限縮規定。其次，憲法本文規定緊急命令的發布期間必須是立法院休會期間，且必須依**緊急命令法**為

---

❻　在 911 恐攻之後，美國反恐愛國主義高漲，多數人民支持政府採取嚴厲手段對抗恐怖分子。如紐約時報的社論出現這樣的語句："Fight terror as if there were no rules." 這讓人想起上世紀美國反共風潮席捲全境的麥卡錫時代，其代表人物共和黨總統參選人 Barry Goldwater 的名言：「為捍衛自由，極端主義不是罪惡；為追求正義，溫和節制不是美德。」(Extremism in the defense of liberty is no vice, and moderation in the pursuit of justice is no virtue.)

之，憲法增修條文將此二限制皆予以刪除，僅將立法院追認時間由 1 個月內改為 10 日內。最後，憲法本文規定「須為急速處分時」亦遭刪除；亦即現行緊急命令可以包含**不具急迫性**之規範。綜上，雖然我國憲法對於緊急狀態並無期間限制，故可以無限期延續下去，此為其嚴重缺點 **❷**；且憲法增修條文大幅放寬對緊急狀態之各種限制，亦提高濫權之風險；但並沒有像德國威瑪憲法第 48 條允許在緊急狀態下得以暫停部分人權之保障。就此而言，我國憲法，尤其是憲法本文對例外狀態係抱持高度警戒態度。儘管如此，若與國際法相比較，我國憲法規範仍十分不足。

　　目前國際法上對例外狀態的規範重點概述如下：首先，就事由之認定而言，不僅是規範發生了什麼事，更重要的是要強調其**嚴重性**已達到**危及國本、威脅國家存立、或危及國家獨立與安全**的境地 **❸**。其次，若欲進入此狀態，公權力機關必須經公開正式宣告的程序。最後，為應付此狀態所採取之措施，必須符合下列原則：㈠暫時性原則，因應措施僅能短暫存在 **❹**；㈡必要性原則，所採取之措施必須是**絕對必要 ❺**；㈢合條約性（合憲性）原則，所採取措施不得牴觸其他國際條約或憲法 **❻**；㈣禁止歧視原

---

❷ 例如法國第五共和憲法第 16 條規定：例外狀態發動前，須先經憲法委員會審查是否符合憲法明定之發動事由。其次，在發動後 1 個月內，兩院議長提出聲請或經六十名兩院議員之連署，皆可請求憲法委員會介入審查例外狀態是否持續存在？最後，發動後達 2 個月起，憲法委員會必須主動進行前述審查。

❸ 參見聯合國公民與政治權利國際公約第 4 條，歐洲人權公約第 15 條與美洲人權公約第 27 條。另請參閱陳淳文，例外狀態、特殊性立法與憲法解釋，收於：法學的想像——蘇永欽教授七秩華誕祝壽論文集，第二卷，部門憲法，元照出版，2022 年，頁 480 以下。

❹ 如美洲人權公約第 27 條第 1 款。

❺ 如聯合國公民與政治權利國際公約第 4 條第 1 款。

❻ 如 2010 年 12 月 23 日生效的聯合國「保護所有人免遭強迫失蹤國際公約」第 1 條第 2 款規定：「任何情況，不論是處於戰爭狀態或受到戰爭威脅、國內政治

則；㈤核心人權不得觸碰原則等 **❻❼**。

㈡**特殊性法律 (loi d'exception)**

「特殊性法律」或稱特殊性立法或緊急法 (Emergency Act)，係指在例外狀態下所制定的法規範，故此類法規範必然與「例外狀態」或「特殊環境背景」相連結，如我國憲法上的緊急命令即屬之；故特殊性法律與例外狀態可說是互為表裡。「特殊性立法」與「特別法」的概念不同 **❻❽**，其區別首在於法制背景環境之差異，特別法是常態法制背景下的產物，而特殊性法律則是屬非常態，例外狀態下之法規範。更重要的是特殊性法律之效力可能改變、縮減或甚至是凍結具憲法位階之法規範或法律原則，或違反一般法治國所應遵循之基本原則，這是其與特別法在效力上的明顯差異。而也正是因為其有架空憲法的可能性，故必須被嚴格檢視 **❻❾**。

特殊性法律係以例外狀態之存在為其前提，沒有例外狀態，就不允許出現特殊性立法。但就算出現例外狀態，也並不表示任何特殊性立法皆屬

動亂，還是任何其他公共緊急狀態，均不得用來作為強迫失蹤的辯護理由。」

❻❼ 歐洲人權公約將生命權保護（禁止使用死刑）、禁止虐待、禁止奴隸制度、與罪刑法定視為是核心人權。公民與政治權利國際公約除前述四項外，另增不得因債務不履行而監禁、不得侵害法律人格地位與不得禁止思想與宗教自由等。美洲人權公約第 27 條則列舉更多不得侵犯的人權事項。

❻❽ 常態法秩序下的特別法係指：對其他法規所規定之同一事項而為特別之規定者（中央法規標準法第 16 條）。至於針對具體事項而為規範的法律稱為措施性法律 （如釋字第 391 號解釋的預算法或釋字第 520 號解釋的核能第四電廠興建法），而針對特定人的法律稱為個別性法律（如卸任總統副總統禮遇條例）。參見吳庚，行政法之理論與實用，增訂十四版，三民書局出版，2016 年，頁 40。

❻❾ 在例外狀態下的特殊性法律可能改變憲法權力分立或人權保障的情形，從比較法上來看，並非不能想像；如德國威瑪憲法第 48 條規定即為適例。不過我國憲法並未明文賦予緊急命令得以超越、架空或凍結憲法，釋字第 543 號解釋也僅說其為「**有暫時替代或變更法律效力之命令**」。

合法；特殊性立法還必須以「明顯必要」(évidente nécessité) 為其合法要件 ❼。「明顯必要」既是啟動特殊性立法的理由，亦是證立特殊性立法的依據與框限特殊性立法的基礎。「明顯必要」包含「明顯」與「必要」兩個次概念，而「明顯」是用來形容「必要」的強度。先就「明顯」而言，它意指：「理性的直接反應，不需要研究，不需要論證，也不需要找尋證據去支撐」。我國大法官在釋字第 499 號解釋論及重大明顯瑕疵時，特別指出：「所謂明顯，係指事實不待調查即可認定。」其重點是在排除人言人殊，強調有一個幾近共識的客觀事實存在。至於「必要」，從嚴格的語意去理解，「必要，就是無從選擇之意」。「我必須這麼做」，就是沒有其他選項，沒有其他可能性，我只能這麼做。拉丁法諺：「必要無法律」(*necessitas legem non habet*)，就是說明在必要的狀態下，不論法律如何規定，或不論法律有無規定，都不能改變必須為因應此狀態而採取特定作為的事實。但是這樣理解方式仍然十分模糊，特別是在公共事務領域，很少存有僅有一個選項，別無其他選擇的情況。因此放到法制的框架下，必要性的理解應該是指：**現存的常態法規範無法有效因應所遭遇之新情境**。在此理解下，特殊性立法究竟能否有效因應新情境，還是要進一步作目的與手段之間的相互關係分析與衡量；這已是我國大法官依憲法第 23 條所常操作的比例原則審查。綜上，特殊性立法是否可以被容忍或被視為合法，必須考量：第一，是否自特定時點起，發生或存在一個新狀態，或新的環境背景？第二，此新狀態之出現或存在，是否客觀明顯？第三，為因應此新狀態，是否必須採取特殊性立法？採取特殊性立法之必要性是否客觀明顯？第四，所採取之特殊性立法的內容，是否是為了因應新狀態所必要？是否能有效因應新狀態之需求？

　　最後在實質內容上，前述國際法對於例外狀態下相關應變措施的合法

---

❼　陳淳文，如何對待特殊性立法？以救國團案為例，人權會訊，第 128 期，2018年 5 月，頁 41 以下。

性要求，尤其是必須符合條約及憲法、禁止歧視、核心人權不得觸碰等，亦屬應予以嚴格審查的部分。

(三)例外狀態的常態化

阿岡本論及例外狀態時，其最憂心之處即在於例外狀態的常態化；特別是西方社會近年來不斷強化的反恐措施，以及為應付 2020 年起爆發之新型冠狀病毒肺炎 (Covid-19) 而採取的防疫措施，都有將例外狀態常態化的傾向。然而這些為因應例外狀態的特殊性立法內容，常常嚴重侵害人權。如反恐措施常對恐怖分子或其嫌疑人予以歧視對待，漠視他們的人性尊嚴、人身自由、秘密通訊自由、隱私保障與訴訟權保障等，使他們成為「法外人」。而防疫措施亦限制人民的人身自由、表意自由、集會結社自由、營業自由、受教權、醫療權、政治參與權與財產權之保障等，致使一般人民亦有淪為「法外人」的傾向；因為常態法制下他們原本被法所保障的權利與自由皆遭到限制或剝奪。在另一方面，特殊性立法也讓執政者可能成為不受法所控制，不被法所制裁的另一種「法外人」；或更精確地說是「法上人」；他們恣意揮灑權力，無所忌憚，無所不為。我國過去因海峽兩岸軍事對峙而長期戒嚴，特殊性立法俯拾即是並且長期存在，因而衍生出白色恐怖時期與威權體制，迄今仍餘悸猶存。

不料我國在民主法治逐步鞏固之後，近年竟出現可怕的反轉現象，不斷出現特殊性法律。首先是在沒有出現任何例外狀態的情況下，立法院制定特殊性法律。例如民國 106 年公布的前瞻基礎建設特別條例並非欲因應任何例外狀態，但其相關規定卻排除預算法、公共債務法、都市計畫法、水土保持與環境影響評估等相關規定，讓政府擺脫前述常態法律之限制而可大量揮霍公帑與遂行土地之變更與利用❼。又如民國 105 年公布的政黨

---

❼ 首先就法律名稱而言，「特別條例」的用語不僅已與中央法規標準法第 2 條規定相衝突，且本身就是贅詞；此恰足以顯示立法者之無知與立法品質的低落。蓋「條例」與「法」的選用，本就是前者用於特別領域，後者用於一般領域；

及其附隨組織不當取得財產處理條例，從特設組織（黨產會）、針對特定政黨的個案立法、溯及既往至 70 年前、附隨組織與不當財產的概念不明確、以推定方式界定「不當」與由黨產會直接剝奪人民財產等，處處皆有背離憲法與法治國基本原則的疑慮。然釋字第 793 號解釋新創「**特殊類型之法律**」的概念❼❷，用來承載該法之諸多例外措施，並將前述違憲質疑全部合憲化❼❸。大法官對於立法院制定特殊性立法的要件與其限制，完全未置一詞；大法官不僅像史密特所言：能決定例外狀態及其法制的人就是主權者，其更以主權者之姿界定歷史❼❹。再如民國 106 年 12 月公布的促進轉型正義

如貪污治罪條例與刑法的關係。其次，就規範內容而言，該法第 7 條排除預算控制與舉債上限，第 11 條及第 12 條讓中央政府在土地利用上取得更多的主導權與自由，看到的可能是錢與權的交易氾濫，國土保育的悲歌。再者，本條例並無落日條款，可無限期持續下去。最後，該條例立法過程爆發嚴重衝突，在野黨最後連署聲請釋憲，但大法官在民國 107 年 5 月 4 日第 1476 次會議不受理前瞻條例案；此不受理決議亦引發諸多批評。

❼❷ 該解釋解釋理由書第 33 段謂：「按法律固以一般性、抽象性規範為常態，惟如以特定人為規範對象，或以一般抽象性方式描述規範特徵，但實際適用結果，僅單一或少數對象受該法律規範者，均屬特殊類型之法律，如其目的係為追求合憲之重要公共利益，且其所採取之分類與規範目的之達成間，存有一定程度之關聯性，即非憲法所不許（本院釋字第 520 號、第 745 號、第 750 號及第 760 號解釋參照）。」又 112 年憲判字第 3 號判決再次使用此概念，用以支撐違反平等權，溯及既往與侵害信賴保護等質疑。然而首次使用「特殊類型法律」的釋字第 520 號解釋理由書第 6 段，明明是針對具體個案（核四廠），而非針對「特定人」。從釋字第 793 號到 112 年憲判字第 3 號，都是以「人」取代「事」，成為針對特定人之個案立法。更嚴重的是，釋字第 520 號的「特殊類型法律」並無排除「不得溯及既往」等重要法治原則之適用，也未侵害人權；但釋字第 793 號解釋及其後續則既架空相關法治原則，又侵害人權。

❼❸ 對於本號解釋的深入評析請參閱台灣行政法學會主編，黨產條例釋字 793 號解釋評析，元照出版，2021 年 7 月。

❼❹ 陳淳文，司法無權界定歷史——釋字第 793 號解釋簡評，收於：台灣行政法學

條例，除了特設組織（促轉會）之外，該組織並無明確落日條款，法律竟授權由行政院長決定其存續，讓一年一聘的委員完全成為行政院長的禁臠。更嚴重的是促轉會得以撤銷法院確定判決、無需法院令狀即能逕行搜索扣押，且可直接裁罰不配合者，嚴重破壞權力分立原則而有「東廠」之譏❼。總之，前述這些特殊性法律皆排除常態法制對公權力的束縛，但卻完全與例外狀態無關。

其次，一樣是在尚未出現例外狀態的情況下制定了一般性法律，但在此法律內卻已內建特殊性法律條款，以便一旦出現例外狀態時即可立即運用以應付危機❼。這種立法上的超前部署看似十分有遠見，但卻也發生讓例外狀態常態化的效果。於此更令人疑惑：若真的爆發例外狀態，還需要另訂其他的特殊性法律嗎❼？

會主編，黨產條例釋字 793 號解釋評析，元照出版，2021 年 7 月，頁 77 以下。

❼ 促進轉型正義條例第 6 條賦予促轉會平復司法之權，第 14、15 條賦予調查權與準搜索、扣押之權，第 16 條賦予裁罰權等，都遠超過正常行政機關所得享有之權力。民國 107 年地方選舉前，促轉會爆發介入選舉操作的張天欽事件，重創該會形象。該會在運作 4 年後，於民國 111 年 5 月 30 日正式熄燈。

❼ 例如徵用或調用民間物資部分，傳染病防治法第 54 條賦予政府極廣大的徵用權，嚴重特殊傳染性肺炎防治及紓困振興特別條例第 5 條的規定內容與前者幾無二致，此已顯示後者根本無須制定。然正因此廣大授權，政府在民國 109 年初疫情於國外開展時，即便當時國內幾無疫情，政府即開始徵用並控管醫用口罩之生產與銷售，人民排隊依限購範圍以實名制購買，廠商不得自由販售或出口，但政府卻藉此取得大量口罩捐贈國際；然外交作為與疫情防治並無直接相關。

❼ 例如同樣是散布有關疫情之謠言或不實訊息的處罰，傳染病防治法第 63 條與嚴重特殊傳染性肺炎防治及紓困振興特別條例第 14 條皆有規定，二者的差別僅在後者還有自由刑，處罰更嚴屬。又如違反隔離檢疫規定者，依前者最高可罰三十萬；依後者則可達一百萬。難道加重處罰是因應危機之絕對必要，且為

最後，更可怕的是真的出現了例外狀態，但政府卻不公開宣布進入例外狀態，卻同時又制定特殊性法律。例如為因應 Covid-19 疫情，立法院迄今先後通過「嚴重特殊傳染性肺炎防治及紓困振興特別條例」與「傳染病流行疫情嚴重期間司法程序特別條例」等兩部法律❼⑧。後者讓司法院得以排除一般訴訟法之適用❼⑨，嚴重影響人民訴訟權之保障；前者更賦予政府幾近獨裁的權力，其中又以該條例第 7 條為最。自疫情於國外爆發以來，諸如停留於國外疫區之國民得否返國、邊境防疫措施的規劃與決定、國內疫情資訊的揭露方式、中央與地方的防疫爭執，染疫致死率高居不下的原因，疫苗施打順序與疫苗採購爭議等，無一不呈現出政府高度專擅集權，決策黑箱無法課責，民主法治已然淪入幾近完全失靈的境地。當國民身陷疫區卻不得返國；當三級警戒禁止營業而致生活陷入困境；當不知感染源的染疫者奉令居家不得外出，而醫療救援卻遲遲苦等不至；或已在醫院與病毒格鬥，但卻欠缺必要設備或有效藥物而令生命岌岌可危；或因欠缺疫苗或悖理的施打順序而不能儘早施打疫苗卻不幸染疫者；或因施打不當疫苗而不幸致死者，他們都是在例外狀態下被特殊性法律所規範的受害人，

最有效的手段嗎？以散布疫情謠言而言，最高可處 3 年以下徒刑，併科三百萬罰金，是否符合釋字第 786 號解釋的責罰相當原則或釋字第 790 號解釋的罪刑相當原則？更何況賦予主管機關享有龐大的裁罰裁量空間，更令主管機關得以恣意控管言論，嚴重戕害民主。

❼⑧ 這兩部法律雖都有落日條款，但都可經立法院同意而延長。換言之，只要立法院多數同意，就可持續延續。更奇特的是兩部法律都為了對抗疫情，但竟然落日的時間不同，二者竟相差一年。也就是嚴重特殊傳染性肺炎防治及紓困振興特別條例已經停止適用後（民國 111 年 6 月 30 日），傳染病流行疫情嚴重期間司法程序特別條例竟還可繼續生效長達 1 年（民國 112 年 6 月 30 日）。不過，立法院第十屆第五會期第十四次會議又同意將嚴重特殊傳染性肺炎防治及紓困振興特別條例及其特別預算施行期間延長至民國 112 年 6 月 30 日。

❼⑨ 參見該條例第 2 條、第 4 條、第 6 條及第 8 條等。

他們都可算是被國家所棄置的「法外人」。若不能對例外狀態與特殊性法律
進行有效控制，則例外狀態持續越久，法外人就會越多。

第三章　中華民國憲法的基本原則

● 第一節　概說

　　坊間出售的著作中，只有極少數是從本書相同的角度討論我國憲法的基本原則，最早公法學家林紀東氏在其行政法教科書中，認為民主主義、法治主義與福利主義思想三者既是行政法的基本原理❶，也是中華民國憲法的基本原理，另法治斌、董保城合著之憲法讀本，則以共和原則、民主國原則、法治國原則及社會福利國原則等四種原則為現行憲法之基本秩序❷，與本文之見解頗為接近。至於若干憲法著作，雖也使用基本原則或基本精神的詞句，但均非此之所謂基本原則❸。在釋字第 499 號出現之前，憲法基本原則純屬學理上的探討，此號解釋既明白釋示：「憲法條文中，諸如：第一條所樹立之民主共和國原則、第二條國民主權原則、第二章保障人民權利、以及有關權力分立與制衡之原則，具有本質之重要性，亦為憲法基本原則之所在。基於前述規定所形成之自由民主憲政秩序，乃現行憲法賴以存立之基礎……。」憲法基本原則便成為實證法上的概念，然而如對上述解釋作文本詮釋還須注意兩點：一是對憲法基本原則只是例示性質，並非列舉窮盡，所以其用語為「諸如」；二是因為引用憲法條文或章節之故，未作概念上的整合，像民主國原則與國民主權原則便是重疊的概念，

---

❶　林紀東，行政法，修訂六版，五南出版，1990 年，頁 68。

❷　法治斌、董保城，憲法新論，修訂七版，元照出版，2020 年，頁 8 以下。

❸　參見管歐，中華民國憲法論，三民書局出版，1972 年，頁 9。雖有「權能區分是憲政之基本原則」，似非就實證的憲法法規而言。其他著作有使用「憲法的基本精神」者，見劉慶瑞，中華民國憲法要義，修訂十三版，自版，1987 年，頁 29；羅孟浩，中國憲法的理論體系，中華文化出版事業委員會出版，1953 年，頁 12。其意義與本文所指的基本原則，均不一致。

而人權保障與權力分立及制衡在理論上並非不能以法治國（或法治主義）一詞涵蓋。從而，我們對現行憲法的基本原則及其相關的次原則均可列表如下：

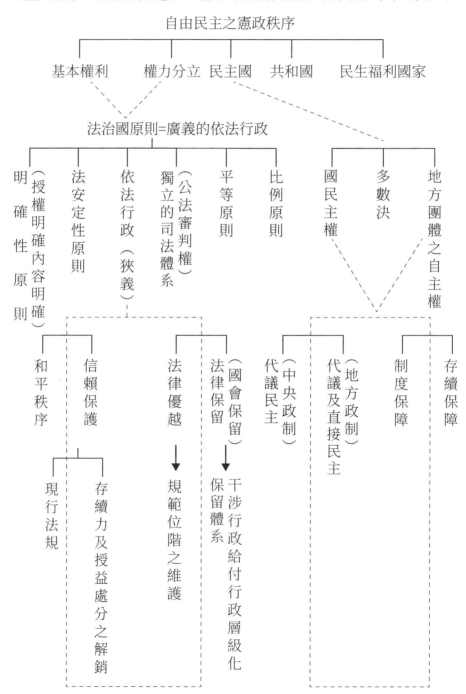

　　表中所列的憲法基本原則，較釋字第 499 號多出民生福利國家一項，因為第 499 號只是舉例而已，已見前述，與著者多年前發表論文所作的敘述也不盡相同❹。以下各節將就各項基本原則連同其次原則，加以論述：

●第二節　共和國原則

　　共和一詞在歐美各種文字中，都是來自拉丁文的 res publica 公共的事物之意，表現在國體上就是國家非一姓或一家之所有。不過共和在比較憲法上卻有不同涵義，美國聯邦憲法第 4 條第 4 項規定：合眾國應保證加入聯邦之每一州，均為共和政府 (a republican form of government)，在美國憲法的解釋上一般認為所謂共和政府，不只是沒有國王之意，而且等同於代議政府 (representative government)，不過如果某一州因為採用直接民主是否因而使代議政府變質，以致於可視為已背離共和政府，聯邦最高法院向來認為是不受司法審查的政治問題❺。共和國原則所指涉的內涵，第一就是不得設置世襲或沒有任期限制且有權指定繼位者的國家元首，皇帝或國王固然不可，其他名號只要世襲或無任期限制並由其指定繼任人，都與共和原則不符；共和國的元首與君主國元首尚有一項差異：君主在國法上完全不負責任，故有所謂 The King can do no wrong 之語。此外有爵位的授與特權，除非革命或政變否則君主有不受廢立或更換 (unabsetzbar, unversetzbar) 原則的保障；共和國的元首除行使職權的豁免 （憲法第 52條）外，仍有其應負的政治及法律責任，並得依法予以追究，此即憲法本文第 27 條第 1 項第 2 款及增修條文第 2 條第 9 項之罷免、憲法本文第 100條及增修條文第 2 條第 10 項之彈劾制度設計的由來。共和國原則衍生的意

---

❹　吳庚，論憲法之基本原則，收於：司法院大法官釋憲四十週年紀念論文集，司法院出版，1988 年，頁 155 以下。

❺　最早見諸 Pacific States Tel. & T. Co. v. Oregon, 223 U. S. 118，其後尚有類似案件，例如 Marshall v. Dye, 231 U. S. 250; Baker v. Carr, 369 U. S. 220 等。

義，尚包括禁止任何公職的世襲、不得頒給爵位或封號、依法授與的榮典（憲法第 42 條）僅限於接受者之一身專屬，不得繼承或讓與。

1912 年創立的中華民國，首要目標就是推翻帝制，建立共和，故民國以來，除洪憲帝制之外，憲法莫不明定共和國體，現行憲法第 1 條亦然。作為國家元首的總統，其任期、政治責任（即有關罷免之規定）、法律責任（即有關彈劾之規定）皆與前述共和國元首的特徵相符。在動員戡亂時期臨時條款實施期間，雖於民國 49 年修改條款時定為：「動員戡亂時期，總統副總統得連選連任，不受憲法第四十七條連任一次之限制」（臨時條款第 3 項），但每一任期屆滿，形式上必須由國民大會重新選舉，方得連任，在法律上仍不允許終身總統的存在，就此而言，共和國原則並未動搖。

共和國或君主國與國家是否為民主、威權或獨裁體制並無關連性。只要政治上決策的形成，確實由多數公民直接或間接的參與，政府權力的行使不是取決於某個人或少數人之專斷，縱然是君主國家，也可能是民主政體，英國、戰後之日本及西歐、北歐的君主立憲國家都是這一類。至於共和國而事實上是一黨專政或軍事獨裁，在亞非第三世界國家之中，更是所在多有。

● 第三節　民主國原則

民主最簡明的定義便是：由人民治理的政府 (government by the people)❻。我國憲法第 1 條不僅規定，中華民國為民主共和國，而且用「民治」及「民有」、「民享」來修飾民主共和的概念。除此之外，民主國家的若干要素，在憲法上也有明白的體現：

一、國民主權

主權是政治社會成為國家最主要的特徵，在傳統政治學裡，主權被當

---

❻　A. Lijphart, op. cit., p. 1.

作繁瑣的本體論概念討論，簡直成了一種迷思。其實主權無非是歐洲政治
分合的標誌，從羅馬帝國（包括後續的神聖羅馬）經過教會與各地諸侯分
庭抗禮到近代民族國家的形成，主權與國家權力的統一性 (Einheit der
Staatsgewalt) 意義基本上相同❼。在一個國家之內，具有統一性最高的權
力自然歸屬於統治者即國王，從布丹 (Bodin)，霍布斯 (Hobbes) 以次許多
近代思想家都是君主主權的擁護者。法國大革命及美國獨立建立了民主的
憲政制度，國民主權方始從盧梭 (Rousseau) 等人的理論中，逐漸變成普世
接受的憲法建制。但仍有少數國家儘管是十足的民主政體，法制上仍未採
納國民主權，例如英國依然標榜議會主權 (parliamentary sovereignty)❽。當
前對主權概念的通說是：在一個領域之內最高的權力，對外則與其他領域
的最高權力互相平等。前者具體表現為權限高權 (Kompetenzhoheit)：有權
制定並解釋其基本法、建立內部的規範秩序和政府組織、劃分次級團體的
權限、對法律爭端提供最終裁決的層級；後者即所謂主權平等原則，每一
主權實體皆屬獨立並在國際法上享有平等地位，但這一地位並不妨害經由
條約而使一國主權行使受到限制。

　　憲法第 2 條規定：「中華民國之主權，屬於國民全體」，毫無疑問採國
民主權原則。國民主權並不是一句空洞的政治口號「主權在民」而已，國
民主權的涵義是：唯有人民才是國家權力的來源，也唯有來自人民授予的
權威，才具有正當性；國家政策最後應取決於國民全體，而非某個人、一

❼　Vgl. R. Zippelius, Allgemeine Staatslehre, aaO., S. 58ff.

❽　議會立法權即國會立法的優位 (legislative supremacy of Parliament)，用英國憲
　　法大師戴雪 (A. V. Dicey) 說法，即制定法律的權是不受任何法本身的限制，不
　　過這是指法律上的主權，與法律上主權相分離的尚有政治上主權，政治上主權
　　存在於選民全體 (electorate)，see Dicey, Introduction to the Study of the Law of
　　the Constitution (10 th ed. by E. C. S. Wade, 1959), pp. 72–76, quoted in Colin
　　Turpin, British Government and the Constitution, 2nd ed., 1990, p. 28.

群人或某些政黨。至於如何實現國民主權的理念，則表現於憲法對政治建制的設計。

現代社會生活關係複雜，分工細密，縱然是小國寡民（例如瑞士的某些州：Kanton），也不可能由人民直接處理公共事務，所以我們將直接民主界定為：除選舉之外，凡公民有直接參與立法權行使的政體。換言之，有創制、複決制度者即可稱之為直接民主，而與另外一種各國普遍採用的間接民主即代議政府相對稱。現行憲法制定於國家廣土眾民的環境，對於政治建制採取三種不同的設計：㈠中央政制為完全的代議民主：總統由國民大會間接選出、立法權由代議機構立法院行使，雖因為接受孫中山先生遺教之故，於憲法第 27 條第 2 項規定：關於創制複決兩權，除修改憲法及複決立法院所提之憲法修正案外，俟全國有半數之縣市曾經行使創制複決兩項政權時，由國民大會制定辦法並行使之，然創制複決必須由公民直接行使，才能稱為直接民主。國民大會既屬民意代表機構，由其代替人民為之，已非創制複決的原意❾，依然是代議性質。㈡縣兼採直接民主：憲法第

---

❾　憲法主稿人張君勱也承認國民大會並非直接民權，而自創一個自相矛盾的名詞「間接方式的直接民權」，見張君勱，中華民國民主憲法十講，台灣商務出版，頁 41。要實現中山先生創建國民大會「以濟代議制度之窮」，又要消除國民大會本身即是代議機構之矛盾，因為不是直接由人民行使的立法權，稱為創制複決是名實不符的，莎士比亞在《羅密歐與茱麗葉》中有名的一句話：玫瑰花叫別的名字，它還是香的。我們也可以反轉來說，不是玫瑰，硬把它叫做玫瑰，也是枉然。在憲法公布之初，謝瀛洲氏即主張修憲，將國民大會從自由的委任（或稱法定代表）改為強制的委任（又稱委任代表 (mandat imperatif)，謝氏譯為授權命令），見謝瀛洲，中華民國憲法論，增訂版，1969 年，頁 122。按強制委任意指代議士應受被代表者（即選民）意思之拘束，不得自由的發言及表決，乃實行於舊日的制度（如歐洲的三級會議），今日美國的總統選舉人團的投票方式，差可比擬。在行使簡單的「授權」事項時，例如指定選舉或罷免某一人士，似乎可行，若一般法案之討論及決議，則窒礙難行，謝氏之主張未見

123 條前段：「縣民關於縣自治事項，依法律行使創制、複決之權」，憲法第 136 條又規定：「創制複決兩權之行使，以法律定之。」行憲以來，迄未公布相關法律，以致於從無行使的經驗，但憲法本意在縣立法的層次採用直接民主，甚為明顯。㈢省是否採直接民主由各省自行決定：憲法在省的章節中（憲法第 112 條至憲法第 120 條）並無與縣（憲法第 123 條）相同的條文，應解釋為制憲者故意省略，是故省民關於省自治事項，並非當然得行使創制複決兩權，而由各省自行決定。蓋省實施自治之前，應召集省民代表大會，制定省自治法（憲法第 112 條），省自治法相當於各該省的「迷你憲法」，對於民權的行使自應由省自治法予以規範。至於其後台灣省逕由中央頒布省縣自治法，實施省長民選，不旋踵又將省虛級化則是另一問題。雖屬適應國家現狀之設計，但已背離憲法原始精神。

與主權有關的另一問題是公民投票。普選、人民投票 (plebiscite)、公民複決 (referendum) 都是廣義的公民投票，本書所稱的公民投票，指對法案及特定事項由公民以多數決投票方式決定之謂，不包括普選、罷免案的投票。現行憲法是否允許公投制度，一度成為各方爭論的問題❿。贊成公投者最主要的論據不外認為，公投是國民主權最具體直接的顯現，憲法第 2 條所揭示的主權在民原則，已足以作為公投的法源依據，而不必斤斤於中央政府本質上為代議制度的原始設計。平心而論，對全國性事務，憲法欠缺公投的規定，是制憲者刻意的安排，這也就是先前立法院欲制定公民投票法，除政治敏感性外，未能順利通過的主要原因。惟就制憲當時與現

響應，其故在此。

❿　參照謝復生，公民投票（創制複決）制度比較研究，行政院研考會，1997 年；許宗力，憲法與公民投票，收於：許宗力，憲法與法治國行政，元照出版，1999 年，頁 53 以下；陳淳文，民主共和與國民主權——評司法院大法官釋字第 645 號解釋，收於：黃舒芃主編，憲法解釋之理論與實務，第七輯，下冊，中研院法律所出版，2010 年，頁 325–382。

今的環境比較，顯然大不相同，構成國家的實質因素不能相提並論，尤其所謂「代表全國國民行使政權」的國民大會，已喪失其原有地位與功能，更增強建置公投機制的正當性。不過，相較於地方性公投制度依憲法有關縣之創制複決規定，以法律予以規範並無憲法爭議，而全國性創制、複決制度在修憲凍結國大後，應如何規範？是否屬憲法保留事項？立法院可以透過立法方式賦予自己全國性公投之發動權嗎？無一不充滿爭議。公投法之合憲性爭議，雖隨著釋字第 645 號解釋的作出而緩解；但正是因為該號解釋沒有正視全國性公投直接涉及國民主權之行使，應屬憲法保留事項，終至全國性公投制度可由立法院以簡單多數決隨意變更其內容，此對我國憲政民主體制之穩定與發展，傷害甚鉅❶❶。

二、多數決

多數決是實施民主政治不可或缺的要素，所謂「一人一票，每票等值」(one man, one vote, one value)，結果決定於多數。所謂多數又有所謂「絕對多數與相對多數」與「加重多數與一般多數」之分，就前者言，絕對多數指全體成員的過半數，相對多數謂表決（投票）時出席或參與者的過半數。就後者言，表決通過門檻為二分之一者，謂之一般多數；門檻高於二分之一，諸如三分之二或四分之三者，則謂之加重多數。憲法對多數決並未明文揭櫫，制憲者或許認為多數決乃理所當然，無須特加規定。檢視憲法本文直接涉及多數決字樣者有兩處，一是憲法第 94 條：「監察院依本憲法行

---

❶❶　釋字第 645 號解釋從提出聲請到作出解釋，前後歷時 4 年半多。在該法違憲爭議懸而未決期間，不僅歷經一次修憲，但並未將公投議題納入修憲議程；並在二次總統大選中適用該法而辦過二次全國性公投。該號解釋為何如此耗時？外界不得而知。參見陳淳文，釋憲趨勢與半總統制的制度韌性，政治科學論叢，第 72 期，2017 年 6 月，頁 25 以下。另有關公投法的討論，請參閱第二編第五章。

使同意權時，由出席委員過半數之議決行之。」二是憲法第 100 條，關於監察院對總統及副總統之彈劾案，須有「全體監察委員過半數之審查及決議」，上述兩項條文的規定，皆是針對監察委員行使職權而設，在國民大會及立法院有關的章節中，則沒有類似規定。原因是監察權的發動，與立法權不同，未必需要過半數或集體行使，憲法第 98 條規定，彈劾案只要監察委員一人以上提議，九人以上審查及決定，即可提出，可見對於須有過半數委員通過的同意案及彈劾總統案，有特別明定的必要（目前監察院已無對正副總統的彈劾權）。因此，上述條文不能視為對多數決原則所作的普遍性宣告，然而從憲法本文兩種特別多數的規定：㈠憲法第 57 條立法院變更行政院重大決策或法案之覆議案，應有出席委員三分之二之堅持；㈡憲法第 174 條規定修改憲法所須之特別加重的多數，均可依「舉重以明輕」而得知其他議案的通過，憲法許可相對多數（出席的過半數）或絕對多數（全體成員的過半數），作為可決票數。增修條文第 3 條第 2 項則有兩處採用絕對多數，一是立法院對覆議案維持原決議的表決（同條項第 2 款），二是對行政院院長不信任案的表決（同條項第 3 款），均採絕對多數為可決。至於領土變更與修憲，增修條文皆採加重多數決作為通過門檻。

　　多數決原則在憲法理論上的意義，不僅是一種直接形成議會決策、間接匯集國民公意的方法而已，更重要在於「代議制度的多數決原則正足以防堵階級統治」（Gerade die Klassenherrschaft zu verhindern, ist das parlamentarische Majoritätsprinzip geeignet）❷。階級統治無論古代的貴族政治，或現代的共產體制，都是一個階級對其他階級的威權統治，與民主主義之下承認全民不分階級以多數形成公意決定政策，完全不同。與多數決原則不可分離的另外一項原則乃是保障少數利益，保障少數利益的建制包括：修改憲法應有特別加重的多數、個人自由與權利不受非法的侵害、承認由少數法官組成的審判機關有違憲審查權，這些建制在中華民國憲法本

---

❷　H. Kelsen, Vom Wesen und Wert der Demokratie, 2. Aufl., Tübingen, 1929, S. 53.

文的條款中，均有具體的規定。民主政治的哲學基礎是經驗的相對主義 (empirische Relativismus)❸，既反對盧梭多數永遠是正確的說法，也不贊成易卜生 (Ibsen) 少數總是無誤的論調，代表國民公意的多數意見，不是一成不變的，常隨時代與環境而改變。

三、次級統治團體的自主權

19 世紀以來的政治理論家 de Tocqueville、James Bryce 之流，認為地方自治是民主政治的基石。惟時至今日，若干成功實施民主的國家，並未賦予地方團體充分的自治，所以地方自治以當前的經驗衡量，只是民主政治的充分條件而非必要條件。

我國憲法第 10 章中央與地方之權限，第 11 章地方制度，對省縣等地方團體的自主權限，均有明文規定，且其自主權限的範圍相當廣泛，以至於被解讀為類似聯邦國家，與中國數千年來的單一國形態不符❹。我們認為憲法本文關於次級統治團體的規定，值得強調的有兩項特徵：㈠省縣的地位優越於城市；歐洲立憲主義的發展，起於都市發達及市民階級的興起，城市的自然與人文條件皆勝過鄉區，在憲法上往往賦予城市優越的地位，大城市巴黎、柏林、維也納、漢堡固不論矣，即使次等城市也受到自主地位的保障 (Stadt mit eigenem Status)。我國憲法則對省、縣自治權限保障相當周詳，而對於城市，無論直轄市或省轄市都未作完整的規定，僅在憲法第 118 條稱：「直轄市之自治，以法律定之」，及憲法第 128 條：「市準用縣之規定」略加安排。原因甚為簡單：一方面行省及縣的地位在我國歷代以來，已有強固的地位；另一方面我國立憲政治的起源與歐洲並不相同，自不必特別重視市民階級的生活本據地。㈡我國憲法對次級統治團體省、縣

---

❸　Vgl. A. Brecht, Politisch Theorie. Die Grundlagen politischen Denkens im 20. Jahrhundert, 2. Aufl., Tübingen, 1976, S. 139ff.

❹　如薩孟武，中華民國憲法新論，1972 年，頁 507 以下。

的保障，所採取的是「制度保障」(Institutsgarantie)，而非「存續保障」(Bestandsgarantie)❻。憲法本文有兩個在目前時空下已無意義的條文，但非常適合用以說明制度保障與存續保障的區別，憲法第 119 條稱：「蒙古各盟旗地方自治制度，以法律定之。」其意義為蒙古應設置盟旗實施地方自治的制度，但如何設置盟旗？若干旗？若干盟？又盟旗與內蒙古各省的關係為何？憲法不予訂定，一律委由法律加以規定。憲法所關心只是以旗盟自治制度的設置，代替內地省、縣、市之組織層級。後一條文為憲法第 120 條：「西藏自治制度，應予以保障」，乃是對西藏自治制度的「存續保障」，西藏的政治狀態應照著制憲當時繼續存在，中央不能以制定法律的方式予以廢棄或變更。制憲者所以對蒙藏有此區別，是政治環境使然，當時外蒙古已獨立，內蒙古為中央統治權所及，不生問題，西藏則始終懷著分離意識，不得不加以安撫。對於內地的各省縣自治，憲法顯然只要求建立省、縣自治制度，行使憲法所賦予的自主權限，至於設多少省？多少縣？乃至於多少市？其名稱及轄區為何？憲法不予置喙，屬於純粹的「制度保障」。行憲以來，海南島自廣東省劃出，台北、高雄兩市與台灣省分離成為直轄市，近年廢省之後又增設四直轄市（合計所謂六都），都未發生憲法上的爭議，其理由在此。

　　我國地方制度歷年來有不少重大變更。先是從民國 39 年起全國只有台灣一轄區完整的省分，無從制定適用於全國的省縣自治通則，既無通則自亦無從召開省民代表大會（憲法第 112 條），中央政府遂越過憲法程序，頒布行政命令，辦理選舉並實施有限度之省縣自治。解除戒嚴之後，省長民

---

❻　這兩種保障見 Klaus Stern, Artikel 28, in: Kommentar zum Bonner Grundgesetz, bearb. von J. Abraham u. a., Hamburg, 1964, Rdnr. 123; F. Ederhard, Die Bestandsgarantie der Gemeinde, Österr. Juristenzeitung, 218ff/1971. 並參照吳庚，西德地方自治團體之性質組織及民權行使，憲政思潮，第 39 期，1977 年 9 月，頁 64 以下。

選的呼聲甚囂塵上，執政當局鑑於當時總統尚未直接民選，為不使省長的民主正當性凌駕總統之上，遂起草動員戡亂時期臺灣省政府組織條例，採折衷辦法，省主席由行政院長提名經省議會通過後任命。法案在立法院審議中發生合憲性爭議，提請大法官解釋，由於憲法只規定中央有權制定前述通則，而省主席之名稱憲法根本不存在，釋字第 260 號解釋❶⑥遂否決該草案，制定法律既不為憲法所許，行政院以自行發布「台灣省議會組織規程」的方式施行，最後並於民國 83 年再次修憲，實施省長民選，制定省縣自治法及直轄市自治法，將前此以命令辦理的地方自治形式上「法制化」，上述兩法後又合併為地方制度法，名稱雖更改，實質內容則少有更動。

　　最後須討論的是省虛級化的合憲性問題：省長民選實行不久，憲法增修條文於民國 86 年 7 月再度修正公布，將省虛級化（即時論所謂的凍省），當即引發憲法爭議，立法委員遂以凍省後省是否仍具有公法人地位聲請釋憲，大法官作成釋字第 467 號解釋稱：省自非地方自治團體性質之公法人，但仍得具有公法人資格。此號解釋似有意以合憲性解釋 (verfassungskonforme Auslegung) 的方法，維持省為制度保障的憲法原意，因此有「省為地方制度層級之地位仍未喪失」之用語，至於凍省之後省有無公法人地位及省級組織功能如何？依地方制度法及台灣省政府功能業務與組織調整暫行條例（現已廢止）等，實際上已將省精簡為空洞化的層級❶⑦。

---

⑯　釋字第 260 號解釋內容簡單，但有兩項意義：一是大法官第一次否決執政當局的重大決策，在此之前，大法官雖也宣告過違警罰法、稅捐稽徵法違憲（分別見釋字第 166 號、釋字第 224 號），但或為行憲前之舊法律，或屬法制上的技術事項，無關國家大政；二是首創法律草案之違憲審查，類似法國憲法委員會預防制的合憲性控制於焉出現。

⑰　精省的結果無疑已背離憲法本文所樹立的制度保障，然則憲法增修條文第 9 條是否因牴觸憲法本文而無效（參照釋字第 499 號解釋）？如果認為省實施地方自治僅是憲法基本原則中的一項因素，而非基本原則的本身，縱然按照史密特

●第四節　法治國原則

法治國原則也可稱為法治主義，其最核心的內涵就是要建立對國家權力之行使的一系列要求或限制，也就是對國家權力行使的制約；其蘊含兩個最重要特徵：一是「對法的崇拜與遵從」，二是「權力的職權化」❽。基此，從我國憲法框架所推演出來的法治國原則，我們認為應由下列元素組成：

一、基本權利的保障

人民基本權利的保障乃立憲主義的終極目的，此所以有「憲法者人民權利之保障書」的說法，其他的制度諸如權力分立、依法行政等都是實施此目的之手段。憲法第 2 章規定人民的自由與權利，自第 7 條至第 18 條及第 21 條加以臚列之外，又在憲法第 22 條作一次總括的規定。所以，我國憲法對人民權利的保障，無所謂「清單上的權利」與「清單外的權利」之區別。而基本權利的限制，憲法第 23 條則採取法律保留 (Gesetzesvorbehalt) 原則，提供一項以不確定法律概念所構成的概括限制條款。此部分於後詳述。最簡要地說，憲法揭櫫應予以保障之人權項目與範圍，其實就是劃下國家權力行使的界限。

憲章與憲律二分法理論，仍屬正常修憲範圍。不過凍省的事件，實際上已超出法的層次，而是政治性的基本決定 (Grundentscheidung)，當國家管轄權所及的領域與唯一的省之管轄範圍，幾乎完全重疊時，統治層級的簡化訴求，就有其合理性。令人質疑的是，何以大費周章，反覆修憲，出爾反爾以致於此呢？

❽　權力的職權化就是將「權力」與「人」分離，使得所有國家權力都轉化成為一種「職權」。公權力既然已是一種「職權」，其與「職位」連結在一起，就不再屬任何一個個人可以自由運用、處置或甚至是拋棄的客體。參見陳淳文，法治社會之司法權威初探，收於：陳春生主編，法之橋：台灣與法國之法學交會——彭惕業教授榮退論文集，元照出版，2016 年 7 月，頁 32。

二、五權分立

　　五權分立是現行憲法最顯著的特色。而五權分立與西方國家的三權分立，究竟是質的差異抑或量的不同，向來是五權憲法解釋上的一項重要課題。如前所述，現行憲法基本上是以西方代議民主為根據，雖稱「五權分治，平等相維」（見司法院釋字第 3 號解釋），但行政院向立法院負責，行政首長則有將立法院的決議退回覆議之權，司法院有法令違憲審查權，立法院則可對行政院院長為不信任投票（增修條文第 3 條第 2 項第 3 款），考試院獨立行使其考銓權限，監察院對行政、司法及考試三院皆有監察權限。不能認為非權力分立 (separation of powers)，也不能認為非制衡 (check and balance) 作用。至於傳統憲法著作將現行憲法的五權分立以各種詞彙：「諸權協力」、「分工合作」 等加以解釋，無非想以 「職能分工」 (division of functions) 取代權力分立，或許與孫中山先生五權憲法的本意相符合，也或許與中國傳統政治文化中，避免出現表面的對立與衝突之願望相一致，但恐非對實證的憲法法規作客觀上正確解釋應有的涵義。

　　西方國家的憲政制度，其最初構想不在使政府有充分的效能，而是以限制政府權力，即建立所謂有限政府 (limited government)，俾能達到保障個人自由的目的。其方法之一便是將政府的權力，劃分為行政、立法與司法，使權力互相牽制，這種植根於自由主義的政治制度，可謂與流行於 18、19 世紀的牛頓主義 (Newtonianism) 不謀而合：一切物體之間均有互相牽引的力量，維持各物之間的均衡，乃是從天體運行到社會穩定發展的前提條件❶❾。孫中山先生也同樣的主張權力的平衡，他在「五權憲法」的講詞中明白指出：「政治裡頭有兩個力量：一個是自由的力量，一個是維持秩序的力量。 政府中有這兩個力量， 好比物理學裡頭有離心力或向心力一

---

❶❾　權力分立與制衡也因此被稱為政治的牛頓主義 (political Newtonianism)，cf. D. J. Manning, Liberalism (London, 1976), p. 16.

樣。……總要兩力平衡，物體才能保持平常的狀態。」這段話是否直接受牛頓主義的影響，固然不敢斷言，但無疑地使用了古典物理學的術語和概念。孫中山先生理想中的均衡是指人民的「權」與政府的「能」之間的均衡，與自由主義者以政治次系統的牽引作用，來維持均衡有所不同。憲法本文有意使「政權機關」的國民大會實際上成為「總統選舉人團」或「修憲會議」，因此制衡作用唯有依賴西方代議民主的權力分立設計。

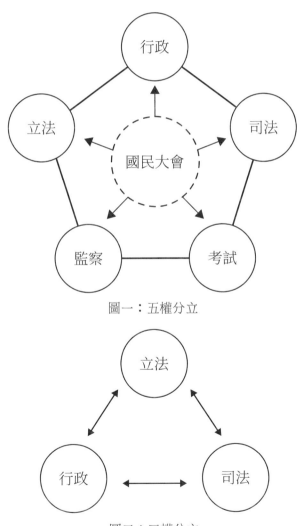

圖一：五權分立

圖二：三權分立

　　圖一之國民大會用虛線，意謂實際上並未存在，民國 25 年 5 月 5 日發表之憲法草案（俗稱五五憲草）的設計庶幾接近，但終究是未實施的草案，而且五五憲草所設計的國民大會能否發揮監督功能，早受各方質疑，並為其後召集的政治協商會議所不採。如今國民大會已經修憲凍結，所謂國民大會為最高政權機關、所謂權能區分殆已成為廣陵絕響！

　　職司釋憲的司法院大法官，早年頗受五權憲法通說的影響，故釋字第 3 號解釋有「基於五權分治平等相維」之體制的用語。釋字第 76 號則稱：「我國憲法係依據孫中山先生之遺教而制定，於國民大會外並建立五院，與三權分立制度本難比擬」，但近年大法官的見解顯已改變，釋字第 419 號解釋即以憲法上職位之兼任是否容許，「應以有無違反權力分立原則為斷」，其理由書第 6 段並引 1789 年法國人權宣言第 16 條：「任何社會中，未貫徹權利保障，亦無明確之權力分立者，即無憲法」，作為論據。釋字第 530 號解釋復宣稱：「審判獨立乃自由民主憲政秩序權力分立與制衡之重要原則。」稍後作成之 585 號、613 號解釋均一再強調權力分立原則，傳統諸權協力與但求表面和諧羞於衝突 (Konfliktsscheu) 的思考模式，已不存在。

三、依法行政

　　依法行政簡單的界說就是：行政應受法律與一般法的原則之拘束（參照德國基本法第 20 條第 3 項、我國行政程序法第 4 條）。但仍須作進一步概念剖析：依法行政原則從德國學者 Otto Mayer 創議以來，一向區分為法律優越（位）(Vorrang des Gesetzes) 及法律保留 (Gesetzesvorbehalt) 兩項次要原則 ❷。法律優越原則謂行政行為或其他一切行政活動，均不得與法律相牴觸。此處所謂法律指形式意義的法律而言，亦即立法院通過總統公布之法律（憲法第 170 條）。申言之，此項原則一方面涵蓋規範位階之意義，

---

❷　這兩項原則的說明，可參看吳庚，行政法之理論與實用，增訂第十四版，三民書局出版，2016 年，頁 83 以下。

即行政命令及行政處分等各類行政行為，在規範位階上皆低於法律；另一方面法律優越原則並不要求一切行政活動必須有法律的明文依據，只須消極的不違背法律之規定即可，故稱之為消極的依法行政。法律優越在現行憲法上有明文可據，包括憲法第 171 條第 1 項，憲法第 172 條，憲法第 125 條等，另外中央法規標準法第 11 條亦明示法律優位的意旨。

　　法律保留原則，謂沒有法律授權行政機關即不能合法的作成行政行為，蓋憲法已將某些事項保留予立法機關，須由立法機關以法律加以規定。故在法律保留原則之下，行政行為不能以消極的不牴觸法律為已足，尚須有法律之明文依據，故又稱積極的依法行政。現行憲法對於法律保留採取兩種規定方式：㈠一般性保留：憲法第 23 條乃典型之一般保留條款，對「以上各條列舉之自由權利」，「得以法律限制之」相當於干涉保留，亦無疑義。㈡個別事項保留：憲法規定特別保留者為數不少，例如憲法第 24 條之「依法律受懲戒」及「依法律向國家請求賠償」，憲法第 26 條「國民大會代表之產生」、憲法第 34 條「國民大會之組織，國民大會代表之選舉罷免」，憲法第 61 條行政院之組織，憲法第 76 條立法院之組織，憲法第 82 條司法院及各級法院之組織等，增修條文第 2 條第 4 項國家安全機關之組織，增修條文第 9 條省縣地方制度及增修條文第 11 條兩岸關係事項等均屬之。所須研究者，不屬於一般保留之事項，又不在個別保留之範圍者，憲法是否有意限制立法院制定法律之權限；換言之，憲法特別保留之規定係「列舉排除其他」抑僅屬例示性質？又憲法第 63 條的國家其他重要事項究何所指？解釋上雖有爭議❷，但對於此類事項，立法院以法律定之，自為本條之所許；又參照大法官會議釋字第 3 號解釋所稱：「我國憲法間有闕文，例如憲法上由選舉產生之機關，對於國民大會代表及立法院立法委員之選舉，憲法則以第三十四條、第六十四條第二項載明『以法律定之』，獨對於監察院

---

❷　參照林紀東，中華民國憲法逐條釋義，第二冊，三民書局出版，1986 年，頁 322。

監察委員之選舉則並無類似之規定，此項闕文，自不能認為監察委員之選舉可無需法律規定，或憲法對此有意省略，或故予排除，要甚明顯。」基於上述理由，各項個別保留條款，僅屬例示而已。中央法規標準法第 5 條及第 6 條係屬現行法律所勾勒之「法律保留」的具體範圍。綜觀第 5 條各款之內容，其已不限於干涉保留，尚包括機關組織之保留及其他重要事項之保留。

　　依法行政原則乃法治 (rule of law; État de droit) 的具體表現，源自西歐及北美的近代法治思潮及法制，與中國兩千年來在儒家支配下，尚賢及人治的主流思想，可謂背道而馳❷❷。權威人格更是傳統華人性格的特徵❷❸，權威人格者對於各種權威的全心依賴與支持是顯著的取向，國家領導人或行政首長便處於各類權威的頂端，國民應服從這一權威的發號施令，成為理所當然。所謂民意機關或國會的意思表示（立法行為）比行政部門的意思表示，具有較高的正當性，在欠缺代議民主經驗的傳統社會，根本不存在。尤其中央政府遷台後，立法機關未能定期改選，其民主正當性更無從在國民觀感中建立，因此在法律優位與法律保留的層面，實然 (Sein) 與應然 (Sollen) 之間有相當大的差距，換言之，憲法所要求的依法行政並未確實踐行。直到解除戒嚴及終止戡亂時期，法治政治受此大環境影響，方有顯著的改觀，下列幾項便是近三、四十年來所確立的原則：

㈠建立層級化的保留體系

　　如前所述，憲法第 23 條以不確定法律概念所規範的是一種侵害保留 (Eingriffsvorbehalt)。原本沒有按照權利性質或對權利主體影響的重要性程度，建構不同層級的保留體系 (System des abgestufen Vorbehalts)❷❹。大法

---

❷❷　Barry M. Hager, The Rule of Law. A Lexicon for Policy Makers (Mansfield Foundation, 1999), pp. 12–13.

❷❸　李亦園、楊國樞等，中國人的性格，桂冠出版，1987 年，頁 322。

❷❹　Vgl. Heiko Faber, Verwaltungsrecht, 1987, S. 87f.; Thomas Wulfing,

官藉著釋字第 443 號解釋，宣告內政部訂定之役男出境處理辦法有關規定違憲的機會，建立了層級化的保留體系，其理由書第 1 段對此體系詳為闡明，依其意旨所建立的層級，可用圖形表示如下：

| 憲　法　保　留 |
| 絕　對　的　法　律　保　留 |
| 相　對　的　法　律　保　留　事　項 |
| 非　屬　法　律　保　留　範　圍　的　次　要　事　項 |

圖三：層級化的法律保留體系

憲法保留：如憲法第 8 條有關限制人身自由之事項，或是諸如有關憲法機關（如總統，國民大會或五院）之變革，如總統之選舉方式與任期，行政院與立法院的互動關係等事項。

絕對法律保留：諸如剝奪人民生命身體自由之可罰條件、各種時效制度等，必須以法律規定，不得委由行政命令補充，故又稱國會保留。

相對法律保留：有關其他人民自由權利限制之重要事項，得以法律或具體明確之法律授權條款，委由命令規定。其對象包括侵害（干涉）行政及給付行政。也就是釋字第 707 號解釋理由書所稱：「行政措施雖未限制人民之自由權利，但如涉及公共利益或實現人民基本權利之保障等重大事項者，原則上仍應有法律或法律明確之授權為依據，主管機關始得據以訂定法規命令。」

非屬法律保留事項：執行法律之技術性、細節性及對人民影響輕微之事項。

Grundrechtliche Gesetzesvorbehalte und Grundrechtsschranken, 1981, S. 26ff. 又陳新民，憲法基本權利之基本理論，上冊，自版，1990 年，頁 203 以下。

㈡「有組織法即有行為法」的命題不成立

有組織法的職權就可發布各種命令規章（司法院早年之解釋如第 155 號，即有此意），足以完全否定法律保留的要求，因此司法院近年的解釋反覆強調對人民自由權利的限制，須以法律規定為原則，法律雖得以命令為補充規定，惟授權之目的、範圍及內容均須具體明確，然後始可據以發布命令，否則即與憲法第 23 條法律保留意旨有違，不符合前述憲法意旨的命令規章，遭宣告違憲者為數不少❷❺。

㈢「法律授權發布的命令與母法有同一效力，不生牴觸母法的問題」的說法不成立

所謂法律授權發布之命令與母法有同一之效力，不發生與授權之母法牴觸之事，數十年簡直被視為金科玉律，不斷出現於教科書與法院判決之中。往日學者甚至將法律授權發布命令的做法稱之為委任立法之發達，為 20 世紀行政權擴大之表徵❷❻。實則，除非國家處於緊急狀態，否則若授權以命令代替法律，即所謂法律形式的委任 (formalgesetzliche Delegation)，

---

❷❺　例如全民健康保險法對於人民因出國而停保，後因返國欲再重保之情況未作任何規定；而係由全民健康保險法施行細則規定停保及復保等相關條件。憲法法庭 111 年憲判字第 19 號判決即指出：全民健康保險停保及復保制度影響被保險人權利義務，並涉及重大公共利益，其重要事項之具體內容，應有法律或法律明確授權之命令為依據，始符法律保留原則之要求。然綜觀全民健康保險法未有隻言片語提及全民健保是否得停保及復保等相關事項，即使從寬認定就該事項有默示之授權，亦無從依全民健康保險法第 1 條立法目的以及法律整體之觀察，推知任何可供主管機關訂定命令時得以遵循之方針指示或概念框架，遑論讓人民可以預見，是主管機關逕以施行細則創設母法所無之停保及復保制度，顯係逾越立法者制定全民健康保險法所形塑之制度內涵，違反法律保留原則。其他類似案例尚可參照釋字第 313 號、第 402 號、第 454 號、第 455 號、第 514 號、第 519 號、第 535 號、第 730 號等解釋。

❷❻　林紀東，中華民國憲法釋論，頁 71 以下。

等於國會放棄其立法權限，違背權力分立原則，為民主的立憲主義所不許❷，因此大法官解釋在揭櫫法律必須授權明確的前提下，多次宣告命令逾越母法，對人民增加法律所無之限制❷。

關於依法行政或法律保留原則，其貫徹實施攸關民主憲政的成敗，但晚近論者有謂現行憲法第 23 條「允許制定法律限制人權，而將其稱為法律保留原則」，可能造成國會或統治者可以隨意制定法律限制或剝奪人權的結果，遂認為法律保留乃現行憲法最嚴重缺點之一，這種說法並不正確❷。因為以法律限制人民權利，是任何國家皆存在的現象。法律保留原則的作用，否定了不經過立法程序逕行以行政措施侵害人民權益的正當性，這在法治尚未上軌道的國家是有其必要的。憲法第 23 條之設，與「人權是先國家或先憲法而存在」並不衝突，何況第 23 條同時還包含比例原則 (Der Grundsatz der Verhältnismäßigkeit)，非有必要，即不得以法律限制人民的自由權利，違憲審查機關儘可據此原則，宣告法律牴觸憲法而無效。憲法第 23 條講求文字對仗遠勝於涵義之精確，容有可議之處，但若無第 23 條這類條文，豈非謂人民權利絕對不得加以限制或任何公權力措施皆可限制人權而不必限於合乎比例原則的法律呢？

㈣將正當法律程序導入我國法制

正當法律程序（due process of law，照字義可譯為法的正當程序）一詞

❷　事實上卻存在「替代法律的行政規則」及「規範具體化的行政規則」。司法院大法官於民國 101 年 12 月 28 日公布之釋字第 707 號解釋，即因「公立學校教職員敘薪辦法」是否違憲而起，該號解釋未否定自民國 62 年就實施的這項辦法之有效性，只非難其不應長久存在，並給予 3 年的立法過渡期間。關於前述兩種行政規則，可參閱吳庚，行政法之理論與實用，增訂十四版，三民書局出版，2016 年，頁 46。

❷　如釋字第 268 號、第 380 號、第 394 號、第 456 號、第 479 號、第 581 號、第 650 號、第 658 號、第 778 號、第 798 號等。

❷　許慶雄，中華民國如何成為國家，前衛出版，2001 年，頁 238。

可以追溯到 14 世紀英國的憲法文件，美國聯邦憲法的制定者採為增修第 5 條的條文後，正當法律程序成為法律主治的體現 ❸0，經由美國憲法，正當法律程序像擴散空中的氣體，隨時隨地可以感覺。然而在我國司法實務上，遲至釋字第 271 號解釋的不同意見書中，才出現以正當法律程序，詮釋憲法第 8 條人身自由保障條款的主張 ❸1。自釋字第 384 號關於檢肅流氓條例違憲案起，大法官頻繁援引此概念作為違憲審查之依據 ❸2，並逐步從正當法律程序進入正當行政程序領域。釋字第 709 號解釋首次以違反憲法上之正當行政程序宣告都市更新條例第 19 條部分違憲，隨後亦在釋字第 739 號解釋適用於市地重劃領域。釋字第 731 號解釋則以人民「受告知權」未受保障為由，宣告土地徵收條例部分條文因不符憲法要求之正當行政程序而失其效力。釋字第 763 號解釋強調若人民無從及時獲知充分資訊，即違正當行政程序。不過釋字第 797 號解釋對於行政文書寄存送達完畢即生效力一事，則認其無違正當行政程序 ❸3。

---

❸0　G. F. Fletcher, Basic Concepts of Legal Thought (Oxford University Press, 1996), p. 13.

❸1　湯德宗，論憲法上的正當程序保障，憲政時代，第 25 卷第 4 期，2000 年 4 月，頁 7，在釋字第 271 號吳庚不同意見書中將憲法第 8 條之法定程序闡稱即為正當程序，且兼含實質正當與程序正當要件。

❸2　諸如釋字第 392 號、第 396 號、第 436 號、第 446 號、第 488 號、第 491 號及第 663 號等。

❸3　釋字第 797 號解釋涉及人民受告知權與行政效率二者之平衡。行政程序法第 74 條未如民事訴訟法第 138 條第 2 項或行政訴訟法第 73 條第 3 項明定寄存送達自寄存日起 10 日後始生效，聲請人認為違反正當行政程序。但大法官在本號解釋延續釋字第 667 號解釋之精神，認為送達完畢即生送達效力，與人民訴願權及訴訟權之保障無違。然在釋字第 667 號解釋後，行政訴訟法已改為與民事訴訟法一致，其立法理由謂：行政訴訟文書寄存送達生效日期，應無與民、刑事訴訟文書為不同處理之必要。

四、法安定性原則與信賴保護

「法者，國家所以布大信於天下。」（唐，戴冑）若朝令夕改，民安所措其手足？法必須安定可信，乃自古即明之理；西方人將法安定性原則視為法治國原則所不可或缺的要素，其重要性自無庸辭費。然法亦不能一直僵固不變，以至於與社會脫節；故法又須持續變動。安定與變動二者如何平衡，恆屬難題。簡單地說，維持安定是原則，但如果變動是無可避免，就必須注意因法之變動而對人民所造成的侵害。

事實上，法安定性原則重視客觀面向，其強調法必須能夠被人民「理解」與「預知」，由此衍生出法明確性原則與法不溯及既往原則兩個次原則。所謂「理解」，包括法必須是人民「可及」的，所以要被公布或送達；規範內容必須是「清楚明確」；以及「可以被理解」等三部分❸❹。所謂「預知」，就是指在時間上人民對於規範之施行期間與施行方式可以「預測」，而且此預測必須是「可靠穩定」的。基於「預知」之要求，法僅能向未來或向後生效，不得溯及生效，此即法不溯及既往原則❸❺。國際上將此原則

---

❸❹　我國大法官論及法律明確性原則時，已提及「清楚明確」與「可被理解」，但尚未曾論及「可及性」。例如釋字第 767 號解釋有關「常見且可預期之藥物不良反應」的用語，聲請人認為此用語令人民無從預見，違反法律明確性原則。大法官則認為此用語係不確定法律概念，依一般人民日常生活與語言經驗，尚非難以理解。

❸❺　釋字第 717 號解釋理由書第 4 段謂：「按新訂之法規，原則上不得適用於該法規生效前業已終結之事實或法律關係，是謂禁止法律溯及既往原則。倘新法規所規範之法律關係，跨越新、舊法規施行時期，而構成要件事實於新法規生效施行後始完全實現者，除法規別有規定外，應適用新法規（本院釋字第六二○號解釋參照）。此種情形，係將新法規適用於舊法規施行時期內已發生，且於新法規施行後繼續存在之事實或法律關係，並非新法規之溯及適用，故縱有減損規範對象既存之有利法律地位或可得預期之利益，無涉禁止法律溯及既往原則。」

分成兩部分：一是原則部分，即絕對不得溯及既往的領域，包括刑事處罰及具處罰效果之其他公權力措施，如行政罰或課徵稅賦❸❻。二是例外部分，即例外可以溯及既往的領域，最主要是行政管制與經濟行政領域。但即使是在例外可溯及既往之領域，仍須以有極強烈且迫切之公共利益為前提，且不得侵害人民之「既得權」❸❼。

「絕對不得溯及」與「例外可以溯及」乃是以「所涉領域」作為區分基準，在操作上相對簡單；但對於「所涉領域」本身的判斷，也可能出現模糊之處。例如沒收刑事犯罪所得之宣告是否屬刑事處罰領域？我國刑法原將沒收視為「從刑」，故屬刑罰的一部分；但爾後修法不再視沒收為從刑，也就是不屬刑事處罰領域，因而不受法律不溯及既往原則之拘束❸❽。

---

❸❻ 美國憲法第 1 條第 9 項第 3 款明定法不溯及既往原則，美國司法解釋將其限縮在刑事法領域。德國基本法第 103 條第 2 項規定罪刑法定主義，亦是刑事處罰不得溯及之意。從 1789 年法國人權宣言第 8 條到歐洲人權公約第 7 條，都有類似規定。除非是對相對人更為有利 (retroactivite in mitius)，否則刑事制裁或處罰絕對不可溯及既往 (Nullum crimen sine lege; Nulla sine lege)。依此國際準則，從刑事處罰、行政罰，乃至稅賦必須法定且不得溯及既往，應具有憲法位階，立法者亦不得違反。不過，在此絕對禁止溯及既往的領域，國際上（如歐洲人權公約第 7 條第 2 項）還仍承認一個極端例外，就是種族屠殺或是違反人道罪等嚴重侵害人權的暴行。至於我國，憲法未曾提及法不溯及既往原則，但大法官已有類似前述國際準則的表述：如釋字第 751 號解釋理由書第 15 段：「法治國原則為憲法之基本原則，首重人民權利之維護、法秩序之安定及信賴保護原則之遵守。因此，法律一旦發生變動，除法律有溯及適用之特別規定者外，原則上係自法律公布生效日起，向將來發生效力（本院釋字第 574 號及第 629 號解釋參照）。又如法律有溯及適用之特別規定，且溯及適用之結果有利於人民者，即無違信賴保護原則，非法律不溯及既往原則所禁止。」

❸❼ 陳淳文，既得權、變動原則與年金改革，收於：台灣行政法學會主編，年金改革實行後若干憲法問題之研究，2019 年，頁 31 以下。

❸❽ 憲法法庭 111 年憲判字第 18 號判決謂：第一，沒收犯罪所得，並非非難行為

　　另有以「所涉事實或法律關係」是否終結為區分基準，進而分成「真正溯及」與「不真正溯及」兩種態樣；前者原則上不得為之，後者通常都被宣告為合憲。所謂「真正溯及」，係指新法所規範的內容可適用於新法生效前已發生過之事件或法律關係。而「不真正溯及」則是指：新法所規範之內容雖可適用於新法生效前已發生過之事件或法律關係，但此事件或法律關係具持續性，持續至新法生效時。此「真正」與「不真正」的二分法頗難操作，迭生爭議。雖釋字第 577 號解釋理由書第 4 段謂：「又新訂生效之法規，對於法規生效前『已發生事件』，原則上不得適用，是謂法律適用上之不溯及既往原則。所謂『事件』，指符合特定法規構成要件之全部法律事實；所謂『發生』，指該全部法律事實在現實生活中完全具體實現而言。」但釋字第 714 號解釋對於新法課與土地污染行為人新的整治義務，或是釋字第 717 號解釋有關新法針對公保養老給付金額創設新的給付上限，此二案所涉及之事實或法律關係究竟是否終結？大法官即無一致共識。同樣的，對於沒收犯罪所得是否可以適用新法，溯及既往？憲法法庭 111 年憲判字第 18 號判決認為：「犯罪所得之產生雖係基於違法行為，然無論該違法行為是否終止、何時終止，亦不論行為人是否構成犯罪，自犯罪所得產生之時起，不法財產秩序已然形成，且仍繼續存在至該犯罪所得被剝

人或第三人有何違反社會倫理之犯罪行為，此與刑罰係基於制裁個人犯罪行為而設，行為人須因違法且有責行為始受刑事制裁有異。第二，非善意取得犯罪所得之第三人，亦包含在受沒收宣告之主體範圍內。該非善意之第三人，雖非從事違法行為之人，仍應沒收其取得之犯罪所得，此並非評價第三人有何違反刑法之不法行為，僅係回復合法之財產秩序，並具防止犯罪行為人及非善意之第三人以不法獲取之所得，再次投入其他非法使用之功能，不具懲罰性。第三，國家不以罪行或刑罰之輕重，決定應沒收之犯罪所得之額度。基此三理由證立沒收犯罪所得不具處罰性質。然蔡明誠大法官在本案之不同意見書表示：原刑法之立法者既早已定性沒收為從刑，難「回溯式」解為「非刑罰」。呂太郎大法官亦在其不同意見書中表示沒收實具刑事處罰之性質。

奪時為止。因此，系爭（刑法第 2 條第 2 項）規定，雖導致刑法第 38 條之
1 第 1 項、第 2 項沒收犯罪所得之規定，適用於該條施行前已發生之犯罪
所得，然因該不法財產秩序，於該條規定施行後，仍繼續存在，故系爭規
定屬不真正溯及既往之法規範，而無違法律不溯及既往原則。」（理由書第
69 段）但是這樣的見解，仍有大法官持不同意見❸❾。

　　「真正」與「不真正」溯及的區分目的，其實就是避免落入溯及既往
的指控，讓「真正」溯及屬於極難出現的例外情狀。不過，自釋字第 793
號解釋起，大法官已表示：「立法者制定溯及既往生效之不利性法律規範，
如係為追求憲法重大公共利益，仍非憲法所當然不許。又，受規範對象據
以主張信賴保護之信賴基礎，與自由民主憲政秩序不相容者，其信賴自不
值得保護，更不生信賴保護之問題。」（理由書第 59 段）112 年憲判字第
3 號判決則進一步闡述：為落實轉型正義，雖為真正溯及性之法規範，然
仍非憲法所當然不許（理由書第 73 段）。此外，只要將信賴基礎宣告為不
符自由民主憲政秩序，則即便真正溯及，並不生信賴保護問題。

　　最後，如果真的出現溯及既往的法規或其他公權力措施，並因之而侵
害人民之權益，就必須處理信賴保護問題；此即進入涉及個體權益的主觀
面向。為避免或減輕人民因溯及既往之公權力行為的侵害，給予合理補償❹❶
或建置過渡條款❹❶是兩種常見的保護措施。

---

❸❾　參見憲法法庭 111 年憲判字第 18 號判決蔡明誠大法官及呂太郎大法官各自所
　　提之不同意見書。

❹❶　如行政程序法第 126 條之規定。

❹❶　如釋字第 620 號解釋理由書第 4 段謂：「任何法規皆非永久不能改變，立法者
　　為因應時代變遷與當前社會環境之需求，而為法律之制定、修正或廢止，難免
　　影響人民既存之有利法律地位。對於人民既存之有利法律地位，立法者審酌法
　　律制定、修正或廢止之目的，原則上固有決定是否予以維持以及如何維持之形
　　成空間。惟如根據信賴保護原則有特別保護之必要者，立法者即有義務另定特
　　別規定，以限制新法於生效後之適用範圍，例如明定過渡條款，於新法生效施

五、司法審查

司法審查 (judicial review) 也可稱為規範審查 (Normenkontrolle)，這種制度允許獨立的司法機關審查下位階規範是否牴觸上位階規範，如有牴觸得宣告其無效或拒絕適用。司法審查是貫徹法治國家特性 (Rechtsstaatlichkeit) 的必要建制，有具體保護人民權利及維持法規範層級體系的作用。從比較憲法的觀點，規範審查有各種的類型，本書第四編將作進一步的討論。

我國司法機關之法令審查權是值得研究之問題。首先，在規範審查制度上究竟係採分權制抑獨占制？學者之間即有不同意見。有持下列見解者：認為法官應依據法律獨立審判，對於依法定程序公布施行之法律，並無實質之違憲審查權，唯司法院依憲法第 78 條、憲法第 171 條第 2 項有權審查法律與憲法有無牴觸。至於命令之審查權憲法並無明文規定，依一般法治國家之通例，各級法院法官均可加以審查❷。也有認為「司法院有統一解釋法律及命令之權，為憲法第七十八條所明定，而所謂統一解釋命令，自包含對於命令有無牴觸憲法或法律，發生疑義之情形在內」，遂主張法令審查權屬於司法院，由大法官行使之❸。前說可謂傾向分權制度，後者明顯

行後，適度排除或延緩新法對之適用（本院釋字第五七七號解釋理由書參照），或採取其他合理之補救措施，如以法律明定新、舊法律應分段適用於同一構成要件事實等（八十五年十二月二十七日修正公布之勞動基準法增訂第八十四條之二規定參照），惟其內容仍應符合比例原則與平等原則。」

❷　翁岳生，行政法與現代法治國家，1990 年，自版，頁 118 以下；同作者，論法官之法規審查權，台大法學論叢，第 24 卷 2 期，1995 年 6 月，頁 87 以下；陳淳文，現行行政命令合法性審查之檢討——以不利益處分所引發之司法審查為中心，收於：黃舒芃主編，2007 行政管制與行政爭訟，中研院法律所法學專書系列之六，中研院法律所出版，2008 年，頁 105 以下。

❸　林紀東，中華民國憲法釋論，頁 369。

採獨占的規範審查制。就學理觀點言，自以前說為可採，且在實際上，自行憲之初司法院院解字第 4012 號解釋，明示與憲法或法律牴觸之命令，法院得不予適用以來，歷經大法官釋字第 38 號、釋字第 137 號及釋字第 216 號解釋等，莫不確認各級法院對法規命令及行政規則之實質的審查權，各級法院審理各類案件時，行使此項權力之案例，亦不勝枚舉。是故，現行制度關於法律之違憲審查專屬司法院大法官之權限，就此而言乃獨占制；命令之審查則屬分權制，司法院大法官及各級法院皆有不同程度之審查權，前者得宣告命令無效或撤銷，後者得不予適用。釋字第 371 號解釋一方面確認法律的違憲審查權專屬於司法院大法官，另一方面創設各級法院法官「於審理案件時，對於應適用之法律，依其合理之確信，認為有牴觸憲法之疑義者」，亦得裁定停止訴訟，並提出客觀上形成確信法律為違憲之具體理由，聲請解釋（並參照釋字第 572 號及第 590 號解釋）。憲法訴訟法第 55 條除將前述解釋意旨予以成文法化之外，更將聲請主體明定為「法院」而非「法官」，也就是應由行使司法審判權之獨任制或合議制法院聲請法律違憲審查。

　　我國司法審查制度可資研究的事項頗多，有待檢討問題尤其不少，本書第四編將與各國法制一併探討。

第五節　民生福利國原則

一、基本國策條款的意涵

　　自由主義的立憲政治，憲法對經社政策基本上不予規範，而聽由執政者經立法程序而實施，英國是不成文憲法，無所謂經社條款自無疑問。美國聯邦憲法在經社政策方面也是「中立的」。美國最高法院法官 Oliver Holmes 在 1905 年 Lochner v. New York 關於規定最高工時的州立法是否違反契約自由一案中，發表不同意見，認為美國聯邦憲法並沒有採取干涉

主義或自由放任主義之類的經濟理論
斷某一立法是否違憲❹，可視為傳統立憲主．
動及社會政策積極介入加以規定，可謂自德國威瑪的經濟理念來判
有 1918 年的蘇維埃憲法以標榜共產黨人的政治宣言為內[憲法對經濟活
在我人研究之列）。威瑪憲法一般認為是「混雜市民階級個人主義[憲]法不
及私產的保障，與社會主義及公教（即天主教）自然法之綱領於一爐[中]
為不甚協調的結合體」❺。我國現行憲法關於基本國策的規定，即是仿威
瑪憲法而來，不過威瑪憲法並沒有與我國憲法基本國策完全相同的章節，
而將部分這類綱領式的規定與人民權利條款併列，這種方式值得注意。

　　現行憲法一方面幾乎全盤接受自由主義、個人主義的權利清單，以維
護社會現狀 (status quo)，另一方面又在第 13 章基本國策第 3、4 節明文規
定：平均地權及節制資本（憲法第 142 條）、土地漲價歸公、照價收買（憲
法第 143 條）、部分生產工具公有化（憲法第 144 條）、提供工作機會（憲
法第 152 條）、保護勞工及農民（憲法第 153 條）、實施社會福利措施及社
會保險制度（憲法第 155 條至憲法第 157 條等），凡此均足以形成新的財富
分配及社會狀況，這些手段也是所謂福利國家 (welfare state) 所習見。現行
憲法前言稱：依孫中山先生之遺教制定本憲法，除國民大會及五院的架構
之外，綜觀全部憲法當推上述部分與孫先生的遺教最吻合，甚至連用語都
直接來自民生主義。就此而言，現行憲法並非世界觀中立的憲法，而是具
有某些類似 Löwenstein 所指的意識形態綱領 (ideological programmatic) 之
色彩❻。

---

❹　198 U. S. 45 (1905)，並參照劉慶瑞，比較憲法，1987 年，頁 53。

❺　C. Schmitt, Verfassungslehre, aaO., S. 30.

❻　林紀東，中華民國憲法釋論；陳淳文，財經管制法制的憲法思考，憲政時代，
　　第 40 卷第 1 期，2014 年 7 月，頁 3–28。

二、規範章之各節規定應進一步研究的問題，厥為其規範效力如何？

主張這類條文性質上為方針規定 (Programmsätze)，指示行政立法機關努力目標，不具有強行性，一時未能達成亦不得視為違憲❹。實則，有關基本國策規定的效力，並不能一概而論，應分別情形定其性質：㈠僅為理想或遙遠的國家目的：例如憲法第 141 條有關外交宗旨之最終目標為提倡國際正義、確保世界和平，以一國之力便極難實現；又如憲法第 152 條：「人民具有工作能力者，國家應予以適當之工作機會」，若考慮個人主觀意願及滿意程度，縱然失業率為零，也未必能充分實現上述規定。㈡有明確之規範對象，具有憲法委託 (Verfassungsauftrag) 性質：例如憲法第 137 條之國防之組織、憲法第 153 條保護勞工及農民之法律、憲法第 154 條勞資關係之法律等，立法機關皆有依憲法各該意旨制定法律的義務❽。㈢屬於實施時最低程度的規定：通常多舉基本教育為例，即憲法第 160 條之規定。國家盱衡情勢，將基本教育年齡延長至十五歲，或者更延長至十八歲，並不能指為違憲。對憲法第 164 條教育、科學、文化經費比率的規定（現行增修條文第 10 條第 10 項已停止其適用），亦應解釋為下限的比率，如有超越自非牴觸憲法。又以往就憲法第 164 條的執行實況，尤足以否定所謂基本國策都是無拘束力之方針規定的說法。最早於民國 46 年即發生預算總額是否包括追加預算之數額的疑義，當時大法官會議即作成釋字第 77 號解

---

❹ 謝瀛洲，中華民國憲法論，增訂十三版，自版，1969 年，頁 266；林紀東，中華民國憲法釋論，頁 359。但也有學者指出基本國策法律性質為何，應視其內容而定，見林明鏘，論基本國策，收於：現代國家與憲法：李鴻禧教授六秩華誕祝賀文集，月旦出版，1997 年，頁 1465 以下。

❽ 相同見解參照陳新民，憲法學釋論，增訂十版，三民書局出版，2022 年，頁 727 以下。

釋；其後又有直轄市教科文預算比率應依何種標準編列的問題，釋字第258號解釋，認為直轄市應比照關於省的比例，可見憲法第164條所生的實際規範效力。其餘條文多屬指示行政及立法方針之性質，同時亦為解釋憲法問題時重要的基準。例如耕者有其田或類似之土地改革政策，若單從憲法第15條保護人民財產權的觀點，難免有違憲疑義，假若考慮憲法第142條以及有關土地政策各條的規定意旨，其結論可能完全不同，例如釋字第580號解釋，對於限制人民財產權及締約自由的耕地三七五減租條例，即引用憲法第143條第4項扶植自耕農及憲法第153條第1項改良農民生活之規定，宣示該條例並不違憲。這就是前面提過，威瑪憲法將這類條款與國民權利保障合併規定的方式值得注意的原因。目前還有若干國家的憲法是採這種規範形態，例如1975年的希臘共和國憲法，其第2章（第4條至第25條）便將各項個人權利與國家政策指導方針，分別規定在各個條文。基本國策的全部條款，均不得作為訴訟上請求救濟的依據：這是基本國策規定與基本權利清單最顯著的區別。當代學者曾將權利界定為，權利主體對某人有某種權利之謂 (Recht auf etwas)，基本權利主要是請求國家作為或不作為的權能❹，這種性質的權利並非純理論的假設，而是在現代國家可以經由公法爭訟（行政訴訟或憲法訴訟）獲得實現的建制，我國憲法訴訟及行政訴訟制度也有部分這類功能。然而作為請求救濟依據者，應以「憲法上權利」為限（憲法訴訟法第60條第5款），不及於基本國策條款。故如教育、科學、藝術工作者便不得依憲法第165條，以訴訟途徑請求「國家依國民經濟之進展，隨時提高其待遇」，殆無疑義。

三、近年的趨勢

現行憲法的民生福利國原則，不可諱言的具有歐洲社會主義的色彩，考其原因，固然是因為中山先生從不否認，民生主義與社會主義的淵源關

---

❹　R. Alexy, Theorie der Grundrechte, 2. Aufl., 1994, S. 171ff.

係，但制憲當時的政治環境也是一項因素，蓋對基本國策的規定不僅國民黨人無由反對，也具有爭取其他社會主義黨派（如共產黨、民社黨等）支持的作用在內。民國38年以後，政府在台灣所採的許多改革措施，包括土地改革、勞工保險及國民年金等，自有其政治及社會因素，不過以實行民生主義及憲法有關規定為名，確也為上述改革措施提供正當性的基礎。

由於我國長期以來在經濟、外交及防衛上對美國的依賴，以及多數菁英分子對美國價值之認同，在資本主義市場經濟與共產主義統制經濟兩大體系對立之中，台灣除了依附前者之外別無其他選擇。基此，我國憲法上民生主義的成分愈趨淡薄。尤其在蘇聯集團解體，以西方工業國家為首的關貿總協定 (GATT) 或世界貿易組織 (WTO) 整合下，更無從自外於自由貿易與市場經濟的全球化體系之外。不過，自21世紀起，自由貿易、市場經濟與全球化出現逆轉的趨勢，貿易壁壘障礙日漸增多；有些國家又有在經貿上轉趨封閉的趨勢。此外，憲法增修條文第10條可謂補充憲法本文第13章的規定而設，除仍維持保護弱勢族群、推行全民健康保險、重視社會救助與社會福利工作外，其尚強調獎勵投資及產業升級、扶助中小企業等，後者已與憲法本文大異其趣。此外，從大法官近年的若干解釋中，可發現財產及其他權利的保障，越來越有自由主義、個人主義化的傾向。譬如財產權的保障，已從既有財產關係（以釋字第400號為例），擴張到未來取向的信賴利益維護（釋字第525號及第529號解釋）。

最後，憲法增修條文提出環境及生態保護、肯定多元文化、保障原住民族之地位，積極維護發展原住民族語言及文化等目標，雖已超越民生福利國原則，但仍屬基本國策範疇。釋字第719號解釋對於政府採購法得標廠商應進用一定比例之原住民或繳交代金之規定，大法官即以憲法增修條文保障原住民為由，證立此差別待遇措施❺。至於釋字第803號解釋更首

---

❺　不過，對於代金的計算方式，釋字第810號解釋則將未考慮個案情形，以劃一之方式計算代金而可能出現個案顯然過苛之情狀的規範方式，宣告為違憲。

次進入多元文化領域，肯認狩獵係屬原住民文化權的一部分，受憲法保障❺。憲法法庭 111 年憲判字第 17 號判決則肯認原住民族身分認同權亦屬原住民族文化的一部分❺。不過，釋字第 803 號肯認文化權的同時，卻又進一步超越憲法增修條文之規範內容而強調「文化權之保護應與環境及生態保護並重」。此種將憲法增修條文第 10 條第 11 項及第 12 項嫁接於第 10 條第 2 項之上的解釋方法，是否符合憲法原意？是否減損多元文化與原住民族之保障義務？頗值商榷。

---

❺　該號解釋解釋理由書第 20 段謂：「狩獵係原住民族利用自然資源之方式之一，乃原住民族長期以來之重要傳統，且係傳統祭儀、部落族群教育之重要活動，而為個別原住民認同其族群文化之重要基礎。藉由狩獵活動，原住民個人不僅得學習並累積其對動物、山林與生態環境之經驗、生活技能與傳統知識，從而形塑其自身對所屬部落族群之認同，並得與其他原住民共同參與、實踐、傳承其部落族群之集體文化，為原住民族文化形成與傳承之重要環節。是原住民依循其文化傳承而從事狩獵活動，乃前述原住民文化權利之重要內涵，應受憲法保障。」

❺　該判決指出：原住民身分法第 2 條所稱原住民之定義性規定，僅指山地原住民及平地原住民，並未及於其他台灣原住民族（如本案之西拉雅族），致其原住民（族）身分未受國家法律之保障，於此範圍內，與憲法第 22 條保障原住民（族）身分認同權、憲法增修條文第 10 條第 11 項及第 12 項前段規定保障原住民族文化等意旨有違。有關原住民身分認同權的闡述，另請參閱 111 年憲判字第 4 號判決。

第二編　基本權的理論體系

第一章　基本權的一般理論

● 第一節　人權發展的歷程

一、從西歐到北美

　　憲法上有些制度，或許可以在中國歷史上找到淵源，不過人權絕對是外來的觀念，而且最早是來自西歐及北美的憲政制度，地處中歐的德意志各邦及其他國家在這方面比起英、美確實瞠乎其後。人權觀念的發展又與政治思潮息息相關。希臘、羅馬時代以及中世紀的教父哲學，並非全無與現代人權觀念相當的思想出現，然過於遙遠在此不想多加說明❶。

---

❶　希臘有兩股自然法思想，一是詭辯學派 (Sophist)，二是斯多葛 (Stoa) 學派。前者認為在城邦（國家）的實證法及習慣法之外，尚有一種自然法存在，對於自然法的性質，這派學者有不同的說法，有的認為實證法已反映了自然法的價值，並為實證法提供了正當化的基礎；有的主張城邦的法律或多或少都背離了自然法，故又被稱為革命性的自然法。斯多葛的自然法是一種普世觀點的自然法，放棄著眼城邦法的狹隘觀或個別化的思維，它建立在世界國家 (Weltstaat) 的秩序上，並受神所建立的秩序所引領。斯多葛的自然法不久之後就受到羅馬法學家西塞羅 (Cicero) 的接納，並發揚光大。從希臘傳入羅馬的尚有伊比鳩魯學派 (Epitur, Epicurean)，這一學派只認知實證法及各種契約，在此之外沒有所謂的自然法，這一學派的說法顯然是羅馬的主流思想。西塞羅認為人的理性 (ratio) 力量，使人能有認知及支配自己行為的能力，不過人類的理性僅是神的理性的閃光 (Abglanz) 而已，神的理性也是自然法的最終來源，實證法不能改變自然法 (lex naturalis) 或更高的神意法 (lex divina et humana)，人應追求道德生活，而每個人在神之前都有相似的地位。以上參照 A. Verdross-Drossberg,

　　現代人權理念公認受啟蒙思潮及其後諸多哲學家所影響。其實啟蒙思潮以及隨後興起的自由主義，不僅對人權有推波助瀾的作用，也是立憲主義興起的關鍵因素。所以我們可以說：人權思潮促使立憲的產生，而立憲主義又助長人權的保障。這種發展的過程，各國皆不相同，我們也不必一一敘述。以下只扼要的以英國為例加以說明：一般討論英國民主憲政者，都注重洛克 (John Locke, 1632–1704) 的思想，洛克也確實延續了古代斯多葛學派及聖湯瑪斯 (Thomas Aquinas) 的自然法學說，和啟蒙時期所最盛行的理性主義，而提出其自然狀態及自然權利學說，又觀察了英國當時的政府運作，倡導分權理論❷。實則在英國，這時還有另外一批主要的思想家，他們都出自蘇格蘭的愛丁堡及格拉斯哥兩所大學，所以被稱為蘇格蘭啟蒙思潮 (Scottish Enlightenment)。 他們之中除了著名的休謨 (David Hume, 1711–1776) 、 亞當斯密 (Adam Smith, 1723–1790) 外 ， 還有 Henry Home (1696–1782)、Adam Ferguson (1723–1816)、John Millar (1735–1801) 等。這派學者對維護私有財產、契約神聖及不受限制的經濟活動（也可統稱為自由放任 (laissez-faire)）的主張❸，成為自由主義的立憲政治之基石。

Grundlinien der Antiken Rechts- und Staatsphilosophie, Wien, 1948, insbes. S. 50, 159, 164ff.

❷　Cf. G. H. Sabine & Thomas L. Thorson, A History of Political Theory, 4th ed, 1973, pp. 478–499; Walter Euchner, Locke, in: Klassiker des politischen Denkens II, hrsg. v. Hans Maier et al., 1968, S. 1ff.

❸　蘇格蘭啟蒙思潮有關政治的論點，可簡單歸納如下：㈠生活資源總是有限的，而且只能依賴努力工作而獲得。㈡政府的型態是反映生產方式與生產關係。在漁獵社會，政治組織是家父長制 (patriarchy)，在農耕社會是以大地主為核心的貴族政治 ， 中產階級發達以後 ， 絕對王政就要變為民主或混合政體 (mixed government)。㈢法律制度一方面要保障生活資源即財產，另一方面要對社會成員間物品交易、流通、契約締結、勞務提供等給予便利及服務。㈣中產階級（或稱市民階級）為主的社會是社會發展過程中的進步形態。隨著這種發展，

　　我們也不可誤會，認為先有這些思想家的倡導，英國才有各種保障人權的典章制度。在貴族、清教徒及新興階級與王權不斷鬥爭的過程中，從1215 年的大憲章 (Magna Carta)、1628 年的權利請願書 (Petition of Rights)、1679 年的人身保護法 (Habeas Corpus Act)、到光榮革命後 1689 年的權利法案 (Bill of Rights)，已逐步承認臣民某些受保障的權利。但是如果沒有思想家的鼓吹和提倡，作為憲政制度不會穩固，尤其難以蔚為風潮，並終於成為普世價值。

　　歐陸的情形與英國不同，論者認為法國大革命除其他因素之外，在思想上受盧梭 (J. J. Rousseau, 1712–1778) 及伏爾泰 (Voltaire, 1694–1778) 的影響甚大 ❹。這就是指盧梭的民約論 (Du Contrat social) 中的天賦人權及直接民權思想，伏爾泰則於革命前期極力主張改革舊制度 (ancien régime) 的各種苛政：諸如秘密審判、任意處死、重稅盤剝及言論毫無保障等。1789 年俗稱的法國人權宣言，確是人權發展史上的里程碑，它的正式名稱是「人權與公民權利宣言」(Déclaration des droits de l'homme et du citoyen)，除了條列各項權利之外，它在前言中宣稱：「人權不受尊重是公眾不幸及政府腐敗的唯一根源，因此法蘭西人民經由代表他們的制憲國民會議決議並宣布自然、不可讓與暨神聖的人權，為一切社會成員所享有」，可見法國的人權理念基本上是人類的權利，與英國最初的權利只限於臣民者有所不同 ❺。

　　　他們相信最大多數和最大可能的幸福是可以實現的。以上參看吳庚，近代民主理論的變遷與民權主義，中華學報，第 5 卷第 2 期，1978 年 7 月。

❹　Vgl. Friedrich Berber, Das Statsideal im Wandel der Weltgeschichte, München, 1973, S. 275.

❺　1895 年德國公法學者耶律尼克 (Georg Jellinek) 發表一篇有關法國 1789 年人權宣言的文章，其論述的主軸為：1789 年的人權宣言不過是抄襲美國獨立時期前後的人權宣言，而美國的人權宣言與英國保障人權的傳統其實都是源自於宗教性思想，而非一種政治性主張。而這種宗教性思想淵源，主要是來自於路德教派的新教革命理念。 更直接地說， 耶律尼克認為法國人權宣言乃根源自

16 世紀於德國地區由馬丁路德所領導的宗教改革運動。在德法相互競爭，雙方關係十分不佳的那個年代，耶律尼克此文立即引起法國學者的嚴屬批判，自不難想像。但恰也利用此機會，法國人重新梳理其認為是法國國家遺產的人權宣言與革命傳統。Vincent Marcaggi 於 1912 年在巴黎出版《1789 年人權宣言的來源》一書，書中除了駁斥耶律尼克的論點之外，特別說明法國人權宣言的來源，以及其與英美人權文件之不同。

先就思想淵源而言，除了包括洛克、伏爾泰、孟德斯鳩與盧梭等啟蒙思想家的影響外，尚有自然法學派與重農學派之影響，其中又以重農學派的影響最為突出。以 Quesnay 為首的重農學派思潮，自 1750 年代起二十餘年間為法國政治經濟學之顯學。重農學派推崇中國古典典籍中的儒道思想，Quesnay 自己還編寫孔子簡史。其思想以「自然秩序」為最高價值，並主張人身自由與私有財產係乃自然秩序下人所應有之權利。憲法應當以自然秩序為範本，讓人所組成之社會的運作規範，與自然秩序一致。重農學派重視自然秩序的思想雖有幾許「人法道，道法自然」與「天人合一」的味道，但其強調「人民權利之保障」與「以法限制國家權力」的主張，則完全與儒道思想無關。

再從法國人權宣言與英美人權保障的比較來看，首先英美是依循封建傳統，認為臣民間的互動乃建立在彼此所簽訂的契約之上。從 1215 年的大憲章，1628 年的權利請願書，1689 年的權利法案，到 1776 年由 George Mason 起草的維吉尼亞權利宣言 (Virginia Declaration of Rights) 的內容，的確有其傳統一貫性與地域性。而法國人權宣言基本上就是反傳統與超越國界藩籬的。其次，英美人權文件所規範的權利保障程序，諸如令狀主義，陪審團參與，以及裁判應敘明理由等，都是針對法官或行政官的戒令。而法國人權宣言所主張的內容，則是針對立法者所下達的立法原則。最後，英美人權文件是以經驗與實用為基礎，而法國人權宣言則是建立在理性與抽象普遍的哲學想像之上。

總之，表面上看似十分接近的法國與英美人權文本，在本質上卻是截然不同的。柏克 (Edmund Burke, 1729–1797) 在其《法國大革命的反思》一書中對於法國大革命嚴屬批判。他相信「理性」僅是人性中的一部分，但絕對不是其中最大的一部分。空洞抽象的理性主張，無法作為規範社會運作的基礎。僅有「傳統」才是人類長期累積的集體智慧與生活經驗，它才是穩定社會運作的重

特別值得注意者，1789 年的人權宣言，至今仍是有憲法效力的文件，法國歷次共和憲法都以之作為權利清單而承認是憲法的一部分 ❻。法國這種普世人權的傳統，使得從 19 世紀以來，巴黎成為各國異議人士或向統治者爭取權利失敗而逃避者的淵藪，直到今天仍然如此。

　　北美洲在殖民時期，各州就已制定成文憲法，如維吉尼亞 (Virginia) 州 1776 年（比獨立宣言稍早幾個月）公布的州憲法，已有人權條款。而獨立宣言所說的凡人生而平等，有不可讓與的權利，這些權利包括生命、自由及追求幸福云云，正是洛克等人自然權利學說的重述。1789 年 3 月聯邦憲法施行後，同年 10 月通過十條增修條文，成為美國憲法上的人權清單。參與制憲的美國開國元勛們 A. Hamilton、James Madison 是分權理論的服膺者，主張權力制衡 (check and balance)，以權力來限制權力，俾保障人民的自由。權利清單不僅是用來限制政府權力，更重要的是要限制立法者，所以美國憲法增修條文第 1 條就規定：國會不得制定關於下列事項之法律 (Congress shall make no law respecting...)，可見一斑。這與前面講到的法國，顯然有別：法國受盧梭民主理論的影響，國會又自認為是代表全民的總意志 (volonté générale)，舊日的君主主權由國民及國會主權來取代。人權宣言雖有崇高的價值，但不允許司法機關以人權宣言來限制國會的權力，國會本身就是人權的維護者 ❼。在這種理念下，法國兩百年來幾乎沒有違憲審查機關的設置，與美國法院以司法審查制衡國會的發展，截然不同。不過二戰後法國第五共和憲法創設憲法委員會，開啟法國式的違憲審查制度，其發展歷程與運作情況與歐洲其他國家的憲法法院不盡相同。

要機制。法國人權宣言對他而言，本質上就是空洞抽象的理性主張；而天賦人權不過就是超越經驗的哲學囈語。透過柏克的批判，恰可在一定程度上看到法國人權宣言與英美人權傳統的差異。

❻　Vgl. A. Bleckmann, Staatsrecht II, Die Grundrecht, 3. Aufl., 1989, S. 7.

❼　Peter Badura, Staatsrecht, 2. Aufl., 1996, S. 26f.

二、中歐國家

在歐洲大陸，特別是日耳曼境內，也出現過許多位代表啟蒙前後的思想家，諸如 Johannes Althusius (1563–1638)、Hugo Grotius (1583–1645)、Samuel Pufendorf (1632–1694)、Christian Wolff (1679–1754)、Christian Thomasius (1655–1728) 等，對自然法或人權觀念或多或少有所闡揚，但對德意志各邦的立憲政治並無顯著的影響。德意志小邦林立，普魯士與奧地利又互爭雄長，政治上的發展較為遲緩。直到 1849 年 3 月 27 日公布的聯邦憲法（即所謂保羅教堂憲法）才有權利清單的訂定，稱為德意志民族的基本權利 (Grundrecht des deutschen Volks)❽，不過因為當時的政治情勢，這部憲法並未獲得實施。其後發生普奧戰爭，奧國戰敗退出德意志聯邦，由普魯士另組北德聯邦，不久又爆發普法戰爭，普國戰勝後即結合西南各邦成立德意志帝國，並於 1871 年 4 月 16 日公布憲法（俗稱俾斯麥憲法）。這部憲法沒有任何人權條款，基本權的保障理論上屬於各邦的任務，而各邦憲法則多訂有基本權（利）清單。在聯邦的層次，帝國立法權不受任何限制，所謂基本權拘束立法機關的觀念，當時根本不存在❾。

奧地利在拿破崙戰敗之後，於 1815 年組成神聖同盟 (Holy Alliance)，支配歐洲的國際關係，對內則實施梅特涅 (K. von Metternich) 主導的警察國家體制，前後達 30 年。1848 年歐洲革命也漫延至奧地利，使梅特涅體制崩潰，奧國開始憲政改革。1831 年的比利時憲法採權力分立，並有完整的權利清單，被視為是君主立憲的憲政範例，對德意志各邦及奧地利皆有影響❿。德意志各邦在法蘭克福制憲（即保羅教堂憲法）之同時，奧地利已完

---

❽　西南德意志各邦，受法國大革命的影響，在 19 世紀初年，有的邦所頒布的憲法，已有基本權的條款：如 1818 年 Bayern、Baden 兩邦，1819 年 Württemberg 邦，Siehe Badura, aaO., S. 79.

❾　Adamovich/Funk, Österreichisches Verfassungsrecht, 1982, S. 307.

❿　Ernst C. Hellbling, Österreichische Verfassungs- und Verwaltungsgeschichte,

成比爾斯朵夫憲法 (Pillersdorfsche Verfassung vom 25. April 1848)，這部憲法將奧地利定名為奧地利帝國 (Österreichischer Kaiserstaat)，雖訂有「公民暨政治之住民權利」清單，但整部憲法保留過多的皇權及貴族政治上的特權，不為改革者所接受，於是 1848 年底又重新起草憲法，這部憲法的制定離開秩序混亂的維也納，在多瑙河畔的美麗小鎮克林母斯 (Krems) 完成，故稱為克林母斯憲草 (Kremsierer Entwurf)，這部憲草將奧地利本土與匈牙利、北義大利屬地組成聯邦型的帝國。在克林母斯制憲的國會於憲法之外又起草一部「奧地利國民基本權草案」。上述比爾斯朵夫及克林母斯兩部憲法文件經過整合修改後，於 1849 年 3 月以欽定憲法（皇帝制誥 (kaiserliches Patent)）方式頒布，同時也以克林母斯基本權草案為藍本頒布「立憲國家所保障之政治權利」。此後奧地利經過一連串的憲改，到 1867 年始完成較為穩定君主立憲政體，並將前述政治權利的規定於同年 12 月 20 日，訂頒為基本法，稱為「關於國民一般權利之國家基本法」[11]。這部國家基本法以保障平等權及不受公權力任意侵犯的自由權為內容，但受保羅教堂憲法將工作權入憲的影響，也定有保障社會最低生活水準 (Garantie eines sozialen Minimalstandards) 的條文[12]；另一值得注意之處，是該法在帝國法院 (Reichsgericht) 之外，還設有以保障憲法上權利之任務的憲法法院（事實上未成立）。上述國家基本法至今仍具有憲法的效力，目前奧國的人權法規，除前開基本法外，還包括其他無數憲法位階或法律位階的法律以及許多有關人權的國際條約。

　　1919 年的德國威瑪憲法第二部分「德意志人民之基本權利與基本義務」（第 109 條至第 165 條），將個人自由權利、社會義務及方針規定融為一爐，反映西歐自由主義思想與歐陸社會主義思潮的妥協[13]。德國傳統的

　　　　Wien, 1956, insbes. S. 348f, 351f, 364.

[11]　Adamovich/Funk, aaO.

[12]　Ebenda.

[13]　Badura, aaO., S. 81.

國民性格與西歐或北美有很大的區別，自由主義、個人主義通常是被取笑的對象，而非模仿的榜樣，德國人普遍有強烈的權威人格取向，講求紀律與服從，國家是嚴父兼慈母❶，英美主流思想則認為立憲主義幾乎等同於有限政府 (limited government)，「最好政府，最少統治」，每個人才是自己自由與幸福最佳的維護者，兩者自有不同。所以基本權規定的方式與法國「人權宣言」及美國的權利清單有異，例如威瑪憲法第 151 條：「經濟制度應依正義觀念，以保障個人均能維持與人的尊嚴相當之生存為目的，個人經濟自由在此限制內受到保障」（第 1 項）；「為公共福祉而徵收私人財產者，須依法律規定，並給予賠償，始得為之」（第 2 項）；此文本所表達的涵義是：經濟自由或私有財產的保障應以正義觀念，以及他人同享生存權利為前提，而傳統自由主義理念下的人權條款基本上不會作這種規定。

1949 年的西德基本法（即德國現行憲法），雖然在社會國原則之下，仍將基本權中古典的自由權利與社會基本權 (soziale Grundrechte) 並列，所謂社會基本權指依其社會上處境而值得保障者之工作權、受教權及享有健康生活之權等（基本法第 12 條第 1 項、第 7 條第 2 項及第 2 條第 2 項），以達成社會的國家任務 (soziale Staatsaufgabe) 之謂。但與威瑪憲法已有三點顯著不同，一是基本權條款（第 1 條至第 19 條）列於基本法之首，二是不再包括基本義務的規定，三是基本權不與方針規定並列。凡此都看出經過極權暴虐之後的德國，轉為以西歐自由主義的憲政制度為取向。尤其重要的是：戰後制憲以來，基本權的保障經由聯邦憲法法院之裁判而落實，呈現豐碩的成果。

---

❶　關於德國之國民性格及其傳統政治文化，參照兩位知名學者的著作即可得知：K. Sonthermer, Grundzüge des politischen Systems der BRD, 1977, S. 84ff.; R. Dahrendorf, Demokratie und Sozialstruktur in Deutschland, in: ders. Gesellschaft und Freiheit, 1961, S. 260ff.，中文著作見吳庚，政治的新浪漫主義——卡爾·史密特政治哲學之研究，1981 年，頁 54 以下。

三、人權的國際化與其挑戰

從前述西方人權發展歷程依其時序，可將人權概分成三個階段：第一個階段主要是以確保個體自由，並阻止國家干涉為目的，具有對抗國家介入個人領域的功能，可稱為防衛（禦）權，亦稱為「第一代人權」；18 世紀的人權宣言即其代表。第二個階段則自 19 世紀下半葉起，為對抗因工業化發展所造成的各種剝削與不平等，要求國家介入予以矯正，以期落實更公平的社會資源分配。此階段所涵蓋之人權多具請求國家介入干預或提供給付之性質，故稱給付權或社會權，也稱為「第二代人權」。第三個階段的人權則開展於 20 世紀，以南方，特別是非洲國家為主，其主張諸如住民自決權與少數族群之保護、自然資源自享權（而非由西方列強所掠奪榨取）、經濟發展權、和平權、環境權，乃至世代或代際正義等；這些權利的主體並非個人，而是集體（族群、國家或世代），故又稱「集體權」，也稱「第三代人權」。不過，不同於前兩代人權已經在法制上穩固建立，第三代人權從權利主體究竟是誰（個人？族群？還是國家？），誰來履行義務（國家？國際組織？），到權利的具體內涵為何等諸問題，迄今仍尚未有共識。

㈠人權的國際法化

國際法對人權的保障早在 19 世紀已經萌芽，1885 年已有禁止非洲奴隸買賣的條約。第一次世界大戰後，在國際聯盟組織之下，也簽訂若干保護少數民族的條約，其他如國際勞工組織亦有諸多保護勞工條約❶⑤。聯合國成立之後，對人權保障尤為積極，除聯合國憲章本身（第 1 章、第 55 條及第 56 條）宣示保障人權與基本自由之外，又在 1948 年 12 月 10 日通過世界人權宣言。這一宣言最初視為對憲章第 1 條「人權與基本自由」的解釋性文件，不具法律效力。它列舉的個人權利共有十五項之多，半世紀以

---

❶⑤　成立於 1919 年的國際勞工組織在成立當年即通過關於工時、失業、生育保障、婦女夜間工作、最低就業年齡與未成年夜間工作等六項國際勞工公約。

來，甚受國際之重視，故有主張宣言的原則已成為國際習慣法者❶❻。

　　世界人權宣言公布之後，聯合國又推動世界人權公約的簽約工作，但是由於對各國人權範圍及優先順序的主張不同，討論過程並不順利。大體而言，以英美為首的西方國家主張人權就是古典的權利清單，包括人身、宗教及政治自由而言，而以亞非國家為主的第三世界各國，則主張維持生存、提供教育及工作等權利，對他們的人民而言才具有意義。兩派意見相持不下，於是在 1966 年分為兩個條約：「公民與政治權利國際公約」與「經濟社會文化權利國際公約」，任由各國選擇簽字，到 1976 年各國才完成批准或加入手續而生效，距離世界人權宣言簽署已將近三十年。這兩項有拘束力的公約對歐美先進國家而言，意義不大，對政治自由常遭限制的國家或地區而言，則有其作用：一是作為其國內為人權奮鬥者爭取的鵠的，一是國際或超強（如美國）干涉或評斷某國人權情況的指標。特別值得注意者，香港在殖民時期，其法院本無違憲審查權，為預防 1997 年回歸之後，香港居民的權利受到壓縮，港英政府趕在 1991 年 6 月將公民與政治權利國際公約作為香港人權法案條例而實施，同時修改港英統治下的憲法文件「英皇制誥」，將人權法案條例納入，而提升至「憲法」層次。此後，上述公約實際上成為香港法院透過司法審查，實踐人權保障的準據❶❼。

　　前述兩項公約我國政府在擁有聯合國席次時，曾在民國 56 年 10 月 25 日簽字，但因民國 60 年退出聯合國，未能完成批准手續，民國 91 年年底立法院重新審議通過，但已無從寄存於聯合國而生效。為使上述兩公約在國內生效，我國於民國 98 年 4 月 22 日公布「公民與政治權利國際公約及

---

❶❻　參照丘宏達，現代國際法，初版，三民書局出版，1995 年，頁 446。

❶❼　陳弘毅，《香港特別行政區基本法》的理念、實施與解釋，收於：劉孔中、陳新民主編，憲法解釋之理論與實務，第三輯，下冊，中研院社科所出版，2002 年。從港英政府只採用公民權利及政治權利公約，也可表現其固守古典人權的傳統。

經濟社會文化權利國際公約施行法」，從此這兩項公約正式成為我國的國內法。兩公約之法位階與法效力為何？下文再述。

除聯合國機制下的人權宣言、人權公約及許多有關人權的條約外，還有若干區域性的人權條約。最有成效的當屬 1950 年的歐洲人權公約及 1961 年的歐洲社會憲章。歐洲人權公約之下設有執行機構包括歐洲人權委員會、歐洲理事會及設於史特拉斯堡的歐洲人權法院，作為執行機構❸。幾經修改，自 1998 年起締約國或個人均可以違反人權公約為由，直接向該法院提起訴訟。不過在歐洲聯盟成立之後，又另有國際司法機關執行人權事項。歐盟條約本身原來並無基本權的規定，但歐盟在盧森堡設有歐盟法院負責落實歐盟條約。在執行歐盟條約的過程中，歐盟法院逐步以歐洲人權公約及締約國憲法所承認的人權條款，作為一般法律原則而適用❾。爾後，在 2007 年 12 月 12 日通過了歐盟基本權利憲章 (The Charter of Fundamental Rights of the European Union)，2009 年 12 月 1 日生效的里斯本條約第 6 條第 1 項規定：「歐盟基本權利憲章與本條約具有相同的法律效力。」換言之，在歐盟條約所建構的法律體系裡，自 2009 年 12 月起也有了自己的人權條款。歐盟基本權利憲章分七章共五十四個條文，堪稱是本世紀以來第一個最完整的國際人權憲章，其對歐盟各國人權標準的整合與人權保障的深化，將會產生深遠的影響❿。

美洲也有美洲人權宣言及美洲人權公約，公約之下復設有美洲國家組織、美洲人權委員會及美洲人權法庭。非洲國家團結組織在 1981 年通過非

---

❸　Vgl. J. Bartsch, Die Entwicklung des internationalen Menschenrechtsschutzes, 1983/84, NJW 1985, 1751.

❾　Badura, aaO., S. 357ff.

❿　黃舒芃，歐盟基本權利憲章對會員國之拘束：由新近實務發展與理論爭議反思基本權利保障在歐盟的實踐途徑，收於：洪德欽、陳淳文主編，歐盟法之基礎原則與實務發展，上冊，台大出版中心出版，2015 年，頁 213 以下。

洲人類及民族權利憲章 (African Charter on Human and Peoples' Rights)，但未設置相關的人權法庭。亞洲地區由東南亞十國所組成的「東南亞國家協會（簡稱東協）」 (ASEAN) 於 2008 年 10 月批准「東協憲章」 (ASEAN Charter)，使東協具國際法人之地位；東協更進一步於 2012 年通過「東協人權宣言」(ASEAN Human Rights Declaration)。不過，一方面東協所設之人權機構（東協政府間人權委員會）不具任何強制力❷；另一方面其人權宣言又充滿高度妥協，被批評為不符或是降低國際人權標準。

　　人權的國際法化發展最突出的成就就是國際刑事法的發展。二戰結束後分別設於紐倫堡與東京的國際軍事法庭，首次以違反人道罪、違反和平罪與戰爭罪等罪名，制裁二戰戰敗國之戰犯。不過，因二戰後隨即開展的東西冷戰格局，使得國際刑事法無從進一步發展。1990 年代冷戰結束後，聯合國安理會分別於 1993 年與 1994 年設置針對前南斯拉夫與盧安達的特別國際刑事法庭，用以制裁前述兩國因內戰而生之戰爭罪、違反人道罪與種族滅絕罪等罪行。爾後在 1998 年各國簽訂羅馬規約，建置了常設的國際刑事法院，該法院並自 2002 年 7 月起正式運作，迄今已有一百多個簽署國。不過，諸如美國、中國、俄國、印度等大國，以及以色列、烏克蘭與中東諸多涉及戰亂之國皆非簽署國。該法院運作前十年的二十九名被告，全部都是非洲人，已顯現其管轄範圍的局限性。此外，對於針對德軍於二戰期間之暴行所提起之訴訟，國際刑事法院在其 2012 年 2 月 3 日的裁判中拒絕將「國家（德國）」納入其管轄範圍。從主要大國與戰亂國家多非簽署國，到「國家」法人仍不受該法院管轄的事實來看，欲透過國際刑事制裁以保障人權的理想仍甚難落實。

(二)人權普世化的質疑與挑戰

　　人權理念自 18 世紀美法等國透過正式宣言與立憲方式將其憲法化以

---

❷　依據東協憲章第 14 條規定，於 2009 年 7 月 20 日正式設立東協政府間人權委員會，該會僅具諮詢功能，且必須尊重各國之歷史、文化與宗教。

來，已成為歐美國家憲法中的核心要素，且落實人權保障亦成為國家存立的唯一目的。尤其歷經 20 世紀上半葉兩次世界大戰的慘痛經歷之後，世界人權宣言既是戰後人類深刻反省的產物，同時也是人權理念應該普遍適用於全球各地的期盼。從而，「人權具有普世價值，應該被普遍適用」成為多數西方國家所肯認且支持的主流思潮。不過，不僅「理想」本身即存在分歧，而「現實」更殘酷地見證「理想」實難以實現。

先就理想而言，人權的普世性 (universality) 係以個人出發，並建立在平等與自由的基礎之上❷❷。然而不少非洲民族反對以個人主義為中心，認為「社群」或「集體」才能使個體得以存在與發展，故亦應重視群體之權利；故將「人權」與「民族權」並列❷❸。只是在強調群體的概念下，一方面諸如自決權、政經社會體制的自由選擇權、自然資源的擁有權、發展權與文化認同權等皆成為「民族權」的內涵，進而可因之而限縮個人人權；另一方面還強調個體則必須對家庭、社會與國家履行義務。基此，非洲國家持續其非民主自由之政治體制，或以傳統文化箝制或侵害人權之行為，皆不牴觸非洲人權與民族權憲章所揭櫫的人權❷❹。至於幅員廣大，組成族群十分多元的亞洲諸國，連可以被亞洲各國普遍所接受的「亞洲人權觀」都不存在，更遑論普世人權。1993 年 4 月 2 日在曼谷人權大會中所發表的「曼谷宣言」，出現由新加坡與馬來西亞總理李光耀與馬哈迪共同鼓吹的「亞洲價值」概念，用以強調不同於西方價值與西方人權觀。事實上，從阿富汗山區婦女到印度農村仍深受種姓制度影響的首陀羅（即奴隸）與賤

---

❷❷　例如世界人權宣言第 1 條：「人皆生而自由，且在尊嚴及權利上均各平等。人皆賦有理性與良知，誠應和睦相處，情同手足。」

❷❸　例如非洲團結組織於 1981 年通過的「非洲人權與民族權憲章」（於 1986 年 10 月 21 日生效），在其序言中即強調人權與民族權之思考，必須依據非洲之歷史傳統與非洲之文明價值。

❷❹　最典型的例子就是迄今仍有許多非洲國家依循傳統，在衛生及醫療條件極差的情況下強制女性接受割禮，此舉嚴重侵害女性人權，飽受西方批判。

民，從蒙古草原的羊群到東京街上遍布的自動販賣機，亞洲各地之歷史、文化、宗教與地理、經濟及社會結構差異極大，的確很難有共同的人權觀。再者，若跳脫地理框架而以宗教為區分基準，不同於基督天主教國家，伊斯蘭國家強調應以宗教教義作為人權之基礎❷，公民身分與信徒身分不可分離，所有公民皆在伊斯蘭教的籠罩下，其政教不分之制度與男女不平等的社會情況自難為西方國家所理解並接受。最後，若聚焦於思想與意識型態，在二戰後東西對立的冷戰格局下，並在馬克思主義的加持下，蘇聯共產集團國家將自由資本主義下的人權保障理解成階級剝削，根本無法服膺於西方人權觀。

　　西方人權理念作為得以適用於全球的單一且絕對之價值，不僅因宗教與文化之因素而在國際間引發齟齬，更因經濟與政治之因素而成為國際間相互鬥爭的工具。即使在西方國家內部之間，人權內涵亦有分歧。例如禁止死刑已屬歐洲之共識，但美國仍執行死刑；荷蘭與比利時將安樂死合法化，但歐洲人權法院在其裁判❷中則以人權公約第 2 條保障生命權為由，反對安樂死；更不用說胚胎自何時開始屬於生命權之保障範圍？歐洲人權法院認為此屬各國立法權得自由裁量之事項❷。此外，以美國為首的西方國家又常以人權作為令旗，號召各國一起圍剿甚至是制裁被其視為人權紀錄不良的國家；問題是其人權標準並不一致❷，西方國家雙標的人權號召，

---

❷　例如伊斯蘭國家於 1981 年也有一個「伊斯蘭世界人權宣言」，在其序言中即言：阿拉給予人性，一切社會建制與人際關係之規範，應以可蘭經與穆罕默德的教旨為依據。

❷　CEDH, 29 avril 2002, Pretty c. Royaume-Uni.

❷　CEDH, 16 décembre 2010, A, B et C. c. Irland.

❷　例如為推翻緬甸軍政府，西方曾積極支持翁山蘇姬；但在翁山蘇姬於 2015 年勝選取得政權之後，緬甸政府仍然繼續迫害羅興亞人，西方政權對此卻相對沉默。直到非洲國家尚比亞向海牙的國際刑事法庭控訴緬甸政府對羅興亞人進行種族屠殺行為，翁山蘇姬還親自出庭辯護，其主張：緬甸政府掃蕩非法移民，

反而成為質疑西方人權觀的有力反駁基礎。

四、我國「基本法」上的人民權利

這裡所謂基本法是指民國肇建以來，在實證法體系中具有最高效力的規範，或者這類規範成立前的草案而言。前已說過，人權不是中國固有的觀念，所以在憲政發展過程中與英法等國先有各種權利法典或宣言，然後才出現政治組織的變革不同。自清季頒布之各類憲法文件以還，朝野菁英分子心目中的立憲，重點莫不著重政治體制，人民權利或者完全忽視，或者聊備一格而已。在國民政府制憲時期，各方熱烈討論的制憲內容不外總統制、內閣制，國民大會的職權範圍、中央與地方權限分配、省區如何規定、首都建在何處，人民基本權利反而成為次要。中國歷史上第一份人權清單出現在民國元年 3 月公布的中華民國臨時約法（民元約法），從第 5 條至第 15 條規定人民的十二種權利及納稅、服兵役兩種義務。民國 3 年的袁世凱約法延續民元約法上述規定，變動甚少。在北洋政府時期公私名義提出之憲法草案不下十種❷⑨，均有大同小異的人權條款，而以民國 2 年的天壇憲草對人民權利的列舉較為完整，日後國民政府的制憲工作或多或少也受此影響。

國民政府統治的基本法為民國 20 年 6 月 1 日公布的訓政時期約法，其第 2 章稱人民之權利義務，共列有權利十八種、義務五種。關於權利部分採民元以來的慣例，每一種權利之下，依其性質凡自由權（除約法第 11 條及約法第 17 條外，約法第 9 條至第 17 條）均有「非依法律不得限制或停

就算有小部分的不當行為，也不是種族滅絕。2021 年 2 月緬甸軍方政變，並將翁山蘇姬下獄。西方國家才又開始比較積極關切緬甸問題，公開譴責並制裁緬甸軍政府，但其制裁僅對緬甸之能源公司或少數個人，並無實質意義。

❷⑨　清末民初以來各種憲法文件或資料，見繆全吉編，中國制憲史資料彙編，國史館發行，1989 年。

止之」或類似文字，受益權（約法第 21 條至第 24 條）則明定「依法律有……之權」。民國 25 年公布的五五憲草，無論清單內容，立法形式大體上與訓政時期約法無甚差異。直到民國 35 年政治協商會議修改五五憲草，才將上述每種權利之下附加的文字取消，正式通過的憲法（即現今的條文）從之。論者遂謂訓政時期約法及五五憲草的規定方式是間接保障主義，而現行憲法將以法律限制的字樣，合併規定在憲法第 23 條，稱為直接保障主義❸。實則兩種規定方式，根本沒有區別，都在宣示法律保留原則，何來直接保障或間接保障的不同，無怪乎早被薩孟武教授批評為：「這何異於朝三暮四與朝四暮三之別❸。」

從國民政府成立以來基本法的沿革，尚可看出我國的憲制與西歐立憲主義的另一項不同。以訓政時期的約法為例，有關國民生計及國民教育的規定分列第 4 章及第 5 章，共達二十八個條文，遠較所列舉的政治及公民權利為周密，內容不僅涵蓋現今的社會權，而且對契約自由、私有財產的繼承均有以法律限制的明文，國家所負的任務與當時的社會主義國家也不遑多讓。後來的五五憲草以迄現行憲法，在基本國策中也保留了這類規定。究其原因，一方面是因為取得政權的國民黨，原本就是標榜這種意識型態，另一方面中國傳統文化，向來就缺乏自由主義有限政府的觀念，所謂政府只要維持公安與秩序，個人就能夠自行追求幸福的想法根本就不存在。政黨領袖之所以不斷提倡「萬能政府」或「大有為政府」，也可以說是投人民之所好。不僅政治人物如此，昔日之學者亦然，看到外國若干社會立法或者在憲法上出現某些方針規定，就喜不自勝，一心以為鴻鵠之將至，認為世界潮流已從「權利本位」改正為「社會本位」，與我國文化不謀而合，真所謂吾道之不孤。這也就是威瑪憲法在國內備受推崇，視為典範的心理因素，實則當代西洋思潮中與中國傳統文化，固有其彷彿之處，惟仍存在本

---

❸ 林紀東，中華民國憲法釋論，改訂五十五版，1992 年，頁 163。
❸ 薩孟武，中華民國憲法新論，1972 年，頁 82。

質的不同，有文獻可供參照❸，此處不能深論。

●第二節　基本權概念的闡釋

一、基本權的各種解說

　　基本權就是基本權利或基本人權的簡稱。然「人權」與「基本權」二者有何差異？須先予釐清。「人權」的概念係以「人」為基礎，係指「作為一個人」應擁有的權利；一旦沒有人權，人不再是人。在此想法下，「人權」係與生俱來，不可讓與，也不可被剝奪，它超越國家、地域、族群與文化而具有普世性。簡言之，人權在國家法體系之上，先國家而存在。「基本權」的概念則聚焦於「權利之重要性」，其建立在「與其他權利相比較」之下，也就是重要性最高的權利被視為是基本權。由於建立在「與其他權利相比較」的基礎之上，「基本權」概念與國家法體系同時存在，亦即國家法體系中最重要的權利稱為基本權。換言之，沒有國家法，就沒有基本權。在此理解下，每個國家的基本權內容不盡相同，基本權不具普世性。更簡化地說，人權是上位概念，人權包含基本權，但並非所有基本權皆屬人權。

　　基本權的定義為何？不是容易解答的問題，因為對基本權的理解，常因時、因地而不同。從自由主義的觀點，也就是從北美與西歐的傳統而言，人權與基本權的範圍幾無二致，其乃先國家而存在，用來拘束政府權限的行使；在沒有上述傳統的國家，例如日本部分學者，很可能依實證的觀點將基本權解釋為：憲法或基本法所保障的權利❸。前面說過，威瑪憲法是

---

❸　王伯琦，近代法律思潮與中國固有文化，三版，法務通訊雜誌社出版，1981 年。

❸　日本部分憲法學者如美濃部達吉、我妻榮、鵜飼信成等大體上都採這種定義，見林紀東，中華民國憲法釋論，改訂五十五版，1992 年，頁 76。但仍有更多的學者，也採取歐美自由主義者的觀點，闡釋日本憲法上的基本人權，參照蘆部信喜著，李鴻禧譯，憲法，元照出版，1995 年，頁 98 以下；清宮四郎、宮

第一部有權利清單的德國聯邦憲法，基本權也是該憲法的用語，不過當時憲法學者的通說都認為：基本權只是一種方針規定，並不是真實的權利，也就不熱中於基本權定義的明確化 ❸❹。史密特是少數例外之一，他對基本權的界說是：在市民階級的法治國中，基本權僅指那些先國家及超越國家存在的權利，並非國家依照其制定的法律所賦予，而是對已有的加以承認及保障。至於基本權的範圍也只能作原則性的衡量，有所干預則必須有明確規定之程序，基本權從其本質而言，並不是一種法益，乃是一種廣泛的自由，從而產生各種權利，特別是防禦權 ❸❺。史氏並進一步分析，基本權與其他憲法上所保障的權利不同，並非憲法上所保障的每一種權利皆屬基本權；反之亦然，法律所保障的每一種權利也並不都具有基本權的意義。基本權既是先國家而存在，其內容及範圍自非法律所能限定，本質上將基本權詮釋為不受限制的個人自由空間，現代國家存在的正當性在於克盡其對基本權保障的貢獻。不僅如此，基本權條款具有拘束立法、司法及行政各部門的效力，故制定法律及適用法律皆不得與基本權相牴觸。除訴諸人民制憲權力外，縱然修改憲法也不得否定基本權或變更上述的原則 ❸❻。史密特對基本權的解說，當然是以西歐自然權利思想為依據，這在當時相當難能可貴。他的用意是要與這時候方興未艾的布爾什維克觀點 (bolschewikische Auffassung) 的憲法有所區別。1918 年俄羅斯蘇維埃共和國憲法也有工人及被剝削人民權利的宣言，其標舉的工作權、生活照顧權及免費受教育與訓練之權，史密特便認為不屬於基本權 ❸❼。

　　澤俊義也有類似見解，見林紀東，中華民國憲法逐條釋義㈠，修訂三版，三民書局出版，1987 年，頁 335 以下。

❸❹　這種看法可拿當時權威憲法讀本為代表： G. Anschütz, Die Verfassung des Deutschen Reiches, 3. Aufl., 1929, S. 452ff.

❸❺　C. Schmitt, Verfassungslehre, aaO., S. 163.

❸❻　Ebenda.

❸❼　C. Schmitt, aaO., S. 169.

　　二戰之後的西德基本法，一方面繼受西歐式的古典權利觀念，另一方面又以實現社會的國家任務，保留許多符合德國傳統的社會基本權。於是論者認為若從前者著眼，基本權應界定為：先國家而存在的個人權利，個人的自由與平等是國家存立的條件，也是國家權力行使應負的義務與界限；若從後者即德國固有的權利觀念為出發點，則基本權並非先國家而存在，基本權主體乃由於作為國民一分子而受到國家的保障，這種理解下的基本權仍然對國家權力的行使，發生拘束作用，換言之，對自由與財產的侵犯必須經由法律，才是正當❸。上述兩種不同的界說，最主要的不同在於將基本權看作超實證法的自然權利 （也可稱為實證化的自然法 (positiviertes Recht)），或者是國家法律所賦予的權利。

　　由此看來，基本權是一個多義性的概念，許多德國學者寧願對基本權從各種面向描述，而不輕易加以界定，以免有欠周延。對基本權的描述，已不是對基本權下定義，而是一種基本權理解 (Grundrechtsverständnis)。例如 K. Hesse 的基本權雙重性理解 (Der Doppelcharakter der Grundrechte)，基本權既是個人主觀的權利，也是共同生活中客觀秩序的基本要素❸；Fritz Ossenbühl 的基本權五種面向解說：防禦權、價值決定的基本規範、制度性保障、 分享的權利及請求權基礎❹ ； E.-W. Böckenförde 的五種基本權理論：自由的、制度性的、價值的、民主功能的及社會國的基本權理論❹ ；艾力士 (R. Alexy) 之權利的基本地位理論 (Theorie der rechtlichen

---

❸　Siehe B. Pieroth/B. Schlink, Grundrechte, Staatsrecht II, 13. Aufl., 1997, S. 13.

❸　Hesse, Grundzüge des Verfassungsrechts der BRD, 20. Aufl., 1995, S. 127.

❹　Ossenbühl, Die Interpretation der Grundrechte in der Rechtsprechung des Bundesverfassungsgerichts, NJW, 1976, S. 2100–2106.

❹　Böckerförde, Grundrechtstheorie und Grundrechtsinterpretation, in: R. Dreier und F. Schwegmann (Hrsg.), Probleme der Verfassungsinterpretation, 1976, S. 266–292.

Grundpositionen)❷等。除各種學說之外，德國聯邦憲法法院也有本身的基本權理解，早年 Lüth 案件的判決就已經將基本權定性為：基本權是人民對抗國家的權利；基本法關於基本權的章節乃顯示人及人的尊嚴優先於國家權力；基本法並非價值中立的秩序，而基本權規定就是體現基本法的客觀價值秩序，「這個價值體系的中心點，乃是在社會團體中自由的發展人格，每個人得到尊嚴，是對一切法律範圍皆有效力的憲法基本決定，凡立法、行政及司法均應把此一價值體系作為指標及原動力❸。」

二、我國憲法上基本權的定義

我國憲法使用的名詞是人民之權利，而不是基本權，但至今學者新舊著作，用基本權者比比皆是，以基本權指涉憲法上人民權利可謂已約定俗成。尤其司法院大法官解釋也已採用，釋字第 436 號解釋理由書第 1 句便稱：「人民身體自由在憲法基本權利中居於重要地位」，釋字第 445 號解釋文開宗明義寫道：「憲法第十四條規定人民有集會之自由，此與憲法第十一條規定之言論、講學、著作及出版之自由，同屬表現自由之範疇，為實施民主政治最重要的基本人權」，基本權即基本權利或基本人權的簡稱。然而，無論學者或釋憲機關皆鮮少對基本權利或基本人權一詞，給予明確的定義。

我國憲法上的「基本權理解」，向來受兩項因素影響，我們應先加以檢討。一是沒有歐美個人自由的傳統，所謂先國家而存在或不可讓與的權利，在中國傳統文化中，完全陌生；二是孫中山先生反對天賦人權的主張以及「革命民權」的說法。所以歷來普遍充斥國內的人權觀念是：「自由是在法

---

❷ Alexy, Theorie der Grundrechte, 2. Aufl., 1994, S. 171ff.，並參照吳庚，基本權的三重性質，收於：司法院大法官釋憲五十週年紀念論文集，司法院出版，1998年，頁 19。

❸ BVerfGE 7, 198, 205.

律限制之下的自由」、「權利是來自法律的賦予」，類似的觀念不僅在我國出現，舊日德國也是如此❹。毋庸諱言，通過憲法第 2 章人權條款的制憲者，其集體意志難免是受前述兩項因素影響下的理解，但是我們現在解釋憲法不是探求制憲者的意思，而是憲法的意思，尤其對基本權的解釋更應考量人民的權利意識、社會發展的現況與人權的普世趨向，這也是當代詮釋學家所說的「效應歷史意識」的一種。基於這種認知，我們對基本權作如下的定義：「基本權是凡人皆有的權利，憲法加以規定具有確認其在國家規範秩序中的最高效力，國家有加以保障的義務，不僅立法者不得任意限縮，制憲者如有侵犯也視為一種憲法破毀的行為。基本權內容越是充分實現，政治體系越具有存在的正當性。」

　　上述定義可進一步析述如後：㈠我國憲法第 2 章第 7 條至第 21 條的權利包括平等權、人身自由，不受軍法審判之自由、居住遷徙自由、表現自由、秘密通訊、信仰宗教、集會結社等自由、生存、工作及財產權、請願、訴願及訴訟之權、參政權、應考試服公職及受國民教育之權等。其中除生存權、工作權及受教育權具有社會權的性質，參政及應考試服公職為政治上的參與權外，其餘十類自由與權利大體是來自歐美古典的權利清單，是先國家而存在的自然權利，我們不使用自然權利或「自然法的實證化」作定義的用語，因為涵蓋社會權及政治上的參與權理論上尚有困難。但平等權及自由權固然是先國家而存在的人權，社會權及政治上的參與權也是每個人參加國家生活必須具有的權利，否則將不能成為公民身分。所以上述權利不問其歷史背景與屬性，都不能承認是憲法所賦予，憲法加以規定原則上只是確認性質。㈡基本權條款與其他憲法條文有同樣的法之拘束力，

---

❹　鼎鼎大名的公法學家耶律尼克就認為：「一切自由只有在法律限制範圍內獲得
　　承認。」(Alle diese Freiheit sind nur innerhalb der gesetzlichen Schranken
　　anerkannt)，siehe System der subjektiven öffentlichen Rechte, 2. Aufl., 1905, S.
　　103.

各個國家機關的行為均不得與之牴觸，不得再持舊的觀念，認為只是不具法效的方針規定。㈢所謂國家負有保障義務，就自由權而言國家只要消極不制定法規，讓人民自由的活動即可，如果非制定法規不可，則應以防止他人侵害自由權主體或使每個人皆有行使權利的相同機會為限。例如制定著作權法不是限制個人的著作自由，而是防止他人侵害著作人的權利；制定集會遊行法，目的在使主張以集遊方式表達其意見的人，能順利進行集遊活動，而又不致嚴重妨害正常生活秩序。關於社會權或政治上的參與權，則有賴國家採取積極的措施，方能實現。㈣立法機關基於公益維護，固然可制定法律對基本權加以合理限制，但必須符合比例原則（憲法第 23 條），其限制是否過當並應受司法審查。至於修憲者可否將基本權條款全部或部分加以廢止？依照修憲應有界限的理論，如果出現這種情形，也為自由民主憲政秩序所不許，釋字第 499 號解釋就認為憲法第 2 章人民權利的規定是憲法賴以存立的基本原則之一項，修憲機關亦應受其拘束。㈤自由發展人格，追求有尊嚴和幸福的生活是每個人的目標，國家的存在應以促成個人達成其生活目標為職責。無論經由多數人或由少數人武斷的設定國家的目標，然後要求個人犧牲其自由與權利，都不具有正當性。

三、基本權及其他自由權利的範圍

憲法第 2 章的條文構造及規範意旨，是界定基本權範圍的依據。憲法第 7 條至第 18 條、第 21 條關於人民權利，共列出十三類，細分十七種權利 ❹⑤ 。項目明確，適合作為清單，又為與憲法第 22 條之其他權利易於鑑

---

❹⑤　從憲法第 7 條算起到憲法第 18 條，每一條當作一類，再加憲法第 21 條受教育權，共十三類。十七種的算法包括：平等權、人身自由權、不受軍法審判之自由、居住遷徙自由、表現自由（言論、講學、著作及出版自由的總稱）秘密通訊自由、信仰宗教自由、集會結社自由、生存權、工作權、財產權、請願權、訴願權、訴訟權、參政權（選舉、罷免、創制及複決的總稱）、應考試服

別，應認為是憲法上的基本權利。這種界定符合憲法的意旨，因為如果將一切權利都視為基本權，則基本權反而喪失其重要性，同時憲法既慎重將事，把十七類二十種逐條列出，自應賦予特殊意義，而有別於其他權利。

其他權利規範於憲法第 22 條，其顯然是仿自美國憲法增修條文第 9 條所謂：「不得因本憲法列舉某種權利，而認為人民所保留之其他權利，可以被取消或輕忽」而來，原本僅是宣示之意義，以顯現制憲者對人民權利周全的照顧，惟既屬條文，則解釋上難免有不同看法❹❻。然詮釋法律應對每一文字賦予意義，解釋憲法尤應遵守；憲法第 22 條應作如下的闡釋：

㈠本條所稱「人民之其他自由及權利」，自然指本章第 7 條以下各種列舉權利以外的自由及權利。若是在列舉的各項基本權保障範圍內或屬於各該基本權射程所及的事項，便不應視為其他自由權利。例如憲法第 11 條之表現自由，當然包括媒體的言論自由，由此衍生的公眾（閱聽人）接近使用媒體權利 (the right of access to the media) 即屬第 11 條之保障範圍（詳見釋字第 364 號解釋），而不歸屬於第 22 條。由此可見第 22 條所涵蓋的自由權利與列舉各條有競合或消長關係，再舉隱私權 (right of privacy) 為例，如果第 15 條人民財產權之保障能涵蓋所有隱私權，則隱私權保障就不必以第 22 條為依據，然而隱私權的範疇很廣，包括居住、行動、資訊等在內，所以隱私權就構成第 22 條所保障的自由及權利❹❼。

公職權、受國民教育權。

❹❻ 參照李震山，論憲法未列舉之自由權利之保障──司法院大法官相關解釋之評析，收於：劉孔中、陳新民主編，憲法解釋之理論與實務，第三輯，上冊，中研院社科所出版，2002 年。

❹❼ 美國憲法的權利清單也無隱私權的保障，但判例卻導出隱私權的憲法依據，值得我們注意。蓋美國的權利清單制定於兩百餘年前，許多今天普遍視為基本權者，並未列入，於是聯邦最高法院在 Griswold v. Connecticut, 381 U. S. 479 (1965) 一案中，由道格拉斯 (Justice Douglas) 執筆的多數意見創出半陰影圈理論 (penumbra theory)，像結社權就可列入美國憲法增修條文第 1 條言論自由所

㈡憲法第 23 條所揭櫫的法律保留原則及比例原則，不僅適用於列舉的各項基本權，也同樣適用於第 22 條的概括自由及權利，此項結論是素來的通說❹。從文義解釋，固然可得此結論，蓋第 23 條明定以上各條之自由權利，當然包括憲法第 22 條在內，此其一。其次，從起源論（即制憲史）觀點解釋，憲法之前身為「五五憲草」從第 8 條以下各條凡屬自由或權利者，均加一句「非依法律不得限制之」，相當於現行第 22 條者，為憲草之第 24 條，兩相對照，除憲草第 24 條也附加一句「非依法律不得限制之」外，文字完全相同。現行憲法將附加文句全都刪除（憲草第 24 條亦然），而將「非依法律不得限制之」文句，合併規定於第 23 條，本書前曾述及。從而第 23 條之規範意旨，當然包括第 22 條在內。由上所述，第 22 條的其他自由及權利，可視為等同於基本權的權利 (grundrechtsgleiche Recht)。

㈢憲法第 22 條所指「不妨害社會秩序公共利益」既應賦予一定意涵，我們主張這句文字實相當於德國基本權理論裡的內在限制 (immanerte Schranke)，所謂內在限制指從不同的憲法所認同之價值標準衡量，基本權行使應受的不成文制約而言❹。例如德國基本法第 8 條第 1 項：「德國人民無須報備或許可，皆有和平及不攜帶武器集會之權利」其保護對象的集會必須是和平及不攜帶武器，否則即非基本法所保障之集會❺。憲法第 22 條「不妨害社會秩序公共利益」乃是一切受本條保障之自由權利的共同構成要件，而非不具意義的文字；此項見解也為實務上所採❺。又如假設有人

保障的半陰影圈，而增修條文第 3 條禁止軍隊駐紮民房，第 4 條保障人民的財物不受搜索扣押，第 5 條禁止強迫人民認罪等規定，都創設了一項「隱私的領域」，這種半陰影圈裡的權利，也可稱為邊緣權利 (peripheral rights)。

❹　林紀東，中華民國憲法逐條釋義㈠，修訂三版，三民書局出版，1987 年，頁 338。

❹　Vgl. Bleckmann, aaO., S. 323ff.

❺　Vgl. Jarass/Pioroth, GG Kommentar, aaO., S. 205.

❺　如釋字第 554 號解釋曾謂：「性行為自由與個人之人格有不可分離之關係，固得自主決定是否及與何人發生性行為，惟依憲法第二十二條規定，於不妨害社

在公園中擅自劃定範圍，從事各種遊樂活動，因而影響他人散步或在公園中的其他活動，則劃定範圍者已不符合不妨害社會秩序公共利益之條件，即不受第 22 條的保障❷。

　　討論第 22 條最後一個重要項目，乃是釋憲實務上有哪些自由或權利經明白釋示，屬於本條的範疇，而非各個列舉的自由及權利所涵蓋。大法官解釋中明示屬於第 22 條者甚多❸，舉凡人性尊嚴、人格權及姓名權、隱私權、資訊自主權、契約自由、家庭及婚姻自由、一般行動自由、身體權、環境權、性自主、收養自由、同性婚姻、健康權，乃至原住民族身分認同權等，不一而足。

四、受國家賠償權之性質

　　憲法第 2 章第 24 條尚定有請求國家賠償之權利，當然應承認與憲法第 22 條同屬憲法上所保障的權利，然其並不在基本權之列。依照憲法第 24

　　會秩序公共利益之前提下，始受保障。是性行為之自由，自應受婚姻與家庭制度之制約。」但釋字第 791 號解釋則謂：「刑法第 239 條規定：『有配偶而與人通姦者，處 1 年以下有期徒刑。其相姦者亦同。』對憲法第 22 條所保障性自主權之限制，與憲法第 23 條比例原則不符，應自本解釋公布之日起失其效力；於此範圍內，本院釋字第 554 號解釋應予變更。」

❷　假設有人在公園中持續的劃定區域從事健身活動，因影響他人散步或活動而受到禁止，若因而涉訟，初不必探究禁止的規範是否屬於憲法第 23 條之法律，或有無法律授權的依據，抑或僅屬地方政府所發布的規章（如公園管理規則），因為行使的所謂權利與類似內在限制之要件不符。禁止之權源可從行政法上營造物管理規則理論獲得支持，參看吳庚，行政法之理論與實用，增訂十四版，三民書局出版，2016 年，頁 161。但公園管理單位除命行為人離去或拆除範圍外，若另處予罰鍰，則仍須有法律或自治條例為依據。

❸　李震山，多元、寬容與人權保障——以憲法未列舉權之保障為中心，二版，元照出版，2007 年 9 月，頁 34–37。

條規定：「依法律向國家請求賠償」，故國家賠償責任之範圍如何？被害人請求賠償應具備何種要件？悉依法律之規定，而憲法第 7 條至第 18 條及第 21 條與第 22 條的權利則無待法律的規定，人民當然享有，兩者有其根本差異，雖然基本權依憲法第 23 條規定亦得以法律規定限制之，但與憲法第 24 條規範作用有別，前者是侵害保留 (Eingriffsvorbehalt)，後者是形成保留 (Ausgestaltungsvorbehalt)[54]，同時也可稱為憲法委託 (Verfassungsauftrag)，即憲法委由立法者制定實施國家賠償的法律。立法機關在制定這一法律時，有寬大的形成自由。就憲法第 24 條的文義解釋，國家賠償責任是指人的行為即公務員的違法行為，而且行為人須有故意或過失。但現行國家賠償法除規範公務員行為（第 2 條）之外，第 3 條尚定有公共設施設置及管理欠缺的所謂物的瑕疵責任，通說且認為係屬無過失賠償主義[55]已超出憲法第 24 條範圍。在解釋上，並不發生違憲問題，因為逾越憲法是增加國家賠償的責任，純粹是有利人民權益之事，與加重人民義務或負擔者，完全不同。

---

[54]　如所周知，侵害保留也譯作干涉保留，指對人民權利有所限制應保留予法律加以規定，形成保留則指對人民權利之事項，憲法委由立法者加以規範，前者立法者所受之拘束較多，後者立法者享有較多之自由形成空間，Vgl. Bleckmann, aaO., S. 336.。但制定法律用來規範某種基本權（如集會自由），本質即含有限制之意，因而以法律保留限制基本權時，法律之內容也不能毫無形成空間，故有學者認為侵害保留與形成保留的區分頗有商榷餘地，參看 G. Winkler（溫克勒），Grundfragen und aktuelle Probleme der Versammlungsfreiheit, in: ders., Studien zum Verfassungsrecht, 1991, S. 194f.。惟就我國憲法第 23 條與憲法第 24 條的規範意旨，對照以觀，兩者的區別仍有採用的價值。

[55]　吳庚，行政法之理論與實用，增訂十四版，三民書局出版，2016 年，頁 742；陳淳文，論公法人之無過失責任——國家賠償法第三條檢討，收於：台灣行政法學會主編，當事人協力義務／行政調查／國家賠償，元照出版，2006 年 11 月，頁 393–444。

●第三節　基本權的性質

一、基本權與身分關係

㈠古典身分理論

耶律尼克的身分理論 (Statustheorie) 是具有古典意義的基本權典範理論 ❺⑥ 。耶氏很巧妙的以身分為媒介引導出，個人與國家間公法上的權利義務關係。耶律尼克認為人在國家中有四種身分： 1.消極身分 (Status negativus) 產生自由權，使個人自由於國家之外； 2.積極身分 (Status positivus) 產生對國家的各種請求權，向國家要求給付，沒有國家即無這類請求權存在的可能； 3.主動身分 (Status activus) 是以公民的地位參與國家活動包括國家意思的形成， 選舉權屬於典型的這類權利； 4.被動身分 (Status passivus) 產生義務，與權利無關。上述身分關係是近代立憲主義建制完成後，國家與個人處於一種法律狀態 (Rechtsstand) 中，而非在赤裸裸的權力支配下來描述雙方關係。

㈡修正的身分理論

耶律尼克的身分理論固然是法學概念上的一項發明，但晚近遭受許多批評，大體而言，批評者多認為這是一種形式的、抽象的、將人視為孤立個體的假設理論，與今日的社會生活現實不符 ❺⑦ ，耶氏理論至今雖然仍廣被引用， 卻遭比喻為 「將後專制主義的頭接在民主主義的腳上」 (spätabsolutischen Kopf auf demokratische Füße zu stellen) ❺⑧ 。有的學者則認

---

❺⑥　Jellinek, System der subjektiven öffentlichen Rechte, aaO., S. 85ff.。耶氏之身分理論，很早即為我國學者所引用，見薩孟武，政治學，增訂五版，三民書局出版，2019 年，頁 21 以下。

❺⑦　Vgl. R. Alexy, Theorie der Grundrechte, 2. Aufl., 1994, S. 246.

❺⑧　Vgl. Ders., aaO.

為四種身分，不足以表示個人在現代國家中的地位，主張增加一種程序上的（主動）身分 (Status activus processualis)❺⁹，也有人認為四種身分的區分，並無實益，基本權建立了人在憲法上的地位，稱之為一般國民身分 (allgemeines staatsbürgerlichen Status) 即可❻⁰。耶律尼克在敘述消極身分時雖然一再將之描繪為「非國家統治權所及的領域」、「個人是自己的主宰」，也可稱為「自由的身分」(Status libertatis)❻¹，然而對消極自由內容的確定，則認為屬於立法者的裁量，以致於表明：「一切自由只有在法律限制範圍內獲得承認」❻²，這種觀點當然與當代的憲法理論扞格不入，因為是立法者要受人民基本權所制約，而不是人民的自由乃立法者所賦與❻³。作為一個 19 世紀後期德意志的國法學家，耶律尼克反映當時的現實並不足為怪。在諸多批判者中，艾力士有一段較深入的分析：依照耶律尼克的說法，消極身分是免於國家官署的干涉，積極身分則限於請求國家為特定的作為（積極行為 (positives Tun)），假設人民要請求國家官署不作為，這項權利若是從消極身分衍生，則消極身分與積極身分的根本差別將不存在，若不能從消極身分衍生，而積極身分又只限於積極行為，則豈非謂在耶律尼克的理論體系中，竟遺漏如此重要的防衛權（或稱防禦權 (Abwehrrechte)）❻⁴。至於主動身分及其與被動身分之間的關係，也非毫無疑義，主動身分既被界定為一項參與國政的權能，則基於契約關係擔任公職是否也屬於主動身分？行使選舉權固然是主動身分，如果採取強制投票，使選舉成為公民的義務時，主動身分與被動身分將有混同之虞，諸如此類都是耶律尼克身分

---

❺⁹　Ebenda.

❻⁰　Hesse, aaO., Rn. 280f.

❻¹　G. Jellinek, aaO., S. 87.

❻²　G. Jellinek, aaO., S. 103.

❻³　Vgl. R. Alexy, aaO., S. 240ff.

❻⁴　Vgl. Ders., aaO., S. 243ff.

理論不夠周延而有待檢討之處 **㉕**。艾力士並提出所謂權利的基本地位理論(Theorie der rechtlichen Grundposition)，以補充前述身分理論的不足。艾氏將權利一律稱為「對客體的權利」(Recht auf etwas)，也就是權利是權利主體對某人有某種權利之謂，用來代替權利是請求（權）(Anspruch) 及權能(Kompetenz) 的傳統說法。對客體的權利又分為兩大類：一是對消極行為的權利，二是對積極行為的權利，在兩類之中又可再細分如下 **㉖**：

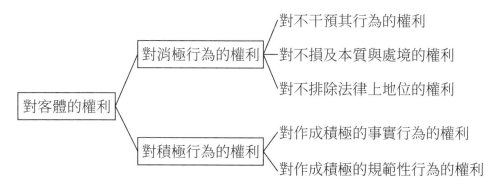

　　表中細分出來的五種權利，依艾力士原始的舉例： 1.對不干預其行為的權利，即國家不得干預基本權主體的自由，所謂自由種類繁多，包括信仰、意見表達、藝術作品、教養子女、公開集會、選擇職業等，干預也有不同的強度。基本權主體的行為可能是法律行為如締結契約，國家只要不提供契約的法律規範，就無從締約；也可能是訴訟行為，國家只要不提供訴訟的救濟制度，也就無從為訴訟行為。 2.對不損及本質與處境的權利，所謂本質如生命、健康等，所謂處境如住所即是。 3.對不排除法律上地位的權利，例如財產就是一種複雜的法律地位，若使人民對取得或讓與財產成為不可能，便是排除一項抽象的法律上地位。 4.對作成積極的事實行為的權利，例如私立學校請求國家給予經濟補助，這種事實行為請求權也可稱為狹義的給付權利。 5.對作成積極的規範性行為的權利，例如要求國家

㉕　Ders., aaO., S. 181.

㉖　Vgl. Ders., aaO., S. 171ff.

在法規上或組織上保障學術自由，也可稱為廣義的給付權利。

艾力士的權利之基本地位理論確有彌補古典身分理論不具實質內容的缺點，雖有過於瑣細之感，但頗能反映現時以公法（行政法）訴訟，實現個人權利的狀況，有相當價值**❻**。

二、基本權作為主觀權利

㈠主觀權利的意義

基本權當然就是個人的基本權利，所以用主觀權利乃是與基本權的另一性質客觀規範或客觀秩序相對稱，兩者結合即所謂基本權的雙重性質。而主觀、客觀則是從德文而來，德文 Recht 既有法 (law) 也有權利 (right) 的意義，為了區別，加上主觀表示權利，若加上客觀就表示法。在中文裡權利與法涇渭分明，根本不必如此累贅，所謂主觀權利與客觀的法，這種外來語的表達方式，已經被普遍使用，本書從眾，但仍應先予說明。主觀權利與客觀規範的關聯在於：基本權或等同於基本權的權利是權利人就其權利內容對義務人享有的一種權利，例如財產權人依憲法第 15 條有受國家保障其財產不受公權力侵害的權利，又如學齡兒童有依憲法第 21 條要求國家給予國民教育的權利，對負義務的國家而言，憲法第 15 條、第 21 條也是應遵守的客觀規範或法。

從基本權，特別是以自由權及平等權為主的古典權利清單而言，它確實是一種防衛權 (Abwehrsrecht)，即對抗國家的權力，所以前面說過，理論上自由權的保障是「國家不要為我作什麼」，正如同相傳馬其頓的亞歷山大皇帝，在雅典街頭遇見犬儒學派的哲人 Diogenes 倘佯於陽光之中，皇帝問他是否需要什麼幫助，Diogenes 回答：「躲開，不要遮住我的陽光」，既尊嚴又符合一個倡導個人虛無主義的人與統治者之間關係的分際。總之，

---

❻ 此處改變吳庚過去的見解。參見吳庚，基本權的三重性質，收於：司法院大法官釋憲五十週年紀念論文集，1998 年，頁 21。

個人權利起始之處，就是國家權力終止的地方，這就是憲法保護消極的自由權利之真諦所在。這種古典意義的消極權利，也稱為自由的基本權。不過依當前憲法理論❻對上述意義之自由的基本權，並不認為單純解釋為抗拒國家的保護傘，是個人自由於國家之外 (staatsfreie Sphäre) 的權利，從法律技術的觀點乃是對抗國家及其他公權力主體干涉或侵害，而具有的不作為請求權 (Unterlassungsansprüche)。從而自由應該賦予積極的意義，因為個人不是離群索居的魯賓遜，每個人都生活在團體之內，受到團體的約束，並非完全自主孤立的個人 (ein isolierten souvränen Individium)❻，故自由乃是享有自由發展人格的機會，以自我負責的精神經營個人生活，並參與公共事務，成為一種積極的自由 (positive Freiheit)。例如每個人固然都可以自由的發表意見，更重要的是各種意見能匯聚而成公意或部分社群的意見，才有助於公共事務的處理；每個人都有結社的自由，並不是鼓勵像天上繁星一樣出現無數的社團，而是志趣相投者應共同組成社團，才具有參與公共事務或共同追求個人私益的功能。但上述積極自由絕不可誤認為，國家得引導個人發表某種意見，參加某種結社或鼓勵其信仰某種宗教，否則將完全失去保障基本權的意義，而與極權政體無異。個人要不要表現其積極自由本身就享有完全自由。

　　前面也曾說過，除平等權及自由權之外，其他權利往往有賴於國家以積極的作為提供措施或給付，才能獲得實現。但是使用什麼概念來描述這類權利，卻無一致的看法。德國聯邦憲法法院在兩個案件：大學入學名額限制案 (BVerfGE 33, 303, 333－Numerus-clausus-Urteil)，以及大學組織調整案 (BVerfGE 35, 79, 113－Hochschuleurteil) 中，提出分享權 (Recht auf Teilhabe, Teilhaberecht) 的觀念。在入學名額限制案中，憲法法院表示：申

---

❻　Vgl. Fritz Ossenbühl, Die Interpretation der Grundrechte in der Rechtsprechung des Bundesverfassungsgerichts, NJW 1976, Heft 46, S. 2101; Hesse, aaO., S. 131.

❻　BVerfGE 4, 7, 15.

請就讀大學是否本身有分享權的存在？它是基於社會國的憲法任務呢？還是個人自始的 (originäre) 有請求創造設施之權，俾提供足夠的大學就讀名額？值得考量。聯邦憲法法院於判決中只提出問題，未作肯定答案。另在大學組織調整案中，該院則認為在目前的情況下，科學的領域尤其是自然科學，事實上國家已獨占學術的營運，為保障基本法第 5 條第 3 項的學術自由、對國家的給付作為，應予分享。從上述判決出現之後，分享權一詞即廣為使用，但各方對分享權的範圍則無一致的看法❼⓪。有傾向將平等權及自由權以外之權利，泛稱為分享權者❼①；也有視分享權與給付權 (Leistungsrecht) 是重疊的概念❼②；又有主張分享權不分自由權或基於社會國原則，凡有權請求國家平等對待者皆屬之❼③；另外奧地利憲法學者則將基本權三分為自由的基本權、社會的基本權及分享權，所謂分享權係政治上的基本權❼④。我們認為分享權的提出，衝擊了所謂自由權是消極的權利，社會權是積極的權利的認知，因為學術自由從任何觀念看都是自由權，但分享權則要求國家有義務使學術自由的權利主體（如大學的師生），有參與分享學術機構營運的權利，所以國家所負者，不再是單純的不予干涉而已。

---

❼⓪　德國聯邦憲法法院創用的分享權，目前德國討論基本權的著作，幾乎沒有不使用的，但也受到若干批判，曾任聯邦憲法法院法官的 Ernst Friesenhahn (Der Wandel des Grundrecchtsverständnisses, 1974, S. 29f.) 及 Ossenbühl (AaO., S. 2104) 就曾嚴厲批評，認為分享權的涵義不明確也無法預見，易使基本權的解釋造成誤會，判決中所謂有權請求國家創建充分的教育設施，使學生都能入學，其實這就是德國基本法第 3 條平等權的保障範圍，根本就不必另創分享權的概念。

❼①　Pieroth/Schlink, aaO., S. 23, 26.

❼②　Richter/Schuppert/Bumke, aaO., S. 7.

❼③　Hesse, aaO., S. 132.

❼④　B.-Ch. Funk, Einführung in das Österreichische Verfassungsrecht, 10. Aufl., 2000, S. 337.

分享權在概念上與傳統的基本權分類有所扞格，原因就在於此。

我國實務上亦出現使用分享權概念的實例，釋字第 546 號關於擴張訴之利益的解釋中闡明，所謂被侵害之權利或利益，經審議或審判結果，無從補救或無法回復者，即屬欠缺訴之利益，但「並不包括依國家制度設計，性質上屬於重複發生之權利或法律上利益，人民因參與或分享，得反覆行使之情形」，顯然將司法上的受益權視為分享權的一種 **❼❺**。

㈡我國憲法基本權的分類

傳統憲法教科書通常將人民權利分為平等權、自由權、參政權及受益權四種，這項分類最生疑問的就是受益權之範圍。通說將生存權、工作權及財產權，請願權、訴願權及訴訟權及國民受教育權包括在受益權之內 **❼❻**。這七種權利之間，性質互不相容，合稱受益權實不妥當，尤其明顯者：財產權是古典自由權的一種，也就是所謂自由的基本權，而生存權與工作權則屬社會的基本權，因社會主義思潮興起所衍生的基本權，方枘圓鑿，豈可混為一談。所以本書擬修正上述傳統的說法，提出新的分類：

1.平等權：即憲法第 7 條所規定的人民在法律上一律平等之權。

2.自由權：包括人身自由、不受軍事審判之自由、居住遷徙自由、表現自由（言論、講學、著作及出版自由）、秘密通訊自由、信仰宗教自由、集會結社自由、財產權（取得、處分、收益私有財產之自由），即憲法第 8 條至第 15 條的基本權，也是屬於所謂古典權利清單的自由權利。

3.政治參與權：其涵蓋較傳統的參政權為廣，不限於憲法第 17 條選舉、罷免、創制、複決，同時包括憲法第 18 條應考試服公職。但關於應考

---

❼❺ 本號解釋所指的事實是：登記為候選人時，遭主管機關以資格不符而拒絕。登記者遂提起爭訟，因為爭訟時選舉已經結束，受理訴願機關及行政法院均以無訴之利益而駁回。這正是依國家制度設計得反覆行使的權利，即下次選舉時仍會遇到相同問題，故並非無訴之利益。

❼❻ 林紀東，中華民國憲法釋論，改訂五十五版，1992 年，頁 150。

試是指：參與公務人員任用資格考試及專門職業及技術人員考試，與政治事務沒有直接關聯。

4.社會權：社會權是反映社會主義世界觀的社會基本權簡稱，有時因為避免使用社會主義這種充滿意識型態的詞彙，德國教科書多根據其憲法，而稱為基於社會國的請求權或分享權。我國往日的憲法著作，常用所謂團體主義、社會連帶思想等名詞加以解說。其實社會權是不折不扣的社會主義色彩的基本權，若謂是依據孫中山先生的遺教而來，但民生主義不也是社會主義的一種嗎？從憲法第 15 條的起源論解釋尤其明顯：五五憲草第 17 條相當於現行憲法第 15 條，其文字為：「人民之財產，非依法律不得徵用、徵收、查封或沒收」，單純保障財產權。現行憲法制定過程中，為拉攏中共及其他左翼黨派共同制憲，特別加入左翼社會主義者最關心的生存權及工作權❼❼。我國憲法上的社會權，除生存權與工作權外，尚有一項受國民教育權。這些社會權的規範目的，在於運用國家或社會集體的力量，保護社會的、經濟的弱者，使其也能過著有尊嚴的生活，以矯正資本發達後貧富過度的懸殊，而達到實質平等❼❽，實現分配正義的理想。社會權或分享權概念上有重複之處，已見前述；又有不採用社會權而改稱為「作為請求規範的基本權」(Grundrecht als Anspruchsnorm) 的說法❼❾。

社會權與平等權及自由權在對基本權主體的保障功能方面，有一項顯著的不同，應予注意。立法行為或行政措施是否違反平等權或自由權，法

---

❼❼　從制憲國民大會實錄（南京出版，1946 年，頁 433）的記載可以獲得證明：「無財產者之生存權及工作權，亦應並加保障，否則本憲法僅保護有財產者之財產，實屬有違民生主義之精神，及成為偏重保護資產階級之流弊，因而將本條修正為『人民之生存權工作權財產權應予保障』。當時在場（指分組審查）人數 88 人，以 71 票通過修正案。」

❼❽　蘆部信喜著，李鴻禧譯，憲法，元照出版，1995 年，頁 337。

❼❾　Ossenbühl, aaO., S. 2105.

院得依職權自行判斷，並可宣告系爭的法規或措施牴觸憲法。至於將社會權具體化執行的法規或措施，司法機關宜尊重立法及行政部門的形成自由，因為其中涉及資源分配、財政支出，最後還須對國民負責，司法機關不應過度干預。若各種社會立法或其執行，違反平等原則，則另當別論。

5.程序基本權：程序基本權主要是指憲法第 16 條所規定的請願、訴願及訴訟權。其中請願權 (right of petition) 則是古老的權利，英國權利法案就訂有：「臣民有向國王請願之權利，凡對人民請願而判決有罪或加以控訴，均屬非法」，不過時至今日，向政府表達意見或陳訴怨情且受法律保障的管道，所在多有，請願的意義已經改變。程序基本權的對稱是實體基本權，除憲法第 16 條之外，第 2 章其他的權利，都可視為屬於後者，程序上的權利其重要不亞於實體的權利，因為後者的實現，有賴前者的發揮功能，沒有程序上的基本權，其他基本權受侵害時，基本權主體便缺乏直接、有效的救濟途徑。有鑑於此，Häberle 氏在耶律尼克四種身分之上，增加第五種程序的主動身分 (Status activus processualis)，值得我們注意。程序基本權在憲法第 16 條之外，依照大法官的解釋，尚可推衍出受正當法律程序 (due process of law) 保障的權利以及行政程序的參與權[80]。

三、基本權作為客觀規範

㈠基本權是機關權限的消極規定

國家機關的權限有積極的範圍及消極的範圍，憲法有關國家機關權限規定及相關的組織法規，提供該機關權限的積極範圍，而基本權尤其是自由權，則是國家機關權限的消極規定 (negative Kompetenzbestimmungen)[81]。各種自由權的保護範圍，就是國家公權力行使的界限，一旦公權力侵犯這一範圍，不問是立法機關或其他機關的行為，

---

[80]　參見釋字第 491 號解釋吳庚大法官之協同意見書。

[81]　Vgl. Hesse, aaO., S. 133.

將遭到違憲的非難，並產生違憲的法律效果。基本權條款如果只是個人權利的規定，那麼只有個人基本權受損害，才有保護必要 (Schutzbedürfnis)，憲法審判機關才能進行規範是否違憲的審查。可是實質上並非如此，縱然設置憲法法院，對憲法訴訟也採取權利保護要件制度的國家，作為權利主體的個人其提起爭訟，無非具有發動程序的作用，憲法法院如何審查法規的合憲性，並不受其主張或聲明所拘束。至於我國的憲法爭訟制度，除由主張基本權受損害的個人所提起之主觀爭訟外，尚有機關提起或國會成員所提起的客觀爭訟，這類爭訟並未涉及當事人的權利受損，而是法規的客觀上違憲 (objektive Verfassungswidrig)。客觀爭訟中最常見的就是立法行為或行政行為侵入自由權的保障範圍，違背消極的權限規定。下面且舉大法官釋憲案例加以說明：

　　第一則案例為釋字第 380 號解釋，本案是立法委員在審查教育部將大學法施行細則函請立法院查照時，立法委員認為該細則有違憲疑義而提出聲請，純屬客觀上規範的違憲審查，並非任何人憲法上所保障的權利受侵害。第二則案例是釋字第 392 號解釋關於犯罪嫌疑人羈押權歸屬於檢察官抑或法官的釋憲案，亦是由國會提出聲請，解釋結果將羈押被告之權限回歸法官。第三則案例屬於統一解釋的案件，先是立法院於民國 74 年間制定之教育人員任用條例第 21 條第 2 項規定，公立學校現職職員應由考試院限期辦理考試定其資格，未經考試及格者，得繼續任原職至其離職為止。民國 79 年立法院又修改上述法律條文，將「應由考試院限期辦理考試」刪除，並將同條項後段文字修改為：「適用各該原有關法令」繼續任職，考試院認為修正條文有違憲疑義聲請解釋，大法官作成釋字第 278 號解釋，認尚未構成違憲，惟未經考試及格之公立學校職員，僅能繼續在原學校任職。嗣後立法院在民國 83 年再次修改上述條例第 21 條，使僅能在原學校繼續任職之職員「並得在各學校間調任」，明顯悖離釋字第 278 號解釋的意旨，與主管考試用人的考試院職掌攸關，該院又再提釋憲聲請，大法官於是公

布釋字第 405 號解釋，除認為民國 83 年修正的條文與憲法第 85 條公務人員應經公開考試始得任用之原則不符外，「並得在各學校間調任之規定，使未經考試及格者與取得公務人員任用資格者之法律地位幾近相同，對於前開條例施行後以考試及格任用之人員有失公允」，於憲法第 7 條亦屬有違。本案以平等權作為判斷考試、立法兩院權限爭議的一項標準，同時首次宣示立法機關不得任意推翻大法官先前的解釋，意義重大。上述案例，分別宣示教育部發布大學法施行細則侵犯憲法第 11 條講學自由、刑事訴訟法賦予檢察官羈押權違反憲法第 8 條人身自由的保障、立法院修改教育人員任用條例違反憲法第 7 條之平等權，都是逾越機關權限的消極規定。在大法官解釋中，這類案件為數甚多，難於盡述。

㈡基本權乃客觀的價值體系

　　基本權是客觀的價值秩序 (Wertordnung) 或價值體系 (Wertsystem)，幾為各國的通說⑧，奧國公法學者溫克勒曾謂：「價值概念的普遍性，非謂可任意的去遂行這些價值，而是對內在的也是含有目的的價值，負有義務，故基本權對立法及行政部門而言，不僅是限制，亦是具有目標意義應遵循的價值」⑧。德國學者 Hesse 氏所謂客觀秩序的基本元素則指涉基本權既是法規範外，也包括價值秩序在內⑧。聯邦憲法法院最早在一項案件 (BVerfGE 7, 198, 205－Lüth) 中，也接受這一種說法。其後在著名的墮胎合法化違憲的案件中 (BVerfGE 39, 1－Schwangerschaftsabbruch I)，對基本權的價值秩序性質，闡釋如下：「依基本法第 2 條第 2 項第 1 款的規定，可導出國家有義務保障人的生命。……根據聯邦憲法法院歷來的裁判，基本權

---

⑧　Vgl. Klein/v. Mongoldt, Das Bonner Grundgesetz, Vorbem. B III 4 vor Art. 1, S. 93; Richard Novak, Verhältnismässigkeitsgebot und Grundrechtsschutz, Festschrift für Günther Winkler, Wien, 1989, S. 39ff.

⑧　G. Winkler, Wertbetrachtung im Recht und ihre Grenzen, 1969, S. 47.

⑧　Hesse, aaO., S. 134f.

條款不僅是個人對抗國家主觀的防衛權，同時也是客觀秩序……國家這一保障義務當然不僅禁止國家直接侵害形成中的生命，也要求國家在出生之前予以保護，換言之，防護來自他人非法的侵害。……在基本法價值秩序中，位階越高的法益，國家所負的保障義務也就越重大。毋庸贅言，人的生命在基本法的秩序中，具有最高的價值，它是人性尊嚴的生命基礎，也是一切其他基本權的前提條件。」

　　其實成文的憲法法典最難完全表現為價值中立，在保障一黨專政的國家，其憲法通常是為實踐專政政黨的意識型態而設計，以往的蘇聯憲法，固無待深論。標榜民主主義法治國的威瑪憲法，實際上是市民階級與社會主義世界觀的妥協❽❺。憲法中的基本權條款往往是這類價值或世界觀的反映，條款中出現相互衝突者，也非罕見。我國憲法第 2 章亦有同樣的問題，既包含市民階級的法治國思想、自由主義的世界觀，又有社會主義的基本權規定。憲法第 23 條則是限制人民自由權利的概括授權，除法律保留之外，其限制應符合「防止妨礙他人自由、避免緊急危難、維護社會秩序或增進公共利益」其中「維護社會秩序」、「增進公共利益」兩句應解釋為基本權主體（私益）與公益之間的價值衡量問題。集體主義者固然強調秩序及公益的優先順序，自由主義或個人主義者也不致加以漠視，因為這是社會存續而不致解構的條件。限制人民自由與權利的法律是否具有正當性，衡量的結果若是憲法第 23 條所欲維護的價值高於各個基本權條款或憲法第 22 條所保障的價值，則系爭的法律不構成違憲，反之，則有違憲的可能。

　　大法官從事法令的違憲審查，在在涉及各種價值衡量問題，下文以數件案例作為舉隅：㈠釋字第 414 號解釋文前段稱：「藥物廣告……具商業上意見表達之性質，惟因與國民健康有重大關係，基於公共利益之維護，應受較嚴格之規範。」獲致此結論之理由，不外基於：「政治、學術、宗教及商業言論等，並依其性質而有不同之保護範疇及限制之準則」、「商業言論

---

❽❺　Schmitt, aaO., S. 30.

尚不能與其他言論自由之保障等量齊觀」，藥物廣告之商業言論，與國民健康有重大關係，事前接受主管機關之審查，為增進公共利益所必要。雖未明白寫出法益或價值衡量的文字❽，但實際上存有兩層價值上的衡量及判斷，一是商業言論受保障之價值較政治性、學術性及宗教性言論為低；二是保障商業廣告（尤其藥物廣告）之言論自由的原則，與增進公益的原則相競合時，前者應退讓與後者。㈡釋字第 442 號解釋：按我國一般訴訟制度，除有審級之外，又有再審制度之設，唯獨選舉訴訟採二審終結並且不得再審。本件聲請人參加某縣縣議員選舉，因落選提起選舉無效訴訟，又遭敗訴判決，遂主張選舉訴訟未有再審之設係屬違憲。本號解釋主要理由為：「選舉、罷免為公法上之權利，其爭議之處理，雖非可完全置私人權益於不顧；然其究係重在公益之維護。」質言之，再審所能給予當事人之利益，在評價上低於使選舉結果迅速確定之公益，故公職人員選舉罷免法之規定，並未侵害聲請人的訴訟權。㈢釋字第 445 號解釋：本件所涉及的核心問題乃是，以集會遊行方式所表達的意見自由（包括主張共產主義及分裂國土），與維護公共利益（即集會遊行法第 11 條第 2 款所稱：有事實足認為有危害國家安全、社會秩序或公共利益者），或防止危害他人自由及權利（即該法同條第 3 款所稱：有危害生命、身體、自由或對財物造成重大損壞者），其價值何者優先？將影響集會遊行法上述禁止集遊規定的合憲性。釋字第 445 號解釋與集會遊行法皆承認維護公益或防止危害他人是值

---

❽　論者批評釋字第 414 號解釋，未對利益衡量 (balancing interest) 有所闡釋，見黃銘傑，美國法上的言論自由與商業廣告──兼論司法院大法官會議釋字第四一四號解釋，台大法學論叢，第 27 卷第 2 期，1998 年 1 月，頁 358 以下。並參照黃錦堂，自由權保障實質論證之檢討，收於：李建良、簡資修主編，憲法解釋之理論與實務，第二輯，中研院社科所出版，2000 年，頁 189 以下。雖然吳庚氏並不贊成這號解釋某些論點（見該號解釋部分不同意見書），但事實上解釋中已經作利益與價值的衡量與抉擇，只是司法院的解釋製作有一定的慣例，不能以論述方式與美國或其他國家不同，而加以非難。

得維護的價值，而如何取得與表現自由的基本權之均衡，則有程度上的差別，釋字第 445 號解釋認為上述集會遊行法第 11 條兩款的規定，「有欠具體明確，對於在舉行集會、遊行以前，尚無明顯而立即危險之事實狀態，僅憑將來有發生之可能，即由主管機關以此作為集會、遊行准否之依據」為違憲❽。㈣關於警察維護公安的臨檢與保障個人自由，何者具有更高的價值，釋字第 535 號解釋也可被理解為：不是任何目的在維持公共秩序的公權力措施，都比個人自由具有更高的價值，若不符合法治國家警察執行勤務之原則的行為，個人沒有服從的義務。

㈢對基本權作為價值秩序的商榷

強調基本權條款具有價值取向的原則性規範之性質，雖已成為目前的通說，但對基本權作此理解，是否全然沒有問題？也有加以探討的必要。戰後初期公法學者福斯朵夫 (E. Forsthoff) 便持反對意見。福氏認為「價值的客觀性將取代個人自由的主觀性」，所謂價值理論「不僅喪失理性，也失去科學的準則」❽，「憲法及基本權中自由涵義都將解消」❽。即便是贊成以基本權作為價值秩序者，也承認從實際運用的層次看，價值秩序或價值衡量可以造成法官或基本權解釋者的專斷主義❾。更有學者特別是奧國的憲法研究者，從根本上否定所謂基本權是客觀規範性質的說法，因為基本權既是個人權利，則權利請求必須有法的依據，所謂基本權乃客觀規範是一種像語言錯亂的迷霧概念 (Nebelbegriff)❾。對於這類質疑，論者或主張

---

❽ 現行集會遊行法第 11 條已依解釋之意旨作必要之修正。

❽ E. Forsthoff, Zur heutigen Situation einer Verfassungslehre, in: Festgabe für Carl Schmitt, 1968, S. 190, 209.

❽ Forsthoff, Der Staat der Industriegesellschaften, 2. Aufl., 1971, S. 69.

❾ E.-W. Böckenförde, Grundrechtstheorie und Grundrechtsinterpretation, in: Probleme in Verfassungsinterpretation hersg. v. Dreier u. Schwegmann, 1976, S. 281.

❾ M. Holoubek, Grundrechtliche Gewährleistungspflichten, Wien, 1997, S. 81.

只要將價值從傳統的法學解釋方法中解放出來，「體認時代的價值意識，從事基本權解釋時，溶入快速變遷的價值觀念或價值判斷，從而刻意的敞開大門」❷，使「基本權成為開放的規範體系」。艾力士並提出以原則概念來取代價值的主張❸，基本權條款通常是原則性的規定，所謂價值衡量其實就是適用基本權之際，發生原則之間的競合，而必須決定基本權，還是憲法其他原則孰為優先，例如新聞自由與國家外部安全的維護，就是常見的情形。價值判斷涉及世界觀，也是哲學上的問題，以原則替代價值，頗有「去意識形態化」的作用，故值得介紹。

四、從基本權性質導出的功能

基本權的功能 (Funktionen der Grundrechte) 是討論基本權理論時，不可忽略的項目❹。其實基本權功能不外基本權條款主觀上和客觀上的規範效力，因此與基本權的性質息息相關，甚至在概念上有不少重疊之處，有的學者則將基本權功能直接稱為基本權的效力 (Grundrechtswirkung)❺。至於基本權功能如何分類，學者說法並不一致❻，下面所述可視為一般通說：

㈠**防禦功能**：如前所述，自由權是典型的防禦（衛）權，也就是對抗國家或其他行政主體的公權力侵害，也可說是基本權的原始功能。

---

❷　Vgl. Alexy, aaO., S. 146f.

❸　關於艾力士「原則理論」，詳見本書前身，憲法的解釋與適用，第四編第三章第三節有詳加說明。

❹　李惠宗，憲法要義，六版，元照出版，2012 年，頁 115、136 等頁以下；法治斌、董保城，憲法新論，增訂七版，自版，2020 年，頁 163 以下。

❺　Richter/Schuppert/Bumke, aaO., S. 7ff.

❻　許宗力氏根據大法官的解釋，歸納基本權功能包括：防禦權、受益權功能、保護義務功能、制度保障功能、程序保障功能五項，參見許宗力，基本權的功能與司法審查，國科會研究彙刊：人文與社會科學，第 6 卷第 1 期，1996 年，頁 24。

㈡**參與功能**：憲法所規定的參政權及應考試服公職權，所提供的就是參與功能。

㈢**分享功能**：分享權的界定，似無定論**❼**。我們的見解是分享除「分享」各種自由權之外，也有對給付義務的受益性質。給付義務包括物質的（如社會福利、社會救助）及精神的（如教育、文化、訓練等設施）作為，分享功能其來源自由權與社會權兼而有之。

㈣**程序保障功能**：程序基本權包括憲法第 8 條的法定程序及憲法第 16 條暨其他憲法位階的程序保障，諸如接受普通法院依法定程序審判的權利及參與行政程序的權利等，前已說過，而這類程序基本權所產生的就是程序的保障功能。以上對程序保障功能的詮釋，與德國實務上見解不同，例如聯邦憲法法院認為基本法第 2 條第 1 項人格發展自由的保障，即含有重要的程序法上的效果 (verfahrenrechtliche Auswirkung)，法律若限制個人對違憲秩序提起憲法爭訟，就是牴觸上述條文的規定**❽**。

㈤**制度性保障功能**：制度性保障 (institutionelle Garantie) 或制度保障 (Institutsgarantie) 是威瑪時代史密特所提出的概念，意謂基本權不僅是個人權利保障，也包括對公私生活上既存的社會事實，經由各種複雜的法規加以規範，而形成的建制 (Einrichtung) 保障，立法者不能予以侵害，像公務員制度、地方自治團體等公法性質者稱制度性保障，婚姻、家庭等私法上的建制稱制度保障**❾**。不過後來使用上述兩種概念，則不再加以嚴格區分，

---

❼ D. Murswiek 根本否定分享權 (Teilhaberechte) 可單獨視為一項權利，認為不過是平等權的一種作用，J. Schwabe 則主張分享權係從自由權範圍內衍生 (Problem der Grundrechtsdogmatik, 1977, S. 244f.)，奧國通說採分享權來自自由權的見解，該國憲法法院也認為：使用街道散發政治傳單的分享，是意見自由的作用 (VfSlg. 1165/1988)，Vgl. M. Holoubek, aaO., 1997, S. 354.

❽ BVerfGE 6, 32, 41; BVerfGE 77, 170, 214.

❾ C. Schmitt, Verfassungslehre, aaO., S. 170ff.

但也有不少文獻以建制保障 (Einrichtungsgarantie) 來總括制度性或制度保障❿。威瑪時期雖經學者提倡，但由當時的政治形勢來看，並沒有實際作用。戰後倒是受到重視，基本法第 14 條第 1 項的財產權及繼承權的保障，以及第 7 條第 5 項私立學校設置自由均被認為是典型的制度性保障的性質。在學說發展上，建制保障不僅涵蓋史密特原始的保障功能，凡法律制度及生活現狀的保障都在概念範圍之內❶，而且還有擴大之趨勢，已非最初建構的本意❷。

　　制度性保障的理解，各種說法紛陳，難予盡述，下面以只舉 Peter Häberle 與史密特為代表的新舊理論。史密特所主張者是一種狹義的制度性保障，並不是每一種自由權都具有制度保障的功能，只有那些傳統上存續已久的制度，諸如婚姻、繼承、文官、地方自治團體及大學，才能夠稱為制度性保障，而免於立法者的侵害。Häberle 的新理論則採廣義的界定，他認為個人權利與制度保障兩者共同構成基本權的整體 (Gesamheit der Grundrechte)，換言之，基本權除作為個人的公權利之外，也是生活關係中的建制，具有客觀的及制度上的特徵。是以法律上的契約、財產及繼承的秩序，現存的婚姻、家庭、結社、集會及勞動同盟等都可視為憲法的制度，

---

❿ E. Schmitt-Jortzig, Die Einrichtungsgarantie der Verfassung, auch Richter u. a., aaO., S. 40.

❶ 陳春生，司法院大法官解釋中關於制度性保障概念意涵之探討，收於：李建良、簡資修主編，憲法解釋之理論與實務，第二輯，中研院社科所出版，2000年，頁 273 以下。

❷ 參照陳愛娥，基本權作為客觀法規範——以「組織與程序保障功能」為例，檢討其衍生問題，收於：李建良、簡資修主編，憲法解釋之理論與實務，第二輯，中研院社科所出版，2000年，頁 236；許宗力，基本權的功能與司法審查，收於：氏著，憲法與法治國行政，元照出版，1999年，頁 173；李建良，論學術自由與大學自治之憲法保障，人文及社會科學集刊，第 8 卷第 1 期，1996 年 3 月，頁 275，均採廣義的界定。

而受到保障 ⑩。聯邦憲法法院頗受這種廣義的制度性保障理論的影響，在傳統婚姻、繼承等之外，也承認某些自由權的本身，即產生制度性保障的功能，例如關於明鏡雜誌 (Spiegel) 的判決 (BVerfGE 20, 162, 174f.)：「新聞自由在民主國家之中，依據憲法應享有其法律地位。新聞自由受到基本法第 5 條之保障，因此根據這一規定新聞自由有其體系上的地位及傳統的理解，亦即此項自由是從事新聞活動的人及企業受保障的主觀基本權，並在面對國家強制力時得到維護，就關聯性而言，也確保新聞自由優越之法律上地位，故基本法的規定同時亦具有客觀之法的一面。它保障新聞自由制度 (Institut "Freie Presse")。」

對於新聞自由制度性保障的實質內涵，上述判決認為：國家有義務建立關於新聞的規範秩序，以維護其自由，包括自由建立新聞機構、自由的選擇新聞作為職業、政府官署有義務對新聞提供資訊、以及國家有義務消除新聞自由可能遭受意見獨占的危險。除新聞自由之外，聯邦憲法法院賦予制度性保障功能者，尚有：私立學校、學術自由、藝術自由等 ⑩。

我國大法官在許多解釋中，肯定基本權的制度保障功能：例如學術自由（釋字第 380 號解釋）、財產權（無記名證券，釋字第 386 號解釋）、訴訟權（釋字第 368 號、第 436 號解釋）、地方自治（釋字第 467 號、第 550 號解釋）、言論自由（釋字第 364 號解釋），或者表現於多數意見中，或者由大法官以個人意見加以闡揚。上面這許多解釋中對制度性保障的認知未必完全相同，也不一定與某些學說相符，於是有執學說而批評大法官的解釋者 ⑩。如前所述，縱在德國，何謂制度性保障，目前也沒有一致的見解，

---

⑩　Häberle, Die Wesengehaltsgarantie des Art. 19 Abs. 2 Grundgesetz, 3. Aufl., 1983, S. 70ff., auch Albert Bleckmann, aaO., S. 229.

⑩　判決之案號依次是 BVerfGE 6, 309 (355), BVerfGE 35, 79 (102), BVerfGE 30, 173 (188), vgl. auch Ossenbühl, aaO., S. 2104.

⑩　陳愛娥，基本權作為客觀法規範──以「組織與程序保障功能」為例，檢討其

我們綜合大法官相關解釋，不拘泥外國學說或任何一家之言，為制度性（建制）保障，作成以下的理解：「**制度性保障是從個人基本權中產生的保障功能，舉凡從憲法實施時起已存在的各種保障基本權的制度，以及衡量社會生活的現實及國家發展狀況，所應建立的保障制度都包含在內。**」

　　這項不是定義的理解，還須進一步說明：1.指涉的範圍雖然廣泛，但也不是每一種基本權都必須由國家建立制度給予保障，例如信仰自由，並不一定要制定宗教法來保障，聽任人民自行選擇其信仰即可，又如人民參加政黨的權利，也不必制定政黨法才能有效行使。2.制度性保障與個人權利是一體的兩面，以往學者或謂強調制度性保障可能造成個人自由的緊縮❿，這類說法並不完全正確，因為在某些情境下，個人因憲法上權利遭受損害，循憲法訴訟途徑尋求救濟，憲法審判機關正可從制度面審查其損害是否成立，而不是單純以某法條是否牴觸上位規範為思考重點，所以對個人權利保障具強化的功能。3.制度性保障不以現狀保障為滿足，而是與時俱進，隨時間推移，往日認為合憲者，今天也許受到違憲的非難。例如

衍生問題，收於：李建良、簡資修主編，憲法解釋之理論與實務，第二輯，中研院社科所出版，2000 年，頁 236。

❿　Vgl. Ossenbühl, Ebenda，另參看許志雄，制度性保障，月旦法學雜誌，第 8 期，1995 年 12 月，頁 49。在學理上甚至有全然不接受制度性保障者，如 Schmitt Glaeser，就批評制度性保障是混沌不清的言語 (babylonische Sprachverwirrung), siehe AöR 97 (1972), S. 291ff.，日本學者蘆部信喜也認為，現時縱德國基本法下，也無承認制度性保障的實益，見其所著現代人權論，頁 116，引自陳春生，司法院大法官解釋中關於制度性保障概念意涵之探討，收於：李建良、簡資修主編，憲法解釋之理論與實務，第二輯，中研院社科所出版，2000 年，頁 311。釋字第 554 號解釋先強調：婚姻與家庭為社會形成與發展之基礎，受憲法制度性保障。其次，大法官說：國家為確保婚姻制度之存續與圓滿，自得制定相關規範，約束夫妻雙方互負忠誠義務。基此，性行為之自由，自應受婚姻與家庭制度之制約。此可為制度性保障限縮自由的案例。

60 年代只求犯罪嫌疑人能於 24 小時內移送並由檢察官羈押，但 90 年代則認為必須該管法院始有權裁定羈押（見釋字第 392 號解釋），便是一例。

4.制度性保障或許與後述的保障義務概念有重複的地方，為解決這個問題，我們在此畫一界限：保障義務是專指國家對基本權（主要就自由權而言），以各種設施防止公權力本身或第三人對權利主體的侵害，制度性保障是著重於對自由的基本權積極的提供各種建制保障，這也就是前面所引德國聯邦憲法法院對新聞自由，基於制度性保障國家所負的義務；釋字第 380 號解釋在釋示有關學術自由為制度性保障時，除對大學自治制度「擔保不受不當之干涉」外，更寓有「使大學享有組織經營之自治權能，個人享有學術自由」的意旨所在。

　　㈥**合法性功能**：合法性或合法化 (legitimation) 是晚近受美國政治學影響而常使用的詞彙，其實它在歐洲學術著作中被引用有更早的歷史❿。通常所謂國家或政治體系的合法性，不外指涉國家（政治系統）起源及存在的正當性⓰，絕大多數人民願意接受其頒布的法令，沒有大規模的公民不服從 (civil disobedience)，是合法化最基本的要求。如何塑造國家、政治系統的正當性，有各種理論和途徑，基本權的具體化實現與否，我們認為也是一項指標。論者主張現代民主國家莫不採多數決的原則（例如法律就是代表多數的意見），但多數的決定往往犧牲少數人的利益，基本權保障個人的身分地位，尤其透過憲法訴訟個人的權益更可獲得救濟，遂認為足以表現合法化功能⓱。我們認為個案救濟作用，既容易與程序保障功能混淆，也不夠充分說明這項功能。基本權一方面包括消極不受公權力侵害，另一方面有權要求國家或公權力主體（政治系統），積極的向人民提供教育、訓練、就業及生存照顧等給付，如果在這兩方面政治系統投出的功能越多，

---

❿　見吳庚，韋伯的政治理論及其哲學基礎，聯經出版，1993 年，頁 56 以下。

⓰　Vgl. R. Zippelius, Allgemeine Staatslehre, aaO., S. 106ff.

⓱　Bleckmann, aaO., S. 286.

則回饋的合法性也越強，我們借系統論者常用的圖形，說明以上的道理：

第四節　基本權的保障範圍

一、保障範圍與相關概念

基本權條款是客觀的規範，而每一種規範都有它的範圍，可稱之為規範範圍 (Normbereich)，規範所規制的對象是生活的現實事物❿。基本權有關規定與一般規範不同，它的特質是保障規範，基本權的規範範圍也就是保障範圍 (Schutzbereich)。在範圍內受到保障的事項，稱之為保障客體或保障事項 (Schutzgegenstand)⓫。這些概念來自德國，所以我們先以德國基本法為例說明：

基本法第 8 條分為兩項，其規定如下：㈠凡德國人均無需核備或許可，即享有和平及不持武器集會的權利。㈡露天集會之權利得經由法律或基於法律所定原因限制之。

---

❿　K. Hesse, aaO., S. 18, 27.

⓫　吳庚大法官在釋字第 368 號解釋的協同意見書中，將受保障事項視為基本權利構成事實，是受 Bleckmann 的書影響 (AaO., S. 328ff.)，並不準確，在此更正。

　　本條規制的對象（也可說是規範範圍）是一切集會，至於和平及不持有武器的非露天集會（室內集會）則是保障範圍及保障事項，而且此項規範不得以法律加以限制；第 2 項屬於法律保留問題，得以法律限制的集會僅限於露天集會⓬。

　　保障範圍內的保障事項不限須積極作為的事項，例如基本法第 2 條第 1 項關於自由發展人格的規定，就屬消極性的性質。而第 12 條職業選擇之自由，其保障事項除防禦性質（對抗國家之干涉職業自由）外，也可能包括要求國家支助職業訓練或解決失業問題，換言之，屬於分享權或給付權的事項⓭。因此保障範圍從原本是個人權利的擔保，擴張為制度性保障以及客觀的法律秩序之任務。人的社會現實非常廣闊，保障範圍所到達的區域，是基本權效力所及的範圍，也可稱為基本權的實質區段 (Wirklichkeitsausschnitt)。國家或立法者對每一項基本權都有義務形塑其保障範圍。所謂形塑保障範圍不是以限制基本權行使為目的，而是根據各該基本權傳統所具有的擔保作用，以及隨社會發展而產生的內涵，適時予以保障。在保障範圍內的受保障事項，更是公權力不應加以損害的對象。

二、保障範圍的界定

　　某一項基本權的保障範圍，可能不是從一件憲法訴訟案中得到完整的劃定，往往需要經過許多個案之後，有權解釋憲法的機關才逐步顯現其對該特定基本權，應具有如何之保障範圍的見解。至於學理上界定基本權的保障範圍，也不外應衡酌日常生活的觀念，傳統意涵以及前瞻的思考作合理解釋，換言之，即根據詮釋學者所稱的憲法的意志（旨）(Will der Verfassung) 以及效應歷史意識 (Wirkungsgeschichtesbewusstsein)⓮，通盤考

⓬　Richter u. a., aaO., S. 5.

⓭　Pieroth/Schlink, aaO., S. 51.

⓮　詳見本書之前身，憲法的解釋與適用，第四編關於加達默及貝提詮釋理論的敘述。

量。試舉例說明：憲法上生存權的保障，不能單純著眼於生存二字，尚應
包括與生存有關的範圍：例如食、衣、住、行相關的活動的自由、運動、
睡眠及休閒等，當然還有最重要的生命的維護。生命得到保障，人才能繼
續生存，然而生存的標準是什麼？最低生存水準嗎？或者合乎尊嚴的生存？
還是以某一先進國家人民生活水準作為生存的指標？為落實前述各種內涵
的生存權，國家負有何種保障義務？都是解釋生存權時所面臨的問題。在
決定某一基本權的保障範圍時，通常不採列舉保障事項的方式，而以概括
的說明代替，例如德國基本法第 2 條第 1 項自由發展人格，在學理上雖有
廣狹不同的保障範圍之主張，但也都避免加以列舉，以免不夠周延。聯邦
憲法法院基本上採取廣義說，在早期一項案件 (BVerfGE 6, 32, 36ff.)⑮中，
認定：人格的自由發展不僅是人格權核心領域的發展，更指廣泛意義的行
為自由 (Handlungsfreiheit im umfassenden Sinn)⑯。嗣後發生的若干案件，
該憲法法院都以行為自由作為判斷人格發展權是否受侵害的標準：於是在
森林小徑騎馬、受私法自治保障的締約自由、個人的私密活動、婚姻、自

---

⑮ 本案發生於 1953 年，原告是納粹時代的官僚，戰後又成為政治上活躍人物，
向主管機關申請出國護照被拒絕而涉訟。拒絕理由是：德國基本法第 11 條只
保障在聯邦領域內之活動自由，而 1952 年之護照法則規定，持照人如對聯邦
共和國對內或對外安全及其他重要利益有危害，得拒發護照。聯邦憲法法院則
認為德國基本法第 2 條第 1 項對其他基本權而言，具有補充的作用，不在其他
條文保障者，並非不能主張第 2 條第 1 項的擔保。拒發護照即構成妨害人格發
展所須的行為自由。此案判決後，論者也批評聯邦憲法法院已不是單純的違憲
審查，而是超級法律審 (Superrevisionsinstanz), siehe K. Schlaich, Das
Bundesverfassungsgericht, 3. Aufl., Rn. 274f.

⑯ 將人格自由發展解釋為「行為自由」，目前雖為實務上所遵循，但也遭不少學
者批評，有的認為德國基本法第 2 條第 1 項只是將人格發展提高層次為真正的
保障，但仍應回歸基本法上的實質規定；有的則說一般性的行為自由不過是空
轉 (leerlaufen)，至多是強調法律保留而已，Vgl. Richter u. a. , aaO., S. 89f.

我展示、肖像權、保有對外不公開的講詞、國民戶口普查案（涉及個人之資料在統計後不當散布使用），均與人格權發展有關❶。

我國憲法訴訟中保障範圍的概念，最早出現在吳庚大法官所撰的釋字第 368 號解釋的協同意見書中，爾後的解釋亦頻繁出現。例如釋字第 450 號解釋稱：「大學自治屬於憲法第十一條講學自由之保障範圍，舉凡教學、學習自由有關之重要事項，均屬大學自治之項目。」嗣後釋字第 460 號解釋關於宗教信仰自由的釋示也說：其（指宗教信仰之自由）保障範圍包括內在信仰之自由、宗教行為之自由與宗教結社之自由。此兩號解釋對保障範圍都採廣泛或例示性的論述，此外第 479 號解釋關於社團名稱及第 507 號解釋關於專利權人舉證責任的解釋，也沒有具體指明範圍內的受保障事項。

然有的解釋則對保障範圍有較明確的論述，如法定法官原則是否屬訴訟權之保障範圍？法定法官原則可見於德國基本法第 101 條第 1 項「任何人有受法律所定法官審理之權利，不得剝奪」。其在大法官審理釋字第 665 號案件時，成為主要之爭點（案件事實為：前總統陳水扁因犯貪污罪，台北地院分兩案審理，前案之合議庭傾向羈押被告，後案之合議庭則將被告釋放。依該院之分案要點，由刑庭庭長會議決議將後案併前案，結果被告遭羈押。被告遂主張審理中更換法官，有違法定法官原則，聲請釋憲）。釋字第 665 號認為憲法第 16 條人民之訴訟權應予保障，包括應「依事先訂定之一般抽象規範，將案件客觀公平合理分配於法官，足以摒除恣意或其他不當干涉案件分配作業者」，即與憲法保障人民訴訟權之意旨相符。是以憲法第 16 條訴訟權的保障事項，依上述解釋也涵蓋類似德國法上的「受法定法官審理之權利」(Recht auf den gesetzlichen Richter)❶。

---

❶　有關案例頗多，省略其案號，部分案件可參看 Richter u. a. , aaO., S. 67–86；也有部分案例已譯成中文，見司法院編，德國聯邦憲法法院裁判選輯㈧，司法院出版，1999 年。

❶　關於德國基本法之規定， 參考 Jarass/Pieroth, Grundgesetz Kommentar, 1992,

●第五節　國家的保障義務

一、保障義務的涵義

　　國家對基本權的保障義務簡稱為基本權的保障義務 (Schutzpflicht der Grundrechte)，國家是否應負這一義務？以及義務的範圍為何？德國以往曾有爭論 ⑲，目前學說及實務上均有定論。通說對於保障義務的理解，並不採狹義的說法，即某一種個人的基本權附隨著出現一項保障義務；而是認為保障義務乃是從基本權的另一性質，即作為客觀規範而產生，基本法賦予國家諸多功能，國家對各種基本權負有保障義務，國家建制、作為及程序都應該以保障基本權為準則，以補個人主觀上權利的不足。例如聯邦憲法法院要求大學組織應符合其學術功能，並非著眼於大學構成成員的個人權利 ⑳，這種保障義務顯然是非常廣義的觀點，有助於基本權效果的擴張。與我國釋憲實務的發展不同，如後面所述，大法官對保障義務似乎採取狹義的理解；但無論涵義廣狹都隨著各個基本權而發生。

　　我國大法官解釋多未直接使用保障（護）義務這樣的字眼，但是許多解釋寓有這種意涵是無容置疑的 ㉑。其中最明顯者，莫過於釋字第 445 號關於集會遊行法的解釋：「國家為保障人民之集會自由，應提供適當集會場

　　Art. 101 Rn. 2; Maunz/Dürig, Grundgecetz Kommentar, 2003, Art. 101 Rn. 41；陳春生大法官於本號解釋所發表之部分協同意見書。

⑲　關於保障義務 Vgl. Ch. Starck, Grundrechte und Schutzpflicht, in: ders., Praxis der Verfassungsauslegung, 1994, S. 21ff.，中文著作參照李建良，基本權利與國家保護義務，收於：李建良、簡資修主編，憲法解釋之理論與實務，第二輯，中研院社科所出版，2000 年，頁 325 以下。

⑳　Vgl. Pieroth/Schlink, aaO., S. 21.

㉑　李建良，基本權利與國家保護義務，收於：李建良、簡資修主編，憲法解釋之理論與實務，第二輯，中研院社科所出版，2000 年，頁 358。

所，並保護集會、遊行之安全，使其得以順利進行。」又釋字第 400 號解釋稱：「憲法第十五條關於人民財產權應予保障之規定，旨在確保個人依財產之存續狀態行使其自由使用、收益及處分之權能，並免於遭受公權力或第三人之侵害，俾能實現個人自由、發展人格及維護尊嚴。」此號解釋明白宣示保障義務除針對公權力即國家本身外，兼指第三人之侵害。而釋字第 445 號解釋雖未明講第三人，但所謂「並保護集會、遊行之安全，使其得順利進行」，當然也包括防止第三人對集遊之妨害干擾等行為在內。

　　以上是專就消極性自由的基本權而言，若屬於積極的分享權或社會權其保障的作為方式自不相同，所以釋字第 422 號解釋認為憲法第 15 條生存權的保障應依憲法第 153 條之意旨改良農民生活，增進其生產技能、制定保護農民之法律，實施保護農民的政策，並非屬於避免侵害的消極不作為。不過，自由權與社會權所要求的作為方式，也不是絕對的有消極與積極的明顯區別，故關於電子媒體的言論自由保障，國家的保障義務就不限於不干涉言論或表現的自由，而是基於電波頻道的物理上稀少性，更應該有積極的作為：「為保障此項自由，國家應對電波頻率之使用為公平合理之分配，對於人民平等『接近使用傳播媒體』之權利，亦應在兼顧傳播媒體編輯自由原則下，予以尊重，並均應以法律定之」（釋字第 364 號解釋解釋文後段）。最後還須討論的問題是，自然力對人民權利的損害，國家有無保障的義務？基本權原本是對抗公權力主體，德國通說逐漸擴張及於第三人（即基本權的第三人效力）❶❷❷。自然力損害則是不可抗力的作用，要求國家共同負責 (Mitverantwortlichkeit) 的理由，不外現代化及後工業化社會的各種災害，不是個人或社區力量可以防患，應由國家負起預防或除去的義務。實則防止天然災害，或對已受災害的人民給予必要的協助和救濟，這是任

---

❶❷❷　大法官解釋直接、間接表達保障義務的案件為數不少，見李建良，基本權利與國家保護義務，收於：李建良、簡資修主編，憲法解釋之理論與實務，第二輯，中研院社科所出版，2000 年，頁 359 以下。

何國家或政府應負的責任，有沒有從基本權概念中加以延伸都是一樣。繁瑣的概念操作是德國法學的優點，也是缺點，有時我們也不必全盤繼受。

二、保障義務的種類

國家所負的保障義務應如何歸類，除前述有狹義與廣義之分外，尚有不同的見解，德國學者有將保障義務作以下的分類者❷：刑法上的保障：以聯邦憲法法院禁止任意墮胎的判決以保障胎兒的生命權；警察法上的保障：指妨害公安及他人的行為，應依警察法加以干預；外交上的保障，指本國國民受外國侵害時，國家應採外交上保護措施；面對團體保障個人：指保障個人得自由參與或退出宗教、政黨等團體。這種說法其實與基本權沒有關係，制裁犯罪、維護治安有國家以來即有此功能，無待基本權理論出現；又對本國國民給予外交保護是國際法上早已存在的原則，甚至在成文憲法出現之前❷。

另有學者從保障的必要和受保障的內容加以分類❷：第一類：生命及健康在憲法有極高的價值，若受威脅，國家應予保障；第二類：科技發達出現新的產品及生產過程，這些也造成對人類的危險，國家有防止及監控的義務；第三類：國家的建制對外應盡其重要的社會機能，對內應使相互衝突和競爭的利害關係者得於共存；第四類：社會建制即各種社會團體，它們的存在與基本權的享有息息相關，當它們不能以本身的力量維持存續時，國家便有保障它們的義務。第五類：在私法領域，弱者的基本權面對強者時，根本毫無機會 (Chancenlos) 可言時，國家有義務對弱者加以保障

---

❷　Bleckmann, aaO., S. 276ff.

❷　出國旅行證明稱為「護照」，就是請外國官署對持有護照者，代為「保護照顧」之意。所以簽發護照就是外交保護的前提，在基本權的保障義務概念誕生一、兩百年前就已存在。

❷　Pieroth/Schlink, aaO., S. 25f.

（如職業選擇之類的事項）。上述這些分類，實際上是綜合聯邦憲法法院相關判決而來，自有參考價值。不過，我們仍然要從邏輯論證觀點，提出下列的分類❶❷❻：

㈠禁止義務

保障義務的概念下，國家所負首要的義務就是禁止義務 (Verbotspflicht)。前面說過，就自由權的保障而言，國家或公權力主體原本不需要有任何積極作為，但事實上國家（包括其他公權力主體）的機關或公務人員之行為，常有侵害人民權利的違法行為，既是生活中的事實，國家便有加以禁止的義務。對於第三人侵害基本權主體的行為，國家當然也有義務予以禁止俾保障人民的權利地位，為達到保障目的，採用刑法或行政罰作為手段，並非不可。不過禁止義務也會出現過度禁止 (Übermassverbot) 或不足禁止 (Untermassverbot) 的情形。前者指禁止的法規或行政措施超過必要程度，不符比例原則，這類情形在我國釋憲實例上甚多，對違警行為由警察機關科處拘留（釋字第 166 號、釋字第 251 號解釋）、行政犯不問故意過失（釋字第 275 號解釋）、認定流氓之程序（釋字第 384 號解釋）、違反槍砲彈藥刀械管制條例之犯罪，不問情節輕重一律宣付強制工作（釋字第 471 號解釋）、違反利益衝突規定之處罰（釋字第 786 號解釋）、栽種大麻之處罰（釋字第 790 號解釋）等，都是過度禁止而遭相關解釋宣告違憲。至於不足禁止指應禁止卻不禁止，或雖禁止但其程度顯然不足而言，這一學理上的概念在墮胎合法化是否違憲案（常簡稱墮胎案，BVerfGE 88, 203, 254－Schwangerschaftsabbruch II）中，德國聯邦憲法法院加以引用，遂受到廣泛注意。我國釋字第 775 號解釋對於累犯加重科刑之訴訟保障不足，而給予警告性裁判❶❷❼。總之，兩者主要都是對立法者的要

---

❶❷❻　Vgl. Richter u. a., aaO., S. 33f.

❶❷❼　湯德宗大法官於釋字第 728 號解釋協同意見書中指出：該號解釋是大法官首度正面面對不足禁止之案件。

求，對侵害基本權的行為不得過度禁止，對基本權受害者其保障則不應不足，過猶不及，最後仍須由釋憲機關或憲法法院加以判斷[128]。

(二)安全義務

安全義務在此處專指保護個人不受第三人違法侵害而言。這項義務，原則上是以一般國民為對象，而不是針對個人，保護制度及相關措施基本上是立法者自由形成的事項。個人主張權利受害，請求主管機關予以保障，則應視個案而定。

(三)風險義務

風險義務 (Risikopflicht)，對現代社會因合法行為所產生的風險，諸如科技裝置所造成的普遍性危險等，國家也有保障的義務。

以上三種義務中，禁止義務及安全義務既針對國家本身的侵害行為而言，也包括第三人對基本權侵害的防制。至於主張保障義務也及於天然災害者，只能歸類在第三種風險義務。

●第六節　基本權的行使及限制

在這一節中，我們要討論行使基本權的主體及相關問題，基本權主體之權利能力、行為能力，基本權行使的結果即基本權效力問題，最後則敘述基本權的限制。

一、基本權主體

(一)比較法上的觀察

依照民法的規定，人的權利能力 (Rechtsfähigkeit) 始於出生，終於死亡，這是一般法律上權利能力的定義，有權利能力者，稱為權利主體；同

---

[128]　參照程明修，論基本權利保障之禁止保護不足原則，收於：憲法體制與法治行政：城仲模教授六秩華誕祝壽論文集，第一冊，三民書局出版，1998 年，頁 219 以下。

理，享有基本權者稱為基本權主體 (Grundrechtsträger)。法律上的權利主體通常也是基本權主體，但兩者概念範圍並不完全一致。例如在民法上不問本國人或外國人、自然人或法人都有權利能力，在憲法上則未必如此。基本權有所謂人類的權利與國民的權利之分，前者是凡人皆有的權利，自由權屬於這一類；而國民的權利則指只有本國國民才能成為權利主體。德國基本法上屬於德國國民的基本權者包括：第 8 條集會權、第 9 條結社權、第 11 條遷徙自由、第 12 條職業自由；第 16 條之禁止剝奪國籍及遣送出國，則屬於外國人也可共享的基本權 ❷ 。不過歐洲的情形，目前已有所不同，依照歐盟條約會員國之國民享有在他國就業權及參與地方基層選舉之權利 ❸ 。

自然人與法人在憲法上是否同樣享有基本權，曾經有過爭論，最早耶律尼克認為法人與地方自治團體都具有消極身分。到了威瑪時期，史密特則極力主張法人並非基本權主體，因為如前所述，史密特的基本權概念，是採西歐的自然權利說；基本權是超實證法的權利，只有在法秩序出現前就已存在的人類才能享有，法人是根據實證的法秩序設立，當然不是超實證的權利之主體 ❸ 。現代社會生活，個人集體活動的權利，憲法亦應保障，但由於史密特的理論深入人心，所以西德基本法制定時特別在第 19 條第 3 項規定：「基本權對本國法人亦有效力，但以依其本質得適用者為限。」基本法既有明文本國法人得為基本權主體，目前已無疑義，聯邦憲法法院不但承認法人為基本權主體，不具權利能力的非法人團體或部分權利能力團體，也具有主體資格。憲法法院的理由是：判斷是否為基本權主體，不是以有無權利能力為準，而是以所涉及的基本權由個人單獨行使或也得由集

---

❷ H.-U. Gallas, Grundrechte, 2. Aufl., 1996, S. 15.

❸ Vgl. Horst Dreier (Hrsg.), Grundgesetz-Kommentar, 1996, Rn. 74.

❸ Schmitt, Verfassungsrechtliche Aufsätze aus den Jahre 1924-1954, 1996; vgl. auch Bleckmann, aaO., S. 98f.

體行使為斷❶❷。上述基本法條文所謂依其本質得適用者為限 (soweit sie ihrem Wesen nach auf diese anwendbar sind)，解釋上認為並不是完全賦予基本權主體資格之意，而是就個案分別認定。像人性尊嚴、人格發展、生命、健康、婚姻及家庭等相關的權利，當然與法人無關。至於外國法人（如外國公司）則不具有基本權主體地位，但依聯邦憲法法院的判決，外國法人也享有基本法第 101 條（受合法法官審判）及第 103 條第 1 項（受依法聽審）的權利 (BVerfGE 21, 363, 373; 64, 1, 11)。而外國法人在德國的地位，通說認為應依國際法原則處理，即德國法人在外國享有的權利，該外國法人在德國也同樣享有。

　　以上是指私法人而言，至於公法人爭論更大，德國聯邦憲法法院的見解可簡述如下：私法人的基本權主體地位尚且不是毫無條件，則公法人更應審慎，蓋公法人如國家及其他公權力主體，不可能同時是基本權主體又是人民行使基本權時的相對人，如果公權力主體間發生相關的爭議，亦應視為權限衝突問題 (BVerfGE 21, 362)。在例外的情形，尤其性質上應防止國家公權力侵害，而保持獨立地位的公法上團體或營造物等，如教會團體、大學、公共電視台，聯邦憲法法院的裁判則賦予基本權主體的地位，而受理其訴訟，但社會保險機構或其他自治團體則因不具基本權主體地位而有遭駁回其起訴之例❶❸。奧國法制則與德國大不相同，私法人原則上有基本權權利能力，性質上專屬於自然人者當然除外。關於公法人，奧國的法則是公法人從事高權（公權力）行為時，不承認其基本權權利能力，若從事私經濟活動，作為私法上的行為主體，其基本權上的權利能力則被承認❶❹。

　　剩餘的是自然人作為基本權主體的起始與終結問題。在法律上「人之權利能力始於出生，終於死亡」的原則，在決定基本權主體時自然也有適

---

❶❷　德國聯邦憲法法院 1976 年 5 月 26 日第二庭之判決。

❶❸　Vgl. Dreier, aaO., Art. 19 III, Rn. 40.

❶❹　Holoubek, aaO., S. 258ff.

用。德國的理論仍有值得注意之處：一是聯邦憲法法院認為人死亡後若不顧其尊嚴，也是違反德國基本法第 1 條第 1 項的意旨 (BVerfGE 30, 137, 194)。在器官移植問題上，死者生前若已表示反對摘取其器官，應予尊重。不過學者認為這是基於基本法第 2 條第 1 項人格發展的保障，以及第 4 條第 1 項及第 2 項信仰及良心自由的決定，所以應予保障，與第 1 條第 1 項的人性尊嚴較少關係❶。二是胎兒的問題，聯邦憲法法院在第一次墮胎案判決中 (BVerfGE 39, 1)，運用起源史解釋方法，認為制憲大會的代表認為生命的保護自其萌芽開始，而萌芽就是精子卵子的結合❶。但是這項判決裡，聯邦憲法法院對胎兒的基本權地位未作論斷，判詞說：「胎兒是否為基本權主體，或因為欠缺法律上權利能力及基本權上權利能力。只是基於憲法是客觀的法規範，而予以保障❶。」

(二)我國憲法

我國憲法第 2 章除第 7 條之「中華民國人民」外，其餘皆以「人民」作為條文陳述之主詞，亦即「人民」係我國憲法第 2 章人權清單上之主體。而人民作為基本權利的主體，必須在制度上賦予人民救濟權以落實基本權之保障。於此衍生的問題包括「人民」的範圍為何？是否包含法人？是否包含在國境內的外國人？以及是否是第 2 章所揭櫫的權利所有人民皆得享有？

1.自然人：指我國國民及外國人而言，但性質上非外國人所能行使者，外國人無基本權能力。我國憲法第 7 條以次之各種自由及權利，除憲法第 10 條、憲法第 14 條、憲法第 17 條、憲法第 18 條及憲法第 24 條外國人不能與本國人同等程度享有外❶，其餘的權利解釋上應認為無分國籍的必要。

---

❶　Vgl. H.-U. Gallwas, aaO., S. 16.

❶　Richter/Schuppert, u. a., aaO., 2. Aufl., S. 96.

❶　BVerfGE 39, 1, 41.

❶　關於憲法第 14 條，外國人和本國人是否可享有相同程度的集會結社自由，可

另，無中華民國國籍之香港、澳門與大陸地區人民之權利義務，依憲法增修條文第 11 條得以法律為特別規定；故其雖非中華民國國民，但仍屬我國憲法上「人民」之範圍。不過，大陸地區人民取得我國國籍之後，卻仍有可能與我國自由地區人民之權利有所差異，這種差別待遇是否可以合理證立？值得深究❶❸❾。至於民法上專屬自然人的權利與法人權利的概念區別，也可引用於憲法。憲法第 7 條、憲法第 10 條、憲法第 11 條、憲法第 12 條之通訊權、憲法第 13 條之傳播宗教自由、憲法第 15 條之財產權、憲法第 16 條之請願及爭訟權等，在性質上法人也得作為基本權主體，似無疑義。最後，自然人作為基本權主體始於出生，終於死亡，至於出生前及死亡後的保障，我國不必仿照德國基本權那種體系理論，由法律層次予以保障即可。尤其不能採彼邦少數學者所主張，懷孕的母親墮胎是侵害胎兒的生命，應賦予胎兒基本權地位，以對抗第三人（即母親），這種學說將孕婦與腹中胎兒，用法律加以分割，違背人倫與生物法則，簡直不可思議。

　　2.私法人與政黨：我國憲法沒有像德國基本法第 19 條第 3 項的規定，故私法人得為基本權主體者，不必分本國或外國法人。但性質上專屬於自然人的基本權，一切法人或團體不得享有，這是當然之理。至於政黨，依現行政黨法之規定，必須先向內政部申請備案，且於備案後一年內完成法人登記者，取得私法人地位。政黨若未於備案後一年內完成法人登記者，依政黨法第 27 條第 3 款規定，內政部廢止其備案。

　　　　參見：廖元豪，外人做頭家？——論外國人的公民權，政大法學評論，第 113 期，2010 年 2 月，頁 245-306；陳淳文，移民參政權之理論與發展趨勢，收於：立憲國家之課題與挑戰：許志雄教授六秩華誕祝壽論文集，元照出版，2014 年，頁 478-510。

❶❸❾　釋字第 618 號解釋以大陸地區人民因其憲政體制與我國不同，故對於兩岸人民關係條例針對入籍我國之大陸地區人民，於入籍後仍須再經十年適應期後方得享有服公職權的歧視對待，大法官認為此規定必要且合理，無違比例原則。大法官於本案所採的審查態度與其立論，非無再斟酌之餘地。

3.非法人團體與未完成法人登記之政黨：所謂「非法人團體」，係指由多數人所組成，有一定之組織、名稱及目的，且有一定之事務所或營業所為其活動中心，並有獨立之財產，而設有代表人或管理人對外代表團體及為法律行為者，而未向主管機關設立登記者。此類團體與未完成法人登記之政黨，其基本權利比照私法人(140)。

4.公法人：我國公法人目前共有：國家、地方自治團體（即直轄市、縣（市）、鄉鎮（市））、行政法人與原住民族部落(141)。論者或仿德國理論，

---

(140) 例如釋字第 486 號解釋文以「憲法保障之對象」代替「基本權利主體」這個學術名詞，闡明基本權利主體的範圍包含自然人、法人與非法人團體：「自然人及法人為權利義務之主體，固均為憲法保護之對象；惟為貫徹憲法對人格權及財產權之保障，非具有權利能力之『團體』，如有一定之名稱、組織而有自主意思，以其團體名稱對外為一定商業行為或從事事務有年，已有相當之知名度，為一般人所知悉或熟識，且有受保護之利益者，不論其是否從事公益，均為商標法保護之對象，而受憲法之保障。」

(141) 過去釋憲實務中由直轄市、縣、市、鄉、鎮等地方自治團體或農田水利會等提出聲請釋憲的案件不少，如釋字第 38 號、釋字第 260 號、釋字第 518 號、釋字第 527 號等解釋。其中農田水利會本為公法人，但立法院先於民國 107 年修正公布農田水利會組織通則第 40 條將農田水利會改為公務機關，使其喪失公法人地位。後又於民國 109 年 7 月公布農田水利法，該法第 34 條第 2 項明定不再適用農田水利會組織通則。對於農田水利會改制爭議，憲法法庭 111 年憲判字第 14 號判決如此闡釋：農田水利會改制為公務機關，與法律明確性原則尚無違背，不侵害憲法第 14 條保障人民結社自由的問題，也不違反法律不溯及既往原則及信賴保護原則。蓋農田水利會雖曾為依法成立的公法人，但國家基於行政權整體運作的政策考量，經由制定農田水利法第 34 條第 2 項以排除農田水利會組織通則規定適用，廢止其成立公法人的依據及授權，將其原得行使的公權力收歸國家行政機關直接行使，並利用原屬公有資產，繼續執行原有業務，不生應適用法律不溯及既往原則及信賴保護原則問題。至於原住民部落得具公法人地位之規定，參見民國 104 年 12 月通過之原住民族基本法第 2 條之 1。

列出許多公法人，既無實證法上的根據，又不為實務所採，並無實益可言。如前所述，德國原則認為公法人是自由權對抗的對象，豈可成為主體？只有在特別例外情形，主體地位才受憲法法院承認；德國之公營事業，固然不是基本權主體，更有甚者，主張公私合營事業，公股達四分之一以上者即不得具有基本權利能力，因為這種合營事業，實際上是在主管機關操控之下 ❶❷。奧國則以公法人的作為究屬公權力（高權）行為或私經濟行為為判斷標準，從事私經濟活動而基本權受侵害者，也屬於得提起憲法訴訟的主體。我們主張採奧國之制，因為德國過於嚴苛，也與通念不符，事實上，我國實務運作到現在為止，雖未制定或形成明顯的法則，但事實上與奧國作法相同 ❶❸。

　　討論公法人的基本權主體地位，要特別注意兩項問題，其一是權利損害與權限爭議的區分，其二是權利的屬性問題。關於第一點：公法人尤其各級地方自治團體聲請釋憲，其途徑有二，一是依憲法訴訟法第 82 條或第 83 條，居於地方自治團體之地位聲請案件，這種情形不必審究該地方機關所隸屬之公法人是否具有基本權利能力，以機關地位聲請不生適格問題；二是若公法人或地方自治團體主張其權利受國家公權力損害，而依憲法訴訟法第 59 條聲請釋憲，則應與人民聲請具備同一要件，如非以基本權主體

---

❶❷　Siegfried Maser, Die Geltung der Grundrechte für juristische Personen und teilrechtsfähige Verbände, 1964, S. 159ff.

❶❸　例如對於百分之百為公股的台灣自來水股份有限公司，釋字第 765 號解釋認為：其雖為具私法人地位之公營事業，受公益目的之制約較大，並受國家指揮監督，然其既有獨立之私法人地位，其亦享有憲法財產權之保障。此外，該號解釋也說地方自治團體仍具有獨立公法人之地位，受憲法保障，並享有財政自主權（理由書第 4 段）。二者相較，公法人之財政自主權與私法人之財產權，二者用語顯有不同。但對百分之百公股事業體得為基本權利主體一事，該解釋未深入論述，顯有缺憾。參見法治斌、董保城，憲法新論，增訂七版，自版，2020 年，頁 194。

地位因憲法上所保障權利遭受損害，其聲請應予駁回❶❹❹。

關於第二點，公法人主張權利受損，提起憲法爭訟，所謂權利究指公法上權利或專指私法上權利？公法對地方自治團體等公法人的規範，通常都是權限事項，很少有權利的規定，公法人從事私經濟活動或單純居於類似私人地位，則所發生的權利義務關係，無疑是私法性質。所以可獲致簡單結論：前述釋字第 527 號解釋，得依法提起訴訟及後續的釋憲聲請，原則是指私法上權利而言，例如鄉鎮所有之土地，經其他機關依國有財產法第 38 條申請撥用，該鄉鎮不服而提起之爭訟，即與該地方自治團體行使公權力無關，這種說法也符合上述以公權力或私經濟作為判斷的標準。但是可能發生某些例外情形，使得公法權利受損，公法人也能以基本權主體地位提起憲法爭訟，程序法上的權利即屬之，當地方自治團體提起訴願、行政訴訟或民事訴訟的權利遭受損害時，已不是中央與地方或上、下級地方政府權限爭議，作為公法（程序法）上的權利主體的公法人，理論上應可以尋求憲法救濟。

---

❶❹❹ 在司法院大法官審理案件法時期，釋字第 527 號解釋除按地方制度法區分各種權限爭議情形外，依該解釋文第 3 部分後段稱：如上級監督機關之「上述處分行為有損害地方自治團體之權利或法律上利益情事，其行政機關得代表地方自治團體依法提起行政訴訟，於窮盡訴訟之審級救濟後，若仍發生法律或其他上位規範違憲疑義，而合於司法院大法官審理案件法第五條第一項第二款之要件，亦非不得聲請本院解釋」。其中有謂合於司法院大法官審理案件法第 5 條第 1 項第 2 款之要件，即應進一步審查其所受損之權益是否為憲法上所保障的權利，包括基本權及類似於基本權的權利，審查結果須有肯定的答案，地方自治團體才能合法提起憲法爭訟。但自憲法訴訟法施行後，若地方自治團體以機關地位聲請案件，因憲法保障之地方自治權受侵害之救濟途徑是憲法訴訟法第 82 條及第 83 條。對於「地方自治權」以外的其他權利或法律上利益遭受上級侵害，只能透過憲法訴訟法第 59 條途徑；且須符合同法第 61 條之要件。

二、基本權利能力與基本行為能力

在討論基本權主體時，已經一再說到基本權之權利能力，其簡稱就是基本權利能力 (Grundrechtsfähigkeit)，概念上無疑是來自民法，其涵蓋範圍則與民法略有不同，前已述及。以前公法學者相當排斥民法上的權利能力與行為能力的概念，其理由不外公法上權利（如選舉權及被選舉權）有必須達到一定年齡或能力才能行使者，不能與民法上的權利能力相提並論❶❹❺。這種說法是將基本權利能力與行使基本權的行為能力混淆所致，因此有必要強調基本行為能力 (Grundrechtsmündigkeit) 的概念，這也是從民法成年人有行為能力的原則而來，但是與民法又有不同：民法採完全行為能力、限制行為能力及無行為能力三分法，在基本行為能力並無這種制度。關於基本行為能力在實務上的作用，本書試圖建構下列三項原則：

㈠憲法對基本行為能力有特別規定者，從其規定。無基本權利能力者，在這種情形下，便不能行使其基本權。憲法第 130 條規定，年滿二十歲始有選舉權，二十三歲有被選舉權；憲法第 45 條：「年滿四十歲者，得被選為總統、副總統」，便是行使選舉權及被選舉權這兩項基本權的基本行為能力規定。

㈡在一般情形，特別是有關財產上的基本權事項，民法上的規定可類推適用，即有基本行為能力方能有效的行使基本權。

㈢基本權的行使遭受損害時，若能提起憲法爭訟，則爭訟程序中的訴訟能力乃是基本行為能力的體現。對於人民聲請案的適格或訴訟能力問題，通常以審級救濟程序為準，因為憲法法庭是一種繼受的管轄，所以上述適格及能力基本上依原已進行終結之訴訟法的規定。而憲法訴訟法第 46 條規定準用行政訴訟法，但實際上是受民事訴訟法的支配，因為人民聲請釋憲，

---

❶❹❺　林紀東，行政法，增訂六版，五南出版，1990 年，頁 106；所幸最近出版之教科書，已放棄舊日的理論，見陳清秀，行政法上法律關係與特別權力關係，收於：翁岳生編，行政法，上冊，自版，1998 年，頁 223。

固然大多數是用盡行政訴訟救濟途徑的公法案件，但行政訴訟法關於訴訟之法定代理、訴訟所必要之允許、能力等問題皆準用民事訴訟法 ⑭。然許多基本權涉訟，完全與成年與否無關，其提起憲法爭訟的訴訟能力應有別於一般訴訟法。德國聯邦憲法法院對服兵役的未成年人，因宗教信仰原因拒絕持武器，而受軍紀懲罰，最後提起訴訟，憲法法院認為該士兵不論成年與否，具有訴訟能力，其起訴為有效 ⑭，可供參考。

三、基本權的效力

㈠作為客觀規範的拘束力

基本權效力問題，可以從其雙重性質出發，作為憲法規範的一部分，也就是基本權的客觀法規範性質，有拘束一切國家機關的效力，本無待憲法明文規定。由於長久以來，尤其是威瑪憲法將基本權視為方針規定的一種，為了矯枉，德國基本法第 1 條開宗明義規定：「以下制定之基本權視為拘束立法權、執行權及司法之直接有效之法」（第 3 項）。要使基本權條款成為有效之法，有一項重要的前提就是設有能充分發揮功能的憲法審判機關，德國戰後的經驗也證明了這個論點。我國以往在威權體制之下，基本權條款有如戰前德國一樣，沒有產生應有的規範效力。所以，今天在我國憲法的適用上，強調其有拘束全國各機關的效力，仍有其意義。

基本權拘束國家機關（包括地方自治團體）的效力，其具體內容為何？我們認為應包含下述三項： 1.基本權是一項價值體系，立法及行政部門的行為不應故意的悖離，司法機關的裁判則應以之作為最高的準則。 2.適用基本權規定的機關，遇有多重意義的解釋或解釋上發生疑義時，應盡可能使基本權條款發揮最大的效力 ⑭。 3.在規範競合時，例如以我國為締約國

---

⑭　參見行政訴訟法第 28 條。

⑭　BVerfGE 28, 243, 254f.

⑭　這項原則是來自德國聯邦憲法法院的判決：BVerfGE 32, 54 (71), 6, 55 (72)。在

有關人權之國際條約，或將來制定新的人權基本法（或類似名稱），而發生與憲法人權條款競合的情形，這時候應適用最有利於當事人的規定（所謂基本權的最有利原則 (Günstigkeitsprinzip)）❿，而不考慮規範位階或後法、前法的關係。

基本權條款作為客觀的規範及價值體系，依照位階理論，產生一種破毀的效力，凡違反基本權意旨的位階較低之規範（即法律與命令），都可能因牴觸基本權條款而遭宣告無效。

㈡作為個人權利的效力

個人權利就是一般所說的主觀權利。基本權原本具有規範個人與國家的權利義務關係的性質，個人既是基本權主體，則負義務的相對人為誰？是首先值得研究的問題。下面所舉三種即所謂基本權相對人：㈠國家，㈡其他公權力主體：包括具公法人身分之各級地方自治團體，㈢受委託行使公權力者。相對人對基本權主體的法益有保障義務，基本權主體對相對人的權利，本編第一章第三節所敘述艾力士修正的身分理論，依艾氏的說法

基本權解釋的問題上有所謂基本權有效性原則，意謂解釋與適用者應盡可能使基本權發揮效力，若針對以往方針規定的缺點而言，也許有其用意。不過，理論上任何規範的解釋，如契約、國際條約也都是要使它盡量發生效力，這就是拉丁法諺所謂「盡量作有效解釋」的原則 (interpretatio finda est ut magis valeat quam pereat)，並不限於基本權規範的解釋。因此，前述德國聯邦憲法法院的判決似乎不是根據威瑪時期學者所說的有效性原則，其較為接近的說法是，判決反映「有懷疑時應有利人民自由」(in dubio pro libertate, Vermutung für die Freiheit) 的理念。但是學者仍然加以批評：基本權的解釋是要從事法益衡量而作適當的具體化，而不是先存有利於誰之心。參照 Ehmke, Prinzipien der Verfassungsinterpretation, aaO., S. 230ff.

❿　奧國基本權的規定來自多種法源，包括帝政時代、共和時期及戰後各種國際人權公約，於是發展出這項原則，頗有價值，參照 Funk, Einführung in das österreichische Verfassungsrecht, aaO., Rn. 414.

基本權主體對客體的權利（(Recht auf etwas)，直譯有某些權利），其實就是對基本權相對人的權利。按照他的分類共有五種權利（見本章第三節之圖表），這種權利並不是名義上存在，在現代法治國家通常都有相關的法律，允許人民於符合一定的條件下，向國家以訴訟方式請求，最後還可尋求憲法救濟。至於上述三種之外對第三人是否也得成為相對人，則涉及基本權第三人效力 (Drittwirkung) 問題。

㈢基本權的第三人效力

所謂基本權第三人效力，指在私人間的法律關係，是否也有基本權條款的適用？關於基本權的第三人效力究竟是直接抑或間接？是從威瑪憲法以來，爭議不斷的問題。戰後 H. C. Nipperdy 力主直接效力說❿，其後 Nipperdy 出任聯邦勞動法院院長，該院受其影響，也採直接效力說，曾在判決中宣稱：「基本權意義的改變，不是指一切基本權而言，但卻有若干重要的憲法上基本權不僅是保障其對抗國家……更是社會生活秩序的基本原則，從基本權中發展出來有直接意義的範圍，對人民私法上交易也有其適用。……在社會法治國下對基本法規範的認知，同時也對基本法或其他法律有根本上的重要性，即是基本權規定具直接的私法上效力 (BAGE 48, 122, 138f.)❿。」

主張有直接第三人效力的理由，不外以基本法第 1 條第 2 項所標榜人權是人類共同生活之基礎的原則，以及在當前所謂社會法治國之下，應考慮各種社會力量如雇主團體、勞工聯盟、聯合壟斷等對私人領域及個人自由的影響，應使基本權能發揮規範效力❿。不過多數學者認為：無論基本權的起源史解釋，或依文本及體系方式解釋；它本質上是防衛公權力侵害，而非直接規範私人間的法律關係；且民法乃是先憲法而存在，源遠流長、

---

❿　Nipperdy, Recht der Arbeiter, 1950, S. 121ff.; zitiert nach Richter u. a., aaO., S. 45.

❿　Zitiert nach Pieroth/Schlink, aaO., S. 43.

❿　Vgl. Bödsenförde, Freiheit in der Sozialen Demokrative, 1975, S. 69.

體系完整，足以解決私法上的爭執問題，也唯有如此才能保障私法自治並維持法律體系的完整等理由，不贊成直接效力說，目前可視為通說⓲；他們也主張如果要將憲法基本權的規定，引用在處理民事個案上，也應當透過民法上的概括條款或不確定法律概念，諸如公序良俗等，以間接適用方式，實現基本權的理念。

聯邦憲法法院也持與勞工法院不同的立場，尤其在一連串人格權或名譽權受損害的案件中⓳，遭普通法院判決認為侵權行為成立而敗訴之加害人，向憲法法院提起憲法訴願 (Verfassungsbeschwerde)⓴，主張其行為應

⓲　H. Dreier, aaO., Rn. 57ff.; Pieroth/Schlink, aaO., S. 44；國內著作參看王澤鑑，憲法基本權利與私法，收於：司法院大法官釋憲五十週年紀念論文集，司法院出版，1998 年，頁 59、69；蘇永欽，憲法權利的民法效力，收於：當代公法理論：翁岳生教授六秩誕辰祝壽論文集，月旦出版，1993 年，頁 161 以下；關於德國對第三人效力學者間之正反見解，陳新民，憲法基本權利及對第三人效力之理論，收於：陳新民，憲法基本權利之基本理論，下冊，三民書局出版，1990 年，頁 65 以下，敘述甚詳，可供參考，又蔡欽源，憲法上基本權利之規定在私法關係中之效力，台大法研所碩士論文，1983 年，為國內早期之文獻。

⓳　包括 Lüth 案 (BVerfGE 7, 198)，Blinkur 期刊案 (BVerfGE 24, 236)，伊朗廢后 Sorayra 案 (BVerfGE 34, 269)，案情要旨均見陳新民，憲法基本權利之基本理論，下冊，三民書局出版，1990 年，頁 104 以下。這些都是較早年的案例，在近年案例民事保證契約 (BVerfGE 89, 214－Bürgerschaft)，德國聯邦憲法法院仍堅持放射效應就是間接適用。

⓴　憲法訴願是尊重國內多數文獻的用法，實際上並不妥當，訴願在我國法律上有固定的意涵，不能因有 Beschwerde 一字而譯為訴願，這個字還有抗告或爭訟之意。以往南德各邦行政訴訟中的撤銷訴訟，就稱為 Rechtsbeschwerde，日本學者譯為抗告訴訟；瑞士向聯邦法院提起之行政訴訟稱為 Verwaltungsgerichtsbeschwerde（行政法院抗告），若也將 Beschwerde 譯為訴願，豈非將訴願與行政訴訟混為一談。我國現行憲法訴訟法第 3 章章名則將此類訴訟稱為「裁判憲法審查」。

受基本言論自由之保障。憲法法院雖主張基本權規定是客觀的價值秩序，具有放射效應 (Ausstrahlungswirkung)，任何民事法規不得作與之相反的解釋，但仍認為基本權條款須透過民法的概括條款進入民事法律關係，而間接適用。上述原則在憲法或條約有明文規定時，有無例外？是尚待討論的問題。德國基本法第 9 條第 3 項規定設立有關工作及經濟活動的組織，為每個人及每種職業的權利，限制或妨害此項權利的約定無效，其相關措施為違法。這項條文是基本法對私人法律關係的明文規定，似當然發生第三人效力，但通說仍主張是間接效力的一種❺❻。又前面說過，歐洲人權公約是奧國人權基本法的一部分，該公約第 8 條，以保障個人私生活受尊重及肉體與精神皆不受輕侮的影響為規範目的，該國遂認為國家依照公約有保障個人免遭受第三人民事上及刑事上的侵害義務，附隨這種保障義務產生基本權的第三人效力❺❼。

　　基本權的第三人效力，我國學者受德國通說影響，也主張間接效力說❺❽。在實務上出現的案例，多屬「單身條款」事件，通常是雇主約定女性員工結婚後必須離職，民事法院縱然認為這類約定無效，也是以違反公序良俗為理由，殊少引用憲法第 7 條性別平等的規定❺❾。這種立場，實際上也是間接效力。釋字第 457 號解釋就涉及這個問題，本號解釋特別值得注意的是開頭所揭櫫的原則：「中華民國人民，無分男女，在法律上一律平

---

❺❻　Dreier, aaO., Art. 9, Rn. 45.

❺❼　Holoubek, aaO., S. 272.

❺❽　王澤鑑，憲法基本權利與私法，收於：司法院大法官釋憲五十週年紀念論文集，司法院出版，1998 年，頁 69。

❺❾　國內經常發生公民營機構對結婚或懷孕之女性員工，予以辭退的事件，與性別平等原則，自有未洽，亦屢次遭輿論的嚴詞批判，但一旦發生訴訟，則女性員工常遭敗訴之判決，與歐美先進國家及日本相較，尤其顯現故步自封，相關資料參照司法研究年報，第七輯，上冊，女性勞工之法律問題研究，1987 年，頁 735 以下。

等；國家應促進兩性地位之實質平等，憲法第七條暨憲法增修條文第十條第六項定有明文。國家機關為達成公行政任務，以私法形式所為之行為，亦應遵循上開憲法之規定。」前述解釋文表達兩項意義：一是以國家或其他公權力主體為一造的私經濟行政（或稱國庫行政）應適用憲法平等權的規定；二是純粹私人間的法律關係，不在本號解釋規範範圍，就此而言，其影響尚未及於間接效力說。

　　惟對間接效力說我們認為頗有商榷餘地，因為同樣是概括條款何以憲法上的不能直接適用？民法上的才可以適用？私法自治固應尊重，但如果其內容已悖離憲法上的基本權所代表的基本價值秩序時，難道私法自治也凌駕於憲法之上嗎？或者當民事法規所代表的價值與憲法上的基本價值相衝突時，為何不以後者為優先？其實前面所引德國聯邦憲法法院關於言論自由優於其他私法上權利的判決，實在已經是直接效力了，憲法法院不欲明講而已❿。或者認為一旦由民事法院直接引用基本權作成裁判依據，則法治國 (Rechtsstaat) 將不再存在，而是由法官國 (Richterstaat) 取代了。如果法官國是指法官得直接以憲法規定作判決依據，那麼只要設憲法審判機關的國家，不早就成為法官國了嗎？又依照釋字第 371 號解釋，我國各級法院法官也享有部分違憲審查權，豈不更是法官國？或許又有人認為，縱然憲法對某些結社有禁止的規定，例如德國基本法第 9 條第 2 項規定，禁止設立違反憲法秩序及國際所接受的理念之結社，但行政機關如要取締這類結社，仍須有立法依據，不能逕依憲法執行❻。行政部門既是間接適用，何以司法機關要直接適用基本權規定？我們認為基本權尤其自由權是先憲法而存在，憲法的規定只是確認其在整體法律中的地位，法院援用以發揮保障人權

---

❿　也不是所有人都贊成直接效力與間接效力的分類，奧國的憲法著作提到第三人效力時，便未作此區分：及 Funk, aaO., Rn. 431；德國學者 Jürgen Schwabe (Die sogenannte Drittwirkung der Grundrechte, 1971)，也有類似見解。

❻　Richter u. a., aaO., S. 16.

的直接效力，與允許行政機關引用限制人民的一般行為自由，不可相提並論。總之，採德國聯邦勞工法院的見解，承認基本權的直接效力，對我們長久以來視憲法為政治綱領，未與庶民生活發生關係的現象，可能有所改進。

四、基本權的限制

(一)基本權限制與基本權保留

對基本權無論採取什麼基礎理論，在現實生活中基本權都必須受到某種程度的限制，這是無庸置疑的。實證主義者或許主張人民的基本權利是來自憲法的規定，則憲法本身或有憲法依據的法律，當然可以對基本權加以限制；採自然法思想者，認為人權先於憲法及國家而存在，國家理論上不得加以限制，美國制憲者就是持這種看法，美國憲法增修條文第 1 條還不准國會制定限制言論自由的法律，事實上，美國對言論自由的保障在世界各國之中，確是首屈一指。但是言論自由仍非毫無限制，像「明顯而立即之危險」等一系列的原則，無非是最高法院要調和言論充分自由與應受低度限制而建立。其他國家亦然，在現階段的發展中，人既然不能離開政治社會而生活，為了規範共同生活相關事項，維護公共利益、確保和平秩序，個人的基本權利應受必要的限制。因之，基本權的限制成為討論基本權理論時，不可缺少的議題。

基本權限制 (Grundrechtsschranken) 是通用的術語，近年的文獻有以基本權保留 (Grundsrechtsvorbehalte) 替代者❶❷。所謂基本權保留意謂：若無憲法對限制基本權的充分授權，或滿足限制的條件要求（因為憲法已建立基本權保留），任何對基本權的干預，都是對基本權的侵害。從上述定義可以得知，基本權保留與基本權限制所指涉的屬於同一件事，所不同的，基本權保留從積極面立論，而基本權限制則從消極面解說。前者當然比後者更能顯現保障基本權的意旨，用意甚佳，但基本權須受限制既是任何憲法

---

❶❷　Ebd., S. 15.

之下，必然存在的現象，從限制的層面直接敘述自無不妥，本書從眾，還是使用基本權限制的術語。不過，我們要知道的是：在學說上除了憲法保留、法律保留之外，介於其中的還有基本權保留的概念。

(二)基本權限制的態樣

德國基本法關於基本權限制的規定，相當複雜。下面作一簡單的介紹：㈠憲法直接限制：基本法第 9 條第 2 項對設立社團之目的及行為的限制，學說也稱為憲法對基本權受實質保障的規定或基本權的內在限制❶❻❸。㈡單純法律保留與加重法律保留（依照上述新的文獻，也可稱為單純基本權保留與加重基本權保留）：前者指凡基本法條文中定有經由法律或基於法律之原因，對基本權所為的限制；後者（加重基本權保留）指除應依法律或基於法律的原因之外，對法律限制基本權的條件，憲法本身設有規定而言，例如基本法第 11 條第 2 項就是限制遷徙自由所附加的條件，即唯有出現該條第 2 項之情形，始得以法律限制❶❻❹。類此對限制基本權的法律，憲法本身限制它的規範內容，稱為基本權限制的限制 (Schranken-Schranken)。至於所謂「經由法律」或「基於法律之原因」是

---

❶❻❸　Vgl. I. v. Münch, in: v. Münch, Grundgesetz-Kommentar, 1985, Vorb. Rn. 49; Friedrich E. Schnapp, Grenzen der Grundrechte, JuS 1978, 729f.，又有學者不採憲法直接限制的說法，而有所謂基本權內在限制 (Grundrechtsimmanente Grenzen) 理論，這是 K. Hesse 所主張，siehe derselbe, Verfassungsrecht, aaO., Rn. 310，此外尚有主張構成要件說 (Tatbestandstheorie)，意指須符合基本法所定的這些附加的構成要件，該項基本權才受到保障，見 Alexy, aaO., S. 258ff.

❶❻❹　參照陳新民，論憲法人民基本權利的限制，收於：陳新民，憲法基本權利之基本理論，上冊，三民書局出版，1990 年，頁 203 以下。德國基本法第 11 條規定：一、所有德國人在聯邦領土內均享有遷徙之自由。二、此項權利唯在因缺乏充分生存基礎而致公眾遭受特別負擔時，或為防止對聯邦或各邦之存在或自由民主基本原則所構成之危險，或為防止疫疾、天然災害或重大不幸事件，或為保護少年免受遺棄，或為預防犯罪而有必要時，始得依法律限制之。

否有所區別？如果依照文本的文義解釋，依法律可視為只能直接以法律為依據（相當於我們詮釋釋字第 443 號解釋時所用的絕對法律保留），而基於法律之原因則包括法律授權發布的法規命令（相對的法律保留）在內。但是聯邦憲法法院對限制基本權的規定，常不採文本解釋主義的立場，所以對基本法第 12 條職業自由的限制及第 104 條第 1 項人身自由的剝奪，條文雖定有得基於法律之原因，但憲法法院均認定必須依據法律，才能限制或剝奪（第 12 條的相關判決：BVerfGE 41, 251, 265；聯邦行政法院 BVerwGE 94, 269, 277 ；第 104 條的相關判決：BVerfGE 14, 174, 187）**⑯**。憲法法院判決究竟採國會保留（由國會自行立法）或得授權法規命令加以規定，換言之，究屬委任禁止（Delegationsverbot = 經由法律）或行政程序禁止（Verwaltungsverfahrensverbot = 有法律授權始得以行政程序為之），不拘泥於條文文字，應視規範密度的需要而定，於是聯邦憲法法院又發展出重要性理論 (Wesentlichkeitstheorie) 作為判斷原則。所謂重要性理論，指對基本權行使的干涉之重要決定，必須由立法者自己為之，不得授權行政機關自行判斷**⑯**。換言之，干涉或侵害人民基本權的公權力行為，其構成要件、組織及程序上屬於重要事項者，均屬委任禁止。㈢因衝突而生的限制：衝突 (Kollision) 而產生的基本權限制，是德國特殊的概念。依聯邦憲法法院的見解，有些基本權像基本法第 5 條第 3 項的藝術自由，憲法本身未加任何限制，法律也不得予以限制，故可稱為「無法律保留之基本權」(vorbehaltlos Grundrechte)；這種權利「與第三人權利及與憲法層次的法律價值」(Rechtswerte) 相衝突時，應顧及憲法整體性及受保障的整體價值秩序而有所例外，使不受限制的基本權，在個別關係上劃定界限**⑯**。這一判決在實務上確定了所謂不受

---

⑯   Vgl. Dreier, aaO., Art. 12, Rn. 91ff.; Richter, u. a., aaO., S. 16.

⑯   BVerfGE 61, 260, 275; 88, 103, 116.

⑯   BVerfGE 28, 243, 261.

限制的基本權與他人的基本權相競合，或者與其他憲法、法律相衝突時，應加以限制，至於如何限制，則屬個案衡量問題⑯。與他人基本權相衝突，例如藝術品的表現被指為侵害他人名譽與人格之情形，與其他因信仰自由而拒絕服必須持武器的兵役，以致於與軍隊紀律及防衛國家的憲法價值相牴觸，這時都只有依賴個案衡量。

我國憲法第 2 章對人民權利的限制，除㈠憲法第 8 條關於人身自由的保障，非現行犯的逮捕拘禁必須由司法或警察機關依法定程序為之，對被告的審問處罰必須由法院依法定程序為之 ；㈡憲法第 22 條的其他自由權利，「不妨害社會秩序公共利益者」，均受憲法保障外，其餘一律適用憲法第 23 條，與前述德國基本法就每項權利分別規定其得否限制及如何授權限制，並不相同。德國學者對前述基本權受不同程度的保留，稱為層級式的保留 (abgestufte Vorbehalt)⑯。經由司法院大法官的解釋（釋字第 443 號解

---

⑯ 以藝術自由為例，應如何給予必要的限制，起先學說上有不同的看法，德國基本法第 5 條規定意見及出版自由，藝術及學術自由兩類，其第 1 項未就意見及出版自由的保障加以限制，第 2 項則稱：「此等自由受保護少年及個人榮譽之一般法律規定之限制」，第 3 項規定：「藝術、科學，其研究及學說均屬自由。學說自由不受憲法忠誠之拘束。」學者遂認為第 3 項本身固無任何限制文字，但不妨解釋為應受同條第 2 項之限制，除此之外，基本法第 2 條第 1 項：「每個人皆有自由發展人格之權利，但以不損害他人權利及不違反憲法秩序或倫理規範為限」，可視為最具有普遍性的基本權之母 (Muttergrundrecht)，第 5 條第 3 項則是基本權之女 (Tochtergrundrecht)，自應受前者之拘束，vgl. H. v. Mangoldt, F. Klein u. a., Das Bonner Grundgesetz, 2. Aufl., Bd. 1, Art. 5 Anm. 6。這種主張為德國聯邦憲法法院所不採，蓋第 5 條第 2 項是針對第 1 項而言，與第 3 項無關，而所謂基本權之母或之女的說法，亦嫌無據，於是另創以基本權或憲法法益衝突作為考量限制的標準（除正文中所引案件外，BVerfGE 81, 278; 51, 324 等案均持同一見解），其他法院也多加以接受，最顯著的是聯邦行政法院 (BVerwGE 87, 37, 45f.)，向來持相同見解。

⑯ Hesse, aaO., Rn. 309.

釋），也建立了層級化的保留體系。但有一點應特別強調：在大法官的解釋中並沒有像德國這樣的無法律保留之基本權的概念。釋字第 443 號解釋理由書將憲法第 8 條第 1 項定位為憲法保留 (vorbehaltlos)，而該號解釋理由書所稱無法律保留原則適用，得由行政機關以命令規範者，專指技術性、細節性的次要事項，與德國所謂的無法律保留指涉範圍正好相反，不可不察。

五、對限制基本權法律的制約

德國有關基本權的論著都有「限制的限制」這一項，是指基本權雖非不得以法律或其他法規予以限制，但限制的本身又受到各種制約。下列幾點在法理上屬於這種限制的限制；對我國憲法上基本權的限制，也有其適用：

㈠比例原則

比例原則乃對基本權予以干涉時，應遵守的首要原則。簡單講，對人民基本權的限制，只有在維護公益所不能欠缺的前提下，才具有正當性。比例原則是從法治國原則中引導出來的原則，無待憲法明文規定。比例原則又包含三項次原則：即適當性原則、必要性原則及衡量性原則，衡量性又稱為狹義的比例原則。適當性指行為應適合於目的之達成；必要性則謂行為不超越實現目的之必要程度，亦即達成目的須採影響最輕微之手段；至衡量性原則乃指手段應按目的加以衡判，質言之，任何干涉措施所造成之損害應輕於達成目的所獲致之利益，始具有合法性。上述三分法在概念上有重疊之處，故論者反對上述通說，且主張比例原則應改採禁止過度原則 (Der Grundsatz des Übermassverbots)❼⓪。

我國憲法第 23 條旨在揭櫫法律保留原則及比例原則。在違憲審查的過

---

❼⓪　吳庚，行政法之理論與實用，增訂十四版，三民書局出版，2016 年，頁 59 以下。

程中，應先法律保留而後比例原則，也就是說，限制人民基本權的各種規定，如果屬於應由法律規定之事項而未以法律定之，應不問其內容是否必要與合理（即是否符合比例原則），已屬違憲；若限制基本權的規定已遵守本條意旨以法律定之，則進一步審查有無違反比例原則。大法官審查的實際操作，即是如此進行，凡是宣告法律合憲並未違反第 2 章第 7 條至第 18 條、第 21 條及第 22 條者，通常以系爭條文為維護社會秩序所必要（如釋字第 528 號、釋字第 531 號解釋）或稱為增進公共利益所必要（如釋字第 336 號解釋）為論據。而宣告法律違憲的案件，大多數指明其違反某特定條文，例如舊刑事訴訟法關於羈押權的規定，釋字第 392 號解釋認定其違反憲法第 8 條，又如釋字第 445 號解釋指集會遊行法違反憲法第 11 條的情形，有時在字面上直接以法律逾越第 23 條之必要性為判定其違憲之論斷。其實第 23 條的比例原則與個別的基本權條文，在違憲審查操作時，屬於並行的關係。試舉例說明：人民不服行政處分而提起行政爭訟時，原本稅捐稽徵法及海關緝私條例，均規定應繳交部分稅款或提供擔保始得提起救濟，這當然是對憲法第 16 條訴訟權所為的限制，所以既是屬於訴訟權的保障範圍，便應判斷其是否逾越必要程度，而形成過度禁止。釋字第 224 號及釋字第 439 號解釋宣告上述兩項法律相關條文違憲，雖都只引用憲法第 16 條而未提及憲法第 23 條，但理論上仍應認為是比例原則的運用。而釋字第 384 號解釋對檢肅流氓條例第 6 條、第 7 條授權警察機關得逕行強制人民到案，無須踐行必要之司法程序，同法第 12 條關於秘密證人制度，剝奪被移送裁定人與證人對質詰問之權利，同法第 21 條規定使受刑之宣告及執行者，無論有無特別預防之必要，有再受感訓處分而喪失身體自由之虞，縱有防止妨害他人自由，維護社會秩序之用意，亦均已逾越必要程度，為憲法所不許。則是明白引述憲法第 23 條規定作為審查的依據。對於審查結果是合憲的宣告，情形亦復如此，例如公職人員選舉罷免法第 109 條規定，選舉訴訟二審終結，不得提起再審之訴，顯然為一般訴訟事件所沒有的限

制，釋字第 442 號解釋認為：「符合選舉訴訟事件之特性，於憲法保障之人民訴訟權尚無侵害，且為增進公共利益所必要，與憲法第二十三條亦無牴觸」，理論的構成不外以充分的審級救濟是訴訟權保障範圍內的事項，若欲加以限制則應以比例原則作為衡量基準。

在大法官數百號解釋中，以憲法第 23 條作基準者，包括明示或默示可謂不勝枚舉；學術討論亦為數不少 **❼**。釋字第 452 號解釋認為民法關於夫妻住所之規定，「與憲法上平等及比例原則尚有未符」，便是一例，釋字第 476 號解釋則是早年對比例原則作學理上闡釋的案例：「國家刑罰權之實現，對於特定事項而以特別刑法規定特別之罪刑所為之規範，倘與憲法第二十三條所要求之目的正當性、手段必要性、限制妥當性符合，即無乖於比例原則。」而行政程序法第 7 條第 1 款之內容即為適當性原則，第 2 款、第 3 款分別相當於必要性及衡量性原則，可謂比例原則之法條化。然比例原則雖亦成為行政程序法中的一般法律原則，但並不影響其作為憲法上原則的位階。

㈡本質內容限制之禁止

本質內容 (Wesengehalt) 限制之禁止是出自德國基本法第 19 條第 2 項，其文字為：「在任何情形下，均不得對一項基本權侵犯其本質內容。」這項簡單的文字，迄未有法律將之具體化，聯邦憲法法院及其他聯邦法院

---

❼ 如陳淳文，比例原則，收於：台灣行政法學會主編，行政法爭議問題研究，上冊，五南出版，2000 年，頁 91 以下；許宗力，比例原則與法規違憲審查，收於：戰鬥的法律人——林山田教授退休祝賀論文集，元照出版，2004 年，頁 213 以下；湯德宗，違憲審查基準體系建構初探——階層式比例原則構想，收於：廖福特主編，憲法解釋之理論與實務，第六輯，中研院法律所出版，2009 年，頁 1 以下；林明鏘，比例原則之功能與危機，月旦法學雜誌，第 231 期，2014 年 8 月，頁 65 以下；黃舒芃，比例原則及其階層化操作——一個著眼於司法院釋憲實務發展趨勢的反思，中研院法學期刊，第 19 期，2016 年 9 月，頁 1 以下。

也迄未作明確的闡釋。簡單的詮釋就是防止基本權被立法者或立法者授權的行為所「空洞化」或「連根拔掉」。這樣一條涵義不甚清楚的條文，卻為許多國家包括西班牙、葡萄牙、土耳其、智利及南韓等國的憲法所模仿，奧地利及瑞士的憲法或基本法上並沒有本質內容的條文，但各該國的最高級法院仍常予引用⓵。

學理上通常又分為相對的本質內容說及絕對的本質內容說，相對說是指是否侵犯基本權的本質內容，須就個案衡量公益與私益孰重而判斷，因此相對的本質內容說相當於比例原則。絕對說不把本質內容視為一項客觀上衡量的準則，而是堅持個人基本權中「某些」不能觸碰的部分，與「本質核心」、「核心範圍」、「最低度內容」、「根本實質」等用語非常接近，但又不完全相同⓷。例如判處死刑、執行無期徒刑、精神病患永久監禁等，學者常作為與絕對說不符的舉例⓸。實際上，將本質內容的禁止，與比例原則一視同仁的見解，較為一般所接受。

前面說過，本質內容理論在奧國憲法審判實務上，常加引用。奧國的主要人權條款是 19 世紀中葉所制定的國家基本法，內容較為陳舊。克爾生主張設立憲法法院作為監督立法機關的機制，雖然獲得實現，但也因為克爾生領導的維也納學派所代表的實證主義思想，長久以來即支配奧國的法界，因此在違憲審查方面表現相當保守。在第二次世界大戰以前，該國憲法法院專注於形式的法律保留，即國家基本法規定應以法律限制基本權者，只要符合這個條件便認為合憲，至於法律的內容則不予審查。例如 1928 年

⓵　P. Häberle, Die Wesensgehaltgarantie des Art. 19 Abs. 2 Grundgesetz, 3. Aufl., 1983, S. 279ff.; ders. AöR 11 (1989) , 375, 390，關於奧地利、瑞士兩國分別參照 M. Stelzer, Das Wesengehaltsargument und der Grundsatz der Verhältnismässigkeit, 1991, S. 21, 104ff.; 127ff.; J. P. Müller, Elemente einer schweizerischen Grundrechtstheorie, 1992, S. 141ff.

⓷　Pieroth/Schlink, aaO., Rn. 300.

⓸　Dreier u. a., aaO., Art. 19 III, Rn. 12.

一件有關土地徵收的案件，憲法法院的判決說：徵收在憲法上應基於公共福祉為之，但決定公共福祉是立法者的任務，非屬司法所能掌握的概念(VfSg 1123/1928)⑰。自上世紀下半葉後情形則大為改觀，受到德國的影響與履行歐洲人權公約的義務，以及學者的批判，奧國憲法法院遂改弦更張，自 1956 年開始即不斷以本質內容的禁止，作為審查法律有無違反基本權的準則，可說從形式的法律保留到實質的法律保留⑯。宣告違憲的事件增多，對這一發展，學者甚至說：「法律所表達的政治意願，不再是一切事物的標準，而以憲法法院為準，已不能同日而語」⑰。由此可見，本質內容此項概念在奧國違憲審查上的實用性，不亞於意義相互重疊的比例原則。

使用本質內容的概念，以維護人民的基本權利，在大法官解釋中幾未發現。不過，並不影響違憲審查所能運用的衡量「工具」，因為本質內容的相對理論，即相當於比例原則。釋字第 550 號解釋首次使用了本質內容的名詞，其解釋理由書第 2 段稱：「地方自治團體受憲法制度保障，其施政所需之經費負擔乃涉及財政自主權之事項，固有法律保留原則之適用，於不侵害其自主權核心領域之限度內，基於國家整體施政需要，中央依據法律使地方分擔保險費之補助，尚非憲法所不許。前述所謂核心領域之侵害，指不得侵害地方自治團體自主權之本質內容，致地方自治團體之制度保障虛有化。」這段文字將本質內容與核心領域相連結。如果接受學理上的通說，並藉此機會將有關地方自治的各號解釋，作體系性的分析，可獲致下述結論：省縣（市）地方自治團體受憲法制度性保障，除非以修改憲法方式，否則不能剝奪其自主組織權及公法人之地位（釋字第 467 號解釋），具有地方自治團體地位者，在憲法及法律保障範圍內，享有獨立及自主之地

---

⑰　Zitiert nach Stelzer, aaO., S. 3.

⑯　VfSlg 10597/1985, 10904/1986, 12151/1989, vgl. auch Karl Korinek, Grundrechte und Verfassungsgerichtsbarkeit, 2000, S. 56.

⑰　奧國學者 Richard Novak 的話，引自 Korinek, aaO., S. 54.

位，國家機關自應予以尊重（釋字第 498 號解釋）。自主權包括組織自主權（即自主組織權或組織高權）、財政自主權（即財政高權）及其他（例如辦理自治事項優先順序的決定權），自主組織權亦得由中央制定法律加以規範，故對地方自治團體及其所屬機關之組織，中央得擬訂準則作為地方政府組織之準據（釋字第 527 號解釋文第 1 段）。同理，財政自主權在國家整體施政之需要，不侵害其核心領域限制內，亦得由法律加以必要之限制，惟涉及增加地方經費負擔時，在法律制定過程中，應予地方政府充分參與之機會，這是釋字第 550 號解釋的要旨。在本號解釋中，同時宣示地方自治團體與國家間的權利義務關係，也有法律保留原則的適用，其法理基礎，不外某種程度上，地方自治團體比照個人的地位，而受憲法保障。至於解釋中將本質內容與核心領域相連結合，依前述德國學者通說，預防基本權被「掏空」（即虛有化），而必須有最低度的保障即核心領域，相當於絕對的本質內容理論。但在與人權毫無關聯的水平權力分立面向，大法官竟也援用本質內容概念，如釋字第 585 號解釋提出行政機密權係屬**行政權本質所具有之行政特權**，立法調查權不能違反權力分立與制衡原則，亦不得侵害其他憲法機關之**權力核心範圍**，或對其他憲法機關權力之行使造成實質妨礙；釋字第 613 號解釋亦重申權力核心領域的概念。

國際人權法也有絕對不得被觸碰之核心人權領域的想法，在此領域內不論任何人，也不論是在任何時空或情境之下，這些核心人權皆不得遭受任何限制，更遑論剝奪。歐洲人權公約列出五項核心人權，包括⑴生命權（第 2 條）、⑵不受酷刑或不人道之處遇（第 3 條）、⑶不被置於奴隸境地或強迫勞動（第 4 條）、⑷刑罰不得溯及既往（第 7 條）及⑸刑事處罰不得一事二罰（公約第 7 議定書第 4 條）等五項。公民與政治權利國際公約則列出七項核心人權，除了前述一到四項外，另增⑴人人皆具有法律人格之權利（第 16 條）、⑵思想、信念及宗教自由（第 18 條）及⑶不得因契約義務無法履行而被監禁（第 11 條）等三項。整合此二人權公約之內容，則共

有八項核心人權是屬國家絕對不得觸碰的人權領域，即使是在例外狀態下亦然。也正是因為有此核心人權的想法，歐洲聯盟等西方國家對於諸如死刑、不人道處遇及強制勞動等國家措施，格外不能接受。

(三)明確性原則

明確性原則可以從法治國原則中導出，而無須以憲法條文特別規定為依據。因為國會制定的法律內容必須明確，人民才能夠從法律規定中預見在社會生活中何種行為為法律所不允許？其違反的效果為何？法律如屬授權行政機關為各項行政行為（包括發布法規命令或作成行政處分等），尤應具體明確，以維持立法權與行政權的分際，若許可立法機關放棄本身的職責，將立法權授予行政機關，將嚴重違背權力分立的憲法基本原則。換言之，明確性原則包含「法律明確性原則」與「授權明確性原則」等兩部分：前者是指法令規定的本身應清楚明白及確定；後者則指授權行為本身必須明確。就法令本身應清楚明確而言，關乎人民能否「理解」及「預知」國家公權力行為，尤其涉及處罰或其他不利益處分時，更應嚴格要求明確性。例如會計師「有不正當行為或違反或廢弛其業務上應盡之義務」（釋字第432號解釋），醫師於業務上有「違法或不正當行為」（釋字第545號解釋），教師有「行為不檢有損師道」之行為（釋字第702號解釋），或原住民「自製之獵槍」（釋字第803號解釋）其明確性皆曾被挑戰。大法官的典型回應方式為：「法律明確性之要求，非僅指法律文義具體詳盡之體例而言，立法者於立法定制時，仍得衡酌法律所規範生活事實之複雜性及適用於個案之妥當性，從立法上適當運用不確定法律概念而為相應之規定。依本院歷來解釋，如法律規定之意義，自法條文義、立法目的與法體系整體關聯性觀之，非難以理解，個案事實是否屬於法律所欲規範之對象，為一般受規範者所得預見，並得經由司法審查加以確認，即無違反法律明確性原則」（釋字第767號解釋理由書第4段）**178**。

---

178 釋字第767號解釋處理藥害救濟法第13條第9款「常見且可預期之藥物不良

　　若涉及拘束人民身體自由而與刑罰無異之法律規定，其法定要件是否符合法律明確性原則，自應受較為嚴格之審查（釋字第 777 號解釋理由書第 8 段）**⑲**。釋字第 799 號解釋認為強制治療雖拘束人身自由，但與刑罰

反應」是否明確之問題，大法官認為：「常見」、「可預期」之意義，依一般人民日常生活及語言經驗，尚非難以理解。且「常見」之判斷，於醫療實務上已累積諸多案例可供參考，其意義於個案中並非不能經由適當組成之機構依其專業知識加以認定及判斷，且最終可由司法審查予以確認，與法律明確性原則尚無不合。然本案原因案件當事人原是健康年輕人，因罹患惡性淋巴瘤送醫，後因化療而感染全球僅八例、極為「罕見」的瀰漫性非結核分枝桿菌，在加護病房昏迷不醒之際，醫師使用含有 Amikacin 成分的抗生素「愛黴素」(Amikin) 治療後，雖救回一命，但其副作用造成永久性失聰及中度肢障。儘管其為唯一嚴重藥害案例，但藥害救濟基金會認為文獻上該藥耳毒性發生率大於百分之一，是屬「常見、可預期」的，否決其藥害救濟申請。而台北高等行政法院民國 100 年判決當事人勝訴並指出：「台大醫院自 2001 年迄今，有四千多人使用 Amikacin，收到相關之耳毒性通報僅有兩件；台北榮民總醫院迄今則未接獲使用 Amikacin 發生耳毒性不良反應之通報。可知以國內兩大教學醫院龍頭台大醫院及台北榮民總醫院針對國人之普遍性臨床經驗顯示，國人使用 Amikacin 發生耳毒性不良反應之發生率分別僅有 0.05% 和 0。」詹森林大法官在其不同意見書謂：「本號解釋所審查之系爭規定，乃高度醫藥專業領域之規範，然其所規範之對象卻是通常不具該領域專業知識之病人；即令病人本身為醫師或藥劑師，恐怕亦非當然可以理解在特定情況下之『常見且可預期之藥物不良反應』，究何所指。因此，本席認為，本號解釋縱使不採取嚴格的明確性審查，亦無放寬審查之理。質言之，一項規範若越符合社會通念，受規範者就越能預見該規範之內容，此際或許無妨在規範之明確性要求上從寬審查。反之，倘規範領域之認知理解離社會通念越遠，則受規範者越難預見，從而對該規範之明確性要求，即有越需嚴格審查之必要。況且，多數意見既認系爭規定與憲法保障之生存權及健康權有關，則更無放寬審查之理。」

⑲ 在此號解釋中，刑法第 185 條之 4 規定：「駕駛動力交通工具肇事，致人死傷而逃逸者，處六月以上五年以下有期徒刑。」其中非因駕駛人故意或過失所致

本質不同，且事涉醫療專業，應適用中度審查標準。在此中度標準下，「再犯之危險」，以及必須到達何種程度或處於何種狀態，始為「再犯危險顯著降低」，固應依性犯罪之原因，個案判斷，然非不能經由專家依其專業知識及社會通念加以認定及判斷，並可由司法審查予以確認，尚無不明確之情形（本院釋字第 545 號解釋參照）。

　　至於授權明確部分，主要係涉及權力分立問題。我國在國民政府時期制定的某些法律，如國家總動員法、非常時期農礦工商管理條例，就有許多「空白授權」規定：只需政府認為必要時，就有權採取主管機關自認適當的措施。不過當時並沒有建立符合民主憲政的權力分立制度，因為立法機關非民選產生，不具民主正當性，難以現今的觀點衡量。在德國威瑪憲法破毀之後，也有同樣情形，為免重蹈覆轍，戰後基本法第 80 條第 1 項規定：「法律得授權聯邦政府、聯邦部長或各邦政府發布法規命令。為此，應在法律中規定授權之內容、目的及範圍。命令並應定明其法律基礎。如法律規定授權得再予委任，再授權發布者亦應以法規命令為之。」關於明確性原則的審查，聯邦憲法法院採取不同的密度，頗為複雜，難予盡述❿。

　　事故是否屬「肇事」？大法官認為此非一般人所能理解或預見，故宣告其違反法律明確性原則。其他採嚴格審查明確性原則之案例如釋字第 636 號或第 690 號解釋。

❿ 學者分析德國聯邦憲法法院對授權明確性原則的審查態度，可發現立法者應遵守二點：一稱為方針規則 (Programmformel)：法律應明白指出其目的及法規命令所得規制的界限；二稱為預見性規則 (Vorhersehbarkeitsformel)：應使人民能預見根據法律授權，主管機關發布何種內容的命令。至於判斷是否符合授權明確，當然適用一般的法律解釋原則，而不是拘泥於特定法條的文字。不過多位學者（如 Ossenbühl, Bryde Mü 等）也指出德國聯邦憲法法院對明確性要求，有寬鬆的趨勢。雖然如此，跟我國比較，還是嚴格甚多。至於具體案例方面，明確性要求也可能因個案情形而有不同，對刑罰法律的要求較嚴；對學校校規的授權明確性，當然較為寬鬆；對法律所規制的事實關係經常變遷者，同樣以

　　大法官以是否符合明確性作為審查法規合憲性的判準，是從釋字第313號解釋開始，此號解釋文中有一段關於明確性原則的釋示，是往後諸多解釋所引用的「範本」：「對人民違反行政法上義務之行為科處罰鍰，涉及人民權利之限制，其處罰之構成要件及數額，應由法律定之。若法律就其構成要件，授權以命令為補充規定者，授權之內容及範圍應具體明確，然後據以發布命令，始符憲法第二十三條以法律限制人民權利之意旨。」而可作為符合授權明確性所要求的目的特定、內容具體及範圍明確之「模範」事例，當推釋字第345號解釋。另，同樣是涉及全民健康保險法之相關事項，釋字第753號解釋認為不違反授權明確，而111年憲判字第13號及111年憲判字第19號判決則皆被判定違反授權明確；三者可以比對參照。綜合相關解釋，大法官對法規是否符合明確性的審查密度，可以作如下的區分：

　　1.涉及刑罰構成要件的規定，對符合明確性原則採嚴格要求，如釋字第522號解釋。

　　2.涉及行政罰（秩序罰）構成要件的規定，對明確性原則的遵守採中度要求：釋字第432號解釋或釋字第521號解釋。

　　3.涉及國家安全或主管機關專業考量之事項，對明確性原則採低度要求，如釋字第497號解釋屬國安事項，釋字第538號解釋則屬於所謂主管機關專業考量之事項**❶❽❶**。

　　較寬的尺度，使行政命令能適應各種變化。以上參照 Jarass/Pieroth, GG Kommentar, 2. Aufl., 1992, Art. 80 Rn. 11ff.

❶❽❶ 實則依大法官先前多號解釋（如釋字第344號、釋字第367號、釋字第443號等解釋），雖無法律明確授權主管機關亦得就技術性及細節性之次要事項，發布執行法律之職權命令，故本件實際上是上開規則就營造業分級登記並限制其承攬工程，是否已涉及人民權利之重要事項，而由法律自行規定或應有明確授權之問題，釋字第538號解釋整體云云，有避重就輕之嫌。

最後，明確性原則與比例原則一樣，已規定於行政程序法第 5 條。

㈣其他事項

德國基本法第 19 條第 1 項還有對限制基本權的法律定有兩種制約：1.不得制定個別性法律 (Einzelfallgesetz)：所謂個別性法律指相同的事實關係為數甚多，而立法者卻恣意的選擇其中一件加以規範之謂，換言之，國會特意為某一單獨事件制定法律，這種法律違背權力分立和平等原則，應屬無效。如制定時雖是針對個案，但施行後相同的事實關係將一體適用者，不視為違憲。至於措施性法律（(Massnahmegesetz)，見釋字第 391 號及釋字第 520 號解釋），則是指實質內容為行政行為，而以法律的形式公布，聯邦憲法法院認為並不當然違憲 ❿。 2.法律應明定其所欲限制的基本權：這項要求也見諸德國基本法第 19 條第 1 項，一般稱為指明要求 (Zitiergebot)，規範目的在於確定立法者作為限制對象的基本權，因而國會在制定法律時應預估其對基本權限制的各種效應。但指明要求，並不具重要意義，一般視之為訓示規定 ❿。

六、基本權競合與衝突

基本權競合 (Grundrechtskonkurrenz) 指某種公權力措施，是否侵害基本權，有不同的基本權條款可作為衡量 ❿。以人身自由為例，若在承平時期，非現役軍人竟遭移送軍法機關審問處罰，則可能發生的競合情形如下：憲法第 8 條由法院依正當法律程序審問的規定，憲法第 9 條不受軍法審判之自由以及憲法第 16 條訴訟權的保障。從基本權主體的立場而言，基本權競合即一個侵害行為有兩個以上憲法條文的保障規定可以主張。

---

❿　Vgl. Jarass/Pieroth, aaO., Art. 19 Rn. 1. 另請參閱下文平等權中有關黨派平等與釋字第 793 號解釋的討論。

❿　Vgl. Richter u. a., aaO., S. 20.

❿　Richter, u. a., aaO., S. 53.

　　基本權競合又可分為不真正的競合（也稱為法律競合 (Gesetzeskonkurrenz)），及真正的競合（又稱為想像競合 (Idealkonkurrenz)）。前者指基本權條款中有屬於普通規定與特別規定之分者，例如德國基本法第 2 條第 1 項關於人格自由發展的規定，屬於一般補充規定的性質，與其他基本權條文「競合」時，自應先適用或先主張各該條文。後者指一項憲法上的法益同時屬於數個基本權的保障範圍，例如進入住宅扣押財產，在我國便產生憲法第 10 條居住自由及憲法第 15 條財產權保障的競合，基本權主體理論上都可據以主張其憲法上權利受侵害。再以前述人身自由為例，憲法第 16 條是就一般訴訟權而設的保障，憲法第 8 條則是專為人身自由的保障加以規定，基本權主體自應優先主張第 8 條，違憲審查機關也應以第 8 條及第 9 條作為判斷基準，蓋其間有普通規定與特別規定的關係，屬於非真正的基本權競合的一種。在真正競合的情形，若多項憲法保障的強度皆不相同，則必須以保障強度最高的規定為準，在最高度的保障下，仍有採取限制基本權措施的餘地，才具有正當性❶❽❺。

　　基本權衝突 (Kollisionen der Grundrechte) 是指因自由權自然的行使而引起的衝突而言。換言之，因基本權的行使發生與他人自由權或憲法法益相牴觸的情形。所謂與他人自由權相牴觸，譬如自由發表評論，攻訐他人創作（包括圖書、影片等）並要求公眾加以抵制（也涉及基本權第三人效力的問題），所謂與其他憲法法益衝突，譬如因宗教信仰而拒絕當兵，自與防衛國家的憲法法益不符；又如因發表言論毫無限制，而可能危及國家安全之保密等情形。德國通說認為基本權與第三人基本權衝突，或與憲法上所保障的其他法益相對立時，其解決不外以合乎比例原則的方式，求相互的調和，就個案加以衡量❶❽❻。

---

❶❽❺　Vgl. Pieroth/Schlink, aaO., Rn. 318.

❶❽❻　Vgl. Hesse, aaO., Rn. 319; auch BVerfGE 81, 278, 292f.

七、侵害基本權的救濟

　　基本權遭受侵害的救濟途徑，屬於憲法訴訟的範疇，將在本書第四編再予敘述。

第二章　平等權及自由權

●第一節　平等權

一、平等權的功能

憲法第 7 條：「中華民國人民，無分男女、宗教、種族、階級、黨派，在法律上一律平等。」應認為具有「籠罩作用」，其效力貫穿第 2 章所有的條文，這並不是因為本條置於第 2 章之首，成為古典公民及政治權利的第 1 項，而是平等權的性質使然。因為從憲法第 8 條的人身自由直到憲法第 21 條的受教育的權利與義務，其前提都必須平等的對待，禁止不合理的差別待遇，否則保障基本權的意義盡失。換言之，所謂「平等權」其實並無具體的權利內涵，而是貫穿適用於所有權利保護領域，因而平等權不會被單獨適用，一定會伴隨其他權利條款。故國際上多使用「平等原則」或「禁止歧視原則」（如歐洲人權公約第 14 條）來表述對平等的要求。在未對平等權的概念、特性及保障範圍進一步分析之前，要特別強調兩點：

㈠平等權的政治作用

平等權是現代民主政體合法性的前提要件，18、19 世紀立憲主義建立之初，政權由地主、市民階級、貴族所共享，有人以英國為例，起初只有總人口百分之五有相當資產的人才有參政權。這種資產階級的政治制度，遂遭到馬克思主義者的極力反對，於是主張「無產階級及其先鋒隊（共產黨）」可以實行專政，用我們習慣的言語講，就是無產階級在法律上享有特殊優越的地位，作為對「資產階級統治」的替代物。當然，到了 20 世紀以後選舉普及，凡是成年的男女都具有投票權，在形式上已不能指責歐美國家仍然是資本家的政府，但是，馬克思列寧主義者仍然堅持其專政的立場不變。民主政治的基本精神就是要承認國民具有同質性，每個人的意見都

具有同等價值，然後才可以建立多數決的機制，作為決定公共政策的正當程序。反之，如果承認某些人的意見具有較高的價值，甚至賦予少數人以否決權，便無多數決之可言。在選舉制度上採「一人一票，每票等值」，便是基於這種理念。這種基於平等原則而取決多數的政體，正足以防阻階級統治。憲法第 7 條的政治效用，就在於此。

(二)正義原則的體現

正義原則是一切法律秩序的基礎，追求正義也是人類自古以來追求的目標。因此之故，從畢達格拉斯 (Pythagoras) 所主張正義就是某數的自乘（即平方）❶，中經柏拉圖與亞里斯多德將正義區分為交換正義與分配正義，並且不認為正義可以自然的形成，而是國家（城邦）的事務。所謂交換正義即算術正義 (arithmetische Gerechtigkeit)，法官審判民刑事案件要公平對待每一個人，把不正的事予以清除，便屬於算術正義；分配正義又稱為幾何正義 (geometrische Gerechtigkeit)，也就是每個人得到其應得到者，應得多少就得多少，但是亞里斯多德並不反對不平等的存在，他認為這是一個英明的統治者應處理的事，不是單純理性所能解決❷。直到當代，思想家還在尋找正義的法則。羅爾斯 (John Rawls, 1921–2002) 從正義即公平 (justice as fairness) 出發的正義兩原則便是著名的例子❸：

---

❶　畢氏定理的發現者 Pythagoras，約在西元前 582 年出生，早過柏拉圖 (427 B. C.) 及亞里斯多德 (384 B. C.) 一個世紀到兩個世紀，畢氏是世界最早的數量學派，欲以數學解釋各種現象，他的宇宙觀是幾何式的均衡秩序。對正義的觀念也可用數字來表達，某數自乘 $(a \times a = a^2)$ 代表正義，實際上是回報的思維：它原來是什麼就再給它什麼，以解決判斷回報的困難，參照 A. Verdross-Drossberg, Grundlinien der Antiken Rechts- und Staatsphilosophie, 1948, S. 26ff.

❷　Vgl. Verdross-Drossberg, aaO., S. 46.

❸　J. Rawls, A Theory of Justice, 1971, pp. 302–303，中文論述參考張福建，羅爾斯的差異原則及其容許不平等的可能程度，收於：戴華等編，正義及其相關問

第一項原則：每一個人都有平等的權利：在相當完備的體系中，享有各種平等的基本自由權，而且與他人在同一體系所享有的自由權並行不悖（自由權平等原則）。

第二項原則：社會及經濟的不平等必須滿足下列條件：

⑴各種職位及地位必須在公平的機會均等條件下，對所有的人開放(機會均等原則)。

⑵使社會中處境最不利的成員獲得最大的利益（差異原則）。

哲學家戮力於正義問題的解決，反映了人類追求合乎公平與正義生活的願望。國家作為最高型態的政治社會，實現公平與正義可謂責無旁貸。羅爾斯假設初原情境（或譯原初立場 (original position)）中，參與議定「遊戲規則」者，在無知之幕 (veil of ignorance) 下，以不斷之思索進行反思的均衡 (reflective equilibrium)，達成協議而建立正義兩原則，羅氏顯然是得自北美十三州制憲過程的啟發❹。其實如何實現正義原則，在憲法制定後才是真正面臨的課題。亞里斯多德及羅爾斯的正義類別中，都涵蓋了平等權的兩大類型：法律上形式的平等及有別於形式平等的實質平等，而畢氏的平方數正義原則，無非是依事物原來的數量，繼續維持其差距，這仍然是今天還承認的一種合乎「事物本質」的不平等現象。我國憲法裡表現追求社會正義的規定，固不限於憲法第 7 條，像基本國策一章及增修條文中，即有頗為近似「差異原則」的設計，惟仍以憲法第 7 條與正義最為直接相關。

題，中研院社科所出版，1991 年，頁 281 以下；施俊吉，論羅爾斯的差異原則，收於：戴華等編，正義及其相關問題，中研院社科所出版，1991 年，頁305。

❹　J. Rawls, A Theory of Justice, 1971, pp. 302–303，中文論述參考張福建，羅爾斯的差異原則及其容許不平等的可能程度，收於：戴華等編，正義及其相關問題，中研院社科所出版，1991 年，頁 281 以下；施俊吉，論羅爾斯的差異原則，收於：戴華等編，正義及其相關問題，中研院社科所出版，1991 年，頁305。

二、平等權的保障範圍

憲法第 7 條一開始即特別冠上中華民國人民為第 2 章其他各條所無，並不表示平等權是國民的權利，外國人不得享有。因為凡人生而平等已是普世接受的價值，不可能視外國人為次等人民，不過在國際法上，尤其是商業行為方面，還是有國民待遇與外國人待遇之分，在某些性質特別的權利上，若存在外國人與本國人不同的待遇，也不能指為違反本條意旨。

至於所謂法律上平等，若依文義，解釋為法律之前人人平等，僅意指「適用法律之平等」，將盡失平等的真諦，故應根據平等權的思想史源流及憲法的體系，解釋為也包括「制定法律之平等」。質言之，立法者亦受憲法第 7 條平等條款的拘束，沒有正當理由不得在法律上差別的對待，即對部分人民給予特權或優待，或對另一部分人民構成歧視或不利益。有無正當理由，除憲法明文許可的差別待遇外，例如各種選舉對婦女當選名額的保障（憲法第 134 條、增修條文第 4 條第 2 項），勞工、農民、婦幼之從事勞動者給予特別保護（憲法第 153 條），婦女、身心障礙者、原住民及金馬地區人民之特別照顧（憲法增修條文第 10 條）等，其他譬如法律規定，公務人員因工作性質及職責輕重給予不同之薪資、退休年金在符合比例原則的前提下，並不違反法律上之平等。關於無正當理由造成的立法上不平等，無論是立法者故意或疏忽，都為平等條款所不容，實際上也曾發生，釋字第 477 號解釋文第 2 段稱：「戒嚴時期人民受損權利回復條例第六條適用對象，以『受無罪之判決確定前曾受羈押或刑之執行者』為限，未能包括不起訴處分確定前或後、經治安機關逮捕以罪嫌不足逕行釋放前、無罪判決確定後、有罪判決（包括感化、感訓處分）執行完畢後，受羈押或未經依法釋放之人民，係對權利遭受同等損害，應享有回復利益者，漏未規定，顯屬立法上之重大瑕疵，若仍適用該條例上開規定，僅對受無罪判決確定前喪失人身自由者予以賠償，反足以形成人民在法律上之不平等，就此而

言，自與憲法第七條有所牴觸。」這是立法不周延（立法怠惰）所產生的不平等案例，釋字第 477 號解釋也開創先例，逕以解釋來補救❺。至於行政部門執行法律或司法機關依法審判，於法律並無差別規定時，必須平等適用於所有規範對象，行政機關不得以行政行為創設法律所沒有的不平等情事，法院尤其不可違法而對當事人作不公平的裁判。

又憲法第 7 條列出無分男女、宗教、種族、階級、黨派共五種作為排除差別待遇的項目。在解釋上應認為純屬舉例的性質，只是由於根據以往的經驗，這五種最容易造成不平等，但絕不限於此，故如地域（省籍）、職業、美醜等，都不得成為法律上不平等之根源❻。不過在進行違憲審查時，針對此五種憲法明文禁止歧視的分類，應採嚴格審查❼；同樣的，若是涉

---

❺　又如刑事訴訟法第 420 條第 1 項第 6 款得提出再審之規定，112 年憲判字第 2 號判決謂：「刑事實體法有關『免除其刑』、『減輕或免除其刑』之法律規定，法院客觀上均有依法應諭知免刑判決之可能，有其相同性，基於對相同事物，如無正當理由，即應同享有憲法第 7 條平等權之保障而應為相同之處理，是以系爭規定所稱『應受……免刑』之依據，除『免除其刑』之法律規定外，亦應包括『減輕或免除其刑』之法律規定在內，始與憲法第 7 條保障平等權之意旨無違，而維護人民之權利。」（理由書第 30 段）

❻　釋字第 748 號解釋理由書第 14 段指出：「本條（憲法第七條）明文揭示之五種禁止歧視事由，僅係例示，而非窮盡列舉。是如以其他事由，如身心障礙、性傾向等為分類標準，所為之差別待遇，亦屬本條平等權規範之範圍。」事實上，基於社會生活、風俗文化與科技文明之改變，容易歧視之項目的確可能有所變化。以 2007 年 12 月 12 日通過的歐盟基本權利憲章第 21 條為例，其特別列舉之禁止歧視項目包括性別、種族、膚色、所屬族裔或社會階級、基因特徵、語言、宗教或信念、政治意見或其他立場、少數族群、財產、出生、身心障礙、年齡或性傾向等。

❼　例如 111 年憲判字第 4 號判決有關原住民與非原住民結婚所生子女之原住民身分案，該判決指出：此項（即取得原住民身分）差別待遇係對具原住民血統者，以其父、母是否具原住民身分為分類，就父母僅有一方為原住民者，附加

及人力所不得控制之生理狀態、弱勢之結構性地位與長期歧視效應者，亦應採嚴格審查❽；而對於其他可能的歧視分類，通常涉及社會或經濟性事務，則可容許寬鬆的合理審查基準❾。但是若所涉領域係屬核心人權事項，

　姓名之要求。**此項分類係屬種族或族群分類**，且其差別待遇涉及原住民身分認同權之重要基本權利，應適用**嚴格審查標準。即其目的須為特別重要公益，其手段須絕對必要且無可替代。**

❽　不過釋字第 748 號解釋雖指出人力不能改變之生理狀態（性傾向）、不易改變之弱勢結構、長期社會歧視效應與婚姻自由係屬重要基本權等四項審查判準，但最後卻僅採中度審查標準（即較嚴格審查標準）。釋字第 807 號解釋有關勞動基準法限制婦女夜間工作之規定被判定為違反性別平等保障，其亦屬以性別作為分類基準而形成差別待遇，且因性別係難以改變之個人特徵、歷史性或系統性之刻板印象等可疑分類，但亦採中度標準從嚴審查。同樣的審查標準也見於 112 年憲判字第 1 號有關祭祀公業派下員資格案。

❾　例如釋字第 571 號解釋所涉及之內政部令函，其以「是否有實際居住於受災房屋之事實」作為慰助金發放與否之區別基準，此歧視分類非憲法第 7 條所列之範疇，故可採寬鬆合理審查。不過該號解釋理由書則以救災必須考慮財政能力、資源運用效率及災害具體情況等多重因素為由，賦予國家「享有較大之裁量空間」。對於禁止擁有外國國籍者任職於我國公立醫院的規定，釋字第 768 號解釋理由書第 14 段謂：「國家就兼具外國國籍者是否適任公務人員，以及適任何種類公務人員，應享有較大裁量空間。況以職業別為基礎所為之分類，並未涉及可疑分類，應採寬鬆審查。故國家以特定職業別為分類標準，僅允許兼具外國國籍者擔任教育人員及公營事業人員，而未及於公立醫療機構以公務人員身分任用之醫師，該差別待遇之目的如係為追求合法公益，且所採手段與目的之達成間具合理關聯，即與平等原則無違。」另外，單純納稅義務的案件，大法官多採寬鬆審查（低標），亦即只要目的正當，且分類與目的之達成具有合理關聯，即不違反平等原則；如釋字第 745 號與 779 號解釋。但在賦稅公平之外，若尚涉及其他重要事項，如涉及具制度性保障地位之婚姻制度（釋字第 696 號解釋）或是涉及生存權，即有關老弱殘疾人民之長期醫療照護（釋字第 701 號解釋），則又採較為嚴格之審查（即中度審查）。

則應採中度審查❿。此外，平等權的適用對象除少許例外，也包括外國人，條文稱人民當然兼指自然人及法人。而本條的保障範圍則指立法、行政及司法機關的法律上及事實上的行為而言。

三、實質平等

「形式平等」與「實質平等」是最常見的兩種平等類型：形式平等的通常理解就是等者等之，不等則不等之；也就是相同的情況，相同的對待；不同的情況，不同的對待。至於實質平等，則意指透過採取積極手段去矯正或消除先天、歷史文化或社會結構等所造成的不平等。換言之，形式平等接近絕對、機械性的平等，不容許任何差別待遇；而實質平等則是容許採取促進平等之差別待遇措施，如憲法增修條文第 10 條第 6 項要求國家應促進兩性地位之實質平等，其乃以特定之平等價值或分配正義之理念為基礎⓫。從實務的角度來看，形式平等比較像是空洞的公式，容易淪為各說各話；但實質平等亦不容易操作，因為要認清誰是弱勢者？是否存在造成不平等的既定結構？以及有否必要採取積極措施？所採措施是否有效等，

---

❿　如釋字第 801 號解釋理由書第 4 段謂：「基於憲法第 7 條規定之平等原則，立法者對相同事物，應為相同對待，不同事物則為不同對待；如對相同事物，為無正當理由之差別待遇，或對不同事物為相同之待遇，皆與憲法第 7 條之平等原則有違（本院釋字第 666 號、第 687 號及第 793 號解釋參照）。法規範是否符合平等原則之要求，其判斷應取決於該法規範所以為差別待遇之目的是否合憲，其所採取之分類與規範目的之達成間，是否存有一定程度之關聯而定。**因羈押涉及人身自由之重大限制**，立法者就羈押日數能否算入假釋之已執行期間，如有差別待遇，**應採中度標準予以審查**，其目的須為追求重要之公共利益，且所採差別待遇之手段與目的之達成間須具有實質關聯，始與憲法平等原則無違。」

⓫　有關形式平等與實質平等的討論，請參見釋字第 571 號解釋林子儀大法官之協同意見書，特別是其註 6 部分。

皆不是容易回答的問題。在實務上，因採取積極措施而形成的差別待遇要被認定為合憲，也就是要被認定為不構成歧視，其目的必須正當，且須建構在合理客觀的分類基準之上，並有助於消除或減緩已存在之不平等事實。

大法官解釋中涉及實質平等者甚多，釋字第 696 號解釋理由書第 1 段綜合之前的各號解釋，對實質平等有定義性的闡釋：「憲法第七條所揭示之平等原則非指絕對、機械之形式上平等，而係保障人民在法律上地位之實質平等，要求本質上相同之事物應為相同之處理，不得恣意為無正當理由之差別待遇（所引諸多解釋案號從略）。法規範是否符合平等權保護之要求，其判斷應取決於該法規範所以為差別待遇之目的是否合憲，其所採取之分類與規範目的之達成之間，是否存有一定程度之關聯性而定（參照之相關案號從略）。」

由於實質平等不易操作，若以引發解釋的個案衡量，則未必每件解釋皆無推求餘地❷。又解釋中亦區分適用法規之平等與訂定法規之平等，在

---

❷　例如釋字第 205 號解釋只作「未盡妥恰」的輕微非難，頗有值得商榷之處。蓋考試分發任用竟不以考試成績優劣順序為準，這種不平等的安排，似無正當性可言。又如 98 年的所得稅法第 114 條之 2 第 1 項第 1 款之規定，其未區分營利事業是否全數為境外股東，於營利事業所記載可扣抵稅額帳戶金額與應報列金額不符時，一律要求營利事業補繳差額，被 112 年憲判字第 10 號判決認定為：其所採分類標準顯然涵蓋過廣，係對不同之事物為相同之處理而未為合理之差別待遇，牴觸憲法第 7 條平等權之保障（理由書第 27 段參照）。然而，「本國籍公司」與「本國籍股東」是兩個不同的概念。係爭規範乃以「本國籍公司」為規範對象，不問該公司個別股東之國籍為何。但前引判決卻稱係爭規範未區分「全數為外國籍股東之公司」與「全部與部分為本國籍股東之公司」而一律為相同對待，故違反平等原則。事實上，股權本可轉讓變動，故公司之股東組成變動不拘；且「本國股東」與「外國股東」本屬不同情況，自可不同對待。係爭規範致令外國股東亦須補繳不存在之超額分配差額，即是一種「不同對待」。但問題不在「不同對待」，而是要問「不同對待」是否過苛。參見本判決蔡明誠大法官之不同意見書。

論理上有其優點，值得注意❸。

四、性別平等

　　兩性平等為近世之潮流，憲法除在憲法第 7 條有所規定外，增修條文第 10 條第 6 項強調國家應消除性別歧視，促進兩性地位之實質平等。涉及平等權的釋憲案件之中，以性別平等者占大宗。首先是釋字第 365 號解釋針對舊民法第 1089 條，關於父母對於未成年子女權利之行使意思不一致時，由父行使之規定部分，認定其違憲。這號解釋理由書中的一段文辭，成為大法官往後處理同類案件引據的理由：「由一男一女成立之婚姻關係，以及因婚姻而產生父母子女共同生活之家庭，亦有上述憲法規定（指憲法第 7 條及增修條文第 9 條第 5 項）之適用。因性別而為之差別規定僅於特殊例外之情形，方為憲法之所許，而此種特殊例外之情形，必須基於男女生理上之差異或因此差異所生之社會生活功能角色上之不同，始足相當❹。」釋字第 490 號解釋在論及男子有服兵役義務，而女子則不必服役

---

❸　如釋字第 666 號、釋字第 682 號、釋字第 694 號、釋字第 696 號與釋字第 745 號等。釋字第 791 號解釋對於適用之平等如此描述：「又兩性地位之實質平等，……。查系爭規定一及二（即刑法第 239 條及刑事訴訟法第 239 條）雖就字面觀察，並未因受規範者之性別而異其效力，屬性別中立之規定，且目前實務上通姦及相姦罪之成立，以男女共犯為必要，其男女人數理應相當，惟其長年實際適用結果，女性受判決有罪之總人數明顯多過男性。是系爭規定二之實際適用結果致受系爭規定一刑事處罰者，長期以來，呈現性別分布失衡之現象，顯現女性於通姦及相姦罪之訴追、審理過程中，實居於較為不利之處境，足見系爭規定一及二之長期存在，與憲法增修條文第 10 條第 6 項促進兩性地位實質平等之要求，是否相符，確有疑義。」（解釋理由書第 43 段）

❹　本號解釋所使用男女「生理」差異一語，在德國聯邦憲法法院相類似的判決中，稱為生物學 (biologisch) 的差異，意謂男女在生物學上結構功能之不同，比中文「生理」一詞較為適切。

時又再次引用「男女生理上之差異及因此種差異所生之社會功能角色之不同」為論點，可見這段話是判斷法律規定男女差別待遇有無正當性的基準。從現今實際狀況而言，男女所擔負的功能角色已不足以支持設定住所（釋字第 452 號）、繼承土地（釋字第 457 號）、財產分配（釋字第 410 號）或限制女性夜間工作（釋字第 807 號）的差別規定。另釋字第 728 號解釋以祭祀公業條例第 4 條第 1 項前段「本條例施行前已存在之祭祀公業，其派下員依規約定之」為解釋對象，規約為繼承人間之約定，而台灣各地之規約（或章程）多不許女性為派下員，因此大法官認為該條文已和規約結合，應予受理審查。結果大法官決議認並不違憲，與先前多號堅持男女平等的解釋似有背離，且未深究基本權的第三人效力問題，致遭批評❻。至於社會秩序維護法有關性交易之處罰，釋字第 666 號解釋認為以「主觀上具圖利意圖」作為是否處罰的差別待遇標準，導致僅罰娼不罰嫖的結果違反平等原則。大法官在本號解釋已重視女性可能處於經濟上弱勢而被迫從事性交易，又因之而遭致處罰使其基本已窘困之處境更為不利。而這種對於弱勢者之歧視的矯正努力，也可見於同性戀者（釋字第 748 號）與觸犯通姦罪的女性（釋字第 791 號）。

　　對於差別對待是否可以被接受，以及是否予以從嚴審查的判斷基準，釋字第 748 號解釋理由書第 15 段提出四個指標：⑴是否屬難以改變之個人特徵（如性傾向）、⑵是否是屬歷史性或社會性之長期歧視（同性戀歧視）、⑶是否是屬社會或政治結構之弱勢、少數或不利地位、⑷是否是屬重要之基本權利（婚姻自由）等，堪為爾後案件之參考。

---

❻　相較於釋字第 728 號解釋處理已存在規約的情況，對於沒有規約而受祭祀公業條例規範的情況，112 年憲判字第 1 號判決認定祭祀公業條例第 4 條第 1 項後段及同條第 2 項，因其排除女系子孫取得派下員身分而違憲。

五、黨派平等

　　由中華民國國民所組成，以共同政治理念，維護自由民主憲政秩序，協助形成國民政治意志，推薦候選人參加公職人員選舉之團體，稱為政黨（政黨法第 3 條）。政黨的作用既然在形成國民公意，目的則以爭取執政或分享政治權力之機會，手段便是透過選舉而達成。因此在民主政治的過程中，有特殊的功能與地位，那麼政黨政治參與的權利方面，是否與無政黨歸屬的個人完全平等，是值得研究的問題。盛行歐陸各國，逐漸推廣到亞洲（包括我國在內）的比例代表制，基本上只有政黨名單上的候選人，才有分得選票及當選的機會，未聞有違反平等的指摘，而採比例代表制產生的國會，許多國家（如德國、丹麥等）又訂有門檻條款，以德國為例，未達總得票百分之五的政黨名單，即不予計票，於是多次發生是否違反平等選舉的憲法爭議，德國聯邦憲法法院則認為百分之五的門檻規定，是基於維持國會不致因小黨林立難於有效發揮功能所必要，與憲法並不違背❻。

　　我國有關得票率的門檻條款規定在憲法增修條文第 4 條第 1 項及第 2 項：全國不分區及僑居國外國民之立法委員共三十四人，依政黨名單投票選舉之，由獲得百分之五以上政黨選舉票之政黨得票比率選出之。增修條文之作用即修改憲法本文，不發生違憲（即憲法本文）的問題。但釋字第 499 號首創「修憲違憲」之先例，民國 97 年 1 月立法委員選舉後，未能依比率分得席位之一、二小黨遂指百分之五門檻牴觸憲法基本原則，聲請司

---

❻　BVerfGE 1, 208, 248ff. 德國聯邦憲法法院除 BVerfGE 1, 208 一案之外，BVerfGE 34, 81, 100ff. 等案也持相同見解，甚至認為基於完全特殊、不得已之情形，高於百分之五的門檻規定，也並非不可；巴伐利亞邦憲法法院對地方選舉（Regierungbezirk 相當於縣級）的百分之十門檻就曾認為與法尚無不合。但 1990 年統一後第一次全國選舉，如果不顧特殊情況，一律適用百分之五門檻，德國聯邦憲法法院則指非法之所許。參照 Jarass/Pieroth, aaO., Art. 38 Rn. 21.

法院解釋，釋字第721號解釋認定增修條文及公職人員選舉罷免法門檻規定並不違憲。另過去公職人員選舉罷免法有關繳交競選保證金之差異規定，釋字第340號解釋認為：「無異使無政黨推薦之候選人，須繳納較高額之保證金，形成不合理之差別待遇，與憲法第七條之意旨有違，應不再適用。」但類似的規定卻於釋字第468號解釋被認為與平等權無違，也非對被選舉權之不必要限制，與釋字第340號解釋之立論似有不同。揆諸憲法直接間接賦予政黨較個人優越的參政地位，上開釋字第340號解釋對區區保證金減半認為違憲，是否妥適？尚有商榷餘地。

釋字第793號解釋直接觸及國家規範政黨的核心，對我國憲政民主發展必將造成重大影響。該號解釋源自於以轉型正義與健全民主政治為目的的政黨及其附隨組織不當取得財產處理條例（下稱黨產條例），透過該條例之適用，最後僅國民黨及其附隨組織成為唯一受規範之對象，形同個案立法，出現明顯歧視特定政黨的不平等情形；但大法官竟予以肯認，使本解釋成為第一個針對人之個案立法竟得以通過違憲審查的案例❶；然而，個案立法行為因與法律應具抽象、普遍之本質相違背，早被視為禁忌❶；並為美、德、法等國之憲法明文禁止。我國憲法雖未明文提及，但「禁止個案立法」卻是民主法治國所必然蘊含的基本原則。德國基本法第19條第1項規定：「凡基本權利依本基本法規定得以法律予以限制者，該法律應具有一般性，且不得僅適用於特定事件。」美國聯邦憲法第1條第9項第3款

---

❶ 參見第一編第二章註72。又112年憲判字第3號有關公職年資併社團年資的判決中，針對以八個特定社團為規範對象的個案立法行為，憲法法庭再次以落實轉型正義，匡正過去黨國體制下政黨違反憲政秩序所造成之不法結果為由，認可此個案立法行為，並宣告此特殊類型法律合憲。

❶ 如2500年前的羅馬十二木表法第九表第一則即謂：「不得為任何個人的利益，制定特別的法律。」參見蔡志方，論釋字第793號解釋之合憲性，收於：台灣行政法學會主編，黨產條例釋字793號解釋之評析，台灣行政法學會出版，2021年，頁241。

規定：「國會不得通過針對特定對象處罰 （剝奪權利） 或溯及既往之法案。」(No bill of attainder or ex post facto Law shall be passed.) 其中對於 bill of attainder 的意義，在 Lovett❶一案中，美國聯邦最高法院特別指出：凡是對象特定，並對之加諸處罰（剝奪權利），並無司法救濟機制者，即屬該憲法條款所禁止之事項❷。法國 1789 年人權宣言第 6 條規定：「不論是保障或是處罰，法律必須一體適用於所有人。」**前述西方禁止個案立法的規範或概念，都有一個共同的特質：就是針對人民權利的立法行為，不得為個案立法；**因為此種立法行為，將使法律失去應有之抽象性與普遍性之特質，使之不再具有法律之資格。而法律應有抽象性與普遍性之本質，則以人之理性自利天性為其基礎。**如果允許法律可以不具抽象性與普遍性，則所有立法者皆會制定僅對自己有利的法律內容，使法律成為立法者剝奪或宰制被統治者之工具。**更詳細地說，對於非直接涉及人民權利事項，例如設置一個機關或組織，決定特定政策或是建立一種行政作業規範，國會當然可以制定適用於個案的法律❸。但是一旦是直接涉及人民權利事項，特

---

❶　United States v. Lovett, 328 U. S. 303 (1946).

❷　有關美國禁止個案處罰更詳盡的中文說明，可參見廖元豪，民主憲政 2.0，抑或改朝換代算舊帳？轉型正義概念的反思，台灣法學雜誌，第 314 期，2017 年 2 月，頁 135–137。

❸　以我國憲法第 63 條所規定的立法院職權來看，預算案、戒嚴案、大赦案、宣戰案、媾和案及部分國家其他重要事項都可能涉及「個案」。以預算為例，年度經過，實施一次即失效力，故釋字第 391 號解釋稱其為「措施性法律」，與一般法律顯有不同。釋字第 520 號解釋理由書指出：「立法院通過興建電廠之相關法案，此種法律內容縱然包括對具體個案而制定之條款，亦屬特殊類型法律之一種，即所謂個別性法律，並非憲法所不許。」**於此必須特別注意，興建電廠乃涉及國家特定政策、特定建設及特定組織，故得為個案立法。反之，若涉及人民權利，則不得為之。**釋字第 585 號解釋理由書明白指出：「真調會條例第十三條第三項規定『本會調查結果，與法院確定判決之事實歧異者，得為

別是剝奪人民權利者，自不得個案立法。

　　大法官並不否認黨產條例確實是以國民黨及其附隨組織為規範對象而形成個案立法，然該解釋卻對「個案立法禁止原則」隻字不提**㉒**。即便認為在民主法治國下尚有個案立法的存立空間，也必須要以十分堅強的理由為基礎，並受最嚴格之司法審查。但本案大法官對於例外允許個案立法的要件未置一詞，僅以「**避免打擊過廣，過度干擾政黨活動與耗費行政資源**」（解釋理由書第 39 段）作為理由。然而此不正坐實「尚有其他政黨有不當取得財產之情事，但要集中火力對付國民黨」的歧視對待事實**㉓**？同樣的案型再現於 112 年憲判字第 3 號判決，憲法法庭再次以轉型正義為由判定此個案立法無違平等原則。然系爭條例違憲情形充斥，承審法官紛紛提出釋憲聲請**㉔**。但憲法法庭的眼界與法學認知顯然不同於多位提出聲請的一

　　　　再審之理由』，**乃針對個案所制定之再審理由，違反法律平等適用之法治國家基本原則，且逾越立法院調查權之權限範圍，應非憲法之所許。**」

㉒　僅有蔡明誠大法官的部分協同意見書論及個案立法禁止原則。

㉓　黃瑞明氏指出政治與歷史才是本案的通關密碼，並認為解釋理由書就是伊索寓言中野狼欲吃小羊故事的翻版；而「避免打擊過廣」之語，曲意逢迎立法者，直把全民當成文盲來對待。參見黃瑞明，風骨蕩然無存——評司法院釋字第 793 號解釋（黨產條例案），收於：台灣行政法學會主編，黨產條例釋字 793 號解釋之評析，台灣行政法學會出版，2021 年，頁 421 以下。另詹森林大法官的部分不同意見書對於「過去之附隨組織」與「現在之附隨組織」被一併處理，也認為其違反平等原則。

㉔　民國 106 年 5 月通過的公職人員年資併社團專職人員年資計發退離給與處理條例是一部由在野黨（時代力量黨團）率先提案，再由民進黨跟進而通過的法律；立法過程中行政院完全沒有任何相應對案。全法短短九個條文中，扣除頭（立法目的）尾（施行日期）、主管機關與定期公開業務等四個條文外，其餘每一條都有違憲之嫌。其中第 2 條涉及個案立法有違平等原則，第 4 條至第 7 條涉及禁止溯及既往原則、信賴保護原則與財產權保障等。本案各審法官所提之多份聲請書、專家諮詢與法庭之友意見書，對於個案情形與系爭條例之違憲

般法官，為了迎合執政黨與立法院多數之政策，大法官創造一個完全沒有任何要件限制的「特殊類型之法律」，並無視平等原則而讓歧視特定對象之個案立法得以合憲；此舉形塑一個「法治國的大黑洞」❷❺，為我國的民主法治發展種下可怕的毒苗。

六、參與平等問題

所謂參與平等指人民服公職及參與其他政治事務之平等而言。試舉下列案例說明：首先，公立學校職員自民國 79 年教育人員任用條例修正公布之後，須經國家考試及格始能任職，未取得考試及格資格但原已擔任職員者，適用各該原有規定，並經釋字第 278 號解釋，許其在原學校任職，嗣後民國 83 年又修改上開條例，「使未經考試及格者與取得與公務人員任用資格者之法律地位幾近相同」，釋字第 405 號解釋認為違背憲法第 85 條公務人員應考試任用之規定以及第 7 條平等原則。這號解釋強調未經考試及格之人員，不能享有與考試及格者相同之對待（諸如調動、升遷等）；否則即是將身分上有差異者，無視「事物之本質」，無正當理由強使其受平等待遇，反足以違背憲法第 7 條之規定。第二個案例是：依民國 83 年制定的省縣自治法第 64 條（現已廢止）：轄區不完整之省，不適用省長及省議會民選的規定，其議會及政府組織由行政院另定之。福建省的省民因此未能如

情狀皆有十分深入之論述。可惜的是判決並未確實回應相關違憲質疑，甚且本案竟由兩人共同主筆，且還有主筆大法官自己提出部分不同意見書的詭異現象（111 年憲判字第 3 號判決則是主筆大法官自己提內容幾近於不同意見的協同意見書）。

❷❺ 湯德宗大法官認為該解釋將「原則上禁止」之「制裁個人立法」與「原則上不禁止」之「個案立法」混為一談，魚目混珠地一併丟入「特殊類型之法律」的黑箱，形成法治國的大黑洞。參見湯德宗，再審黨產條例——兼論大法官釋字第 793 號解釋，收於：台灣行政法學會主編，黨產條例釋字 793 號解釋之評析，台灣行政法學會出版，2021 年，頁 40 以下。

台灣省省民一樣行使參政權利，而生違憲疑義。釋字第 481 號解釋以福建省目前轄區與其原有者，已相去甚遠，各種情形都不能與台灣省相提並論，上述法律「乃考量事實上差異所為之合理規定，對福建省人民而言，並未違背憲法上平等原則」。釋字第 618 號解釋是另一個值得注意的案例：本案乃大陸籍配偶來台設籍未滿十年即參加公職考試，考試通過並分發後，用人機關始發現台灣地區與大陸地區人民關係條例(下稱兩岸人民關係條例)第 21 條第 1 項前段規定，大陸地區人民在台設籍未滿十年，不得擔任公務人員，因而拒絕任用該員。對於前述設籍十年之規定是否違反憲法第 7 條，大法官認為鑑於兩岸政治上分治與對立，社會經濟體制有本質上之差異，故此歧視對待目的正當。至於以設籍十年作為服公職之要件，大法官認為此手段尚在必要及合理之範圍，故不違憲。然而本案所涉及之考試乃年滿十八歲即得參加之初等考試，試後所任公職乃委任一職等之最低階公職。大法官卻以本案因涉及兩岸關係，必須尊重立法機關為由而採寬鬆審查，無視平等權與服公職權皆屬憲法保障之人權範疇，與爾後釋字第 710 號解釋之態度，顯有不同。另外，有關警察人員之任官規定，雖然條文上看不出歧視對待，但實際運作上卻是區分警大畢業生與一般生，且使一般生無從取得高階警官之任官資格，造成系統性之不利差別待遇，大法官在釋字第 760 號解釋中宣告其違反平等原則，並在其解釋理由書第 5 段強調：「應考服公職權為廣義之參政權，涉及人民參與國家意思之形成及公務之執行，與公共生活秩序之形塑密切相關，對此權利所為之差別待遇，原則上應受較嚴格之審查。」反之，對於哪些公職人員不得具有外國國籍，釋字第 768 號解釋認為立法者享有較大裁量空間，限制擁有外國國籍者不得任職於公立醫療機構的規定，大法官宣告其無違平等原則。同樣是涉及考試，但與服公職無關，警大碩士班排除色盲生應試資格，釋字第 626 號解釋認為其合憲。在釋字第 682 號解釋所涉及之中醫師執業資格考試，大法官認為區分為高等考試與特種考試兩種類型，並有不同之考試規則與及格方式，

並未牴觸平等原則。基於同一精神，釋字第 750 號解釋對於持外國學歷者參加牙醫師考試，尚須有臨床實作要求，此亦不違反平等原則。

七、功能差異問題

國家賠償法第 2 條第 2 項與同法第 13 條相比較，一般公務員違法行為成立國家賠償的條件與擔任審判或追訴職務公務員所負的責任顯有不同，換言之，要對擔任審判的法官或負追訴職務的檢察官之行為，要求國家賠償，其條件甚為嚴苛。理由安在？這種差別規定有無違反平等原則？釋字第 228 號解釋為其合理化辯護，認定是「為維護審判獨立及追訴不受外界干擾，以實現公平正義，上述難於避免之差誤（法律見解與心證上之誤差），在合理範圍內，應予容忍。不宜任由當事人逕行指為不法侵害人民之自由或權利，而請求國家賠償」。該號解釋的結論是：「憲法所定平等之原則，並不禁止法律因國家機關功能之差別，而對國家賠償責任為合理之不同規定。」建構功能差異亦允許不平等的理論。

八、比例原則及其他

前述羅爾斯的正義兩原則，允許社會成員間有差別待遇，但其前提必須每個人都享有自由權，機會對每個人都均等，優惠應給予處境最差最有需要的人，這些條件其實與比例原則中的衡量原則及必要性原則若合符節。由此可見，比例原則與平等、正義本質是相通的。所謂平等最簡單的詮釋就是禁止沒有正當理由而存在的不平等行為，此處所稱沒有正當理由，指欠缺重要的實質原因 (ohne gewichtige sachliche Grund)。而認定有無重要的實質原因，不外三項標準：㈠是否在於追求正當目的，㈡是否為達成此一目的所必要，㈢與目的之價值成適當比例，以上標準正是比例原則的內涵 ❷❻。試以前述國家賠償法第 13 條為例，對司法官違法行為的國家責任，

---

❷❻　Vgl. Pieroth/Schlink, aaO., S. 104. 又我國行政程序法第 7 條也有相似規定。

作特別的規定，如果不是在特意保護司法官或以限縮人民的請求權為目的，而是為維持司法獨立，使法官只憑良知及法官專業認事用法，不致動輒得咎，採用較嚴的國家責任成立條件，可視為具備重要的實質原因。又如房屋所有人所繳納之房屋稅，因自用住宅或房屋供營業、出租或其他用途，而適用不同之稅率，自亦符合比例原則（參照釋字第369號解釋）。

　　宗教、種族及階級的平等問題，在歐美以往成為歷時長久的社會及政治問題。以種族而言，至1960年代美國才漸趨解決。這類種族平等問題，我國案例如對於原住民族工作權保障法第12條第1項促進原住民就業之規定，釋字第719號解釋援引憲法增修條文第10條第12項，以及聯合國原住民族權利宣言之精神，宣告該條文合憲；此乃大法官第一次宣告積極優惠性措施合憲的案例。不過，該解釋對於政府採購案之得標廠商未依法僱用一定比例之原住民而需繳納代金時，大法官認為法定代金計算方式可能過苛而須儘速檢討。惟立法者遲未檢討該法，其代金計算方式旋即再被釋字第810號解釋以無法兼顧實質正義，且可能造成個案顯然過苛為由，宣告其違憲。此外，對於視障者的就業保障，釋字第649號解釋認為保障視障者從事按摩業的積極優惠性措施違憲。另我國現有不少新移民，其中大陸地區居民所受的對待問題值得注意，大陸人民在法律上既未視其為外國人，但無論在入境、居留、婚姻、繼承及就業等方面所享有待遇都遜於外國人，甚至大陸配偶欲取得國民身分證比外國人歸化為我國國民，需要居住更長的時間。上述差別待遇的憲法依據為憲法增修條文第11條，釋字第497號解釋對大陸地區人民進入台灣地區許可、定居及居留等辦法作出合憲解釋。釋字第618號解釋對於大陸地區人民入籍我國後服公職權的限制，大法官亦認為其合憲。

　　就業平等是另一個特別值得注意的當代問題，因為自工業革命之後，工作或是職業被大量的機構（公司）化或工廠化，個體戶成為少數；多數勞動者或受薪者都有面對企業機構的機會。在其就業歷程中，從進用、薪

資、工作分派、升遷到退撫保障等，都有可能遭致歧視。我國近年立法通常以「歧視事由」或「分類標準」作為明文禁止歧視之類型 ㉗，但對於「歧視」本身的界定或認識，則少有著墨。例如前引釋字第 760 號解釋的審查標的：警察人員人事條例第 11 條第 2 項，其條文本身完全看不出有任何歧視跡象，而是在實際運作中出現歧視的結果。該號解釋的意見書有提到美國法上有關「歧視」本身的界定，值得略為引介 ㉘。

　　就業上之歧視可以分為兩種主要類型：一是雇主有表面、公然且蓄意的歧視措施，稱之為差別對待歧視 (disparate treatment discrimination) 或直接歧視。另一則是雇主表面上雖採中立、公平且無歧視企圖之相關措施，但在實際上卻造成歧視的結果，此可稱之為差別影響歧視 (disparate impact discrimination) 或間接歧視 ㉙。二者的差別除了所涉歧視措施是屬公然、顯

㉗　如勞動基準法第 25 條、就業服務法第 5 條、原住民族工作權保障法第 4 至 6 條、性別工作平等法第 7 至 11 條、身心障礙者權益保障法第 16 條及第 40 條等。

㉘　除本號解釋湯德宗、黃昭元兩位大法官分別撰寫的協同意見書外，尚可參閱焦興鎧，美國聯邦最高法院與就業歧視之解決──二○○二年庭期三則判決之評析，收於：焦興鎧編，美國最高法院重要判決之研究：2000–2003，中研院歐美所出版，2007 年，頁 289–361；黃昭元，論差別影響歧視與差別對待歧視的關係：評美國最高法院 Ricci v. DeStefano (2009) 判決，收於：焦興鎧主編，歐美重要國家終審法院與社會變遷，新學林出版，2017 年，頁 287–343。

㉙　「差別影響歧視」在美國最高法院 1971 年 Griggs v. Duke Power Co., 401 U. S. 424 (1971) 案例中首次被運用，該案原告控告其雇主以高中文憑之有無，或能否通過智力測驗作為能否調至高薪職位的判斷基準。其分類措施（高中文憑或智力測驗）本身並無歧視特定種族。但經實際運作後，因黑人能完成高中文憑或能通過智力測驗者，在數量上遠低於白人，因而雇主表面上看似中立的分類措施被認定為歧視。歐盟法或歐洲人權法也接受間接歧視的概念，若形式上看似中性的規範、標準或程序，在其適用後卻對特定群體產生顯著不利影響或特別不利效果，即屬間接歧視；除非可以證明是為了追求正當目的，且所採取手段對於目的之達成是合適且必要，才能予以正當化。參見陳靜慧，歐洲人權法

然可見，或是隱藏、不直接顯現外，是否有歧視企圖或故意是最重要的判準。在司法審查實務上，對於隱藏的、不具歧視企圖或故意的差別影響歧視如何證明其存在？恆屬難題。美國法上有一個簡單的認定方式，即「五分之四規則（百分之八十）」，時而為法院所採用。其方法如下：任何一個種族、族群、性別或群體的通過率（如進用、升遷或加薪），如果低於通過率最高之群體的百分之八十，就會成立差別影響歧視或間接歧視❸⓪。以釋字第 760 號解釋所涉案件來看，一般生經三等特考筆試錄取後，一律被安排至警專受訓，使其任官與升遷皆不同於警校畢業者，大法官稱其為「系統性之不利差別待遇」。而「一律安排至警專受訓」並非法律所規定，而係實際運作所造成的不平等結果；故本號解釋是以「法規適用結果」逆推宣告法規本身違憲。只是實務操作並非源自法規本身，也非適用此法規之必然結果；故從法規的角度來看，本案僅能算是「準間接歧視」❸①。

第二節　人身自由

人身自由是傳統人權清單中最基礎也是最重要的人權之一。1789 年法國人權宣言第 1 條揭示人生而平等，第 2 條即謂：一切政治結社的目的都在於維護人類自然且永不可動搖的權利，它們就是自由、財產、安全與反抗壓迫（即抵抗權）；此處之「安全」就是指「人身安全」。在同一宣言的

院及歐洲法院對於間接歧視概念之適用與實踐，收於：李建良主編，憲法解釋之理論與實務，第九輯，中研院法律所出版，2017 年，頁 385–436。

❸⓪　參見黃昭元，論差別影響歧視與差別對待歧視的關係：評美國最高法院 Ricci v. DeStefano (2009) 判決，收於：焦興鎧主編，歐美重要國家終審法院與社會變遷，新學林出版，2017 年，頁 310 以下。舉例來說，某機構招聘一百名新人，其中被錄取者男八十名，女二十名。依百分之八十法則，女性錄取人數僅達男性的百分之二十五，遠遠低於八成，故構成差別影響歧視。其實在釋字第 666 號解釋中「僅罰娼不罰嫖」的規範特色，已具有間接歧視的特質。

❸①　參見本號解釋湯德宗大法官的部分協同意見書，頁 12–13。

第 7、8 及 9 條等三個條文則規定剝奪人身自由之法定程序、罪刑法定原則與無罪推定原則等；從這些條文可以看到 1215 年英國大憲章有關人身自由保障的傳統❸。1950 年的歐洲人權公約延續前述人權傳統，在其第 5 條第 1 項第 1 句規定：「任何人皆享有其人身之安全與自由」（Everyone has the right to liberty and security of person）；類似的規定還可見於當代其他國際人權公約❸。依此國際公約之規範方式去理解，我國憲法第 8 條第 1 項「身體之自由」的詮釋應該包含「人身自由」與「人身安全」等兩大部分：前者的規範重點在於「免除恣意監禁」，後者則在於「確保身體完整性」。在此理解下，人身自由可視為是上位概念，其下可再細分「自由」與「安全」等兩個次類；故諸如酷刑、虐待或不人道之處遇、強制勞動或強制為人體實驗等，皆侵害身體之完整性，亦屬本節人身自由之保障範圍❸。再從憲法第 8 條的組織結構去看，其顯然深受前引西方人權規範之影響，且奠基於相同的思考理路：第一、公權力極具危險性，尤其是行政權，必須予以分權制衡；故須有人身保護令、罪刑法定原則、禁止溯及既往、司法獨立與法官保留。第二、個人不是為了集體而存在，反而國家存立的根本目的就是要保護人權；故公益不必然高於私益，個人不必為集體而犧牲。在此理解下，刑罰僅得以明確必要為前提（即刑罰謙抑原則），且寧可錯放一

❸　詳見陳淳文，從正當法律程序看我國人身自由保障之司法實踐，收於：如沐法之春風——陳春生教授榮退論文集，元照出版，2020 年，頁 3 以下。

❸　如 1948 年聯合國人權宣言第 3 條，1966 年聯合國公民與政治權利國際公約第 9 條，1969 年美洲人權公約第 7 條，1981 年非洲人權憲章第 6 條，1994 年阿拉伯人權憲章第 8 條，2007 年歐盟基本權利憲章第 6 條等。

❸　例如將監獄受刑人關入不見天日的獨居室，是否受我國憲法第 8 條所保障？我國迄今司法實務係用憲法第 16 條訴訟權保障來處理（如釋字第 755 號），並未援引憲法第 8 條。但若認為關獨居黑牢屬虐待、不人道處遇，侵害人身安全而屬憲法第 8 條之保障範圍，則其保障強度將高於憲法第 16 條，並能與國際人權標準接軌。

千，不能誤關一人（無罪推定原則）。第三、國家與個人嚴重不對等，必須強化個人保護；故要求無罪推定，賦予緘默權與不自證己罪，以及充分的訴訟防衛權。換言之，憲法第 8 條的詮釋不應僅限於狹義的人身自由，而且也不宜將所有權利保護事項都限縮在訴訟權（憲法第 16 條）的範疇裡；這是大法官從「人身自由」開展出「正當法律程序」概念的理由。

一、憲法第 8 條第 1 項的規範意旨

憲法第 8 條關於保障人身自由的規定，共分四項，文字冗長，我們認為在第 2 章所有條文之中，它是唯一除了宣示原則 (Prinzip) 之外，兼具法規 (Regel) 性質的條文。制憲者何以獨厚人身自由，逕予文字作詳細的規定，一是參考英美法上人身保護令狀 (Writ of habeas corpus) 的制度，二是認為人身自由是一切自由的根本，受禁錮的人還有何言論、信仰、居住遷移等自由可言。就此而言，人身自由可謂母親基本權 (Muttergrundrecht)，其他相關的自由權是女兒基本權 (Tochtergrundrecht)。憲法第 8 條第 1 項的規範意旨詮釋如下：

㈠憲法保留及法律保留

人身自由的保障，本項不僅宣示原則，而且對於限制人身自由的條件自行規定，故稱為憲法保留 (Verfassungsvorbehalt)，釋字第 384 號解釋理由書亦稱：「凡限制人民身體自由之處置，在一定限度內為憲法保留範圍，不問是否屬於刑事被告身分，均受上開規定之保障」（釋字第 588 號及第 636 號解釋又再次重申：憲法第 8 條關於法定程序之規定乃憲法保留事項）。而所謂「除現行犯之逮捕由法律另定外」，應解釋為現行犯的逮捕是憲法特設保留之例外，刑事訴訟法關於現行犯的規定就是實現上述例外的憲法要求。由於憲法保留，所以不得以限制人身自由的法律，因其符合憲法第 23 條而免於違憲的宣告。違警罰法經兩次宣告違憲（釋字第 166 號及釋字第 251 號解釋），其理由在此。

(二)人身自由的意義

人身自由就是身體的行動自由 (Körpliche Bewegungsfreiheit)，凡隨心所欲於任何時間前往任何地點，或任何時間不前往任何地點，都屬於身體的行動自由。對人身自由的侵犯即指以實力（直接強制）積極的使個人於一定時間內必須出現或停留在一定處所，或消極的使其不得於一定時間離開一定處所。一定時間包括短暫的限制行動自由到終身監禁，故對路上行人、公共場所之在場人實施盤查、臨檢時間雖短，也是對人身自由的限制（見釋字第 535 號解釋）❸❺；一定處所則不限於監獄、看守所等禁錮人犯的設施，即便是軟禁於家宅之內，同樣侵犯人身自由。因此，對人犯的逮捕及拘禁當然是典型限制人身自由的措施，強制證人到庭也是對人身自由的限制；依強制執行法對債務人所為的拘提及管收，依然是限制人身自由的一種強制手段，限制均應由法院依法定程序為之。由警察機關依行政執行法實施的即時強制，雖屬暫時留置性質，仍不失為拘禁。但是並非一切消極或積極的行動之限制，都屬於憲法第 8 條所禁止的行為，若依法律或依約定應於一定時間在一定場所為一定行為者，則不屬憲法第 8 條保障範圍❸❻。故在 SARS（嚴重急性呼吸道症候群）傳染期間，衛生機關依傳染

---

❸❺　釋字第 535 號解釋提及警察臨檢影響人民之「行動自由」，但並未明白將「行動自由」列為「人身自由」的一部分。實則憲法第 8 條明文「人民身體之自由」，此「身體之自由」當然包含「行動自由」。然釋字第 689 號解釋理由書卻謂：「人民依其意志作為或不作為之一般行為自由，亦受憲法第二十二條所保障。人民隨時任意前往他方或停留一定處所之行動自由，自在一般行為自由保障範圍之內。」此將「行動自由」與「行為自由」予以混淆，並以後者包含前者；將行動自由變成憲法第 22 條的保障範圍。事實上憲法第 8 條規範的重點係指身體在空間上的變動關係，憲法第 10 條則除了空間外，亦加上並側重時間變動因素。如果依前述釋字第 689 號解釋理由書的說法，則從逛街、旅行到搬家，都涉及行為自由，皆屬憲法第 22 條之保障範圍。

❸❻　Pieroth/Schlink, aaO., S. 97，例如依民防法第 21 條所辦理的防空（萬安）演習

病防治法強制隔離居民，事後發生訴訟，大法官釋字第 690 號解釋認該法之規定，並不違反憲法第 8 條之意旨，但非難未提供被隔離者向法院請求救濟之機制為不當。除行動自由之外，對身體或健康的不法侵害之排除，也是本條所保障的事項，例如對身體施予酷刑，或強制抽取體液（骨髓血液等）都屬此類❸。

㈢有權機關及限制類型

憲法第 8 條第 1 項及第 2 項所稱的司法、警察機關及法院其確實意義為何？逮捕、拘禁、審問、處罰權限誰屬？以往爭論多時❸。民國 84 年公布的釋字第 392 號解釋，有塵埃落定的作用：第 1 項規定之司法機關「包括檢察機關在內之廣義司法機關而言」，第 1 項及第 2 項所稱之法院「當指有審判權之法官所構成之獨任或合議之法院之謂」；所稱警察機關採廣義之理解，亦即「法律規定以維持社會秩序或增進公共利益為目的，賦予其機關或人員得使用干預、取締之手段者，概屬相當，並非僅指組織法上之『形式』警察之意」（釋字第 588 號解釋）。然此種廣義詮釋擴張得以剝奪人身自由的機關範圍，有弱化憲法第 8 條保障強度之疑慮。至於逮捕、拘禁之檢察機關及警察機關雖有權限，但依同條第 2 項逮捕只是移送法院審問、處罰的過程及手續，拘禁則以不超過 24 小時為原則。至於此處「拘禁」的

即屬之。

❸　德國聯邦憲法法院即曾有此種判決 (BVerfGE 16, 194)。憲法第 8 條「身體之自由」的另一個重要意涵就是保障身體的安全與完整，已如前述。不過，111 年憲判字第 1 號（強制抽血）及 111 年憲判字第 16 號（採尿為證）等兩案卻認為抽血或採尿是涉及身體權，而「人民免於身心傷害之身體權，包含身體完整不受侵犯與傷害之權利，受憲法第 22 條所保障」。大法官把行動自由權與身體完整權皆納入憲法第 22 條的範圍，解釋上不是不可以；只是此舉大幅縮減憲法第 8 條的規範意義與其保障範圍而已。

❸　林紀東，中華民國憲法逐條釋義㈠，修訂三版，三民書局出版，1987 年，頁121。

意涵，不限於刑事訴訟法上的「羈押」與刑法上針對精神病患的「監護」，包括過去違警罰法之「拘留」（釋字第 166 號）、檢肅流氓條例的「留置」（釋字第 523 號）、少年事件處理法（釋字第 664 號）、入出國及移民法（釋字第 708 號）與兩岸人民關係條例（釋字第 710 號）之「收容」、行政執行法上之「管收」（釋字第 588 號）與傳染病防治法上的「隔離」（釋字第 690 號）等都包括在內。「審問」在釋字第 392 號解釋被界定為：「係指法院審理之訊問」，「處罰」自然也僅法院有權為之。至於何種內容屬於處罰？應泛指限制人身自由的懲罰性措施，自由刑的科處、罰金易科為拘役及行政罰之拘留固屬處罰，其他包括感訓、管訓、感化、強制工作、強制治療等各種名目繁多的保安處分，也是本條所稱的處罰。更詳細地說，是否屬本條所謂的處罰可有以下三個判準❸：第一，是否規定於刑法內：凡規定於刑法之外的，未必不是處罰；但規定於刑法內的，必是處罰。第二，原因行為之屬性：若該行為相當程度地侵害社會法益，且其非屬專業倫理或職業義務範疇，則針對此行為之社會回應通常是處罰❹。第三，所採措施之目的與其嚴厲程度：若措施含有威嚇與抑制目的，且嚴重侵害相對人之權利者，即屬處罰❹。不過，釋字第 799 號解釋對於性犯罪者於刑罰執行

---

❸ 此處參考由歐洲人權法院裁判所歸納的判準，參見 L.-E. Pettiti, E. Decaux et P.-H. Imbert, *La convention européenne des droits de l' homme-Commentaire article par article*, Paris, Economica, 1999, p. 255.

❹ 反之，涉及專業倫理或職業義務者通常屬紀律措施，如對軍人、公務員、醫師或律師之懲戒處分；但嚴重違反專業倫理或義務者，也可能落入刑事處罰之列。

❹ 侵害權利的嚴厲程度是一個相對的概念，其包含兩個層面，一是措施本身的嚴厲程度，一是相較於原因行為所採措施的嚴厲程度。以性犯罪為例，犯行被判 1 年徒刑，而刑後繼續剝奪人身自由的強制治療竟可長達 9 年（釋字第 799 號解釋聲請人之一），或甚至是更長。剝奪人身自由本身已屬嚴厲侵權，而相較於犯行本身的嚴重程度，超過 1 年以上的強制治療亦屬嚴厲，因而亦應落入處

完畢後，再施以剝奪人身自由的「強制治療」，大法官認為服刑完畢後的「犯人」已變成「病人」，故對病人施加強制治療並非「處罰」，可以對之施以「無限期治療」；只要負責治療的監禁處所與監獄有明顯區隔即可。同樣的，針對受刑人刑前的強制工作處分，釋字第 812 號解釋再次強調「憲法明顯區隔原則」：只要明顯區隔，以剝奪受處分人之人身自由為內容的強制工作處分即非刑罰❷。

此外，不論是刑後強制治療或刑前強制工作❸，其雖皆構成對人身自由之重大限制，但因不是處罰，所以被認為並不違反一罪不二罰。所謂「一罪不二罰原則」((*Non bis in idem*)，意即：「同事不重複」)，也就是「禁止重複處罰」之意，早見於羅馬法時期之刑法領域，後成為各國普遍承認之刑事法原則，今已成為國際人權清單之必載事項❹。我國憲法對此未有規

罰之範疇。

❷　釋字第 812 號解釋理由書（第 22 段）謂：「保安處分並非針對犯罪行為人過去之犯罪行為所科處之刑罰，而是針對犯罪行為人之危險性，為預防其未來犯罪，危害社會大眾安全，所實施之矯治性措施，其與刑罰之憲法上依據及限制有本質性差異。從而，保安處分，尤其是拘束人身自由之保安處分，其制度之具體形成，包括規範設計及其實際執行，整體觀察，須與刑罰有明顯區隔，始為憲法所許。」

❸　同樣都是強制工作，釋字第 528 號解釋對於刑後的強制工作處分予以宣告合憲的理由，主要是因該處分係在刑罰執行完畢後，以協助更生人重新融入社會為目的。且其並非一律皆強制工作一段時間，而是視有實際需要時，再施以適當之強制工作期間。反之，釋字第 812 號解釋處理刑罰執行前之強制工作處分，其因發生於「刑前」，與使更生人更易融入社會之目的關係薄弱，且又不分犯罪型態與情節輕重，一律強制 3 年，加以強制工作場所與監獄差異無幾，故被宣告為違憲。立法院已依解釋意旨廢止或修改相關法律。

❹　如公民與政治權利國際公約第 14 條第 7 項規定：「任何人依一國法律及刑事程序經終局判決判定有罪或無罪開釋者，不得就同一罪名再予審判或科刑。」類似的規定也見於歐盟基本權利憲章第 50 條或是歐洲人權公約第 7 議定書第 4

定，大法官先於釋字第 503 號解釋說「不得重複處罰，乃現代民主法治國家之基本原則」，後於釋字第 604 號解釋使用「法治國家一行為不二罰之原則」之用語，將目前國際人權法之「一罪不二罰」擴張為「一行為不二罰」，也就是不二罰原則不僅限於刑法領域 **❹**。釋字第 775 號解釋又進一步使用「一事不再理原則」**❹**，使得概念更為混淆。面對前述令人混淆的不同用語，若追本溯源地釐清概念，應該作如下理解：第一，在刑事處罰領域，一罪不二罰的目的是維護確定判決的既判力，禁止對同一犯行重複處罰，以保障人權。更詳細地說，首先，一犯罪行為可能同時觸犯數個罪名，此際應擇一從重處罰 **❹**。其次，不得「重複」處罰的概念當然包含不得「重

條。

❹ 從「一罪」變成「一行為」，也就是從刑罰領域延展至非刑罰領域，只要處罰之性質、目的與效果等同或類似於刑罰，亦不得重複處罰。此見於釋字第 808 號解釋理由書（第 3 段）：「法治國一罪不二罰原則，禁止國家就人民之同一犯罪行為，重複予以追究及處罰，此乃法治國法安定性、信賴保護原則及比例原則之具體展現。上述重複追究及處罰，原則上固係指刑事追訴程序及科處刑罰而言，但其他法律所規定之行政裁罰，如綜觀其性質、目的及效果，等同或類似刑罰，亦有一罪不二罰原則之適用。」

❹ 釋字第 775 號解釋理由書（第 18 段）：「是判決確定後，除為維護極重要之公共利益者外，不得對同一行為重複追訴、審問、處罰，以避免人民因同一行為而遭受重複審問處罰之危險（即禁止雙重危險）、防止重複審判帶給人民之騷擾、折磨、消耗、痛苦或冤獄，並確保判決之終局性。此即**一事不再理原則**。其已成為現代法治國普世公認之原則（聯合國公民與政治權利國際公約第 14 條第 7 項、美國憲法增補條款第 5 條、德國基本法第 103 條第 3 項及日本國憲法第 39 條等規定參照）。」

❹ 如故意追撞他人車輛，造成車毀人傷；同一行為觸犯毀損罪（車毀）與傷害罪（人傷）。刑法上稱此種情形為「想像競合」，依刑法第 55 條規定，應「從一重處斷」；此從重處斷原則亦見於行政罰法第 24 條第 1 項有關違反行政法義務之罰鍰處罰。

新」處罰，故刑事裁判確定後若還能「更定其刑」，即屬對同一犯行重新處罰，其被宣告為違憲乃屬當然。不過，此處仍得視為是「一罪不二罰」之範圍❹。最後，不得重複處罰也包含不得在刑罰之外，針對同一行為另施以類似處罰之其他不利益措施。故大法官強調「憲法明顯區隔原則」，以免諸如強制工作或強制治療等其他非刑罰之不利益措施，落入一罪二罰的範圍裡。第二，在刑事處罰與其他類型處罰交錯之領域，如同一事實行為同時觸及刑事處罰與其他法律之處罰，在此情況下：㈠若其他法律之處罰，其性質、目的與效果等同或類似刑事處罰，則應以刑事處罰優先適用，不得兩種處罰並存❹；㈡但若其他法律之處罰，其性質、目的與效果不同於刑事處罰者，則不屬一罪二罰❺。第三，在非刑事處罰領域以外的其他處罰，亦禁止重複處罰；除非㈠雖同一行為違反數個法律義務時，必須為達行政目的所必要者外，且必須使用不同之處罰方式，方得對同一行為併合處罰❺。㈡同一行為違反同一個法律義務，但為了保護公益與公共秩序等

---

❹　釋字第 775 號解釋將判決確定後再「更定其刑」之行為稱為違反「一事不再理」。事實上，刑事法領域本就存有再審制度（刑事訴訟法第 420 條），得以在特定條件下重新審理確定判決。歐洲人權公約將此刑事再審制度視為是一罪不二罰原則的例外情況，故歐洲人權公約第 7 議定書第 4 條第 1 項規定一罪不二罰原則；同條第 2 項則規定：法院仍得於下列例外情形下重新審理已確定之原案，包括於確定判決後發現新事證或發現重大裁判瑕疵。

❹　例如行政罰法第 26 條第 1 項及社會秩序維護法第 38 條。

❺　如釋字第 751 號解釋。反之，因社會秩序維護法第 38 條的罰鍰，其與刑罰無異，故被釋字第 808 號解釋宣告為違憲。

❺　如釋字第 503 號解釋之案型：商家未開統一發票之行為同時違反應給予銷售憑證義務與不得短報或漏報銷售額等兩項稅法上義務。不過有關進口商就同一張申報單上之進口稅、貨物稅與營業稅等三項資訊填載不實，係同一申報填表行為同時違反三個申報義務，但釋字第 754 號解釋認為其屬三個申報行為，故不屬一罪二罰；此見解將自然意義之單一行為（填具同一張表單的行為）拆解成數個不同行為，除非有為達行政目的所必要者外，實不利人權保障。

行政目的所必要時，得將同一行為拆解成數個行為而給予數個處罰❷。

最後，就算強制工作或強制治療並不屬處罰範疇，故不違反一罪不二罰；但其具限制人身自由之效果，乃不爭之事實。特別是強制治療部分，若疾病自始存在且又遲遲未能治癒，則強制治療可能永不停歇；甚且針對「病人」採取具溯及既往性質的強制治療規定被釋字第 799 號視為合憲，因為大法官認為病人的信賴利益必須在社會大眾安全之公共利益前退讓；釋字第 799 號解釋僅對可無限期延續之強制治療提出警告而已。然不論是性犯罪者的強制治療，還是精神病患的強制住院，都是剝奪「病人」之人身自由；但現行法並未將其放在憲法第 8 條的保障框架下❸，且其人權必須為社會大眾安全之公共利益而犧牲或退讓；這樣的論理方式不禁讓人想起法儒傅科的《監視與懲罰》(*Surveiller et punir*) 一書所言：司法的功能不再是處罰過錯，而是改造與教化公民，現代監獄因之而生。「法官可以痛快地、簡潔地或找藉口地強加於特定人身上一系列的矯正措施、改造措施或重新融入社會措施；邪惡醜陋的處罰職業隨之轉身變成光明美麗的療癒事業❹。」治療可以不是處罰，但監獄無法予以矯正的犯人，如何可能成為醫院可以療癒的病人？

㈣從形式合法到實質正當

訓政時期制定的違警罰法，規定警察機關對違警人得裁決拘留及罰役，拘留 7 日以下，加重時可達 14 日；罰役 2 小時以上，8 小時以下，得加重至 16 小時。與「非由法院依法定程序，不得審問處罰」的規定不符，民國

---

❷　如釋字第 604 號解釋有關持續違規停車之連續處罰。

❸　以性犯罪者為例，憲法第 8 條保障的「無罪推定」變成「再犯推定」，「刑罰謙抑」變成「治療照護無期限」，即時有效救濟與防禦權保障改成「年度鑑定評估」；且釋字第 799 號又說刑後強制治療不應定性為刑法上之保安處分（理由書第 57 段）。

❹　M. Foucault, *Surveiller et punir*, Paris, Gallimard, 1975, p. 215.

69 年作成之釋字第 166 號解釋宣告上述相關規定為違憲，要求「應迅改由法院依法定程序為之」。但有關機關拖延長達十年未完成修法，釋字第 251 號解釋再次認定罰役、拘留及矯正處分（違警罰法第 28 條）與憲法第 8 條第 1 項之本旨不符，均應一併改由法院依法定程序為之，該法相關規定至遲應於民國 80 年 7 月 1 日起失效。這也是大法官首次宣告違憲法律定期失效的例子。有關機關終於遵照釋字第 251 號解釋，在期限內制定社會秩序維護法取代違警罰法，至此憲法第 8 條第 1 項所要求的形式合法——由法院依法定程序為之——的規定，在憲法頒布將近半世紀後，終告實現。然而，若謂只要是法律所定的程序，不問其實質內容是否正當，也非憲法保障人身自由之真意。於是在民國 84 年針對檢肅流氓條例作成的釋字第 384 號，進一步揭櫫實質正當的原則：「憲法第八條第一項其所稱『依法定程序』，係指凡限制人民身體自由之處置，不問其是否屬於刑事被告之身分，國家機關所依據之程序，須以法律規定，其內容更須實質正當，並符合憲法第二十三條所定相關之條件。」

　　上述解釋確定了法定程序必須是實質正當的法定程序，這是英美法上正當法律程序首次導入，成為憲法的原則 ⑤⑤。並成為嗣後許多解釋檢驗法律所定的訴訟程序或行政程序，是否違憲的基準。但正當法律程序的內涵為何？簡要地說，包括逮捕拘禁時必須遵守令狀原則、即時充分地告知理由與即時移送法院、緘默權之保障、辯護人在場權，以及執行措施必須合理必要且尊重人性尊嚴等。此外，進行審問處罰時，包括無罪推定、不自證己罪、對質詰問權、合法取證、即時且公開之審理、由公正獨立之法院遂行審判與其他訴訟防禦權保障等皆屬之 ⑤⑥。最後，涉及人身自由之剝奪，

---

⑤⑤　關於正當法律程序，參照湯德宗，行政程序法，收於：翁岳生編，行政法，下冊，自版，2000 年，頁 914 以下。

⑤⑥　例如有關智慧財產法院技術審查官之迴避（釋字第 761 號）、寄存送達生效問題（釋字第 667 號）、刑事被告之辯護人選任與防衛權（釋字第 654 號）、詰問

須踐行法官保留原則。如民事及行政執行程序的管收，其雖非處罰但可拘禁長達數個月，釋字第 588 號遂宣告執行程序之拘提、管收之程序及部分構成要件均與憲法第 8 條有所違背。至於依行政執行法所為的即時強制，其管束以 24 小時為限，且依其所定事由（行政執行法第 37 條），都無非是緊急避難或正當防衛的範圍，尚不生違憲問題。

㈤法定程序的實體法功能

前面所述是「法定程序」一詞在程序法上功能的演變，更重要的，法定程序尚有其實體法上的意義。憲法第 8 條第 1 項反覆使用法定程序，並稱「非由法院依法定程序，不得審問處罰」，初看當然指程序規定而言，但若因而認為只要程序正當，實體法之內容可以不顧，顯非憲法保障人民身體自由的本旨。所以法定程序應解釋為兼含實體法之意，其中最重要者便是罪刑法定主義：行為之處罰以行為時法律有明文規定為限，這也是世界文明國家刑罰法律共同遵守的原則。我國刑事立法一向將之奉為圭臬，故也可視為在憲法實施時，已存在的人身自由制度的一環，否則審問雖嚴守正當程序，處罰的實體規定卻不受「法無明文，不為罪」的拘束，空有人身自由保障之名❺❼。

至於論者或主張「無辜推定」或「不得強迫被告自證其罪」，均應歸為本條之法定程序之內，並不妥當。蓋無辜推定及自白任意性，他國或有將之列入憲法條文者（如美國），但基本上是程序法與證據法規範的事項，運用正當法律程序加以檢驗即可。

權（釋字第 789 號）、閱卷權（釋字第 762 號）、羈押理由知悉權（釋字第 737 號）、羈押之救濟權（釋字第 653 號）、上訴權（釋字第 752 號）、不受重複追訴（釋字第 775 號）等。

❺❼　如林紀東，中華民國憲法逐條釋義㈠，修訂三版，三民書局出版，1987 年，頁 125 以下。

㈥拒絕非法侵害人身自由的憲法意旨

憲法第 8 條第 1 項最後一段文字：「非依法定程序之逮捕、拘禁、審問、處罰，得拒絕之」，通常都等閒視之，未賦予規範效力，殊非解釋憲法之道。我們認為這一規定，除表現基本權是防衛（禦）權的遺跡之外，還有重大意義：即對顯然非依法定程序侵害人身自由者，被害人有權抗拒，縱因而對違法公務員以某種程度的實力對抗，或避免拘禁而逃避，均不構成刑法上妨害公務或脫逃的刑責，因為這是憲法直接提供的正當防衛或違法阻卻之事由。

二、憲法第 8 條第 2 項至第 4 項

㈠提審制度

提審制度起源於英國的人身保護 (habeas corpus) 措施。憲法第 8 條第 2 項至第 4 項所定提審程序，也是源自英國的制度。如前所述，唯法院有審問處罰之權，凡是法院以外的機關逮捕犯罪嫌疑人之後，並無拘禁之權，所以逮捕拘禁機關應於 24 小時內移送該管法院，並應將逮捕拘禁原因，以書面告知本人及其本人指定之親友，以便本人及親友知悉遭逮捕之原委；又遭逮捕後，無論是否超過 24 小時，本人或其親友均得聲請該管法院向逮捕拘禁機關提審；法院在接到聲請後，應於 24 小時內辦理，這便是第 2 項規定的意旨。依第 3 項規定，法院對於前項聲請，不得拒絕，並不得先令逮捕拘禁之機關查覆。逮捕拘禁之機關，對於法院之提審，不得拒絕或遲延。第 4 項則規定，對非法之逮捕拘禁，法院應依當事人之聲請，依法追究違法之責任。

憲法對提審程序的設計確是本於保障人身自由的立場，對法院所課予的職責，對時限的硬性規定，與先進國家相比有過之而無不及。但行憲以來，法院受理提審之案件，非常稀少，法院裡甚至連提審票都沒有印❸，

---

❸　陳新民，憲法學釋論，增訂十版，三民書局出版，2022 年，註 5。

而真正提審釋放人犯者，更是聞所未聞。提審的功能不彰，第一個原因就是長期宣告戒嚴。戒嚴本有兩種不同的制度，一是法國的圍城狀態 (État de siège, Belagerungs zustand)，一是英美的 martial law。法國式的戒嚴是以傳統的陸戰為前提，故尚可劃分警戒地區與接戰地區，並先有一部戒嚴法的制定，一經發布戒嚴令，隨即實施戒嚴法。英美的戒嚴並沒有成文的戒嚴法，司令官的命令就是戒嚴地區的法律，我國的戒嚴屬於法國式。無論是法國式或英美式的戒嚴，一旦實施都具有兩項效果：軍隊司令官有權接管行政及司法機關（參看戒嚴法第 7 條），司令官得隨時限制人民的自由權利（戒嚴法第 11 條），在 martial law 之下，停止人身保護令狀的適用，更是當然的效果。台灣實施戒嚴長達 40 年，行政及司法機關雖未被接管，但普通法院的刑事審判權在戒嚴之初大受限制（戒嚴法第 8 條），其後雖逐漸恢復，但各種治安單位林立，基本上不受法院或檢察官的控制。在威權籠罩之下，向這些單位要求移送人犯，簡直是批其逆鱗，誰敢為之！

　　第二個原因是提審法對提審條件作了違背憲法第 8 條第 2 項的規定，第 8 條第 2 項的意思是：只要是法院以外的機關逮捕人犯，不問原因均應於 24 小時內移送法院，所謂 habeas corpus 本意就是 "Sir, you have the body" 將人提交法官，任憑處理，逮捕是否合法正是提審後法官應判斷之事。但舊提審法第 1 條則規定：「人民被法院以外任何機關非法逮捕拘禁時，其本人或他人得向逮捕拘禁地之地方法院或其所隸屬之高等法院聲請提審。」在戒嚴體制之下，治安單位或警察機關逮捕拘禁人犯，當然都有某些法規的依據，也就不是「非法」逮捕拘禁，不符合提審法的條件，舊司法院院解字第 4034 號解釋即持這種見解，提審徒具其名，沒有實際作用，這也是一項重要因素。上開提審法的規定，終於為釋字第 392 號解釋（解釋文第 3 段）宣告違憲。自此以降，人民（不限於犯罪嫌疑人）只要被法院以外之任何機關逮捕、拘禁時，均可即時向逮捕拘禁地之地方法院聲請提審，得提出聲請者包括本人及其親友。法院應於 24 小時內發出提審

票，逮捕拘禁之機關亦應於 24 小時內將人解交法院，法院亦可自行迎提。法院在提審程序中，應依職權調查，對不應逮捕、拘禁者，應立即釋放，認為應逮捕、拘禁者，以裁定駁回聲請。原聲請人不服抗告者，得向上級法院提出，至於釋放之裁定，原逮捕、拘禁之機關則不得抗告。因此今後受陸海空軍懲罰法悔過處分者，因傳染病防治法受隔離者均可聲請提審。但法律另定有即時向法院聲請救濟，即不適用提審。例如外國人、大陸及港澳居民非法入境而遭移民機關暫時收容者，因釋字第 708 號及釋字第 710 號解釋宣告相關法律（入出國及移民法、台灣地區及大陸地區人民關係條例）違憲。修正後之行政訴訟法規定，上述被收容人均可即時向地方法院行政訴訟庭聲請撤銷收容處分❺❾，此即依法另有即時救濟途徑並由法院審查，因而不得聲請提審之例。至此憲法保障人身自由之意旨，大都獲得實現。

(二)羈押權的歸屬

前面說過，憲法第 8 條的法院與司法機關究何所指？一向爭論甚多，連帶產生原本刑事訴訟法將羈押權劃歸負偵查犯罪責任的檢察官是否符合憲法本條的疑義。關於普通法院受理案件的人犯羈押，可劃分為三個階段：第一階段從政府遷台至民國 56 年刑事訴訟法修正公布為止：這一時期，犯罪嫌疑人在偵查中羈押權由檢察官行使，檢察官依法簽發押票將人犯羈押於法院看守所，但事實上有人犯借提寄押辦法，警察機關可依此辦法，將人犯羈押於警察拘留所，最長可達 14 天，而不必真正移送於檢察官，這種措施固有利於查證、追贓或緝捕共犯，但流弊時生（如非法取供），與憲法的規定更是南轅北轍。第二階段自民國 56 年至 86 年 12 月刑事訴訟法再次修正為止：民國 56 年 1 月刑事訴訟法全面修訂，並增設證據章節，以利爭取對駐台美軍的管轄權，配合美軍在華地位協定的實施，但有關羈押的條文，並無任何變動，當時台灣高等法院首席檢察官卻趁此機會，宣布廢止

---

❺❾　參見行政訴訟法第 2 編第 4 章「第 237 條之 10」至「第 237 條之 17」的規定。

人犯借提寄押辦法。從此之後，警察機關必須於 24 小時之內將人犯移送該管檢察處，如有借提查證的必要，也必須當日之內送返看守所羈押。這個時期警察機關若為辦案之方便，可利用的手法不外：以犯罪嫌疑人另觸犯違警罰法科予拘留，而將之留置於警察局（在民國 80 年 7 月 1 日該法失效前）。第三個階段自民國 86 年 12 月迄今：民國 84 年 12 月 22 日公布的釋字第 392 號解釋，宣告檢察官行使羈押權違憲，並將之回歸法院之法官 ❻。民國 86 年修法時，同時配合增訂刑事訴訟法第 101 條第 3 項，規定檢察官若向法院聲請羈押被告，羈押所依據之事實，應告知被告及其辯護人。爾後，民國 89 年再修刑事訴訟法第 245 條第 2 項，規定辯護人於被告受訊問時，得在場並陳述意見。雖然羈押權改由法院行使，且被告於被訊問時即可有辯護人在場，並知被羈押所依據之事實，但在偵查期間之羈押審查程序中，被告僅知事實，卻不知檢察官聲請羈押之理由及其相關證據，導致被告及其辯護人無法有效行使其防禦權。釋字第 737 號解釋以正當法律程序為由，進一步擴大偵查期間被告人身自由之權利保障。

　　自此，被告 ❻ 及其辯護人在偵查中之羈押審查程序下，也得享有有限

❻　憲法第 8 條是一個弔詭的規定，在制憲當時，中國大陸烽火遍地，行政及司法機關又極不健全，每一個縣是否均設有能執行職務的法院，都有疑問，根本不具有實施的條件。縱有法院想提審人犯，也遭縣長拒絕，參看司法院院解字第3354 號解釋就可發現。而制憲之際，檢察官配屬於法院，為法院的一部分，是眾所理解的事，移送於檢察官初無牴觸憲法問題。遷台以後，法治較國民政府在大陸時期，有長足進步，加以民國 70 年以後，院檢分立，又因檢察機關並非法院，乃各國通例，質疑違憲的聲音遂越來越強烈。24 小時由檢警雙方共用，對偵察犯罪卻嫌短促，雖然釋字第 130 號解釋附加在途時間，釋字第392 號解釋也有法定障礙所致之遲延時間不予計入，幫助仍然有限。惟解釋憲法依詮釋學者所主張，不是解釋制憲者的意思，而是憲法本身與時俱進所應有的意涵。

❻　釋字第 737 號解釋特別以「犯罪嫌疑人」取代「被告」，一改過去兩詞的慣用

的閱卷權❻。此號解釋雖然進一步限縮檢察官偵查作為的操作空間，但卻有助於落實憲法第 8 條的規範意旨。惟徒法不足以自行，執行刑事訴訟法的法官、檢察官及警察人員應本著刑事訴訟乃實用之憲法 (Strafprozess ist angewandetes Verfassungsrecht) 的理念，時刻以實現保障人權的憲法意旨為職志，尤其法官應體認法院是權利的保存庫，人民自由的堡壘，消除國人訟則凶，視赴法院為畏途的心理；執行刑事訴訟法之公務員，切忌只存刑事訴訟為國家行使刑罰權之程序的傳統觀念，唯恐法網有漏，不達到行使刑罰權之目的，絕不終止。果真如此，人身自由及其他基本權的保障，不過徒託空言而已！

㈢刑事被告與非刑事被告之區別

憲法第 8 條就其規範結構來看，區分為可適用於所有限制人身自由行為的一般人身自由保障規定（第 1 及第 4 項）與專用於犯罪嫌疑人的保障規定（第 2 及第 3 項）。依大法官之詮釋，僅犯罪嫌疑人或刑事被告適用「24 小時限時移送」與「法官保留」等兩項要求❻。釋字第 690 號解釋認為依傳染病防治法所為的「強制隔離」，釋字第 708 號與第 710 號有關外籍人士之「收容」即不適用前兩項要求；只不過釋字第 708 號認為收容超過15 日即有「事後法官保留」的適用餘地，但這「15 日合理作業期間」純屬法官造法。釋字第 710 號進一步將「15 日合理作業期間」改由立法裁量決

　　方式：在司法警察偵辦期間稱為犯罪嫌疑人，案件移送檢察官後即稱為被告。事實上，現行刑事訴訟法也多以「被告」指稱被偵查之對象。對於本號解釋改變此二名詞之慣常用法，吳陳鐶大法官提出部分不同意見書表示難以接受。

❻　見民國 106 年 4 月修正的刑事訴訟法第 33 條之 1 第 1 項：「辯護人於偵查中之羈押審查程序，除法律另有規定外，得檢閱卷宗及證物並得抄錄或攝影。」

❻　如釋字第 588 號解釋謂：「刑事被告與非刑事被告之人身自由限制，畢竟有其本質上之差異，是其必須踐行之司法程序或其他正當法律程序，自非均須同一不可。」另請參見釋字第 708 號解釋李震山大法官不同意見書對此段論述之強烈批判。

定之，亦即立法者甚至還可以再延後法官介入的時點。

　　至於釋字第 799 號解釋針對刑後強制治療處分，因為處分對象是已服刑完畢不再是刑事被告或受刑人身分，而是「病人」，且「強制治療」亦非處罰，故即便強制治療剝奪人身自由，該解釋並未嚴格適用憲法第 8 條。如前所述，憲法第 8 條的保障內容不僅是限時移送與法官保留而已，其還包括特別是為對抗行政權之危險性、國家人民不對等，以及個體不是為集體而存，私益不必然要為公益而犧牲的人權理念所開展的各種保障設計。一旦脫離憲法第 8 條，例如直接牴觸無罪推定原則的「再犯推定」，即可輕易以 「基於保護社會大眾安全憲法上特別重要公共利益」 為由而通過檢驗❻❹。而一般人認為可能威脅大眾安全的群體首推「更生人」與「病人」，其威脅性看似客觀明顯，實質上卻不易判定，瘋癲病人的監禁史即為適例。更可怕的是「威脅大眾安全之群體」的範圍可以不斷延伸擴張，從異教徒、遊民、流氓、窮人、政治異議分子到當代的移工、移民、外配，尋求政治庇護者到恐怖分子，只要不為主流群體或掌權者所喜，他們的人權即可能為了「維護大眾（或國家）安全、維護治安與預防犯罪等特別重要公共利益」而遭致侵害。要如何冷卻群眾的一時激情，要如何緩衝執政者的衝動與執拗，要如何在各界壓力下調和人權與公益，這些都是違憲審查機關日日要面對的難題。

　　我國因刑後更生人再犯事件而建制「強制治療」制度的社會背景並不特別，法國國會在 2008 年以保護社會安全為由創設「安全留置」(rétention de sûreté) 制度❻❺的社會背景，與我國幾無二致。其係因甫出獄不過數週的

---

❻❹　釋字第 812 號解釋對於刑前的強制工作，便認為其屬維護治安與預防犯罪之特別重要公共利益。

❻❺　法國的「安全留置」處分係針對服刑完畢的更生人，因其仍有嚴重的人格障礙，並因其具有極高風險的再犯可能性而對社會造成重大危險，若符合前二要件即得經特別法庭決定將其安置於社會醫療機構。安全留置決定每次最長以 1

性侵犯更生人又再度性侵兒童而引發眾怒，總統及執政黨隨即高聲譴責犯行並迅速通過立法；但國會少數旋即完成釋憲連署發動違憲審查程序。法國憲法委員會在十日內完成該案審查，其一方面宣告刑後之安全留置決定並非由刑事法院所作成，且該決定並非以制裁與抑制犯罪為目的，而係以預防為目的，故不屬刑事處罰。但在另一方面憲法委員會又說因安全留置措施侵害個人自由，故不得溯及既往❻❻。換言之，該法雖被宣告為合憲，但僅能向未來生效。此決定作出之後引起學界嚴厲批判，學界雖然理解憲法委員會要求僅能向未來生效的效果，形同讓該新法進入幾近休眠狀態❻❼，

年為限，但可無限次數的延長。安全留置看似與我國的強制治療十分相似，但仍有諸多差異：首先就對象而言，法國要求必須是被判 15 年以上有期徒刑者，且係犯性侵、謀殺、虐待或綁架等重罪者。其次就程序上而言，法國法規範十分嚴謹詳細，須在出獄前一年就開始將受刑人置於評估區，由跨領域專業委員會進行至少為期 6 週以上的鑑定評估，然後提交評估報告給特別法庭。特別法庭由法官、律師、心理師、被害人協會代表與地方政府代表共五人組成，當事人有辯護人協助，法庭審理的重點除前述是否存有人格障礙及高度再犯風險外，更要確認安全留置是否為預防再犯的唯一手段。一旦決定留置，留置後超過半年以上，主管機關即須主動重新評估；被安置人也可每 3 個月提出重新評估要求。另可參見本案詹森林、黃昭元等大法官之部分不同意見書的嚴厲批評。

❻❻ C.C. 21 fév. 2008, decision n° 2008-562 DC.

❻❼ 因為法國規定不得溯及既往，且須遭 15 年以上判刑者才適用新法，故 2008 年生效之新法，最快要到 2023 年才有人得以適用。不過，該法也規定對於處於「安全監控」狀態下的更生人，也可被改處安全留置措施。所謂「安全監控」措施，係指更生人並未被監禁於醫療院所內，但仍有諸多權利遭致限制以防其再犯。新法規定，若有因違反「安全監控」規定且情節嚴重，經評估認為其再犯風險甚高者，可被改處以「安全留置」，強令其入醫療院所。依 2015 年的資料，該法上路 7 年間，全法國僅有五人被改處以「安全留置」。反觀我國情形，自民國 99 年起 10 年間共有一五八人被宣告強制治療，二國的差距顯不能以道

但其合憲結論仍然被批為不敢挑戰執政者與主流意見，背離過去人權保障傳統，日後必將遭歐洲人權法院或歐盟法院所推翻。論者更指出這套刑後監控與留置制度最早出現於 1933 年 11 月 24 日納粹國會所通過的常習犯法 (Gesetz gegn gefährliche Gewohnheitsverbrecher)❽，是納粹立法創新的傑作之一，試問今日法國與昔日納粹何異？為了對抗恐怖分子，法國國會又在 2020 年 7 月 27 日通過法律，針對恐怖主義分子建制一系列限制人權的刑後「安全監控措施」(mesures de sûreté)。此次，憲法委員會改採嚴厲態度，幾乎整部法律都被宣告違憲，僅餘一個次要的條款得以通過違憲審查❾。

　　雖然政治制度，經濟、社會或文化的背景與發展程度各有不同，但威脅與限制人權的理由幾乎可謂不分時空，亙古不變。除了針對刑事被告之外，尤其是那些針對非刑事被告的各類限制人權的保護性、照顧性、治療性、教育性、矯正性或預防性措施最為可怕，更須接受嚴格的檢驗；這正是法儒傅科成名作《古典時代瘋狂史》的關懷重心❿。基此，以是否為刑事被告而異其人權保障標準的作法，實充滿高度風險而更應審慎為之。

里計。有關我國的數據資料，參見釋字第 799 號解釋黃昭元大法官之部分不同意見書註 21。

❽　該法名稱之翻譯引自蔡明誠大法官在釋字第 799 號解釋的意見書，其雖提及此法，並介紹其在德國刑法的立法沿革，但未提及其係納粹國會的立法傑作。黃昭元大法官的意見書中註 39 則提及應注意德國保安監禁制度之黑歷史。

❾　C.C. 7 aout 2020, decision n° 2020-805 DC. 這些安全監控措施係針對曾犯恐怖主義罪行服刑 5 年以上，或累犯服刑 3 年以上者，刑後仍有高度再犯風險，經評估後可對其採一系列安全監控措施，舉其要者如限制居住區域，每週最高三次定期向警方報到，施加電子監控，接受家訪，提交生活資金來源，出國須經事前核准，超過 15 日的國內旅行必須核准與事後報告，變更工作亦須報備等。

❿　M. Foucault, *Histoire de la folie à l' âge classique*，中文翻譯有多種版本，此中文書名係時報出版之譯著名稱。

㈣憲法第 8 條、正當法律程序與憲法第 16 條之關係[71]

從憲法第 8 條開展而生的正當法律程序究竟與憲法第 16 條有何關係？例如釋字第 789 號解釋對於被害人法庭外陳述能否作為證據的問題，大法官認為屬憲法第 8 條正當法律程序與憲法第 16 條訴訟權之保障範圍[72]。而釋字第 805 號解釋認為被害人到庭陳述意見之權利係屬憲法正當法律程序所保障之範疇；但有認為被害人不是被告，不像是憲法第 8 條及其所衍生之正當法律程序所欲保障的對象；且被害人除自訴案件外，通常並非訴訟當事人，故其權利也不屬憲法第 16 條之訴訟權範圍[73]，於此產生正當法律程序的概念範圍究竟為何？其與訴訟權有何關？

英國法官 Edward Coke 曾有一段著名的論述：「如果一個人遭違反正當

---

[71]　以下論述主要引自陳淳文，從正當法律程序看我國人身自由保障之司法實踐，收於：如沐法之春風──陳春生教授榮退論文集，元照出版，2020 年，頁 3 以下。

[72]　該號解釋認可被害人庭外警詢內容可例外作為證據，但強調：「法院於訴訟上以之作為證據者，為避免被告訴訟上防禦權蒙受潛在不利益，基於憲法公平審判原則，應採取有效之訴訟上補償措施，以適當平衡被告無法詰問被害人之防禦權損失。包括在調查證據程序上，強化被告對其他證人之對質、詰問權；在證據評價上，法院尤不得以被害人之警詢陳述為被告有罪判決之唯一或主要證據，並應有其他確實之補強證據，以支持警詢陳述所涉犯罪事實之真實性。於此範圍內，系爭規定與憲法第 8 條正當法律程序及第 16 條訴訟權之保障意旨均尚無違背。」

[73]　釋字第 805 號解釋謂：「少年事件處理法第 36 條規定：『審理期日訊問少年時，應予少年之法定代理人或現在保護少年之人及輔佐人陳述意見之機會。』及其他少年保護事件之相關條文，整體觀察，均未明文規範被害人（及其法定代理人）於少年保護事件處理程序中得到庭陳述意見，於此範圍內，不符憲法正當法律程序原則之要求，有違憲法保障被害人程序參與權之意旨。」該號解釋之不同意見特別強調少年事件的特性不同於一般刑事案件，且被害人之程序參與權究竟從何而來？是否屬正當法律程序之範疇？尚有斟酌餘地。

法律程序（或譯為「違反現行有效之法」）逮捕或拘禁時，其有何救濟管道？其答案就是人身保護令狀❼❹。」這段論述將正當法律程序與人身保護令狀結合在一起，充分顯示英美法的特色。吾人可以說英美法所建構的人身自由保障體系，其實就是築基於「令狀要求及法院聽審」與「程序保障」等兩個支柱上，其於成文憲法架構中自然也就形成二元架構：一是有關令狀與法院提審的規定，一是相關公權力作為的程序規定，以及針對當事人的程序保障機制。

　　對於美國憲法條文中 due process of law 的意涵，早期美國聯邦最高法院延續英國法之傳統，認為相當於「現行有效之法」（the Law of the land）❼❺。但到了 20 世紀，其意義已有所轉變。美國學者 Edward S. Corwin 在深入研究此概念之歷史淵源以及美國聯邦最高法院對於聯邦憲法增修條文第 5 條及第 14 條之詮釋後，認為 due process 的原始意涵就是「**給予被告公平審判權**」（a fair trial for accused persons）❼❻，此見解符合聯邦最高法

---

❼❹　其原文為：If a man be taken, or committed to prison *contra legem terrae*, against the law of the land, what remedy hath the party grieved? ...He may have an *habeas corpus*. 引自 Brandon L. Garret, *Habeas Corpus and Due Process*, 98 Cornell L. Rev. 47, 64 (2012–2013).

❼❺　在 Murray's Lessee v. Hoboken Land and Improvement Co., 59 U. S. 272 (1855) 一案中，法院指出：The words, "due process of law," were undoubtedly intended to convey the same meaning as the words, "by the law of the land," in Magna Charta. 同樣的，在 1884 年 Hurtado v. California, 110 U. S. 516 (1884) 法院也認為：[Due process of law in the Fourteenth Amendment] refers to that law of the land in each state which derives its authority from the inherent and reserved powers of the state, exerted within the limits of those fundamental principles of liberty and justice which lie at the base of all our civil and political institutions, and the greatest security for which resides in the right of the people to make their own laws, and alter them at their pleasure.

❼❻　Edward S. Corwin, Court over Constitution: a Study of Judicial Review as an

院爾後大幅開展此概念的司法實踐。聯邦最高法院將這兩個憲法條文的相同內容分成兩部分，前半部 (No person shall be deprived of life, liberty, or property) 稱之為實質或實體的正當程序 (Substantive Due Process)，其要求公權力機關若要介入人民之生命、自由與財產，不僅要目的正當，而且手段與目的必須相符。而後半部 (without Due Process of Law) 稱為程序上的正當程序 (Procedural Due Process)，其乃限制公權力機關之作為或行動的具體程序規範 ❼❼。就實體正當程序而言，它除了作為生命，自由與財產之保障的基礎之外，更成為開展其他新興權利的泉源，特別是從此處「自由」的概念開展成憲法保障的結婚權 ❼❽，公權力不得強行分開小孩與父母的子女照護權 ❼❾，甚至是隱私權 ❽⓪與人工流產權 ❽❶都是從此條文衍生而來。至於程序上的正當程序，其發展更是粲然大備。在 1976 年的裁判中 ❽❷，聯邦最高法院提出關於程序是否正當的三個考量因素：第一，是受公權力影響的私人利益，第二，是所使用之程序可能誤傷人民權益的風險，以及若有

INSTRUMENT OF POPULAR GOVERNMENT (1938).

❼❼ 湯德宗氏指出：「美國憲法上所謂『法律正當程序』，乃在確保國家權力（含立法、司法與行政之行為）之公平、合理（非為）恣意行使。其內涵包括『實質上正當程序』與『程序上正當程序』。前者旨在確保國家權力作用之實質公平，其功能殆與我國憲法第二十三條相當；後者旨在確保國家公權力行使之程序公平，我國憲法僅於第八條（關於人身自由之限制或剝奪）著有明文。」參見湯德宗，憲法上的正當程序保障，收於：湯德宗，行政程序法論——論正當行政程序，二版，元照出版，2005 年，頁 172–173。

❼❽ Loving v. Virigina, 388 U. S. 1 (1967).

❼❾ Stanley v. Illinois, 405 U. S. 645 (1972); Quilloin v. Walcott, 434 U. S. 246 (1978).

❽⓪ Griswold v. Connecticut, 381 U. S. 479 (1965).

❽❶ Planned Parenthood of Southeast Pennsylvania v. Casey, 505 U. S. 833 (1992).

❽❷ Mathews v. Eldridge, 424 U. S. 319, 334–335 (1976).

附加或可替代之程序保障的實用價值，第三，政府的利益，包括所涉及的職能，以及為實現附加或可替代之程序保障所需要的行政及財政負擔。這種三重綜合考量因素的想法，在我國大法官解釋中也可看到類似的思維❽。除了三重考量因素之外，從聯邦最高法院的歷年裁判可歸納出十項符合正當程序之基本要求 ❽ ： 1.裁判或決定之相對人之適宜資訊權 (adequate notice)、 2.裁判或決定之相對人之聽審權 (opportunity to be heard)、 3.裁判或決定之相對人之證據提出權 (the right to present evidence)、 4.裁判或決定之相對人質問證人與鑑定人之權 (confrontation of opposing witnesses)、 5.當事人交互詰問雙方證人之權 (right to cross examine those witnesses)、 6.當事人取得所有對照證據資訊之權 (disclosure of all adverse evidence)、 7.當事人之辯護人協助權 (the right to an attorney if desired)、 8.僅以聽審後所得之證據作為裁判或決定之基礎 (a decision based solely on the evidence produced at the hearing)、 9.裁判或決定應附具理由 (statement of the reasons for the decision)、 10.作成裁判或決定之人應公正中立 (an impartial decision maker) 等。

　　至於主要的人權公約，不論是世界人權公約的第 9 條及第 10 條，還是歐洲人權公約的第 5 條及第 6 條，都是將人身自由權與訴訟權分開規定。特別是訴訟權的保障，歐洲人權公約第 6 條規範的十分詳細，學界稱其所保障之權為使被告獲得 「公正審判權」 (droit au procès équitable, Right to a

---

❽　如：「人身自由為重要之基本人權，應受充分之保護，對人身自由之剝奪或限制尤應遵循正當法律程序之意旨，惟相關程序規範是否正當、合理，除考量憲法有無特別規定及所涉基本權之種類外，尚須視案件涉及之事物領域、侵害基本權之強度與範圍、所欲追求之公共利益、有無替代程序及各項可能程序之成本等因素，綜合判斷而為認定」（大法官釋字第 639 號解釋理由書第 3 段，大法官釋字第 690 號解釋理由書第 5 段）。

❽　John V. Orth, Due Process of Law: A Brief History (2003).

fair trial)。而此處所指之人民可以獲得公正審判之權，其實與美國法上之正當法律程序的基本意涵相同。換言之，**美國人所說的「正當法律程序」，到了歐陸的法制語境，就變成了「公正審判權」**。

雖然我國憲法第 8 條本身規定詳盡，但其主要內容是類似人身保護令狀的規範內容，而非具體的程序規定。而條文中三度出現「法定程序」之用語，又宛若英國法之「現行有效之法」或是美國法上的「正當法律程序」。基於憲法第 8 條本身涉及剝奪人身自由之刑事程序，及其使用「法定程序」之用語，整體結構與前述英國法學家 Coke 將令狀與正當法律程序結合在一起的論述相當。基此，大法官將憲法第 8 條與正當法律程序作連結，看來並不奇怪。只不過人身自由保障因憲法保留之故，雖屬訴訟權最特別的一部分，但卻不是訴訟權的全部。而從英美傳來之「正當法律程序」，其真正要規範的重點，其實就是形塑「公正審判權」，所以正當法律程序概念真正該落腳的憲法條文應該是憲法第 16 條，而非憲法第 8 條[85]。事實上，在「公正審判權」的概念下，其自然會包含有關剝奪人身自由的相關規定。所以公正審判權與人身自由權二者並非相斥關係，而是包含關係。基於我國憲法對於訴訟權保障的具體內容未有規範，而且並非所有訴訟程序皆可委由立法者自由決定，釋憲機關只好介入予以填補。這些由釋憲機關所建立之具憲法位階的程序保障內容，稱其是基於「正當法律程序之要求」，或是為了確保「人民享有公正審判權」，其實二者並無本質上之差別；只不過前者是英美法之傳統用語，後者卻是出現在歐陸法的法制語境之下而已。

---

[85] 例如釋字第 762 號解釋大法官將正當法律程序與訴訟權連結在一起，解釋文謂：「刑事訴訟法第 33 條第 2 項前段規定……，未賦予有辯護人之被告直接獲知卷證資訊之權利，且未賦予被告得請求付與卷內筆錄以外之卷宗及證物影本之權利，妨害被告防禦權之有效行使，於此範圍內，**與憲法第 16 條保障訴訟權之正當法律程序原則**意旨不符。」

三、人身自由與軍事審判

憲法第 9 條：「人民除現役軍人外，不受軍事審判。」可稱為不受軍事審判之自由，類似情形在他國憲法上或定為：「禁止設置特別法院」、「人民皆有受法官審判的權利」 **❽❻**。本條之反面解釋當然是：現役軍人「得受」軍事審判，我們稱「得受」而非「應受」，乃基於軍人原則上應享有與一般人民相同的基本權，除非確有必要，不應認為現役軍人就必須接受軍事審判。對於軍事審判體系應如何建構？憲法未置一詞。對於不在司法院體系下，另立軍事審判體系，釋字第 436 號解釋承認此種二元審判體制，但同時強調軍事審判機關對於犯罪軍人並無專屬審判權，且軍事審判權之建置與運作必須符合司法權建置憲政原理。且本於憲法保障人身自由、人民訴訟權利及憲法第 77 條之意旨，在平時經終審軍事審判機關宣告有期徒刑以上之案件，應許被告直接向普通法院以判決違背法令為理由請求救濟 **❽❼**。依此解釋意旨，軍事審判體系終審機關（即最高軍事法院）重大案件的判決仍可向最高法院上訴。迨民國 102 年夏發生軍士洪仲丘死亡事件，立法院修改軍事審判法，將承平時期所有軍人犯罪案件逐步劃歸普通法院管轄。目前各級軍事法院已無可供管轄之案件。此外，對於軍事審判權的性質，釋字第 624 號解釋強調其與一般司法審判權無異，故軍事審判案件所致冤獄之受害人，亦得請求國家賠償。由於此兩種審判體系本質無異，軍事審判體系自亦必須維持獨立；從而軍事審判官的獨立性亦必須予以維護。基此，釋字第 704 號解釋認定軍事審判官志願留營須經核准及服役期滿解除

---

❽❻　威瑪憲法第 105 條、德國基本法第 101 條、日本國憲法第 32 條參照。

❽❼　112 年憲判字第 6 號判決認為二共同正犯分受普通法院無罪判決與軍事法院有罪判決確定，且主要事實證據相同的情況下，受軍事法院有罪判決之被告，自得以事實認定瑕疵為由提出再審。不過，本案應否受理，以及本判決所創設之獨立再審事由，飽受不同意見之批判。

召集之規定，有礙其獨立性而被宣告違憲。

● 第三節　居住遷徙及秘密通訊之自由

　　本節將憲法第 10 條：「人民有居住及遷徙之自由」，與憲法第 12 條：「人民有秘密通訊之自由」合併討論，係因二者皆屬「私人生活權」或「私人生活應被尊重之權」(le droit au respect de la vie privée) 的一部分。歐洲人權公約第 8 條第 1 項及歐盟基本權利憲章第 7 條皆規定：「所有人之私人生活、家庭生活、居住及通訊皆應被尊重。」它們構築成個體在社會生活中的「私領域」，不應受到他人或公權力之介入或干涉❽。若是公權力要介入此私領域，就像國家欲介入所有人權領域一樣，必須同時滿足以下三個要件：第一，必須由法律所規定，亦即必須遵守法律保留原則；第二，目的必須合理正當；第三，目的與手段必須合致，且係屬民主社會所必要之措施❾。

---

❽　例如成年人間自願從事施虐 (sadism) 與受虐 (masochism) 之 「性虐戀」 (sadomasochism) 活動，本屬私人生活領域，國家似不應干涉；即使此類活動乃經當事人同意，但因其使人為奴為僕，受暴受虐，嚴重侵害人性尊嚴，故歐洲人權法院認為國家立法禁止或制裁此類活動並未侵害私人生活權。私人生活權的概念也可見於大法官解釋，如釋字第 709 號解釋理由書第 2 段謂：「憲法第十條規定人民有居住之自由，旨在保障人民有選擇其居住處所，營私人生活不受干預之自由。然國家為增進公共利益之必要，於不違反憲法第二十三條比例原則之範圍內，非不得以法律對於人民之財產權或居住自由予以限制。」

❾　此三要件可從我國憲法第 23 條推衍而出，亦即結合法律保留原則與比例原則。不過，若與歐洲人權公約第 8 條第 2 項相比，尚缺「基於民主社會所必要」之要件。此處特別加上此要件，實因在傳統人權領域發軔之際，「民主社會」概念尚未完備；而現今國家介入人權領域，則時時應考量其與民主社會之存續的關聯性。

一、居住自由及遷徙自由

　　傳統對這兩項自由通常分別詮釋：居住自由是靜態的權利，遷徙自由是動態的權利。大法官解釋則將兩項自由合而為一：「憲法第十條規定人民有居住及遷徙之自由，旨在保障人民有自由設定住居所、遷徙、旅行，包括出境或入境之權利❾⓪。」

(一)居住自由

　　就居住自由而言，自由選擇居住處所便有動態的性質，而一旦有居住之事實則應受充分的保障。故居住自由就靜態而言，就是居住處所不受公權力或他人之侵犯。我國雖然沒有像英國諺語：「人之家宅乃其堡壘」(For a man's house is his castle) 的說法，但在習俗上若無主人的允許，擅自登堂入室仍是大忌，為保障居住自由，刑法設有無故侵入住宅罪（刑法第 306 條）及違法搜索罪（刑法第 307 條），若因偵查犯罪之必要，而須進入或搜查住宅時，應遵守刑事訴訟法規定的程序。偵察犯罪以外之情形，尤不得假借臨檢或盤查之名，恣意妨害人民居住自由，又凡供人居住之處所，不問其居停時間的長短均受與住宅相同的保障，這就是釋字第 535 號解釋的意旨所在。更詳細地說，民法第 20 條雖規定自然人僅能有一住所，但即使在住所之外，只要有實際居住之事實，包括租屋、自有度假別墅或具居住功能的旅行車 (caravane)❾⓵，乃至旅館房間，皆在保障之列。此外，法人之住所（公司法第 3 條第 1 項）亦應在本條保障範圍內❾⓶。此外，本條的保障重點除了排除公權力無故侵入外，也有積極的保護功能：當住宅遭他人

---

❾⓪　釋字第 454 號解釋文，釋字第 443 號解釋也有類似文字。

❾⓵　CEDH, 25 sept. 1996, *Buckley c. Royaume-Uni, Rec*. 1996-IV, para. 54.

❾⓶　歐洲人權法院認為法人之住所也在歐洲人權公約第 8 條的保障之列，無疑是對本條採取擴張解釋的態度。參見 CEDH, 16 avril 2002, *Société Colas Est c. France, n° 37971/97, Rec*. 2002-III, para. 41.

無故入侵、占用或阻止進出時，國家應有排除義務，公權力消極不作為亦構成違憲❸。

　　除因法定事由得無令狀即得逕行進入住宅外（刑事訴訟法第 131 條），現行法規定必須有法官核發的搜索票才能搜索住宅。住所純屬私人領域，其與具公開性質之工作場所、工廠或營業處所自有不同。但我國過去曾為了追求經濟發展而鼓勵人民「家庭即工廠」，在住宅內從事生產或營業活動；近年又因資訊業及服務業的發展，於住宅中成立「個人工作室」十分常見，如此淡化了住宅的私人性質。就法制而言，「住所」與「非住所」的保障強度自當有所不同。但當二者混淆不清時，個人工作室是否是屬憲法第 10 條的保障範圍？非無討論餘地。現今諸如勞動檢查法、食品安全衛生管理法或是水污染防治法等諸多行政法規，授權行政機關在無須法院核發令狀的情況下，即得進入工廠或營業處所進行「行政檢查」，如此是否侵害居住自由？基於人權保障的要求，只要有充分證據證明工作或營業場所同時是住所時，則行政檢查應不得及於居住部分。若工作部分與居住部分實為一體（如個人工作室），就應遵守由法官核定搜索票之令狀原則。

　　居住自由除排除國家或他人恣意入侵之外，也能對抗公權力之強制遷離要求。例如，因劃定水質保護區而要求保護區內住民遷離（釋字第 542 號），或因都市更新之需求而要求住戶遷離（釋字第 709 號）；特別是為災害防治、國土保育或災後重建，政府得強制遷居或遷村❹。

㈡遷徙自由

　　遷徙自由是指移居或旅行的權利，故應與人身自由僅屬於身體行動自由而不涉及居停處所移動者，概念上有所區隔。論者或將遷徙自由理解為

---

❸　歐洲人權法院認為居住自由權不僅有「垂直效力」，可以對抗國家；也具有「水平效力」，可以用來對抗其他人民，例如 CEHD, 20 avr. 2004, *Surugiu c. Roumanie*, n° 48995/99, para. 68.

❹　如災害防救法第 24 條、國土計畫法第 37 條或已廢止之莫拉克颱風災後重建特別條例第 20 條規定。

行動自由，易造成與人身自由重疊❾❺。又遷徙自由的保障不僅涵蓋積極的任意遷移的權利，也包括消極的免於受強迫遷移的自由。國際人權法上將遷徙自由稱為「行動自由」(liberty/freedom of movement)❾❻或「往來自由」(liberté d'aller et venir)❾❼，它是典型的先國家而存在之自然權利，但自近代

---

❾❺　李惠宗，憲法要義，五版，元照出版，2009 年，頁 167。事實上，有關身體行動自由可以分成三種次類型：一是純粹的剝奪自由，不論時間長短，諸如監禁、逮捕、拘禁，乃至極短時間的限制（如酒測）皆屬之。此應屬憲法第 8 條的人身自由權之範疇，應採絕對法律保留。二是涉及遷徙與旅行之自由，如限制出入境，此屬憲法第 10 條的保障範圍。最後一種類型並未剝奪行動自由，但限制自由之行使，如強制使用行人穿越道或天橋（如釋字第 417 號），此則屬憲法第 22 條的範圍。後二者可採相對法律保留模式，必要時可以授權行政機關訂定法規命令予以規範。惟大法官解釋對於「人身自由」、「行動自由」、「遷徙自由」與「一般行為自由」等概念內涵與其所涉及之憲法條文，認知上頗為分歧。如釋字第 699 號解釋將「人民隨時任意前往他方或停留一定處所」的身體行動自由視為是憲法第 22 條所保障之「一般行為自由」，但釋字第 690 號解釋又將強制留驗或集中隔離視為是憲法第 8 條的人身自由。然而，強制留驗或隔離，不就是不得「隨時任意前往他方或停留一定處所」？對於前述認知之批評可參見釋字第 699 號解釋湯德宗大法官之部分協同暨部分不同意見書。

❾❻　聯合國公民與政治權利國際公約第 12 條第 1 項規定：「在一國領土內合法居留之人，在該國領土內有遷徙之自由及擇居之自由。」("Everyone lawfully within the territory of a State shall, within that territory, have the right to liberty of movement and freedom to choose his residence.") 按聯合國人權事務委員會 (UN Human Rights Committee) 1999 年就公民與政治權利國際公約第 12 條所作之第 27 號「一般性意見」(General Comment No. 27)，遷徙自由乃個人自由發展不可或缺之前提條件 ("Liberty of movement is an indispensable condition for the free development of a person.")，並為該條所保障之其他權利（如住居所選擇自由、出入國境及返回祖國自由等）之基礎，引自湯德宗大法官釋字第 699 號解釋意見書註 3。

❾❼　歐洲人權公約第 4 議定書第 2 條第 1 項：「任何一個擁有合法地位的人，在此

國家形成之後，該自由即受到國家主權與國界之拘束，因而可以分成在國境內之遷徙自由與國際間之遷徙自由。

在國境之內的遷徙或行動自由可否被國家監控？特別是在數位監控與大數據運用發達的時代，從公共運輸之電子票證、道路橋樑之電子收費、道路上之電子監控，到住宿資料等，一經串聯即可得出個人足跡，任何人在國境之內幾無可遁形。除非是為了犯罪偵查，否則為確保遷徙自由，在法制上要避免國家得以透過資訊串聯而掌握每個人民之行蹤。故我國過去旅館業必須將住客資料主動送當地警局備查的規定不僅已經被廢止，且現今旅館業蒐集住客資料亦受個人資料保護法所規範❾❽。另有後備軍人遷徙必須依法申報的部分，係為確保國防兵員召集制度有效實施，且未限制遷徙自由，釋字第 517 號解釋認定其合憲。國家為公共利益限制境內遷徙自由的情形，如為阻止傳染病蔓延而為限制，可見於傳染病防治法第 37 條、第 44 條、第 48 條及第 62 條規定等。

在國際間遷徙涉及兩個國家的主權，任何人入境他國，恆受他國主權之限制。是否核發外國人入境簽證或允許居留，屬國家高權行為，他國無權置喙。至於限制本國人民入出境部分，現行法律中限制人民居住遷徙自由者，為數不少。最常見的是犯罪嫌疑人被法院或檢察官依刑事訴訟法限制住居或限制出境，此除有法律依據外，理由也屬正當。反之，以欠稅為由限制人民出境之正當性，非無討論空間❾❾。此外，基於國家安全限制國

　　國境內得自由行動，並自由選擇住居處。」同條第 2 項：「任何人皆有權離開任何一個國家，包括其母國在內。」

❾❽　見旅館業管理規則第 23 條。

❾❾　依稅捐稽徵法第 24 條，繳稅義務人欠繳稅捐達一定數額者，財政部得通知入出國及移民署限制其出境。但以限制憲法第 10 條之自由，作為使人民納稅之手段，有無違反「禁止不當聯結原則」，似有疑義。不過，對於以授權命令訂定限制欠稅人出境之相關細節，釋字第 345 號解釋認定無違授權明確性原則，宣告其合憲。

民入出境，如役男出境管制（釋字第 443 號）、國民入出境管制（釋字第 454 號）、大陸地區人民入出境管制（釋字第 497 號），乃至特殊人民（異議分子、黑名單）入境限制（釋字第 558 號）等，皆應遵循法律保留與比例原則之要求。民國 109 年年初爆發嚴重特殊傳染性肺炎疫情，我國為防疫自同年 2 月即進行入境管制本屬當然。惟相關邊境管制措施不以科學為依據，出現嚴重歧視與不合理的情形，且有不少嚴重侵害居住遷徙權與家庭（團聚）權的情形，其中又以「小明的故事」最受關注❿。民國 110 年 5 月我國爆發境內疫情流行，超過 2 個月的三級警戒管制，導致數百人死亡，且有更多人陷入生存困境；而爆發疫情的根源仍源自於恣意無理的黑箱邊境管制⓫。在人員高度流動的全球化時代，境內遷徙管制與邊境管制對人權可能造成的影響，自非農業社會時代所可比擬，故尤須嚴肅對待。

二、秘密通訊自由

㈠規範意旨

秘密通訊自由是一項古典的自由權，最初是指郵件作為通訊工具而言，隨著技術的發展，電報、電話的通訊方法也一視同仁，今天更進展到電子傳真及網際網路的時代。無論人民使用何種通訊媒體，都受到憲法第 12 條

---

❿　「小明」泛指居住於台灣地區之中華民國國民與大陸地區人民婚配所生之子女，他們在台就學且加入健保，於春節期間赴中國大陸探親或旅遊，卻因疫情入境管制無法返台團聚與就學。疫情指揮中心自民國 109 年 2 月 6 日起禁止中港澳地區人士入境，直至同年 9 月 24 日才解禁，小明們因而被迫滯留大陸地區長達 8 個月。然若以疫情作為管制的理由，不論歐美，或是日本等國皆在同年爆發疫情，且其嚴重程度遠甚於中國大陸地區，但指揮中心從未對例如英國、美國或日本等嚴重疫區發布禁止入境限制。

⓫　從疫情一開始就有專家主張應進行入境普篩，但一直為指揮中心所拒，卻提不出堅實的科學理由。著名的「3＋11」機組員隔離政策究竟如何作成？竟無任何會議紀錄，沒有任何單位可以對其進行監督並課責。

之保障。所謂秘密通訊自由不僅指通訊的內容不得拆閱、竊聽、隱匿、扣押等刺探或破壞而言，即對於收件人及寄件人之姓名是否真實，如當事者不願提供說明，傳達機關或人員也應給予尊重。憲法第 12 條保護的主體包括自然人及法人，自然人包括成年人及未成年人，法人兼指本國法人與外國法人。秘密通訊自由原本是對抗公權力的權利，而郵政、電信服務人員以往多具有公務員身分，保障的功能更易於發揮。目前電信、郵政已逐步開放民營，擔任傳達資訊任務者無論是否具有公務員身分，一樣負有維護通訊秘密的義務，郵電從公法上組織改為私法上營利事業，德國與我國近年如出一轍，學者認為維護通訊自由的義務，現時可視為基本權的國庫效力 (Fiskalgeltung der Grundrecht)❿，即私經濟行政亦受基本權拘束之意。國庫效力於此對我國也有適用，不過若干因保障通訊自由並設有刑責的規定，常以侵害通訊秘密者須具有公務員身分為前提（例如刑法第 133 條），在「民營化」之後將發生適用問題。又秘密通訊自由並不以對抗公權力為限，即在私人間關係上也不排除其規範效力，故雇主對於員工也不得有妨害其秘密通訊的權利，這種情形就是學理上所稱的基本權之放射效應。

(二)秘密通訊自由的限制

　　秘密通訊自由與良心自由或內心信仰自由不同，並非無從由外部予以限制的權利。特別是當國家以確保國家安全或維持社會秩序所必要為由進行限制時，特別容易成為公權力濫權的溫床。德國曾發生限制這項權利的著名案例：先是在冷戰高潮時期，西德於 1968 年增修基本法第 10 條第 2 項的規定，並以修憲程序制定實施基本法第 10 條第 2 項的法律，目的在延續占領軍當局某些郵電檢查措施，授權政府機關有權在不告知關係人之情形下，採取限制措施（如竊聽電話等），司法機關並無監督這類措施的權限，而由附設於國會的輔助機關取代❿。這些規定引起是否合憲的重大爭

---

❿　Pieroth/Schlink, aaO., Rn. 774.

❿　事實上這個機關是國會內的委員會，由議員三名組成，一人須具法官資格為擔

議，聯邦憲法法院在多次判決中對上開法律作實質審查，並以憲法上的比例原則對之作限縮解釋，只有在具體情況已出現可疑的與憲法敵對形勢，而用盡其他可能的措施仍不能釋疑時，才可以實施有礙郵電通訊秘密的手段，而不能以條文空泛的規定「基於保障自由民主的基本秩序或聯邦及某邦的存在」作為限制秘密通訊的標準；至於有權監督機關無論設置於國會內或國會外，其成員都必須具備法官的獨立地位、有任期保障、行使職權不受任何干涉並賦予充分的權限，始屬合憲 (BVerfGE 30, 1, 20f.; 67, 157, 177f., 185)❿。

　　我國在戒嚴時期軍事警備機關隨時檢查郵電的情形，為現行法制所不許。目前存在合法的限制措施尚有：刑事訴訟法第 105 條第 2 項、第 3 項對羈押中被告通訊自由之限制、第 135 條對得為證據之郵件電報的扣押，為執行上述刑事訴訟法的規定，法務部並訂有檢察機關實施通訊監察應行注意要點。此外舊監獄行刑法第 66 條對受刑人書信之查驗以及破產法第 67 條規定破產管理人得取代破產人接收郵電等均是。其中針對受刑人發受書信之檢查，釋字第 756 號解釋檢討舊監獄行刑法第 66 條規定，依「檢查信件」、「閱讀信件」與「刪除部分信件內容」等三種不同行為態樣分開評價。就檢查行為，旨在確認有無在信件中夾帶違禁品，並不違憲。而閱讀部分，若未區分書信種類，亦未斟酌個案情況，一概允許閱讀所有信件，此對受刑人之秘密通訊自由造成過度限制，當屬違憲。最後就刪除部分，必須以維護監獄紀律所必要者為限，且應保留全文影本，於受刑人出獄時發還，如此才不致違憲❺。歐洲人權法院對於監獄或看守所的信件檢查問

　　任主席，行使通訊監察的主管長官如內政部長、司法部長應按月向委員會提出報告，實施監察前並須獲得許可，參看陳新民，憲法學釋論，增訂十版，三民書局出版，2022 年，頁 209。

❿　Vgl. Jarass/Pieroth, aaO., Art. 10 Rn. 12ff.; DüVgl. Jarass/Pieroth, aaO., Art. 10 Rn. 12ff.; D 37ff.; Richter u. a., aaO., S. 205f.

❺　依釋字第 756 號解釋意旨，監獄行刑法已於民國 109 年 1 月作必要之修正；參

題，另有三點值得吾人注意：一是檢查方式，應該以抽樣方式進行，不得全面檢查。二是發受信件仍應注意時限，拖延太久才發信或受信亦屬侵害通訊自由。三是發信對象若是法院或是其他國家機構（如監察使），此涉及受刑人之救濟權保障，監所自不得刪除內容或拖延、阻止其發信。

　　當電子通訊發展已逐步取代書面郵件後，電信監聽與網路監控成為新的議題。民國 88 年公布的通訊保障及監察法是我國有關電信監聽的重要的立法 ❿。該法原規定刑事偵查期間由檢察官，審判中則由法官核發通訊監察書（俗稱監聽票），釋字第 631 號解釋認為舊通訊保障及監察法第 5 條第 2 項規定未要求通訊監察書由客觀獨立行使職權之法官核發，而許可犯罪偵查機關之檢察官及司法警察機關，同時具有聲請及核發之權限，與憲法保障通訊自由之意旨不符。

　　民國 102 年 9 月發生最高法院檢察署監聽某立法委員涉嫌犯罪後之通訊，意外發現立法院長關說司法案件之資訊，引起政壇軒然大波。立法院遂發動修改通訊保障及監察法，於民國 103 年 1 月 29 日經總統公布施行。新修正之條文除依釋字第 631 號意旨修改外，並新增許多條款，其目的在限制監聽之行為 ⓲，俾保障人民秘密通訊之自由權，當然也產生偵查犯罪

　　　見新修正之監獄行刑法第 67 條及第 74 條。

❿　該法之重要規定舉隅如下：對外國勢力或境外敵對政治實體之機構人員，其通訊監察書由國家安全情報工作之首長簽發，但應呈報高等法院之專責法官補行同意（第 7 條）。監察手段除不得於私人住宅裝設竊聽器、錄影設備或其他監察器材外，可以採一切必要之方法（第 13 條第 1 項）。從事通訊監察並應遵守比例原則（第 2 條），並有嚴格期間限制（第 12 條），違反本法監察通訊者，應負民事責任，並有刑罰制裁（第 19 條至第 28 條）。

⓲　主要修正之要點如下：1.第 5 條第 1 項原本有十五種犯罪其嫌疑重大者，得予監聽，又增列違反森林法、營業秘密法及廢棄物清理法上的某些犯罪。2.通訊監察書（俗稱監聽票）之核發，以單一監察對象為限，但同案可同時聲請多張監察書（第 5 條第 5 項）。3.通訊監察書審判中由法官，偵查中由檢察官向法

更加困難之「副作用」⑩。其中最具爭議的是有關通訊資料的調取，新增須涉及觸犯最重本刑 3 年以上之犯罪行為，且需法官同意核發調取票後，檢警才能取得通訊資料。新設調取票制度看似大幅限縮檢警權限，但事實上並非如此。先透過法律解釋方法，法務部認為警察調取通信使用者資料，無需檢察官或法官之同意⑩。更重要的是在數位匯流時代，人民通訊不一定需要透過電信業者（固網市話或手機），法律僅限於電信業者，並不能有效節制檢警的權力⑩。此外，引發此次修法之原因案件，涉及監聽內容（本

院聲請（第 5 條第 2 項）。4.最輕本刑十年以上之罪及其他重罪，其通聯紀錄之調取則無法官保留之適用（第 11 條之 1 第 3 項）。5.另案監聽及違反法定程序所得之資料，無證據能力。不合法監聽所得之資料，但與監聽目的無關者，亦不得用為證據或其他用途（第 18 條之 1）。

⑩ 通訊保障及監察法甫經立法院完成三讀，警政署刑事警察局即發出聲明指摘新法不夠周延，對治安將有不利影響，見中央社 2014 年 1 月 15 日台北發出之電文。

⑩ 通訊保障及監察法第 11 條之 1 第 1 項，檢察官調取「通信紀錄」和「通信使用者資料」需要法官同意。不過在同條第 2 項針對警察的條款時，只有提到通信紀錄需要檢察官及法官的同意，並未提及通訊使用者資料。法務部遂將其解讀為：警察可直接調取通信使用者資料，不用檢察官或法官同意。依該法第 3 條之 1 的第 1 項規定：「本法所稱通信紀錄者，謂電信使用人使用電信服務後，電信系統所產生之發送方、接收方之電信號碼、通信時間、使用長度、位址、服務型態、信箱或位置資訊等紀錄。」同條第 2 項規定：「本法所稱之通訊使用者資料，謂電信使用者姓名或名稱、身分證明文件字號、地址、電信號碼及申請各項電信服務所填列之資料。」

⑩ 首先，法務部 103 年度法檢字第 10300162120 號函：「至網際網路平台提供者 (Internet Platform Provider, IPP)、網際網路內容提供者 (Internet Content Provider, ICP)、網際應用服務提供者 (Application Service Provider, ASP)，因非屬電信法第 2 條第 5 款所稱之電信事業，縱有產生發送方、接收方通信時間、使用長度、位址、服務型態、信箱或位置資訊等紀錄之情形，仍非屬通保法第

案即立法院院長關說司法案件之內容）依法不得公開或洩漏，而檢察總長也因在媒體公開關說司法之監聽內容而被判有罪定讞**⑪**。然則，涉及公眾人物或政府官員犯罪或不當行為之監聽內容，是否也在保密之列？尚有討論餘地。

至於律師與其客戶之間相互溝通所生成之文書或電磁紀錄等各類資料，自亦屬秘密通訊自由之保障範圍。事實上，秘密原則乃律師職業之核心價值，亦是其執業最重要的力量來源。從歐陸的法制沿革來看，職業秘密 (le secret professionnel) 最早可上溯至醫學之父希波克拉底 (Hippocrate, 460–356 av. JC) 的醫師誓詞，爾後再延伸至神職人員，然後再到律師。而

---

3 條之 1 第 1 項所稱之通信紀錄，調取時自無需適用通保法調取通信紀錄之相關規定。」而法院亦接受法務部的見解，例如台灣高等法院 106 年度上易字第 1946 號刑事判決：「PTT 網站回覆警方之被告帳號、登入紀錄資料，以及新世紀資通股份有限公司回覆警方之 IP 用戶等資料，均係由警方逕自向 PTT 網站、新世紀資通公司函詢提供，該等網站、公司分屬網際網路平台、網際應用服務提供者，非屬電信法規定之電信事業，其等提供之會員資料、上線紀錄等資料，均非通訊保障及監察法規定之通訊使用者資料、通信紀錄，警方調取時自無須適用通訊保障及監察法之相關規定（參見法務部 103 年 10 月 17 日法檢字第 10300162120 號書函），被告指稱警方此部分資料之調閱未依通訊保障及監察法規定，係違法調取，無證據能力云云，容有誤會。」換言之，一旦是透過網際網路進行通訊（如 LINE 或 FB），則不論是通訊內容或是通訊使用者資料，皆可由檢調任意調取，完全無法官保留之適用。

⑪ 台灣高等法院 103 年度囑上易字第 1 號判決謂：「故被告於 9 月 6 日以召開記者會將偵查所得之秘密及通訊監察所得應秘密之通訊監察譯文內容及甲○○上開之個人資料予以公開利用，自另成立通訊保障及監察法第 27 條第 1 項公務員洩漏、交付通訊監察所得應秘密資料罪與刑法第 132 條第 1 項公務員洩漏國防以外機密罪及個人資料保護法第 41 條第 1 項、第 44 條公務員假借職務上之權力違反 16 條規定之公務機關未於執行法定職務必要範圍內利用個人資料且不符蒐集之特定目的之罪。」

醫師、教士與律師此三種最早重視職業秘密的工作，皆以療救生命為目的，且其皆必須以獲得被療救者的完全信任為前提。醫師對抗病魔，教士療救靈魂，律師則對抗公權力；三者皆為其客戶之利益而努力。但在另一方面，執政者為了維繫統治權與確保社會秩序，向來不願承認職業秘密可以對抗公權力；公權力與職業秘密的角力自始即存在，迄今未歇。各國法制雖皆承認「拒絕證言權」以保護職業秘密（如我國刑事訴訟法第 182 條），但此係立於「證人」的角度與身分，保護其不表意之權利。然若公權力以犯罪偵查為名，對律師本人及其住所，乃至對律師事務所進行監聽、搜索與扣押，如此不但侵犯憲法第 10 條所保障之居住自由與私人生活不受干涉之權、憲法第 12 條的秘密通訊自由、憲法第 15 條的工作權保障、憲法第 16 條的訴訟權保障，以及憲法第 22 條所保障之隱私權等。

我國司法實務確實發生搜索律師事務所並扣押相關資料之事例而由律師事務所提出釋憲聲請，聲請人主張：刑事訴訟法有關搜索、扣押等規定，將辯護人執行業務處所與一般處所等同視之，使辯護人執行業務之處所得輕易成為被搜索之場所，且復允許檢警得搜索、扣押辯護人基於業務關係所製作之文書及電磁紀錄，不僅侵害被告與辯護人之秘密溝通權，更動搖被告對於辯護人之特殊信賴關係，減損被告受律師扶助之憲法上權利，並破壞辯護制度之設立精神與目的，故違反憲法第 16 條之訴訟權保障及憲法第 12 條之秘密通訊自由。112 年憲判字第 9 號判決一方面確立律師或辯護人與被告、犯罪嫌疑人、潛在犯罪嫌疑人間基於憲法保障秘密自由溝通權之行使而生之文件資料（如文書、電磁紀錄等），應排除於得搜索、扣押之外；但在另一方面對於刑事訴訟法未針對律師及律所另設搜索、扣押之特別規定的部分，則以現行法已訂有由法官負責之相關監督、救濟機制而與憲法第 10 條保障人民居住自由、第 15 條保障律師工作權以及正當法律程序原則之意旨尚屬無違。

● 第四節　表現自由

一、表現自由的意義

　　表現就是將思想、觀念或意見以言行或其他可作為傳達的方法表現於外之意。言論、講學、著作及出版當然是表現的方式；其餘集會、遊行、舉行信仰儀式、請願、行使參政權也含有表現的作用，但這些項目憲法都有專條加以保障，所以表現自由的敘述，只限於第 11 條的四種自由。而其中言論自由事實上也包含講學、著作及出版，但憲法既然將四種並列，則言論自由只能將其餘三種除外，採取狹義的理解。藉文字、圖畫、影像、聲音、舞蹈、戲劇及電腦程式等方式發表者，稱為著作；將各種著作以紙張印行或以電子書方式散布者為出版；與出版概念不符之傳播方式，例如經由電子媒體傳播者，又只得歸於言論自由的範疇；講學則指在學校或其他學術文化機構講授及發展其觀念或意見。

二、言論自由

㈠言論自由的功能及重要性

　　言論自由具有各種功能：「實現自我、溝通意見、追求真理、滿足人民知的權利，形成公意，促進各種合理的政治及社會活動之功能，乃維持民主多元社會正常發展不可或缺的機制，國家應給予最大限度之保障」（釋字第 509 號解釋理由書），又「本於主權在民之理念，人民享有自由討論、充分表達意見之權利，方能探究事實，發見真理，並經由民主程序形成公意，制定政策或法律。因此，表現自由為實施民主政治最重要的基本人權。」（釋字第 445 號解釋理由書）這是大法官對言論自由，在民主社會中功能描述的相關解釋。

　　言論自由備受各國憲法所重視，而以美國為最。美國憲法增修條文第

1 條明文：國會不得制定剝奪言論自由之法律，此種規範方式對言論自由採取高度保障態度，確為其他國家所不能望其項背。惟言論自由絕對不受限制，事所難能，為解決不得立法限制，實際生活中也非毫無限制，美國最高法院遂發展出各種基準 (Test)，從早期 1920 年代由 Justice Holmes 及 Justice Brandeis 提出的「明顯而立即的危險」(clear and present danger) 到 1970 年代「實質惡意」(actual malice) 或「模糊禁止」(vagueness doctrine) 等原則❶❷，不勝枚舉。此外，美國法也發展雙階雙軌理論，將言論依其內容之特質分成高價值言論及低價值言論，並對限制高價值言論之行為採嚴格審查態度，此稱之為雙階理論。至於將國家管制言論的行為區分為「針對言論內容的管制」(content-based regulations) 與「非針對言論內容之其他管制」(content-neutral regulations) 等兩類管制措施，且對於前者採嚴格審查態度，此稱之為雙軌理論❶❸。雙階雙軌理論建立審查言論管制措施的基礎框架，可供實務參考。

　　歐陸國家對於言論自由之保障，採取不同於美國的規範途徑。美國憲法是明文禁止國會立法限制言論自由，而歐陸法則是認可國會得立法限制

---

❶❷ 明顯而立即之危險原則首次出現在 1919 年的 Schenk v. United States 25a U. S. (47) 案件，Oliver W. Holmes 大法官的個人意見書中，所謂言論自由的保障，也不能保障平白無事在坐滿觀眾的戲院大喊失火，致引起驚慌失措，這就構成了明顯而立即之危險，這種理論其實並非 Holmes 所創，而是來自 Common Law 中的因果關係法則。實質惡意原則是 1964 年著名的紐約時報控告蘇利文案件 New York Times v. Sullivan, 376 U. S. 254 所建立，原告須證明被告有真實惡意才能成立誹謗罪。所謂模糊禁止是 1972 年的 Grayned v. Rockford, 408 U. S. 104 案所採的立論基礎，認為限制人民言論自由的法律不能過於模糊，以致於造成寒蟬效應，這種說詞與我們所熟知的法律明確性有相似之處。

❶❸ 所謂「高價值言論」，通常是指政治性、學術性、宗教性、文學性與藝術性之言論或其他表意形式而言。所謂「非針對言論內容之管制」措施，最常見的就是針對時間、地點或方式等事項而為之管制措施。

言論自由。基於一戰後歐陸曾有一段民主自由蓬勃發展的時段，但後卻因納粹、法西斯、種族主義與共產主義等各種極端主義的對抗，摧毀了民主體制並進入二戰。二戰後的歐洲人權公約特別注意此歷史教訓，除在公約第 10 條第 2 項直接明示法律得以限制言論自由外 ⓐ，更在第 17 條，以及爾後的歐盟基本權利憲章第 54 條設有禁止權利濫用條文，其規定：「本公約（本憲章）的每一個條文都不得被解釋為允許國家、團體或個人有權去從事特定行動或完成特定行為，而其目的卻是以摧毀本公約所保障之自由或權利；或是超越本公約原所限制之範圍，而以更廣泛的方式來限縮本公約（本憲章）所保障之自由或權利。」更簡潔地說，國際人權公約或國家憲法所保障的民主自由，不能成為足以摧毀民主自由的溫床或保護傘。基此，諸如鼓吹種族主義、納粹主義或極權主義的言論，歐陸國家多不將其列為言論自由的保障範圍之內 ⓑ。

(二)保障範圍與國家之保障義務

允許人民公開發表言論、自由表達其意見，乃社會文明進步與閉鎖落後之分野，亦唯有保障各種表現自由，不同之觀念、學說或理想始能自由流通，如同商品之受市場法則支配 ⓒ，經由公眾自由之判斷與選擇，去蕪存菁，形成多數人所接受之主張，多元民主社會之正當性即植基於此。又民主社會之存續及發展有賴於組成社會之成員的健全，一國國民祇有於尊

ⓐ　其內容為：「各類表意自由之行使蘊含著義務與責任，法律可以就其形式、條件、界限、乃至制裁進行規範；而這些立法規範乃係民主社會所不可或缺之必要措施，其為了維護國家安全、領土完整、公共安全與公共秩序、犯罪防治、保護公共衛生與公共道德、保護人民權利與名譽、保護隱私，以及確保司法公正及司法權威。」

ⓑ　CEDH, 24 mars 2003, *Garaudy c. France*, n° 65831/01.

ⓒ　此稱為言論思想之自由市場理論 (marketplace-of-ideas theory)，也是美國聯邦最高法院大法官 Oliver W. Holmes 於 1919 年 Abrams v. United States, 250 U. S. 616, 630 (1919) 一案中之不同意見書首次予以援引。

重表現自由之社會生活中，始能培養其理性及成熟之人格，而免遭教條式或壓抑式言論之灌輸，致成為所謂單面向人 (one-dimensional man)。其保障範圍不僅包括多數人歡迎之言論或大眾偏好之出版品及著作物，尤應保障少數人之言論。蓋譁眾取寵或曲學阿世之言行，不必保障亦廣受接納，唯有特立獨行之士，發為言論，或被目為離經叛道，始有特加維護之必要，此乃憲法保障表現自由真諦之所在⑰。故言論不問其議題或內容，公共的、政治的或私人的皆在受保障之列。發表言論是基於理性或出自情緒也非所問，言論有無價值、是否發生影響亦不在考慮之中。但明知為與事實不符的主張 (unwahre Tatsachenbehauptungen)，則是不受保護的法益⑱。以上是講積極的發為言論，另一方面個人有權選擇消極的沉默，免於發表言論，不受逼迫而發言，也是保障的事項。在我國釋憲實務中，有強制表意的案例可資參考：一是釋字第 577 號關於菸害防制法強制業者於包裝上以中文標示尼古丁及焦油含量是否違反言論自由的案例⑲，其因攸關國民健康且侵害輕微而被宣告為合憲。一是釋字第 656 號解釋，其涉及法官依民法第 195 條第 1 項後段規定之規定，以判決命加害人公開道歉，是否侵害不表意自由與人性尊嚴的問題。該解釋認為強制道歉並不違憲，但此見解後又被憲法法庭所推翻⑳。

---

⑰ 參見釋字第 407 號解釋吳庚大法官協同意見書。

⑱ BVerfGE 54, 208, 219.

⑲ 關於商業言論之自由及限制，美國最高法院有許多案例，余雪明大法官在釋字第 577 號解釋所發表的協同意見書中，有詳細敘述，可供參考。

⑳ 111 年憲判字第 2 號判決指出：法院以判決命加害人道歉之作為「**實已將法院所為之法律上判斷，強制轉為加害人對己之道德判斷，從而產生自我否定、甚至自我羞辱之負面效果，致必然損及道歉者之內在思想、良心及人性尊嚴，從而侵害憲法保障自然人思想自由之意旨。**」此外，若加害人為新聞媒體，則亦可能侵害其新聞自由。簡言之，法院強制加害人道歉之行為可能侵害新聞自由、思想言論自由與人性尊嚴，故被宣告為違憲。然而從社會的觀點去看，由

　　表達言論之自由必然蘊含接收言論之自由，唯有如此，才有可能進行對話、溝通意見。而在接收言論這個面向上，又可分為接收之自由與不接收之自由兩部分。就不接收之自由而言，每個人有權選擇不聽他不想聽到的言論，任何人無權強制他人一定要接收他所欲表達之言論。換言之，表達言論之自由無法導出強制他人有接收或聽取言論之義務。再就接收之自由而言，它屬於人民「知的權利」的一環，亦即言論自由包含通訊傳播自由，也就是人民得經營或使用無線電廣播、電視或其他通訊傳播網路設施，以取得資訊及發表言論之自由。但是基於無線電波頻率屬於全體國民之公共資源，人民應有接近使用傳播媒體之權利 (the right of access to the media)（釋字第 364 號解釋），及接受資訊的權利 (the right to receive)❷❶。且為避免無線電波頻率之使用互相干擾、確保頻率和諧使用之效率，以維護使用電波之秩序及公共資源，增進重要之公共利益，政府得建置波頻使用之事前許可制及證照制度，並輔以刑事制裁措施作為管理手段（釋字第 678 號解釋）❷❷。

<hr>

於無人天生完美不會犯錯，故道歉即成為維繫社會和諧穩定所不可或缺的修補劑與黏著劑。不論是在家庭或學校，道歉是所有社會新進成員必學的功課。但若依本判決之見解，任何人皆可拒絕道歉。此外，本判決推翻釋字第 656 號解釋是否有充分理由？亦非無疑。尤其當受害人是呂秀蓮女士時，要求強制道歉為合憲；但當受害人變成是馬英九先生時，強制道歉卻被宣告為違憲。若是缺乏充分說理與前解釋應予變更之堅實理由，如此見解變更，如何讓人不懷疑該裁判之政治性格與政黨傾向呢？

❷❶　「人民有以語言、文字及圖畫自由發表及傳布其意見之權利，並有自一般可以接近之來源接受知識而不受阻礙之權利。出版自由及廣播與電影之報導自由應予保障之。檢查制度不得設置。」是將發表自由與接近來源（媒體）合併規定的法例（參照德國基本法第 5 條第 1 項）。

❷❷　因科技快速演變，原本在釋字第 364 號解釋以電波頻率為「有限之公共資源」為由而允許國家管制，到了釋字第 678 號解釋則將管制理由由「資源有限性」

　　基於電波頻率管制與分配所產生之廣播電台或是電視台之證照管制措施，可以進一步衍生出新聞自由的概念。由於新聞機構得以發布並傳遞資訊，並可成為意見溝通之平台，其對於民主社會有形成意見與輿論，並透過揭露資訊或真相以達監督政府之功能，故被稱之為「第四階級」（即「第四權」），其與政府或公權力機關在本質上具有相剋之性質。基此，新聞媒體，就如同反對黨或知識分子一樣，可以說是執政者之天敵。故專制政體無不以掌控媒體作為維繫政權最主要的手段之一，而民主政體則以維護新聞自由作為鞏固憲政的防腐劑。雖然釋字第 689 號解釋視新聞自由為維持民主多元社會正常發展所不可或缺之機制，受憲法第 11 條之保障，但不論是新聞自由，還是傳播自由，都只是言論自由的一部分，其並無獨立之地位，新聞媒體在法制上也沒有享有比一般人民更高的言論特權。

　　特別是在網路發達之後，網路平台與社群媒體成為新的散布資訊管道，機構性媒體與自媒體並存，專業記者、公民記者或業餘人士皆能發布訊息。一旦新聞與專職記者與專業新聞機構脫鉤之後，支撐新聞自由不同於言論自由的「第四權理論」已失所附麗。加以網路無國界，境外勢力也能深入並利用數位資訊平台散布訊息，進而影響輿論，乃至扭曲民主選舉或公民投票之進行。「假新聞」或「假訊息」成為新聞自由與民主體制的新敵人，美、英、德、義、法等國皆尋求如何在維護新聞自由與打擊假訊息二者之間取得平衡。以法國法為例[123]，「打擊假訊息」乃以數位資訊平台為最主要對象[124]，並把時間限縮在選舉前 3 個月內，且僅針對蓄意、大量，並以人

改為避免相互干擾與提升使用效率。

[123]　該法稱為「反資訊操縱法」。(LOI n° 2018-1202 du 22 décembre 2018 relative à la lutte contre la manipulation de l'information.)

[124]　該法針對下列四類數位平台：搜尋引擎 (*Google or Qwant*)、參考網站 (*Lafourchette or Trip advisor*)、電子商務 (*Amazon or Airbnb*) 及社群媒體 (*Facebook or Twitter*)。該法要求當平台上之資訊內容係關於公共利益之討論

為或自動方式散布之訊息。法國憲法委員會對於假訊息的立法界定有所補充，立法者所稱之假訊息乃指：「針對一事實作不正確地或欺騙地聲稱或推斷」(allégations ou imputations inexactes ou trompeuses d'un fait)，憲法委員會進一步強調以下三點：第一，必須能以客觀方式呈現其虛假性；第二，必須資訊內容明顯地會對投票結果造成影響；第三，舉凡諸如意見表達、各種諷刺或玩笑性質的模仿或表述、不夠完整或精確的描述，以及單純的誇大敘述等四種類型之內容，皆不屬假訊息之範疇 ❿。一旦在選前出現可能影響投票的假訊息，檢察官、政黨及候選人等皆可請求法院介入，法院必須在 48 小時內做出是否下架或終止散布的決定。此決定可進行救濟，上級審亦須在 48 小時內做出終局裁定。法國法將假訊息管制限縮在選舉期間，以是否會明顯影響投票行為作為判準，並透過急審程序與法官保留之要求，以免過度侵害新聞自由。

(三)言論的類型與法律對言論自由的限制

文字與口語是表達意思最直接且最普遍的方式，但卻不是唯一的方式。從樂譜上的音符、畫布上的色彩與圖像、雕塑上的型態，鏡頭所捕捉的光影，到將各類藝術整合而成的戲劇或電影等，都屬表意之範疇。就形式上而言，除以語言及文字為表達意思之載體的一般性言論外，尚可將透過肢體動作傳遞特定意念的行為，視為是一種「肢體語言」，例如當眾焚燒國旗，美國法將之稱為「象徵性言論」(symbolic speech)。再就言論的內容而言，凡以人類理性思考與創造力為基礎而發表的言論，例如老子的道德經、

時，這些數位平台對其使用者有義務提供下列資訊：第一，對於有付費之內容提供者及其服務對象，平台必須以透明、清楚且誠實之方式提供他們的身分資訊；第二，對於使用者個資之運用，平台也須提供透明、清楚且誠實之資訊；第三，一旦達法定金額門檻，平台業者必須揭露為散布特定內容而收取之價金。

❿　C.C. 20 déc. 2018, n° 2018-773 DC.

穆罕默德的可蘭經、馬克思的共產主義宣言、愛因斯坦的相對論或是曹雪芹的紅樓夢等，因其對個體之昇華與對人類文明之傳述與發展有所助益，都屬「高價值言論」。反之，諸如詆毀謾罵或是猥褻色情等言論，其雖能發洩或誘導情緒與慾望，但可能對他人或社會造成負面影響，因之而稱為「低價值言論」。至於其他諸如商業性或娛樂性言論，其價值性則介於二者之間。

　　對於限制言論自由的合憲性討論，美國法與歐陸法各有其特色。美國法基於前述雙階雙軌理論而以「是否涉及言論內容」與「言論本身之價值」等兩個判準進行思考。第一個判準區分為「內容管制」與「非內容管制」，例如「禁止販售色情刊物」屬於前者，「禁止販售色情刊物給未成年人」則屬於後者；二者的差別在於前者僅考量言論「內容」（色情資訊），後者則是考量限制言論的「方式」（禁止販售給未成年人）。就合憲性的討論而言，內容管制通常被視為是違憲，非內容管制則較有合憲空間。之所以如此，是因為「非內容管制」並非完全扼殺言論，僅對言論之散布方式為合理必要之限制。第二個判準則聚焦於言論內容的價值性，對於高價值言論與低價值言論，給予不同的保障強度。簡化地說，限制高價值言論的法律原則上都被認定為違憲，低價值言論之限制則比較容易通過合憲性檢驗。不過，即便是仇恨、歧視與恐嚇威脅之低價值言論，例如焚燒十字架，美國司法實務認為僅有在言論內容乃以威脅恐嚇為目的，而且對於被仇恨歧視或威脅之少數族群，產生真實威脅的效果，如此方得限制此類言論[126]。換言之，美國法認為再邪惡的言論都可能屬言論自由保障的範疇，限制特定言論內容是屬極為例外的情況[127]。

---

[126]　廖元豪，Virginia v. Black 與種族仇恨言論之管制：批判種族論的評論觀點，收於：焦興鎧編，美國最高法院重要判決之研究：2000-2003，中研院歐美所出版，2007 年，頁 125。

[127]　例如在 2017 年 6 月美國聯邦最高法院 Matal v. Tam, 582 U. S. 2017 一案中，法院表示仇恨言論仍屬美國憲法增修條文第 1 條所保障的範圍。Samuel Alito 大

　　反之，歐陸法主張任何權利都不該被濫用，並以公共利益為更高之價值，認為公權力得以限制諸如歧視或仇恨之低價值言論的散布。以歐洲人權公約為例，該公約第 10 條直接揭示得以立法限制言論的情形，第 17 條則規定權利行使人不得濫用其權利。歐洲人權法院在其判決中強調：凡是直接頌揚暴力 **⓰**、鼓吹拋棄民主原則 **⓱**，以及那些在民主社會裡不值得被保護之有害社會的言論 **⓲**，都不在歐洲人權公約所保障之言論自由的範疇內。具體的案例如：比利時一個伊斯蘭組織的發言人在 Youtube 上之宣傳影片的言論，因被判刑而向歐洲人權法院提出救濟。其言論內容為：「對於非穆斯林，我們必須予以宰制，必須給他們教訓，必須與他們戰鬥到底。」歐洲人權法院認為這樣的言論充滿仇恨、歧視與暴力，違反人權公約所強調之包容、社會和平與禁止歧視之精神，是屬於濫用權利的行為，不受言論自由之保障 **⓳**。

　　　法官指出：The idea that the government may restrict speech expressing ideas that offend...strikes at the heart of the First Amendment. Speech that demeans on the basis of race, ethnicity, gender, religion, age, disability, or any other similar ground is hateful; but the proudest boast of our free speech jurisprudence is that we protect the freedom to express "the thought that we hate." Anthony Kennedy *大法官表示*：A law found to discriminate based on viewpoint is an "egregious form of content discrimination," which is "presumptively unconstitutional." ...A law that can be directed against speech found offensive to some portion of the public can be turned against minority and dissenting views to the detriment of all. The First Amendment does not entrust that power to the government's benevolence. Instead, our reliance must be on the substantial safeguards of free and open discussion in a democratic society.

⓰　CEHD, 24 juillet 2012, Faber c. Hongrie, phara. 56.

⓱　CEDH, 11 avril 2011, Alexeiev c. Russie, phara. 80.

⓲　CEDH, 24 juillet 2012, Faber c. Hongrie, phara. 54.

⓳　CEDH, 27 juin 2017, Belkacem c. Belgique. 又如法國極右傾向的週刊 Minute 於

　　除了仇恨性言論外，另有一種「嘲諷性」言論，本身雖未必有鼓吹仇恨或暴力，但卻可能有輕蔑、歧視或嘲諷之內涵。2015年法國巴黎發生查理週刊社遭持槍歹徒攻擊，共十二人死亡的慘劇，即肇因於該週刊屢屢刊出挪揄或嘲諷穆罕默德之漫畫，終至激怒伊斯蘭教激進分子行兇報復。案發之後雖然法國與西方社會發起「我是查理」運動，以捍衛言論自由，但是自由與尊重，多元與包容，它們應如何平衡？迄今仍是有待解決的難題。

　　現行法律中有關限制言論自由的規定，為數不少：有基於維護社會秩序者：例如刑法第153條煽惑他人犯罪或違背法令罪，刑法第235條之散布販賣猥褻物品及製造持有罪；基於維護個人法益者：如刑法第310條之誹謗罪；基於保護國家或公務上機密者：如刑法第109條及刑法第110條之洩密罪，公務員服務法第5條規定之保密義務；基於職業倫理者：如醫師法第23條之保守業務上秘密義務等。此外，藥事法第66條、廣播電視法第25條、電影法第9條、集會遊行法第4條（禁止主張共產主義及分裂國土）、營業秘密法第10條等都是對言論自由的重大限制。此外，在我國民主化過程中的人民抗爭行為，常以肢體語言行動表達對政策或政治人物的不滿。雖早於漢書中即謂：「庶人謗於道，商旅議於市，然後君得聞其過失也。」現今民主時代反而用刑法之公然侮辱罪、妨害公務罪、侮辱公務員罪、侮辱公署罪，以及特種勤務條例的各種維安舉措來限制人民之抗議表意行為。雖侮辱公署罪已於民國111年1月修法時被刪除，但此次修法卻同時更加重侮辱公務員之處罰。

　　對於言論（包括著作及出版）自由的限制，在法制上向有追懲制及預

2013年11月13日的期刊封面附上當時膚色為黑色的司法部長照片，並打上標題「狡猾的像猩猩，Taubira（該部長之姓）找到香蕉」。該行為被反種族歧視之團體提告，週刊主編於一審及二審皆被判罰一萬歐元。另有一個極右派候選人 Anne-Sophie Leclère，於2012年將此部長比喻為猩猩，此行為亦遭反歧視團體提告，一審被判9個月徒刑，5年褫奪公權及五萬歐元的罰金。

防制。所謂追懲制是發表言論，事先不予干涉，但事後如觸犯法律或損害他人利益，則應負刑事或民事責任；預防制就是事前檢查制 (prior censorship, Präventivzensur)，現代法治國家多已摒棄預防制，因為事前檢查將扼殺言論、著作及出版的自由，其結果只有執政者喜悅的言論可以公開發表，對自由與多元社會健全發展之戕害，莫此為甚❶❸❷。所以 19 世紀的憲法就已禁止事前檢查：1867 年奧地利的國家基本法 (Staatsgrundgesetz) 第 13 條第 2 項規定：「出版不得為檢查，亦不得採許可制度加以限制。國內印刷品之流通，不得適用行政上之郵政禁止手段。」（這項法律至今仍具有憲法位階的效力）依該國憲法法院的裁判，戲劇、電影、廣播均不得事前檢查，甚至基於保護少年也不為憲法所許 (Vfslg 6615/1971, Vfslg 846/1978)❶❸❸。戰後西德基本法第 5 條第 1 項、日本憲法第 21 條第 2 項均明文禁止事前檢查❶❸❹。至於美國，所謂事前檢查兼指出版品經官署許可方可發

---

❶❸❷ 早在 1644 年，John Milton 反對英國的出版執照制度（即事前審查制）即說出著名的名言：殺一個人，是殺害一個理性動物；但摧毀一本好書，卻是殺害理性本身。(And yet, on the other hand, unless wariness be used, as good almost kill a man as kill a good book: who kills a man kills a reasonable creature, God's image; but he who destroys a good book, kills reason itself, kills the image of God, as it were, in the eye.)

❶❸❸ Vgl. Adamovich/Funk, Österreichisches Verfassungsrecht, 3. Aufl., aaO., S. 409.

❶❸❹ 德國對基本法所禁止的事前檢查，認真遵守，德國聯邦憲法法院宣稱：「自由而不受公權力操控，並且沒有事前檢查的出版是一個自由國家的重要因素，……也是現代民主政治所不可或缺」(BVerfGE 20, 162, 174)，至於日本，該國憲法也明文禁止「事前檢查」，但實際上存在不少檢查制度，最高裁判所為使這類制度合法化，其主張事前檢查是指發表前審查其內容並禁止其發表，故海關對「危害風俗書籍、圖畫」在輸入通關前加以檢查，不是事前檢查，並不違憲（1984 年 12 月 12 日）。這種見解受到日本學者的批判，因為事前檢查應以到達接受人時為準，甚至事後檢查而有抑制發表的效果者也應視為事前檢查。又例如教科書審定，出版前經文部大臣的審查核定，東京高等裁判所以審

行，以及撤銷執照禁止出版而言，與大陸法系國家將事前審查單純界定為出版物或其他精神作品在發行或散布之前，其內容應經官署審查及准許，有所不同。美國憲法增修條文第 1 條雖未明文禁止事前審查，但一般認為基於憲法該條保障言論及出版自由之精神，事前審查基本上應予禁止，只有猥褻性言論等極少數情形允許存在。1931 年之一項案件針對授權行政官員就曾經刊載淫穢或惡意誹謗言論的刊物，雖得申請法院發給禁制令 (injunction)，這一禁止其出版的州立法，聯邦最高法院仍認為構成違憲 (Near v. Minnesota ex rel. Olson [283 U. S. 697 (1931)])。實際上美國此種限制方式依然與大陸法系國家不可同日而語，因為本質上並非內容之事前審查，而係根據已出版之內容，禁止其將來發行，相當於撤銷執照；禁止必須由行政官員向法院請得令狀為之，與大陸法系國家之由行政機關以單方行政行為逕行查禁之情形有別。直到 1970 年代美國通過一系列法律擴大聯邦貿易委員會 (Federal Trade Commission) 職權，為保護消費者，該委員會得發布管制商業廣告之規章，並有權頒發類似禁制令之禁止令 (cease and desist order)，以代替向法院聲請令狀❸。

　　在本編第一章第六節討論基本權的限制時，曾說到本質內容限制的概念，質言之，基本自由與權利的限制，無論如何不得侵害到某種權利的本質內容 (Wesensgehalt)。就言論自由而言，事前檢查制度可說是本質內容限制的一種。現行電影法第 9 條規定，電影片應經中央主管機關審議分級並核准，始得映演。廣播電視法第 25 條規定，除新聞節目外，對於其他節目及廣告，主管機關（文化部）均有權於其播出前，接受事前審查。無可諱

定不合格的教科書，原稿仍可作為一般圖書而出版，並未受到限制為由，認為尚未違憲（東京高等裁判所 1986 年 3 月 19 日判決），最高裁判所也採取相同的見解（1993 年 3 月 16 日），認定不違憲，同樣受到強烈的質疑。以上參照阿部照哉等編著，周宗憲譯，憲法，下冊，元照出版，2001 年，頁 151 以下。

❸　Cf. John D. Zeleny, Communication Law, 1993, pp. 387–400.

言，上述兩種法律是對表現自由的嚴重限制，尤其實施事前檢查難謂不是本質內容的侵害。若與平面媒體在出版法已廢止，目前可謂不存在檢查情形下，更顯示其嚴苛❶36。究其原因，也許認為無線電子媒體與平面報刊性質不同，隨時隨地進入家庭及每一角落，收聽收看往往非完全出自個人之志願，這類媒體影響力產生快速而且鉅大，實有加以特別限制或安排之必要，各國均不乏其例❶37。最後還須強調，所謂事前檢查並非專指行政機關

❶36 近年在對抗中共統戰的旗幟下，政府積極操作兩岸人民關係條例第 37 條有關大陸地區出版品的輸入事前審查。如民國 109 年年底有關童書繪本《等爸爸回家》一書，即遭檢舉具統戰性質而被文化部要求下架不得販售；而其所依據之大陸地區出版品電影片錄影節目廣播電視節目進入台灣地區或在台灣地區發行銷售製作播映展覽觀摩許可辦法第 4 條規定，完全係屬內容審查。除政府介入言論或出版品之內容審查外，人民亦可能透過各種行動打壓意見或言論。典型的作法如動員網軍在網路上進行壓制，或於公開場合進行焚書。於此令人想到納粹於 1933 年發起的大規模焚書運動，以及後來德國詩人海涅 (Heinrich Heine) 的名句：他們在那裡焚書，最終在那裡焚人！

❶37 鑑於電子媒體影響力，無遠弗屆，奧地利採取由國家獨占經營的作法，單獨立法使廣播電視台 (Österreichische Rundfunk, ORF) 成為公法上營造物，其理事會及節目編輯委員會分別由各政黨、宗教及不同世界觀的人士擔任，俾能維持播出內容的中立、客觀及適合全民收聽觀看，這種立法在 1974 年成立時，曾引起正當性與合憲性的重大爭議。終於發生訴訟，一家傳播機構以奧國為被告，以違反歐洲人權公約為理由，向歐洲理事會 (EGM) 提出控告 (Informationsverein Lentia gegen Österreich, EuGRZ 1994, 549)，裁決結果認為，ORF 的獨占違背歐洲人權公約（第 10 條）的規定。Vgl. B.-C. Funk, aaO., Rn. 447. 經過這件訴訟，加上有線電視的興起，公營獨占局面才被打破。德國的廣播電視同樣是公營獨占經營，為了開放民營，各邦多次立法嘗試，同時不斷發生憲法訴訟，德國聯邦憲法法院向以廣電自由屬於服務性自由 (dienende Freiheit)，其本質在於節目自由 (Programmfreiheit)，即不受政府或其他勢力支配，是否公營不生違憲問題。幾經爭訟，憲法法院才確認民營及商業電台可以設立，參照石世豪，從司法院大法官釋字第 364 號解釋——論廣播電視自由之

而言，若假手司法人員（如檢察官）實施，仍是事前檢查。至於主張他人之著作或出版品損害其名譽或財產，而聲請假處分或假扣押者，德國學者通說認為非事前審查❶❸❽。我們主張民事法院在處理這類暫時權利保護案件時，仍應兼顧言論自由之優先價值，以及其放射效應。

　　大眾媒體（包括平面及電子媒體）是現代社會傳播言論最主要的工具，各種媒體所作的新聞報導，包括採訪（取得新聞）、編輯及刊出（或播出）各個階段當然都受憲法的保障。惟媒體報導常涉及國家機密及個人名譽或隱私等同受法律或憲法保障的法益，新聞自由與國家及個人法益的保障，如何求其平衡，為一項很難獲致答案的問題。1971 年美國發生一件新聞自由與國家安全孰重的案件，即 New York Times Co. v. United States, 403 U. S. 713 (1971)。本案起因是紐約時報在越戰末期 1971 年 6 月 13 日刊登五角大廈（國防部）流出來的越戰機密文件（隨後華盛頓郵報也加入刊登），聯邦政府以違反聯邦反間諜法 (Espionage Act) 要求法院禁止兩報繼續登載。同年 6 月 30 日聯邦最高法院判決兩家報紙勝訴，理由簡言之，禁止令是事前審查，而聯邦憲法增修條文第 1 條則不許以法律限制言論自由，政府雖主張刊登會造成「國防利益無法彌補的損失」，但卻無法舉證證明。我國近年則發生採訪自由與個人隱私何者重要的案件，緣台北市某報記者追蹤一對夫婦，經一再勸阻仍追跟如故，警察分局遂依社會秩序維護法予以處罰，該記者向地方法院簡易庭抗告遭駁回確定後，聲請釋憲。大法官釋字第 689 號解釋認為個人於公共場域中得合理期待不受侵擾之自由與個人資料自主權，記者若以跟追方式進行採訪具一定公益性與新聞價值之事件或人物時，其跟追倘依社會通念認屬不能容忍者而予以裁罰，即具正當理由；

　　客觀法與基本權利雙重性質，收於：李建良、簡資修主編，憲法解釋之理論與實務，第二輯，中研院社科所出版，2000 年，頁 377 以下；vgl. auch Pieroth/ Schlink, aaO., Rn. 576f.

❶❸❽　Vgl. Jarass/Pieroth, aaO., Art. 5 Rn. 52a.

本號解釋確認對時下之「狗仔隊」的處罰並不違憲。

三、大法官對表現（言論）自由的審查密度

大法官對表現（言論）自由曾作成多件重要解釋，各個案件的客體分別為四類事件：猥褻圖書、商業性言論與廣告、政治性言論及誹謗性言論，以下依次分析：

㈠猥褻圖書

民國 83 年 6 月間原告公司出版「性按摩」及「性愛大全」兩本附有圖片之書，經台北市政府新聞處依行政院新聞局於民國 81 年 2 月 10 日以公函發布：出版品記載觸犯或煽動他人觸犯出版法第 32 條第 3 款有關刑法妨害風化罪中猥褻行為的認定基準，判定上開圖書已牴觸出版法之罰則，予以扣押、禁止出售及散布，原告公司不服提出行政訴訟也遭敗訴判決，最後聲請釋憲主張新聞局上述函件違憲。大法官作成釋字第 407 號解釋，認為行政院新聞局的函釋是基於職權因執行特定法律之規定，所作之例示性解釋，供本機關或下級機關公務員行使職權之依據，其並未增加法律所無之限制，符合出版法意旨，故合憲。該解釋之協同意見書先說明各國對猥褻性文字圖畫處理態度不同，法院所採的認定基準也不一致❿，繼則表示：

---

❿ 釋字第 407 號解釋吳庚大法官在協同意見書：「如所周知，美國制憲先賢對言論自由之重視，與其他自由相較，有過之而無不及，美國憲法增修條文第一條即開宗明義揭示：國會不得制定法律剝奪人民之言論及新聞自由 (Congress shall make no law abridging freedom of speech, or of the press)。彼邦自憲法實施二百餘年以來，其司法機關尤其聯邦最高法院，一方面履行其保障個人言論自由、新聞自由之崇高使命，一方面為維護公共秩序、防止他人之名譽、財產等法益因漫無限制之言論自由遭受損害，於從事違憲審查之際，建立各種判斷之尺度，以便衡量何種言論應充分保障，何種言論得加以必要限制。從一九五〇年代以還，聯邦最高法院成員中除 Hugo Black 及 William O. Douglas 二位之外，幾乎所有大法官皆認為猥褻物品非前述憲法增修條文所稱之『言論』或

「與猥褻有密切相關之另一問題，即猥褻或色情與藝術之分際，無論在文字、圖片或電影等均經常發生。完全不具有文學或藝術性質之作品，而以刺激感官引發情慾為主題者，固然可視之為猥褻物品。但誨淫之中又帶有文學或藝術內涵時，究應如何定位，亦屬難題。因為藝術在概念上不易界定，實有甚於猥褻或色情二字，藝術之領域寬廣，形形色色，不勝枚舉，凡依自由創作所形成之成果，經由物品或其他媒介傳達創作者之印象、經驗、靈感或想像者，莫不屬於藝術之一種。尤有勝者，晚近所謂前衛 (avant-garde) 藝術之盛行，更使其範圍廣闊無邊，在法律上欲對何種創作屬於藝術，設定普遍適用之標準，殆無可能。退而求其次，亦祇能就個別創作所顯現之內容或意境，與其對正常生活之影響加以衡判。又一項作品既有上述所描繪之藝術特性，同時亦被指為猥褻時，基於保障表現自由之憲法意旨，仍不能否定其藝術性質。……惟描述色情或性之文字圖畫等，並非當然構成猥褻而為法所不許，取捨之間，爭論必多。立法者及行政部門宜從根本上放棄『作之君』、『作之師』的心態，勿再扮演指導國民何者可閱覽，何者應拒讀之角色，須知民主政治之基石乃在於傳統自由主義之精神，而此種精神之前提為信賴人民有追求幸福之能力，而非仰仗官署之干預。」

『新聞』，但對如何判別猥褻性之文字圖畫，而決定其是否加以容許，則言人人殊，難有一致之見解。聯邦最高法院於審理相關案件時，曾努力尋求判斷猥褻或淫穢之標準，於是有所謂：㈠採地域標準或社區性標準，㈡依一般人而非特別敏感者之感受與反應，㈢明顯引起淫亂之興趣，㈣顯然惡劣，㈤全然欠缺補償性之社會重要性或無嚴肅之文學、藝術、政治或科學價值等各項因素，並出現合併斟酌或獨立衡量之不同裁判先例，但依然欠缺放諸四海而皆準之恆久性準則。一國之情形如斯，不同國度，不同之社會情況，對猥褻出版品之認定，寬嚴有別，乃屬當然。試以《查泰萊夫人之情人》(Lady Chatterley's Lover) 一書為例，一九六〇年前後已分別在美英兩國取得合法地位，但日本之最高裁判所則認其為猥褻文書，於此可見一斑。」

這號解釋因為聲請人只指摘新聞局的函釋違憲，對出版法本身並未請求解釋，基於「不告不理」，未對出版法加以論斷，其實若延伸及於母法，也非毫無先例可援。出版法的合憲性是爭議多時的問題，終因行政院主動廢止該法而落幕。釋字第 407 號解釋雖失其附麗，但其對言論所表示的理念，仍有指標意義。釋字第 407 號解釋作出十年之後，大法官在釋字第 617 號解釋審查猥褻行為之限制，認定刑法第 235 條之規定，並未違反憲法言論自由之保障。該解釋首先確定「性言論之表現與性資訊之流通，不問是否出於營利之目的，亦應受上開憲法對言論及出版自由之保障」。這一敘述甚為重要，因為最講言論保障的美國也不認為性言論屬於保障的範圍。其次，採用釋字第 407 號解釋界定猥褻的見解❹，認定之刑法第 235 條第 1 項、第 2 項及第 3 項對性言論之表現與性資訊之流通，並未作過度的封鎖與歧視，對人民言論及出版自由的限制尚屬合理，與憲法第 23 條及憲法第 11 條均無違背。

⼆商業性言論與廣告

「商業性言論」乃指以促進交易與消費為目的的言論，而「廣告」則是傳布或散播此類言論的手段。不過，當業者以顯名方式贊助公益活動時，此時公益活動廣告的內容究竟是商業性言論？還是公益言論？釋字第 794 號解釋認為菸害防制法禁止任何形式之宣傳或促銷菸品活動的規定，係限制菸商的商業性言論；對此限制採中度審查。又禁止菸品業者以顯名方式贊助包含公益活動在內的各類活動，係為避免菸品業者假贊助之名，而達廣告或促銷菸品之實；加以菸害防制乃重要公共利益，所採禁止手段與維護國民健康之目的具實質關聯，故此禁止規定無違憲法言論自由保障之意旨。事實上，商業性言論本即可能含有其他意涵：例如商標是商業性言論

---

❹　其將猥褻定義為：「所謂猥褻，指客觀上足以刺激或滿足性慾，其內容可與性器官、性行為及性文化之描繪與論述聯結，且須以引起普通一般人羞恥或厭惡感而侵害性的道德感情，有礙於社會風化者為限。」

的一部分，但若將含有仇恨或歧視的文字或圖像融入商標之中，則該商標就可能不是單純的商業性言論❶。廣告也不僅止於傳遞商業性言論而已，如公益活動廣告看板上出現贊助企業名稱時，有可能傳遞該企業承擔社會責任的企業形象與公益企圖，但也有可能發生促銷其產品的效果。又如在電線桿上貼上「建立非核家園」與「週年慶全面五折」等兩種不同傳單，是否應以不同的基準來處理？事實上，張貼或噴漆廣告而污染公共空間之定著物，或是於公共空間設置活動廣告看板等行為，其廣告內容可以包羅萬象，從「信我者得永生」（宗教性言論）、「反黑箱護主權」（政治性言論）、到「慶開幕全面五折」（商業性言論）或「點亮台灣必投二號」（政治競選廣告），甚至還可能有猥褻性言論，這些言論都可以透過「廣告物」來呈現。

對於商業性言論，大法官在釋字第 623 號表示：言論視其為政治、學術、宗教及商業言論等，依性質而有不同之保護範圍及限制之準則。「商業言論所提供之訊息，內容為真實，無誤導性，以合法交易為目的而有助於消費大眾作出經濟上之合理抉擇者，應受憲法言論自由之保障。」至於本案所涉及之兒童及少年性交易防制條例第 29 條❷限制性交易訊息之規定，大法官認為：「上開規定乃為達成防制、消弭以兒童少年為性交易對象事件之國家重大公益目的，所採取之合理與必要手段，與憲法第二十三條規定之比例原則，尚無違背。」

就廣告而言，例如因各類廣告散布影響市容，台南市以廢棄物清理法第 27 條第 11 款「其他經主管機關公告之污染環境行為」為依據，訂定台南市廣告物管理自治條例，規定「廣告物除有特別規定外，應經審查許可後始得設置」。地方自治團體為維護市容，有不少訂定類似台南市前述廣告物管理自治條例，並對廣告物之設置，不論其廣告內容之性質，一律採事

---

❶　例如美國的案例：Matal v. Tam, 582 U. S. 2017.

❷　該法名稱及該條文現已改為兒童及少年性剝削防制條例第 40 條。

前審查。釋字第 734 號解釋雖未直接處理事前審查問題，但在其解釋理由書的旁論中謂：「而公共場所於不妨礙其通常使用方式之範圍內，亦非不得為言論表達及意見溝通。系爭公告雖非為限制人民言論自由或其他憲法上所保障之基本權利而設，然於具體個案可能因主管機關對於廣告物之內容及設置之時間、地點、方式之審查，而否准設置，造成限制人民言論自由或其他憲法上所保障之基本權利之結果。」

釋字第 734 號解釋的原因案件是法輪功成員於街道上放置宣傳看板，台南市政府以其未經申請逕自於市府公告管制之公共空間設置廣告看板，依廢棄物清理法第 50 條第 3 款予以處罰。大法官在本號解釋理由書中表示：「不問設置廣告物是否有礙環境衛生與國民健康，及是否已達與廢棄物清理法第二十七條前十款所定行為類型污染環境相當之程度，即認該設置行為為污染環境行為，概予禁止並處罰，已逾越母法授權之範圍，與法律保留原則尚有未符。主管機關應儘速依前開意旨修正相關規範，使未經主管機關核准而設置廣告物者，仍須達到前開污染環境相當之程度，始構成違規之污染環境行為。」

有不少大法官認為本案應屬言論自由領域的重要案件，因為廣告物就是一種表達意見的載體。但也有大法官認為廣告物本身就是外加於環境之上的人為環境污染物，雖非「廢棄物」，但仍屬環境「污染物」❸。也有大法官認為「廣告」與「廣告物」本就應該予以區分，而將「廣告物」一律視同為「廢棄物」，並以廢棄物清理法作為其管制依據，根本就不恰當❹。更有大法官認為本案不應擴展至言論自由領域，只要「廣告物」符合廢棄物清理法上「廢棄物」的要件，則不論其內容為何，皆可以廢棄物清理法予以管制。尤其應考量我國地狹人稠，維護純淨的公共空間至為重要❺，

---

❸　參見本號解釋黃茂榮大法官之協同意見書。

❹　參見本號解釋蔡明誠大法官之協同意見書。

❺　參見本號解釋黃虹霞大法官之不同意見書。

有否需要援引美國判例將街道、廣場、或公園作為公共論壇的想法,並非沒有疑問。本號解釋雖謂:「公共場所於不妨礙其通常使用方式之範圍內,亦非不得為言論表達及意見溝通。」但何謂「不妨礙其通常使用方式之範圍內」?或是何謂「不至造成其他人為通常使用不可期待之妨害」?未來還有待司法實務予以進一步釐清。

前述兩號解釋中,第 623 號解釋涉及商業性言論之內容管制,第 734 號解釋則涉及非內容管制,在這兩號解釋中大法官皆非採取嚴格審查。不過在第 734 號解釋中,已有大法官指出本案涉及事前審查,應該將系爭公告與台南市廣告物管理自治條例一併宣告為違憲❿。

釋字第 414 號解釋與第 744 號解釋不僅涉及內容管制,而且是屬於「事前審查」的情況,特別值得注意。先談釋字第 414 號解釋:藥事法第 66 條規定,藥商刊播藥物廣告時,應於刊播前將所有文字、圖畫或言詞,申請中央或直轄市衛生主管機關核准。同法施行細則第 47 條第 2 款則規定,廣告內容、或以包裝換獎等方法有助長濫用藥物之虞者,主管機關應予刪除或不予核准。大法官釋字第 414 號解釋對藥事法上述事前檢查的規定,認為旨在確保藥物廣告之真實,維護國民健康,為增進公共利益所必要;對施行細則認為符合立法意旨,未逾越母法授權範圍。按藥物廣告攸關人民健康與生命,釋字第 414 號解釋的立場可以理解,但涉及一項原則問題,即事前檢查的合憲性,基於維護表現自由的本質內容不受損害,吳庚大法官與其他兩位大法官在本號解釋中提出不同意見書,認為藥品廣告之事前審查制違憲。

釋字第 744 號解釋涉及化妝品廣告之事前審查制,釋憲聲請人認為前述規定侵害憲法所保障之言論自由、工作權、財產權與營業自由,大法官在本號解釋理由書第 3 段及第 4 段詳細闡述事前審查❿,並宣告化妝品廣

---

❿　參見本號解釋湯德宗大法官之部分協同部分不同意見書。

❿　第 744 號解釋理由書:「按化粧品廣告之事前審查乃對言論自由之重大干預,

告之事前審查規定違憲，看似推翻釋字第414號解釋❶❹❽。不過，藥品與化妝品二者不同，其對人民生命、身體與健康之影響的程度差異甚大，故就算對兩種廣告事前審查的合憲性檢討，結果雖不同，仍勉強可以被接受。此外，此兩號解釋的審查基準亦有所不同：第414號解釋採寬鬆審查，但第744號解釋則採嚴格審查，此亦因藥品與化妝品本質上有所不同❶❹❾。

綜上，商業性言論與廣告通常是以誘引消費與促進交易為目的，不屬高價值言論，對於此類言論之限制，通常只要通過中度審查基準，即屬合憲。但是只要涉及事前審查制度，不論是針對「非內容管制」（廣告物之設置），或是「內容管制」（藥品或化妝品廣告本身），都要嚴肅以對。釋字第744號解釋對於「事前內容管制」措施，採取最嚴格的審查態度：只要出現事前內容管制，就推定為違憲；除非所追求之目的是「特別重要之公共

原則上應為違憲。系爭規定之立法資料須足以支持對化粧品廣告之事前審查，係為防免人民生命、身體、健康遭受直接、立即及難以回復危害之特別重要之公共利益目的，其與目的之達成間具直接及絕對必要關聯，且賦予人民獲立即司法救濟之機會，始符合憲法比例原則及保障言論自由之意旨（第3段）。然廣告之功能在誘引消費者購買化粧品，尚未對人民生命、身體、健康發生直接、立即之威脅，則就此等廣告，予以事前審查，難謂其目的係在防免人民生命、身體、健康遭受直接、立即及難以回復之危害。系爭規定既難認係為保護特別重要之公共利益目的，自亦無從認為該規定所採事前審查方式以限制化粧品廠商之言論自由及消費者取得充分資訊機會，與特別重要之公共利益之間，具備直接及絕對必要之關聯。」（第4段）

❶❹❽ 第744號解釋究竟是否變更了第414號解釋？大法官的見解並不相同，詳見第744號解釋的相關意見書。

❶❹❾ 另一涉及事前審查的案例是釋字第756號解釋，對於監獄中受刑人寄送書信之事前審查，該號解釋採中度審查，其理由書第13段謂：「為達成監獄行刑與管理之目的，監獄對受刑人言論之事前審查，雖非原則上違憲，然基於事前審查對言論自由之嚴重限制與干擾，其限制之目的仍須為重要公益，且手段與目的間應有實質關聯。」不過，大法官間對本案採中度審查，意見頗為分歧。

利益」，且手段與目的間必須有「直接且絕對之必要關聯」，並且還要配有「立即司法救濟機制」，以供人民維護其權利，唯有以上條件皆具足時，事前內容管制制度才可能被宣告為合憲。

㈢政治性言論

集會遊行法第 4 條規定：「集會遊行不得主張共產主義或分裂國土」，而依第 11 條第 1 項（今已修改）規定：「申請室外集會，違反第四條者，得不予許可。」自集會遊行法開始立法過程起，上述規定當否即成為朝野爭執的重點，公布實施後，就有當時的在野人士「以身觸法」，俾符合聲請釋憲的法定要件，向司法院提出聲請。大法官在釋字第 445 號解釋理由書先確認集會遊行與言論、講學、著作及出版同屬表現自由之範疇，「其中集會自由主要係人民以行動表現言論自由；至於講學、著作、出版自由係以言論或文字表達其意見，對於一般不易接近或使用媒體言論管道之人，集會自由係保障其公開表達意見之重要途徑。」而本號解釋之重點為：人民有主張共產主義或分裂國土之自由（即統獨言論），並採用美國明顯而立即危險原則作為判斷基準：亦即倘若尚無明顯而立即危險之事實狀態，僅憑將來有發生之可能，即由主管機關以此作為集會、遊行准否之依據，此與憲法保障集會自由之意旨不符，宣告其立即失效。

同樣的情形也見於釋字第 644 號解釋中，人民團體法第 2 條規定：「人民團體之組織與活動，不得主張共產主義，或主張分裂國土。」同法第 53 條前段規定：「申請設立之人民團體有違反第二條⋯⋯之規定者，不予許可。」大法官在本號解釋理由書第 2 段末，特別強調本案必須「嚴格審查」，並認為系爭規定允許主管機關對人民之政治性言論進行內容審查，並作為人民團體得否成立之否准基礎，與憲法保障結社自由與言論自由之意旨不符，宣告其立即失效。

政治性言論之審查，顯然與前述猥褻圖書及藥物廣告及商業言論所採審查尺度不同。前幾號解釋分別涉及社會風化、青少年身心發展或一般國

民疾病治療，對限制表現自由的法規，採較為寬鬆的審查密度，可以理解。至於政治性言論之保障，得以維護多元的民主價值和真正的自由國家，故對政治主張的限制，尤其採事前檢查的法規，應採嚴格審查基準。美國最高法院有所謂雙重基準 (double standard)，對限制精神自由與經濟自由的法律，採取不同的審查基準，前者較嚴，後者較寬並以尊重國會的判斷為原則⑮；日本某些違憲審查事件也傾向採雙重基準⑮。特別是事前審查的部分，美國法基本上是推定其為違憲，極端例外的情形僅在「例如為了維護國家安全而防止洩露軍事機密、為了端正社會風氣 (decency) 而防止猥褻出版品的傳布、為了維護社會安全而防止煽惑他人以暴力或武力推翻合法政府之言論等」，事前限制方有可能被接受為合憲 (283 U. S. 697, 716 (1931))。而在 1971 年 New York Times Co. v. United States (Pentagon Papers Case) 案，美國最高法院亦表示任何事前限制的制度均會被法院推定為違憲，除非政府能舉證證明採取事前限制的必要性 (403 U. S. 713, 714 (1971))⑮。至於政黨鼓吹分裂國土或甚至是挑戰自由民主憲政秩序的行為，歐洲人權法院也採取類似「明顯而立即危險」的審查基準。例如土耳其憲法法院先後解散主張以「民主方式解決庫德族問題」的人民民主黨 (HADEP)，以及主張以和平方式解決庫德族問題的民主社會黨 (DTP)，歐洲人權法院在這兩個案子都宣告此解散行為違反歐洲人權公約第 11 條所保障之集會結社自由⑮。歐洲人權法院表示：除非系爭政黨鼓吹使用暴力，號召推翻政府或

⑮ 雙重基準最先出現於 United States v. Carolene Products Co. 一案。

⑮ 雙重基準在日本的應用情形，參照劉宗德，日本違憲審查制度之研究，收於：當代公法理論：翁岳生教授六秩誕辰祝壽論文集，月旦出版，1993 年，頁 148。阿部照哉等編著，周宗憲譯，憲法，下冊，元照出版，2001 年，頁 67 以下。

⑮ 引自釋字第 644 號解釋林子儀大法官協同意見書註 2。

⑮ CEDH, 14 décembre 2010, HADEP & Demir c. Turquie; CEDH, 12 janvier 2016, Parti pour une société démocratique et autres c. Turquie. 反之，在西班牙主張巴斯

進行武裝對抗，否則國家即不應該介入並干涉政黨事務。以防衛性民主概念聞名的德國，面對支持納粹主義的德意志國家民主黨 (NPD)，德國聯邦憲法法院在多次以程序問題迴避此違憲政黨問題後❿，終於在 2017 年 1 月 17 日做出裁判：雖然 NPD 的行為確實具備足夠的強度去挑戰自由民主憲政秩序，但以現有的證據顯示該黨毫無可能對自由民主憲政秩序產生實質危害，故毋須予以解散。回顧我國大法官處理政治性言論之管制與事前審查，亦採取嚴格審查基準。從前述幾號解釋來看，限制政治性言論與事前審查制度應被推定為違憲。

　　另外，我國亦常見以特定物（如國父或蔣中正銅像）或特定人（通常為政治人物）作為其表達意見之介面，例如毀損銅像或向人丟書、丟鞋、丟蛋或甚至是潑冀等行為，以表達其政治意見，並宣稱其為象徵性言論。先就「物」的部分而言，刑法上的毀損罪為告訴乃論之罪，只要有告訴人提告並有毀損事實，我國法院實務通常認定成立毀損罪，並依情狀嚴重程度科刑 ； 被告以斬首銅像係象徵性的政治言論作為抗辯， 並不能阻卻違法❺。至於對人砸蛋或丟鞋等行為❻，基於人性尊嚴之理念，人不得被工具化，不該成為他人表意的工具，故不應將此類侵害他人身體之尊嚴、安全與完整性之行為視為是象徵性言論與政治性言論而予以保障❼。

克獨立的統一黨 (Batasuna) 與人民統一黨 (Herri Batasuna)，它們都支持以恐怖活動作為獨立之手段，此二政黨被西班牙最高法院強制解散並清算財產，歐洲人權法院在此案 (CEDH, 30 juin 2009, Herri Batasuna et Batasuna c. Espagne) 中認為西班牙沒有違反人權公約第 11 條，因為此二政黨與恐怖活動密切關聯。

❿　德國聯邦憲法法院分別在 2003 年 3 月 18 日，2013 年 3 月 5 日與 2015 年 3 月 19 日做出與 NPD 相關的裁判。

❺　如台南地院 106 年度易字第 966 號判決 、 士林地院 106 年度訴字第 195 號判決、士林地院 106 年度訴字第 256 號判決等。

❻　如台中高分院 103 年度上易字第 1184 號判決。

❼　參見陳淳文，丟鞋有理，抗議無罪？對公職人員丟鞋的法制分析，月旦法學雜

㈣誹謗性言論

憲法一方面保障言論自由，另一方面也保障人格權；名譽、信用及姓名權等都可視為人格權的一部分。妨害名譽等個人法益者，刑法都有處罰罪名的設置，也是各國的通例，我國刑法（第 27 章妨害名譽及信用罪）亦然。但當言論自由與名譽保障相衝突時，何者優先，各國法制則有不同之看待。如所周知，美國對言論自由保障之周全，各國恐無出其右者。在英美法早就存在處罰誹謗或妨害名譽的法律，然制憲者並未考慮給予憲法保障，反而制定增修條文第 1 條禁止國會通過限制言論自由的法律，於是基於文本解釋論的立場，也就認為個人名譽的保護價值，遠低於言論自由。這種理念發展的結果，即是將誹謗行為提高到憲法的層次（所謂憲法特權），有關的知名案件便是 New York Times Co. v. Sullivan, 376 U. S. 254，本案建立了真實惡意 (actual malice) 的判斷基準，即對公務員與職務有關的行為提出批評，除非能證明批評者有真實惡意，否則不能以罪責相繩，至於民事賠償則另當別論。其後出現的案例，將這項原則推展至一切公共人物或議題，但涉及純私人的名譽時，言論自由仍受相當限制 ⓫。德國的情形與美國顯然不同，德國聯邦憲法法院認為意見自由 (Meinungsfreiheit) 與名譽或人格權保障相競合，亦即發生刑法第 185 條及第 193 條的適用疑義時，名譽或人格權通常居於優先地位 (BVerfGE 66, 116, 151)。若是關係到對公眾有重大意義的問題時，則例外的認為意見自由應優先受保障。價值判斷與事實主張雖同受保障，但意見的本身是以不實的事實主張為依據者，又回歸名譽、人格法益的優先 (Vgl. BVerfGE 90, 241, 248; 85, 1, 17)⓫。由此可見，德國的憲法實務顯然認為在作法益衡量時，名譽、人格較意見自

誌，第 239 期，2015 年 3 月，頁 92–105。

⓫　相關案例甚多，其演變經過均參照法治斌，論美國妨害名譽法制之憲法意義，憲法專題㈡，1993 年，頁 7 以下。

⓫　Vgl. Richter u. a., aaO., S. 143f.

由具較高的價值。

　　我國刑法第 310 條第 1 項及第 2 項規定，意圖散布於眾，而指摘或傳述足以毀損他人名譽之事者，為誹謗罪。以文字或圖畫犯之者，為加重誹謗罪。同條第 3 項稱：「對於所誹謗之事，能證明其為真實者，不罰。但涉於私德而與公共利益無關者，不在此限。」適用之際，也會發生名譽與言論自由孰為優先的問題，長久以來主張言論自由應受最大限度保障，並將誹謗除罪化，甚囂塵上。後來終於發生商業周刊的編輯及記者因撰文批評某部長浪費公帑整修官舍，遭該部長控告妨害名譽，兩位被告對確定的有罪判決不服，聲請釋憲，大法官作成釋字第 509 號解釋，宣告刑法第 310 條不違憲的同時，並釋示：「同條第三項前段以對誹謗之事，能證明其為真實者不罰，係針對言論內容與事實相符者之保障，並藉以限定刑罰權之範圍，非謂指摘或傳述誹謗事項之行為人，必須自行證明其言論內容確屬真實，始能免於刑責。惟行為人雖不能證明言論內容為真實，但依其所提證據資料，認為行為人有相當理由確信其為真實者，即不能以誹謗罪之刑責相繩。」準此，本號解釋顯然將被告之舉證責任相當程度之減輕，嗣後檢察官或自訴人應證明被告之言論虛妄，諸如出於明知其為不實或因輕率疏忽而不知其為不實，始足相當。是以一經公布，時論多指是採美、日的「真實惡意」原則為立論基礎（日本實務早已跟隨美國的理論）❿。值得注意者，本號解釋引發的事實雖是公務員與職務相關的行為，然解釋結果，言論批評的人物或內容並不以公眾人物或公共事務為限，適用時只要兼顧刑法第 310 條第 3 項後段所謂涉及私德無關公益的但書即可。再者，本件解釋強調言論自由的保障與德國作法益衡量時，向名譽及人格權傾斜也有所不同。德國實務上仍認為其刑法第 186 條（與我國刑法第 310 條規定相當）是舉證責任的特別規定，該第 186 條的文字為：「提出或傳述侮辱他人或足

---

❿　參照法治斌，保護言論自由的遲來正義——評司法院釋字第五〇九號解釋，月旦法學雜誌，第 65 期，2000 年 10 月，頁 148 以下。

以使他人在公眾觀感中喪失尊嚴之事實者處一年以下有期徒刑、罰金，但能證明其為真實者不在此限。以公開或文書為上述行為者處二年以下有期徒或罰金。」上開譯文但書所稱能證明其為真實者不在此限。依德國通說乃是對「有懷疑應作有利被告認定」(in dubio pro reo) 所為之例外規定⓰，換言之，對於該條之罪，刑事法院固仍有依職權調查之義務，惟被告須負證明所指摘或傳述者係屬事實的舉證責任，與向來對誹謗罪成立的理解並無不同，釋字第 509 號解釋就是要以憲法上基本權的效力，來改變刑法的解釋與適用。

按德國聯邦憲法法院早期曾發展關於基本權效力的理論，稱為交互效果說 (Wechselwirkungslehre)，此說源於呂特案 (Lüth)──BVerfGE 7, 198, 207ff，意謂基本權的解釋與適用應受一般法律的制約（特別是私法），同時一般法律的本身也受到基本權的限制，於是形成雙方相互的效果關係⓲，這個理論，後來逐漸為比例原則及法律的合憲性（即符合基本權）解釋所替代，釋字第 509 號解釋便是明顯的合憲性解釋。

不過，釋字第 509 號的合憲性解釋在爾後的實務發展，卻有兩條不同的路徑：一是因「不實言論未必受罰」，且其減緩，或甚至幾乎可免除表意人（即被告）之舉證責任，並在社群網路蓬勃發展的背景下，各類侵害隱私或名譽的言論充斥，此不僅嚴重侵害個人權利，同時也因透過媒體名嘴與網軍大量散布謠言與負面選舉資訊而嚴重侵蝕民主選舉的正當性基礎⓳。在另一方面，因其提及「表意人有相當理由確信其為真實」而衍生

⓰　Vgl. A. Schonke/H. Schroder, Strafgesetzbuch, Kommentar, 21. Aufl., 1982, S. 1194，並參照釋字第 509 號解釋，吳庚大法官的協同意見書。

⓲　參照張永明，從我國與德國釋憲機關之相關解釋與裁判論新聞傳播自由之界限與我國新聞傳播之立法，收於：劉孔中、陳新民主編，憲法解釋之理論與實務，第三輯，下冊，中研院社科所出版，2002 年，頁 209。

⓳　如民國 109 年總統大選宣稱總統候選人韓國瑜受北京控制的王立強案，民國

出「查證義務」。基此，法院可以欠缺查證為由而入罪，檢警更可將此擴張到諸如防疫、國安及認知作戰與揭弊等各類言論類型，成為政府壓制言論的最佳利器❶❻❹。

釋字第 509 號解釋對於誹謗除罪化有明確的立場：以刑罰手段制裁言論並不違憲，但此制裁手段並非不能改變；立法者「應就國民守法精神、對他人權利尊重之態度、現行民事賠償制度之功能、媒體工作者對本身職業規範遵守之程度及其違背時所受同業紀律制裁之效果等各項因素，綜合考量。以我國現況而言，基於上述各項因素，尚不能認為不實施誹謗除罪化，即屬違憲。況一旦妨害他人名譽均得以金錢賠償而了卻責任，豈非享有財富者即得任意誹謗他人名譽，自非憲法保障人民權利之本意。」（理由書第 1 段）112 年憲判字第 8 號判決延續前述立場，但進一步強調：表意人應提出相關證據資料來主張其已踐行合理查證程序，且不得有明知或重大輕率之惡意情事，並在客觀上可合理相信其所發表之言論內容為真，如此方可免罰。此外，公權力機關（檢方與法院）尚得依個案情節衡量等。即便法院最後皆以無罪判決作收，但光檢方的偵查與起訴等作為，即可對人民產生強力的震懾效果。

此判決名為補充釋字第 509 號解釋，實則幾乎變更原解釋之精神。透過新增「確經合理查證程序」之要求，形同使被告負舉證義務，要求被告不得行使緘默權且須「自證己無罪」。此外，所謂「依個案情節為適當之利益衡量」如非畫蛇添足，就是更加強化國家在言論管制上的裁量空間。依此裁判精神，欲因之而改善各類低價值言論肆虐的情況，只怕是緣木求魚；但其賦與國家控制與打壓言論的空間，必是有增無減。

---

111 年地方選舉的張淑娟控周玉蔻案等。

❶❻❹ 參見陳淳文，管制「假」訊息或「壞」言論？數位時代下的新聞自由與言論管制，教育暨資訊科技法學評論，輔大法律學院出版，第 10 期，2023 年 5 月，頁 1–24。

四、講學自由

㈠講學自由即學術自由

講學自由從字面解釋，將理論與知識傳授予他人之謂。但憲法所保障的講學自由，通說均不作如此狹隘的理解❶❻❺，大法官也將講學自由詮釋為學術自由（釋字第 380 號解釋），這種擴大解釋不僅可發揮憲法的規範意旨，也避免概念上的重疊，因為講學自由若僅限講述或傳授的自由，則不外對從事教學活動者「言論自由」的重複規定❶❻❻，並無任何意義。

學術自由 (Wissenschaftsfreiheit) 是一種上位概念，涵蓋研究與學說（理論）的自由。學術的定義是：「凡內容或形式上依照嚴謹有計畫的嘗試步驟，證明真理的活動，皆屬之❶❻❼。」自然人、法人、公立學術機構、私人研究組織，都是學術自由保障的主體或對象，教師、研究人員享有充分的學術上研究及提出學說或理論的自由，不受公權力之干預。從事研究工作之學生也有研究自由，但應與學習自由 (Lernfreiheit) 加以區分，學生得自由選擇某一科系作為其學習專門學識技能的生涯目標，然選定之後，就須遵照該科系的課程設計，從事學習及研究，這不是基於所謂「特別權力關係」，而是事物當然之理。又公私立研究機構受職業規範的限制，必須從事特定研究（如產品研發）者，也不應主張其享有研究自由，甚至其研究發現也不能由研究者享有（如不得申請專利）。

其次須討論的問題是：中等以下學校教師的講學自由是否與大學相當？現行國民教育法第 8 條之 2 規定國中小教科書應經教育部審定，高級中等教育法第 48 條則規定教科書應經隸屬於教育部的國家教育研究院審定。在

---

❶❻❺　陳新民，憲法學釋論，頁 241；林紀東，中華民國憲法釋論，改訂第五十五版，1992 年，頁 160；劉慶瑞，中華民國憲法要義，1960 年，頁 70。

❶❻❻　參照李惠宗，憲法要義，初版，元照出版，2001 年，頁 179。

❶❻❼　這項定義來自德國聯邦憲法法院的判決：BVerfGE 35, 79, 113.

教科書審定制度的前提下，講學自由自然受到限制，其理由不外中等學校是培養國民基本生活知能的設施，中學生尚未成年，欠缺較為成熟的思辨能力，在這個階段強調講學自由，對青少年個人的發展與公共利益皆屬不利。實則，教科書審定就是事前審查，如此嚴屬的手段是否有採行必要？也有商榷餘地，因為大學教科書並沒有審定制，任由學校與教師選擇，流弊未見發生，教育主管機關最多只能採不具法律拘束力的「行政指導」方式，鼓勵採用優良的教科書，而應放棄事前審查的作法。

　　事實上，一旦將講學自由理解成學術自由，大學與大學以下之教育機構即有明顯的區別。如果說各級學校教師都得自由講學與自由研究學問，但僅有大學的學術自由得以免除國家公權力之干涉。換言之，國家有權介入中等以下學校之課程規劃、課綱擬定與教科書審定，但卻不得對大學為之。此種禁止國家介入大學事務的禁戒，使大學成為學術自由的堡壘，講學自由的最高殿堂，純屬西方大學的傳統❿。所謂的西方大學，早在西元 11 世紀起即慢慢形成，號稱世界最古老的大學義大利波隆那大學創設於 1088 年，其成立之目的就是要維護自主自治地位，免除外力干涉。從歐洲大學的發展歷程來看❿，「自主自治」成為「大學」這個組織體與生俱來且

---

❿　中國雖然自西周以降即有官學，漢代太學生已達萬人以上，但中國歷代的學術教育機構與歐陸大學截然不同至少有以下兩點：第一，在組織上獨立於政治權力之外，自主自治是西方大學的特色，但在東方卻無。第二，在對學術的態度上，西方從希臘時代即有「愛智」的傳統，「為學術而學術」是西方大學與其學人的基本信念。但在東方儒家主義的影響下，學術或教育有很強的功利色彩，錢穆稱「學做人」（忠孝兩全），「學做事」（學以致用），一直是中國學術的主流，「為學問而學問」的精神要到清朝才開始逐漸發展起來。參見陳淳文，大學自主的歷史源流與演進歷程概論，教育法學評論，第 5 期，2020 年 5 月，頁 173–174。

❿　詳見陳淳文，大學自主的歷史源流與演進歷程概論，教育法學評論，第 5 期，2020 年 5 月，頁 163 以下。

不可或缺的基因；一旦缺乏獨立精神與自主自治之特質，即不能稱之為「大學」。誠如德人 Alexandre de Roes 於西元 1280 年的著作中所言：若將基督教世界視為是一個生物體，則此生物體係由三股力量賦予其生命力：首先是化身於神聖羅馬帝國皇帝身上的**政治力** (*regnum*)，其次是座落於羅馬教廷的**宗教力** (*sacerdotium*)，最後則是以巴黎大學為首的**知識力** (*studium*)❿。換言之，在中世紀歐洲的社會結構裡，世俗政權，羅馬教廷神權與大學是構築當時社會鼎足而立的三股力量。大學作為構築社會不可或缺的一股核心力量，自然必須捍衛其獨立性與自主權；而大學恆久的威脅，就是企圖侵害或甚至是剝奪其獨立性與自主權的各種勢力。這些威脅大學的各方勢力中，宗教勢力曾經十分顯赫，現已傾頹，代之而起的是資本經濟勢力與社會力；至於世俗政治權力，更一直是大學自主自治主要且永恆的威脅⓱。

---

❿　Hastings Rashdall, *The Universities of Europe in the Middle Ages*, Oxford, 1936, new edition, vol. 1, p. 23.

⓱　如我國於民國 107 年爆發的台大校長遴選案即為適例：民國 107 年 1 月 5 日臺大校長遴選會依現行嚴格法定程序選出之台大新校長管中閔，卻遭教育部遲遲不予發聘。此「卡管」，或甚至稱之為「拔管」事件歷時 354 天，前後有三位教育部長因之而下台，是政治力介入大學自主最明確，也是嚴重的案例。事實上，近幾年的大學校長遴選，包括陽明大學與成功大學，乃至於中研院院長的選任，都出現各種爭議；顯見各方勢力逐鹿大學與學術研究機構的情形十分嚴重。有關「卡管案」的簡要分析，可參閱陳淳文，法治是文明遴選的基礎——看台大校長遴選爭議的幾個法治問題，獨立評論，2018 年 3 月 29 日，https://opinion.cw.com.tw/blog/profile/52/article/6736。至於有關我國國立大學校長遴選制度與管案爭議的詳細分析可參見陳淳文，公立大學校長遴選制度及其運作爭議分析，台灣法學雜誌，第 344 期，2018 年 5 月，頁 38–55；陳文政，大學自治與國家監督——國立台灣大學校長遴選爭議之法理分析，政大法學評論，第 159 期，2019 年 12 月，頁 1–67。另有座談會紀錄及李惠宗、陳清秀、廖元豪、董保城等教授之論述刊載於，台灣法學雜誌，第 340 期，2018 年 3 月，頁 14–55 及第 344 期，2018 年 5 月，頁 25–104 等兩期。

　　歐洲大學於 1988 年慶祝波隆那大學創校九百週年紀念之際，提出「大學大憲章」(Magna Charta Universitatum)，該憲章特別揭示以下四個大學應遵循之基本原則：

　　第一、**自主自治與獨立原則**：大學應是一個自主與自治的機構，其乃以批判之方式，透過其研究與教學生產並傳遞知識文化。基於當今世界之需要，大學必須獨立於所有政治力、經濟力與意識型態之外。第二、**教研合一與回應社會原則**：為了回應社會變遷之所需與科學知識的演進，大學之教學與研究二者不得分離。第三、**學術自由與寬容原則**：研究與教學之自由乃大學之命脈，國家公權力與大學本身應各依其職權範圍，致力於維護並提升教學與研究自由。而唯有讓大學處於寬容與持續對話的自由空間下，知識才能被傳遞，研究與創新才能開展，學生也才能從中獲益。第四、**超越疆界之交流互動原則**：基於知識之普世性，大學為實現其使命，必須無視於地理或政治疆界與文化藩籬，肯認不同文化間之相互交流與互動的必要性。

　　此四個大學基本原則之所以在 1988 年還被提出，且被強調，正足以說明當今世界各地大學或學術研究機構，都或多或少地遭受與此四原則相背離之各種力量的侵蝕或攻擊；亦即企圖影響或甚至是抑制大學自主自治與學術自由的力量始終存在，而此種力量的消長往往決定了國家社會整體的榮枯。

㈡**大學自治的保障範圍**

　　大法官近年幾號關於學術自由與大學自治的重要解釋，釋字第 380 號解釋的主旨是宣示大學共同必修科目由教育部訂定，以及不及格不得畢業的規定（原大學法施行細則第 22 條第 1 項後段及第 3 項），違反大學自治及法律保留原則，應改由大學自行訂定及安排。釋字第 450 號解釋則認為舊大學法第 11 條第 1 項第 6 款及同法舊施行細則第 9 條第 3 項規定大學「應設置軍訓室並配置人員，負責軍訓及護理課程之規劃及教學，此一強

制性規定，有違憲法保障大學自治之意旨」。釋字第 563 號解釋認為大學退學規定屬於大學自治保障之範疇。釋字第 626 號解釋對於中央警察大學碩士班入學考試招生簡章中，色盲生因無法通過體檢而不能被錄取的規定，大法官認為入學資格的設定，亦屬大學自治的一環。故「大學對於入學資格既享有自治權，自得以其自治規章，於合理及必要之範圍內，訂定相關入學資格條件，不生違反憲法第 23 條法律保留原則之問題」。（解釋理由書第 2 段）色盲生無法取得入學資格，的確是侵害平等權。不過，基於警察大學本身的特殊性質，雖然以人力所不能控制的生理缺陷（色盲）作為差別待遇的分類基準，但其所追求之目的屬於重要公共利益，且所採取之手段（歧視對待色盲生）與目的之實現（畢業生能勝任警察維護治安之工作）有實質關聯性，故此限制色盲生之規定合憲。釋字第 684 號解釋對於大學的學生懲罰權，大法官先表示：「惟大學為實現研究學術及培育人才之教育目的或維持學校秩序，對學生所為行政處分或其他公權力措施，如侵害學生受教育權或其他基本權利，即使非屬退學或類此之處分，本於憲法第十六條有權利即有救濟之意旨，仍應許權利受侵害之學生提起行政爭訟，無特別限制之必要。在此範圍內，本院釋字第三八二號解釋應予變更。」（解釋理由書第 2 段）此外，本號解釋進一步強調，除行政權與立法權之外，司法權也必須尊重大學自治：「大學教學、研究及學生之學習自由均受憲法之保障，在法律規定範圍內享有自治之權　（本院釋字第五六三號解釋參照）。為避免學術自由受國家不當干預，不僅行政監督應受相當之限制（本院釋字第三八〇號解釋參照），立法機關亦僅得在合理範圍內對大學事務加以規範（本院釋字第五六三號、第六二六號解釋參照），受理行政爭訟之機關審理大學學生提起行政爭訟事件，亦應本於維護大學自治之原則，對大學之專業判斷予以適度之尊重（本院釋字第四六二號解釋參照）。」（解釋理由書第 3 段）

　　綜觀這幾號解釋，其包含的原則有：1.學術自由乃制度性保障的一種，

就大學教育而言，即大學自治、大學組織及其他建制方面，應獲得確實保障。 2.大學所具有的自主組織權，包括大學內部組織、單位的設立，教師聘任及資格評量等事項的自主權限❼。 3.教學及研究之自由之保障範圍及於各種主要的學術性活動，在研究方面諸如研究動機、計畫、人員組成、經費籌措分配及成果之提出及發表等；在教學方面諸如課程設計、科目訂定、講授內容、學力評定、考試規則、學生選擇科系及課程之自由以及學生自治等；以及入學資格篩選、成績門檻要求及退學規定、內部管理與秩序維護，特別是對學生的懲罰權，均在保障之列。若將上述解釋作比較研究，可以發現其立論重點與德國聯邦憲法法院有關大學裁判事件❼頗為相近， 德國判例所樹立的各項原則是： 學術自由是對抗國家干涉的防禦權 (Die Wissenschaftsfreiheit als Abwehrrecht gegen staatliche Eingriffe)，學術自由兼具制度性保障與個人權利保障性質 (Wissenschaftsfreiheit als institutionelle Gewährleistung und individuelles Freiheitsrecht) 及大學自治行政原則 (Grundsatz der Selbstverwaltung der Universität)，但其論述層次分明，內容詳盡，這是我國釋憲所不及之處。

五、著作及出版自由

著作及出版自由是廣義的言論自由的一部分，許多相關問題已在言論自由項下有所說明。著作權不僅屬於言論自由的範圍，也是財產權的一種，

---

❼ 如 111 年憲判字第 11 號判決謂：憲法第 11 條關於講學自由之規定，係對學術自由之制度性保障，大學自治亦屬該條之保障範圍，大學對研究、教學與學習之事項，包括大學內部組織、教師聘任及資格評量，享有自治權。而教育主管機關依法行使其行政監督權時，如侵害大學之自治權，大學基於受憲法保障依法享有自治權之權利主體地位，本於上開有權利即有救濟之意旨，自應允大學提起訴訟以尋求司法救濟（理由書第 12 段）。

❼ BVerfGE 35, 79－Hochschulurteil.

即一般所稱的智慧財產權，就其保障而言，發生憲法第 11 條與第 15 條的競合。著作所包括的範圍從語言、文字、到聲光、程式，著作權法第 5 條規定廣達十種之多，著作權法最值得注意者有下列三點：㈠採創作保護主義：著作人於著作完成時即享有著作權，不是舊日的登記保護主義。㈡著作人格權為一身專屬之權利，並用以保護著作，防止他人之歪曲、割裂、竄改及其他非法利用。㈢著作財產權，其保障期間為著作人死亡後 50 年。

民國 88 年廢止出版法之後，限制出版的法律及其附屬規定一律失效，這是對言論自由及出版事業的保障之大進展。另在自由貿易與全球化的發展下，著作權或智慧財產權的保護已非單純國內法問題，更有高度的國際關注與國際壓力。例如我國已加入世界貿易組織 (WTO)，自應受「與貿易有關之智慧財產權協定」(Agreement on Trade-Related Aspects of Intellectual Property Rights, TRIPS) 第 5 節刑事程序第 61 條規定之拘束，亦即會員國應對具有商業規模而故意仿冒商標或侵害著作權之案件，訂定刑事程序及罰則。然則著作權涉及私權，原應以民事程序追究侵害責任，刑罰應屬次要手段❼❹。只是在當今國際規範框架與經貿壓力下，刑罰成為主要制裁途徑。我國著作權法對於非法重製光碟行為，未區分重製行為之嚴重程度，一律以 6 月以上有期徒刑為最低度法定自由刑，釋字第 804 號解釋認為不違反憲法第 8 條的刑罰謙抑與罪刑相當原則。

第五節　信仰宗教之自由

一、宗教信仰自由的界定

所謂宗教信仰自由，指人民有信仰或不信仰任何宗教之自由，以及參與或不參與宗教活動之自由；國家不得對特定之宗教加以獎勵或禁制，或

---

❼❹　參見釋字第 804 號蔡明誠大法官部分不同意見書。另，隨著網路科技發展，光碟非法重製已不再是最主要的侵害著作權之行為類型。

對人民特定信仰畀予優待或不利益，其保障範圍包含內在信仰之自由、宗教行為之自由與宗教結社之自由（釋字第 490 號解釋理由書第 1 段）。

二、宗教自由在多元民主社會的意義

　　宗教信仰在歐洲歷史上是一項嚴重而且紛爭不斷的問題，十字軍東征、宗教改革、百年戰爭、三十年戰爭、清教徒革命等大小事件不可勝數。18、19 世紀立憲主義盛行之後，宗教信仰的問題可說已經解決，但仍可在歐洲各國憲法上留存一些遺跡：一是對宗教問題的規定相當詳盡，不會像我國憲法第 13 條只規定：「人民有信仰宗教之自由」，寥寥十個字，二是有些憲法還有鬥爭勝利標誌的條文，例如瑞士聯邦憲法第 51 條：禁止耶穌會及其附屬團體成員在瑞士境內出現，天主教也不得在境內活動，挪威憲法也有類似規定。耶穌會是宣揚天主教教義最熱心的修會，因此被以新教為主的國家視為公敵，不過這種規定百年前就已不再執行，但瑞士直到 1973 年才正式公投廢止。相對的，像西班牙憲法則明定天主教為國教（已修改），其他宗教一律不准公開舉行儀式。我國則係多種宗教共存與寬容，很少發生像歐洲一樣的歷史事故，當然不會在憲法條文中使用過多的文字，更不會對宗教作差別的規定。

　　現代民主國家既然多已無宗教與政治間的紛爭，則保障宗教自由的意義何在？因為民主政治的基本原則固然是多數決原則，但其前提是對少數的寬容，對於某項公共事務意見不同而分裂為多數與少數，在面對他項事務時這種對立可能又解組或改變，衍生的問題較少，但最頑強的對立則是因信仰不同而產生，只要看當代的北愛爾蘭、巴勒斯坦、黎巴嫩、科索夫就明瞭，要維持內部的和諧，必須對不同族群的信仰予以寬容與尊重。如果憑多數決的機制，以公權力迫使少數族群就範，則這種民主政治可能只剩下表面的合法性，而喪失以被統治者同意為基礎的正當性[175]。

---

[175]　Ekkehart Stein, Gewissensfreiheit in der Demokratie, 1971, S. 49，其原文如下：

三、宗教自由的類別

　　信仰宗教自由之類別可由下列各點加以說明：㈠積極自由與消極自由：積極自由指積極信仰並參與某種宗教之各項活動的自由；消極自由指不信仰宗教之自由，或已信仰某種宗教之後，放棄或改變信仰的自由（參照釋字第 460 號解釋理由書第 3 段前半部）。禁止國民信仰特定宗教或參與其儀式，強迫國民接受宗教教義的灌輸，都明顯的牴觸憲法第 13 條的規定。㈡個人信仰自由與集體信仰自由：信仰宗教本是個人的心靈活動，當然任由個人享有其行為或不行為之自由。但同時也保障集體的信仰宗教自由，所謂集體信仰自由，指組織各種宗教團體的自由，而不論這些團體是附屬於既有的宗教（如天主教、基督教、佛教及道教等）或自行創設新的宗教均受保障。我國與歐洲國家不同，不課徵宗教稅，故不生稅款分配給宗教團體的問題。我國之宗教團體與歐洲若干國家之具有公法上法人團體資格，也有區別，不問是否為法人均享有兩項權利：自主組織權及財產權，不過這種權利又可能因宗教性質不同，而受到國家不同程度的干預：對世界性組織的教會，如天主教及大部分基督教派，其內部組織公權力幾無介入的餘地；至於「本土性」的寺廟神壇等則另當別論，稍後再作說明。㈢內在信仰自由與信仰行為自由：內在信仰自由是存在於個人內心的自由，對宗教信與不信 (freedom to believe) 全憑個人自決，所以屬於絕對的自由❶，實際上外在的規範縱然加以限制，也難真正干涉每個人的內心，在天主教及某些教派的教義中，子女一出生即應由父母安排其領洗，但子女一旦成

"Wenn die Mehrheit in diesem Fall ihre physische Überlegenheit rücksichtslos ausnützen würde, um ihren Standpunkt durchsetzen, ginge die demokratische Legitimität, die auf dem Einverständnis der Beherrschten beruht, in eine blosse Legitimät über."

❶　王和雄，憲法保障宗教信仰自由之意義與界限，收於：司法院大法官釋憲五十週年紀念論文集，司法院出版，1998 年，頁 197。

年之後，仍可自由的選擇其信仰，在未成年前的宗教洗禮及教育，德國即認為未違反信仰自由 (BVerfGE 41, 29, 48f.)。信仰行為自由乃表現其內心信仰於外的行為自由 (freedom to perform)，包括儀式、禮拜及傳教等在內，因為屬於外在的行為，故不能承認其有絕對的自由，應受國家法律及善良風俗的制約（參照釋字第 490 號解釋理由書第 1 段中段），質言之，這部分自由有法律保留的適用，即一般人所受的法律拘束，宗教外部活動同樣受有限制，故美國摩門教曾允許一夫多妻，但遭法院認定違法，便是一例。

四、宗教自由與政治

　　國家與教會的關係，有兩種明顯對立的制度，美國屬行政教分離，國家與教會之間築起一道牆般的區隔；歐洲國家則不同，視宗教團體為公法人，教士受到稅捐的奉養，並在國民小學擔任政府指派的宗教課程，雖然如此，德、奧等國仍然強調信仰問題國家中立原則 (Neutralität des Staates in Glaubenfragen)。在這一原則之下，國家須謹守下列三點❼：㈠避免認同 (Nicht-Identifikation)：與各種宗教團體之目標、內容或過程保持距離；㈡容忍 (Tolerenz)：對少數族群之信仰應予尊重及保護；㈢不偏不倚 (Parität)：對各種教派應平等對待，這也是釋字第 460 號解釋理由書末段所說的：「國家亦不得對特定之宗教加以獎助或禁止，或基於人民之特定信仰為理由予以優待或不利益。」（釋字第 490 號解釋理由書首段又再次引述）

　　前面說過，公權力對宗教組織或活動的干預也有法律保留原則的適用，但基本上國家應盡可能尊重宗教的自決權 (Selbstbestimmungsrecht)，非有不得不涉入的情形，應與宗教組織「保持距離」。不過，這是對世界性組織完善的既存教會而言，我國民間是一種泛神社會，道場、神壇林立，本身欠缺信徒參與管理的機制，有時弊病叢生，針對這類「本土」性的宗教，給予適當的立法規範似屬維護公益及保護信徒私益所必要。現行監督寺廟

---

❼　Vgl. Richter u. a., aaO., S. 117f.

條例及寺廟登記規則，即為上述目的而設，凡有僧道住持之宗教上建築物，不論名稱為壇廟、寺院、庵觀等均應接受監督及管理。民國 74 年間曾發生主管機關依上開規則撤換寺廟管理人事件，釋字第 200 號解釋認為，撤換管理人之規定「就募建之寺廟言，與監督寺廟條例第十一條立法意旨相符，乃為保護寺廟財產，增進公共利益所必要」，不構成對管理人財產權之侵害。但民國 93 年又生另一釋憲案件，即釋字第 573 號解釋，更進一步放寬主管機關對寺廟之監督，且宣告監督寺廟條例第 8 條違憲。此號解釋的重點有二：一是宗教因傳教目的為財產經營之需要，寺廟組織有自主權及財產處分權。該條例第 8 條及第 2 條第 1 項規定，寺廟處分或變更其不動產及法物，須經所屬教會之決議，並呈請主管官署許可，妨礙宗教活動自由。二是監督寺廟條例第 3 條將若干寺廟（如政府設立或私籌資金建立者）除外之規定，有違平等原則，也一併宣告定期失效。由上所述，釋字第 573 號可謂變更第 200 號解釋的意旨。

五、信仰與兵役

宗教信仰與服兵役的問題，在世界許多國家都發生爭議，德國基本法為此特加規定：「不得強迫任何人違背其良心，持武器服作戰任務。」（第 4 條第 3 項前段）依照德國學者通說及聯邦憲法法院的見解，上開規定於戰時及平時均有其適用，但非直接持武器作戰的輔助勤務，諸如兵工生產、救災、衛生勤務及後勤行政等不在適用範圍[178]。在我國也發生某些基督教派的信徒，因信仰而一再妨害兵役，致被判處刑罰的案件，釋字第 490 號解釋即因此而引發，該號解釋並不認同宗教信仰得作為拒絕服役之理由；而實務亦已有宗教替代役作為調和機制[179]。

---

[178] Jarass/Pieroth, aaO., Art. 4 Rn. 48.

[179] 過去宗教替代役申請人數不多，通過率超過九成以上。但民國 112 年初政府宣布延長義務役的服役時間與加強戰技訓練後，宗教替代役是否成為另一種後

六、宗教自由的放射效應

　　最後，討論信仰自由在私人間法律關係之適用。立志修行的教士、僧尼與教會或寺廟的關係，依其個人的發願及教會或寺廟的清規予以規範，不適用一般法律的規定。有些宗教尚有嚴密的法典，例如天主教的教會法 (Canon Law)，在世俗化的現代社會對外已逐漸喪失規範效力，但其規範內部組織及人員的效力則不能否認，有時還可能發生教會法與國家法的競合。在台灣就有過神父當選山地鄉的民意代表，教會認為出任公職即應還俗，不想還俗則不可就任，這時應按尊重個人意願的原則予以解決，而非單純「國家法擊破教會法」的問題。教會的職工人員如果不具終身發願的神職人員身分，而是凡人，那麼聘僱關係仍受國家法律如民法、勞動相關法規等的支配。至於一般雇主僱用信仰虔誠的人擔任員工，基於憲法第 13 條信仰自由的放射效應，亦不得強迫擔任與其信仰牴觸的工作。故使終身茹素的佛教徒操刀屠宰，即與這一意旨不符。我國實務上的舊例，似與放射效應背道而馳，司法院院字第 1878 號解釋：「人民固有信仰宗教之自由。但不能因信仰宗教而免其法律上之義務，故妻矢志為尼，不得認為有民法第一千零一條但書所謂不能同居之正當理由。」若今天再發生這種案例，應解釋為妻既矢志為尼，即構成夫一方請求離婚的正當理由。

● 第六節　集會結社自由

一、集會與結社的概念

　　集會是多數人基於表達共同目的的內在連結 (innere Verbindung) 而聚集合於一定場所之謂❿。所謂多數人並無固定數額之限制，三、兩人到

　　門，值得觀察。

❿　集會的概念依奧國學者溫克勒的分析，有七項概念特徵 (Merkmale)：暫時的人

不計其數的群眾大會都算在內，所謂共同目的內在連結正是集會與因偶發事故人群聚集的區別所在，街頭發生車禍引起路人圍觀便不屬集會，某人靜坐或絕食抗議引起旁人圍觀也不是集會，但並不排除這種聚集的人群，演變為有共同目的連結的集會或示威遊行，在表演處所欣賞音樂或戲劇節目的人群，屬於個別的休閒活動，欠缺內在連結故也非集會。遊行則是指多數人有目的的集體行進，與集會的不同，端在空間的變換，即動態與靜態的差別。現行集會遊行法第 2 條第 1 項對集會的定義是：「本法所稱集會，係指於公共場所或公眾得出入之場所舉行會議、演說或其他聚眾活動。」這個定義是基於該法對集會遊行在許可制為原則之下所設定，與前開學理上集會的定義並不完全符合。其實集會並不以舉行會議、發表演說或其他類似活動為限，為共同目的而聚集人群或靜止一處或集體行進本身就是一種表達意願的方法，至於場所也無限制，在私人莊園、在非公眾得出入危險地帶的聚眾，仍然是集會的一種。

　　集會遊行法原本制定於動員戡亂時期，對集會遊行採許可制並增加許多限制。由於許可制之故，又須另設例外規定，諸如集會遊行法第 8 條不須許可的集會遊行，包括室內集會、依法令辦理者、學術性、民俗性集會遊行活動等。稽其立法用意，在考量是否影響公共秩序，故室內集會不必許可；以及是否有政治或其他公共事務的訴求，故學術、體育、旅遊、民俗等既無政治性訴求，也就無須許可。

　　結社是指由自然人或法人自由的為共同目的，自願組成長期存立的組

群結合、有發起人、集合目的（但不受官署審查）、多數人行為之聚結、共同效果及輔助手段（如標語、演說或遊行示威）、特定的地點、特定的時點及持續的時間（奧國憲法法院判決對集會的持續時間未加以規範，但要求開始與終了的時點必須明確。VfSlg 10955/1980），以上參照 Winkler, Studien zum Verfassungsrecht, 1991, S. 198ff.，本書正文中對集會概念所作的界定，則是德國學者的通說 vgl. Pieroth/Schlink, aaO., S. 169.

成體，並接受組織意思的拘束之謂 ⑱。就共同目的而言，結社與集會有相似之處，但集會的共同目的是內在的連結，而非明示的宗旨，同時集會是短暫的聚合，也沒有決議機制可形成共同的組織意思。現行人民團體法雖規定發起人須為成年（該法第 8 條），但職業團體也可包括團體會員，所以上述定義在人民團體法之下，仍然適用。

　　人民團體法將人民團體分為職業團體、社會團體及政治團體分別採取不同的規範密度。職業團體謂以協調同業關係，增進共同利益，促進社會經濟建設為目的，由同一行業之單位，團體或由同一職業之從業人員組成之團體（該法第 35 條）。社會團體則指以推廣文化、學術、醫療、衛生、宗教、慈善、體育、聯誼、社會服務或其他以公益為目的，由個人或團體組成之團體（該法第 39 條）。至於政治團體的定義，人民團體法第 44 條的規定為：以共同民主政治理念，協助形成國民政治意志，促進國民政治參與為目的，由中華民國國民組成之團體。政治團體推薦候選人參加公職人員選舉者，就是政黨（同法第 45 條），新設政黨在成立大會後 30 日內向中央主管機關內政部報備即可（同法第 46 條），並得依規定向法院登記，取得私法人資格。依人民團體法的規定，政黨影響力大，甚至可組成政府操控國家機器，採報備制，可任意設立；其他團體像無關緊要的聯誼性組織，反而要許可，簡直本末倒置，以致於目前「泡沫政黨」充斥，其確實數目，除內政部承辦人員外，無人知曉。這種立法方式並非基於充分保障人民的參政權，而是立法者當時深恐勢力日趨強大的政黨，不願進入體制接受許可而設計。而政治團體一旦成為政黨，在現代政黨政治之下其功能角色及本質與其他人民團體有甚大的差別，人民團體法竟採與社會團體及職業團體相同的規範。法院之近例認為政黨與黨員間之爭執為民事事件，但也有先例認為不屬民事事件者。我們認為政黨與黨員間之關係應視情況始能判

---

⑱　Vgl. Jarass/Pieroth, aaO., Art. Rn. 3.

斷其法律屬性，若涉及黨員政治權利之行使者，應屬公法事件⑱。

事實上，從保障結社自由的觀點來看，對於人民團體以許可制予以管制，本身就有高度違憲的嫌疑。如果政治性人民團體可以採報備制，其他性質的人民團體為何必須採許可制？除了設立登記的管制之外，人民團體法對於人民團體內部事務設有諸多強制性規定，侵害其內部組織與事務自主之決定自由，顯然與憲法第 14 條之規範精神有所扞格⑱。例如人民團體法中有關理事長產生方式的規定，限制職業團體內部組織與事務之自主決定已逾必要程度，即被釋字第 733 號解釋宣告為違憲；又主管機關以命令方式處理人民團體理、監事之選任與職務執行，亦被釋字第 724 號解釋宣告其違反法律保留並侵害結社權⑱。至於政黨與一般人民團體二者性質迥異，更不該雞兔同籠地規範於同一部法律內。事實上，有的政黨是先於國家而存在，甚至是推翻舊政權創建新國家的主要力量。而絕大多數政黨存在的目的，就是要推翻政府，取得執政權。故政黨與國家（或執政政府）之間，存有永恆的內在衝突。基此，是否應該制定專用於政黨的政黨法？值得深思。畢竟法律僅經國會二分之一多數通過即可，在執政黨掌握國會多數的情況下，執政黨可以透過制定政黨法以抑制其他政黨之發展，確保其永續執政的地位。基此，界定政黨之法律地位，以及限制政黨自治與自主的相關原則性規定，必須是屬憲法保留範疇。在欠缺憲法規範的基礎下，國會不應制定管制政黨的相關法律。以我國為例，如果僅以人民團體法作為依據，則以台獨黨綱為其指導綱領的民主進步黨根本不能合法存在。當

---

⑱　更詳細的分析參閱吳庚，行政法之理論與實用，增訂十四版，三民書局出版，2016 年，頁 309 以下。

⑱　蘇永欽大法官在釋字第 733 號解釋的部分不同意見書中表示人民團體法乃訓政時期之管制思維，於今應該採放任原則。

⑱　112 年憲判字第 7 號判決對於成立企業工會之要件，以工會法施行細則予以規範，認定其違反法律保留原則而宣告其於 2 年後失效。

時制定憲法增修條文第 5 條第 4 項及第 5 項，將政黨解散事宜專由大法官審理的理由，正是因為政黨之法定地位及其存續決定乃屬憲法保留事項，不能由簡單的國會多數及內政部之政黨審議委員會即能操控政黨之生殺大權。

　　民國 106 年年底立法院通過我國首部政黨法，對於我國民主與政黨政治之發展會產生何種作用？尚待觀察。惟若就其規範精神與內容來看，與當今之國際準則仍有距離 ❽。特別是該法之制定並非依據憲法委託，也非建立在主要政黨的高度共識上，而僅係源自於一時之國會多數的意志，此將嚴重影響該法之正當性。

二、集會結社自由的保障範圍

　　集會自由的保障範圍可以就幾個方面加以說明：在主動方面，人民都有發起或加入集會的自由，進行中的集會遊行任何人都有權利加入，警察或原發起者均不得拒絕，但加入者的目的或行為與集遊者相對立，且可能引發衝突者，不在此限。被動方面，任何人都有權消極地不參加集會，或隨時從集遊隊伍中退出。集會自由不僅是個人主動或被動行使的權利，同時也是集體行使的權利，否則無法實現憲法保障的目的。集會遊行的時間、地點及訴求目標的自由選擇，也包括在保障範圍之內。

　　結社的保障範圍與集會相同者：既是個人自由行使的權利，也是集體行使的權利。除此之外，結社是恆久的組織，其受保障的事項，與集會又有不同：

　　㈠結社自由享有組織的自主決定權，舉凡團體的名稱、宗旨、組織結構、活動範圍等皆可自行決定，不受公權力的干涉，也排除他人的侵害。釋字第 479 號解釋文第 1 段即是表達此意旨。

---

❽　深入分析請參見陳淳文，憲政民主體制之政黨規制：國際準則與中華民國政黨法制比較，政治科學論叢，第 75 期，2018 年 3 月，頁 103–154。

　　(二)設立私法組織的自由獲充分的保障，無論是社團法人或財團法人都以放任人民設立為原則。而公法上的團體可能涉及公權力的行使，應有法律依據始得設置❶❽❻。

　　(三)結社的消極自由，即個人可否免於強制參加特定團體，有時不在保障之列，例如醫師、律師、會計師等專門職業人員應參加公會才能執業，這是一般國家的通例，我國亦然。

---

❶❽❻　公法人固然皆需有法律作為其設立依據，但其並非皆由國家立法權得恣意創設或廢棄。例如地方自治團體常是其**存在事實**先於國家法律，這也是德國人將地方自治之保障視為是制度性保障的原因。除地方自治團體外，農民為挖渠灌溉或築堤防洪等水利目的而自發組成的水利組織，雖最初是由私人所組成的團體，但在國家行政權逐步強大之後，即可能介入地方水利事項，透過法律或直接賦予此類組織之公法人地位，或另行創造公私合組的新型態公法人。換言之，對於此類以私人自由組成為先的公法人，國家於事後或是承認或是參與；其絕非是立法者從無到有所自主創設，亦不得由立法者無需考量其組成員之意願而得以任意廢棄。人民之結社自由權不但可能創設私法人，也可能創設後經國家立法予以承認或參與的公法人。例如法國早在 1865 年 6 月 21 日的法律即規定人民得針對道路、堤防或灌溉溝渠等各類集體建設，創設「不動產管理協會」(Les Associations syndicales libres)，爾後更修法設置由國家出面整合，以契約方式組成「國家授權的不動產管理協會」(Les Associations syndicales autorisées)，其係由公法人、私法人與自然人所簽約合組之公私混合體，具公法人地位。此類公法人的解散須經組成成員議決同意，而非國家得以單方決定。同樣的，我國的農田水利會亦屬先於國家立法的私人組織，其組成成員之結社權與財產權應受到保障。但是 111 年憲判字第 14 號判決卻謂：「農田水利會係依法律規定而設立之公法人，並非人民基於憲法第 14 條保障之結社自由所成立。從而，系爭規定一及七(即農田水利法第 1 條及同法第 34 條第 2 項)規定農田水利會改制納入公務機關，消滅其公法人之法人格，亦不生侵害農田水利會原有會員受憲法第 14 條所保障之結社自由問題。」(理由書第 56 段)且因其公法人之地位，其財產亦不受憲法第 15 條所保障。

三、集會結社自由之限制

集會結社自由的限制，基本上與憲法上其他自由的限制相同：受法律保留原則、授權明確性原則、比例原則及平等原則等的支配。集會結社自由除受法律限制，如不得參加以犯罪為宗旨之結社（刑法第 154 條、組織犯罪防制條例）外，還有憲法上的直接限制，即違憲政黨的禁止（憲法增修條文第 5 條第 5 項）。至於用行政命令限制，則將有遭違憲的質疑，故前面所舉釋字第 479 號解釋，就是宣告內政部發布的行政命令「社會團體許可立案作業規定」第 4 點，限定人民團體應冠以所屬行政區域名稱之規定，逾越母法（即人民團體法）意旨，侵害人民結社自由，應即失效。但也有雖以法律限制仍遭宣告違憲的案例：舊工會法第 4 條：「各級政府行政及教育事業、軍火工業之員工，不得組織工會」，其中禁止教育事業技工、工友組織工會部分，依其工作性質，禁止其組織工會，違反比例原則，經釋字第 373 號解釋宣告違憲 ⑱。又舊集會遊行法第 11 條第 1 款曾限制集會不得主張共產主義或分裂國土，經釋字第 445 號解釋認定違反言論自由的保障 ⑱；而同法第 6 條、第 10 條、第 11 條第 4 款、第 6 款則屬於有關聲請手續及維持集會遊行之和平進行的規定，該號解釋認為符合憲法第 23 條之規定。釋字第 445 號解釋分別論斷，固有其理由，然根本問題在於對集會遊行法採許可制，是否與憲法保障集會自由的本旨完全相符。雖然該法第 26 條規定集會遊行之不予許可、限制或命令解散應依比例原則公平合理考量人民之集會遊行權利，不得逾越必要程度。但何如直接採報備制，任何

---

⑱　工人組織工會究屬結社權或工作權的保障範圍，有討論餘地，釋字第 373 號解釋認為屬結社權，論者頗不以為然，見釋字第 514 號解釋黃越欽大法官不同意見書，司法院大法官解釋續編㈠，2001 年，頁 303。實則，這也可視為基本權的競合問題。

⑱　類似案例尚有釋字第 644 號解釋。

集會遊行活動於一定時間前報備即可舉行，遇有礙於舉行之原因（如妨害交通、同一時地將有他人舉辦活動之類），例外的由主管機關通知其停辦。奧地利 1953 年之集會法 (Versammlungsgesetz) 就採這種制度，任何人在 24 小時前報備 (Anzeigung) 之後，即可舉辦，以實現憲法對集會的保障❽。

　　集會遊行法的違憲爭議不斷，其中尤以主張許可制應改為報備制始屬合憲為最，行政院及立法院均提出修正案❿，但迄未完成立法程序⓫。釋字第 718 號解釋，維持釋字第 445 號許可制（所謂準則性的許可制）為合憲的立場。但對於該法第 8 條第 1 項、第 9 條第 1 項但書及第 12 條第 2 項，仍規定偶發性、緊急性集會遊行，亦須許可為違憲。蓋這類集會遊行本質上即無從聲請許可，法律強人所難可謂違反期待可能原則 (Grundsatz der Zumutbarkeit)。

　　主管機關以命令禁止結社，除在戒嚴時期之外，實不具合法性。但仍有與戒嚴事項無關，而由主管機關發布限制結社的案例，信用合作社為合作社的一種，而合作社的設立依合作社法規定，應就申請個案儘速於 15 日內為准否之核定（合作社法第 9 條及第 10 條，現已修改），並無對某類（如信用）合作社得全面禁止設立的規定。然行政院及財政部仍發布「金融主管機關受託統一管理信用合作社暫行辦法」，禁止各鄉鎮再設立信用合作

---

❽　Winkler, aaO., S. 191.

❿　參看釋字第 718 號解釋李震山等大法官所提之不同意見書，又這篇不同意見書及同號解釋蘇永欽大法官的協同意見均對集會遊行法制作比較研究，可供參考。

⓫　集會遊行法被稱為「惡法」為時久矣，然不論是民國 97 年還是民國 105 年皆發生中央政權輪替，新政府同時取得總統與立法院之多數席次，絕對有能力修改此「惡法」。但是在野時喊得震天價響，一旦執政之後即對此「惡法」視若無睹，遲不修法。同樣的，某些社運團體或學術菁英對修此「惡法」之必要性與急迫性，曾經不遺餘力地抗爭到底。但當政黨輪替後，他們對於新政府的無所作為，卻又靜默不語。顯見此法究竟是否是「惡法」？根本不是理念之爭，而是政治鬥爭。集會遊行法雖歷經大法官兩次宣告違憲，但已失效之違憲條文迄今仍在；此實屬我國法治之奇特現象。

社，釋字第 214 號解釋則認為信用合作社經營業務與銀行相當，乃屬金融事業，依銀行法第 26 條，主管機關有權限制設立。顯然是基於金融秩序的維護及交易安全的考量，而維持命令的合法性。

又主管機關對人民結社團體的各種監督與制裁措施，如限期整理、廢止許可及解散（人民團體法第 58 條）等，亦屬對結社自由之限制，自受憲法第 23 條之保障。政黨法第 43 條第 2 項規定依人民團體法設立之政治團體必須強制轉為政黨，若否即廢止其立案，並解散清算。此規定迫使所有政治團體都必須進入政黨法的框架下受政府高密度管制，並形同強迫政治團體之成員一定要入黨成為黨員，明顯侵害人民之結社自由權。

第七節　財產權的保障

一、財產的概念

討論財產的概念，首先就面臨兩難的考量：一是在現代社會各種財產權利包括物權、債權、礦業權、漁業權、水權及智慧財產權等，其概念與範圍都有相關法律加以規範，則財產的概念似應以法律的規定為準，也只有屬於這一定義下的財產，才能發揮其「實益」。二是財產是先法律、先國家而存在，憲法所保障的財產權若侷限於現行法規，是否減損憲法保障的用意，也要顧及。

基於以上的考量，下面常見的財產定義，便有商榷餘地。這項定義是：財產 (Eigentum) 是指在一定的時點，立法上就該時點界定一切屬於財富者。這一定義將財產視為可變動的概念，對財產的保障當然也隨之而變動，而且財產的內容及限制皆取決於立法行為，同時財產權保障在不同的時代有不同的意義，所謂從財產權的絕對性到相對性，從單純的不動產、動產到電腦軟體都可能是財產，這樣的定義自有其優點[192]。但是我們認為上述

---

[192]　Vgl. Hesse, aaO., Rn. 442f.; Pieroth/Schlink, aaO., S. 219.

定義忽視財產是先法律，也先憲法而存在的概念，財產權是個人的權利，其內容及範圍不能完全以法律規定為準，也不全然取決於交易上有無價值。客觀上毫無價值，或者法律對之已不加保障的有體物、無體物及權利，只要所有人「敝帚自珍」，仍應視之為財產的一種。例如已作廢的舊紙幣法律上可能毫無價值，客觀上也無任何用途，但對收藏者而言，主觀上可能與古董一般等同視之。因此，可得到一項財產權的概念如下：法律上及所有人主觀上一切具有財產價值之權利及物件。此處所稱法律依德國通說指私法而言**❿**，惟基於公法上原因取得的財產如商標專用權、專利權、礦業權甚至因公法上身分而享有的俸給請求權、退撫金請求權等，或有交易價值，或最後歸個人全權支配，既與民法上的財產無異，故我國釋憲實務上對財產權概念的認定，一向不區分公法或私法。

二、財產權的社會功能

財產當然是屬於個人所能支配的資源，所有權人對其財產有使用、收益及處分的權能，這是無可置疑的，同時也是財產最原始的功能。我們在本編開始之處，曾說明私有財產制度對人權發展及立憲政治的密切關係。私有財產制造就了中產階級，而中產階級的興起則是形成西方民主憲政不可缺少的因素。建立在個人自由及財產私有基礎上的資本主義社會，受到

---

❿ 德國通說：德國基本法第 14 條所保障的財產權與民法所規定的一切屬於權利主體而具有財產價值者，同其範圍（參照 H. J. Papier, in Maunz/Dürig, Grundgesetz Kommentar, 1987, Art. 14 Rn. 5），至於公法上具有財產權價值者，「只限於性質上有創設個人等同於財產所有人之法律，始受保障」(BVerfGE 18, 392, 397; 53, 257, 289)。在我國實務上，並不作此區別。關於財產權的概念，國內文獻可參看陳新民，憲法基本權利之基本理論，上冊，三民書局出版，1990 年，頁 286 以下；陳愛娥，司法院大法官會議解釋中財產權概念之演變，收於：劉孔中、李建良主編，憲法解釋之理論與實務，第三輯，中研院社科所出版，1998 年，頁 406。

馬克思主義者強烈的批判並成為此輩革命的對象，認為私有財產是一切不平等及剝削的根源，一旦革命成功首先廢除私有財產制，推行集體所有或國家所有，一時幾乎成為舉世的風潮，能否保有私產，遂成生活方式的選擇。直到蘇聯及東歐集團解體，私有財產作為個人奮鬥進取之誘因與社會進步發展之原動力的功能，殆已無可替代。德國聯邦憲法法院在有關員工參與企業決策一案中，曾謂基本法第 14 條保障財產的規定「不僅確保個人在財產權的範圍內之自由空間，並形成其自我負責的生活」❹，這跟中國古書所說「民無恆產，則無恆心」、「衣食足而後知禮義」，有相近之處。釋字第 400 號解釋文第 1 段清楚闡釋財產對個人的重要性，社會成員享有充分自由、發展健全的人格及營造有尊嚴的生活，則社會整體的福祉必隨之增進。不僅止於此，此段文字還確認了私有財產制度在憲法上的重要地位，保障私有財產是現行憲法的一項基本之價值決定 (Wertentscheidung)。

由上所述，憲法對財產權的保障就是在於私有財產制度的保障，這種制度保障 (Institutsgarantie) 的效力，具有籠罩全部法制的作用，各種私法上的制度固應遵守，並維護由私有財產而衍生的私法自治、契約自由、營業自由、市場交易機能等。即使在建立公法上相關制度（諸如社會保險、公務員俸給、退休撫卹）時，亦應貫徹。

三、財產權與其他基本權

財產權的保障最容易與其他基本權競合，通常會出現三種情形：一是當事人為了尋求憲法訴訟的救濟，須主張其憲法上權利受損害，例如受到稅法的罰鍰，涉及的憲法規定是第 19 條的租稅法定主義或一事不二罰的法治國原則，但當事人卻以財產權受侵害為聲請釋憲的理由，釋字第 317 號、釋字第 359 號及釋字第 503 號解釋便是如此。另外一種情形則是一項公權力措施往往損害特定的基本權之外，兼及財產權亦屬常見的案例，譬如在

❹　BVerfGE 50, 290, 339─Mitbestimmung.

出版法未廢止前，出版品因圖文猥褻遭禁止販賣及將查獲者沒入，就涉及言論、出版自由及財產權的損害，這種情況應該以言論、出版自由的保障為優先考量，出版品的沒入所顯示的財產價值，已無舉足輕重可言（釋字第 407 號的解釋引發事實接近此例）。如果牽涉到價額極高的財產受損，自應一併審酌，又當別論。第三種情形是涉及他項基本權與財產權，評價相當，可謂無分軒輊，例如公務員遭受免職處分，服公職的權利及俸給、退休金請求權同時遭受損失的事件。

四、憲法上財產權的主體

如前所述，憲法第 15 條財產權的基本權主體包括私法及公法上的權利主體，物權、債權、智慧財產權及公法上的財產請求權範圍甚廣，甚至完全沒有現實財產存在，充其量只是期待利益也在憲法保障之列❶❾❺。此外，人民所持有之公司股份，以及基於股份所衍生的權利，亦屬財產權之保障

---

❶❾❺ 具體的案例如釋字第 253 號解釋，此案的爭點為：司法院民國 71 年修正發布之辦理強制執行事件應行注意事項，其中第 50 則(5)關於拍賣不動產期日通知書，應記載：「於再行拍賣期日前，債權人聲明願負擔再行拍賣之費用者，仍得照前次拍賣之最低價額承受」之規定，是否與強制執行法第 91 條意旨相符？因為強制執行法第 91 條規定債權人照最低價承受是指「該次拍賣，而非第二次拍賣，可照第一次最低價承受」，引發爭訟是第二次拍賣時抵押權有二個債權人，甲債權人依通知書記載，願按前次最低價承受，債權人乙主張應再拍賣，或可獲較高的價金。多數大法官主張受理，並作出合憲結論。如此擴張憲法上財產權利主體的範圍，為該號解釋持不同意見之大法官所反對，也受到學者的批判。鄭健才大法官的不同意見書就認為：憲法所保障之財產權，必先有現實財產存在，拍賣可多得價金，祇是出於假設，未有財產權現實存在，無請求憲法上保障可言，蘇永欽氏亦支持這項論點。參見蘇永欽，財產權保障與司法審查，國科會研究彙刊：人文社會科學，第 6 卷第 1 期，1996 年 1 月，頁 60。

範圍❶96 。

　　憲法第 15 條財產權的權利主體不分本國人與外國人，蓋享有私產是人類的權利而非國民的權利。也不分自然人與法人，在現代社會法人擁有鉅大的資產，尤須給予合理的保障，否則企業家創新的誘因將受扼殺。值得研究的是國家及其他公法人可否作為財產的基本權主體？國庫是國家在私法上人格的傳統稱謂，但國庫與國家屬於「一體兩面」或「兩位一體」的混合狀態，只有人民（包括自然人及法人）得以基本權主體的身分對國家有所主張，國家本身不具有這種資格。其他公法人與國家不同，例如農田水利會或行政法人等，並無不能作為憲法上財產權主體的理由。農田水利會雖被定性為公法人（釋字第 518 號、第 628 號），但其財產並不皆屬公產。就其設置沿革而言，農田水利會本係早自清朝時期農民自主成立之結社組織，後由國家立法賦予公權力而使其成為公法人。其有不少財產係由會員集資所購，不因取得公法人資格而失去其財產權❶97 。然新制定之農田

---

❶96　例如釋字第 770 號解釋對於企業併購法中有關反對併購之少數股東及董事的權利，包括重要資訊獲取權與權利救濟權等兩項，未妥善建置，被宣告為違憲。該解釋理由書第 3、4 段謂：「憲法第 15 條規定人民財產權應予保障，旨在確保人民依財產之存續狀態，行使其自由使用、收益及處分之權能，並免於遭受公權力或第三人之侵害。……是人民所持有之公司股份，亦受憲法第 15 條財產權之保障。按合併為企業尋求發展及促進經營效率之正當方式之一，立法者就此，原則上有相當之立法裁量權限，使企業得以在維護未贊同合併股東之權益下，進行自主合併。惟倘企業合併之內容對未贊同合併股東之權益影響甚大，……，基於權衡對未贊同合併股東之周全保障，及企業尋求發展與促進效率等考量，立法者至少應使未贊同合併股東及時獲取有利害關係之股東及董事有關其利害關係之資訊，以及就股份對價公平性之確保，設置有效之權利救濟機制，始符憲法第 15 條保障人民財產權之意旨。」

❶97　內政部 87 年 8 月 11 日台 (87) 內地字第 8707646 號解釋函令即明確表示：「農田水利會所有土地，非屬土地法第四條所稱公有土地類別之一。」另，最高行

水利法第 34 條第 2 項直接宣告農田水利會組織通則不再適用，形同消滅農田水利會；特別是其財產直接移轉為公產，更引發強奪民產的違憲質疑 **❿**。此外，介於國家與水利會之間的地方自治團體性質之公法人，實際上擁有許多市產、縣產，然而市與縣同時也是公權力主體與國家分享垂直分工的統治權，亦為基本權主體要「防禦」的對象，從理論講似非憲法上財產權主體。但是釋字第 550 號關於台北市政府應否分擔健保補助費的解釋，提出地方自治團體所受制度保障，包括財政自主權在內，對中央要限制其財產自主權（即命分擔經費）必須符合下列條件：㈠遵守法律保留原則，㈡地方自治團體對該等事務依法有協力義務，㈢為國家整體施政所必要，㈣未侵害自治團體財政自主權的核心領域。其中㈠及㈣兩點簡直將地方自治團體（直轄市）財產上權益的保障，等同於私人的地位，值得特加注意。

政法院 100 年度判字第 1134 號判決也指出：「公有土地既以土地法第四條所定者為限，因此，自不因農田水利會負有承擔國家行政任務，即認農田水利會登記取得上揭土地即為公有土地，……。」

❿ 然 111 年憲判字第 14 號判決卻認為：「國民政府接收後台灣農田水利組織業務之運作模式，雖因政府法令及政策不同，而有由行政機關主導或由會員自治或折衷其間等不同時期，然均係依據政府相關法令，分擔政府部分職權之組織，於 44 年水利法修正後更取得公法人地位。其資產之取得，不論係來自政府接收之日產，或依法令對於其會員徵收工程、管理、維護費用、工程分擔費用、滯納金、會費、建造物及餘水使用費用、捐款及贈與、接受政府補助或其他依法之收入，甚至為舉辦工程而依法徵收土地，均係基於其為公法人之地位而取得之公有財產，依前述，此等財產均非受憲法第 15 條所保障之財產，是系爭規定五及六（即農田水利法第 23 條第 1 項及第 5 項）將農田水利會所有之公有財產，明定由國家概括承受，並納入農田水利事業作業基金管理，繼續作為推動農田水利之經費，自不生侵害農田水利會受憲法第 15 條保障之財產權之問題。」（理由書第 76 段）

五、財產權的保障範圍

㈠**存續保障**

　　財產權保障最首要者便是存續保障 (Bestandsschutz)。所謂存續保障在德國實務上的說法，專指財產現有存續狀態的保障，銷售獲利的機會、期待或可預見的財富並不包括在內，因為德國憲法解釋上有一各方遵守的公式：基本法第 14 條的財產權保障，以既得的財產或因營業活動而獲致的成果為限❶⑨⑨；至於營業活動的本身則屬基本法第 12 條職業自由保障的範圍❷⓪⓪。財產如果只是一成不變，沒有成為真正的「生財」，則財產的作用將大為減損，因為財產能為財產所有人帶來不斷財富累積的期望及信賴，是以德國通說在某種限度內，即基於法律因財產存續，有值得信賴的利益時，也在保障之列，但財產權的信賴保護應與其他基本權一視同仁，不作特別強調❷⓪①。

　　以上德國通說不能全盤接受，必須從我國憲法及現行法制的觀點，建構我們自己的存續保障概念。因為最明顯的我國憲法沒有像德國基本法第 14 條及第 12 條這種區分的結構。前面所引釋字第 400 號解釋的解釋文：「確保個人依財產之存續狀態行使其自由使用、收益及處分之權能」，這段文字可作為財產存續保障定義的指導方針：存續保障包括財產依其現狀繼

---

❶⑨⑨　BVerfGE 74, 129, 148.

❷⓪⓪　BVerfGE 88, 366, 377. 利用財產的活動成果 (das Ergebnis einer Betätigung) 屬財產權的範圍，活動的本身則非財產權而屬職業自由保障的標的，介於兩者之間的企業設置及經營權 (das Recht am eingerichten und ausgeübten Gewerbebetrieb) 是財產權呢？還是職業自由權？德國聯邦（最高）法院、聯邦行政法院均認為是財產權的範疇，聯邦憲法法院則持懷疑態度 (BVerfGE 51, 193, 221f.)，Vgl. Pieroth/Schlink, aaO., S. 220f.，由此也可看出，德國法學上對概念區分纖細的程度。

❷⓪①　Vgl. Pieroth/Schlink, aaO., S. 222.

續存在並作為財富而利用。在這個定義之下，不僅保障既有的財產、因經營（利用）的成果，經營（利用）活動的本身也在財產權保障範圍之內。釋字第 414 號解釋稱：「藥物廣告係為獲得財產而從事之經濟活動，涉及財產權之保障」，就是基於相同的意旨。

信賴利益的保護固然適用於各種權利，唯仍以財產權最為明顯。財產上既得權的保障與信賴保護的區別，以目前的時點為臨界，過去取向者為既得權，未來取向者為信賴保護。信賴保護原是行政法上的原則，現在已提升到憲法上位階，本來是適用於授益處分的撤銷或廢止（行政程序法第117 條、第 119 條、第 120 條及第 123 條），釋字第 525 號解釋擴及法規之廢止及變更，俾維護人民憲法上之權利，該號解釋謂：「行政法規公布施行後，制定或發布法規之機關依法定程序予以修改或廢止時，應兼顧規範對象信賴利益之保護。除法規預先定有施行期間或因情事變遷而停止適用，不生信賴保護問題外，其因公益之必要廢止法規或修改內容致人民客觀上具體表現其因信賴而生之實體法上利益受損害，應採取合理之補救措施，或訂定過渡期間之條款，俾減輕損害，方符憲法保障人民權利之意旨。」凡符合信賴保護要件者，即應獲得保障�202。按維持法律秩序的安定，不以非正當手段改變社會現狀 (status quo) 乃立憲主義的主要目標，甚且可視為國家存立的一項目的。保障既得權利也就成為憲法不可或缺的功能，從既得權保障延伸到信賴利益的保護，反映現代法治國理念中，對形成新的社會生活關係（最主要的就是財產及地位關係）僅允許循序漸進的方式，而拒斥激進的手段。是以我國憲法雖然沒有像美國憲法第 1 條第 9 項第 3 款一樣，禁止制定溯及既往的法律 (Ex post facto law)，但基於既得權及信賴利益的保障，如制定真正溯及既往的法律而損害上述利益者，也為憲法所不許。

最後，與財產權保障相關者，尚有基本權行為能力的問題，行為能力

�202　另請參閱第三編第八章第三節軍公教退撫制度改革檢討。

的制度旨在保護未成年人及維繫交易安全，在憲法上權利的行使並不當然適用民法上的行為能力規定，理論上基本權主體不問其年齡，均得行使尋求憲法救濟的權能，尤其是關於公權利的救濟（如應考試、服公職）。惟我國憲法訴訟制度，個人提出釋憲聲請似乎是民、刑事及行政訴訟的「續行」，對訴訟能力也就以「前審」為準，而不加追究，已見前述。這種慣例固有商榷餘地，但就財產權而言，與私法上關係極為密切，私法上的成年制度即有適用的餘地。

(二)價值保障

所謂價值保障 (Wertgarantie) 是指財產所產生的財富價值 (Vermögenswert) 亦應予以保障而言，財產的存續狀況改變，例如被徵收或徵用，當然應給予相當價值的補償，這涉及徵收問題，稍後再作討論。但價值保障並非對一切有交易價值的財產都保障其價值不致貶低，只要維持公平的市場交易機制，價格隨供需原理而決定，國家便已盡保障義務。在例外情形，也會出現對生產品採取價值保障的手段，譬如糧食平準基金的設置，對農民生產的稻米有保障價格，不過嚴格講，這不屬於財產的價值保障，而是推行保護農民的政策。除此之外，現代國家尚有一種貨幣的價值保障，貨幣在這時是動產的性質，持國家發行的貨幣者，享有貨幣購買力減少的防禦權，雖然目前尚不承認所謂人民有要求幣值穩定的基本權，但是國家仍應負有維持經濟平穩，盡量避免通貨膨脹，致人民持有貨幣遭受財富上的損失❷❸。

(三)繼承保障

承認私產的繼承也是私有財產制度的重要一環，從廣義言，個人將其財產由繼承人繼承，或以遺囑分配財產，都是其處分權能的一部分，當然私產繼承一方面受到保障，另一方面也受到法律的限制。釋字第 437 號解釋，聲請人主張最高法院之判例侵害繼承權乃違反憲法第 15 條之財產權，

❷❸　Papier, Kommentar, aaO., Art. 14 Rn. 175ff.

解釋結果認該判例並不違憲，也是以承認繼承權是財產權為前提⑳。

㈣徵收補償

　　土地徵收是以公權力剝奪人民的土地所有權，為對財產權重大的侵害，19世紀立憲主義盛行之際，也是各國從事交通基本建設（如鋪設鐵路）需要大量土地之時，故憲法對土地徵收多加規定。我國除憲法第108條第1項第14款將公用徵收列為中央立法並執行之，或交由省縣執行之事項外，未有任何規定，尤其關係重大的補償問題憲法未置一詞。這可能因制憲當時已施行有年的土地法，對徵收及補償已建立制度，致認為無須在憲法中重複訂定，但相較於憲法對土地所有權特加限制的規定（如憲法第143條），即有不均衡之處。縱然將憲法解釋為具有社會主義（民生主義）色彩的法治國，土地所有權的保障仍是財產上基本權的重要內容，更何況近年已不復有民國40年代雷屬風行的土地改革措施（如三七五減租、耕者有其田），憲法增修條文及立法自由形成的空間，越發向自由經濟體系傾斜，這也可視為全球化、自由化之大勢所趨，當然也不生違憲問題。

　　徵收(Enteignung)的概念在學理上本有爭執。以具體的公權力措施對特定人剝奪其土地所有權是徵收的典型，設非如此，而是以具體的行為限制所有權人行使其對土地的權利，或以法規（如發布都市計畫）對得特定之多數人，限制其利用土地之權利（如指定為公共設施保留地或禁建等），雖未完全消滅其所有權，但所有權人對土地權能之減損，與徵收只有程度上之差別，故有主張也應包含在徵收概念之內⑳。這種說法稍嫌廣泛，不如採取下述已普遍援用的三分法：徵收，為區別起見，又可稱為真正徵收(echte Enteigung)、徵收性質之侵害(enteigenden Eingriffe)及類似徵收之侵

---

⑳　最高法院53年台上字第592號判例要旨是：繼承權侵害指被繼承人死亡時已有侵害繼承地位之事實，若被繼承人死亡時，各繼承人間對彼此身分並無爭議，而發生遺產之事實，則其侵害者非繼承權，而是繼承之財產。

⑳　Pieroth/Schlink, aaO., S. 224.

害 (enteignungsgleichen Eingriffe)。徵收性質之侵害意指依法所作的限制土地所有權行為，前述劃定公共設施保留地等便屬這一類；類似徵收之侵害專指違法的侵害❷⓪⑥。大法官曾受理不少關於徵收之案件，這些案件的解釋建立下列原則：

1.徵收及補償聯結 (Entschädigung-Junktim)：如前所述，我國憲法在這方面的規定有所欠缺，大法官的解釋將之補足，釋字第 425 號解釋文前段稱：「土地徵收，係國家因公共事業之需要，對人民受憲法保障之財產權，經由法定程序予以剝奪之謂。規定此項徵收及其程序之法律必須符合必要性原則，並應於相當期間內給予合理之補償。被徵收土地之所有權人於補償費發給或經合法提存前雖仍保有該土地之所有權，惟土地徵收對被徵收土地之所有權人而言，係為公共利益所受特別犧牲，是補償費之發給不宜遷延過久」，並強調土地法第 233 條補償費應於公告期滿 15 日內發給，此一法定期應嚴格遵守。上述解釋文同時顯示，關於公用徵收法律性質的多種理論中，大法官採取特別犧牲說 (Sonderopfertheorie)❷⓪⑦。至於補償地價

---

❷⓪⑥ 徵收性質之侵害既屬合法的公權力行為所造成，通常情形如有不服可循行政爭訟途徑尋求救濟，類似徵收之侵害乃違法行為，發生在事實行為 (Realakt) 較為常見，例如市政府開挖道路致住戶房屋倒塌，遇此情形，則應循民事訴訟途徑請求賠償。參照 Papier, Kommentar, Art. 14 Rn. 633ff.，在我國也是如此。

❷⓪⑦ 財產權的社會義務見諸威瑪憲法第 153 條第 3 項：「財產負有義務，其利用應同時為最佳公益服務」(Eigentum verpflicht sein Brauch soll zugleich Dienst sein für das Gemeine Beste)，該條內容還包括：財產權受憲法保障，徵收必須符合公益且應有法律依據，並應給予適當補償，但法律另有規定者從其規定。波昂基本法第 14 條第 2 項照抄威瑪憲法的第 153 條第 3 項 （只是把 das Gemeine Beste 改為 dem Wohl der Allgemeinheit，使文字更為通順）。惟基本法第 14 條第 3 項明白採取徵收與補償聯結條款 (Junktimklausel)，法律在訂定徵收的要件及範圍的同時，也應對補償的預估及公庫負擔加以規定，否則徵收的法律即屬違憲而無效 (BVerfGE 58, 300, 319; 46, 268, 287)，完全排除威瑪憲法，無補償

方法已從公告地價為準，視情況加成計算，而漸趨按照市價補償，依民國
101 年 1 月公布的土地徵收條例第 30 條規定：「被徵收之土地，應按照徵
收當期之市價補償其地價。在都市計畫區內之公共設施保留地，應按毗鄰
非公共設施保留地之平均市價補償其地價。前項市價，由直轄市、縣（市）
主管機關提交地價評議委員會評定之。」市價補償幾近於完全補償，與按
市價購地相當，可減少原來地主之財產損失。除地價之外，建築物、農作
物以及因建築物供合法營業使用，因徵收而致營業減少之損失，都在補償
範圍內（土地徵收條例第 30 條至第 33 條）。

　　關於徵收與補償，不斷有訴訟案件發生，大法官先後作出下列解釋：
如果應發給之補償數額過於龐大，或有其他情事，致未能於 15 日內發給
者，仍應於評定或評議結果確定之日起於相當之期限內儘速發給之，否則
徵收土地核准案失其效力（釋字第 516 號解釋）。又如補償費短發，則應定
相當期限撤銷原處分，另為適任處分，並通知需用土地人繳交補償費，逾
期發給原土地所有權人者，原徵收土地核准案亦失其效力（釋字第 652 號
解釋）。對於不願領取徵收補償現金，而欲申請發給抵價地者，若使土地所
有權人較晚知悉徵收公告，而來不及提出抵價地申請，其選擇權益將遭侵
害（釋字第 731 號解釋）。

　　釋字第 731 號解釋是大法官繼釋字第 709 號解釋之後，再次於解釋文
中強調 「正當行政程序」，並將 「受告知權」 視為是正當行政程序的一
環⑳，釋字第 763 號解釋再次強調受告知權，將「及時獲知充分資訊」列
為正當行政程序之要求。

　　2.徵收應踐行正當行政程序：在徵收領域引進正當行政程序的概念，
無疑能進一步提升財產權保障。

　　也可徵收的但書，以上參照 Papier, Kommentar, Art. 14 Rn. 488f. 又憲法法庭在
　　111 年憲判字第 15 號判決再次以特別犧牲說作為徵收補償的理論依據。

⑳　參見本號解釋湯德宗大法官之協同意見書對於正當行政程序的詳盡介紹。

　　從前述拒絕接受徵收補償金而要求取回抵價地的情況，其實就是一種「以地易地」或「換地」的行為。釋字第 731 號解釋以正當行政程序保障土地所有權人的補償選擇權，釋字第 739 號解釋則進一步以正當行政程序檢討都市土地重劃問題。本號解釋其實就是涉及以地易地的行為，亦即政府以其所有之土地與人民交換人民之土地，其在功能上也可以達到徵收的效果，因為是用「換地」來取代支付徵收補償金。平均地權條例第 56 條到第 58 條分別規定「公推公辦」、「民推公辦」與「民推民辦」等三種土地重劃類型，實務上以民推民辦為主流。所謂民推民辦，就是由人民自行推動，並由人民自行實施辦理的土地重劃案件。其優點是人民合意自行推動辦理，政府不必介入太多，也不用挹注資金，就可以達到社區或市容整建的效果。其缺點可能是一旦達到可以進行重劃之法定門檻時，私人（推動土地重劃者）可以強迫私人（重劃區內之土地所有權人）換地，直接侵害土地所有權人財產的存續保障與居住自由❷⓿⑨。更詳細地說，依據平均地權條例第 58 條第 1 項規定：「為促進土地利用，擴大辦理市地重劃，得獎勵土地所有權人自行組織重劃會辦理之。……」亦即是自辦市地重劃事項應由重劃會辦理。而平均地權條例第 58 條第 3 項規定：「重劃會辦理市地重劃時，應由重劃區內私有土地所有權人半數以上，而其所有土地面積超過重劃區私有土地總面積半數以上者之同意，並經主管機關核准後實施之」，大法官認為

---

❷⓿⑨　釋字第 739 號解釋陳新民大法官在其部分不同意見書中指出：民推民辦的土地重劃方式有諸多弊病，尤其是財團在政府核定重劃範圍與實施計畫的公權力背書之下，強迫人民換地，事實上侵害財產權的存續保障，故有高度違憲疑慮。德國法根本不允許人民主導推動土地重劃，日本法雖允許人民推動，但至多僅是民推公辦而已。至於所有權人與土地面積之同意比率上，平均地權條例第 58 條第 3 項的簡單多數決制，既未考慮不同類型與情境的土地重劃應有不同的比率規定，也沒有考慮被列入重劃範圍之公有土地的意見與面積比率，導致「以小吃大」或「以私吃公」的市地重劃弊病層出不窮。詳見陳碧玉大法官提出，吳陳鐶大法官加入之部分協同部分不同意見書。

前述市地重劃規定不僅涉及重劃範圍內不同意參與重劃者之財產權與居住自由，亦涉及重要公益之實現、同意參與重劃者之財產與適足居住環境之權益，以及原有土地上之他項權利。在考量不同意參與重劃者之權利保障，大法官在本號解釋中延續釋字第 709 號解釋的論理脈絡，再度以「正當行政程序」概念為核心，並更深入地闡述此概念之意涵❷⓪。釋字第 739 號解釋的內容包含三個重點：

第一，對於人民為自辦重劃而發起成立的籌備會，其籌設依據未考慮所有權人比率或重劃土地面積比率，違反正當行政程序。第二，籌備會為過渡性組織，逕行以行政命令將原應屬重劃會之職權移轉給籌備會，違反法律保留原則。第三，對於政府核定重劃範圍與核准重劃計畫之行為，未有明確之程序規定，欠缺審議組織，也沒有將相關決定送達所有土地所有權人，舉行聽證，並給利害關係人事前陳述意見之機會，違反正當行政程序。

3.徵收性質之侵害應依法律規定給予補償：真正徵收當然應予賠償，故稱補償聯結原則，但對真正徵收以外之徵收性質侵害並不適用，徵收性質之侵害須有法律之明文規定，國家始負賠償責任。例如，因時效而成立之公用地役關係也是因公益而犧牲，「國家自應依法律之規定辦理徵收給予補償，各級政府如因經費困難，不能對上述道路全面徵收補償，有關機關亦應訂定期限籌措財源逐年辦理或以他法補償。」（釋字第 400 號解釋）釋字第 400 號解釋再次重申：憲法上財產權保障之範圍，不限於人民財產權遭國家剝奪之情形。國家機關依法行使公權力致人民之財產權遭受損失，若逾其社會責任所應忍受之範圍，形成個人之特別犧牲者，法規應有補償之規定，否則即屬違憲；但人民若欲請求補償，須先有法規之依據❷①。此

---

❷⓪ 詳見釋字第 739 號解釋湯德宗大法官所提出，黃虹霞、蔡明誠及林俊益三位大法官加入提出之部分協同意見書。

❷① 因為既成道路補償之相關法律迄未制定，地主若要求賠償不遂，提起行政訴訟，通常會遭受敗訴判決。這是上述兩號解釋有意的安排，蓋解釋當時估算，

外，另有雖未徵收人民土地，但相關公益設施實際穿越私人土地之上空或
地下，影響土地所有權人之地上權的案例。大法官在釋字第 747 號解釋中
認為：基於憲法保障人民財產權之意旨，土地所有權人應該有權申請徵收
其地上權，以維護其權利。現行法對於「地上權徵收請求權」未為規定，
自屬違憲❷❷。又如地上物依文資法被登錄為歷史建築，限制土地所有人之
財產權，其雖未徵收，但也構成特別犧牲，故亦必須建立適當補償機制❷❸。

若立刻全面補償公共設施保留地，需要二年度國家總預算支出的總額，才能解
決。論者謂行政法院不妨類推適用方式，比照徵收加成計算，現時即命該管機
關給予償補（見李惠宗，憲法要義，六版，元照出版，2012 年，頁 303），事
實上並不可行。另參看蔡宗珍，既成道路徵收補償問題，收於：葛克昌等主
編，行政法實務與理論⑴，元照出版，2003 年 3 月，頁 163 以下。

❷❷　民法第 832 條的普通地上權，乃指得以在他人土地之上下有建築物或其他工作
物為目的而使用其土地的權利。民法第 841 條之 1 的區分地上權，則指以在他
人土地上下之一定空間範圍內設定之地上權。又按土地徵收條例第 57 條第 1
項雖然規定需用土地人在實際需要的情況下，可以先協議取得地上權，協議不
成則可準用徵收規定，取得地上權。但依此規定，是否徵收地上權的主動權乃
在需用土地人身上。同條第 2 項規定：土地因事業之興辦，致不能為相當之使
用時，土地所有權人得請求徵收其土地。依此規定，僅有在土地不能為相當之
使用時，土地所有權人才能主動請求徵收土地，但不包含地上權。在釋字第
747 號解釋所涉公路隧道興建實例中，需用土地人（高速公路局）基於經費考
量，既不徵收土地，也不協議取得或徵收地上權，而公路隧道工程卻穿越私人
土地之下方，影響該私人土地之安全及利用，人民財產權受到侵害卻救濟無門。

❷❸　釋字第 813 號解釋謂：「如因定著於其土地上之建造物及附屬設施，被登錄為
歷史建築，致其就該土地原得行使之使用、收益、處分等權能受到限制，究其
性質，屬國家依法行使公權力，致人民財產權遭受逾越其社會責任所應忍受範
圍之損失，而形成個人之特別犧牲，國家應予相當補償。文化資產保存法第 9 條
第 1 項及第 18 條第 1 項規定，構成對上開情形之土地所有人之特別犧牲者，同
法第 99 條第 2 項及第 100 條第 1 項規定，未以金錢或其他適當方式給予上開土
地所有人相當之補償，於此範圍內，不符憲法第 15 條保障人民財產權之意旨。」

4.至於類似徵收之侵害，原則上適用民法損害賠償之相關法則。

5.徵收土地之要件及程序，應由法律詳加規定：舊有法律（如土地法第 208 條，都市計畫法第 48 條）對徵收土地之要件及程序之規定，有欠周全。釋字第 409 號解釋要求檢討修正，促成土地徵收條例於民國 89 年 2 月 2 日之公布施行。又法律對此一旦有所規定，執行徵收之機關便應確實遵守，故辦理徵收未依法公告或不遵守法定公告 30 日之期間者，徵收失其效力（釋字第 513 號解釋）。再者，土地法第 233 條（土地徵收條例第 20 條亦同）徵收土地補償之地價及其他補償費，應於公告期滿 15 日內或補償爭執評議委員會評定確定後 15 日內發給，但行政法院之向例（85 年 1 月 17 日庭長評事聯席會議決議）認為，縱然超過 15 日，徵收之效力不受影響，這種見解就是未能瞭解法治國家所遵守的徵收及補償聯結原則，其真諦在於「沒有補償就不得徵收」，釋字第 516 號解釋遂宣告上述決議違憲，不再適用。

另外，對於近年引發諸多爭議的捷運聯合開發案，其法源依據來自大眾捷運法第 6 條：「大眾捷運系統所需用之土地，得依法徵收或撥用之。」第 7 條第 1 項：「為有效利用土地資源，促進地區發展，主管機關得辦理大眾捷運系統路線、場、站土地及其毗鄰地區土地之開發。」而民國 77 年 7 月 1 日公布的大眾捷運法第 7 條第 3 項規定：「聯合開發用地……，得徵收之。」民國 90 年大眾捷運法第 7 條第 4 項規定：「大眾捷運系統路線、場、站及其毗鄰地區辦理開發所需之土地 ，……，得由主管機關依法報請徵收。」前述規定呈現三個特色值得注意：第一，捷運工程計畫可以包含非「交通建設」的聯合開發計畫。第二，為了聯合開發計畫，可以徵收私人土地。第三，徵收土地的範圍可以包括交通事業本身所需之交通用地，與其周邊相連的毗鄰地。基此，政府為了建設捷運及為了有效利用土地資源，促進地區發展而推行的捷運聯合開發行為 ， 其目的或許可以界定為 「公益」 ❷❶❹，但其所使用之土地，並非皆屬「公用土地」。然而憲法明文使用

❷❶❹　釋字第 732 號解釋李震山大法官之協同意見書中，對於這種借「公益」之名所

「公用徵收」一詞❷❺，意指「徵收之土地應公用公有」。然而前揭規定允許政府得以徵收非交通事業所必須之毗鄰地區土地進行聯合開發，使得所徵收之土地的運用，不限於公共建設（如捷運站）之所需，而可及於其他公私合作的經濟開發行為（如毗鄰於捷運站體旁的商場與住宅），亦即將徵收之私有土地予以聯合開發之後，再移轉為私有私用，背離公用徵收之原始目的。如此透過徵收私人土地所推動的聯合開發行為，是否違憲地侵害人民財產權呢？

　　為了確保人民之財產權，對於以徵收方式取得毗鄰土地作為聯合開發之用地，大法官在釋字第 732 號解釋中強調：聯合開發行為並非不得為之，但徵收非交通事業所必須之土地，並非是為達成土地資源有效利用、促進地區發展與籌措開發資金所不得不為之必要手段，且也不是最小侵害。基此，依大眾捷運法第 7 條第 4 項所為之聯合開發計畫，其徵收之範圍不得超出交通建設本身所需之範圍❷❻。至於本來以交通建設為名所徵收來的土

　　　　為的聯合開發行為，很精闢地如此批判：「將公有公用的『公用徵收』巧妙的聯結得私有私用之『政策性徵收』，確為力主經濟開發主義的政商打通任督二脈，且預鋪四通八達的利多網絡。就以原因案件之一為例，所興建鱗次櫛比的住、商、辦公大樓，即係將與交通事業脫勾的毗鄰地，漸次的由卵、蟲、蛹而蛻變為政商利益的美麗蝴蝶。系爭規定之目的既欠缺正當性，其目的與手段間又缺乏必要關聯性，實難以公權力口頭禪式的『犧牲小我，完成大我』等泛公益道德訴求或『拼經濟』等口號所可掩飾。」

❷❺　憲法第 108 條第 1 項第 14 款。

❷❻　釋字第 732 號解釋理由書如此宣示：「國家以徵收方式剝奪人民土地所有權，甚而影響土地上合法居住者之居住自由，如非為公用，則須符合其他公益之正當目的。……然國家為利用土地資源、促進地區發展並利建設經費之取得等目的，依法報請徵收交通事業所必須者以外之毗鄰地區土地（下簡稱非交通事業所必須之土地），將使土地資源之利益重新分配或移轉予國家或其他私人享有，造成原土地所有權人遭受土地損失之特別犧牲。另為達利用土地資源、促進地

地（本計畫用於公用，如捷運場站），後來可否因計畫變更，從單純的交通建設變成聯合開發計畫後，將徵收來的「擬公用土地」用於聯合開發之上（如變成捷運商場），並將之移轉給私人？大法官在釋字第 743 號解釋表示：徵收來原擬公用之土地，不得用於聯合開發計畫❷❶。此外，若欲將徵收來之擬公用土地的土地所有權移轉給私人，必須要有法律明確規定，始得為之。

六、稅法對財產權的限制——兼論租稅法定主義

㈠概說

財產權負有社會義務曾被我國公私法學者渲染為 20 世紀法學的信條❷❶，與 19 世紀財產權的神聖成為對比。其實這不過是附和三民主義限制私有財產及主張部分生產工具國有化的意識型態，或者反映沒有個體權利

　　　　區發展並利建設經費之取得等目的，非不得以適當優惠方式與土地所有權人合作進行聯合或共同開發、以市地重劃之方式使原土地所有權人於土地重新整理後仍分配土地、以區段徵收使原土地所有權人取回與原土地同價值之土地、或以其他適當且對土地所有權侵害較小之方式達成。系爭規定（大眾捷運法及大眾捷運系統土地聯合開發辦法等相關條文）以使土地所有權人遭受特別犧牲之方式，徵收非交通事業所必須之土地進行開發，並非達成土地資源有效利用、地區發展並利國家建設經費之取得目的所不得不採之必要手段，且非侵害最小之方式。其許主管機關為土地開發之目的，依法報請徵收非交通事業所必須之土地，於此範圍內，不符憲法第二十三條之比例原則，與憲法保障人民財產權及居住自由之意旨有違，應自本解釋公布之日起予以適用。」

❷❶ 此解釋多數意見認為大眾捷運法第 6 條與第 7 條不得雙軌並用，但不同意見之立論仍值參考，例如蔡明誠大法官提出之部分不同意見書，陳碧玉與黃璽君大法官所提之不同意見書等。

❷❶ 林紀東，中華民國憲法逐條釋義㈠，修訂三版，三民書局出版，1987 年，頁250 以下。

只有家族或團體優先之根深蒂固的傳統觀念。實際上從 18 世紀到 21 世紀，沒有一個政治社會存在真正神聖而不受限制的財產權。1789 年法國人權宣言第 17 條，及 1848 年德意志保羅教堂憲法第 164 條都宣稱財產權為不可侵犯的權利，但同時也規定財產得依法徵收及補償，又制定於 18 世紀的美國憲法增修條文第 5 條，適用到今天仍然不變，財產權可以剝奪 (be deprived)，只是要符合正當法律程序。所以，我們認為在我國憲法上財產權與其他基本權一樣，須符合法律保留原則、法律明確性原則、比例原則及平等原則，其限制才具有合憲性。不過要注意一點，基本國策條款中有平均地權、漲價歸公等土地政策（憲法第 142 條至憲法第 143 條）、部分生產工具公有化（憲法第 144 條）、節制私人資本（憲法第 145 條）等規定，應將之與憲法第 23 條合併觀察，並得視上述條文為第 23 條「增進公共利益」的具體指標。

(二)租稅及其他公法上之金錢給付

　　對財產權的侵害嚴重性僅次於徵收便是課稅。在英國憲政發展史上，貴族及大地主屢以繳納稅賦，作為向國王爭取權利的手段，這是眾所周知的事；而「沒有代議士就不納稅」更成為美洲革命的口號。可見課稅對財產權侵害的重大以及人民防衛其財產的決心。我國釋憲實例中，以違反憲法第 19 條依法律納稅為理由，指摘相關法律或行政函令違憲者，也僅次於主張違反保障財產權條款而占第二位[219]。然而租稅法定主義並非一項目的規定，而是藉以達到保護人民財產的手段，但是講求概念嚴整的德國法學，過去並不認為財產權的保障當然包括課徵租稅在內[220]。這種看法顯非可採，

---

[219] 自釋字第 1 號到釋字第 530 號為止，大略的統計，關於財產權的解釋案件約八十五件，關於憲法第 19 條的解釋約七十件，第三名是憲法第 16 條有關訴訟權的解釋，約有五十五件，三者之中當然有重疊的案件。

[220] 德國如何從財產權保障不及於課稅，轉變為課稅侵犯也是對財產權的損害，參見葛克昌，行政程序與納稅人基本權，自版，2002 年，頁 146 以下。

事實上對憲法上財產權的侵害，「苛捐雜稅」是最可能的措施，徵收反而不是經常使用的方法。

憲法第 19 條統稱租稅法定主義（或租稅法律主義）。首須說明稅捐與人民其他公法上給付義務的區別可以是否「具報償性」（或稱對待給付性）作為主要判準：第一類是不具報償性的人民給付義務，包括租稅與特別公課。租稅是國家（包括地方自治團體）以公權力之強制手段，向一般人民課徵無報償性質之金錢或具有金錢價值的給付。而特別公課是指對具有共同利益或基於特定行為而負相同義務之群體者所收取之不具報償性質的金錢給付，例如主管機關依促進產業升級條例開發工業區，而向購買工業區內廠房、建物之廠商，收取之工業區開發及管理基金，便是對具有共同利益群體所課徵之特別公課（釋字第 515 號解釋）；又依空氣污染防制法第 16 條規定，對污染源負責者所課徵之污染防制費則是基於特定行為而負相同義務之人，所繳納的特別公課（釋字第 426 號解釋）。換言之，租稅的對象是一般人民，而特別公課的對象則是特定關係下之人民。第二類是具報償性質的給付義務，包括規費與受益費等兩類。規費或手續費是指人民使用公物或營造物的對價，或要求公務員對其個人提供特別服務而給付之部分費用；人民因獲得現實利益而繳交對待給付。至於受益費則以人民之使用可能性，即未來可能獲益而繳交之對待給付，如工程受益費徵收條例第 2 條所定之工程受益費。

㈢租稅及公課法定主義

租稅法定主義的意義及範圍為何？大法官曾有多號解釋加以闡釋。釋字第 705 號解釋稱：「憲法第十九條規定人民有依法律納稅之義務，係指國家課人民以繳納稅捐之義務或給予人民減免稅捐之優惠時，應就租稅主體、租稅客體、租稅客體對租稅主體之歸屬、稅基、稅率、納稅方法及納稅期間等租稅構成要件，以法律或法律具體明確授權之法規命令定之；若僅屬執行法律之細節性、技術性次要事項，始得由主管機關發布行政規則為必

要之規範。」（理由書第 1 段）基此，課稅主體、客體固然須以法律規定，至於稅基、稅率、納稅方法及納稅期間等均構成租稅構成要件，亦屬法律保留事項。又因為稅法之施行，常須仰賴主管機關作成解釋性行政規則，發布這類函釋時若漫無限制，則亦失租稅法定主義的本旨，故釋字第 706 號理由書中又指明：「主管機關本於法定職權就相關法律所為之闡釋，自應秉持憲法原則及相關法律之立法意旨，遵守一般解釋方法而為之；如逾越法律解釋之範圍，而增加法律所無之租稅義務，則非憲法第十九條規定之租稅法律主義所許❷❷❶。」至於有關納稅義務的事項，固宜於名為稅法的法律中規定，但是憲法並未限制其應規定於何種法律，故「法律基於特定目的，而以內容具體、範圍明確之方式，就徵收稅捐所為之授權規定，並非憲法所不許。國民教育法第十六條第一項第三款及財政收支劃分法第十八條第一項關於徵收教育捐之授權規定，依上開說明，與憲法尚無牴觸」（釋字第 346 號解釋）。稅捐以外的特別公課是否也有所謂公課法定主義？衡諸釋字第 426 號解釋及釋字第 515 號解釋意旨，課徵之目的、對象及用途既須以法律或法律明確授權之命令明定，自應採肯定見解，即必須有法律具體明確的授權，才具備徵收特別公課的合法性。不過，不論是空氣污染防制費（釋字第 426 號）、汽車燃料使用費（釋字第 593 號），還是廢棄物之回收清潔處理費（釋字第 788 號）等各類特別公課，大法官對於授權明確性的要求皆採寬鬆審查的態度，讓主管機關享有一定的專業判斷空間❷❷❷。

❷❶　其他如釋字第 622 號、釋字第 640 號、釋字第 674 號、釋字第 692 號、釋字第 703 號等解釋之理由書也有相同意旨。

❷❷　例如釋字第 788 號解釋源自容器商品製造業者，其所產之玻璃瓶裝飲料螺旋鋁蓋內墊內含 PVC 材質，卻僅依照玻璃瓶之費率繳納回收清除處理費，而未依環保署之公告加重費率繳納。環保署稽查發現業者瓶蓋使用 PVC 材質，命其補繳加重百分之百之回收清除處理費，業者不服遂聲請本件解釋。本案爭點是廢棄物清理法第 16 條第 1 項中段有關責任業者所應繳納回收費之費率，未以法律明文規定上限，是否違反法律保留原則？以及同條第 5 項前段授權中央主

　　如上所述，租稅法定主義的依法係指國家的法律（憲法第 170 條）而言，並包括有法律具體明確授權依據而訂定的法規命令在內。就此而論固可解釋為依法律納稅屬於相對的法律保留，但凡稅目、稅率、課徵對象（納稅主體）等重要事項，必須法律自行規定，方符憲法的規範意旨。至於地方自治團體有無稅捐高權？即地方自治團體得否依其議會制定的自治法規課徵租稅？釋字第 277 號解釋認為：「憲法第一百零九條第一項第七款及第一百十條第一項第六款規定，省稅及縣稅由省縣立法並執行之，係指地方得依國稅與省縣稅合理劃分之中央立法，就已劃歸省縣之稅課，自行立法並執行之。因此中央應就劃歸地方之稅課，依財政收支劃分法前開規定，制定地方稅法通則，或在各該稅法內訂定可適用於地方之通則性規定，俾地方得據以行使憲法賦予之立法權。」（解釋理由書中段）這號解釋作成於民國 80 年 3 月，地方稅法通則歷經三屆國會，終於在民國 91 年完成立法程序，此後租稅法定主義，也包括依地方稅法通則而訂定的自治法規在內。

㈣稅法的合憲性監督

　　審查各種稅法有無違憲，致損害人民的財產權，主要的判斷標準有三：租稅法定主義、比例原則及平等（公平）原則。在實際運用時，寬嚴之間仍有出入。其違憲之態樣有下列數種：

　　1.法律本身違反比例原則或平等原則：民國 60 年 1 月 9 日公布的貨物稅條例第 18 條第 1 項，關於同條項第 12 款，應貼於包件上或容器上的完

管機關以命令訂定費率，是否違反授權明確性原則？該解釋則謂：「廢棄物清理法第 16 條第 1 項中段所定之回收清除處理費，係國家對人民所課徵之金錢負擔，人民受憲法第 15 條保障之財產權因此受有限制。其課徵目的、對象、費率、用途，應以法律定之。考量其所追求之政策目標、不同材質廢棄物對環境之影響、回收、清除、處理之技術及成本等各項因素，涉及高度專業性及技術性，立法者就課徵之對象、費率，非不得授予中央主管機關一定之決定空間。故如由法律授權以命令訂定，且其授權符合具體明確之要求者，亦為憲法所許。」

稅或免稅證照，不遵守規定實貼者，不問有無漏稅事實，一概課處比照所漏稅額二倍至十倍之罰緩，此項規定「顯已逾越處罰之必要程度，不符憲法保障人民權利之意旨」，該條例第 18 條第 1 項及財政部相關函釋，均經釋字第 339 號解釋，宣告違憲。又如舊遺產及贈與稅法第 51 條第 2 項對於納稅義務人應繳納之滯納金部分，予以加徵利息，釋字第 746 號解釋認為：「滯納金既係為督促人民如期繳納稅捐而設，依其性質並無加徵利息之餘地；且滯納金兼具遲延利息之性質，如再加徵利息，係對應納稅額遲延損害之重複計算，欠缺合理性，不符憲法比例原則，與憲法保障人民財產權之意旨有違。」至於所得稅法區分「薪資所得」與「執行業務所得」，對於實現所得而必須付出的成本或相關費用，前者採取定額扣除，後者則採取實額減除 ❷❷❸，面對這種差別對待方式，釋字第 745 號解釋理由書第 6 段首先闡述「量能課稅原則」，也就是「所得課稅應以收入減除成本及必要費用後的客觀淨值，而非所得毛額，作為稅基。此項要求，於各類所得之計算均應有其適用」。其次，大法官認為：「薪資所得之計算，僅許定額扣除，而不許薪資所得者於該年度之必要費用超過法定扣除額時，得以列舉或其他方式減除必要費用，形成顯然之差別待遇。此項差別待遇，與薪資所得者之是否為自力營生並無必然關聯。又現行單一定額之薪資所得特別扣除額規定，未考量不同薪資所得者間之必要費用差異，過於簡化，對於因工作必要，須支出顯然較高之必要費用者，確會產生適用上之不利差別待遇結果，致有違量能課稅所要求的客觀淨值原則。」最後，大法官宣告：「差別待遇手段與其目的之達成間欠缺合理關聯，而與憲法第 7 條平等權保障

---

❷❷❸　所得稅法第 11 條第 1 項稱執行業務者是指律師、會計師、建築師、醫師、著作人、工匠、表演人及其他以自力營生者。其所得額的計算方式乃將收入總額扣除必要成本及相關費用（如房租、器材、治裝費等），此稱為「實額減除」。反之，工作不具獨立性的一般薪資者，其所得額的計算方式則是將收入總額扣除法定扣除額，此稱之為「定額扣除」。

之意旨不符。」釋字第 745 號解釋採取「低標」審查模式❷❷❹，也就是在差別待遇上，除了目的應正當，且分類與目的之達成具有合理關聯外，相關機關對此差別待遇尚負有舉證責任，必須提出合理之說明。延續此種審查模式，釋字第 779 號解釋對於非都市土地被編為交通用地，且依法核定為公共設施用地者，卻不能如同都市土地被核定為公共設施用地後一樣能享有免徵土地增值稅之優惠，有關機關不能舉證說明此差別待遇係屬合理，故被宣告為違反憲法第 7 條。

2.施行細則違反母法：民國 69 年間施行的獎勵投資條例❷❷❺第 23 條第 3 項第 1 款規定，在一定額度下之「各種利息」均予免稅，但該條例施行細則第 27 條則將私人間借款利息排除於免稅之外，在租稅法定主義之下，自不允許命令明顯牴觸母法的規定，故釋字第 210 號解釋宣告其違憲。另外一則是釋字第 367 號解釋，營業稅法施行細則基於行政作業上課徵方便之理由，將法律規定之申報納稅主體由營業人改為拍定人或買受人，被大法官宣告違反憲法第 19 條及第 23 條之規定。其餘諸如釋字第 415 號或第 657 號等解釋，亦皆因施行細則限縮或逾越母法而被宣告為違反租稅法定主義。

3.判例違反租稅法定主義：依獎勵投資條例規定，華僑或外國人來台投資，屬於非中華民國境內居住之個人，一年內在台居住滿 183 天者，其股利按一定利率（即百分之二十）就源扣繳，不再依所得稅法申報且適用累進稅率，因而享有租稅優惠，但行政法院（現改為最高行政法院）63 年判字第 673 號判例（現已不再援用）將就源扣繳之「非中華民國境內居住之個人」增列「且無配偶居住國內之情形而言」，添加法律所無之限制，經

---

❷❷❹　此「低標」又稱「具殺傷力之合理審查」，詳見釋字第 779 號解釋湯德宗大法官之部分協同暨部分不同意見書，編碼 4 以下之論述。

❷❷❺　「獎勵投資條例」為「促進產業升級條例」之前身，「促進產業條例」已於民國 99 年被「產業創新條例」所取代。

釋字第 413 號解釋宣告違憲。判例不過採納 59 年財政部函釋的見解，並非行政法院所自創，財政部即是基於防弊心態，以免本國人與華僑或外國婦女藉結婚之名，而坐享優惠，主管機關明知故犯，自不足取，但既經採為判例，則是判例而非行政釋示（即行政規則）違憲的問題。

4.行政釋示違反租稅法定主義：最早的一件解釋案為民國 66 年釋字第 151 號解釋：廠商遺失所領蓋有「查帳徵稅代用」戳記之空白完稅照，稅務機關釋示，如有遺失，一律比照遺失貨物稅查驗證之規定，補徵稅款，釋字第 151 號解釋認為並無漏稅事實，即補徵稅款，違反租稅法律主義❷❷❻。有限公司變更為股份有限公司，其不動產變更登記，財政部以函釋規定應課徵契稅，也經釋字第 167 號解釋認為違反租稅法律主義。其他諸如財政部以釋示對自用住宅用地申請退還已繳土地增值稅，規定應事前經核准按自用住宅核定稅率係增加法律所無之限制，亦經釋字第 478 號解釋宣告違憲。

另有一項屢次發生違憲疑慮的事件，即依所得稅法第 80 條第 2 項規定，稽徵機關如已核定各該業所得額標準者，依同條第 3 項規定，納稅義務人申報之所得額，若在上項標準以上，即應以其原申報額為準。而財政部發布的營利事業所得稅結算申報書面審核案件抽查辦法第 3 條及第 4 條、營利事業所得稅結算申報查核準則第 2 條，以及財政部 59 年台財稅字第 23798 號令，均規定營利事業申報所得額達各該業所得額標準者，仍應實施審查、抽查及調整稅額。從嚴格的文義解釋而言，上述辦法、準則及

---

❷❻　本案補徵漏稅之依據是財政部的一項函釋，行政法院在判決中認為：「財政部為財政主管機關，就其主管業務有關財稅法令所為之解釋，自有其拘束力。被告機關據以補徵原告之貨物稅，難謂違法」（見司法院大法官會議解釋彙編㈠，1981 年 4 月，頁 41）。這是在當年行政權獨大的形勢，司法機關怯於作司法審查的普遍心態，所謂租稅法定主義，所謂命令不得牴觸法律，司法機關根本不加審究，更遑論認定其違法違憲。

函令與所得稅法第 80 條第 2 項及第 3 項顯有不符，釋字第 640 號解釋宣告其牴觸母法及違反憲法第 19 條。改變先前釋字第 247 號認為財政部法規函釋不違憲的解釋❷，而以體系論的解釋方法，認財政部上述辦法、準則及函令符合所得稅法第 103 條、第 110 條、稅捐稽徵法第 21 條及第 30 條的意旨，與憲法尚無牴觸。經宣告違憲的案件固然不少，但亦有經解釋合憲未違背租稅法定主義的釋憲案，例如釋字第 397 號解釋認財政部發布之「兼營營業人營業稅額計算辦法」是基於營業稅法第 19 條第 3 項具體明確授權而訂定，與租稅法定主義並無牴觸；釋字第 438 號解釋對營利事業所得稅查核準則規定支付國外佣金的價款比率（百分之三），認為是技術性、細節性規定，不構成違憲；釋字第 458 號解釋認定財政部對「生產事業獎勵類目及標準」（依現已廢止之獎勵投資條例第 3 條將由行政院訂定）所為的釋示，符合獎勵投資條例的意旨，「未變更法律所定稅賦優惠規定，亦未增加生產事業之租稅負擔，與憲法租稅法定主義並無牴觸」；又佃農承租土地，因政府徵收而終止租約，佃農可獲得扣除土地增值稅後地價三分之一的補償費，財政部類推適用所得稅法第 14 條第 3 項變動所得的規定，以補償費半數作為所得課徵，釋字第 508 號解釋也不認為違憲。特別值得重視者，是推計課稅是否符合憲法第 19 條的問題，推計課稅簡言之就是納稅義務人不願履行其申報及其他協力義務，提供相關納稅資料或因故不能提出時，

---

❷ 本案合憲之理由可參見本書前身，憲法的解釋與適用，增訂三版，2004 年，頁 263。另有關營利事業所得稅跨年度盈虧互抵的憲法爭訟案，111 年憲判字第 5 號判決謂：「惟所得稅法第 39 條第 1 項但書規定於年度課稅之原則下，例外允許營利事業之跨年度盈虧互抵，本係基於多重立法目的而設，……是否應先抵減各該年度虧損數，固非不得適度配合國家各階段財政及經濟發展之目的，予以調整，但所得稅法第 39 條第 1 項但書規定之跨年度盈虧互抵制度，其政策選擇影響國家財政、經濟與產業發展，並涉及人民之租稅負擔，為避免疑義，有關該管稽徵機關核定各期虧損之基準，仍以法律或法律具體明確授權之命令予以明定為宜。」（理由書第 27 段）

稽徵機關以其他合理方法類推計算其稅賦，這種核課手段嚴格講與租稅法律主義已不盡相符。但亦為各國稅法所採，釋字第 218 號解釋也明白釋示推計課稅並不違反憲法的本旨，但推計必須公平合理始有正當性。由此可見，租稅法律主義，「不似罪刑法定主義含有法條嚴格解釋及禁止類推等效果」❷❷❽，則涉及租稅事項之法律，其解釋須「應本租稅法律主義之精神，依各該法律之立法目的，衡酌經濟上之意義及實質課稅之公平原則為之」（見釋字第 420 號、釋字第 496 號解釋）❷❷❾，在適用上自然較罪刑法定主義為寬，故使用租稅「法律」主義，不若租稅法定主義為妥。

七、財產權的其他限制

財產權依法律或基於法律之命令所受之限制，在現行法令中為數甚多，似乎無從列舉，例如野生動物保育法禁止經公告管制之動物或其製品之交易行為（釋字第 465 號解釋）、都市計畫法（釋字第 406 號解釋）、區域計畫法及自來水法（釋字第 444 號解釋）、金融機構監管接管辦法（釋字第 488 號解釋）、警察勤務條例（釋字第 535 號解釋）。在土地所有權方面，土地法及都市計畫法（釋字第 409 號解釋）、平均地權條例（釋字第 208 號解釋）、耕地三七五減租條例（釋字第 580 號解釋）和已失效的實施耕者有其田條例等，都是限制財產權的法律。

現行憲法所列舉的基本權之中，沒有列明營業自由及契約自由，此項漏洞（其實憲法第 22 條已經涵蓋），大法官屢思補足。先就契約自由而言，其固然常與財產權結合在一起❷❸❾；但也可以獨立存在，並以憲法第 22 條為

---

❷❷❽　見釋字第 151 號解釋，陳世榮大法官之不同意見書。

❷❷❾　參照葛克昌，稅法基本問題，財政憲法篇，1996 年，頁 126 以下；陳清秀，稅捐法定主義，收於：當代公法理論：翁岳生教授六秩誕辰祝壽論文集，月旦出版，1993 年，頁 587 以下。

❷❸❾　如釋字第 580 號解釋謂：「基於個人之人格發展自由，個人得自由決定其生活

保障依據。釋字第 576 號解釋謂：「契約自由為個人自主發展與實現自我之重要機制，並為私法自治之基礎，除依契約之具體內容受憲法各相關基本權利規定保障外，亦屬憲法第二十二條所保障其他自由權利之一種。惟國家基於維護公益之必要，尚非不得以法律對之為合理之限制。」至於營業自由，釋字第 716 號解釋稱：「憲法第十五條保障人民之工作權及財產權，人民營業之自由亦為其所保障之內涵。」又稱：「基於憲法上財產權之保障，人民並有營業活動之自由……。又契約自由為個人自主發展與實現自我之重要機制，為憲法第十五條財產權及第二十二條所保障之權利。」釋字第 738 號解釋理由書謂：「人民營業之自由為憲法第十五條工作權及財產權所保障之內涵。」上述營業自由及契約自由之限制，自應符合憲法第 23 條之法律保留及比例原則的要求。

資源之使用、收益及處分，因而得自由與他人為生活資源之交換，是憲法於第十五條保障人民之財產權，於第二十二條保障人民之契約自由。惟因個人生活技能強弱有別，可能導致整體社會生活資源分配過度不均，為求資源之合理分配，國家自得於不違反憲法第二十三條比例原則之範圍內，以法律限制人民之締約自由，進而限制人民之財產權。」又如釋字第 776 號解釋有關土地使用之套繪管制措施，亦屬涉及契約自由與財產權保障之案例。

第三章 社會的基本權

●第一節 生存權

一、生存權的性質

社會的基本權也可稱為社會權,其淵源來歷已在本編第一章略作說明,本章將就憲法第 2 章中的生存權、工作權及受國民教育權三項分別敘述。不過,關於這三種權利的定性,都非毫無爭論,本節先對生存權加以解說。

18 世紀的憲法文件如北美各邦的人權典章及法國人權宣言,所列舉的人權都是自由權與平等權,迨 19 世紀中葉以後,工業革命所造成的社會問題日趨嚴重,加上各派社會主義思潮的興起,基本權應超越形式上的自由與平等,而關照到生活的實質層面,這是社會權發生的簡短歷程。就憲法第 15 條的起源史分析,如前所述,生存權及工作權的納入在制憲當時,也是基於拉攏左翼黨派而投其所好,可見生存權無疑的是一種社會的基本權。而社會權與自由權的最主要區別,依一般通說基於前者人民有權要求國家提供積極作為或給付 , 後者則只是消極要求國家不要干涉個人的自由即可 ❶ 。但是這種區別並不是絕對的,以學術自由為例,德國實務上的見解就認為,國家有創設建制 (Einrichtungen) 的義務,使有入學需求的人有分享的權利 (Recht auf Teilhabe) ❷ 。 可見作為防禦權而以消極目的為主的自由權,時至今日也有部分的積極作用。生存權是否如此呢?讓我們在下面先從比較法講起:

德國基本法第 2 條第 2 項保障生命權 (Recht auf Leben) 及身體不受損

---

❶　如前所述, 大學入學名額限制案件 , 德國聯邦憲法法院即採取這種見解 BVerfGE 33, 303; vgl. Pieroth/Schlink, aaO., Rn. 98f.

❷　Ebenda, Rn. 390f.

傷權 (Recht auf körperliche Unversehrtheit)，這在德國憲政史上是沒有先例的，生命應受保障原本不待憲法明文規定，但鑑於納粹政權之終結猶太人及消滅「低等種族」的暴政，基本法的制定者乃特加強調❸。所以生命權等毫無疑問的屬於對抗國家的防禦（衛）權，德國聯邦憲法法院在早期的判決中也宣稱：「生命權及身體不受損傷是消極的權利，藉以排除國家有組織性的謀殺以及強制實施人的實驗」❹，但稍後的判決則進一步認為國家有保護生命的義務❺。不僅如此，生命權的保障也提供權利主體一項免於飢餓的請求權，即維持最低生存水準 (Existenzminimum)❻。根據上述，原本是消極性的生命權，經由憲法裁判也增添了積極作用。

　　在各國憲法之中，與我國憲法第 15 條生存權保障條款最為接近者，莫過於日本憲法第 25 條第 1 項規定：「任何國民，均有享受健康及文化的最低生活之權利。」這項條文學者均稱為生存權的保障，對於生存權的討論以往也多著重於其規範效力，即人民有無直接請求國家保障其生存的請求權，抑或僅是一種方針規定❼。近年則有所謂社會保障學的學者，主張從自由的理念出發，將自由權與生存權並列為社會保障權利的基礎，強調人格的自律權，認為基於人格的自律，個人應以主體的地位追求生存的價值。因此，「21 世紀的生存權保障法理，不再是生活困苦者單純被動地接受國家給付的權利，更應有隱私權的保護、自我決定權、選擇的自由等……維

---

❸　Vgl. P. Badura, Staatsrecht, aaO., S. 114.

❹　BVerfGE 1, 97, 104.

❺　BVerfGE 39, 1, 4，即第一次墮胎案的判決。

❻　BVerfGE 52, 339, 346. Vgl. Dürig, Grundgesetz Kommentar, Art. 2 Rn. 27.

❼　自由權與社會權的各種區別，日本憲法學者橋本公亘，歸納為三點：㈠自由權是源於自然法，社會權則否，㈡自由權是消極的權利，社會權則是積極的權利，㈢自由權沒有界限，不附條件，社會權是附有條件，以國家有相對應的制度為前提，引自林紀東，中華民國憲法逐條釋義㈠，修訂三版，三民書局出版，1987 年，頁 233。

持緊密的理論關連性❽。」由此可以得知，當前日本學說也將生存權與自由權融合在一起。

從德、日兩國的發展，再來檢討我國釋憲機關的實例，也許就不致受懷疑為概念不清或理論欠通。釋字第 476 號解釋關於肅清煙毒條例死刑違憲疑義的解釋案❾，其解釋文第 1 段稱「人民身體之自由與生存權應予保障，固為憲法第八條、第十五條所明定……」（釋字第 551 號解釋亦然），但在論證過程中最值得注意的是，將憲法第 8 條及憲法第 15 條生存權與「身體之自由」及「人民生命」相對照。憲法第 8 條本來就是保障人身自由，無須解讀，憲法第 15 條的生存權釋憲者顯然將之涵蓋生命權的保障在內。我國憲法沒有生命權保障的明文，但人無生命更無所謂權利可言，一切基本權的保障均以有生命為前提，欲從憲法現有條文中演繹出生命權保障的依據，原本有其他選項，例如專以「舉輕明重」的方式認為憲法第 8 條的身體自由當然也包括生命保障，不必使生命自由歸入生存權的保障範圍。如此一來，可維持生命權的自由權及防禦權的性質，也可保持生存權作為社會基本權的單純屬性。惟如前所述，社會權與自由權的界限已不若傳統理論中涇渭分明，德、日的實例與學說俱在，則大法官在釋字第 476 號解釋中所採取的立場，也就不難理解了。

二、生存權的規範效力

生存權的規範效力是向來聚訟不休的問題，究竟生存權純屬方針規定，或者也是一種可以具體實現的權利？大體而言，傳統的憲法教科書一般都認為生存權的保障只具有綱領式的意義，新近的理論則傾向於主張生存權有其規範效力❿。但所謂規範效力其明確範圍為何？又保障人民生存權的

---

❽ 簡玉聰，日本社會保障法理論之再探討，以生存權理論為中心，收於：黃宗樂教授六秩祝賀：公法篇㈠，學林文化出版，2002 年，頁 333。

❾ 關於死刑不違憲的解釋，先前已有釋字第 194 號及釋字第 263 號解釋。

❿ 論者歸納日本實務及學說，曾列出生存權條款的「法規範性」，共有三說：第

可實現目標是什麼？均有待進一步探討。

　　我們認為生存權既然在積極功能之外，又經釋憲機關賦予保障生命自由的消極功能，則生命權首要的規範效力便是禁止對生命的戕害，因此禁止墮胎的法律（如刑法第 288 條）便不生牴觸憲法的問題，而允許墮胎的立法（如優生保健法第 9 條）是否符合必要性及適當性的比例原則，猶待釋憲機關作合憲性的檢驗；「安樂死」（euthanasia）是否違憲也應作如是觀❶。其次，生存權的保障所欲實現的目標是「最低生存水準」？或是「最低限度的健康及文化生活」？還是「符合人性尊嚴的生活」？以上的標準或

一說目標規定說：認為憲法生存權的規定，僅止於課予國家政治道德上的義務，並非賦予國民具體請求的權利。第二說抽象權利說：此說主張生存權是「法規範上的權利」，立法者有義務制定實現「最低限度的健康文化生活」的法律，個人須等待立法之後才享有請求權的法效果。第三說具體權利說：此說主張無法維持最低生活而陷於需要扶助狀態的國民，能以權利主體的地位享有憲法上權利，並在立法欠缺時，具有請求國家制度或修改法律的「立法要求權」。以上參看簡玉聰，日本社會保障法理論之再探討，以生存權理論為中心，收於：黃宗樂教授六秩祝賀：公法篇㈠，學林文化出版，2002 年，頁 304 以下。但日本實務上見解仍採「憲法第二十五條第一項，僅止於宣示國家有責任營運國政，俾使全體國民能營健康而文化之最低限度的生活，並非直接賦予各國國民以具體的權利」，「何謂健康而文化之最低限度的生活，其判斷應委由厚生部長裁量」（1967 年，朝日訴訟案件日本最高裁判所判決），其後 1982 年最高裁判所在訴訟案件中，則主張健康而文化的最低限度生活，「必須委諸立法機關的廣泛裁量」，以上引自蘆部信喜著，李鴻禧譯，憲法，元照出版，1995 年，頁 240 以下。又關於社會權在德奧憲法學者中的一般見解，參照陳新民，論社會基本權利，憲法基本權利之基本理論，上冊，三版，三民書局出版，1992 年，頁 95 以下。

❶ 關於墮胎及安樂死問題，參照李震山，從憲法觀點論生命權之保障，收於：當代公法理論：翁岳生教授六秩誕辰祝壽論文集，月旦出版，1993 年，頁 17 以下。

為他國憲法所明定，或為憲法裁判所創設，在我國憲法上迄無定論，在此我們提出下列論點作為初步的結論：結論一：除非不承認生存權的規範效力，否則人民在國家生活中維繫生命（賴以活命）乃最低度的生存權要求，所以維護人民最低生存水準是國家的保障義務❷。結論二：符合人的（或人格）尊嚴生活是保障生存權的合理目標，因為生活水準雖然可以量化（例如以某一國家或某一城市的生活指數為準），但生活水準高低並不等同於幸福的程度，尤其不一定與個人地位恰如其分，故以抽象的尊嚴生活為鵠的似屬合理，強調符合人的尊嚴之生活也就是課予國家更高的作為義務，不以前述最低生存水準為滿足。

　　以人的尊嚴或人格尊嚴為論據在我國憲法上並非沒有依據，憲法增修條文第 10 條第 6 項規定：「國家應維護婦女之人格尊嚴，保障婦女之人身安全，消除性別歧視，促進兩性地位之實質平等。」條文雖以婦女為對象，但並非謂男性國民不必具有人格尊嚴，而是基於對社會情況的認知，婦女應特加保護之意❸，使其享有與男性平等的人格尊嚴，故大法官在釋字第

---

❷　釋字第 766 號解釋理由書第 2 段明確指出社會保險給付請求權是財產權之保障範圍，而最低限度生存需求則屬生存權保障之範圍，且須受較為嚴格之審查（即中度審查）：「憲法第 155 條前段規定：『國家為謀社會福利，應實施社會保險制度。』基於前開憲法委託，立法者對於社會保險制度有較大之自由形成空間（本院釋字第 568 號解釋參照），是社會保險給付之請領要件及金額，應由立法者盱衡國家財政資源之有限性、人口增減及結構變遷可能對社會保險帶來之衝擊等因素而為規範。惟人民依社會保險相關法律享有之社會保險給付請求權，具有財產上價值，應受憲法第 15 條財產權之保障；如其內容涉及人民最低限度生存需求，則應兼受憲法第 15 條生存權之保障。對此等兼受生存權保障之社會保險給付請求權之限制，即應受較為嚴格之審查。」

❸　不過以保護婦女為由而限制婦女夜間工作的規定（勞動基準法第 49 條第 1 項），被釋字第 807 號解釋宣告為違憲，其理由為：「維護社會治安，本屬國家固有職責，……就女性夜行人身安全之疑慮，國家原即有義務積極採取各種可

372 號解釋，延伸其義宣稱：「維護人格尊嚴與確保人身安全，為我國憲法保障人民自由權利之基本理念。」至於保障生存權不以固定的最低生存水準為限，也已表現在相關解釋之中。釋字第 422 號解釋強調保障範圍，包括提升其生活水準：「憲法第十五條規定，人民之生存權應予保障；第一百五十三條復明定，國家為改良農民之生活，增進其生產技能，應制定保護農民之法律，實施保護農民之政策，明確揭示國家負有保障農民生存及提昇其生活水準之義務。」

三、實現生存權積極內容的途徑

生存權原本是積極性的社會權，要發揮其規範效力，不能徒託空言，以下將按照事物的本質探討人民如何透過現行法制，具體的實現生存的權利。㈠憲法第 15 條生存權應予保障雖不是綱領式的條款，惟原則上沒有實體法的依據，個人尚不能遽引憲法本條的規定向國家或地方自治團體，為金錢、生活必需品或其他給付的請求。至於向立法機關或行政主管機關要求制定法規或採取適當的生存照顧措施，則是個人或群體隨時都可行使的權利，無待法律規定，但要求無效果時，欠缺強制其實現的手段而已。㈡依現有法規規定，符合其條件者固然得享有生活扶助、醫療補助、急難救助、災害救助的給付（見諸社會救助法相關規定）。與規定條件不符但處境相同甚至更為惡劣者，譬如社會救助法有關低收入戶之救助，以每人平均收入低於最低生活費標準（該法第 1 條及第 4 條）為救助之前提，其中有

能之安全保護措施以為因應，……而非採取禁止女性夜間工作之方法。乃系爭規定竟反以保護婦女人身安全為由，原則禁止雇主使女性勞工於夜間工作，致女性原應享有並受保障之安全夜行權變相成為限制其自由選擇夜間工作之理由，……系爭規定對女性勞工所形成之差別待遇，難認其採取之手段與目的之達成間有實質關聯，更淪於性別角色之窠臼，違反憲法第 7 條保障性別平等之意旨，應自本解釋公布之日起失其效力。」

所謂以共同戶籍或綜合所得稅等為認定準則,而實際上卻有無戶籍的遊民、無身分證的中國大陸居民或入境後成為遊民的外國人等,也應享有最低標準的生活照顧。㈢若因法規規定的不備,而形成類似立法怠惰之情形,於依通常訴訟途徑不能得到救濟者,並非不能依釋字第 477 號解釋的模式,由釋憲機關在一定限度內以解釋補救法規的不備❹。又假定有關生存照顧的法規內容顯失公平,譬如該照顧者不照顧,無需照顧者反而提供扶助或救助,或相同條件者給予不同的對待（類似釋字第 400 號解釋所指對徵收補償不公的情形）,當然也可經由憲法訴訟途徑而宣告此類法規違反平等原則而失效。為維持生命或治療疾病,無論在任何情形下,都有權利用國家或地方自治團體現有的設施,有關機關不得以其未提供對待給付或無資力繳納費用,而加以拒絕。釋字第 472 號解釋在宣告全民健康保險法強制納保、繳納保費及加徵滯納金等規定並不違憲之餘,並釋示:「惟對於無力繳納保費者,國家應給予適當之救助,不得逕行拒絕給付,以符憲法推行全民健康保險,保障老弱殘廢、無力生活人民之旨趣。」對這樣的結果,雖然加重健保的財務負擔,但這是國家基於生存照顧、推行社會福利、全民健保及公醫制度,不能推卸的責任。

憲法增修條文第 10 條第 5 項規範國家應推行全民健康保險,於此衍生「健康權」的概念,且健康權又常與生存權一起並論。如釋字第 753 號解釋對於健保制度能否健全運作,認定其「事涉憲法對全民生存權與健康權之保障,屬公共利益之重大事項」。釋字第 767 號解釋再加入憲法增修條文第 10 條第 8 項,把藥害救濟制度也視為是健康權與生存權的保障範圍❺。

---

❹　這是對戒嚴時期人民受損權利回復條例規定有遺漏,所作的補充解釋。

❺　釋字第 767 號解釋謂:「國家應重視社會救助、福利服務、社會保險及醫療保健等社會福利工作,對於社會救助等救濟性支出應優先編列,憲法增修條文第 10 條第 8 項定有明文。國家所採取保障人民健康與醫療保健之社會福利救濟措施原有多端,為使正當使用合法藥物而受害者,獲得及時救濟（藥害救濟法

釋字第 785 號解釋進一步將健康權與憲法第 22 條相連結，並作如此闡述⓰：該號解釋並認為公務人員服勤時間及休假制度係屬憲法第 22 條健康權的保障範疇，同時也是憲法第 18 條服公職權的保障範圍。依此理解，其他勞動者的工作時間與休假制度也會同時涉及健康權與工作權保障。這種將健康權與憲法第 22 條相連結，再將公私部門之勞動或工作條件與健康權相連結的作法是否必要？值得商榷。蓋不論公部門或私部門之勞動或工作條件，皆可劃歸具社會權性質之工作權，應屬憲法第 15 條之保障範疇，既無須援引服公職權，也不用連結至憲法第 22 條。該解釋強調國家對人民之健康權負最低限度的保護義務，而公務員相關法規「並未就業務性質特殊機關實施輪班、輪休制度，設定任何關於其所屬公務人員服勤時數之合理上限、服勤與休假之頻率、服勤日中連續休息最低時數等攸關公務人員服公職權及健康權保護要求之框架性規範，不符憲法服公職權及健康權之保護要求。於此範圍內，與憲法保障人民服公職權及健康權之意旨有違」。這段有關健康權之保障論述並不僅限於公務人員，而是及於所有人民，故其實已進入憲法第 15 條工作權的保障範圍了。

第 1 條參照），爰設置藥害救濟制度，對於受藥害者，於合理範圍內給予適當補償，即其適例，亦與憲法保障人民生存權及健康權（本院釋字第 753 號解釋參照）之意旨相符。」（理由書第 3 段）

⓰　釋字第 785 號解釋謂：「人民之健康權，為憲法第 22 條所保障之基本權利。憲法所保障之健康權，旨在保障人民生理及心理機能之完整性，不受任意侵害，且國家對人民身心健康亦負一定照顧義務。國家於涉及健康權之法律制度形成上，負有最低限度之保護義務，於形成相關法律制度時，應符合對相關人民健康權最低限度之保護要求。凡屬涉及健康權之事項，其相關法制設計不符健康權最低限度之保護要求者，即為憲法所不許。」（理由書第 9 段）111 年憲判字第 19 號有關健保停保與復保的判決中將「管理自身健康風險之自主決定權」也視為是憲法第 22 條的保障範圍。

●第二節 工作權

一、工作權的性質──回歸正確的定位

工作權究竟是單純的社會權？還是也具有自由權的性質？是具有爭議性的問題，從歷史解釋及比較解釋的觀點，工作權是抱有社會主義思維者，在 18 世紀所提倡的權利，也符合德意志啟蒙思潮時代舊有的政治及道德信條：每個人都應該賴自身的工作而生活❼。從此之後，工作權的保護成為左翼政黨維護勞動者不可少的政綱，威瑪憲法則是第一部將工作權入憲的憲法法典，戰後西德基本法不再出現工作權的條款，而另設職業自由 (Berufsfreiheit) 的規定。因為國家事實上無法提供每個人適當的工作位置，而達到充分就業的情形，除非採取強制分派工作的手段，但這不僅為自由民主的憲政秩序所不容，結果將步上全面社會化及國有化局面。不過德國各邦的憲法倒是不乏有工作權 (Recht auf Arbeit) 的規定，例如巴伐利亞 (Bayern) 邦憲法第 166 條第 2 項：「每個人皆有權利，經由工作而獲得富足之生存。」東德解體後的各邦，承共產主義的餘緒，更是強調工作權，其

---

❼ 在西洋思想史上首創工作權 (Recht auf Arbeit) 者乃德意志唯心論哲學家費希特 (Johann G. Fichte, 1762–1814)，其年代為 1796 年，較法國早期之所謂烏托邦社會主義者為先。費氏主張：「每個人於進入國家生活之際，必須明白選擇一種職業，同時並成為特定階級，否則根本不能視為國民……，一切工作之目的即在於維持生存，並須共同保證，使每個人之工作皆可達到此一目的」，自此之後強調工作與生存成為各種社會主義流派之共同特徵，費希特亦因提倡工作權與生存權以及其他相關理論，而被稱為德意志第一位社會主義者。Johann Gottlieb Fichte Werke, hrsg. v. Fritz Medicus, Bd. 2., Leipzig O. Z., S. 218f.，譯文見吳庚，唯心論與社會主義：費希特政治哲學之研究，社會科學論叢，第 34 輯，1986 年 6 月，頁 276；吳庚，政法理論與法學方法，北京人民出版社出版，2007 年，頁 1–45。

中以布蘭登堡 (Brandenburg) 邦為例，其憲法第 48 條第 1 項規定：「邦有義務經由充分就業及創造工作之政策，以邦之力量顧及工作權之實現，使每個人享有工作權並賴工作而維持其生活。」論者認為各邦憲法這類規定，只是國家目標的宣示及綱領條款的性質，而非個人得以行使的主觀權利，與聯邦憲法第 12 條的職業自由不可混為一談 ❶ 。 我國憲法上的工作權保障，也是制憲當時投共產黨之所好，而故意採納其政治主張入憲，已見前述。總而言之，工作權是典型的社會權，應無疑義。但是在我國憲法的解釋與適用方面，卻出現了問題。

對工作權性質的詮釋從早期的憲法著作到目前的某些教科書，都未將工作權視為純粹的社會權，或者視為自由權兼具受益權的性質，例如曾任最高法院院長的謝瀛洲氏就認為，工作權是個人有自由選擇與其才智相當的工作，人民若不能獲得相當的工作時，國家應加以救助之謂 ❷；或者將工作權與德國基本法上的職業自由相提並論 ❸。更由於大法官若干解釋一方面將工作權闡釋為：「憲法第十五條規定人民之工作權應予保障，故人民得自由選擇工作及職業，以維生計」 ❹，已有將工作權擴及職業自由之意。另一方面又對營業上的權益納入工作權的保障範圍，例如釋字第 191 號解釋，對主管機關行政院衛生署有關藥師開設藥局從事調劑外，並經營藥品販賣業者，規定其應辦理藥商登記及營利事業登記之命令，認為「對藥師工作權尚無影響，與憲法第十五條並無牴觸」。釋字第 514 號解釋認定教育部發布之遊藝場業輔導管理規則，欠缺法律授權依據違反憲法第 23 條法律保留原則，應即失效，因為「涉及人民工作權及財產權之限制」，而「人民

---

❶ P. Badura, Staatsrecht, aaO., S. 195.

❷ 謝瀛洲，中華民國憲法論，頁 59。

❸ 吳信華，憲法釋論，增訂四版，三民書局出版，2021 年，頁 412 以下。

❹ 參見釋字第 404 號、釋字第 411 號解釋，另釋字第 584 號解釋也視「選擇職業之自由」為工作權保障之範疇。

營業之自由為憲法上工作權及財產權所保障」。使得工作權更加脫離社會權的原意。工作權涵蓋職業自由早就為學者所質疑，至此更引發大法官內部的意見對立❷❷。

　　關於工作權的正確詮釋，我們認為應回歸其原本的性質，即以保障勞工階層為目的的一項社會基本權，有工作能力者國家應設法予以適當之工作機會（參照憲法第 152 條），或給予失業之救助，無工作能力者則應依其意願提供職業訓練，俾具有獲得工作的一技之長。至於營業自由或營業權屬於財產權保障的範疇，我們在討論財產權時已有說明，自不應將之視為工作權的一部分。而職業自由與工作權並不完全相容，從先前有關德國憲法的敘述中，也可得知，然則前面所引多號解釋例，所稱的自由選擇工作及職業，則應作符合自由民主憲政基本秩序的理解。工作權原本是社會主義統制經濟下的產物，為表示區別，採行自由經濟體制的社會，自不能將工作權解釋為允許強制工作的制度存在（因判決受保安處分除外），稍後引述的國際條約也是將工作權與自由選擇工作並列，自由選擇職業也屬於憲法所保障的契約自由的一環。

二、工作權的保障範圍

　　工作權保障範圍中應包括哪些事項？大法官釋憲實務中也有少數案例，例如釋字第 373 號解釋認為工會法禁止教育事業技工、工友組織工會的規定違憲之案例中，宣稱：「從事各種職業之勞動者，為改善勞動條件，增進其社會及經濟地位，得組織工會，乃現代法治國家普遍承認之勞工基本權利，亦屬憲法上開規定意旨之所在。」（理由書前段）在理由書後段引述解釋當時有關法律如工會法、團體協約法及勞資爭議處理法的規定，稱：「工會為保障勞工權益，得聯合會員，就勞動條件及會員福利事項，如工資、工作時間、安全衛生、休假、退休、職業災害補償、保險等事項與雇主協

---

❷❷　見釋字第 514 號解釋黃越欽大法官不同意見書。

商，並締結團體協約；協議不成發生勞資間糾紛事件，得由工會調處；亦得為勞資爭議申請調解，經調解程序無效後，即得依法定程序宣告罷工，以謀求解決。」另一案例為釋字第494號解釋則強調勞動基準法有關勞動條件之規定，均應於該法相關條件公布或修正生效起，貫徹實施。除此之外，舊勞工保險條例施行細則其第25條第1項規定加保者以專任員工為限，釋字第456號解釋以其未能顧及符合被保險人資格之非專任勞工或勞動者的權益，違背母法而違憲。但只從這些解釋意旨中還不能成功的建構工作權的保障範圍。有兩種國際法上的文件可供參酌，一是1948年的世界人權宣言，二是1966年的經濟社會文化權利國際公約❷❸，皆對工作權的規定至為詳盡，有助於保障範圍的建立。

　　承上所述，工作權的保障範圍可以描述如下：㈠人民得依其工作能力自由的選擇工作，並獲得合理的報酬。㈡國家有義務實施最低工資、監督雇主改善工人與勞動者的工作條件。㈢對欠缺工作能力者，各級政府應依其志願辦理職業訓練；對已從事工作或勞動者也可實施技能鑑定及證照制度（釋字第404號解釋所稱工作之方法及應具備的資格或其他要件，得以法律為適當之限制，當係指此點而言）。㈣舉辦維護工人與勞動者生計的社會保險，包括疾病、傷殘、失業及年金等項目乃國家應負的責任。㈤工作權亦適用職業自由之保障：釋字第711號關於藥師法第11條規定藥師執業處所以一處為限，係屬違憲的解釋中，又認為工作權內容包括職業自由。對職業自由之限制，諸如從事工作之方法、時間、地點立法者為追求公共利益之必要，始得加以限制，並應符合憲法第23條之比例原則。將工作權涵蓋職業自由，初非我人之見解，但上述有權解釋，亦不能加以忽略。㈥

---

❷❸　兩者我國政府都曾簽字，但經濟社會文化權利國際公約及公民與政治權利國際公約因退出聯合國致未曾完成批准及生效手續，其後於民國98年立法院制定兩公約施行法，而使其成為有效的國內法。世界人權宣言及人權公約的中文本，坊間由元照出版社編輯的六法全書載有全文，目前網路亦有資料可供查閱。

工人與勞動者有權組織工會，並行使團結、團體協約及爭議之權，必要時並得發起罷工❷❹。上述六類保障事項，除第㈠類外，大部分在我國都已制定法律而或多或少的分別實施，所以工作權並非全然是綱領或方針式的規定，也是可依法請求國家具體作為的個人權利。

三、職業自由

工作權的本質既然是社會權性質，自然不宜與自由權混為一談。而將工人與勞動者工作自由以外的職業活動及營業自由，排除於工作權保障範圍之外，並不等於人民的這類行為就不受憲法的保障。如前所述，營業自由已為財產權所及❷❺，而一般性的職業自由當然屬於憲法第 22 條保障的事項。雖然如此，大法官近年解釋基本上是將社會權與自由權熔於一爐，把職業自由融入工作權的概念裡。

首先，就職業自由的概念，大法官先從工作或職業與「維持生計」有關，進而連「無給職」也屬職業概念❷❻。其次，職業自由概念上可區分為「選擇職業之自由」與「執行職業之自由」等兩部分❷❼。前者涉及從事特定職業的資格要件，後者涉及從事特定職業的方式。例如釋字第 514 號解

---

❷❹　將工作權的保障範圍作這樣的解釋，就不會發生論者的疑慮，認為我國憲法並未直接保障勞動基本權，見許志雄、陳銘祥、蔡茂寅、周志宏、蔡宗珍合著，現代憲法論，元照出版，2000 年，頁 209。

❷❺　例如釋字第 716 號解釋理由書第 1 段如此闡釋：「基於憲法上財產權之保障，人民並有營業活動之自由，例如對於其商品之生產、交易或處分均得自由為之。」

❷❻　釋字第 404 號解釋謂：「憲法第十五條規定人民之工作權應予保障，故人民得自由選擇工作及職業，以維持生計。」而釋字第 659 號解釋理由書第 1 段則謂：「職業自由為人民充實生活內涵及自由發展人格所必要，不因職業之性質為公益或私益，營利或非營利而有異，均屬憲法第十五條工作權保障之範疇。」釋字第 724 號解釋重申非營利與無給職均屬工作權保障範疇。

❷❼　釋字第 682 號解釋理由書第 1 段。

釋理由書首段稱：「人民營業之自由為憲法第十五條工作權及財產權應予保障之一項內涵。基於憲法上工作權之保障，人民得自由選擇從事一定之營業為其職業，而有開業、停業與否及從事營業之時間、地點、對象及方式之自由；基於憲法上財產權之保障，人民並有營業活動之自由，例如對其商品之生產、交易或處分均得自由為之。許可營業之條件、營業須遵守之義務及違反義務應受之制裁，均涉及人民工作權及財產權之限制，依憲法第二十三條規定，必須以法律定之，且其內容更須符合該條規定之要件。」其中將工作權解釋成等同於職業自由，同時也認為營業活動之自由為憲法上財產權所保障。綜觀該號解釋，也有若干與德國聯邦憲法法院關於職業自由所建立的所謂三階段理論 (Drei-Stufen-Theorie) 之意味❷❽，只是這套理

❷❽　「三階段理論」是德國聯邦憲法法院在所謂藥房案的判決 (BVerfGE 7, 377, Apothekenurteil) 中所建立。案件的簡單事實如下：一位已有開業資格的實習藥劑師，申請在上巴伐利亞 (Oberbayern) 一個有六千人口的小鎮 Traunreut 開設藥房。依當時（1955 年）巴伐利亞邦的藥師法，開設藥房要通過需求評估才能獲得許可，本件評估結果認為已開設的藥房已足敷居民需要，如再核准新開勢必影響目前既有藥房之營業情況，還可能造成處方藥的濫用等理由，而不准其開業。德國聯邦憲法法院基於職業自由的保障，撤銷上巴伐利亞邦政府的處分，並宣告該邦藥師法有關條文違反德國基本法第 12 條第 1 項。本件判決所稱的三階段理論大意如下：㈠不影響選擇職業的自由，純粹是執業規範 (reine Ausübungsregelung)，立法機關具有最大的裁量自由。㈡從事職業之主觀條件 (subjektiver Voraussetzungen der Berufsaufnahme)，是個人從事特定職業所應具有的資格條件，這類資格條件因職業而有不同，立法者予以規制是本於職業的性質、實際的生活關係的要求。㈢容許職業的客觀條件 (objektiver Bedingungen für die Berufszulassung)，這類條件是立法者為公益所作的職業自由之限制，這些條件是什麼，個人無從置喙，個人欲選擇某項職業，只有使自己接受相關的訓練、實習使能符合客觀的要求。關於三階段理論，國內文獻引用者不少，如李惠宗，憲法要義，初版，元照出版，2001 年，頁 266 以下，法治斌、董保城，憲法新論，增訂七版，自版，2020 年，頁 354 以下。

論其實並不宜應用在工作權的詮釋上。不過大法官在釋字第 584 號解釋進一步套用德國法的三階段理論。該號解釋先強調選擇職業之自由乃屬工作權的保障範疇，接著區分執業自由之限制與選擇職業之主觀條件，二者有不同的審查基準：「人民之工作權為憲法第十五條規定所保障，其內涵包括人民選擇職業之自由。人民之職業與公共福祉有密切關係，故對於從事一定職業應具備之資格或其他要件，於符合憲法第二十三條規定之限度內，得以法律或法律明確授權之命令加以限制（本院釋字第四〇四號、第五一〇號解釋參照）。然對職業自由之限制，因其內容之差異，在憲法上有寬嚴不同之容許標準。關於從事職業之方法、時間、地點、對象或內容等執行職業之自由，立法者為公共利益之必要，即非不得予以適當之限制。至人民選擇職業應具備之主觀條件，例如知識能力、年齡、體能、道德標準等，立法者若欲加以規範，則須有較諸執行職業自由之限制，更為重要之公共利益存在，且屬必要時，方得為適當之限制。」自此以降，三階段理論搭配三重審查基準於焉成形。簡略地說，凡是涉及執業自由之限制，採取低度審查；涉及選擇職業之主觀條件，採取中度審查。至於涉及選擇職業之客觀條件，則採取高度審查❷⑨。

所謂「客觀條件」，就是非個人努力所得達成的條件，例如非視障者不得從事按摩業，其中的「非視障者」就是一種客觀條件。基於高度審查基準，大法官在釋字第 649 號解釋中宣告禁止非視障者從事按摩業違憲。

至於涉及「主觀條件」之限制的案例，如限制離職公務員之選擇職業自由的旋轉門條款❸⓪、限制曾犯特定犯罪者不得從事計程車業❸①、教師觸

---

❷⑨ 對於我國大法官適用德國三階段理論的具體情形，釋字第 778 號解釋詹森林大法官之協同意見書有詳盡且深入之說明。

❸⓪ 公務員服務法第 16 條，另參見釋字第 637 號解釋。

❸① 道路交通管理處罰條例第 37 條第 1 項，參見釋字第 584 號解釋、釋字第 749 號解釋。

犯諸如涉及性騷擾、嚴重體罰、考試舞弊與論文抄襲等行為而遭解聘者 ㉜，或是因闖越平交道而被吊銷駕照等 ㉝。

　　有關執行職業之自由的限制案例，如設置電子遊戲場之距離限制 ㉞、藥師與不動產估價師執業處所之限制 ㉟，與醫師藥品調劑權之限制等 ㊱。

　　前述大法官將職業自由概念與營利或維持生計相分離後，可能產生兩個問題。第一，去除營利或維持生計要素後仍得被視為是一種職業，此與職業的歷來理解不符。第二，因為將二者關係脫鉤之後，則營利與否成為執業自由之限制，屬低度審查範圍；然其實質上卻是涉及職業之容許性問題。例如媒人 ㊲ 與獵人 ㊳ 是兩種深具傳統的職業，一直都與營利或維持生計相關。但釋字第 802 號解釋認為：「禁止跨國（境）婚姻媒合者主動要求或與受媒合者約定婚姻媒合之報酬，並未全面禁止跨國（境）婚姻媒合工作或業務行為，亦未以此限制從事媒合工作或業務者之資格要件，不涉及職業選擇自由之限制。」然而，一旦禁止要求或期約報酬，形同禁止以媒人為職業，難道不該嚴格審查嗎 ㊴？釋字第 803 號解釋認為：原住民依循

㉜　參見釋字第 702 號解釋。

㉝　參見釋字第 780 號解釋。

㉞　參見釋字第 738 號解釋。

㉟　參見釋字第 711 號解釋、釋字第 809 號解釋。

㊱　參見釋字第 778 號解釋。

㊲　「媒人」又稱媒婆（紅娘）、月老、保山與冰人，是過去婚嫁的必備要素。詩經・豳風・伐柯：「娶妻如何？匪媒不得。」孟子滕文公下：「不待父母之命，媒妁之言，鑽穴隙相窺，逾牆相從，則父母、國人皆賤之。」故有「明媒正娶」一說。

㊳　例如從台灣原住民過去的獵鹿史可知狩獵與維持生計密切相關，參見曹永和，近世台灣鹿皮貿易考──青年曹永和的學術啟航，遠流出版，2011 年。

㊴　釋字第 802 號解釋的要點有三：第一，對於禁止跨國營利性質之婚姻媒介行為，為避免婚姻商品化與物化女性，故無違工作權與契約自由之保障。第二，

其文化傳承而從事狩獵活動，乃原住民文化權利；而此傳統文化權利之理解，僅限於原住民依其所屬部落族群所傳承之飲食與生活文化，而以自行獵獲之野生動物供自己、家人或部落親友食用或作為工具器物之非營利性自用之情形。換言之，媒人是被容許的職業活動，但不能主動要求或期約報酬；獵人雖可以持續狩獵，但僅限於「非營利自用」情形。甚且，狩獵活動與製造獵槍是原住民專有之「文化權利」而非屬「工作權」或職業自由範疇。在此理解下，狩獵已非職業活動而係文化活動；獵人形同是被禁止的職業，且非原住民亦不得從事狩獵活動。事實上，時代遞嬗並沒有完全淘汰這兩種古老的行業。媒人已從個體、零星之業務發展成公司型態；獵人則從營利生計活動變為休閒活動，但仍不排除少數以獵捕山產為主業或副業者。去除營利或生計要素，將使職業與職業自由的概念陷入混亂與迷霧之中。

除媒人與獵人兩種古老行業之外，釋字第 806 號解釋聲稱：「街頭藝人自古有之，以街頭走唱作為謀生之方式，亦屬人民職業自由之選項」，地方政府建制街頭藝人證照許可制限制人民職業自由與表現自由，應有法律保留或法律授權方得為之。又證照審查中，以藝人之技藝良窳為審查標的者，限制該職業之主觀條件，但此種審查因其根本無必要而違反工作權之保障。至於證照審查中涉及計畫表演活動之內容部分，亦屬侵害表現自由而違憲❹。在此三號幾乎相連的解釋中，大法官觸及媒人、獵人與街頭藝人三

對跨國與國內婚姻媒介行為做不同對待，因為涉及可疑分類，且屬營業事項，故採寬鬆審查，無違平等原則。第三，對違反者不問輕重處最低二十萬之罰鍰，亦不違憲。不過，詹森林大法官之不同意見書（頁5）謂：限制人民僅得「不求回報」、「為公益」、「做功德」地從事該行業。……因其已觸及工作權核心之限制，幾近扼殺此行業存在，已難謂符合比例原則之要求……蔡明誠大法官在本號解釋的意見書（頁9）中也指出：收兩千元報酬，卻罰二十萬，顯然過苛。

❹ 其實從釋字第 806 號解釋之原因案件來看，問題的焦點是街道、公園等公共空間的使用管制，其既與職業自由無關，也不涉及藝人的表現自由。詳見蔡宗

種古老職業，但態度卻十分不同：對於街頭藝人給予最高的關注與最強的保護；對於媒人則要求其不得要求報酬，但可作為一種功德事業；至於獵人則根本不放在職業的框架下考量，而是一種僅能以自製（劣質）獵槍狩獵自用的文化活動者。

● 第三節　受國民教育權

一、權利與義務的結合條款──兼論憲法上的義務

　　憲法第 21 條：「人民有受國民教育之權利與義務。」是憲法中唯一將概念上相對的權利與義務合併規定的條文。從實證的觀點講，權利乃是一種法律上所處之地位而產生的力，所以我們曾從身分地位理論來論述基本權，並主張基本權的規定為個人有權向國家要求不作為（避免干預或侵犯），或作為（提供給付、參與及分享）請求的準據，而不僅是政策宣示或方針規定。至於義務則與權利恰好相反，在私法上通常是指對權利人負有作為或不作為的狀態而言，在公法上通常是指國家或公權力主體根據權限得要求相對人作為或不作為，相對人違反義務者，分別負私法或公法的責任。如果不是憲法或法律明文規定，或依事物之性質（如雙務契約）外，所謂「公（私）法關係上之權利義務，在某程度內，多具相對之義務，而在權利內包含義務性，在義務中包含權利性之特色❹」並非確論。

珍、張瓊文等兩位大法官所分別提出之不同意見書。不過，本案所爭執之法規在解釋作出之前已被廢止，台北市已將街頭藝人證照許可制改為登記制。然而在登記制下，作為一種職業的街頭藝人，轉而享有無償使用公共空間的權利；那流動攤販是否也可無償使用公共空間？若藝人除表演外，並兼賣自己錄製或製作的作品，此又與流動攤販何異？再者，對於表演內容可能不適合青少年者要如何管制？難道可以把諸如地下街或公園等公共空間區分成「成人區」與「一般區」，進行分區管制？

❹　見林紀東，中華民國憲法逐條釋義㈠，修訂三版，三民書局出版，1987 年，

憲法上明定的人民義務只有納稅、服兵役及受國民教育三種。其實人民須負有哪些義務，各國憲法規定參差很大，許多國家憲法根本未設義務條款，其原因不外下列數端：憲法本質上是「人民權利之保障書」，不應有義務性的規定；憲法縱然列舉也難於窮盡，何況凡合憲法律的課予人民義務，人民即有遵守的義務，何須憲法明文；然則憲法何不直接規定人民有服從法律的義務，就可概括一切？因為服從法律（行為規範）是每個政治社會成員的政治義務 (political obligation)，也是政治社會存立的前提，根本無須明文規定。我國制憲過程中，對人民義務的種類，曾有過不同的議論，五五憲草就列有「工役」（相當於義務勞動之意）的規定，現行憲法以前述三種作為義務，也是折衷的結果。

在憲法所定的三種義務中，納稅及服兵役，憲法第 19 條及憲法第 20 條都有「依法律」的文字，獨憲法第 21 條沒有「依法律」受國民教育的字樣。我們認為解釋上並無不同，因為凡是限制人民的自由權利，也就是課予人民義務或負擔者，都必須有法律的依據（憲法第 23 條），受教育雖屬授益性質，但既是義務仍然與其他義務一樣，應依法律始能為之。憲法第 21 條所以未寫依法律三字，可能是權利與義務並列在修辭上有所考量之故。從而，國家實施國民義務教育必須有法律的依據，這又涉及義務教育的年限問題，後文將作討論。

二、受國民教育權的權利主體

受國民教育既是人民的權利，則個人是基本權的主體，所以國民教育的實施應在憲法第 158 條所揭櫫的教育文化宗旨，以及憲法第 159 條受教育機會一律平等的原則下，以權利主體的受教育者之需求為目標，教育基本法第 2 條第 1 項：「人民為教育權之主體」就是這一意思。故凡主張國家握有教育上的權限，透過立法或行政措施，採取公民教育甚至政治教育

頁 329 所引日本學者美濃部達吉氏的說法。

(politische Bildung) 的手段，灌輸思想，塑造「理想中」的國民，即所謂「國家教育權」理論下的現象，皆與自由民主的憲政秩序不符，也有違憲法第 21 條的本意。

受國民教育權屬於社會權也是各方接受的通說，則權利主體有權請求國家或各級政府，提供其受國民教育的設施。受國民教育的基本權主體既屬人民，不問法律對強制受國民教育的年齡如何，基本權主體並不以學齡兒童或少年為限，失學的青年或成年人仍有分享國民教育的權利，憲法第 160 條於第 1 項有關學齡兒童的規定之外，並定有第 2 項：「已逾學齡未受基本教育之國民，一律受補習教育，免納學費，其書籍亦由政府供給」，其規範意旨就是出於失學者因年齡或職業關係，不便與學齡兒童一齊學習，而有受補習教育之設，也可見制憲者對學齡兒童及逾齡的失學者，一視同仁。

三、義務教育的合憲性問題

憲法第 21 條所稱的國民教育應作何解釋？論者通常解為與憲法第 160 條的基本教育同義。但憲法第 160 條第 1 項規定是：六歲至十二歲之學齡兒童，一律受基本教育，若國民教育延長超過十二歲，立即發生合憲與否的疑義，目前便是如此，不僅延長至十五歲（國民教育法第 2 條第 1 項），而且還強迫入學，違反時，得對其父母或監護人繼續科處罰鍰，至入學為止（強迫入學條例第 9 條第 3 項）。從合憲性解釋的觀點尋求答案，大約有兩說：第一說主張基本國策各個條文的規範目的互不相同，第 160 條第 1 項六歲至十二歲受基本教育是最低的規定，現行法律提高至十五歲甚至十八歲自無違憲可言（參看本書第一編第三章第五節有關基本國策的敘述）。第二說則不贊成將國民教育解釋為基本教育，基本教育的年限憲法已定為六歲至十二歲，國民教育憲法並未規定，故屬於立法裁量事項，立法機關自得斟酌國民知識水準的需求、財政經濟的情況及國家發展現狀，從 6 年

延長為 9 年甚或 12 年並強制實施。以上兩說，宜採第一說，理由是符合「憲法解釋憲法」的原則以及制憲者的本意。在制憲當時的落後情況，能實施 6 年國民教育於全國已是理想目標，尤其最重要者，與基本國策條款所允許的解釋法則並不違背。

四、受教育權

「受國民教育權」與「受教育權」是兩個不同的概念，前者乃以憲法第 21 條與憲法第 160 條為基礎，既是權利也是義務已如前述。後者乃以憲法第 22 條的一般自由權與憲法第 159 條為依據，其所規範的重點乃在平等受教育之機會，但不蘊含國家必須提供各類教育服務的義務。換言之，在國民義務教育之外，各級公私立學校享有篩選學生、考核獎懲學生與終止在學關係的自治空間❷；更遑論若是進入大學領域，更有大學自治之制度性保障，大學當然有更大的自主空間。

---

❷　釋字第 626 號解釋理由書第 4 段：「按人民受教育之權利，依其憲法規範基礎之不同，可區分為『受國民教育之權利』及『受國民教育以外教育之權利』。前者明定於憲法第二十一條，旨在使人民得請求國家提供以國民教育為內容之給付，國家亦有履行該項給付之義務。至於人民受國民教育以外教育之權利，固為憲法第二十二條所保障（本院釋字第三八二號解釋參照），惟鑑於教育資源有限，所保障者係以學生在校接受教育之權利不受國家恣意限制或剝奪為主要內容，並不包括賦予人民請求給予入學許可、提供特定教育給付之權利。是國民教育學校以外之各級各類學校訂定特定之入學資格，排除資格不符之考生入學就讀，例如系爭招生簡章排除色盲之考生進入警大就讀，尚不得謂已侵害該考生受憲法保障之受教育權。除非相關入學資格條件違反憲法第七條人民在法律上一律平等暨第一百五十九條國民受教育之機會一律平等之規定，而不當限制或剝奪人民受教育之公平機會，否則即不生牴觸憲法之問題。」

第四章　程序的基本權

第一節　程序基本權的作用

　　從實體與程序的觀點，基本權又可分為實體的基本權及程序的基本權，本章以前所述各種基本權都可稱為實體的基本權，而本章則就程序基本權加以說明。1970 年代後期德國憲法基本權理論常出現組織（機關）與程序並列 (Grundrechte für Organisation und Verfahren) 的命題，所謂「為組織的基本權」主要是針對大學及公營廣電機構而言❶，意指大學這種機構（或稱營造物）的內部組織結構，應有充分的形成自由以實現基本法所保障的學術自由❷。本章內容不涉及組織的這部分，專就程序基本權（Verfahrensgrundrechte 或 Prozessgrundrechte）而言，也就是以憲法上程序保障 (Verfahrensgarantien) 為檢討的重心。

　　基本權的存在課予國家機關兩項義務，不僅要實現實體的基本權所規制的保障內容和事項，而且要創設有效達成前項目標的程序規範和機制。適當的程序是實現基本權保障不可或缺的要件，其情形與實體法和程序法的關係相同，實體法所規定的權利義務關係，一旦發生爭執，必須依賴訴訟程序或其他程序，才能獲得解決；如果在日常生活關係中欠缺公平、合理的程序規範，實體法上的權利義務便無從正確實現，甚至徒託空言，在憲法基本權的層次也是如此，無待多作解說。

第二節　三種程序權

　　憲法第 16 條：「人民有請願、訴願及訴訟之權」，這是我國憲法有關程序基本權的基礎規定。所謂基礎規定就是以此為基礎，但並非以之為限，

---

❶　Vgl. Richter u. a., Casebook, Verfassungsrecht, aaO., S. 38.

❷　BVerfGE 35, 79, 123.

在請願、訴願及訴訟之外，還有延伸其他程序保障的空間。

一、請願權

　　請願 (petition) 是人民就某種事項向國家機關陳訴，希望該機關採取作為或不作為的措施，原本是最古老的一種權利，但今天已成為徒有其名的「告朔之餼羊」，何以說呢？因為現在人民可以正式具狀向法院控告國家機關，還可提起課予義務訴訟請行政法院判令行政機關作成特定的行政行為，比請願更直接而有效。尤其我國請願法制定於戒嚴時期，對請願設下多種限制（如限以書面為之，人數不得超過十人等），與現行集會遊行法所許可的集會遊行，簡直「小巫見大巫」；而行政程序法中又設有陳情的專章（第168 條至第 173 條），以及其他參與行政過程的規定（如第 152 條至第 154 條關於訂定法規命令的程序），人民當然會捨請願而利用這類規定。

　　請願法只准人民向行政機關及民意機關請願，而將法院排除在外（該法第 2 條），其理由當屬避免干預審判，其實審判以外的事項（如便民措施等），人民並非不得向法院提出陳訴。至於向民意機關請願，請願法的規定過於簡略，具體請願案件的處理仍須適用其他法規，如立法院職權行使法（第 64 條至第 67 條）。

二、訴願權

　　憲法對制度的設計或概念的使用，如果本身未作進一步的規定，可推知制憲者以制憲當時已存在之制度或概念的意涵為準。訴願在概念上是人民認為行政機關具體的行政措施（即行政處分）違法或不當，損害其權利或利益，而向該機關的上級機關表示不服的方法。過去的制度設計，包括有訴願、再訴願或訴願前的先行程序（如異議、復查等），並以訴願及再訴願作為行政訴訟的前置程序，形成三級或四級制的行政爭訟體系，有時甚至將訴願（或異議）作為救濟的最終審級（如已廢止之違警罰法）。

　　目前的訴願制度已經與前述過往情形大不相同，舉其要者有：㈠再訴願程序已經廢除，㈡提起行政訴訟不一定要先經訴願程序，除撤銷訴訟及課予義務訴訟外，其餘的訴訟，可直接向行政法院起訴。㈢凡是性質上屬「自省救濟」的程序（即向原處分機關或其上級機關聲明不服者），除非法律明定作為訴願的先行程序，否則具有取代訴願的功能，故會計師懲戒經過覆審決議之後即可提起撤銷訴訟（見釋字第 295 號解釋）；公務人員保障法的復審也是替代訴願的程序❸。此外，行政事件訴願不得成為最終的審級，只有法院或等同於法院的程序方可作為終審（參照釋字第 295 號、釋字第 378 號解釋）。

三、訴訟權

㈠立法自由形成的空間

　　釋字第 416 號解釋理由書首段稱:「按憲法第十六條所謂人民有訴訟之權，乃人民司法上之受益權，指人民於其權利受侵害時，有提起訴訟之權利，法院亦有依法審判之義務而言，……惟此項權利應如何行使，憲法並未設有明文，自得由立法機關衡量訴訟事件之性質，為合理之規定」，這段文字除對訴訟權給予定義之外，同時宣示一項意旨：訴訟權的制度設計，立法機關享有相當充分的自由形成空間。故釋字第 418 號解釋又稱:「憲法第十六條保障人民有訴訟之權，旨在確保人民有依法定程序提起訴訟及受公平審判之權利。至於訴訟救濟，究應循普通訴訟程序抑依行政訴訟程序為之，則由立法機關依職權衡酌訴訟案件之性質及既有訴訟制度之功能等

---

❸　在行政機關訴願作業的實務上，有經過公務人員保障法上的復審決定後，再受理某同一事實之訴願案的情形，其理由竟然是訴願為憲法所保障的人民權利，不能不予受理。完全曲解憲法、違反一事不再理、增加訟累、無視於行政處分確定力（存續力）的法理。這種觀點如果正確，則凡是行政事件不經訴願，而提起訴訟或其他救濟者，豈非都屬違憲！

而為設計❹。」對訴訟程序上的若干制度設計,也曾一再受到違憲的質疑,諸如對第三審限制為法律審(釋字第 302 號解釋)、第三審上訴必須具體指陳第二審判決違法(釋字第 416 號解釋)、上訴第三審民事事件的金額限制(釋字第 160 號解釋)、交通違規事件不得再抗告(釋字第 418 號解釋)、選舉罷免訴訟不設再審制度(釋字第 442 號解釋)、違背起訴法定要件、遲延繳納訴訟費用、無勝訴希望者不予訴訟救助(分別見釋字第 170、釋字第 179、釋字第 229 號等解釋),仲裁法未將仲裁判斷理由矛盾明定為得提起撤銷訴訟之事由(釋字第 591 號解釋),羈押被告僅得向原審法院聲請撤銷或變更爭議處分,不得提起抗告(釋字第 639 號解釋)等,都經大法官肯認未違反憲法。更詳細地說,訴訟權之具體內涵為何?釋字第 574 號解釋文第 1 段歸納兩個重點可資參考:㈠人民近用法院,獲得及時及有效救濟之權利,屬於訴訟權之核心內容❺,一旦有所欠缺,即屬違憲❻。㈡審

---

❹ 釋字第 418 號解釋基於這種前提,認為交通違規事件,不服主管機關的處罰,向地方法院尋求救濟,並不違憲。現在已設地方法院行政訴訟庭受理此類案件(參見行政訴訟法第 237 條之 2)。

❺ 釋字第 396 號解釋理由書第 1 段:「人民之訴訟權有其受憲法保障之核心領域,為訴訟權必備之基本內容,對其若有欠缺,即與憲法第十六條保障人民訴訟權之意旨不符。」

❻ 釋字第 653 號解釋理由書第 1 段:「憲法第十六條保障人民訴訟權,係指人民於其權利遭受侵害時,有請求法院救濟之權利。基於有權利即有救濟之原則,人民權利遭受侵害時,必須給予向法院提起訴訟,請求依正當法律程序公平審判,以獲及時有效救濟之機會,此乃訴訟權保障之核心內容,不得因身分之不同而予以剝奪。立法機關衡量訴訟案件之種類、性質、訴訟政策目的及司法資源之有效配置等因素,而就訴訟救濟應循之審級、程序及相關要件,以法律或法律授權主管機關訂定命令限制者,應符合憲法第二十三條規定,方與憲法保障人民訴訟權之意旨無違。」具體案例如釋字第 653 號解釋宣告羈押被告不得向法院提起救濟之規定違憲。

級救濟制度並非訴訟權之核心❼，容許立法者有充分的形成自由。

㈡**訴訟權的保障範圍**

關於訴訟權的保障範圍，簡述如下：㈠有關人民權益的事項不得剝奪或限制其訴訟救濟的機會，如「特別權力關係」中的身分變更或重大影響事項，或對起訴加以不合理的限制，例如提起稅捐復查或異議應先繳納稅款（釋字第 224 號、釋字第 321 號、釋字第 439 號等解釋），均屬違反訴訟權的保障。㈡受憲法上法官審判的權利，以及應遵守法定法官原則。㈢訴訟程序應符合正當法律程序。㈣審級救濟應發揮實際效果。又如先前所述，保障事項並不以這四種為限，不能認為已涵蓋一切，仍有隨時增加的可能。試以公務員懲戒為例，在學理上公務員懲戒是特種行政訴訟事件，因為尊重行政機關的「第一次裁決權」，即所謂「行政機關對公務員紀律規定之執行，享有優先權」，而有公務人員考績法上的懲處之設❽，以致於有懲戒及懲處雙軌制度。經懲處免職者有復審、高等行政法院及最高行政法院三級救濟層級；經懲戒者僅公務員懲戒委員會一個層級（處分兼救濟），顯不對稱。大法官對公務員懲戒制度曾作有釋字第 395 號及釋字第 396 號解釋，對制度缺欠有所非難，司法院也曾擬妥不同版本的公務員懲戒法修正草案，立法院長年未完成審議，終於在民國 104 年 4 月三讀通過修正公務員懲戒委員會組織法（現稱懲戒法院組織法），改採法庭化審理，同年 5 月又通過公務員懲戒法修正案，對懲戒制度均有相當程度的變更，值得注意。

㈢**訴訟權無遺漏的保障**

有人類就有社會，有社會就有紛爭，所謂「必也使無訟乎」（論語顏淵章）這只是聖人的理想罷了。國家必須提供訴訟的救濟途徑，尤其對國家

---

❼　釋字第 639 號解釋理由書第 2 段：「審級制度並非訴訟權保障之核心內容，立法機關非不得衡量訴訟案件之性質、訴訟制度之功能及司法資源之有效運用等因素，決定是否予以限制，迭經本院解釋在案。」

❽　參照釋字第 491 號解釋吳庚大法官之協同意見書。

本身公權力的侵害，更負有建立「無遺漏的司法救濟」。以往因為實施戒嚴以及特別權力關係理論的影響，法制上有許多「漏洞」存在。現在因提審法之收容即時救濟的建立，加上特別權力關係的逐步解構，人民訴訟權幾乎全面落實。對訴訟權仍受若干限制的領域，大法官也作出解釋使受刑人或受羈押的刑事被告（依傳統理論也屬於特別權力關係的範疇），亦能行使其訴訟權尋求救濟。釋字第 691 號所提供的途徑為：「受刑人不服行政機關不予假釋之決定者，其救濟有待立法為通盤考量決定之。在相關法律修正前，由行政法院審理。」至於受羈押之刑事被告依舊羈押法第 6 條規定不許其提起訴訟請求救濟，經釋字第 653 號解釋：與憲法第 16 條保障訴訟權之意旨有違，應於兩年內修正羈押法及相關規定，但有關機關並未於期限內完成。經當事人聲請釋憲，大法官遂規定：在有關法律修正公布前，「受羈押被告對有關機關之申訴決定不服者 （指不服監獄長官或法務部之決定），應許其準用刑事訴訟法第四一六條等有關準抗告之規定，向裁定羈押之法院請求救濟。」（參照釋字第 720 號解釋）此外，對於舊刑事訴訟法第 376 條第 1 款及第 2 款規定不得上訴於第三審法院之情形中，若一審無罪，第二審撤銷原無罪判決並自為有罪判決者，被告不得上訴於第三審法院，因為不能提供被告至少一次之上訴救濟機會，釋字第 752 號解釋認為違反憲法第 16 條之訴訟權保障而屬違憲。又舊監獄行刑法中有關受刑人就監獄處分或其他管理措施侵害權利時，不得向法院請求救濟的規定，也經釋字第 755 號解釋宣告為違憲。另就辯護人而言，除與被告明示意思相反外，被告辯護人對於法院羈押或延長羈押之裁定，自得為被告利益而抗告❾。此外，對於禁止或限制辯護人於訊問時在場、筆記或陳述意見之處分，未賦予被告、犯罪嫌疑人或其辯護人向法院提出救濟之權利，亦被宣告為違憲❿。

---

❾　詳見 111 年憲判字第 3 號判決。

❿　詳見 111 年憲判字第 7 號判決。

至於在學校教育領域，首先為保障學術自由與大學之訴訟權，公立大學得對教育部之再申訴決定提出行政訴訟⓫。其次，釋字第 684 號解釋擴張大學生的訴訟權，釋字第 784 號解釋進一步將學生的範圍由「大學」擴張至「各級學校」⓬。就教師而言，釋字第 736 號解釋推翻行政法院將公立學校教師比照成公務員的見解⓭，認為公立學校教師之法律地位與一般人民無異，故「本於憲法第十六條有權利即有救濟之意旨，教師認其權利或法律上利益因學校具體措施遭受侵害時，得依行政訴訟法或民事訴訟法等有關規定，向法院請求救濟」。換言之，公立學校教師對於校方內部管理措施或工作條件處置，認為有損害其權益者，自此號解釋起，是可以透過

⓫　詳見 111 年憲判字第 11 號判決。

⓬　釋字第 784 號：「各級學校學生基於學生身分所享之學習權及受教育權，或基於一般人民地位所享之身體自主權、人格發展權、言論自由、宗教自由或財產權等憲法上權利或其他權利，如因學校之教育或管理等公權力措施而受不當或違法之侵害，應允許學生提起行政爭訟，以尋求救濟，不因其學生身分而有不同。」（理由書第 6 段）

⓭　視教師如同公務員的見解如「教師雖非公務人員服務法所稱之公務人員，惟教師所受保障範圍，與公務人員應無不同，自得準用有關公務人員之規定」，或是「公立學校聘用教師從事學術研究、教育工作，實具有公法法律關係之性質，公立學校教師之法律地位應等同公務人員」。而依最高行政法院 100 年度裁字第 974 號裁定所持之見解：「教師對主管教育行政機關或學校有關其個人之措施，得否依教師法第 33 條規定提起行政訴訟請求救濟，端視其事件之性質而定，並非所有不服申訴、再申訴決定者，均可提起行政訴訟請求救濟。復參酌司法院釋字第 187 號、第 201 號、第 243 號、第 298 號解釋意旨，公務人員對於改變身分、影響公法上財產之請求權或對於公務人員有重大影響之懲戒處分，得對之提起行政訴訟程序以資救濟。若未改變公務員身分之記大過、記過處分、考績評定、機關內部所發之職務命令或所提供之福利措施，為公務人員保障法第 77 條第 1 項所指之管理措施或工作條件之處置，則不許提起行政訴訟。」

訴訟途徑尋求救濟。基於同一邏輯，釋字第 785 號解釋也將依公務人員保障法對於有關公務員之管理措施或工作條件之處置提出申訴，再申訴後，不服者仍可再提行政訴訟。這兩號解釋作出之後，不論是「學校教育或管理等公權力措施」，還是「公務機關管理措施或工作條件之處置」，其範圍究竟為何?到底有哪些學校或公務機關的舉措不屬可以提起訴訟的範圍❶❹?其涉及學校組織或公務機構的自主空間、司法權之運作成本、量能與權力界限等諸問題之權衡，迄今仍無清楚的輪廓。最後，在都市計畫領域，包括都市計畫本身，以及都市計畫之變更與都市計畫定期通盤檢討之變更，皆屬公法上具抽象性質之單方行政行為，故屬法規而非行政處分。但因為都市計畫及其變更，可能限制一定區域內人民之權利、利益或增加其負擔，

---

❶❹ 公務員保障暨培訓委員會因應釋字第 785 號解釋而修改申訴與復審之範圍，依其 109 年第 12 次委員會議決議第三點謂:公務人員保障法第 25 條所稱「行政處分」，過去受歷次司法院解釋影響，尚以有「改變公務人員之身分或對公務員權利或法律上利益有重大影響之人事行政行為，或基於公務人員身分所產生之公法上財產請求權遭受侵害者」為限。茲因上開標準所依司法院釋字第 298 號、第 312 號、第 323 號及第 338 號等解釋，均係因當時相關法制不完備、時空背景有其特殊性而為，惟行政訴訟法於 89 年 7 月 1 日修正施行，訴訟類型已多元化，以及行政程序法於 90 年 1 月 1 日制定施行，上開見解已無維持之必要。是參照司法院釋字第 785 號解釋意旨，以現行法制有關「行政處分」之判斷，並未以權利侵害之嚴重與否為要件，公務人員保障法第 25 條所稱之「行政處分」，應與行政程序法第 92 條規定「指行政機關就公法上具體事件所為之決定或其他公權力措施而對外直接發生法律效果之單方行政行為」為相同之認定。據上，諸如依公務人員考績法規所為之獎懲、考績評定各等次、曠職核定等(詳如人事行政行為一覽表)，均有法律或法律授權訂定之規範，且經機關就構成要件予以判斷後，作成人事行政行為，已觸及公務人員服公職權等法律地位，對外直接發生法律效果，核屬行政處分，應循復審程序提起救濟。本會歷來所認應依申訴、再申訴程序提起救濟之相關函釋，與上開一覽表不合部分，自即日起不再援用。

為確保人民之訴訟權，釋字第 156 號解釋首先擴大行政處分的概念，認為「都市計畫之個別變更」只要直接涉及人民權利之限制或侵害，而此人民之範圍可得確定，則此都市計畫之變更即屬行政處分，人民得對其提起訴願及行政訴訟。不過，釋字第 156 號解釋理由書卻同時指出：「都市計畫之擬定、發布及擬定計畫機關依規定五年定期通盤檢討所作必要之變更，並非限制一定區域內人民之權益或增加其負擔。」換言之，都市計畫之擬定與其定期通盤檢討之變更，係屬法規性質，不是行政處分，人民不得對之提起訴願或行政訴訟。釋字第 742 號解釋進一步擴大行政處分概念之範圍，將訴訟權之保障及於整個都市計畫領域：(1)都市計畫定期通盤檢討之變更雖非行政處分，但只要其中具體項目有直接限制一定區域內特定人或可得確定多數人之權益或增加其負擔者，相關人民即得提出訴願或行政訴訟，以資救濟。(2)都市計畫之訂定，包含定期通盤檢討之變更，因其影響人民權益甚鉅，故大法官要求立法院應於兩年內完成修法，賦予人民救濟權。從建構無漏洞的訴訟權保障體系來看，本號解釋有將訴訟權保障之理論基礎從「訴訟權核心內涵說」遞變「訴訟權保護義務說」的傾向❻。該號解釋作出後，原聲請人提出再審被法院以超過法定得提起訴願救濟期間駁回再審，釋字第 795 號解釋補充釋字第 742 號解釋，認為在釋字第 742 號解釋作出之前，聲請人本就對都市計畫通盤檢討無法提出救濟，無法在法定期間內提出救濟本非聲請人之錯，故在釋字第 795 號解釋賦予聲請人得再提起再審之權。此外，釋字第 774 號解釋對於都市計畫個別變更範圍外之人民，若其權利或利益因個別變更而遭致損失，大法官也認為應許其提出行政訴訟以資救濟，方符訴訟權保障之意旨。

(四)公平審判權

對於訴訟權保障的概念內涵，憲法第 16 條僅止於提出三種救濟類型，欠缺更進一步說明。事實上，得以提出救濟固然重要，但是能以公平妥善

---

❻　參見釋字第 742 號解釋湯德宗大法官的協同意見書。

的組織與程序來實現救濟權，更是救濟權之核心。歐洲人權公約第 6 條直接以「公平審判權」(Droit à un procès équitable; Right to a fair trial) 為名，恰足以說明公平公正的組織與程序規範，正是訴訟權保障的精髓。基此理解，我國憲法第 16 條的規範精神自應包含公平審判權。

若以前述公約第 6 條的規範內容去看，公平審判權的重點包含三個面向：一是組織面上，必須確保審判機構能夠獨立，並公正地行使職權。二是審理程序必須公正公開，且必須在合理的期限內實現及時有效之救濟權。三是有關刑事被告的特別規範，包括無罪推定、充分訴訟資訊權、充分訴訟準備時間、辯護人協助權、有利不利兩面兼聽與通譯協助等。

我國大法官亦透過解釋逐步建構公平審判權的內涵：在組織面上，釋字第 665 號解釋對於案件分配與牽連案件之合併審理規定，大法官認為其涉及司法公正及審判獨立之落實，屬於憲法第 16 條與第 80 條的保障範圍。釋字第 761 號解釋強調法官迴避制度屬於訴訟權保障之核心 ⓰。在刑事被告之防禦權部分，釋字第 737 號解釋肯認羈押被告及其辯護人應享有閱卷

⓰　釋字第 761 號解釋理由書第 6 段謂：「本於有權利即有救濟之憲法原則，人民於其權利遭受侵害時，必須給予向法院提起訴訟，請求依正當法律程序公平審判，以獲及時有效救濟之機會，此乃憲法第 16 條保障訴訟權之核心內容（本院釋字第 752 號解釋參照）。而訴訟權之落實，則有賴立法機關制定法律，進一步形塑具體訴訟制度。立法機關具體化訴訟制度固然有一定之自由形成空間，惟仍不得違背前揭訴訟權保障之核心內容。關於訴訟制度之形塑，須關照之面向不一，法官迴避制度是其中一項。其目的有二：其一是為確保人民得受公平之審判，並維繫人民對司法公正性之信賴，而要求法官避免因個人利害關係，與其職務之執行產生利益衝突（本院釋字第 601 號解釋參照）；其二是要求法官避免因先後參與同一案件上下級審判及先行行政程序之決定，可能產生預斷而失去訴訟救濟之意義。綜上，可認法官迴避制度實乃確保法官公正審判，維繫訴訟救濟本旨所不可或缺，而屬憲法第 16 條訴訟權保障之核心內容。」

權，以能有效行使防禦權，此屬憲法第 8 條及第 16 條之保障範圍。釋字第 762 號解釋對於審判中之被告，亦肯認其應享有卷證資訊權，以確保公平審判權❼。

●第三節　憲法訴訟及行政程序

　　憲法第 16 條的訴訟權從憲法本文中找尋，應是指民事訴訟、刑事訴訟、行政訴訟、公務員懲戒（憲法第 77 條）、軍事審判（憲法第 9 條）及選舉訴訟（憲法第 132 條）。前面說過，公務員懲戒為公法上爭訟的一種，法理上乃特種行政訴訟，軍法審判是專為現役軍人所設的特別刑事訴訟程序（現時已停止適用）。至於選舉訴訟也是實質的行政訴訟事件，目前為方便計劃歸民事法院審判。上述六種法律爭議仍可歸為民事、刑事及行政訴訟三大類，這幾類訴訟在制憲之際，早已有相關訴訟法規實施，要貫徹程序權的保障，只須在既有的基礎斟酌損益，使當事人的權益受到更周全的維護。至於下列兩種：㈠憲法訴訟指憲法第 78 條司法院大法官所掌理之事項（並包括憲法第 171 條第 2 項、憲法第 173 條及憲法第 117 條的事項），以及憲法增修條文第 5 條第 4 項所定，憲法法庭審理之違憲政黨解散事項，另外還有依憲法增修條文第 2 條第 10 項規定，審理立法院所提出之總統副總統彈劾案件；㈡行政程序，則是另類程序權應保障的事項。

　　關於憲法訴訟無論是大法官的解釋憲法、統一解釋法令、法律或命令與憲法有無牴觸、地方法規有無牴觸憲法法律等事項，暨憲法法庭的相關程序規定，憲法本文及增修條文均未加以規定，解釋上自應認為屬於立法

---

❼　釋字第 762 號解釋理由書第 4 段謂：「憲法第 16 條規定人民有訴訟權，旨在確保人民有受公平審判之權利，依正當法律程序之要求，刑事被告應享有充分之防禦權（本院釋字第 654 號解釋參照），包括被告卷證資訊獲知權，俾受公平審判之保障。據此，刑事案件審判中，原則上應使被告得以適當方式適時獲知其被訴案件之卷宗及證物全部內容。」

機關形成自由的空間。人民權利的保障可分為法律的層次及憲法的層次，通常訴訟制度的功能屬於前者，憲法審判制度屬於後者。二戰之後各國紛紛設置憲法法院，或賦予普通法院違憲審查的權限，目的就是要落實憲法上權利的保障。因此我們可以說由法院審查行政行為的合法性是法治國家特性不可少的要素，而司法機關握有充分的違憲審查權，則是憲法國家特性的表徵。我國從民國47年司法院大法官會議法（司法院大法官審理案件法之前身）制定以來，也逐步建立了以保障人民憲法上權利為核心的釋憲制度。民國108年1月公布之憲法訴訟法，對於憲法訴訟事項有諸多重大變革，該法已於民國111年1月正式生效。

　　訴願與行政訴訟是對行政行為事後合目的性及合法性監督的程序。但欲實現保障人民權利的憲法意旨，與其事後審查，救濟行政行為的不當或違法，何不要求行政機關作成行政行為應事前遵守正當程序，俾保護相對人權益並維持行政行為的正確性，而貫徹依法行政原則。依傳統的公法理論，依法行政原則中的法律保留原則，其所指的法律是指實體的行為法（作用法）的保留，而不包括程序法，換言之，手續性的規定可用行政命令加以規範。近年對行政手續也應由法律直接規定的主張，蔚為風潮，我國也不例外。釋字第289號解釋，認為由「行政院發布之財務案件處理辦法，係法制未備前之措施」應以法律加以規範方屬合憲，也是這種理念的表現。個別的行政程序立法，在我國也非陌生，如訴願法（訴願性質上也是行政程序）、公文程式條例、稅捐稽徵法等早已制定，至於一般性的行政程序法則在民國90年1月1日起實施，這是程序基本權保障的重要步驟。此外，大法官釋憲的案例也不斷強調正當行政程序　（如釋字第709號解釋、第739號解釋），對於行政權運作之程序要求，益加趨於嚴格。

第五章　政治參與權

一、選舉與罷免

　　憲法第 17 條:「人民有選舉、罷免、創制及複決之權。」通常稱為人民之參政權,我們也稱之為狹義的政治參與權,廣義的政治參與權則尚包括憲法第 18 條應考試、服公職之權。

　　我國憲法依據孫文先生遺教,兼採直接民主 (民權)。所謂直接民主與間接民主判別的標準,專指人民有無直接參與立法工作或參與國政重大事項決定之權,若有便是直接民主,否則屬於間接民主。民意代表尤其是國會議員必須由人民選舉產生,乃是民主國家的通則 (少數君主立憲的國家,還保留貴族院則是例外)。至於行政首長就未必皆由民選 (如內閣制國家的閣揆,形式上並非直接民選),但並不影響政治的民主程度,總之,透過選舉的程序是現代國家,統治體制獲得民主正當性必要的條件。在我國罷免因孫文學說深入人心,似乎認為必隨選舉而存在,憲法第 133 條的罷免規定,即是基於這種主張。實則國會議員只有集體的解職 (即解散國會,重新選舉),個別議員由選民罷免,其他國家幾乎沒有❶。

---

❶　對議員的罷免不被採行,大體上有兩項原因:一是理論上的窒礙,因為現代民主國家對代議士都是自由的委任 (或稱法定代表 (Freies Mandat)),而非羈束的委任 (或稱委任代表 (gebundenes Mandat)),即議員代表全國,不只是選區的代言人,其所為的言論表決對外不負責 (參照我國憲法第 73 條),既然不負責,又以罷免來追究責任,豈不矛盾?我國釋憲實務上就曾發生這類案例,釋字第 401 號解釋只好採二分法解釋為,憲法上述條文所稱的責任是「法律上的責任」,而罷免是因為民意代表應對其原選舉區之選舉人負「政治上責任」。二是技術上難於執行,或通過罷免有其難度。目前立法委員已改採單一選區相對

　　選舉是現代民主國家統治正當性必備的條件，選舉計算當選則有不同的方法，包括多數代表制、少數代表制及比例代表制。無論採取何種制度計票，都與民主原則無違，也符合普通、平等、直接及無記名的要求（憲法第 129 條）。但其前提必須舉辦該特定公職人員的選舉，若本身未曾舉辦選舉，而以他種性質不同，職掌相異的公職人員選舉之得票比例，作為分配席次的依據，而僭稱為所謂「依附式政黨比例代表制」，即違背憲法上的民主原則。（見釋字第 499 號解釋理由書第 10 段）

　　每一種計票制度都可能產生政治效應，例如多數代表制有利於形成兩黨制，比例代表制雖可充分反映選民結構，但容易形成小黨林立的多黨制，故採比例代表制的國家多設置門檻，將得票未達門檻的黨派淘汰，不分配席次。我國立法委員依釋字第 261 號解釋所稱全國不分區名額的原始構想，以之替代由大陸各省選出之中央民代（遭釋字第 261 號解釋終止職務）之意，目前各黨選拔不分區民代已不考慮上述構想。

　　立法委員之選舉目前採單一選區兩票制：區域代表與比例代表兩票並立方式。一票選區域代表產生立法委員，依憲法增修條文第 4 條第 1 項及第 2 項規定：自由地區直轄市、縣市應選出七十三人，以單一選區內得票最高者為當選，又山地及平地原住民又個別選出立法委員三人。另一票則選出全國不分區及僑居國外國民之立法委員，共三十四人；全部相加立委總額為一百一十三人。

　　選舉結果區域選區得票與政黨名單得票應分開計算兩類立法委員當選名額。至於比例代表部分，其當選名額之分配，須先求出其政黨得票比例，再算出各政黨之當選名額，然後按各政黨名單順位依序當選，政黨得票比

_____

多數的方法，每一選區只選出一名委員，但罷免仍然難度甚高，須原選區百分之二的選舉人提案，投票人數不足總選舉人二分之一或同意罷免票未過半數者，均為否決（公職人員選舉罷免法第 76 條及第 90 條）；或者如多數歐洲國家採比例代表制，根本無罷免之餘地。在我國依比例代表產生之中央民意代表，喪失原來黨籍者，依法亦失去席位（參看釋字第 331 號解釋）。

率未達百分之五者不分予當選名額 。 依公職人員選舉罷免法第 67 條之規定，我們可製成公式如下：

A 黨得票數 P_A，E，F，G 為各政黨在各選區之得票數

$P_A = E_1 + E_2 + \cdots + E_n$

B 黨得票數 P_B

$P_B = F_1 + F_2 + \cdots + F_n$

C 黨得票數 Pc

$P_C = G_1 + G_2 + \cdots + G_n$

$$\frac{P_A}{P_A + P_B + P_C} = X_A$$

X_A 為 A 黨之得票比率，$34 \times X_A = A$ 黨分配名額

上述計算公式其實即為選舉制度研究中常見的 「嘿爾─尼邁耶 (Hare/ Niemeyer) 最大餘數法」 ❷，釋字第 721 號解釋已認定目前選制並不違憲。

二、創制與複決

創制 (initiative, Volksinitiativen oder Volksbegehren) 與複決 (referendum, Volksabstimmung) 是直接立法的手段。直接立法是民主的充分條件而非必要條件，故不是每一個國家都採行，美國在聯邦的層次迄今未見採用，便是一例。創制是人民取代議會制定法規之謂，又有原則創制與草案創制之分，前者指由公民依法定程序向議會提法案原則，議會有據以制定法規的義務；後者指由公民依法定程序向議會提出完整的法案條文，議會應就通過與否作成決議。通常各國（如瑞士、奧國）所採者多屬原則創制，奧國憲法第 41 條尚且規定：人民的創制提議，國會不受其拘束 ❸，

---

❷ 比例代表制各種計算公式，可參見王業立，比較選舉制度，六版，五南出版，2011 年，頁 19 以下，有相當詳盡的介紹。

❸ 奧國憲法第 49 條之 2 (§49b) 規定，公民創制由國會議員或內閣提議經由國會

草案創制鑑於公民人數眾多，意見分歧，甚難實際實施。複決也有兩種：任擇複決與強制複決（複決對象則有一般法律及憲法草案），任擇複決謂法案是否提交公民複決投票，由議會自行決定或以附帶決議方式為之，有時也可經由一定數目之公民簽署要求舉行複決投票，投票得到多數公民贊成法案才能生效；強制複決謂法案必須交由公民複決通過，方始生效。在採行直接立法的國家，對普通法案常採任擇複決，而對修（制）憲的法案則多以強制複決的方式，以增強憲法的民主正當性。

關於創制、複決兩權，除在憲法第 17 條規定外，尚有憲法第 27 條第 2 項，憲法第 123 條與憲法第 136 條等三個條文。若將這些條文作體系解釋：創制、複決兩權的行使應由下而上，先由縣（市）民對縣（市）自治事項有依法而行使創制與複決之權；須有全國過半數之縣市曾經行使此兩項政權後，方許國民大會行使此二權。而有關創制、複決兩權行使的要件及程序則委由法律加以規定，屬法律保留事項。至於省的層級可否或如何行使創制權與複決權，憲法未加規定；於是有主張聽任法律規定者，也有認為應由省民代表大會行使者。依憲法本意，省有權自行制定省自治法，為相當於省的基本法，對於省民的權利義務在不牴觸憲法的限度內本可自行訂定。基此，省的何種事項可以由省民行使創制、複決兩權，應由省自治法定之。

以上是就憲法本文所作的詮釋，上開憲法條文或者已被憲法增修條文凍結，或者時移勢異早已「明日黃花」。先前各方對究竟應制定創制、複決兩權行使的法律，抑是逕行訂定公民投票法的爭議問題，也因公民投票法公布施行而解決。

常務委員會 (Hauptausschuss) 同意後舉辦，以全國性並有原則性的議題為限，且屬於立法部門的職權者為限，法院或行政機關權限內的事項不得交付公民諮詢投票，投票結果對國會並無法律上的拘束力。

三、公民投票

公民投票 (plebiscite, Volksentscheid) 有不同的定義，最廣義的公民投票是指公民直接對人或者對事（議題、法案）以投票方式表達意見之謂，包括普選、創制及複決等在內。為討論方便，此處所說的公民投票，專指與國家結構或公共政策相關的議題或法案，公民以直接投票方式參與決定，投票的結果（通常有門檻設計）並有法律上之拘束力。這種定義下的公投與不具拘束力的公民諮詢 (Volksbefragen)❹，自有不同。但各國法制上所容許的公民投票態樣多端，有僅限於國家機關（元首或國會）發動者，有規定由人民發動者，有純屬政治議題作為投票對象者，有投票結果涉及憲法或法律的廢止或變更者，有時與創制或複決實在不易區別❺。

在現行憲法之下，可以辦理公投，各方殆無爭議，爭執的重點是公投的法源問題❻。這項爭議在民國 92 年底時隨著總統大選而急轉直下，立法院於同年 11 月 27 日通過公民投票法。這一法律是在黨派政治考量下匆匆

❹ 許宗力，憲法與公民投票——公投的合憲性分析與公投法的建制，收於：氏著，憲法與法治國行政，元照出版，2007 年，頁 71。奧國憲法規定，聯邦層次可舉辦公民投票及公民諮詢（或譯公民詢問），在邦的層次只能舉辦公民詢問。

❺ 關於公民投票制度的比較研究，可參看謝復生主持，公民投票（創制複決）制度比較研究，行政院研考會研究報告，1997 年；李俊增，公民投票之理論與實踐，憲政時代，第 23 卷第 1 期，1997 年 7 月，頁 35 以下；湯德宗，論直接民主的制度設計，收於：當代公法新論（上）翁岳生教授七秩誕辰祝壽論文集，元照出版，2002 年，頁 458 以下。

❻ 簡單地說，地方性公投固然需要有法律為依據，全國性公投則涉及是否需要先經修憲程序的問題。詳見陳淳文，民主共和與國民主權——評司法院大法官釋字第 645 號解釋，收於：黃舒芃主編，憲法解釋之理論與實務，第七輯，中研院法律所出版，2010 年，頁 325–382。

通過，無論規範內容及立法技術缺點皆甚多，以下只就公民投票法內容作扼要敘述：該法先將公民投票分為全國性公投及地方性公投兩種。

全國性公投又可分為三類：第一類由公民發動之公投，其適用事項包括：㈠法律之複決，㈡立法原則之創制，㈢重大政策之創制或複決。第二類由立法院發動之公投，適用於憲法修正案之複決。除此之外，立法院對重大政策之創制或複決，認為有進行公投必要者，亦可決議交付公投。第三類由總統及行政院等行政權發動之公投，其中可由總統發動俗稱「防衛性公投」的規定為：「當國家遭受外力威脅，致國家主權有改變之虞，總統得經行政院院會之決議，就攸關國家安全事項，交付公民投票。」這項規定在學理上屬於「不確定法律概念」(unbestimmter Rechtsbegriff) 與「裁量授權」(Ermessensermaechtigung) 的聯結規定 (Koppelungsvorschriften)，賦予被授權者相當大的判斷餘地及裁量空間，國家的其他部門（司法及立法）幾乎無從干預。惟被授權者若違背法律授權的本意，或其判斷顯與經驗法則不符或與其他事項作不正當的結合，則此種裁量瑕疵或判斷瑕疵便構成違法，這是國內外學者的通說❼。由於授權空泛加上本條的公投可否與總統選舉一併舉辦的疑義❽，終於引起軒然大波❾。另外行政院亦可就重大

---

❼ 可參閱吳庚，行政法之理論與實用，增訂十三版，三民書局出版，2015 年，頁 115 以下。

❽ 舊公民投票法第 17 條第 2 項規定：前項之公民投票（即防衛性公投）不適用第 18 條關於期間之規定及第 24 條規定。而該法第 24 條規定：中選會應於公投案公告成立後 1 個月起至 6 個月內舉行公投，並得與全國性之選舉同日舉行。由於第 17 條第 2 項明文排除第 24 條之適用，故得解釋為：防衛性公投不得與全國性大選同日舉行。此即為當時在野之國民黨主張公投綁大選違法的主要理由。但當時的民進黨籍總統及其支持者皆主張公投不僅可以綁大選，而且基於通過門檻過高的原因，更應該綁大選。

❾ 民國 93 年陳水扁前總統於競選連任時，依公民投票法第 17 條所提出之兩項公投問題，即所謂購買反飛彈裝備及與中國大陸建立對等談判架構，並利用總統

政策經立法院同意後發動公投。

　　其次是地方性公投，其適用事項包括：㈠地方自治法規之複決，㈡地方自治法規原則之創制，㈢地方自治事項重大政策之創制或複決，例如澎湖舉辦的是否開放賭場的公投，就是這類。

　　是否任何事項皆得交付人民公投？從立憲主義與法治國的觀點來看，「違憲事項」自然不能交付公投。所謂「違憲事項」可進一步分成兩類：一是涉及憲法保留事項，如廢除監察院。若欲變更監察院，自然要經修憲程序，而非一般公投程序。一是涉及憲法所不得觸碰的核心事項，即釋字第 499 號解釋所謂的「憲法整體基本原則」，與這些憲法基本原則相牴觸的事項，不僅不得透過修憲為之，亦不能透過公投為之。但是主張民主至上的人，似乎相信多數永遠是對的，人民的多數意志是不能被限制的，故反對限制公投事項。民國 92 年通過的第一版公民投票法將預算、租稅、投資、薪俸與人事等五個事項列為不得公投之事項，並設置公投審議委員會來審核公投事項是否符合規定。這樣的立法設計遭致當時國會少數黨（民進黨）的嚴屬批判，該黨政治人物及其他社會菁英稱此公投為「鳥籠公投」，認為透過事項限制與公投審議委員會之把關，以及高門檻之要求，直接民權根本無法發揮。甫才通過的「鳥籠公投」馬上在隔年的總統大選被運用，而且是利用得以擺脫繁瑣行政作業要求的「防衛性公投」，由競選連任的總統候選人發動公投，並將其與大選綁在一起舉行。

　　民國 105 年再一次政黨輪替後，民進黨首次取得立法院多數席次，達到同時掌控行政立法兩權完全執政的情況。隨即在民國 106 年年底大幅修改公民投票法，除降低通過門檻與降低投票年齡外，並刪除公投審議委員

　　大選同時舉辦此兩項公投。但在國民黨及在野人士杯葛之下，約一千六百萬有投票權人，而領票率都只有百分之四十五左右，領票者之中雖有百分之九十以上投同意票，但投票人數未過半，仍遭否決（統計數字見民國 103 年 3 月 20 日台北各大報）。

會，但卻仍保留預算、租稅、薪俸與人事等四事項不得公投之規定。民國
107年年底地方選舉，共有十項公投案與大選同時舉行。其中有關人民發
動公投之行政作業過程，中選會有諸多行政舉措引發爭議。而因公投與大
選同時舉行，選務工作又未於事前作充分準備，導致投票作業緩慢，已過
法定投票時間並已開始開票之際，卻仍有諸多投開票所繼續投票之情形。
執政的民進黨即以此選舉亂象為理由，隨即於民國108年6月再次修改公
民投票法，主要的修改內容就是公投與大選脫鉤，二者不能再於同日舉行；
其次是限定公投每兩年才能舉辦一次，並將公投日期限定於8月的最後一
個週六；此外對於人民發動公投部分，又增加諸多行政作業要求。此舉自
然引發在野國民黨的激烈抨擊。

　　過去執政時反對全國性公投不遺餘力的國民黨，於今在野時卻大聲疾
呼捍衛公投。過去在野堅持公投到底，人民作主的民進黨，執政之後竟短
時間內反覆修法，最後竟將公投鎖進鐵籠之中。政黨與政客僅為己利恣意
修法固不可取，但更令人無法理解的，是那些曾經或撰文立說，或徒步苦
行，致力於推動或捍衛公投民主，並積極連署擁護公投綁大選的各界菁英，
於今卻又為何都靜默不語？

　　其實全國性公投涉及國民主權的直接展現，其與憲法如何相容並存？
民主與民粹有何差異？多數決定與多數暴力如何區別？公投與權力分立及
代議體制如何協調？公投應否綁大選等？這些問題皆屬學理與外國公投實
務經驗早已眾所周知並討論甚詳之事。我們完全無須等到實際操作公投之
後，才恍然覺悟到人權議題交付公投有其危險性，公投綁大選會影響選務
與選舉本身。真正的悲哀是看到那些政客與各界菁英，他們先是蓄意漠視
這些早已眾所周知的根本問題，卻只為政治利益而無限上綱地全力鼓吹或
捍衛公投的正面價值；然後，又瞬間幡然改變或銷聲匿跡。

　　就發動者的面向來看，以「人民當家作主」並「濟代議制度之窮」為
由而設置的公民投票制度，其發動者應以人民為主。但現行法從總統、行

政院到立法院，皆有發動全國性公投之權，實可謂舉世無雙，沒有一個民主法治國可以找到類似的制度設計，但少有人對此深入討論，更遑論予以批判。

　　就限制不得公投之事項而言，曾有對此嚴厲批評；但對於兩次修法後仍保留限制事項，竟也未再聞異聲。保留限制事項卻刪除公審會，難道由中選會取代公審會沒有球員兼裁判的問題嗎？過去曾為公審會的審查行為吵得天翻地覆，學界火力全開，法院亦攪入戰局❿。轉眼公審會被廢，昔

---

❿　公民投票法所創設的公民投票審議委員會，其地位與職權有敘述的必要。民國97年司法院大法官因立法委員超過三分之一聲請就公民投票法作出釋字第645號解釋，其內容包括兩部分：首先認為公民投票審議委員會係設於行政院之內，非獨立機關僅係行政程序法第114條第1項第4款之委員會，對外作成行政處分應以行政院名義為之，但「公民投票審議委員會對全國性公投案是否成立有實質決定權，行政院對該委員會所為之決定並無審查權」，上述定位頗為正確。其次，這號解釋認為委員依立法院政黨席位比例推選名單，送請總統任命，剝奪行政院長之任命權，屬於違憲。關於這點，吾人並不贊成，蓋西歐各國這類獨立行使職權之委員會，以議會比例代表產生者，比比皆是，何以在我國就要違憲？公民投票法實施以來多次發生爭議，其中最值得注意的事件是：民國99年4月間台聯黨反對政府與中國大陸當局簽署「兩岸經濟合作架構協議」(ECFA)，提全國性公投提案，公民投票審議委員會受理後，先辦理公聽會，然後決定，認定台聯黨提案「㈠提案理由係欲將政府是否有權簽署ECFA作程序性公投，惟主文卻係就ECFA之簽署內容要求公民作實質性公投，公投主文與理由矛盾。㈡公投提案應得改變現狀之立場，始符公民投票法之制度設計」等理由否決其公投提案。案經訴願及高等行政法院均維持公民投票審議委員會的決定，台聯黨不服上訴最高行政法院，該院作成101年度判字第514號判決，將原判決訴願決定及原處分之主要部分分別廢棄或撤銷。被最高行政法院指摘這一判決違法的主要部分有：㈠舊公民投票法第10條第3項規定，公投提案經審查符合規定者，公投審議委員會應於十日內舉行聽證，該委員會竟舉行公聽會代替行政程序法上規定甚詳的聽證程序；㈡公投提案不論

日爭議瞬成黃花。對於中選會阻礙人民公投的諸多作為，少有人願意再為之浪躑筆墨。

最後，政治部門可隨時發動公投，但人民發動公投卻被限定為每兩年一次，且僅能在 8 月底舉行，已饒富爭議。光就最簡單的作業時程來看，舊公民投票法提案門檻是總統大選的千分之五，收到提案後應 10 日內完成審核（第 10 條第 1、2 項），現在新法的提案門檻是總統大選的萬分之一，收案後應於 60 日內完成審核（第 10 條第 1、3 項）。為何提案人數大幅減少之後，審核時程卻反而要大幅增加呢？恣意立法，可見一斑。

法國大革命前，對於民主與自由可能有摧毀共和國的危險，有如下之描述可用來思考我們現今的民主與公投制度❶：「若所有的公民都能輕易地參與公共議題的研議，若立法權是這樣地座落於由多數人所組成的大會中，而面對這樣的立法權，無人能對抗。則此立法權將會成為如痙攣般地無法停止的激情、迷戀或是狂熱，它們常常有礙公共秩序。」「對於所有希冀由人民那裡得到最好支持的政府，民主當然是要成為其基礎。但是我相信民主必須被控制，被緩和，而且是被謹慎地建立。因為人民總是有使自己更愉快舒適的動力來不斷地驅使其自由之行使，所以人民總是會企圖濫用其自由之後，才會覺得自己是自由的。」

「正面表述」或「負面表述」僅屬提案內容設計問題，不能據以駁回提案；(三)除舊公民投票法第 14 條第 1 項各款規定之情形外，尚不能以「未持改變現狀之立場」為理由駁回公投提案。故認公投審議委員會之決定是裁量濫用。本案判決對公民投票法之適用及公投審議委員會正確行使職權，均有指標意義。不過，民國 105 年中央政黨輪替後，公投審議委員會已被廢除。

❶ 引自陳淳文，民主共和與國民主權——評司法院大法官釋字第 645 號解釋，收於：黃舒芃主編，憲法解釋之理論與實務，第七輯，中研院法律所出版，2010年，頁 359–360。

●第二節　應考試及服公職權

憲法第 18 條：「人民有應考試服公職之權。」本條的解釋數十年來有兩項爭論，一是應考試、服公職是一種權利，還是兩種權利，作連貫理解則應考試及格，才取得服公職的資格；二是公職候選人是否也應經過考試程序而取得❷。關於這兩項爭議，釋字第 546 號解釋理由書稱：「人民依憲法規定有應考試、服公職之權。其中應考試之權，係指具備一定資格之人民有報考國家所舉辦公務人員任用資格暨專門職業及技術人員執業資格考試之權利；服公職之權，則指人民享有擔任依法進用或選舉產生之各種公職、貢獻能力服務公眾之權利。」根據該解釋意旨，應考試與服公職是兩種不同的權利，不作連貫解釋，須經考試取得資格者限於公務人員任用資格（即專指常業文官而言）以及專門職業及技術人員執業資格，作這種解釋有憲法第 86 條可憑，自屬有據❸。主張應考試、服公職合而為一，並由此得出公職候選人資格應經考試方能取得，其主要理由不外是尊重孫中山先生的遺教，認為如此可提高議員們的水準「以濟代議制度之窮」。不過從下述幾個觀點而言，這種主張都不可採：㈠從民主政治的基本觀念講，應尊重人民的判斷力、設置各種條件限制選舉權或被選舉權的行使者，這種條件限制越少越符合民主的要求。君不見憲法第 45 條年滿四十歲的國民就可競選總統、副總統，其餘資格一概免除嗎？正、副元首尚且如此，遑論

❷ 主張兩種權利並反對公職候選人考試者，見謝瀛洲，中華民國憲法論，頁 72，薩孟武，中華民國憲法概論，頁 39；主張連貫解釋並贊成公職候選人考試制度者，林紀東，中華民國憲法逐條釋義㈠，修訂三版，三民書局出版，1987 年，頁 294 以下。

❸ 釋字第 268 號解釋理由書開頭第 1 句：「憲法第十八條規定人民有應考試、服公職之權。人民依法參加考試，為取得公務人員任用資格或專門職業及技術人員執業資格之必要途徑，此觀憲法第八十六條規定甚明。」與釋字第 546 號解釋可謂旨趣相同，這類解釋方法，可稱為「以憲法解釋憲法」。

其他公職候選人！㈡在實際操作上，考試除測驗知識外，賢愚不肖無從鑑別。㈢從起源解釋而論，五五憲草第 85 條對「應經考試院依法考選銓定」資格者，其第 2 款即定有公職候選人資格，現行憲法將之刪除，可見制憲者有意與五五憲草作不同的規定。

應考試及服公職也是具有分享性質的權利，建立公平合理的考試制度，以及保障公務人員身分、地位暨使其充分發揮服務潛能的文官體制，是憲法第 18 條課予國家的義務。與此相關的問題不少，如公務員法制或國家考試評分方式（參照釋字第 319 號解釋）等，多屬行政法研究範圍，於此不多作敘述。下面只討論兩件事項：

㈠專門職業的範圍如何界定？律師、會計師、醫師、中醫師、藥師、護理師、助產士、建築師及各種技師屬於專門執業範圍，其資格取得應經考試院主辦之考試，並沒有疑問。而其他須取得證照始能執業的人員，為數甚多，如商業記帳、美容、水電、餐飲、駕駛等，其執照之取得向由行政主管機關舉辦考試，或委由各該職業公會辦理，惟是否也應由考試機關納入國家考試範圍，始符合憲法意旨？以往就曾發生商業會計記帳人依商業會計法第 5 條第 4 項規定，由中央主管機關認可其資格合憲與否的爭議，大法官作成釋字第 453 號解釋，認為這類人員屬於專門職業及技術人員之一種，應依憲法第 86 條第 2 款規定，由考試機關依法考試銓定其資格，上開商業會計法違憲。在這號解釋理由書中對專門職業及技術人員的認定，建立一項準則：「指具備經由現代教育或訓練之培養過程獲得特殊學識或技能，而其所從事之業務，與公共利益或人民之生命、身體、財產等權利有密切關係者而言。」依此項解釋意旨，專門職業及技術人員須具備三個要件：1.須有特殊學識或技能，故不須具備高深或相當學識即能操作的簡易技術，如水電技工、美髮造型、汽車駕駛或修理等便不屬於「專技」範圍；2.須能夠經由現代教育或訓練而達成培養目的，所謂現代教育或訓練指其教育或訓練方法、內容符合現代科學精神者而言，民間的堪輿、卜卦、命

理師等也是一種職業，但尚無現代教育或科學可供培養，當然無從經考試而發給證照； 3.從事之職業與公益或人民重大法益如生命、身體、財產等有關。

㈡對考試機關所發布有關實施考試的法規，其合法性採較寬鬆的審查密度：釋字第 682 號解釋理由書第 1 段謂：「……憲法第十八條對人民應考試權之規定，除保障人民參加考試取得公務人員任用資格之權利外，亦包含人民參加考試取得專門職業及技術人員執業資格之權利，……就專門職業人員考試而言，即在確保相關考試及格者具有執業所需之知識與能力，故考試主管機關有關考試資格及方法之規定，涉及考試之專業判斷者，應給予適度之尊重，始符憲法五權分治彼此相維之精神。」基於對憲法上考試院專有職權之尊重與維護考試權獨立性的考量，有關考試的各種法規命令、行政規則或附屬規定，或者涉及用人機關業務需要、或者屬於細節性、技術性的規範，行政法院或大法官通常對其合法性，趨向於採較寬的審查尺度。例如筆試及格而不參與實習或訓練過程者，不發給及格證書並不違法違憲（釋字第 155 號、釋字第 429 號解釋），退役軍人轉業考試以軍官為優先之規定，從平等權的觀點，不無可議之處，但仍認為合憲（釋字第 205 號解釋）、中醫師檢覈考試由口試改為筆試並不違反信賴保護原則（釋字第 547 號解釋）。對於專門職業人員考試的及格門檻要求，實務上可有「科別及格」、「總成績滿六十分及格」及「錄取該類科全程到考人數一定比例為及格」等三種常見及格方式。而考試院「將中醫師執業資格考試區分為高等考試與特種考試兩類，並因中醫師特種考試與高等考試兩類考試應考人所接受中醫學教育及訓練養成背景、基本學養等均有不同，為配合此一養成背景之差異，其考試規則有關及格方式、應試科目等之規定因而有所不同；且系爭專門職業及技術人員特種考試中醫師考試規則第九條第三項規定，就中醫師特考應考人之專業科目中醫內科學成績必須滿五十五分，其餘專業科目均須滿四十五分之及格要求，（尚未逾越法律授權範圍，

未牴觸法律保留原則）亦為考試主管機關依法定程序所為之專業判斷，與鑑別中醫師特考應考人是否具有中醫師執業所需之知識、技術與能力，有合理關聯性，並非考試主管機關之恣意選擇。是上開考試院發布之系爭規定尚無違背憲法第七條保障人民平等權之意旨。」（釋字第 682 號解釋理由書第 4 段）此外，對於持國外牙醫學歷報考我國牙醫師考試者，必須先取得國內特定醫療院所臨床實作訓練之實習期滿成績及格後，始得參加牙醫師考試分試第二試之規定，大法官認為：「就專門職業人員考試而言，考試院有關考試方法及資格之規定，涉及考試之專業判斷，應予適度之尊重，且『實習期滿成績及格』為應醫師考試資格之要件，其認定標準攸關醫師之專業能力及醫療品質，理應尊重中央衛生主管機關之決定，以符憲法五權分治彼此相維之精神。……系爭規定之目的如屬正當，且其所採取之手段與目的之達成間具合理關聯，即與憲法第 23 條比例原則無違。……關於實習期滿成績及格之規定，係為確保醫師之專業能力及醫療品質，以維護病患權益，增進國民健康，其目的應屬正當。其規定之內容，包括臨床實作訓練之醫療機構、臨床實作科別及週數或時數之要求，以及考評成績之處理等，皆有助於上開目的之達成，且無顯不合理之處。是系爭規定尚難認違反憲法第 23 條比例原則而侵害人民受憲法第 15 條保障之工作權及第 18 條保障之應考試權。」（釋字第 750 號解釋理由書第 9 段及第 10 段）

　　惟法規命令縱有授權依據，如增加法律所無的限制者，仍有被宣告違憲的可能，實例如釋字第 268 號解釋。另外，對於國防部預備軍士官班招生簡章規定，曾受刑之宣告者不得報考。釋字第 715 號解釋先肯定國防部之自主選才權：「國家機關因選用公職人員而舉辦考選，為達鑑別並選取適當人才之目的，固非不得針對其需要而限制應考資格，此係主管機關裁量範圍，本應予尊重，然其限制仍應符合憲法第二十三條比例原則。」（解釋理由書第 4 段）不過，對於因過失而偶然觸法者，即喪失報考機會，大法官認為違憲：「行為人觸犯刑事法律而受刑之宣告，如係出於故意犯罪，顯

示其欠缺恪遵法紀之品德；如屬過失犯，則係欠缺相當之注意能力，倘許其擔任國軍基層幹部，或將不利於部隊整體素質及整體職能之提升，或有危害國防安全之虞。系爭規定限制其報考，固屬必要。然過失犯因疏忽而觸法，本無如同故意犯罪之惡性可言，苟係偶然一次，且其過失情節輕微者，難認其必然欠缺應具備之服役品德、能力而影響國軍戰力。系爭規定剝奪其透過系爭考選以擔任軍職之機會，非屬達成目的之最小侵害手段，逾越必要程度，牴觸憲法第二十三條比例原則，與憲法第十八條保障人民服公職之權利意旨不符。」（解釋理由書第 6 段）

　　至於已取得公職身分者，其服公職權自然包含任免、銓敘、級俸、退休、撫卹等各類保障，但並不排除因組織改變而影響任職，或甚至終止公務員身分的可能。對於原不具公務人員任用資格但任職於戶政單位的警察人員，於戶警分立後即不得再留任，釋字第 575 號解釋肯認其合憲性，但強調須符合法律保留原則並應設置過渡條款❶❹。對於原具公務人員身分任職於公營事業之人員，在其任職事業轉為民營後，其公務人員身分因組織調整而被終止，也被釋字第 764 號解釋認定為合憲❶❺。蓋連具終生職保障

---

❶❹　釋字第 575 號解釋文第 1 段謂：「憲法第十八條規定人民有服公職之權利，旨在保障人民有依法令從事於公務，暨由此衍生享有之身分保障、俸給與退休金等權利。機關因改組、解散或改隸致對公務人員之憲法所保障服公職之權利產生重大不利影響，應設適度過渡條款或其他緩和措施，以資兼顧。」

❶❺　釋字第 764 號解釋理由書第 4 段謂：「又憲法第 18 條規定人民有服公職之權利，旨在保障人民有依法令從事公務之權利。其所稱公職，涵義甚廣，凡各級民意代表、中央與地方機關之公務員及其他依法令從事於公務者皆屬之（本院釋字第 42 號解釋參照）。又公務人員有各種類型，如文官與武官、政務官與事務官、常業文官與公營事業人員之別等，各類公務人員性質不盡相同。參照憲法增修條文第 6 條第 1 項規定，國家固應制定有關公務人員之任免、銓敘、級俸、保障、退休及撫卹等事項之法律，以規範公務人員之權義，惟就其內容而言，立法者原則上容有一定政策形成之空間，並得依各類公務人員性質之不同

之法官都可能被免職，更遑論一般公務員。至於公務人員考績法規定，得因考績列丁等而被免職，是否違反憲法第 77 條由司法權掌理公務員懲戒之規定？111 年憲判字第 9 號判決宣告行政懲處之免職與司法懲戒之免職兩者併存並不違憲，蓋因 1.公務員之任免，本屬行政權之一環，行政權享有人事任免權更因憲法增修條文第 6 條第 1 項第 3 款而確認；2.依公務人員考績法之懲處免職僅免去行政職務以確保行政一體之指揮監督，並未剝奪公務員身分，故未牴觸憲法第 77 條及憲法第 18 條；3.懲處與懲戒雙軌並存由來已久，迭經司法院大法官多號解釋予以肯認。但為避免用人機關恣意選擇程序與公務員之雙重程序負擔，仍應修法明定行政懲處與司法懲戒之事由，與二者之關係，以落實更周全的公務員保障❶⑥。

而為不同之規定。又公營事業制度既屬具有高度政策性目的之國家行政，於其政策變更或目的達成時，事業即可能變更或消滅，公營事業人員自不可能期待與國家間維持永久之服勤務關係。且公營事業人員中具公務人員身分者是否適用以文官為規範對象之公務人員有關法律，憲法並未明文規定，立法者自得在不牴觸憲法精神範圍內，以法律定之（本院釋字第 270 號解釋參照）。是系爭規定之目的，如屬正當，且其所採取之手段與目的之達成間具合理關聯，即與憲法第 23 條比例原則及第 7 條平等原則無違。至於公營事業人員中具公務人員身分者與國家間之關係，如因事業性質之改變致其服公職權受有不利之影響，國家自應制定適度之過渡條款或其他緩和措施，以兼顧其權益之保障。又判斷系爭規定所採取之手段與目的之達成間是否具合理關聯，應就過渡條款或其他緩和措施是否適度，一併觀察。」

⑯ 另有關監察人員得因年度考績，於平時考核獎懲相互抵銷後，仍累積二大過而應予免職之規定，111 年憲判字第 10 號判決亦宣告其合憲。

第六章　其他自由及權利舉隅

　　憲法第 22 條規定的其他自由及權利，或可稱為類似於基本權的權利，我們基於基本權與非基本權的二分法，對這類權利的性質及區別實益在本編第一章第二節中已詳加說明，不再贅述。本章不分節次，只選擇在釋憲實務中已出現的人格權、隱私權、資訊自主權、環境權、及婚姻自由五種，敘述如下：

一、人格權

　　人格權是來自民法的概念（見民法第 18 條），指由作為權利主體的人自身所生的權利，人格權所保護者為特定人的身分、資格與能力。人格權在民法上包括甚廣，如姓名權、肖像權、名譽權，即使生命、身體及自由等也被認為是人格權的範圍。民法第 195 條進一步對人格權作例示性規定，舉凡身體、健康、名譽、自由、信用、隱私、貞操或其他人格法益都屬於人格權保護的事項。憲法上所保障的人格權應將已有基本權條款保障者，如生命、身體、自由、隱私等除外，作較民法為狹小的認定。論者有將人格權與人性尊嚴或人格尊嚴等同看待，或將人性尊嚴列入憲法第 22 條的保障範圍者❶，這些說法我們都難予同意。因為人格權是比較具體的下位概念，人性尊嚴則是作為一個人 (Menschen, human being) 所當然具有的地位與尊嚴，若列入憲法第 22 條的範圍，則以「不妨害社會秩序、公共利益者」為條件，始受憲法的保障，顯然與人性尊嚴在基本權價值體系中的位階不相當，德國基本法將人性尊嚴開宗明義規定於第 1 條第 1 句，用意至明。在我國憲法解釋上，如果不能如同德國一樣，將其視為最高的價值 (Menschenwürde als der oberste Wert)，則寧可作為人身自由與生存權的前

---

❶　李惠宗，憲法要義，五版，元照出版，2009 年，頁 368，主張人格發展自由為憲法第 22 條的自由權利。

提保障。釋字第 603 號解釋第 1 句開宗明義：「維護人性尊嚴與尊重人格自由發展，乃自由民主憲政秩序之核心價值」就是此意。

　　人格權保障最典型的釋憲案例便是釋字第 399 號解釋，該號解釋文稱：「姓名權為人格權之一種，人之姓名為其人格之表現，故如何命名為人民之自由，應為憲法第二十二條所保障。」並將內政部對人民以姓名不雅申請改名，加以限制的規定，宣告違憲。另外有關子女獲知其血統來源，確定其真實父子身分關係，釋字第 587 號解釋認定其攸關子女之人格權，應受憲法保障。大法官在其解釋理由書一開始就提及聯合國兒童權利公約第 7 條第 1 項所揭櫫子女有獲知其血統來源之權利，以強化其論述基礎。至於人格發展自由在德國被視為自由活動的權利，並將私法上交易或身分行為與人格有關者都當作下位概念，可供我們參考。前面一再提到，如果是個別基本權保障範圍所及的事項，就不屬於憲法第 22 條的其他自由及權利。人格發展自由是一個籠統的概念，身體活動、信仰、探求真理、研究學術、選擇工作或職業、利用財產等與其都有關係，而這些自由或權利，憲法均有保障的明文。

　　另有關族群身分認同問題，因「人格權保護的是特定人之身分、資格及能力，暨以此所衍生出之諸多與人不可分離之社會利益。又人之血統係先於憲法、法律存在之自然事實，與個人及所屬群體之身分認同密切相關。另憲法增修條文第 10 條第 11 項及第 12 項規定保障原住民族多元文化、地位及其政治參與等，又原住民之文化權利乃個別原住民受憲法第 22 條保障之基本權之一環，亦經司法院釋字第 803 號解釋在案；即原住民之地位較特殊，其身分原則上係依自我認同原則。是原住民之身分認同權應受憲法第 22 條規定高度保障，乃原住民特殊人格權利；上開身分認同權復與原住民族之集體發展密切相關，就此而言，亦為應受憲法保障之重要基本權利❷。」故不論是原住民身分取得權❸，還是特定族群被視為是「原住民

---

❷　111 年憲判字第 4 號判決理由第 17 段。

❸　111 年憲判字第 4 號判決有關原住民與非原住民結婚所生子女是否具原住民

族」的集體身分認定權❹，皆屬國家應予以保護之事項。

二、隱私權及資訊自主權

隱私權包括一切個人私密的資料，而不欲他人探知或公開宣揚者，諸如各種生活關係的資料，如健康、財產、家庭生活、交際活動等。隱私權在性質上是防禦權的一種，國家機關因公益必要有權取得個人提供的資料，如納稅須提供所得資料，公務員須申報財產狀況等，必須有法律的依據，始得為之。德國實務上將與個人有關的資料（訊），列入人性尊嚴及人格權的範圍❺，在有關戶口普查 (BVerfGE 65, 1, 80ff., -Volkszählung) 的案件中，德國聯邦憲法法院正式稱之為資訊自我決定權 (Recht auf informationelle Selbstbestimmung) 或稱資訊自主權❻，美國是非常注重隱私權保障的國家，但隱私權在憲法中並未規定，而是出於案例所形成。

早期大法官對我國憲法上關於隱私權保障的問題，有意劃入財產權或居住自由的範圍（釋字第 293 號解釋將個人銀行存款資料視為隱私權之一種）。釋字第 603 號解釋對此項問題另有全面的詮釋。本號解釋確定隱私權是憲法第 22 條所保障的權利，而個人自主控制的資料也屬於隱私的範圍，即資訊隱私權，當然同受憲法保障。指紋乃個人之重要資訊，戶籍法強制換身分證的人民必按下指紋之規定因其目的不明，且手段過當而被宣告為違憲。近來有關舉發違法或犯罪之行政作為涉及隱私權的案例，包括對肇事駕駛人進行強制抽血以檢測酒精濃度，或是對毒品嫌疑犯採尿驗毒等，大法官首先強調不論是強制抽血或採尿皆屬侵害身體權與資訊隱私權，其受憲法第 22 條所保障，並須符合正當法律程序之要求。其次，基於比例原

身分案。

❹　111 年憲判字第 17 號判決有關西拉雅族是否屬原住民族案。

❺　BVerfGE 56, 37, 41f.

❻　Richter u. a., aaO., S. 80ff.

則之要求，僅在必要情況下方得為之。最後，為保障人權與調和抽血取尿採證之急迫性，大法官建立「檢察官保留」機制；亦即原則上事前應先取得檢察官核發之鑑定許可書，情況急迫時，則須於採證 24 小時內陳報檢察官事後許可，檢察官不許可者，應於 3 日內撤銷之。而受測試檢定者亦得於受檢測後 10 日內，向法院聲請撤銷之❼。

　　最後討論與隱私權有關的資訊公開與資訊保護的問題，由於電腦利用之普遍，於民國 84 年制定電腦處理個人資料保護法，民國 99 年修改為個人資料保護法，並於民國 101 年施行。所謂個人資料的類別包羅甚廣，依該法第 2 條第 1 項第 1 款，舉凡「自然人之姓名、出生年月日、國民身分證統一編號、護照號碼、特徵、指紋、婚姻、家庭、教育、職業、病歷、醫療、基因、性生活、健康檢查、犯罪前科、聯絡方式、財務情況、社會活動及其他得以直接或間接方式識別該個人之資料」，都是法律所保護的「個資」。從資料的蒐集、處理、利用每個階段都加以管制，使個人在現時的網路世界中，獲得保護。個人資料保護法並建立二大機制，凡公私機構或團體皆有適用：一是目的拘束原則，即蒐集個資應符合法規所定的目的（個人資料保護法第 5 條），二是清除義務，即利用目的之達成，應主動或依當事人的請求，將資料刪除或停止處理。如有繼續處理之必要者，應經當事人之書面同意（個人資料保護法第 11 條）。總之，這是相當繁雜且不易執行的法律。在有關健保資料庫的利用爭議中❽，大法官首先認同個資經「去識別化」後，得以被利用。不過，對於利用健保資料之主體、目的、要件、範圍及方式暨相關組織上及程序上之監督防護機制等重要事項，皆須由法律明確規範。此外，國家必須建置獨立監管機關，職司個人資訊隱私權之保障。最後，當事人除事先享有處理或利用其個資之同意權外，亦

---

❼　詳見 111 年憲判字第 1 號判決有關強制抽血檢測酒精濃度案，與 111 年憲判字第 16 號判決有關採尿取證案。

❽　111 年憲判字第 13 號判決有關健保資料庫案。

享有停止處理或利用其個資之停止請求權。

除上述之外，與隱私權立於相對面者，有知的權利 (right to know)，在美國憲法的論述上甚受重視❾。我國也制定「政府資訊公開法」，便利人民共享及公平利用政府資訊維護知的權利，該法對政府資訊採主動公開及申請公開兩種方式，除有關國家機密、個人隱私或有害公益等例外原因排除，一切政府機關所持有之資訊均應公開。至於有關國家機密部分，也有國家機密保護法的頒布，機密依其性質分別由總統以次各級機關首長予以核定，解除機密也由有核定權人為之，與機密有關的利害關係人也可以申請解除，若遭拒絕，尚可提起爭訟。至此，保障隱私權及人民知的權利有關的法制，初見完備。

三、環境權問題

環境保護 (Umweltschutz) 是 20 世紀後半葉以來，人類面臨的嚴峻問題，環保也就成為世界性的運動。各國莫不制定各種防止公害與維護環境的法規，並設置專責的行政機關以推行環境保護，而民間以倡導或監督環保為宗旨的團體，也紛紛成立，這種情形在我國也不例外。

上述情勢對憲法或基本權有何影響？是下面要研究的問題。西歐國家幅員狹小，但工業發達，所以特別注意環保，但很少看見各國修改憲法，在有關人民權利中增列環境權。若干國家的作法是將環境保護列為憲法上的國家目的，例如奧國除修改憲法法典增加許多針對環保任務，劃分聯邦與各邦的權限條款外，又制定關於廣泛實施環保之聯邦憲法法律 (BVG über den umfassenden Umweltschutz)，首先將所謂廣泛實施的環境保護給予定義：「是指維護自然環境，使其成為不受有害影響的人類生活根基 (Lebensgrundlage der Menschen)，廣泛實施之環境保護包括對空氣、水源及

❾　參看法治斌，知的權利，收於：氏著，憲法專論㈠，自版，2007 年，頁 272 以下。

土地之清潔維護措施，以及免於噪音之干擾❿。」其次，這項法律就環保事項作權限分工：例如空氣維護及工業廢棄物的處理歸聯邦，而住宅暖氣設施則屬各邦等，相當的細密。此外，尚有不少國際條約及歐盟法規，都課予國家不同程度的環保義務⓫。德國第四十二次修憲條文，也將環境保護列為新的國家目的規定。所謂國家目的規定類似基本國策條款，與古典的或自由的基本權不同，也與社會的基本權有別。自由權是以防止國家的積極作為侵害個人權利或要求國家平等對待人民為宗旨；社會權則是要求國家積極提供給付或服務，人民並得按照其既有的社會立法或社會救助規定，向行政主管機關提出具有法律效果（得以訴訟實施）的請求；國家目的乃是課予國家尤其是立法機關責任，使這類國家目的盡可能從速實現，也就是將之轉換為有效施行的法律，一旦被定為國家目的事項則優先其他政策目標 (politische Zielsetzung)，蓋政策目標可能是執政政黨的主張，變動性較大⓬。由上所述，環境保護法 (Umweltschutzrecht) 在現代國家法制中占有重要地位，環境保護法由國際條約、憲法及各種法律規定所構成，屬於客觀規範的一種，所以尚不能以其中有 Recht 一字，而逕稱之為個人主觀上的環境保護權。但在憲法訴訟上卻有變通辦法：基於國家目的的規定，產生國家的保障義務 (Schutzpflicht)，這一義務不僅為國家應對生活的需求給予保護，尤其要保障免於受他人的違法損害⓭；環境對生活的影響無所不在，故保障應包括對身體有形及無形的損害在內⓮；對於國家未盡

---

❿　B-C. Funk, Einführung in das Österr. Verfassungsrecht, aaO., Rn. 158f.

⓫　Ebd., Rn. 218.

⓬　Vgl. Hesse, Grundzüge des Verfassungsrechts der BRD, aaO., Rn. 208; auch Tzung-Jen Tsai（蔡宗珍）, Die Verfassungsrechtliche Umweltspflicht des Staates, München Diss., 1995, S. 25ff.

⓭　BVerfGE 46, 160, 164.

⓮　BVerfGE 56, 54, 63.

其保障義務時，基本權主體可否以訴訟提起請求，德國聯邦憲法法院採肯定見解❶；損害因第三人行為所發生者，國家應盡的保障義務亦同。至於在私法關係所產生公害之侵權責任，比前述公權力主體的保障義務，存在歷史更為久遠❶。

　　民國 81 年 5 月通過的憲法增修條文第 18 條第 2 項規定：「經濟及科學技術發展，應與環境及生態保護兼籌並顧。」這是環保首次入憲，增修條文雖屢經修改，這項規定均維持不變（現行條文為憲法增修條文第 10 條第 2 項），整個條文都是對憲法本文第 13 章基本國策的補充規定，相當於國家目的條款，上述比較憲法上的實例，可供我們參考。最後，討論何以德、奧等國未將環境保護視為國民的基本權，而僅以憲法位階的法律定為國家目的之一種？我們應知道權利的實質意義是權利主體對某物的支配權或對某人的請求權，我們又知道環境保護泛指與維持或重建適於人類、動物、植物及其他生物生存空間的一切建制或措施。像清潔的空氣、土地及水流、防止廢棄物污染、維護風土景觀、防避光害、噪音及其他公害（例如臭氧層的破壞等）❶，都是環保應採取的對策及措施，個人固然在生活上享受環保的利益，但也負有維護環境參與環保的道義上，甚至法律上的責任，與一般權利的性質並不相同。所以環保是每個國家，乃至全體人類的共同責任。憲法上關於環保的國家目的規定，在作成立法裁量、行政裁量（包括訂定命令的裁量及作成處分的裁量）時，應作為考量的基準❶。

---

❶　BVerfGE 77, 170, 214.

❶　Vgl. Jarass/Pieroth, aaO., Art. 2 Rn. 50.

❶　Vgl. B.-C. Funk, aaO., Rn. 158.

❶　Vgl. Jarass/Pieroth, aaO., Art. 14, 45f. 例如屏東縣新埤鄉農民於民國 84 年間，申請將其所有農牧使用土地兩筆擴建為養豬場，經該縣環境保護局勘查是在水源保護區，為防止污染未予核准。駁回申請的法規依據是前台灣省政府依職權發布之台灣省非都市土地容許使用執行要點的規定，並沒有直接的法律依據，又不是法律授權訂定的法規命令，用來限制土地所有權人使用土地的權利，嚴

環境生態保護與經濟發展往往相互衝突，憲法增修條文第 10 條第 2 項雖嘗試予以調和，但僅將二者置於天秤的兩端，讓彼此地位相等而無優先順位；這樣的規定方式其實宣示意義遠高於實質。然除經濟發展之外，環境生態保護也可能與其他人為活動相衝突。例如因信仰佛教而大量放生，可能造成特定地區的生態失衡；但憲法並未將宗教自由與環境生態保護放在天秤上一起衡量。又如原住民族狩獵活動可能影響環境生態，若從憲法增修條文第 10 條的規範方式來看，該條第 11 項及第 12 項都提及國家對原住民族的義務，但不曾將原住民族文化與環境生態保護放在同一天秤上，要求「原住民從事狩獵活動之文化權利保障與環境及生態之保護應兼籌並顧」；這純粹是釋字第 803 號解釋大法官造法的結果，其是否符合憲法文本之規範精神？不無疑問。其次，狩獵活動自古即是一項以營生為主要目的的活動，「獵人」既是一種職業，也可能兼具社會階級的意義。近代以來，台灣地區漢人及原住民大量獵捕鹿群，使鹿皮曾經是台灣最重要的出口商品之一。原住民獵鹿之後，鹿皮與鹿肉皆與漢人交換其他生活所需，僅留內臟食用。也正是因為鹿皮貿易蓬勃發展，從荷蘭據台時期即開始輸入制式槍枝供獵人使用。換言之，台灣原住民之狩獵活動本不僅限於文化或祭儀層面，而是一種以交換物資為目的的經濟營利活動，並且自荷蘭時期即開始使用進口之制式槍枝狩獵。惟自日本殖民時期即開始列管槍枝，爾後中華民國政府亦採相同政策，導致原住民僅能使用必須依法登記的自製獵

格講與法律保留原則是否相符非無疑問。但釋字第 444 號解釋，認為上開要點是執行自來水法第 11 條及水污染防治法第 28 條第 4 款之規定，「就某種使用土地應否依容許使用之項目使用或應否禁止或限制其使用為具體明確之例示規定」，而上述法律以及定有土地分區使用之區域計畫法，是考量「國家經濟發展及環境保護政策」等目標所制定的法律（均見諸該號解釋理由書）。這段論述顯然基於環保的國家目的，而採寬鬆的審查標準，與德國實務見解可謂不謀而合。

槍。由於手工自製獵槍品質不佳，原住民因劣質獵槍而傷者時有所聞。在另一方面，因環保與生態保護意識抬頭，我國的野生動物保育法以禁獵為原則，但允許原住民基於傳統文化、祭儀的獵捕活動。不過，狩獵活動受事前管制，必須事前申請並申報欲捕獵之期間、種類、數量、與方法等。然狩獵行動幾乎都在夜間，如何能精確判斷所獵殺之物種及數量？前述槍枝管制與狩獵管制導致原住民因其狩獵行為頻頻觸法，終於在王光祿案判刑確定後，檢察總長提出非常上訴，並由最高法院提出釋憲聲請。

　　大法官作出意見十分分歧的釋字第 803 號解釋，解釋文認為非營利自用的狩獵權是原住民文化權的一部分，受憲法保護，但為求與環境生態保護平衡，對狩獵活動施以事前管制手段並不違憲；但要求事前填具獵捕內容的部分缺乏彈性，違反比例原則而違憲。此外，對於僅能使用自製獵槍部分，該解釋則認為合憲；只是有關「自製獵槍」的界定對原住民保障不足，故違憲。釋字第 803 號解釋其實並沒有真的改變現行原住民狩獵活動所受的諸多桎梏，也沒有如動保團體所期待的達到完全禁止獵捕的境地；導致雙方對此解釋皆不滿意。該解釋視狩獵權為文化權，彷彿狩獵活動不是憲法第 22 條的自由權範疇，同時非原住民也不得享有此項權利。雖然現今因肉品供應充足與生態物種保護規定，獵人不再如過去一般得以販售獵物維生，但狩獵卻可以是一項人人皆可能有興趣的休閒活動。而缺乏獵人保護與透過狩獵行為予以平衡的山林，亦可能造成另一種生態失衡狀態。

四、婚姻自由

　　釋字第 242 號解釋對兩岸交往以前（即民國 76 年 11 月 1 日前），「國家遭遇重大變故，在夫妻隔離，相聚無期之情況下所發生之重婚事件，與一般重婚事件究有不同」，解釋為不適用舊民法第 992 條撤銷婚姻之規定，並認為維持正常婚姻生活乃憲法第 22 條所保障人民之自由及權利，這是婚姻生活首度列入憲法第 22 條保障事項的宣告。嗣後又出現釋字第 362 號解

釋，其理由書寫道：「適婚之人無配偶者，本有結婚之自由，他人亦有與之相婚之自由，此種自由，依憲法第二十二條，應受保障。」至此婚姻自由屬於憲法第 22 條的自由權利，可謂定論。釋字第 552 號解釋無論多數意見或數位大法官個人意見也都重申這項自由。然則何謂婚姻自由？婚姻自由的保障範圍為何等相關問題？迄今為止，釋憲機關尚未作出解釋案例，下面按照學理扼要說明：

(一)婚姻自由的意義

我們使用婚姻自由中「自由」一詞與憲法上其他自由在意義上並不完全一致，其他自由的本意是自由於國家公權力之外的意思，婚姻自由則是著重在制度性保障，換言之，婚姻自由的婚姻必須是法律上的婚姻，即所謂世俗意義的民法上婚姻 (verweltlichte bürgerliche-rechtliche Ehe)，其他的「婚姻」，諸如同性婚姻、冥婚、試婚或同居關係等都不是這裡所承認的婚姻，所謂自由也只是在法定婚姻制度下的自由 ❶❾。因此，我們可得出如下定義：「婚姻自由是對合法婚姻受制度性保障，及法律對婚姻所給予的規範下的自由。」

在上述定義之下的婚姻自由其實質的內容與保障事項，隨後加以說明。

(二)婚姻自由與一夫一妻制

一夫一妻制不是事物之本質 (rerum natura)，卻是接受基督教教義作為文明表徵的「無限上綱」，它是先憲法而存在，不能因為憲法沒有明文規定，就質疑它的層次，這如同仁義道德一樣，是不可懷疑的。前引釋字第552 號解釋理由書稱：「婚姻自由雖為憲法上所保障之自由權，惟應受一夫

---

❶❾　德國法律哲學家賴特布魯 (G. Radbruch) 在其名著 Rechtsphilosophie 中寫道：「當事人之婚姻自由只有一項：即是否欲結婚及是否選擇特定人完婚。反之，婚姻本質是排除所有人類之自由；任何人一旦結婚，則受到神法及婚姻基本特性之拘束」(6. Aufl., 1963, S. 251)，並參照釋字第 552 號解釋，戴東雄大法官協同意見書。

一妻婚姻制度之限制」，實則一夫一妻制不純然是婚姻自由的限制，它本身就是婚姻制度不可缺少的成分，婚姻所生的夫妻權利義務關係，賴一夫一妻制而獲得保障。

在實際生活中，可能會出現一夫兩妻（多妻）或一妻兩夫（多夫）的現象，它只是特殊的、短暫的存在，並不足以動搖一夫一妻制的原則，例如釋字第 242 號解釋的聲請人鄧元貞其大陸原配，經解釋就不能撤銷在台灣後娶的婚姻，因此可能同時存有兩位合法妻子。釋字第 362 號及釋字第 552 號解釋也是為解決特殊情況所生之重婚問題，而維持一夫一妻制。

㈢**婚姻自由的保障事項**

在婚姻自由範疇內的保障事項包括：1.婚姻締結自由 (Eheschliessungsfreiheit)：這項自由包括結婚與否的自由、結婚對象選擇的自由、結婚時機的自由，凡是對上述自由加以限制者，民事上的約定不僅違背公序良俗，也是違憲的行為（放射效應的一種），法律如果任意限制婚姻自由，亦有牴觸憲法之嫌。2.共同生活之維持：婚姻既以組成家庭共同生活為目的，配偶之任何一方均無主張不共同生活的權利，立法或行政措施也應該以維護夫妻共同生活為目的，而避免產生拆散家庭的效果，所以德國外僑法 (Ausl. G.) 規定，本國人與無居留權的外國人結婚，該外國人原則上可獲得特別的居留許可 [20]。3.受扶養權利：婚姻也是共同經濟團體，互負家計負擔及扶養的義務與權利，甚至在婚姻關係結束後，可歸責的一方尚應支付他方贍養費。4.離婚自由：婚姻配偶雙方得隨時協議離婚以結束婚姻狀態，若一方不願離婚，則只能訴請法院裁判有無構成法定離婚的原因，這是我國法制上的規定，人民享有相當廣闊的離婚自由 [21]。在基督

---

[20]　Richter u. a., aaO., S. 155.

[21]　甚至連少有的離婚限制，也被認為顯然過苛而違憲。如 112 年憲判字第 4 號判決謂：「民法第 1052 條第 2 項規定，有同條第 1 項規定以外之重大事由，難以維持婚姻者，夫妻之一方得請求離婚；但其事由應由夫妻之一方負責者，僅他

教教義中，婚姻是在神意下的結合，離婚限制甚嚴（尤其是天主教國家），基本上不允許兩願離婚。目前德國婚姻改革法 (Eherechtsreformgesetz) 採破鏡難圓原則 (Zerrüttungsprinzip) 以分居作為離婚的前提，協議分居 1 年後可離婚，一方分居須經 5 年或 3 年後，始得離婚，德國聯邦憲法法院並認可這種規定 ❷。

㈣婚姻制度與性自主

我國刑法第 17 章章名為妨害婚姻及家庭罪，其中舊刑法第 239 條規定：「有配偶而與人通姦者，處一年以下有期徒刑，其相姦者亦然。」就該條所置章節來看，其目的係為維繫婚姻與家庭制度至為明顯。故釋字第 554 號解釋謂：「婚姻與家庭為社會形成與發展之基礎，受憲法制度性保障。……國家為確保婚姻制度之存續與圓滿，自得制定相關規範，約定夫妻雙方互負忠誠義務。性行為自由與個人之人格有不可分離之關係，固得自主決定是否及與何人發生性行為，惟依憲法第二十二條規定，於不妨害社會秩序與公共利益之前提下，始受保障。**是性行為之自由，應受婚姻與家庭制度之制約**。」換言之，性自主固為憲法第 22 條所保障，但仍受制於婚姻制度，於此形成通姦罪的合憲基礎。

不過，因通姦罪除罪化的聲浪不小，終至大法官再度面對同一問題，卻作出不同解釋。釋字第 791 號解釋宣告刑法第 239 條違憲（本條已於民國 110 年 6 月刪除），其主要論述重點如下：第一，當代婚姻關係中個人人格自主（包括性自主權）之重要性，已更加受到肯定與重視，而婚姻所承

方得請求離婚。其中但書規定限制有責配偶請求裁判離婚，原則上與憲法第 22 條保障婚姻自由之意旨尚屬無違。惟其規定不分難以維持婚姻之重大事由發生後，是否逾相當期間，或該事由是否已持續相當期間，一律不許唯一有責之配偶一方請求裁判離婚，完全剝奪其離婚之機會，而可能導致個案顯然過苛之情事，於此範圍內，與憲法保障婚姻自由之意旨不符。」

❷　BVerfGE 53, 224, 246f. Vgl. Ebd., S. 157.

載之社會功能則趨於相對化，故過去的見解應以新觀念重新檢視。第二，婚姻忠誠義務尚不等同於婚姻關係本身。配偶一方違反婚姻忠誠義務，雖可能危害或破壞配偶間之親密關係，但尚不當然妨害婚姻關係之存續。因此，通姦罪就維護婚姻制度或個別婚姻關係之目的而言，其手段之適合性較低。第三，基於刑法謙抑性原則，國家以刑罰制裁之違法行為，原則上應以侵害公益、具有反社會性之行為為限，而不應將損及個人感情且主要係私人間權利義務爭議之行為亦一概納入刑罰制裁範圍。基於婚姻制度之社會功能已逐漸相對化，且婚姻之成立以雙方感情為基礎，通姦行為雖損及婚姻忠誠義務，但尚不致明顯損及公益。故國家是否有必要以刑法處罰通姦行為，尚非無疑。第四，通姦罪不僅直接限制人民之性自主權，且其追訴審判程序亦必然干預人民之隱私。處罰通姦及相姦行為直接嚴重干預個人性自主權之核心範圍。再者，通姦及相姦行為多發生於個人之私密空間內，不具公開性。其發現、追訴、審判過程必然侵擾個人生活私密領域及個人資料之自主控制，致國家公權力長驅直入人民極私密之領域，而嚴重干預個人之隱私。況國家以刑罰制裁手段處罰違反婚姻承諾之通姦配偶，雖不無「懲罰」違反婚姻忠誠義務配偶之作用，然因國家權力介入婚姻關係，反而可能會對婚姻關係產生負面影響。故通姦罪所致之損害顯然大於其目的所欲維護之利益，而有失均衡。綜上，通姦罪對憲法第 22 條所保障性自主權之限制，與憲法第 23 條比例原則不符，應自解釋公布之日起失其效力。該解釋同時對於該條但書「對於配偶撤回告訴者，其效力不及於相姦人」，也就是可以僅告通姦人而饒過原配的規定因違反平等原則而違憲。

　　該號解釋僅有一份不同意見書，顯現大法官就此問題有高度共識。惟「通姦罪除罪化」的爭議存在甚久，社會尚無共識；這是釋字第 554 號解釋認為此屬**立法者之價值判斷與形成自由**的理由。而今大法官越俎代庖並高調宣告解釋結果，再次呈現強烈司法積極主義的態勢。

五、同性婚姻

同性婚姻固屬婚姻自由的一部分，但因其將對婚姻制度造成相當深遠的影響，故予以獨立討論。其實男性與男性，或女性與女性相戀，自古就有，但共組家庭甚至成立法律上的婚姻關係，則是近年興起的事。羅馬法將婚姻定為羅馬男人與女人的結合，同性婚姻在羅馬法上不具有地位。到了西元 342 年，兩位信奉基督的皇帝君士坦丁二世及君士坦斯烏斯公布迪奧多西法典 (Theodosian Code) 對同性結婚處予死刑❷。自此之後，歐洲由中世紀到近代同性間的關係只能秘密存在。反之，中華文化對同性戀持寬容態度，國家公權力甚少介入干涉，但亦不曾承認同性婚姻具法律地位❷。

時至 21 世紀，第一個立法承認同性婚姻的國家為荷蘭（2001 年），其後陸續有不少國家跟進。以下先簡略介紹荷蘭、法國與美國同性婚姻合法化的歷程，然後再討論大法官釋字第 748 號解釋。

(一)同性婚姻合法化歷程

荷蘭、法國及美國恰巧是議會內閣制、半總統制與總統制等三種政府

---

❷ 聖經中的創世紀提到：「人要離開父母，與妻子聯合，兩人成為一體。」(2:24)「你們要生養眾多，在地上昌盛繁茂。」(9:7) 由此教義可推衍出：異性是婚姻的主體，繁衍後代是婚姻的目的。

❷ 例如左傳哀公 11 年記載：魯昭公之子與其寵男汪錡一起在戰場上抗敵，為國而死，魯國人因汪錡年幼，打算以規格較低之葬禮安葬，孔子認為不需要因其年幼而降低葬禮規格，因為「能執干戈以衛社稷，可無殤也」。漢哀帝與董賢情深意重，幾乎要將天下禪讓給董賢，「斷袖」之典故即來自此二人。儒林外史中的杜慎卿與季葦蕭的對談，也顯示出文人雅士不以斷袖之癖為恥。杜慎卿聲稱自己「是和婦人隔著三間屋就聞見她的臭氣」，但為了要得子留後，只好無可奈何的娶姨太太，但同時他還到處尋訪同性知音。從君王、王公貴冑，到文人雅士，都有同性戀的紀錄。但農業社會需要人力耕種，故從國家到一般家庭，基本上都不可能正面鼓吹或支持同性戀。

體制。在文化宗教上，荷蘭向來是歐洲最世俗、最多元的國家，法國則長期信奉天主教，美國則是清教徒與移民社會。同性婚姻在此三國的合法化過程中司法權介入的情形，各有不同。荷蘭司法權幾乎不介入，法國則是相當節制限縮，美國則是具主導地位。

1.荷蘭㉕

早自 1946 年開始，荷蘭即有同性戀運動，並在 1952 年成功的在阿姆斯特丹市中心區的一個劇院地下室創立一個同性戀庇護中心，成為男女同志公開的聚會場所。同性運動與包括婚前與婚外性關係、性交易合法化、離婚、避孕等性解放運動同步發展，並逐步改變荷蘭人對「性」的觀念與態度。在 1967 年由 「荷蘭性改革協會」 (NVSH, Nederlandse Vereniging voor Seksuele Hervorming) 主辦的研討會中提出一個「2000 年計畫」，要求逐步廢除所有妨害性自由的法律。此後，性自由化的趨勢越來越明顯，同性團體開始爭取各種待遇（如賦稅、公有住宅之租賃、退休金與繼承等）的平等權，以及同性團體的公開可見性（如更多的公開聚會場所）。在政治上，自 1982 年起，阿姆斯特丹市就積極推動各種性解放政策。而早自 1960 年代起，同性的酒吧、舞廳到旅館等場所，如雨後春筍般地紛紛設立，該城成為同性旅遊的聖地。由於同性旅遊過於蓬勃，市長甚至考慮是否開始要限制同性場所的數量。到了 1994 年，出現自第一次世界大戰後第一個沒有天主教政黨參與的聯合內閣（稱為紫色內閣），其對同性運動極為支持。在紫色內閣的努力下，同性婚姻合法化終於在 2000 年 9 月由國會投票通過，國王於同年 12 月簽署公布該法，並自 2001 年 4 月 1 日起生效。從荷蘭同婚合法化的歷程來看，其有以下特色：第一，運動發源甚早，且與更廣泛的性解放運動一起發展，逐步改變人民觀念與社會風俗。第二，

㉕　以下有關荷蘭的介紹，主要參考阿姆斯特丹大學教授 Gert Hekma, Politique et homosexualité aux Pays-Bas, *Bulletin d'histoire politique*, volume 18 numéro 2, 2017, pp. 77 et ss.

內閣與其國會主導改革全局，司法權完全沒有介入。第三，是一種漸進式的發展：從同性活動的公開可見性，到 1994 年引進丹麥之民事伴侶制度以維護同性戀者之各項權利，再到 2000 年正式通過同婚法。

在同婚法施行十年後，官方統計共有一萬五千對同性戀登記結婚，占同性戀人口的百分之二十。同一時期異性戀登記結婚者約七十六萬餘對，占異性戀人口的百分之八十。雖然法律上認為同性婚與異性婚並無不同，但學者研究發現同婚合法化後，反而更加強化荷蘭人的性別意識，今日絕大多數的荷蘭人認為男性與女性的確有生理上的差異，同性戀與異性戀乃本質上之不同。此外，即便已經合法化，法律並無法改變社會風俗與人民心態。特別是在學校，包括老師及學生在內的同性戀者仍很難被接受❷❻。而對於同性戀聚會場所進行攻擊的事件，不但沒有因合法化而減少，反而是與日俱增，同性戀者常常因為遭受攻擊而不得不搬家。雖然這些攻擊者常被認為是「新荷蘭人」，意指尤其是信仰伊斯蘭教的外來移民，但伊斯蘭教移民並非是唯一的反同族群。政治上本來反同的右派，現今利用挺同作為反移民與反伊斯蘭教的訴求，他們指控所有對同志施行暴力攻擊者，皆是伊斯蘭教移民❷❼。反之，政治上本來挺同的左派政黨，因為少數族群，

❷❻　根據 2013 年一項研究調查顯示：同性戀者仍在學校、家庭及社區遭到排擠。對同年紀的青少年而言，同性或雙性戀者曾想自殺的比例高達百分之六十四，而曾經付諸實踐的則達百分之十三。反之，對於異性戀青少年，想自殺及曾自殺的比例分別是百分之十點三及二點二。引自 Retour sur douze ans de marriage pour tous aux Pays-Bas, *EuroNews*, 2013/04/01.

❷❼　典型的代表人物是右派政黨的領導人 Pin Fortuyn，他自己是出櫃的同志，反對伊斯蘭教移民，於 2002 年被暗殺。另外，2013 年爆發一件外交危機，一個土耳其裔的小孩 Yunus，因其父母可能有家暴傾向而被安置在一個同婚的接待家庭。消息一經披露後，引起土耳其及伊斯蘭教移民高度不滿，安卡拉示威群眾聚集，要求將前往荷蘭訪問的土國總理向荷蘭施壓。該總理也的確發表將小孩安置在同婚家庭違反伊斯蘭教精神的言論，此舉引起荷蘭官方嚴厲反擊。

特別是伊斯蘭教徒，是他們的重要票源，以至於今日左派反而不敢大力挺同，以免其選票大量流失。

在荷蘭，由於特定「性傾向」被合法化後，導致「性倫理」的全面崩解，從性交易、戀童、人獸交到性虐待等各類行為的違法性，皆可被質疑，甚至是被推翻。例如性交易與性虐待，只要以雙方同意為前提，是否公權力都必須予以尊重？至少在性交易的部分，荷蘭性交易早已合法化，阿姆斯特丹也有著名的紅燈區。但合法化多年後並沒有改變人民對性交易的看法，反而因人民態度越來越保留而使得立法管制又逐步嚴格起來❷❸。

2.法國

法國過去雖是一個信仰天主教的國家，但自二戰後宗教信仰已逐步淡化。在通過同婚法律之前，法國很早就將「同居」法制化，作為婚姻以外的另一種制度選項。1980 年代愛滋病在法國社會蔓延，同志運動因愛滋病而大幅受阻。1989 年 7 月 11 日法國最高法院在其判決中拒絕同性戀人取得「同居」的法律地位，引起同志團體反彈。左派政黨開始自 1990 年起陸續提出各種挺同法案，但都無法通過。後來左派政府取回執政權後，在 1998 年再度提出新法案，為同性戀者創設一種稱為「民事團結盟約」(Pacte civil de solidarité) 的新制度。該法案在國會引起左右政黨激烈對抗，不僅國會歷經漫長的辯論，巴黎市區也不斷有反對者示威抗議。法國國民議會最後在 1999 年 10 月 13 日以三一五票支持，二四九票反對，通過該法案。反對者立刻連署聲請釋憲，憲法委員會在其決定中宣告：立法者有權為不想或不能結婚的人創設適合他們的制度，民事團結盟約並不會影響婚姻制度，也不會破壞家庭制度❷❾。自此以降，同性戀者可以同居，也可簽署民事團結盟約，他們在各方面所享有的權利與婚姻制度幾無差別。雖然

---

❷❸　例如 2015 年，市府以整建為名，關閉部分紅燈區之櫥窗，引起性工作者上街抗議。

❷❾　C.C. 9 novembre 1999, n° 99-419 DC.

如此，從改善「民事團結盟約」到提出「人人可婚」(mariage pour tous) 的主張，仍然一直是大選中的話題。左派領袖 Holland 於 2012 年就任總統後，為落實其競選政見正式推動「人人可婚」法案，使同性戀不僅可以取得民事團結盟約的法律地位而已，更可以像異性戀一樣的取得「婚姻」之法律地位。該同婚法案一樣歷經激烈的政黨攻防，國會兩院的漫長審議與辯論，最後國民議會以三三一票贊成，二二五票反對通過該法案；右派反對黨立刻連署聲請釋憲。

憲法委員會在本案的合憲宣告中，主要回應下列問題：首先，反對者認為同性婚姻違反具有憲法位階之「共和國法律所肯認的基本原則」（參見第三編第一章第三節），故違憲。憲法委員會則認為：雖然歷來的法律都規定婚姻應是不同性別的結合，但是「異性方得成婚原則」既不屬基本權利與自由之範疇，也非涉及國家主權或公權力組織之相關事項，故「異性方得成婚原則」不屬「共和國法律所肯認的基本原則」。換言之，就憲法層級而言，並不存在「異性方得成婚原則」得以阻止同婚立法。其次，承認同性婚姻並不會對已存在之異性婚姻造成任何影響，聲請人認為同性婚姻將危及婚姻制度的說法，並不成立。最後，對於同性婚姻可能對收養制度造成衝擊的質疑，憲法委員會強調：系爭法律並未為同性婚姻者創設「擁有子女的權利」(droit à l'enfant)，而 1946 年憲法前言第 10 項所揭示之「應以兒童利益為最優先考量之原則」，並未被改變。換言之，不論是異性婚姻者或同性婚姻者提出收養申請，都要經相同的評估與審查程序，只要收養乃符合出養兒童之利益，同性婚姻並不會衝擊收養制度。在憲法委員會的論述中，有一段話特別值得注意：對於開放讓同性伴侶得以使用婚姻制度的部分，鑑於立法者認為同性戀者與異性戀者之區別，已經不再能證立同性戀者不得取得婚姻制度所賦予之地位及其所提供之保障。對此，也就是有關婚姻制度及同性戀與異性戀之差異情況，憲法委員會無權以其判斷取代立法者之判斷❸⓿。

---

❸⓿　C.C. 17 mai 2013, n° 2013-669 DC, para. 22.

　　換言之，憲法委員會尊重立法者之判斷與形成自由，憲法委員會僅有權檢視是否存有憲法規定阻止國會立法之內容。

　　雖然憲法委員會宣告同婚立法合憲，使得該法得以在 2013 年 5 月 17 日公布，法國自此成為同婚合法化的國家。但仍有重要的法律問題懸而未決：反對同婚者認為法國所簽署的諸多國際公約都認為婚姻制度是異性之結合❸❶，基於法國憲法肯認國際條約位階高於國內法，同婚立法難道不會因為牴觸法國所簽署的國際條約而違憲嗎？對此問題，憲法委員會延續其過去裁判見解，認為它無權審理法律是否牴觸條約的問題，此不在其法定權限範圍內。依法國法，是由審理個案的普通法院或行政法院負責檢視法律是否符合條約。基此，未來若有法院對此提出質疑，同婚立法也有可能再被挑戰。例如歐洲人權法院在 2010 年的 Schalk et Kopf c. Autriche 案中就明白表示：「歐洲人權公約第 12 條並未課予國家必須確保同性戀者適用婚姻制度的義務❸❷。」此外，法國同婚立法的真正爭議是收養，科技輔助

---

❸❶　包括 1948 年聯合國人權宣言第 16 條：「成年男女，不受種族、國籍或宗教的任何限制，有權婚嫁和成立家庭。他們在婚姻方面，在結婚期間和解除婚約時，應有平等的權利（第 1 項）。只有經男女雙方的自由的和完全的同意，才能締結婚姻（第 2 項）。家庭是天然的和基本的社會單元，並應受社會和國家的保護（第 3 項）。歐洲人權公約第 12 條：已達適婚年齡之一男一女有權依照規範此領域之國內法結婚，並成立家庭。」公民與政治權利國際公約第 23 條：「一、家庭為社會之自然基本團體單位，應受社會及國家之保護。二、男女已達結婚年齡者，其結婚及成立家庭之權利應予確認。三、婚姻非經婚嫁雙方自由完全同意，不得締結。四、本公約締約國應採取適當步驟，確保夫妻在婚姻方面，在婚姻關係存續期間，以及在婚姻關係消滅時，雙方權利責任平等。婚姻關係消滅時，應訂定辦法，對子女予以必要之保護。」其他尚有 1959 年 11 月 20 日的兒童權利宣言，1989 年 11 月 20 日的國際兒童權利公約，及 2007 年的歐盟基本權憲章等。

❸❷　CEDH, 24 juin 2010, Schalk et Kopf c. Autriche: In conclusion, the Court finds

人工生育與代理孕母等問題。事實上，法國早就創設「同居」及「民事團結盟約」等制度，讓同性戀者想要成立「親密、排他之永久結合關係」時得以適用。既然如此，為何還需要推動同婚立法？婚姻與「同居」及「民事團結盟約」等制度的最大差別就在「生育權」，同性同居者與同性民事團結盟約者不得主張「擁有子女權」。一旦同性可以結婚，則他們是否也可主張擁有基於婚姻制度所必然衍生的「生與育後代之權利」呢？此次同婚立法雖賦予同婚者有收養子女之權，但尚不及於人工生育與代理孕母。法國反同婚者迄今仍為數眾多且積極抗爭，其所真正反對的，就是同婚者之「擁有子女權」。他們認為若此次無法擋下同婚與收養之立法程序，明日如何能夠阻止同性戀者之人工生育與代理孕母合法化之訴求呢？

3.美國

美國是一個聯邦國家，聯邦憲法是世界第一部成文憲法，當然不可能有隻字片語涉及同性戀。基於聯邦國之特性，對於同婚是否合法，各州規定不同。2008 年加州最高法院在一個判決中宣告州法禁止同婚牴觸加州憲法而無效，加州乃透過公民投票修改憲法，以達禁止同婚之目的。此加州修憲條文被反對者認為牴觸美國憲法增修條文第 14 條的正當法律程序條款進行訴訟，一路上訴到聯邦最高法院，但聯邦最高法院不願意直接回答同婚問題。在 2013 年 Hollingsworth v. Perry 一案中❸，聯邦最高法院認為支持禁止同婚的訴訟當事人並無訴訟利益，故其非屬適格的當事人，無權針對原審法院宣告加州憲法違反聯邦憲法的判決提出上訴。換言之，在此案中聯邦最高法院不想介入同婚問題，將法律問題留給下級審法院。同樣在 2013 年，對於聯邦國會在 1996 年所通過的婚姻保護法 (Defense of

---

that Article 12 of the Convention does not impose an obligation on the respondent Government to grant a same-sex couple such as the applicants access to marriage. (para. 63)

❸ Hollingsworth v. Perry, 133 S. Ct. 2652 (2013).

Marriage Act) 中，拒絕在聯邦層級承認同婚者可以享有此法賦予給異婚者之權利的規定，引起同婚者的不滿而提起訴訟。同婚者不接受同婚的合法地位僅在州法承認，但聯邦法卻不承認的奇特情形。此案有趣的地方是訴訟兩造，代表美國的歐巴馬政府與原告 Windsor，都支持該法違憲。歐巴馬政府甚且不出庭為此法辯護，而是由部分國會兩黨議員代表國會出庭捍衛此法之合憲性。

聯邦最高法院於 2013 年 U. S. v. Windsor 一案[34]中，認定婚姻保護法將婚姻定為一男一女的結合，不給予同性結婚合法地位，違反美國憲法增修條文第 5 條，未經正當法律程序剝奪人民受平等保障的權利，同性結婚不違背聯邦憲法。 該案以五比四通過違憲認定， 多數意見的主筆大法官 Kennedy 在本案中先強調聯邦主義，認為婚姻的界定應該是屬於各州的職權。接著將筆鋒轉向自由權、平等權及人性尊嚴，並認為該法迫使同婚者處於一個奇怪的境地：州法認定已婚，但聯邦法卻認定未婚。最後本案雖然宣告該聯邦法違憲，但基於裁判意見中聯邦主義的援引，聯邦最高法院在本案中不願意直接回答州法或州憲禁止同婚是否牴觸聯邦憲法的問題。故首席大法官 Roberts 在其所提的不同意見書中特別強調 ： 本案對於禁同婚之州法或州憲是否違反聯邦憲法並未表態[35] 。 Scalia 大法官則譴責本案顯示司法權是畸形的過度膨脹與狂妄自大，他認為同婚合法與否的問題，應交由人民決定[36]。在本案之後，有諸多聯邦法院宣告禁止同婚之州法或州憲牴觸聯邦憲法，案件上訴到聯邦最高法院，該院都不願受理。一直到一個聯邦上訴法院宣告禁止同婚之州法合憲後[37]，聯邦最高法院為了統一見解而再次介入同婚問題 ， 並於 2015 年 Obergefell v. Hodges 一案中確認

---

[34]　United States v. Windsor, 133 S. Ct. 2675 (2013).

[35]　United States v. Windsor, 133 S. Ct. 2675, 2696–2697 (2013).

[36]　United States v. Windsor, 133 S. Ct. 2675, 2697–2698 (2013).

[37]　Deboer v. Snyder, 772 F. 3d 388 (6th Cir. 2014).

聯邦憲法保障同婚，自此正式終結同婚問題的多年司法纏鬥。

不過，Obergefell v. Hodges 案仍是以五比四通過，且仍是由 Kennedy 大法官主筆多數意見，他援引「實質正當法律程序」的概念作為同婚權的憲法基礎，並以誇張的筆法聲稱：婚姻乃源自於一個普世的恐懼，那就是一個孤獨的個體發出呼喚，卻沒有任何人予以回應的恐懼 ❸。他進一步強調：過去視反同為常態的情形於今已經改變，故法庭的多數意見其實是反映社會的多數意見。憲法增修條文第 14 條的內涵會隨時代而改變，並以此回應不同意見書中認為本案創設一種新的權利「同婚權」的批判。判決之論述接著進入平等權的領域，認為區分同性婚與異性婚違反平等權；但判決中卻沒有清楚說明以「性傾向」作為分類基準，是否是一個「可疑的分類」？最後，將自由權與平等權整合在一起，再加上人性尊嚴，宣告禁止同性婚姻乃違反美國憲法增修條文第 14 條平等保護條款及實質的正當法律程序。反對本案的大法官秉持過去立場，譴責司法權過度擴張，侵害民主。首席大法官 Roberts 認為聯邦最高法院偷走了人民的決定權，並且使自己宛如立法者 ❸ 。Scalia 大法官質疑由九名非民選的大法官決定三億兩千萬美國人的事，這如何能稱得上是民主體制 ❹ ？Thomas 大法官認為該判決阻斷了正常民主程序 ❹，Alito 大法官則批評聯邦最高法院僭越其權限，竊占

---

❸ Obergefell v. Hodges, 576 US_(2015), *slip opinion*, p. 14: "Marriage responds to the universal fear that a lonely person might call out only to find no one there. It offers the hope of companionship and understanding and assurance that while both still live there will be someone to care for the other."

❸ Obergefell v. Hodges, 576 US_(2015), opinion dissidente du Roberts, *slip opinion*, p. 2.

❹ Obergefell v. Hodges, 576 US_(2015), opinion dissidente du Scalia, *slip opinion*, p. 2 et p. 6.

❹ Obergefell v. Hodges, 576 US_(2015), opinion dissidente du Thomas, *slip opinion*, p. 2.

了人民的憲法權利❷。

(二)釋字第 748 號解釋

至於我國究應如何？此不僅是法律的問題，也涉及文化習俗、宗教、政治及社經生活等多方面的問題。

大法官在釋字第 748 號解釋表示：我國民法婚姻章之規定，「未使相同性別二人，得為經營共同生活之目的，成立具有親密性及排他性之永久結合關係，於此範圍內，與憲法第 22 條保障人民婚姻自由及第 7 條保障人民平等權之意旨有違。」換言之，禁止同性結婚侵害婚姻自由與平等權，故違憲。

就婚姻自由而言，大法官認為包含「是否結婚」以及「與何人結婚」等兩個面向。而民法未賦予同性者之結婚權，係限制與何人結婚之權利，顯屬立法上之重大瑕疵，故屬違憲。大法官於此特別強調：「對於成立親密、排他之永久結合關係」，同性戀者與異性戀者有相同之需求、能力、意願與渴望。滿足此需求與渴望，因而可以健全人格發展與維護人性尊嚴。此外，同婚不會影響適用於異性婚之相關制度，也不會改變異性婚所建構之社會秩序，反而可以與異性婚共同成為穩定社會之磐石。

就平等權而言，大法官先肯定以「性傾向」作為差別待遇之分類標準，係屬憲法第 7 條所保障之範圍。由於「同性戀性傾向」並非疾病，且屬難以改變之個人特徵，又是人口結構上的少數弱勢，所以必須採取嚴格審查基準來檢驗此分類標準。大法官進一步指出以「能否繁衍後代」而為差別待遇，顯非合理。至於由維護基本倫理秩序來看，同婚者亦能履行義務，故亦不得對其為差別待遇。綜上，禁止同婚違反憲法第 7 條保障平等權之意旨。

與前述西方國家之同婚立法歷程相比較，釋字第 748 號解釋有幾點特別值得注意：第一，對於像同婚合法化這類社會重大爭議，應由具有民主

❷ Obergefell v. Hodges, 576 US＿(2015), opinion dissidente du Alito, *slip opinion*, p. 6.

正當性之政治權力部門主導與決斷。司法權就算要介入，也應在社會與政治部門充分討論之後為之。議會內閣制的荷蘭，全由內閣與國會主導，司法權不曾介入。半總統制的法國，亦是在行政立法兩權充分互動，以及社會上的普遍表達與交流意見後，司法權才為國會多數所通過之法律背書。總統制與聯邦制的美國，民意代表制定的聯邦法或州法，公投通過的州憲，亦有相當充分的民主參與與公開討論後，司法權才介入。我國同婚立法雖亦由政治部門所推動，但國會所討論的草案竟非出自於行政院，法務部與行政院甚且沒有清楚且一致的立場。而草案未經國會充分審議與民主討論，社會分歧仍然十分劇烈，甚且草案尚在立法院審議階段，大法官即先行作出解釋。雖然大法官強調因立法解決時程未可預料，且又涉及人民重要基本權之保障，故司法院「懍於憲法職責」而勉力受理該案並作出解釋。但是這樣的說法既不能阻止「解釋時點是否適宜」的質疑❸，更不能對其他諸如死刑存廢等重大社會爭議久懸不決的事實而自圓其說❹。第二，重大社會爭議特別需要時間去化解，與民意的逐步改變，不能一步到位迅速解決。荷蘭與法國在同婚合法化之前，早已逐步建置各類替代制度，諸如同居、家庭伴侶、民事團結盟約、民事結合等各類制度，一方面保障同性戀者之權利與滿足其實際需求，另一方面也讓社會逐漸接受多元的「親密共生結盟關係」。美國因聯邦體制，本來各邦就有不同的制度。我國此次顯然跳過各種可能的過渡制度，期待一步到位，但卻缺乏明確的民意基礎❺。

❸　參見本案憲法法庭討論時湯德宗大法官之提問，以及陳愛娥教授之回應。

❹　例如大法官第 1358 次會議議決不受理案件，其中有三度聲請釋憲者，大法官指稱聲請人並沒有指出死刑規定在客觀上如何牴觸憲法，僅主觀認為死刑規定不當，故不予受理。釋字第 748 號解釋的原因案件之一，也曾以聲請人未具體指明法律或命令有何牴觸憲法之處，議決不予受理。

❺　美國在聯邦最高法院作出裁判前，根據蓋洛普民調顯示，有六成的美國人可以接受同婚 (http://www.gallup.com/poll/117328/marriage.aspx.)。Kennedy 大法官在回應反對意見時，也特別強調多數意見有明確的多數民意支持。

第三，同婚合法化既涉及性倫理之解構，更牽涉婚姻與家庭制度。荷蘭與法國的同婚合法障礙，最主要都是在「擁有子女權」上，也就是涉及收養、人工生育與代理孕母等議題。釋字第 748 號解釋雖然強調其射程範圍僅在同婚上，而不及於其他。但是開啟同婚合法化後，如何面對後續的權利訴求才是難題之所在。第四，本號解釋呈現極端異常的意見一致性，僅有兩份意見書。法國憲法委員會制度上規定不得發表個別意見，美國同婚裁判則都是意見多元紛陳，交鋒激烈，並且僅是一票之差。於此顯示美國大法官對同婚議題尚無高度共識，保留未來變遷的可能性。我國現任大法官向來是大鳴大放，百家爭鳴❹❻，但對同婚議題為何如此靜默？如果是為了表示高度共識以強化解釋之司法權威，則一方面對社會而言，可能因為欠缺多元聲音而讓反同者更加固化與激化，另一方面也很難解釋為何大法官在其他案件一點都不在乎司法權威❹❼？最後，究竟哪一類議題或社會爭議不得以民主多數決之方式決斷？違憲審查權的界限何在？除美國加州外，曾以公投處理同婚議題者不乏其例。例如，愛爾蘭於 2015 年 5 月 27 日以公投通過同婚合法化。斯洛維尼亞則於 2015 年 12 月 20 日以公投廢棄國會所通過的同婚合法化法案。同婚可以公投嗎？公投之後，司法院大法官又要如何面對？在釋字第 748 號解釋出爐之後，挺同與反同團體利用大幅放寬門檻的公民投票法，於民國 107 年年底地方選舉時發動公投。其中反同團

---

❹❻ 且看釋字第 740 號到 752 號解釋的意見書數量：740 號九份，741 號六份，742 號九份，743 號十份，744 號十一份，745 號八份，746 號九份，747 號九份，749 號六份，750 號四份，751 號九份，752 號八份。但釋字第 748 號解釋僅有黃虹霞大法官之部分不同意見書及吳陳鐶大法官之不同意見書，前者恰巧記述了國內部分民眾對本案的關切情形，後者則介紹國際相關法規範及法院的裁判，此二不同意見書在一定程度上緩和本號解釋見解之絕對性與終局性。

❹❼ 有關多元意見與司法權威的詳細討論，請參閱陳淳文，獨立與分歧：台灣司法權威的危機，收於：政治思潮與國家法學——吳庚教授七秩華誕祝壽論文集，元照出版，2011 年，頁 423–457。

體所提案之三項公投全數通過❹，而挺同團體所提之兩項公投皆未通過❹。在公投之後，且限於釋字第 748 號解釋所要求之立法時程，執政的民進黨於民國 108 年 5 月 22 日公布「司法院釋字第 748 號解釋施行法」，該法在名稱上極具創意，在內容上更獨樹一格；全法用「第 2 條關係」貫穿，不言婚姻也不提伴侶。

公投結果與釋字第 748 號解釋究竟有何關係？人民可否以公投推翻大法官解釋？若公投與大法官解釋相牴觸，政治部門又要如何因應？從前述各國經驗來看，諸如同婚或廢死等重大的社會議題，若人民多數無法認同，政黨間也無共識，強行以國會多數通過立法，很可能隨即會遭遇人民透過公投予以反制。擁有民主正當性基礎的國會尚且應謹慎為之，更遑論大法官？然而在同婚法案尚於立法院院內審議期間，院外人民抗議不斷，院內政黨尚無共識的情況下，大法官以同婚涉及重要基本權，且立（修）法時程未可預料為由，自言懷於憲法職責，勉力受理並作出解釋。大法官以人

---

❹ 公投第 10 案（婚姻定義）之題目為：「你是否同意民法婚姻規定應限定在一男一女的結合？」公投第 11 案（適齡性平教育）之題目為：「你是否同意在國民教育階段內（國中及國小），教育部及各級學校不應對學生實施性別教育平等法施行細則所定之同志教育？」公投第 12 案（同性伴侶專法）則為：「你是否同意以民法婚姻規定以外之其他形式來保障同性別二人經營永久共同生活的權益？（另立同婚專法）」公投結果如下：第 10 案有七六五萬（百分之七十二點四）同意，第 11 案有七〇八萬（百分之六十七點四）同意，第 12 案則有六四〇萬（百分之六十一點一）同意。

❹ 公投案第 14 案（婚姻平權）之題目為：「您是否同意，以民法婚姻章保障同性別兩人建立婚姻關係？（不另立同婚專法）」公投第 15 案（性平教育）則為：「您是否同意，以性別平等法明定在國民教育各階段內實施性別平等教育，且內容應涵蓋情感教育、性教育、同志教育等課程？」公投結果如下：第 14 案有六九四萬（百分之六十七點二）不同意，第 15 案有六八〇萬（百分之六十五點九）不同意。此兩案同意人數約僅三成，約三五〇萬左右。

權保障為念積極作為，固有一夫當關萬夫莫敵之勢；但無視法案正在立法程序中，直接凌駕國會作出解釋，難道沒有違反權力分立的疑慮？至於性別相同兩人，為經營共同生活之目的而成立具親密性及排他性之永久結合關係究竟是不是民法上的「婚姻」？在大法官解釋、公民投票與立法院立法之後，迄今仍撲朔迷離。

　　衡酌國情與潮流，我們主張男女結合的一夫一妻婚姻制度仍應維持，但不妨參照若干國家或邦雖不承認同性婚姻，但在法律上可賦予有如婚姻同等的權利 (Granting rights similar to marriage)。

第七章　兩公約的人權條款及其他

一、兩公約的由來

　　兩公約是指「公民與政治權利國際公約」以及「經濟社會文化權利國際公約」，兩項公約於 1966 年 12 月 16 日經聯合國大會通過，提供各會員國簽署。當時所以分為兩個不同的文件，是因為亞非及社會主義（含共產）國家對經濟社會文化權利國際公約極為熱心，而西方資本主義國家則關心公民與政治權利國際公約，並譏諷落後的亞非國家，根本沒有能力執行公約（指經濟社會文化權利國際公約），卻急於簽訂公約。尤其是美國直到卡特 (Jimmy Carter) 1976 年當選總統後，美國代表才在公約上簽署加入，又遲至 1992 年美國參議院才批准公民與政治權利國際公約。我國在 1967 年即由當時駐聯合國大使簽署，但後來因喪失聯合國席位，未能完成批准及生效手續。從 21 世紀起，歷任總統都有意使公約的規定在我國生效，民國98 年 4 月終於由立法院通過「公民與政治權利國際公約及經濟社會文化權利國際公約施行法」（簡稱兩公約施行法）並於同年 12 月施行。

二、兩公約的國內法效力

　　國際公約必須經聯合國秘書處接受批准及存放，始能生效，我國無從踐行上述手續。如今以制定施行法的方式，使其轉換為國內法，其效力如何為以下討論的課題。如所周知，1948 年聯合國通過的人權宣言，加上上述的兩公約，被稱為國際人權憲章，其中人權宣言並不具有拘束力，而兩公約究竟處於國內規範體系中的何種地位？我國以往都認為國際協定與法律相牴觸時，協定優先❶，其實未必正確，因為國際協定種類不一，其不

---

❶　最高法院 23 年上字第 1074 號判例，其依民國 99 年 3 月 2 日 99 年度第 1 次刑事庭會議決議，已不再援用。

經立法院審議之行政協定，效力並不當然優先於法律（參看釋字第 329 號解釋）。兩公約雖早經立法院審議，但並未發生公約之效力，而是基於施行法，故其效力與法律無異 ❷。除非大法官解釋將公約某些規定提高到憲法層次外，兩公約基本上僅具有法律之效力，如果產生與其他法律效力競合時，適用後法優於前法，特別法優於普通法的原則解決 ❸。前面所謂提升到憲法層次，是指有如釋字第 525 號將行政法上的原則信賴保護作為解釋對象而言。至於大法官在解釋理由書引用公約文字用以加強論證者 ❹，並不屬於提升到憲法層次的規範。

論者或許主張兩公約的施行，彌補我國沒有統一明確之人權保障基本法律的缺陷。也是有意借此提升兩公約的位階 ❺，用意良善。惟所謂基本法律或基準法，在我國法制上往往是政策綱領，不具有高於其他法律的位階。例如教育基本法、科學技術基本法，反而成為一般法而非屬於上位性

---

❷ 見朱石炎，「公民與政治權利國際公約」與刑事訴訟法之關係，司法周刊，第 1454 期及第 1455 期，2009 年 8 月。

❸ 我國與香港不同，英國在九七回歸前將公民與政治權利國際公約適用於香港，並向聯合國秘書長備案，以防中國政府減縮香港的人權保障。故香港終審法院將公約視為上位法律，並據以審查法令是否違反公約，港人稱為公約的凌駕性。我國各級法院或因當事人或依職權視案件需要也有引用公約的案例，但不認公約有所謂凌駕性。參照廖福特，法院應否及如何適用公民與政治權利國際公約，台灣法學雜誌，第 163 期，2010 年 11 月，頁 45–65；張文貞，兩公約實施兩週年的檢討：以司法實踐為核心，思與言：人文與社會科學期刊，第 50 卷第 4 期，2012 年，頁 7–43。

❹ 例如釋字第 710 號解釋宣告兩岸人民關係條例就強制大陸人民出境有關規定，違反法律明確性原則及正當法律程序，因而牴觸憲法，即引用公民與政治權利國際公約第 13 條，以支持其論點（見理由書第 2 段），但不能謂已提升到憲法層次。

❺ 參閱林佳範，論兩公約對憲法人權保障的補充——一個初步架構的探討，全國律師，第 14 卷第 3 期，2010 年 3 月，頁 23–41。

質的 Basic Law 或 Grundgesetz。

三、公約規定的內容

　　公民與政治權利國際公約共分六大部分共五十三條，除了國際條約通常具有的條款，諸如簽署、加入、生效、修正等手續之外，大致按照西方國家尤其是英美法系國家的理念撰寫，文字結構冗長重複與國內法律不同。其內容簡要言之如下：

　　第 1 條人民自決權、第 2 條及第 3 條各締約國的義務或承擔、第 4 條權利限制、第 5 條超越權利限制範圍的界限、第 6 條生命權、第 7 條禁止殘酷刑罰、第 8 條禁止強制役使、禁止奴隸及禁止強制勞動、第 9 條人身自由的保障程序、第 10 條對人身自由受限制者的告知程序、第 11 條不得對未履行契約者監禁、第 12 條居住遷徙自由之保障、第 13 條外國人之驅逐、第 14 條接受公平審判權利、第 15 條禁止溯及既往之刑罰、第 16 條法律應承認個人人格、第 17 條對干涉及攻擊之保護、第 18 條思想、良心及宗教自由、第 19 條表現自由、第 20 條禁止宣傳戰爭及鼓吹歧視、第 21 條和平集會權利、第 22 條結社自由、第 23 條保護家庭、第 24 條兒童權利之保護、第 25 條參政權之保障、第 26 條法律之前人人平等、第 27 條保障少數。第 28 條以下規定聯合國人權事務委員會的設立，委員產生方式、集會程序及委員會的功能等。

　　此外，公民與政治權利國際公約還備有兩重任擇議定書，如果會員國接受第一任擇議定書 (First Optional Protocol)，則受其管轄的被害者，在用盡國內救濟程序後，得向前述人權事務委員會提出呈訴，委員會應就呈訴案件作出決議，若認為呈訴為有理由，該委員會有注意改善之義務。我國已不是聯合國會員國，當然不能適用上述機制，但總統府仍設置人權諮詢委員，每一年度均提出人權報告書，並聘請外國學者來台評估（一般會員國則應向聯合國人權事務委員會，提出午度人權報告），這種不得已的作法，

無可厚非。但其效果，尤其在國際宣傳有何收益，令人懷疑❻。尤其邀請若干國外人權專家來台審查，是否合適亦有疑問，民國 101 年其審查報告指我國缺少酷刑、刑求或虐囚之公務員的罰則，只要翻閱刑法，就可發現刑法第 125 條有明白規定，專家來台為時不過數日，何能對我國法制有所瞭解。

經濟社會文化權利國際公約則共有三十一條，第 1 條至第 5 條內容和公民與政治權利國際公約前幾條大同小異，甚至文字重複。第 6 條工作權、第 7 條工作條件的權利、第 8 條參加工會及罷工、第 9 條參加社會保險權利、第 10 條保護家庭、第 11 條生活水準的保障、第 12 條身心健康的保障、第 13 條受教育權、第 14 條免費實施義務教育、第 15 條分享文化生活、科技進步及文學藝術與個人利益保障。以上經濟社會文化權利國際公約所涉事項，多屬憲法上的受益權或分享權，不是對抗國家的權利，其實現有賴國家制定法律實施，一時做不到也不能指為違法或違反條約，確實是方針規定的一種，我國相關法律或司法解釋雖與公約詳略有別，但意旨與公約並無不同。值得參照的是，香港九七回歸前，為維持殖民地時期的人權水準，制定香港人權法案條例，將港英政府適用於香港的公民與政治權利國際公約全部列入人權法案條例之內，並經終審法院的判決，維持上述公約相較於其他香港法律的「凌駕性」的主張。而對於經濟社會文化權利國際公約則基於「不能由法院判決實現」而排除在外。

下段將專就公民與政治權利國際公約與現行法制的關係予以敘述。

四、公民與政治權利國際公約與國內法律競合的舉例

兩公約施行法規定，從施行法施行後（民國 98 年 12 月 10 日）兩年內，完成對與兩公約規定不符法律之檢討，截至民國 102 年 7 月已修改法

---

❻　見高榮志，與兩公約背道而馳的司法近況，司法改革雜誌，第 95 期，2013 年 4 月，頁 25；郭銘禮，初次國家人權報告之撰寫與審查的初步檢討與展望，台灣人權學刊，第 2 卷第 1 期，2013 年 6 月，頁 73 以下。

規兩百零二條，尚有四十七條則必須由立法院修法❼。其實與公民及政治權利最相關莫非刑事法規，據刑事法專家研究，國內刑事法與公約牴觸非修改不可者並不多見❽。

(一)公約第 6 條規定生存權及死刑二項問題

生存權稍後涉及經濟社會文化權利國際公約時再作討論。現在先說明死刑，公約並未要求締約國廢止死刑，只規定「非犯情節最重大之罪」不得處死刑，以及須經「法院終局判決」才能執行。凡此，在我國法制也是當然之理，若非犯最嚴重之罪行，而科處死刑的法律，依司法院大法官的一向立場，必然被宣告違反比例原則而違憲。而所謂法院終局判決，實係「確定終局判決」之誤。國際法本質多屬軟性法 (soft law)，而非強行規定的硬性法 (rigid law)，公約的條文，可作如是觀。值得進一步研究的是：公約第 6 條第 4 項：受死刑宣告者，有請求特赦或減刑之權，一切判處死刑之案件，均得邀大赦、特赦或減刑。按赦免減刑在傳統的法理上稱為特殊恩寵行為 (Gnadenweise oder Ehrungen)，並非個人可提出請求的權利❾。如今公約明定死刑犯得請求赦免或減刑，論者遂主張赦免法宜配合公約修改，另一方面，受死刑判決確定者可否依公約第 6 條第 4 項的規定，直接提出聲請也是一大問題❿，聲請若遭拒絕自可進行後續的行政爭訟⓫。

---

❼　據報導有兩百六十三條法規需要修改，迄民國 102 年 7 月止已修改兩百零二條，尚有四十七條須由立法院修法（見聯合報同年 7 月 18 日 B1 版）。目前早就超過兩年期限，以立法院的效率，四十七條不知何時才能通過。但依本書註解在適用並無窒礙難行之處。

❽　見朱石炎，「公民與政治權利國際公約」與刑事訴訟法之關係，司法周刊，第 1454 期及 1455 期，2009 年 8 月。

❾　參看吳庚，行政法之理論與實用，增訂十三版，三民書局出版，2015 年，頁 297，註 8。

❿　見朱石炎，「公民與政治權利國際公約」與刑事訴訟法之關係，司法周刊，第 1454 期及 1455 期，2009 年 8 月。

⓫　總統府訴願委員會民國 102 年 7 月第 102 號訴願決定書。

(二)逮捕人犯即時解送及審前羈押

公約第 9 條第 3 項規定，逮捕人犯應迅即解送法官或執行司法權力之官員。上述規定在我國執行非常嚴格，警察與檢察官共用 24 小時，在這一時間如須繼續羈押，須由法官裁定許可。至於同項後段規定，審判前之羈押不得成為通例。我國刑事訴訟法關於一般羈押被告規定於第 101 條，條件共有三款，此外同法第 101 條之 1 對有事實足認有反覆實施同一犯罪，得予以預防性羈押，事由亦頗為嚴格。而一般羈押三款事由中，有任何一款就可由法院羈押，但釋字第 665 號解釋理由書，認定只憑刑事訴訟法第 101 條第 1 項第 3 款犯死刑、無期徒刑或 5 年以上有期徒刑之罪即可羈押，與憲法意旨不符，必須加上有逃亡、湮滅、偽造、變造證據或勾串共犯或證人之虞（即同條項第 1、2 兩款），始屬合憲。此號解釋使得人犯羈押的條件更為嚴格，刑事被告的人權保障更加周延 ❶❷ 。本解釋於民國 98 年 10 月 16 日作成，而兩公約施行法早已於同年 4 月 22 日公布，解釋理由書大可引用公約避免審前羈押作為理由的一端。又自從釋字第 392 號解釋公布之後，刑事訴訟法配合修改，羈押權專屬於法官，檢察官只能向法官聲請羈押，較公約第 9 條第 3 項規定逮捕人犯除解送法官尚可解送其他執行司法權之官員，似更為嚴格。

(三)公約與正當法律程序

正當法律程序已成為我國憲法的原則（本書第一編第三章第四節已有專頁說明）。公約有關刑事被告程序及實體上的保障（第 6 條至第 10 條），看似鉅細靡遺，其實都可涵攝在正當法律程序之內，因為所謂正當法律程序，並無一成不變的內容：「憲法上正當法律程序原則之內涵，應視所涉基本權之種類、限制之強度及範圍、所欲追求之公共利益、決定機關之功能合適性、有無替代程序或各項可能程序之成本等因素綜合考量，由立法者制定相應之法定程序。」（引自釋字第 709 號解釋理由書第 4 段）

---

❶❷　刑事訴訟法第 101 條已於民國 106 年 4 月依釋字第 665 號解釋修正。

就刑事訴訟而言，獨立的審判機關、受憲法上法官審判的權利、審判應在公開法庭行之、一行為不二罰、攻擊防禦方法平等、自白任意性、獲有律師協助的權利、與反對詰問及對質的權利、充分的就審期間、給予被告最後陳述的機會等是正當程序應提供的最低度保障。大法官在許多解釋中又將正當程序擴張到行政程序，而行政機關處理事務（尤其是作成行政處分）應遵守的正當程序，悉依行政程序法的規定。試舉與都更有關的釋字第 709 號解釋，認為都市更新法規有三項規定違背正當行政程序：一是未規定主管機關應將相同之都更資料分別送達於利害關係人；二是所舉辦之公聽會，不能取代依法辦理之聽證；三是未要求主管機關應將已核定之都市更新事業計畫，送達更新單位內之利害關係人❸。由此可見，在我國現行法制上對正當法律程序的要求，並不低於公約所要求的水準。

㈣酷刑與不人道處遇問題

公約第 7 條前段規定：「任何人不得施以酷刑，或予以殘忍、不人道或侮辱之處遇或懲罰。」公約第 10 條第 1 項規定：「自由被剝奪之人，應受合於人道及尊重其天賦人格尊嚴之處遇。」這些規定與歐洲人權公約第 3 條之規範內容相當❹。對於酷刑、不人道處遇及有辱人格之處遇等三個不同概念，恰巧彰顯高低不同之痛苦強度：最嚴重情形為酷刑，其後依序為不人道處遇與有辱人格之處遇❺。歐洲人權法院在 2000 年 Kudla 案的判決中明白宣示❻：歐洲人權公約第 3 條課予國家必須確保被監禁者之人性尊

---

❸　參照蘇永欽大法官釋字第 709 號解釋之一部不同意見書。

❹　其內容為：「沒有人得被施予酷刑，或是不人道或有辱人格之刑罰或處遇。」該條文乃源自於 1948 年聯合國世界人權宣言第 5 條：「任何人不得加以酷刑，或施以殘忍的、不人道的或侮辱性的待遇或處罰。」

❺　有關歐洲人權法院對監禁條件之討論，中文文獻請參閱王必芳，監所的收容條件與救濟管道——歐洲人權法院相關裁判研究，歐美研究，第 45 卷第 4 期，2015 年 12 月，頁 619 以下。

❻　CEDH, 26 octobre 2000, Kudla c. Pologne.

嚴，並給予合宜監禁條件之義務。在 2003 年 Poltoratskiy 案的判決中 **⓱**，人權法院進一步強調：國家財政困難不能成為違反公約第 3 條義務的藉口或託辭。至於何種監禁條件已達不人道或有辱人格，根據人權法院歷年裁判可粗略地歸納出三個指標 **⓲**：第一，監禁空間於扣除衛生設備後，每人不得少於三平方公尺。第二，硬體設備要求，每人有個別床位，且衛生設備必須被隔離且遮蔽，流通空氣，自然光線等。第三，合理寬敞的戶外活動空間與合理充裕的戶外活動時間，以及與其他人的互動交流的可能性等。

　　民國 104 年 2 月高雄大寮監獄發生劫持人質事件，六名參與之受刑人最後皆自殺身亡。監察院對此事件之調查報告指出我國監獄嚴重超收，監禁條件低劣的情況。光就監禁空間而言，法務部訂的期待標準每人至少二點三平方公尺（零點七坪）**⓳**，此標準基本上已屬歐洲人權法院所判定之

⓱　CEDH, 29 avril 2003, Poltoratskiy c. Ukraine.

⓲　歐洲人權法院並非僅看單一條件，而是綜合判斷：包括硬體條件、監禁時間之長短與持續性等。例如雖空間面積小於三平方公尺，但僅持續監禁 4、5 天，則尚屬可忍受之範圍；但若相同環境持續監禁 1 個月，則屬不人道之處遇。

⓳　監察院調查報告指出：「按法務部 90 年 10 月 23 日 (90) 法矯字第 001740 號函修正發布，並自同年 11 月 1 日起施行之『法務部指定各監獄收容受刑人標準表』，明定每一受刑人扣除盥洗設備之空間，應至少分配 0.7 坪（2.314 平方公尺）面積。依此標準核算，矯正署所屬各矯正機關往年均嚴重超收，101 年底最高曾收容 66,106 名，以該年核定容額 54,593 名計算，超收 11,513 名，超收比率達 21.09%，雖 3 年來超收比率略有改善，至 105 年 7 月止，各矯正機關超收比率比 103 年度之 16.2% 低，但仍高達 13.1%（收容人數共 63,436 名，超收 7,341 名），且平均每位收容人分配面積僅約 0.6 坪，與該署統計美國矯正機關每人 2.24 坪及日本每人 1.13 坪相較，每位受刑人空間依舊過於狹窄。本院前於 99 年 5 月提出『監獄、看守所收容人處遇、超收及教化問題之檢討』專案調查研究報告，當時法務部矯正司（即目前之法務部矯正署）就矯正機關業已存在之受刑人超收問題，亦指明超額收容可能引發之風險，如空間上的擁擠而使受刑人心理崩潰，增加暴行、暴動、脫逃、自殺等。又起居空間窘迫問

不人道處遇。2016 年 9 月，蘇格蘭高等法院以我國監獄不符歐洲人權公約第 3 條之要求為由，拒絕引渡在台酒駕致人於死的林克穎。法務部為了將林氏引渡回台，向英國法院提出監禁條件之保證後，英國最高法院於 2017 年 6 月做出有利我國之判決，將案件發回蘇格蘭高院更審。其保證內容如下：林氏將入住面積達十三點七六平方公尺的兩人房（平均一人是六點八八平方公尺），房內有桌子、椅子、櫃子、床、廁所、洗物槽及有淋浴簾的浴室，有可照入良好自然光的大窗，電力照明，天花板尚有排氣扇及電風扇。此外，有每日 9 小時的舍外活動時間，並確保飲食與飲水之品質[20]。從法務部所承諾的內容來看，遠高於國內一般受刑人的監禁條件。如此不平等的情況若真的實現，則民國 104 年以抗議陳水扁前總統因其「特權」而得以保外就醫，令受刑人深覺不平等而引發的高雄大寮監獄暴動事件，難保不會再發生。

　　除監禁條件外，對受刑人採取強制勞動措施，亦被國際人權法視為是侵害人權。舊組織犯罪防制條例曾允許在刑之執行前，強令受刑人入勞動場所，強制工作 3 年，此種保安處分曾經釋字第 528 號解釋宣告為合憲。與國際人權法相比，此合憲見解已有值得商榷之處；不過釋字第 528 號處理之舊法屬於「刑後」強制勞動。釋字第 812 號解釋則針對「刑前」，不分情節輕重之強制勞動。大法官認為先一律執行強制勞動 3 年後再服刑的規定，因於強制勞動期間所學技能會因服刑期間而生疏，無助於受刑人出獄

題造成收容人身心極大壓力，顯屬對受刑人不人道之處遇或處罰，已悖離國際人權公約規定之人道處遇精神，故社會輿論時有指摘監獄隨時可能發生暴動情事。而本件高雄監獄 6 名受刑人挾持人質企圖越獄暴動事件，亦佐證矯正機關超額收容，致收容空間不足，確實可能引發暴動危機。」（調查報告頁 33 及 34）

[20] Lord Advocate (representing the Taiwan Judicial Authorities) (Appellant) v. Dean (Respondent) (Scotland) [2017] UKSC 44, para. 31.

後重新融入社會；且服刑期間亦能進行技能教育，無需於刑前實施；更何況強制勞動的處遇情況幾與監獄無異，沒有明顯區隔，故被宣告為違憲。

事實上，犯罪嫌疑人與受刑人之法律地位與監所人權情況，才是一個國家人權保障程度的真正判準。監禁條件之立即大幅改善與被監禁者救濟權的充分保障❷，以及監獄與其他限制人身自由場所之明顯區隔，係屬我國當前最優先且最緊急的人權議題。

㈤對債務人拘禁的限制

公約第 11 條規定：「任何人不得僅因無力履行契約義務，即予監禁❷。」其本意就是不得用監禁處罰不履行契約的債務人。

我國民事法上的強制執行法，訂有拘提、管收制度，釋字第 588 號解釋認為行政執行法所規定的拘提與管收條件（行政執行法原本沿襲強制執行法而來）過於寬鬆，有違憲之處。立法機關隨後分別修正行政執行法與強制執行法。強制執行法第 21 條第 1 項關於拘提條件限於：經合法通知，無正當理由而不到場或有事實足認為有逃匿之虞；管收則必須債務人有履行能力而不履行，或者有隱匿或處分財產之情事（同法第 22 條第 1 項）。又縱有管收事由，然依管收條例第 7 條及強制執行法第 22 條之 3 規定，債務人為懷胎婦女或患有疾病等原因仍不得管收。上述規定與公約第 11 條「不得僅因無力履行契約的義務」並不牴觸，而且更為嚴謹。

---

❷　大法官近年解釋對受羈押被告之權利救濟保障，有大幅提升（如釋字第 653、654 及 720 號等解釋）。但對於受刑人針對監禁條件與處遇措施之救濟保障，顯然還有很大的強化空間；特別是有關監禁條件惡劣的部分（如最高法院 106 年度台抗字第 158 號判決）。

❷　本條的英文文本是："No one shall be imprisoned merely on the ground of inability to fulfil a contractual obligation."，顯然與中文版本不完全一致，我們當然以中文為準。

㈥關於生存權問題

本公約保障人民的生存權，前文已經提到，但如何保障並未規定，另一公約即經濟社會文化權利國際公約則加以補足，該公約的第 11 條第 1 項：「本公約締約國確認人人有權享受其本人及家屬所需之適當生活程度，包括適當之衣食住行及不斷改善之生活環境」，同條第 2 項第 1 句：「本公約締約國既確認人人有免受飢餓之基本權利。」以上規定，可解釋為「適當生活程度」是經濟社會文化權利國際公約所追求的目標，而「免於飢餓」則是最低的生活水準。本書在第二編第三章討論憲法上的生存權中，可得知我國相關法制相當完備，至於實施則受限於國家財力而顯得不足。經濟社會文化權利國際公約將生存的實質內涵定位為社會權，與本書對生存權的認知並無不同。至於保障生存權當然不以最低生存（活）水準為滿足，主管機關對三七五減租之農地承租人全年家庭生活費用之核對標準，於民國 73 年間發布命令比照辦理兵役役種區劃最低生活費用支出標準支出金額計算，可視當時我國所定的家庭最低生活水準，此項規定在民國 86 年經釋字第 422 號解釋認定違憲而不再適用。該號解釋所持理由如下「所列最低生活費支出標準金額之規定，以固定不變之金額標準，推計承租人之生活費用，而未斟酌承租人家庭生活之具體情形及實際所生之困窘狀況，難謂切近實際，有失合理，與憲法保護農民之意旨不符，應不再援用」。可見釋憲機關認定生活標準不能一成不變，應依實際情形而調整。經濟社會文化權利國際公約的適當生活程度，可供我們參考。

㈦軍中人權問題

我國軍人的權利，近年改善甚多，尤其是在釋字第 436 號解釋允許軍法判決可向普通法院上訴之後，但仍有問題存在。為兩公約而設的總統府人權諮詢委員會，就曾建議軍中法規，例如陸海空軍懲罰法與公民與政治權利國際公約精神不符的部分加以修改。民國 102 年 7 月陸軍五四二旅下士洪仲丘死亡案件，喧騰一時，軍中人權再一次受到各方關注。上述公約

第 9 條第 4 項前段規定：任何人因逮捕或拘禁而被奪自由時，有權聲請法院提審；公約第 7 條禁止不人道或侮辱性的待遇或處罰；第 10 條第 1 項要求締約國政府對被剝奪自由的人，應給予人道及尊重其固有人格尊嚴的待遇。舊陸海空軍刑罰法曾有多種限制人身自由的處罰，例如悔過、禁閉及管訓，既未經法庭介入，執行人員若有報復心理或濫用權力，即可能構成使用公約所禁止的行為。民國 104 年的陸海空軍懲罰法修正條文，廢除嚴重影響人身自由之禁閉、管訓，且悔過降級等懲罰均有司法救濟管道（陸海空軍懲罰法第 32 條）。又軍事審判法的修改，重新劃分審判權，逐次將全部案件由軍法機關移由普通法院管轄❷❸。在相關法制修正後，我國在軍中人權方面應無牴觸公約規定。

㈧抵抗權問題

抵抗權 (Widerstandsrecht) 的概念是從自然法思想而來，本質上是先實證法（包括憲法）而存在，故鮮有訂於憲法者❷❹。美國 1776 年的獨立宣言聲稱：每個人都有生命權、自由權和追求幸福的權利，為保障這些權利，人類才在他們之間建立政府，任何政府對這些目標具破壞作用時，「人民有權利改變或廢棄它，並建立新的政府」 (It is the Right of the People to alter or to abolish it, and to institute new Government.)，這是近代抵抗權第一次的成文化。法國 1789 年的人權宣言其第 2 條稱：保護人民永恆且自然的權利，乃是所有政治性結社存立的目的。而這些權利就是自由權、財產權、人身安全與抵抗壓迫 (Ces droits sont la liberté, la propriété, la sûreté, et la résistance à l'operssion)。其實在上述文獻出現之前，16、17 世紀在西歐已

---

❷❸　民國 102 年 8 月 6 日立法院三讀通過軍事審判法修正條文，並溯及既往地實施。

❷❹　關於抵抗權及公民不服從可參閱劉幸義，法治國家、反抗權與人民不服從，月旦法學雜誌，第 237 期，2015 年 2 月，頁 109–127；陳清秀，市民不服從與抵抗權問題，台灣法學雜誌，第 255 期，2014 年 9 月，頁 87–100。

有提倡對抗暴君論 (Monarchomachen) 者㉕，在字源上意指推翻暴君，重新再立君王。這種反抗暴政的革命思想，與美、法兩國的宣言意旨可謂相當而與當代的抵抗權未盡相同。

德國基本法第 20 條第 4 項：「任何人已從事推翻上述秩序者，如別無救濟方法，所有德國人對之皆有反抗之權」所謂其上述秩序，指同條第 1 項至第 3 項之規定：聯邦國、民主共和國、社會國、主權在民及三權分立、立法、行政及司法應受憲法或法律之拘束（即法律保留原則）。德國之所以獨一無二以憲法來規範抵抗權的例子，當然有其緣故，就是因為鑑於納粹黨人一步一步的摧毀威瑪共和的歷史經驗㉖。為貫徹基本法第 20 條第 4 項的文字，又規定在 1968 年的緊急狀態法 (Notstandsgesetz)。基本法的制定者煞費苦心設計這個條文，是以維護基本法的重要原則為目的，而不是鼓勵人民可輕易反抗基本法所建立的基本秩序，特別加上「別無救濟方法」的條件。所謂別無救濟方法，不僅是司法救濟，還包括立法、行政各種途徑（在我國尚有監察及考試途徑）。

抵抗權的正當性並非基於合法的，而是道德的。合於道德者不一定完全合乎法律，抵抗權其行使的手段，經常是當時刑事法或維持社會秩序的法律所處罰的對象。抵抗權對現存法秩序的破壞既非合法，則可否承認其為正當，長久以來就有對「正當之抵抗」的討論，德國學者一般認為下列幾項是正當抵抗權應具有的認知㉗，1.正當的抵抗權應是一種防衛社會的行為，用以反抗從事犯罪勾當的公權力作為，其不法像寫在額頭般明顯，特別是國家公權力對基本權與人權不僅未予保障甚至自行破壞，像 1944 年

㉕　對抗暴君論的學者從 16 世紀起就有多位大多屬於喀爾文教派 (Calvinist)，其中集大成者，首推阿圖秀士 (Johannes Althusius, 1557–1638) 是德意志的政法思想家，其代表作為《政治方法論會要》(Politica Methodice Digesta)。

㉖　Jarass/Pieroth, aaO., S. 393f.

㉗　Universol-lexikon deacademic.com/198481.

7 月 20 日行刺希特勒的舉動便是正當的謀殺暴君 (Tyrannen-mord)。2.抵抗權是一項補充手段，應用盡其他的法定及和平的途徑仍未見效才可運用，因為抵抗權是最後手段 (Ultima Ratio) 之故。3.必須遵守比例原則，使用的方法應與所追求的目的有正當的關聯性。反抗的手段取決於國家公權力侵害的程度。4.抵抗權的使用也須考慮其成功機會，縱然高度的道德價值亦有失敗可能。5.抵抗權的發動應考慮周全，作成正確聰明的判斷，歷史上不少抵抗權是基於某一階層者之立場（諸侯或貴族階級）而為，理應避免。6.抵抗權不能為滿足個人利益或爭取權力。7.抵抗權沒有個人法律上的責任（失敗的抵抗者除外），但良知責任 (Gewissenspflicht) 仍不免，是否正當也只存乎良知。

　　許多抵抗所主張的正當性並不存在，所以抵抗權在現代社會其行使仍有危險，有時難免於受到懲罰。在法治國家晚近常加討論另一問題「公民不服從」(civil disobedience, ziviler Ungehorsam)，公民不服從通常是針對某一政府措施、某一法令或判決或特定的機構不滿而發生，其手段包括靜坐、絕食、集會、遊行、散發攻訐傳單，甚至以和平方式包圍、進入或暫時占領官署等；其所採用手段必須是和平方式，未曾使用武力或其他物理上之強制力（如以爆破物炸門而入，或輔以器械工具強力破門窗而入等）。美國詩人梭羅的公民抗命論、印度的甘地其發起對抗英國殖民政府的不合作運動、美國牧師馬丁‧路德‧金的民權運動都是著名的例子。上述公民不服從與抵抗權應有所區別：抵抗權不是單純對抗個別事件，而是全面反體制，採取較激烈的手段，包括武力（暴力），實質上相當於政變或革命，都是公民不服從所不存在的。但是兩者有時難於分辨，初起之時只是單純不服從或某些杯葛行為，結局變為抵抗成功而改朝換代，像烏克蘭的「橙色革命」、中東北非的「阿拉伯之春」等。

　　最後，公民不服從與一般社會運動仍有所不同。公民不服從常以「違法」作為最主要手段，例如反核人士臥軌以阻止運送核廢料的火車通過。

但既以「公民」之名表示不服從，即與「暴民」有所區別；亦即表達不服從者深知並接受違法的後果，甚且透過「服刑」或接受法律制裁的方式以彰顯其所抗爭事項的荒謬性。至於一般社會運動則通常不以「違法」作為最主要的抗爭手段，一旦於社會運動中違法情狀頻繁或嚴重危害公共秩序或社會安全者，則成為公權力必須予以抑制並制裁的群眾暴動或暴亂。民國 103 年 3 月我國發生群眾以暴力破毀門窗方式先後進入並攻占立法院與行政院，以抗議立法院多數黨的快速審議程序，以及即將表決通過兩岸服貿協議的行為。對於占領立法院者，事後經檢方起訴，一審法院以公民不服從為由判無罪❷❽，二審則改以占領行為係**高價值言論**與係屬防阻服貿協

---

❷❽ 在台北地方法院 104 年度矚訴字第 1 號刑事判決中，法院違反依法審判之憲法義務，宣稱在蒐集資料與綜合國內外學說後，認為本案是符合「公民不服從」的概念，有正當事由，不具有實質的違法性：「參酌前開國內外學說及實務見解，概認公民不服從之要件為：⑴抗議對象係與政府或公眾事務有關之重大違法或不義行為；⑵須基於關切公共利益或公眾事務之目的為之；⑶抗議行為須與抗議對象間具有可得認識之關聯性；⑷須為公開及非暴力行為；⑸適當性原則，即抗議手段須有助於訴求目的之達成；⑹必要性原則：無其他合法、有效之替代手段可資使用；⑺狹義比例原則：抗議行動所造成之危害須小於訴求目的所帶來之利益，且侷限於最小可能之限度。故行為所為若符合前開公民不服從之要件，足認其行為具有社會相當性，欠缺實質違法性，係有正當理由，自與刑法第 306 條『無故』之構成要件不符。公訴意旨僅以公民不服從之概念未經明文規定，暨其內涵及判斷標準並無明確通論，因認此概念不足以作為阻卻違法事由云云，**顯未衡酌前開國內外學說及實務見解就公民不服從定義及要件之共通性及一致性，縱此概念未見諸於法律明文，亦非不得以之作為行為人之行為是否適法之判斷依據，且縱無法明確肯認公民不服從係刑法之超法規阻卻違法事由，惟此既與社會相當性及實質違法性之概念一致，自得作為本件佔領立法院行為是否符合社會相當性及實質違法性之判斷標準，是公訴意旨認本案無從適用公民不服從云云，尚非可採。**」本案法官認定「公民不服從」的七個要件純為法官自行造法所創，毫無憲法或法律根據；這也是國內法院於裁判中

議草率通過之**最後必要手段**為由，亦判無罪。無獨有偶，2021 年 1 月 6 日美國國會開始進行總統大選認證程序，卻遭連任敗選的在任總統川普 (D. Trump) 之支持群眾攻占，成為美國國會遭群眾攻入的首例。維安軍警人員隨即展開反擊，造成多人死傷，檢方並起訴數百人。川普支持者要求國會不得計算可疑的總統選舉人票，但眼看國會就要確認總統當選人，其攻占行為也成為最後必要手段❷。然而，同樣是群眾反對國會即將通過特定程序的國會攻占行為，在我國曾被譽為公民不服從與公民覺醒，但在美國則被視為是反民主法治的民粹主義與暴民騷亂行為。

使用「公民不服從」的首例，但二審法院（台灣高等法院 106 年度矚上訴字第 1 號刑事判決）則未再援引「公民不服從」作為判決依據。

❷ 川普總統在當日上午向群眾演說：「你們永遠不能通過軟弱來奪回我們的國家。你們必須展示實力並強大起來。我們來是要求國會做正確的事，只計算那些合法的選舉人票。我知道在座的各位很快就會前往國會大樓，和平地、愛國地發出你們的聲音。」

第三編　國家權力機關之組織與運作

第一章　權力分立原則與國家權力之組織模式

從西方立憲主義的發展歷程來看，18世紀的成文憲法運動與權力分立原則的關係密不可分。更具體地說，之所以要制定成文憲法，其實就是要落實權力分立原則；而之所以要落實權力分立原則，其目的就是要合理地規劃國家權力之組織模式，以確保人民之權利與自由。1776年美國獨立宣言揭示：「就是為保護人民權利，才要建立政府。」1789年法國人權宣言第2條宣示：「保護人民永恆且自然的權利，乃是所有政治性結社存立的目的。而這些權利就是：自由權、財產權、人身安全與抵抗壓迫。」該宣言第16條更進一步地說：「任何社會中，未貫徹權利保障，亦無明確之權力分立者，即無憲法。」換言之，惟有透過成文憲法將國家權力之組織模式予以分立並確立，人民的自由與權利才能獲得保障。

成文憲法的主要內容，就是記載國家權力部門的職權分配與不同權力部門間相互互動的運作準則❶。所謂「國家權力部門」，就是由憲法所創設並規範的公權力組織所組成。這些憲法所規範的公權力組織，也可稱其為「憲法機關」。從其所管轄的事務屬性來區分，一般可分為行政機關、立法機關與司法機關。若從其所管轄的地域範圍做區分，則可分為全國性或國家級機關與地方性或次國家級機關。從其組成成員來區分，又可分為代表性機關與非代表性機關❷。從權力分立的架構去看，通常將行政、立法與

---

❶　西方所制定的成文憲法，一開始就是以規範國家權力機關之權限配置為主，美國憲法本文的規範模式是最佳的例證。隨著民主制度的逐步開展與確立，除了權力分立架構外，成文憲法的內容才進一步地加入人權清單或人權條款。

❷　「代表性機關」乃指其主要成員係透過人民選舉而產生，如國會、地方議會，以及民選行政首長等。「非代表性機關」則與選舉無關，其成員或由考試篩選

司法的分權稱為「水平的權力分立」，而國家級機關與地方性自治團體的分權則稱為「垂直的權力分立」。水平的權力分立關係界定了政府體制的類型，垂直的權力分立關係則架構了國家的地域治理模式。

●第一節　權力分立原則之理論與實務

權力分立原則是 18 世紀歐洲最重要的政治思潮，其思想根源最早可上溯至亞里斯多德 (Aristotle)，後由英儒洛克❸與其當時英國的憲法學者提出理論雛形，最後由法儒孟德斯鳩 (Baron de Montesquieu) 集其大成，正式將這些思想理論化與體系化，並於其在 1748 年出版的大著《論法之精神》中之第十一篇第六章，標題為〈論英國憲法〉的章節裡，有完整且清楚的論述❹。雖然孟德斯鳩對於當時英國憲法與憲政的理解，並非完全正確，但其確實是第一個將國家權力分成行政、立法與司法等三權的思想家，對於日後權力分立原則的具體落實有深遠的影響。

一、孟德斯鳩之理論內容

孟德斯鳩有關權力分立的思想，深受英國的影響。他在 1729 到 1731 年間居住於英國，親身在現場觀察當時英國的憲政運作。孟氏的核心關懷是：如何在國家權力與政府不得不存在的情況下，人民仍然能夠保有自由？而英國當時對此問題的主流想法就是「混合政府」與「權力平衡」。所謂的

而產生，例如法院；或由人民自己直接參與並形成公共決策，此即是人民的創制或複決等公民投票行為。

❸ 洛克 (John Locke) 生於 1632 年，卒於 1704 年，最重要的著作有《人類理智論》與《政府論兩篇》等。

❹ 另外在《論法之精神》之第十一篇第四章中，孟氏提出「以權力制衡權力」(le pouvoir arrête le pouvoir) 的想法。此想法後由美人麥迪遜 (James Madison) 在《聯邦論》第五十一篇中援用，並提出「以野心對抗野心」(Ambition must be made to counteract ambition) 的名句。

「混合政府」意指最好的政府形式，就是將君主制、貴族制與民主制等三種政體混合起來，這種混合的統治型態最能兼顧各方利益，進而保護人民權利。而權力平衡的想法則是指國家權力應分由不同的社會利益來執掌，亦即王室、貴族與平民這三種不同的社會利益（或社會階級），分由君主、上議院（貴族院）與下議院（平民院）此三個憲政機構來代表，彼此分享權力並相互平衡❺，如此即能確保人民的自由。孟氏從當時英國的主流想法出發，但提出不同的詮釋。他認為英國人之所以能享有自由，不單是因為「混合政府」與「權力平衡」，最重要的是因為權力分立的配置，使權力得以制衡權力而導致的結果。

在談權力分立的配置之前，必須先將國家的權力進行區分❻。從西方的思想源流談起，國家權力最早僅是司法權，君主的職責是以正義之劍實現神法之意旨，在人間落實正義。從而早期君主僅有透過訴訟程序，才有機會與其人民互動。到了中世紀之後，開始有君主不僅是神法的執行者而已，他同時也可制定人法，於是君主開始有立法的職能。文藝復興後，馬基維利 (Machiavelli) 提出君主也有行政的職權；不過當時行政權仍依附於以審判為主的職能之下。一直到 17 世紀初，國家權力包含立法權與以審判

---

❺ 以當時英國的情形而言，君主享有最高的權威（主權），但是此握有主權的君主，並非是君主自己一人，而是「在國會中的君主」(King in Parliament)。換言之，主權是由君主、上議院（貴族）與下議院（平民）等三個階級所共享。

❻ 嚴格而言，論及權力分立概念時，應區分三種不同的概念內涵。簡化地說，國家作為一個抽象的法人，它需要有機關去執行其職能。例如警察取締違規，就同時包含三個概念：首先，警察本身是一個國家「機關」或「組織」。其次，警察取締違規是在落實執法的「功能」或「職能」，最後，取締行為本身則是實現國家意志的一種「公權力」。我們可以將警察取締違規描述成：行政機關（警察）透過其行政權（取締權）去實現其行政的職能（執行法律）。基此，權力分立的概念可以分為「機關分立」、「職能分立」與「權力分立」等三個層次。

職能為主的行政權等兩權的想法，仍是主流思想。洛克在 1690 年出版的《政府論兩篇》中，提出立法權、行政權與聯邦權等三權的說法。他的「聯邦權」是從國家必須確保人民安全，抵禦外侮或甚至發動戰爭等職能出發，稱這種以維護安全與對外關係為主的國家權力為聯邦權，加上對內以審判職能為主的行政權，共同組成當時「行政權」的內涵。到了 17 世紀中葉以後，司法權必須脫離行政權與立法權的想法在英國逐步形成，並於 1701 年王位繼承法 (Act of Succession) 確立司法獨立原則。儘管自 18 世紀初起英國司法權已脫離行政權，並也在實質上獨立於立法權之外（雖然在形式上上議院一直有特定成員負責司法職能，直到 2005 年憲政改革法 (Constitutional Reform Act)，英國才在形式上正式設立獨立於上議院之外的最高法院），但當時英國的多數菁英仍沒有國家權力可分為行政、立法與司法等三權的想法，而是認為政府是由君主、貴族院與平民院等三個部門所組成。孟德斯鳩最主要的貢獻就是將司法權的地位提升至與立法權及行政權相當，正式確立三權分立的想法。其中最值得注意的是孟氏對於司法權的概念，乃不同於現今對於司法權的普遍認知。孟氏認為司法權（即是審判權）不是代表一種社會階級或利益，故不應交由一個特定的階級來行使❼，而應是所有人皆能行使此權❽。此外，司法權不能對法律有任何的增添或減損，它僅是一張宣告法律的嘴而已。由於司法權並不代表任何的社會階級或利益，所以它也不應介入行政（王室）與立法（貴族院與平民院）的權力與利益衝突。惟有這種獨立於行政及立法之外的司法權，才能落實審判職能所應維繫之中立公正的角色❾。

---

❼　如當時英國的貴族院，即負擔審判的職能。

❽　此應與英國當時的陪審團制度有關。

❾　反之，特別是在建制違憲審查制度之後，司法權常會介入行政權與立法權之範疇。此種司法權可以阻止或對抗行政權或立法權的發展趨勢，與孟德斯鳩的想法相去甚遠。

在區分國家權力之後，孟德斯鳩延續西方歷來嘗試限制或是節制國家權力的想法。例如布丹 (Jean Bodin) 認為神法應高於國家權力，君主應臣服於神法之下。洛克則以人天生不可讓與的自然權利作為國家權力的界限，國家不得恣意侵害或剝奪人民的自然權利。孟氏則從人性本惡，有權者必會濫權的前提出發，提出以「權力制衡權力」的想法；此乃其不同於前人，對於如何節制國家權力所提出之創新見解，對權力分立理論有極為重大的貢獻。孟氏主張：單單將國家權力予以區分是不足以保障人民權利的，而是必須讓行政與立法兩種國家權力各自擁有「特權」，可以相互對抗。此處之「特權」包含兩種權能：一是決定權 (la facultéde statuer)，就是自己可以單獨下令或作成決定，或是修正他人之命令或決定的權力。一是阻止權 (la facultéd'empêcher)，就是可以使他人之決定或命令失效的權力。從觀察英國憲政運作的心得，孟氏認為代表不同社會階級或是社會利益的三個部門，君主、貴族院與平民院都各自擁有決定權與阻止權，使得代表不同利益並附著於行政及立法兩權的政府權力，可以彼此相互節制抗衡❿，從而可以形成本質上是具節制性格的政府，人民的自由與權利因之可以獲得保障。

二、各國實務

孟德斯鳩的權力分立理論問世之後，在西方世界引起很大的迴響。不過各國落實此理論的情形，卻各不相同。以下試舉英、美、法、德等四國為例，略述各國實務之差異。

---

❿　從英國的憲政經驗來看，貴族與平民階級不同、利益不同，它們分據上議院與下議院等兩院，既享有決定權，也享有阻止權。法案要經兩院議決（決定權），且取得共識後，方能通過。一旦意見分歧，無法取得共識，則任何一院都可以將法案擋下來（阻止權）。此外，就算兩院有共識地通過法案，但若行政權（君主）不認同，不公布法律，國會兩院決定權所表達之意志，亦不能被落實。美國 1787 年的聯邦憲法進一步將英國國王（行政權）不公布法律的阻止權，轉化為總統的法案否決權。

(一)英國

孟氏的權力分立理論以及其對英國憲法的詮釋，並不為當時的英國菁英所認同。至少就 18 世紀的英國憲政運作來看，當時的立法權其實是由君主、上議院與下議院等三者共同分享，且上議院尚享有司法權；此與孟氏理論之描述差距不小。英國菁英認為：如果真要說三權分立，其實英國是君主、貴族院與平民院等三個權力部門之分立，而非行政、立法與司法之三權分立。英國人民之所以能享有自由，不是因為權力分立理論，而是前引「混合政府」與「權力平衡」所導致的結果。基此，他們認為孟德斯鳩其實是誤解當時英國的憲政運作。

不過隨著英國憲政的演變，英王慢慢退出權力舞台，成為虛位元首，行政權由源自於下議院的內閣所掌控，上議院的立法角色也日漸萎縮成「有限的阻止權」；從而英國現在的立法權可以說是由下議院所主導。另一方面，上議院的審判權也先與其立法權分離❶，爾後更在 2005 年設置最高法院，使司法權與立法權在組織上與運作上完全分離。基此，現代的英國似乎如孟德斯鳩所言，出現立法、行政與司法三權分立的情形。不過從 18 世紀末議會內閣制逐步確立之後，下議院（立法權）與內閣（行政權）出於同源，水乳交融，完全沒有孟德斯鳩所期待之「以權力制衡權力」的想像，行政立法兩權不是相互牽制或對抗，而是彼此信賴與合作。

除了行政（內閣）與立法（下議院）兩權在組織上出於同源，已失嚴格意義的機關分立；且二者在運作上又相互協力，沒有相互制衡的精神之外；更透過大量的委任立法，使行政權訂定為數眾多的行政命令，大幅分享原屬國會的立法職能。從而不論是機關分立、職能分立，還是權力分立等三個層次，其分立的程度並不明顯，論者遂將其稱為 「柔性的權力分立」❷。

---

❶　英國之 Parliament Acts of 1911 and 1949。

❷　Maurice Hauriou, Précis de droit constitutionnel, Paris, Sirey, 1929, p. 352.

㈡美國

美國獨立建國時，美洲大陸本身並沒有當地原生的王室與貴族，所以當時英國流行之「混合政府」與「權力平衡」等理論無法在美洲複製[13]。反之，孟德斯鳩權力分立的想法正好可資運用，成為美國當時的主流思潮。維吉尼亞州的憲法將權力分立原則視為是組織政府的基本原則，1787 年的聯邦憲法更是忠實移植孟氏的理論，強調機關與職能之分立與制衡的精神。基此，美國聯邦憲法原始所規劃的權力分立模式，可以稱為「剛性的權力分立」。

但是經行憲後所發展的兩個趨勢，或多或少地改變了聯邦憲法本文所架構的權力分立原則。首先是自 1803 年 Marbury v. Madison 案所逐步開展的違憲審查制度，使得美國的司法權遠離孟德斯鳩的理想，成為一個既有決定權，也有阻止權的權力部門。它可以介入行政與立法之衝突，也可以阻止行政或立法之意志。其次是「行政國家」時代的到來，行政權大幅膨脹。透過國會授權，行政權也訂定大量的行政命令。雖然聯邦最高法院在 Hampton[14] 一案中提出「禁止授權原則」，但從該原則在 1928 年提出迄今，在兩百多個案件中，僅有兩件國會授權行政部門訂定命令的案件被宣告為違憲[15]。

自 1970 年代起，美國聯邦最高法院以「形式論取向」與「功能論取向」等兩種方式來詮釋權力分立原則[16]，而此兩種取向似乎是勢均力敵，

---

[13]　Elisabeth Zoller, Droit constitutionnel, Paris, PUF, 1999, p. 294.

[14]　J. W. Hampton, Jr. & Co v. United States, 276 U. S. 394 (1928).

[15]　陳淳文，行政保留之比較研究——以半總統制之行政命令權為中心，中研院法學期刊，第 10 期，2012 年 3 月，頁 18–19。

[16]　中文介紹可參見釋字第 613 號解釋林子儀大法官的部分協同意見書；另參見林子儀，憲政體制與機關爭議之釋憲方法論，收於：新世紀經濟法制之建構與挑戰——廖義男教授六秩誕辰祝壽論文集，元照出版，2002 年，頁 5–58；湯德宗，美國權力分立的理論與實務——我國採行總統制可行性的初步考察，收

在裁判中可說是分庭抗禮。形式論取向堅守分立原則，強調職能分立與機關分立，認為除非在憲法明文允許的情況下，否則禁止混淆職能與機關的分立關係。至於功能論取向則允許在不破壞權力制衡關係，不危及各權力部門之核心職能的情形下，可以允許適度放寬分立的要求。

(三)法國

法國大革命固然是要追求自由，但同時亦特別重視平等。在盧梭 (Jean-Jacques Rousseau) 思想的影響下，由人民總意志所形成的主權乃不可分割，代表行使主權的國會則至高無上。「主權不可分割」與「國會至上」成為革命後不斷被強調的憲政原則，因為它們不僅能實現自由，更能落實平等。前者阻止分權，後者又促使立法權獨大，使得大革命後並沒有立即實現權力分立的理想。爾後，政局與憲政體制動盪不已，革命與反革命勢力經過數十年的纏鬥，終於在 1870 年普法戰爭後劃下休止符。新建立的民主政體（即第三共和）延續革命傳統，重建「國會至上」體制，行政權僅能臣服於國會之下。不僅行政權無法與立法權相抗衡，大革命傳統也將司法權排除於權力遊戲之外（於此似乎是落實孟德斯鳩的理論，司法權不介入行政與立法的互動關係）。像這樣一個立法至上，行政屏弱，司法幾近無形的權力分立模式，就是法國第三共和的體制，此種政體模式甚至持續超過 80 年。一直要到 1958 年第五共和體制建立之後，其權力分立模式才幡然改變。

1958 年第五共和憲法的特徵就是限縮國會權限，強化行政權的獨立性與自主性，使其不再處處受國會掣肘❶。在另一方面，新設的憲法委員會也開始操作違憲審查機制，並且從憲法原本規劃為「行政權捍衛者」的原

於：氏著，權力分立新論（卷一）——憲法結構與動態平衡，增訂三版，元照出版，2005 年，頁 385–417。

❶　陳淳文，行政保留之比較研究——以半總統制之行政命令權為中心，中研院法學期刊，第 10 期，2012 年 3 月，頁 24 以下。

始角色，遞變為「權力仲裁者」與「人權保護者」**⑱**。

　　現今法國的司法權，包括個案裁判權與違憲審查權，已不再是孟德斯鳩式的司法權，而是能參與權力互動遊戲，既能決斷，也能阻止。行政立法兩權之互動關係也不如往昔，其所呈現的新風貌是行政權翻轉為強勢者，但立法權仍有決定與阻止的能力。

㈣德國

　　德國議會民主化的時程，要遠比英美法等國晚許多，行政權一直扮演著極重要且強勢的角色。早在普魯士時期的鐵血宰相——俾斯麥 (Otto Von Bismarck)，就是以輕蔑議會而聞名。一戰後的威瑪憲法雖然力圖健全德國的議會民主體制，但因經濟蕭條，政局動盪，議會很快就失去主導決策的地位，大量的行政命令取代法律；不斷發布的緊急命令，幾乎架空議會的角色。爾後納粹取得政權，國家權力更是集中於一黨，甚至是一人之手。司法與立法兩權長期依附於行政權之下，既談不上權力分立，更遑論權力間的相互制衡。

　　二戰後基本法所建立的新秩序，一改過去立法、司法兩權萎靡不振的情形。首先是聯邦憲法法院的建立與違憲審查制度的開展，使得以聯邦憲法法院為代表的司法權，成為一個足以抗衡其他兩權的權力部門。其次是基本法對於立法權建制諸多保護機制，特別是透過法律保留原則與授權明確之規定，使得立法權不再是行政權的附庸。更有甚者，透過「重要性理論」的運用，立法權更是不斷擴張，幾乎可以滲透至行政權的各個領域。在此背景下，權力分立理論成為行政權對抗立法權不斷擴張的主要工具**⑲**。但是面對國會的強勢，行政權僅能謙卑地運用「核心領域」理論來固守其

---

⑱　Marie-Anne Cohendet, Droit constitutionnel, Paris, Montchrestien, 2002, p. 26 et ss.

⑲　許宗力，權力分立與機關忠誠——以德國聯邦憲法法院裁判為中心，收於：氏著，法與國家權力㈡，元照出版，2007 年，頁 293-320。

最後的權力領土。

面對權力部門相互關係益趨失衡的情勢，聯邦憲法法院在 1984 年的飛彈部署案提出功能最適的觀點[20]。此觀點修正重要性理論的見解，認為即便是重要事項，也不必然應由立法權來決定；而是應以「誰最適合能作出最正確判斷」為標準，來分派該事項的權力歸屬。

第二節　政府體制之基本類型

憲法所規劃的權力分立架構，決定了國家的政府組織模式與治理型態。政府之組織模式又稱為「政府體制」，通常是指國家級的政府組織型態：包括聯邦國家裡的「聯邦政府」與單一國體制裡的「中央政府」。國家裡的次級統治組織，包括聯邦體制下的邦政府或是州政府，還是單一國體制下的各級地方自治政府，當然也有其各自的組織模式。但在沒有特別註明的情況下，「政府體制」一詞就是用於指涉國家級或全國性的政府組織，也就是指諸如聯邦政府或是中央政府的組織模式。

既然憲法不同，權力分立架構也就有所差異，故而各國政府之組織模式應該是千差萬別，各具特色。但是由於 19 世紀的西方殖民史，以及 20 世紀起立憲主義的廣泛傳播與民主制度的逐步推展，以及諸如國際聯盟與聯合國等國際組織的先後建立，國際間密切交流並相互影響，致使各國政府體制雖各有不同，但又往往可以找到共同或相似的制度元素。或基於殖民時期所留下的制度痕跡，或受民主與革命思潮之傳播的影響，或是自主的模仿與移植，使得吾人可將這些不同國家極為多元的政府體制歸納並還原成三個較為流行的政府體制類型：議會內閣制、總統制與半總統制。

從歷史的觀點來看，議會內閣制由英國傳播至歐陸各國，總統制源自

[20]　許宗力，論法律保留原則，收於：氏著，法與國家權力，元照出版，1999 年，頁 179–195；陳愛娥，大法官憲法解釋權之界限——由功能法的觀點出發，憲政時代，第 24 卷第 3 期，1998 年 12 月，頁 170–222。

於美國，半總統制則以法國第五共和為代表；以下的論述就以這三國為基礎。但並不表示這三國的政府體制才是「正確」或是「標準」的制度類型。因為除了各國憲法的自有特色之外，憲法規劃之垂直權力分立所形構的地域治理型態，以及選舉制度與政黨體系等變因，會使這三種基本政府體制產生諸多次類型。吾人探究這三個基本政府體制類型的目的，就是要透過其制度特徵來理解其制度設計的主要理由。

一、議會內閣制

　　議會內閣制（以下簡稱內閣制）是透過歷史逐步演進的產物，不是依照事先已經存在的思想論述或是制度設計而生。其制度之形成可以說是歷史的必然；但其發生的起點，卻是歷史的偶然。所謂歷史的必然是指：隨著民主制度的逐步推展，行使權力者必須被課責。在此趨勢下，國家元首如果不改為選舉產生而要維持世襲制，那就只能逐步釋出權力，最後變成虛位元首。至於歷史的偶然則是指君主退出權力舞台的時點，並非是事先規劃，而是意外發生的❷❶。

　　內閣制為多數歐陸國家所採行，與其多由君主政體演變而來有關。基於選舉制度與政黨體系之不同，有的內閣制以兩黨輪政為主，有的則常由多黨所組成的聯合內閣來執政。

㈠國家元首與行政首長二元化

　　內閣制的演化是由國家元首（君主）逐步將其行政權釋出於內閣，內閣領袖（總理或首相）遂成為行政首長；但國家元首的職位依然被保留而

---

❷❶　就歷史淵源而言，瑞典是最早運作內閣制之雛形的國家。瑞典 1719 年及 1720 年的憲法就已經規定君主必須臣服於議會的意志之下。且自 1738 年起，依國會多數之意志任免內閣成員的情形已成為政治上之常態。但此運作方式在 1772 年被廢止，瑞典國王才又重新取得實權。參見 Marie-Anne Cohendet, Droit constitutionnel, Paris, Montchrestien, 2002, p. 306 et s.

存在。所以內閣制國家就出現同時存在國家元首與行政首長之首長二元化的現象，它就是一種「雙首長制」❷。

　　國家元首的產生方式，除了世襲之外，多數是由以議會為主體的選舉團體，或是由議會本身透過選舉而產生。英國、日本、西班牙或泰國等君主國，可為世襲制之代表。德國與義大利因為要顧及各邦或是自治區的代表性，元首的選舉團體由議會及各邦或各自治區所選出之代表所組成。法國第三共和與第四共和的總統，則是由議會選出。

　　由於存在雙元首長，副署制度就成為一個最重要且不可或缺的制度。副署制度就是權力的傳輸帶，它表示行政權是由國家元首移轉到行政首長手中。副署就是簽名，簽名就表示負責。內閣首長與閣員的副署，就表示權力是由他們所行使，決策是由他們所作成，責任當然應由他們所承擔。國家元首固然要代表國家簽署內閣所呈之各類官方文件，但此簽署行為純屬儀典性行為，不負擔任何決策責任。所以內閣制的國家元首通常被認為是虛位元首。

　　但是虛位元首並非毫無功能、無所作為。一般而言，虛位元首除了象徵性與代表性的功能之外，還可能有守護者或是仲裁者的功能。作為國家法人的實體化身，虛位元首處於社會之上與政治之外，超越各種利益衝突與黨派競爭，它可以象徵國家的整合與統一。其次，有的國家憲法賦予國家元首守護憲法與國家體制之持續正常運作的守護者角色。例如德國總統的任期為 5 年，但其下議院議員的任期為 4 年；義大利總統的任期為 7 年，而其下議院議員任期為 5 年。如此設計就是要維持國家體制的持續與穩定，不受大選或政治競爭之影響。最後，有的虛位元首還可扮演中立仲裁者的角色，以化解難以解決的政治衝突或僵局。

---

❷　過去有人把法國第五共和之「半總統制」也稱之為「雙首長制」，但「雙首長制」此用語不甚恰當的原因，就是因為內閣制也必然是一種雙首長制。

(二)行政權源自於立法權

內閣制的內閣產生方式都是先經由國會大選，再依國會選舉的結果來籌組內閣❷。就權力的民主正當性來源而言，內閣所掌握之行政權並無自己之民主基礎，而是由國會傳遞而來。因此，內閣制下的行政權與立法權乃係出同源，都是源自於立法權，可以說是一種「單元民主體制」。

除了權力之民主正當性基礎是由國會傳遞而來之外，組成內閣的成員原則上也來自於國會❷，議員兼任閣員成為內閣制不可或缺的一項制度安排。

先從內閣領袖談起，總理或首相乃由國家元首任命，且此項任命權為一形式上之權力，元首幾乎無自主的裁量空間。但是依各國制度之不同，元首選任總理的有限裁量空間，仍有所不同。有裁量空間幾近不存在的例子，如英國或德國。他們的內閣領袖人選都已先經兩道篩選程序：一是經過黨內選舉取得黨魁的地位，二是經過國會大選取得可以掌握國會過半席次的實力，所以內閣領袖通常就是國會最大黨的黨魁。面對經此兩道篩選程序所形成的政治事實，元首僅能透過其任命權，確認此事實❷。有的制

---

❷　以下所論及之「國會」，乃指由人民直選，代表全民意志行使立法權的議會。在兩院制國家裡，通常就是下議院。兩院制的另一議院，通常代表國家次級團體（如邦、州、區或省）的利益，其選舉方式也未必是由人民直選產生。

❷　雖然仍有非議員出身的人出任閣員的例子，但他們仍屬例外情形。通常這些非議員出身的人成為閣員之後，若要真的成為政治人，遲早都要成為國會議員。對於選制為比例代表制的國家，如德國或義大利，閣員被任命之後，其所屬政黨透過更換比例代表制之名單，很容易地可將非議員變成議員。至於英國的情形，則被任命者就必須在下一次最近的國會議員選舉中參選並勝選，否則就必須辭職；或是首相提請女皇將該準閣員任命為非世襲的上議院議員。作為閣員之領袖的首相或總理，當然也是以議員出身為原則。若例外可以出現非議員身分的總理，其在制度上則必有議會同意程序的設計。例如義大利憲法第94條的規定：政府組成之後的10日內，必須通過國會的信任投票。

❷　以德國基本法第63條規定為例，聯邦總統先向國會下議院提名總理候選人，

度則留給元首一點裁量空間，如法國第三及第四共和或是現在的義大利。他們的共同特點是政黨體系細碎化、小黨林立。國會選舉後，不容易出現贏得過半席次的政黨，而且可能存在數個政黨領袖都有掌握過半席次的可能性。在此背景下，元首的裁量空間就是在兩個或三個，或甚至是多個可能在其麾下聚集過半以上席次之政黨領袖中，選擇一人組閣 ㉖。

　　至於內閣的其他成員，憲法條文上的規定都是由總理提請國家元首任免之 ㉗，元首的任命權僅是形式上之權力，實權自然是在總理手中。此點在法律上毫無爭議的理由是：元首對總理既無任命實權，又怎麼可能對於閣員享有任命的實權？

　　總之，不論國會是否有對總理或內閣整體的事前或事後同意程序，內閣制的制度邏輯就是內閣要能掌握國會過半以上席次的多數執政原則，因為基於民主課責原理，既然行政權乃源自於立法權，行政權就必須向立法權負責。

㈢行政權向立法權負責

　　因為行政權必須向立法權負責，所以國家政策、施政計畫與相關法案都是形成於內閣，再由內閣移送國會審議。惟有獲得國會的支持，經過國會審議通過而成為法律之後，行政權才可將相關計畫或政策付諸實行。在此背景下，無法在國會內取得穩定之過半席次支持的政府，就算其能勉強或短暫的存立，也必然無法推動政事，施政必定寸步難行，一事無成。

　　為了獲得國會的支持，內閣總理與其閣員必須至國會議場內說明其施

此候選人獲過半同意後，總統即任命此人為總理。若總統提名之人選無法獲得通過，下議院得在 14 日內自行選出總理。所以若總統不顧國會形勢，恣意提出總理人選，則將失去其總理提名權。

㉖　以法國第四共和 (1946–1958) 為例，二十一個內閣總理中，沒有一個是來自於國會最大黨。最容易出線的，往往是國會內席次排名第四或第五的政黨領袖。

㉗　如德國基本法第 64 條，義大利 1947 年憲法第 92 條。

政內容，甚至為其政策辯護。所以在內閣制下，閣員進出國會議場接受議員質詢與答辯，而國會成為國家政策公開討論審議與作成決策的政治中心。

㈣行政立法兩權可以相互毀滅

既然行政權是源自於立法權，原則上內閣的任期應與國會議員的任期相當。以歐陸內閣制國家為例，其國會議員的任期通常是 4 年或 5 年，則其內閣政府的任期，應該也是 4 年或 5 年。

但是為了落實民主課責機制，人民必須可以透過選舉控制議會，而議會亦必須有控制內閣的可能性。基此，才有行政權必須源自於立法權，行政必向立法負責的制度安排。而建構這種人民透過議會監督政府之控制鏈的核心要素，就是多數決原則：在選區獲得多數選民支持，才能取得國會席次；在國會裡獲得多數席次支持，才能取得組閣權及得以讓法案通過的實質執政權。反之，一旦內閣無法獲得國會過半以上之多數席次支持，內閣就很難存立而應予以解散。從而，內閣的壽命乃取決於國會過半以上席次支持的時間長短。

為了避免內閣過度臣服於國會意志之下而毫無自主性，或為避免國會內組成多數的政黨組合變幻無常而導致內閣更迭頻繁，政局動盪難安，所以在制度上賦予內閣對抗國會的最重要武器就是：解散國會權，以此作為平衡國會倒閣權對政局穩定所可能造成的傷害。

國會的倒閣權以及內閣對抗國會的解散國會權，使得行政立法兩權得以相互毀滅，勢均力敵，遂成為內閣制最重要的制度特徵。雖然自二戰以後，不少歐陸國家憲法為穩定政局，鞏固行政權，嘗試緩解行政立法兩權相互對抗的殺傷力，使得倒閣權的行使越來越少見❷❽。但這並不改變行政立

---

❷❽　例如二戰後之德國、法國與義大利的憲法，都有複雜的條文設計來減少行政立法兩權衝突所可能造成之政局動盪的頻率。不過，這些費心的機制設計卻也未必能有效規制變幻無常的國內外政治局勢與積習已久的政治文化：法國第四共和與義大利仍然是倒閣頻傳即為適例。

法兩權得以相互毀滅的機制，仍是內閣制制度邏輯中不可或缺的基本要素。

二、總統制

與英國議會內閣制之發展相反，美國總統制的建制，可以說是完全依照孟德斯鳩的權力分立理論而來，有很強的學理依據與革命建國的理想性格。不過，聯邦體制與英國殖民經驗的影響，也使美國的憲政運作超出孟氏的原始想像。

㈠國家元首與行政首長一元化，元首經人民選舉產生

美國獨立建國後首先要面對的問題就是如何產生國家元首？不像英國有世襲王室存在，美國只得透過選舉方式選出元首；英國國王的行政權在新大陸就變成美國總統的行政權。由於英國行政權從君主移轉到首相的手中乃經過漫長的演變時間❷，美國無從學習效仿，於是就自行建立了行政權一元化的政府體制，將行政權授與民選的總統，將立法權留給由參眾兩院所組成的國會。於此正好配合孟德斯鳩權力分立的想法，讓不同主體分別掌握不同的權力部門。

由於元首與國會都是經由人民直接選舉產生，因此形成二元民主（或二元代表）體制，亦即民主正當性基礎經由總統選舉與國會選舉等兩個不同渠道，分別被傳遞到行政權與立法權上。基此，凡是國家元首不是經由人民直接選舉或是如美國選舉人團之準直接選舉方式所產生❸，而是經由

❷ 英國內閣制正式成形的時間應以 1782 年 Lord North 首相率內閣總辭的事件作為其起點。當時由於英軍與美國獨立革命軍於約克鎮大戰，英軍慘敗，North 首相遂在 1782 年 3 月 27 日辭職，成為史上第一位因不信任動議而辭職的首相。但是英王仍持續保有相當權力，要先後歷經 1832 年，1911 年及 1949 年的改革，英王才逐步變成真正的虛位元首。

❸ 美國透過選舉人團的方式來選舉總統，近來產生不少問題。例如 G. Bush 僅以五張選舉人票之差，贏得選舉，但其對手 Gore 所獲得的人民選票，卻比 Bush 多五十萬票。2000 年的總統大選要到投票日結束後 36 日才知道誰是新當選的總

議會或其他相近組織之選舉所產生者，就不是總統制。

既然國家元首與行政首長是同一人，就沒有責任傳輸問題，於是就不存在副署制度。

㈡行政立法兩權互不隸屬，行政不向立法負責

行政權與立法權各自經由選舉取得其權力的民主正當性基礎，所以兩權各自向其選民負責，彼此互不隸屬。在組織上，行政權直轄於總統之下，由總統任命閣員並籌組政府❸。閣員不是來自於議會之議員，也不得兼任議員。以美國為例，總統直屬的白宮，就有超過五千名以上的人員。而另外尚有諸如中情局❸之類的附屬組織直接受命於總統。至於聯邦政府則有近三百萬的公職人員，由總統所任命的部會首長指揮管理。在運作上，政府不能向議會提出法案，閣員也不用到議會去備詢。簡言之，行政權負責執行法律，立法權負責制定法律，行政立法兩權相互獨立，各有專屬之權力領域，行政權不向立法權負責。這種機關與職能皆分立的權力分立模式，與孟德斯鳩的理論十分接近，一般稱其為「剛性的權力分立」模式。

㈢行政立法兩權無法相互摧毀

由於兩權皆是經由人民選舉所產生，所以人民是權力的最終監督者與權力運作結果的評價者。從而總統的任期與國會議員的任期皆屬法定事項，總統與國會皆無法以自己之意志摧毀其他權力部門。換言之，國會在常態情況下不能迫使總統去職❸，總統也無解散國會的權力。

統，且這期間尚歷經三個佛羅里達最高法院之判決及二個聯邦最高法院之判決。

❸ 依美國憲法之規定，總統任命政府高級官員必須經過參議院之同意，不過，參議院原則上都會尊重總統的提名權，俗稱「參議院之禮貌」(senatorial courtesy)。

❸ 光是中情局 (CIA) 的人員規模，也就超過二萬人。

❸ 在非常態的情況下，如總統瀆職或貪瀆，國會可以彈劾總統，迫使總統去職。以美國為例，兩百餘年的憲政運作經驗中，迄今僅有 1868 年針對 Andrew Johnson，1974 年針對 Nixon 及 1999 年針對 Clinton 等三個涉及總統彈劾的案

　　雖然行政立法兩權相互獨立，互不隸屬，但為避免權力部門濫權失控，讓此兩權彼此相互牽制制衡，遂成為一項極重要的權力分立機制。總統及其轄下的行政權固然組織龐大，但其職責是負責執行法律。所以若沒有國會所通過的法律為前提，行政權受制於依法行政原則而無法積極作為。法律遂成為控制行政權運作之關鍵。

　　國會的立法權既然成為行政權運作之前提，立法權看似比行政權更加重要。如此要如何使得兩權得以相互牽制？如何避免行政權過於謙遜而完全受制於立法權？美國制憲者的設計就是先將國會的立法權二元化，讓參議院與眾議院兩院彼此地位對等，可以相互牽制。透過在國會內部分化立法權的方式，來減緩立法權對其他權力部門所可能造成的傷害。其次就是賦予總統法案否決權，來對抗國會可能發生的濫權或恣意之行為❸❹。基此，國會可以透過不制定法律的方式來阻止行政權，總統可以透過否決權的機制來阻止國會。行政立法兩權雖不能相互毀滅，但卻可以像孟德斯鳩所言，因可以相互阻止對方之意志而實現以權力制衡權力的理想。

㈣司法權應扮演重要角色

　　總統制的行政立法關係不像內閣制那般地水乳交融，尤其因為不能彼

　　例。但 1868 年及 1999 年的彈劾案皆沒有通過，1974 年則是在彈劾程序啟動前，總統已經自行辭職下台。

❸❹　美國總統的法案否決權是非常強大的阻止性權力，總統得對於國會兩院所通過之法律案行使否決權。而面對此否決權，除非國會兩院都能以三分之二以上之多數推翻總統否決權，否則法案即無法被公布實施。例如共和黨的雷根總統在任期內共行使過七十八次否決權（包括口袋否決），其中三十九次的一般否決權中，僅有九次被國會推翻。此外，美國總統尚有遲延法案公布的事實上權力，亦即對於國會所通過之法案，總統未依規定在 10 日內簽署，且國會將於 10 日內休會，該法案就自動失效，此規定俗稱「口袋否決」(pocket veto)。此制度是基於會期不連續原則，上一會期所未完成之法案視同不存在，國會若欲落實此法案，只得重新開啟新的立法程序。（參見美國憲法第 1 條第 7 項第 2 款）

此相互毀滅，一旦出現政治僵局，則必須等到新的總統大選或國會選舉才有改變的機會。以美國為例，總統任期為 4 年，眾議院議員任期為 2 年，參議院議員任期為 6 年。透過短任期與選舉期程交錯之方式，可以使得行政立法兩權有比較多因組織重組而可能化解僵局的機會。

不過如果政治衝突劇烈，僵局難以化解，則有待司法權的積極介入。美國總統制最值得注意的特徵之一就是：聯邦最高法院在權力分立關係中扮演極為重要的角色。此既與孟德斯鳩理論中的司法權性格大相逕庭，也與內閣制之權力分立圖像迥然不同。孟氏的司法權想像，原則上是不介入行政立法兩權之互動關係，不涉及政治角力與社會不同利益之衝突。但是美國的聯邦最高法院卻往往成為政策與各方利益衝突之最後仲裁者。例如人工流產（俗稱墮胎）、人民之醫療健康保險或是同性婚姻合法化等問題，最後皆由聯邦最高法院的判決為這些重大爭議劃下句點。反之，在內閣制的傳統裡，國會殿堂才是解決這些重大政策爭議的主要場所❸❺。

正是因為司法權能夠在權力分立關係中扮演重要角色，總統制這種被視為是「剛性」的權力分立模式，才能比較平順的運作。或許正是因為缺乏一個具獨立性且擁有被普遍尊重之權威的司法權，所以其他美洲國家之總統制往往難與美國相比擬。

三、半總統制

作為一個政府體制類型的名稱，「半總統制」一詞由法國學者杜弗傑 (Maurice Duverger) 在 1980 年代初期提出，其以法國第五共和憲法為範本，並以「總統由人民直選」、「總統享有一定實權」與「仍存在對國會負責的

---

❸❺　就內閣制國家而言，如英國或日本的司法權，很少積極介入重大的政策爭議。倒是在建立違憲審查制度之後，特別是二戰後所建立的德國聯邦憲法法院，其介入政治衝突的情形越來越像美國聯邦最高法院。整體而言，內閣制的司法權還是比較不涉入行政立法兩權的權力分立互動關係。

內閣」等三個指標，作為此種政府體制的判斷指標。就過去所曾存在的政府體制而言，1919 年德國威瑪憲法所建立的政府體制與此制十分相近。只不過威瑪憲法壽命甚短，且運作不甚成功，來不及成為一種典範就已灰飛煙滅了。至於法國第五共和的半總統制，其於 1962 年將總統改為全民直選的修憲案通過後正式問世。該政府體制的產生與德國威瑪憲法無關，而是源自於法國自有的特定歷史背景，並深受戴高樂 (Ch. de Gaulle) 將軍個人的政治認知與國家圖像所影響，充分反映出其乃政治菁英為因應政治運作之需求而規劃的政府體制。

㈠國家元首與行政首長二元化，元首經人民選舉產生

不論是德國威瑪憲法，還是法國第五共和憲法的半總統制，都是從內閣制演變而來。以法國而言，第三及第四共和都是內閣制，並且因為國會倒閣頻繁，導致政局不穩定。在因應一戰及二戰危機時，更因內閣與國會間常因意見分歧、決策猶豫而盡失機先，最後是導致戰場失利，法軍四處潰敗。戴高樂親身參與並體悟法國這段憲政經驗，認為建立一個具一定獨立性且強大的行政權，是唯一能挽救法國於危亡的必要措施。而落實此措施的制度設計，就是在內閣與國會之外，設置一個具獨立地位的總統，由他來確保國家機器得以正常運作不輟，並於必要時得採取緊急措施，而不受制於議會因各黨派之利益爭奪，而使得國政懸而不決。而實現總統具有不受議會牽制之獨立地位的最佳手段，就是讓總統的產生方式與議會脫鉤，不再由議會選舉產生，而改由人民直選產生。

雖然有一個具獨立地位的民選總統，但半總統制之基本架構仍然是內閣制，所以還是存在一個由內閣總理領導的內閣政府。從而半總統制與內閣制一樣，都出現雙元首長。二者不同之處，僅在於元首權限的多寡不同而已。

與內閣制國家一樣，在形式上作為行政首長的內閣總理皆由國家元首所任命，元首對於總理人選究竟有多少裁量空間，各國制度不盡相同❸❻。

---

❸❻　一般而言，在制度上是否有強制性的信任投票，決定總統裁量空間的大小。例

但是有一個基本原則則與內閣制一樣，就是被任命的人選原則上必須有掌握國會過半席次的實力。若否，就算僅能掌握國會少數席次的內閣政府能夠苟延殘喘勉強存立，也必然因與國會多數相對立而寸步難行。

最後，因為雙元首長體制，所以必然會存在副署制度。

(二)元首分享部分行政權，但不對國會負責

既然元首必須獨立於國會之外，並負擔維繫憲政機關正常運作之重要責任，半總統制的國家元首就必須比內閣制的國家元首享有更多權限，扮演更積極的角色。所謂更多的權限或實權，它仍是一個相對的概念，甚至很難精確地相互比較。例如葡萄牙總統與法國總統都是半總統制下的總統，葡國總統享有法令否決權，既能退回國會所通過之法律，也能退回政府所訂定之命令，法國總統則無如此大的法令否決權❸。反之，法國總統是內閣會議的當然主席，但葡國總統僅有在總理的邀請下，才能出席並主持內閣會議❸。此兩國總統究竟誰的實權比較大？很難有客觀的評價。

各國總統實權的多寡，既受限於憲法的條文規範內容，也隨實際政治運作情形與政治行動者之人格特質而變動。整體而言，半總統制總統職權的內容，通常就是更加強化「憲政維護者」與「憲政仲裁者」的角色。前者賦予總統為因應特殊情況而享有的緊急權，使得國家得以擺脫因議會之

如葡萄牙1976年憲法第190條規定總統必須考量國會選舉結果，並諮詢國會政黨領袖後，任命總理。同憲法第195條規定：總理被任命後的10日之內，必須向國會提出施政方針與施政計畫。國會可以針對此施政計畫進行最多不得超過3日的討論，議員可以過半之多數決議退回此計畫。再依憲法第198條規定，施政計畫被否決時，政府就必須提出總辭。此規範模式使得總理在被任命後最多13日內，必須通過國會審查，總統的裁量空間有限。反之，法國第五共和憲法就無此種國會強制審查的機制，總統的裁量空間就相對較大。

❸　葡萄牙憲法第139條。葡國總統的法案否決權不經內閣副署，是專屬權。對於內閣命令的否決權也是專屬權，邏輯上也不可能需要副署。

❸　葡萄牙憲法第136條i款。

政黨鬥爭而導致的無效率❸。後者則是透過總統的介入，來化解內閣與議會的可能衝突❹。

　　不論是憲政維護者還是仲裁者的角色，都是要超越內閣與議會間的權力互動關係，或甚至是政治僵局，所以總統的這些維護者或仲裁者的行為，當然不對國會負責，也無須內閣副署，因而成為總統的實權。

㈢內閣掌握主要行政權並對國會負責

　　半總統制下的內閣仍是行政權的主要擁有者，總統的實權再多，也不能反客為主，成為行政權真正的主宰者。就制度邏輯而言，如果國家元首可以擁有大部分的行政權，卻又不用對國會負責，如此不就是又回到促使內閣制形成的歷史背景：有世襲且享實權的君主，但無法被國會課責❹。換言之，從權力分立與民主課責等兩個面向切入，半總統制的主要行政權必須座落在內閣，故而通常內閣總理府轄下的組織與人力，都比總統府要來得龐大許多。

---

❸　例如法國第五共和憲法第 16 條的總統緊急權，即不須內閣副署。其可行使的法定要件有二：一是憲政機關，國家之獨立與領土完整，或是法國履行國際義務的能力遭遇立即且嚴重的威脅，二是因前述因素而導致憲政機關無法正常持續運作時，總統才可行使其緊急權。詳見陳淳文，再論國家緊急權——以法國法制為中心，人文及社會科學集刊，第 13 卷第 1 期增刊，2001 年 3 月，頁 111 以下。

❹　例如葡萄牙憲法第 137 條 g 及 h 款，總統得以針對法律向憲法法院發動事前及事後的違憲審查程序。法國第五共和憲法第 61 條第 2 項則賦予總統得以發動事前違憲審查的權力。

❹　雖然半總統制的總統已經經由民選而課責，此與總統制相仿，似乎可以不用再在意缺乏國會課責的問題。但是因為半總統制仍是以內閣制的柔性權力分立架構為基礎，行政立法兩權沒有嚴格區分。在此背景下，就會出現總統集行政立法兩權於一身，卻不受國會監控的危險。例如總統發布行政命令以命令代替法律而執政，國會卻無法監督總統，專制政體很容易因之而滋生。

依循行政必須向立法負責的內閣制權力分立架構，內閣是主要的法案提出者，內閣成員必須至國會說明或推銷其政策，並接受國會質詢。內閣成員通常也是出身於國會，或至少與國會保持緊密關聯。特別是在閣員不得兼任議員的情況下，會由與閣員關係密切的候補議員來填補因入閣而出缺的國會席位。

㈣內閣與國會可以相互毀滅

內閣制行政立法兩權可以相互毀滅的機制也出現在半總統制裡，只不過為了確保政局穩定或化解政治僵局，半總統制嘗試讓元首得以更積極的介入行政立法兩權的互動關係。如前所述，國會的倒閣權與內閣的解散國會權是一對相互對抗的權力，用以平衡兩權關係。原則上倒閣權掌握在國會多數手中，解散國會權則在內閣總理手中。半總統制國家則有將解散國會的實權交由總統行使的案例，如葡萄牙❷。不過若是國會選舉制度採取比例代表制時，且國會內的政治勢力消長與政黨生態情況相對穩定，則總統的解散權通常不能改變既成的政治現實，也不至破壞行政立法兩權原應有的平衡關係。

反之，法國第五共和憲法例外地讓總統得以在國會未倒閣的情形下，仍得解散國會，而且解散國會的命令不用副署，使其同時脫離內閣與國會，成為總統專享的裁量權❸。此制原是希望作為中立仲裁者的總統能夠盡量地超越黨派，「去政治化」地行使解散權，但最後反而成為總統手中最具政治性的工具。故其被法國學者批評為破壞權力平衡，使政府體制更加總統化，應透過修憲方式予以修改❹。

---

❷　葡萄牙憲法第 136 條 e 款。不過，葡萄牙憲法第 175 條規定在國會大選結束半年內，總統任期結束前 6 個月內，以及在緊急狀態及戒嚴期間，皆不得解散國會。

❸　法國第五共和憲法第 12 條與第 19 條規定。

❹　Marie-Anne Cohendet, Droit constitutionnel, Paris, Montchrestien, 2002, p. 120 et s.

　　至少法國總統席哈克 (Jacques Chirac) 在 1997 年解散國會的事例，會使後任者行使此權將更加謹慎。席哈克當時在國會本就擁有多數席次的支持，其所任命之內閣並沒有被倒閣的危險。但是席哈克希望透過提前國會大選來強化自己與其政黨的支持度，結果不幸敗選。席哈克只好任命左派領袖組閣，開啟時間長達 5 年的第三次左右共治。論者常謂我國總統因無主動解散國會的權力，所以在民國 89 年中央政權政黨輪替時，才沒有出現左右共治。問題是：如果憲法規定總統可以主動解散國會，民國 89 年 3 月勝選的我國總統會行使此權嗎？如果總統真的行使此權，其所屬政黨會在立法委員的選舉中勝選嗎？如果敗選了，總統就會任命敵對政黨領袖出任行政院長嗎？從法國的憲政經驗來看，出現共治是總統自我閹割的結果，其必導致總統與總理必須相互牽制妥協，行政權雖因二元分化、交易成本提高而減損效率，但國家政策不至於走上極端。但是要迫使總統願意任命敵對政營之領袖組閣，必須在憲政制度上有其他相應機制：例如，若無法在法定期限內通過預算，政府就停擺❹❺。

第三節　權力分立原則的虛像與實像

　　權力分立原則既是西方立憲主義的核心要素，同時也在某種程度上影響政府體制的類型判定。就立憲主義的終極關懷而言，權力分立的目的就是要限制國家權力，以期形成「節制的政府」或是「有限政府」；人民因之

❹❺　美國因國家總預算不及時通過而聯邦政府停擺的事例時有所聞，如 2018 年底川普政府因美墨築牆法案而與國會衝突，預算不過，政府停擺超過 1 個月。反觀我國情形，依法應於 11 月底審完的總預算，幾乎年年都拖延到隔年春天才在臨時會通過。至於附屬單位（如國營事業）預算，則拖延超過 1 年以上者亦十分常見。之所以如此，係因預算法第 54 條及第 88 條規定，若預算未能如期通過，政府可依上一年度預算標準及執行數先行動支。換言之，在我國預算不過，政府照常運作。總統既然不會因少數政府而政府停擺，寸步難行；其自然不可能任命敵對政黨領袖組閣。

而可以享有自由。在此基礎之上，憲法將國家權力依其性質分成不同部門，並分由不同的機關來行使其所被分配的權力。行政、立法與司法三權分立的制度安排，幾乎成為奉行立憲主義之憲政體制的共同特徵❹❻。不過，理論的描述與制度的設計固然顯明易懂，但實際的動態憲政運作卻不斷地衍生出多元的制度風貌與權力衝突的難題。

　　先就多元的制度風貌而言，雖然都是強調權力分立原則，但不同的憲政體制類型，就有不同的權力運作模式：一般都認為美國式的總統制採取比較嚴格且明確的權力分立模式，而議會內閣制的權力分立就顯得模糊難見。也就是基於這樣不同的權力分立模式，所以研究者得據以區分不同的政府體制類型。再就權力衝突的難題而言，僅以我國民主化後的憲政實務為例，就有多次重大衝突是圍繞在權力分立問題上。

　　然而政府體制與權力分立原則的關係究竟為何？是權力分立原則的精神影響或決定政府體制的類型，還是憲法有關政府體制的權力配置設計，決定了權力分立原則的態樣？在釐清前述問題後，才有可能進一步地分析憲政實務所衍生出的權力衝突問題。

一、權力分立與政府體制類型

　　「權力分立」中的「權力」一詞可能指涉「機關」與「職能」等兩個不同的面向，前者可以說是「組織法」上的概念，國家機器可以被區分為

---

❹❻　於此要再次強調權力分立原則同時包含水平與垂直等兩個面向。水平的權力分立所關懷的重心是國家位階之統治組織間的權力分配與互動關係，也就是行政權、立法權、司法權、考試權與監察權等五權的互動關係。至於垂直的權力分立原則，則是涉及中央政府（或是聯邦政府）與地方政府（或是州政府）間的權力互動關係。此外，同一個權力部門內，也可能出現分權與制衡關係。典型的例子就是半總統制下總統與總理的互動關係，或是美式總統制下對等之國會兩院的互動關係。

立法機關、行政機關與司法機關等機關。後者則可說是以「作用法」為基礎，國家權力可以被區分為立法權、行政權與司法權等三權❹。從「機關」與「職能」這兩個面向切入分析議會內閣制、總統制與半總統制等這三個常見的基本政府體制，吾人得以發現「分立」的情況並不如理論上所描述般的那樣明確，而不同政府體制的結構差異，也不能僅以權力分立模式為其依據。甚至理論上所期待的分立結果只是一種表象或虛像，真正能夠達到限制權力之目的的機制，並不是僅止於依賴「分立」而已。

(一)機關分立與政府體制類型

「機關分立」是最易理解的權力分立模式，因為存有具體可見的實體（即機關）作為觀察的對象。如國會、內閣或政府、總統或總理與各級法院等不同機關，以及組成這些機關的自然人，都可令人體認機關分立的情形。機關分立之所以能夠達致限制權力的目的，正是因為機關間彼此互不隸屬，進而可能發揮相互牽制的效果。在此概念下，美國式總統制的機關分立情形最為明顯，而議會內閣制下的行政機關與立法機關則幾乎談不上分立。

在美國式總統制下，總統與國會兩院都是由人民選舉產生，行政機關與立法機關之成員取得職位的方式，直接源自於人民，並不依賴其他機關。在另一方面，總統與其所屬的行政機關並不對國會負責，國會原則上不能迫使總統與行政官員去職，總統亦無解散國會的權力。由於總統與國會彼此的產生與消滅，在形式上互無關聯、互不隸屬，所以論者稱此種政府體制乃採「嚴格的」或「剛性的權力分立」模式。

反之，議會內閣制下的行政首長與其內閣乃是由議會產生，內閣閣員通常可以兼任國會議員，而內閣首相或總理取得職位的方式通常也要經由

---

❹　若從我國憲法的角度來看此問題，考試機關與考試權、監察機關與監察權、國民大會與其職權，甚至包括總統與總統職權等，都可納入考量，而不僅是「三權分立」而已。但本節以下之論述，仍以西方傳統之三權作為基本模型。

議會事前積極表示同意❽，或是以事後同意的方式為之❾。而當國會與內閣發生衝突時，國會可以倒閣，總理也可以解散國會。此外，內閣成員或政府官僚得被要求至國會備詢，國會通常還配備有「藐視國會罪」作為強制行政官僚的武器。基於這些特性，學者將議會內閣制的權力分立模式稱為「柔性的權力分立」，因為行政與立法兩機關在本質上是相互依賴、相生相滅的。

　　至於半總統制，則是在議會內閣制的架構基礎之下，分化出一個享有部分行政權，卻又不對國會負責的民選總統。此民選總統與國會的相互關係，與總統制下的總統與國會之關係並不相同；而其總理及內閣與國會的互動關係，卻又與議會內閣制十分相似。特別是從總統與國會的互動關係來看，半總統制的總統可能獨享或分享「解散國會權」，如此使得半總統制下的行政、立法兩權的互動關係比較接近「柔性的權力分立」制度。

　　論者常謂：半總統制具有擺盪與換軌的特色，但此特色並不影響半總統制的權力分立模式。更詳細地說，當總統與國會多數政黨屬於相同的政治勢力時，此時的半總統制可被稱為是「超級總統制」，因為原本二元分立的行政權有一元化的傾向，總統可以強勢主導行政權，總理不得不屈從於總統的權威之下。其之所以被冠上「超級」一詞，是因為此際半總統制之總統所享有的權力，比美式總統制總統的權力還要大。因為在行政權合一，且服膺於總統號令的情況下，一方面總統可以透過內閣提出他所期望的法案，這種「法案提案權」是美國總統及其轄下之行政權基於權力分立原則而所不能擁有的權力。在另一方面，在議會內閣制下原本以閣揆為中心的

---

❽　如德國基本法第 63 條第 1 項規定，聯邦總統提名總理人選，經國會下議院以過半投票通過後產生。

❾　如法國第五共和憲法第 8 條規定總統任命總理，但並無須經國會同意之規定。但在實際運作上，新任總理就職後不久，都會主動向國會下院提出施政報告，國會可對此施政報告提不信任案而倒閣。

「解散國會權」，在半總統制下也可能被移轉到總統的手中。然而美國總統無法摧毀與其敵對的國會，卻是總統制下剛性權力分立原則所不得不然的結果。兩相比較，半總統制的總統在總統可以掌握國會多數的情況下，總統透過總理既可主導「法案提案權」，又享有「解散國會權」，其權勢顯然是超越美國式總統制下的總統，同時也因為行政權可以提出法案與解散國會，而使得該體制呈現柔性權力分立原則的特色。

反之，在半總統制下當總統與國會多數不一致，出現「左右共治」或是「少數政府」時，總統的政治影響力就會大幅縮減。若是總統尊重國會多數而任命國會多數黨或多數政治勢力的領袖組閣而出現「左右共治」的情況時，「法案提案權」重新回到內閣總理的手中，總統對其的影響力相對弱化許多。此外，總統的「解散國會權」也因政治現實而受到局限，除非有改選必勝的把握，否則總統也不敢輕易解散國會。更不用說若是總統僅享有如我國憲法所規定的「被動解散國會權」時，因為國會多數不太可能發動倒閣權摧毀自己同黨人士所組成的政府，故總統自然也就沒有解散國會的機會了。

若是在少數政府的情況下，雖然總統依然可能直接影響內閣政策，並在背後主導法案提案權，但由於總是缺乏國會多數的支持，故此際總統在國會內的實際政治影響力已經與美國式總統制相仿。至於「解散國會權」的部分，不論是主動或是被動，在現實上都不容易有機會行使。先從主動解散國會權來說，如果在制度上總統享有此權，總統若為改變少數政府情況而解散國會，少數黨必須要在新的國會選舉中有必勝的把握。若是敗選，總統在政治現實上幾乎很難存立。至於被動解散國會的情形，既然是以國會倒閣為前提，國會多數黨也必須要有勝選的把握才會不惜冒被解散的風險而倒閣。但是選舉的成敗總是難以預料，所以不論總統或是國會多數黨，都不會輕易冒險❺⓿。就制度規定而言，少數政府執政時期下之半總統制的

---

❺⓿　以 2023 年的法國退休改革爭議為例，馬克宏總統在 2022 年勝選連任，但其政

總統，其依然可能參與或影響法案提案權，且也仍然享有解散國會權，故在制度上還是趨近於柔性的權力分立原則。只是在事實上，總統透過少數政府向國會提出的法案很難通過，總統也不容易有機會行使解散國會權，這使得制度運作的結果會近似於剛性的權力分立原則。

　　總之，半總統制其實就是一種混合制，混合了總統制與議會內閣制各自一部分的特色。但是就制度面而言，從總統與國會，行政權與立法權的互動關係來看，其權力分立方式依然是趨向於柔性的權力分立原則。

㈡職能分立與政府體制類型

　　若是從職能或是功能的角度來看權力分立問題，吾人可以輕易發現現代民主國家都普遍出現職能交疊的情形；也就是說同一個權力部門同時行使數個不同的職能。以立法職能或立法功能而言，原本這種制定抽象法規範的職能應該由國會所專享，但是在制度設計上與實踐上往往不是如此簡單。以機關分立最為明確的美國式總統制為例，想像上行政權應由行政機關行使，立法權由國會行使，司法權由法院行使。在憲法的設計上，美國憲法的確也是如此規定❺❶。但是在此基本原則之下，憲法本身卻又規定了很多權力交疊或是職能交疊的情形。舉例來說，明明立法權是國會所享有，但總統的否決權竟可否決國會所通過的法案❺❷，當總統行使其否決權時，總統其實是介入立法程序，參與立法程序，甚至可以說總統行使「消極立法權」。同樣的，雖然行政權由總統所掌握，但總統任命高級政府官員的人

　　　　黨在同年的國會大選中雖贏得第一大黨的地位，但距離過半席次還甚為遠。國
　　　　會中的第二及第三大黨分別是極左與極右政黨，兩黨不可能合作。在此三大黨
　　　　分立的局面下，反對陣營因左右極端對立而不可能整合團結，故無法倒閣。總
　　　　統則因若解散改選可能丟掉更多席次而不敢解散國會，於是政局就僵在那裡。

❺❶　美國憲法第 1 條就是規定立法權與國會，第 2 條就是規定行政權與總統，第 3
　　　條就是規定司法權與法院。

❺❷　總統否決權規定於美國憲法第 1 條第 7 項。

事任命權，卻受到參議院的節制，參議院可以否決總統的人事任命案❸。否決或是同意人事任命案的行為當然不是制定抽象法規範，也不是一種立法行為，而是涉入行政職能。

在議會內閣制或是半總統制下，本來就是採取柔性的權力分立架構，權力交疊或是職能交錯的情形就更加明顯。以立法權為例，制定抽象規範本屬國會之固有權限，但卻受到行政權的大幅入侵。行政權（內閣）主導法案提案權，甚至可能介入議會之議程設定，且對於國會所通過的法律案，也可能要求國會覆議。誇張地說，國會儼然成為一個配合與協助內閣制定法律的機構。行政權介入國會立法程序，從法案的提出、法案的審議順序、到法案的覆議，可以說是全程參與立法程序。不僅如此，對於緊急性的法律❹或次要性的法律❺，行政權還可透過要求國會授權的方式，逕行發布命令，直接取代國會的立法功能，自行訂定各類抽象規範。行政權除了介入立法職能之外，也涉入司法職能。最常見的交通警察對人民開交通違規罰單，其實就有司法權的制裁功能。總統的大赦或特赦決定，本質上也是改變判決內容之行為，亦屬司法權之範疇。

由於權力交錯或是職能交疊的情形十分常見，而且是普遍出現在總統制、半總統制與議會內閣制等不同政府體制類型裡，想要透過政府體制之基礎架構來決定某種職能或是某種權力之歸屬，也會變得十分困難。再者，既然任何一個權力部門都有可能涉入或參與其他權力部門的職能，則究竟要如何理解或詮釋權力分立原則？舉例來說，總統要求其同黨國會議員支持執政黨之法案，是否可以將之描繪成「總統把手伸進國會裡，就是行政

---

❸ 參見美國憲法第 2 條第 2 項。

❹ 例如我國憲法增修條文第 2 條第 3 項由總統發布的緊急命令。

❺ 這裡的「次要性法律」是指在釋字第 443 號解釋理由書所建立的層級化法律保留體系下，由立法院授權行政機關所訂定的命令；也就是行政程序法第 150 條所規範的「法規命令」。

權干涉立法權，破壞權力分立原則」？要回答此問題，除了要理解權力分立原則的真諦外，也要考量憲法規定所形成之政府體制架構與憲法具體條文之規定後，才能給予正確評價。

二、權力分立與憲法解釋

不論是從其思想淵源還是具體的憲法設計與憲政實務來看，權力分立原則的真諦就在分權與制衡。由於現代國家任務的多元化與複雜化，透過憲法條文想將權力清楚界分，本就是一件不可能的事。故而再成熟的憲政民主國家，也不可能完全免除權力部門因「分權」不夠明確而衍生的權限衝突。更不用說「制衡」的概念本就是要不同權力部門間彼此相互牽制，所以在制度上自然會形成權力部門間的內在緊張關係。基此，在權力分立的架構下，權力部門間能夠合作與協力是理想，會發生對抗與衝突卻是其本質。不過，並不是所有爭執都要透過司法救濟途徑來消弭，反而多數是透過相互角力、妥協與利益交換等政治程序而化解。之所以會如此，實在是因為權力分立的問題，常常會是十分特殊的問題❺❻，法院很可能會因其特殊性而將此問題視為「政治問題」，也就是法院不願介入審查的權力衝突問題。此外，就算法院願意介入審查此問題，往往又要耗上一段時間後，才可能作出決定❺❼。但是政治動態瞬息萬變，政治行動者未必都有意願等。

---

❺❻　例如我國曾出現立法院不願將總統提名的監察委員名單，排進議程進行審議，致使監察院停擺。此問題當然是重大的憲政爭議，而且是在特定時空下產生的問題。司法權能否介入？不無疑問。雖然大法官最後是介入此案，並作出釋字第 632 號解釋。但監察院停擺的問題，並沒有因為解釋作出之後而解決，而是等到民國 97 年新當選的總統上任後，才重新提名新的監察委員。

❺❼　以美國為例，國會在 1932 年就自己擴權設置立法否決機制，雖然有無數任的總統堅稱反對此機制，但一直要到 1983 年 (Naturalization Service v. Chadha, 462 U. S. 919 (1983)) 該機制才被聯邦最高法院宣告違憲。換言之，歷經半世紀，很多總統雖反對此機制，但並沒有訴諸司法。

最後，就算爭議主角有意願請求法院介入，還必須要能夠符合法定的程序
要求❺❽。換言之，權力部門間的權限範圍，多數時候是日常政治實際運作
的結果，而非法院透過判決或解釋所宣告的界限❺❾。而法院沒有機會介入
或不願介入的權力衝突爭議，不表示它是不重要的，它很有可能就是重大
的權力分立問題。

　　法院究竟要如何面對權力分立問題？不同的國家有不同的風貌，而且
每個國家所側重的問題亦不相同。同樣是聯邦制國家，美國與加拿大就有
所差異。而同樣是議會內閣制國家，加拿大與德國亦大不相同。以下簡單
介紹四個不同國家之司法權如何看待權力分立問題。

㈠加拿大

　　加拿大是一個聯邦國家，理論上其權力分立問題應該同時包含水平與
垂直等兩個面向。但是加拿大又是一個以英國西敏寺模式為範本的議會內
閣制，行政與立法兩權出現衝突的機會相對較小，故其權力分立爭執的重
心多是在垂直面向，也就是聯邦政府與組成聯邦之次級政府間的權限衝突。
從加拿大聯邦最高法院的裁判來看，其面對此類爭議時，大概以三個基本
價值為基礎❻⓪，並以三個基本原則作為裁判的基準。

---

❺❽　以我國為例，想要聲請大法官釋憲，必須符合一定的法定要件，並非所有爭議
　　都可釋憲。例如民國 102 年 9 月發生立法院院長涉嫌關說司法案件的重大憲政
　　爭議，隨後發生有關王金平先生黨籍存在與否之訴訟。在此訴訟中有關黨籍存
　　在與否之假處分爭訟，國民黨提出抗告遭駁回。對於法院同意假處分請求的決
　　定，國民黨就無法聲請釋憲，因為聲請釋憲的前提就是要主張一個抽象規範違
　　憲，而國民黨在此案中，不可能主張民事訴訟法中有關假處分之規定違憲。

❺❾　Ch. N. May & A. Ides, *Constitutional Law: National Power and Federalism-
　　Examples and Explanations*, New York, Aspen Publishers, 2004, 3ʳᵈ Edition, p.
　　266.

❻⓪　主要參考 R. Simeon, Criteria for Choice in Federal Systems, (1982–83) 8 *Queen's
　　Law Journal* 131, at pp. 131–137, pp. 141–143 and pp. 148–155.

三個基本價值分別是「共同體」、「效能」與「民主」。首先,「共同體」的概念是在價值或利益衝突時,要決定哪一個特定的空間可以作為解決衝突的基礎。有時是將國家視為一個整體(也就是共同體),其所超越的不僅是行政區劃上之聯邦與次聯邦政府間的界限而已,還要跨越宗教與種族或是族群的區分。有時又肯認特定空間(如魁北克)因其文化與語言特性而可被視為是一個共同體,此共同體之自主與權利必須受到尊重。一旦共同體是國家,權限就應屬聯邦權限。事實上,共同體概念是比較偏向社會學傾向的概念。與其相比較,效能概念就是比較偏向經濟學與公共行政學的概念。效能概念檢視政府(包含聯邦政府與次聯邦政府)是否能回應人民之需求。而政府間之合作或分權對抗,最終都是為了要更能回應人民與滿足人民之需求。為達此目的,必須評估最佳的資源與權力配置方法。舉例來說,越高比例的稅收分配到次聯邦政府手上,就益加降低聯邦政府處理經濟與規劃國家發展的能力;而過度集權於聯邦政府的作法,又會導致聯邦政府負擔過重並且沒有效率。而效能問題的思考,也不僅止於行政區劃上的劃分而已。例如勞工與資本家或是生產者與消費者的利益衝突,它們都是跨越行政區劃的範圍的。從效能的觀點來檢視權力衝突問題,基本上凡是出現權力交疊的情況時,都會被認定為是無效能的、高成本的,而且是有害的。最後是民主的概念,其重點當然是強調平等權的實現與少數的保障。其次,在定期改選的體制下,民主也是權力之正當性基礎的來源。在此觀點下,民主概念又支持多層次的統治結構,也容忍出現不同層級政府之權力交疊情形。

加拿大聯邦最高法院所面對的權力衝突問題,多是圍繞在聯邦與次聯邦政府間的權限衝突問題上。而其處理此類問題的指導原則,學者將其歸納為以下三個基本原則 **❻❶** 。 第一個是 「核心或是本質原則」 (pith and

---

❻❶ 參見 P. Macklem & C. Rogerson, *Canadian Constitutional Law*, Toronto, Emond Montgomery Publications Limited, 4th edition, 2010, p. 199.

substance)，法院首先審查所涉爭議之法律案其最主要之規範事項具何種本質？判斷其究竟是屬聯邦事項或是次聯邦事項。若是將本屬聯邦事項的權力交給次聯邦政府，或是反過來將本屬次聯邦事項的權力轉交給聯邦政府，這樣的情形就會被視為違憲，該行為（可能是聯邦法律或是次聯邦政府之法律）因之不具合法性 (validity)❷。第二個原則稱為「跨管轄豁免原則」(The Interjurisdictional Immunity Doctrine)。該原則運用的場域乃是在一種特別的權力交疊的情形，亦即雖然所涉爭議規範本身的確是規範其管轄範圍內的核心領域，故從「核心原則」的觀點，該規範是合憲合法的。但是該爭議規範在具體執行時，卻可能會觸及其他機關的核心領域。在此情形下，聯邦最高法院會對跨越管轄範圍的部分，或是觸及其他機關之核心領域的部分，視為不具可適用性 (applicability)❸，也就是豁免於爭議規範的拘束力之外，不受該爭議規範所拘束。該原則比較常用於透過限制次聯邦政府之法規範的效力範圍，以保障聯邦政府的核心權限範圍。第三個原則可稱為「聯邦至上原則」(The Paramountcy Doctrine)。該原則的使用時機是：雖然爭議規範是具「合法性」與「可適用性」，但它卻與另一個同樣具合法性與可適用性的法規範發生競合衝突，此時聯邦最高法院會利用此原則來保障合法之聯邦法律所要實現的聯邦政策，並宣稱次聯邦法律因與聯邦法律相競合而不具「可運作性」(operability)❹。

　　總結加拿大的情形，因其多語言與多種族的聯邦特性，尤其是長期有魁北克的分離運動，其權力分立爭議著重在垂直面向，重視地方之自主性與多元性；但在另一方面，保護與維繫現存聯邦體制也構成聯邦最高法院最重要的指導原則。

---

❷　R, v. Morgentaler, [1993] 3 SCR 463, 107 DLR (4th) 537.

❸　Mckay v. The Queen, [1965] SCR 798, 53 DLR (2d) 532.

❹　Ross v. Registrar of Motor Vehicles, [1975] 1 SCR 5, 42 DLR (3d) 68.

(二)美國

美國本就是一個最強調權力分立原則的聯邦制國家，但與加拿大不同之處乃在於美國的權力衝突問題不僅限於垂直面向而已，水平面向的權力衝突案件亦是相當常見。美國制憲先賢之所以如此重視權力分立原則，就是畏懼國家機關握有太強的權力，以至於侵害人民的權利。在此觀點下，權力分立原則的核心目的就是要保障人民的權利，而非為了維護各個權力部門的應有權力。換言之，因其他權力部門侵占或剝奪自己的權力而提起的爭訟，固然可以透過司法救濟而取回自己的權力。但更重要的是：即使是自己同意其權力遭到其他權力部門侵奪而無異議❻，該違反權力分立原則之行為仍然要遭到制裁❻。因為權力分立原則不是為了國家權力部門之權力大小而設，而是為了維護分權與制衡的憲法架構，以達保障人民權利的目的。

面對權力分立爭議，美國聯邦最高法院通常從兩個基本途徑出發，並進一步對於權力交錯重疊的問題，以兩個解釋取向作為解決爭議的指導方針。先談兩個基本途徑，它們是兩個不同但卻是相關的解釋途徑❻。第一

---

❻　例如國會通過限制總統對於郵政局長行使免職權的法案，即使總統仍然簽署該法案，彷彿是總統自願讓此項人事免職權受到國會的介入與限制，該法案仍被宣告為違憲。Myers v. United States, 272 U. S. 52 (1926) 美國聯邦最高法院認為一旦國會可以介入行政部門的人事免職權時，就會導致所涉行政官員不僅是服從總統之領導而已，可能還會重視國會對其執行職務的意見。如此一來，國會就不僅是在監督行政部門執行法律而已，而是形同可以介入行政權，並對行政行為（如此處之免職行為）享有否決權。Bowsher v. Synar, 478 U. S. 714, 726 (1986).

❻　New York v. United States, 505 U. S. 144, 182 (1992): The Constitution's division of power among the three Branches is violated where one Branch invades the territory of another, whether or not the encroached-upon Branch approves the encroachment.

❻　以下論述主要參考 Ch. N. May & A. Ides, *Constitutional Law: National Power*

個基本途徑可以稱之為「文本途徑」(textual)，它乃以憲法特定條文為依據，作為權力分立的界限。而美國憲法有關權力分立的條文規定又可分為兩類：一類是規定特定權力由特定權力部門所專享❻❽；另一類規定的內容則是為了保護特定權力部門不受其他權力部門的介入或侵擾❻❾。凡是所涉爭議違反此兩類規定，即有可能被宣告為違憲。第二個途徑可以稱為「結構途徑」(structural)，它所側重的並不是特定憲法條文有否被違反，而是憲法所規範的分權架構是否被破壞？進而導致原先設計的分權與制衡機制無法被充分地實踐。在結構途徑的觀點下，因破壞憲法結構而被視為是違憲的態樣有二：一是單純的奪權但不擴權，二是既奪權又擴權。舉例來說，假設立法院通過一個「總統提名法」，用來規範總統的提名權。若該法規定：總統提出監察委員名單後，應先送調查局審查通過，確定被提名人無不良紀錄，方得將該提名名單送交立法院。此種規定方式可說是奪權但不擴權：立法院透過立法方式限制了總統的提名權，但立法院並沒有因之增加自己的權力。反之，如果該法規定：總統的提名名單應先送立法院特別委員會初審，初審通過後，總統才能正式地將此名單送交立法院行使同意權。這種規定方式一方面削弱了總統的提名權，另一方面則擴大了自己的權限範圍：從單純的同意權，增加到參與提名權。

---

and Federalism-Examples and Explanations, New York, Aspen Publishers, 2004, 3rd Edition, p. 268。

❻❽ 例如美國憲法規定「宣戰權」為國會所專享（美國憲法第 1 條第 8 項第 11 款），但執行或指揮戰爭的權力則屬於總統的權限範圍（美國憲法第 2 條第 2 項）。以我國憲法為例，考試委員、監察委員或大法官的提名權由總統所專享，但這些人員的同意權則屬於立法院的權限範圍。

❻❾ 例如美國憲法規定國會議員於會期期間，不得因其參與法案之討論或表決的緣故而被逮捕（美國憲法第 1 條第 6 項），我國憲法也有立法委員免責權與不被逮捕特權的規定（憲法第 73 條及憲法第 74 條）。這些規定都是在保護國會不受其他權力部門之干擾。

　　文本途徑與結構途徑都以憲法條文為基礎，但除了條文文字可能歧義不清外，更多時候是條文本身根本沒有規範權力交錯混合的情形。面對此問題，美國聯邦最高法院自 1970 年代開始出現兩種常用的解釋取向❼。一是「形式論取向」，其基本立場是：在憲法沒有明文作例外規定的情形下，立法權便應由國會行使，行政權由總統及其所屬機關負責，司法權則歸於法院。聯邦最高法院審查的重點乃在判定爭議事項的權力屬性與爭議機關的權力歸屬，並認為不該僅為了便利或效率而變更憲法所規定的分權架構。另一個解釋取向稱為「功能論取向」，其基本立場則認為：只要不危及各權力部門的核心功能，以及不影響各權力部門間應有的制衡關係與制衡效果，即能接受權力部門間的彈性配置與權力混合。換言之，法院審查的重點是制衡關係是否遭到破壞，核心權能是否遭致侵奪。

　　從文本到結構，從形式到功能，美國多年的釋憲經驗呈現出相當多元且豐富的風貌。特別是美國憲法乃迄今最長壽的成文憲法，加以其修憲門檻甚高，如果不透過多元解釋途徑去活化憲法，憲法將無法適應現代社會。基此，各種解釋途徑或取向相互競爭，沒有定於一尊的解釋方法，固然難免令人難以預測，但卻是憲法得以存續的必要配備。更何況英美法的傳統本就是重視實用與經驗，所以 Holmes 大法官有一句名言這麼說："The life of the law has not been logic; it has been experience."

㈢德國

　　二戰結束後所制定的基本法，深受兩個歷史經驗所影響：一是威瑪憲

---

❼　相關中文文獻請參見釋字第 613 號解釋林子儀大法官的部分協同意見書；另參見林子儀，憲政體制與機關爭議之釋憲方法論，收於：新世紀經濟法制之建構與挑戰——廖義男教授六秩誕辰祝壽論文集，元照出版，2002 年，頁 5-58；湯德宗，美國權力分立的理論與實務——我國採行總統制可行性的初步考察，收於：氏著，權力分立新論（卷一）——憲法結構與動態平衡，元照出版，2005 年，頁 385-417。

法崩解的過程，一是納粹政權侵害人權的黑暗紀錄。在此背景下，基本法本質上是超實證法的，在憲法之上尚承認有自然法的存在 ❼。雖然德國強調邏輯與演繹的法學傳統一直很強，但是聯邦憲法法院卻以基本法第 20 條第 3 項為基礎，強調法官不僅是在適用法律而已，法官還可以進行法之續造 (Rechtsfortbildung)❼。 法官不僅可以續造法律，而且還可介入政治領域，甚至提出政策方針。此與美國法運用「政治問題」概念以迴避政治衝突的情況截然不同。典型的例子如 1972 年的兩德基礎條約與 1992 年的馬斯垂克條約，法院不僅詳細審查，甚至還提出諸多指導原則 ❼。從承認憲法之上還有自然法，到肯認法之續造的權力，以及不忌諱政治問題的態度，德國聯邦憲法法院可以說是一個最具積極性與創造性的憲法審判機關。

其面對權力分立問題時，尤其是有關水平的權力衝突爭議，早期因納粹行政強權的歷史記憶猶新，故聯邦憲法法院特別扶持立法權，透過法律保留原則、授權明確性原則與重要性理論等論述，強化立法權的優越地位。行政權僅能靠「核心領域」(Kembereich) 理論，勉強抵擋步步進逼的立法權。核心領域理論認為國家各個權力部門各自有其憲法地位，並不存在一個權力部門之地位優於其他權力部門。若是出現某權力機關地位獨尊的情況，則權力分立原則即遭到破壞 ❼。換言之，權力也許會交錯混合，但沒

---

❼　參見基本法第 20 條第 4 項，以及聯邦憲法法院認為修憲條文可能違憲的裁判 (BVerfGE 225, 234 (1953))。

❼　34 BVerfGE 269 (1973).

❼　可參閱 36 BVerfGE 1 (1973) 及 89 BVerfGE 155 (1993) 等兩個判決。特別是在馬斯垂克條約的判決裡，聯邦憲法法院洋洋灑灑地提出九大指導原則，此實非美國聯邦最高法院之法官所能想像的判決模式。

❼　在有關核心領域理論的代表性案例（1983 年的福力克案）中，德國聯邦憲法法院表示：政府對人民與議會負責的必要性前提是，行政權擁有一個自我負責的核心領域，此核心領域包括連議會之調查權都不得窺探之政府法案的提案與討論過程、政府意志之形成過程，內閣、各部會或跨部會之形成決議的討論與

有一個權力部門擁有較高之地位，而可以入侵其他權力部門之核心領域，各憲法機關之核心權能不得被剝奪或侵占。

到了 1984 年，聯邦憲法法院開始採用「功能最適理論」**❼❺**，權力分立原則的解釋方法有了新的突破。「功能最適理論」主張權力分立原則存在的目的，並不僅止於為了分權與制衡而達到人權保障的目的而已，同時也必須考量國家機關的效能，進而追求「充分相應於組織需要之功能分派」的權力安排模式**❼❻**。更具體地說，不是單純且死板地認為立法權一定歸國會，行政權一定歸政府，而是要進一步地探究機關之組織特性與其所擁有之各項資源配備後，才能決定特定權力事項或是功能的安排是合憲還是違憲。功能最適理論強化了在權力分立架構下調整權力配置的彈性，並得以用來解決超越憲法文本所規劃之權力分立想像的權力衝突事件。

此外，聯邦憲法法院還發展出針對權力部門間採取消極抵制與不合作態度時的處理原則。此際並沒有出現積極的擴權或是權力競奪的情事，嚴格而言，爭議機關之作為並沒有超出憲法所框架的權限範圍，但卻導致國

表決過程等事項。憲法並沒有賦予國會一個無所不包的優越地位，而僅由國會是直接民選之事實，也不能導出其他國家權力制度與功能皆欠缺民主正當性的結論。換言之，就算出現重大的政治性爭議時，不會因為議會具有直接民選之民主正當性基礎，而可以凌駕所有其他憲法機關，甚至是變更憲法基於權力分立原則所預先規定的權限秩序。參見許宗力，權力分立與機關忠誠——以德國聯邦憲法法院裁判為中心，收於：氏著，法與國家權力㈡，元照出版，2007年，頁 293–320，文中之詳盡介紹。

❼❺　相關中文文獻參見許宗力，論法律保留原則，收於：氏著，法與國家權力，元照出版，1999 年，頁 179–195；陳愛娥，大法官憲法解釋權之界限——由功能法的觀點出發，憲政時代，第 24 卷第 3 期，1998 年 12 月，頁 170–222。

❼❻　此乃德國學者的說法，引自黃錦堂，論當前的行憲政策與憲法解釋，收於：湯德宗、廖福特主編，憲法解釋之理論與實務，第五輯，中研院法律所出版，2007 年，頁 37。

家權力或功能無法正常運作。例如國會蓄意擱置政府的預算案，根本不予審查，如此導致國家機關因無預算而癱瘓。面對此種消極不作為的行為，聯邦憲法法院祭出「機關忠誠原則」以為對抗。法院認為：「任一憲法機關倘於行使職權之際，未能給予其他憲法機關適度之尊重，而竟公然以言詞與行動加以貶抑，就與憲法所課予的憲法義務背道而馳❼❼。」這種違背憲法義務的行為，可以被視為是一種違憲的行為。將消極不作為也納入違憲評價之列的作法，正足以顯示聯邦憲法法院的強勢與積極態勢。畢竟從古典權力分立原則以節制擴權、越權或是濫權的想像出發，似乎沒有想到有權者有可能放棄權力、不行使權力的問題。

　　總結德國有關權力分立爭議的解決經驗，聯邦憲法法院所扮演的角色十分突出，它不僅敢於受理政治問題，也勇於主動提出政策方略；它不僅詮釋，而且亦續造憲法；並可用自行創造的不成文憲法原則，來嘗試框架國家機關之消極不作為。最後，由於德國憲法爭議案源高達九成七以上是來自於人民所提起的憲法訴願案件，權力分立案件相形之下就顯得十分稀少。

㈣法國

　　恰與德國相反，法國憲法委員會長期以來的主要任務就是處理國家權力部門間的權力衝突問題❼❽，並以逐步建立比較平衡的權力關係體系為其運作特色。如前所述，第五共和憲法之制憲者的主要想法，就是要建立一

---

❼❼　引自許宗力，論法律保留原則，收於：氏著，法與國家權力，元照出版，1999年，頁337。

❼❽　法國到2008年修憲時，才引進人民聲請釋憲制度，該制度並於2010年3月正式上路。自此以降，人民得在個案訴訟中提出「優先之合憲性問題」(question prioritaire de constitutionnalité)，請求憲法委員會審查爭議法律的合憲性。詳見陳淳文，人民聲請釋憲制度的改革展望，政大法學評論，第142期，2015年9月，頁281以下。

個立法權能理性運作、行政權能有效執行的新政體，一改過去立法獨大，行政積弱不振的憲政傳統。在此指導原則下，法國第五共和憲法第 34 與第 37 條直接以列舉方式規定立法權得以介入的事項，並以概括方式規範行政權的領域範圍❼❾。此外還有阻止立法權入侵行政權的憲法機制❽⓿，並設置憲法委員會作為行政權的捍衛者。不過法國第五共和憲法新制上路之後，憲法委員會卻透過違憲審查的機會逐步放寬憲法條文對於立法權的限制，並確立司法權應與其他兩權享有鼎足而三的獨立地位，適度調整了憲法原始設定的權力分立架構與法國傳統的權力分立想像。而憲法委員會之所以能夠適度調整第五共和憲法的權力架構，主要透過以下兩個途徑。

　　首先，不同於其他民主國家，法國第五共和憲法建立了一個強制違憲審查機制。該憲法第 61 條第 1 項規定：「組織法」❽① 與「國會內部規則」於公布生效前，必須經憲法委員會審查。而幾乎所有國家重要機關之組織法或作用法，第五共和憲法都規定必須是「組織法」之形式，所以都必須

❼❾　詳見陳淳文，行政保留之比較研究——以半總統制之行政命令權為中心，中研院法學期刊，第 10 期，2012 年 3 月，頁 58 以下。

❽⓿　例如法國第五共和憲法第 41 條規定：國會於立法過程中出現超越其法定權限的提案或修法提案時，政府得阻止該案之進行。必要時，政府得請求憲法委員會介入。

❽①　法國第五共和憲法所規範的「組織法」(loi organique)，具有以下三項特色：第一，它是一種憲法委託，憲法明文規定某事項或某組織必須以組織法定之。第二，它的審議程序與通過門檻不同於一般法律，憲法第 46 條對此類法律的審議程序有特別規定。第三，它必須經過強制性的違憲審查。基於前述之特殊性，一般認為組織法具有高於一般法律的準憲法位階地位。我國近年也有基本法、基準法或框架法的使用，如通訊傳播基本法或中央行政機關組織基準法等。在概念上，或許希望此類法律具有略高於一般法律的法律位階，但在法律上因其審議程序與一般法律相同，故此類法律不可能享有比一般法律更高的法律地位。

接受憲法委員會的事前審查。同樣的，國會兩院的所有內規，涉及立法權之運作與行政立法兩權之互動關係，也必須送交強制審查。而基於強制審查是沒有聲請人，也沒有特定的訴訟聲明，故憲法委員會對法案進行全面審查，完全沒有受原告聲明拘束 (ultra petita) 的考量。此外，憲法委員會進行強制審查時，基於受審查規範的重要性，其乃採取嚴格審查的態度。所以透過強制審查的機會，憲法委員會大幅且深入地介入權力互動關係中。

　　憲法委員會調整權力架構的第二個途徑就是透過其釋憲機會，不斷地擴大審查基準。第五共和憲法本文其實已經對於權力互動關係規範得十分詳盡，但憲法委員會還將第四及第五共和憲法前言與 1789 年法國人權宣言納入其審查基準。不僅如此，它還自行創立「共和國法律所肯認的基本原則」(les principes fondamentaux reconnus par les lois de la République) 與「具憲法價值之目標」 (les objectifs de valeur constitutionnelle) 等兩類概念作為其審查基準。相較於德國聯邦憲法法院可以援引自然法作為審查基準，並透過其判決進行法之續造，法國憲法委員會的創造性可以說是毫不遜色。

　　在權力分立的問題上，憲法委員會除了落實憲法保障行政權之相關規定，以阻止立法權之入侵外，也透過解釋放寬立法權之範圍。其解釋方法之一就是寬鬆解釋憲法第 34 條有關立法權的列舉規定。例如該條文規定：「公民權與行使公共自由所必要之基本保障」乃立法者之權限，憲法委員會就寬鬆解釋條文中「基本保障」的概念。舉例而言，本來依憲法第 34 條規定，僅有刑事程序是立法者的權限。但透過針對基本保障的擴張解釋，則包括民事訴訟，一般行政訴訟與稅務訴訟，都被視為是與公民權之基本保障相關而允許國會可以立法規範。其次，憲法委員會在其決定中強調：凡是某事項涉及某特定憲法條文、第四及第五共和憲法前言或 1789 年人權宣言時，都屬國會可以介入立法之事項❽❷。最後，憲法委員會也認為：凡是觸及「一般法律原則」(principes généraux du droit) 之事項，皆屬國會之

---

❽❷　C.C. 65-34 L. 2 juillet 1965, *Rec.* p. 75.

立法權限❽。雖然不斷放寬國會的權限範圍，但憲法委員會並不能改變憲法原本賦予行政權的優越地位；至多僅是適度調整兩權間的不平等關係而已。

　　倒是對於司法權的獨立地位，憲法委員會特別強調其獨立性。在 1980 年的一個重要決定中，其作如此宣示：「普通法院基於憲法第 64 條規定，行政法院則基於自 1872 年 5 月 24 日之法律以降，即共和國法律所肯認的基本原則，普通法院與行政法院的獨立性都獲得保障。不論是立法者或是政府，皆不得侵奪這些法院所具有之特殊性職能；亦即不論是立法者或是政府，他們既不能廢棄法院的裁判，也不能對法院下達指令，亦不能在個案訴訟中取代法院之職權❽。」在 1987 年的另一個重要案例中❽，立法者打算將本屬行政法院所管轄之競爭法訴訟案件移轉至普通法院手中。反對者認為此舉違反法國之權力分立傳統，也就是自 1790 年 8 月 16 日到 24 日法院組織法所規定之內容：普通法院不得干涉行政事務。不服「競爭委員會」（類似我國之公平交易委員會）之決定所提起之訴訟，就是針對行政機關之決定所提起之訴訟，不應由普通法院管轄。憲法委員會在本案中表示：行政機關與普通法院分離的原則，雖是大革命以降所持續的傳統，但該原則卻不具憲法地位。不過，基於法國之權力分立概念，以及共和國法律所肯認的基本原則，撤銷以及變更公權力之決定的權力乃保留給行政法院。然而，為了更好的司法服務，行政法院的管轄權仍得例外地予以調整。最後，本案將競爭法之訴訟管轄權由行政法院移至普通法院的作法，乃是為了提供更好的司法服務，故而沒有違反權力分立原則。

---

❽　C.C. 69-55 L. 26 juin 1969, *Rec.* p. 27. 所謂一般法律原則乃是法官於裁判中所創造的規範，其位階應在法律之下，但在命令之上。若欲規範此類事項，因不能透過位階較低的命令，故僅能以法律進行規範。

❽　C.C. 80-119 DC, 22 juillet 1980, *Rec.* p. 46, considérant 6.

❽　C.C. 86-224 DC, 23 janvier 1987, *Rec.* p. 8.

　　總結法國法有關權力分立爭議的經驗，憲法委員會除了依據憲法維護行政權之法定權限外，特別重視包括：國會之民主代表角色、普通法院乃個人權利之保護者與行政法院乃公權力行為之制裁者等大革命以降所持續的憲政傳統。特別是憲法委員會將憲法前言與人權宣言，以及自己所創造的「共和國法律所肯認的基本原則」與「具憲法價值之目標」等概念都納入違憲審查之基準，使得其能適度矯正原本過於維護行政權的第五共和憲法，並能配合時代變遷，進而建構一個較為平衡的權力分立架構。

三、我國憲政實務下的權力分立實況

　　作為一個新興民主國家，在民主政治的日常運作與其動態發展中，必然會出現權力衝突問題。特別是在今日國家職能不斷擴大，經貿活動與社會分工極為複雜細密的情況下，國家職能的劃分與界定尤為困難，從而權力分立的衝突也就可能更加頻繁。換言之，出現權力衝突本就是西方立憲主義建立權力分立架構後，經其制度運作所必然產生的結果；完全不應將其視為是一種變異或是病態。不過，如何面對與處理權力衝突問題，卻對民主體制之發展與立憲主義之落實有相當深遠的影響，需要審慎以對，並應找出適當的解決方法。

(一)權力分立原則的憲法地位與內涵

　　我國憲法以五權分立為其特色，憲法本文並未出現「權力分立」之用語。不過，不同權力部門間的相互牽制與制衡的設計，在憲法本文中已處處可見。司法院大法官利用其釋憲機會，不斷援引權力分立原則。特別是在釋字第 499 號解釋中宣示：「權力分立與制衡之原則，具本質之重要性，亦為憲法整體基本原則之所在。」將該原則列為憲法基本原則之列，其地位之崇高，自不待言。基此，就實證法的角度來看，權力分立原則是我國現行憲法上的基本原則。

　　就權力分立原則的內涵而言，初期大法官尚還重視不同權力部門間的

「分工」與「協力」的概念。但隨著我國民主化的發展，權力競爭已成常態；大法官開始將「權力分立」與「制衡」的概念相結合。例如釋字第419號解釋理由書謂：「立憲民主國家，莫不奉權力分立為圭臬，故就憲法上職位之兼任是否相容，首應以有無違反權力分立之原則為斷。一旦違反權力分立原則，除非憲法設有例外之規定（例如美國副總統之兼為參議院議長、內閣制國家之議員得兼任閣員），否則即屬違憲行為。依權力分立原則所區分之各個權力範圍（例如立法部門、行政部門及司法部門），若因部門內之權限，依憲法之設計，必須由兩個機關不同之構成員分別行使者，亦在不得兼任之列，例如採兩院制之國會，其法案通過須分別經兩院議決，如由一人同時擔任兩院之議員，則與憲法將立法權分由兩院行使之本旨不符，其兼任自亦非憲法之所許。」釋字第419號解釋乃處理副總統得否兼任閣揆之問題，大法官以不同職位是否「相容」的概念來詮釋此問題，其實就是援用制衡的概念。

除了制衡概念外，大法官先後在釋字第585號解釋與釋字第613號解釋中，同時將功能最適理論與核心領域理論一起納入權力分立原則的概念裡。釋字第585號解釋理由書第2段說：「基於權力分立與機關功能最適原則、機關任務功能分配原則，權力之配置，應配置於功能上最適當，追求效能之機關擔當。」釋字第613號解釋理由書亦作如下之論述：「蓋作為憲法基本原則之一之權力分立原則，其意義不僅在於權力之區分，將所有國家事務分配由組織、制度與功能等各方面均較適當之國家機關擔當履行，以使國家決定更能有效達到正確之境地，要亦在於權力之制衡，即權力之相互牽制與抑制，以避免權力因無限制之濫用，而致侵害人民自由權利。惟權力之相互制衡仍有其界限，除不能牴觸憲法明文規定外，亦不能侵犯各該憲法機關之權力核心領域，或對其他憲法機關權力之行使造成實質妨礙（本院釋字第五八五號解釋參照），或導致責任政治遭受破壞（本院釋字第三九一號解釋參照）。」最後，有關監察院之人事案，釋字第632號解釋

也說監察院因無監察委員而空轉之問題:「更須依賴享有人事決定權之憲法機關忠誠履行憲法賦予之權責,及時產生繼任人選,以免影響國家整體憲政體制之正常運行。」從前引論述來看,德國法上的核心領域理論、功能最適理論與機關忠誠原則,都為大法官所援用,讓我國權力分立理論充滿日耳曼風采。

㈡權力分立原則的解釋方法

從前述各國有關權力分立原則豐富多元的釋憲經驗來看,解決此類爭議當然沒有一定要採取的解釋方法或取向,與定於一尊的標準答案。不過,前述各國經驗倒是能提供幾個協助吾人解決問題的指導方針。

首先,憲政結構與政府體制本身,對於權力分立問題有深遠的影響。加拿大與美國強調聯邦體制,美國重視機關與職能之分立與制衡;德國與法國則基於議會內閣制與半總統制的架構,則側重權力部門間的平衡與效能。在此基礎架構下,每個國家還會特別重視自己的憲政傳統、歷史經驗與現實問題,形塑特有的憲法價值。加拿大因其聯邦體制與魁北克分離問題,特別重視「共同體」、「效能」與「民主」等概念。美國因其立國傳統與憲法結構,特別重視「制衡」與「共和」之概念。德國則因納粹經驗而高舉超憲法之自然法與人性尊嚴,除了尊崇國會所代表的民主價值之外,也適度考量行政權之效能。法國追溯大革命之人權宣言與共和國所肯認的基本原則,不外就是要扶持被第五共和憲法過度壓抑的立法權,以期建立一個比較平衡的權力互動關係。

其次,在解釋方法上,文本與憲法結構一直是最重要,也是最基礎的出發點。憲法應是最高的共同價值與集體共識,就算政治行動者可能挑戰此最高價值,作為憲法維護者的釋憲機關,一定要自己對憲法忠誠;並將憲法視為一個不得任意拆解的客觀價值秩序。憲法的整體性與客觀規範性,是釋憲者必須內化的基本認知。在此基礎認知之上,才能斟酌權力部門之功能或是效能的問題。事實上,19世紀的國家觀與權力分立設計與現今國

家所扮演的角色及其職能要求差距甚遠，故在憲法文本之外，一定要加上適應現代情境的彈性考量。

最後，針對特定爭議問題，也要兼顧宏觀與微觀層次。所謂宏觀層次，就是要放在歷史長流與制度變遷的視角下，分析引發爭議的歷史脈絡與政治、經濟、社會與文化背景。至於微觀層次，則是探究此爭議造成何種具體衝擊或是影響，引發爭議的權力安排或是機關配置，其組織模式與組織屬性，資源配備與程序要求等事項，才能做一個全面的合憲性評估。

回顧我國的權力分立爭議與釋憲經驗，以下幾個問題特別值得吾人思索：第一，我國的憲法基本架構與憲政體制究竟為何？總統制強調制衡，內閣制則可能重視平衡，不同政府體制的權力分立精神可能有所不同。然而我國究竟是屬何種政府體制？釋憲者似仍游移不定。例如釋字第 613 號解釋解釋文一開始就援引憲法：「行政院為國家最高行政機關，憲法第五十三條定有明文。」既然憲法本文與大法官都肯認行政院為最高行政機關，則行政院長當然就是我國的「最高行政首長」。但是在釋字第 627 號解釋的解釋理由書中，大法官又說：「總統於憲法及憲法增修條文所賦予之行政權範圍內，為最高行政首長，負有維護國家安全與國家利益之責任。是總統就其職權範圍內有關國家安全、國防及外交資訊之公開，認為有妨礙國家安全與國家利益之虞者，應負保守秘密之義務，亦有決定不予公開之權力，此為總統之國家機密特權。」將二者聯結以觀，就可能得出：「我國最高行政首長（行政院長）不能知悉及掌握部分有關國家安全、國防及外交之政府資訊，因為這些資訊為總統所獨享的國家機密特權。」如此一來，總統僅透過其國安局與國安會，就可以完全架空行政院及其所屬之國防部與外交部；立法院又如何能針對此類問題追究責任？是何種正常的民主政府體制可能出現此類情況？

第二，釋憲者是否忠誠於憲法文本？並尊重憲法的整體性與客觀規範性？憲法條文從未曾將「最高」二字加諸於總統身上。釋憲者如何能自行

將「最高行政首長」的封號賦予總統？如此難道不會與憲法第 53 條產生齟齬？進而破壞德國聯邦憲法法院所不斷強調的「憲法整體性」(Einheit der Verfassung) 嗎 **⑧⑥**？

第三，在釋憲者眼中，我國憲法最重要的基本價值為何？是否就是釋字第 499 號解釋所揭示的憲法基本原則？就算就是這些憲法基本原則，如權力分立原則或是民主國原則，也要進一步確立其內涵。如權力分立原則究竟是要側重分權制衡或是效能？還是要兼顧效能與制衡的最適調和 **⑧⑦**，一方面要能防止獨裁濫權，另一方面也要慮及時代需要與政府效能。而大法官借用核心領域理論替行政權創設「行政特權」，或是賦予總統憲法所未曾規定的「國家機密特權」，究竟是要追求什麼憲政主義理想？是期望落實什麼憲法基本價值？

第四，我國憲政民主經驗與特定時空下的政經社文結構是否曾被充分考量？例如在過去行政權獨大，以及總統長期總攬大權而為行政強人的歷史經驗下，是否因總統改為直接民選後，就可以不顧威權與獨裁可能再現之風險而不斷地去維護行政權；甚至還主動加碼，自行創設憲法文本所沒有的行政特權與總統之國家機密特權？同樣的，在思考行政與立法的互動關係時，是否也要慮及重要的憲法變遷？包括釋字第 261 號解釋已終結萬

---

⑧⑥　93 BVerfGE 1 (1995). Voir E. Zoller, *Droit constitutionnel*, Paris, PUF, 1999, p. 174.

⑧⑦　黃錦堂氏對於當前我國應如何面對權力分立問題？應採何種憲法解釋方法？有十分深入的探討。其主張釋憲者首應遵守憲法所決定的政治基本共識，其次要追求憲政主義的理想與權力分立原則的真諦，並考量我國特有的政經社文結構，一方面要防止獨裁濫權，另一方面也要促進政府效能與人權保障。最後要注意憲法變遷，面臨憲政危機時，釋憲機關更應扮演關鍵角色，以協助國家度過危機。詳見黃錦堂，論當前的行憲政策與憲法解釋，收於：湯德宗、廖福特主編，憲法解釋之理論與實務，第五輯，中研院法律所出版，2007 年，頁 34 以下。

年國會，現在的立法院在制度上已經是一個完全正常的民主國會。但在另一方面，經過歷次修憲，立法院成為中央層級的唯一民意機關。國會為「一院制」的制度事實，以及僅餘一百一十三席的國會減半改革，已經使得我國的立法權成為一個本身難以節制，卻又代表性不足的機構。加上總統已經改為全民直選，賦予行政權一定程度的民主正當性。大法官過去在威權體制下，不斷透過法律保留原則與授權明確原則去抑行政揚立法的解釋政策，是否也要適度調整？

　　最後，面對衝突與危機之際，是否針對爭議作宏觀與微觀的全面考量？例如行政強人可能濫權的病根是否已經因民主化而根除？因族群對立而形成分裂社會的結構特徵，是否因民主化，尤其是總統直選而改變？總統大選時發生三一九槍擊案對民主發展會產生何種影響？一個非常設的真相調查委員會（簡稱真調會），對憲政體制結構與人權保障情況，會產生何種衝擊？這樣一個臨時性的任務編組，其又擁有多少資源與特權？其權力之行使可能產生何種法律效果？有何救濟管道作為配套安排等。如果沒有全面檢視這些宏觀與微觀的各個面向，卻祭出不僅抽離我國歷史經驗與社會現實，同時也窄化其概念內涵的權力分立原則來作為捍衛行政權的工具，這樣的解釋方法自然會受到質疑與批判[88]。

---

[88]　如蘇永欽，喬太守式的分權，灑狗血般的人權——簡評政治壓力鍋煮出來的五八五號解釋，台灣本土法學雜誌，第 70 期，2005 年 5 月，頁 38 以下；廖元豪，「畫虎不成」加「歪打正著」——從美國經驗評真調會與釋字第 585 號解釋，台灣本土法學雜誌，第 71 期，2005 年 6 月，頁 44 以下。

第二章　我國現行中央政府體制之定位

　　我國的中央政府體制，特別是總統之憲政定位與行政、立法兩權間之互動關係，長期以來是我國學界與政界爭論不休的重要議題。過去因動員戡亂時期臨時條款凍結憲法本文之效力，致使總統、行政院與立法院的關係，並非完全依照憲法本文之規定來運作。解嚴之後，尤其是自民國79年起的憲政改革運動，伴隨著總統產生方式的改變，以及包括國會改革在內的其他憲法修正歷程，使中央政府體制因變革不斷而造成制度定位的困難。民國89年的總統大選結果雖實現了中央行政權首次政權輪替之民主指標，但卻因執政黨未能掌握立法院過半數以上的席次而出現「少數政府」，此情況甚且持續長達8年之久，致使我國憲政體制之爭議益加劇烈❶。

　　惟民國97年的立法委員與總統選舉，再為我國民主政治開啟新的一頁。特別是此次國會選舉乃修憲後新國會制度的首航，其結果是小黨幾無生存空間，而國民黨竟一黨囊括近四分之三的席次，第一大反對黨連聲請釋憲的法定門檻都達不到。這樣的政治新局使得原本被認為十分難以啟動的修憲程序，變成可由國會多數黨一黨獨力為之。然而國民黨雖擁有發動

---

❶　國內公法學界與政治學界皆對政府體制問題進行討論，但因研究取徑與研究重點之不同，二者似乎是涇渭分明，互不交流。近年來以政府體制為焦點的重要論著包括：吳重禮、吳玉山主編，憲政改革——背景、運作與影響，五南出版，2006年；行政院研考會編，憲改方向盤，五南出版，2006年；湯德宗、廖福特主編，憲法解釋之理論與實務，第五輯，中研院法律所出版，2007年；及論述「半總統制與民主」專輯，政治科學論叢，第47期，2011年3月。有關我國憲政體制爭議的整體性描述，可參見陳淳文，中央政府體制改革的謎思與展望，收於：湯德宗、廖福特主編，憲法解釋之理論與實務，第五輯，中研院法律所出版，2007年，頁99以下；陳淳文，再論中央政府體制之改革展望——法國08修憲之啟發，政大法學評論，第131期，2013年12月，頁1以下。

修憲的能力，但在政治現實上卻沒有修憲的迫切需要。在馬英九總統「行憲比修憲更重要」的政治宣示下，修憲並沒被列入政治議程。隨著執政結果而日益減損威望的執政黨既然沒有意願啟動修憲機制，可能發動修憲的契機也就稍縱即逝。民國 101 年改選後的立法院，國民黨不再擁有民國 97 年時的優勢地位。在立法院的現行選制下，兩大政黨平分秋色的地位將更加確立，除非出現諸如執政高層嚴重貪瀆或甚至是叛國的極端特例，否則未來立法院將很難再出現單一政黨獲得四分之三席次之壓倒性勝利的景況。再者，就算國會再次出現單一的優勢執政黨，或是不同的敵對政黨間取得合作修憲的共識，也會因現行憲法所規定之高修憲門檻，而使修憲程序很難順利通過。在此背景下，除非出現難以預料的重大變局，否則不論吾人究竟是接受還是厭惡這部現行中華民國憲法，它仍會繼續存立下去。

　　雖然在憲法規範面上，條文內容在短時間內很難再有所變動，但動態的實際政治運作卻是不斷地拋出新的議題或爭議。例如，中選會以節省選舉經費為由，將民國 101 年的總統大選與立法院的改選合併舉行。此合併選舉的合憲性問題本應受到高度質疑，但兩大政黨卻皆為了自己的選舉利益而明示或默示地支持此合併案。總統與國會同日選舉所可能產生的效應，雖不至於直接變更憲政體制之性質，但一定也會對現行體制造成相當程度的影響。這類由政治運作實務所衍生的憲政議題，也會回饋到憲法規範面上，有時甚至會影響對此部憲法的理解。若吾人回顧過去十餘年來的憲政運作經驗，爭議雖持續不斷發生，但最後也總是會落幕。特別是面對重大憲政爭議時，司法權總是扮演重要的角色。司法院大法官自首次中央政權輪替起對中央政府體制所作的幾號重要解釋，包括釋字第 520 號、釋字第 613 號、釋字第 627 號、釋字第 645 號、釋字第 729 號及釋字第 735 號解釋等，都對我國現行體制作了更明確的闡釋。由於大法官解釋憲法具有憲法位階，故而我國現行政府體制的定位，也因司法院大法官近年來的相關解釋而更加清晰。

第一節 憲法規範與憲政運作

包括憲法在內的各種法規範都必然包含兩個可以被觀察者觀察或分析的面向：一是法規範本身的規制內容究竟為何？一是法規範如何被適用？它究竟發生何種規範結果？前者可以被稱為是「應然面」，後者可以被稱為是「實然面」。放在憲法的架構下，前者就是「憲法規範」，後者就是「憲政運作」。此二者之間究竟存在何種關係？各國情況不盡相同。欲討論此二者之相互關係，則必須先確定前者後，才能進一步判斷其與後者的相互關係。

一、為何要定位？

就一般法規範而言，「定位問題」與「確認規範內容為何」二者是十分相近的議題，通常沒有特別予以區分的必要。例如若有人問：「在中華民國騎乘機車是否要戴安全帽？」依照現行規範內容而言，答案僅有「是」一種。此種「騎乘機車必須戴安全帽」的規範內容，沒有再進一步尋求其「定位」的必要。因為這是一個單純的管制規定，既沒有體系的關聯性，也不存在更上層的指導原則或規範精神。

反之，若有人問：「中華民國總統是否有權自行決定並任命派駐國外之外交使節或代表？如駐美代表？」依照憲法規範內容而言，答案應該也只有一種。但是與前揭安全帽問題相比，不同之處乃在於憲法未必有明文直接規定此事項，想要得到答案，就必須綜合歸納不同之憲法條文，瞭解其體系結構與整體規範邏輯，最後才能推演出正確的答案。在此情況下，「定位」問題就甚為重要，因為此處之定位，就是確認憲法的體系結構與規範邏輯，這使得吾人得以理解條文間的體系關聯性與上層規範思想，如此才能找出特定問題的具體規範內容。

總之，作為根本大法的憲法，因為位階最高且規範對象與範圍最廣，

所以必然導致其條文數目有限，規範文字特別具抽象性與簡潔性。一旦遇到特定具體問題，很可能會出現規範不清，或甚至根本找不到規範的情況。在此情形下，透過正確定位，確認並理解憲法之體系結構與上層指導精神後，才能解答特定具體問題。

(一)為何難以定位？

我國憲政體制究竟應如何定位？一直是一個爭論不休的問題！我國這種自我定位不明或難以定位的情況，究其原因，可能有以下三端：

1.混淆「類型」與「特色」

所謂「類型」，就是將所觀察之不同事物的共同特徵抽離出來，將之整理並歸類後成為一個特定的屬性或特徵，並以此作為觀察其他事物時判別或分類的標準。能夠被劃歸為同一類型的諸多不同事物，雖然彼此之間仍可能千差萬別，但它們一定存有一些共同的特徵或屬性，正是因為存有這些共同的特徵或屬性，才會被劃歸為同一類型。就「類型」本身而言，一般又可將其分為「理念類型」、「平均類型」與「建構類型」等三種類型模式。「理念類型」（或稱純粹類型）為社會學者韋伯 (Max Weber) 所創，用以描述那些在思想上可能存立，但在真實世界中僅存有雖然近似，但卻又不完全相同的共同特徵所形構而成的類型。例如他有名之統治類型的三種分類：「傳統式統治」、「首領魔力式統治或領袖魅力式統治」與「合理式或合法式統治」，就是以「權力產生方式」與「官僚體系」作為分類特徵，並輔以「統治之正當性基礎」為指標而建立類型❷。至於「平均類型」，常用於自然科學，乃以統計上之平均數或經驗上之平均特徵作為分類的基準。社會科學最常用的是「建構類型」，它就是將所觀察之歷史經驗或社會現象的共同特徵萃取出來，進而成為分類的基準。「內閣制」與「總統制」就是一種「建構類型」，其分類的標準就是建立在「行政權的生與滅」上。凡是行

---

❷ 吳庚，韋伯關於正當統治及官僚制度的理論，社會科學論叢，第 27 輯，1978 年 11 月，頁 158 以下。

政權源自於立法權，且行政權可因立法權之意志而消滅者，就是內閣制❸。

　　被劃歸為同一類型的政府體制，例如內閣制國家，除了具有前述共同特徵之外，必然還有各自的「特色」。這些特色雖各自具有獨特性，但不因存在這些特色而改變所屬類型。以我國憲法本文規定為例，憲法第 37 條、憲法第 53 條、憲法第 55 條、憲法第 56 條及憲法第 57 條等條文，明白顯示行政院（內閣）之產生，源自於立法院之同意，且立法院也有使內閣消滅的能力❹。基此，我國憲法本文所規定的政府體制，當然就應劃入內閣制。至於我國憲法上所規範的其他特色，諸如憲法第 44 條、憲法第 57 條與憲法第 75 條等規定，並不能因之而改變其類型歸屬。換言之，「修正式內閣制」、「改良式內閣制」或「傾向內閣制」的說法，只是強調我國內閣制的「特色」，而非自成一種新的「類型」。

2.混淆「主觀期望」與「客觀規範」

　　對於客觀的憲法規範文字應如何去理解？若干評論者往往不是由文字本身與文字所處之上下文體系結構與憲法規範邏輯之精神出發，而純由一己之主觀偏好或期望去詮釋文字的意思；如此就會造成定位分歧、定位困難或甚至是定位錯誤的結果。這種忽視憲法文本，而以一己主觀偏好詮釋憲法內容的人，基於不同背景而可能有不同動機。

　　就政治人物而言，總是偏好透過懷疑或是質疑憲法規範之內容與效力的方式，來合理化自己的行為。因為質疑憲法，甚至是曲解憲法，其實就是為其自己的行動取得最大的行為自由空間。

　　就學界與其他社會菁英來說，除了有以意識形態或政黨立場為政治人

---

❸　例如英國作家戴雪 (A. V. Dicey) 在其名著《英憲精義》中，就將執政的兩種形式分為「巴力門式的執政」與「非巴力門式的執政」等兩種類型，其分類指標就是看行政權能否隨立法權之意志而進退。參見戴雪著，雷賓南譯，英憲精義，帕米爾書店出版，1991 年，頁 577 以下。

❹　憲法第 57 條第 2 款及第 3 款規定雖然不是直接消滅內閣，但仍存在其可能性。

物背書者之外，有的是因為私利而立場偏頗；有的是受留學國之憲政體制所吸引，而欲將我國導向特定體制；有的則是將自己心中的理想視為是解釋現制的最高指導原則，進而忽略了作為成文憲法之憲法文本與其文字意涵的重要性。

　　就全民而言，是憲法與法治主義之價值不受重視，或是根本不曾被信仰過。在民主體制定期改選的週期裡，人民僅關心己利如何藉由選舉的機會而被極大化，他們完全不在乎政治行動者在滿足人民私利之餘，是否涉及違憲或越權，也不畏懼讓國家權力從原先所應受到的憲法束縛中掙脫出來。由於一般人民不重視憲法與法治主義之重要性，也不暸解憲法存立的主要目的就是要限制國家權力。至於政治人物僅戮力追求己利，其下者更是視憲法為無物；而社會菁英又因各種不同原因而對體制的定位見解分歧。在此背景下，我國憲政體制何以定位不清？也就不會是一件太難理解的事了。

3.混淆「應然」與「實然」

　　「實然面」是指具體存在的憲政事實或是具體發生過的憲政實務，而「應然面」則是憲法規範所欲落實的目標或理想；二者之間，的確有可能存在差距。造成政府體制定位困難的原因之一，不是因為出現實然面與應然面間的落差，而是錯把「實然面」理解成「應然面」，認為憲法所規範的內容，其實就是實際憲政運作所發生的事實。

　　例如總統任命閣員或官員（如經濟部長或駐美代表）的權力是實權還是虛權？有人會說：因為事實上是由總統主導內閣人事布局，總統介入甚深，所以此人事權應屬總統的實權。並據此更進一步地說：故我國總統不是內閣制的虛位元首，反而是更近似於美國總統制之總統。

　　但如果憲法的規範意義是由實際憲政運作結果來決定的話，試問憲法如何能發生規範效力？如何期待憲法能夠限制國家權力？

(二)如何正確定位？

　　鑑於我國常出現之政府體制定位不明的困擾，以下三點或可作為如何

正確定位的指導原則。試舉一例來說明這三個原則：設若陸軍司令因軍中出現管教士兵致死案而遭各界圍剿，政府不得不有所作為，請問任命新的陸軍司令的決定權應屬誰的權限範圍？

1. 不能忽視憲法整體之體系結構邏輯

下令更換並任命新的陸軍司令的命令應屬誰的權限範圍？論者有謂：總統之軍事統帥權規定於憲法第 37 條的「副署條款」之前，且因軍事統帥權在性質上具機動性，且宜事權集中，故文義上似不必經行政院長之副署而為總統的實權❺。

此種詮釋方法並不以憲法整體結構邏輯作為指導基礎，而單以一特定條文的所處位置作為最重要的論據，其說服力甚為薄弱。

事實上，若我國憲法整體結構的確呈現出內閣制的架構精神，則依內閣制之常規，國家元首通常不享有實質統帥權。若認為我國憲法結構偏向半總統制，則在半總統制的架構下，元首通常也不能獨享軍事人事權❻。更何況我國憲法並沒有明文免除總統行使統帥權時之副署義務，故就算總統得以憲法第 36 條及憲法增修條文第 2 條第 4 項為依據參與軍事人事權，其人事命令仍需經行政院長及國防部長之副署❼。

---

❺　李惠宗，憲法要義，六版，元照出版，2012 年，頁 481。

❻　以法國第五共和憲法規定為例，憲法第 13 條第 2 項規定總統任命文武官員，但同條第 3 項就規定包括軍事將領與駐外使節等重要人事案，必須經內閣會議同意後任命。又憲法第 15 條規定總統為三軍統帥，主持國防會議與最高國防委員會。但憲法第 21 條第 1 項規定總理負責國防事務，並任命將級以下之軍官。同條第 3 項規定總理可以代替總統主持國防會議與最高國防委員會。由上述規定可看出即使是在國防軍事領域，法國總統仍與總理共同分享權力。以軍事人事權來說，將級軍官是在內閣會議中，經總統與總理協商後決定之；將級以下軍官之人事權，則屬總理專享之權限。

❼　相同見解如陳新民，憲法學釋論，修訂五版，自版，2005 年，頁 445；吳信華，憲法釋論，初版一刷，三民書局出版，2011 年，頁 480；法治斌、董保

　　如果以條文位置作為詮釋基礎的說法可信，則同樣是內閣制國家的憲法，如義大利憲法❽或西班牙憲法❾，元首的統帥權都規定在副署規定之前，但沒有人將之詮釋為元首的實權。

　　總之，個別條文除了文字意涵之外，還必須放在憲法整體結構邏輯下去理解。先確立政府體制定位之後，才能詮釋個別條文之真義。

2.不能顛倒體系結構邏輯與個別條文之關係

　　如何確立憲法整體之體系結構邏輯，給予正確的政府體制定位？有人是「以樹見林」，先宣稱是看見三棵蘋果樹，然後就確認自己進入了蘋果林。但若是連所看到的樹是否是蘋果樹都有疑問，如何可以確認是進入了蘋果林？

　　例如在詮釋憲法第 36 條：「總統統率全國陸海空軍」的意涵時，論者直接宣稱我國憲法本文的規定乃總統有相當權力，非內閣制國家元首可比，故不能謂總統僅有形式上之統帥權❿。此種先逕行確認政府體制之後，就認為可以自然得出個別條文之內涵的詮釋方法並不恰當，因為忽視體系結構與條文間之關係。詳言之，就算將我國定位為總統制，總統的統帥權究竟有否受其他機關節制，也還要再看憲法其他條文的相關規範而定。就算將我國定位為一種改良式的內閣制，也還是要再細看其他相關條文才能有所定論。蓋內閣制之元首固然皆屬「虛位」，但因各國副署規定之不同，每個內閣制國家元首之權力仍有不同。故不能完全不顧憲法有關副署規定之內容，而逕行宣稱元首統帥權是實權。

城，憲法新論，五版，元照出版，2012 年，頁 337。

❽　義大利憲法第 87 條規定包括統帥權在內的總統職權，第 89 條才屬副署規定。

❾　西班牙憲法第 62 條第 h 款規定西班牙國王為最高軍事統帥，第 64 條才是副署規定。

❿　林紀東，中華民國憲法逐條釋義(二)，修訂初版，三民書局出版，1982 年，頁 16。

更重要的是如何得出「我國憲法之內閣制不同於其他內閣制的結論」？論者由個別條文下手，先宣稱憲法第 43 條的緊急命令權，憲法第 44 條的院際調解權，與憲法第 57 條第 2 款及第 3 款的覆議核可權，都是總統的實權，故據此以論，我國總統不是內閣制的虛位元首。確認不是內閣制的虛位元首後，就再進一步解釋我國總統就是實際的軍事統帥，掌有實際軍權❶❶。

此為典型的循環論證方式：先從肯認總統享有實權（如緊急命令權或覆議核可權）的論述，得出我國總統不是內閣制之虛位元首的結論，再以總統不是虛位元首為前提，得出總統應擁有實質統帥權的結論。其問題在於：「總統有無實權」本為推論結果，卻變成原因。以憲法第 43 條為例，憲法明定總統發布緊急命令須經行政院會議決議，當然也要遵從副署規定，故非屬總統專有獨享之實權。但論者卻謂：「吾人以為依照中華民國憲法，總統實兼具行政首長之身分，非內閣制國家，統而不治之元首之比，……故吾人認為行政院會議，對於總統所提之緊急命令案，無否決權❶❷。」

總之，嘗試以樹見林，透過循環論證來確立政府體制，有時甚至是忽視憲法條文之文字內容與體系結構，自然會導致定位錯亂。

3.不能輕率比附援引

在有關總統的統帥權是否為實權的爭論上，論者援引日本戰前憲法與德國俾斯麥憲法中的軍令權與軍政權二元分立制度，認為我國應也做此解釋；或甚至援引總統自己所下達的命令，作為總統享有軍令權的法源基礎❶❸。

---

❶❶　林紀東，中華民國憲法逐條釋義(二)，修訂初版，三民書局出版，1982 年，頁 6、16。

❶❷　林紀東，中華民國憲法逐條釋義(二)，修訂初版，三民書局出版，1982 年，頁 114。

❶❸　林紀東，中華民國憲法逐條釋義(二)，修訂初版，三民書局出版，1982 年，頁 16、20 以下。

　　這種比附援引的方式或有其歷史背景，但肯定不是適宜的詮釋方式。任何比附援引，也都要詳細說明其理由。例如中華民國憲法究竟與日本戰前憲法或德國俾斯麥憲法有何關聯性？如果沒有合理說明此關聯性，以及得以相互比附援引的理由，這種解釋方法就不具說服力。

　　綜上，只要掌握憲法整體之體系結構邏輯，重視個別條文之文字意義，以及其與其他條文之相互關係，並適當地參酌或援引司法解釋意旨、制憲或修憲實錄與比較法相關資料等文獻，則應可對政府體制予以正確之定位。

二、應以何種態度看待應然與實然的差距？

　　憲法規範（應然面）與憲政運作（實然面）是兩個不同層次的概念，此乃眾所周知之事，問題在於如何看待此二者之關係？

　　從立憲主義的角度來看，此二者越是背離，就表示憲法的規範效力越薄弱。而憲法規範效力越薄弱的國家，就是法治越不上軌道的國家，與立憲主義的精神相去甚遠。所以憲法學者魯文斯坦會將憲法分類為「規範性憲法」、「名義性憲法」與「巧語性憲法」等各種憲法類型，就是用來描述這種規範面與運作面乖離的現象❶❹。事實上，就憲法概念本身的發展歷程來說，也是從「描述性憲法」慢慢變成「規範性憲法」。所謂「描述性憲法」意指憲法僅具描述功能，它就是描述國家的政府組織情形，故「憲法」與「政府」一詞，幾乎就是可以交替互換的兩個概念❶❺。而「規範性憲法」的概念則源自於美國所開展之違憲審查制度，其意指憲法不是描述性文件，更不是單純的政治口號，而是一部可以真正發揮規範性效力，可以規制國家權力的文件。

　　越是成熟的民主法治國家，其憲法就應越趨近於規範性憲法。因為惟

---

❶❹　參見本書第一編第一章第二節。

❶❺　亞里斯多德就是持此種想法。參見 Elisabeth Zoller, Droit constitutionnel, Paris, PUF, 1998, p. 11.

有國家公權力受到節制，人民的自由與權利才能獲得保障。若我們希望我國的民主法治發展能夠更上一層樓，人民之自由與權利的保障能夠更加強化，則吾人所應追求的目標就是使我們的憲法成為規範性憲法；也就是實際的憲政運作，必須能夠高度符合憲法法條文字所表達的規範意旨。而落實規範性憲法的真諦，就是憲法的規範效力必須能夠遏止或扭轉政治人物追求私利的企圖、能夠抑制其濫權行為，並矯正不良的憲政文化。

　　認為我國憲政體制定位不清的人，常常是混淆憲法規範與憲政運作❶❻甚至是以憲政運作取代憲法規範的地位。例如有關我國總統的權限內容，明明憲法條文規範得十分清楚，是採限制列舉的方式，逐條條列其權限事項。但因現實上總統往往行使超越憲法條文所賦予的權力範圍，於是就有人說：我國憲法有關總統權限的部分，規範並不清楚；或甚至以總統實際上是行使超過憲法條文上所賦予的權力為由，因之而將我國界定為總統制或準總統制。他們常常完全沒有去檢討，更遑論去圍剿並譴責總統越權違憲行為的違法性與可責性。

　　某些支持制度論的學者有可能進一步說：這種規範面與運作面背離的現象，正足以證明這部中華民國憲法不適用於當下，應該予以修改，或甚至是另起爐灶。換言之，憲法規範與憲政運作的背離，正好成為證明憲法規範本身設計不良的證據。遂使憲法規範臣服於憲政運作之下，進而因憲政運作而要求廢棄憲法規範本身。吾人完全不否認制度論可以突破傳統規範研究的限制而有一定的學術貢獻，但是若跳脫於學術討論之外，制度論者的某些論述，往往也會成為政客們違憲擴權的理論依據❶❼。

---

❶❻　相同的觀察如李建良，面對中華民國憲法，收於：湯德宗、廖福特主編，憲法解釋之理論與實務，第五輯，中研院法律所出版，2007 年，頁 74。

❶❼　舉例來說，政治學者 Shugart & Carey 對半總統制進行分析研究時，以總統對總理是否享有免職權，而將半總統制分為「總統議會制」(president-parliamentary regime) 與「總理總統制」(premier-presidential regime) 兩種次類

　　事實上，實際的憲政運作要能夠成為憲法規範之一部分的前提條件，必須是憲法條文本身並未就特定事項進行規範或規範模糊，給政治行動者

型。此種分類的目的主要是要研究不同類型之半總統制的民主鞏固情況與政府穩定度的表現。這種研究當然有其學術上的價值。但當國內學者也套用此分類模式來分析我國憲政體制時，常出現兩種情況：一是以憲政實際運作來界定現制，而直接忽視憲法條文本身。一是雖明白憲法條文之規範，但為研究需要而不得不強調憲政運作。前者如李鳳玉氏等所言：「依據台灣 1997 年憲法增修條文第 3 條，總統可以直接任命行政院長，不須經過立法院同意。雖然憲法中並未明確規範總統是否可將總理（應是行政院長）免職，不過一般認為，既然行政院長由總統單獨任命，則總統自然可以免職行政院長，因為透過任命新的行政院長，就可以將原行政院長免職。由上述討論可知，台灣的總統可以單獨任免行政院長，所以台灣是總統國會制，當無疑問」（李鳳玉、藍夢荷，一致政府下的內閣穩定：比較二〇〇八年總統大選之後的俄羅斯與台灣，政治科學論叢，第 47 期，2011 年 3 月，頁 112）。後者如吳玉山所言：「我國憲法並沒有明文賦予總統可以解除行政院長職務的權力，但是在實踐上總統卻擁有這個權力。所以究竟我國是應該歸於總理總統制，還是總統國會制，便不免產生爭議。……當憲法文本和實際行為出現落差的時候，如果研究者想要暸解不同次類型對制度表現所產生的影響，便不應該執著於文本，而必須回歸實際運作模式，因為造成影響的當然是實際的作為，而不是被束諸高閣的憲法條文」（吳玉山，半總統制：全球發展與研究議程，政治科學論叢，第 47 期，2011 年 3 月，頁 22）。

還有認為我國憲政體制在民國 89 年後才浮現總統議會制，在此之前則屬總理總統制；未來可能還會朝總理總統制發展（蘇子喬，台灣憲政體制的變遷軌跡 (1991–2010)：歷史制度論的分析，東吳政治學報，第 28 卷第 4 期，2010 年 12 月，頁 147–223）。

這些論述就學術研究的觀點而言，自有其價值而無可厚非。但政治人物若予以利用，則會成為合理化其行為的理論依據。如總統可以依此而主張：因為我國是屬於總統議會制的半總統制，所以其對行政院長有完整的自由任免權，完全無須考量國會生態。

留下一定運作的空間。即使如此，此種運作經驗要成為憲法規範的一部分，還要相同的運作方式行之有年，終至成為憲政慣例。在成文憲法的制度下，憲政慣例不可能直接牴觸憲法或取代憲法，它僅能補充憲法或闡釋憲法。在此觀點下，憲政運作中所出現的暫時性現象，並不必然可以成為憲政慣例，進而影響政府體制的定位。舉例來說，有人認為民國 89 年起我國出現少數政府，且時間長達 8 年，如此可以說我國之政府體制與法國第五共和不同，我國的總統對於行政院的影響力已趨近於美式總統制。然而，少數政府之出現就算是我國憲法規範面所留下的可能運作空間，但僅就同一個總統 8 年任期間的運作經驗，尚不能說「少數政府」已形成我國的憲政慣例。例如民國 97 年上任的總統就曾一再表示：「會尊重憲法規範精神，不會出現少數政府。」依此觀之，8 年少數政府的運作經驗，因其時間尚短，的確還不足以成為我國的憲政慣例；更不用說這個僅是特定時空下的有限憲政運作經驗，當然更不能成為界定我國政府體制的規範基礎。

　　另有認為「憲法條文以外各種足以左右憲政運作之因素，包括政治勢力的消長、優勢政治哲學的更迭、國際局勢的演變、新科技的發明運用，乃至於決策者的一念之間，均足以影響『活的憲法』之內容。一旦活的憲法與形式意義的憲法之間產生脫軌或不一致，憲法就會發生變遷。……在肯認『活的憲法』的前提下，……面對活的憲法與形式意義憲法的不一致，我們一方面可以透過憲法解釋，將實質指導憲政運作的規範，解釋為憲法條文規範之意旨，將兩者擬制為『一致』。我們也可透過憲法的修改，甚至是重新制定，將活的憲法正式成文化，納為形式憲法的一部分[18]。」或是主張：因為憲法規範不明確及憲法具高度政治性，憲法的規制性可被實際的政治運作所填補，進而產生新的內涵，此即「憲法變遷」的概念[19]。不

---

[18] 參見林子儀、葉俊榮、黃昭元、張文貞，憲法——權力分立，二版，新學林出版，2008 年，頁 531–533。

[19] 參見吳信華，憲法釋論，初版一刷，三民書局出版，2011 年，頁 445。

論是在「活的憲法」，還是「憲法變遷」的概念下，背離憲法規範的憲政實務運作，不僅不會被譴責或批判，反而這些憲政實務運作甚至可以引導憲法解釋，進而改變或調整憲法規範的原始文字意涵；或甚至透過修憲或制憲將其成文法化，成為傷害憲法原始規範的元凶。不論是用「憲政慣例」、「活的憲法」，還是「憲法變遷」的概念，其實都是在為背離應然面的憲政運作實務背書，甚至作為政客合理化或是合法化其違憲作為的論據基礎❷⓪。這種理解「應然面」與「實然面」出現落差的方法，與以此作為詮釋憲法的態度，必然會侵蝕憲法本應限制國家權力之立憲主義的核心價值，最終也會導致憲法權威的崩潰。

　　總之，憲政運作不能改變憲法規範本身；憲政體制的定位，也不能依附在實際憲政運作之上。憲政運作之實務，容或有補充或闡釋憲法的空間，但這也必須是憲法規範本身留有運作空間為前提，而且是建立在具有反覆實踐經驗的客觀事實，與對此實踐經驗之規範效力的主觀信仰上。至少在透過正式修憲程序之前，或經有權釋憲機關肯認之前，面對背離憲法規範

---

❷⓪ 吳信華氏以我國實際發生之二次金改案為例指出：若總統推動銀行合併政策之執行，利用此機會收受銀行業者重金賄賂，以達合併公股銀行之目的，該如何看待總統之行為？台北地院 98 年度矚金重訴字第 1 號判決認為：總統法定職權並無銀行合併事項，且總統就算對合併案有「實質影響力」，也與其法定職權無涉，故不屬檢察官起訴書中所指之「對於職務上之行為，要求、期約或收受賄賂或其他不正利益之行為」（貪污治罪條例第 5 條第 1 項第 3 款），故判總統無罪。吳氏認為此處若依憲法規範將總統解釋為無實權之總統，則要如何規制總統此類貪瀆行為？但是，就是總統違憲越權產生弊案，而憲法上又無針對「實權總統」設計有效的監督機制，才導致此問題。如今，是否可以為了要讓總統受到刑事制裁，所以將其詮釋為「實權總統」？進而破壞憲法上原先規劃的權力制衡機制？其實單從刑事法的觀點，即可解決此問題：因為行使權力，或利用職務上之機會，並不問其權力或機會是法定的，或是合法的，只要造成刑法所欲規制或處罰的結果，即應負責。

意旨的憲政運作實務，應該以最嚴肅的態度質疑其合法性與合憲性。畢竟，正如 Thomas Jefferson 所說的名言：「信任是專制之母，自由政府不是建立於信任之上，而是建立於猜疑之上❷❶。」

●第二節　形式憲法規範

形式上，我國的憲法包括憲法本文與憲法增修條文兩大部分，構成現行憲法法典的全部，可將之合稱為「形式憲法規範」❷❷。我國現行的政府

---

❷❶　林子儀、葉俊榮、黃昭元、張文貞，憲法——權力分立，頁 132。

❷❷　我國憲法本文有關政府體制的規定包括憲法第 27 條總統由國民大會選舉產生，憲法第 37 條的副署規定，憲法第 53 條行政院之憲法地位，憲法第 55 條行政院長經總統提名，立法院同意之任命程序，以及憲法第 57 條行政向立法負責之規定等，構成「內閣制」或「修正式內閣制」的政府體制架構。在九七修憲之前的所有修憲或準修憲行為，亦即九七修憲前的憲法增修條文與動員戡亂時期臨時條款，都未更動前述決定我國政府體制的相關基本條文。此外，再就實質憲法規範而言，大法官在釋字第 387 號解釋與釋字第 419 號解釋等兩號解釋中，都作出我國體制是內閣制的解釋意旨。

釋字第 387 號的憲法爭點是：「立法院改選後，行政院長應否率內閣總辭？」大法官對此問題回答如下：「行政院院長既須經立法院同意而任命之，且對立法院負政治責任，基於民意政治與責任政治之原理，立法委員任期屆滿改選後第一次集會前，行政院院長自應向總統提出辭職。」

釋字第 419 號的爭點之一為：「新任總統就職時，行政院長提出辭職是否為其憲法上之義務？總統應如何處理之？」大法官的回答為：「行政院院長於新任總統就職時提出總辭，係基於尊重國家元首所為之禮貌性辭職，並非其憲法上之義務。對於行政院院長非憲法上義務之辭職應如何處理，乃總統之裁量權限，為學理上所稱統治行為之一種，非本院應作合憲性審查之事項。」釋字第 419 號解釋中大法官特別指出兩種行政院長應提出總辭的時機，一是立法院改選之後，一是覆議案失敗且行政院長不欲接受此結果時。在此行政院長基於憲法義務而須辭職的情況下，總統不得批示不准。

體制，就形式意義之憲法來看，其實條文規範得十分清楚。我們可將其特徵闡明如下：

第一，總統由人民直選，任期固定，享有憲法上明文列舉的有限權限。

第二，除憲法明定的特定行為，包括行政院長的任命，大法官、考試委員及監察委員與審計長的提名行為及解散立法院之命令外，總統其他所有基於其職位而為之法律行為，皆須行政院長或行政院相關部會首長副署。

第三，憲法明文規定行政院為最高行政機關，享有概括的行政權。

第四，行政院長無固定任期，憲法明文規定行政必須向立法負責。行政院經總統核可後所行使的覆議權，立法院過半席次之決議即能維持原法案。

第五，行政院與立法院可以相互毀滅，總統享有被動的國會解散權。

由上述規範特徵來看，我國不是美式總統制殆無疑義❷❸。至多僅在半

綜合憲法本文及這兩號解釋之意旨，行政權乃源自於立法權，且行政權又須臣服於立法權之下；在在顯示出內閣制的精神。就算覆議的三分之二門檻甚高，強化了行政權的地位；但覆議失敗，行政院長可能去職的規定，也使此覆議制度染上內閣制的色彩。

❷❸ 但在民國95年的釋字第613號解釋之前，仍有人認為我國現制是趨近於總統制，如湯德宗氏以總統任命行政院長無須立法院同意，已使行政向立法負責的規定失去意義，且行政院長覆議失敗後無須辭職，立法院的覆議門檻僅為立法委員總額的二分之一，倒閣機制缺乏制度誘因，形同具文等特徵，稱我國現制為「弱勢總統制」（參見湯德宗，憲法結構與違憲審查——司法院大法官釋字第520號解釋評釋，收於：劉孔中、陳新民主編，憲法解釋之理論與實務，第三輯，下冊，中研院社科所出版，2002年，頁307）。又如黃錦堂氏在2007年的論著中，也稱我國現制為「準總統制」（參見黃錦堂，論當前的行憲政策與憲法解釋，收於：湯德宗、廖福特主編，憲法解釋之理論與實務，第五輯，中研院法律所出版，2007年，頁1）。但不論實際憲政運作為何，純就憲法條文之規範面來看，沒有一種總統制的憲法規範內容為：總統的法定權限被憲法明文列舉限縮，憲法明定總統以外的另一憲法機構為最高行政機關，憲法明定行政向立法負責，且總統擁有被動解散國會的權力，行政、立法兩權竟可以相互毀滅。

總統制與內閣制之間選擇其座落點。而半總統制與內閣制其實是建立在一個共同的骨架之上：亦即「行政向立法負責，行政、立法二權相生相剋」。半總統制乃是由此骨架衍生出一個「不直接向國會負責，卻享有一部分行政權的總統」而已。而在半總統制下，總統的權力越大，制度就會越向總統制傾斜；總統的權力越小，就會越向內閣制靠近。政治學者對半總統制作更細緻的次類型之區分時，或有把總統權力大且主導行政實權的半總統制次類型稱為「總統議會制」(president-parliamentarism) 或「強勢總統的半總統制」；把總理或首相主導行政大權的次類型稱為「總理總統制」(premier-presidentialism) 或是「弱勢總統的半總統制」❷❹。但以立憲主義的觀點來看，對於總統權力的大小判斷方式，不應該依實際憲政運作之經驗來論斷，而是應以憲法形式上之條文規範為基礎。基此，我國現行政府體制其實就是以內閣制為其骨架的半總統制；並且應屬行政院長主導行政實權的「總理總統制」或是「弱勢總統的半總統制」，與法國第五共和憲政體制較為接近，二者的主要差別只在我國總統的法定職權範圍，遠小於法國總統的法定職權範圍而已。然而法國在 2008 年修憲時，卻更進一步限縮法國總統的權力，這使得法國與我國二者間的距離變得更小一些。

第三節　實質憲法規範

除了憲法本文與增修條文本身之外，大法官釋憲所表示的立場，也會成為憲法的一部分，其可稱為「實質憲法規範」。在討論我國憲政體制的定性時，不能忽略大法官對其所做的詮釋。九七憲改之前大法官對我國憲政體制所做的詮釋，學者已有相當完整的分析❷❺。以下僅對九七憲改後的幾

---

❷❹　對於半總統制各種次類型的介紹，請參見蘇子喬，哪一種半總統制——概念界定爭議的釐清，東吳政治學報，第 29 卷第 4 期，2011 年 12 月，頁 1 以下。

❷❺　詳見蘇永欽，大法官解釋政府體制的方法，收於：氏著，尋找共和國，元照出版，2008 年，頁 81。

號重要解釋作分析。

釋字第 520 號解釋是政黨輪替後衝擊中央政府體制的第一個重要解釋，其主要爭點為行政院決定停建核四廠的合憲性問題。大法官在解釋文中仍強調行政向立法負責之基本精神❷⑥，未提及總統，也沒有直接觸及少數政府問題。不過在解釋理由書中，提到總統落實其政見的問題，似乎肯認民選總統可以享有相當程度的行政主導權❷⑦。但此段理由書也將總統之權力框架於「施政方針或政策」內，並且總統由其競選政見轉化而成之方針或政策，都是要經由行政院長來實現。而在解釋理由書的最後一段論述，提及「行政院院長以重要政策或施政方針未獲立法院支持，其施政欠缺民主正當性又無從實現總統之付託，自行辭職以示負責」；或由立法院倒閣，或由立法院逕行制定個別法以解決爭議等三種憲政機制，其實都在強調立法院享有最終的政策決定權，行政必須臣服於立法之下；而總統除了在立

---

❷⑥ 本號解釋之解釋理由書特別強調：「基於法治國原則，縱令實質正當亦不可取代程序合法。憲法第五十七條即屬行政與立法兩權相互制衡之設計，其中同條第二款關於重要政策，立法院決議變更與行政院移請覆議之規定，雖經八十六年七月二十一日修正公布之憲法增修條文刪除，並於該第三條第二項第三款增設立法院對行政院院長不信任投票制度，但該第五十七條之其他制衡規定基本上仍保留於增修條文第三條第二項。」

❷⑦ 解釋理由書謂：「民主政治為民意政治，總統或立法委員任期屆滿即應改選，乃實現民意政治之途徑。總統候選人於競選時提出政見，獲選民支持而當選，自得推行其競選時之承諾，從而總統經由其任命之行政院院長，變更先前存在，與其政見未恰之施政方針或政策，毋迺政黨政治之常態。」蘇永欽氏認為由此段文字可以看出大法官：「參照法國式半總統制的意旨已經呼之欲出，但就是不肯點出該爭議的真正源頭為違反多數統治原則的少數政府，其結果就是漏洞反而越扯越大，半總統制（雙首長制）繼續朝半吊子總統制的方向運作，憲政不亂也難。」見蘇永欽，政府體制的抉擇，收於：氏著，尋找共和國，元照出版，2008 年，頁 73。

法院倒閣之後解散國會以訴諸民意之外，並不能直接與立法院抗衡。總之，民國89年的核四廠爭議案雖是在總統大選與政黨輪替之後，新當選的總統以其民主正當性來推動廢核政策，並直接挑戰立法院多數之意志。但大法官除了在解釋中再次強調行政向立法負責之基本精神外，並沒有在解釋文及解釋理由書中給予民選總統新的憲法定位。

　　民國95年後的解釋，大法官更明確強調行政院為最高行政機關的憲法地位。釋字第613號解釋乃是有關通訊傳播主管機關「國家通訊傳播委員會」的人事任命權爭議，大法官在該號解釋之解釋文一開始就強調憲法第53條之規範意義，解釋理由書第2段也對行政院的地位作詳盡的詮釋 ㉘。釋字第627號解釋在解釋文第2段有關總統國家機密特權的部分，特別強調總統在憲法及增修條文所賦予之行政權的範圍內，就有關國家安全、國防及外交之資訊，享有機密特權 ㉙。換言之，大法官再次強調總統的行政權範圍，僅在憲法及增修條文授權範圍內，且僅限於國家安全、國防及外交等三個領域。釋字第627號解釋則明確指出我國的憲政體制雖歷經多次修憲，但憲政體制的本質並未改變 ㉚。釋字第645號有關公民投票法的解

㉘　尤其要注意基於最高行政機關之憲法地位所衍生的行政一體原則與責任政治原理。

㉙　其內容如下：「總統依憲法及憲法增修條文所賦予之行政權範圍內，就有關國家安全、國防及外交之資訊，認為其公開可能影響國家安全與國家利益而應屬國家機密者，有決定不予公開之權力，此為總統之國家機密特權。其他國家機關行使職權如涉及此類資訊，應予以適當之尊重。」

㉚　其理由書謂：「自八十四年十月二十七日以來，歷經多次修憲，我國中央政府體制雖有所更動，如總統直選、行政院院長改由總統任命、廢除國民大會、立法院得對行政院院長提出不信任案、總統於立法院對行政院院長提出不信任案後得解散立法院、立法院對總統得提出彈劾案並聲請司法院大法官審理等。**然就現行憲法觀之，總統仍僅享有憲法及憲法增修條文所列舉之權限，而行政權仍依憲法第五十三條規定概括授予行政院，憲法第三十七條關於副署之規定，**

釋，在其解釋理由書的第 1 段一開始就強調憲法第 53 條的地位，並再次強調雖歷經多次修憲，行政院對立法院負責之精神並未改變❸❶。

　　綜合前述，大法官對於我國憲政體制的制度定位，其實在過去幾年的行政立法兩權鬥爭的過程中，多次明確表示態度。而大法官維護行政院為最高行政機關之地位的立場，在這幾號解釋中都闡述得十分清楚；且也常在解釋理由書中出現我國憲政體制並未因多次修憲而有所改變的論述。基此，從實質憲法的角度來看，我國現行中央政府體制的特色為：行政權必須向立法權負責；總統民選，其雖分享憲法所列舉的部分行政權，但行政院仍為最高行政機關，且享有概括的行政權。總之，不論是依憲法條文規定，還是從司法院大法官釋憲的內容來看，我國現行中央政府體制仍是以內閣制為基礎架構的半總統制，殆無疑義❸❷。

僅作小幅修改。況總統刑事豁免權之有無與範圍，與中央政府體制並無必然之關聯，已如前述，而總統之刑事豁免權，乃抑制國家之刑事司法權而對總統特殊身分予以尊崇與保障其職權行使之本質未變，因此憲法第五十二條規定，尚不因憲法歷經多次修正而須另作他解，本院釋字第三八八號解釋並無變更解釋之必要。」對本號解釋有關總統權限的評釋，請參見陳淳文，論元首的豁免權與國家機密特權——釋字第 627 號解釋評析，收於：廖福特主編，憲法解釋之理論與實務，第六輯，中研院法律所出版，2009 年，頁 753–756。

❸❶ 尤其是這段論述：「又中華民國八十六年七月二十一日修正公布之憲法增修條文第三條第二項亦維持行政院對立法院負責之精神，是代議民主之政治結構並無本質上之改變。」

❸❷ 陳新民氏認為我國現制明顯偏向內閣制，但人為的現實運作，使其染上總統制的色彩，參見陳新民，憲法學釋論，頁 525–526；吳信華氏則認為因為憲法規範與憲政實際有明顯的落差存在，故難以定位，參見吳信華，憲法釋論，頁 442；法治斌、董保城則認為我國在修正內閣制、雙首長制及總統制間調適擺盪，參見法治斌、董保城，憲法新論，頁 326；李惠宗氏認為我國現制沒有與國會相互抗衡之總統制，已難用一般民主國家之民主體制加以說明，參見李惠宗，憲法要義，頁 486。前揭國內憲法教科書有關我國政府體制定位的論述，

普遍受到實務運作的影響而據以作為詮釋憲法規範意義的基礎。另有李念祖氏
於分析我國憲法之所以能夠長壽的體制上原因時，特別指出我國憲法體制從來
就是「弱總統、弱立法、弱行政的弱權體制」，是非常精闢獨到的見解。其中
有一段論述極為精彩：「我國憲法區分國家元首與行政首長的相對位置，隔絕
國家元首的政治光環與行政實質權力，削減了兩者合一的相乘效果，正是張君
勱的精心設計，也在蔣介石身上發揮了實際的作用。雖然歷任總統每因國家元
首缺乏完整的行政權力而多有染指行政實權的設想與行動，其中蔣介石總統幾
乎斷送憲政的生機，憲法只憑形式的存在，熬過了他有限的生理壽命期限之
後，憲政才有機會復甦；但其他想要獲取行政實權的總統，都要從上任時展開
努力，縱有所成，卻或任期已滿，下任總統又要重新來過。總統想與行政兩權
合一，就會像希臘神話裡終生推巨石上山的力士，總在到達頂峰之前，會因巨
石滾落而重新來過。」參見李念祖，中華民國憲法長壽的體制原因，收於：氏
著，人國之禮——憲法變遷的跨越，三民書局出版，2012 年，頁 387。

第三章　國民大會

　　國民大會是憲法上的第一個憲政機關，其章節次序乃排在總統及五院之前，地位之重要自不待言。然而它卻也是一個歷經多次修憲變化，最後整個機關被凍結，現今已完全退出政治舞台的憲政機關。回顧此機關之沿革興衰，一方面可以理解我國憲政發展歷程，另一方面也可以從此機關之演變獲得啟發。

●第一節　國民大會的制度特色

　　一般論及國民大會的制度淵源，率皆以孫文先生之思想為其制度源頭。不過若從制憲的歷史來看，制憲過程的各方角力，可能才是形塑憲法本文之國民大會形貌的最主要力量。

一、國民大會制度之淵源

　　孫文先生的思想乃由其觀察西方國家憲政運作之心得，以及歸納我國歷來的政治經驗之特色融合而成。就國民大會之設計而言，孫氏嘗試修正當時西方民主政體之運作缺失，並引進當時蘇維埃憲法的嶄新設計。

㈠以權能區分來取代權力分立

　　孫文先生提出「權能區分」的理論，將人民參與政事與管理政府之權利稱為「政權」，其內容包含選舉、罷免、創制與複決等四項。至於政府的權力，則分為行政、立法、司法、考試與監察等五種，統稱為「治權」。政府透過這五種「治權」來遂行統治，人民則透過其四種「政權」來控制政府。孫氏的理想就是「人民有權，政府有能」，並且由專家組成之專業分工的五權政府可以變成「萬能政府」，而擁有四種政權的人民，則可以隨時指揮並控制此萬能政府。

　　權能區分的想法是從修正西方民主政體之運作缺失而來。以孫氏之眼

光觀之，西方透過代議士去監督管理政府，僅是間接民權，是一種代議政治。其缺點在於在選舉之後，人民便無法再過問政事。再者，西方又提倡權力分立原則，造成行政立法兩權的相互牽制，導致政府無效能，其下者甚至僅淪為黨派鬥爭，完全無利於國計民生。反之，透過權能區分的設計，不再有影響政府效能的權力分立原則，而是讓政府掌握完整的治權，可以透過專業分工並使彼此通力合作，進而達致最高的政府效能。加以人民有選舉與罷免兩權，可以控制官員的進退，又有創制與複決兩權，可以直接參與政策制定，故人民透過這四種政權，可以完全控制政府這部大機器。

孫文先生的理想本是人民直接行使此四種政權，但是鑑於當時中國廣土眾民、交通與資訊流傳不易，且民主思想尚不普及與成熟，故而將中央之政權交由國民大會來行使。孫氏認為一旦施行憲政之後，「此時一縣之自治團體，當實行直接民權。人民對於本縣之政治，當有普通選舉之權、創制之權、複決之權、罷官之權。而對於一國政治，除選舉權之外，其餘之同等權，則付託於國民大會之代表以行之❶。」這樣的想法清楚地呈現於建國大綱中。建國大綱第 14 條規定：「每縣地方自治政府成立之後，得選國民代表一員，以組織代表會，參預中央政事。」第 24 條則又規定：「憲法頒布之後，中央統治權則歸於國民大會行使之。即國民大會對於中央政府官員有選舉權、有罷免權、對於中央法律有創制權、有複決權❷。」

㈡蘇維埃大會的影響

20 世紀初的共產革命在俄羅斯創建一個新的體制。國父在其民權主義第三講稱讚俄國革命超越了英國與法國之革命，在民權主義第四講中又提及俄國正在建立一種超越代議政體的「人民獨裁」制❸，此即共產革命後

---

❶ 孫文，中國革命史，收於：國父全集編輯委員會編，國父全集，第二冊，近代中國出版，1989 年，頁 357，行 10 以下。

❷ 孫文，建國大綱，中央文物，1953 年，頁 13、15。

❸ 參見陳新民，憲法學釋論，頁 388–389；孫文，三民主義，中央文物，1990

的蘇維埃制度。依 1918 年 7 月 10 日俄羅斯蘇維埃社會主義聯邦共和國憲法第 12 條規定：國家最高權力屬於全俄蘇維埃大會及休會期間的中央執委會❹。於此出現一種有別於西方民主國家的新組織：全俄羅斯蘇維埃代表大會。依照 1924 年修訂後的蘇聯憲法來看，全俄蘇維埃大會是共和國最高的權力機關，由選民所選出的代表所組成❺，其人數超過千人以上❻，常會每年開會一次，特別會則經中央執委會召集後召開❼。由於蘇維埃大會會期甚短，故主要職權由中央執委會代為行使。中央執委會經由蘇維埃大會選出，人數為三百七十一人❽，其常會每年召開三次❾，中執會休會期間，則由二十一人組成中執會之主席團負責全俄蘇維埃大會的所有職權❿。換言之，在蘇維埃體制下，真正的權力機構就是由二十一人所組成之中執會主席團，其對蘇維埃大會負責。在蘇維埃大會休會期間，中執會主席團同時是最高立法與行政機關⓫。蘇維埃制度不講權力分立原則，由人民選出代表所組成之全俄蘇維埃大會是最高權力機構，但受限於會期，它並不真正行使權力。國家權力事實上是由蘇維埃大會選出之中央執委會的主席團所享有，而主席團對中央執委會負責，中央執委會又對蘇維埃大會負責。

年，頁 132、162。

❹ 該規定經修憲後，內容稍做修改，條次改列於 1924 年 1 月 31 日俄羅斯蘇維埃社會主義聯邦共和國基本法（簡稱蘇聯憲法）第 8 條。

❺ 1924 年蘇聯憲法第 9 條規定，城市區每二萬五千人選出一名代表，鄉村則每十二萬五千人選出一名代表。

❻ 如 1928 年的蘇維埃大會成員為一千五百七十人。參見陳新民，憲法導論，頁 385。

❼ 1924 年蘇聯憲法第 11 條規定。

❽ 1924 年蘇聯憲法第 14 條規定。

❾ 1924 年蘇聯憲法第 21 條規定。

❿ 1924 年蘇聯憲法第 26 條規定。

⓫ 1924 年蘇聯憲法第 29 條規定。

中華人民共和國建政之後，也採取類似的制度。依現行 1982 年 12 月 4 日中華人民共和國憲法第 3 章有關國家機構的規定中，其第 1 節就是規範「全國人民代表大會」（簡稱全國人大）。憲法第 57 條規定全國人大為最高國家權力機關，它的常設機構是全國人民代表大會常務委員會（簡稱人大常委會）。全國人大任期 5 年，每年召開一次常會。其主要職權包括修改憲法、監督憲法實施、制定和修改重要基本法律、選舉與罷免國家主席及副主席、決定及罷免總理、副總理、國務委員及各部會首長、法院院長與檢察長等人選、審查及批准國家發展計畫及預算等❷，與全俄蘇維埃大會之權限相仿。全國人大選出人大常委會，此與蘇聯的中央執委會相當，不過人大常委會約 2 個月開一次會，開會密度高於蘇聯的中執會。不同於蘇聯制度，中共的國務院是國家最高權力機關的執行機關，同時也是國家最高行政機關❸。國務院對全國人大負責，全國人大休會期間則對人大常委會負責❹。

不論是蘇聯時期的全俄蘇維埃大會，還是中共的全國人民代表大會，都是被定位為經過人民選舉產生的國家最高權力機關，都是人數高過千人以上的合議制機關。但不同於西方的民主議會，其會期甚短，主要的權力都委託給另一個規模更小的委員會來行使。此外，一反西方的權力分立原則，它們集中行政立法兩權於一身。這樣的制度設計，其實還可以上溯至法國大革命後 1792 年所成立的「國民公會」(Convention nationale)❺體制，以及其後的 1793 年 6 月 24 日憲法。依 1793 年憲法規定，常態下，人民選出之「國會」(Convention nationale) 掌有立法權與命令權，行政權則完全依附於國會之下❻。國會從各地推薦之八十五人名單中選出二十四人組成「執

---

❷ 1982 年中華人民共和國憲法第 62、63 條。

❸ 1982 年中華人民共和國憲法第 85 條。

❹ 1982 年中華人民共和國憲法第 92 條。

❺ 1792 年 9 月 20 日宣布成立的國民公會，由各地選出共七百四十九名代表所組成。

❻ 法國 1793 年 6 月 24 日憲法第 53、54 及 62 條。

行委員會」(le conseil exécutif)❼，執委會如同內閣一般地執掌行政權、任命文武官員，並受國會監督。在特別情況下，「國會」變成「國民公會」，成為最高權力機構，執掌所有權力❽。法國大革命後的恐怖流血時期，正是以國民公會之名掌政的時期，故其留下議會專制的壞名聲。以 1793 年憲法為基礎來看國民公會體制，大概有以下特色：⑴單一民選代表機關或單一國會；⑵代表機關或國會為最高權力機關，掌握修憲、立法權與人事權；⑶行政不具任何獨立性，完全臣服於立法之下；⑷國會為常設組織，整年都是會期；⑸國會議員任期短，以利人民控制。

　　與法國的「國民公會」制度相比，蘇維埃制度的特色在於其組織更龐大而難以議事，且正因蘇維埃會期短，無法自己執政，故其行政權具有相當高的獨立性。雖然蘇維埃大會代表是由人民普選產生，當時算是民主的一大突破；不過由於蘇維埃大會代表的任期長，人民幾乎不能對其進行有效的監控。至於孫文先生之「國民大會」的想法，乃由每個地方自治團體選出一名代表組成全國性的單一代表機關，此代表機關為常設組織得以控制政府等，與法國「國民公會」之特色相近；但因行政權較具獨立性，且該代表機構的任期也相對較長的特色，故又較近似於蘇維埃制度。

　　綜上，就「國民大會」之用語而言，其顯然受到法國大革命後的「國民公會」或是「國民議會」❾的影響。再就國父所留的文獻來看，國民大

---

❼　此八十五人乃由每省之議會各選出一人所組成之名單，參見法國 1793 年 6 月 24 日憲法第 63 條。

❽　當半數以上之省，且十分之一以上的地方議會請求修憲時，即得啟動組織國民公會之程序。此時國會必須召集所有地方議會審議有否組織國民公會的必要？若多數同意組織國民公會，則開啟國民公會之選舉，其選舉方式與國會相同。選後所產生的組織就是國民公會。參見法國 1793 年 6 月 24 日憲法第 115、116 及 117 條。

❾　法國大革命後的第一部成文憲法 1791 年 9 月 3 日憲法將議會稱為「國民議會」(Assemblée Nationale)，此名詞仍為法國現今下議院的稱謂。

會在制度上，則兼採法國大革命與俄國共產革命後的人民代表機構之設計特色❷。

二、有關國民大會的制憲爭議

以國父遺教為指導原則，由國民黨主導推動的憲法草案於民國 25 年 5 月 5 日公布，此即俗稱的「五五憲草」。此憲草既是日後中華民國憲法的前身，同時也是提出能夠實現國父理想、落實權能區分理論之國民大會雛形的憲草版本。然而在爾後的中華民國憲法制定過程中，有關國民大會的組織形式與職權內容，一直存有爭議。以下僅以民國 29 年之國民參政會憲政期成會之憲草修正版本（以下簡稱期成會憲草）與民國 35 年政治協商會議之憲草修改原則（以下簡稱政協原則）為基礎，來看有關國民大會之組織形式與職權內容之爭議。

㈠五五憲草

就組織而言❷，國民大會乃由縣市等地方自治團體代表、蒙古西藏代表與僑民代表共同組成。國民大會代表之任期為 6 年，每 3 年開一次常會，會期 1 個月，必要時得再延長 1 個月。臨時會則由總統召集，或經五分之二以上代表同意後自行召集。代表於會期中享有言論免責權與不被逮捕之特權。從組成人數超過千人以上，原則上每 3 年才開一次為期 1 個月的會，且因沒有設置議長職位，須經由總統召集才能開會，故非屬真正自主的組織。

就職權而言❷，國民大會得以修改憲法；創制及複決法律；選舉總統、

---

❷　陳新民氏指出國父在 1916 年首次提出國民大會的構想，早於俄羅斯的共產革命。不過，較完整的制度論述則見於爾後的建國大綱與民權主義之演講。故其雖受俄國革命影響，但也加以改良，有相當程度的創造性。見陳新民，憲法學釋論，頁 388–389。

❷　五五憲草第 30、31 條。

❷　參見五五憲草第 32 條，該條第 6 款對於國大職權，尚有一個概括規定：「憲法賦予之其他職權」。

副總統、立法院及監察院兩院之院長、副院長與立法委員及監察委員；罷免正副總統、立法、司法、考試、監察等四院正副院長及立法委員與監察委員。整體而言，國大是一個以人事權為主的機關，一旦開會完成人事案的選舉或罷免之後，就無其他的業務可執行，所以是一個鬆散的非常設組織。

㈡**期成會憲草❷**

在委員的產生方式上，除了五五憲草原有之區域代表、蒙古西藏與僑胞代表之外，新增職業代表，並規劃婦女代表❷。

組織上最大的變革是增設「國民大會議政會（簡稱國大議政會）」，其成員乃由國大代表互選產生，人數為一百五十至兩百人，任期 3 年，成為國大閉會期間的常設機關。

就職權而言，國大的職權與五五憲草同，但國大議政會的職權卻十分驚人，幾乎把現在立法院的所有職權皆囊括在內：諸如議決戒嚴、大赦、宣戰、媾和、條約等議案外，還可複決立法院已議決之預算案、決算案，受理監察院所提之彈劾案，並可對行政院正副院長、各部會首長提出不信任案，一旦不信任案經國大議政會議決通過後，相關人員即應去職❷。

於此，已經與蘇維埃的中央執委會或中共的人大常委會相似，成為代表機關中的核心代表機關，並掌握龐大實權。國大因其有常設組織，且掌握重要權力，使其成為一個真正的權力機構。期成會憲草第 27 條更明定：「國民大會為中華民國最高權力機關。」從而國民大會成為一個「有形」且具重要實權的機關。

㈢**政協原則**

民國 35 年 1 月由當時各主要政黨會商後，各自派出代表共三十八人參

---

❷　參見荊知仁，中國立憲史，初版六刷，聯經出版，2001 年，頁 551 以下。

❷　期成會憲草第 28 條。

❷　期成會憲草第 41 條。

與政治協商會議，會中提出憲草修改十二原則，其中前四個原則論及國民大會。其主要修改見解就是將國民大會「無形化」，因為「全國選民行使四權，名之曰國民大會」❷❻。換言之，國民大會僅是有投票權之人民行使政權時的稱呼而已，根本不是一個組織或是機關。

從前述制憲過程中有關國民大會的爭議來看，國民黨主導之「五五憲草」中的國民大會，固然是以落實孫文學說為表象，實則是確保國民黨掌握行政權的工具。因為一旦經國民大會選舉授權後，國大就進入「休眠狀態」，原則上要 3 年後才會再醒來一個月。在國大休會期間，政府取得完全自主的地位，人民及其代表很難予以監督。「五五憲草」之後，為團結全國力量、集思廣益而由各黨派於民國 27 年組成「國民參政會」。後在民國 28 年組成「國民參政會憲政期成會」，協助政府實現憲政。期成會因由各黨派所組成，對於五五憲草之國民大會無法監督政府之缺點，提出改革建議。增設「國民大會議政會」，使之成為有形之實權組織，除了可監督政府之外，更重要的是各黨派之國大代表有可能成為國民大會議政會之成員，進而分享統治權力。到了抗戰勝利後的政治協商會議，共產黨當時獲得廣大農工階級與知識菁英的支持，故其主張人民直接行使四權，國民大會無形化，以利其直接取得統治權。

● 第二節　國民大會的演變與啟發

政協十二原則中完全廢除國民大會的主張，無法為國民黨所接受。國民黨堅持「國民大會應為有形之組織，用集中開會之方式，行使建國大綱所規定之職權❷❼。」在共產黨拒絕參加的情況下，民國 35 年 11 月 19 日通

---

❷❻　政協十二原則第一原則。荊知仁，中國立憲史，初版六刷，聯經出版，2001年，頁 439。

❷❼　此為國民黨針對政協十二原則所提出之五點修改原則的第二點。參見荊知仁，中國立憲史，初版六刷，聯經出版，2001 年，頁 443。

過「政協會議對五五憲草修正案草案」，此乃制憲國民大會制憲時所審議的憲法草案❷❽。在此草案中，國民大會回復為有形組織的設計。但這個有形無實的組織，一路日漸擴權以充實自己，最後卻落得全部被凍結的不幸命運。

一、國民大會的變遷

憲法本文對於國民大會代表的產生方式，採取期成會憲草之規範模式，除區域代表與自治區代表、海外代表之外，尚增列職業代表與婦女代表等，使得國大的組織更加龐大。在職權方面，包括選舉罷免總統副總統、修改憲法與複決立法院之憲法修正案、有條件的創制複決兩權之行使，以及變更領土之決議等❷❾。國大代表之任期為 6 年，但由於罷免正副總統、修改憲法與變更領土等職權應很少有機會行使，故原則上，國大每 6 年開一次會，其開會目的就是為了選舉總統副總統。基此，國大代表應該不是一個按月領有固定薪餉的專任職務，至多僅在開會期間得領有與出席相關之必要費用而已❸❶。除現任官吏不得於其任所所在地之選區當選國代外，憲法本文並不禁止國大代表兼任其他職務❸❶。

然而，民國 43 年的釋字第 31 號解釋讓由大陸來台的國大代表可以不經改選而延長其任期，成為俗稱的「萬年國代」。且自民國 46 年的釋字第 76 號解釋起，國民大會與立法院及監察院被認為共同相當於民主國家之國會，故國大代表的待遇開始比照立法委員及監察委員。如此形成領有固定待遇，卻無業務內容的奇怪情況。隨著每次正副總統選舉或修憲的機會，

---

❷❽　參見荊知仁，中國立憲史，初版六刷，聯經出版，2001 年，頁 445。

❷❾　憲法第 4 條及憲法第 27 條。

❸❶　釋字第 282 號及釋字第 299 號解釋。

❸❶　國大代表不得兼任立法委員與監察委員，主要是因職務不相容的問題；參見釋字第 15 號、釋字第 30 號及釋字第 75 號解釋。

國民大會遂嘗試改變自己的地位，增加自己的職權或業務，使自己成為真正的民意代表。其變遷史可分為臨時條款時期與民主化時期兩個階段。

(一)臨時條款時期

憲法甫公布施行，國家就進入烽火遍地的內戰狀態，國民大會透過修憲程序在民國 37 年 5 月 10 日公布臨時條款，其中有關國大之內容是：至遲至民國 39 年 12 月 25 日前，總統應召開國大臨時會，以討論修憲，及廢止或延長臨時條款事宜。爾後國民大會利用選舉正副總統及修改臨時條款的機會，調整自己的職權內容，舉其要者包括民國 49 年增設國大行使創制複決兩權之研究機構，強制規定總統應召開臨時會；民國 55 年之臨時會則增列國大得自行制定行使創制複決兩權之辦法，國大閉會期間得設置憲政研討會，以研究憲政問題等。這些變遷的特色不外是增加開會機會、設置常設機關與固定業務，並試圖透過創制複決兩權之行使，而使國民大會成為一個擁有實權的政策決定機關。

(二)民主化時期

伴隨著民國 79 年釋字第 261 號解釋與民國 80 年第二屆國民大會代表選出之後，開啟我國新一波的修憲歷程。首先是民國 81 年的國大臨時會，國大失去正副總統的選舉權，但卻增加司法院正副院長、大法官、考試院正副院長與考試委員、監察院正副院長與監察委員的人事同意權。此外，並增訂每年開一次臨時會，以聽取總統的國情報告之權。民國 83 年修憲時，除修改國大任期為 4 年外，增設國大議長之職位，且由國大自行訂定其行使職權之程序規定。自此，國民大會的組織模式已與一般民意機構無異，只是職權仍十分有限。最後民國 88 年的修憲，國大自我延長任期引起各界撻伐，釋字第 499 號解釋宣告修憲內容違憲。民國 89 年的修憲正式將國大改成「任務型國大」，僅有在複決立法院所通過的修憲案或領土變更案，以及議決立法院所通過的總統副總統罷免案時，才選舉國大代表，並組成任期與會期不超過 1 個月的國大來審議前述事項。最後，在民國 94

年，舉行第一次也是最後一次任務型國大的選舉，並組成國民大會複決立法院所提之修憲案，將任務型國大之職權移轉至憲法法庭與公民投票。國民大會自此正式走入歷史，完全退出憲政舞台。

二、國大興衰史的啟發

　　從國大的演變歷程可以看出在制度與人的互動關係中，即使制度本身是良善的，在人予以適用之後，其結果可能不符原所期待之理想。更不用說在制度本身就有問題的情況下，加上人的運作之後，則必然會導出更壞的結果。國民大會在制度設計上本就存有不少問題，在人參與運作之後，的確是弊病叢生。

　　就制度本身而言，國大的第一個問題是一個超過千人以上的機關，究竟如何能有效議事？如果僅是一個選舉機關，則當然應該就是一個無形無實的組織：在投票前組成，在投票後即解散。反之，若是一個審議機關，則當然就要有形有實，從設置議長主持會議，有秘書處處理議案與議程，並有固定集會審議之場所等，都是有形有實的具體表徵。

　　國大的第二個問題是這個代表機關究竟要發揮何種功能？如果是要代替人民監督政治權力部門，它就必須要有具體的監督權能，如此也必須成為一個有形的常設機關。但是，若要執行其監督職權，其組成人員不宜過多。動輒千人以上的團體，連討論議案都必須要分組進行，如何能有效地執行監督職權呢？

　　國大的第三個問題是任期過長，平時無具體業務；但是職權內容又是最重要的職權，包括修憲與選舉總統副總統。這樣的一個常設選舉機關，其成員當然有可能利用機會嘗試向候選人索取利益，而候選人為了勝選與高得票率，自然也會利用機會來回饋其「選民」。同樣的，作為一個唯一的修憲機關，它當然也可以利用修憲機會來謀求己利。於是，透過選舉與修憲的機會，國大方得以逐步擴權。

由於平時無特定業務，性質上屬無給職，故國大代表原是一個兼職性
工作。通常任國大代表者，本身還需要有其他工作與收入以營生。在政黨
中，也是較資淺或地位較次要的人，才會出任國大代表；資深者或是重量
級的政治人物，不是擔任內閣閣員、民選行政首長，就是參選立法委員。
但是在憲政運作中，選舉正副元首與修憲權又是最重要的權力。如此就出
現資淺者或地位次要的人，卻掌握最重要之政治權力的奇怪現象。

在「萬年國代」與黨國體制的雙重影響下，國民大會尚屬執政黨得以
控制的一部國家機器。但在民主化與黨國體制解構之後，國民大會成為難
以駕馭的脫韁野馬，終於演出延任自肥的荒誕劇碼❷。在正副總統改為人
民直選、修憲與法律之創制複決改由人民公投之後，國大原有的職權移轉
至人民身上，國大自無繼續存在的理由。而這樣的發展結果，其實也沒有
違背孫文先生的理念，因為如此已經落實了人民得以直接行使選舉、罷免、
創制與複決等四種政權的理想了。

---

❷　參見釋字第 499 號解釋。

第四章　總統

　　國家元首應該擁有何種權力？應該擁有多少權力？憲法又究竟賦予總統哪些權力？這些是我國立憲以來一直爭論不休的問題。這些問題一直在我國縈繞不止，並不是一件奇怪的事，因為西方立憲主義兩百多年來的發展歷程，其核心內容之一，就是要明確界定國家元首的權力範圍，以期達到節制權力的目的。而從專制的統治者，慢慢變成法治化與民主化的國家元首，其演變路徑就是一路削減國家元首的權力內容，用法規範去限制其權力範圍，透過權力分立原則去制衡其權力行使，甚至是藉由選舉以落實民主課責機制等。依此觀點，我國有關總統權力的長期爭辯，自有其重要性。但如果吾人能跳開「總統是實權？還是虛權？」的陳年爭執，而是將問題的焦點置於「如何限制或制衡總統權力」之上，如此方能使我們真正跟上西方立憲主義的潮流。基此，研讀包括總統在內之國家機關的基本態度，不是要從正面去肯認其擁有何種地位與權限，而是要從反面去看如何節制其地位與權限。

●第一節　法定地位

　　任何一個團體、組織或機關的領袖或首長，擁有最多或最高的權力，本就是人類社會的常態。面對這樣一個領袖擁權的自然趨勢，文明進展的表徵就是在於設計一種理性的框架或制度來節制領袖或首長的權力。

　　以歐洲的經驗為例，在大型民族國家興起之前，威尼斯是歐洲最富庶的城市國家與海上霸主。11 世紀的威尼斯總督曾經擁有幾乎無限的權力，但到了 16 世紀，威尼斯領袖這個職位變得幾乎毫無實權。在制度上，新總督就職前就要接受一份詳細說明限制其權力的誓詞，且為了提醒他注意，這份誓詞每 2 個月要向他重新宣讀一次。在總督去世後，選舉新總督的大議會會派遣兩名委員去調查前總督的施政成果，並同時據此提出修改總督

誓詞的建議。如果調查結果發現前總督曾有不法行為，就以其所留遺產來繳納罰款❶。從一個享有無限實權的領袖，變成一個每 2 個月就要宣讀一次誓詞，且誓詞內容就是說明其權力如何被限制的總督，這樣的演變歷程，可以說就是爾後西方立憲主義的主要發展方向。 19 世紀的英國憲法學家 Bagehot 曾說過：君主制的最糟情況，要遠比非君主制的最糟情況還來得可怕萬分。尤其是由一個積極任事但卻又幾近瘋癲錯亂的君主所領導的君主體制，將是所有可能出現之最糟政體中的一種。因為雖然一個好的君主所可能帶來的好處是難以衡量的，但是一個壞的君主可能帶來的禍害與不幸則幾乎是無法補救與挽回的❷。基此，惟有在制度上能夠有節制領袖濫權的機制，才能避免災難的發生。

一、元首的角色類型

　　對於節制領袖權力的制度設計，以「是否直接掌理主要行政權」作為分類依據，西方社會發展出兩種主流類型。第一種類型的國家元首直接掌理主要行政權，此以美國總統制為代表；第二種類型的國家元首則不直接掌理主要行政權，其乃以議會內閣制為代表。不過在後者尚有國家元首掌理部分行政權的次類型，其包括元首權力多寡不同的各類半總統制。就節制權力的面向來看，從行政、立法與司法三權皆集中於元首之手，到元首僅餘行政權一項權力的發展趨勢，就是西方權力分立原則的實踐結果。而行政權二元化的發展，亦即行政權由國家元首與行政首長二者共同分享的設計，可以說是更進一步地限縮元首的權力。

　　再就國家元首可能扮演的角色來看，包括「神聖代表者」、「憲政仲裁

---

❶　參見 Scott Gordon, Controlling the States: Constitutionalism from Ancient Athens to Today, Harvard University Press, 2002, p. 325.

❷　Walter Bagehot, The English Constitution, ed. by Paul Smith, Cambridge University Press, 2001, pp. 66–67.

者」、「憲政守護者」與「執政者」等四種基本角色，且不同政府體制會有不同的角色組合。

「神聖代表者」意指元首這個職位先是一種精神象徵，它是至高無上之國家主權的化身。它的神聖性在過去君權神授時代自然是來自神或天，在民族國家興起之後則來自於國家法人本身的神聖性與國家主權的神聖性。其次，作為一個法人的國家，它必須要有自然人作為代表，以表達其意志，以及作出具體的決策或行為。而元首成為國家法人的代表，乃是最自然不過的事了。在民主化之後，國家內部因選舉而必然會出現敵對與分裂的情形。此際，不論元首自己是否經由選舉產生，他又有另一層次的代表意涵：成為統合敵對陣營或整合社會分裂的代表與象徵。例如現今的義大利憲法第 87 條第 1 項規定：「共和國總統是國家元首，代表國家的統一。」西班牙憲法第 56 條第 1 項第 1 句規定：「國王乃國家元首，象徵國家的統一與永恆。」

「憲政仲裁者」扮演仲裁的角色，他應獨立於黨派與政治之外，處於立法、司法與行政三權之間，中立地仲裁權力部門間所產生的衝突。中立仲裁者的思想源自法國大革命時期的政論思想家康士坦 (Benjamin Constant)，他於 1814 年出版的《憲法之省思：君主立憲制下的權力區分與保障》一書中，特別指出君王身處於行政、立法與司法三權之間，享有中立與調解的權威。康士坦認為這種「中立權」、「調解權」或是「調節權」在政治上沒有積極的作用，但卻可預防三權出軌，以免損及憲法原先劃定的權力區分。更詳細地說，「立法權錯誤，元首解散議會；行政權錯誤，元首罷免內閣；司法權錯誤，元首宣告赦宥❸。」基此，解散國會、撤換內閣與宣告特赦都屬元首中立權之範疇，不受其他權力部門牽制。在現今各國憲法中，還可看到這種想法的遺跡。例如德國基本法第 58 條規定：「總統的一切命令及處分須經內閣總理或有關部部長之副署，始為有效。但任

---

❸　薩孟武著，黃俊杰修訂，中國憲法新論，修訂二版，三民書局出版，2007 年，頁 204。

免內閣總理及解散議會之命令不在此限❹。」西班牙憲法第 56 條第 1 項第 2 句則宣示：「國王是使國家機關正常運作的仲裁者與調節者。」

「憲政守護者」的角色比「憲政仲裁者」更加吃重與突出，它不僅止於扮演一種中立的角色而已，而是為了確保憲法所架構的憲政秩序，並使國家機關能持續正常運作，在必要時元首得以挺身而出，執掌大權，帶領國家度過難關。這種憲政守護者的想法在德國法學名家史密特的著作中有十分清楚的表述❺，他以德國 1919 年的威瑪憲法為基礎，主張總統應扮演憲法守護者的角色。因為總統由人民直選，具有民主正當性基礎，且其任期長達 7 年，罷免門檻高，故具穩定性與獨立性。在職權上又有解散國會權、發動公民複決、外交與宣戰媾和權、文武官員任命權，以及在緊急狀態下享有緊急措施權等❻，這些權力就是讓總統可以維護憲法尊嚴，並保障憲政秩序的必要權限。法國的戴高樂將軍親身目睹法國第三及第四共和議會內閣制下的國會分歧，政局動盪、施政無方，導致敵軍屢屢入侵法國的不幸結果。所以在二戰後他所主導的第五共和憲政體制，就特別強調元首必須扮演國家獨立與穩定憲政的角色。法國第五共和憲法第 5 條因而規定：「總統監督憲法被遵守，且透過其仲裁，總統確保公權力得以正常運作，國家得以持續存在。」為達此目的，法國總統也被賦予類似德國威瑪憲法下之總統所擁有的相關權力。

「執政者」可以說是國家元首最原始也是最基本的一種角色。「執政」

---

❹ 薩孟武著，黃俊杰修訂，中國憲法新論，修訂二版，三民書局出版，2007 年，頁 205。

❺ 史密特是德國 20 世紀最重要也最具爭議的法學家之一，其著作《憲法的守護者》(Der Hüter der Verfassung) 的主要內容，就是鼓吹由總統來捍衛憲法尊嚴與憲政秩序。有關史密特的介紹，可參見陳新民，憲法的維護者──由卡爾‧史密特對總統緊急權力和總統角色之定位談起，收於：氏著，公法學箚記，頁 154 以下。

❻ 參見威瑪憲法第 25 條（解散國會），第 73 條（發動公民複決），第 45 條（外交權），第 46 條（任官權），以及第 48 條（緊急處分權）等。

就是行使行政權。狹義而言，其主要的內容就是執行法律與進行行政管理等兩大職能；廣義而言，則包括訂定命令與研擬施政計畫與政策草案等。吾人常見「虛位元首」或「實權總統」的論述，其實就是在談總統享有之行政權的廣度與強度。在比較制度上，內閣制之元首常被稱為「虛位元首」，因為其行政權幾乎被剝奪殆盡；反之，總統制下的總統，則享有最完整的行政權，如美國憲法第 2 條第 1 句規定：「所有行政權賦予美國總統。」

嚴格來說，每個國家的元首都扮演著上述四種角色，只是此四種角色之比重與強度不同而已。除了「神聖代表者」之角色是普遍存在於所有政體之外，其他三種角色所蘊含之行政權的廣度與強度各有不同。粗略地說，「執政者」角色所擁有之行政權，範圍最廣泛且權力強度最強。其次是「憲政守護者」，在常態情況下，它不是行政權最主要的擁有者與行使者，但在非常情況或緊急狀態之下，元首就變成權力中心。三種角色中權力最弱的是「憲政仲裁者」，它原則上不積極主動地行使權力，而是在必要的情況下，才介入去排除權力部門間之衝突。若以三種基本政府體制來看元首的地位，恰巧每一種政府體制下的元首，都有一個最主要的憲政角色。

政府體制　＼　制度特徵	元首是否直接掌理大部分的行政權	除神聖代表者外，元首最主要的憲政角色	元首所擁有行政權之廣度與強度
總統制	是	執政者	最廣、最強
半總統制	否	憲政守護者	居中
議會內閣制	否	憲政仲裁者	最狹、最弱

二、總統選舉

如何產生國家元首？向來就是一個重大的制度問題。在君主制國家中，

只要立下王位繼承順序規定，大體上就在制度上解決如何產生元首的問題。在非君主制的國家裡，血緣與繼承順序無適用之餘地，故必須藉助選舉。在制度設計上，全民直接選舉是一個常見的方式。另有美國制度，先由公民選出選舉人後，再由選舉人團進行選舉。此外還有透過議會選舉而產生元首者，如法國之制度❼。最後尚有由議會議員與人民代表共同選舉產生者，如西班牙 1931 年憲法之規定❽。我國憲法原規定由國民大會選舉正副總統，但自民國 83 年修憲後，即改為全民直選，並於民國 85 年舉辦我國首次公民直選之總統大選。

㈠候選人資格

憲法本文對於總統候選人之資格要求，僅有憲法第 45 條須滿四十歲的年齡限制規定。但屬於法律位階的總統副總統選舉罷免法，則對候選人資格增列諸多條件限制 ，舉其要者包括居住期間與設籍年限 、 國籍與出生地❾、犯罪前科與職業限制等❿，不一而足。此種「增加憲法所無之限制」的相關規定是否合憲？論者多持懷疑之立場⓫。

就實際運作而言，激烈的選戰已使候選人之各種資料或經歷完全曝光，選民自能就這些資料作判斷。反之，先以法律羅列各種條件限制，如犯罪

---

❼　法國第三共和憲法及法國第四共和憲法所規範的制度，都是由國會兩院聯席選出總統。第五共和憲法為避免過去總統受制於國會而無法獨立的窘境，故加大總統選舉人的範圍，除了原來的兩院議員之外，還要加上地方議會議員與海外屬地代表等各級民意代表，共同組成一個龐大的選舉人團體來選舉總統。

❽　薩孟武著，黃俊杰修訂，中國憲法新論，修訂二版，三民書局出版，2007 年，頁 207。

❾　如大陸地區人民及香港或澳門居民歸化或經申請許可進入台灣地區者，即不得登記為候選人，參見總統副總統選舉罷免法第 20 條第 2 項規定。

❿　犯罪前科限制如總統副總統選舉罷免法第 26 條規定；職業限制如同法第 27 條第 1 項規定：現役軍人與辦理選務人員不得登記為候選人。

⓫　陳新民，憲法學釋論，頁 432；法治斌、董保城，憲法新論，頁 327。

前科限制，反而有可能扭曲選戰。例如總統副總統選舉罷免法第 26 條第 2 款規定：曾犯貪污罪，經判刑確定者，不得登記為候選人，此規定看似十分合理，但在司法獨立尚未成熟建立的情況下，就有可能為選戰所利用。例如民國 97 年總統大選前的「特別費案」即為適例。同樣是涉及首長特別費問題，檢方起訴標準不一、辦案速度不一，致使有的以貪污罪起訴、有的則予以簽結、有的案件都已經判決確定了、有的案件竟還未偵察終結❶❷。在選舉結束後，立法院再以「歷史共業」為由，將特別費問題予以除罪化❶❸。

　　另外，為使選務工作得以合理進行，總統副總統選舉罷免法另增設政黨推薦或人民連署的條件要求與保證金制度。政黨推薦之「政黨」，乃指於最近一次省市以上選舉，其所推薦候選人得票數之總和，已達該次選舉有效票數之總和百分之五以上之政黨者❶❹。無前述有資格之「政黨」推薦而自行參選者，則除了要繳交一百萬元之連署保證金外，還要在連署公告後 45 日內取得最近一次立法委員選舉選舉人總數百分之一點五以上之人數連署，方能登記為候選人❶❺。最後，各組候選人還要繳納登記保證金一千五百萬元後❶❻，才正式取得參選資格。對於這些條件限制，釋字第 468 號

---

❶❷　「特別費案」於民國 97 年 4 月 24 日做出 97 年度台上字第 1743 號的判決，宣告馬英九特別費案為無罪。

❶❸　民國 100 年 5 月 3 日立法院三讀通過增訂會計法第 99 條之 1：「中華民國九十五年十二月三十一日以前各機關支用之特別費，其報支、經辦、核銷、支用及其他相關人員之財務責任均視為解除，不追究其行政及民事責任；如涉刑事責任者，不罰」，此條文新增後預計有七千五百人可以解套。又民國 111 年 4 月於疫情期間，民進黨透過甲級動員，在藍綠肉搏衝突之下，僅以 5 分鐘即以席次優勢通過再次修改會計法，將陳水扁前總統所涉及之「國務機要費」亦列入免責免罰之列。

❶❹　總統副總統選舉罷免法第 22 條第 2 項。

❶❺　總統副總統選舉罷免法第 23 條第 1、2 及 4 項。

❶❻　總統副總統選舉罷免法第 31 條第 1 項。

解釋認為係屬合理範圍內所為之適當規定，未逾越立法裁量範圍，尚未違憲。不過這些要件應隨社會變遷與政治發展之情形，適時檢討改進。

(二)選舉相關規定

在程序上，憲法增修條文第 2 條第 1 項規定全民直選，且總統副總統須列在同一組名單上一起競選，並以得票最多的一組為當選人。其他的細節則由總統副總統選舉罷免法進行規範。「同組參選」的設計符合副總統乃屬備位性質的憲法規範精神，原則上沒有爭議。倒是「相對多數」即能當選總統的規定❶，引發比較多的討論。民國 89 年總統選舉的當選人所獲得的選票，不到百分之四十，被認為是「少數總統」。不過隨著兩大黨的發展趨勢越來越穩固，這個問題相對變得比較次要。

依總統副總統選舉罷免法的規定，競選活動期間為 28 日。競選經費上限乃以總人口數百分之七十乘以二十元，再加上一億之和，即為競選總經費。而競選經費於選後得獲得公帑補貼，凡得票數達當選票數三分之一以上者，即可有每票三十元之補助，但總額不得超過競選經費之最高額度。此外尚有公費之時段供候選人使用全國性無線電視頻道發表政見，與選前 10 日內禁止公布民意調查資料之規定。

前述規定雖屬細節性與技術性之規定，未於憲法中直接規定，但卻對總統的憲政角色有相當程度的影響。舉例而言，若選舉經費越龐大，選戰越激烈，就會使總統更加不能也不願屈居次要的角色。然而包括競選期間與競選經費之限制，法律之文字規範看似十分容易，但想要具體落實規範內容，以期發揮規範效果，卻是十分不易❶。

---

❶ 憲法增修條文規定得票最多的一組當選，但無當選門檻規定。總統副總統選舉罷免法第 63 條第 2 項規定：候選人僅有一組時，其得票數須達選舉人總數百分之二十以上，始為當選。

❶ 現行法對於超過競選經費的行為，並無處罰規定，導致競選經費限制形同具文。以民國 105 年選舉為例，法定競選經費最高金額為四億兩千八百四十六萬

(三)選舉爭訟

總統大選是規模最大的選舉，選舉激烈，爭執亦多。總統副總統選舉罷免法規定由中央政府所在地之高等法院專屬管轄，且二審終結，各審審理期間不得超過 6 個月。在訴訟程序上，除總統副總統選舉罷免法自行規定外，準用民事訴訟法之規定❶。民國 93 年總統大選因兩組候選人得票數差距不到三萬票，以及「三一九槍擊案」之意外，引發選舉訴訟。由於依民事訴訟程序進行，出現保證金過高與驗票曠日廢時的問題。整體而言，現行法規定總統選舉訴訟由普通法院依民事訴訟程序進行，且選舉訴訟期間最長可達 1 年的二審級設計，對於憲政秩序的維護與民主鞏固的目標，都可能有不利的影響❷。

三、職位相關規定

憲法有關總統職位之相關規定，包括任期、宣誓、缺位之繼任與代行職權等。

(一)任期

總統任期憲法本文規定為 6 年，連選得連任一次。但此規定遭臨時條款凍結，使得中華民國行憲後的第一任總統，一直連選連任至民國 64 年任內去世為止。以民主角度觀之，任職如此之長，的確不是常態。君主制以外的民主國家，總統制的總統任期普遍較短，因其掌握實際行政大權，故透過任期限制以免出現弊端。美國總統原則上任期不超過 8 年，突破紀錄的小羅斯福總統也不過當了 12 年。法國第五共和憲法原規定總統的任期一

餘元，當選的民進黨蔡英文陳建仁組合，其申報金額為六億三千六百七十萬，遠超過法定上限（詳見民國 105 年 7 月 18 日監察院所公布之資料），這種超出法定上限的選舉行為甚為普遍，蔡陳組合非唯一個案。

❶　總統副總統選舉罷免法第 110 條至 112 條。

❷　美國 2000 年總統選舉爭議，前後共歷經五個判決，但僅歷時 36 日。

任 7 年，且無連任限制❷。左派的密特朗總統曾連續擔任 14 年的法國總統。在內閣制下，掌握行政大權的總理或首相則無任期限制，如 20 世紀下半葉的德國首相柯爾，擔任總理長達 16 年；英國的柴契爾夫人任首相的期間也超過 11 年。

現行增修條文將任期改為一任 4 年，連選得連任一次。任期縮短與連任限制的優點是強化選民對總統的監督。但其缺點則在於：任期短會迫使施政計畫變短，較難有長遠規劃；連任限制則使總統於第二任時，很快就可能出現權力跛腳的情形❷。

最後，憲法第 50 條特別規定總統於任滿之日解職。換言之，不論是否有選出新總統，或新總統是否就職，任滿之舊總統被強制去職。如此可以避免即將卸任之總統，透過發布緊急命令或其他手段，阻止或凍結選舉，進而延長自己的任期。

㈡宣誓

憲法第 48 條明定總統的就職宣誓內容，要求總統遵守憲法，盡忠職

---

❷　2000 年與 2003 年修憲後，才改為一任為 5 年，且連選僅得連任一次。參見法國第五共和憲法第 6 條。

❷　民國 105 年 1 月總統與立法委員選舉合併舉行，造成選後出現新總統要等 4 個月才能交接上任的情事。選前兩大政黨為了衝高選票以利自己選情，不顧可能出現 4 個月的交接等待期而將兩項選舉合併。選後勝選的民進黨卻不願意依憲法規範精神與在任總統之邀請，出面組閣，反而是要推動總統交接條例，試圖限縮在任總統的憲法權力。總統交接條例最終雖然並沒有完成立法程序，但推動此項立法的錯誤思維很可能在未來再出現。其錯誤之處至少有三項：第一，合併選舉本身就是錯誤，如果為了節省選舉社會成本而可以合併選舉的話，難道將來也可將中央地方一併合併選舉嗎？第二，拒絕組閣本身也是錯誤，根本違反多數原則。第三，為了限縮現任總統之法定權力而制定總統交接條例更是錯誤，除非透過修憲程序，否則總統的權力行使期間就是其法定任期，不因何日產生新當選之下任總統而改變其法定任期或得以限縮其法定權限。

務，增進人民福利，並保衛國家。此內容應成為評斷總統功過的憲法基礎，不論是罷免還是彈劾，應與此規定相連結。此外，誓詞中強調：如違誓言，願受國家嚴厲之制裁。表示總統應與一般公職人員一樣地守憲守法，但若總統違憲違法時，則應遭受比一般公職人員更嚴厲之處罰。

(三)缺位之繼任

憲法第 49 條之總統缺位的意思，表示是總統自行辭職、被迫去職或死亡等情事，此時由副總統繼任總統職位，其任期至前總統任期屆滿為止。副總統繼任總統後，原副總統之遺缺應如何處理？另外，也可能出現總統正常在位，但副總統卻出現缺位的情形。不論是前者還是後者情形，都應依憲法增修條文第 2 條第 7 項規定，由總統提名副總統候選人，經立法院同意後，繼任至原任期屆滿為止。

增修條文的用語是「由立法院補選」，但事實上總統提名副總統繼位人選應只一名，故立法院是行使同意權而非選舉權。然而現行立法院職權行使法第 4 章有關同意權之規定，並沒有包括副總統之補選。故立法院應如何行使此項同意權？有待進一步釐清。就邏輯上而言，立法院對此人選應不能進行實質審查，而要禮貌性地同意總統提名之人選。

我國過去發生過兩次副總統繼任總統職位後，副總統雖缺位，但並未進行補選。此應非屬總統之自由裁量空間，而應依規定於 3 個月內提名繼任人選[23]。

(四)代行職權

總統「因故不能視事」，則表示因為生病或其他理由而暫時性地無法行使職權之情況，此時由副總統代行其職權。如果總統與副總統皆因故不能視事時，則由行政院長代行總統職權。同樣的，若總統及副總統皆缺位時，亦由行政院長代行職權。總之，行政院長代行職權的時間不得超過 3 個月。至於「因故不能視事」的判斷標準為何？由誰來判斷？憲法皆未有所規定，

[23]　李惠宗，憲法要義，頁 503。

如此易滋爭議，應修法予以補充。

　　從憲法所設計的缺位繼任與代行職權機制來看，在常態情況下，總統、副總統及行政院長等三個職位，是由三個不同的人分別擔任。在最例外的情況下，此三個職位可由行政院長一個人擔任，但最長期限不得超過 3 個月。基此，若此三個職位僅由兩個人出任，雖然與憲法所設計的常態情況不符，但不必然因之而違憲。畢竟憲法本身都容許「三位一體」的情形，如何能說「三位二體」必然違憲呢？

　　我國憲政經驗中出現「三位二體」的情形有兩種：第一種情形是前述的總統缺位，副總統繼位後，未再進行副總統之補選。此時此三職位中，僅有總統與行政院長二人。第二種情形則是行政院長選上副總統後，繼續兼任行政院長，此時僅有總統與副總統，而無專職的行政院長。司法院大法官在其釋字第 419 號解釋中表示：副總統與行政院長二者職務並非顯不相容，故副總統兼任行政院長並不違憲。但此際若出現總統缺位或不能視事時，就會出現「三位一體」的例外情況，影響憲法所規定之繼任或代行職權之設計。故副總統暫時兼任行政院長的行為雖不違憲，但若時間過長，則與憲法上「三位三體」的常態設計不符，故應為適當之處理以儘早回復憲政常態。

●第二節　法定職權

　　總統的法定職權由憲法明文列舉，權限範圍甚為清晰。依是否需要副署為分類標準，可將其權限分成「不須副署之職權」與「須副署之職權」等兩大類。前者屬於總統的專屬權，但其行使仍受限於一定的條件或環境。後者原則上就不是總統的實權，副署者乃享有實權者，而行使實權者就必須負責。故副署的印記既是權力傳輸的痕跡，也是承擔責任的意思表示。除了以副署之有無為分類指標外，尚有一類總統行為的本身不具法效性，它可算是一種廣義的公法上之事實行為。

一、不須副署之法定職權

依憲法增修條文第 2 條第 2 項規定，不須副署的職權包括下列三項：(1)任命行政院長；(2)提名司法院、監察院與考試院院長與副院長、大法官、監察委員與考試委員；(3)解散立法院。這些行為既然不須副署，當然就是由總統獨自行使的權力。但雖然是獨自行使的專屬權，卻不是一種完全自由的自主權，更不是一種恣意權。這些權力的特徵，就是要請求另一機關作出最後決定，或是由另一機關予以啟動，所以它們都是一種裁量受限的權力。

㈠任命行政院長

總統任命行政院長常被認為是總統獨享的自主權，他可以依其意志任命任何他所喜愛或信賴的人。但是在行政對立法負責的憲政架構下，總統一定要考量立法院多數黨對於其任命人選的偏好意向。論者常謂：既然行政院長之任命不必經過立法院之同意，則總統似可以不顧立法院之情勢而恣意任命任何人。的確，總統就算任命自己的太太、兄弟或成年子女組閣，並沒有違憲的問題❷❹。只是如果總統完全不管立法院的情形，任命一個立法院多數所不支持的行政院長，必然會使政府施政寸步難行。

至於行政院長的免職命令，解釋上亦不須副署，但其性質與任命之命令不同。詳細的內容於下文討論。

㈡提名權

至於大法官、監察與考試兩院成員之提名權，更屬行政、立法兩權共同協力的權限。除了這些人員本已有法律所規定的條件限制外❷❺，還要經

---

❷❹ 例如波蘭總統 Lech Kaczyński 曾任命其雙胞胎兄弟 Jaroslaw Kaczyński 於 2006 年 7 月組閣，但在爾後的國會選舉失利後，只得任命敵對政黨的領袖 Donald Tusk 於 2007 年 10 月組閣。參見 Jean-Pierre Massias, Droit constitutionnel des États d'Europe de l'Est, Paris, PUF, 2008, p. 181.

❷❺ 參見司法院組織法第 4 條、監察院組織法第 3 條之 1、考試院組織法第 4 條。

過立法院同意之程序，自難謂總統對此享有完全自主的裁量空間。在我國憲政實務經驗中，曾有立法院遲延行使同意權的事例。民國 94 年 1 月底第三屆監察委員任期屆滿，當時的總統在民國 93 年年底及民國 94 年先後將提名名單交付立法院，但當時的立法院卻不依立法院職權行使法第 29 條規定❷❻，直接交付全院委員會審查，反而是依同法第 8 條第 2 項規定送程序委員會編列議程❷❼，而且多次決議暫緩將同意案列入議程❷❽。如此造成立法院院會無法行使同意權，監察院因而沒有新任的院長、副院長與監察委員，無法正常運作。此空窗期從民國 94 年 2 月開始，一直到民國 97 年 7 月 31 日才結束。面對此問題，大法官在民國 96 年 8 月 15 日公布釋字第 632 號解釋，其解釋理由書強調：「監察院院長、副院長及監察委員係由總統提名，經立法院同意任命。此乃制憲者基於權力分立與制衡之考量所為之設計，使總統享有監察院人事之主動形成權，再由立法院就總統提名人選予以審查，以為制衡。」解釋文對此不行使同意權的情形，更作如此表示：「總統如消極不為提名，或立法院消極不行使同意權，致監察院無從行使職權、發揮功能，國家憲政制度之完整因而遭受破壞，自為憲法所不許。」

前述大法官釋字第 632 號解釋闡明兩件事：第一，總統的提名權受立法院節制，總統意志之實現乃取決於立法院的同意；第二，總統與立法院

❷❻　其條文內容為：「立法院依憲法第一零四條或憲法增修條文第五條第一項、第六條第二項、第七條第二項行使同意權時，不經討論，交付全院委員會審查，審查後提出院會以無記名投票表決，經超過全體立法委員二分之一之同意為通過。」

❷❼　其條文內容為：「政府機關提出之議案或立法委員提出之法律案，應先送程序委員會，提報院會朗讀標題後，即應交付有關委員會審查。但有出席委員提議，二十人以上連署或附議，經表決通過，得逕付二讀。」

❷❽　林子儀、葉俊榮、黃昭元、張文貞，憲法——權力分立，新學林出版，頁 190 以下。

皆應善盡其憲法義務，不得消極不行使其法定職權。此二解釋意旨完全符合憲法規範精神，值得肯定。只是，大法官說了本屬不言自明之理，但卻無法解決問題。事實上，總統與國會共同協力或相互互動之行為，具有行政權與立法權相互混合的特性，學理上稱之為「混合行為」❷，它就是一種典型的「政府行為」(acte de Gouvernment)。由於涉及權力部門間的互動關係，而且此互動關係又不宜或無法以法規範予以規制，所以「政府行為」的特色就是不受法院管轄；其衝突或爭議應由政治部門自行解決。在釋字第 632 號解釋中，有的大法官認為此屬「政治問題」或「國會自律」事項，司法權本不應介入，以免因解釋不能真正解決爭議問題而自損司法權威❸；有的大法官則認為司法權不能託言「政治問題」而自行規避捍衛憲法秩序之職責❹。不論大法官之間的意見如何分歧，在解釋出爐近 1 年後，該爭議問題才獲得真正解決的事實，的確可以說明司法權介入此類案件的實益十分有限。

㈢解散立法院

總統在程序上經諮詢立法院院長後，得解散立法院❺。但此權力亦受限於兩個實質條件：一是立法院先通過不信任案；二是行政院長因不信任案而辭職時，同時呈請總統解散立法院。

從比較法與制度史的觀點來看，首先必須記住的是：總統制下不存在解散國會機制，就此特點而言，我國不是總統制是毫無疑義的。再就議會內閣制的解散國會機制而言，有兩個面向的演變應予以瞭解：第一，就解

---

❷　陳淳文，由新近判例趨勢論法國公法上的「政府行為」概念，人文及社會科學集刊，第 9 卷第 4 期，1997 年 12 月，頁 121。

❸　參見余雪明與彭鳳至大法官在本號解釋中的不同意見書。

❹　參見許宗力大法官與廖義男大法官在本號解釋中的協同意見書。

❺　憲法增修條文第 2 條第 5 項有關諮詢立法院院長的規定，此處之「諮詢」應是「知會」的意思。因為立法院院長的諮詢意見，對總統毫無拘束力。

散權的歸屬而言，與其他行政權的移轉一樣，都是從國家元首的手中，慢慢移轉至閣揆的手中。即使在形式上都是由元首作出解散國會的命令，但實際的決定卻是取決於閣揆的意志。解散權是內閣馴服國會的最重要工具，透過此權之威脅，總理或首相才可在國會中擁有穩定支持的多數。故在制度上，解散國會的命令都是必須副署的 ❸ 。第二，就解散權的屬性來看，英國的發展是從「戰鬥對抗型的解散權」慢慢變成「戰略性的解散權」或「便利的解散權」❸ ，到 2015 年起的「穩固任期型的解散權」。「戰鬥對抗型的解散權」原本由英王行使，主要是英王所掌控的行政權與國會立法權相衝突時，英王透過訴諸人民的方式以馴服立法權。故行使這種解散權的前提是：行政權與立法權有嚴重的衝突，出現執政危機，甚至是內閣被倒閣；所以這種解散權也可稱為「危機的解散權」或「制裁的解散權」。等到體制民主化後，行政權移轉到首相手中後，首相本就由國會多數所產生，不太容易出現首相與國會多數相抗衡的局面。因此，過去所留下的解散權就變成一種具威脅性但卻不常真正使用的工具，其功能在促使國會多數配合內閣政策。現今若首相真的行使解散權，其目的往往不是因為出現危機，必須要對抗國會，而是首相欲調整國會大選之時程，以期在最有利於執政黨之時機來進行大選，所以這種解散權被稱為「戰略性的解散權」或「便利的解散權」。也正是因為首相所擁有的「便利解散權」讓首相的裁量空間甚大，容易造成國會議員任期的不穩定，進而影響立法權監督行政權的力道。英國在 2011 年通過「國會任期固定法」(Fixed-term Parliament Act 2011)，暫時性的取消了首相的便利解散權 ❸ 。依據此法規定，自 2015 年

---

❸　如德國基本法第 68 條第 1 項、西班牙憲法第 64 條、義大利憲法第 89 條。

❸　陳淳文，中央政府體制改革的謎思與展望，收於：湯德宗、廖福特主編，憲法解釋之理論與實務，第五輯，中研院法律所出版，2007 年，頁 137–139。

❸　所謂「暫時性」的意思乃指：根據該法第 7 條第 6 項規定，該法必須在 2020 年下半年進行檢討，以確認是否讓新制繼續存續下去。

起，下議院議員的任期為 5 年，下議院提早改選的情形有二：一是議員自行提出提早改選動議，並經三分之二多數通過；二是反對黨所提出之不信任案通過，且在不信任案通過後 14 日內無法組成新內閣。換言之，原本首相所擁有的主動且便利的解散權不復存在。由於首相喪失主動便利之解散權，首相不能再像以往以解散權規制同黨議員或威脅反對黨議員；而議員任期固定化的效果是讓國會比較能勇於監督行政權，同時也削弱首相控制同黨議員的能力 ㊱。最後，法國半總統制的解散權，由總統主動行使，不須副署，基本上沒有條件限制 ㊲。論者批評其不僅是歐洲難見的特例，更是造成政府體制失衡的重要因子，應予以修正 ㊳。在實務上，法國總統行使此權皆極為謹慎，且一旦解散後的國會大選結果，若總統所領導的政黨或政治勢力依然敗選，總統就失去政權中心的地位。1997 年席哈克總統在國會中原有多數黨支持，但其為了把握有利於執政黨的選舉時機，主動解散國會以提前國會大選。不料選舉結果執政黨卻敗選，失去國會多數黨的地位，席哈克總統只得任命敵對的左派政治領袖組閣，開啟長達 5 年的「左右共治」。

　　從憲法規範精神來看，我國現行的解散權在性質上屬於「戰鬥對抗型的解散權」、「危機的解散權」或「制裁的解散權」，因為其乃以立法院通過不信任案為前提，所以解散權僅能被動地行使。其次，法條規定「行政院長得呈請總統解散立法院」，亦即解散權的發動權乃在行政院長。如此亦符

㊱　P. Norton, 2016, The Fixed-term Parliaments Act and Votes of Confidence, *PARLIAMENTARY AFFAIRES*: 69 (1) 3–18.

㊲　雖然法國第五共和憲法第 12 條規定總統應諮詢總理及國會議長後，才能行使解散權。但在法律上，此項諮詢義務並不會對總統產生任何限制效果。總統可以完全不顧諮詢意見之內容而宣布解散國民議會。另外，在緊急狀態（第五共和憲法第 16 條）下，或總統乃由他人代理時（第五共和憲法第 7 條第 4 項），或是解散國會後 1 年內，總統皆不得行使解散權。

㊳　Marie-Anne Cohendet, Droit constitutionnel, p. 121.

合議會內閣制的常規，由閣揆掌握解散國會的實權。在立法院威脅要通過不信任案時，行政院長亦可威脅立法院：若被倒閣，將解散國會。如此才能使兩權武器平等，得以相互對抗而不至於失衡。基此，雖然總統解散國會不用副署，但憲法既已規定由行政院長發動解散權，自無再規定應經副署之必要。換言之，雖不須副署，該權卻不是總統得以自主行使的實權。一旦行政院長呈請解散立法院，總統也無不予解散的裁量空間。

綜合前述，我國現行憲法賦予總統不須副署的權力，事實上並沒有真正增加總統的權限範圍，進而因之而改變我國政府體制的屬性。提名權與解散國會機制，算是議會內閣制的基本配備，歷來修憲的最後結果，只不過是使我國憲法所規範的政府體制回到議會內閣制原有的常軌而已。至於任命閣揆無須立法院事前同意，看似賦予總統絕對自由，但由於行政對立法負責的憲法框架規範仍然存在，其實已經在事實上迫使總統必須考量立法院生態後，任命立法院多數所能接受的人選。若否，必然造成國政空轉，政治衝突不斷。一旦出現少數政府這種憲政運作之病態，其實就像再健康的人也可能會生病一樣，無須格外大驚小怪。雖然在制度上不可能完全排除這種憲政病態之發生，但它一定不能持久，且遲早會經由民主選舉程序而改變並療癒此病症。

如果說我國修憲後總統憲政地位真的改變了，這並不是因為增修條文增列了總統無須副署的權力事項，而是因為總統改為全民直選所造成的結果。經由選舉所獲得的民主正當性基礎，必然提升總統的憲政地位；總統因之而有更強的政治權威與更高的憲政地位。但是民主選舉本身，既不能也不會直接變更憲法所規範的總統權力範圍。不論總統候選人在大選中提出如何廣泛的改革目標，或是在選舉中獲得多高的選票支持，都不會因之而達致擴增總統權力的效果。僅有憲法條文本身，才是總統權力範圍真正的依據與界限。

二、須副署之法定職權

　　總統須副署的法定職權項目較多，但不論這類職權是多是少，「須副署」的制度意義就是：此非屬總統之實權，總統可以知悉，但卻不能享有完整的主導權與最終決定權。副署制度是議會內閣制的核心特徵，也因為此制度，才使內閣制的國家元首得以變成「虛位元首」。但是「虛位元首」並非是「無用元首」，元首仍有重要的制度功能。以最無權力、「最虛位」的英國女王為例，她仍有崇高的憲政地位，並扮演重要的角色。19 世紀的英儒 Walter Bagehot 在其《英國憲法》的大作中特別指出，君主擁有三項重要的權力，其看似無用，但睿智的君主有此三權即勝過一切。此三權是「被諮詢之權」(the right to be consulted)、「鼓勵權」(the right to encourage)與「警告權」(the right to warn)❸❾。而要行使這三種權力的共同前提是：元首對於國家重要事項享有完整的資訊權，政府必須即時向此虛位元首報告所有重要資訊。由於長期在位之世襲君主擁有豐富的閱歷與經驗，故可以成為首相最佳的顧問。其次，當她以國家元首的高度與地位來讚揚或肯定內閣的施政作為時，往往最能激勵士氣，成為最有效的精神獎勵。最後，對於可能不當的施政計畫，國王雖不能阻止首相的意志，但卻可以對首相提出最有價值的忠告與警告。

　　不論在制度上民選總統是何等虛位無權，他應該也與英國女王一樣對國家重要事項享有完整的資訊權，進而可以對政府之作為或計畫事先提出建議、鼓勵或是警告。民選總統雖然不能長期在位，但經過全國性大選的洗禮，當選者必然先是已經擁有相當識見與經驗的候選人，再加上選票的民主加持，使其擁有無人能及的高度與地位，此與世襲君主的情形不相上下，或甚至可能是更勝一籌。在此背景下，就算是需要副署的事項本非總統的權限範圍，但睿智的總統若能在此領域內妥善行使其諮詢、獎勵與警

---

❸❾　Walter Bagehot, The English Constitution, 1867, p. 60.

告等三種權力,則總統仍然在副署制度上可以發揮相當重要的協力功能❹。

　　總統須副署之法定職權,依其程序之不同,尚可分為須經行政院院會決議與不須經行政院院會決議等兩種次類型:

㈠須經行政院院會決議

　　不論是憲法第 43 條,還是憲法增修條文第 2 條第 3 項的緊急命令權,在程序上皆規定須經行政院院會之決議後,才能發布緊急命令。加上憲法並沒有特別將此事項排除副署❹,顯見國家緊急應變中心乃在行政院,而非總統。但是由於是處於特殊緊急狀況,總統參與或介入政事的程度較深,

---

❹　Bagehot 在書中的這段描述, 特別值得注意 :「He (the King) would say to his minister, "The responsibility of these measures is upon you. Whatever you think best must be done. Whatever you think best shall have my full and effectual support. But you will observe that for this reason and that reason what you propose to do is bad; for this reason and that reason what you do not propose is better. I do not oppose, it is my duty not to oppose; but observe that I warn." Supposing the King to be right, and to have what Kings often have, the gift of effectual expression, he could not help moving his minister. He might not always turn his course, but he would always trouble his mind.」引自 The English Constitution, p. 60.

❹　論者有謂緊急命令既經行政院院會決議,應類推適用憲法增修條文第 2 條第 2 項免除副署之規定。(參見李惠宗,憲法要義,頁 515,註 33。) 就解釋上而言,副署規定是有關總統權限最重要的條文,豈有類推適用的空間?尤其類推適用的方向是免除總統的副署義務。其次,副署的意義不僅在於行政院是否同意而已, 更重要的是行政院長與相關部會首長要為此負責。論者常謂我國憲法,特別是緊急命令制度,乃受德國威瑪憲法之影響。而威瑪憲法第 48 條第 2 項規定總統的緊急權,但同法第 50 條特別規定總統的所有行為,包括國防事務領域內的一切行為,不經總理或相關部會首長副署,即不生效力。該條文特別強調:責任因副署而移轉。最後,釋字第 543 號解釋強調有關緊急命令的補充命令,必須依行政命令之審查程序送交立法院審查;故相關部會首長自然要為這些補充命令向立法院負責。

不同於一般的行政業務。在此緊急狀態下，總統依憲法規範精神固然應當扮演積極且主導的重要角色，但最終的決定仍須由行政院院會拍板定案❷。

　　從比較法的觀點來看元首的緊急權，其實就是元首是否及如何扮演「憲政守護者」的角色。元首擁有緊急權，就表示元首不僅是「仲裁者」，而是更進一步提升至「守護者」的角色。德國學者史密特正是從威瑪憲法的總統緊急權規定，發展出總統是最佳憲法守護者的論述。不過，威瑪憲法的規定仍強調緊急命令必須經內閣總理及相關部會首長副署，所以還不到總統得以獨裁的地步❸。法國第五共和憲法第 16 條的總統緊急權，則是憲法明文規定免除副署義務，所以使總統在非常時期暫時性的成為國家權力中心❹。與德國威瑪共和的總統相比，法國第五共和的總統可算是「強勢的憲政守護者」。

　　除了內閣的副署之外，立法院必須在 10 日之內追認緊急命令，否則該緊急命令立即失效。至於立法院的追認方式，應只能對每個緊急措施表示同意或反對，既不能對其內容加以修改，也不能加諸任何附帶條件。如果緊急命令中含有補充性之授權命令，則此授權命令訂定後，仍應依一般行

---

❷　對於憲法本文之規定，有認為總統兼具行政首長之身分，行政院無權否決總統的緊急命令（林紀東，中華民國憲法逐條釋義㈡，修訂初版，三民書局出版，1982 年，頁 114）。此說法直接違反憲法文字之規範意義，自不可採。即使是修憲後現今總統的緊急命令權，行政院會議的決議仍是緊急命令生效的必要條件。

❸　然而就算需要副署，威瑪時期的德國總統仍行使多達二十五次的緊急命令，幾乎達「憲法毀棄」的境地。參見陳新民，憲法學釋論，頁 496。

❹　雖然免除副署義務，但法國憲法仍規定總統若欲宣布進入緊急狀態之前，必須事先諮詢總理、兩院議長及憲法委員會；而且國會此時立即集會，並在緊急狀態期間不得被解散，以落實監督之功能。詳見陳淳文，再論國家緊急權──以法國法制為中心，人文及社會科學集刊，第 13 卷第 1 期增刊，2001 年 3 月，頁 121 以下。

政命令的審查程序，送交立法院審查❹。

至於總統的其他職權，包括憲法第 38 條的外交權、憲法第 39 條的宣布戒嚴、憲法第 40 條的赦免權等，若是屬於依憲法第 58 條第 2 項規定之事項，即行政院欲提交立法院審議之法律案、預算案、戒嚴案、大赦案、宣戰案、媾和案、條約案等事項，即須經行政院院會決議之程序。但是如赦免權中的特赦、減刑或復權，雖須經院長與相關部會首長副署，但就不必經行政院院會決議的程序。

最後，依憲法第 37 條與憲法第 72 條有關法律公布之規定，總統在收到立法院所通過的法律案後，應於 10 日內公布之，或是依憲法增修條文第 3 條第 2 項第 2 款之規定，由行政院提出移請立法院覆議之請求，經總統核可該案後，法案重回立法院進行覆議程序。若行政院不提覆議，總統可否不公布法律？若行政院提覆議，總統可否「不核可」覆議案？先就覆議案而言，由於覆議案攸關行政院之政策執行，又是直接挑戰立法院多數之意志，有重大的政治效果。故雖然條文用語是用「行政院」，未特別提及經由「行政院院會決議」，但在解釋上宜認為覆議案的提出，應經行政院院會決議之程序。

至於總統對覆議案的「核可」，解釋上宜解為虛權，僅是告知總統行政院有此項重大政治決定之意。總統可以被行政院長諮詢，並鼓勵或警告行政院長有關移請覆議之決定，但總統不能拒絕將覆議案移送立法院。如果總統可以「不核可」覆議案，而強行公布法律，並迫使行政院執行其認為窒礙難行之法案，則日後誰來承擔責任❹？事實上，移請覆議雖類似美國

---

❹ 司法院大法官釋字第 543 號解釋。

❹ 認為總統核可權為實權的主張則是認為：我國制度本就混合了總統制與內閣制，不能純以內閣制的角度來思考問題。總統的核可或不核可決定，前者可以用來提升本無民主正當性基礎之行政院長對抗立法院的抗爭正當性，以免落得非民選機關（行政院）如何能否決民意機關（立法院）之意志？至於後者，總

法上的總統否決權，但我國法將「行政院」列為覆議案之發動主體，正足以說明行政院才是掌握行政權（執行權）的主體，總統不是行政首長，我國不是總統制。在此理解下，總統的「覆議核可權」，仍只是一項虛權；總統必須被告知此項重大政治決定，但總統無「不核可」的裁量空間**❹**。

統的不核可決定也可防止行政院長違逆民意一意孤行。蘇永欽氏更認為遍查中華民國法律中的「核可權」，也找不到只許「可」而不許「核」的虛權。（參見蘇子喬，中華民國憲法——憲政體制的原理與實際，三民書局出版，2013 年，頁 206–207。）前述見解吾人可以批評如下：第一，就憲法解釋方法上，必須整體以觀，以免見樹不見林。總統既然不是執行機關，就完全沒有理由迫使行政權必須接受其認為窒礙難行之法律案。第二，提出覆議要遠比宣告違憲來得輕微許多。覆議只是要求立法院再想一遍，宣告違憲才是真的否決立法院之意志。第三，如果行政院長違逆民意一意孤行，覆議自然會失敗，其自當接受其後果。何須總統在旁監控？最後，在用語上，「核可」的確應該包括「同意」與「不同意」之雙重面向。但是從結構與體系解釋的觀點（參見第三編第一章第三節第三目及第三編第二章第一節），仍然不能找到總統有不核可之實權的法律理由。

❹　很不幸地，在實際憲政運作中，的確有總統將核可權視為其所擁有之實權。例如民國 95 年 1 月謝長廷閣揆提出內閣總辭的檯面上理由，就是總統不核可其向立法院提出覆議案。更誇張的是民國 102 年 5 月 31 日立法院通過會計法第99 條之 1 修正案，欲解除學校教職員違法報支研究經費的財務責任。然而因修法粗糙，竟漏列「教職員」之「教」字，使得違法報帳之教授無法解套。此烏龍修法引起各界批判。但這純粹是立法院自己立法行為之瑕疵，應自行解決；故當時的行政院院長公開表示沒有提覆議的必要。不料在行政院長公開表示不會提覆議之後，總統卻在總統府召開記者會，對於修法過程造成社會觀感不佳，傷害執政團隊的信任，向社會各界道歉，並宣布將令准行政院提出覆議。行政院竟真的在總統的主動下令下提出覆議，完全漠視自己的憲政地位。總統此舉違憲越權至為明顯，而行政院不知維護自己的尊嚴與權限，亦不可被接受。

(二)不須經行政院院會決議

憲法第 72 條規定總統在收到立法院所通過的法律案後，應經副署後，於 10 日內公布之。解釋上，此乃總統之憲法義務，總統無拒絕公布法律之權。蓋如果行政院不願副署，自然是走覆議的程序，已如前述。反之，若行政院長與相關部會首長已經副署，表示其同意該法案，加以行政對立法負責的制度設計，總統有何理由可以在此階段阻止法案生效施行？

總統職權尚有憲法第 36 條的統帥權、憲法第 41 條的任官權與憲法第 42 條的授與榮典權等，皆不須經行政院院會決議之程序。但因其皆屬須副署之行為，故仍應由行政院長及相關部會首長研商對策並作出決定後，才送請總統用印並發布相關命令❹。

我國實務中尚有兩項總統行為值得於此討論。第一是憲法第 56 條有關行政院之副院長與相關閣員的任命權。憲法規定由「行政院長提請總統任命之」，解釋上當然是由行政院長主導組閣，總統的任命權是虛權；且該任命行為必須經行政院長副署。只是在實務操作上，總統常介入組閣，有時甚至是主導全局❹。這樣的作法當然是背離憲法規範精神❺，破壞政府體制與混淆政治責任之歸屬。對此問題，將於本編第五章第三節作更進一步的討論。

第二是有關行政院長的去留問題，總統對行政院長是否享有免職權？

---

❹ 例如民國 80 年 12 月李登輝總統欲將面臨屆齡除役的總統府參軍長蔣仲苓晉升為一級上將，使其可以繼續留任參軍長之職，但當時的行政院長郝伯村反對此案不願副署，此案因之而被擱置。民國 81 年 6 月，李總統再提此案，郝院長仍持反對立場，並直接向總統提出辭呈。總統不願因此人事案導致行政院長辭職而引發政治紛擾，只好再次撤回此人事案。

❹ 黃昭元，台灣法律發展回顧專欄：憲法，台大法學論叢，第 39 卷第 2 期，2010 年 6 月，頁 24。

❺ 陳淳文，再論中央政府體制之改革展望——法國 08 修憲之啟發，政大法學評論，第 131 期，2013 年 12 月，頁 36。

憲法增修條文第 2 條第 2 項規定：「總統發布行政院院長與依憲法經立法院同意任命人員之任免命令」，憲法增修條文第 3 條第 1 項則規定：「行政院院長由總統任命之。」兩者用語不一。就解釋上來說，修憲者在兩條相鄰條文分別使用「任命」與「任免」兩個不同詞彙，顯見此二詞之意涵應有所不同。其次，第 3 條是針對行政院長的規範條文，第 2 條則是有關所有免除副署義務的規定。邏輯上而言，在有關行政院長的規範問題上，第 3 條的地位應優於其他條文。再者，從第 2 條的文義理解，「任免命令」的意思並不是表示總統對這些人員有任免權，而是指總統發布有關這些人員的人事令時，不須副署。總統發布人事令乃基於元首身分所為之儀典性行為，但不必然是總統的實權。故憲法增修條文第 2 條第 2 項的規範真義是：若大法官、監察委員或考試委員基於各種理由主動提出辭呈時，總統於此際作出的免職令，不須副署。同樣的道理，行政院長主動提出辭呈時，總統的免職令也不必副署，但此並不表示總統對行政院長享有免職權。

論者常說既然有任命權，就應該享有免職權；這種說法其實並不精確。至少對於有職位保障安排的職位，有任命權者，往往是沒有免職權的。若否，職位保障的設計就會被架空。行政院長在制度設計上，雖然沒有任期保障，但卻是由立法院來掌控其進退，所以才有不信任案的設計。如果總統也可免除行政院長的職務，就會破壞憲法上行政對立法負責的原始規範精神。加以憲法第 53 條明定行政院為國家最高行政機關，作為國家最高行政首長的行政院長，如果可以被總統任意免除職位，則行政院長如何維持其最高地位❺❶？更不用說憲法第 37 條的副署規定、憲法第 49 條以下的代位設計與釋字第 419 號解釋所強調的監督制衡關係，以及總統與行政院長兩個職位是否相容的問題。如果行政院長可由總統任意免職，則院長如何可能監督制衡總統？副署的意義何在？兩個職位不相容的解釋意旨是否即

---

❺❶ 立法院雖有倒閣權，但會因解散國會而賠上自己的職位。就是因為這種相互毀滅的機制，才可確保二者地位平等，分別都是國家的「最高」機關。

應廢棄？故而憲法增修條文第 3 條第 1 項明確使用「任命」而非「任免」，就表示修憲者其實是十分清楚自己所規劃的體系邏輯。再就比較法而言，各國的半總統制中在制度上權力最強勢的總統，就是法國第五共和的總統。即使是法國總統，在憲法規範上，總統是既無權主導組閣，對總理也無免職權；同時憲法也規定總統任免總理，無須副署❷。更不用說參考相關修憲資料，國民黨與民進黨等兩大主要推動修憲的政黨，當時皆主張總統無權逕行免除行政院長職務❸。總之，不論從歷史解釋、文義解釋、體系解釋到比較法之參照，總統既不能全盤主導內閣人事，對行政院長也無免職權❹。有關內閣人事變動之人事命令，應經行政院長副署。至於行政院長

❷ 法國第五共和憲法第 8 條規定：「共和國總統任命總理。當總理向總統提出內閣總辭時，總統免除總理職務。基於總理之建議，總統任免內閣成員。」同憲法第 19 條規定，總統任免總理無須副署，但總統任免閣員則需要副署。

❸ 參見黃錦堂，台灣雙首長制的內涵——向總統制或向內閣制傾斜？收於：明居正、高朗主編，憲政體制新走向，新台灣人文教基金會出版，2001 年 8 月，頁 281 以下。

❹ 認為總統應享有閣揆免職權的理由大致如下：第一，從憲法增修條文第 2 條第 2 項免除副署規定的內容，就可得出總統對閣揆的免職令無須副署，故總統享有免職權。第二，由於立法院倒閣後，總統可以解散立法院，並得再任命同一人出任閣揆，這已使得行政院對立法院「負責」的概念，質變為行政院受立法院「監督」而已。立法院既然無法真的迫使行政院長去職，當然應由其任命者決定其去留。第三，行政院長覆議失敗後已不必辭職，更加證明行政院長不向立法院負責。第四，總統只要逕行任命新的行政院長，自然就迫使舊的行政院長去職。（以上見解參見湯德宗，新世紀憲政工程——弱勢總統制改進方案，收於：台灣法學新課題㈢，台灣法學會出版，2005 年，頁 13 以下；蘇子喬，中華民國憲法——憲政體制的原理與實際，三民書局出版，2013 年，頁 180 以下。）前述說法固然有理，但仍背離憲法解釋方法（參見本編第一章第三節）。解釋的最優先準則是扣緊文本與體系結構。前述第一及第二點理由，沒有扣緊憲法條文文字與體系結構。第三點有關覆議制度，論者有謂：降低覆議

的免職令，解釋上可不必副署，但這並非是總統的實權❺❺。

三、公法上之事實行為

公法上之「事實行為」意指直接發生事實上效果之行為，它與一般行政行為的不同之處在於：公法上之事實行為可能僅是物理上之執行行為，如興建公共設施或違建拆除行為；它也可能僅是一種單純的認知表示或觀念通知，如行政機關提供氣象預告、對人民提出勸告或建議等❺❻。這些行

門檻恰使政府體制更像議會內閣制，但也認為因此而更像總統制。此分歧是因為各取所需：降低覆議門檻使覆議失去總統制之否決權的性格，所以讓制度更像內閣制；但覆議失敗院長不用去職，又似乎讓院長更不用對立法院負責，看似又像總統制。其實覆議與去職未必要聯結在一起。例如法國第五共和憲法第10條第2項規定：總統可以要求國會覆議整個法案或部分法條。但國會仍依一般立法門檻重新審議，總統也沒有覆議失敗的法定後果。最後，就第四點而言，蘇子喬氏精闢地說：「爭議的焦點正是在於總統是否擁有閣揆的免職權而成為閣揆之上司。我們豈能將人事權任免一致或合一作為前提，先認定總統為閣揆上司，再推論總統對閣揆有免職權？這樣的論點乃是明顯的循環論證。」（蘇子喬，中華民國憲法——憲政體制的原理與實際，三民書局出版，2013年，頁182。）

❺❺ 然而實際憲政運作中，總統幾乎都可命閣揆去職。舉例來說，民國89年至民國97年的總統，在立法院沒有掌握多數席次，其所任命之閣揆組成少數政府，沒有立法院多數黨之支持。閣揆之權力既然來自總統，其去留自然由總統掌控。雖然諸如前舉民國95年1月的內閣總辭案，當時的閣揆對外表示是因總統不支持其覆議案，故其主動求去。但在總統不支持其政策，其又在立法院沒有多數黨支持，這樣的閣揆只怕也只能掛冠求去了。民國97年以後雖然是一致政府，但院長都是在總統的要求下去職；於此再次顯現憲法規範與憲政實務相互背離的不幸現象。

❺❻ 吳庚，行政法之理論與實用，增訂十二版，三民書局出版，2012年9月，頁441。

為或是本身就不是一種意思表示，或是其不以對外發生法律效果為目的，故其不具法效性，不能發生公法上的拘束力❺❼。由於不發生公法上的拘束力，不會對外形成法律效果，所以不至於因之而衍生責任，故無副署之必要。總統之此類行為包括下列三種：

(一)院際調解權

憲法第 44 條規定遇有院際爭議時，除憲法規定者外，總統得召集有關各院院長會商解決之。該規定使我國總統具有中立仲裁者之角色，以化解院際爭議。然而正是此仲裁者的角色設計，讓總統更像內閣制之元首，其必須具有下列兩項特點：第一，總統必須超然於政治與黨派之外，不親自參與任何決策，以免自己也被牽扯而成爭議的一方。基此，總統必須盡量是虛位元首，因無太多具體實權，所以才能超然中立。第二，既然作為仲裁者的元首應是虛位元首，故其介入仲裁或調停之行為，也就不具強制力與拘束力。元首僅是居間調停，卻無規制爭議雙方或多方的法定權力。換言之，進入院際調解程序後，作為仲裁者的總統，最多也僅能行使被諮詢、鼓勵或是警告等三權而已。

其次，憲法賦予總統是否開啟院際調解程序的裁量權。當爭議發生時，總統得自主發動，或應某院院長之請求而發動此程序。值得討論的問題尚有：總統召集各院院長的命令是否需要副署？最直接的解答是：既然此行為沒有被免除副署義務，當然就要副署。但是若從中立仲裁者的角色來詮釋，行政院既然有可能是爭議的一方，自當不能控制總統行使此項權力。因此，免除副署義務的解釋方式，也算是推論有據。實務上可能僅以電話通知開會，根本不存在需要被副署的文件。

在憲法預定之一般解決衝突機制之外，總統尚可行使此權。換言之，

---

❺❼　私法上的事實行為則以欠缺意思表示為其特徵，故又稱「非表示行為」，亦即不論行為人自己是否有此法律效果之意思，只要有行為發生，就產生法律效果。例如民法第 802 條無主物之先占或第 805 條遺失物拾得之報酬請求權等。

本條具補餘性與備位性，可用之機會其實並不大❺❽。此外，條文中的「會商解決」，應是「政治解決」的別稱❺❾。特別是立法院是合議制機關，院長僅是主席角色；而司法、考試及監察三院都是獨立行使職權的憲法機關，其院長也無主導三院運作方向的權力與能力。故條文雖說是「會商解決」，實際上僅是政治上的溝通理解與交換意見，而無法作出有拘束力的決議❻⓿。由於使用時機有限，又無實質拘束力，所以行憲迄今少有適用紀錄❻❶，成為象徵意義遠多於實質意義的憲法條文。

㈡發表國情報告或相關文告

　　憲法增修條文第 4 條第 3 項規定：立法院於每年集會時，得聽取總統國情報告。此修憲規定表面上看是在總統改為直選後，總統權力似乎有所增加，故以此規定來強化對總統的監督。實則該規定有混淆憲政體制，甚至有弱化總統憲政地位的危險❻❷。

❺❽　法治斌、董保城，憲法新論，頁 355。

❺❾　林紀東，中華民國憲法逐條釋義㈡，修訂初版，三民書局出版，1982 年，頁 127。

❻⓿　孫科氏當年主導起草五五憲草的說明中，也曾指出此點。詳見林紀東，中華民國憲法逐條釋義㈡，修訂初版，三民書局出版，1982 年，頁 125。

❻❶　參見陳新民，中華民國憲法釋論，頁 510–511。實務上，民國 102 年 6 月 7 日總統曾召開院際調解會議，以化解會計法修法爭議。民國 103 年 3 月 21 日，總統為解決因兩岸服貿協議而引發立法院被群眾占領的重大政治爭議，召集行政、立法兩院首長入府協商；但當時的立法院長王金平以服貿爭議與院際調解權無關，拒絕出席與會。

❻❷　該規定乃國民大會修憲擴權的作品之一，原見於民國 81 年 5 月 27 日的修憲條文。當時的增修條文第 11 條第 3 項規定：「國民大會集會時，得聽取總統國情報告，並檢討國是，提供建言；如一年內未集會，由總統召集臨時會為之，不受憲法第三十條之限制。」此規定僅是國民大會以總統選舉機關之身分，希望每年得以開會的擴權工具與落實國大實體化之方法。實際的運作經驗卻是留下總統於國大議場中遭到羞辱，國大荒唐議政的不良紀錄。

　　就比較制度而言，總統制之總統必須定期向國會提出國情報告，說明總統的政策方向。此乃因總統無法案提案權，又執掌行政大權，故在制度上有必要建立與國會的溝通管道❻❸。反之，在內閣制下，內閣可提法案又掌握行政大權，故閣揆有權也有義務向國會提出施政方針與施政報告。半總統制下的總統，一樣沒有法案提案權，也不掌握大部分的行政權，所以在制度上其實也沒有總統向國會作國情報告的必要。法國第五共和憲法第18條也規定總統可發表國情報告，但這是因為國會兩院曾經都是總統選舉人團體的成員，總統有必要與其「選民」溝通❻❹。不過該憲法原規定總統並不進入國會，其國情報告由他人代為宣讀，而且國會不得對此報告進行討論。2008年修憲後，總統可進入國會親自宣讀國情報告，在總統離開後，國會可以就國情報告內容進行討論，但不能對之進行表決。法國此項修憲的目的，就擔任總統職位的人而言，它使法國總統更像美國總統，讓自己似乎更有權力的正當性。就國會的立場而言，它是強化國會對總統的監督力量。但是在實質上，它僅具政治表演性質，並不能真正提升總統權力之正當性或強化國會的監督能力。

　　不論如何，國情報告或總統其他公開的文告，如國慶文告或元旦文告等，都僅是一種觀念通知，沒有任何法效性，故無副署之必要。

㈢大政方針權

　　憲法增修條文第2條第4項規定：總統為決定國家安全有關大政方針，得設國家安全會議（簡稱國安會）及所屬國家安全局（簡稱國安局），其組織以法律定之。該條是由民國80年4月22日的第一次增修條文第9條第1項移植而來，當時是把臨時條款時期最被詬病的三個違憲黑機關予以法制化❻❺，曾經引起在野勢力與知識菁英極為嚴厲的批判。後來立法院修改

---

❻❸　例如美國憲法第2條第3項之規定。

❻❹　法國1958年的第五共和憲法，在1962年後才將總統選舉方式改為全民直選。

❻❺　即國安會、國安局與行政院人事行政局。

此三機關之組織法時，在國會殿堂內大打出手，衝突異常激烈，司法院大法官對此修法爭議還曾作出釋字第 342 號解釋，並以尊重國會自律原則為由而採寬鬆審查。這個威權體制下所留下的遺跡，在今日卻奇妙地成為某些人眼中總統權力最主要的憲法依據，實在令人難以理解。

先看民國 55 年的臨時條款第三次修正條文的第 4 條內容：「動員戡亂時期本憲政體制授權總統得設置動員戡亂機構，決定動員戡亂有關大政方針，並處理戰地政務。」就是此規定讓總統得以架空行政院之行政權，破壞憲法原本安排的監督機制，而使總統成為一個在制度上不受監督的執政者。當時對總統的唯一監督機制就是 6 年一次的總統選舉，可是其「選民」又是不必定期改選的「選民」。在我國民主化之後，對總統的監督，除了改為 4 年一次的全民直選外，並無任何新增機制。如果總統的法定職權沒有增加，自然不成問題。但如果將「決定大政方針」與「設置國安機關」解釋為總統新增的實權，則無異於讓臨時條款借屍還魂，將我國的憲政重新帶回威權體制時期。

再就嚴格的文義解釋來說，設置機關必須以法律定之，機關的職權、人力與資源配置，皆屬立法院之權限範圍，總統對其並無法律上的主導權。至於決定大政方針，亦僅是施政計畫方向或是願景，而非具體的政策方案。此「大政方針之決定」僅是總統心目中的政策理想或期望，是單純的觀念通知，完全不具法效性。因此總統大政方針之決定，不論以任何形式呈現，如「國安會之決議」、「國安白皮書」或「國安報告書」等，都不需要副署。這些政策理想的具體落實，自然還是要回到行政院的軌道上，由行政院作成具體政策內容，再由立法院對之進行監督。然而我國總統民選以來，總統仍有透過國安會操控或甚至架空行政院的事例❻，並且還有國安局作為其手足，威脅政府體制的正常運作。這樣的發展趨勢特別值得吾人重視並警惕，以免重回威權體制的舊路。

---

❻　如陳水扁總統時期的二次金改案，馬英九總統時期的美牛進口案等。

●第三節　職位保障與課責機制

　　總統職權的多寡，既決定總統的憲法地位，也決定其職位保障內容與課責機制。從前述有關總統權限的分析來看，憲法修改至今，除了總統的選舉方式有重大變革之外，總統的法定權限其實增加得十分有限❻。在「有權力就必須負責」的基本原則下，權力越大，課責機制的密度與強度就應該越大。反之，總統若是僅有十分有限的法定權限，則其應該是一個垂拱而治的中立仲裁者，本身應超越政治爭議與黨派衝突，原則上享有一定的職位保障。憲法第 52 條的豁免特權，即是保障總統職位的具體規定。至於罷免與彈劾規定，看似是對總統的課責機制，但因其門檻甚高，故同時也帶有保護總統職位的效果。

一、刑事豁免與機密特權

　　有關總統刑事豁免特權的規定，可以上溯至民國以來的各種憲法草案版本，尤其是以議會內閣制為基礎架構的憲草版本，皆有規範此特權❻。行憲後本條規定沉睡甚久❻，一直到陳水扁前總統的相關司法案件爆發後，憲法第 52 條才忽然甦醒過來，成為各界矚目的焦點。司法院大法官在釋字

---

❻　與憲法本文相比，除了擴大提名權的範圍外，最重要的就是增加行政院長的任命權。此外，諸如解散國會或決定國安大政方針，都不算是總統的實權已如前述。故總統權限的名目雖增加，但其權力在實質上增加甚少。

❻　詳見陳淳文，論元首的豁免權與國家機密特權——釋字第 627 號解釋評析，收於：廖福特主編，憲法解釋之理論與實務，第六輯，下冊，中研院法律所出版，2009 年，頁 729 以下。

❻　民國 85 年我國舉行修憲後的首次總統直選，立法委員在審查總統副總統選舉罷免法時，對於「在職總統參選連任時，是否仍享有憲法第 52 條刑事豁免特權？」聲請釋憲。釋字第 388 號解釋對此提問表示肯定的立場。此乃該條文首次被注意與被討論，但並沒有引起太大的波瀾。

第 627 號解釋中，不僅詮釋總統刑事豁免權的意涵，還創設了總統的國家機密特權。

㈠總統刑事豁免權的來源

議會內閣制下的元首豁免權可追溯至法國大革命後的世界第一部君主立憲體制之成文憲法（1791 年憲法）。該憲法將主權歸於國家，且要求國王必須臣服於法律之下，並讓國會與國王同為國家之代表，二者平起平坐。但為使國王不因其臣服於法律之下而變成國會的下屬機關，所以一方面賦予國王對法律享有否決權，另一方面則宣示「君王不可侵犯原則」。該原則的真正目的其實是針對國會，要求國會不得侵犯國王，以確保國王的獨立地位。在 1791 年 7 月 15 日的制憲會議上，Antoine Barnave 就明白表示：「憲法使國王不可侵犯，其實就是立即完全除去國王的行政權。國王因之不再享有執行權，故任何行政權之命令不能僅出自於他一人；副署行為是必要的。任何一個只有國王簽署的行政權之命令是無效的，任何執行此命令的人都是有罪的 [70]。」比利時學者論及君王不可侵犯原則，也認為「不可侵犯」的確是因國王沒有實權，所以不向國會負責。它由政治上的不負責任延伸為司法上的豁免權。該機制存在的主要功能就是確保王位世襲制與王權的持續運作 [71]。

作為虛位元首的國王，因無權而無責，本無再予究責之必要，為何還要留有對其之課責機制？依法國大革命後的憲政發展經歷，有兩件特別值得注意的事。首先是 1791 年憲法雖然宣示國王是不可侵犯的，但同時也有多處規定國王拋棄王位的情形。它們包括國王拒絕向國會宣誓、動用軍隊

---

[70] Antoine Barnave, *L'inviolabilité royale, la séparation des pouvoirs et la terminaison de la Révolution française*, Bibliothèque de l'Assemblée nationale, http://www.assemblee-nationale.fr/histoire/7ea.asp., 2015/08/07.

[71] R. Senelle, E. Clément, E. Van de Velde, *A l'attention de Sa Majesté le Roi*, Mols, Bruxelles, 2006, p. 477.

對抗國家及滯留國外不歸等，即被視為拋棄王位 ❼。一旦國王自己主動或依憲法規定被視為拋棄王位，他就成為一般人民，並與一般人民一樣，由普通法院審理其離開王位後的各種行為 ❼。法王路易十六後來與奧國王室聯手，準備推翻革命勢力未果，在逃離法境的途中被捕，最後被送上了斷頭台。此後法國的政治動盪，拿破崙趁機崛起，掌握政權十餘年。拿破崙主政期間不僅行政權強大，更是元首權強大的時代。尤其拿破崙曾派兵包圍議會、關閉議會、撕毀憲法、變更共和國體為帝制等行為，令人難忘。路易十六的聯外敵叛國與拿破崙的毀憲竊國，促使 1848 年第二共和憲法加入元首責任條款，從其兩條重要規定 ❼ 可以得知：首先，該憲法受美國憲法影響 ❼，將總統及其他政務官、文官並列，一起視為是可被究責的對象。其次，該憲法深受拿破崙執政經驗之影響，特別將元首違反憲法、侵害議會的行為列為「嚴重背叛」之罪行。而「嚴重背叛」之用語，乃封建時期所留下的概念，那時最基本也是最重要的價值即是保持忠誠，並堅守已經

---

❼ 參見 1791 年憲法第 3 篇第 2 章第 5、6 及 7 等條文。

❼ 參見 1791 年憲法第 3 篇第 2 章第 8 條。

❼ 該憲法第 67 條：除了任免部長外，總統的行為僅有在部長副署的情況下方才生效。第 68 條：共和國總統、部長、公行政之文官，各自為其職權內之執政或行政作為負責。所有總統解散議會、延期議會開議或阻撓議會正常運作的行為，皆視為是「嚴重背叛」(Haute trahison) 的行為。（第 1 項）一旦總統有嚴重背叛之犯行，必須立即解職；公民必須拒絕服從總統，而行政權立即全部移轉到國會。（第 2 項）最高正義法庭的法官必須立即開庭，違者視為瀆職。法庭選任陪審員以審判總統及其同謀，並任命檢察官負責公訴。（第 3 項）

❼ 法國第二共和憲法深受美國憲法之影響可由諸多仿效美憲之規定來佐證，諸如總統由人民選舉，任期 4 年等。托克維爾 (Alexis de Tocqueville) 是法國第二共和憲法的起草者之一，其對美國民主之批判，也可在此憲法中找到影子。參見 COLAS (D.), *Textes constitutionnels français et étrangers, Paris*, Larousse, 1994, p. 713.

諾許的承諾。凡是對封建領主或君主的侮辱或是不忠，就被視為是嚴重背叛行為。反之，諸如偷竊或通姦等罪行，則被視為是「輕微背叛」(petite trahison) ❼。在立憲主義發達後，凡是違背遵守憲法之誓言，對國家及憲法不忠誠的行為，包括叛國及毀憲的行為，就屬「嚴重背叛」之犯行。最後，總統的行為雖仍須副署，但其毀憲行為仍須追究，並一同追究同謀者，亦即包括副署的部長與配合的文官，甚至是服從此毀憲行為的百姓。

　　第二共和憲法就元首究責的基本架構，於日後各部憲法持續沿用。特別是在 1875 年第三共和憲法裡更進一步的修正該規定。除了副署制度依然存在，總統權限十分限縮外，尚有兩個特色：首先，對於總統與其他官員的究責規定，重新回復原有的區隔。亦即拋棄美國憲法將他們等同對待的設計，重新令總統享有特殊地位。這樣的改變當然是合理的，因為在副署制度下，總統自主權十分有限，不應與部長或其他文官相同對待。其次，對於總統應被追究的犯行，也拋棄了以侵害議會行為為主的行為，而僅用「嚴重背叛」此抽象概念帶過。至於對部長的究責規定，也分為由內閣負集體責任的「政策行為」，以及由部長一人負個別責任的「個人之職務疏失行為」❼。

　　民國以降的各種憲法版本內容，皆模仿前述法國的制度，歸納這些憲草的共同特徵有二：一是接受歐陸議會內閣制之基本架構，有副署制度，國家元首傾向於虛權或是僅享有有限的權限❼。其次，對元首之課責，亦

❼　O. Jouanjan et P. Wachsmann, La Cour de cassation, le Conseil constitutionnel et le statut pénal du chef de l'Etat, *R.F.D.A.*, 2001, n°6, p. 1181.

❼　具第三共和憲法地位之 1875 年公權力組織法 (Loi du 25février 1875 relative à l'organisation des pouvoirs publics) 第 6 條作如下規定：「部會首長就政府整體施政政策對國會負集體責任，並對其個人行為負個別責任。共和國總統僅對其嚴重背叛行為負責。」

❼　除了民國 3 年 5 月 1 日公布的中華民國約法，又稱為袁世凱約法，係採總統制，且完全沒有對大總統的課責條款外；其他的憲草版本皆有對元首的究責機

採以法國憲法為本之例外究責模式。在民國 22 年以前對於例外須被究責的行為，各憲草版本的用語為「謀叛行為」、「大逆罪」及「叛逆罪」，此與法國法之「嚴重背叛」十分相近。但自民國 22 年後，一律改用「內亂或外患罪」。此用語上之改變，應是受民國 17 年國民政府公布刑法之影響。

　　綜合前述，吾國早年的制憲歷程中深受歐陸憲法的影響，除了知識分子的引介與偏愛之外，與實際的憲政經驗亦有密切關係。更具體地說，袁世凱掌政期間的諸多行為，特別是改共和體制為帝制的行為，除了使多數知識分子更堅信元首應無實權之議會內閣制的制度價值外，也使例外應追究元首責任的規範方式得到普遍的支持。

㈡刑事豁免權之內涵

　　就比較法的觀點來看，僅有君主制之元首享有絕對的不可侵犯權；共和國之元首原則上不享有絕對不可侵犯之特權。內亂與外患罪即屬我國制憲者所認定之不能容忍的極端嚴重行為，相當於法國過去憲法中「嚴重背

制。其中康有為在民國 2 年 2 月所擬的草案，十分具代表性。該憲草第 18 條明定：「大總統不負責任，惟犯大逆罪及私罪仍負責。」其立法理由謂：「按大總統之不負責任者，以大總統有任期，若有責任則有罪易攻，元首頻易，必致陷於無政府之禍。元首不易，則國民積怨，將醞革命，致國大亂，禍烈尤慘，君主所以不負責任者以此。大總統亦為元首，故宜不負責任，此為憲法最美之制，亦重要之制也。憲法之立，實始此不可少也。」「又按大總統不負責任，以職務內為限，若以私人資格而犯罪時，大總統仍為陷罪，至審判其罪，由特別裁判所，以特別法行之。因大總統不負責任，故大總統之行事，必經國務員副署，而對於議會及地方，即副署者代大總統負其責。（法 1875 年第 3 條）凡大總統之各命令，特赦書，與任免官吏，及與議會交通之文書，均由國務員負責任，但辭職書則否，吾國正可用之。」「又按法國今憲，有所謂大逆之罪，總統仍負責任。美法於總統犯逆罪、收賄罪，及其他彈劾之輕重罪，判定則免職，蓋私罪必負責任也。……所謂重大之溺職者，即侵損憲法，外交失敗等是也。」引自繆全吉編，中國制憲史資料彙編——憲法篇，國史館出版，1989年 6 月，頁 98。

叛」的概念。

不過，若認為依此條文，一旦總統係觸犯內亂或外患罪時，檢察官即得直接對在職之總統進行刑事偵查行為，此種詮釋方式亦造成體系矛盾。蓋若立法委員犯內亂或外患罪時，依憲法第 74 條規定，尚必須經立法院決議許可後，才能予以逮捕或拘禁；若在職總統涉及內亂或外患罪時，卻可直接被逮捕或拘禁，則不但總統地位不如立法委員，亦使總統不便履行憲法第 35 條以降之諸多職權。從而該條應理解為：總統在任期內，僅能因內亂或外患罪而被追究刑事責任。至於其他犯罪行為，不得於任期內予以追究。此外，即使在總統任期內欲追究其內亂或外患罪之刑事責任，也必須先使總統去職後方得為之。

就憲法原始規定而言，似並未對監察院在何種情形下可以彈劾總統作規範，但若配合憲法第 52 條規定來看，「涉及內亂或外患罪」應屬彈劾之要件。換言之，在職總統一旦涉及內亂或外患罪時，必須先透過監察院彈劾，國民大會罷免後，才能進一步追究其刑事責任。在現行憲法規定下，則須由立法院發動彈劾或罷免，再由大法官或人民之決定，迫使總統去職。

對於總統與內亂或外患罪無關的行為，應再區分為「職務行為」與「非職務行為」。對於職務行為，總統原則上不負責任；而職務行為的免責規定，其實並無特殊之處。代表人民行使主權的民意代表，對其職務行為無須負責（參見我國憲法第 32 條、憲法第 73 條及憲法第 101 條規定）。公務員依法行使職權的行為，亦無須負責（參見我國刑法第 21 條及國家賠償法第 2 條第 2 項）。總統依法令所為之職務行為，自無必須自己負責的道理。舉例來說，總統以三軍統帥的身分下令軍機在天候極端不良的情況下起飛，之後機毀人亡。總統不論在任職期間或卸任後，皆無須為此負責，因為此為其職務行為。再者，依憲法規定之精神，總統絕大部分的職務行為都必須副署，基於副署就是負責的制度意義，則針對總統之職務行為，不論是政治責任還是法律責任，原則上都應由副署者來承擔。

　　至於總統利用職務之便所為的犯罪行為或其他非職務行為，如貪污罪、逃漏稅或甚至是殺人罪等，基於憲法上之法治國精神及平等原則，總統當然必須負責，但此處之責任乃指基於一般人民之身分所必須承擔的法律責任。憲法第 52 條的規範意旨應是強調：此類行為於任期內不得追究，亦不能透過彈劾而迫使總統去職；但當任期屆滿，總統回復為一般公民後，必須對這些行為負責 ❼❾。此外，總統如於任內發生諸如貪瀆或妨害婚姻及家庭等醜聞，立法院應不得據以對總統發動彈劾 ❽⓿。即使立法院通過彈劾案，

❼❾　制憲國民大會對於憲法第 52 條並無具體討論紀錄，僅有李敬齋代表提出一個刪除本條的提案（提案號第 150 號）。其提案的理由是建議國民大會於建國初期僅選舉「預備總統」，以免因總統選舉而造成政局動盪。但該案僅有三十四人連署。詳見國民大會實錄，國民大會出版，1946 年 12 月，頁 702、1005-1006。

在其他的制憲資料中，有關此條之具體討論者，除前述康有為氏的意見外，僅見於天壇憲草的討論紀錄中。該憲草第 76 條規定：「大總統除叛逆罪外，非解職後不受刑事上之訴究。」對此規定伍朝樞氏認為應加入殺人罪與受賄行賄罪；因前者犯行重大，後者則是前清官場之腐敗經驗宜加防制。除此之外，其他刑事責任大總統無須於任內負責。汪彭年氏則認為：「伍君將總統叛逆與殺人行賄相提並論不免錯誤，叛逆係背叛民國破壞憲法之行為，無須經人提起訴訟，立法機關即可據憲法彈劾之。若殺人行賄非經人告發其事，每無從發現；且非經雙方對質無以證其真偽。本員以為若規定大總統於任期內負殺人行賄諸刑事責任，不但於總統之地位甚易動搖充其弊，且將因元首之動搖致陷國家於危險。」黃雲鵬氏亦謂：「立法者當有遠大之眼光，應假定將來總統不至為惡，不當有猜疑之心理。既恐總統殺人，又恐總統受賄如伍君所主張者，實有缺點。一則列舉不能完全。二則除此列舉者外似乎默認大總統即得干犯。故本員仍主張前日之說，大總統除叛逆罪外，其他刑事罪在任期內不負責任。一面尊重大總統之地位，一面免遺漏之弊，似較適當。」參見吳宗慈，論壇異同集粹，收於：中華民國憲法史，台聯國風出版，1973 年，頁 131-132。

❽⓿　以民國 95 年紅衫軍倒扁為例，如果當年立法院通過彈劾案，憲法法庭應如何

憲法法庭亦應裁判彈劾案不成立;因為憲法第 52 條之規定應該才是憲法法庭審理彈劾案的主要判斷基礎。最後,立法院能否針對此類行為發動罷免案?罷免案既然最後是訴諸選民,其所追究者應是「政治責任」。但一旦進入政治責任領域,就不太可能有精確的構成要件。更何況在有固定任期的制度下,如果還要配上無邊無際的政治責任,則任期制遂失去意義。故在總統有固定任期,且任期不長的情況下,不論其實權之多寡,政治責任的追究都應屬極為例外之情形。

　　釋字第 627 號解釋認為總統的刑事豁免特權僅是一種暫時性之程序障礙,而非實體免責權。總統任職期間雖不得因內亂與外患罪以外之其他犯罪行為,而成為刑事偵查與審判的對象,但無礙於總統身分與職權行使的證據調查或證據保存行為,仍可進行。簡言之,總統可以主動配合,但卻不能被強制。再者,總統所享之特權,完全是繫於職位,而非與特定個人相連結。與該職位無關之其他任何人,不論其與總統有何種關係,皆不能因之而享有豁免。此外,憲法第 52 條亦無禁止總統於他人刑事案件擔任證人。基於公民的身分,總統亦有協助發現真實的作證義務,只是該義務之履行不得妨礙總統行使職權。最後,大法官認為立法機關應制定更周詳的程序規定,以確保總統的憲政地位。

(三)機密特權

　　憲法並無有關國家機密特權的規定,釋字第 627 號解釋創設總統的國

審理?當時的導火線是陳水扁前總統因國務機要費案而在檢察官的起訴書中被列為共同正犯。基於無罪推定原則,法院未定罪之前,被告不能被認為有罪。憲法法庭在彈劾案中如果是要代替一般刑事法院確認被彈劾者是否有罪,則屬特別刑事法院,但憲法法院究竟是依據什麼規定而得享有此種特別的刑事審判權呢?反之,如果憲法法庭在彈劾案中不是直接遂行刑事審判,且又不是進行政治審判,則其唯一能做的就僅是嚴格的形式審查:即彈劾案是否符合法定門檻及法定要件(內亂或外患罪)。

家機密特權，此對於我國政府體制的定位，有相當程度的影響。如果憲政體制決定國家機密的最終歸屬權，而我國又是一個以議會內閣制為基礎架構，並十分接近法式半總統制的憲政體制。則在我國現行體制下，總統可能享有國家機密特權嗎？特別是僅由總統一人所獨享的機密特權？

在釋字第 585 號解釋理由書中，大法官說：「又如行政首長依其行政權固有之權能，對於可能影響或干預行政部門有效運作之資訊，例如涉及國家安全、國防或外交之國家機密事項，有關政策形成過程之內部討論資訊，以及有關正在進行中之犯罪偵查之相關資訊等，均有決定不予公開之權力，乃屬行政權本質所具有之行政特權❽❶。」換言之，釋字第 585 號解釋先創設「行政特權」的概念，並認為國家機密權就是行政特權的一部分，行政首長皆享有之。釋字第 613 號解釋又重申憲法第 53 條行政院為最高行政機關之規定。則依照憲法條文並結合此兩號解釋，如果真的承認國家機密特權的存在，掌握此行政特權的最高機關應是行政院。總統就算是諸多行政首長之一，其所行使之行政權最終也必須歸屬於最高行政首長之下。若我國總統所享有的權力不是行政權，總統的國家機密特權不是行政權的一環，尚能勉強自圓其說。但釋字第 627 號解釋之解釋文卻謂：「總統依憲法及憲法增修條文所賦予之行政權範圍內，就有關國家安全、國防及外交之資訊，認為其公開可能影響國家安全與國家利益而應屬國家機密者，有決定不予公開之權力，此為總統之國家機密特權。」而解釋理由書中又明白宣稱：「總統……為憲法上之行政機關。總統於憲法及憲法增修條文所賦予之行政權範圍內，為<u>最高行政首長</u>，負有維護國家安全與國家利益之責任。（底線為著者所加）」

換言之，依大法官之見解，總統既是行政機關，行使的也是行政權。而總統的國家機密特權就是行政權的一部分，是一種「行政特權」。然而釋字第 627 號解釋卻說該特權係由總統掌握，其可自行決定是否公開。若是

❽❶　尚可參閱釋字第 325 號解釋文。

如此，則該解釋如何能與釋字第 613 號解釋所宣示之「行政一體原則」不生衝突？如果總統行使的是行政權，卻又可以在行政一體原則之外，則又如何能落實「責任政治原則」？如果認為總統直接向人民負責即屬責任政治，則在國家機密的保護傘下，人民又如何可能窺知總統行止之良窳，並進而對其課責？

　　再就憲法增修條文規定而言，明明是「決定國家安全有關大政方針」，大法官在解釋中卻以國家安全會議組織法第 2 條第 2 項規定為依據，將總統權限進一步地擴充至「國防」及「外交」領域 ❷？更何況國家機密權既然是行政權的一部分，自然無法自外於行政院之權限範圍。更詳細地說，總統在外交及國防領域之權限，包括締約、宣戰或媾和，皆是與行政院及立法院共同行使（參見憲法第 38 條、憲法第 58 條第 2 項及憲法第 63 條規定），外交及國防領域內的具體政策作為，難有總統得以個人獨享的機密特權 ❸。此外，除了為研擬國安大政方針所作的調查或研究，或可屬總統得專享之資訊或機密外，凡是要落實到具體的政策執行面，如人事升遷或獎懲，武器研發或採購，或是軍事布署與調動等事項，皆不能跳過行政院。總統雖可分享，但卻不能獨享專有此類機密資訊。再者，依現行國家安全會議組織法第 4 條規定：副總統、行政院長、行政院副院長、內政、外交、國防、財政、經濟等部長、陸委會主委、參謀總長、國安會秘書長與國安局局長等人為法定出席人員；同法第 8 條更規定國安會及國安局應受立法

---

❷　事實上，與國家安全有關之事項，未必就是國防或外交事項。而也不是所有國防或外交事項，皆與國家安全有關。再者，依當年修憲的史料來看，國民黨版的修憲條文就是有更明確的「國防、外交與兩岸關係」等字眼，但正是怕總統過度擴權而沒有通過，而僅用較含糊的「國家安全有關大政方針」。參見陳淳文，中央政府體制改革的謎思與展望，收於：湯德宗、廖福特主編，憲法解釋之理論與實務，第五輯，中研院法律所出版，2007 年，頁 122–123。

❸　此與美國法不同之處在於美國憲法第 2 條是將行政權概括授權給美國總統，而我國憲法第 53 條是將行政權概括授權給行政院。

院監督。除非總統不設國安會及國安局或不召開國安會議，才有可能個人保有專屬機密資訊。最後，在憲法未明定總統之機密特權的情況下，國家機密保護法第 7 條縱然賦予總統決定國家機密的權力，也不能侵害其他憲法機關的法定職權，而國家機密保護法第 9 條也明定涉及其他機關業務者，須會商其他機關。換言之，總統縱有核定機密之權，但與國防或外交有關之機密，國防部長或外交部長不可能完全置身事外，一無所悉。在此情形下，要找到真的是總統自己專屬，並可自行決定公開與否的國家機密特權，應該不太容易❽❹。

二、彈劾與罷免

　　彈劾與罷免是孫文先生極為重視之控制政府的手段，故憲法本文對於總統即有彈劾罷免之規定，這是除選舉之外的課責機制。如前所述，彈劾的目的應是追究法律責任，以違法失職為前提。但因總統不是一般公務員，且有刑事豁免特權，故總統被彈劾的事由，應該只有內亂罪與外患罪等兩項罪名。一旦立法院通過彈劾案後，憲法法庭要判斷彈劾案是否成立的基礎，應該要以憲法第 52 條為本。

　　罷免案則是追究政治責任，故最後是由人民投票決定。不過由於總統絕大部分的職權行為，都要經過副署，理論上已將政治責任移轉至行政院，總統理論上不應因其職務行為而被罷免。至於總統之非職務行為，包括任

---

❽❹　如民國 108 年 7 月 19 日教育部臺教高㈤字第 1080105740 號公文稱蔡英文總統於政治大學的升等著作資料已被列為「密」，封存至民國 138 年 12 月 31 日，時間超過 30 年。依現行國家機密保護法的規定，僅「絕對機密」可封存 30 年。所謂絕對機密事項係適用於「洩漏後足以使國家安全或利益遭受非常重大損害之事項」，且僅有總統、行政院長或經其授權之部會首長得以核定。從本案可以看出：即使是涉及總統個人之學歷文憑事項，縱要核定為絕對機密，仍跳不過行政院與教育部。然而在政治現實上，就算總統依國家機密保護法之規定，逕行核定絕對機密；又有誰可主張其法定職權遭到侵害？

期期間與任職前的各種行為，由於範圍可能無邊無際，對總統地位構成相當威脅。基此，憲法所規定的罷免門檻甚高，必須經立法院議決與人民投票等兩道程序，耗時費力，事實上要通過總統罷免案的機會是微乎其微。實務上，它已僅是政黨鬥爭中政治表演的工具而已。

　　由於彈劾與罷免極難實現，總統又有刑事上的暫時豁免保護，甚至還可以主張國家機密特權以對抗各種調查，總統的確享有周全保護，對其課責困難。但正是因為「無權而無責」的邏輯，憲法賦予總統的職權十分有限，常態情況下應由行政院掌握行政權，即使是在緊急狀態下，總統的主導權仍受行政院節制。所以總統應僅扮演中立仲裁者，或至多於危機時擔任憲政保護者的角色，而不應是一個掌握大權的真正執政者。反之，在為維護總統崇隆地位的層層制度保護下，卻出現實際掌握大權的總統，如此則遲早會造成憲政災難。

第五章　行政

「行政」一詞指涉的是「功能」或是「權能」,「政府」一詞則是「組織」的概念。憲法將行政、立法、司法、考試與監察等五種功能分別規定,並設立五個憲法機關來負責此五種權能,所以被稱為「五權憲法」,有別於西方常見的「三權憲法」。由憲法的章名與各章的規範內容來看,可以得知制憲者對於「功能」與「組織」的區分十分清楚。所以第五章的標題不是「行政院」,但其內容皆涉及「行政院」,亦即表示「行政院」這個機關或組織負責「行政」的功能。然行政的功能有何內涵?行政院這個組織如何實踐此功能?值得進一步探究。

●第一節　行政權之內涵

行政作為一種功能或權能,它就是指國家統治管理的權力。不過立法權與司法權等其他國家權力部門也都會參與國家之統治管理,所以「排除法」就成為一種界定行政權的常用方式:行政權就是立法權、司法權、考試權與監察權以外之國家作用或國家活動的權力或職能❶。此界定方式固然不會掛一漏萬,但卻過於概括抽象,難以理解。如果以更具體的方式來分析行政權的內涵,可將其分為政策權、組織管理權與執行權等三大部分。

一、政策權

決定施政方向與研擬施政計畫的權能,可以稱之為政策權❷。不論層

---

❶ 有關「行政」概念的詳細分析,參見吳庚,行政法之理論與實用,增訂十二版,三民書局出版,2012 年 9 月,頁 1–9。

❷ 公共政策學者稱政策為:「指某項被接納或提議去達成某一情況或目標的行動方案」(吳定,公共政策辭典,三版,五南出版,2005 年。);或是「政府選擇作為或不作為的行動」(Thomas R. Dye, Understanding Public Policy, 1972.);

級之高低與組織規模之大小，任何機關在執行其任務時，都有或多或少的政策決定空間。小到如村或里之辦公室，對於如何強化治安？是否要組織巡邏隊進行夜間巡邏？這些問題都可以成為政策議題，村里辦公室也可就這些問題作出政策選擇，並研擬具體實施方案；大到像是中央政府，例如國家面臨能源短缺困境時，應採何種政策方向？選擇核能還是其他綠能？如何制裁高耗能者或如何獎勵節能設施等，政府都有選擇政策方向並研擬施政計畫的權能。

　　儘管各級行政機關都享有或多或少的政策作為空間，但是國家級的中央政府、聯邦政府或是內閣，才是最重要的政策決定機關。所以在學理上，尚有將「政府權」與「行政權」予以區分的說法。「政府權」遂行「統治」的功能，它主要的任務是研擬公共政策、監督憲法之被遵守與公權力之正常運作、處理國家對外關係，並保護國家內外之安全。反之，「行政權」則是確保法律的日常踐行、提供公共服務，並增進人民與行政機關間或是行政機關彼此之間的良好互動關係。正因為這兩種權能的不同，所以才能區分「政府行為」與「一般行政行為」等兩種不同性質之行政作為，前者原則上不受法院管轄，後者則必須臣服於立法權與司法權之下。法國行政法學者 Laferrière 曾說：「統治可以遠距進行，管理與行政卻只能就近而為之。故將統治之行為集權於中央，與將單純的行政事務分權於地方，乃屬同等重要之事❸。」此說法一方面說明為何得以形成中央集權體制的理由，另

或是「由政治行動主體或行動主體團體於特定情境中制訂的一組相關決策，包括目標選擇、實現目標的手段，而這些原則上都是行動主體有能力達成的」(William I. Jenkins, Policy Analysis: A Political and Organizational Perspective, 1978.)；或是「政策乃是某個人或某些人處理一項問題或是一件關心事務之有目的性的行動方案」。(James E. Anderson, Public Policymaking: An Introduction, 3rd ed., 1984.)

❸　Edouard Laferrière, Traité de la juridiction administrative et des recours contentieux, Paris, Berger-Levrault, 1896, tome II, p. 32.

一方面也將「政府權」與「行政權」的特性分別闡明。雨果在其名著《悲慘世界》中曾如此批評時政：「君主過度忙於行政，卻無暇統治。」換成新公共管理 (New Public Management, NPM) 學派所流行的話語，就變成：「政府或執政者過度忙於划槳，卻不能好好掌舵。」

就算不特別將「政府權」與「行政權」予以區分，至少也要知道政府最重要的任務是掌握國家大政方向、研擬公共政策與提出施政計畫，而不是深陷於細瑣的日常行政事務上。若否，則雖鎮日忙得焦頭爛額，卻總是烽火遍地；雖吐哺握髮，卻無法天下歸心。

二、組織管理權

國家僅是一個抽象的組織體，無法自行表達意志與做出具體行為。它一定要有由自然人所組成的機關，來表達並執行其意志，以實踐其存立目的。而行政權的另一個重要任務就是要組織並管理這部遂行法人意志的行政機器。在組織的概念下，其最重要的任務包括設立機關與任免其所屬人員。在管理的概念下，其任務內涵包括物質面的設備之採購與維修、財產之保存與運用，以及精神層面的服務產出成果與服務品質要求、績效考核與人事獎懲等。為落實這些組織與管理任務，必須訂定許多內部運作規則，我國稱之為「行政規則」❹。

三、執行權

行政權更常被稱為執行權，它就是執行國家法律的權力。此國家法律的概念，上至憲法，下至行政命令，皆涵蓋在內。不過，最重要的法規範當然就是國會所通過的法律。所以「依法行政」既表示行政權必須遵從立法權，同時也表示法律乃行政權作為的最重要依據。

在執行法律的概念下，又包含兩種不同性質的任務。一是我們日常可

❹ 行政程序法第 159 條。

見的個案裁決行為，可稱之為「個案決定權」。例如警察對於闖紅燈者開罰單，就是在具體執行法律、適用法律，並對於違規的個案進行裁罰。個案決定也有不具處罰性質的情形，例如建商申請建築執照，主管機關經審核後認定該申請案符合法律之要求，故作成核照處分。同樣的，包括依法律規定發給人民補助金或救助金，提供諮詢意見，給予教育服務或職業訓練等，都是讓法律規定具體落實到個案的各種行政作為。

另一種執行權的任務則是訂定抽象規範，可稱之為「抽象規範制定權」或「行政命令權」。雖然行政機關必須執行法律，但法律本身往往較為簡潔抽象，留下不少需要進一步補充的空間。通常立法者會將技術性、細節性與次要性的事項，留給執法者自行予以補充。例如法律僅規定闖紅燈者處一千八百元以上，五千四百元以下之罰鍰，但無進一步的細節性規定❺。為避免同樣的行為出現執法結果不一的情形，例如同樣在高雄市，在三多路闖紅燈被罰一千八百元，但在九如路闖紅燈則被罰五千元，執法的高雄市政府警察局就必須進一步訂定更詳細的裁罰標準，發給全市交警，以免出現前述歧異情形。通常行政權所訂定的命令，都是經由立法者授權而來，我國法稱這種命令為「法規命令」❻，它就是一種「授權命令」或「衍生命令」。但也有立法者在立法時未及思索或未有共識而留下空白，此時行政權在執行該法律之際，仍須訂定進一步的細節性規範以為補充，這種命令在法國、瑞士等國稱之為「自主命令」。行政權訂定此類命令的自主性，或來自於憲法本身的規定，或來自於法規範體系內所出現的空白或空窗❼。但我國大法官歷來諸多解釋要求法律授權必須具體明確，故此類命令之自主性頗受影響。

---

❺　道路交通管理處罰條例第 53 條。

❻　行政程序法第 150 條。

❼　陳淳文，行政保留之比較研究——以半總統制之行政命令權為中心，中研院法學期刊，第 10 期，2012 年 3 月，頁 70。

●第二節　行政院之憲法地位

　　一般論及行政權時，總是會有矛盾的情感。一方面受制於過去專制歷史經驗所遺留的傳統記憶，以及行政權本身積極主動且具物理上強制力的特性，都會將行政權看成是「最危險的權力部門」，並總是想盡辦法要節制它。但在另一方面，又因面對現今高度分工又彼此緊密相連，科技進步但問題又層出不窮、瞬息萬變的全球化社會，公眾又希望行政權既強大又有效率，以期能有效因應任何困境與挑戰。既希望效率又畏懼行政權強大的矛盾情結，僅能透過制度設計予以協調。金字塔型的行政一體想像，是維繫效率的重要基礎。而獨立行政機關的發展，則是除了傳統國會監督機制之外，另一種分權與節制行政權的方法。

一、最高行政機關

　　憲法第 53 條算是一條命運多舛且亦沉睡多年的條文。就條文文字而言，其用語簡潔清晰，本應毫無疑義。但長期以來，本條卻一直難以真正落實其規範意義。

　　行憲之後不及數月，憲法就被臨時條款所修改。雖然本條一直未被直接觸及，但臨時條款體制的特色就是讓行政權回到總統的手上，最高行政機關的憲法地位很快就被架空。在法條的詮釋上，舊日學者為使政治現實與憲法規範相符合，只好嘗試改變憲法條文的原意，以屈就於政治現實。例如有學者主張：因為總統得以宣布戒嚴、發布緊急命令與核可覆議，故「總統具有過問行政事務之權力，以國家元首而兼具行政首長之地位，非內閣制國家統而不治之元首之比，……總統既兼具行政首長之地位，對於行政院有相當之指揮權，則所謂『行政院為國家最高行政機關』云云，即不能僅由文字表面解釋，謂在行政院之上，已無更高機關，而應解為行政中樞機關之意。本條之規定，亦所以求與後述第 62 條、第 77 條、第 83

條，及第 90 條各條相呼應而已。因由憲法之整個規定觀之，行政院固非最高行政機關，然其為行政中樞機關，承上啟下，操行政權行使之關鍵，則屬無可置疑者也❽。」此種解釋方法雖明顯改變憲法條文之文字意涵，但卻是描述行政院長期屈從於總統意志之下的最佳寫照。

一直要到我國民主化，並且發生中央政權政黨輪替之後，行政院的憲法地位才開始被認真看待❾。在執政黨與在野黨分別控制行政院與立法院的背景下，兩黨皆想掌握新設之國家通訊傳播委員會（簡稱通傳會）的人事主導權。於是立法院透過立法的方式介入前述委員會委員之任命方式，而行政院則以憲法第 53 條為依據，主張享有完整的人事任命權。面對此憲政爭議，司法院大法官在釋字第 613 號解釋中首次以憲法第 53 條為依據，強調行政院為國家最高行政機關，基於行政一體與責任政治原則，行政院必須掌握包括通傳會在內之行政機關的人事權。基於權力分立原則，立法院雖可介入人事權以制衡行政院，但卻不能將行政院的人事決定權予以實質剝奪或逕行取而代之❿。同樣的立論方式，在司法院釋字第 645 號解釋中又再次重申。民主化與政黨輪替的衝擊，使行政立法兩權相互激烈對抗，在兩權衝突的過程中，行政院作為國家最高行政機關的憲法地位終於被突顯出來。經過司法院大法官的肯認與強調，憲法第 53 條的文字意涵不應再被曲解。簡言之，憲法第 53 條應作如下理解：行政權被概括地授予給行政院，且行政院是行政權最後與最高的主宰。

二、行政一體與獨立行政機關

行政權依附於一個龐大的組織之下，包含無數的機關、單位與人員。

---

❽　林紀東，中華民國憲法逐條釋義㈡，修訂初版，三民書局出版，1982 年，頁 186–187。

❾　不過在蔣經國先生擔任行政院長時期，行政院曾一度成為國家權力的最高中心。

❿　釋字第 613 號解釋理由書第 2 段對於行政院的憲法地位有十分清晰地描述。

對於這部龐大的行政機器進行領導與管理，必須依賴由層級關係所建構起來的行政一體原則。簡單地說，行政機關就像一座金字塔一般，不論是在人員的管理還是政策方向的選擇上，都是由上而下，逐級下達命令並傳遞命令。至於各機關的具體施政作為或是個案決定，則是由下而上，層層接受上級節制與監督。如此使這部龐大的行政機器能夠上下一體、意志統一，這就是行政一體的意思。釋字第 613 號解釋在闡釋行政院之憲法地位時，特別指出行政一體原則是對行政權進行民主課責的前提條件：如果行政院不能掌控行政機關，特別是不能任免相關人員，如此如何能為這些人員的行為向立法院負責呢？在此想法下，行政院應當能完全掌握所屬行政機關，其下應容不下獨立於其外的行政機關。但是獨立行政機關的組織模式自 20 世紀下半葉起，逐漸普及於西方各國，我國的中央行政機關組織基準法第 3 條第 2 款也出現「獨立機關」的用語，於此形成在最高行政機關之下，如何還可以存有獨立機關的問題。

㈠獨立行政機關的開展與其特徵

　　為何在以層級原則為基礎的傳統行政機關之外，還會出現獨立行政機關？我們可用一個實例來理解：假設核電廠因地震與海嘯而系統故障，造成輻射外洩且引起重大傷亡，此事將如何善後？在救災之餘，立即要做的就是查明事件原因、追究責任與進行賠償。然而，誰來調查肇事原因？誰來界定責任歸屬與賠償金額？面對此問題，在傳統行政組織架構下，當然是由主管機關來負責。可是主管機關所作的各項善後措施，很可能無法被人民所接受。以調查事件真相來說，主管長官很可能為了自己或是執政黨的政治利益而欲掩蓋人為管理疏失。在另一方面，由於核電廠涉及高度專業知識，傳統行政機關的人員也可能不具備分析意外事件成因的能力。再者，在全球化的今日世界，個別國家的問題也可能外溢至其他國家，例如輻射污染問題。此時，本國政府為自己國家利益而做的各項事件報告或聲明，也可能無法獲得他國的信賴。

　　簡言之，因為國內的民主化與政黨競爭，以及所涉問題的科技化與專業化，主管機關的「官方說法」總是不易獲得公眾的信賴。再者，因為全球化與國際競爭，外國政府或廠商也不容易相信傳統行政機關與官僚體系所做出的調查結論⓫。在此背景下，獨立機關就成為另一種選項：一個具官方地位，但卻擁有高度專業又能獨立運作的組織。這種獨立行政機關所做的各項作為，也許依然未能讓所有人滿意，但至少其行為的可信度與說服力會高於傳統行政機關。

　　獨立行政機關在美國以「獨立行政管制委員會」的型態出現，其核心特徵就是一個「獨立於總統指揮監督之外」的行政機關⓬。歐洲的獨立行政機關則強調其應要獨立於當下的執政勢力之外，獨立於民主體制下暫時的多數民意之外的「非多數機構」(non-majoritarian institutions)⓭。「非多數」的意思並不是表示它們是由少數勢力所建立，而是指它們與政治上的多數在時間上不一致 (time inconsistency)⓮。也正是因為存在此不一致，獨

⓫　有關獨立行政機關的發展背景，詳見陳淳文，從法國法論獨立行政機關的設置緣由與組成爭議：兼評司法院釋字第 613 號解釋，台大法學論叢，第 38 卷第 2 期，2009 年 6 月，頁 240 以下。

⓬　林子儀，美國總統的行政首長權與獨立行政管制委員會，收於：當代公法理論：翁岳生教授六秩誕辰祝壽論文集，月旦出版，1993 年，頁 115–116。

⓭　Giandomenico Majone, Nonmajoritarian Institutions and the Limits of Democratic Governance: A Political Transaction-Cost Approach, *Journal of Institutional and Theoretical Economics*, 157, p. 57; F. Gilardi, Evaluating Independent Regulators, in *Designing Independent and Accountable Regulatory Authorities for High Quality Regulation*, OECD, Working Party on Regulatory Management and Reform, 2005, p. 101 ets.

⓮　Giandomenico Majone, Strategy and Structure the Political Economy of Agency Independence and Accountability, in *Designing Independent and Accountable Regulatory Authorities for High Quality Regulation*, OECD, Working Party on Regulatory Management and Reform, 2005, p. 138.

立行政機關才可能維繫政策承諾，減緩民主體制下短線操作、政策變動不居的弊害。由此看來，獨立行政機關並不僅止於要獨立於某個權力部門之外，而是要獨立於整個由多數民意所支持的執政勢力之外。所謂「與政治保持一定的距離」，或是「去政治化」，真正意涵應指「不受執政勢力所直接控制或可深入影響」之意。在另一方面，基於其「非多數」的特性，其課責的重點並不在行政對立法負責或執政勢力對人民負責的責任政治上，因為設立獨立行政機關，就是要阻絕其受多數執政勢力的干擾，以維護政策穩定。

㈡行政院與獨立行政機關之相互關係

最高行政機關與獨立行政機關二者之間應處於何種互動關係？在「最高」之下，如何能允許出現「獨立」？事實上，兩個不同機關之間可存有的隸屬關係不外下列四種：第一是「人事隸屬」，亦即上級機關可在一定程度內任免下級機關之人員。第二是「財務隸屬」，亦即下級機關之財務，包括收入與支出等面向，依不同程度受上級機關的監督控制。第三是「組織隸屬」，亦即在組織架構上，上下級機關可以整合成一個整體，儘管下級機關有獨立的地位可以對外行文，但尚未成為一個獨立的法人。第四是「功能隸屬」，下級機關執行業務之各種作為，不論是抽象規範的訂定行為，或是具體個案的處分行為，上級機關皆有介入的空間。也因為上級機關得以介入下級機關之決策，故上下級機關二者之間就成為一個「責任整體」❶⑤，共同為其行為負責。

只要兩個組織或機關之間存在上述四種關係中的任何一種，它們之間就形成隸屬關係。換言之，並非是這四種關係必須同時齊備後，最高行政機關之憲法地位才未受到侵犯。更詳細地說，並非所有憲法第53條意義下之行政機關，必須與行政院同時兼具此四種隸屬關係後，行政院才算是其上級機關；而是只要有其中一種隸屬關係的存在，就足以維持行政院乃最

---

❶⑤　許宗力大法官在釋字第613號解釋之協同意見書中，將這種關係稱為「責任一體」。他認為所謂的行政一體並不是「組織一體」，而是「責任一體」。

高行政機關之憲法地位❶。在此觀點下，最高行政機關之下出現獨立行政機關，在理論上並非不可能。重點僅在於二者之間究竟應該建立何種隸屬關係？從前述獨立行政機關的特徵來看，特別是「非多數機構」的特性，使得獨立行政機關應該避免與最高行政機關之間建立「人事隸屬」與「功能隸屬」兩種關係。因為不論是這兩種關係的哪一種，都會直接傷害獨立行政機關的獨立性。就算真有這兩種隸屬關係中的任何一種，在制度設計上仍可嘗試保護下級機關的獨立性。「人事隸屬」關係可以透過職位保障制度予以緩和❶，而在「功能隸屬」上，則一定要避免上級機關可以直接推翻下級機關的決定❶。

　　大法官在釋字第 613 號解釋特別強調為維護行政院的最高地位，必須讓行政院掌握獨立行政機關的人事決定權❶。此外，通傳會正式揭牌運作之後，行政院又不斷透過訴願機制，強調通傳會與行政院間的功能隸屬關係❷。在「人事隸屬」與「功能隸屬」這兩種隸屬關係的夾殺下，通傳會自設立以來，一路跟蹌，其獨立性宛若風中殘燭❷。

---

❶ 憲法本身也是採取此種立場。例如監察院為最高監察機關，但卻無權選任其轄下之審計長。

❶ 如享有任期保障，不得被任命者恣意予以免職。

❶ 如上級機關雖不能直接推翻下級機關之決定，但卻可對其做「合法性監督」。亦即若上級機關認為下級機關之決定有違法之嫌時，上級機關可將此決定移送司法機關審查。此種「移送司法審查」機制的設計，可以保留兩機關間的功能或責任隸屬，但又無損於下級機關之獨立性。

❶ 大法官在釋字第 645 號解釋中，又再度強調人事隸屬的重要。對此見解之批評，可參見王和雄、謝在全大法官在釋字第 613 號解釋共同提出的部分不同意見書。

❷ 陳淳文，論獨立行政機關之監督，政大法學評論，第 126 期，2012 年 4 月，頁 157 以下。

❷ 以民國 108 年春為例，先是蔡英文總統強調要管假新聞，接著行政院長蘇貞昌

(三)非典型的獨立行政機關

「獨立行政機關」之概念的重點乃在其「獨立性」，本無須受限於特定的組織方式與機關位階。然而中央行政機關組織基準法所規範的院級「獨立機關」，卻有特定的組織模式與機關層級之設定❷。在院級獨立機關之外，我國近年有一個組織引起相當多的關注，那就是最高法院檢察署檢察總長與其轄下之特別偵查組（簡稱特偵組）。就組織隸屬而言，各級法院檢察署乃隸屬於法務部之下，為行政院所屬之行政機關。又依前述組織基準法有關「獨立」之意義，乃指「依法獨立行使職權，自主運作，不受其他機關指揮監督」之意。檢察官執行其職權，自然是要獨立行使職權。大法官釋字第 325 號解釋理由書末段指出：「國家機關獨立行使職權受憲法之保

砲轟通傳會是「誰都管不到它，但它也什麼都不管」。通傳會主委被民進黨立法委員連續質詢 5 小時後，通傳會開始大力裁罰極力支持韓國瑜的中天電視台，過去 4 年接獲一千八百二十二件申訴，通傳會僅裁罰兩案共二十萬元，但短短幾週對中天就裁罰數百萬。然而電視台偏頗報導豈僅止中天一家？通傳會因而被批評只罰藍不罰綠，在龐大政治壓力下，4 月 1 日主委詹婷怡主動請辭，由副主委暫代，但副主委翁柏宗隨即於 5 月 30 日請辭。主委副主委皆辭職，七名委員僅餘五名在任。除通傳會外，另一個極為重要的獨立機關中央選舉委員會，其主委陳英鈐也因民國 107 年 11 月地方選舉及全國性公投案的選務工作荒腔走板而請辭。新設的獨立機關促進轉型正義委員會（促轉會），也因民國 107 年 9 月的張天欽東廠事件而使才運作數月之促轉會，其第一任主委副主委雙雙請辭。而公平交易委員會兩位委員也不滿政府施壓公平會與美商高通和解，放棄原本高達新台幣兩百三十四億的罰鍰，自我立場反覆，獨立性蕩然無存，憤而於民國 107 年 5 月紛紛請辭。放眼我國現在所有獨立行政機關，竟已皆成為「不獨立機關」，而其主委多由代理充之，顯見其運作是何等背離常態。

❷ 中央行政機關組織基準法第 3 條第 2 款規定：「獨立機關乃指依據法律獨立行使職權、自主運作，除法律另有規定外，不受其他機關指揮監督之合議制機關。」該法第 32 條規定院級獨立機關的位階為二級機關，總數以三個為限。

障者，例如法官依據法律獨立審判，不受任何干涉，考試委員、監察委員獨立行使職權，憲法第八十條、第八十八條、憲法增修條文第十五條第六項（現已改為第七條第五項）均有明文保障；而檢察官之偵查與法官之刑事審判，同為國家刑罰權正確行使之重要程序，兩者具有密切關係，除受檢察一體之拘束外，其對外獨立行使職權，亦應同受保障。本院釋字第十三號解釋並認實任檢察官之保障，除轉調外，與實任推事（法官）同，可供參證。上述人員之職權，既應獨立行使，自必須在免於外力干涉下獨立判斷。」釋字第 392 號解釋也將檢察機關納入廣義的「司法」概念，並強調其具獨立行使職權之特質。綜上，檢察機關在概念上自可列入獨立行政機關裡。

　　雖然法務部對於檢察機關有監督之權，但此監督權僅及於一般行政事項❷，並不及於刑事案件之偵辦。此外，有關檢察官之人事權，乃由檢察官選舉產生之檢察官代表九人，法務部長指派代表四人及檢察總長指派代表三人與法務部部長所指派之次長一人共十七人組成檢察官人事審議委員會，負責檢察官之人事業務❷。換言之，法務部對檢察機關的監督強度，要遠低於通常上下級行政機關間的監督關係。更重要的是在舊法下，檢察總長與特偵組另有特別規定，其獨立地位又不同於一般檢察機關。

　　首先，檢察總長的產生方式乃我國現行法上之唯一特例：其乃由總統提名，經立法院同意。任期 4 年，不得連任❷。其特殊之處在於總統完全跳過法務部長與行政院長，直接提名一個行政院轄下的公務員。如果從釋字第 613 號解釋的觀點來看，似有違反權力分立之嫌：因為在行政一體概

---

❷　法院組織法第 111 條規定參照。另法官法第 94 條第 2 項規定：「前項行政監督權人為行使監督權，得就一般檢察行政事務頒布行政規則，督促全體檢察官注意辦理。但法務部部長不得就個別檢察案件對檢察總長、檢察長、主任檢察官、檢察官為具體之指揮、命令。」

❷　法官法第 90 條第 5 項參照。

❷　法院組織法第 66 條第 2 項規定參照。

念下，行政院長核心領域內之人事任命權，遭到總統剝奪殆盡。此外，特偵組之主任與檢察官，由檢察總長自行選任，並接受檢察總長之指揮❷❻。而特偵組的法定職權之一就是專門辦理涉及總統、副總統、五院院長、部會首長或上將階級軍職人員之貪瀆案件❷❼。既然法定職權就是以最高階的公職人員為主要對象，在組織上脫離行政院與法務部的掌控也符合制度邏輯：如果不具獨立性，下屬如何可能調查長官的貪瀆案件呢？

　　檢察總長的特殊任命方式與特偵組的例外組織規定，正是為了矯治我國民主化後官商勾結與黑金政治之沉痾所建立的新法制。事實上，自民國89年總統大選後，中央政權輪替，執政的民主進步黨為改變中國國民黨長期一黨執政的綿密政商關係與黑金網絡，特別在同年7月成立「查緝黑金行動中心」，也就是特偵組的前身，專門處理重大貪瀆案件。查緝黑金行動中心最著名的案件就是於民國95年11月3日將涉嫌貪瀆的總統夫人起訴。隨著民眾肅貪訴求壓力的提高，立法院最終於民國95年2月3日修正公布法院組織法相關條文，建立新的檢察總長任命方式與特偵組，此舉可以說是政治部門在政治算計與回應社會改革呼聲的背景下❷❽，所通過的肅貪法制。特偵組成立後，雖爭議不斷，卻也成果斐然。其中尤以民國97年

---

❷❻　民國95年2月公布之法院組織法第63條之1第2項規定（現已刪除）參照。從條文規定上來看，法務部長與檢察官人事審議委員會並不能介入特偵組主任及其檢察官之選任；此為檢察總長所獨享之人事權。基此，特偵組成員之任命因無法務部長之參與，也脫離了「行政一體」的常軌。

❷❼　民國95年2月公布之法院組織法第63條之1第1項第1款規定（現已刪除）參照。

❷❽　自民國94年8月起爆發高雄捷運外勞弊案，爾後不斷出現總統家人與其周邊人士涉及各種弊案的消息。社會各界反貪瀆的聲浪甚高，立法院多數黨希望趁勢透過檢察總長的獨立化與特偵組的成立，來徹底打擊當時的總統與少數政府。而當時的總統與少數政府又很難光明正大的阻止此肅貪法制，尤其肅貪的理念又是民主進步黨長期自我標榜的口號。

12 月 12 日將甫卸任的總統起訴，創下行憲以來的首例。

　　無獨有偶，美國在 1972 年爆發水門案件後，司法部一開始並無法有效偵辦涉案之尼克森總統，引起各界不滿。爾後，政治部門體認到檢察官於調查高階官員犯罪時，常受干預，無法獨立行使職權，而認有設置特別檢察官之必要，國會遂於 1978 年的政府倫理法 (Ethics in Government Act 1978) 中規定：聯邦司法部長得依職權或基於國會之請求，向華盛頓特區之聯邦上訴法院聲請指定獨立之特別檢察官調查高官犯行❷。從獨立檢察官的任命方式來看，乃是由法院指定，其主要目的就是要強化其獨立性，免於受行政權或立法權之干預，或成為政爭工具。惟從雷根總統時期之伊朗軍售案、柯林頓總統緋聞案引起之偽證、妨礙司法等調查，引起外界不少批評，其主要理由是獨立檢察官常費時多年，且動輒花費數千萬美元之公帑來辦案，且又有過度媒體化與政治化的傾向。另一方面獨立檢察官行使職權得調配人力與運用各項資源，權力行使因獨立而無節制，進而引起濫權之質疑。該制度於 1999 年經美國司法部宣布，認為獨立檢察官制度具有「本質上的瑕疵」，不再向國會聲請延長該性質上為限時法之獨立檢察官制度，故美國現已不再有獨立檢察官。

　　民國 102 年 9 月，我國爆發立法院長涉嫌進行司法關說之醜聞，該案即由特偵組偵辦。且檢察總長在該案正式簽結之前，事先面報總統相關偵查內容，引起各界高度批判。除了檢察總長因涉嫌違反偵查不公開而遭起訴之外，其面報總統偵查內容之作為與特偵組的監聽運作瑕疵，亦備受各界質疑；最後涉案檢察總長被判處 1 年 3 個月徒刑定讞❸。檢察總長的獨

---

❷　美國之檢察官係由一經選舉產生之檢察首長所指揮，具有強烈之政治性格，與我國及一般大陸法系國家之檢察長及檢察官乃常任文官有所不同。而原始的法律用語原稱為「特別檢察官」(Special Prosecutor)，後於 1983 年國會修正政府倫理法時，再將特別檢察官改名為「獨立檢察官」(Independent Counsel)。

❸　該案是我國史上第一個檢察總長被判處徒刑的特例，依台灣高等法院 103 年度

立性設計與特偵組的存在價值，因本案而被嚴厲挑戰，政客們高呼應予以廢除，以免濫權追訴之事件不斷發生。由於政治部門本身腐化甚深，故政客們想要剷除像檢察總長與特偵組這樣的眼中釘，一點都不令人感到意外。在此背景下，檢察總長與特偵組的設置乃違反權力分立原則的質疑之聲四起。

就法律上來說，違反權力分立原則的說法並不堅實。根據憲法第56條的字義來看，僅有部會首長與政務委員須由行政院長提請總統任命之。釋字第613號解釋所涉及的通訊傳播委員會，乃行政院二級機關，屬於部會層級，故尚有該條的適用餘地。但釋字第645號解釋所涉及的公民投票審議委員會，在組織性格上仍具一般行政機關之特性，且公民投票法並無特別強調公民投票審議委員會須「獨立行使職權」，故其尚不屬法律意義下的獨立行政機關。即便如此，大法官仍認為立法院得參與公審會之人事任命權；只是其制衡應有界限，不得實質上完全剝奪行政院之人事任命權而已。相較於公審會，檢察機關的獨立性格不僅是事物之本質，且經大法官予以肯認；其獨立性之要求已經是憲法上之要求。特別是檢察總長與特偵組的獨立性又是立法者為處理高官貪瀆案件的特殊設計，故立法權參與檢察總長之人事任命權具目的正當性。

次就政府體制之結構而言，半總統制總統參與人事權的空間，本就比議會內閣制之元首要來得大。雖然立法院因檢察總長的同意權而增加了自己的同意權的範圍，但此與國家通訊傳播委員會之委員的情形一樣，大法官已經肯認立法權透過同意權參與人事權的合憲性。更何況在議會內閣制與半總統制的制度精神下，國會同意制度其實並不一定會真的增加立法權的權限，因為在多數黨組閣的邏輯之下，除非是同意權門檻提高為三分之二或四分之三，否則行政權所提名的人通常都會獲得國會多數之支持。同

囑上易字第1號判決，被告共觸犯通訊保障及監察法第27條第1項、刑法第132條第1項及個人資料保護法第41條第1項及第44條等數罪。

意權本身沒有真正改變人事任命權的實質歸屬，但卻是強化被任命者提升其民主正當性基礎的制度工具**㉛**。總之，在權力分立問題的思考上，一定要與政府體制相聯結。在總統制下，行政組織法上的規範通常要以較嚴格的態度來審查；但若是在內閣制或半總統制下，則可以較寬鬆的態度來看行政組織法上的變動。

最後就前引解釋憲法的基本指導原則來看，我國正值民主鞏固時期，過去檢察體系不夠獨立，常成為執政者打擊異己之工具，也無法真正有效解構綿密的政商黑金貪瀆結構。又檢察官行使職權在程序上受法律嚴密規範，其強制處分權幾乎都有法院介入審查，權力當然受有節制。真正的問題是在起訴標準不一，拖延案件或配合政治力之要求而加速偵辦進度，或恣意起訴或簽結。檢察總長與特偵組的進一步獨立化，其實就是想要擺脫前述政治力干預的改革。既然政治部門在難得出現的改革契機下，取得修法共識而設立新制，違憲審查機關又有何予以否定的理由？

就政治現實而言，政客們雖然痛恨檢察機關獨立，但也不敢輕易冒著「反改革」之惡名的風險，修法廢棄已經取得初步肅貪成果的新制。更何況立法院既然自己已經享有同意權，大概不容易出現委員成功地連署聲請釋憲，主張法院組織法中檢察總長的任命方式違憲。但是在各政黨政客們的威脅與夾殺之下，檢察總長想要維持獨立鐵骨並不容易。至於特偵組，民國 105 年民進黨完全執政後即著手修法，讓這個成立運作不過 9 年的肅

㉛　但是在總統制之下，國會同意權的設置對任命權之歸屬即會產生一定程度的位移效果，因為總統的產生與總統的地位本與國會多數無關，但總統的人事權卻得由國會介入參與，如此當然限縮總統權力。此外，一旦在議會內閣制或半總統制下出現少數政府，行政權提名的人選通常也不會獲得國會通過。此時並不能解釋為國會因此同意權而權力增加，因為包括人事案，預算案與法律案，都可能過不了。這只是行政立法兩權本應「同生共死」的制度特徵而已，而不是兩權權力的消長變化。

貪組織，於民國 105 年年底正式卸牌熄燈，走入歷史。

　　雖打擊貪腐的特偵組被消滅，但卻有以轉型正義之名而新設的不當黨產處理委員會（黨產會）與促進轉型正義委員會（促轉會）。這些新設機構的共同特徵就是排除中央行政機關組織基準法的束縛，並賦予一般行政機關所無的權力。這些機構甫才掛牌運作，就出現諸多爭議。民國 107 年 9 月的張天欽東廠事件，將這些機構的公信力完全摧毀。一旦失去獨立性而成為執政者的廠衛，它們也必將走入歷史，只是時間早晚的問題而已。

●第三節　行政院之組織

　　憲法對於行政院之規範本來甚為簡潔，留有相當大的彈性空間，但因憲法第 61 條的授權規定，讓立法院取得介入行政院組織的機會，甚且在具體運作之中，立法院更是高度介入行政院之組織，而致有侵害行政院的組織管理權之嫌。此現象一直要到民國 86 年修憲之後，才略為緩解。憲法對於行政院的組成方式，有相對較為清楚的規定；但對於行政院的具體組織架構，則未置一言。

一、院長優位的合議制機關

　　行政院由院長、副院長、部會首長及不管部會之政務委員等四類主要人員所組成。基於憲法第 56 條的規定，除院長外，其他三類人員皆是由行政院長提請總統任命之，且依憲法第 37 條與憲法增修條文第 2 條第 2 項有關副署之規定，這三類人員的人事命令都須經行政院長副署。換言之，行政院長享有組閣權在法律上是毫無疑義的。院長既然掌有組閣權，當然有權更換其閣員，故院長對於前述三類人員亦享有免職權。由於院長在組閣上享有全權，所以院長在理論上應該可以主導整個行政院的主要政策方向，因而院長是占有一個特別優勢的地位。

㈠組閣權

雖然院長占主導之優勢地位，但憲法第 58 條更進一步規定：前四類人員共同組成「行政院會議」，由院長擔任主席，議決法律案、預算案、戒嚴案、大赦案、宣戰案、媾和案、條約案、及其他重要事項與跨部會之事項等。此規定包含兩個重要意涵：第一，行政院是一個合議制機關，不論擔任主席的院長在政策決定過程中扮演何種主導性的角色，行政院仍是一個集體決策機關。第二，行政院會議是憲法所規定的行政院最高決策機構，所有重要的事項，都必須經過行政院會議議決後，方才符合法定程序。基此，行政院整體責任一體，閣員間休戚與共，一致對立法院負責。除了個人因素外，原則上內閣應該是共同為政策負責，集體同進退的。但由於行政院會議遇有爭議時總是取決於院長之意志，而非多數決，故以往學者多視其為首長制。

不過，憲法規定與政治現實的落差，很不幸地在組閣權之處顯得格外難以矯治。憲法本文採內閣制之精神，本來就是希望矯正數千年以來君主一人集權的惡習。憲法將行政院定位為最高行政機關，並將組閣權賦予行政院長，其目的就是要讓元首不再集權於一身，且因其權力減少，故才較能保持中立的崇高地位。但在另一方面，也是要讓由行政院長所領導的政府團隊成為一個集體合作的團隊，同時政府所行使的行政權必須接受立法院監督，並向立法院負責。然而自行憲以來，總統總是難改集權於一身的強人性格，不斷地透過各種機會介入行政院的法定職權。就內閣組成而言，過去的總統至少在表面上尊重行政院長的組閣權，但事實上都想盡辦法掌控該權。隨著總統民選後，總統意志的呈現就更加沒有顧忌。特別是自民國 97 年以降，在總統與立法院多數黨都是相同政黨之一致政府的情況下，總統公開介入行政院長的組閣權時常可見。如民國 98 年 9 月，總統透過總統府發言人直接宣布新的閣揆與副閣揆之人選，明顯違反憲法第 56 條之規定，同時也打破了行憲以來總統至少在表面上尊重閣揆之副手選擇權的憲

政傳統。同樣的情形又出現在民國 101 年 2 月與民國 102 年 2 月。又如民國 101 年 9 月 18 日，在野黨正式提出倒閣案，但總統府卻在 9 月 19 日對外公布新的外交部長與陸委會主委的人選。理論上在倒閣案提出到表決之間的 72 小時，行政院長應暫時地不行使重要職權才是；而總統府卻在此際逕行對外發布新的內閣人事，似乎完全跳過了行政院長 ❸❷。

　　總統不僅主導內閣人事，而且直接找內閣成員至總統府開會，行政院院會反而成為不具實權的橡皮圖章。內閣成員直接與總統互動，行政院長有時都可能不瞭解重大政策 ❸❸。不僅是人事案而已，對於各項施政問題，總統更是完全不顧總統與行政院長的憲法分權設計，直接介入行政院的權限範圍 ❸❹。在「人」與「事」皆由總統越俎代庖的情況下，作為最高行政首長的行政院長到底還剩下什麼權威 ❸❺？如果行政院長自願將其法定權限

---

❸❷　此外，民國 101 年 6 月爆發行政院秘書長涉及貪瀆弊案而遭羈押，外界追問行政院秘書長一職究竟是由誰決定？是總統？還是行政院長？總統府就此對外公開表示：根據憲法規定，行政院秘書長以及其他內閣閣員的人事係由總統與行政院長共同決定。引自蘇子喬，中華民國憲法——憲政體制的原理與實際，三民書局出版，2013 年，頁 189。

❸❸　民國 98 年 9 月新任內政部長接受媒體訪問時，公開表示是總統邀請他擔任內政部長的，他並且表示：「現在想到什麼，有時就會直接跟總統講。」記者追問如此難道不是越級上報？受訪之部長回答：「我盡量在同一天，讓總統及院長都知道。」中國時報，2009 年 9 月 17 日，第 4 版。

❸❹　學者研究發現：自民國 99 年開始，總統開始直接召開記者會公布重大施政政策；此種現象是過去所不曾見的。過去都是由行政院對外宣布重大政策，總統就算著力甚深，也不會自行對外宣布。其所涉及之案例實在不勝枚舉，於此不贅述。詳見蘇子喬，中華民國憲法——憲政體制的原理與實際，三民書局出版，2013 年，頁 188。

❸❺　如果堅持以議會內閣制的規範精神來看行政院長的組閣權，院長理當享有完整的選擇與裁量空間。但是若以半總統制的制度特色來看此問題，又不宜完全抹煞總統在內閣人事權上的參與空間。法國第五共和運作的實際經驗裡，有學者

謙讓於總統，而總統也毫不忌憚地架空行政院長之職權，內閣部會首長又都直接面報總統，承總統之令執行政務，那麼憲法條文中有關總統與行政院長之分權與制衡機制，以及行政向立法負責的相關規定又有何意義 **㊱** ？

宣稱國防、外交是屬於總統的「保留領域」，故總統可參與此領域之人事權。然而，此說法一方面沒有憲法上的明確依據，另一方面在實際上，總統介入內閣人事的情形，也不僅止於此二領域。例如在總統同時可以掌握國會多數的情況下，總統通常可以強勢主導內閣人事。1988 年左派社會黨的總理賀加 (Michel Rocard) 組閣時公開地說：「我知道我大概有六七個部會首長的名額，我可以從自己偏好的人中來挑選。不過，令人難以忍受的是：雖然我可以完全自主地任命幾個閣員，但他們卻都是比較不重要的部會。」 (M. Rocard, Entretien donné à la R.D.P., 1998, p. 1290.) 而當時的總統就是他同黨的多年戰友密特朗總統。至於在 1986 年法國出現第一次左右共治時，左派密特朗總統反對右派總理席哈克所提之國防部長與外交部長的人選而不簽署並發布人事令，總理最終僅能妥協讓步。換言之，如果說半總統制的制度特色就是總統不是純粹的虛位元首，可以適度參與內閣人事權的話，也許在一致型政府時期，總統有比較廣大的積極參與空間；而在左右共治時期，總統僅餘消極的否決權，且僅限於特定的內閣職位，如國防部長與外交部長。我國憲法增修條文提及總統可以決定國家安全大政方針，於此勉強可以推導出總統對於涉及國家安全的部會首長人選，有較高的參與空間。但是此參與空間的大小應視總統在立法院內是否擁有過半席次支持為斷。法國經驗「一致型政府時期總統有積極主導權，左右共治時期總統有消極否決權」頗值得參照。至於在少數政府時期，內閣的組成既然與國會脫鉤，總統似乎可以完全主導內閣人事；但此種時期應該視為憲政運作之病態時期，難以深入劃定總統與行政院長間之人事權界線。

㊱ 對於閣員是否要隨院長一併總辭之問題，釋字第 387 號解釋理由書謂：「行政院副院長、各部會首長及不管部會之政務委員，則係由行政院院長依其政治理念，提請總統任命，並依憲法第五十八條之規定，出席行政院會議，參與行政決策，亦應隨同行政院院長一併向總統提出辭職以彰顯責任政治。」如果閣員都是總統自己找的，並皆執行總統之決策，內閣即非院長所領導之團隊，何須「總辭」？且此處所謂「彰顯責任政治」究竟還有何意義？

(二)內閣總辭

閣揆沒有固定任期，此乃議會內閣制與半總統制的通例。除了被倒閣或因個人因素主動辭職之外，院長何時須提出內閣總辭？依行政向立法負責的內閣制精神，國會改選後，內閣即應提出總辭，大法官釋字第 387 號即持此一見解❸。至於新任總統就職時，內閣應否提出總辭？司法院大法官於民國 85 年年底作成的釋字第 419 號解釋認為：行政院長於新任總統就職時提出總辭，係基於尊重國家元首所為之禮貌性辭職，並非其憲法上之義務。至於總統如何處理此總辭案，則屬「統治行為」之範疇，司法權不宜介入。

在總統改為直選，且總統任命行政院長不用再經立法院事前同意的修憲變革之後，釋字第 387 號解釋與釋字第 419 號解釋是否還應繼續適用？先就立法院改選而言，有認為既然行政院長的任命不再事先經立法院同意，故立法院改選後內閣無須總辭，釋字第 387 號解釋應不再適用❸。其實不論是內閣制還是半總統制，都是以行政向立法負責為基礎架構。在此結構邏輯下，選後新的立法院開議時，行政院仍必須向立法院提出未來的施政方針或施政報告，立法院對此內容不滿意時，可立即提不信任案。換言之，不論事前同意還是事後同意模式，其核心精神都是行政必須向立法負責。單純取消事前同意機制，並不能改變行政向立法負責的制度本質。再者，立法院改選的制度意義，就是透過民意檢視行政院過去的施政成果。也正因為施政成績不佳，執政黨才會在國會中失去原有的多數席次。如果國會改選，敗選的執政內閣卻不用總辭，則人民透過選舉制裁內閣的行為就無法落實，如此自然是違背民意政治與責任政治之原理。反之，如果執政內

---

❸　吳庚大法官在本號解釋的不同意見書中強調此問題純屬「政治問題」，或「統治行為」或「政府行為」，釋憲機關不應表態，而應留給政治部門自行解決。事實上，考諸西方各國憲法，也未見於憲法條文中規定應何時提出總辭。

❸　吳信華，憲法釋論，頁 509。

閣在國會選舉中大獲全勝，總辭與否已無實質意義。基此，釋字第387號
解釋的意旨固然完全符合行政向立法負責的憲法架構，但不應將之視為是
憲法上的強制規定。

　　或謂制裁內閣施政不佳的機制乃在總統大選，因為行政院長乃由總統
所任命。此種想法有兩大謬誤：第一，總統與行政院長各有各的憲法地位
與法定職權，此不因總統對院長享有任命權而改變。總統不能因任命權而
將院長的法定職權與政治責任全部吸收。果若如此，立法院對行政院的監
督與不信任案就完全沒有意義。既然憲法明定立法院對行政院的監督機制，
就表示行政院必須為自己的作為負責，而行政院對選民負責的民主機制就
是立法院的改選。第二，在半總統制下總統與內閣共同分享行政權，且應
各自為自己的行為負責。總統大選是對總統課責，國會大選則是對內閣課
責。所以總統雖對行政院長有任命權，但卻不應對行政院長享有免職權。
除了憲法條文的分析前章已述外，此處要強調的是：若是總統對院長有免
職權，則國會選舉的制度意義何在？例如施政深得民心以致贏得國會大選，
但總統在制度上卻可以把此院長免職？反之，施政一塌糊塗而使國會選舉
大敗的行政院長，在選後卻可不提總辭，而繼續留在職位上？行政院長在
立法院改選後提出總辭的意義，乃是人民對行政院行使法定職權之成效的
民主課責機制。此制度精神不單純因院長任命方式的改變而被全盤推翻。
釋字第387號解釋之精神在修憲後的現行制度下，仍應繼續適用。

　　至於新總統上任後內閣應否總辭？釋字第419號解釋認為此屬非憲法
上義務之禮貌性辭職。在總統對行政院長的人事權從「提名權」改為「任
命權」之後，總辭是否變成憲法義務？為使總統的任命權能夠真正落實，
在制度上必須存有配套措施。但是一般確保任命權的正常機制並不是免職
權，而是任期制❸。且正因為行政院長沒有法定任期，所以在制度上應安

---

❸　免職權固然可以使任命權得以落實，但並非是任命權的前提條件。再者，免職
　　的理由也不宜單純是為了實現任命權而已。

排其主動或被動提出辭呈的機會，如此總統的任命權方有落實的可能。不信任案是被動提出總辭的機制，但此在憲政實務運作中不易出現。除去個人因素不計，剩下可以固定主動提出總辭的機會，就是國會選舉與總統選舉。前者是對選民負責，後者則是落實總統的任命權，二者意義不同。基此，釋字第 419 號解釋應該因修憲後而有所改變：新總統上任時的總辭，不再僅止於「禮貌性」而已，應該是趨近一種憲法上之義務。但是無論如何，總辭與否係屬政治問題，司法權不宜介入。故若行政院長在總統大選後不提出總辭，其所形成的爭議最終也只能政治解決。

最後，不論是總統選舉與立法院選舉的時間是同一天、是十分相近，還是相隔甚遠，都不影響總辭義務。總辭頻繁並不必然造成政局動盪且影響政務推動 ❹，有時僅是形式上與制度上之意義而已。不論總統是退回總辭案，還是重新任命相同的人出任行政院長，都不至對於實際政務運作有所影響。尤其若是總統大選與立法委員選舉同日舉行，則無論基於何種理由，行政院長在大選後總是要提出總辭 ❹。

(三)**不信任投票**

憲法增修條文第 3 條第 2 項第 3 款規定:「立法院得經全體立法委員三分之一以上連署，對行政院長提出不信任案。」這是我國現行憲法所規定的倒閣制度。有人認為：由於此項機制的設置，使得我國政府體制更向議

---

❹　民國 92 年 3 月總統大選後，當時的張俊雄院長依例提出總辭。陳水扁前總統則表示在修憲後，釋字第 387 號與釋字第 419 號解釋皆應不再適用。此總辭頻繁勢必影響政務推動及政局安定，故退回總辭案（參見林子儀、葉俊榮、黃昭元、張文貞，憲法──權力分立，新學林出版，頁 182）。

❹　雖然同日選舉，但總統就職日與立法委員就職日不同。如此也產生 1 月大選結束後，2 月新國會開議前，舊總統批示總辭案。接著 5 月新總統就職時，2 月上任的內閣又要再提一次總辭嗎？是否要看新舊總統是否是同一人？以及大選結果而定？由於很難一概而論，於此又再次顯現總辭問題的政治性格。比較簡單的作法還是習慣性的提出總辭，以免徒滋爭議。

會內閣制靠攏，因為內閣與國會可以相互毀滅的設計，正是議會內閣制的制度特徵。不過也有人認為倒閣機制在現實上幾乎不可能被實現，故其形同虛設❷。並以此為由，進一步推論：正是因為立法院在事實上不可能真的迫使行政院長去職，所以行政院長的去留成為總統的權力事項，行政院長因而成為總統的下屬或幕僚長，我國現制因此更像美國總統制。

不信任案或是倒閣制度應該被常常運用？還是通常備而不用？是首先要釐清的問題。在議會內閣制的制度邏輯裡，本來就是握有國會過半席次的政黨組閣，除非是執政黨或是組成政府之執政聯盟的議員叛變，否則根本不可能通過不信任案。也正是因為如此，採行議會內閣制之國家，國內政黨通常為剛性政黨，黨紀較為嚴格，以使內閣得以獲得穩定的支持。如果在制度上可以任由不同政黨的議員隨時任意選擇合作或敵對的對象，則內閣之組成無法事前預測，人民無法透過選舉來決定內閣領導人之人選與施政方向，民主與課責之精神也因而蕩然無存。故而在這樣的制度邏輯下，對閣揆的不信任投票才必須記名為之，如此才會更改了原本「對人秘密對事公開」的議事基本原則。換言之，因採唱名亮票方式進行表決，並輔以黨紀威脅，執政黨的議員不敢輕易叛黨跑票，故倒閣案得以通過的機會極低❸。以英國為例，不需要真的到達倒閣的境地，執政黨內部即會以改選

---

❷ 如湯德宗氏謂：「這種只許『捨身取義』（倒閣），不許『取而代之』（組閣）的設計，使得『不信任投票』的機制幾乎全無意義。」參見湯德宗，新世紀憲改工程——弱勢總統制改進方案，收於：台灣法學新課題㈢，台灣法學會出版，2005 年，頁 15。

❸ 根據 Strom (2000) 之研究統計顯示，從 1950 年代以來，西方民主國家倒閣成功的次數其實並不頻繁，最多的國家是義大利（十六次），其次是丹麥（十次），大部分的國家都在五次以下，其中德國與英國各僅有一次，法國第五共和憲法施行以後也僅有一次，澳洲，紐西蘭，奧地利等國，戰後至 2000 年還未曾有過倒閣成功的經驗。參見 Kaare Strom, Parties at the Core of Government, in Russell J. Dalton and Martin P. Wattenberg, eds., *Parties without*

黨魁的方式來重新凝聚執政黨的團結力❹。

　　既然在多數黨組閣執政的制度邏輯下，不信任投票制度被使用的機會本應不多。不過，基於政黨體系與選舉制度之不同，特別是在多黨體系與比例代表制下，此制度就會成為各政黨或議員僅為己利進行合縱連橫與政治利益交換的工具，其被頻繁使用的結果就是導致政局動盪、政治責任不明、國家大政無法推展施行的悲慘下場。法國第三及第四共和的情況正是如此，德國基本法建制「建設性倒閣」的意義❺，也在於為了避免倒閣的情事輕易發生。依此觀點，我國憲法增修條文所建立的不信任投票制度，當然不應被期待為是一個經常要被使用的憲法機制，更何況我國現在的立法委員選舉制度乃單一選區相對多數制，並配有政黨不分區代表。立法院形成準兩黨制之政黨體系，倒閣機制更難有被使用的機會❻。除了選舉制度外，論者也常將倒閣後立法院可能被總統解散，與憲法第 75 條立法委員不得兼任官吏，而使得立法委員不能兼任閣員等兩項規定，作為倒閣機制形同虛設的主要理由。或許這些規定還有重新詮釋或調整的可能性，但是抑制倒閣頻繁發生的想法與制度設計，卻是西方議會內閣制長期發展後所萃取出的改革菁華。對於此抑制倒閣之思潮，吾人絕對不能完全漠視。

　　至於在我國實務上，不信任投票常常成為反對黨政治表演的工具；曾分別於民國 88 年 3 月、101 年 9 月及 102 年 10 月行使。民國 101 年 7 月

Partisans: Political Change in Advanced Industrial Democracies, New York: Oxford University Press, 2002, p. 199.

❹ 如 1956 年的艾登 (Anthony Eden)、1963 年的麥克米倫 (Harold Macmillan)、1990 年的柴契爾 (Margaret Thatcher) 與 2007 年的布萊爾 (Tony Blair) 等首相，都在黨內層次解決新首相之更換問題，而不是透過倒閣之方式撤換首相。

❺ 參見德國基本法第 67 條規定。

❻ 我國迄今出現過的倒閣案包括民國 88 年 2 月，民國 101 年 9 月與民國 102 年 10 月等三次，都是由在野的民主進步黨在明知根本不可能通過的情況下提出。這種明知無效的政治動作，自然僅是為了政治表演而已。

25 日立法院臨時會期間，在野黨突然提出不信任案，立法院長以違反立法院組織法第 6 條第 1 項規定為由而不為處理，在野黨立法委員遂連署聲請釋憲。大法官曾在釋字第 29 號解釋表示國民大會臨時會可行使憲法所規定之所有國大權限。但在釋字第 314 號解釋則補充說明：不是以修憲為目的而召開的臨時會，不得在臨時會期間行使修憲權限。立法院臨時會是否得以行使包括不信任案在內的所有立法院權限？成為釋字第 735 號解釋的重點：在本號解釋中大法官認為就算臨時會不是為了處理不信任案而召開，立法院仍然得以行使其完整職權並處理不信任案。換言之，不信任案不若修憲案那般格外重大且特別，實務上僅是政黨角力與政治表演的可用工具。雖然臨時會若未設限，會使其與常會無異，但在憲法沒有明文限制的情況下，法律自不得限制立法院依憲法所享有的完整權限。

二、微弱的自主組織權

行政權應包含政策權、組織管理權與執行權等三大部分已如前述。作為最高行政機關，理當對其組織架構享有相當大的自主形成空間。事實上，內閣制或半總統制國家中以法律明定部會數目與部會名稱的情形並不普遍。以法國為例，每次新的內閣組成，不僅部會數目不同，且其名稱也常常被更改。此種現象的存在理由，一方面是回應選民需求與大選結果，將最迫切的政務交由最適切的組織來處理。例如為解決經濟不景氣與失業問題，將經濟部與勞工部直接合併成「經濟與就業部」，由首席部長掌理此業務。二方面也可透過組織的彈性變化，以因應層出不窮的新問題。以我國為例，九二一地震後為有效處理重建問題，也得設立一個臨時性的組織「九二一震災災後重建推動委員會（簡稱九二一重建會）」來處理救災與重建事宜❹。但是我國長期以來，立法院透過制定行政院組織法的機會，幾近完

---

❹　民國 88 年 9 月 27 日行政院成立九二一重建會，由行政院長擔任主任委員、副院長擔任副主任委員兼執行長，並設置由經建會主委、台灣省主席、與陸軍總

全剝奪行政院的組織權。這種情形在過去或許有其特殊的時空背景❹，但在今日這個變動快速的時代裡，則顯得難以被接受。一直要到民國 86 年修憲之後，憲法增修條文第 3 條第 3 項及第 4 項才分別規定：「國家機關之職權、設立程序及總員額，得以法律為準則性之規定」；「組織、編制及員額，應依前項法律，基於政策或業務需要而調整。」據此，立法院通過「中央行政機關組織基準法」與「中央政府機關總員額法」等兩部法律，算是緩和對行政院組織權的控制❹。「中央行政機關組織基準法」對於行政院的基本架構，在「量」上有明確的規定：「部」的數量上限為十四個、「委員會」為九個、「獨立機關」為三個，除了部、會與獨立機關之外，行政院轄下尚有秘書處與發言人、主計總處、人事行政總處、中央銀行與故宮博物院等。

不過，前述憲法增修條文授權對國家機關為「準則性」規定，雖一方面緩和立法權對行政組織權的控制，但另一方面也框限多數（或一致型）政府的恣意空間，以免無限擴大膨脹行政組織。換言之，組織基準法與總員額法雖然形式上是法律位階，但因係源自於憲法授權之準則性框架，其實質地位應高於一般法律，具有準憲法之地位❺。事實上，如果允許立法

司令等三人出任副執行長及十三個工作小組，9 月 28 日於台中市警察局設置單一窗口的中部辦公室，轄下由軍方成立國防部災後重建協調支援中心，並指定陸軍總部於台中大里天山營區成立國軍災後重建指揮部，統一調派指揮災區三軍兵力，相關部會首長及參謀總長為委員，相關縣市長及鄉鎮長亦參與工作小組，迄至民國 89 年 1 月 12 日，總計召開四十九次工作會報。直至民國 95 年 2 月 4 日九二一震災重建暫行條例實施期滿，九二一重建會也隨之結束。

❹　過去在威權體制下，民主化程度不夠。立法院能夠監督行政權的機會其實十分有限。透過行政組織的法律保留，勉強可算是對行政權擴張的一種較為中性的監督。

❹　至少一級至三級機關與獨立機關以外的其他機關，不需要法律保留，可以命令為其設立依據。

❺　在多數或一致政府的情況下　，掌握行政權的執政黨同時握有國會過半以上席

院可以在不先修改組織基準法的前提下，另外增設超過基準法上限額度之新組織，則基準法完全失去其框架功能，連憲法增修條文都形同具文。然而不論是促轉條例還是黨產條例，立法者在增設新組織（促轉會及黨產會）時，皆明定其「不受中央行政機關組織基準法之限制」。此種排除基準法之限制的立法方式是否違憲？釋字第 793 號解釋稱前述憲法增修條文**非屬強制性規定，立法者逕行排除基準法之限制並不違憲⑤**。大法官此舉形同為「基準法」不是「基準」作背書，如此惡例一開，將對我國法治造成重大衝擊⑤。蓋若多數（一致）政府因同時掌握行政、立法兩權而可無所不為，國家權力十分容易失控。故二戰以後的現代憲法都會對國家權力有更細密的控制，並建置違憲審查制度以抑制多數暴力。而基準法或準則法即屬得以更細密控制國家權力的實質憲法，或「活的憲法」；其具有憲法的高度，但比憲法更有彈性。在此理解下，前述增修條文所要求的準則性規定即有

次，行政立法合而為一，是典型的內閣制體制。少數黨面對多數政府，在國會表決上自無法與之抗衡；故須其他制衡機制，如少數連署釋憲，以為平衡；而準則法或基準法的概念亦屬此類機制。在此理解下，例如現在獨立機關的上限是三個，若執政政黨要增設獨立機關，正確的程序至少是先修改基準法的上限額度後，再創設第四或第五個獨立機關。若否，憲法增修條文的授權與基準法的規定就毫無意義。然增修條文第 3 條第 4 項明文規定「各機關之組織、編制及員額，**應依前項法律**」，於此顯示準則性法律不僅必須制定，同時亦具規範效力；且其地位應高於一般法律，因其有憲法明文之特別授權。

⑤ 釋字第 793 號解釋理由書第 23 段謂：憲法增修條文之規定「並未因此而剝奪立法者制定單獨組織法或兼含組織法規定之法律之權限，亦非謂立法者制定關於行政組織之法律時，若未遵循同屬法律位階之準則性法律規定，即構成違憲。」惟本號解釋吳陳鐶、詹森林及張瓊文等三位大法官各自提出的部分不同意見書，皆不認同此多數意見。

⑤ 董保城，黨產條例釋憲釋字第 793 號解釋對我國民主法治是建構或解構之探討，收於：台灣行政法學會編，黨產條例釋字 793 號解釋之評析，元照出版，2021 年，頁 147。

蘊涵節制多數的意思。

　　從權力分立的角度來看，行政權必須受到其他權力部門的監督與制衡，但此種監督與制衡的力量，也不得大到完全剝奪行政權的自主性。正如釋字第 3 號解釋指出憲法所建置之五院：「本憲法原始賦與之職權各於所掌範圍內，為國家最高機關獨立行使職權，相互平等，初無軒輊。」故行政權與其他權力部門的關係，應該是相互牽制但卻互不隸屬。然而立法院高度介入行政院之組織權的情形，過去雖沒有直接引起重大憲政爭議，但最後還是以修憲的方式緩和組織法上的控制。儘管如此，行政院仍僅擁有微弱的自主組織權。

第六章　立法

「立法」一詞直接的理解就是「制定法律」，而「法律」或是「法規範」本身就是一種「命令」，它要求人民必須做什麼或是不能做什麼。在此意義下，制定法律的主體，就是下達命令的主體，所以洛克將立法權界定為國家最高的權力，因為就是由它來對整個國家下達命令的。在民主體制下，國家的最高權威應該歸屬於人民，所以人民就是掌握國家主權的主體。過去的專制君主，基於其作為主權者的身分，成為國家的立法者。今日民主體制下的人民，同樣基於其作為主權者的身分，應該也是國家的立法者。只是在專業分工的現代社會型態下，人民通常將其立法權委託給國會而已。

● 第一節　立法權概說

法律是一種抽象的強制命令，約束社會成員的各種行為。在國家組織中，負責制定法律的機關稱之為國會。但在國會之外，仍有其他機關得以制定抽象規範。另一方面，在權力分立原則的架構下，國會的職權往往不僅止於制定法律而已。

一、多元立法者

在現今的民主體制下，國會固然是最重要的立法者。但是在國會之外，仍然可能存有各種參與制定法律的主體。國會的立法權有時會回到人民手中，有時則會由國際組織所吸納，有時會由國家次級統治組織所瓜分，有時則是國會將其立法權委託給行政權。

(一)公民投票

人民將原本屬於自己的立法權委託給國會行使的體制，稱之為「代議體制」或「代議民主」。在斯巴達、雅典與羅馬共和國初期，立法權曾經是由人民自己行使。公民在特定時間於廣場集合，投票表決法律或是討論公

共議題。這種民主形式稱之為「直接民主」，其實現的條件是小國寡民，且社會分工的程度相對較薄弱。在代議民主與直接民主之間，有另一種折衷模式，就是結合兩種制度之精神，但以代議民主為主，以直接民主為輔，可概稱為「公民投票制度」❶。在公民投票的概念下，尚可分為創制與複決等兩種次類型。一般而言，前者是人民自己提出法案，後者則是人民對於立法機關已經審議過的法案，再一次地進行表決。不論公投的結果是可以直接成為法律，還是要再經國會予以法律化，人民都是透過公投而取回主權者的地位，重新成為最高的立法者。

(二)國際法與自治規章

在全球化下的今日世界，人員與資本財貨高密度流動，伴隨著各種相互牽連的問題，如金融海嘯、跨國犯罪行為、氣候變遷、污染擴散與疾病傳播等，使得任何一個國家都無法完全與外界隔絕而自成一塊絕緣淨土。對於處理跨國越境的各種國與國之間的共同問題，以條約為基礎的國際法成為最主要的法源。各國國內的立法者因之而失去原有的自主性，往往僅能臣服於國際規範之下❷。

在另一方面，隨著民主的普及化，地方自治或地域自主的潮流越來越強。除了在聯邦國家體制之下，聯邦政府的立法權本就有所限縮，以尊重各邦或各州的自主性之外，即使是在非聯邦體制國家裡，國家次級統治團體也紛紛主張更高的自治權。

不論是在國家之上的國際法規，還是在國家之下的自治規章，它們分別吸收或是瓜分了國會的立法權。

---

❶ 有關公投制度的分析可參考，李俊增，公民投票之理論與實踐，憲政時代，第23卷第1期，1997年7月，頁35–52；李俊增，論公民投票之類型及對代議民主政體之影響，憲政時代，第22卷第4期，1997年4月，頁100–118。

❷ 歐洲聯盟各國的立法者必須臣服於歐盟法令之下，乃是歐盟得以建立起來的最重要基礎。在歐盟境內，會員國之國會失去自主性的情形格外明顯。

㈢行政命令

在這個分工複雜的現代社會裡,用來規範社會共同生活與秩序的法規範,不僅在數量的需求上極為龐大,更往往在其內容的要求上,必須是十分專業且細膩。加以科技一日千里、更新迅速、創新不斷,以致於法規範必須跟上變化與更新的節奏。在此背景下,國會逐字琢磨,三讀表決的審議程序,固然是民主所不可或缺的最重要元素,但卻無法適用於所有領域。對於細節性、專業性與變動性皆很高的領域或事項,國會往往需要委託專業行政機關訂定行政命令,以滿足實際行政之需求。在委託行政機關訂定命令的過程中,國會的立法權其實是大量流失的,國會最終僅能掌控大的原則方向與對國家或人民影響重大的重要事項而已。

綜合前述,國會雖然是最高也是最重要的立法機關,但其立法權的內涵卻是日漸改變。在今日成熟的民主國家中,國會立法權的至高性,除了不能改變其委託人,也就是人民透過公投所表達之意志之外,其至高性不僅不一定能挑戰國際法,也常常不能取代地方法。至於在制定抽象規範的數量上,國會所通過的法律,又遠遠不如行政機關所訂定的行政命令。

二、組織與職權

作為代議機關,國會原則上是一個接受人民委託,代替人民來審議法案的機構。但是在不同的社會結構或國家組織結構下,國會也可能反映不同社會階級,或是代表次級統治團體的利益。為了呈現不同的代表面向,常見的國會組織模式是由複數的議會所組成。此外,隨著民主化的發展,國會的職權也隨之不斷擴張,從審議法案出發,到形塑重要公共政策,甚至成為究責與審判的機構。

㈠組織

國會是國家立法機關的通稱,通常就是指研議並通過法案的議會。在歐洲常以 Parliament 作為國會的通稱,在美國則稱為 Congress。不過在英

國，以及部分大英國協的國家如澳洲，Parliament 並不是專指議會而已，同時還包括英國女王在內。這是立法權曾由君主所獨享的歷史遺跡，且因女王與上、下兩個議院共同組成「國會」(King or Queen in Parliament)，所以英國人才說「國會主權」(Parliamentary sovereignty)，亦即國會是英國最高的權力機構❸。

最常見的國會組織模式是兩院制，亦即國會是由兩個不同選舉方式所產生的議會組成。一院制的國家並不常見，歐洲仍有少數幾個一院制的例子，如丹麥、希臘、盧森堡與葡萄牙等國。另外，歷史上尚可見三院制，甚至是四院制的例子，這是拿破崙 (Napoléon Bonaparte) 為了削弱國會的力量而作的精心設計❹。兩院制的發展，除了是基於各國自己的歷史因素之外，通常還有節制立法權的目的。以過去英國的情形而言，君主代表王室、上議院代表貴族、下議院代表人民，這三者共同組成的國會，恰好反映組成當時社會的三種不同階級。所以國會所通過的法律，就是這三種不同階級、不同利益，折衝與妥協的結果。

歐洲現今的兩院制常是「地位不對等的兩院制」，由選民直接選舉產生的下議院掌握主要立法權，由間接選舉產生的上議院或參議院，通常僅能

---

❸ 英國學者區分兩種主權，一種是「法律主權」(Judicial sovereignty)，也就是「國會主權」，意指國會至高無上，除了不能把女人變成男人之外，可制定任何內容的法律，國會是無所不能的。另一種主權則稱之為「政治主權」(Political sovereignty)，它指的就是選民於選舉時所作的投票決定。對於國會所制定的法律乃至高無上，不可被挑戰，甚至是可以對抗國際法的想法，1968 年英國判例中的這段論述十分傳神：What the statute itself enacts cannot be unlawful, because what the statute says and provides is itself the law, and the highest form of law that is known to this country. It is the law which prevails over every other form of law. (Cheney v. Conn [1968] 1 All ER 779, 782.)

❹ 參見 1799 年 12 月 13 日的法國憲法第 2 章與第 3 章，以及爾後的「共和八年憲法」。

暫時性的阻止下議院所通過的法案。一般而言，下議院的任期較短，議員較為資淺年輕，所以所通過的法案可能比較激進。反之，上議院任期較長，議員較為資深年長，且其又不直接向選民負責而肩負著選民壓力，所以比較有全盤審慎考量的能力。由上議院重新檢視下議院所通過的法案，一方面可使法案更加嚴謹周全，另一方面也可調和激進與保守兩種力量。

聯邦制國家的兩院制，參議院通常扮演維護邦或州之權益的角色。以美國為例，聯邦參議院由各州各選出兩名參議員所組成。為了象徵各州地位的平等，故不論州之面積大小與人口多寡，皆有兩名參議員❺。另外，美國的兩院制也是少見的「平等的兩院制」：亦即參議院與眾議院享有完全對等的權力，不像歐洲多數參議院，它們僅有阻止或延遲法案的權力而已。

(二)職權

國會最主要的職責就是制定法律，也就是制定適用於不特定對象的抽象法規範。透過掌握立法權，也就掌握了下達命令的權力，民選的議會遂得以民主的方式取得國家的最高權威。

然而，立法權從君主的手中移轉至國會，乃經歷一段漫長的鬥爭。以英國為例，早自 1215 年的大憲章 (Great Charter) 起，國會以「同意國王徵稅」來換取提出法案權。亦即國王讓國會分享其立法權，允許國會提出法案，但國會必須同意國王的徵稅措施以為交換。在英國的歷史中，如果國王不是為了加稅，通常不會召集國會開會。一直要到 1689 年的「權利法案」(Bill of Rights) 之後，才確立「年度預算原則」，亦即政府的徵稅措施以 1 年為期限，滿 1 年後就必須再召集國會開會，重新對徵稅措施表示同意。從這段歷史可以看到國會最早的職權內容就是提出法律案，並同意徵稅。由於國會滿足國王徵稅的需求，國王通常也會盡量接受國會所提之法

---

❺ 德國聯邦參議院的組成方式不同於美國，它考量各邦人口之不同而有不同的參議員名額，大邦最多至六人，小邦三人。但投票時每邦之代表必須一致，否則視為作廢。

案，使之成為法律。隨著民主化的發展，國會從法案提案者變成法案的審議者，真正掌握立法權。在財稅方面，則從徵稅的同意者變成預算的審議者。總之，審議法律與預算遂成為國會最基礎，也是最主要的職權內容。

除了審議法案與預算之外，在權力分立思潮的影響下，監督或節制行政權，成為國會另一項重要的職能。監督的方式又依政府體制之不同而有所差異：在議會內閣制與半總統制下，國會對政府的監督密度較高，包括日常監督與特別監督兩種。所謂日常監督就是國會於會期內，可利用其質詢權時時檢視政府之作為；所謂特別監督，就是指針對特定議題或發生重大事件時，國會可組專案委員會調查政府之作為。不論是何種監督，內閣制與半總統制國會最嚴厲的監督手段就是行使倒閣權，直接消滅內閣。反之，在總統制下，由於行政不對立法負責，所以國會不能時時對行政部門的各項作為進行日常監督，國會也沒有迫使政權更迭的權力。不過，為了要瞭解特定法律的執行情形，或是針對政府官員的違法失職事件，國會仍得對之進行調查。

最後，為落實監督之職責，國會也是一個究責者。總統制的國會可以透過彈劾程序，迫使總統、政府官員與法官去職。內閣制或半總統制的國會通常也享有彈劾權，且在彈劾權之外，有的國會尚享有審判權，直接審判被彈劾之政務官。此際，議會從一個立法者變成彈劾者與審判者，議員則從民意代表變成類似檢察官與法官的角色。這種發展看似奇怪，其實不過是延續過去的傳統而已。英國的上議院在過去本來就兼具審判的功能；法國議會的前身，更本來就是法院。在權力分立與司法獨立的發展之後，一般司法案件由獨立的法院體系來審理；但仍有國家將政治性格較高的案件，諸如政務官的法律責任，留給國會自己審理。所以國會不僅是議場，有的國會還可能變成法庭❻。

---

❻　例如法國第五共和憲法第 10 章有關內閣閣員之刑事責任的部分，在第五共和憲法第 68 條之 2 就規定：審理內閣閣員因執行職務所引發之刑事案件，由六

●第二節　立法院之組織與委員特權

憲法第 62 條規定立法院為國家最高立法機關，由民選之立法委員組成之。據此以觀，立法院即是我國的國會。不過，在過去國民大會仍存在，且監察院乃依憲法本文規定之方式組成時，釋字第 76 號解釋曾言：「就憲法上之地位及職權之性質而言，應認國民大會、立法院、監察院共同相當於民主國家之國會。」如今國民大會已走入歷史，監察院也不再由間接選舉的監察委員所組成❼，所以我國現今已成為一院制之國會體制。

一、選舉與委員地位

立法院由立法委員所組成，委員選舉方式決定立法院的生態；而立法委員的特權與究責機制，則影響立法院的運作風格。

㈠選舉方式

現行立法委員的產生方式規定於憲法增修條文第 4 條第 1 項，自民國 97 年的第七屆立法委員選舉，立法委員總數為一百一十三人，任期 4 年，連選得連任之。在一百一十三名立法委員中，有七十三人為區域立法委員，六人為原住民立法委員，三十四人為全國不分區及海外僑民立法委員。

選舉時，選民同時有兩張選票，一張選票選「人」，就是選舉區域立法委員與原住民立法委員。另一張選票則選「黨」，以用來分配剩餘的三十四個席次。七十三席區域立法委員中，每縣市至少有一席代表，平均約三十萬人劃分為一個選區。至於三十四個席次，則由政黨提供候選人名單❽，

名參議員、六名國民議會議員與三名最高法院法官共十五人組成專庭審理之。

❼　參見釋字第 325 號解釋。

❽　憲法增修條文第 4 條第 2 項規定：「各政黨當選名單中，婦女不得低於二分之一。」直接以憲法規定婦女保障名額，取代原本憲法第 64 條第 2 項以法律決定婦女名額的規範方式。

席次分配則以政黨選票獲得百分之五以上之政黨，依其得票率來分配席次。這種選舉方式因區域立法委員選票與政黨名單選票分離，彼此互不影響，所以稱為「並立式兩票制」，因每一選區中僅選出一席，故又稱「單一選區兩票並立制」。

　　現行選制的改革緣由，主要是希望改變過去在複數選區下，亦即一個選區可以選出數名委員的制度下，所衍生的賄選、派閥分立、候選人喜走極端與肉桶立法等諸多弊病❾。然而改革迄今，改革希望達致的目的，包括減少賄選、強化黨對從政黨員的控制、候選人不走偏鋒、政策議題成為選戰主軸與減少肉桶立法等，也許因為時間尚短，故尚未見有具體成效。但是兩大黨體制逐漸成形與小黨泡沫化的趨勢則十分明顯❿。新制中的不分區設計，原是希望強化政黨對其黨員與政策的主導能力。但是在實際運作上，大黨的不分區名單往往還是依實際政治實力而排序，很難真的注入理想與專業的新血。最後，總額一百一十三席是否符合我國現實所需，論者見解不一⓫。嚴格來說，紀律與專業才是立法院能否良善運作的關鍵。

---

❾　吳親恩，選制改變的影響：從 SNTV 到「並立式單一選區兩票制」，收於：吳重禮、吳玉山主編，憲政改革——背景、運作與影響，五南出版，2006 年，頁 278 以下。

❿　但這也並非單純是國會選制改革的影響，尚受到總統大選的影響。

⓫　陳新民氏指出，依「議會規模立方根法則」來計算我國合理的立法委員人數應該是二百八十席左右（陳新民，憲法學釋論，頁 582）。李惠宗氏則認為問政品質與立法委員之專業能力與敬業精神較有直接關係，與人數關聯性不大（李惠宗，憲法要義，頁 546）。彭錦鵬氏針對歐美國家國會議員的普遍性研究得出結論如下：平均約每十萬人產生一名國會議員是較為妥適的，以此而論，我國立法院的理想人數應在一百五十人至二百五十人之間。若少於一百五十人，將會面臨委員會人員分配的困境，亦即一名立法委員同時要參與多個委員會，如此不僅無法專業化，也會導致開會出席不易的窘境。參見彭錦鵬，從歐美經驗論國會議員人數及「立委席次減半」，政治科學論叢，第 15 期，2001 年 12

但若在缺乏紀律與專業的情況下，委員人數越少，越容易形成少數專擅恣意的局面。

㈡委員特權

與總統之特權一樣，立法委員特權之所以存在的理由，就是要確保立法委員之職權行使不受妨害。故此特權不是為了委員個人，而是為了委員這個職位而設置的，委員無權拋棄這些因職位而生的特權。而立法委員行使職權最主要的方式，就是人在議會內進行審議與表決。基此，這些特權一方面要確保其能有行使職權的機會或可能性，另一方面也要使其能自由獨立地行使職權。換言之，能否出席議會，以及能否自主地參與討論與表決，就成為其職位特權的內容。

立法委員能否出席開會，取決於其人身自由權。故憲法增修條文第 4 條第 8 項規定：「立法委員除現行犯外，在會期中，非經立法院許可，不得被逮捕或拘禁。」該規定之理解可分下列五點說明：第一，就時間點而言，此處之「會期」應包括常會與臨時會。第二，就逮捕或拘禁事由而言，是否應僅限於刑事案件❷？其實，立法委員特權主要對抗的對象就是行政權❸。刑事上之逮捕或拘禁行為由行政權發動，但尚須經法院審查以核發令狀。即使如此，仍還要經過立法院之許可程序，以強化對立法委員人身自由的保障。與此相比，凡是源自於行政權之限制立法委員人身自由之措施，不論是基於刑事還是行政法上之理由，皆應在本條適用範圍之列。第

月，頁 171–191。

❷　釋字第 401 號解釋謂：「立法委員在立法院內所為之言論及表決，不受刑事訴追，亦不負民事賠償責任，除因違反其內部所訂自律之規則而受懲戒外，並不負行政責任之意。」

❸　法國大革命後建立國會議員特權的說明，即曾如此表示：「這些特權不是為了某一群個體而創設的，其目的就是要置立法權於行政權之上，使立法權不受行政權之侵害。」 Pierre Avril & Jean Gicquel, Droit parlementaire, Paris, Montchrestien, 1988, p. 41.

三，就行為地點而言，應指院外行為。諸如開會時毆打同僚或毀損公物等院內暴力行為，應由議長之警察權處理；院外之其他機關，如檢察官，不宜主動介入處理。第四，立法院許可程序旨在避免行政濫權，而非進行審判。故在有正當理由的情況下，例如已取得法院核發之令狀時，立法院即應同意。第五，不被逮捕特權既不是一種司法豁免權，也不是一種暫時性的程序障礙，而只是多一道國會同意的保障程序而已。

就算議員能夠親身出席議會，但在討論中不能暢所欲言，自然就使議會無法發揮審議與監督的功能。以英國為例，早在 1397 年就有下議院議員提出減少王室經費的議案，卻被以叛逆罪科刑的案例。歷經多年鬥爭，直到 1689 年的權利法案第 9 條才正式確立：「院內之言論、辯論或議事，不應受任何法院或國會外任何其他場所之控訴或審問❶。」美國憲法第 1 條第 6 項規定：「議員於院內所為之演說與辯論，於院外不受訴究。」法國國會在 1789 年也規定議員在國會內為執行其職權所為之提案、建議、意見或言論，以及表決行為，不負任何責任❶。我國憲法第 73 條也規定立法委員於院內所為之言論與表決行為，對院外不負責任。從各國立法例來看本條規定，保障重點在於「院內行使職權之行為」與「表達意志或思想」等兩部分。委員的院外行為，如委員之報紙投書、新聞稿、簡訊或在電視廣播媒體上的言論，不在本條保障之列。委員的院內行為，雖於行使職權之際，但卻無具體表意內容者，如開會時以杯子或麥克風砸傷人，亦不屬保障事項。不同於不被逮捕特權僅是程序上的保障機制而已，言論免責特權則是

---

❶ 朱蔚菁，立法委員言論免責權保護範圍及界限之研析，收於：立法原理與制度，立法院法制局編印，2002 年，頁 9。

❶ 法國曾經出現過一次例外，就是在 1940 年 7 月 10 日於國會中投票支持授與貝當元帥掌握全權的議員，在二戰結束後被剝奪議員的參選資格。此即典型的因國會中之投票行為，於日後被追究的案例。參見 Pierre Avril & Jean Gicquel, Droit parlementaire, Paris, Montchrestien, 1988, p. 41.

實體上的權利，它並且可以持續到卸任之後。

對於議員言論免責權的範圍，大法官在釋字第 435 號解釋有進一步地闡釋。首先，必須是與行使職權相關之行為才受保障。於此意義下，舉凡在院會或委員會之發言、質詢、提案、表決及院內黨團協商與公聽會之發言，皆屬保障範圍。其次，諸如肢體動作侵害他人法益之暴力傷人行為，不在保障之列。最後，立法委員行為是否逾越保障範圍，應盡量尊重議會自律原則。但司法機關為維護社會秩序與被害人權益，必要時仍得依法偵辦。

(三)究責機制

立法委員如何被課責？可分院內與院外兩個面向來看。

1.院外究責

就院外而言，基於議會自律原則，議員行使職權之行為原則上不受外界訴究 ❶⑥。僅有在選舉時向人民負責，由選票決定其去留；此種責任就是一種政治責任。但是人民究竟以何種標準來決定委員任職期間的得失？甚且，憲法第 133 條規定：「被選舉人得由原選區依法罷免之。」換言之，委員除定期改選之外，在任期期間也可能因其行為而遭選民罷免。釋字第 401 號解釋也說：「立法委員因行使職權所為言論及表決，自應對其原選舉區之選舉人負政治上責任。……原選區選舉人得以國民大會代表及立法委員所為言論及表決不當為理由，依法罷免之。」然而，立法委員究竟是其選區之代表？還是國家之代表？立法委員議事時，應以全國利益為考量，還是以其選區利益為考量？例如政府欲與他國簽訂自由貿易協定，允許該簽約國之農產品進口。立法委員在審議此條約案時，農業縣的立法委員若以全國整體經濟利益為考量而投票同意該案，得否因此違反其選區選民利益之投票行為而被其選區罷免？

---

❶⑥ 如前所述，憲法第 73 條規定立法委員在院內所為之言論及表決，對院外不負責任。

民意代表若是僅代表其選區利益者，此種代表性質被稱為「強制委任」或「命令委任」，亦即代表本身無自主性，應依選民或選區的指令在議會中議事。反之，民意代表若不是僅代表其選區之利益，而應是以作為整個社群或政治體之代表而自許，則其就應以社群的全體利益為考量而議事，不受選區利益的牽制，這種代表性質基於其獨立於選區利益與選民之外的特性，被稱為「自由委任」或「法定委任」❶。我國憲法一方面承認立法委員執行職務之免責特權，而有自由委任的色彩，但在另一方面又建置罷免制度；且釋字第 401 號解釋又認為可針對立法委員院內之言論與表決行為進行罷免，致使二者存有衝突❶。只是實務上因罷免程序不易推動，方才大幅化減此矛盾。

事實上，多數西方民主國家並不存在國會議員的罷免制度，正是因為它們肯認「自由委任」的理念。我國憲法仍存有罷免制度，可說是受孫文先生的影響。而孫氏之所以重視罷免制度，是因為他擔心一旦選出代表之後，代表就不再受人民所節制❶。然而我國在建立共和國之初，民主法治

---

❶ 回顧早期強調自由委任的說法，著名政治家、哲學家柏克 (Edmund Burke) 曾說：「議員一旦當選之後，就不再是選區的代表，而是國會的一員。」法國啟蒙運動思想家孔多塞 (Marquis de Condorcet) 也說：「作為人民的代表，我都是以我所認為之最符合人民利益的方向來作為。但是，人民送我入國會，並不是要我代替他們，表達他們的立場，而是要我表達我自己的立場。我的意見的絕對獨立，是我應向人民所盡之義務中的首要義務。」(M. Van Der Hulst, *The Parliamentary Mandate. A Global Comparative Study*, Inter-Parliamentary Union, p. 7.)

❶ 一旦是採自由委任制度，議員代表整個國家而非代表其選區，選民自然就不能以議員的職權行為，作為罷免的理由。

❶ 從孫文先生的論述來看，其應是以美國制度作為參照。美國的特色有二：一是柔性政黨，政黨組織鬆散，故議員多是以個體作為政治行動單位，國會運作看起來格外多元無序。二是美國眾議員任期僅 2 年，改選頻繁，本無需罷免機

皆無經驗，政黨政治與選舉競爭並不存在，故不得不讓選區選民成為節制議員的唯一主體。可是在由選區選民直接對其代表課責的「強制委任」制度下，如果選民的民主素養不夠，或其經濟社會條件並不夠理想時，就十分容易形成「恩侍型」政黨與政客。所謂「侍從主義」（或譯恩侍主義(Clientelism)）乃描繪「恩庇者」與「侍從者」間的交換與依賴關係。「恩庇—侍從」是一種垂直互惠的交換結構，此種結構是經由非正式的人際關係所聯結。其中「恩庇者」(patrons) 具有較高的政經或社會地位，而「侍從者」(clients) 則透過對恩庇者的效忠與服從來換取各種資源。雖然侍從者是較弱勢的一方，但其亦擁有恩庇者所缺乏或極需的資源，例如選票，如此二者之間的交換關係才有可能建立❷。而「侍從主義」可以確保選民對其代表的控制，幾乎可以說就是「強制委任」制度所必然產生的結果。在政治實務上，侍從主義時常伴隨著賄選、政商黑金交換結構四處叢生、地方派系林立、賤售公權力與犧牲公共利益之現象層出不窮。這是為什麼西方民主國家多採自由委任制度，並沒有設置罷免制度的理由❷。在另一方面，如果政黨政治能夠成熟發展，特別是形成全國性政黨後，民主競爭運作會使得政黨有可能慢慢擺脫侍從主義的控制。因為全國性政黨以執掌中央政權為目的，為了選舉勝利，它必須獲得各個階級與各個地方之支持，

制。參議員雖任期 6 年，但又選區過大，不易罷免；故美國沒有罷免制度。總結這兩項特色，孫氏認為建立罷免制度才可矯治議員亂象。

❷　參見 Eisenstadt, Shmuel N. & Roniger, Luis (1981), The Study of Patron-Client Relations and Recent Developments in Sociological Theory, in E. Shmuel N. & René Lémarchand (Eds.), *Political Clientelism, Patronage and Development*, Beverly Hills, CA: Sage, 1981, pp. 271–295.

❷　侍從主義的形成，不僅受強制委任的影響，還有選舉制度本身也可能有助於恩庇侍從關係的形成。例如民國 97 年前我國立法委員選制、縣市議員選舉制度採取複數選區單記不可讓渡投票制 (Single-nontransferable vote, SNTV)，在地方層次造成嚴重的賄選、地方派系與黑金政治等問題，迄今仍不能有效改善。

故而能比較不受特定選區或選民之挾持。甚且，全國性政黨為了實現其執政的全國性政見，有時還必須更換或剔除被地方綁架的議員，或因為他們以地方特定利益來阻礙國家改革，或因其深陷於恩庇侍從結構內，弊案纏身。綜合前述，吾人可以十分粗略地歸納出以下兩組聯結：「強制委任—選區利益—恩侍型議員或地方派系—賄選與黑金政治」與「自由委任—國家利益—政策型政黨—政策辯論與政見競爭」。

　　若欲化解我國憲法一方面承認自由委任之精神，另一方面又存在罷免制度的矛盾❷❷，在制度設計上應提升罷免制度的運作難度，使其成為一個使用頻率極低，幾近是備而不用的制度。此外，也應增強政黨的憲政地位❷❸，透過政黨的內部制約力量，來降低侍從主義所可能帶來的各種弊病。

　　民國 102 年 9 月我國爆發立法院長涉嫌司法關說的弊案，涉案院長因屬不分區立法委員，而遭其所屬政黨予以開除。由於涉嫌關說者失去不分區立法委員之身分，連帶會失去立法院院長的寶座。由此事件引發以下兩個問題：第一，政黨與其所屬從政黨員的關係為何？議員應否屈從於黨意？政黨可否以黨紀作為監控議員，甚至是淘汰議員的工具？第二，不分區委員的法律地位為何？不分區委員選上議長或副議長後，其所屬政黨能否開除其黨籍？這兩個問題都是政黨能否對其同黨議員進行監督課責的問題。

---

❷❷　釋字第 499 號解釋理由書謂：「相關機關以自由委任理論為其採無記名投票理由一節，按現代民主國家固多採自由委任而非強制委任，即民意代表係代表全國人民，而非選區選民所派遣，其言論表決對外不負責任，原選區之選民亦不得予以罷免，但非謂民意代表行使職權因此全然不受公意或所屬政黨之約束，況且我國憲法明定各級民意代表均得由原選舉區罷免之（憲法第一百三十三條及本院釋字第四〇一號解釋），與多數歐美國家皆有不同，就此而言，亦非純粹自由委任，從而尚不能以自由委任作為其違背議事規則之明文規定採無記名投票之正當理由。」

❷❸　例如在選罷法中規定獲得一定支持率的政黨可以獲得政黨補助，可以在提名參選時享有比較優越的地位等。

　　有人認為本適用於「議員」與「選民」之關係的「自由委任」理念，也應適用於「議員」與「政黨」間之關係。其理由為議員應代表公共利益，而非政黨利益，不應依政黨指令投票。且一旦議員只遵從黨意並臣服於黨紀之下，將使議員失去代表人民的代表性，違反民主精神。論者更援引德國基本法第 38 條第 1 項規定說明議員應秉其良心投票，乃民主之真諦。這樣的說法有以下三個問題：第一，「政黨」與「選民」並不相同，自由委任強調不受選民意志或選區指令拘束的想法，能否直接套用到政黨上？第二，要求議員不應聽從「黨意」，而應傾聽「民意」，不遵從民意就是反民主的說法，本身就是思路錯亂。因為既然以自由委任的理由要求議員脫離「黨意」之控制，基於相同理由，議員更應脫離「民意」之挾持。如何可能在自由委任的理念下，要求議員不受「黨意」控制，但卻要遵從「民意」❷❹？第三，即使援引外國法，也要注意本國憲法之特色與外國法之細節。我國不是「純粹的」自由委任制度，憲法條文及大法官釋字第 499 號解釋之解釋理由書都已說得十分清楚。所以外國法之「是」，並不因之而可導出我國法之「非」。更重要的是不能隨意模糊外國法之內容或細節。德國基本法第 38 條規範的對象是眾議員，而非參議員。德國參議員投票議決就不能僅憑其一己之良心或信念，而是要遵從其所代表之邦的指令❷❺。同是國會議員，但因其所代表之對象的不同，故無法一體適用自由委任之理念。綜上分析，我國選區立法委員僅適用「不純粹」之自由委任理念，不同於歐美國家，大法官早已闡明。而不分區立法委員更是代表「政黨」，而非代表「選區」，為何「能」或是「應」一體適用自由委任理念呢？如果邦政府可以自由抽

---

❷❹　例如執政黨計畫開徵能源稅，有黨籍立法委員甲投票支持徵稅政策，其選區選民因反對此項政策而發動罷免甲。其被罷免的理由就是：「甲違背自由委任之精神，屈從於黨意，卻背離民意。」

❷❺　參見德國基本法第 51 條第 3 項規定各邦代表必須一致投票，不得各自分歧投票。

換代表其邦之眾議員，為何政黨不能自由抽換代表其黨之不分區立法委員呢？

我國現行公職人員選舉罷免法第 73 條第 1 項第 3 款規定：「全國不分區及僑居國外國民選出者，其所遺缺額，除以書面聲明放棄遞補者外，由該政黨登記之候選人名單按順位依序遞補；如該政黨登記之候選人名單無人遞補時，視同缺額。」同條文第 2 項規定：「全國不分區及僑居國外國民立法委員，在就職後喪失其所屬政黨黨籍者，自喪失黨籍之日起，喪失其資格，由中央選舉委員會函請立法院予以註銷，其所遺缺額，除以書面聲明放棄遞補者外，由該政黨登記之候選人名單按順位依序遞補；如該政黨登記之候選人名單無人遞補時，視同缺額。」上述規定對於不分區立法委員應受政黨節制，並在喪失黨籍後即失去立法委員之地位，規定十分清楚。就憲法解釋而言，釋憲機關很難有充分的理由認為黨籍與不分區立法委員職位之聯結關係違憲❷❻。而對於不分區立法委員的罷免問題，由於不分區立法委員並無特定選區，而是以全國為一選區，所以自然無法由選民進行罷免。在此情況下，將政黨對其不分區立法委員之控制視同是選區選民對其選區立法委員之控制，成為確保兩種立法委員同受其所代表之團體控制的合理推論方式。故大法官在釋字第 331 號解釋中說：不分區立法委員不適用罷免規定，並不違憲，但不分區立法委員如喪失其所由選出之政黨黨員資格時，自應喪失其中央民意代表之資格。

基於相同邏輯，不分區立法委員一旦當選院長或副院長，雖然其享有立法院院內選舉的民主正當性，但不應因之而改變其不分區立法委員的基本屬性。如果其先後享有兩種民主基礎，先是選民以政黨為考量所投之政黨票而產生的不分區立法委員，後是立法委員集體選舉產生的院長或副院

---

❷❻　除了前述我國特殊的自由委任法制外，更重要的是不分區立法委員與選區立法委員本就不同，在選舉時，不分區立法委員是選民針對「政黨」投票，以政黨票作為分配席位之基礎。

長職位。前者仍是後者的前提條件，故不可能因後者之理由而可跳脫前者之基礎。試想如果院長是由選區立法委員出任，後該院長遭其選區選民罷免通過，難道該院長可以主張其乃立法院所選出之院長，選民無法罷免其立法委員職位？還是其雖喪失立法委員職位，但依然獲得立法委員之支持而可繼續擔任院長？

　　綜上，我國現行法制自有其憲法基礎與特色，的確與西方民主國家不盡相同，但並不因為與他國制度有所出入，就是一種落後或是錯誤的法制設計。我國現制當然還有改革的空間，不過任何改革都不能漠視我國現今真正的民主現實：包括賄選與黑金依舊，立法委員依賴恩侍交換獲得席次與其他利益，國會很難真正進行政策審議與辯論，以及政黨本身弊病叢生等，這些都需要設法改進。然而無論如何評價我國現制，最不該出現以下兩種情況：一是將他國制度囫圇吞棗地援用，既未深入他國制度之細節，也不理解形塑他國制度之歷史背景與政經社文結構。二是思想理路錯亂。例如一方面高舉自由委任之大旗，痛批立法委員昧於良知屈從於黨意；但在另一方面卻又高喊人民最大的口號，支持罷免屈從黨意的立法委員。

　　除去甚少運作的罷免制度之外，定期改選就成為最重要的院外課責機制。為求在選舉時能獲得選民的好感與支持，立法委員最重要的工作變成是在其選區內從事「選民服務工作」❷❼，以穩固其票源。至於在國會殿堂內，立法委員或偏好以作秀或爆料揭弊等方式，博取媒體版面與知名度；或僅為其選區利益全力阻撓改革，甚至不惜違背其所屬政黨所確立的政策方向，卻與敵對政黨暗通款曲；最嚴重的是處處為利益團體或特定廠商關說與護航，使得立法院成為關說與黑金中心。總之，在選舉與個人利益的驅策下，立法委員難以國家整體利益作為行使職權之基礎，也不一定能遵

---

❷❼　所謂「選民服務工作」的內容包羅萬象，包括出席選民的婚喪典禮、舉辦各類聯誼活動、提供各類行政資訊、協助各類行政申請案件的辦理，到協助選民對抗行政部門之取締行為，進行違法關說等，不一而足。

從黨團之政策領導，且通常無心或無法致力於政策與法案的審議，成為我
國立法委員普遍的問政風格。

既然「選區服務」與「地方經營」才是選戰成敗的關鍵，立法委員在
國會殿堂內的議事表現，就變得無足輕重。甚且，因為其在議場內之諸如
肢體暴力或破壞公物等激進行為，反而更容易引起媒體的注意。選民也可
透過此類行為所傳遞的簡化意象，如為誓死反對國外農產品進口而打架或
流血掛彩，進而深信某立法委員乃為其利益而奮戰。所以不少立法委員熱
衷於肢體暴力問政，而不知理性之政策討論或辯論為何物。在此背景下，
國會議事秩序混亂，流血暴力衝突事件頻傳，也就不難想像。只是對於此
國會亂象，難道沒有任何究責機制以維護議事秩序？

2.院內究責與議事阻撓

議事阻撓或議事杯葛 (parliamentary obstruction) 與議會院內咎責機制，
二者息息相關。民主國家通常出現多數黨執政的情況，少數黨僅能以各種
議事阻撓手段來阻止或延緩法案通過。諸如冗長發言 (filibuster)、大量提
案、疲勞清點人數與各類動議、深化審議之要求等，是常見的合法阻撓手
段。至於運用噪音暴力、語言暴力與肢體暴力等各種方法破壞議場秩序，
阻止會議進行等，則屬我國常見之非法阻撓手段。議事阻撓本身並非毫無
制度意義，它仍有可實現議員尊嚴、提升審議功能、喚醒公眾警戒與減緩
政治激化等正面功能❷❽。但若任令特別是非法的議事阻撓持續發生，導致
完全癱瘓議會功能，此亦非民主國家所能容忍；故須有議會內部咎責機制
以維護議會紀律。

在議會自律原則下，議會應自行處理其議會內部事務。立法院在各界
批評的壓力下，於民國 88 年 1 月通過「國會改革五法」❷❾。但是歷經數年

---

❷❽　有關議事阻撓的詳盡介紹，參見陳淳文，議事阻撓與少數保障之憲法規範初
　　探，政大法學評論，第 159 期，2019 年 12 月，頁 69 以下。

❷❾　此五法包括立法院組織法、立法院職權行使法、立法委員行為法、立法院各委

運作，國會亂象並沒有改善。為何會如此？理由很簡單：荒腔走板的議事行為不僅不會引起外部選區選民的不滿，反而可能強化選民對其之支持。在無外部課責的情形下，僅能依賴內部課責，但是立法院對於違反紀律者，不僅法規所規定的處罰太輕，更嚴重的是幾乎都不依法規來制裁違規者。僅以立法委員行為法第 7 條與第 28 條規定略作說明：依前者之規定，委員議事時不得使用辱罵或涉及人身攻擊之言詞，不得有破壞公物或暴力之肢體動作，不得占據主席台或阻撓議事之進行，不得脅迫他人為議事之作為或不作為等。違者主席「得」交紀律委員會議處。後者規定對於違規者之處罰，按情節輕重分別處以「口頭道歉」、「書面道歉」、「停止出席院會四次至八次」、「經出席院會委員三分之二同意，得予停權 3 至 6 個月」等四類處罰。先就處罰類別而言，前三者對立法委員而言根本不痛不癢，最後一種處罰看似比較嚴重，但卻要「主席裁定送紀律委員會」、「紀律委員會裁定送院會表決」與「院會表決通過」等三道關卡，成案十分不易。再就程序而言，紀律委員會的組成方式與其審議程序，必須能確保公正審理，避免黨同伐異。最後，主席或院會得決定是否將違紀者移送紀律委員會。但因主席有移送與否的裁量自由，故若主席鄉愿，或同黨立法委員相互掩護，則違紀者根本就不會被交付懲戒。就算紀律委員會真的有機會面對違紀案件，也往往無法作出應有之制裁決議❸⓪。

二、議事組織

議會為合議制組織，整個組織能否良善運作的重要關鍵就是主持會議的主席。此外，會期的安排與協助會議進行的其他機制，對於議會的運作

員會組織法與立法院議事規則。

❸⓪ 以民國 102 年 9 月的立法院院長及黨團總召涉嫌關說案，事件鬧得驚天動地，但兩個當事人中，一個根本沒有送入紀律委員會，一個雖進入紀律委員會，但卻沒有作出任何紀律措施。

成效，也有相當程度的影響。

㈠正、副院長

院長與副院長乃立法院之靈魂人物，因為他們主持會議，綜理院內行政事務，主導立法院運作的走向。而依憲法第 66 條及第 129 條規定合併以觀，憲法明定正副院長的選舉方式為秘密投票。實務上院長與副院長分開選舉，任期原則上與立法委員任期相同。但若經三分之一委員提議，出席委員三分之二以上通過，則得予以改選。

議會作為各黨派與利益匯聚與相互對抗的場域，衝突在所難免，故維持議事紀律與秩序則成為最重要之事。立法院組織法第 3 條第 2 項規定：「議長應本公平中立原則，維持立法院秩序，處理議事。」但在實務上，我國立法院議事秩序一直無法上軌道。究其原因，除了前述針對立法委員之究責機制成效不彰之外，院長的角色亦不容被忽視。

「公平中立」與「維持秩序」二者不僅不相違背，甚至是互為因果。理論上，因為議長公平中立地主持會議，故議場秩序方得以獲得維持。但我國實務卻成為：為了表示中立，故議長對於委員違紀行為採取消極不介入、不作為的態度，如此造成議場的失序與暴亂。此外，「公平中立」也不必然與「政策立場」相衝突。議長是在適用議事程序規範時，中立執法，此純屬程序性質，但不表示議長不能配合或支持其所屬政黨之政策。固然英國下議院議長完全脫離政黨活動，以顯示其超然中立之地位❸❶。但是美國或是法國國會議長，本身皆與其所屬政黨有密切的互動關係。事實上，不論何種政府體制下的國會議長，都必須要公平中立地執行或適用國會紀律規則，以維繫議場紀律。至於是否須進一步地要求議長退出所有政黨活動，應視各國憲政傳統而定，並無定則。

㈡會期

議會進行審議行為，依不同程序階段或不同議題事項，而有不同的議

---

❸❶　法治斌、董保城，憲法新論，頁 381。

事組織。此外，議會運作期間稱為「會期」。比較法上有「單一會期制」與「兩會期制」等兩種常見的制度。單一會期乃以一整年為一個會期，包括美國、英國或日本皆屬之。兩會期制則是 1 年有兩個會期，我國即屬之。憲法第 68 條規定立法院每年兩次會期，第一次是 2 月至 5 月底，第二次是 9 月至 12 月底止。此會期期間所開之會，謂之「常會」。常會的特徵是會期固定，且自行集會。但在常會之外，立法院尚得經由總統咨請或四分之一以上立法委員之請求而開「臨時會」。臨時會的特徵則是需要經召集後才能開會，且其開會時間必須討論原訂較為急迫或特殊之事項❸❷。

　　但是我國近年來的實際運作情況是：常會期間立法委員不願認真開會，常常因各種杯葛行動而癱瘓議事程序，議長無法掌控議會紀律，各種違紀行為如霸占主席台，幾乎天天上演。政府優先法案與國家重要政策都因議會癱瘓而寸步難行。這種情形出現於少數政府時期，或許還勉強可以被理解。但自從民國 97 年起我國屬於多數政府，執政黨擁有立法院過半之席次，理當可以順利推行政務。可是實際上卻一樣無法施展，政府重要政策都因少數黨以違反議事規則之方式癱瘓議會而無法通過立法。在常會會期結束後，政府不得不請求議會再開臨時會。原本應屬例外情況的臨時會，已成每個會期結束後的家常便飯。甚至在臨時會中，各種杯葛戲碼一樣照常上演。換言之，不僅常會一事無成，連臨時會也常是以幾近繳白卷的方式收場。官員浪費時間在立法院內枯坐整日，空忙一場；立法委員則老戲重唱，但不會因臨時會而少領演出費。

　　「兩會期制」是法國議會的傳統，其存在的理由一方面可作為政府體制之區別，另一方面則是讓行政權得以喘息❸❸。不過法國在 1995 年修憲，

---

❸❷　除開常會與臨時會外，立法院議事規則第 19 條還規定有「預備會議」，其功能在處理委員報到、就職宣誓、推選會議主席與選舉正副院長等事宜。參見羅傳賢，立法程序與技術，五版，五南出版，2008 年，頁 504。

❸❸　在法國的憲政經驗中，議會全年為一個會期的體制，就是由議會掌握全權的革

將兩會期制改為單一會期制，但開會日期則降低到全年不得超過 120 天❸❹。故其雖改為單一會期，但讓行政權得以喘息的想法，並沒有因之而改變。

㈢委員會

立法院最高的決策機關就是立法院會議，簡稱院會。院會之外，尚有各種委員會。就性質而言，我國立法院委員會可分為全院委員會❸❺、常設委員會❸❻、特別委員會❸❼與特種委員會❸❽等四種。委員會的功能又依不同國家體制而有所不同。以英國為代表的「院會中心主義」體制下，法案的成敗關鍵乃在院會，委員會本身無特定職權，僅是在院會的委託下進行審查工作❸❾。反之，以美國為代表的「委員會中心主義」，委員會則有「小國會」之稱，對於法案之成敗有決定性之影響。凡是委員會所擱置的，該案就無法進入院會討論；凡是委員會所通過的議案，到院會也會受到高度的尊重。於此，委員會所扮演的功能，包括篩選法案、專業審查、利益或意

命體制或是委員會體制。反之，議會分成兩個會期，不是終年持續運作，則屬議會內閣制，因為行政權由內閣負責，議會僅適時監督即可。參見 Pierre Avril & Jean Gicquel, Droit parlementaire, Paris, Montchrestien, 1988, p. 89.

❸❹　美國國會全年開會約 200 日，英國約 180 日，日本常會會期不超過 150 日。法國舊制則規定全年常會最多不得超過 170 日。參見羅傳賢，立法程序與技術，頁 500。

❸❺　全院委員會雖與院會組成成員相同，但功能不同。全院委員會仍是委員會，乃處理院會部分審議事項之前置程序。其任務包括：行使同意權前之審查、行政院移請覆議案之審查、處理不信任案之審查、追認緊急命令之審查、總統副總統彈劾案與罷免案之審查與補選副總統案之審查等。

❸❻　常設委員會依專業分工，通常與內閣部會相對應。諸如內政委員會、外交及國防委員會、經濟委員會、交通委員會、財政委員會等皆屬之。

❸❼　特別委員會乃屬任務編組，針對特定議題而設之臨時性組織。

❸❽　特種委員會不隨會期結束而終止，主要處理院內事務，包括程序委員會、經費稽核委員會、紀律委員會、修憲委員會等。

❸❾　參見羅傳賢，立法程序與技術，頁 554。

見整合與專業監督行政權等❹。

我國目前立法程序中，法案一讀後，除例外逕付二讀外，通常要交付委員會審查，故委員會扮演重要的角色。但由於委員會所通過之條文，尚可被政黨協商所推翻；委員會又缺專業形象與決策權威，所以論者稱我國目前乃以委員會中心主義為名，院會中心主義為實的國會制度❹。

㈣黨團協商

在我國立法程序中，尚有一項十分值得注意的制度，稱為「黨團協商」。該制度主要規範於立法院職權行使法第 12 章，其目的是要解決重大爭議。然而實際運作之後，有時反成為阻礙立法進程，甚至成為利益交換的中心❹。依目前立法院組織法第 33 條規定，僅須擁有三席就能成立黨團。而黨團協商制度設計各黨團地位平等，以利一起協商。但如此反造成擁有三十席以上的大黨與擁有三席的小黨，平起平坐的怪異現象。如此不僅違反民主國家多數決的基本精神，更容易使小黨可以杯葛或綁架法案，也會鼓勵政客動輒以脫黨自組聯盟的方式要脅，以遂一己之私❹。黨團協商制度強調以共識取代多數決，表面強調和諧，實則破壞多數決原則。再者，由於黨團協商可以推翻委員會已經通過的事項，它亦違反建立委員會之專業分工精神。最後，黨團協商會議僅由院長、副院長與各黨團推派兩名代表參加，使得原應多數人參與審議的立法工作，變成由少數人進行交易的場域。尤其由院長、副院長固定參與黨團協商，反而不利於其在院會中所應扮演的中立角色。此外，由於過去黨團協商都是以違反立法院職權

---

❹　參見羅傳賢，立法程序與技術，頁 556–557。

❹　參見羅傳賢，立法程序與技術，頁 556。

❹　相關分析與檢討請參閱陳淳文，太陽花運動後的國會改革展望，憲政時代，第 42 卷第 2 期，2016 年 10 月，頁 133 以下。

❹　王業立，國會中的政黨角色與黨團運作，月旦法學雜誌，第 86 期，2002 年 7 月，頁 95。

行使法第 70 條第 4 項協商應全程錄音、錄影並紀錄的規定，所以成為黑箱中心。民國 105 年年底立法院修改立法院組織法第 5 條，其規定除秘密會議外，包括黨團協商在內的各類會議皆應全程錄音、錄影並轉播；如此雖有改善過去黑箱協商之惡習，但並不能解決前述黨團協商制度的相關問題。

●第三節　立法院之職權

國會的權限範圍究竟為何?依不同之國家結構與政府體制而有所不同。又國會職權之行使，又常與行政權發生互動關係。特別是在議會內閣制與半總統制下，行政、立法兩權互動十分頻繁。

一、權限範圍

立法院最主要的職權當然就是立法權。通常國家立法權的範圍會受到權力分立原則的影響，一方面在垂直面向上可能與次級統治團體發生分權的情形；一方面也可能在水平面向，與其他憲法機關產生權限衝突。以下先概述垂直分權，再談水平分權。

㈠垂直分權

國家組織結構模式決定立法權範圍的廣狹。基本上，聯邦國家的立法權乃是一種「有限的立法權」，或是「列舉的立法權」。此種限縮聯邦立法權的制度模式，其主要目的就是要保障組成聯邦之次級統治團體，也就是「州」或「邦」的自主性。以美國為例，有的州有死刑，有的州早已廢止死刑。如此涉及人民生命權的重要事項，卻是一國多制，此乃因包括聯邦國會立法權在內的聯邦政府，其所擁有的權力乃是有限列舉的權力 (enumerated powers)❹。雖然美國憲法對於聯邦立法權之範圍採取列舉規定的方式，但隨著聯邦制度的發展與聯邦最高法院的判例政策，使得聯邦立

---

❹　Madison 在《聯邦論》的第四十一到第四十四篇中，將這些權力分為六大類，並詳細描述。現在這些列舉權力則規定於美國聯邦憲法第 1 條第 8 項中。

法權有擴增之趨勢。聯邦最高法院主要以「隱含的權力」（或稱默示的權力）與「商業條款」等兩個途徑來放寬憲法對聯邦立法權的限制。所謂「隱含的權力」意指：憲法雖然沒有明文授權國會得於特定領域內立法，但是為了實現憲法所規定之事項，國會得以立法促使憲法所規範之目的實現。典型的案例就是 McCulloch v. Maryland 一案❹，1816 年國會立法創設美國第二個銀行。法院要回答的問題就是：「憲法有賦予國會創設銀行的權力嗎？」法院在此案判決中表示：國會無權為了創設銀行而創設銀行，但是若為了實現憲法本已賦予國會之職權而立法，例如為了處理戰爭、徵稅或規範商業活動之事項而立法設立銀行，只要不是直接違反憲法所禁止之事項，此項立法行為就屬合憲。其次，美國憲法第 1 條第 8 項第 3 款賦予國會規範美國與外國、美國國內各州之間，以及印地安部落間的商業活動。此授權規定即是所謂的「商業條款」。國會透過此條款，不僅可以立法介入各州之經濟活動，甚至可以介入種族歧視問題。例如國會可以立法規範各州州內企業之勞資關係，只要這些企業的產品跨州銷售❹；或是國會可以立法強制規定適用於全國各州的最低工資與最高工時，因為這些規定會對州際貿易產生影響❹。同樣的，在商業條款的名目下，國會還可以立法禁止各州旅館❹與餐廳❹的種族歧視行為❺。

---

❹　McCulloch v. Maryland, 17 U. S. 4 Wheat 316 (1819).

❹　National Labor Relations Board v. Jones and Laughlin Steel Corporation, 301 U. S. 1 (1937).

❹　United States v. Darby, 312 U. S. 100 (1941).

❹　Heart of Atlanta Motel, Inc. v. United States, 379 U. S. 241 (1964).

❹　Katzenbach v. McClung, 379 U. S. 294 (1964).

❺　不過聯邦權與州權的消長並非一成不變，而是不同時期有不同情況。例如聯邦最高法院也曾認為商業條款不足以讓國會得以制定適用於全國的法律，禁止在學校周圍帶槍 (United States v. Lopez, 514 U.S. 549 (1995))；或是強制各州以更嚴格的規定來管制槍枝買賣 (Printz v. United States, 521 U. S. 898 (1997))。

　　同樣是聯邦國家，德國基本法對於聯邦與邦之立法權的分配，有比較明確的規定。基本法將立法權分成「聯邦專屬事項」與「聯邦與邦共享事項」二類❺❶。儘管有此區分，但聯邦立法權仍有不斷擴張之趨勢。其擴張之方法包括基於「相關性」、「附帶性」與「本質性」等三種途徑。例如有關廣播電視原屬邦之立法事項，但是規範政黨公平競爭則屬聯邦事項。對於政黨於電視頻道上的政見時間分配規定，雖涉入邦之立法事項，但基於其與聯邦事項之相關性，聯邦立法權因之而可介入規範。又如有關車站的警察權，則是附帶於鐵路運輸事項而來。至於首都的地點或是國旗的圖案等事項，則基於其本質性而屬聯邦立法權之事項。

　　單一國的中央立法權原則上是屬完整性且概括性的立法權，亦即其幾乎可以介入任何事項。不過即使是在單一國體制下，現今多數民主國家皆重視並尊重地方立法權。所以中央立法權也必須適度尊重地方立法權，使得國家次級統治團體享有一定的自治空間。我國乃單一國體制，但憲法對於地方權限給予一定程度之保護，故立法院之立法權，不能過度介入地方自治領域。特別是在憲法本文中，憲法第 112 條規定省得制定省自治法，憲法第 114 條復又規定省自治法制定後，即應送司法院審查，於此顯示省之地位的重要性與自主性。雖然修憲之後，省已不再是地方自治團體❺❷，但並不因之而改變我國中央與地方均權之憲法基本架構。故釋字第 498 號解釋特別強調地方自治屬憲法上之制度性保障，如此方能實現住民自治與垂直權力分立之功能。

㈡水平分權

　　立法權得否介入行政院、司法院、考試院或監察院等其他憲法機關之權限範圍，此乃涉及水平權力分立的問題。除了前文「行政」章節已經討論過的行政權之外，大法官在釋字第 3 號及釋字第 175 號解釋強調五權分治、平等相維的觀念。釋字第 530 號與釋字第 665 號解釋肯認司法自主性，

---

❺❶　分別規定於德國基本法第 73 條及第 74 條。

❺❷　參見釋字第 467 號解釋。

最高司法機關得訂定相關命令。釋字第 682 號解釋也認為考試院可以訂定有關考試資格與方法的相關規定❸。立法院對於這些憲法機關之內部運作事項或是其憲法所賦予之核心職權內容，應給予一定程度之尊重，而不得過度介入。

此外，大法官也援引德國法上制度性保障的概念，來維護某些制度的存立，以及其自主性。除了「地方自治」乃制度性保障概念被運用的重要領域之外，「大學自治」也在此概念的適用之列，釋字第 380 號解釋對此有相當清楚的闡述❹。

雖然立法院面對其他四院、地方自治團體或是大學等制度性理論所保障的組織，皆能制定法律對其進行規範。但是在尊重這些組織之自主性或獨立性的情況下，立法院的立法權不得過度深入，原則上是僅制定框架性或準則性的法律，以免架空這些組織原本應享有的自主性或獨立性。

二、職權內容

立法院之職權，依其功能可以概略分成「立法性權力」與「監督性權力」等兩大類型。前者以制定抽象規範為主要內容，後者則以監督行政權之運作為重心。

㈠立法性權力

憲法第 63 條規定立法院之立法性職權之內容，包括議決法律案、預算案、戒嚴案、大赦案、宣戰案、媾和案、條約案及國家其他重要事項。另憲法增修條文第 2 條第 3 項的追認緊急命令、憲法增修條文第 4 條第 5 項的議決領土變更案與憲法增修條文第 12 條的憲法修正案等，亦皆屬之。在此領域內，立法院所作成之決定，或具抽象性質，如法律案或條約案；或

---

❸　可比較釋字第 268 號解釋與本號解釋劉鐵錚大法官之不同意見書，及釋字第 682 號解釋林子儀大法官之協同意見書中之不同見解。

❹　尚可參閱釋字第 450 號、釋字第 563 號及釋字第 626 號等解釋。

具個案性質,如宣戰案或預算案,其中最重要的議案就是法律案與預算案。

先就法律案而言,內閣制與半總統制國家內閣與國會議員皆有提案權,總統制國家則僅有國會議員有法案提案權。我國除內閣與立法委員得以提案外,憲法第 87 條規定考試院亦得向立法院提出法律案。大法官在釋字第 3 號及第 175 號解釋,分別肯定監察院與司法院的法律提案權。至於法律案所得規範的事項,過去大法官常以憲法第 23 條為基礎,肯定立法者的立法權。尤其在立法權與行政權的互動關係中,常強調法律保留原則,進而限縮行政權的自主空間。但是自總統改為直接民選後,此趨勢似乎開始有轉向的跡象。在釋字第 613 號解釋與釋字第 645 號解釋中,大法官改以憲法第 53 條為基礎,強調立法院不能透過法律案實質剝奪或甚至逕行取代行政權中的人事權。

隨著總統改為直選後,行政院透過民選總統的加持,似乎也分享部分民主正當性基礎,因而有進一步強化其自主性的趨勢。但是立法院也不甘示弱,特別是透過「議決國家其他重要事項」的介面,強力介入行政權之運作。例如民國 89 年的核四停建案,就是一個代表性的案例。新當選的總統就職後,為落實其競選承諾,透過其任命的行政院長逕行宣布停建核四廠。立法院認為核四預算是立法院已經審議通過的預算,行政院必須依法執行該項預算,無權停建核四。行政院則主張預算之執行乃屬行政權之範疇,立法院不應介入。且預算不執行早有先例可循,無違法違憲之疑慮。面對此重大憲政爭議,大法官在釋字第 520 號解釋中指出兩種違法不執行預算的情形:一是停止預算執行,造成法定機關無法正常運作及無法執行其法定職務者。二是停止執行預算,以致變更國家重要政策者。核四廠既屬國家重大投資,也涉及國家能源政策,當然是國家重要事項,故立法院有參與議決之權力,行政院不能片面決定停建。

兩岸關係也是立法院介入較深之領域,例如台灣地區與大陸地區人民關係條例第 95 條就規定:開放兩岸直接通商、通航,及許可大陸人士來台

工作，應經立法院決議。而近年更因海峽兩岸有關經濟貿易的相關協定，引發行政與立法兩權之衝突❺。就民主角度而言，國會審查有關國家經濟發展之重要涉外協議，當屬國家重要事項，立法院審查此類協議乃天經地義之事。依前引釋字第 520 號解釋之精神，立法院應當有一定程度的參與權。行政院應當就此協議向立法院提出報告、接受質詢，甚且將協議以法律案之方式，送交立法院審議❻。但若在國會議事紀律無法維持，且因黨團運作而破壞多數決原則的情況下，如果還希望立法權參與此類涉外協議的強度，還要達到事前授權、事中參與，甚至事後逐條逐項審議表決的境地，則必將使此類協議寸步難行。

事實上，在預算領域，憲法第 70 條已有禁止立法院為增加預算之提議的規定。釋字第 391 號解釋更進一步闡述：立法院雖得對行政院所提預算，為合理之刪減，但尚不得比照審議法案之方式逐條逐句增刪修改。因為若對預算之款項目節進行移動增減，將涉及施政計畫內容之變動與調整，此易導致政策成敗無所歸屬，責任政治難以建立，有違行政權與立法權分立，各本所司之制衡原理。如果行政院編列預算與執行預算之權，有相當程度的自主性而不容立法院過度侵入，則在其他國家重要事項領域，特別是涉外的經貿談判事項，是否也該享有類似的自主空間？還是其應與一般法律案一樣，必須經由國會逐條逐字的審議表決程序呢？

最後，立法性權力之實踐，自是透過議會審議與表決程序。然在多數席次意志一致的情況下，少數黨若認為多數黨所議決通過之法律案有違憲情事，仍得依憲法訴訟法第 49 條規定，經現有總額四分之一以上立法委員連署，發動違憲審查❼。

---

❺　如民國 102 年 7 月 29 日至 31 日間，立法院審查服貿協議，場內外爆發衝突。

❻　民國 99 年的兩岸經濟合作架構協議 (ECFA) 即以條約案方式送交立法院審議。

❼　對於連署立法委員是否曾在爭議法案議決中曾參與審議並曾表示反對者，其連

(二)監督性權力

立法院的監督性權力包括對總統的監督與對行政院的監督。就對總統的監督而言，不屬立法院日常慣行的權力。因為總統一方面所擁有的專屬實權十分有限，無須為此特別建置監督機制，僅透過定期改選予以課責即已足矣。在另一方面，總統亦不對立法院負責；立法院與總統協力完成之人事任命事項，其分工之意義應大於制衡之意義。除了人事同意權外，立法院對總統的監督性權力尚包括聽取總統國情報告、對正副總統進行彈劾或罷免程序等。

基於行政向立法負責的憲法基本架構，立法院對行政院進行高密度與高強度的監督。首先是聽取行政院報告，並進行質詢。質詢制度源自於英國，乃議會內閣制之重要制度。由於閣員兼任議員，所以執政之內閣閣員本就會出席議會說明政策，並接受其他議員質詢。英國議員提出質詢時，其內容不能是陳述個人意見，而必須涉及事實且切合質詢對象之職權範圍，其進行方式是詢問 (enquiry) 而非陳述 (statement)，而且必須使用適當 (proper) 的用語❸。總統制無質詢制度，但有聽證制度 (public hearing)。國

署才有效？有認為基於「禁反言原則」，若曾參與審議並曾表示支持者，就不得在該法案通過後再參與連署聲請釋憲。反對者則認為連署立法委員有否參與該法案之審議或有否曾支持該法案並不重要，因為任何一個新當選的立法委員，其皆可質疑舊會期所通過之法律，並對之連署聲請釋憲（釋字第 603 號解釋廖義男大法官協同意見書）。不過，民國 106 年有關前瞻基礎建設特別條例的釋憲爭議，大法官以其中一名連署者未曾參與二、三讀之表決，因其不曾在本案行使職權，故不得參與連署；其連署應被扣除導致該案連署人數不足而不予受理（第 1476 次不受理決議）。此舉嚴格限制反對黨之釋憲聲請權，也限制立法委員於法案審議過程中變更立場，既不利實質民主審議精神，也違反立法委員釋憲聲請權之設置本旨。

❸ 李基勝，質詢與諮詢疑義之研析，收於：立法原理與制度，立法院法制局編印，2002 年，頁 284。

會可以要求政府官員至國會聽證會列席作證，亦即官員得被要求在聽證會中作報告並備詢。拒不出席或出席時拒絕作答者，得被處以「藐視國會罪」(contempt of congress)。不過，聽證不得邀請與問題不相干的官員出席，且由於聽證會甚多，如國防部等重要部會首長，亦常由所屬官員代表出席❺❾。我國憲法增修條文第 3 條第 2 項第 1 款規定：立法委員於開會時得向院長及各部會首長質詢。憲法第 67 條第 2 項則規定：立法院委員會開會時，得邀請政府人員及社會上有關係人員到會備詢。從前述規定來看，質詢權僅能針對內閣成員，且僅在委員會才能邀請相關人員備詢。然而立法院委員會究竟可以邀請哪些人到會備詢？被邀之人有否出席義務與回答義務等問題，過去迭生爭議。例如法務部於選前大力查賄選，立法委員得否邀請執行查賄之檢察官到會備詢？又如各部會之下屬官員，如國防部下之參謀總長，或不屬內閣部會之其他機關，如司法院、監察院、總統府或地方政府之官員，應否應邀備詢？大法官在釋字第 461 號解釋表示：第一，部會所屬官員，如參謀總長，不適用質詢規定。第二，若部會官員涉及立法院職權者，如預算擬編及執行者，或是司法、考試、監察所屬非獨立行使職權而負有行政職務之人員，於其提出法律案及預算相關事項時，有應邀到會備詢之義務。第三，備詢時涉及國防機密事項得免予答覆。第四，司法、考試與監察三院院長，本於五院相互尊重之立場，得不受邀請備詢。釋字第 498 號解釋則進一步說明：基於地方自治團體自主與獨立之地位，除法律明定應到會備詢者外，地方官員得自行斟酌是否到會備詢。立法院不得據以作為刪減或擱置對地方之補助款的理由。

　　不論是質詢還是備詢，本屬立法院極為重要之監督職權。但我國的實踐經驗卻因立法委員問政方式與議事紀律不佳，往往在質詢或是備詢過程中，邀請無關人員到會、陳述個人意見或詢問未經查證之事實、使用粗暴語言或甚至是

---

❺❾　李基勝，質詢與諮詢疑義之研析，收於：立法原理與制度，立法院法制局編印，2002 年，頁 285。

肢體暴力等，成為立法委員博取媒體關注的重要工具，但同時也使政府官員於立法院中，輕則虛度時光、延宕政務，重則尊嚴遭辱，甚至流血受傷。

更積極的監督權就是調查權，亦即國會取得相關資訊的權力。早自1340年起，當國王欲開徵新稅時，英國國會即成立調查委員會，以瞭解政府財政收支情形。在英國1845年的裁判中，法官更直言：「國會有進行調查之權，乃國會無可爭議的特權。因為國會本來就是國家最高的調查機關❻。」我國因為有監察院之存在，憲法並沒有明文賦予立法院調查權。大法官先在釋字第325號解釋表示：立法院為行使其憲法上之職權，得經院會或委員會之決議，行使文件調閱權。爾後復因民國93年之總統大選發生三一九槍擊案，立法院為求發現真相，遂制定真調會條例❻。大法官在有關真調會條例的釋字第585號解釋中，進一步闡述國會調查權的屬性與範圍。首先，調查權乃立法院行使職權所必要之輔助性權力。其次，調查權之行使必須與其憲法所賦予之職權有重大關聯。再者，必要時經院會決議後，得要求人民或政府人員協助調查、陳述證言或表示意見。對於不配合者，尚可科處罰鍰。於此大幅擴張釋字第325號解釋中之國會調查權的範圍與強度，而立法院的監督手段自此以降包括「文件調閱權」與「國政調查權」等兩種類型。不過，釋字第585號解釋強調國政調查權的界限：首先，凡是受憲法保障之獨立行使職權者，立法院不得調查之。其次，行政首長依其行政權固有之權能，對於可能影響或干涉行政部門有效運作之資訊，有決定不予公開之權力。此乃屬行政權本質所具有之行政特權，立法院調查權對之應予適當之尊重。然而隨著新的選舉與政黨輪替後，槍擊案的真相究竟為何？已不再成為被關注的焦點❻。從而立法院調查權與行

---

❻　引自王吉次，立法院行使彈劾調查權之研析，收於：立法原理與制度，立法院法制局編印，2002年，頁197–198。

❻　其全名為：三一九槍擊事件真相調查特別委員會條例。

❻　在釋字第585號解釋之後，真調會條例在釋字第633號解釋中二度被宣告部分

政特權二者之間，能否以及如何取得平衡？始終是個難題。民國 102 年 9 月爆發國會議長關說司法案，其關說證據來自特偵組監聽立法院長及民進黨立法院總召的監聽內容。同年 11 月，立法院司法及法制委員會為審查通訊保障及監察法部分條文修正草案等法律案，依立法院職權行使法第 45 條規定，向最高法院檢察署調閱該案之偵查卷證相關內容。該署認為檢察官之偵查係對外獨立行使職權，應受憲法保障，且偵查卷證係偵查行為之一部，為偵查不公開之事項，非立法院所得調閱之範圍。即令案件偵查終結後，若檢察官有違法、不當情事，亦應由監察院調查。立法院無介入個案調閱偵查卷證之權力，拒絕提供調閱之卷證。司法及法制委員會乃認檢察總長迴避監督、藐視國會，而函送監察院調查。檢察總長則主張本於行使偵查職權而與立法院調閱文件之職權發生適用憲法爭議，報請法務部層轉行政院，聲請解釋憲法暨統一解釋。針對此案，大法官在釋字第 729 號解釋提出以下原則：第一，偵查中的案件，立法院不得調閱卷證。第二，偵結但尚未起訴或不起訴之案件，卷證可以被調閱，但必須與立法院行使憲法上之職權有重大關聯，且非屬法律所禁止或不妨害另案偵查者為限。第三，欲調閱偵查卷證之原本或其影本，必須經立法院決議。至於立法委員不得濫用取得之卷證侵害他人權益，自屬當然。此外，本號解釋理由書第 5 段再次闡述監察權與立法權的分野：「立法院與監察院職權不同，各有所司。立法院之文件調閱權，以調閱文件所得資訊作為行使立法職權之資料；而監察院之調查權，則係行使彈劾、糾舉、糾正等監察職權之手段，二者之性質、功能及目的均屬有別，並無重疊扞格之處。是立法院行使文件調閱權，自無侵犯監察院調查權之問題，檢察機關自不得執此拒絕調閱。」

最後，立法院對行政院最強的監督手段，就是對行政院長提出不信任案。依憲法增修條文第 3 條第 2 項第 3 款之規定，經全體立法委員三分一以上連署通過，得提出不信任案。不信任案提出 72 小時後，於 48 小時

違憲。

內以記名投票表決，如經全體委員二分之一以上同意者，行政院長應於 10 日內提出辭職。如未通過，1 年內不得再對同一院長提出不信任案。院長辭職時，亦得呈請總統解散立法院。此為我國現制中最具內閣制色彩的規定，但實際上適用的機會甚少。就內閣制或半總統制而言，倒閣的機會與政黨體系關係密切。在兩黨制體制下，執政黨同時掌握國會多數席次，原則上不易出現倒閣。反之，在多黨體制下，經過黨派結盟所形成的國會多數，可能因利益衝突而分裂，如此就比較會出現倒閣與國會多數重組的情形。我國政黨體系自總統改為直選後，已經有兩極化的傾向，加以立法委員選舉改為單一選區兩票制後，國會朝兩大黨發展的趨勢更加明顯。在此背景下，此看似最強的監督機制，反而很難有適用的機會。

㈢涉外事項與國會權限

憲法第 38 條規定：總統依本憲法之規定，行使締結條約及宣戰、媾和之權。此與總統行使其他權限時的用語都是依法而有所不同。此外，憲法增修條文提及總統得以決定國家安全大政方針，而國安問題又常與涉外問題相聯結。除總統權限外，憲法第 58 條第 2 項規定宣戰、媾和與條約案，必須於行政院會議議決。同樣的，憲法第 63 條也明定宣戰、媾和、條約案及國家其他重要事項，必須經立法院議決。於此可以看出涉外事項，在我國憲法規範下同時涉及總統、行政院與立法院。其實一般法律案也都同時涉及此三個國家機關，但二者不同之處至少有三：首先，一般法律案的發動主體在行政院，總統僅能在法律三讀通過後，核可行政院所提之覆議案或公布法律；但針對涉外事項，總統卻有主動權。其次，總統涉外權限乃屬憲法保留事項，僅能依據憲法予以規範，不屬立法者得以透過法律介入之事項。最後，總統與行政院二者在涉外領域如何分工，憲法並沒有進一步的規範。解決二者分工問題，應以政府體制作為思考基礎。

涉外的條約或協定在程序上可分成談判、簽署與批准等三個階段。「談判」是形成締約者共同意志的必要階段，談判最終會形成條約或協定的草

約文本。「簽署」是宣告談判階段結束，並確立草約內容的步驟。其尚可細分為「確立草約文本」與「確認草約」等兩個行為。前者是指由締約各方經過談判後，以合意方式共同擬定草約條文，它就是未來之條約或協定的具體內容❻❸。至於「確認草約」之行為，其乃指締約方表示所擬定之草約內容符合締約者之意思，並同意以此草約作為未來之條約或協定的確定版本❻❹。若是涉及多邊條約或協定時，通常締約各方會先透過談判會議擬定草約版本（確立草約文本），後再由各國談判團之代表簽署該草約（確認草約）。一旦確認草約後，原則上締約各方應尊重該草約❻❺。若是涉及雙邊條約或協定時，通常會將前述兩種步驟合併為一，此即簽署草約。「批准」是締約過程中的最後一個步驟，它表示由締約方之有權機關確認草約內容與該國之意思相符，並同意接受該約文之拘束力，讓該條約或協定生效❻❻。從前述三個步驟的特性來看，談判與簽署可視作一個整體，它們是產生並確認締約內容的步驟；至於批准的功用，則是使締約內容生效。

1.談判與簽署

　　談判與簽署本是一個整體性行為，締約代表團歷經多次協商討論後，擬定約文草案，最後再由代表團團長簽署確認約文內容，完成締約程序中的主要部分。不過，有時基於締約內容所涉事項本身的重要性，或是締約者同意簽署即令約文生效的合意安排，會讓代表團將草約帶回本國，再由

---

❻❸　參見維也納條約法公約第 10 條規定。

❻❹　參見維也納條約法公約第 11 條規定。

❻❺　維也納條約法公約第 18 條規定：簽署國有不阻礙條約生效之義務。

❻❻　但並非所有國家間的條約或協定都必須經過批准步驟才會生效，特別是在軍事、外交或經濟領域的雙邊協定或條約，常常是簽署之後即生效。維也納條約法公約第 12 條規定以簽署作為表示同意接受約文拘束之意思表示方式。同公約第 13 條還規定締約各方相互交換約文的方式，亦可使約文生效。例如 1938 年有關捷克命運的慕尼黑協定、1954 年有關法國越南停戰的日內瓦協定，以及 1978 年有關中東和平的大衛營協定等，都是僅經簽署即生效的例子。

本國更具代表地位的人負責簽署。不論究竟最後是由誰簽署草約，談判與簽署等兩步驟在本質上具一貫性與整體性，故可合併以觀。從權力分立的角度來看，值得關切的議題是：應由哪個權力部門負責談判與簽署？

談判乃屬行政權之專屬權限，可說是舉世皆然的定則。從功能最適理論來看，也只有行政權才有進行談判的專業能力與資源配備。在總統制下，總統所領導的行政團隊負責談判自無疑義。在議會內閣制下，則由政府負責談判。在半總統制下，總統與政府如何分工，則要看各國憲法之相關規定方能判定。例如法國第四共和憲法第 31 條規定：「總統必須被告知有關國際談判之相關資訊。」此規定意指：總統無權介入談判，僅能被知會而已。反之，法國第五共和憲法第 52 條第 1 項規定：「共和國總統談判並簽署條約。」由此規定可知，對於條約事項，總統擁有談判權。但同條第 2 項規定：「對於不須批准程序的國際協定之談判資訊，總統有被告知之權。」且再輔以法國第五共和憲法第 19 條規定來看，派遣負責談判之全權大使的全權證書，需要經過總理及外交部長副署。換言之，除非總統自己主持談判❻❼，而這種機會事實上不太容易出現，否則談判權仍是落在政府身上。

雖然涉外談判權本就是行政權的權限範圍，但是仍有立法權介入談判程序的例外事例；此可以美國為代表。美國憲法第 2 條第 2 項規定：「經參議院三分之二多數同意後，總統得締結條約。」該規定有兩個重點：一是參議院為條約批准機關，二是必須以加重多數通過條約案。此規定乃源自於美國以聯邦的模式立國，各州為確保其自己的利益，故設下此監控條約的規定。然而要獲得參議院三分之二多數的支持，在實際上十分困難❻❽。

---

❻❼ 根據維也納條約公約第 7 條第 2 項第 1 款規定，元首、政府首長或外交部長出面談判時，無需出具全權證書。因此，也就沒有全權代表人事令與全權證書的副署問題。

❻❽ 著名的例子如國際聯盟的成立，美國總統出力甚多，但因參議院不批准，美國最後並沒有加入國聯。

故美國實務就發展出兩種機制來緩和此條文對總統涉外權限的限制。首先，為了避免後來的批准程序過於困難，實務上在談判階段便開始引進國會兩黨的議員代表參與談判協商過程，如此希望能夠盡量化解爾後批准時可能出現的阻力。

其次是直接迴避「締結條約」的途徑，而是以簽署「行政協定」(executive agreements) 的方式作為總統涉外事項最主要的工具。一旦是走行政協定之途徑，當然就完全跳過參議院的監督程序，由總統主導全局。例如美國與法國簽署協定在太平洋進行聯合海軍軍事演習，總統以三軍統帥之地位簽署此軍事協定，參議院無權介入。又如總統也可從美國憲法第 2 條第 3 項總統接受他國大使的職權，推衍出總統有權與他國簽署協定，建立雙邊外交關係，設置外館並互派代表等協議❻❾。與我國密切相關之 1945 年 2 月 11 日的雅爾達密約，美國也是未經參議院同意，以行政協定之方式為之。同樣的，美國總統卡特在 1979 年片面廢止自 1954 年起的中美共同防禦條約，也沒有經過參議院同意，聯邦最高法院認為此乃「政治問題」而拒絕介入審查❼❶。

最後，對於涉外協定中可能涉及國會立法權限者，如果不走困難的締結條約途徑，就採取一種特殊的行政協定方式，稱為「國會行政協定」(Congressional Executive Agreements)，因為行政協定內容可能涉及法律事項或法律之執行，故該協定最後仍經國會同意。但此同意模式不是由參議院所獨享的加重多數模式，而是由國會兩院共同參與審議的一般立法程序。但為避免國會審議程序曠日廢時，無法有效因應瞬息萬變的國際經貿局勢，國會才通過貿易促進授權法 (Trade Promotion Act)，透過在談判階段讓國會有更多的參與機會與掌握資訊之方式，來減少爾後國會審議的時程與障礙。

---

❻❾　C. N. May & A. Ides, *Constitutional Law-National Power and Fedralism*, op. cit., pp. 302–303.

❼❶　Goldwater v. Carter, 444 U. S. 996 (1979).

換言之,貿易促進授權法的規範目的就是透過強化國會事前參與談判協商,以換取事後國會審議之效率並降低反對阻力❼。而國會對於涉外談判的事前參與方式,通常包括事前得以獲得締約相關資訊、直接參與談判過程,到對談判結果提出意見等。類似的國會參與機制也可見於法國有關歐盟事務的涉外談判,法國政府向歐盟提交歐盟立法措施之草案或計畫時,必須同時將該草案或計畫送交國會兩院,國會可針對該約文是否符合歐盟之輔助性原則提出不具拘束力的審查意見,供政府參考。不過要特別注意的是,法國這種允許國會介入談判的例外設計,僅限於歐盟領域,且是透過修憲程序,於修憲條文中直接規定❼。

2.批准

批准並非是條約的必要程序,有時完成簽署即完成締約程序❼。在君主派遣全權代表議定條約的年代,全權代表簽署即能使條約生效;格勞秀斯也認為簽署即是條約的生效條件❼。但隨著民主化的發展,國會參與批准程序成為常態。然而,一旦國會有權參與批准程序,隨之而來的問題是哪些條約或協定必須送交國會批准?最簡單也最邏輯的方式是:凡是締約內容涉及國會立法權限者,就必須送國會批准。例如前述的兩國締約決定舉行聯合海上軍演,或締約決定兩國各在對方境內互相設立領事館等,此兩類約定內容的確與國會立法權無涉,故此類條約或協定即無送國會批准之必要。不過,究竟哪些事項屬於國會立法權之權限範圍?不同之政府體制會有不同之規定。美國式的總統制情形已如前述,只要是締結條約,則

---

❼　其內容包括國會收案後必須立即排入議程、不得修正內容、限時完成審查、不得使用冗長辯論程序、必須全案表決等。

❼　參見現行法國第五共和憲法第 88 條之 4 與第 88 條之 6 規定。

❼　參見維也納條約法公約第 12 條規定。

❼　Nguyen Quoc Dinh, Patrick Daillier et Alain Pellet, *Droit international public*, Paris, LGDJ, 1992, p. 136.

不問內容涉及何事項，一律送交參議院批准。若是締結行政協定，除非協定內容涉及法律範圍或法律之執行，否則國會也無批准之權。

若就議會內閣制而言，英國自 19 世紀起就慢慢發展出四類條約類型，它們必須先獲得國會同意授權後，英王才可以簽署條約。這四類條約就是因為其所涉事項，可能涉及國會權限範圍，故必須要國會事前授權。第一類是凡是條約內容涉及國內法律已規範之事項者，因為修訂法律本就是國會權限，故此類條約必須經國會同意。第二類是涉及引渡事項，因被引渡者可能請求運用人身保護令 (habeas corpus)，故需要國會同意人身保護令制度的調整。第三類是涉及財務問題，如對他國的金錢補助或債務減免，因國會本就有監督預算之權，故需國會同意。最後一類則是涉及領土變更之協議，國會對之當然有同意與否的權力。1924 年 4 月，工黨政府開始一種新的運作方式：政府將所有需要批准之條約皆送交國會，但若在 3 週內國會無意針對條約案進行討論，該條約案視同已經批准通過，此可稱為「默示批准」。

若英國是透過憲政運作實務發展出必須經過國會同意之條約類型，比利時 1831 年憲法第 68 條則是歐陸第一個在成文憲法裡明文規定必須送交國會批准之條約類型。根據該條文規定，以下四類條約必須經國會批准：第一是商業條約，第二是增加國家財政負擔之條約，第三是會規範到比利時個別人民之條約，第四則是涉及領土變更之條約。二戰以後的歐陸憲法，常見以憲法直接規定必須經過國會批准之條約類型，例如西班牙 1978 年憲法第 94 條與法國第五共和憲法第 53 條。雖然西班牙是議會內閣制，法國是半總統制，但這兩國憲法所列舉的內容十分相近。且以法國憲法第 53 條為例，須經國會批准之條約類型包括：和平條約、商務條約、有關國際組織之條約或協定、涉及國家財政負擔、涉及法律修改、涉及個人法律身分地位、涉及領土變更等事項之條約或協定等七大類。從前述法國憲法之列舉事項來看，雖然不是所有在政治上具重要性之條約都必須送交國會批准，

但國會批准範圍依然非常大。故在實務上，政府仍盡量限縮解釋第 53 條的條文內容，以減少必須送交國會批准的涉外協議數量。法國憲法委員會更在 1975 年的一個決定中創設「技術性協定」(accords techniques) 的概念**❼❺**，它們是落實或執行其他條約的「衍生性條約或協定」。憲法委員會認為這類涉外協定雖可能涉及國家財政負擔，但只要國會通過年度預算，國會就默示地認可這些「技術性協定」，故它們就不是憲法第 53 條所規範的條約類型，它們不再需要以條約形式送交國會批准。

　　從前述各國規範或運作經驗來看，究竟哪些條約或協定必須送交國會批准？雖然各國制度有所差異，但也有相近之處。首先，批准範圍的大小涉及行政、立法兩權的權限範圍，成文憲法多以憲法條文直接規範條約或協定類型，以減少權限衝突。其次，為使條約或協定儘早生效或避免橫生枝節，實務都有減少國會批准機會的發展趨勢；美國的行政協定或法國的技術性協定可為代表。第三，為減少國會批准程序的障礙，可讓國會事前獲得相關資訊或參與談判並提出建議。不過，國會的介入行為仍不得改變行政、立法兩權原始的權限架構。

3.我國情況

　　民國 103 年 3 月，我國爆發因兩岸服務貿易協議引起的憲政衝突。起因是立法院少數黨先認為服貿協議必須送立法院審議，不能以行政命令的方式送院備查。在執政黨最終讓步，同意讓立法院就服貿協議進行審議後，少數黨又長期進行議事杯葛，使得該協議的立法進程長期停滯不前。由於該協議是執政黨的重要施政計畫，在協議於立法院擱置 9 個月後，執政黨決定以多數席次優勢，強行表決，並在少數黨占領主席台，全力阻止表決的混亂中，以 30 秒通過委員會審查程序，將該案送入院會。隨後引發反對該協議之群眾抗議，進而發生群眾攻占立法院與行政院的重大憲政危機。反對者先是要求協議應退回委員會重審，後又提出必須先制定兩岸協議監

❼❺　CC 75–60 DC du 30 décembre 1975, *Rec.* p. 16.

督條例後，才能再審服貿協議。執政黨再度讓步，同意服貿協議重審，也同意制定兩岸協議監督條例，但在少數黨繼續杯葛的情況下，服貿協議與兩岸協議監督條例都還在立法院內寸步難行。

　　從前述比較法的觀點來看我國爭議，有以下幾點值得注意：

　　首先，我國憲法在此領域規範得十分簡略乃不爭之事實。對於哪些條約或協定必須送交立法院審議，憲法完全沒有規定。釋字第 329 號解釋說明了條約的屬性：涉及國家重要事項或人民權利義務者。解釋的根據當然是來自憲法第 23 條與憲法第 63 條之規範內容，不同之處僅在於憲法第 23 條的規範方式是「侵害保留的模式」，但該號解釋則認為所有涉及人民權利義務事項，皆屬法律保留之範疇。基於憲法規定與釋字第 329 號解釋之意旨，凡是締約內容涉及國家重要事項或人民權利義務者，就必須送立法院審議，該國際約定就具有條約之性質，不論其名稱為何。至於何者屬於國家重要事項？何者可以被視為涉及人民權利義務事項，前引比較法的資訊，可以作為參考基礎。但更重要的是必須以政府體制的特性來考量此問題：簡單地說，在內閣制與半總統制的架構下，行政立法兩權本就相互依賴，例如英國的處置方式，一旦條約案送入國會後，若少數黨無法引起共鳴，促使該條約案達到審議門檻，條約即能自動生效[76]。換言之，若國會少數黨在合理的程序保障下，無法阻止默示批准機制，或無法將爭議草案界定為法律事項，而非命令事項時，行政權就應該能主導條約生效[77]。

　　其次，若立法院基於協議屬性而享有批准權或甚至是審議權時，條約或協定的批准程序是否應與一般立法程序相同？不論是從政府體制之特性，還是從國際法之實務來看此問題，答案應該皆是否定的。就政府體制而言，

---

[76]　例如荷蘭 1983 年修訂過的憲法規定，條約案進入國會後 30 日內，若無五分之一以上的國會議員要求審議該案，該條約案即默示批准通過。荷蘭現行憲法，也就是 2015 年憲法第 91 條第 2 項規定：國會制定法律規範默示批准程序。

[77]　立法院職權行使法第 60 條及第 61 條有關行政命令的審查方式可資參照。

如前所述，談判與簽署都是行政權之權限，包括總統制、內閣制或半總統制，皆是如此理解。國會批准程序僅具事後追認或確認之性格，本不同於一般立法程序。再就國際法之實務而言，對於已簽署之條約或協定，簽署方有盡量遵守之義務。國會可以批准或拒絕批准，但以全案表決為常態。再者，基於時效性之要求，透過「限時批准」或是「默示批准」方式以限制國會延宕批准程序的機制也十分常見❼❽。此次引發爭議的服貿協議本身，依台灣地區與大陸地區人民關係條例第 5 條第 2 項之規定，若協議內容涉及法律者，應送立法院審議。若未涉及法律者，則形同命令一般，送立法院備查即可。若立法院認為該協議屬條約性質，則應儘快完成批准或拒絕批准之程序；若認為其僅屬命令性質，則自然依命令方式處理。問題不在法規不備，而是在於立法院少數黨既不願以法律方式審查該案，也不願以命令方式備查該案，任令政府重大政策延宕不前❼❾。

❼❽　立法院職權行使法第 7 條也明白規定：除法律案與預算案應經三讀會議決外，憲法第 63 條的其餘議案經二讀會議決之。

❼❾　不願服貿協議在立法院躺了 9 個月的事實，「30 秒通過」卻被抗議者喊得震天價響。然而，如果服貿協議是條約屬性，依法本就只要經兩個讀會即可議決之。如果服貿是命令性質，則依法亦 3 個月後視同已審查。故問題根本不在 30 秒，而在於究竟要將服貿協議視為具法律位階之條約，或是具命令位階之行政協定。相較於「半分忠」的服貿協議，民國 105 年民進黨執政後，涉及「一例一休」的勞動基準法修正案以及前瞻基礎建設特別條例，二者皆是不折不扣的「法律」案，其本應循正常的立法程序處理。但是此二法案在立法院的審議期間極短，公聽會場次甚少，與服貿協議有天壤之別。一例一休於民國 105 年 10 月 3 日蔡總統在總統府召開「執政決策協調會議」，要求儘速通過。2 天後，10 月 5 日民進黨立法委員將士用命，召委會主席陳瑩不顧反對黨之抗議，以不到 1 分鐘的時間自行宣布該案通過審查，博得「一分瑩」的封號。民國 105 年 12 月 6 日政府動員上千警力保護立法院，民進黨立法委員以席次優勢強行通過法案，完成「一例一休」之修法。同樣的，民國 106 年 4 月 26 日審查耗資高達八千八百億的前瞻計畫，主席邱議瑩以不到 2 分鐘的時間念完草

最後，我國憲法對於總統與行政院在條約談判階段如何分工，並不明確。但若就政府體制與憲法條文結構來看，總統可獨享簽署權，但談判權則與行政院共享。惟若涉及行政協定，基於我國行政權乃概括授權予行政院，故其應屬行政院之權限。若立法院欲制定法律介入涉外談判領域，原則上立法院僅能擁有資訊權與建議權而已，而不能透過法律規定立法委員得參與談判，強制談判相關時程，或以決議方式強加或改變部分談判內容等。由於憲法對於涉外事項的權限分配較不明確，加以我國過去國際外交交流經驗有限，致使因服貿爭議而引發憲政危機。未來若欲修法避免類似爭議再度發生，首要改革的部分應是國會的議事紀律，國會少數黨在議事程序權上的合理保障機制與濫權之限制。其次是有關條約與非條約事項之劃分，可參考外國法制建立應經立法院批准之涉外協定類型。最後，為強化時效與平衡國會監督力量，可斟酌建立諸如國會之事前資訊權與適度參與權，以及事後的默示批准與限時批准等機制。

案就宣告該案通過，成為另一個「一分瑩」。由於反對黨之嚴厲抨擊，邱氏於次日公開承認程序有瑕疵，願意接受退回重審。面對法案公聽會封閉且嚴重不足，審議程序粗暴且飆速的民進黨國會，2、3 年前高呼「反黑箱」，堅決捍衛「程序正義」，並宣稱「當獨裁成為事實，革命就是義務」的「太陽花」要角們，有的依然在學校講台上宣揚自己都難以自圓其說的所謂「民主法治」理念，有的已因戰功而布衣卿相，有的透過選舉或政黨提名而成為國會議員，但面對蔡總統直接指揮國會，以及兩個「一分瑩」的行徑，太陽花的英雄英雌們竟各個銷聲匿跡。憶昔撫今，實令人不勝唏噓。

第七章　司法

「司法」一詞就字面意義而言，就是「掌管或主管法」的意思。然而「法」或是「法規範」既非有生命現象的人或生物，也不是具經濟與實用價值的財貨，至多僅是紙張上的文字而已，有何管理之必要？故「主管法規範」的意思，只能從「制定法規範」與「執行或適用法規範」等兩個方面來理解。在權力分立原則發展後，「制定法規範」的權力或職能從君主的手中移轉至國會，而「執行或適用法規範」的權力或職能，則由行政與司法兩權共同分享。隨著立法權與行政權的民主化❶，各種利益衝突日趨白熱化❷。扮演和平裁決爭端之角色的司法權，就成為民主社會最重要也是最後的支柱。而若欲扮演好此最後仲裁者的角色，則獨立與公正就成為司法權存立所不可或缺的要素。

第一節　司法之概念

就功能意義而言，司法功能就是「說出法是什麼？」(*jus dire; dire le droit; Rechtsprechung*) 但在權力分立的架構下，它必須與其他權力部門相互區隔，因而司法必須有其特有內涵，以及依此內涵所衍生之特性。

---

❶　國會選舉是立法權的民主化，此普見於各民主國家。總統制中總統大選則是行政權民主化的代表。但就算在內閣制國家，也有些地方行政首長乃以民選方式產生。即使是面對中央行政權，公民參與行政決策的潮流亦日漸加強。例如訂定行政命令前，公告周知且蒐集人民意見的程序（如行政程序法第 154 條及第 155 條之規定），或是像環境影響評估制度之類的民眾參與機制等，都是行政權民主化的表徵。

❷　在民主與平等的環境下，各方利益皆會浮出檯面，相互競爭。例如我國近年因都市更新或公用區段徵收制度所引發的爭議，即為適例。

一、司法權之意義

不同國家的司法權或各自有其特色而有不同之處，但也必然有彼此相通的部分。差異或源自於各國自有傳統，或源自法律體系之不同，或因法律政策之選擇。共通之處則在於仲裁爭議、定分止爭的裁判本質。所以對於司法權的理解，應該是一個半徑不同之同心圓的圖像，從最狹義、最核心，到最廣義、最寬泛等不同層次。

(一)狹義

司法權最原始也是最核心的功能，乃在個案中「說出法是什麼」，也就是在個案中適用法律，並作出裁判。在此意義下，司法權就是一種個案審判權。實現審判功能的組織就是法庭，負責作出裁判的主體就是法官。除專業專職法官外，有的國家讓非法律專業的兼職人員參與審判工作，例如在勞資爭議法庭中的勞資代表，或是英美法系中的陪審團。

然而警察對於交通違規者開罰單，也是在個案中說出違規者之行為該當何種法律後果，故行政權也是在執行與適用法律。就此而言，行政權與司法權的確有部分相同功能。若欲區分此二者，通常是透過組織與程序等兩個面向為判準。簡單地說，行政權固然也在個案中適用法律，但其作出裁決的組織與程序，一般都比司法權要簡略許多❸。

立法權是法規範的作者，立法者就是在其所制定的法規範中，告訴我們「法是什麼」。其與司法權不同之處乃在於立法者是對未來預先說出某種情況該當何種法律效果，而且其乃以抽象的方式來表達其意志。換言之，立法權是對未來的抽象情況說出「法是什麼」，司法權則是在已經發生過的

---

❸　行政權與司法權的差別，可再略作補充：第一，行政權是目的導向，以公共利益與人民福祉為其行動依據。司法權則是價值導向，只問公平正義，不問對象。第二，行政權主動出擊，司法權不告不理。第三，行政權接受民主課責，司法權則僅受專業監督。

具體個案中闡明適用於該案的「法是什麼」。

(二)廣義

在法庭內的訴訟攻防，固然屬適用法律的過程，但是並不是所有人都樂意且自願地進入法庭，讓法官有適用法律的機會。為了確保法規範被確實地執行，以維繫法規範本身之尊嚴，國家不得不使用強制力讓違背法律者受到法律的制裁。基此，執行與適用法規範除了對自願進入法庭者說出法是什麼之外，也要將不願意進入法庭者帶入法庭，並告訴他們應該適用於他們違法行為的法是什麼。

因之，執行與適用法規範的概念就從法庭裡面延伸到法庭外面。司法也就從狹義的個案審判權擴張到法庭外的廣義執法行為。大法官在釋字第392號解釋中指出：刑事訴訟程序乃國家實現其刑罰權的司法程序，從進入法庭之前的偵查與起訴行為，到審判之後的執行行為，乃與審判及處罰不可分離。故代表國家負責偵查、訴追與刑之執行的檢察機關，其所行使之職權與目的，乃在達成刑事司法任務，故屬廣義的司法機關。

檢察機關打擊犯罪、追緝犯罪嫌疑人的行為，具有積極主動的性格，與警察追趕交通違規者開罰單的行為，在本質上並無不同。再者，為了有效打擊特定犯罪行為，檢察官接受上級指揮領導，全力偵辦某種類型之案件，如掃毒或掃黃。這種接受領導的組織上隸屬關係，也與法官不同。檢察機關與調查局在組織上隸屬於法務部，警察隸屬於內政部，而法務部與內政部皆隸屬於行政院之下。換言之，檢察官因其主動積極的性格，以及「檢察一體」❹的層級隸屬關係，使之成為行政權的一部分。

檢警調雖然皆隸屬於行政權之下，但當其充當司法警察，在檢察官的指揮下偵辦案件，成為檢察官的輔助機關。因其執行職權的目的是落實刑事司法，且其執行職權的手段或程序，又比一般行政權要更加嚴謹周詳。在此意義下，其行為才可被視為是廣義的司法行為。

---

❹　參見法院組織法第63條、第64條與法官法第92條規定。

(三)最廣義

不論是法庭內的審判行為，還是在法庭之外，讓審判行為得以進行或實現的刑事偵查與訴追行為，都是圍繞在「個案」之上。但不論是在法庭之內還是在法庭之外，都有機會面對不同地區所發生之類似個案，如何避免出現適用相同法律卻結果不一的情形？以我國所發生的特別費案為例，以同樣的方法運用行政首長特別費，但因各地檢察官對於此行為是否違法的認知不同，且起訴標準亦不一致，致使出現同樣的行為，有的被起訴，有的沒被起訴❺。即使是被起訴後進入法院審判，也出現不同法院間，或是相同法院內的不同審判庭間，有的被判有罪，有的卻被判無罪的差異。為避免適用法律結果的歧異，終審法院有統一法律見解的必要。一旦終審

---

❺　例如在總統大選前，民國 96 年 5 月 9 日，最高檢察署檢察總長陳聰明召集全國檢察長舉行特別費研討會，但以顧及有特別費案在法院審理及檢方偵辦中為理由，不進入實質討論，程序上就決議「不適合由檢察長會議統一見解，應由檢察官依個案事實來認定」。會議中，有兩位檢察長認為應作出具體結論。他們直言，檢察官作為國家的律師、法治國的守護者，如果連被認為是菁英的檢察長都無法對特別費的法律關係作出明確解釋，任由被告運氣好時讓甲檢察官辦到獲不起訴，運氣不好的被起訴，這樣交代得過去嗎？一再保證會由檢察長會議統一特別費法律見解的法務部長施茂林，面對「沒能統一見解」的結論表示，這是個案，他尊重會議結論。總之，在全國檢察長會議中，對於首長特別費問題是否構成詐欺、侵占或背信，各地檢署的意見不一致，無法做出結論。但在民國 97 年總統大選後，最高檢察署檢察總長陳聰明在民國 97 年 5 月 19 日再度召集全國檢察長會議，就對特別費案爭議，作出一致的偵辦標準，檢方除支持最高法院見解，認定特別費必須「因公支用」，還對「因公支用」作出具體的寬鬆判斷標準，同時建請相關機關修法以解決特別費爭議。陳聰明強調，不論特別費用在買醬瓜、衣物、書籍或日用品，只要證實因公支用就符合從寬認定標準，但具體認定仍需由檢察官視不同個案處理。民國 100 年 7 月 6 日公布的法官法第 93 條第 1 項第 1 款明定：「為求法律適用之妥適或統一追訴標準」，檢察總長及檢察長可行使其職務承繼權及職務移轉權。

法院在裁判中對特定法律問題表示清楚的立場，則此判例雖從個案出發，但卻可以發生通案的影響力。例如，首長以特別費購置個人衣物是否屬貪瀆行為？若終審法院於個案裁判中認定此行為不屬之，則繫屬於其他各級法院的特別費案，通常也會依此見解原則判案❻。我國過去曾規定終審法院可以編選判例❼，承認其裁判的抽象效力。雖然此判例制度被質疑會影響法官獨立審判之義務❽，而且也因其具抽象通案之效力而被認為侵及立法權之權限範圍而有違憲之嫌疑❾。但是其也反映出一個事實：亦即不論在何種法系之下，只要存有審級救濟制度，終審法院的裁判見解必然就具

❻　基於審級救濟制度，下級審之見解若不同於上級審之見解，案件上訴之後，被上級審推翻機會非常大。故下級審法官原則上會尊重終審法院的法律見解。

❼　舊法院組織法第 57 條及行政法院組織法第 16 條，此二條文已於民國 108 年 1 月 4 日修法而被廢止。

❽　例如刑法第 320 條規定竊盜可處 5 年以下有期徒刑、拘役或五十萬元以下之罰金。同法第 321 條規定加重竊盜罪，處 6 月以上，5 年以下有期徒刑，得併科五十萬元以下之罰金。該條第 1 項第 3 款規定攜帶兇器而犯竊盜罪屬於加重竊盜罪。最高法院的判例認為：只要攜帶客觀上有殺傷力的器械竊盜，就是加重竊盜罪。依此判例，實務上有出現被告帶鏟子偷挖竹筍四支，主人發現時即棄鏟子而跪地求饒，但仍被判 6 個月徒刑。也有用刀割下香蕉一串，被主人當場捉到時，亦棄刀跪地求饒，但還是被判 7 個月徒刑的案例。由於最高法院不變更或更加細膩化其判例要旨，致使下級審法官不得不依判例作出違反其心證的裁判。參見法官人事問題座談會會議紀錄，月旦法學雜誌，第 189 期，2011 年 2 月，頁 278–279，錢建榮法官之發言內容。

❾　有關我國現行判例制度的批評，參見林子儀、許宗力、楊仁壽等三位大法官在釋字第 576 號解釋的協同意見書、許宗力及林子儀大法官在釋字第 687 號解釋的部分不同意見書。法國自 1789 年大革命後，即在法國民法第 5 條明文禁止法官在個案裁判中，以抽象的方式作出裁判 (arrêt de règlement)。其最主要理由就是認為此作法侵害立法權，破壞權力分立制度。不過在實務上，終審法院的判例見解仍然影響各級法院法官之審判行為。

有抽象通案的影響力❿。故而判例制度被廢止之後，現行法以新設的大法庭制度來統一法律見解。依法院組織法及行政法院組織法之規定⓫，最高法院設有民事及刑事兩個大法庭，皆由十一名法官組成；最高行政法院設有行政大法庭，由九名法官組成。此二終審法院審理案件時，若發現經評議後將採為裁判基礎的法律見解，與先前裁判之法律見解歧異，或是認為其見解有原則重要性時，得裁定送交大法庭解決法律見解爭議或確認此重要法律見解。除法庭可向大法庭提出統一見解或確認見解之提案外，當事人亦得聲請之。大法庭之裁判事項以法律爭議為限，其裁判性質為中間裁判，並不涉入原審案件本身，故對大法庭之裁判，不得對之聲請再審或提起非常上訴。大法庭應行言詞辯論，且得邀專家學者提交書面意見或到場陳述意見，其所作裁定得附不同意見書。

　　為統一裁判見解而新設的大法庭制度，使終審法院的審判權，有從「個案」外溢到「通案」的效果，此已與司法院大法官之部分職權十分相近。

---

❿　判例制度在國內飽受批評，例如最高法院在其 99 年度台上字第 4894 號判決中，援引其 95 年度台上字第 6221 號判決意旨：認為四歲女童無法表示意願，故性侵犯不該當刑法第 221 條的強制性交罪。高雄地院亦援引前述判決意旨作出類似判決。此類判決經媒體披露後，引發「白玫瑰運動」。最高法院在民意壓力下，復又作成決議：凡與未滿七歲兒童發生性行為，一律適用刑法第 221 條與第 222 條的強制性交罪與加重強制性交罪。吾人可以看到最高法院並沒有善用其終審法院的地位，一下子過於消極怠惰，一下子又一躍變成立法者的角色。事實上，終審法院統一見解的制度並無不當，問題不在制度，而是在運作制度的人。至於「白玫瑰運動」，發生於民國 99 年 9 月 25 日，其訴求如下：㈠建議妨害性自主的保護對象，由七歲以下擴大為十四歲以下之青少年孩童，以及身心障礙者；㈡關於孩童受性侵害之後，在偵查庭到每一審的準備庭、審理庭及言詞辯論庭，建議皆應有兒童心理專家全程陪同受害者出庭；㈢針對不適任法官的評鑑與退場，不受憲法終身職保障。

⓫　有關大法庭之規定請參閱法院組織法第 51 條之 1 以下，行政法院組織法第 15 條之 1 以下。

事實上，為了維持規範體系內的整體位階秩序，二戰後歐陸普遍建置的「憲法法院」，透過其違憲審查權之行使，也在告訴世人「憲法是什麼？」而當對憲法條文的意義，或是法律與憲法是否相容有所分歧時，也會有統一見解的需要。更詳細地說，在大法官進行違憲審查過程中，憲法法院經由其裁決告訴我們「憲法允許此項規定」或是「憲法不允許此項規定」。被認為牴觸憲法的法規範，會被憲法法院宣告為違憲而失去效力，憲法法院的此類裁決行為因其對象不是具體個案，而是抽象的法規範，所以其裁決也就脫離個案範疇，而具有抽象通案的效果❷。

憲法第 79 條第 2 項規定司法院設大法官若干人，憲法第 78 條規定大法官負責解釋憲法與統一解釋法律與命令。司法院大法官的建置受歐陸憲法法院模式的影響，其職權對象就是法律與命令等抽象法規範，以及法院所作成的確定終局裁判❸。而大法官的職權性質，不論是釋憲權，還是統一解釋法令權，都是一種超越個案範圍的抽象性權力，其實這已經與立法權之本質十分接近了。

綜上，司法權的概念內涵，從最狹義、最核心的個案審判權，延伸到實現審判的偵查、訴追與執行行為，最後再到最廣義的抽象規範解釋權。

二、司法權之特性

基於司法權概念範圍的廣狹不同，其所呈現出來的權力特徵也就有所

❷ 例如釋字第 185 號解釋謂：「司法院解釋憲法，並有統一解釋法律與命令之權，為憲法第七十八條所明定。其所為之解釋，自有拘束全國各機關及人民之效力，各機關處理有關事項，應依解釋意旨為之。」

❸ 憲法訴訟法第 59 條新設裁判憲法審查制度，允許人民針對確定終局裁判提出釋憲聲請，進一步擴大大法官的審查範圍。不過，原因案件雖是個案，大法官並不作個案審判，若大法官以違憲為由廢棄確定終局裁判，其仍必須將案件發回管轄法院，不能自為判決（該法第 62 條）。基此理由，裁判憲法審查並不是第四審。

不同。例如一提到「不告不理」，大家馬上會與司法權相連結，但是在沒有人提告的前提下，檢察官卻仍可以主動偵查案件。由此例來看，司法權究竟是「被動」還是「主動」，須以其概念範圍而定。此外，在討論司法權之權力特徵時，通常是把司法權與國家其他權力部門相互做比較，例如司法權與立法權之不同，或司法權與行政權之差異等。以下所論司法權之特性，乃是以憲法第 7 章所規範之事項為範圍，亦即是以司法院與各級法院所行使的權限為基礎，它們包含個案審判權與抽象規範解釋權等兩部分。在討論下列司法權諸特性之前，必須要注意一項特別的特質：公正獨立。公正獨立是司法權之理想，也是司法權所應具備之最核心與最重要之本質。不過，很不幸的是很多國家的司法權，徒有「司法」之名，卻離公正獨立之本質甚遠。基於該特質的重要性，將於下文專節討論。

㈠消極被動

行政權與立法權都具備積極主動的特徵。反之，司法權則是消極被動、不告不理。所以在法體系內，也許違法亂紀之情事處處可見，破壞規範秩序之法令俯拾即是，但若沒有人發動司法權，司法權就只能坐視不管，司法權無法主動積極地去執法，以維護或重建體系秩序。此項消極被動特性，與其中立性密不可分。因為司法權要維護其中立第三者的地位，就必須保持消極被動的性格。

㈡不得拒絕正義

「不得拒絕正義」就是「不得拒絕審判」之意。司法權雖然消極被動，但一旦被合法發動之後，司法權就必須依法作為，不得消極怠惰。司法權固然必須「依法審判」，不論法之內容為何，最終總是要作出裁判。司法權不能以「沒有規定」或「規定不明」為理由，拒絕作出裁判❶。反之，立法權或是行政權對於人民的請求，並沒有一定要做出回應的義務。

---

❶　我國民法第 1 條規定：「民事，法律所未規定者，依習慣；無習慣者，依法理。」就是要求民事法庭不得以規範缺漏為由，拒絕裁判。

㈢程序至上

立法權與行政權的運作都有其各自的程序規定,司法權當然也不例外。但若單就此三權運作的程序要求來做比較,其分別受程序規定所拘束的強弱程度,實有天壤之別。立法權受到程序規定所框架的強度最弱:一方面絕大部分的程序規定乃立法權自行規範❶,其可自由地予以變更。二方面就算立法權在尚未變更其原已制定的程序規範前,違反現行有效之程序規定進行議事與表決,也未必會遭受制裁。因為基於議會自律原則,此等違反程序規定之行為,除非有明顯重大之瑕疵,否則仍屬有效之行為❶。

行政權與立法權都有形成政策之空間。在政策層面,行政權享有與立法權類似的政策形成自由。例如為因應人口老化問題,必須調整人口政策,獎勵生育。但要如何獎勵生育?假設行政院或高雄市政府做出「第三胎每月補助五千元育兒費」的政策決定,此決定之形成過程並沒有在事先受到嚴格的程序框架所束縛。也許是內政部長提議,在行政院院會中討論後形成共識而定,也許純粹就是行政院長一人的想法,直接就宣布為政府政策。這就是行政權為實現公共利益,因應現實需要,在憲法與法律所許可的範圍內,行政權所享有的自由性❶。在政策層面之外,行政權之運作受行政程序法等相關法規所規範,其受程序框架束縛的強度要比立法權更強。但是,除開行政程序法自己排除適用的事項領域之外❶,行政程序法仍有不少非強制性規定,行政機關得自由選擇是否適用這些程序規定❶。換言之,

---

❶ 除非是憲法所明文規定者,立法者不得予以變更。例如憲法增修條文第 3 條第 2 項第 3 款有關對行政院長的不信任投票案,憲法規定必須採「記名投票」方式。立法院在行使此項職權時,就不得將投票方式改為秘密投票。

❶ 參見釋字第 342 號與釋字第 499 號解釋。

❶ 詳見吳庚,行政法之理論與實用,增訂十四版,三民書局出版,2016 年 9 月,頁 79 以下。

❶ 參見行政程序法第 3 條規定。

❶ 例如有關是否舉行聽證的規定,如行政程序法第 155 條。

雖受程序框架所束縛，但行政權仍享有一定程度的選擇空間。最後，就程序規定本身而言，行政程序規定的密度與強度，固然遠高於立法權，但仍距離司法程序甚遠。

　　為了確保人權與實現中立公平之裁判者的角色，司法程序規定極為嚴密細膩，不僅規範密度甚高，而且規範的強度亦非其他權力部門所能比擬。複雜繁瑣的形式要求，冗長繁複的訴訟攻防，使得司法行為有非常高的程序成本。但這些司法程序要求，卻是司法權得以存立與運作的正當性基礎。若與其他兩權相比，吾人可以說立法權的權力正當性基礎來自於民主選舉，行政權的正當性基礎則來自於公益性與必要性❷⓿，而司法權僅能依賴程序正當性。所以對司法權而言，是程序至上：不僅不能沒有程序，而且也不能僅有寬鬆的程序，尤其是不能違背程序。

㈣不能確保還原事實真相，僅能實現司法正義

　　在嚴密程序規範下運作的司法權，一般認為正是這些程序要求促使發現真實並實踐正義；但現實與理想卻是相距甚遠。除了人本身之認知能力的限制之外❷❶，司法的程序要求，有時反會使真相無法呈現。例如甲真的殺人，但因殺人兇刀已經滅失而無法尋得，且無目擊證人、血跡反應或指紋等任何相關證據亦未被遺留，則在法律上因為嚴格的證據法則要求，甲只能被無罪開釋。司法程序所還原的「司法真相」是「甲沒有殺人」，但這

---

❷⓿　立法權因選舉而享有民主正當性，行政權除了因自己也經選舉（如我國地方行政首長）或由立法權分享民主正當性（如內閣制之內閣）外，尚有主動積極解決施政問題的權力本質，所以享有比較大的自由作為空間。例如突然發生大地震，必須立即採取應變與救災措施，此際行政權不可能以「依法行政」為由，主張因為缺乏規範，所以無法主動採取某些非得要做的應變措施。

❷❶　例如對於當事人陳述真偽之判斷，沒有法律上所認可的證據作為依據，固然很難下定論。但就算有法律所認可的證據為依據，也未必真能判斷真偽。如果有「神」的存在，也許既不用證據，也不用測謊機，直接就可斷真偽。但人並不是「神」，缺乏全知全能。

卻不是事實真相。而這個「殺人犯無罪開釋，枉死者含冤莫白」的裁判結果，它實現了某種「司法正義」，但卻不是一般人心目中真正的正義。

行政權與立法權同樣沒有還原真相的能力。行政權雖然擁有大量的人力與財力，可以盡力去挖掘真相，但因其有強大的力量，以致於有可能在證據的選取上做手腳，容易出現偏差與錯誤，正是基此理由，才要透過法院來檢視檢警調所蒐集的證據。至於立法機構透過審議與民主表決的方式來做決定，雖說真理越辯越明，但真理或真相也不是用辯論與表決的方式即可得到。如果連受嚴格程序框架所束縛的法庭攻防與陪審團議決所形成的「司法真相」，都可能完全背離事實真相；國會鬆散的程序與其審議方式，又如何能發現真相呢？基此，行政權所做的「真相調查報告」，還是立法權所議決的「事件真相聲明」，一樣可能與事實真相相去甚遠❷。

倒是行政權與立法權可以透過其政策作為，去調整或是修補受到傷害的「社會正義」。其與「司法正義」不同之處乃在其能超越規範之框架，透過政策作為形成另一種新的法律地位或法律關係。例如地震將大樓震倒，受災住戶不僅有家人傷亡，且一時之間又無屋可住，此外受災住戶可能同時因房屋貸款而被銀行催繳還款。就法律上而言，銀行主張其債權完全合法，司法權不能改變受災戶的不幸情況。但是此際行政權及立法權都有其政策作為空間，可以積極作為協助受災戶。這種改善受災戶之不幸地位的政策作為，就是在調整或修補因自然災害所造成的社會正義問題。

㈤缺乏效率乃必要之惡

程序至上的司法權運作，必然因嚴密且繁複的程序要求而導致既耗時又費錢費力的後果。此與立法權之運作相似，但不同於行政權。立法權審

---

❷ 「沒有真相，沒有正義」是鼓吹「轉型正義」者的口頭禪，但「真相」從何而來？他們認為國家公權力機關，特別是司法權，是有能力挖掘並還原真相的。對於此種主張之批評，請參見陳淳文，審判歷史：不可或缺的正義？不可能的正義？，台灣法學雜誌，第 313 期，2017 年 2 月，頁 78 以下。

議公共政策的過程，其程序要求雖然遠比司法程序要寬鬆許多，但卻有司法程序所沒有的利益折衝與交換、談判與妥協等過程，所以法案要歷時多久才能通過，並沒有客觀的標準存在。爭議少的法案也許幾週就完成立法，但爭議多的法案，有可能歷經數年都沒有結果。反之，行政權為了實現公共利益，有主動積極作為的義務。尤其面對現今這個快速變遷的世界，有許多作為義務是刻不容緩，一定要講求速度與效率。例如面對國際金融風暴的因應措施、水災、震災等自然災害的救援與善後、傳染病防治、危害公共安全之犯罪行為或恐怖活動的處理與抑制等，沒有一樣可以龜速慢行。

　　行政權必須講求速度與效率，但不能為追求效率而遺忘公共利益。立法權應重視利益妥協與立法品質，吾人不問國會一年通過幾部法律，或是平均每部法律耗時幾週或幾日，而是問國會一年通過幾部品質優良且獲得多數共識的法律。在「司法正義」的要求下，司法權當然也要追求合理的訴訟期間，以及一般人民可負擔的金錢與時間等程序成本。所謂「遲來的正義不是正義」，正是要求司法權必須儘快作出判決，不能讓案件久懸不決。此外，過高的程序成本門檻，也會讓財大氣粗的一方，透過其財力與其所雇大律師利用嫻熟的訴訟技巧，把弱勢的一方拖垮❷❸。換言之，在訴訟制度上強化效率、降低成本，也是司法權所該追求之事。但是這種降低成本與提升效率的努力，必須在確保人權與公正審判的框架下來談。任何降低成本或是提升效率的司法改革，若有可能侵及人權保障，或是妨害公正審判者，就必須被排除於外❷❹。

❷❸　參見顏厥安，司法改革的幾個思想問題，思想，第 18 期，2011 年 6 月，頁 10。

❷❹　國內訴訟案件屢見來回於最高法院與高等法院之間，歷經十餘年而無法定讞。此等現象引發各界嚴厲的批評。司法院為此推動「刑事妥速審判法」（以下簡稱速審法）之改革。速審法於民國 99 年 4 月 23 日經三讀通過；同年 5 月 19 日總統令公布。其重要內容如下：㈠被告在羈押中之案件，應以優先且特別迅速之方式連續開庭審理。㈡倘若案件繫屬逾一定期間仍未能判決確定，建立法院於審酌相關事項後得以裁定駁回起訴之結案機制。㈢案件繫屬逾一定期間，

　　為了保障人權與促使審判行為能公正地進行，那些可能影響效率的程序成本，乃是為實現司法正義的必要之惡。

●第二節　司法權之組織與類型

　　司法是功能性概念，實現司法功能的組織稱為司法機關。憲法第 77 條一如慣例地直接指出司法院為最高司法機關，並進一步說明司法機關所負責的不同的職權類型。

一、司法權之組織

　　我國司法權之組織模式與歐陸國家近似，包括司法行政機關、釋憲機關與審判機關等三大類型。

㈠司法行政機關

　　不論何種組織模式或型態，一定會存有行政事務。就以司法概念中最狹義的審判權為例，它也包含諸多因審判組織而衍生的行政事務。從最簡單的法庭廳舍的清潔打掃與維護、相關資訊的公告、信件的寄送與收發，到案件的分配、庭期的安排與所屬人員的考核與管理等，無一不是行政業務。這些司法行政業務應該由誰管理？現在行政院下之法務部的前身，舊稱為「司法行政部」，主管司法行政業務，並曾在組織關係上，下轄高等法院以下之各級法院及分院。大法官在釋字第 86 號解釋指出各級法院及分院應隸屬於司法院之下，該號解釋可稱為是大法官的第一個單純違憲宣告解釋，但要到本號解釋作出 20 年後，各級法院才在組織上隸屬於司法院之下**❷❺**。

　　且經最高法院數度發回者，建立最高法院之特別審查機制等。但此改革仍引起諸多批判與保留見解，除了司法界內部之保守勢力的反彈外，速審要求對審判可能產生的不良影響，也是不容被忽視的問題。

❷❺　林子儀、葉俊榮、黃昭元、張文貞，憲法——權力分立，新學林出版，頁399。

各級法院內部的司法行政事務，乃由各法院院長所綜理。大法官先於釋字第 162 號解釋闡明肩負行政職之法院院長的職位，並不屬憲法第 81 條所規定的保障範圍，接著在釋字第 539 號解釋又強調：監督司法行政事務之法院庭長的職位，也不在憲法第 81 條的保障範圍之列。然而為避免司法行政首長利用行政權之便而干涉審判業務，以致影響裁判之公正性❷⁶，歷經多年研議後所通過的法官法第 4 章便規定：各法院及分院都要設置由全院法官所組成的「法官會議」，負責議決審判事務分配、法官考核與獎懲建議、法官監督處分建議及院務行政建議等事項。換言之，各級法院的司法行政業務，已經由院長綜理改由各院「法官會議」的參與與主導。

而作為最高司法機關的「司法院」，本應與各級法院一樣，同時掌理審判權與司法行政權等兩部分權能。但行憲之後，卻延續訓政時期的舊制，在司法院之下另設最高法院、行政法院與公務員懲戒委員會，負責各類審判業務，且將軍人之刑罰交由國防部轄下的軍事法院體系負責，如此形成多元分立的審判體系❷⁷。至於司法院自己，並不負責任何審判業務，而是成為整個司法體系裡的最高司法行政機關。對於憲法條文所使用的「最高司法機關」一詞，到實際運作時變成「最高司法行政機關」，司法院不是最高審判機關的現實，飽受各界批判。民國 88 年 7 月，體制外的「全國司法改革會議」作出司法院應分三階段改革，終至成為最高審判機關的結論❷⁸。大法官在民國 90 年 10 月所作成的釋字第 530 號解釋也呼應前述民間司法改革結論，要求立法院應在 2 年內完成修法，以落實司法院為最高審判機

---

❷⁶ 例如院長利用分配案件的機會，將特定案件分給特定法官來審理。

❷⁷ 有關制憲者對於司法院之定位的原始想法，參見法治斌、董保城，憲法新論，頁 397 以下。

❷⁸ 詳見湯德宗、吳信華、陳淳文，違憲審查制度之改進——由「多元多軌」到「一元單軌」的改進方案，收於：湯德宗主編，憲法解釋之理論與實務，第四輯，中研院法律所出版，2005 年 5 月，頁 523 以下。

關之制憲本旨。然而,不知已經度過多少個 2 年?司法院變成最高審判機關的改革目標似仍遙遙無期。

事實上,最高司法機關就是最高審判機關的制度想像,主要是以美國為範本;歐陸國家則常見同時並存多個最高審判機關的制度類型。此外,司法行政業務交由內閣之司法部執掌的情形,在歐陸亦十分常見。我國為強調司法獨立而由司法權自行負責司法行政業務,固有其優點與特色,也有其不便之處。但為了實現司法獨立與司法自治之目的,特設專職的最高司法行政機關,似乎也沒有明顯違逆理性的制度安排❷。

(二)釋憲機關

依憲法增修條文第 5 條第 1 項及第 2 項之規定,司法院大法官由十五名大法官所組成。大法官經總統提名,立法院同意後任命。其任期為 8 年,且不得連任。大法官中兩名為司法院正、副院長,但正、副院長的職位並無任期保障❸。又現行大法官的任命方式採交錯任期制,原則上每 4 年會約有三分之一的大法官被更換,然因大法官可能因各種原因中途離職,導

---

❷ 特別是憲法增修條文第 5 條第 6 款賦予司法權得以自行提出年度司法概算,若無最高司法行政機關進行資源的整合與分配,如何能提出合理的預算需求?釋字第 175 號解釋也說司法權也能向立法院提法律案,如果沒有最高司法行政機關來負責提法律案,難道由各終審法院自行提案嗎?若司法院是兼具最高司法機關與最高審判機關的身分,則又有哪些國家的最高審判機關可以向國會提出法律案呢?

❸ 民國 105 年 5 月蔡英文總統就任後,宣布要推動司法改革,並由總統府及法務部規劃全國司法改革會議。面對行政權磨刀霍霍地針對司法權而來,司法院正副院長主動向總統提出辭呈,副院長蘇永欽更公開表示辭職非義務,而是留給總統推動改革之空間;但是他同時也表示不認同由行政權來主導司法改革。本來應該獨立於行政權與選舉之外的司法權,竟在選舉之後也進行司法院正副院長的輪替。批判此畸形現象的見解,請參見李念祖,正副院長大法官任命背後的憲法解釋與政治文化,風傳媒,2016 年 7 月 13 日。

致交錯任期的制度原意無法落實，甚至出現「每年提名」的現象❸。釋憲機關原係為履行憲法第 78 條所規定之解釋憲法與統一解釋法令之權，前述事項之審理現已併入憲法法庭。

(三)審判機關

司法院自己不負責審判業務已如前述，實際的案件審理由各級法院負責。司法院與各級法院之間，並無組織上的直接隸屬關係。依案件性質之不同，我國目前有下列數個不同的審判體系：

首先是由司法院大法官所組成的憲法法庭，負責審理法規範憲法審查及裁判憲法審查案件、機關爭議案件、總統、副總統彈劾案件、政黨違憲解散案件、地方自治保障案件與統一解釋法律及命令案件等。

其次是針對一般公職人員的懲戒法院，其下分設懲戒法庭與職務法庭。懲戒法庭負責審理一般公職人員之懲戒案件，主要的對象是一般文職公務員、民選行政首長與政務官。但若武職公務員遭監察院彈劾時，依釋字第262 號解釋，該彈劾案也應移送公懲會，亦即是現今的懲戒法庭審理❸。此外，釋字第 396 號解釋特別要求懲戒案件應採法院之體制，並應本正當法律程序之原則，給付懲戒人充分的程序保障❸。至於「職務法庭」則負責兩類案件，一是法官職務保障事項❸，一是法官與檢察官之懲戒案件。這種公務員懲戒與法官懲戒分由不同法庭審理的設計，除強化法官之獨立

---

❸　如民國 104 年有四位大法官獲總統提名、民國 105 年有七位大法官獲總統提名。

❸　未遭監察院彈劾之武職人員的懲戒案件，依陸海空軍懲罰法第 30 條之規定，由權責長官召開評議會議決之。

❸　立法院為落實釋字第 396 號解釋之精神，大幅修正公務員懲戒法，使其在審理程序上也更加司法化與精緻化：諸如迴避制度、訴訟代理、卷證閱覽、通知書及筆錄之製作與證據調查等事項，皆有詳盡規定。

❸　依法官法第 47 條第 1 項規定，法官懲戒案件外的職務保障事項包括：法官不服撤銷任用資格、免職、停止職務、解職、轉任法官以外職務或調動之事項與職務監督影響法官審判獨立之事項等兩類。

保障外，尤其是在審理法官或檢察官懲戒案件時，第一審尚須有兩名外界之參審員共同組成合議庭的設計 ❸，有降低法官同儕相護的企圖。懲戒法院為一級二審體制，不服第一審者，得向同法院提出上訴；但不得再向行政法院體系提起行政訴訟。

　　國防部轄下的軍事法院體系，則是負責審理軍人所涉案件。憲法第 9條保障人民不受軍事審判之規定，為軍事審判制度留下立法空間。人民之所以不受軍事審判，是因軍事司法比一般司法更加嚴厲，使被審判者處於更加不利之地位。不過，大法官於釋字第 436 號解釋肯定軍事審判體系存在之合憲性外，特別強調兩件事：一是在平時經終審軍事審判機關宣告有期徒刑以上之案件者，得直接向普通法院請求救濟。於此顯示在承平時期，軍事審判體系並沒有完全獨立於普通法院體系之外。二是軍事審判體系的組成與運作，必須符合正當法律程序之要求，且不論是審檢分立、軍法官選任與軍法官身分保障等有關審判獨立所不能或缺的要素，軍事審判體系都不能有所欠缺。儘管在釋字第 436 號解釋後，軍事審判體系做了諸多改革，但仍不能獲得一般人民之信賴。民國 102 年，因軍中管教致死事件引發民眾反彈，立法院於同年 8 月迅速修改軍事審判法。新法將軍人犯罪區分為平時與戰時等兩部分，現役軍人於戰時犯陸海空軍刑法或其特別法之罪，依軍事審判法追訴與處罰；現役軍人於非戰時犯陸海空軍刑法第 44 條到第 46 條、第 76 條第 1 項等，或其特別法之罪，則依刑事訴訟法追訴（參見軍事審判法第 1 條）。

　　最後是負責審理一般人民之訴訟案件的法院，又依所涉案件性質之不同，而分成「普通法院體系」與「行政法院體系」等兩大體系。釋字第

---

❸　依法官法第 48 條第 5 項之規定，參審員係由法官遴選委員會遴定學者及社會公正人士共六人，提請司法院院長任命，任期 3 年。依同條第 1 項規定，第一審法官懲戒合議庭由三名法官及兩名外界參審員共五人組成。但依同法第 48條之 2 第 1 項之規定，第二審則全由職業法官組成合議庭。

448 號解釋對此作如下說明：我國關於行政訴訟與民事訴訟之審判，依現行法律之規定，係採二元訴訟制度，分由不同性質之法院審理。關於因公法關係所生之爭議，由行政法院審判；因私法關係所生之爭執，則由普通法院審判❸❻。而對於審判權的分配，係由立法機關依職權衡酌訴訟案件之性質及既有訴訟制度之功能而為設計❸❼。

這些不同的審判體系在組織上互不隸屬、各自獨立。除軍事審判體系隸屬於國防部外，其餘的審判體系則在司法行政事務上，與司法院有一定程度的連結。憲法法庭與懲戒法院與司法院關係較為密切，普通法院體系與行政法院體系雖皆獨立於司法院之外，但在司法行政事務上仍受司法院領導與監督。

二、職權類型

由前述不同之司法組織，可以對應不同的職權類別：㈠憲法訴訟案件：憲法法庭。㈡公務員之懲戒：懲戒法院。㈢現役軍人戰時之部分刑罰事項：軍事法院體系。㈣民事與刑事等一般私法訴訟案件：普通法院體系。㈤行政爭訟案件：行政法院體系。

●第三節　司法獨立

我國憲法明文規定要超出黨派以外，獨立行使職權的人員包括法官❸❽、考試委員❸❾與監察委員❹⓿等三類人員。考試委員與監察委員總共不過數十

---

❸❻　另可參閱釋字第 540 號解釋。

❸❼　另可參閱釋字第 466 號、第 695 號、第 758 號、第 759 號、第 772 號、第 773 號及第 787 號等解釋。

❸❽　憲法第 80 條。

❸❾　憲法第 88 條。

❹⓿　憲法增修條文第 7 條第 5 項。

人，組成兩個合議制機關。但成百上千的法官組成數百個合議庭，每年處理成千上萬的案件，其與考試及監察兩院相比，獨立問題的重要性固然相同，但獨立問題的影響層面與其所遭致之難題，司法權就遠比考監兩院要複雜許多。討論獨立問題，可從何謂獨立與如何獨立兩個面向著手。

一、何謂獨立？

憲法第 80 條要求法官必須超出黨派外，依據法律獨立審判，不受任何干涉。此條文內容十分簡潔，簡單地說，就是法官行使審判權限，除受憲法、法律及相關判解拘束外，不受任何命令或指示之拘束。但此說明仍無法完整呈現司法獨立的概念內涵，有必要進一步予以闡釋並補充。

㈠為何獨立？

司法獨立的目的何在？若由司法權之角色與其職權性質切入，很顯然地就是要使其判決能為當事人兩造所接受，並獲得大眾的信賴。就此而言，「司法獨立」僅是一種促使司法權得以公正行使的輔助性手段而已，其本身並不是目的。這些輔助性手段其實就是以下要談的制度配備，透過這些制度性配備，它們營造一個外觀上看起來是獨立的環境，讓人相信司法權是可以不偏不倚、公正中立地運作。

然而，即使司法權運作的環境並不夠獨立，但仍有可能作出中立公正的裁判。反之，就算是在充分獨立的環境下，也有可能出現偏頗的判決。故落實「司法獨立」的想像，僅能在制度外觀上或形式上，塑造一個可以公正審判的環境，但不能確保所有裁判都是以中立公正的態度為基礎。舉例而言，中國民間傳說中宋朝的包拯，以今日的眼光來看，他絕對不是處於一個司法得以獨立運作的環境之下，但其裁判卻有可能被當時的人認為是中立公正的。反之，美國聯邦最高法院一直被認為是司法權得以獨立運作的典範，但其所作的判決也有可能純粹是黨派立場的展現。例如 2000 年美國總統大選的選舉爭議判決中，共和黨傾向的大法官都支持小布希，民

主黨傾向的大法官都支持高爾，人人皆依其黨派傾向投票，無一例外。這樣的判決算是中立公正的判決嗎？

　　憲法要求法官獨立行使職權，當然就是要法官本著中立公正的良知來行使職權。而中立公正的良知就是「我心如秤」，它純粹是一種內在的心理狀態，與外在的環境狀態沒有必然的關聯性。然而，外在的獨立環境可以輕易地被塑造，但內在中立公正的良知卻很難養成。

㈡對誰獨立？

　　如果說獨立其實就是要塑造一個外在的環境或景觀，與特定的對象區隔開來或是保持距離，那吾人就要進一步探討究竟是要獨立於何種對象或事務之外？就此點而言，首先憲法第 80 條要求法官必須**依據法律**獨立審判，故法官首先要**獨立於自己之外**，係依據法律而非依據自己的認知、理念或偏好來進行裁判，這也正是「我心如秤」的真諦。當法官在個案裁判中以自己的正義取代法律，則此舉不僅是傷害司法獨立，更屬違憲越權行為❹。其次，是要獨立於當事人之外，以確保法官是中立第三者的角色。

---

❹　如前引台北地方法院 104 年度矚訴字第 1 號刑事判決自創公民不服從七要件作為裁判依據，並宣稱：「**縱此概念未見諸於法律明文，亦非不得以之作為行為人之行為是否適法之判斷依據，且縱無法明確肯認公民不服從係刑法之超法規阻卻違法事由，惟此既與社會相當性及實質違法性之概念一致，自得作為本件佔領立法院行為是否符合社會相當性及實質違法性之判斷標準。**」就是典型不依法審判的違憲越權裁判，故此見解不為同案二審法院所採。不過，二審法院的有罪判決再被最高法院（109 年度台上字第 3695 號判決）所推翻。最高法院重拾地院的論點，宣稱刑法第 24 條第 1 項的緊急避難**雖僅列舉個人法益，但不排斥整體法益的避難適格**。「**如公民不服從行為，本身是言論自由的特殊表達形式，且所欲保全的整體法益為即將或剛開始遭破壞的自由民主憲政秩序（倘抗議對象的作為已造成自由民主憲政秩序系統性的重大侵害，則屬抵抗權之行使範疇）時，依上揭說明，法院自得類推適用緊急避難或避難過當之規定，阻卻違法或減免刑責。**」對於二審不願自行造法而依法審判的態度，最高

為達此目的，法官必須社會各界，乃至於自己的親朋好友保持互不滲透的清楚區隔❷。而在各種官商勾結中，又以法官參與勾結最為嚴重。蓋任何違法勾結只要司法獨立，最終都會被司法權所矯正並抑制。一旦司法權也被收買陷入貪瀆泥淖，整個民主法治體系最終必將崩解。民國 109 年 8 月爆發我國司法史上最嚴重的司法醜聞，商人與包括大法官、最高行政法院院長、最高法院與其他法院法官、檢警調高層等數十名涉案司法官或行政官過從甚密，透過諸多飲宴與餽贈建立關係以影響干涉諸多司法案件❸。我國民主化後竟還會出現如此龐大且嚴重侵害司法獨立的司法弊案，實非制憲者所能想像。制憲者把侵害獨立的來源直指政黨或黨派，答案雖明確卻又太過單純。超越黨派的意思是不能入黨、不能參與政黨活動，還是不

法院如此批判：「原審於判決理由僅謂：我國憲法與法律俱無賦予人民抵抗權。倘若公民不服從可以合法化，無異對民主多數決之破壞，有害法治。司法必須克制，做為法律執行者，只能依據法律，不能造法（見原判決第 43、44 頁）。而未詳查上訴人等所為，是否有上開阻卻違法或減免刑責情形，且全未說明其等有無誤認阻卻違法事由之存在（容許錯誤）或誤認阻卻違法事由之前提事實（容許構成要件錯誤），遽行判決。有不適用法則、不載理由及應於審判期日調查之證據而未予調查之違法。」

❷　如法官倫理規範第 8 條規定：法官不得收受與其職務上有利害關係者之任何餽贈或其他利益。（第 1 項）法官收受與其職務上無利害關係者合乎正常社交禮俗標準之餽贈或其他利益，不得有損司法或法官之獨立、公正、中立、廉潔、正直形象。（第 2 項）法官應要求其家庭成員或受其指揮、服從其監督之法院人員遵守前二項規定。（第 3 項）第 22 條規定：法官應避免為與司法或法官獨立、公正、中立、廉潔、正直形象不相容之飲宴應酬、社交活動或財物往來。

❸　民國 109 年 8 月 14 日監察院通過公懲會委員長石木欽的彈劾案，光就被彈劾人是肩負公務人員官箴的最高首長，自己卻是貪瀆的核心，已令各界震驚不已。更駭人聽聞的是由此彈劾案牽引出商人翁茂鍾擁有二十七本筆記簿，其內紀錄所有不當餽贈與飲宴資訊，簡直與清康熙年間謠傳的「百官行述」相當，也就是賄贈百官的明細紀錄簿。

能擔任黨職？素有不同立場❹。現行法官法第 15 條規定法官任職期間不得參加政黨，任職前已參加政黨者，任職後就必須退出。此規定乃採取最嚴格的態度，是否侵害法官的結社權，並非沒有疑問。特別是從憲法所用之文字來看，如果「超越黨派之外」解釋為「不得加入政黨」，顯然同時限縮了「超越」與「黨派」等二詞的概念範圍。再就我國近年實務經驗而言，被認為有政黨傾向的法官，多數是沒有入黨，也沒有參加政黨活動的人。換言之，以是否入黨作為是否超越黨派的判斷基準，對我國現存問題並沒有實質的幫助。

　　其實若從西方司法獨立的發展歷程來看，真正首要的獨立對象乃是行政權。司法權應不受行政權影響，並與行政權保持距離。而行政權中的司法行政權，尤其對司法權之運作產生深遠的影響。我國過去部分司法行政權掌控在行政院司法行政部手上，以行政干預司法運作的情事時有所聞。爾後司法行政權從行政權手中移轉至司法權，司法院掌握完整的司法行政權，但過去行政權轄下的司法行政權可能影響公正審判的情形，一樣也會在司法權下發生。在此觀點下，法官不僅要獨立於行政權之外，也要在相當程度上獨立於司法行政權之外。司法行政權的運作方式，可能才是我國法官能否獨立的關鍵❺。新近通過之法官法的改革即立基於此，修改司法院人事審議委員會的組織方式，以及在各院設置法官會議，以期改變過去司法行政權不當影響司法權之運作的缺失。但其成效如何？尚有待其具體

---

❹　如李惠宗氏認為應採最嚴格之態度，法官不得加入政黨。而陳新民氏則認為法官可加入政黨。參見李惠宗，憲法要義，頁 612；陳新民，憲法學釋論，頁628 以下。

❺　掌握司法行政資源的法院院長、庭長等人員，過去對於法官的案件分派、考核、調動與獎懲等事項，一直有相當大的主導力量。特別是在審級體系與我國城鄉差距的實況，法官希望往好的地方調，往上級審調。如此造成部分法官不得不與司法行政首長，或甚至是上級審之庭長或法官，保持特定的互動關係。

施行成果而定。

　　然而在擺脫司法行政權的束縛之後，法官書類不再送閱，判決也可完全不顧上級審之法律見解或甚至是判例要旨，人人以自己的看法獨立適用法律，致使裁判內容百家爭鳴。如此的司法獨立，也會產生嚴重傷害司法權的不良後果。例如鬧得沸沸揚揚的中科四期園區開發案，當地反對此開發案之居民分成三組，分別以中科案選址違反區域計畫法，以及違反環境影響評估法與區域計畫法為由，向台北高等行政法院提出三個原告雖不同，但爭訟內容相近的訴訟。第一個訴訟經台北高等行政法院認定選址並未違反區域計畫法❹，再經最高行政法院於民國 100 年間駁回上訴而告確定❹；主管機關遂依法院確定判決繼續原定開發行為。不料同一個高等行政法院在第二個類似的訴訟中，竟又宣判中科四期違反區域計畫法❹。相隔不過 1 年 10 個月，既不顧同院同僚先前已經作出判決中的法律見解，也不在乎終審法院駁回上訴的理由，獨立地作出完全相反的另一種判決。這種審判獨立的結果，既無助定分止爭，更會反噬一直難以建立的司法權威與人民對司法的信賴感❹。

---

❹　台北高等行政法院民國 99 年 12 月 30 日之 99 年度訴字第 658 號判決。

❹　最高行政法院民國 100 年 12 月 29 日之 100 年度判字第 2248 號判決。

❹　台北高等行政法院民國 101 年 10 月 11 日之 99 年度訴字第 1856 號判決。

❹　普通法院體系各審見解不同，來回纏訟經年的案件亦甚多。例如對於被控在 20 年前擔任台北市議員時收賄二百二十萬元，利用質詢及調閱資料手段向捷運局施壓喬人事的謝明達案，從一審到高院更三審共十五名法官都判他有罪，最重的判 10 年 2 個月。但民國 107 年 8 月最高法院（106 年度台上字第 3329 號判決）未經公開審理與辯論即自為判決，逆轉改判謝無罪定讞。合議庭認為，依原審判決及起訴書所得證據，被告僅有請託人事及收受匯款之事實，但無法證明兩者間有何關連性及對價關係，遂將「賄款」改認定為「借款」，且因本案爭訟已逾 17 年 8 個月，故未撤銷發回，而直接改判無罪定讞。本案由法官黃瑞華承審，庭長為陳世淙，陪席法官為陳宏卿、洪于智及楊智勝。合議

最後，在現今各類媒體的強大傳播力與影響力下，法官如何面對來自於媒體或是一般人民的外界壓力？可能是另一個大難題。「恐龍法官」或是「奶嘴法官」的封號，任由媒體、律師、政客及一般人民隨意發送。加以為了避免法官脫離民眾心中似是而非的法感，乃至成為雖獨立但卻孤立的法匠，近來的司法改革又引進國民法官制❺⓿，希望透過人民的參與，打破法院與外界的藩籬。在此充滿外界壓力的背景下，法官欲堅持依法審判又豈是易事？而法官要獨立且超越的對象，又豈僅是政黨而已。

二、如何獨立？

如前所述，司法獨立的理想其實只能透過制度配備，形成一個良好的審判環境，但無法打造法官的內心世界，讓每位法官在行使職權時，都具

庭並認定本件並非社會所矚目、關注之重大案件，罕見地未對外發新聞稿。由陳、黃二法官主導之刑一庭又於民國 110 年（109 年度台上字第 3695 號判決）推翻二審對於太陽花運動攻占行政院案之有罪判決，引發諸多批判。其中陳涉入翁茂鍾司法弊案，但因已逾懲戒時效而不受懲戒，順利退休；黃則在爭議聲中於民國 110 年底出任台南高分院院長。

❺⓿ 依國民法官法規定，凡檢察官起訴最輕本刑 10 年以上有期徒刑或故意犯罪而發生死亡結果的案件，必須進行國民參與審判。為確保法官中立，該類案件採「起訴狀一本主義」，亦即檢察官起訴時僅送一紙起訴書，卷證不併送。法庭由三名職業法官與六位國民法官組成，九位法官一同參與審判程序與評議投票，決定是否有罪需要達三分之二以上的法官同意，而若未達到前述門檻，就會判決無罪；而刑責方面，如果是遇到要判決死刑的情況，也需要三分之二的法官同意，而其他科刑則需要過半數同意即可。對國民法官法的評價不一，支持者認為可以強化法院接地氣，瞭解人民法感，也避免裁判見解僵化或立場偏頗。反對者認為此改革係胡亂拼裝，既非美國陪審制，也非德國參審制，其運作結果僅會鞏固法官權威與法官的操弄空間；因為年滿二十三歲且完成國民義務教育即可被選任為國民法官，然因其欠缺法學專業素養背景，在審理程序及評議過程中，很可能完全受職業法官所影響或支配。

有「我心如秤」、無視外界毀譽的修養。我國目前有關司法獨立的制度配備，主要包括司法權的地位保障與法官的地位保障兩部分。

㈠司法權之地位保障

在我國過去為避免論及分權制衡，以免達到節制行政權之運作的威權體制背景下，特別推崇權力部門間的分工合作與地位平等。憲法第 87 條規定考試院得向立法院提案，但有關監察與司法兩院的規定，憲法本文則未提及提案權。大法官在釋字第 3 號解釋強調監察院也享有法案提案權時，已經指出憲法所設置之五院，相互平等，初無軒輊。解釋文中寫道：以職務需要而言，監察、司法兩院各就所掌事項，需向立法院提案，與考試院同。基於五權分治、平等相維之體制，監察院得向立法院提案。釋字第 175 號解釋重提釋字第 3 號的論調，進一步確立司法院就司法機關之組織及司法權行使之事項，亦得向立法院提出法案。

除了法案提案權外，憲法增修條文第 5 條第 6 項又賦予司法院得自行提出年度司法概算，行政院僅能加註意見，但不能刪減。

法案自主與預算自主乃強化司法權自治自主的制度配備，雖然其最終都還是要經過立法院審議，但至少已使其能擺脫行政權的牽制。這樣的結果可說是威權體制利用孫文思想，以及民主化後反撲行政強權的意外發展。一般民主國家的司法權，通常不同時具備這兩種權力。而也正是因為這兩種權力的存在，一方面讓司法院作為最高司法行政機關，得以找到存在的必要性基礎；但另一方面，也因此阻礙司法院成為最高審判機關。

㈡法官之地位保障

司法權乃由法官行使，憲法第 81 條明定有關法官職位的保障機制。首先是憲法使用「終身職」的用語，讓我國年邁而停止辦案的法官，仍為現職法官，並支領與現職辦案法官相同的給與[51]。這樣的詮釋方式，造成法官享有不合理的特權地位，並不符時代之需求。其實憲法的原意是要保障

[51]　參見司法人員人事條例第 40 條第 3 項規定。

法官不得被任意免職，但並不是要法官終身不能退休，必須鞠躬盡瘁，死而後已。

其次是有關法官的懲戒處分，必須以法律規定為依據。目前法官法規定法官得被懲戒之事由包括參與政黨、違法兼職、延遲辦案、違反辦案程序規定或職務規定、怠行職務或言行不檢，及違反法官倫理等事由。法官的懲戒案件由職務法庭審理，而法官的其他人事處分則由司法院人事審議委員會負責。至於各法院之業務分配與平時考核等事項，由各院之法官會議參與。整體而言，目前法官法對法官所提供的保障方式，就是以法官自治為基本原則，並適度引進外界多元的力量參與，以免法官過於鄉愿或封閉❷。

然而在各界要求淘汰不適任法官的壓力下，法官法以建立法官評鑑制度與設置法官職務法庭等兩大措施作為回應。民國 108 年 7 月公布的第一次修正之法官法，調高外部人員參與的比例。設於司法院的法官評鑑委員會，由十三名委員組成，其中外部人員（即學者及社會公正人士）占六席。設於懲戒法院的職務法庭，其審理法官懲戒案件時，第一審由法官三人及外部參審員兩人組成合議庭，第二審才是由五名法官負責審理。除增加外部人員以免法官官官相護外，也增設當事人或犯罪被害人得提出個案評鑑請求，再由法官評鑑委員會議決是否交付職務法庭予以懲戒。新法也加強法官懲戒的強度，被移送懲戒的法官，在審理期間不得申請退休或資遣，而懲戒處分除免職或撤職外，尚包括剝奪退休金及退養金。立法者認為在可能被提交評鑑並交付懲戒的壓力下，法官將會更加審慎地行使職權。

不過，得以提交評鑑及交付懲戒的事由，依法官法第 30 條第 2 項各款

---

❷ 然而所謂引進外部多元力量，是否真能做好法官評鑑工作也不無疑問，例如律師界一直主張律師要在法官評鑑中扮演重要之角色，法官法也從善如流地將律師引入評鑑機制。然而我國的大律師們，不乏有人不在法庭內進行攻防論戰，而是天天上媒體去訴說案情，期望主導輿論方向，並透過媒體公審的力量來壓迫法官。如此律師結合媒體在審判前向法官施壓，並在審判後再給法官評鑑，法官能獨立嗎？審判能公正嗎？

規定，要有故意或重大過失、明顯違誤、情節重大等，而非一般的疏失。這樣的規定方式是否妥適？是否能夠滿足人民的要求？實不無疑問❸。又法官法第 30 條第 3 項規定：適用法律之見解，不得據為法官個案評鑑之事由；同法第 49 條第 3 項也規定：適用法律之見解，不得據為法官懲戒之事由。然而，被群眾指責為「恐龍法官」，被認為應該予以淘汰的法官，不就是因為其適用法律之見解違背一般人民的法律認知與法律感情嗎❹？只是若將適用法律之見解也列為評鑑事項時，審判還剩下多少獨立空間？

---

❸ 例如民國 102 年新北市陳男被疑為超商竊賊，最後被新北地檢署起訴，陳男含冤不服，在法院審理期間自殺身亡。事後，經比對監視錄影紀錄，證實檢警誤認。但處理本案的檢警兩人，警員粘峻碩於民國 107 年 8 月被公懲會判處「休職一年」，而檢察官詹騏瑋則於民國 108 年 6 月被司法院職務法庭判處「不受懲戒」。同案兩人為何處罰如此懸殊？更何況員警乃受檢察官指揮，檢察官才是偵查主體。公懲會以員警不夠謹慎，不符公務員服務法第 5 條的「謹慎」要求而對警員予以懲戒。但職務法庭適用法官法（檢察官亦適用），認為檢察官雖有疏失，但未達「情節重大」之境地。二者不同對待，引起輿論抨擊。陳男家屬事後提出國家賠償訴訟，法院認為：因無法證明員警誤認是造成檢察官起訴的唯一原因，且也難認定起訴與自殺有客觀上的相當因果關係，駁回國賠請求（新北地方法院 105 年度國字第 1 號民事判決、台灣高等法院 105 年度上國易字第 19 號民事判決）。

❹ 有關法官見解與社會法感差距的案例，法官性騷擾案極具代表性。民國 105 年 10 月職務法庭針對法官陳鴻斌對其助理為性騷擾行為原判處免職（職務法庭 104 年度懲字第 2 號判決），惟後因該迴避卻未迴避之程序瑕疵而啟動再審，並於民國 107 年 3 月改判罰薪 1 年（職務法庭 105 年度懲再字第 1 號判決）。再審判決作出之後，不滿此判決結果之一名陪席法官憤而辭去職務法庭之職位，最後是五名合議庭法官皆辭其職位。改判的理由是因牽手或親吻等行為，經當事人拒絕即停止，行為雖有不當，但尚未達免職之境地。此見解不僅引起社會譁然，連職務法庭法官也意見分歧。本案尚衍生案外案，受命法官陳志祥針對本案多次上媒體公開辯護，最後也被法官評鑑委員會移送監察院議處。

第八章　考試

　　考試與監察是我國憲法在國家組織層面上最具特色的部分，也是最能代表國父遺教影響憲法的印記。但也正因這部分內容就是與其他西方國家憲法不同之處，反而常被認為是我國憲法上的毒瘤，應儘快予以割除。以下先就考試制度之意義與一般之組織興廢原則略作分析之後，再討論考試院本身之問題。

●第一節　考試制度與組織興廢原則

　　獨立的考試制度是中國延續千年的歷史性制度，其能歷久彌堅，自有其存在的價值。不過面對瞬息萬變的今日世界，組織興廢與變遷亦應跟上時代的步伐，這種歷史陳跡還應該繼續保存嗎？

一、獨立考試制度的意義

　　中國的科舉制度起於隋，唐宋以來一直力行不輟，明清兩代更是峻法執行，成為當時最重要且也最能獨立運作的國家制度。考試制度的存在，對中國有兩大重要的影響：一是社會階級經由考試制度而可自由流動，有助於社會穩定。不若歐陸中世紀千餘年的封建社會，以血緣因素決定個人在社會中的職業與地位，僵化不流動的社會階級令人窒息，最終引發階級革命。反之，中國貴族門閥薦舉制度被科舉考試制度取代之後，朝為平民，若一試得第，即暮登台省，布衣卿相，世家貴族所不能得者，平民一舉而得之。而權貴之後，若不能經由考試取得功名者，則淪為平民。不以血緣，而是以才學與考試成績作為決定社會階級的依據，成為中國傳統社會的一大特色。二是考試制度也是選拔菁英參與政治，分享統治權力的方法。考試一方面讓知識菁英在體制內有分享政治權力的機會，化解他們走向體制外去尋求革命的動機，另一方面也在一定程度上將統治權力民主化。尤其

是清朝舉辦科舉考試，大量晉用漢臣，其既可羈縻漢人菁英，也因漢人分享統治權而強化其少數統治的正當性。

然而，科舉考試制度如果要發揮前述兩項功能，最根本也是最核心的事項就是必須有公平公正的考試。是以專制世襲君主若欲普獲民心支持，並尋得良才協助其治國，以鞏固其統治權，就必須重視科舉考試之重要性與公平性，並將科舉考試委由地位崇高的大臣獨立辦理。若出現任何徇私舞弊的案例，相關人員必遭最嚴厲之處置❶。

國父推崇中國的科舉制度與透過此制度所形成的文官系統，他如此描述此制度：「唯唐宋以來，官吏均由考試出身，科場條例，任何權力不能干涉。一經派為主考學政，為君主所欽命，獨立之權高於一切。官吏非由此出身，不能稱正途。士子等莘莘向學，納人才於興奮，無奔競，無僥倖，此予酌古酌今，為吾國獨有，而世界無也❷。」國父曾周遊西方各國，發現民主制度所帶來的弊病，就是當選人會想要安排自己的人馬進占公職職位，一方面以利自己掌控，另一方面也作為選舉的酬庸。此種民主選舉下的「分贓制度」(spoils system)，在直接選舉行政首長的美國特別明顯。

回顧過去向來運作不錯的科舉考試制度，體會民主選舉對文官體系可能造成的不良影響，國父於是確立保留考試獨立成院的想法，他認為惟有獨立的考試制度篩選大小官吏，才可「除卻盲從濫選及任用私人的流弊」❸。此想法為日後制憲者所採納，成為現今憲法明文規定之考試院。

二、組織興廢原則

一般而言，對於任何既存制度或機關的改革研究，必然是建構在以下

---

❶　清朝出現三次重大科舉弊案，相關人員皆遭嚴刑峻法所處置。參見陳新民，憲法學導論，頁 750。

❷　引自李惠宗，憲法要義，頁 622，註 1。

❸　引自林紀東，中華民國憲法逐條釋義(三)，頁 142。

的前提之上：或因該既存制度或機關雖能達致原始設立之目的，惟該原始設立目的已因時代與環境之變遷而顯得不合時宜；或因該制度或機關不能實現其設立之目的，其運作結果是功能不彰，甚至是弊病叢生。而若欲進一步檢討某特定組織是否應予以裁撤，本書嘗試提出以下三個基本的判斷原則。這些原則雖可一體適用於所有類型之機關，但當然也須考量特定機關之特性，而調整各原則之權重。

第一個要考量的原則是「傳統原則」。不論是既存的機關組織或是特定制度，都會或多或少的形成特定文化或承繼傳統。一般而言，存續時間越長的組織或制度，其所形塑的文化或衍生的傳統也就越強固。在此情形下，若要予以裁撤，必定要費比較大的力量；反之，若能善用或導引此傳統力量，則有可能收事半而功倍之效。

第二個要考量的原則是 「功能原則」。每個組織都必然承載其特定功能。欲將組織裁撤，不外是因其所負擔之功能已無存在價值，或其他機關亦能發揮相同之功能，而產生功能重疊或競合的情形。

最後一個應考量的原則是「成本效能原則」。機關存在之價值與其存在所需支應之成本必須能夠成比例。如果所付出之成本是明顯的過高，且在進行改革之後仍無法降低成本，使付出和回收不成比例，則該機關即應予以裁撤。因此效能問題所側重的是偏技術與工具面向，而不直接涉及組織存廢之根本問題。換言之，一個機關若因效能太差而被檢討時，此時首應考量的是其運作之人力、物資及其他相關資源配置是否妥適？其作業流程與執行技術，有無改善與調整之空間？而非直接就論及機關本身之存廢問題。

對於考試院之存廢問題，也可由前述三個原則來考量：其所延續並建立之傳統，是值得珍惜呢？還是不值一哂？其所承載之獨立考選人才之功能，是已不合時宜了呢？還是現實仍有需要？最後再視其運作成本與運作效能是否合理而通盤考量。

●第二節　考試院之組織與職權

考試院為國家最高考試機關，自當負責考選事務。但又因建國大綱第 15 條謂：「凡候選及任命官員，無論中央地方，皆須經中央考試銓定資格者乃可。」制憲者乃將考試院的職權擴及於考選事務之外，包括銓敘等其他人事行政事項。

一、考試院之組織

考試院院本部包括院長、副院長與考試委員七至九人組成。考試院轄下尚有考選部、銓敘部、公務人員保障暨培訓委員會與公務人員退休撫卹基金監理委員會。

㈠考試院正副院長

考試院正、副院長各一人，由總統提名，經立法院同意後任命。考試院組織法對於正副院長的任期規定為 4 年❹，但正、副院長並非考試委員，故其無任何資格限制。甚且，正、副院長因不具考試委員之身分，似乎可以解釋為無超越黨派，獨立行使職權之必要。

包括司法院正副院長與大法官，監察院正副院長與監察委員，憲法增修條文皆明文規定大法官與監察委員之人數，以及司法院正副院長並為大法官，監察院正副院長亦具監察委員之身分。僅有有關考試院之規定，憲法沒有明文規定正副院長兼具考試委員身分，且考試委員的人數也是由考試院組織法所訂。修憲者的此種差別待遇究竟有何寓意？雖然正、副院長的提名、任命方式與任期皆與考試委員相同，但因無考試委員身分而可主張不必超越黨派。在此情況下，若由政黨色彩鮮明的人出掌考試院，並由其主持考試院會議，監督考試院所屬機關，如此如何能與獨立行使職權的

---

❹　原任期為 6 年，在民國 109 年修法後，依考試院組織法第 3 條第 2 項規定，正、副院長及考試委員的任期皆為 4 年。

考試委員一起合議共事呢？

㈡考試委員

考試委員由總統提名，立法院同意後任命。任期 4 年，並得連任。考試委員的職權包括協助處理個別考試業務與出席考試院會議參與考試決策。而考試院會議由正副院長、考試委員及考試院轄下部會首長組成，議決憲法所定考試院執掌之相關事項。又考試院組織法第 4 條規定考試委員之資格，其中或要求具有學術專長背景，或有多年高階文官之任職經驗者，尚屬合理之要求。但該條最後一款的資格要件為：「學識豐富，有特殊著作或發明者。」然何謂特殊著作？實不易客觀判斷。

㈢考選部與銓敘部

此兩部會為憲法未提及之考試院下轄單位，分別負責考選事務與銓敘業務❺。此二部會乃依考試院組織法而設。組織法並未規定考試院轄下部長由考試院長任命，故僅能依憲法的一般性規定，由總統任命，並由行政院長副署之。但是這種制度安排十分奇怪，有違五院獨立平等之憲法設計。比較合理的任命方式，應是由考試院長提請總統任命之。

㈣公務人員保障暨培訓委員會

該會設主任委員一人，副主任委員二人，委員十至十四人，其中五至七人為專任，由考試院院長提請總統任命之；其餘五至七人為兼任，由考試院院長聘兼之。其任期 3 年，任滿得連任之。其主要職權就是負責公務員之權益保障業務，以及公務員之在職訓練。

㈤公務人員退休撫卹基金監理委員會

該會負責退撫基金之審議、監督及考核，並對其他涉及退休撫卹基金之業務有監督之權。其組成委員乃由代表政府機關的行政院、司法院與考試院各單位秘書長及銓敘部等有關機關首長十三人，以及軍公教代表十人

❺　考選業務包括從命題、閱卷、榜示到榜示後的查分及試題疑義回答等各類業務；銓敘則是指公務員之職階資格審查與官階審查等事項。

共同組成。主任委員由考試院副院長兼任，另置執行秘書一人，負責推動委員會決議事項及日常會務。

二、考試院之職權

憲法第 83 條規定之考試院職權範圍甚廣，除考選業務之外，尚包括任用、銓敘、考績、級俸、陞遷、保障、褒獎、撫卹、退休與養老等事項。此職權範圍涉及人事行政權的部分，幾乎架空行政院領導統御其所屬公務員的權力，致使行政權遭到嚴重的割裂與破壞。民國 55 年的動員戡亂時期臨時條款第三次修正條文第 5 條就賦予總統為適應動員戡亂需要，得調整中央政府之行政機構與人事機構，行政院人事行政局❻遂依此法源而設置。爾後再次修憲，一方面確立行政院分享人事行政權的憲法基礎，另一方面也限縮憲法原定之考試院的職權範圍。但除職權限縮之外，考試院的獨立性在制度上依然被予以維持。

(一)職權內容

依憲法增修條文之規定，考試院的職權包含以下幾項：首先當然是最重要的考試事項。依憲法第 86 條規定，考試院所負責的考試為兩大類：一類是公務人員任用資格考試，另一類則是專門職業與技術人員執業資格考試。前者就是一般熟悉的公務員考試；後者就是諸如醫師、律師等專業執照考試。

其次是掌理公務人員之銓敘、保障、撫卹與退休等事項之法制規劃與具體執行。其中銓敘業務僅是資格審定，避免行政首長濫用私人或不當更動所屬人員之職階，並未直接侵害行政首長領導統御之人事權。保障業務則提供公務員應有的職位保障功能，公務員若遭受長官違法或不當處置措施時，得向考試院之公務人員保障暨培訓委員會請求救濟。至於退休與撫

---

❻ 人事行政局在行政院組改後，現稱為行政院人事行政總處，主管人事行政業務之具體執行。

卹業務，則屬公務員離開公職後的相關服務業務，也與行政首長的人事權無直接相關性。總之，考試院雖涉及銓敘、保障、撫卹與退休等事項之法制規劃與具體個案執行，但這些業務性質尚未觸及行政首長日常領導統御所需之人事權。

最後是處理有關公務人員任免、考績、級俸、陞遷及褒獎等事項之法制規劃，亦即這些觸及行政首長人事權之核心事項，考試院不得介入具體個案之執行，僅能就抽象通案的部分，研擬法規與政策。

(二)維持獨立性

憲法第 88 條要求考試委員超出黨派之外，獨立行使職權。為確保其獨立性，憲法第 87 條尚規定考試院就所掌事項，得向立法院提出法律案。由於考試院所掌事項涉及人民權利，例如人民服公職之權利或是人民的財產權，司法院大法官認為仍須受法律保留原則所拘束。換言之，直接涉及人民權利事項，考試院之作為必須有法律依據或法律授權；不直接影響人民權利而屬考試技術事項，則尊重考試院的獨立自主空間。

就直接涉及人民權利事項的案例而言，民國 51 年的考試法第 7 條規定：若兩者之應考資格及應試科目相同者，則經過公務人員考試取得公務員資格者，同時取得專門職業及技術人員之資格。考試院在民國 71 年修正考試法施行細則第 9 條第 2 項，規定經考試取得公務員資格者，其總成績必須達專門職業及技術人員之錄取標準，方能同時取得兩種資格。大法官在釋字第 268 號解釋指出：針對考試院以命令方式增加法律所無之限制，有違憲法保障人權之意旨。同樣的，在釋字第 274 號解釋中，對於公務人員保留其保險年資之規定，法律規定原有年資全部有效，但考試院所公布的命令，卻規定年資保留僅以 5 年為限。大法官在本號解釋中亦宣告，考試院以命令增加法律所無之限制，故屬違憲。

至於有關考試的技術性或專業性事項，大法官則放寬法律保留原則的要求，盡量尊重考試院的自主性。例如有關考試中的實習規定與實習辦法，

大法官在釋字第 155 號解釋就強調：此乃屬考試院之法定職權，考試院自得決定考試方式及訂定考試方法。在釋字第 547 號解釋中，大法官也說：「醫師應如何考試，涉及醫學上之專門知識，醫師法已就應考資格等重要事項予以規定，其屬細節性與技術性事項，自得授權考試機關及業務主管機關發布命令為之補充。……考試之方法雖有面試、筆試、口試等之區別，但無非均為拔擢人才、銓定資格之方式，苟能在執行上力求客觀公平，並不影響當事人之權益或法律上地位。」釋字第 682 號解釋理由書也說：「故考試主管機關有關考試資格及方法之規定，涉及考試之專業判斷者，應給予適度之尊重，始符憲法五權分治彼此相維之精神。」

● 第三節　考試院之存廢檢討

有關考試院廢院之聲，一直不絕於耳。若以前述組織興廢原則來評估廢院之議，廢院之主張尚不具有說服力；此可由職權與組織等兩個面向分別討論，並輔以軍公教退撫制度的改革經驗作為省思依據。

一、職權內容檢討

考試院的職權中，考選業務被質疑的較少，但其他涉及人事行政之部分，則引起相當多的批評。

㈠考選業務

考選業務過去被批評最多的，不外是考用分離原則，使得考試機關所考選的人，往往不是用人機關所需要的人。這又可分成兩部分來看，一是考試院不瞭解用人機關的實際需求，故必須將考選權回歸用人機關自己考選。二是考試技術本身的侷限，根本無法「考」出適任的人。這點以司法官考試最為明顯，不論是用筆試還是面試，總是不能確保選出有正義感又有良心的正直法官。就第二點言，純粹是考試技術與考選制度本身的極限，與考試院的存廢無直接關係。況且考試院為專業的考試機關，並累積幾十

年的考選經驗，由考試院來作考試技術的提升，會比其他新設機關更具有經驗與專業優勢。

至於由用人機關自己來考選，如何避免徇私舞弊，可能才是核心的大難題。試舉一例來說明此困境：我國的教師依教育人員任用條例的規定，由各用人學校自行招考選取所需教師❼，不必經過考試院統一考試。但在用人機關自行招考的情況下，有多少教師聘任案件是經過公正、公開與公平之甄選過程而選拔出最適任的人呢？近年來因師資培育法的立法而培養出無數的中小學待業教師，這些媒體稱之為「流浪教師」的族群，每年從北到南，甚至從本島到外島，去參加各地各校的教師甄試考試。就算各校都採公平公開的考選程序，從北到南「逐校應考」的情事，也不是一件合理的制度設計。更何況多數的情況是，從決定開缺、公告徵才、決定考科與考試方法、命題、閱卷與面試及試教等，每一個環節都充滿玄機。應考人不僅要能適時掌握徵才資訊，而且還要能理解各校的實際情形與生態。各校以「因校制宜」為由，總是可以弄出諸多技術門檻，讓一般人沒有被錄取的機會。這樣的制度被批評為近親繁殖、徇私舞弊、關說行賄者，時有所聞。中小學教師如此，高等教育機構也未必沒有類似的問題，政府迄今無任何對策。試問連教師甄試都無法建立一套合理，更重要是要公正、公開且公平的甄選機制，則將中央與地方所有公務員職位交由各用人機關自行考選，將會出現何種景象？人民服公職的權利可以被平等的確保嗎？

或論者肯定「考選維持獨立」的必要性，只是在「三權分立」的迷思下，希望將「五權」改為「三權」。此外，大多主張廢院者，仍建議於行政院下或行政權下設置獨立機關❽，或是將考試院之職權更限縮於「考試」事項內。但不論其權限內容有無改變，在組織上是可以廢院，而將考試院

---

❼ 參見教育人員任用條例第 26 條規定。

❽ 如蔡秀涓，考試院存廢問題探討，收於：行政院研考會編，憲改方向盤，五南出版，2006 年，頁 193。

逕行改為獨立機關，不再具有「院」之地位。換言之，至少在「考選獨立」的基本原則上，孫文的主張並沒有被挑戰，也沒有昧於世界的潮流。只是在組織上，「院」的地位令人覺得過於崇高，而且有違三權分立制度而已。

沒有「院」的地位，則不論是在行政院下的獨立機關，還是漂流於三權之外的獨立機關，其能捍衛其獨立地位嗎？光從國家通訊傳播委員會自設立之後，與行政院激烈對抗的實際經驗來看❾，失去「院」之地位的考試機關，其獨立前景很難樂觀期待。

㈡其他人事性質之職權

向來論及考試院之職權問題，最主要的批評都在於考試院的存在分割了行政院的人事行政權。但是現行憲法內容已將考試院有關人事行政之職權限縮於法制事項，故不再有分割行政首長之人事權的問題。

不過，即使僅是涉及政策規劃的法制事項，仍因其獨立性格而被指控為違反民主課責的時代要求。特別是不少人事政策的執行結果，被批評為：「相當程度顯露出獨厚公務員，甚至減損全體社會公民利益的失衡現象，例如過度優渥於民間從業人員的退休撫卹制度，未能鑑別績效優劣的考績制度，未含風險性報酬概念不具激勵績效表現的俸給制度，以及各項以對管理者防弊為出發，以致減損管理權完整與積極性的保障制度等❿。」這些批評有些涉及官僚制度本身的特性，非因考試院之政策所致，有些涉及國家財政資源分配的問題，則屬行政院與立法院之政策裁量空間，非考試院一院可以單獨決定。

反之，不論是公務員的淘汰制度、退休改革、或有關公務人員百分之十八優惠存款利率的調整爭議等事項，或是行政、考試兩院有關優惠利率

---

❾ 參見蘇永欽，獨立機關的憲政功能與危機——NCC運作兩年半的初體驗，收於：氏著，尋找共和國，元照出版，2008年，頁551以下。

❿ 蔡秀涓，考試院存廢問題探討，收於：行政院研考會編，憲改方向盤，五南出版，2006年，頁186。

的爭執，或是考試、立法兩院有關公務員淘汰比率的交鋒，正足以彰顯一方面考試院的存在確有可能保護公務員權益之功能，另一方面也可看出考試院雖獨立，但卻無法獨斷獨行，政策問題都需要與行政及立法兩院協調。此外，民主選舉結果，政黨勢力與政治人物之舉止亦影響考試院之獨立。例如馬英九總統執政 8 年，雖國民黨同時掌握行政權及立法院過半席次，但所提改革措施無一能落實。蔡英文總統與民進黨取得政權後，以體制外的總統府年改會議架空考試院，並以立法院多數迅速通過年改法案，考試院既無事前參與機會，更無事後置喙的空間。

二、組織面之檢討

　　至於組織部分，是否要廢院而獨立機關化？只要思考此一問題即可得到答案：請問我國現存的行政權下之獨立機關，哪一個是能獨立公正地運作，成效斐然，而贏得大眾之信賴？如果真要將考試院獨立機關化，先要處理要將其置於哪一個權力部門之下的問題。其次，在真正動手改制之前，應先要將諸如中央選舉委員會或國家通訊傳播委員會等「獨立機關」進行改革，且經多年運作成功，贏得公信力之後，再來談考試院的廢院之議。事實上，從前述三項組織興廢原則來看，強化現存之考試院，要遠比建立一個具有公信力的嶄新獨立機關來得容易多了。

　　考試委員的名額非憲法所明定。現行考試院組織法已將委員人數縮減為七至九人，此次縮減是否能運作無礙？尚有待觀察。至於委員的資格要件，現行規定仍留有政治酬庸的空間。此外，考試院正副院長宜具考試委員之身分。現行法將正副院長及考試委員的任期由 6 年改為 4 年，縮短任期至與政治選舉期程一致，嚴重戕害考試院的獨立性，使本來已脆弱不堪的獨立性更加雪上加霜。

　　再就任命方式而言，目前全體同進退的方式並不理想，因為不利經驗傳承。但若依賴連任者之經驗，又會使部分委員為求連任而失去自主性。

比較理想的作法是透過修改組織法的方式，改採交錯任期制，讓經驗得以傳承。最後，為避免政治化，包括大法官、監察委員及考試委員的同意權行使方式，立法院應修改其職權行使法或另立「立法院同意權行使法」，明確規範同意權之行使方式，或有參照西方國家之相關獨立機構之制度，如德國聯邦憲法法院法官之選任方式，建議應以三分之二的加重多數通過之❶。但為避免國會少數之惡性杯葛，而出現類似公共電視董事會人事難產的情形❷，必須增加備位機制，亦即在加重多數無法產生的情況下，可以二分之一的簡單多數決議決之。回顧我國近年的政治現實，期望立法院能超越黨派之見，平心理性地行使其同意權，根本是一件不可能的事。在此背景下，即便簡單多數決並非是最妥適的辦法，卻也是現下政治現實裡唯一能夠勉強運作的同意機制。

三、軍公教退撫制度改革檢討

憲法本文及增修條文皆將公務人員之退休、撫卹、保障與銓敘等事項列為考試院之專屬職權，從孫文思想與制憲者之理念來看，此職權安排方式勢所必然：蓋考選制度與退撫保障制度宛若雙翼或兩輪，缺一不可。再公正良善的考用制度，若欠缺任職後的各項保障，最終也無法留住人才。公正晉用升遷與避免酬庸分贓既是考試院獨立設院的原始目的，則不隨執政者起舞，並保障公務人員之權益，自然也就成為考試院核心功能之一。然而自我國全面民主化之後，特別是在總統直選與中央政權不斷輪替的民主效應下，政黨總是不斷提出各種「改革」來吸引選票，軍公教退撫制度改革更成為每次大選中的重要議題，且在改革政策的推動過程中，所有憲

---

❶ 詳細分析可參閱蘇永欽，從監察院空轉看提名、同意權的行使，法令月刊，第56卷第3期，2005年3月，頁3以下。如德國聯邦憲法法院法第7條規定，由參議院選出之憲法法院法官，應獲得參議院三分之二多數之支持。

❷ 公視從民國97年起，董事會的人選一直難產，直到民國102年6月底才告結束。

政機關都介入參與。

(一)改革歷程

在民國 39 至 50 年間，因國家整體經濟發展才剛起步，政府財政困難，軍公教人員薪俸水準不佳，退撫制度亦不完善。鑑於退休金實在太低與通貨膨脹嚴重，且領取一次退休金的人員若是太多，對國庫的資金調度能力也形成壓力。故政策上鼓勵退休人員採領取月退金方式退休，並建立優惠存款制度，讓已領取之一次退休金回存，以減輕政府的財政壓力。加以當時平均壽命較低，出生率與人口結構還未惡化，退休給付對政府整體財政尚不構成困難。隨著經濟逐步發展與薪資提升，加以通膨趨緩以及利率逐步降低，使得優惠存款制度存在之必要性大幅降低。民國 84 年我國開啟首次退撫改革，建立退撫新制，並停止優惠存款制度，亦即民國 84 年退撫新制生效後才開始任職的軍公教人員，已不再適用優惠存款制度。但隨著民國 84 年前已任職之公務人員逐步退休，政府的退休給付負擔即逐步加重。加以自民國 79 年起，我國的經濟成長率逐步下降，甚且持續停滯不前，利率降至低點，整體薪資水準亦難以調升。在此背景下，退休軍公教人員享有年息百分之十八的優存利率，遂成為眾矢之的。

民國 89 年第一次政權輪替後，執政的民進黨未取得立法院多數，但於民國 95 年透過修改僅具命令位階的優惠存款要點，直接刪減優惠存款之存款額度，以實現減少政府支出的改革目的。受影響的退休公務人員針對此刪減行為聲請釋憲，大法官在民國 103 年作成釋字第 717 號解釋，宣告前揭改革行為合憲。民國 97 年第二次政權輪替，重返執政的國民黨於民國 99 年修正公務人員退休法，一方面將優惠存款制度正式法律化，同時也回復被扁政府所刪減的優惠存款額度。馬政府雖欲進一步提出年改措施，但一直沒有通過立法。民國 105 年民進黨再次執政，且亦取得立法院多數席次，隨即在民國 106 年完成軍公教年改立法，並於民國 107 年 7 月 1 日開始施行。蔡政府的新年改以「職業不均」、「世代不公」與「財務不足」為

改革理由，並以「延後退休」、「調高費率」與「刪減給付」為手段，大幅刪減軍公教退休人員之退休給付，引發退休人員反彈。大法官經在野黨立委連署聲請再次介入年改案，並於民國 108 年 8 月作出釋字第 781 號（軍）、第 782 號（公）及第 783 號（教）等三號解釋。

回顧過去 20 年來的退撫改革，國民黨執政時期還維持憲政體制要求，由考試院主導退撫改革，但其改革政策卻無法於立法院獲得通過。在民進黨執政時期，考試院基本上被邊緣化。扁政府時期直接透過銓敘部修改優惠存款要點，銓敘部雖隸屬於考試院，但並不受具獨立地位之考試委員所節制，而是直接由行政權所掌控。蔡政府的年改更是由設於總統府之體制外的「年金改革委員會」所主導，再由行政院與立法院配合修法，考試院完全被架空。一旦公務人員退撫制度脫離考試院，成為選戰中的焦點，則任何改革都很難排除選票考量，更難逃僅為政黨利益的批評。以優惠存款制度為例，在政黨輪替過程中，先刪減，後恢復，然後又再刪減至歸零，改革政策隨著選舉結果不斷反覆，本應具制度性保障地位的公務員退撫體制，竟隨著選舉起舞，變動不斷。在退撫制度的改革過程中，雖考試院的憲法獨立地位與憲法職權一再被侵犯，最終甚至完全被漠視，但考試院及考試委員們自己卻都靜默不語，既無心也無力去捍衛其憲法地位與憲法職權；他們當然也就更難去反駁廢院之議。

(二)改革論述與法律爭點

如前所述，軍公教退撫制度之所以要被改革，簡單地說，就是他們的退休保障太好，因優於其他職業別而被認為造成職業間不平等，且政府財政困難，退撫基金將破產，若不改革，將因債留子孫造成世代不正義。此外，因支付退休金與優存利息所造成之預算排擠效應，也會妨礙其他政府施政與支出。對被改革的對象而言，他們認為不同職業別本就有不同的退休待遇，特別就最常被相提並論的勞保與農保來說，他們退休後領得少，是因為在職期間扣繳提撥的費率與金額本就比較少。更遑論進入職業的先

決條件、工作所需技能與難易程度、薪資水準與獎金紅利等，各個職業本不相同。既然在職期間前述事項皆天差地別，為何退休以後竟要一體適用同一標準？論及退撫基金瀕臨破產問題，勞保與農保亦面臨相同問題，且財務缺口更大，破產時程更早，故改革優先順序不應從軍公教開始⓭。政府不敢先處理勞保改革，是因為涉及九百萬選票。而政府掌理的退撫基金長期營運績效不彰，其投資報酬率遠低於國際水準，是執政者的能力問題，與公務人員無關⓮。最後，政府一方面無任何撙節措施，不僅繼續舉債推動前瞻基礎建設（如軌道建設）、風力發電建設與軍購，同時還有各項減稅措施；但在另一方面，一旦涉及軍公教退撫支出時，政府就以窮困抗辯、預算排擠與世代正義為說詞，如此如何能讓退休公務員心服口服？政府又有何立場要求他們犧牲奉獻，共體時艱？

　　就法律上來說，核心的問題有三：⑴法安定性原則與法律不溯及既往原則、⑵信賴保護原則、⑶既得權之保障。簡單地說，對於在職與退休之軍公教人員而言，已經存在的權益（如退休年限或優惠存款）能否事後被改變？已經核定的退休給予總額，能否於事後拆分，然後再予以刪減？

⓭　以蔡政府年改前之民國 106 年度政府決算數據來看，軍公教退撫支出共一千三百七十八億，占中央政府總預算支出的百分之七點一五。而預算支出排名第一是社福支出（包括勞保、農保、國保、社會救助與其他社福支出）占百分之二十四點五，第二位是科教文，占百分之二十點八；第三位是國防，占百分之十五點九；連債務支出也占百分之五點三。若是真的財政困難，應該先從排名第一的社福下手，或是不再舉債建設以減少債務支出。

⓮　依學者研究顯示，我國退撫基金的報酬率只在百分之二點六至百分之三點零三之間，遠低於國際水準。而選舉選出無能的政黨與政客執政，常任文官受政務人員所領導與支配，退撫基金經營管理績效不彰的責任，當然不能歸咎於常任文官。前述研究參見王儷玲、黃泓智、陳彥智、鄭惠恒，台灣年金制度改革的財務影響與世代不均問題，台大管理論叢，第 29 卷第 2 期，2019 年 8 月，頁1-34。

1.法安定性原則與法律不溯及既往原則

法安定性原則是法治國原則的核心組成要素,而法治國原則則是西方立憲主義所要求之自由民主憲政秩序所不可或缺的一部分。法之所以必須安定,實因若朝令夕改,人民將無所適從。但法又不能永遠僵固不變,必須配合時代需求與時俱進,於是法之持續變動又是不得不然。在安定與變動之間如何取得平衡?法不溯及既往原則則是其平衡點。簡單地說,法之變動僅能向未來生效,不能溯及過去,如此一方面保持變動的可能性,另一方面也符合安定性之要求,讓過去的已成過去,不再於事後有所改變。

只是人的活動往往具持續性,例如檳榔販售業者,長期以販售檳榔為業。若執政者認為種植檳榔嚴重破害山林,且嚼食檳榔也造成口腔癌,要立法禁售檳榔,此立法行為必然觸及一個長久存在且持續的事實,即「合法販售檳榔」。對於檳榔業者而言,禁售檳榔的新法一經生效即不得再販售檳榔,此新法不就是溯及既往嗎?對此問題,國際上通常的作法是區分「經濟與行政管制領域」與「人權領域」,以及「絕對不得溯及」與「例外可溯及」等四個區塊。在人權領域,若涉及剝奪人民權利或自由,屬絕對不得溯及領域,國家不得立法為之。如刑事制裁或行政處罰,或是具處罰性質之相關公權力措施,皆屬絕對不得溯及之事項。至於在經濟行政管制領域,則屬例外可溯及部分。此處「例外」的意思,就是必須為了「極重要且迫切之公共利益」,且所採取的手段亦必須符合「真正必要」之要求,並不得剝奪人民受合法保障之權利。

2.信賴保護原則

信賴保護原則是落實法安定性原則的必要配套措施,一旦法有所變動,並因此變動而影響或侵害人民權利,就必須以此原則作為調和。承前例,一旦禁售檳榔之新法生效後,本非販售檳榔業者自不受新法影響,當然也無信賴保護問題。反之,原販售業者則受新法影響,新法一經生效,其頓失生計。此時就要以信賴保護原則作為調和,故釋字第 525 號解釋文說:

「應採取合理之補救措施，或訂定過渡期間之條款，俾減輕損害，方符憲法保障人民權利之意旨。」

3.既得權之保障

既得權 (droit acquis; acquired rights) 是國際法學領域中頗為著名的概念，其最簡潔的定義為：基於已確定之法律地位所產生的特權。此特權一經形成之後，即不得在事後予以變更或廢棄❶。該概念有三個要素：第一，要先存有得以形成法律地位（或法律關係）的法規範，此法規範可以是國家法令，也可以是雙方合意的契約。第二，此法律地位會產生或形成特定權利，此種權利可視為是一種「特權」，而因其是依附在特定主體之上，故具主觀性質，權利享有人可以主動放棄或調整此特權，但它不得被其他法律主體所變更或廢棄。第三，此法律地位必須是最終確定的。

既得權通常源自於一個能夠創設或形成權利的法律行為，例如我國法所稱之「授予利益之行政處分」，處分一旦確定之後即屬之。就退休事件而言，包括退休日期、退休年資、退休薪級，以及退休給付金額等，皆須經銓敘部審定，退休給付一經核定生效後即成為既得權，應不得於事後再予以撤銷或廢止，此際亦完全不用再去考慮信賴保護問題。蓋「既得權」是一種強調「客觀性」的法律概念，它完全不用去考慮處分相對人的「主觀情境」，亦即是否有因為相信法規範（信賴基礎）而有具體作為（信賴表現）等情事。

事實上就退休給付的法律性質而言，不論是公部門或是私部門，不論是舊制或是新制，它在本質上就是薪資的一部分，只是延後給付而已❶。

---

❶ Carlo Santulli, Les droits acquis, *RFDA*, 2001, n°1, p. 88. 參見陳淳文，既得權、變動原則與年金改革，收於：台灣行政法學會主編，年金改革施行後若干憲法問題之研究，元照出版，2019 年，頁 36 以下。

❶ 最高法院 92 年度台上字第 2152 號判決對於退休金之性質，作如下描述：「又依退休金之經濟性格觀之，工資本質上係勞工提供勞動力之價值，退休金之性

其給付義務主體就是雇主，在公部門雇主是政府，在私部門雇主則是企業❼。至於雇主以自行訂定之企業內部退休退職辦法為依據，對於退休或

質為『延期後付』之工資，為勞工當然享有之既得權利，於勞工退休時支付，且不因勞工事後離職而消滅。退休金本質上係以勞工全部服務期間為計算標準所發給之後付工資，雇主自不得以懲戒解僱為由，剝奪勞工請求退休金之權利。政府擬將退休金改採『個人儲蓄帳戶』，可攜帶式退休金制度，其目的係避免雇主因財務困難或其他因素致勞工請求給付困難，影響勞工既得權益，……勞工一旦符合法定退休要件，即已取得自請退休並請求給付退休金之權利，此為其既得權利，不因雇主終止勞動契約而喪失，否則雇主即得藉故解僱已符合退休條件之勞工，規避給付退休金之義務，殊非勞動基準法之立法本旨。」法國法亦認為退休所得乃屬「延期後付之工資」，也就是退休者於其任職期間所提供勞務之對價。法國公務員及軍人退休法典第 L.1 條第 1 項開宗明義地揭示：「退休年金係指授與文武職公務員自己，或是因公務員去世而授與其法定遺族之個人化且終身領取之金錢給付，此係其依法停止役或服職前所提供之勞務的報償。」該條第 2 項則謂：「在職業終了前，考量任職之職級、年資與工作屬性所結算之年金所得，必須確保受益人擁有符合其職位尊嚴之生存條件。」

❼ 針對企業而言，一次給付退休金為原則，欲分期給付，尚須經主管機關之同意。依勞動基準法第 55 條第 3 項規定：「第一項所定退休金，雇主應於勞工退休之日起三十日內給付，如無法一次發給時，得報經主管機關核定後，分期給付。本法施行前，事業單位原定退休標準優於本法者，從其規定。」而依同法施行細則第 29 條規定：「本法第五十五條第三項所定雇主得報經主管機關核定分期給付勞工退休金之情形如下：一、依法提撥之退休準備金不敷支付。二、事業之經營或財務確有困難。」此外，「主管機關依勞動基準法施行細則第二十九條第二項規定審核該公司應付退休金分期給付應注意左列原則：㈠該公司之經營或財務確有困難；㈡事先徵詢本案退休勞工之意見；㈢該公司何以分五年付款請其詳敘理由；㈣該公司提供何種擔保，保證其分期給付退休金到期履行，主管機關請依上開原則逕予處理。（民國 77 年 4 月 22 日行政院勞工委員會 (77) 台勞動三字第 11535 號函可資參照）」

離職員工因其遭法院判刑確定而拒絕給付或要求返還退休金或離職金，法院除重申退休金是延期後付之工資外，更強調雇主不得透過企業內規或契約方式而規避退休金之給付義務❸。以此觀之，退休金是退休者之既得財產，雇主不得以任何理由拒絕給付或予以剝奪，此退休金本質不因雇主是國家或是私人而有所不同。雖然陸海空軍軍官士官服役條例第 40 條及第 41 條，以及公務人員退休法第 23 條、第 24 條及第 24 條之 1 設有停止、減少或剝奪退休給與之相關規定，但這僅是進一步顯示與私部門之受雇者相比較，公部門之受雇者處於更不利之地位而已。另外，已經核定的退休給付整體可否事後予以拆分？而將某些給付（如優存利息）視為是「政策性補貼」而不屬退休給付的一部分？若從我國退休給付之計算與核定方式來看，應將之視為是不可分割的整體。

綜上所述，在職者已經實現的年資與相關利益，以及退休者之退休給付整體，皆應屬既得權範疇。特別就退休給付而言，一經核定生效後，退

---

❸ 參見台灣高等法院台中分院 92 年度重勞上字第 4 號判決：「又依勞動基準法第五十三條、第五十五條規定，勞工於工作十五年以上年滿五十五歲，或工作二十五年以上，即得自請退休請求雇主給付退休金，勞動基準法未有其他勞工不得請領退休金之規定，則雇主自不得予以任何勞動基準法所無之勞工不得請領退休金限制，不能藉由將勞工免職，而剝奪勞工請領退休金之權利。是上訴人合作社委任（經理人）及任用員工退休、退職、資遣撫卹辦法第十一條第一款、上訴人合作社人事管理規則第九十七條第二、三款、上訴人合作社工作規則第七十九條第二、三款所定員工受免職或解任者，喪失其領受退休金之權利或不得支領退休金等規定，均因違反勞動基準法之規定而為無效。另退職金與退休金固均為勞動契約關係終了後雇主基於其年資核計給與之金錢給付，惟勞工依勞動基準法第五十三條之規定自請退休時，勞雇雙方之勞動契約即可終止，勞工自請退休之權利為契約終止權之一種，而終止權又屬形成權之一種，形成權於權利人行使時，即發生形成之效力，不必得相對人之同意，是勞工於符合退休之要求，於自請退休時即發生效力，而無須得雇主之同意。」

休給付請求權已經發生，退休事件業已確定⓳。

(三)憲法爭訟情形

釋字第 280 號解釋對於退休後再任的契約僱用人員，能否停止其優惠存款？大法官認為：「其退休金及保險養老給付之優惠存款每月所生利息，如不能維持退休人員之基本生活（例如低於編制內委任一職等一級公務人員俸額），其優惠存款自不應一律停止。」該號解釋理由書強調：退休公務人員退休金優惠存款辦法，為政府在公務人員待遇未能普遍提高或年金制度未建立前之過渡措施，其目的在鼓勵領取一次退休金之公務人員儲存其退休金，藉適當之利息收入，以維持其生活。換言之，保障退休公務人員之基本生活為國家義務，優存利息屬於整體退休給付之一部分。

釋字第 717 號解釋的爭議是：政府得否在不動退休本金的情況下，透過修改命令⓴調降得辦理優惠存款之存款額度，以調整退休公務人員之退休所得高於現職公務員之薪資待遇的不合理現象？大法官在本號解釋中認

⓳　例如我國舊公務人員退休法第 34 條規定退休日期、退休金之領取方式、年資之取捨等，經銓敘部核定並領取給與後，不得請求變更。另法國的公務員及軍人退休法典第 55 條規定：「除了有計算錯誤得隨時調整，或是在處分作成後一年內發現處分有違法之虞，得由相對人請求或由行政主體主動重新檢核外，核定之退休金與殘障年金已取得最終確定之地位，不得再被重新調整或刪除。」換言之，已核定之退休金在法定期間一年經過之後，即成為既得權，就算事後發現處分係違法，也不得予以撤銷或廢止，除非係應相對人之主動請求且對相對人更為有利，並且未損及第三人利益。

⓴　所涉及之命令為：銓敘部民國 95 年 1 月 17 日增訂發布、同年 2 月 16 日施行之退休公務人員公保養老給付金額優惠存款要點（已廢止）第 3 點之 1 第 1 項至第 3 項、第 7 項及第 8 項；教育部 95 年 1 月 27 日增訂發布、同年 2 月 16 日施行之學校退休教職員公保養老給付金額優惠存款要點（已廢止）第 3 點之 1 第 1 項至第 3 項、第 7 項及第 8 項。其內容乃有關以支領月退休金人員之每月退休所得，不得超過依最後在職同等級人員現職待遇計算之退休所得上限一定百分比之方式，減少退休人員辦理優惠存款金額之上限。

為前開改革並不違憲的主要理由如下：第一，就法律不溯及既往原則而言，大法官認為系爭規定之修改僅係適用於其生效後國家與退休公教人員、在職公教人員之間仍繼續存在之法律關係（即不真正溯及），並非溯及適用於系爭規定生效前業已終結之事實或法律關係。況且退休公教人員依據系爭要點辦理優惠存款，係以定期（1 年或 2 年）簽約方式辦理，對於已簽約而期限未屆至之部分，並未一體適用系爭規定，故不違憲。第二，就信賴保護原則而言：系爭要點已逾三十餘年，國家各項社經發展、人事制度均有重大變動，公教人員之待遇、退休所得亦皆已大幅提升。且此期間之經濟環境與市場利率變動甚鉅，與優惠存款制度設計當時之情形亦有極大差異。加以退撫新制之實施，產生部分公教人員加計公保養老給付優惠存款利息之退休所得偏高之不合理現象。系爭規定係為處理此種不合理情形，避免優惠存款利息差額造成國家財政嚴重負擔，進而產生排擠其他給付行政措施預算（如各項社會福利支出），以及造成代際間權益關係失衡等問題。且系爭規定亦有兼顧國家財政資源永續運用之重要目的。衡酌系爭規定所欲達成之公益及退休或在職公教人員應受保護之信賴利益，系爭規定所採措施尚未逾越必要合理之程度，故未違反信賴保護原則及比例原則。此外，解釋理由書進一步強調：權益變動時尚應考量兩項因素：⑴應避免全部給付逕予終止、⑵應考量是否分階段實施及規範對象承受能力之差異。且檢討退休人員優惠存款規定應注意事項有二：⑴應避免使退休所得降至影響生活尊嚴之程度、⑵在衡量公教人員退休所得合理性時，應通過更細緻之計算方式。

釋字第 781、第 782 號及第 783 號等三號年改解釋延續釋字第 717 號解釋有關溯及既往的理解方式，認為「在職者」以及「已退休但持續領取退休給付之軍公教人員或其遺屬」，他們與國家間相互關係是屬於「繼續性法律關係」，適用新法只能算是「不真正溯及」，故沒有違反法律不溯及既往原則。此種解釋方法進一步擴張釋字第 717 號解釋之打擊範圍，從優惠

存款利息擴增至所有退休所得❹，釋字第 717 號解釋所造成的滑坡效應的確十分驚人。然而為何已退休者與國家間之法律關係尚未終結？年改三解釋所採之說法均不足採：第一個理由是退休人員仍可能因其退休後之行為（如退休將領參與中共慶典）而被剝奪退休金，故法律關係仍未終結且可能被調整。然此僅是領取退休給與之解除條件，與法律關係是否終結無關。而如前所述，此正足以說明公部門受僱者之法定義務遠高於私部門，故其保障更應加強，此乃權利義務必須相互關聯之理。其次，退休給與可能隨現職薪資之調整而調整，此乃基於通膨或貨幣之時間價值的必然配套措施，以及已退休者可例外請求改變退休金支領方式等，此二者皆與法律關係本身無關❷。

年改三解釋的第二個重點，是將整體退休給與拆分成三個部分：個人提撥、政府提撥與政府補貼，對個人提撥採較為嚴格之審查，對於後二者則採寬鬆審查。就算整體退休給與可被視為是一種財產權，大法官也以財源不同而建構保障強度不同之層級化保障體系❸。基此層級化體系，凡採

❹　如釋字第 783 號解釋林俊益大法官之部分不同意見書亦指出此點，其認為超越優存利息而及於其他退休所得，乃不當適用釋字第 717 號解釋。參見其意見書頁 5。

❷　詳見釋字第 781 號解釋湯德宗大法官之部分不同意見書，頁 38 以下；釋字第 783 號解釋林俊益大法官之部分不同意見書，頁 5 以下。

❸　如釋字第 781 號解釋理由書第 57 段以下謂：「退除給與請求權固受憲法財產權之保障，然因退除給與之財源不同，其請求權受保障之程度，應有差異；亦即應依其財源是否係退伍除役人員在職時所提撥，而受不同層級之保障。……退除給與中源自上開(1)個人提撥費用本息部分之財產上請求權，基於個人俸給之支配性與先前給付性之個人關聯性，應受較高之保障，就此部分，本院應採較為嚴格之審查標準。立法者調降退除給與如侵害個人提撥費用本息部分，性質上幾乎無異於國家對人民財產之徵收，自不得為之。……同屬全部源自政府預算之恩給制範疇，涉及國家財政資源分配之社會關聯性，就此財源產生之財產

寬鬆審查的部分，即尊重立法者之形成自由；亦即國會多數黨幾可予取予求，原本應為人權堡壘之司法權，竟在人權領域議題順服於國會多數之下。然而此「財產權階層論」在德國法上的理解與此年改三解釋並不相同，大法官實有張冠李戴之嫌❷。更有甚者，退休給與的法律性質被認為不是「遞延工資之給付」，同樣是受僱者，退休金之法律性質竟因雇主不同而有不同，此連大法官都有持反對意見者❷，更遑論一般人民？總之，此三解釋隻字不提「既得權」，退休待遇不是在職時認真努力工作後的應得結果，而是政府可隨時調整的國家「恩給」。

　　第三個重點涉及信賴保護問題，此三解釋輕鬆套用：改革目的正當，手段未逾必要程度，且訂有過渡期間，故不違反信賴保護原則。依此套用方式，任何國家行為都可被輕鬆證立。反之，比較法上對於溯及既往地侵害人民財產權的國家行為，通常都無法通過嚴格的司法審查。

　　第四個重點是當退撫基金無法平衡時，「由政府負最後支付保證」之法條用語的法律解釋問題。此三解釋認為刪減退休金是開源節流方法，與前述用語並不衝突❷。換言之，退撫基金虧損時，政府負最後支付責任的方

　　　上請求權，立法者得有相對較高之調整形成空間，本院審查相關立法是否符合比例原則及有無違反信賴保護原則時，應採較為寬鬆之審查標準。」

❷　簡單地說，德國法上認為：若所涉財產與個人關聯性越強，其財產權之保障就應越強，立法者就更難以立法介入。而財產與個人關聯性之強弱，並非以財產來源為斷。對於此理論的介紹與大法官不當引用此理論之批判，詳見釋字第782 號解釋蔡明誠大法官部分協同部分不同意見書，頁12 以下。

❷　除釋字第717 號解釋黃茂榮大法官之協同意見書外，尚可參見年改三解釋林俊益與吳陳鐶等大法官之意見書。

❷　如釋字第781 號解釋理由書第65 段謂：「政府負最後支付保證責任意旨在於，於採行開源節流手段仍不足以維持退撫基金收支平衡時，政府應另以預算為撥款補助支應。至於立法者為因應基金收支不足之情形所採行之退除給與改革立法是否違憲，應以諸如信賴保護原則及比例原則予以檢視，而不因上開政府負

式是要軍公教人員自己多繳、晚退及少領，而不是以政府預算挹注，此種解釋方法亦遠超乎一般人之理解能力❷。最後，改革理由中喊得震天價響的國家財政困難，與政府減稅又擴張支出的事實對照，三解釋卻對於財政窘困隻字未提。至於退休後再任有給職務之限制與退休給與未有應與消費者物價指數之變動而調整的部分，前者因有違平等原則，後者因有違國家保障義務與體系正義，雙雙被宣告為違憲。但因「再任」所涉人數甚少，退休給與調整係未來事，此二違憲宣告僅是點綴性質而無關宏旨。然而由多數意見所形塑之此三解釋的主要內容，基本上與退撫改革及人權保障之國際準則相違逆，大法官可謂完全順服於執政者之改革意志。延續公教退撫改革之遺緒，再加上轉型正義大纛，憲法法庭 112 年憲判字第 3 號判決更直接認可「真正溯及」的立法方式，並對於扣減已核定之退休年資，並要求返還已領取之「溢領」退離給與部分，該判決亦宣告其合憲❷。連依

最後支付保證責任之規定，即逕認立法者所採行其他以因應基金收支不足之改革選項當然違憲。」

❷ 詳細批評請參見此三解釋林俊益、吳陳鐶及湯德宗等大法官各自所提之意見書。

❷ 憲法法庭 112 年憲判字第 3 號判決本身頗為特別，主筆大法官有二人，但非二人聯名，而是各自撰寫判決書的一部分。本案源於民國 106 年 5 月公布的公職人員年資併社團專職人員年資計發退離給與處理條例，該法規定對於已退離職者，若有依考試院所訂頒之年資採計要點而有社團年資與公職年資併計者，應扣除社團年資後，再重新計算退離給與，並要求返還已溢領之退離給與。該判決承認此作法屬真正溯及並侵害人民財產權，但第一，該條例雖僅針對特定列舉之社團，但在轉型正義之下，此種個案立法，也就是特殊類型之立法，仍為憲法所許。第二，為落實轉型正義此憲法上之重大公共利益，即便真正溯及，仍非憲法所當然不許。第三，考試院所訂頒之年資併計要點雖屬給付行政範疇，但因此年資併計涉及公共利益之重大事項，須有法律或法律授權為依據。因年資併計要點欠缺法律依據，顯已牴觸法治國原則下法律保留原則之意旨，從而依該函令或要點而取得退離給與之社團專職人員，自不得主張其信賴值得保護。

政府已核定之退離年資而領取的退離給與，都可於退離職多年後溯及既往地要求返還，立法者還有什麼事不能做？政府還有什麼事可被信賴？

　　除開前述實體問題外，此年改三解釋更有嚴重的程序問題❷❾：諸如在短短一年間任意變換受理標準而未有任何說明，十足顯示選案之恣意性格。又如為何併案審理？為何要異常加緊趕工作出解釋？以及審理過程欠缺實際討論與思辯❸❶、由多數壓制一切等，此皆異於昔日大法官之運作慣例，且更與違憲審查制度之核心理念相違。

---

❷❾　詳見釋字第 781 號解釋湯德宗大法官之部分不同意見書「肆」的部分，看了令人不敢置信。

❸❶　年改案雖也開了三場辯論庭，相關實務資料及學術論著甚豐，但卻完全不影響多數大法官之心證與論述。有謂：「辯論庭只不過是過場演戲，塑造形式上司法化之假象」，此說法看似不假。

第九章　監察

　　憲法本文有關監察的規定，條文數高達十七條，位居五院之首，在憲法所規範之國家機關中，條文數僅次於第 4 章之總統，顯見其地位之重要。尤其是監察院與其他四院都有可能發生關係，其權力互動關係亦甚為複雜。在歷經修憲變革後，監察院現在已經變成一個準司法機關。即使如此，對其批判之聲與廢院之議，一直沒有停止過。以下先理解其組織與職權，再探究其運作困境。

●第一節　監察院之組織與地位

　　監察的職能與監察院的設置亦是孫文先生特別從中國傳統中所萃取出來的祖宗法寶，其主要存立目的乃是作為公權力組織的防腐劑。西方民主國家亦有類似之防腐機制的設置，不過它們是由國會來負擔此項責任。我國監察制度的特色在於監察院乃獨立於國會之外，與其他權力部門處於平等且獨立之地位。

一、監察院之地位

　　監察院乃獨立之權力防腐機構。雖類似機構可見於各種政權，但我國監察院的獨立地位則十分獨特。

㈠權力防腐機構

　　任何統治形式都需要有權力防腐機制，以確保統治權力的穩固與持續。只是不同的統治權力形式，會有不同的防腐需求。對於專制君主而言，臣民忠誠度的衰退是權力腐化的徵兆，所以要設立機構或人員監控臣民的忠誠度。對於民主體制而言，若公職人員出現違法失職行為，則代表權力腐化，需要予以防制。為求課責行為具民主意涵，西方國家多將防腐機制設於國會內（即 Ombudsman 或 Parliamentary Commissioner）。

　　中國很早便形成了諫諍的傳統。相傳早自堯時，就曾設鼓於庭堂，使民擊之以進諫，稱為「敢諫鼓」；舜時設木於道旁，使人書之以諫言，稱為「誹謗木」。後來沿襲成制，各代都在朝堂外懸大鼓，臣民有進諫之言或冤抑之情，皆可撾鼓上聞，稱為「登聞鼓」。而在朝廷之中，自秦朝開始，就有「給諫制度」與「御史制度」等兩種體系❶，其存在目的就是扮演防腐劑的角色。前者的職位稱為「諫官」，主要的職責是對皇帝提供諍言❷；後者的職位為「監官」或「御史大夫」，明清兩代隸屬於都察院內，並在地方設置監察御史，其主要的職責就是糾彈百官❸。諫官與監官原本各司其職，但自宋代之後逐漸合流。明清以降，隨著君權的日漸高漲，防腐的功能逐漸變成以監督百官為主❹。

---

❶　陳新民，憲法學導論，頁 773。

❷　歷代有遠見的政治家和賢明君主都會重視諫諍的作用，提倡犯顏直諫。漢代劉向《說苑・臣術》中說：「君有過失而不諫諍，將危國家、殄社稷也。」唐朝韓愈在其〈爭臣論〉中亦言：「使四方後代，知朝廷有直言骨鯁之臣。」宋代司馬光認為：「過者，人之所必不免也，唯聖賢為能知而改之。古之聖王，患其有過而不自知也，故設誹謗之木，置敢諫之鼓。」（《資治通鑑》卷12）而「夫切直之言，非人臣之利，乃國家之福也。是以人君日夜求之，唯懼弗得。」（《資治通鑑》卷43）歷史上最有名之唐太宗與魏徵的故事，成為諫諍的典範。唐太宗曾言：「若人主所行不當，臣下又無匡諫，苟在阿順，事皆稱美，則君為暗主，臣為諛臣，君暗臣諛，危亡不遠。」（《貞觀政要・求諫》）唐太宗將魏徵的諫諍比作一面鏡子，並謂：「人欲自見其形，必資明鏡；君欲自知其過，必待忠臣。」對於因「臣不以數諫為嫌，君不以數諫為忤」而形成的「貞觀之治」，清朝乾隆皇帝曾讚曰：「蓋自三代以下，能用賢納諫而治天下者，未有如此之盛焉。」（《貞觀政要》乾隆序）

❸　因宋太祖立下不殺文官的祖訓，宋朝的諫官與監官特別活躍。尤其此時又開始「風聞奏事」或「風聞言事」的傳統，亦即就算所言不實，也不能因之而獲罪。如此促使官員敢於揭發各種弊端，或利用風聞奏事進行政治鬥爭。

❹　明朝廢宰相制度後，君權高漲，而敢批逆鱗者日漸稀少。科道（科就是給事

孫文先生考察西方諸國後發現，以國會行使監察權有其嚴重弊病。在政黨政治的競爭之下，國會敵對政黨很自然地可以利用監察權來壓迫執政黨，若執政黨軟弱無能，則因之而處處受國會掣肘。反之，若執政黨強硬不屈者，則將因監察權而引起激烈之政爭。回顧中國過去直言犯上與風聞奏事的監察傳統，若能在知識分子之良知與風骨之上，加上超越黨派，獨立行使職權的地位，則不僅可避免前引西方議會監察權的弊病，同時也可改變中國過去因監察制度所常引發的朋黨鬥爭。

㈡獨立地位

獨立的監察權，尤其要擺脫政黨鬥爭的監察權，應該才是孫文先生有關監察權之思想的重心。但是原本應超越黨派、獨立運作的監察院，在制憲後卻成為民意機關，其享有類似民意代表的特權，但卻無「應獨立行使職權」的憲法要求。大法官在釋字第 76 號解釋中，直接將監察院視為類似西方民主國家的國會❺。加以監察委員乃由各地議會選出，且委員名額不以地方人口而定，與美國參議院十分近似，所以有人認為監察院乃是代表地方利益的參議院。監察院既然是屬於國會的一院，自然也就無法實現國父原始對於監察權的獨立期待。

不過行憲以後，因釋字第 31 號解釋使得由大陸來台之監察委員不用改選、長年在位，享有類似職位保障的獨立地位。在此背景下，部分老監察委員頗能依國父理念與中國言官傳統行使職權，留下一些典範案例❻。甚且在人民尚未能聲請大法官釋憲之前，監察院曾是最主要的釋憲聲請人，對於促進憲法尊嚴之維護與法治之實踐，有不可抹滅的功勞。隨著老監察

中，道就是監察御史）等監察官員轉變成為君主的耳目，監察制度成為君主用來監督百官的制度。

❺ 釋字第 14 號解釋亦言：「在制憲者之意，當以立監委員為直接或間接之民意代表，均不認其為監察權行使之對象。」

❻ 如雷震案、孫立人案等。

委員的凋零，新補選的監察委員人數日多，但他們因選舉壓力而無法超然行使職權，自非難以想像。更糟的情形是有部分監察委員乃透過賄選而取得監察委員職位。這些來自於地方議會，甚至是賄選而生的監察委員，大創監察院過去辛苦所建立之尚不穩固的風骨形象。

民國 81 年修憲後，監察院不再具有國會之性質，轉而變成準司法機關。現行憲法增修條文第 7 條第 5 項終於規定監察委員須超出黨派以外，依法獨立行使職權，真正落實孫文先生的理想。大法官第 325 號解釋也肯認在修憲之後，監察院已非中央民意機構，釋字第 76 號解釋自不再適用於監察院。

二、監察院之組織

監察院由監察委員所組成，其下尚轄有審計部及國家人權委員會。

㈠監察委員與正副院長

監察院設監察委員二十九人，其中有二人並任正、副院長。其任期為 6 年，並得連任之。監察院組織法第 3 條之 1 第 1 項對監察委員之資格有所規定，其所設定適合擔任監察委員的人包括民意代表、簡任司法官與公務員、資深大學教師及專門職業人員等。但同條項第 6 款「清廉正直，富有政治經驗或主持新聞文化事業，聲譽卓著者」或第 7 款「對人權議題及保護有專門研究或貢獻，聲譽卓著者……」等開放式規範方式，其好處是讓各種適合的人都有機會出任監察委員，其缺點則是有可能成為政治酬庸的入口。

㈡審計部及國家人權委員會

審計部負責核定各機關之收入命令及支付命令、各機關之財務收支及決算、稽核各機關之財務責任、追查財務不法行為與考核各機關之財務效能等❼。就比較法來看，有的國家將審計權隸屬於國會，如美國；但亦有

---

❼　監察院組織法第 4 條第 1 項。

隸屬於內閣者，如日本；也有以獨立的審計法院專管審計事務，如法國。雖然隸屬方式不同，但各國的共同特徵都是審計機構必須具有獨立超然之地位。我國憲法第 104 條規定監察院設審計長，由總統提名，經立法院同意任命。審計部遂依此為其法源依據，其首長就是審計長。審計部組織法第 3 條規定審計長的任期為 6 年，大法官在釋字第 357 號解釋中表示：此乃為確保審計長之職位安定，以利其超然行使職權。

監察院國家人權委員會由院長及九名監察委員組成，其特別關注人權議題與人權政策研擬，人權案件之調查，以及適時提出專案報告或年度報告等。由於其職權內容屬監察院本已行使之職權範圍，且組織成員亦為監察委員，故該委員會之象徵性意義遠高於實質意義。

㈢監察院會議與委員會

監察院組織法第 7 條規定監察院設監察院會議，以院長為主席。但就其規定內容來看，該會議多屬報告或研議事項，本身並無實質決定權。另憲法第 96 條規定：監察院得按行政院之各部會設置委員會，調查違法失職之事。此乃監察院還是國會性質時所留遺跡，有否存在之必要，不無疑問。

第二節　監察院之職權

修憲後的監察院，其職權可分為兩大類，一類是基於憲法之規定，另一類則是基於法律之規定。

一、憲法規定之職權

憲法賦予監察院的職權包括彈劾、糾舉、糾正與審計等四項。

㈠彈劾

彈劾是監察院最重要的法定職權，因為其最能引人注目。監察院成立之初的重要彈劾案件包括第一任副總統李宗仁彈劾案，以及幾乎彈劾成案的行政院長俞鴻鈞案等。近來因彈劾案無法通過而引起軒然大波的是基隆

市長警局關說案❽。尤因此案而又再度激起有關監察院的廢院之議,由此可見彈劾權對監察院的影響是何等重要。

就彈劾的對象而言,憲法增修條文第 7 條第 3 項規定包括中央與地方各類公務員,乃至司法院與考試院之人員,皆得為彈劾之對象。換言之,除開中央及地方民意代表❾,與總統及副總統外,其餘的公職人員皆可被彈劾;甚至包括大法官、監察委員及考試委員。

得被彈劾之事由,依憲法第 97 條第 2 項規定,乃是公務人員之違法失職行為。在程序上,修憲後提升彈劾的門檻,憲法增修條文第 7 條第 3 項規定,須有二人以上之監察委員提議,九人以上審查及決定,始得提出。彈劾案一經提出後,即將案件移送懲戒法院負責追究其法律責任。

(二)糾舉

糾舉是一種快捷的彈劾類型,其所得行使之對象及事由與彈劾並無不同;其差異僅在程序面與法律效果。依監察法第 19 條第 1 項規定,若監察委員發現有違法失職之行為,應先予停職或其他急速處分時,得以書面糾舉之。

通過糾舉的門檻較低,僅三名以上監察委員審查及決定即可。糾舉案通過之後,應將案件移送被糾舉人之主管長官或上級長官;若違法行為涉及刑法或軍法者,則逕送各該管司法或軍法機關處理。接獲移送案件之主

---

❽ 基隆市長張通榮於民國 101 年 9 月替一位因拒絕酒測、涉嫌打傷女員警而被扭送警局之廖姓酒駕女子進行關說,並求警察放人。嗣後市長於警局內拍桌施壓的影片被放上網站,引起輿論一片譁然。對此,監察委員楊美鈴、程仁宏等人於民國 102 年 7 月及 8 月先後對其提出彈劾,詎料兩次彈劾皆無法通過。張氏雖未遭彈劾,但卻被法院依妨害公務罪判處有期徒刑 1 年 8 個月,緩刑 5 年。本案因檢方及張氏皆未上訴而確定。參見台灣高等法院 104 年度矚上更(一)字第 1 號判決。

❾ 參見釋字第 14 號解釋及釋字第 33 號解釋。另依釋字第 262 號解釋,軍人亦在彈劾的對象之列。

管長官或上級長官，應至遲於一個月內依公務員懲戒法處分被糾舉人。若不處分被糾舉人，主管或上級長官就必須向監察院提聲復理由。對於長官的處理方式與聲復理由兩人以上監察委員認為不當時，得改提彈劾案❿。

　　從彈劾與糾舉兩項對「人」的監督權來看，監察院扮演類似檢察官的角色，將違法失職的公務人員移送司法機關處理。此制度存在的正面意義乃在於強化對公務人員的外部監督機制。蓋行政上的違法失職行為，尤其是涉及高階官員的行為，行政體系內部雖有訴願制度及政風單位的監控，但正因其獨立性不夠，常常不能發揮應有的監督功能。雖然訴願制度近年來的改革，已日趨於準司法性的半外部監督機制⓫，但其畢竟仍在行政機關之內，獨立性仍有所限制。此制度的缺點則是容易成為政治鬥爭的工具：不論監察委員是否超越黨派公正行使職權，在民主制度之下，被彈劾或糾舉的一方，為了自己或其所屬政黨之利益，總是會訴諸資訊不充分的一般大眾，指責監察院進行打壓或鬥爭。試想連經過更嚴格審理程序的法院判決，在我國都會被認為是政治鬥爭與司法打壓，則由政治部門所提名任命的監察委員，又如何能擺脫政治的印記呢？

　　㈢**糾正**

　　不同於彈劾及糾舉乃是以「人」為對象，糾正則是以「事」為對象。糾正案的提出者乃是監察院之各委員會，由各委員會審查並決定之。糾正案提出後，將案件移送行政院或其屬相應之各部會，被糾正之部會應於 2 個月內，將改善與處置以書面答復監察院⓬。

　　此制度的正面意義在於：作為對「事」的外部監督機制，其能替行政院檢視一些施政的缺失或盲點，讓行政院能接獲外部的回饋訊息，以調整並改善自己的施政措施。但若此制度不妥善運用，其缺點則會導致監察與

---

❿　參見監察法第 21 條、第 22 條規定。

⓫　參見訴願法第 52 條第 1 項及第 2 項之規定。

⓬　參見監察法第 24 條及第 25 條規定。

行政兩院無意義的互動關係。因為糾正案沒有強烈的法律效力，而且又是針對「事」，和一個活靈活現的「人」相比，糾正案不像彈劾案那樣容易成為媒體聚焦的對象。對行政院而言，處理糾正案就像是虛應了事，除了浪費時間與人力之外，通常不會有更不利的後果。

㈣審計

憲法第 105 條規定審計長在行政院提出決算後 3 個月內，依法完成審核，並向立法院提出審核報告。立法院可依此審核報告對行政院進行責任追究，或據以考量新的年度預算。審計部轄下之審計人員，必須依法獨立行使審計職權，不受干涉[13]。且其為行使審計職權，得至各機關查閱或調閱簿籍、憑證或其他相關文件。必要時尚得請求司法或警憲機關協助[14]。若發現有財務上之不法或不忠行為，應報告審計機關並通知其所屬長官處分之，或報請監察院依法處理。凡涉及刑事者，則移送法院辦理，並向監察院報告[15]。監察委員及審計人員為行使其上述法定職權，享有調查權，並配備調查官，以協助監察委員辦案。

二、法律增設之職權

在監察院改為準司法機關之後，立法者將部分新增之防腐機制，交由監察院負責辦理。這些新增的防腐機制包括：公職人員財產申報法中的財產申報與處罰業務，公職人員利益衝突迴避法的利益衝突案件之審理與處罰[16]，政治獻金法的政治獻金專戶設置之許可、變更與廢止案件，以及政

---

[13]　審計法第 10 條規定。

[14]　審計法第 15 條規定。

[15]　審計法第 17 條規定。

[16]　對於公職人員利益衝突迴避法，大法官在釋字第 716 號解釋中指出：該法第 9 條規定：「公職人員或其關係人，不得與公職人員服務之機關或受其監督之機關為買賣、租賃、承攬等交易行為。」尚未牴觸憲法第 23 條之比例原則，與憲法第 15 條、第 22 條保障人民工作權、財產權及契約自由之意旨均無違背。

治獻金之申報等業務。此外，依遊說法第 29 條之規定，監察院負責特定公職人員之違法處罰，並負責相關資訊之統整與公開。最後，設於監察院內的國家人權委員會則負責國家人權政策之檢討、人權報告之撰寫、人權事件之調查與人權理念之推廣與國際合作等各類人權業務。

● 第三節　監察院之檢討

自民國 20 年 2 月監察院正式成立迄今，各界對於監察院的評價褒貶不一。而對於監察院之批評，可概分制度與實際運作成效等兩個層面來觀察。當然此二層面並非可以截然劃分，有時甚至是互為因果。

一、運作成效分析

㈠制度層面

以現行憲法之規定來看，監察院在制度上主要有以下幾個問題：

1.監察院使權力關係複雜化

三權分立架構的權力關係為三種，即行政與立法、行政與司法及立法與司法等三種權力關係。若加入監察及考試二權，則使權力關係複雜化，增加權力部門間因憲法無法詳細規範的「灰色地帶」，成為製造政爭的根源[17]。再者，現行政府改造工程中，重新檢討行政院各部會之組織的主要理由之一，即是因為部會太多而會增加溝通成本。基於同樣的理由，五權架構應比三權架構需要更多的溝通成本[18]。例如在民國 46 年即曾出現監察

但該法第 15 條規定：「違反第九條規定者，處該交易行為金額一倍至三倍之罰鍰。」於可能造成顯然過苛處罰之情形，未設適當之調整機制，其處罰已逾越必要之程度，不符憲法第 23 條之比例原則，與憲法第 15 條保障人民財產權之意旨有違，應自本解釋公布之日起，至遲於屆滿 1 年時失其效力。

[17] 參見葉俊榮，珍惜憲法時刻，初版，元照出版，2000 年，頁 35。

[18] 參見監察院民國 91 年 1 月 23 日有關「監察權之內涵及歸屬」諮詢會議速紀錄中許宗力教授之發言，見該會議紀錄第 11 頁。

院能否依監察法第 26 條第 2 項之規定，要求行政院院長至其指定地點接受
詢問的爭議❶。當時的行政院長俞鴻鈞氏拒絕至監察院備詢的理由即是行
政院乃向立法院負責，憲法上未見行政院長須赴監察院報告或備詢的相關
規定；而監察院則力主行政院長面對最高監察機關並無豁免權，故監察院
自得詢問、調查，甚至是彈劾行政院長。同樣的早在民國 52 年即曾出現監
察院能否彈劾法官的爭議❷。事實上，憲法第 99 條及憲法增修條文第 7 條
中的「司法院或考試院人員」，是否包括諸如大法官、各級法院法官及考試
委員等依法獨立行使職權之人員？正反意見皆有；而不論所持立場為何，
上述實務經驗似乎可以證立前引監察院之存在使權力關係複雜化的論述。

2.監察院割裂完整的國會權限

　　現行監察院已完全不具民意機關之性質，但卻仍享有調查、彈劾、糾
正及審計等西方國會可能享有之權限，致使我國立法院因其權限遭監察院
所瓜分，無法完整有效地監督行政權。

　　先就調查權的部分而言，原係憲法第 95 條明定之監察院的權限內容。
但民國 81 年修憲將監察院改為準司法機關後，立法院隨即於民國 82 年通
過舊立法院組織法第 18 條第 3 項，增設其調查權。在行政院反對而提覆議
的情況下，立法委員連署聲請釋憲，釋字第 325 號指出：監察院在修憲後
已非中央民意機構，但因憲法第 95 條及憲法第 96 條並未更動，故調查權
仍應專由監察院行使；立法院僅享有所謂的文件調閱權。惟因真調會爭議
而引起的釋字第 585 號解釋補充前述解釋，先直接肯認立法院享有調查權，
並進一步擴大立法院調查權的權宜範圍。過去認為立法院因缺乏調查權而
無法有效監督行政權的情形，將因釋字第 585 號而改變。過去認為應廢除
監察院的理由是割裂國會權限，而此理由因釋字第 585 號解釋可能使監察

---

❶　對此爭議之相關討論可參見林紀東，中華民國憲法逐條釋義㈢，修訂初版，三
　　民書局出版，1982 年，頁 250 以下。

❷　參見陶百川，監察的新經驗新發展，三民書局出版，1992 年，頁 95 以下。

院變成是疊床架屋的多餘組織，因為國會已享有完整的調查權。

　　再就彈劾權及糾正權而言，在西方亦多屬國會之職權。監察院既已不具國會性質，不應再透過彈劾權及糾正權來追究政治責任，因為該權本應由國會享有，而我國憲法亦明定行政乃向立法負責❷，故當然應由立法院來追究行政部門的政治責任❷。至於法律責任的部分，本應由獨立的司法權來承擔，英國昔日國會彈劾權之存在，事實上是要彌補司法權之不足，今司法權既已良善運作，彈劾權已無運作空間❷。總之，彈劾權應回歸立法院，而即使立法院享有此權，由西方的憲政運作經驗來看，也應很少有行使的機會。

　　最後就審計權而言，反對監察院享有審計權者認為：立法院有預算權卻沒有決算審計權，致使立法院的權限不完整，無法有效監督行政權❷。尤其在監察院已喪失國會性格後卻仍享有審計權，更無法令人折服。在另一方面，審計部既已隸屬於監察院，審計長卻是由總統提名，經立法院同意後而任命。監察院對於直屬機關首長之任命，毫無干預之權力，將何以

---

❷　參見已凍結的憲法第 57 條及現行憲法增修條文第 3 條第 2 項之規定。

❷　參見湯德宗，新世紀憲改藍圖——以行政、立法兩權為中心，月旦法學雜誌，第 109 期，2004 年 6 月，頁 87。

❷　參見許宗力、林子儀、葉俊榮合撰，憲改建言——「憲法時刻」的呼籲，收於：林子儀、葉俊榮、黃昭元、張文貞，憲法——權力分立，新學林出版，2003 年，附錄三，頁 636–637。

❷　當年國民政府提出於制憲國民大會的憲法草案中，原將審計權歸屬於立法院（參見草案第 74 條、第 75 條、第 76 條及第 105 條），嗣因制憲國大之反對，而將審計權改隸監察院。薩孟武氏即曾批評：「……決算與預算有密切關係，預算乃表示一年的施政方針，決算乃表示一年收支是否符合預算，即符合於施政方針。審計部與立法院關係較多，所以審計長雖由總統提名，必經立法院同意任命之。而今乃令審計部屬於監察院，理由何在，實難了解。」（引自薩孟武，中華民國憲法新論，三民書局出版，1990 年，頁 310。）

對之行使有效之監督權㉕？最後，審計部對於行政院之決算的審核報告乃向立法院提出㉖，則決算的最後審定權究竟是屬於立法院或是監察院？並非沒有疑義。民國89年12月13日通過的決算法修正條文第28條第2項規定：決算最終審定數額表由立法院審議通過後，由監察院咨請總統公告。既然法律規定最終審定權是在立法院，且審計長也須就決算事項答覆立法院之質詢，為何不將審計權直接劃歸立法院？

3.監察院的存在影響國家機關之組織理性

監察院既是中央政府五院架構下的一環，其所監察或互動的對象，應是其他四院之運作，而不應及於院以下之地方自治團體。然而基於最高監察機關的地位，監察院之監察對象卻同時及於中央與地方自治團體之人與事。初不論監察院的人力配置是否足以勝任如此龐大之任務，即使在憲法本文所規劃的龐大監察委員數額下㉗，設若有足夠能力監督地方事務，也會破壞合理的組織邏輯。舉例而言，行政院之決算送監察院之審計部，再由審計部向立法院提審核報告，其設計邏輯即透過彼此之互動監督，達到監督行政院及其所屬各機關的目的。但若地方自治團體之決算亦送交審計部審核㉘，且決算亦需送地方議會審議㉙，則基於同一邏輯，地方審計首長之任命亦應經地方議會同意後而任命，方能與地方議會充分配合，達到監督地方自治政府的目的。換言之，地方審計機關似應與地方議會充分合作配合，而不宜隸屬於中央之監察院。

㉕　參見謝瀛洲，中華民國憲法論，十四版增訂本，自版，1971年，頁211。

㉖　參見憲法第105條。

㉗　行憲後首屆監委的法定名額為兩百二十三人。

㉘　釋字第235號固然肯認監察院之審計權及於地方自治政府，但單純由該號解釋之產生事由來看，也可以感受地方審計權由中央院級機關享有的確存有運作上的問題。

㉙　參見地方制度法第42條。

　　同樣基於互動機關應地位對等的組織邏輯，監察院行使彈劾權時，係將案件移送公懲會。惟監察院是院級的憲法機關，而公懲會卻不是，如此可能會產生制度上的扞格❸⓪。更具體地說，「懲戒為公務員法上的制度，彈劾為憲法上的制度」❸①，「懲戒若可視為行政法上的司法，則彈劾應視為憲法上的司法」❸②。故而因公務員違法或失職的彈劾是屬行政法位階的懲戒，不應與憲法位階的彈劾混淆在一起。事實上，民國93年8月立法院通過的憲法修正案中，將對總統副總統之彈劾改由憲法法庭來審理，正也可以反映前述互動機關應地位對等的論述。

　　最後，再由監察院的人力配置來看，監察院因不再具國會性質，監委員額大幅縮小至二十九名；而更重要的是除監察委員之外的其他監察院員額，亦遠不如有龐大人力資源的檢警調人員，在此情形下，如何使監察權能有效運作？薩孟武氏很早就提出批評：「監察之官宜避免的，乃是『人人可察』，『事事可察』，察察為明，不能加重監察院的職權，反而減輕監察院的責任。何況人人可察，事事可察，難免避重就輕，避貴施賤，結果將如晉劉頌之言：『自近世以來，為監司者，類大綱不振，而微過必舉』❸③。」監察院所管的人與事皆過多，在有限的人力配置下，實難有好的成效。

4.監察院缺乏有效的制裁力量

　　現行監察院之職權內容中，除了依公職人員財產申報法及公職人員利益衝突迴避法享有處罰權外，憲法明定之彈劾、糾舉與審計等職權，皆無有效的制裁權。先就糾正權而言，由於只能促其注意改善而無制裁力，各

---

❸⓪　參見監察院民國91年1月23日有關「監察權之內涵及歸屬」諮詢會議速紀錄中許宗力教授之發言，見該會議紀錄，頁10。

❸①　參見翁岳生，德美日法官之人事制度，司法院油印本，1973年，頁7。

❸②　薩孟武，中國憲法新論，三民書局出版，1974年，頁450。

❸③　轉引自林紀東，中華民國憲法逐條釋義(三)，修訂初版，三民書局出版，1982年，頁301。

機關亦害怕承認缺失即有可能遭致彈劾，故皆努力為己辯解、或是虛應了事，以為應付，因此連監察委員自己都深覺成效不彰❸。真正重要的是彈劾權行使後，案件移送公懲會，如涉及刑事，依憲法第 97 條第 2 項的規定是移送法院辦理，但現今實務皆是移送檢察官偵辦。不論是移送公懲會還是檢察官，其結果皆非監察院所能預料。有的情形甚至是多次被彈劾，當事人不僅地位不影響，反而還升官，由此可見彈劾未必有威嚇力❸。最後論及調查權，它無疑是監察院最重要的工具性權力。但不論是憲法本身，或是法律位階的監察法對於拒絕調查權之行使的法律效果為何，皆未規定。例如以國家機密或甚至是更廣泛的國家利益❸為由拒絕提供卷證，拒絕至指定地點接受監察委員詢問，甚至於監察委員詢問時拒絕據實回答等，監察院皆無有效的制裁工具。更具體地說，拒絕提供卷證❸，不願到場備詢或作偽證❸等，皆嚴重影響調查權之運作成效，但除要求其他機關協助外❸，監察院自己並沒有有效裁罰工具以資對抗。釋字第 585 號解釋在肯認立法院亦享有調查權之餘，更明白表示立法院行使其調查權時，得對違反協助調查義務者，於科處罰鍰之範圍內，施以合理之強制手段。初不論為何立法院僅能對於違反協助調查義務者科處罰鍰，但至少肯定調查權之行使，需要施以合理的強制手段。若立法院調查權需要輔以強制手段，實不知為何專享調查權的監察院卻一直沒有配備強制手段？

---

❸　參見監察院民國 91 年 1 月 23 日有關「監察權之內涵及歸屬」諮詢會議速紀錄中古登美委員之發言，見該會議紀錄，頁 44。

❸　參見監察院民國 91 年 1 月 23 日有關「監察權之內涵及歸屬」諮詢會議速紀錄中古登美委員之發言，見該會議紀錄，頁 44。

❸　參見監察法第 27 條第 2 項。

❸　監察法第 27 條對於證件之封存及攜去，規定要經該管主管長官同意後方得為之；且主管長官尚可以妨害國家利益為由拒絕之。

❸　刑法第 168 條的偽證罪並不適用於監察委員調查詢問時的虛偽陳述。

❸　參見監察法第 28 條及 29 條。

　　總之，由於自己沒有強制性手段，且必須仰賴其他機關發揮制裁的力量，所以監察院總是被視為是「無牙之虎」。

㈡運作層面

　　若要說監察院存在迄今，一直有效地發揮其應有之功能，深受國人肯定與支持，可能是昧於事實的說法。只是機關或制度的實際功能或成效，不一定能由民眾之肯定程度或民意支持度來衡量。換言之，擅於形象包裝與媒體形象的機關也許可以在民調中獲得較高的支持度，但未必表示其符合原設置目的，並有效發揮預設功能；反之亦然。就實際運作經驗而言，監察院要面對以下幾個最常見的批評。

1.無法真正釐清弊案，彈劾權貴

　　監察院存在的目的，就一般民眾的認知而言，最主要的就是要能揭發弊案，摘奸發伏。中國御史制度最值得吾人效法之處，即在於御史只察長官，不彈胥吏，言及乘輿，則天子改容，事關廊廟，則宰相待罪，故監察院當以權貴及重大弊案為其工作核心。惟過去國內發生的重大弊案，諸如拉法葉艦採購案、尹清楓命案，及國安局的劉冠軍侵占公款案等，監察院雖也介入，甚至公布調查報告；但對於案情之釐清與責任之追究，皆無顯著的成效。由於無法有效突破重大弊案，彈劾權貴，其存在價值遂遭致高度質疑。而民國93年3月總統大選時發生的槍擊疑案，更是對我國民主制度有深遠影響的最大疑案。面對此案，監察院亦無法有效發揮其功能。立法院在不滿意及不信任監察院調查結果的情形下，特別針對此案以立法的方式創設「三一九槍擊事件真相調查特別委員會」；固然真調會條例多處遭大法官質疑違憲，但此一發展不正顯示監察院已如告朔之餼羊，無法扮演好其所被預期之角色。

2.運作時間太久，常失時效性

　　監察院調查案件，尤其是重大案件，常常經過漫長的時間。最後就算依調查結果提出彈劾，往往已失時效性，無法引起民眾之注意；或甚至令

人覺得其屈服權貴，不敢當頭棒喝。就算監察院真的提出彈劾，尚且要經公懲會予以懲戒或檢察官予以起訴及法院之判刑。惟若後續結果與原始之彈劾意旨大相逕庭，則又嚴重損害監察院之權威；即便後續結果與彈劾意旨相符，但亦可能因曠日廢時，當事人早已離職或退休，致使監察院彈劾失其重要性。

3.運作時機不當，獨立性遭致質疑

監察院同時享有被動與主動之權，對於各種案件可以經他人發動或自主發動監察權。惟過去發生的重大案件中，監察院不一定會掌握時機，主動發動監察權；或者即使監察權已被發動，卻仍只是調查案件中較為次要的部分。此種作法對於其公正獨立性，當然有所傷害。在另一方面，監察院公布調查報告或提出彈劾或糾正的時機也常不當，予人刻意操作之感，成為政治鬥爭的工具或幫兇。於令人質疑之時間點運作監察權，當然亦嚴重損害監察院的公正與獨立性。

最後一個批評與監察院本身的職權無關。其乃肇因於監察委員本身因其能力與操守問題，除了不能善盡職責外，反而利用職權之便作威作福，進行關說，甚至牟取個人利益，打壓異己等，更讓原本權威已搖搖欲墜的監察院，面臨更多的質疑與挑戰。監察院在停擺 3 年後於民國 97 年重新開張，不幸新任監察委員不僅沒有重新建立人民對監察院的期盼，反而在 6 年任期內內部爭議風波不斷，對外亦沒有交出一張令人耳目一新的成績單。而在任期屆滿之前，即將卸任的院長還公開批評監察院是殘害忠良院，監察委員只會關說，收禮，旅遊與接受招待，令人噁心又汗顏，故而建議根本應該廢院[40]。這段說法出自監察院長之口，實在是令人瞠目結舌。

二、監察院存廢檢討

由前述制度及運作層面之分析，監察院的確是問題叢生，功能不彰。

[40]　參見民國 103 年 7 月 28 日國內各主要報紙的頭版新聞。

尤其在監察院因沒有委員而無法運作的時段裡，各界似乎都沒有「若有所失」之感覺。但是否因為存有缺失，且曾經停擺過而無人慨嘆，即應導致廢院之命運？

㈠監察院對憲政體制的影響

五院的政府體制架構，尤其是監察院存在的部分，是否對憲政體制造成不利的影響，致使不論監察院如何改革，都不能減緩其對憲政體制的衝擊？支持三權分立者，對此點尤為堅持。細究其理由，最主要的批評是在以下兩個面向：首先是監察院之存在使組織與權力關係複雜化，其次是監察院之存在導致立法院無法有效監督行政權。

就監察院使權力關係複雜化的批評，在監察院改為準司法機關之後，已經大幅改善許多。嚴格而言，現在監察院的權力，甚至是不如檢察官。其不能積極干預或阻止其他權力部門之作為，而其權力性格比較像是建議性權力。在此情況下，若其能良善運作，自然有助於公權力之監督；就算其一事無成，也沒有能力阻礙國家前進與改革的力量。

就立法院之監督權而言，與西方國會相比較，的確是較為薄弱。在憲法本文所設計的「修正內閣制」下，不存在倒閣與解散國會之機制。內閣雖由行政院長提請總統任命之，但不是一個集體進退的組織，立法院僅能就行政院之重要政策或立法院所通過之各類法案有效逼迫行政院長接受其決議或去職❹❶。對於非關行政院之重要政策或立法院之法案者，立法院不僅無法制裁行政院長，亦無法制裁個別內閣成員。在此情形下，監察院遂成為監督行政權的重要力量。反之，若立法院對行政院之有效監督不限於行政院之重要政策或立法院所通過之各類法案，而可及於行政院長或其閣員之失職或不當行為，則立法院自當能更有效地監督行政權。

在另一方面，由於憲法本文未明定立法院享有調查權，即便西方國家普遍認為國會調查權不待憲法明文規定即應存在。但我國因存在監察院的

❹❶　參見憲法第 57 條。

關係，加上憲法明定監察院享有調查權，故過去實務上向來限縮立法院的調查權。釋字第 325 號解釋固然肯認立法院為行使其法定職權得享有文件調查權，但卻認為此權之行使須經院會決議後方得為之。不論大法官此種見解是否逾越司法權之界限，不當限縮立法院之文件調閱權❷，至少司法實務認為立法院之權限顯然不若監察院調查權那般廣泛，是無法否認的事實。在此情形下，由於立法院之調查權不夠完整及諸多限制，自然無法有效監督行政權。

惟前述兩項有關立法院之權限限制，現今皆已改變。首先是立法院制裁行政院長及其閣員的部分，已於民國 86 年 7 月 21 日的修憲條文中變更。依現行憲法增修條文第 3 條第 2 項第 3 款之規定，立法院得對行政院長提出不信任案，行政院長亦得呈請總統解散立法院。而不信任案之提出並不受限於行政院之重要政策或立法院通過之法案，故而可及於包括行政院長或其閣員在內之各類問題。立法院即能以自己之力量威脅行政院，而不須監察院之介入協助。再者，對於立法院之調查權的部分，釋字第 585 號解釋已對釋字第 325 號解釋進行補充，擴增立法院調查權之具體內容。依釋字第 585 號解釋之意旨，立法院不僅享有類似監察院之調查權，甚且還有監察院所無之「合理之強制手段」。換言之，過去立法院無法有效監督行政權的部分，在多次憲法變更以及大法官解釋之後，已經改觀。現今的立法院不僅可以對行政院長提不信任案，享有具強制手段且不限於文件的廣泛調查權；更可以對享有部分行政權的總統（副總統）提出彈劾❸。在此情形下，吾人今日所面對的，已非立法院無法有效監督行政權的問題，而是在立法院已有有效監督行政權之武器的情況下，卻因立法委員受限於黨派利益、自己又缺乏專業素養、且不重視議會倫理與秩序，使得現今的立法院成為政治鬥爭的競技場。此不正是國父所最憂慮之事，故才有設立監察

---

❷　參見林子儀、葉俊榮、黃昭元、張文貞，憲法──權力分立，頁 250。

❸　參見憲法增修條文第 4 條第 7 項。

院之倡議嗎？

(二)監察院應續存之理由

支持監察院應可繼續存在的主要理由如下：

第一，監察制度與監察院之傳統仍可資運用，不宜輕言廢棄。監察制度源遠流長，即使是屬中國歷史的一部分，卻也已植入於台灣的政治文化中。打擊特權、伸張正義、制裁權貴、保護弱勢及平民等職能，是所有專制政體下所必然衍生的人民之需求。在專制權威的文化傳統下，此種需求幾乎漫溢於所有權力部門。人民找立法委員主持正義，或在總統、行政院長、縣（市）長或其他大員巡視途中攔路投訴，這類行為之所以十分常見，正是這種政治文化的具體反映；而且也是因監察院功能不彰，致使此種需求溢流至行政及立法兩權上。在此種政治文化傳統下，廢除監察院並不能改變人民之需求，而只是減少人民或弱勢尋求救助的途徑。在另一方面，透過行政高層破壞行政科層體系之方式來解決民怨，或由立法委員來扮演揭發弊案、為民伸冤的角色，也非我國民主經驗中所應持續深化的發展方向。反之，保留監察院，並且進一步強化監察院之功能，則不僅符合我國政治文化之需求，更可以使立法及行政兩權朝向更健康的方向去發展。行政長官為解決民怨而越級指揮或立法委員忙於選民服務反而成為關說中心的情事，必將因監察院充分發揮功能後而有所改善。最後，監察院過去的成績即便不甚亮麗，但因其持續存在也累積一定的正面形象與威信❹。尤其過去在威權體制下諸如「孫立人案」之少有個案表現，也形塑一定的權

---

❹　在國內重大爭議案件不斷的情況下，設置獨立調查機關的想法一再出現。例如民國 94 年 8 月爆發的高雄捷運弊案，在監察院無法運作的情況下，不知已組成多少調查小組進行調查。包括代理市長葉菊蘭組成調查小組、行政院自己組成調查小組，而當時的行政院院長謝長廷更於民國 94 年 12 月 7 日於行政院院會中自行宣稱行政院轄下之檢調系統已無法獲得人民信賴，故尚要請柴松林、陳長文與王清峰等人組成所謂的「民間特別調查小組」。由此可見在現有檢調系統外，另設獨立調查組織是連行政院自己都肯定的具體需求。

威。換言之，現今對監察院之批判，往往有今不如昔的感嘆，而批評者心中自有理想之監察院的想像。不論此種想像是否曾在過去憲政經驗中實際出現過，它都是一種可資善加利用的傳統。只要監察院進行有成效的改革，則倚仗此傳統形象而重建威信的努力，應比新設機關欲贏得人民信賴所須付出的成本要經濟許多。

第二，監察院之功能並未與其他機關重疊，故仍有存在之必要。論者常謂：監察院之職權內容其實就是西方民主國家之國會權限，故只要將其職權移歸立法院，不僅監察院即可廢棄，更可使立法院成為一個完整而正常的國會。此種論述雖非謬誤，但卻也不夠精確。舉例而言，同樣是西方國會的人事同意權，基於總統制與內閣制之差異，即會產生不同的內涵。所以同樣是國會的人事同意權，美國國務卿與歐洲內閣制國家總理的同意即有明顯不同。更遑論民主選舉形塑政黨政治，在政黨利益考量之下，各類監督機制可能皆受限制。如國會多數黨與總統是同一政黨，或中央與地方是同一政黨執政，在此情況下，原本設計的制度性監督機制可能就無法充分發揮功能 ，這也是當年孫文先生主張監察權最主要的理由 。 釋字第743 號解釋是近年少數由監察院所聲請的案件，該號解釋被稱為「建立行政、監察與司法三權間之新關係」❹⑤，細究其案情，的確在一定程度上可以呈現監察院於今仍然可能發揮相當之監督功能 ❹⑥。

---

❹⑤　參見釋字第 743 號解釋羅昌發大法官之協同意見書。

❹⑥　在未開放人民聲請釋憲之前，監察院過去長期扮演主要釋憲聲請人的角色，對於提升人權保障甚有貢獻。在民主化之後，若在野黨無力湊集連署人數以達聲請釋憲聲請門檻時，此際監察院亦可透過聲請釋憲而扮演制衡權力的角色。不過在黨產條例案，大法官第 1482 次會議不受理決議針對黨產條例之違憲質疑，大法官以因監委不能彈劾立法委員，不能發動調查權，故質疑法律違憲非屬監察院行使職權之範疇，且監察院並非黨產條例之適用機關，故不受理該案。大法官此舉一改過去寬鬆受理態度，引發諸多批判。更重要的是其弱化監察院在節制權力面向上，可能扮演的制衡角色。

除了現已不存在的人事同意權外，以下逐一檢視現行監察院之職權是否與其他機關相重疊。首先就調查權而言，原本立法院與監察院之分工因釋字第 585 號解釋而改變：現在之立法院既然已享有完整的調查權，監察院何需存在？吾人可由發動程序與實質內容來看二者之差異。立法院調查權之發動，從釋字第 325 號、第 585 號到第 729 號解釋都認為須經院會決議，才能調閱文件原本、要求相關人員陳述證言或表示意見；但監察院調查權之發動則無特定程序或門檻，可由輪派委員調查或委員自動調查。兩相比較，立法院調查權的限制遠多於監察院調查權。若以院會決議通過作為發動國會調查權的門檻，在多數執政是常態的內閣制，行政權掌握立法權多數的情況下，需要國會多數同意才能發動的調查權，其功能必十分有限。若在總統制下，立法與行政分離，國會多數未必就是執政黨，則國會調查權之發動遂較容易。不論我國現制為何，立法院調查權之發動必然深受政黨政治之影響；而監察委員若能獨立行使職權，則其調查權顯然較能發揮功能。這不僅是國父思想中設置監察制度的理由，並也由歐陸內閣制國家普設監察使制度的發展得到明證。再就調查權之範圍而言，前揭兩號解釋皆謂立法院僅能針對其行使職權所涉及之事項進行調查，而監察院調查權則及於所有違法失職事項，二者亦明顯有異。若廢除監察院，並進一步擴大立法院調查權之範圍，也會因政府體制之不同而會有不同結果。不論如何，論者所謂的「西方國會」，其實都是兩院制。我國目前係單一國會體制，立法院職司立法與預算審核已屬十分沉重之負擔，再加上政黨政治的因素，實不宜再擴大其調查權之範圍。總之，立法、監察兩院不僅調查權不相重疊，而且立法院既不能也不宜承擔所有監察院調查權所能扮演的角色。

再就彈劾、糾舉與糾正等權之行使，制憲者蓄意將其由立法權分離出來，正是因為這些權力之運作在西方司法制度日益完備，且民主輪政亦趨穩定的情況下，已漸無發揮的空間。此可由美國及英國之國會彈劾經驗得

到佐證❼。既然西方國會監督行政權的力量已經式微，所以吾國制憲時自然沒有再將監督權置於立法權下的道理。設若今日裁撤監察院，則這些權力似亦無交由立法院行使的必要性，因為擁有這些權力的西方國會也很少行使。然則我國現在的司法體系是否已穩固運作，普獲人民信賴？民主輪政是否已經驗豐富，政治鬥爭不再野蠻粗暴？若否，則一如西方過去經驗，這些監督權力不僅有存在的必要，而且交由國會外的獨立機關行使會遠勝於留在政黨鬥爭的國會環境裡❽。

　　最後就審計權而言，它需要獨立，且其功能必須有助於立法權之運作

---

❼　英國學者戴雪認為彈劾權日益萎縮的原因如下：「彈劾權何以不用的答案，是因為對現代憲法所包含原則的服從，也就是對國家透過國會所表達的意旨的服從，已與國法交織在一起，從而違反國會的民意很難逃避國法的制裁。所以早年所賴以強制遂行國家意旨的非常手段（彈劾），現已無使用的必要。」而彈劾權之所以仍予保留，「一部分原因是在英國人民的保守性，同時也考慮到，有些罪行不是普通國法所能制裁，而尚待國會去對付。」見 A. V. Dicey, The Law of the Constitution, p. 455，引自陶百川，比較監察制度，三民書局出版，1992 年，頁 210。

❽　民國 95 年 2 月 3 日公布之法院組織法修正條文，不僅修改檢察總長的任命方式，同時也創設「特別偵查組」。這樣的修法方向顯示獨立調查機關的必要性與重要性，已為大家所注意。惟此次修法之內容仍與理想有相當大之距離。單就「特別偵查組」仍在組織上隸屬於法務部之下，即無法相信其獨立性或受行政權干擾的程度會有大幅進步。以總統府國務機要費案為例，查黑中心的檢察官起訴相關涉案人員，在地院審理期間卻傳出行政院長指示法務部研究國務機要費案聲請釋憲的可能性（詳見民國 96 年 1 月 24 日及 25 日之各大報報導）。雖然新設的特別偵查組直接由檢察總長選任並指揮，而檢察總長又經立法院同意後而任命。但將所有希望放在檢察總長一人身上，僅以立法院過半同意作為唯一的安全閥；實在不能令人滿意。民國 96 年 1 月的檢察總長人事任命案的爭議過程，已令人對此制之未來發展抱持高度保留的態度。而特偵組在運作 9 年之後，即由民進黨占多數的立法院於民國 105 年底修法予以廢除。

等兩項特質是無人質疑的。在此共識下，重點是其能夠獨立，並且能有效協助立法權，而不是在其形式上應隸屬於哪一權或哪一院之下。一般認為審計權應隸屬於國會之下的見解，其實乃專指美國之制。惟美國審計權隸屬於國會之下，係歷經多年發展而成，非屬憲法自始即予以明定之事項。即便有形式上的隸屬關係，美國審計總署 (General Accounting Office) 在 2012 年改名為美國政府責任署 (Government Accountability Office)，在實質上仍是一個獨立機關。美國地方法院在判決中曾言：「審計總署是美國政府的一個機構，並非國會的一個機構❹。」上訴法院亦明白指出：「審計總署是聯邦政府中一個最能獨立行使職權的機構，我們不能任意把它貼上任何一個機構的標籤，我們認為它是一個沒有頂頭上司的政府第四權，以獨立行使職權的方式賦予對立法及行政的義務，但不屬於任何立法或行政機構❺。」至於其他國家之情形，有的審計權是在國會之下，有的隸屬於司法權之下，有的則是在行政權之下的獨立機關，也有完全獨立於三權架構之外的制度。而不論是屬何種情形，獨立行使職權之特質無疑是最重要的。只要審計權能獨立運作，將其改隸任何權力部門都無實質影響；而對於改隸立法院之議，吾人要探究的反而是此種作法是否有助於其獨立性？

第三，監察院成效不彰，尚不直接構成廢院的理由。如機關效能不彰往往與其所享有之資源與工具息息相關。若人力與財源不足，業務範圍又極為廣泛，且能使用之政策工具又十分有限，則很有可能導致效能不彰。監察院之情形正是如此。若能調整監察院之相關制度與職權內容，並給予應有之資源與工具配備，它仍有提升效能的可能性。事實上，廢院是政策問題，而效能是技術問題，二者層次不同，不應混淆。

第四，院級獨立機關滿足我國現狀之需求。由國際發展趨勢來看，獨立監察制度之存在無疑是必要的。在三權分立的架構下，對於行政權侵害

---

❹ 參見張德銘，美國審計權獨立史，審計季刊，1997 年 2 月（特刊），頁 11。

❺ 張德銘，美國審計權獨立史，審計季刊，1997 年 2 月（特刊），頁 11–12。

人民之行為，立法權基於不介入個案的本質；往往不能迅速有效的回應。司法權固然以個案解決為核心，但除了其消極被動的特性外，其權限範圍又多有明確之限制❺，而對某些人而言，求助於法院的門檻也可能太高以至於無法進入，更有甚者，法院的裁判品質未必皆十分理想。在此情形下，以「護民官」為目的的監察制度即有輔助前述制度盲點的功能❺。晚近包括我國在內，有關人權委員會的發展，亦能顯示此護民需求的趨勢。在另一方面，西方民主制度的發展也遭遇瓶頸，其中尤以貪污腐化最為嚴重。面對此問題，除陽光法案、資訊公開法案紛紛問世外，也有特設專職肅貪機構以為因應。換言之，以護民為主要目的的監察組織、強化人權保障的組織，以及肅貪防腐的組織等三類組織，是西方民主國家晚近普遍設置的組織。

　　同樣的，就我國現況而言，不論是獨立的肅貪機構或是國家人權委員會的設立，早已研議多時，而監察院收受人民書狀，扮演護民官的角色更是行之有年。這些獨立機關的設置或存在，顯然亦是符合吾國現況之需求。

　　支持監察院廢院的人，在另一方面也支持前述獨立機關的設置❺；換言之，問題的焦點由監察院之存廢問題變成監察院之位階問題：這些獨立機關是否需要享有院級的地位？設若我國現狀是三權架構，則這些獨立機關應置於何權之下？基於司法權消極被動的特性，它們不可能在司法權之下。立法權以監督行政權為目的，將這些機關設於立法院之下是可能的想

---

❺　如只審查合法性而不審查適當性。

❺　參見馬丁・烏斯汀 (Marten Oosting)，保護監察體制的誠正性與獨立性：全球觀點，收於：第七屆國際監察組織年會論文選輯，監察院國際事務小組編譯，2001 年，頁 11。

❺　如李鴻禧，李鴻禧憲法教室，元照出版，1999 年，頁 216–219；林子儀、葉俊榮、黃昭元、張文貞，憲法──權力分立，新學林，2003 年，頁 225；葉俊榮，珍惜憲法時刻，元照出版，2000 年，頁 36。

像，況且西方國家的監督組織亦多在國會之下。惟歷經多次修憲後，我國已成單一國會制。立法院沒有上院牽制，本身已十分強大；加上行政向立法負責的內閣制精神仍然保留，不需要附設其他組織，立法院即有癱瘓行政權的能耐，此可由我國近年來的政治實務看出端倪。在未改成總統制前，立法院不宜再擴權。在另一方面，我國目前的政黨體系與實際政黨政治，仍屬高度不穩定與極端對立的情形，在此背景下於立法院設置獨立機構，不僅無法發揮預期功能，更可能使它們成為政黨惡鬥的工具。所以即使修憲成總統制，在政黨政治未上軌道前，在立法院下設置相關組織，則很可能在未達目的前，已使這些組織之權威與信譽消磨殆盡。至於行政權，本身即是最具侵害性的權力，而這些組織又多以行政權為主要監督對象，如何能將它們置於行政權之下呢？以我國現行於行政院下的獨立組織中央選舉委員會為例，儘管於立法時力求其獨立性、公正性，但若要說其近年來運作成果卓著，贏得至高無上的清譽，只怕與現實相距太遠。

如果這些組織無所依附，而西方國家中的相似組織也只是形式上與傳統三權中的某權相連結，卻在實質上是強調其獨立性，則爭執這些組織是否要硬塞在三權架構下，進而檢討院級機關的必要性，其實並不是那麼重要。真正的重點是要如何維護其獨立性。前荷蘭國家監察使馬丁・烏斯汀在闡述監察組織之獨立性時特別指出：「體制性 (institutional) 的獨立，這個意思是說監察使並不屬於國家權力的任何一環，當然亦不屬於受它監督的任何政府機構。體制性的獨立也代表了在國家機器中定位於足夠高的層級❺❹。」若在傳統三權之外另設層級夠高的院級組織，是我國政治環境下較能達至獨立目標的制度設計，而此種作法又已行之有年，已形成特定的政治文化與制度傳統，則實無必要於今改弦易轍，另起爐灶。

---

❺❹　參見馬丁・烏斯汀 (Marten Oosting)，保護監察體制的誠正性與獨立性：全球觀點，收於：第七屆國際監察組織年會論文選輯，監察院國際事務小組編譯，2001 年，頁 16。

㈢監察院的改革方向

支持監察院應予續存，並不表示現制運作良善。如前所述，現制運作迭遭批評，故有廢院之議。然則並非所有的批評皆可支持，有時甚且可從這些被批評的事件中看到監察院存在的價值。以監察權與司法權的衝突為例，監察委員重新調查已定讞的司法案件，是否危及審判獨立？民國107年年底監察院公布監107年度司調字第56號調查報告，其對已定讞的台灣高等法院101年度重選上更㈢字第69號刑事判決予以批判，稱該賄選案判決「認定事實與社會經驗不符，濫用自由心證且偏採不利於被告證據，而屬有罪推定，核有判決違背法令之情事」等。該報告引起司法界的大反彈，認為監察院已成太上法院，嚴重侵害審判獨立。民國108年5月14日監察院再通過檢察官陳隆翔彈劾案，指責其以不起訴簽結「曲棍球案」有諸多重大缺失。彈劾案一過，立即引起司法界大反彈，有近千餘名司法人員公開連署反對監察委員干預司法核心。其實法官及檢察官依法皆可被監察院調查，司法權之運作瑕疵，監察院的確有時可以發揮監督之效❺❺。問題在於案件的選擇是否偏頗，以及監察權行使過程有否瑕疵。以前述兩案為例，賄選案被告是民進黨籍立法委員陳朝龍，曲棍球案亦涉及民進黨縣長參選人魏明谷及立法委員段宜康；主導此二案的監察委員又都是蔡英文總統提名的「英系監察委員」。光此連結已使監察權失去公正之外觀，令人有「監察院東廠化」的感覺。其次，辦賄選案的監察委員高涌誠與該案辯護律師林永頌二人皆是民間司改會的主要成員，監察委員未主動迴避，難謂無嚴重瑕疵。最後，就監察院之審查內容來看，的確已涉及法律見解與事實認定部分，應屬司法權之核心事項，法律見解與事實認定的可能違失已有審級制度予以矯正，除非有明顯重大瑕疵，否則監察院實無介入之理由。

綜觀民國105年政黨輪替後監察權行使所引發的爭議，至少有以下三點應可儘速予以改革：

---

❺❺　如前文提及的監察院所提詹馴瑋檢察官彈劾案、陳鴻斌法官懲戒再審案等。

　　第一，提名與同意權之行使：若總統提名不當人選，除輿論監督外，最重要的監督機制是立法院的同意權。但當總統所屬政黨或其親近之政治勢力擁有過半席次，全力護航總統意志，如此自然完全廢棄同意權的制度意義❺❻。改革的方法是修改立法院職權行使法第 29 條有關同意權的部分，至少將同意門檻由現行的二分之一調高為三分之二，讓同意權的監督效果得以發揮。

　　第二，彈劾權之行使：為避免彈劾權政黨化，亦應修改監察法，調高通過彈劾的門檻，以免黨同伐異。

　　第三，監察院的自律能力必須提升：獨立機關的權威有很大一部分是來自於機關自律。如果監察權之行使也缺失頻傳、瑕疵百出，如監察委員該迴避而不迴避，卻仍參與彈劾，事後亦無任何紀律處分，如此如何能贏得社會信賴？同樣的，案件選擇偏頗、辦案配合政治權力部門運作等，嚴重傷害監察院之公信力，此亦有賴委員間之相互制衡與其內部自律機制進行調控。

---

❺❻　民國 109 年 7 月立法院臨時會院會審議蔡英文總統所提監察院長陳菊及二十六名監察委員人事案，民進黨臨時提案停止被提名人說明及答詢，旋即決議「提報院會，以無記名投票表決」。隔日民進黨無視其他政黨立法委員抗議，決議以無記名投票強行表決，後由院長游錫堃宣告完成人事同意權案審議。但國民黨、民眾黨和時代力量等在野黨，不滿民進黨以人數優勢強行中止被提名人的說明及答詢，缺乏實質審查便全數通過提名名單，認為其有違憲法及立法院職權行使法而由跨黨派四十一名立法委員連署聲請釋憲。但憲法法庭 109 年憲一字第 5 號不受理決議認為相關決議本身非屬法律，且其屬國會自律事項，並無牴觸憲法之重大瑕疵，決議不予受理。

第十章　中央與地方均權及地方制度

　　除了少數的城市國家之外，一般國家的憲法都會有涉及國家內部次級統治團體的相關規範。我國憲法第 10 章及第 11 章分別規定中央與地方之權限劃分與地方自治制度。在詳細瞭解憲法相關規定之前，有必要對於國家內部次級統治團體之組織模式稍作介紹。

● 第一節　國家內部次級統治團體的組織模式

　　從地域管轄的角度來看，國家可以「地域範圍」作為劃分單元❶，將其統治權分給不同的地域單元來行使。例如將國土劃分成五個單元，並將此地域單元稱為「省」，則此國家即由五個「省」所組成。由於此地域單元所分享的是國家的統治權，而不是單純的行政業務之執行，所以它們成為國家內部之「次級統治團體」，也可稱為國家內部之「地方自治團體」。其與一般行政機關不同之處乃在於次級統治團體或是地方自治團體得以自主地形成政策，訂定規範，並予以執行。相反的，一般行政機關乃以執行為主，並無自行形成特定政策的權限。

---

❶　一般言及地方自治，都是以「地域範圍」作為區分層級的標準，但是在「地域管轄」之外，尚有以「事務管轄」為區分標準的地方自治團體，例如我國法上的「農田水利會」。司法院大法官先在釋字第 518 號解釋中稱：「其法律上之性質，與地方自治團體相當，在法律授權範圍內，享有自治之權限。」復於釋字第 628 號解釋強調：「農田水利會係由法律設立之公法人，為地方水利自治團體，在法律授權範圍內享有自治之權限。」本章以下所論之地方自治，都是以地域管轄為區分標準的自治團體，不論及其他基於事務管轄所設立的自治團體。另要注意者，農田水利會現已因民國 109 年 7 月新通過的農田水利法第 34 條第 2 項廢止農田水利會組織通則，而使此公法人不復存在。

一、基本類型與理論基礎

國家為何要將統治權分享給其內部的次級統治團體？而國家與其內部次級統治團體的相互關係為何？此涉及到組織模式與地方自治理念兩個不同的問題。

㈠基本類型

「聯邦國」 ❷ 與「單一國」 ❸ 是兩個常見的國家組織基本模式，二者最根本的不同乃在次級統治團體的憲法地位與權限分配原則。就憲法地位來說，聯邦國中的次級統治團體享有比較高的自主地位，因為它們可以擁有自己的憲法、可以自行規範並形成自己的組織模式與制度。反之，單一國內的次級統治團體則沒有自己的憲法，不能自主形成自己的體制。再就權限分配而言，聯邦國中的國家層級通常享有列舉的權限，聯邦國中的次級統治團體則享有概括的權限。反之，單一國中之國家層級享有概括的權限，其次級統治團體則享有列舉或有限的權限。換言之，聯邦國的權限分配原則是：原則上分配給次級統治團體，例外才分配給聯邦。而單一國的權限分配原則則是：以國家為原則，以地方為例外。

聯邦國的產生或是基於自願，或是基於強制；或是以結合為目的，或是以分離為目的。美國各邦當時乃基於自願，相信團結力量大的道理而自主的加入聯邦。二戰後的西德則是在戰勝國的強制下，要求德國必須以聯邦的方式組成，以免又再度出現像納粹德國那樣過於強大的國家集權體制。以結合為目的的聯邦體制，希望透過聯邦的結合力量，可以使次級統治團體獲得更多保護或利益，美國可為此種類型之代表。以分離為目的的聯邦

---

❷　諸如美國、墨西哥、巴西、阿根廷、委內瑞拉、德國、瑞士、比利時、印度與澳洲等國乃眾所周知的聯邦國。

❸　諸如韓國、日本、泰國、越南、英國、法國、丹麥、瑞典、芬蘭、智利、紐西蘭等，則是單一國。

體制，通常則是希望透過聯邦體制而使次級統治團體獲得更多的獨立與自由。例如比利時從單一國變成聯邦國，就是其境內不同語區人民希望獲得更多自主權而將國家改組成聯邦國。但不論是 20 世紀末共產蘇聯的解體，還是 21 世紀初比利時聯邦的分裂危機，都可以顯示聯邦模式是潛藏未來分裂的因子。

　　單一國的形成常因其沒有聯邦國常見的多種族、多語言或因地理上因素所形成的生產方式、宗教信仰與社會經濟結構的差異而出現的多元景象。單一國的典型就是種族單一、語言單一、宗教單一，生產方式與社會經濟結構都相當類似的國家類型，例如日本或法國。單一國體制下，又可分成中央集權式的單一國與地方分權式的單一國兩種次類型。前者地方自主空間甚小，其僅是中央政府在地方的執行機構而已；後者則賦予地方一定程度的自主空間，有時其自主程度或空間，甚至宛若聯邦國中的次級統治團體。

(二)理論基礎

　　單一國模式可算是自然形成的統治組織型態，普見於多數國家。聯邦國體制則是基於各種不同因素之考量所形成的統治組織型態，其背後有一定的理論基礎。

　　「垂直的權力分立」可以說是聯邦國最傳統也是最重要的理論基礎：因為次級統治團體分享國家統治權，所以可以對聯邦政府形成分權與制衡的效果，如此可以避免國家權力過於集中且強大，降低國家侵害人權的風險。這種強化地方自主以對抗國家集權的想法，從比較極端的普魯東 (Proudhon) 與巴枯寧 (Bakounine)，到比較溫和的托克維爾與漢米爾頓 (Hamilton)，都是強調分權制衡的理念。

　　在 20 世紀下半葉民主體制日漸普及之後，支持聯邦體制者，或是宣揚單一國體制下之地方分權與地方自治者，都以「深化民主」作為其主要立論。民主體制既然強調人民自己作主，就必須讓人民學習並習慣如何去思

考公共議題，以及如何對公共政策表達意見，並作出決定。在民主的學習過程中，越能貼近人民日常生活者，越能引起人民參與的興趣。所以為了強化民主體制，就必須使民主運作深入基層，由下而上，逐漸培養人民的民主素養與參與公共政策的能力。在此觀點下，地方自治成為鞏固民主制度所不可或缺的重要制度。

不論是聯邦國內之不同族群或不同宗教信仰的分區而居，或因自然地理區隔與人文歷史差異而形塑的方言與各地風俗，都可以看到地方特色與因地制宜也可以成為支持地方自治的制度理由。即便是小如城市國家，其城市內部也會出現不同族群聚居之區域，其形成該區特有的建築風格與生活習性，進而展現城市之多元風貌。換言之，地方自治一方面得以確保多元文化與風俗，另一方面並能彈性地依各地自然地理或歷史人文特質而採因地制宜的政策措施。

綜上，「分權制衡」、「深化民主」與「多元彈性」成為三個支持國家次級統治團體必須存在，並分享部分統治權，享有一定程度之自主空間的理論基礎。

二、地方組織改革的憲法問題

國家次級統治團體的組織模式應該為何？聯邦制國家通常無須煩惱此問題，因為這由各邦或各州的憲法自行決定。反之，在單一國體制下，這就是一個必須嚴肅面對的問題。一方面吾人必須瞭解地方組織的形成權究竟由誰掌握，另一方面也要探究此形成權的憲法界限。

㈠地方組織模式的規範途徑

在單一國體制下，憲法本身通常會對地方組織模式有初步的規範。在此情形下，制憲者掌握地方組織模式的原始規劃權。以我國憲法本文為例，國家內的次級統治組織包括「省」及「縣」兩個層級。與省同級之次級統治團體還有「直轄市」及「蒙古與西藏之自治組織」；與縣同級之自治組織

還有「市」。憲法對於「縣」與「市」之下，是否還要設地域範圍更小的自治組織，沒有任何規定。換言之，我國現行法上之鄉、鎮與縣轄市自治，並非是依據憲法規定而來，而是由立法者透過法律所創設之自治組織。

　　為維護法規範體系內的位階秩序，立法者自不得以法律取代憲法的規範內容。所以對於憲法所規定之省與縣自治，立法者不得以法律變更之；更不能以行政命令取代憲法。憲法第 108 條規定立法院應制定省縣自治通則，規範次級統治團體之基本自治方式。但行憲之後先因國共內戰而使立法院無法正常議事，政府遷台且立法院重新開議之後，復因政府實際統治區域從三十餘個省大幅縮小至僅剩台灣地區，不便制定僅適用於台灣地區的省縣自治通則，因而暫以行政命令作為省縣自治的法源基礎❹。在此不符憲法原始規範內容之自治模式下，才會出現由官派的省主席與民選的省議員共同組成之自治團體。 司法院大法官在釋字第 259 號解釋與釋字第 260 號解釋，分別闡述應依憲法規定制定直轄市自治法與省縣自治通則的憲法要求。

　　民國 76 年解嚴之後，我國開始新一波的民主化。民國 81 年的修憲，首次由修憲者調整制憲者的原始規劃，凍結制定省縣自治通則的要求，並使省長與直轄市市長得以透過民選產生。此舉使我國地方自治之現實與憲法規定相符合，並使民選行政首長向上提升至省與直轄市層級，對於權力的垂直分權與民主化，以及政治人才的培養，有正面的助益❺。民國 86 年

❹　台灣省政府為安撫二二八事件所造成的傷痛，以行政命令之方式在民國 39 年 4 月 20 日頒布「台灣省各縣市實施地方自治綱要」，開啟台灣之地方自治與地方選舉。

❺　在省主席與直轄市市長官派的年代，省議會與直轄市議會對於官派行政首長往往難以有效監督。在省長與直轄市市長改為民選後，民選首長取得國家之下最高地方自治團體的行政權，一方面可以制衡中央，另一方面也可以培養行政經驗。自民國 85 年總統開始民選後，包括總統候選人與當選人，或是行政院正副院長的人選，多來自省長與直轄市市長。

我國再次透過修憲「凍省」，將省級自治團體虛級化。省不再是地方自治團體❻，不僅沒有民選省長，也沒有民選的省議會，而是變成行政院的派出機關❼。

(二)地方組織改革的憲法界限

如前所述，在憲法對於地方自治組織已有規範的情況下，後人想要對此進行改革應循修憲途徑。但即便是透過修憲途徑，可否將憲法原定的「省」或「縣」予以廢除？進而衍生出修憲可能違憲的情形？

事實上，我國憲法有關省縣自治之規定乃採「制度保障」，而非「存續保障」，已於第一編第三章第三節第三目提及。亦即省、直轄市與縣之間的重組或改制，例如台中市升格為直轄市，或是將台中縣市合併，都不妨害憲法本身規定的省與縣之制度。此種變革不僅不需要透過修憲途徑，甚至不必謹守法律保留原則❽，只要符合法定要件，由行政院核定後即得升格或合併。

但是將省或縣完全除去的作法，即使是透過修憲途徑，可能都還有違憲的疑慮。此端看是否將省級或縣級之自治團體的存在，視為是憲法基本原則的一部分而定。若是將省縣自治視為是我國憲法的基本原則，則透過修憲廢省或是廢縣的作法，自屬牴觸憲法；反之，則屬合憲的修憲行為。釋字第 467 號解釋強調「省為地方制度層級之地位仍未喪失」，似嘗試藉由「省仍然存在」，只是組織與權限內容被改變的說法，闡明我國省縣自治係

---

❻　參見釋字第 467 號解釋。

❼　參見憲法增修條文第 9 條第 1 項第 1 款及第 2 款。

❽　例如現行地方制度法第 4 條第 1 項規定，人口滿一百二十五萬人，且在政治、經濟、文化及都會區域發展上，有特殊需要之地區得設直轄市。依同法第 7 條之 1 規定，內政部基於全國國土合理規劃及區域均衡發展之需要，擬將縣（市）改制或與其他直轄市、縣（市）合併改制為直轄市者，應擬訂改制計畫，徵詢相關直轄市政府、縣（市）政府意見後，報請行政院核定之。

屬存續保障的精神。同樣的，將鄉鎮市長由民選改為官派是否違憲？也要看鄉鎮市自治是否屬於我國憲法基本原則的一部分而定。由於憲法並未提及鄉鎮市之自治，故儘管鄉鎮市自治的確可以深化民主，但尚不能逕行認定鄉鎮市自治即屬民主國原則下所不可或缺的一部分。換言之，在鄉鎮市本身既無憲法地位，而且落實民主國原則也不一定要透過鄉鎮市自治的情況下，將鄉鎮市由民選自治組織改為地方性的一般行政機關，並無違憲疑慮。

最後，即使在形式上保存自治團體的存在，能否在實質上架空自治團體的自治權限？例如雖有縣政府之組織存在，但縣長既無人事權，也無財政權，一切都由上級機關指揮管理？如此雖有自治之名，但卻無自治之實。司法院大法官在釋字第 498 號解釋強調地方自治乃憲法所保障之制度，其自主與獨立之地位應獲得國家機關之尊重❾。在釋字第 550 號解釋更提出核心領域的想法，主張國家不得侵害自治團體在其核心領域之自主權。

三、我國現行地方自治組織

從憲法公布之初高達三十餘省的統治疆域，到政府遷台後僅剩台灣一隅的政治現實，使得地方自治層級的改革成為不可迴避的問題。在解嚴以前，執政黨一方面以遵守憲法、維護法統為由；另一方面則為鞏固其執政權，不願確實落實地方自治，致使地方自治的改革一直未有具體進展。解

---

❾　釋字第 498 號解釋之解釋文謂：「地方自治為憲法所保障之制度。基於住民自治之理念與垂直分權之功能，地方自治團體設有地方行政機關及立法機關，其首長與民意代表均由自治區域內之人民依法選舉產生，分別綜理地方自治團體之地方事務，或行使地方立法機關之職權，地方行政機關與地方立法機關間依法並有權責制衡之關係。中央政府或其他上級政府對地方自治團體辦理自治事項、委辦事項，依法僅得按事項之性質，為適法或適當與否之監督。地方自治團體在憲法及法律保障之範圍內，享有自主與獨立之地位，國家機關自應予以尊重。」

嚴後，曾歷經很短暫的「回歸憲法」時期，省長與直轄市市長皆由民選產生，但在第一任民選台灣省省長任期尚未結束之前，就已出現「凍省」、「精省」或甚至是「廢省」的提議。民國85年12月，首屆民選總統挾勝選之姿召開體制外的「國家發展會議」，作出四項重要決議：第一，精簡省政府之功能與業務，凍結省自治選舉。第二，取消鄉鎮市級之自治選舉，鄉鎮市長改為官派。第三，縣市政府職權應予以加強，並增設副縣市長。第四，地方稅法通則及財政收支劃分法應儘速完成立法或修法，以健全地方財政。前述決議除第二項外，其餘的大致皆已實現。但是在民主選舉與政黨競爭之下，地方自治層級的改革屢屢成為選戰中的重要議題。以下先談近年改革的主要政策方向，再介紹現行地方自治組織。

(一)**近年改革之政策方向**

從國家發展會議以來，有關地方自治之改革與行政區劃的討論，主要圍繞在「減化政府層級」與「擴大治理區域」等兩大政策方向。

就「減化政府層級」而言，憲法本文規定的組織方式是「中央」、「省及直轄市」與「縣」三級政府❿。但自民國39年推行地方自治之初，由於中央及省兩個層級都沒有開放選舉，所以將鄉鎮市也列為自治組織⓫，形成中央、省、縣與鄉鎮市四級政府的局面。為了強化行政效率、避免資源重複浪費，尤其是擺脫賄選與黑金政治等目的，減化為三級政府或甚至是二級政府的想法遂被提出。例如游錫堃先生曾經在民國79年提出「四省三

---

❿ 憲法本文對於直轄市的地位並未明文規定，但是有關直轄市之自治的憲法第118條，乃在憲法第11章第1節有關「省」的規定中。依此推論，制憲者應認為省與直轄市地位相當。司法院大法官在釋字第258號解釋支持此推論，其解釋文謂：「直轄市在憲法上之地位，與省相當。」

⓫ 民國39年台灣省各縣市實施地方自治綱要第2條規定：「縣為法人，縣以下為鄉鎮縣轄市，鄉鎮縣轄市為法人，均依本綱要辦理自治事項，並受上級政府指揮監督，執行委辦事項。」

級制」❷，陳水扁先生在民國89年競選總統時，提出「中央與縣市二級政府」的改革方案，並在當選後於總統府成立政府改造委員會，積極推動改革❸。

「擴大治理區域」則為另一種政策走向，其主要的策略就是縣市合併與升格。此派的思想認為：太小的自治組織不利於當代的治理需求，治理規模過小一方面不符合經濟效益，有資源浪費之虞；另一方面也因經濟實力、資源及人力過於微渺而無法與其他國家進行競爭。連戰先生在民國93年總統大選時提出「八大區域政府」的想法，即是著眼於區域及城市的國際競爭力。民國97年的總統選舉，馬英九先生也提出「三都十五縣」的構想❹。

其實前述兩種政策走向，雖皆有其改革理想與各自的論述依據，但也不能否認其與選舉的關聯性。從民主進步黨的立場來看，地方自治改革至少可以有以下三項政治意涵：第一，不論是廢省，還是建立「四省」的主張❺，都有透過改變現行自治組織結構，以進而產生企圖改變憲法的想像❻。第二，鄉鎮市長改官派是徹底剷除國民黨在地方上之勢力的最有效方法。第三，透過組織重劃與改革，強化地方實力，以弱化中央政府的實

---

❷　民眾日報，1990年4月2日，引自劉淑惠，我國地方自治的展望與建議，收於：許志雄等人合著，地方自治之研究，業強出版，1992年，頁219。

❸　參見劉文仕，地方分權改革新趨勢，晶典出版，2012年，頁255。

❹　參見馬英九，地方政府與國土規劃，收於：蘇永欽主編，地方自治：落實人民主權的第一步，新台灣人文教基金會出版，2002年，頁107以下。

❺　呂秀蓮副總統曾於民國94年提出廢直轄市與省轄市，成立山地及離島兩個特別行政區，以及設置台北、台中、台南及台東四個省的想法。參見中央社：國內政治，2005年8月27日。

❻　如中央日報於民國94年8月28日的標題即為：「呂秀蓮提四省二特區雙國都，國民黨：為成立台灣國準備」，由此可見地方自治組織的改變，常與獨立建國的意識形態相連結。

權。反之，國民黨避談鄉鎮市自治弊端叢生的困境，以免傷害自己在地方上的實力。同時偏好透過合併與升格來收買民心，以維繫其政權❶❼。

(二)現行地方自治組織

在勝選考量與擴大實權的促使下，台北縣政府在民國 88 年首次提出「準直轄市」的想法。當時台北縣的幅員與人口遠大於北高兩直轄市❶❽，但其法律地位卻與諸如花蓮及台東等農村小縣相當；在財源分配與人力配置上，遠不如北高兩直轄市。「準直轄市」的想法就是要讓無法升格為直轄市的縣市，可以享受類似直轄市的待遇。北縣升格的想法在歷次縣長選舉中，總是被一再提及。到了民國 97 年總統大選後，為落實「三都十五縣」的競選承諾，政府積極推動台中縣市合併升格，如此對台北縣形成巨大的壓力，北縣也極力主張其升格為直轄市的合理性。除台中縣市與台北縣之外，包括高雄縣市、桃園縣、台南縣市、彰化縣、雲林縣與嘉義縣等十一個地方自治團體，也在此時紛紛提出合併或改制升格之申請。案件經內政部審核與行政院核定後，自民國 98 年起先後通過新北市、台中縣市、高雄縣市、台南縣市與桃園縣❶❾之合併升格或升格案。

歷經多次改革後，我國現在的自治組織結構從原來兩個直轄市變成六都，鄉鎮市之自治仍然存在，只是其涵蓋範圍大幅縮小。改制後的六個直轄市，其地域面積達現行國土總面積四分之一以上，人口超過一千五百七十五萬，對於全國的政經發展，有舉足輕重的影響力。尤其在這些人口動

---

❶❼ 例如在民國 94 年的地方選舉中，時任國民黨黨主席的馬英九先生，為拉抬國民黨台北縣縣長候選人的聲勢，拋出讓台北縣市合併，讓台北縣的民眾得以享受台北市民的生活品質。

❶❽ 光就人口數來說，當時台北市約兩百六十萬人，高雄市約一百五十萬人，但台北縣卻高達三百六十萬人。即使是台中市也有一百四十七萬人，桃園縣也有一百六十七萬人，與高雄市差距不大，但地位卻甚為懸殊。

❶❾ 桃園縣於民國 103 年 12 月 25 日升格為直轄市。

輒百萬以上的直轄市，除了市長與市議員的選舉外，其下已無自治組織，而改為由市長派任的區長取代過去的鄉鎮市長。對於直轄市的市民而言，其眼中的國家組織是中央與直轄市之「二級政府」，減少行政層級的改革目標顯然已經達成。反之，不具直轄市地位的其他縣市，雖然省已經被凍結，但縣市的地位仍屬於第三級的地方自治團體，其財源與人力資源分配都遠不如直轄市，且其轄下尚有第四級地方自治團體，也就是鄉鎮市，它們繼續運作令多數學者不敢恭維的基層民主。總之，在凍省與六都設立之後，在非直轄市地區的組織結構是中央、縣與鄉鎮市之「三級政府」型態。

改革後的現行體制至少仍存在下列問題：首先是民主問題。為了改善黑金政治、降低過高的選舉頻率與減少巨大的選舉成本，在直轄市地區廢除基層選舉。但是在二級政府下，尤其直轄市的人口數量相當龐大的情況下，僅餘市長與市議員的選舉，是否有礙民主制度在基層落實與生根？人民沒有機會在小的地域範圍內討論與其切身相關的公共議題，如何能培養其面對中央或直轄市級的公共議題時，具有審慎思辨的能力？但在另一方面，縣政府之下仍有第四級的鄉鎮市長選舉，看似保留基層民主的幼苗。然而由於第四級自治團體所分配到的資源十分有限，加以長期以來黑金問題難以解決，導致鄉鎮市的自治成為台灣民主政治的毒瘤。其次是組織模式與資源配置問題。二級的直轄市與三級的縣，二者法律地位不同，資源配置不同，但在人口與幅員上卻有可能十分接近。例如彰化縣的人口超過一百三十萬，已達設為直轄市的法定門檻；但因各種因素而未能升格。彰化縣民與其相鄰的台中市民皆屬國民，但卻因自治團體地位之不同而享有不同的待遇。本來鄉村地區與城市地區因幅員廣狹有別、人口密度不同與產業結構迥異，所以可以有不同的自治組織模式與資源配置，但近來之改革將縣大量升格為直轄市，混淆了城市與鄉村各自本該有的不同治理組織模式。在桃園升格之後，整個北台灣竟是三個相鄰的直轄市。與他國相比，此實屬難以想像之事。試想原屬鄉間地區的桃園復興鄉，在改制之後竟與

台北信義區地位相同，而二者在本質上卻有天壤之別。最後是治理之理念問題。層級越多，是否就必然導致無效率？地域範圍與人口規模越小，是否就必然導致治理規模不符合經濟效益？是兩個值得深究的問題。就前者言，自治層級未必要與組織層級結合在一起。如果是鄉公所的決策必須上呈縣政府審核，而縣的決策又要上呈行政院裁決，如此在組織上就形成上下層層節制的層級關係。在此層級體系下，在上者可收指臂之效，在下者則失自主與自治之空間。而自治的意思就是要能自己作決定，不是事事仰人鼻息，屈從他人之意志。換言之，自治層級之多寡本應與行政效率無關；除非自治組織根本不享有自治權。再就自治組織之規模而言，重點不在規模的大小，而在資源的配置是否妥適。只要給予合理的資源配置，鄉鎮市之自治仍可以達到理想的經濟效益需求 **⑳** 。

●第二節　中央與地方之權限劃分

　　凡是在國家之下存在次級統治團體者，必然要面對國家與次級統治團體間的權限劃分問題。我國憲法依均權理想進行垂直分權，將政府事務分成中央專屬事項、自治事項與委辦事項等三大類型。

一、均權理想與權限劃分

　　均權理想源自孫文先生的分權理念，他認為：「事之非全國一致不可者，以其權屬於中央；事之應因地制宜者，以其權屬於地方，易地域的分類，而為科學的分類，斯為得之 **㉑** 。」這樣的想法落實在憲法第 111 條。

---

⑳　參見劉文仕，地方分權改革新趨勢，晶典出版，2012 年，頁 260 以下。作者以歐盟經驗為例，清楚闡明自治層級與效率未必相關，自治規模大小也未必影響治理的實際效益。

㉑　孫文，中華民國建設之基礎，引自林紀東，中華民國憲法逐條釋義㈣，二版，三民書局出版，1985 年，頁 13。

雖然孫文先生認為其均權理念具科學性與客觀性，乃以「事務之本質」作為劃分之基準，可以化解純粹的地域之爭。但是其困難之處在於難以判定何種事務非全國一致不可？何種事務又必須因地制宜？如何以科學且客觀的方式判定「事務本質」？

制憲時雖然宣稱依國父遺教之精神進行權限劃分，但是憲法規範方式其實很像聯邦國家的規範方式。事實上，制憲時期主張建立聯邦國家的力量不小，政治協商會議第 8 項決議謂：「地方制度，確定省為地方自治之最高單位，省長民選，省得制定省憲，但不得與國憲牴觸，依照均權主義劃分權限。」從可以制定省憲的觀點來看，其實已經是聯邦國家的體制了。最後憲法條文用語以「省自治法」取代「省憲」，弱化聯邦國的色彩，但因為憲法將省與縣的職權逐條列舉入憲，省縣就可以憲法之保障為依據對抗中央。中央與地方的權限爭議，或甚至是權力對抗的事例，在解嚴之後開始出現，並隨著民主競爭而益加劇烈。

然而，憲法既然已經透過列舉的方式進行分權，為何還會有權限爭議？憲法第 111 條所指的爭議是指在憲法未列舉的部分，此部分可稱為剩餘權限或剩餘事項。其分配方式必須依據均權原則，若在均權原則的指導下還存在權限分配爭議，才由立法院解決之。對於憲法已經列舉分配的權限，是否應無爭議？此端視規範方式而定。如果憲法所採取的規範方式是「事項相互分離」，則爭議會大幅減少，但若採取「事項相互交疊」的規範方式，則必然會導致爭議不斷。且看憲法第 109 條第 1 項第 6 款與第 110 條第 1 項第 5 款之規範方式，就是典型的「事項相互交疊」的規範方式。省管「省水利」，縣管「縣水利」，但省、縣是地域的概念，如何能以地域來區分「省水利」與「縣水利」之不同？以台灣狹小的幅員來看，少有河流僅在一縣之內。如果說凡是跨縣的河流治理均屬省之業務，則多數縣政府所管轄的水利事項十分有限。一旦淹水釀災，多與縣府無關。就算縣應負責其縣境內的河川管理，但因上下游的相互影響，事實上也很難將河川分

段治理。因為省縣皆管水利，則水災的責任就難以歸屬。

　　除了憲法第 107 條的中央專屬事項較少爭議外❷，其他的列舉分權規定都因其採事項相互交疊之規範方式而易滋爭議。

二、自治事項與委辦事項

　　所謂自治事項，即指地方自治團體得以自行管理並決定之事項。從憲法的用語來理解，就是地方自治團體得以自行立法並執行之事項。不過，憲法對於自治事項並非採取窮盡列舉之方式，它還有一個「其他依國家法律賦予之事項」的概括條款。所以地方制度法第 2 條第 2 款就將自治事項定義為：「指地方自治團體依憲法或本法規定，得自為立法並執行，或法律規定應由該團體辦理之事務，而負其政策規劃及行政執行責任之事項。」換言之，自治事項包括憲法規定之自治事項與法律所賦予之自治事項等兩種類型❸。就我國現行的三種自治團體來看，縣的自治事項包括憲法賦予與法律賦予等兩種來源；直轄市與鄉鎮市則僅有法律賦予事項。

　　至於委辦事項，憲法上的用語是「或交由省（或縣）執行之」，意指本屬中央或上級自治團體之權限範圍，但交由他人執行之事項。地方制度法第 2 條第 3 款將其定義為：「指地方自治團體依法律、上級法規或規章規

---

❷　例如幣制及國家銀行乃屬憲法第 107 條第 9 款所規定之中央專屬事項，但過去中央銀行卻委託台灣銀行發行新台幣。司法院大法官先在釋字第 63 號解釋稱新台幣為「地方性之幣券」，復於釋字第 99 號解釋中將新台幣視同國幣，因為偽造新台幣可依妨害國幣懲治條例論處。在釋字第 99 號解釋的不同意見書中即表示中央銀行無權委託台灣銀行發行新台幣，新台幣也不能取得國幣之地位。有關新台幣所引發的爭議，要到九七修憲凍省之後，台灣銀行已成為中央銀行的所屬銀行，該權限爭議問題才不復存在。參見李念祖，案例憲法 II：人權保障的程序，初版，三民書局出版，2003 年，頁 591–592。

❸　縣自治事項本還包括省自治法賦予之事項，但因省已經無自治權，故縣也只有憲法賦予與法律賦予等兩種自治事項。

定，在上級政府指揮監督下，執行上級政府交付辦理之非屬該團體事務，而負其行政執行責任之事項。」由於委辦事項乃由中央或上級自治團體交付之任務，所以委辦事項越多，地方自治的空間就越小。為避免地方自治有名無實，地方制度法將原本憲法規定為委辦事項的領域，大幅變為地方自治事項❷。例如有關河川整治與管理之事項，地方制度法第 18 條第 8 款第 1 目與同法第 19 條第 8 款第 1 目將之列為直轄市與縣之自治事項。但既屬自治事項，就應由地方自治團體自籌財源❷。然而河川往往跨域流動，如何能夠分段治理，並由各地方自治團體自籌治水經費呢？

在自治事項與委辦事項之外，司法院大法官在釋字第 550 號解釋又創設第三種類型的事務，可稱其為「共同辦理事項」或「協力義務事項」❷。大法官在本號解釋中闡明：就全民健保所需之經費而言，可分為兩大類。第一類是有關辦理健保業務的相關行政經費，其係屬中央立法並執行之事項，經費自應由中央政府負擔。第二類則是全民健保之保險費的部分，大法官認為憲法第 155 條與憲法第 157 條，與憲法增修條文第 10 條第 5 項與第 8 項句首之「國家」二字，係兼指中央與地方而言。依此詮釋方式，健保業務乃國家與地方共同辦理之事項，地方對於健保保費之支付，有協力負擔之義務。

綜上，在憲法本文採取「事項相互交疊」的規範方式，雖輔以均權原則作為解決紛爭的指導原則，但在實際上並不能有效解決問題。加以地方制度法又大幅擴張自治事項的範圍，而各專業法律卻又都採「本法主管機關，在中央為某部會，在直轄市為直轄市政府，在縣市為縣市政府」的立法方式❷，使得中央與地方的權限完全混淆在一起。這種權限交疊混淆的

---

❷　參見地方制度法第 18 條至第 24 條規定。

❷　參見財政收支劃分法第 37 條第 2 項規定。

❷　參見法治斌、董保城，憲法新論，頁 627。

❷　黃錦堂氏指出：這種立法方式引出諸多爭議，通常地方自治團體會以地方制度

情況，往往成為中央與地方爭權或卸責諉過的根源。在民主選舉的競爭之下，中央與地方的執政者都會利用此權限混淆根源，作為政治鬥爭的工具❷❽。

第三節　地方自治

　　地方自治的內涵包括自治之實質內容，以及有關地方自治的監督模式等兩大區塊。前者包括地方自治組織之各項權能，後者則涉及監督方式與對抗監督的救濟程序。

一、自治內涵

　　地方自治團體欲實現自治之實質，就必須擁有相應的自治權限。由於單一國的司法權並沒有地方分權的設計❷❾，所以自治權限主要是在行政及立法兩個面向。其中地方行政權又可細分為組織及人事權與財政權。

㈠組織及人事權

　　地方自治團體為實現自治之目的，可否自行創設相關組織，並任命人員以執行其自治業務？更詳細地說，如果地方自治團體沒有一定的組織權與人事權，顯然很難落實自主自治的精神。不過，若各個自治團體皆依己意自行創設組織與任命人員，則也有可能因組織重疊與人事膨脹，導致嚴

　　　法第 18 條以降規定、財政收支劃分法第 37 條第 2 項的出資規定，以及憲法第 108 條第 2 項作為自治事項的依據。至於中央，以及受地方政府裁罰之人民則會以前述立法方式作為依據，主張地方無權涉入此領域。參見黃錦堂，地方制度法論，增訂三版，元照出版，2020 年，頁 144。

❷❽　例如中正紀念堂更名案或是莫拉克風災救災案就是近年兩個典型的權限鬥爭或責任推諉之案例。詳細且精彩的分析可參見劉文仕，地方分權改革新趨勢，晶典出版，2012 年，頁 355、427 以下。

❷❾　反之，聯邦國體制下就存在次級統治團體的司法權。例如美國各州有其自有之司法制度與最高法院。

重的財政赤字。所以在各自的自主空間之餘，也要有一個全國一致的框架性標準。現行地方制度法正是扮演憲法第 108 條之「省縣自治通則」的角色，對各級地方自治團體的自治運作，作出框架性的規定。

司法院大法官在釋字第 527 號解釋中指出：「地方自治團體在受憲法及法律規範之前提下，享有自主組織權及對自治事項制定規章並執行之權限。」對於法律所規定之得以設置的職位，地方自治團體得通過其組織之自治條例後，即得任命相關人員❸。

雖然地方自治團體對於法律所同意設置之職位，享有人事任命權，但是我國現行尚有所謂「人事一條鞭」的制度。地方制度法第 1 條第 2 項規定本法未規定者，適用其他法律之規定。同法第 55 條第 2 項、第 56 條第 2 項及第 57 條第 3 項都規定地方行政首長任命權之限制。其限制包括兩部分：一是直轄市政府秘書長與縣市政府之主任秘書，必須依公務人員任用法之規定來任命。二是主計、人事、警察及政風首長等四種人員，屬於人事一條鞭之行政人員❸，必須依專屬人事管理法律任免之。換言之，地方自治團體之行政首長對於前述人員的任命權，其自由空間受到比較大的限制。

反之，對於主任秘書與「人事一條鞭」以外之其他人員，諸如副市（縣）長或局處首長等政務人員或機要人員，直轄市長或是縣長享有完整的自主權❸。

---

❸　釋字第 527 號解釋認為：如果地方議會遲遲不通過地方組織條例，則基於實際需要，地方行政機關仍得依法律之規定先行任命地方制度法所允許設置之人員。

❸　「人事一條鞭」的範圍，依地方層級之不同而有不同。例如縣的層級包括主計、人事、警察、稅捐及政風等五種人員；而鄉鎮市則僅有主計、人事與政風等三種成員。

❸　民國 103 年年底的地方選舉之後，台北市新當選的市長推出 "i-Voting" 的想法，並就少數局處首長以此新的選任方式產生。此方式的特色乃由公民透過網路投票與實體投票，自行選出其所支持的候選人來出任局處首長。然則此看似十分

(二)財政權

財政權也是地方自治的核心領域，因為若無財政自主權能，所有自治施政都不可能實現。

大法官在釋字第 550 號解釋對於地方財政權作如此詮釋：「地方自治團體受憲法制度保障，其施政所需之經費負擔乃涉及財政自主權之事項，固有法律保留原則之適用，但於不侵害其自主權核心領域之限度內，基於國家整體施政之需要」，中央得介入地方之財政權，要求地方分攤相關經費。釋字第 765 號解釋理由書第 4 段重申：「地方自治團體仍具有獨立之公法人地位，受憲法保障，並享有財政自主權。故中央使地方負擔經費，除不得侵害其財政自主權核心領域外，並應依據法律或有法律明確授權之法規命令，始得為之。」

前揭解釋在承認地方財政自主權的同時，又肯認中央對地方財政的介入權與地方的財政協力義務。其雖提出「核心領域」作為中央介入權的界限，但此概念仍不明確。至多僅在健保保費分攤案中，吾人可以確信中央要求地方分擔健保保費，尚未侵及地方財政自主權之核心領域。

民主的選任方式，卻產生不少爭議。其主要爭議包括：(1)候選人產生方式黑箱作業：在公開徵選候選人之後，必須經過一個遴選委員會篩選出少數的候選人，以供選民投票。而此委員會的成員乃由市長任命，其篩選方式與議決程序，被認為是黑箱作業。(2)投票參與的程度太低，不具代表性與民主性。以勞動局長為例，登記為網路選民的人數為一萬九千九百五十六人，實體投票選民的人數僅四百五十六人。而網路投票的投票率為百分之三十六點八六，實體投票的投票率僅百分之二十六點七五。五位候選人中的當選者共得六千零二分，大勝其他四位候選人。然則相較於台北市一百三十二萬的勞動人口（台北市政府主計處網站民國 103 年下半年資料），總投票人數七千四百七十六人尚不及勞動人口的百分之一。(3)民主課責問題：不論是面對選民或是面對議會，市長都可以將該局處的施政問題推給選民。此人民參與票選局處首長制度如煙火一般，瞬間幻滅，自此未曾再被使用。

　　「收」與「支」是財政行為的兩大核心，二者的關係決定地方政府的財政健康狀況。就收入面而言，地方政府的收入來源包括稅、規費❸、工程受益費❹、特別公課❺、罰鍰、公共造產收入及其他收入（如投資收入、變賣公產收入、捐贈）等。而前述各類收入中，又以稅為最主要的收入來源。稅的創設與分配，憲法第 107 條第 6 款及第 7 款賦予立法院有關國稅與各級地方稅之劃分權，憲法第 147 條則規定中央對貧瘠省縣有酌予補助之義務❻。依財政收支劃分法第 8 條以下之規定，中央所徵收之國稅包括關稅、所得稅、遺產稅、贈與稅、貨物稅、菸酒稅、證券與期貨交易稅與礦區稅等；地方稅則包括印花稅、牌照稅、地價稅、土地增值稅、房屋稅、娛樂稅、契稅等❼。依歷年資料顯示，中央約收走近七成的賦稅。中央再將其稅收的一部分作為統籌分配稅款，依地方之人口、土地面積、營利事業營業額、基準財政需要額、基本建設需要額、財政能力與財政紀律表現

---

❸ 依規費法第 6 條之規定，規費可分為行政規費與使用規費等兩類。例如辦理戶口名簿或身分證所繳交的費用即是行政規費，而路邊停車費或是垃圾處理費即屬使用規費。

❹ 依工程受益費徵收條例第 2 條規定，政府得對因政府所為之各類工程建設而直接受益之公私有土地及其改良物，徵收工程受益費。釋字第 212 號解釋指出，為符合公平原則，凡符合徵收要件之公共工程，就必須徵收工程受益費。

❺ 特別公課又稱「特別捐」，首見於釋字第 426 號解釋，其乃對義務人課予租稅以外之其他金錢負擔義務。除了釋字第 426 號解釋的空氣污染防制費外，釋字第 593 號解釋也將汽車燃料使用費視為是特別公課的一種。

❻ 另已被憲法增修條文第 9 條凍結的憲法第 109 條論及省財政及省稅（該條第 1 項第 7 款），而憲法第 110 條第 1 項第 6 款則規定縣財政及縣稅由縣立法並執行之。

❼ 另有田賦亦屬地方稅，但目前停止徵收。而地方徵收之土地增值稅，其中有百分之二十，須上繳中央作為統籌分配稅款的一部分。至於契稅，乃是以土地移轉契約成交時之契約價格作為稅基，再按一定比率所徵收之稅。

等各項指標作為分配之基準，將稅款分配給各級地方政府❸。除了前述各地具一致性的地方稅外，立法院尚於民國 91 年三讀通過地方稅法通則，賦予各級地方政府自主課稅權。簡言之，地方政府為辦理自治事項，充裕財源，或為適應特別或臨時需要，得自主調高地方稅率❸，或經地方民意機關之同意，開徵特別稅❹、附加稅❹或臨時稅❹。雖然地方政府擁有自主課稅權，但是在選舉考量下，地方政府少有願意主動開徵新稅。

　　就支出面而言，地方政府的主要支出包括人事支出、警政支出、社福支出、教科文支出、經濟發展與建設支出、社區發展與環保支出及一般政務支出等。其中一般政務、人事、教育與警政係屬地方政府運作之固定基本支出，常已占相當大的預算比例❹。在地方財政收入普遍窘困的情況下，地方政府仍常基於選舉考量，聘用額外的臨時人員、興建大而不當或甚至是大而無用的蚊子建築物，舉辦各類華而不實的節慶活動或煙火晚會，不排富地補助假牙、健保費與各類津貼等，終致地方財政嚴重失衡，債台高築❹。雖然公共債務法對於舉債上限有所限制，但是對於財政紀律敗壞的

---

❸　詳見中央統籌分配稅款分配辦法第 7 條到第 10 條之規定。

❸　依地方稅法通則第 4 條規定，除印花稅與土地增值稅外，地方得就其他地方稅於百分之三十的範圍內，調高徵收稅率。

❹　一般有建議地方得開徵諸如景觀維護稅、觀光稅、溫泉稅或寵物稅等，即屬特別稅。

❹　依地方稅法通則第 5 條規定，除關稅、貨物稅、及加值型營業稅外，地方得就其他國稅於百分之三十的範圍內，附加徵收為地方稅收。

❹　此乃屬臨時性之需要，如為處理水災善後而開徵之災後重建稅。

❹　詳細的分析可參見黃錦堂，地方制度法論，元照出版，頁 376 以下。

❹　其中以高雄市負債總額過近兩千八百億元，平均每市民負債超過九萬元，是地方政府總負債額與市民平均負債額的雙料冠軍。苗栗縣總負債額高達六百四十八億雖不算最高，但縣民平均負債額近七萬元，排名居全國第二。商業周刊於民國 103 年 4 月 16 日發布台灣二十縣市財政昏迷指數，其中財政惡化最嚴重

縣市，僅要求其提出改善計畫與時程表，並沒有其他禁止舉債與強迫減債的強制措施。

　　從中央到地方，財政失衡是普遍現象。而面臨財政懸崖，瀕臨破產邊緣的地方政府也不乏其數。究其主因，一方面是在民主選舉中，政客與選民的短視近利，形成慳收與濫支的惡性循環。在另一方面，透過選舉而產生的執政者，或因本身缺乏能力與視野，或因僅為己利或一黨之私，或因無法尊重與善加運用專業人才，導致公共治理成效不彰。

(三)立法權

　　地方立法權由地方議會❹所行使，地方議會則由民選議員所組成。依地方制度法第 45 條之規定，議員或民代宣誓就職後，即應立即舉行議長及副議長之選舉，讓議會得以正式成立，然而議長選舉一直是我國地方自治實務上的重大爭議議題。最常見的爭議就是選舉議長時，議員得否亮票的問題。此問題可分法律面與政治實務面等兩個層面來探討。

　　先就法律面來看，舊地方制度法第 44 條明定議長或主席之選罷乃採無記名投票方式：亮票行為違反地方制度法此條規定自無疑義，除非該條款被視為違憲。憲法第 129 條規定本憲法所規定之各類選舉，除憲法別有規定外，採無記名投票之方法行之。直轄市議會及縣市議會之議長選舉是否屬於「本憲法所規定之選舉」？憲法本文及增修條文皆提及縣議會，而有議會自然就要有議長之選舉，於此可以解釋縣議會議長之選舉乃屬憲法所規定之選舉，應採無記名投票方式。更何況同樣是議會議長之選舉，憲法第 66 條明定立法院正副院長之選舉方式，再配合憲法第 129 條一併以觀，立院正副議長之選舉應採秘密投票方式。若將縣議會議長選舉解釋為「不屬

　　的是苗栗縣，被判定為瀕臨腦死。果不其然，苗栗縣政府於民國 104 年 7 月爆發縣府已無法發出薪資，請求中央政府協助的事件。

❹　更詳細地說，我國現行地方民意機關在直轄市及縣市層級，稱為「議會」，在鄉鎮市層級則稱為「代表會」。

本憲法所規定之選舉」，所以可以採取記名投票方式，則此種解釋方法會面臨「為何同樣是議會，中央與地方各級議會議長的選舉方式竟有不同」的質疑❹？無論如何，前揭舊地方制度法之無記名投票規定明顯符合憲法❹。既然亮票行為違反地方制度法，而地方制度法禁止亮票的規定又符合憲法，為何對此問題還會有法律爭議？其主要爭議有三：一是亮票行為如何認定？二是亮票行為如何處罰？三是已公開之票是否有效？對於已亮之票，依公職人員選舉罷免法第 64 條第 1 項之規定來看，應屬有效票，問題僅在於議長職位並非同法第 2 條所規定之公職人員的範圍。不過，實務運作多將已亮之票視為有效票。至於亮票行為如何認定？尤其是議員們善用技術性亮票，手法變化多端，個案認定差異甚大。事實上，此問題又與如何處罰密切相關。然而亮票如何處罰？實務上可用的法條有刑法第 132 條第 1 項的公務員洩漏國防以外秘密罪、刑法第 147 條妨害投票秩序罪及刑法第 148 條的妨害投票秘密罪等條文❹。

---

❹　民國 105 年 6 月新上台的民進黨政府及其立法院多數通過地方制度法第 44 條之修正，將議長選舉之投票方式改為記名投票。一旦該新規定被認為有違憲嫌疑時，若要將記名投票方式解釋成合憲，僅能先將地方議會議長之選舉解釋成不屬「本憲法所規定之選舉」。更重要的是，還要解釋為何地方議會議長的選舉方式可以不同於立法院？

❹　憲法第 118 條規定直轄市自治以法律定之，憲法第 128 條規定市準用縣之規定。故包括直轄市與市之議會議長的選舉，不論是否視其為「本憲法所規定之選舉」，都可以以縣為基準，並由法律予以規定。

❹　由於現行法對於議員亮票行為沒有明文之處罰規定，所以檢方援用刑法相關條文，作為起訴依據。但是這些條文在適用上都可能產生疑慮：先就刑法第 132 條第 1 項的洩漏國防以外公務機密罪來說，「投票給哪一位議長候選人」是一項「公務機密」嗎？「秘密投票」的意義僅在確保投票者於投票之際享有秘密表意的自由，並非將「投票內容」視為是機密。同樣的，刑法第 148 條處罰的對象是刺探投票內容的人，而非投票權人本身。換言之，選舉人投完票離開投票處所後，主動揭露其投票內容的行為（如國外常見的出口民調即屬之），並

　　以民國 99 年年底的高雄市議會議長選舉為例，幾乎全部議員都亮票，後被檢方以違反刑法第 132 條第 1 項起訴，其中五十六人因認罪而獲緩起訴處分❹，另外八人堅不認罪被起訴後，二審被判無罪而定讞❺。高雄高分院無罪判決的主張與最高法院的見解有異，檢察總長於民國 104 年 1 月 16 日向最高法院提起非常上訴❺。高雄高分院就此案的見解要旨如下：⑴地方制度法第 44 條的「無記名投票」的意義，不等於「秘密投票」。⑵以不小心露出蓋印處等各種技術性亮票手法，不一定可以認定為是亮票行為。⑶議員選舉議長時的投票行為，非屬「與公共事務有關之公權力行為」，故此時作為選舉人之議員的身分，不是刑法上的公務員身分。⑷基於罪刑法定主義原則，議長選舉亮票並無法定罰則，故應無罪而不罰。⑸亮票問題屬議會自律事項，司法權不應介入。

　　就政治實務面而言，支持亮票的主張就是要落實政黨政治，讓議員服從黨紀。反對亮票者，除了遵守憲法與地方制度法之規定外，更重要的是要避免賄選❺。初不論「落實政黨政治」與「反賄選」何者價值較高？單

非是洩露機密的行為。至於依第 147 條之規定，要將亮票行為視為「妨害或擾亂投票秩序」之行為，也略顯勉強。尤其對於「不小心」洩露投票內容的技術性亮票行為，更難以「妨害或擾亂投票秩序」為由而予以入罪。

❹　共六十六席的高雄市議會於民國 99 年年底的議長選舉亮票案中，有五十六人與檢方達成認罪協商而獲得緩起訴，其中多數人繳交五萬元的罰款，有的是服 40 小時的勞役，到學校去發傳單；有一人被判刑 5 個月定讞。但同案堅持不認罪的其他八人，最後竟被判無罪定讞，令已認罪或判刑者不能接受。

❺　參見台灣高等法院高雄分院 103 年度上易字第 283 號判決。

❺　因為亮票無罪定讞，所以高雄市議會在民國 103 年年底的議長選舉中，民進黨議員事前簽署亮票協議書，投票時大方亮票，完全無視當時仍合法有效之舊地方制度法第 44 條無記名投票規定。除高雄市外，其他各地議會亦多有亮票行為，僅亮票手法與公開程度之強弱不同而已。

❺　除了「反賄選」外，主張議長應超越黨派之外，中立主持議事者，也認為議長

從立憲主義與法治主義的角度切入，守憲守法應是一切作為的最高判準。
既然舊地方制度法原禁止亮票行為，而此禁止規定又無違憲疑慮，則在修
法前鼓吹亮票與進行亮票的行為，都因其具違法違憲之本質而應予以譴責。
至於亮票行為被法院認定為在刑事上不具可責性，並不改變其違法本質；
至多僅能解釋為：在刑事上，現行法並無明文規定處罰此違法亮票行為而
已。最後，在立法政策上，是否應將地方制度法第 44 條改為記名投票？端
視是否應將「強化黨紀以落實政黨政治」的價值，置於「反賄選」之上。
就算認為「強化黨紀」應比「反賄選」更重要而將地方議會議長選舉方式
改為記名投票，如此也會出現與憲法所規定之立法院院長之選舉方式相衝
突的問題❸。

選舉應採秘密方式，以免在黨紀的控制下，議員只能支持自己所屬政黨之候選
人。如此將使得議長選舉變成政黨之爭或是政黨化，議長職位也就變成維持黨
意的工具，而非中立的仲裁者。

❸ 由四十七個歐洲國家組成之「歐洲委員會」(The Council of Europe) 組織下專
事法治研究的 Venice 委員會，於 2007 年 10 月 23 日公布其 2005/351 號研究
報告。該報告針對三十一個歐洲國家的國會選舉或是人事同意權的投票規定進
行調查，發現對於國會議員「針對人的投票」，絕大多數的國家都採秘密投票
原則。所謂「針對人的投票」，包括選舉總統或內閣總理，以及諸如憲法法院
或最高法院法官、中央銀行行長、審計長、檢察總長、監察使或通訊傳播委員
會委員等人員之人事同意權。少數允許此類投票行為得採公開記名方式的僅有
英國下議院，愛爾蘭，波蘭，馬爾他與安道爾。該報告進一步指出：雖然「對
人秘密」是原則，但也少有針對違反秘密投票之行為進行制裁，至多是以議會
紀律規定給予停權處分，抑或是所投之票被視為無效票。美國國會對人的投票
行為原則上是採公開方式，不同於歐洲國家。以此觀之，歐洲國家多數採議會
內閣制，應該特別重視黨紀，但除英國與愛爾蘭等幾個國家外，卻多採秘密投
票原則。反之，最不重視黨紀的美國，卻反而採公開投票。可見黨紀與政黨政
治之落實，不是唯一的考量。除了憲政體制、政黨體系與政黨政治的差異外，
投票對象之職位所被期待的角色亦十分重要。因此諸如憲法法院法官或是央行

　　很不幸地，民國 105 年同時取得總統職位與立法院多數的民主進步黨，配合時代力量黨團之亮票主張，在同年 2 月 1 日院長選舉時大舉大方亮票。過去國民黨占立法院多數時，為防止黨籍立法委員跑票，在院長選舉時也要求黨籍立法委員「技術性亮票」。此種違憲違法之技術性亮票行為，屢遭當時在野的民進黨嚴厲譴責。不料民進黨自己取得立法院多數後，不僅黨團決議亮票，而且還公開大方赤裸裸地亮票，連以前技術性亮票的麻煩都省略，完全視憲法規定為無物。而面對這種公然違憲的野蠻行徑，過去向來十分活躍的知識菁英與公民社會團體幾無任何反應，讓人不敢相信這些向以熱血激情宣誓捍衛守護憲政法治的「社會良知」，竟然可以漠視此粗暴違憲之舉！他們的沉默，完全無法令人理解。對於地方制度法將議長選舉改為記名投票一事，釋字第 769 號解釋認為：「縣（市）議會議長及副議長之選舉及罷免，非憲法第 129 條所規範，系爭規定有關記名投票規定之部分，自不生違背憲法第 129 條之問題。」（解釋理由書第 11 段）大法官認為議長選舉採記名或不記名投票方式，各有利弊，其屬立法之形成自由，大法官採寬鬆審查，原則上尊重立法院多數黨之政策選擇。至此，長期以來地方議會議長選舉方式之爭議正式劃下句點。

　　地方自治團體所制定的法規範，包括經由地方立法機關（即地方議會）所審議通過之「自治條例」 ❺❹，與由地方行政機關（即直轄市政府與縣市政府）自行發布或下達的「自治規則」 ❺❺ 等兩種類型 ❺❻。另外，地方立法

行長等職位，本應超然於黨派之外，豈可使其選舉或是人事同意權完全陷入政黨角力之下？我國憲法規定明顯期待議長扮演中立公正之角色，故採秘密投票方式；立法者可否修改地方制度法而改變此憲法原始期待，不無疑問。

❺❹　地方制度法第 26 條第 1 項規定，自治條例應冠以地方自治團體之名稱，其在直轄市者稱為直轄市法規，在縣市稱縣市規章，在鄉鎮市則稱鄉鎮市規約。

❺❺　地方制度法第 27 條第 2 項規定，自治規則應冠以地方自治團體之名稱，並依其性質定名為規程、規則、細則、辦法、綱要、標準或準則。

❺❻　參見地方制度法第 25 條。

機關就其內部議事相關規定，得制定「自律規則」❺❼。對於何種事項應經由地方議會審議通過，何種事項又可以由地方行政機關自行訂定，地方制度法第 28 條有明確之規定，其規範方式乃以所涉事項之重要性作為判斷基準，例如凡是得以創設、剝奪或限制居民之權利義務者，就必須通過地方議會之審議程序。

　　憲法第 23 條規定惟有立法院審議通過之法律才能剝奪人民之自由與權利。在沒有法律授權的情況下，地方自治團體得否逕行制定規範涉及人民權利？釋字第 38 號解釋謂：「縣議會行使縣立法之職權時，若無憲法或其他法律之根據，不得限制人民之自由權利。」換言之，若無法律授權，地方自治團體不得制定限制人民自由權利之規定。現行地方制度法第 26 條第 3 項對於地方制定行政罰與罰鍰上限，有一般性的規定，此可視為國家對於地方自治團體的一般性法律授權。

　　此外，地方自治團體之各類法規範必須與整個國家的法體系秩序相容，以免形成「一國多制」或「國中有國」的現象。為建立法律位階體系與確保法律位階秩序，地方法規範或必須有中央的法律授權，或不得牴觸位階在其上的中央法令。例如對於地方政府基於職權所發布的命令，釋字第 363 號解釋如此闡釋：「地方行政機關為執行法律，得依其職權發布命令為必要之補充規定，惟不得與法律牴觸。」若地方法令之內容係「增加法律所無之限制」，使人民之自由與權利更加受限，則此類地方法規範當被視為違反憲法第 23 條而被宣告為違憲❺❽。

　　最後，對於立法院所通過之法律，其與地方自治條例的關係為何？雖然憲法第 171 條及憲法第 172 條與地方制度法第 30 條第 1 項都規定下級規範不得牴觸上級規範，但「牴觸」之意義應如何解讀？例如立法院所通過的電子遊戲場業管理條例第 9 條第 1 項規定：「電子遊戲場業之營業場

---

❺❼　參見地方制度法第 31 條。

❺❽　除了釋字第 363 號解釋外，尚可參閱釋字第 532 號解釋。

所，應距離國民中、小學、高中、職校、醫院五十公尺以上」，若某地方自治條例將此距離提高至一千公尺，則該自治條例是否牴觸前揭法律？中央法律所訂之五十公尺標準，究竟是「最高標準」？還是「最低標準」？容有不同見解。最高行政法院 94 年 11 月 22 日庭長法官聯席會議決議，對此問題採「最低標準說」。亦即在中央法律所確立的標準之上，地方自治團體尚得依各地之實際情況，在符合比例原則的前提下，訂定更嚴格之標準。大法官釋字第 738 號解釋支持前述見解，認為地方自治團體的加碼規定，包括增加距離或增加不得鄰近的地點，「皆未違反憲法中央與地方權限劃分原則、法律保留原則及比例原則。惟各地方自治團體就電子遊戲場業營業場所距離限制之規定，允宜配合客觀環境及規範效果之變遷，隨時檢討而為合理之調整，以免產生實質阻絕之效果，併此指明。」不過該號解釋有不少不同意見，或認為類似之自治條例不是單純的職業執行自由之限制，而涉及選擇職業之客觀許可要件，因而侵害人民之自由權❺❾，或是違反中央與地方之分權，或是違反比例原則❻⓪，或是違反法律保留原則與平等原則等❻①，意見紛陳。民國 109 年 8 月爆發萊豬風暴❻②，立法院在民進黨以多

---

❺❾　如蔡明誠大法官提出，黃虹霞大法官加入之部分不同意見書，葉百修大法官之部分不同意見書等。

❻⓪　如黃虹霞大法官之不同意見書，葉百修大法官之部分不同意見書等。

❻①　如羅昌發大法官之部分不同意見書，湯德宗大法官提出，黃虹霞大法官加入之不同意見書，陳新民大法官之不同意見書等。

❻②　萊克多巴胺是一種乙型受體素，屬於類交感神經刺激劑，原本要用作人類氣喘藥，但研究者卻意外發現，萊劑添加在動物飼料中，可以增加瘦肉比例，提高產值。1995 年美國食品藥物管理局核准萊克多巴胺得用於添加於飼料的「瘦肉精」。民國 95 年 1 月我國農委會將瘦肉精列為禁藥，全面禁止國內養豬戶使用。針對國外進口肉品則採抽批查驗，不許瘦肉精殘留。民國 101 年 3 月 5 日，行政院突在晚間 11 時發布新聞稿，宣布台灣在「安全容許、牛豬分離、強制標示、排除內臟」的十六字原則下，開放含有「萊克多巴胺」的美牛進

數地位強勢通過開放萊豬進口之相關行政命令，地方則有四個直轄市及七個縣市政府訂定萊克多巴胺零檢出之自治條例。在地方規定零檢出而中央允許殘留萊劑的法令衝突下，憲法法庭 111 年憲判字第 6 號判決則認定進口肉品與萊劑殘留標準，屬中央立法事項❻。此外，法律（食安法）本身並未授權地方得以訂定更嚴格之規範，故地方即無權訂定更嚴格之標準。此判決一方面未談及釋字第 498 號解釋所強調的制度性保障、住民自治與垂直分權之功能，另一方面也未提及釋字第 550 號解釋所述地方應充分參與中央規範制定權的重要性，可謂完全背離當代學理強調中央與地方應相

口；此舉立即引發以民進黨為首之在野黨強烈抗爭。同年 7 月 25 日，立法院通過修正食品衛生管理法，附帶牛豬分離、排除內臟等條件，並規定飲食場所，要強制標示牛肉產地。8 月底，衛生署公告國內牛隻飼料可以添加萊克多巴胺，但國內豬隻絕對禁用。民國 109 年 8 月 28 日，蔡英文總統在第二任期就職 3 個月後，推翻馬政府牛豬分離、強制標示與排除內臟等政策，於總統府宣布將於民國 110 年開放含萊克多巴胺的全豬（亦即含內臟之意），以及三十月齡以上的美國牛肉進口。各地政府在人民反對萊豬進口的情況下，紛紛訂定零檢出自治條例。

❻ 本判決之主要論點約為：第一，食品安全衛生標準屬公共衛生事項，為憲法所列舉之中央與地方之職權。其雖為中央與地方之權限交疊事項，但因我國為單一國，地方自治權仍受憲法與中央法律所拘束。第二，如地方立法之規範效果或適用結果對於轄區外居民或事物，會產生直接、密切之實質影響，則應認該地方自治條例之規範內容，已超出一縣（市）或一直轄市之轄區範圍，而應屬跨地方轄區甚至全國性質之事項，自不應完全交由各地方自治團體自行立法並執行。在此情況下，即超出「因地制宜」所允許之範圍；或是因地制宜僅能存在於「執行面」，而不及於「立法面」。第三，因食品於全國各地行銷，故食安標準屬憲法第 108 條第 1 項第 3 款之「商業」與第 18 款之「公共衛生」，屬中央立法權限，地方無權置喙。第四，地方自訂之零檢出標準，既無中央法律授權，又與憲法第 148 條之貨暢其流的規範意旨相牴觸。綜上，地方無權訂定更嚴格之零檢出標準。

互協力的「治理」與「善治」等理念❻。

　　除了一般立法權之外，地方議會也有預算審議權、提案權與質詢權等一般議會常有的權力配備❻。先就預算審議情形來看，多數地方議會對於預算常常沒有任何刪減。甚且在地方議員的要求下，地方行政部門還替議員編列「建設配合款」（或稱議員配合款），每位議員有數百萬乃至上千萬的建設配合款額度可資運用❻。在地方行政部門推心置腹地替議員編列建設配合款的情形下，預算審議實乃虛應故事也就不足為奇了。再就提案權而言，議員提案多係地方建設或工程事項，由於提案可作為議員的問政表現紀錄，議會對於此類提案往往不議而決，照案通過❻。對於這類提案，地方政府固然應加以執行。但若有困難，仍得敘明理由後函覆議會❻。至於質詢權，亦屬議員作秀的舞台，少有實質的民主監督與課責意涵。其他諸如言論免責權、不受拘捕特權、調查權、文件調閱權與人事同意權等立法委員所擁有之特權或權力，地方制度法僅規定免責權與不受拘捕特權❻，並無賦予地方議會其他權力。不過，大法官釋字第 293 號解釋認為：為實

❻　參見陳淳文，中央與地方的權限衝突：建立行政管制標準之善治與法治，理論與政策，第 25 卷第 1 期，2022 年 4 月，頁 1–28。

❻　有關地方議會完整的權限規定請參閱地方制度法第 35 條到第 37 條規定。

❻　這些建設配合款編列於各局處的預算裡，但實際的運用卻是由議員提出申請，經行政部門核定後，用於議員選區中。實務常見的案例就是替其選區進行鋪橋造路、水溝清淤或地磚與柏油鋪設等小型工程。這些原本就是行政部門的工作，由議員介入後產生幾個問題：(1)工程凌亂而無整體規劃，甚且無用之工程亦十分常見。(2)工程承包業者，行政主管部門與議員成為共生結構，如此導致工程發包、監工與驗收等層層環節容易出現各種弊端。(3)由於此項編列於預算裡，導致議會不易認真審議預算，任令地方常有濫用公帑與財政紀律敗壞的情事。

❻　參見黃錦堂，地方制度法論，元照出版，頁 182。

❻　參見地方制度法第 39 條規定，須注意「應提出覆議」與「單純敘明理由後函復」二者之不同。

❻　參見地方制度法第 50 條及第 51 條。

現議會之監督權，行政部門對議會有提供相關資訊之義務。

㈣地方行政立法兩權之互動關係

地方行政首長與議員皆係由選民直選，形成「雙元民主」的格局。行政首長與議員各自透過選舉取得民主正當性基礎，二者皆有固定任期。加以地方議會對地方行政部門沒有倒閣權，地方行政首長也無權解散議會，二者無法相互毀滅。此外，地方行政首長的覆議權與美國總統的否決權一樣，議會要三分之二的多數才能迫使行政部門接受議案內容❼。基此，我國現行地方政府的組織架構模式，十分接近美式總統制。然則若與美國相比，我國的直轄市長或縣市首長比美國總統更加難以監督的理由至有以下四點：首先，地方行政部門有提案權，此乃美國總統所無。地方行政部門的政策主導權與形成空間，遠比美國總統要大。其次，與美國國會相比，我國地方議會的會期甚短，很難有效監督行政部門❼。再者，地方議會既無人事同意權，也無調查權，監督機制匱乏。最後，議會選舉方式採取複數選區單記不可讓渡投票制 (Single-nontransferable vote, SNTV)，此選舉制度加上地方派系，使議會形成黨派林立的局面。如此細碎化的議會，讓行政部門更容易各個擊破，迴避監督。總之，面對一個民選的行政首長，個別議員自然難與之抗衡；加以地方行政部門、廠商與議員透過建設配合款的介面，形成一個共生結構，彼此相濡以沫，讓行政立法應相互制衡監督的期待成為空談。

民國 104 年爆發台南市長以及其同黨議員以議長因賄選而遭起訴為由，拒絕進入議會，導致議會定期會遲遲難以集會開議，成為我國地方自

❼　參見地方制度法第 39 條第 4 項。

❼　依美國憲法增修條文第 20 條規定國會每年 1 月 3 日開議至 12 月初休會，每週開會 5 日。扣除 8 月至 9 月的休會期間，全年共開會約 200 日。反觀我國，依地方制度法第 34 條之規定，各級地方議會會期不同。會期最長的是直轄市，定期會 1 年不得超過 140 日。由於我國地方議會有質詢權，故會期越長，可能使地方行政首長枯坐議會的時間越長。

治史上的首例❼。台南市長及其同黨黨團宣稱為維護民主價值，對抗黑金，不得不抵制有賄選嫌疑的議長。議長則主張議會開議與市長接受議會監督皆係法定義務，其個人雖遭起訴，但在法院宣判前仍係無罪之身，自當依法行使議長職權。本案中有幾個問題特別值得思索：⑴議員以捍衛民主之名，拒絕進入議會開會，彷彿議會不開議，才是落實民主之道。市長與官員拒入議會，並宣稱其直接對市民負責。為捍衛民主而抵制議會開議與不進入議會備詢的論述，究竟是屬何種民主觀？⑵議員不開會是否違法？依地方制度法第 52 條第 1 項規定，議員得支研究費、出席費、交通費與膳食費，但並無薪資。換言之，只要不領開會的相關費用，個別議員不開會似並不違法❼。只是若出現集體拒絕出席，導致議會無法開議，則議會存在的目的何在？⑶地方制度法第 48 條明定市長應向議會提出施政報告並備詢，但對市長拒入議會並無相關制裁規定。在此背景下，市長拒入議會的問題究竟是政治問題？還是法律問題？⑷地方民選行政首長只要作好媒體公關，獲得人民之支持，幾乎可以無視議會之存在。特別是面對資源龐大的直轄市市長及其施政，若議會無監督能力，還有誰能監督❼？難道人民的支持可以替代其他監督與課責機制嗎？

---

❼　民國 103 年年底舉行地方選舉後，民進黨之台南市長候選人以七十一萬的高票取得市長職位。而共五十七席的台南市議會中，民進黨占二十九席，國民黨占十六席，台聯黨占一席，無黨籍以及其他個別議員共十一席。不過在新議會的議長選舉中，竟由國民黨的議員取得議長席位。議會第一大黨竟不能取得議長職位，因而引爆府會對抗。於此也可看出我國地方議會雖也有藍綠兩大黨團，但議員的政黨忠誠度並不高。而在政黨標籤的背後，可能還有地方派系或其他地方團體勢力影響地方政壇的實際運作。

❼　議員常不出席議會本就不是新聞，甚至有議員直接出國進修，長期滯留國外；或一方面具有議員身分，卻還同時在軍中服替代役的事例。

❼　監察院基於職權範圍與人力限制，通常僅對地方重大事件或弊端介入調查，而不能扮演日常性監督的角色。

　　事實上，我國現行地方自治實存的諸多問題中，立法權不能真正發揮監督制衡的效果，應是最核心的問題。當地方立法權幾乎完全臣服於地方行政權之下時，地方執政團隊的怠忽職守或專擅獨行，往往造就了諸多災難。不論是違法魚塭濫抽地下水造成地層下陷、無照民宿濫墾濫伐破壞山林保育、黑心廠商偷排有毒廢水污染河川、地下鐵皮工廠生產廢油毒害國民健康、攤販夜市占用馬路破壞交通與都市土地分區管制、違建林立讓人難以逃離火窟，還是濫用公帑造成財政懸崖等。這些數不盡的災難，不都是因地方行政部門既欠缺政策規劃與防治能力，也缺乏執法決心與行動力，加以地方議會不僅不能監督糾正行政缺失，甚且還讓自己成為關說與包庇違法的總部。一旦地方行政立法兩權沆瀣一氣，自治最終是締造了無盡的災難。

二、自治監督與救濟

　　對於地方自治團體之自治運作，國家或上級得對之進行監督。但是國家或上級自治團體對下級自治團體的監督力道越強，被監督者的自治程度就越低。特別是對於諸如直轄市或是省縣這類國家次級統治團體，為尊重其自治與自主，國家監督尤其需要節制。對於國家或上級之監督，有可能會過度侵害地方自治團體之自治權，此時就有必要建置保障自治權的救濟機制。

㈠監督形式

　　一般而言，依時間序列可分「事前監督」與「事後監督」。前者因發於先而有預防效果，故又稱為預防性監督。後者因所監督之事件已經發生，故又稱為抑制性監督。以抽象法規範而言，現行地方制度法規定「備查」與「核定」兩種不同機制。「備查」屬事後監督機制，規範一經訂定後，即得發布生效。此類規範包括地方議會之自律規則 ❼❺、沒有罰則的自治條例 ❼❻

---

❼❺　參見地方制度法第 31 條。
❼❻　參見地方制度法第 26 條第 4 項。

與自治規則❼。而「核定」即屬事前監督機制，規範制定之後，要先經上級機關同意後，才能發布生效。此類規範包括有罰則之自治條例❼與地方自治團體所訂定的委辦規則❼。

　　若依監督強度來區分，又可分為「合法性監督」與「適當性監督」等兩種類型。前者強度較弱，只關切地方自治團體之行為是否合法，不管其是否恰當妥適。反之，適當性監督的強度超越合法性監督，除了合法與否的考量之外，上級機關還會觸及是否適當的層次。

　　司法院大法官在釋字第 553 號解釋理由書中說：「蓋地方自治團體處理其自治事項與承中央主管機關之命辦理委辦事項不同，前者中央之監督僅能就適法性為之，其情形與行政訴訟中之法院行使審查權相似；後者得就適法性之外，行政作業之合目的性等實施全面監督。」換言之，針對自治事項僅能進行合法性監督，對於委辦事項才能行使適當性監督。

　　又合法性監督本屬一種相當節制的監督方式，其乃以尊重地方自主權為主。一旦在法律規定中使用不確定法律概念，進而賦予地方自治機關較大的詮釋空間時，上級機關之合法性監督的空間就更加狹窄。釋字第 553 號解釋理由書中，對於針對不確定法律概念的合法性監督方式，特別提出以下六點審查原則。第一，應依事件之性質決定審查密度。對於具專業性、技術性與科技性之事項，與涉及人民權利之限制者，應採較高的審查密度。第二，原判斷之決策過程，諸如其乃由首長一人獨斷，還是經由委員會議決，甚至是由獨立專業之委員會所作的決定，此決策過程必須納入考量。因決策程序之不同，可有不同的審查密度。第三，應檢視原判斷之決策程序是否遵守法定程序。第四，法律概念涉及事實關係時，應檢視其涵攝是否正確。第五，考量自治團體對法律概念之解釋有否明顯違背解釋法則或

---

❼　參見地方制度法第 27 條第 3 項。

❼　參見地方制度法第 26 條第 4 項。

❼　參見地方制度法第 29 條。

是牴觸既存之上位規範。第六，檢視是否尚有其他重要事項漏未斟酌。

最後，就監督的手段而言，還有一種最強烈的方式，就是代行處理。亦即上級監督機關直接取代被監督之地方自治團體，執行各種應該執行的行為。地方制度法第 76 條第 1 項對此有所規範，其行使要件有二：第一，地方自治團體依法應為而不為之事項，且該事項是適於代行處理者；第二，若不代行處理，將會嚴重危害公益或妨礙地方政務之正常運作。一旦符合此二要件，上級監督機關為尊重地方自治團體，在代行處理之前，必須命令地方自治團體於一定期限內為之。若地方自治團體對上級監督機關之指示置之不理，於期限內仍無作為；或所涉事項具急迫性，上級監督機關得逕予代行處理❽。

(二)救濟機制

地方自治團體與其監督機關間就監督行為發生公法上爭議時，其司法救濟程序分為行政訴訟與憲法訴訟等兩種類型，分由行政法院與憲法法庭審理。先就行政訴訟而言，具有公法人地位之地方自治團體若對上級監督機關所為之監督措施不服時，依訴願法第 1 條第 2 項規定，可提出訴願救濟。大法官釋字第 553 號解釋更進一步闡明，若訴願不服，自得依行政訴訟法第 4 條之規定，提出行政訴訟，由行政法院就監督機關所為行政處分之適法性問題，作出終局判斷。

再就憲法訴訟而言，憲法訴訟法第 7 章名為地方自治保障案件，區分法規範憲法審查與裁判憲法審查等兩種訴訟類型。該法第 82 條所規定之法規範憲法審查乃以中央法規範為對象，地方自治團體行使職權時，認為中央之法律或命令對其受憲法保障之地方自治權有造成損害之虞者，即得提出聲請；聲請主體為地方政府或地方議會。但因憲法地方自治之保障僅限

---

❽ 代行處理所需之費用，由被代行處理之地方自治團體負擔。參見地方制度法第 76 條第 4 項。

於省、縣及直轄市，故鄉鎮市等地方自治團體不得提出聲請❸。於此應特別注意：此處係涉及地方自治之保障，故僅得針對自治事項之法令爭議提出爭訟。若是中央之法令係屬委辦事項範疇，但地方自治團體認為該涉及委辦事項之法令侵害其自治權，此際僅能依憲法訴訟法第 47 條第 2 項，以下級機關之身分報請上級機關聲請法規範違憲審查；然因上級監督機關並不因下級機關報請釋憲而即有聲請義務，故實際上該條文被適用的可能性十分微渺。

至於裁判憲法審查規定於憲法訴訟法第 83 條 ，其審查標的是法院裁判。當地方自治團體已經用盡審級救濟途徑而仍認為其自治權受損害者，於下列三種類型案件得提出聲請：一是自治法規經監督機關函告無效或函告不予核定者；二是地方議會所議決之自治事項，遭監督機關函告無效者；三是地方政府辦理自治事項，遭監督機關撤銷、變更、廢止或停止其執行者。裁判憲法審查既然以用盡審級救濟途徑為前提，整個爭訟過程必然十分漫長。然以我國現行中央與地方間因政黨競爭導致衝突既多且劇，加以地方自治團體民選人員之任期僅 4 年與連任限制等背景來看，提出司法救濟通常是緩不濟急，因為還沒等到終局判決任期已結束或已敗選，裁判對當事人自己可能已無實益；甚且，若發生政黨輪替，新的地方執政黨連上訴審都可能放棄，更遑論聲請裁判憲法審查？基此，司法救濟程序若期望能發揮將政治衝突司法化的功能，除了司法權必須中立公正、獨立審判之外，及時有效救濟亦屬重要環節。然不論是法規範憲法審查或是裁判憲法審查皆因無審理期限之規定，而使得地方自治團體的司法救濟功能較不易彰顯。

憲法訴訟法雖以地方自治保障為名，扣緊自治領域，但實務上卻常是自治與委辦難分的情況。以台中市為了改善空氣污染而訂定的台中市公私

---

❸ 黃錦堂氏比較德國制度後認為：即便僅有直轄市及縣市得以提出聲請，聲請主體的範圍仍嫌過大。另一方面，審查標的非僅限於法律，而及於中央命令，亦嫌過於寬泛。參見黃錦堂，地方制度法論，元照出版，頁 465 以下。

場所管制生煤及禁用石油焦自治條例為例,在其第 3 條規定市府不再核發新設固定污染源生煤使用許可證,對於已核發之許可證,則要求其每年重新檢討生煤使用比例,並配合辦理生煤使用許可證與操作許可證之異動。該自治條例第 7 條規定未取得使用許可證者,依空氣污染防制法之規定處罰。且以強化監督管制為由,市府僅核發 2 年期的展延許可,並要求自自治條例公布後 4 年內減少生煤使用量至百分之四十。又空氣污染防制法第 24 條規定地方政府核發操作許可與燃料使用許可,且第 30 條規定許可有效期限為 3 年以上 5 年以下。當台中市政府與中央就台中火力發電廠發生法律大戰時,中央認為依前引空氣污染防制法之規定,台中核照與展延許可行為是委辦事項,裁罰行為亦是委辦業務。台中市政府則將直轄市比照為省,並以憲法第 109 條「省衛生」事項與地方制度法第 18 條作為自治條例之基礎,強調其依自治條例所為之行為,皆屬自治事項。不論是許可核發或是展延、許可年限長短、逐年減排要求以及裁罰等,若依中央之見皆屬委辦事項,地方自無提出裁判憲法審查的可能,僅能依憲法訴訟法第 47 條第 2 項規定報請中央聲請釋憲。但如前所述,中央不提聲請,地方即無計可施。若依地方之見,皆屬自治事項,則可針對中央函告無效提出行政救濟❷,最後再聲請裁判憲法審查;但此途徑必然曠日廢時,對地方政府

---

❷ 行政院於民國 109 年 3 月 13 日公告「台中市公私場所管制生煤及禁用石油焦自治條例」第 3 條、第 4 條及第 6 條的無效情形及理由如下:一、自治條例第 3 條第 1 項及第 4 條規定,不再核發新設固定污染源生煤、石油焦使用許可證,此為禁止並剝奪人民申請新設固定污染源生煤與石油焦使用許可證的權利,並牴觸修正前及修正後空氣污染防制法第 28 條第 1 項規定,應自該自治條例民國 105 年 1 月 26 日公布施行時即屬無效。二、自治條例第 3 條第 2 項至第 4 項規定,台中市政府自行訂定的生煤使用比例審查及變更原許可證內容,屬於自行創設空氣污染防制法並未有的審查標準及展延許可條件;此規定牴觸修正後空氣污染防制法第 30 條第 4 項規定,應自空氣污染防制法民國 107 年 8 月 1 日修正施行時無效。三、依空氣污染防制法授權訂定的「固定污

之執政者十分不利。另一途徑是聲請法規範憲法審查，但要主張空氣污染防制法相關規定侵害地方自治權；只是依憲法中央地方權限交疊的規範方式，此違憲主張亦難以被證立。

染源逸散性粒狀污染物空氣污染防制設施管理辦法」第 4 條第 1 項規定，公私場所堆置逸散性粒狀污染物質，應設置或採行有效抑制粒狀污染物逸散設施，除「堆置於封閉式建築物內」外，尚有四種方式可選擇。但是自治條例第 6 條規定，台中市轄內的生煤堆置場所，自民國 107 年 12 月 31 日起應以封閉式建築物為限；此規定牴觸管理辦法第 4 條第 1 項規定，應自該自治條例民國 105 年 1 月 26 日公布施行時即屬無效。

第四編 憲法爭訟的建制與程序

第一章 憲法爭訟制度的起源

● 第一節 兩種類型

現代國家的憲法爭訟，可以說濫觴於 1803 年美國最高法院 Marbury v. Madison 一案❶，而專門設置憲法法院或類似的審判機關，審理各種憲法爭訟事件的制度，則起源於歐洲德語國家之奧地利。如所周知，美國制度與歐陸最顯著的不同是：前者以普通法院審理案件時，附帶審查所適用的法規有無違憲，如有違憲應拒絕予以引用；後者則以憲法法院為審判機關，管轄民事、刑事及行政訴訟之外，屬於憲法性質的爭訟。研究憲政制度的學者，遂將違憲審查的二大類型，分別稱之為美國型與奧地利型❷。我國現行建制「以承襲歐陸國家為主，行憲以來，違憲審查制度之發展，亦與上述歐陸國家相近」（引自釋字第 371 號解釋理由書第 1 段），本編之敘述也以歐洲制度為比較之對象。

無論美國或歐陸，作為違憲審查重心的憲法爭訟，都以規範體系中有一種最高規範 (norma suprior) 存在為前提。然而從中世紀開始，什麼是最高規範？思想家或法學者就有不同的說辭：聖湯瑪斯 (Thomas Acquinas) 稱之為受自然法引導的人類法 (mensura mensurata)❸，17、18 世紀日耳曼學

---

❶ 5 U. S. 137 (1803).

❷ Vgl. C. Starck, Vorrang der Verfassung und Verfassungsgerichtsbarkeit, in: C. Stark/A. Weber, Verfassungsgerichtsbarkeit in Westeuropa, Bd. I, 1986, S. 15.

❸ M. Cappelletti-Th. Ritterspach, Die gerichtliche Kontrolle der Verfassungs-mässigkeit der Gesetze in rechtsvergleichender Betrachtung, JöR 1971, S. 65ff., auch Alexander v. Brünneck, Verfassungsgerichtsbarkeit in den westlichen Demokratien, 1992, S. 28f.

者受自然法的影響，Hugo Grotius、Pufendorf、Christian Wolff 都主張有基本法 (leses fundamentales) 的存在，稍後的歐洲立憲主義幾乎也都受這種思潮影響 ❹。基本法於主權在民理念深入民心之後，便表現為人民的制憲權，而憲法也取得優越的規範效力 (Vorrang der Verfassung)。英國 17 世紀著名的法官 Sir Edward Coke 則認為國會制定的法律不能違背公認的正當與理性 (common right and reason)，一旦違反，依照普通法 (Common Law)，國會制定的法律將被判為無效，但由於國會主權的確立，違憲審查制度並未在英國發展成功 ❺。類似情形，也發生在瑞士，1874 年瑞士聯邦憲法第 113 條第 3 項規定：「聯邦大會通過之法律、有一般拘束力之決議及其批准之條約，聯邦法院應予適用」，在該國均解釋為聯邦法院（即最高法院）不具法律違憲審查權之憲法依據 ❻。

---

❹　Starck, aaO., S. 25.

❺　Coke 這種主張不僅表達在他的著作《普通法詮釋》(*Commentaries on the Common Law*) 及《法律階梯》(*Institutes*) 等書之中，也表現於 1610 年他在王座法庭主審的 Dr. Bonham's Case 一案，Coke 在此案首開拒絕適用國會制定法之例，因為 Coke 認為法律授權醫師公會對違規醫師罰款，並將款項半數歸公會所有，則公會等於「球員兼裁判」，牴觸普通法上任何人不得充當本身事件的法官之原則（參照劉慶瑞，比較憲法，三民書局出版，1987 年，頁 4）。Bonham 案件顯然已經出現後世的司法審查權，但卻未能成為英國法制的一環，因為其後產生了權利請願書 (Petition of Rights, 1627)、權利法案 (Bill of Rights, 1689) 以及光榮革命，巴力門（國會）的最高權威 (parliamentary supremacy) 逐漸確立。所謂巴力門的最高權威，簡言之，就是在英國沒有任何權力可以限制國會立法權的行使（參照 E. C. S. Wade and A. W. Bradley, Constitutional and Administrative Law, 10th ed., London, 1991, pp. 64–70），情況如此，自不容法院有所謂違憲審查權了。

❻　瑞士現行憲法（即 1999 年 4 月 18 日瑞士聯邦憲法）第 189 條第 4 項規定：「除法律別有規定外，聯邦委員會（即行政權）與聯邦國會之行為，不受法院管轄。」憲法第 190 條更規定：「聯邦法院與其他聯邦機關必須遵守聯邦法律

第二節　憲法法院的創建

　　許多制度的產生都不外來自兩項因素：一是因實際需要而自然成長，一是基於理論而創建。設置憲法法院審理憲法爭訟事件的建制，也不例外。憲法法院雖然遲至第一次世界大戰結束，隨著奧地利改制共和而出現，但在此之前已有前身機構國事法院 (Staatsgericht) 的存在。19 世紀前半葉，德意志各邦受立憲主義思潮的影響，將憲法視為各邦統治者與貴族暨市民階級間的契約，一旦發生契約上的爭執，自應由法律途徑謀求解決，因此各邦設置國事法院，裁判邦內政府與階級會議間的爭議。1831 年薩克森 (Sachsen) 邦憲法第 153 條規定：「對憲法解釋發生疑義時，如政府與階級會議不能達成協議，政府或階級會議均得各附理由，提交國事法院裁決。」可知國事法院是為解決各邦某些政治紛爭而設，往後由憲法法院裁判國家機關間憲法爭訟，可謂起源於此❼。奧地利國事法院的設置最早見諸 1867 年法律第 101 號，此一國事法院成員二十四人，分別由國會平民院及貴族院各選出十二人組成，任期 6 年，並互選一人為院長。其權限為審理大臣責任事件 (Ministerverantwortlichkeiten)，凡大臣（部長）因違法失職經國會任何一院提出彈劾者，送交國事法院審判，以法官十二人成立審判庭，出席三分之二同意為可決，對被彈劾者應負法律責任之判決，不僅可撤職並剝奪其公權，尚可一併宣告刑罰。這類事件日後稱為部長（大臣）彈劾 (Ministeranklage) 訴訟，成為憲法法院管轄權限的一部分。

　　憲法法院名稱最早出現於奧地利從帝制過渡到共和國的臨時憲法，以

　　與國際法。」故法院無權審查國會之立法行為。瑞士學者反對違憲審查制度的理由可簡縮為一句話：「民主比法治重要」，有違憲審查制度雖可加強法治，但卻損害民主。像美國總統歐巴馬的健保方案由國會決定，其實應由公民投票決定，法院判決並不比公民決定更合理性。見 Neue Züricher Zutung, 2012/6/5.

❼　E. Friesenhahn, Die Verfassungsgerichtsbarkeit in der BRD, 1963, S. ll.

及當時的一項法律（1919 年 2 月 6 日聯邦法律第 88 號）。其後 1920 年 10 月 1 日頒布的奧國共和憲法，受到法學大家克爾生的影響，將憲法法院的組織及權限明定於憲法，翌年 7 月 13 日又公布關於憲法法院組織的法律，世上第一所憲法法院於焉設置❽。除 1936 年至 1945 年奧國遭納粹德國占領期間，國家機關被撤廢外，其憲法雖屢經變更，這一法院一直存在迄今。

　　1848 年以前奧地利可謂都在絕對王政支配之下，這年歐洲掀起自由派的革命風潮，從巴黎、法蘭克福蔓延到維也納，導致主宰國政垂 30 年的梅特涅下台。憲政體制隨之有重大改變，就司法制度而言，往日在貴族統治下欠缺法律之前人人平等的觀念，所以有按照皇室、貴族、商人、平民不同階級設置的司法機關，此後逐漸取消。經過十餘年政治上的紛擾，1867 年頒布多種國家基本法 (Staatsgrundgesetze)，憲政步入正常軌道，一方面承認人民之自由及權利應受保障，並在基本法中列舉六類基本權，第一類可稱為個人基本權（包括平等權、擔任公職、居住遷徙、人身自由、家宅不受侵犯、通訊秘密、意見表達自由等），其次第二至第六類分別為：共同生活基本權（包括集會、結社、出版等）、宗教及信仰基本權、受教育及訓練基本權、經濟生活基本權、少數民族基本權❾。上述基本權規定值得注意者有三：㈠權利清單的概念顯然受法國人權宣言及若干西歐國家憲法（如 1831 年之比利時憲法）影響。㈡在理論上基本權乃由憲法 (Verfassungsfest) 所確立，不容立法者以制定法律方式加以侵害，但在實際的意義上，屬於法律 (Gesetzfest) 所確立的成分較大，換言之，基本權條款主要功用在於限制行政權的干預人民自由。㈢前述基本法的權利清單迄今仍屬奧國憲法上有效的條款，一如人權宣言之於現行法國憲法。

　　司法組織方面，奧國經過 1867 年憲改之後多元化的結構漸次樹立：在

---

❽　Ernst C. Hellbling, Österreichische Verfassungs- und Verwaltungsgeschichte, 1956, S. 447.

❾　Ebenda, S. 388ff.

審判民刑事訴訟的最高法院 (Oberste-und Kassationsgericht)，以及審判閣員彈劾事件的國事法院外，又設置帝國法院 (Reichsgericht)；這一法院有法官二十四名，半數由內閣提議皇帝任命，另半數分別由貴族院及平民院各選出六名，法官均為榮譽職，管轄下列三類公法爭訟：㈠行政官署與法院間之管轄衝突，邦議會與邦最高官署間權限爭議。㈡各邦相互間或帝國與各邦間不屬普通法院管轄之請求給付事件。㈢人民憲法上所保障之權利遭受侵害，於用盡行政官署之救濟程序後，所提起之訴訟。從上述管轄事件而論，帝國法院實兼有日後憲法法院及行政法院的功能，因此數年之後，即1875 年另行設立行政法院 (Verwaltungsgerichtshof)，審理行政處分侵害人民權利之訴訟案件，帝國法院的權限因而限縮❿。這種劃分方法使帝國法院與行政法院的審判權衝突在所難免，其解決途徑委由最高法院組成九人特別法庭裁決，帝國法院與行政法院各派四名法官，最高法院院長擔任審判長，這樣的組織結構顯然襲自法國之權限衝突法院。通說認為法國二元化的司法制度，因為土地接壤關係在 19 世紀前半葉影響了西南德意志各邦，其實不僅如此，奧匈帝國的法院體系及名稱亦從法蘭西多所模仿，明顯可見⓫。前述帝國法院一直維持到改制共和，1919 年正式改稱憲法法院並將國事法院加以合併，從此管轄範圍歷次憲法雖有增減，但憲法法院的組織形態仍維持不變。

　　奧國之設有憲法法院除上述歷史演變的因素外，與克爾生及墨克爾為代表之維也納學派的法學理論有關。這派學者認為國家與規範秩序乃是一體，從憲法、法律、行政命令一直到法院的裁判或行政機關的處分行為，都是規範的一環。上位規範提供下位規範產生的條件，同時上位規範也具有否定下位規範的效果，換言之，憲法有廢棄法律的效力，法律有廢棄命

---

❿　奧國行政法院的前身設立於 1849 年，稱為 Staatsrat 明顯是源自法國的 Conseil d'Etat，參照 Hellbling, aaO., S. 393.

⓫　Vgl. Starck, aaO., S. 23.

令的效力，其餘類推，這一現象稱為破毀力的位階 (Stufenbau nach der derogatorischen Kraft)❷。以憲法法院審查下位規範有無牴觸憲法，正是落實位階理論的不二法門，更何況克爾生還是奧地利共和憲法的主稿人。

在德意志聯邦的層次，發展方向不盡相同，拿破崙戰爭之後德意志各邦簽署維也納議定書 (Wiener Schlussakte vom 15 Mai 1820)，成立性質上接近國際組織的德意志聯邦，對憲法審判制度的建立，也有某種設計。維也納議定書有兩項關於憲法爭訟的規定：一是各邦之間如果發生爭執應提交聯邦大會解決，不得訴諸武力。先是聯邦大會於 1817 年 6 月 16 日已通過公斷規則 (Austrägeordnung)，規定裁決爭執的機構為聯邦公斷委員會，若公斷委員會因爭執各造意見不一致而未能組成時，則由聯邦大會指定未涉入爭執而且公正不倚的某邦最高級法院，作為公斷法院；二是針對邦內部秩序建立爭訟途徑，即各邦內部如發生憲法爭議，而無法自行解決時，依上述議定書第 61 條聯邦大會有權介入。聯邦大會嗣後在 1834 年 10 月 30 日通過決議，設置聯邦仲裁法院，裁判各邦政府與議會間關於憲法解釋所生的爭議事件。受此影響，直到威瑪共和時期，德國法學上所稱的「憲法爭訟」 (Verfassungsstreitigkeit) 均侷限於邦政府與邦議會間的憲法爭議事件❸。1871 年的帝國憲法（俗稱俾斯麥憲法）則廢棄上開建制，以政治解決代替司法仲裁，將憲法爭訟交由帝國議會解決。迨 1919 年公布的威瑪憲法，其第 19 條又設置國事法院，審理邦內之憲法爭訟，但以各該邦未設有解決此類爭訟之法院為限。由此可見，機關爭訟長久以來便屬於憲法爭訟的核心項目。威瑪憲法下國事法院的權限，除上述邦內之憲法爭訟事件外，尚有部長彈劾事件，至於聯邦與各邦間之爭議一如俾斯麥憲法訴諸政治解

---

❷　Merkl, Verwaltungsrecht, 1927, S. 172ff.; derselbe, einer Theorie des rechtlichen Stufenbaues, 1931; Zitiert nach Antoniolli/Koja, Allgemeines Verwaltungsrecht, 1986, S. 67.

❸　Friesenhahn, aaO., S. 9.

決，非國事法院所得管轄。俾斯麥憲法根本沒有人民權利清單，所以也就沒有所謂憲法上權利遭受侵害的憲法救濟可言。威瑪憲法雖有人民基本權利條款，但仍然沒有基本權利因公權力之侵害得向國事法院起訴的設計。

　　至於違憲法令的審查，原本不在德國憲法爭訟的範疇，但在威瑪共和初年曾發生類似美國 Marbury v. Madison 的案例：1925 年 11 月 4 日聯邦（最高）法院在一件民事案件的判決中，曾對因情事變更調整債務數額的法律是否符合憲法有關財產權之保障，予以審查。判決理由中明白指出：「法官依憲法第 102 條之規定，應服從法律，但並不排除一項法律或其中個別條文因牴觸較優位之規定，而為法官否定其效力」❹，其論斷與 Marbury 案如出一轍，惟終究未能發展成為定則❺，法院之法令違憲審查權仍須等到西德憲法法院設置方才確立。然而在聯邦對各邦的法律位階關係方面，情況便有不同，基於俾斯麥憲法第 2 條「帝國法優先於地方法」，以及威瑪憲法第 31 條「聯邦法打破各邦法」的規定，長久以來德國法院認為邦法牴觸帝國或聯邦法時，有權拒絕適用邦法，這項慣例日後自然成為憲法法院的權限之一。在目前聯邦憲法法院管轄事項中，有兩類事件在法制史上是全然陌生的：一是國會選舉事件，另一件是政黨違憲解散。前者傳統理論視為國會特權或自律事項，故國會選舉有效與否，以及個別議員當選無效或喪失資格均由國會自行認定，威瑪憲法則特設由議員及法官共同組成的選舉審查法庭處理。德國現行制度仍回歸國會（眾議院）自行審查，但當事人對其決定如有不服，得向憲法法院抗告；後者純是二次大戰之後為防制左右兩翼政黨破壞西德自由民主憲政秩序而設，歷史上當然找不到淵源。

　　以上是就歐洲憲法法院制度在奧地利及德意志產生的經過，加以敘述。

---

❹　Entscheidungen des Reichsgerichts in Zivilsachen Bd. III, S. 320; vgl. Friesenhahn, aaO., S. 13.

❺　Vgl. Carl Schmitt, der Hüter der Verfassung, 1931, S. 15.

第二次世界大戰之後，類似於德奧的憲法法院建制，廣為世界各國所採用，在南歐有義大利、西班牙、葡萄牙、希臘、土耳其、賽普勒斯；在東歐有共產政權解體後之波蘭、匈牙利、白俄羅斯、捷克、俄羅斯及南斯拉夫等；在中南美洲國家中，設立憲法法院也甚普遍；在亞洲，南韓及我國現制屬之。

第二章　歐洲各國的比較

● 第一節　憲法審判機關的結構與功能

　　憲法爭訟（或稱憲法審判）制度是二戰之後盛行的制度，與民刑事訴訟等法制上具有長遠歷史者不同。各國憲法審判機關大抵都在戰後初期設置，彼此仿傚之處甚多，我國大法官釋憲制度逐步摘取歐洲國家相關經驗，尤其明顯，因此比較法上的觀察，頗有價值。本章將就西歐之德國、奧地利、法國、希臘、義大利及西班牙等國現行制度，作扼要的比較分析❶。

一、憲法審判機關的名稱

　　關於憲法審判機關的名稱，德、奧、西班牙及義大利等多數國家都稱為憲法法院，希臘則稱最高特別法院 (Oberster Sondergerichtshof)；法國第五共和憲法稱之為憲法委員會 (Conseil Constitutionnel)，其間曾醞釀改名為憲法法院，但未能成功❷。大體而言，稱為憲法法院者，其司法機關的特性較為顯著，管轄事項也較廣泛，反之，不以憲法法院命名者，若不是兼具諮詢性質，就是雖屬純粹的司法機關但權限較小。

---

❶　關於個別國家憲法審判制度的概述，請參閱吳庚，憲法審判制度的起源及發展：兼論我國大法官釋憲制度，法令月刊，第 51 卷第 10 期，2000 年 10 月，頁 12 以下；對於違憲審查制度之主要類型分析，請參閱湯德宗、吳信華及陳淳文，論違憲審查制度的改進——由「多元多軌」到「一元單軌」的改制方案，收於：湯德宗主編，憲法解釋之理論與實務，第四輯，中研院法律所出版，2005 年，頁 523 以下。

❷　各國憲法法院名稱難於盡述，關於法國憲法委員會名稱變更的討論，請參閱陳淳文，從法國 2008 年修憲論抽象違憲審查制度的發展，中研院法學期刊，第 17 期，2015 年 9 月，頁 116–117。

二、憲法法院的組織

在本文討論的西歐國家中，憲法法院法官的產生約有四種方式：第一種全部由國會選出：例如德國由國會兩院各自選一半❸，院長、副院長亦輪流由兩院選舉，且應獲得出席議員三分之二之同意為當選。德國是聯邦國家，其中聯邦院 (Bundesrat) 代表各邦，握有選舉權以維持聯邦的制度設計；三分之二的多數則防止憲法法院為某一大黨所控制，均有特殊作用❹。德國這種方式也見諸葡萄牙、波蘭等國。第二種由政府與國會共同決定人選：奧地利與法國採之。奧國憲法法院法依奧地利聯邦憲法第 147 條規定，設院長、副院長各一人，法官十二人，候補法官六人，均由總統任命。但提名權則分屬不同機關，正副院長、法官六人及候補法官三人，由聯邦政府（即內閣）自法官、行政官及大學法學教授中提名；其餘六名法官及二名候補法官，分別由國民院及聯邦院各提名半數，兩院提名之名單須為應任命人數之三倍，供總統選任。法國的憲法委員會有兩類成員：一是當然委員：依法國第五共和憲法第 56 條第 2 項，卸任總統為當然的終身委員。但若卸任後又擔任國會議員、閣員等職務，則應放棄憲法委員會之職位。二是任命委員：由總統、國民議會議長及參議院議長各任命三名，總共九人，有任命權者通常都任用其同黨派人士。第三種方式由國會、內閣及司法機關三方面分別決定人選：以西班牙為例，該國憲法法院法官十二人，由國會兩院各選出四名，其餘四名分由內閣及最高司法會議決定人選。義大利亦同，憲法法院共設法官十五人，國會、司法會議及內閣各指定三分之一。第四種方式全部法官均由司法部門自行組成：希臘最高特別法院成員十三人，由諮政院（即中央行政法院）、最高法院（稱為 Areopags）及審計院院長、諮政院及最高法院法官暨法學教授十人組成，國會或行政部門不

---

❸　Vgl. Klaus Schlaich et al., Das Bundesverfassungsgericht, 9. Aufl., 2012, S. 29f.

❹　C. Starck/A. Weber (Hrsg.), aaO., S. 118f., 154.

參與其中。這種法院可謂司法的性質最為純正，但功能如何則有待檢討。

　　憲法法院法官的資格條件，各國多規定須受完整的法學教育，或必須具有法官資格，通常又須從事法律有關工作 10 年甚至 15 年以上，法官的任期多數國家均定為 9 年（法國、西班牙及義大利），德國則為 12 年，均不得連任。較短之任期為葡萄牙僅 6 年，並得連任。至於有本職而兼任者，如希臘是輪流性質，每 2 年一任。憲法法院院長（或副院長）的產生，多數國家由法官互選（如義大利、西班牙及葡萄牙等），但也有由具有任命權或推選權之機關，在提任法官時一併決定者，如德國及奧國。

　　法官產生方式、任期長短、得否連任是影響審判獨立以及國民對法院信賴的重要因素。因此多數國家對憲法法院法官給予較長的任期，而禁止連任，為避免法官年老力衰，致故步自封，此外尚有退休的年齡限制，德國為六十八歲，奧國七十歲。由國會參與法官的任命，自然無法免於政治影響，然而憲法法院的設置原本寓有政治爭端司法化解決的意涵❺，因此法官雖非政黨的代言人，但法院的構成理應反映國會政治勢力的結構，而國會本身又是民主多元社會的縮影。上述背景產生的憲法法官，行使職權之際如能秉持其良知及信念，必有助於整體制度正當性的建立。反之，完全由司法體系自行組成的憲法法官，容易循例辦案，缺乏創意與能力從事違憲審查，難於發揮功能，希臘的最高特別法院便是一例❻。不在本編研

❺　Vgl. Ebenda.

❻　P. Dagtoglou, Die Verfassungsgerichtsbarkeit in Griechenland, in: C. Starck/A. Weber (Hrsg.), aaO., S. 389. 希臘制度有進一步說明之必要：該國 1975 年憲法是推翻軍事獨裁後制定，頗有建設法治國家之用意，希臘憲法第 87 條規定：法官執行職務只服從憲法及法律，任何取消憲法之規定，法官不得附和。希臘憲法第 93 條則稱：法院不得適用牴觸憲法之法律。根據這兩條規定，各級法院法官都有違憲審查權，得拒絕適用違憲法律，因此造成分歧而且違憲與否常遷延時日，於是創建最高特別法院，俾解決問題，但由於結構問題，加上政治實力人物的介入，並未發揮應有功能，參照 G. Theodosis, Die gerichtliche

究範圍的日本最高裁判所，未能發揮違憲審查功能的原因，依西歐學者的研究，也是出在法官的任用方式，即全部由內閣提任，沒有國會的參與，雖有所謂裁判官國民審查，事實上聊備一格，不曾成功罷免過任何裁判官，而裁判官幾乎清一色法曹官僚出身，所以成立數十年只有五次宣告法律違憲的裁判❼。

第二節　憲法法院的權限範圍

　　憲法法院管轄事項是憲法爭訟的核心問題，舉世的憲法法院都採列舉主義 (Enumerationsprinzip)，而非概括主義 (Prinzip der Generalklausel)，並且是由憲法自行列舉，屬憲法保留事項；至於列舉事項則沒有兩個國家完全相同。從最早的憲法爭訟形態——國事法院所管轄的部長彈劾事件，到現今包括規範審查、垂直爭訟（聯邦與各邦權限爭議）、水平爭訟（國家機關間權限爭議）、憲法訴願（個人憲法上權利受侵害事件）、選舉訴訟、公民投票的審查、違憲政黨解散、國會議員資格喪失以及國會立法諮詢事件等，都分別成為各國憲法法院的管轄事項。以下分為四大類加以說明：

一、權限爭議

　　如前所述，權限爭議如屬垂直的爭訟就是聯邦與各邦間權義關係或權限分配的爭議，論者稱之為聯邦權限爭議 (föderative Kompetenzkonflikte)，

Prüfung der Verfassungsmässigkeit der Gesetze nach griechischen Verfassung v. 1975, AöR 117 (1992), S. 567ff.

❼ Alexander v. Brünneck, aaO., S. 34. 依日本憲法第 79 條第 1 項規定：「最高法院由任該法院院長的法官及按法律規定名額的其他法官構成之。除任該院院長的法官外其餘法官由內閣任命之」，同條第 2 項規定：「最高法院法官之任命，在其任命後第一次舉行眾議院議員總選舉時交付國民審查，自此經過十年之後第一次舉行眾議院議員總選舉時再次交付審查，以後准此」，同條第 3 項規定：「在前項審查中，投票者以多數通過決議罷免某法官時，此法官即被罷免。」

單一國在中央與地方自治團體間也可能發生同樣的爭議，稱之為準聯邦權限爭議 (quasiföderative Kompetenzkonflikte)❽。 另一種權限爭議是國家機關相互的爭訟❾，諸如行政與立法、行政與司法、或各不同體系的法院相互間（民事法院與行政法院）權限爭執及管轄權的歸屬等。試以奧國為例，依奧國憲法（第 137 條、第 138 條及第 138 條之 1）規定，權限爭議事件包括：㈠對聯邦、各邦、縣及鄉鎮市關於公法財產請求權事件，非屬普通法院或行政官署管轄者，例如公務員關係所生之金錢給付、民意代表執行職務之報酬等；㈡權限衝突事件：包括法院與行政官署間、行政法院與其他法院間、行政法院與憲法法院間、普通法院與其他法院間、各邦相互間以及聯邦與各邦間之權限衝突；聯邦或各邦內立法與行政權之爭議；審計院與監察使 (Volksanwaltschaft) 間之權限爭議；權限爭議如涉及法律或命令之訂定者，應一併將草案送交憲法法院以供審查，但僅限於確定權限之歸屬，憲法法院不預先審查法律或命令是否違反基本權條款或其他合法性問題。㈢聯邦關係之契約爭訟：包括聯邦與各邦之協定或各邦相互間之協定所生之爭議，但此項爭訟僅限於上述協定之合憲性及當事人所負協定義務之確認，若因協定而生財產給付則屬前述第㈠項之事件。作為單一國的西班牙則將權限爭議規定在憲法法院法 (Norme sulla constituzioe e sul funzionamento della Corte constituzionale, Legge 11 Marzo 1953) 之中，該法

---

❽　Starck/Weber (Hrsg.), aaO., S. 79ff.

❾　德國之機關爭訟 (Organstreit) 不包括聯邦與各邦間之爭訟，蓋其自成一類事件。而機關爭訟德國聯邦憲法法院法規定，提起爭訟之機關須有權利義務之爭執存在，換言之，須具備權利保護必要。但機關本身又非權利主體，如何解決這一難題，學者或以自體訴訟 (Insichprozess) 加以解釋，或謂德國基本法第 93 條關於機關爭訟由憲法法院管轄的規定，法條既使用權利義務之字樣，則機關權限規定，已主體化而成為各該機關之權利義務關係，聯邦憲法法院素來持此見解， 參照 E. Friesenhahn, Verfassungsgerichtsbarkeit in der BRD, 1963, S.38; auch K. Schlaich, aaO., S. 57.

第 37 條第 1 項至第 4 項規定：「涉及憲法權限劃分，而國家各權力部門認為行使國家權限之意志，應由該部門為之者，其爭議應由憲法法院作終局之裁判。前項規定不影響司法權依現行規定對本身管轄權之判斷。關於權限爭議之裁判不經言詞辯論為之。憲法法院受理權限爭議事件者，應將訴狀送達有關機關。」同法第 39 條則規定關於中央與地方的權限爭議：「自治區 (Regioni) 之行為，侵害依憲法規定屬於國家或其他自治區之權限範圍者，國家或受侵害之自治區得向憲法法院提出權限問題之爭訟。國家之行為侵害自治區者亦同。起訴應於該行為送達或公告起 60 日內為之，未送達或公告者自知悉起算。由國家起訴者由總理或該管部長為之，自治區起訴者應經自治區政府會議決議由自治區政府主席提起❿。」解決各種權限爭議本是創設憲法法院原始的一項功能，因此各國法制皆有較為周詳的設計。

二、規範審查

規範審查可大略分為抽象規範審查與具體規範審查，兩種型態的不同也正是所謂奧地利式與美國式主要區別所在。兩者的差異重點包括以憲法法院或普通法院 （如美國之最高法院） 為審判機關 ，以及訴訟標的 (Streitgegenstand) 的不同 ，德奧式的規範審查直接以法規是否違憲或違反上級規範為標的，美國式則訴訟標的仍是各該民、刑訴法。

抽象規範審查又可分為各種次類型 ：㈠預防式規範審查 (präventive Normenkontrolle)：預防式規範審查也稱為事前審查，通常在法案經國會通過後，由內閣、一定數額之國會議員 （德國及奧國均為下議院議員三分之一，西班牙上議院或下議院議員各五十人，法國為六十名） 發動，亦有規定由國會議長提出聲請者 （如法國）。預防式規範審查的對象為已通過但尚未施行的法律或尚待批准的條約。預防式規範審查在法國最具特色：依盧

---

❿　西班牙之自治區德文譯為自治團體 (Autonomen Gemeinschaften)，較省之層級為高，由歷史、文化上特殊關係的島嶼、省分或縣等組成，具有自主地位。

梭的思想，「法律乃全意志之展現」，也就是主權的展現。對於已三讀通過但尚未公布生效之法律案進行預防式規範審查，只是法官「協助」國會重新思考已通過之法律案，「預防」國會制定出違憲之法律。由於是在法律公布生效之前進行審查，國會意志（即法律案）尚未完整形成，所以並不是以法官之意志直接「對抗」或「否決」國會已完整形成之意志，因而沒有僭越主權或對抗多數的問題。其次，各國的預防式審查多屬任擇性質 (fakultativ)，即是否對某一法案提起違憲審查，完全由有請求審查權者自行決定，但在法國有一例外，即依法國第五共和憲法第 61 條第 1 項規定：凡組織法及國會議事規則 (Les lois organiques et les reglements des assemblées parlementairs)，在國會通過後須先送憲法委員會審查，顯然是強制性質 (obligatorisch)。何以有這種制度？原因是國家機關的組織法常屬憲法內容的延伸，甚至是憲法賴於實施的法律，皆關係重大；至於國會議事規則受合憲性控制則有制約立法權的作用 ❶。㈡抑制式規範審查：這一類型的審查又稱為事後 (a posteriori) 審查制，以公布施行後的法律為審查對象，有權提出聲請者與前述預防式規範審查大體相同，比較習見的情形是各邦或自治領域認為聯邦法律已侵害其自主權限，而各該邦或自治領域之政府為爭訟的一造。

具體規範審查通常指在訴訟案件繫屬中，各級法院（例外情形尚包括行政官署）認為相關的法律有違憲疑義，而送交憲法法院就這一合憲性的先決問題，予以裁判，因為事件是由其他法院的案件而衍生，故又稱為引發的規範審查 (Inzident-normenkontrolle)。具體審查的對象基本上是現行法律，憲法施行前的法律、命令違憲或違法各級法院均可拒絕適用。奧地利是唯一例外，該國沿用克爾生所設計的集中制憲法審判制度，不問何時公布的法律或命令皆只有憲法法院有權審查。具體規範審查中違憲疑義是聲請的前提，但各國之制並不一致，義大利除各級法院法官自行聲請外，如

---

❶　鍾國允，法國合憲性審查之研究，台大國發所博士論文，2001 年，頁 151 以下。

訴訟案件的當事人提出，而且其主張並非顯無理由 (manifestamente infondata) 者❶，法官應提出聲請。希臘發動違憲審查規定較為嚴格，須曾經其他法院有過相同的疑義，始足相當。德國由各級法院法官提請審查的條件包括：必須是具體案件應適用的法律，且該法律有效與否與繫屬中之案件有裁判重要關聯性 (Entscheidungserheblichkeit)，依承辦法官的確信 (Überzeug) 懷疑其違憲❶。這類案件既是基於法官專業考量而提出，不具有政治意味，在德國違憲審查中占有重要分量。甚至曾經出現依修憲程序制定屬於憲法位階的條文，經由具體規範審查程序而被宣告違憲❶。

三、憲法訴願

憲法訴願 (Verfassungsbeschwerde) 是德國法的用語，這一類型的爭訟指個人（包括自然人、私法人及公法人）主張權利遭受公權力作為侵害，而向憲法法院提起訴訟，以謀救濟，可泛稱之為憲法上的個人抗告訴訟 (Individualbeschwerde)❶。憲法法院具備這項管轄權限之後，方始從仲裁聯邦與分子國、國家機關間權限爭議、維持規範的位階秩序，轉而成為保障個人權利的機制。憲法上的人民權利清單不再屬於方針規定或政治口號性質，乃是個人作為權利主體得經由訴訟途徑而獲得實現之真實的權利，意義重大❶。

---

❶　Art. 1, Legge Constutzionale 9 febbraio 1948, n. 1, in: Starck/Weber (Hrsg.), aaO., Bd. II, S. I. II. 2.

❶　Vgl. Schlaich, aaO, S. 109ff.

❶　BVerfGE 3, 225 (231, 235f.).

❶　個人抗告訴訟見諸 Starck/Weber (Hrsg.), aaO., S. 86；以憲法訴願稱呼德國制度，自施啟揚始（氏著，西德聯邦憲法法院論，台灣商務出版，1971 年），實則 Beschwerde 一詞有多種意義：申訴、訴願、抗告等，「訴願」的用語雖不恰當，但仍以約定俗成，故沿用之。

❶　Vgl. E. Bend/H. Klein, Lehrbuch des Verfassungsprozessrechts, 1991, Rn. 335.

關於憲法訴願首須研究的問題：作為爭訟對象的公權力作用究竟單純指普遍的規範（即法律或命令規章）？或也包括具體的行為（指法院裁判或行政處分）？各國制度範圍廣狹不一：德國基本法制定者欲建立對公權措施毫無漏洞的救濟途徑，憲法訴願以一切立法，行政及司法部門的行為，不問是抽象的規範或具體的裁決為爭訟對象。其他多數國家允許個人發動違憲審查的對象均較德國為狹小，以奧國為例，對主張法院裁判本身違憲，只能作為上訴理由，最高法院的裁判便是終審，當事人不得聲明不服；若裁判或行政處分所依據的法律或命令違憲，則許可個人聲請違憲審查，這種間接發動的方式，也存在於義大利及西班牙等國[17]。特別值得說明的是奧國還有一種爭訟類型：憲法法院行使特別行政審判權，亦即憲法法院充當特別行政法院，人民因行政處分 (Bescheide) 或事實行為（(verfahrensfreie Verwaltungsakte)，指官署直接對人之強制措施）損害憲法上所保障之權利，而提起撤銷此等行政處分或措施之憲法爭訟，原告若主張處分或措施所依據的法律、條約違憲或命令違法，這時憲法法院應一併對受指摘之法令加以審查。這類訴訟在技術上最難於解決的問題，不外侵害憲法上權利與侵害其他權利如何區分，若屬於其他權利的損害則為行政法院的權限範圍，在實務上固然發展出某些區別標準[18]，然為避免當事人因選擇訴訟途徑錯誤而受不利益（例如逾越起訴期間），許可其平行起訴，同時繫屬於憲法法院及行政法院，除此之外，憲法法院審理結果，認

---

[17]　西班牙 1979 年 10 月 3 日之憲法法院組織法第 43 條，僅規定憲法訴願之提起得以官署或自治團體行使公權力之法律行為或事實行為為對象，不得以法律違憲作為訴的標的，但憲法法院在 1981 年第 41 號判決中建立了先例，各種法院的判決所依據的法律，若經判斷為違憲，則該判決當然不能維持，從此個人也可間接發動法律的違憲審查，參照 Francisco R. Lorente, Die Verfassungsgerichtsbarkeit in Spanien, in: Starck/Weber, aaO., S. 268.

[18]　Vgl. Adamovich/Funk, aaO., S. 350.

為原告憲法上權利並未受損，應依其聲請將案件移送行政法院。

其次應檢討的問題是：個人提起憲法訴願應否用盡審級救濟？無論德國或奧國都採憲法爭訟補充性原則 (Prinzip der Subsidiarität)，即個人提起憲法上的抗告訴訟（憲法訴願）之前，必須依通常訴訟途徑，取得終審的確定裁判。但兩國都有例外：德國憲法法院法第 90 條第 2 項規定：「前項（指基本權受侵害）爭訴途徑，於用盡審級途徑後提起憲法訴願。具有一般重要性或如不受理憲法訴願人將受重大及不能克服之不利益者，憲法法院對未用盡審級途徑亦得即時審理。」此項文字後段，就是免除用盡審級救濟的例外規定，但在實務上憲法法院對只要仍可提起一般訴訟的案件，縱無勝訴機會，也要求其先用盡各個審級❶。奧國 1975 年增訂憲法第 140 條第 1 項後段規定：人民對雖未經法院判決或行政處分予以適用之法律，因其違憲直接侵害人民權利得逕向憲法法院訴請撤銷。純就文義而言，起訴條件甚為寬鬆，但 1977 年憲法法院的裁判就建立了先例：個人聲請法律違憲審查，須已無其他救濟途徑可資期待，始屬相當❷，因此實際依此規定成功訴請救濟的案件，為數並不很多。

四、其他事項

憲法法院除前述三大類的管轄事件之外，各國之制管轄範圍由小到大，不一而足。最常見者包括：㈠公民投票合法性的審查：奧國、義大利、葡萄牙、希臘的憲法法院都具備這一職權，法國第五共和憲法第 60 條僅賦予憲法委員會監督公民複決的任務，而非審查，事實上憲法委員會，也曾對

---

❶　例如社會保險法第 176 條 C 項規定，重度殘障者不得加入疾病保險，某重度殘障人認為上開法律已直接侵害其基本權，提起憲法訴願，憲法法院仍以原告應先向承保單位申請加入，被拒絕後向社會法院提起訴訟，而將其憲法訴願駁回 Siehe BVerfGE 69, 122 (125f.), vgl. auch Schlaich, aaO., S. 159.

❷　奧國憲法裁判集 Vfslg. 8009/1977.

公投結果拒絕審查❷，因為公民投票是直接顯現主權者的意志，其實質內容不應受審查。㈡選舉爭訟：葡萄牙、法國、德國及奧國憲法法院管轄國會或總統選舉爭訟。㈢總統或議員資格喪失事件：葡萄牙、法國及德國之元首或議員喪失資格或不能執行職務之判斷均由憲法法院或憲法委員會為之。㈣國事彈劾：國事彈劾指總統、閣揆、閣員及法官（限於德國）的彈劾，這類事件德國、奧國、義大利的憲法法院有管轄權。㈤政黨解散：由憲法法院宣告政黨違憲起源於德國，希臘及葡萄牙仿效而採用，但葡國政黨解散原因，以違反法律為限，未採違憲政黨的概念❷。㈥公法上財產涉訟：對聯邦、各邦及地方自治團體公法上財產請求權涉訟，而不屬於普通法院或行政爭訟管轄者，例如公務員關係所生的報酬給付、民意代表執行職務的報酬等，由憲法法院審理，這是奧國特有的制度。㈦國際法的確認：一般國際法原則，是否具有國內法的效力，希臘規定應由憲法法院即最高特別法院認定，德國亦有類似規定。㈧剝奪人民之基本權（德國基本法第18條）。㈨諮詢意見：法國憲法第 16 條規定，國家遭遇特殊事故時，總統在採取必要措施之前，應正式諮詢總理、兩院議長及憲法委員會之意見，1961 年阿爾及利亞發生軍事叛變，憲法委員會曾應總統之請發表諮詢意見❷。

● 第三節　爭訟程序及法院裁判

憲法審判機關所踐行的程序，從宏觀的比較而言，可獲致兩項初步結

---

❷　鍾國允，法國合憲性審查之研究，台大國發所博士論文，2001 年，頁 173。

❷　葡萄牙 1982 年法律第 28 號憲法法院組織法第 103 條，Siehe Starck/Weber (Hrsg.), aaO., Bd. II, P. II. S. 65; vgl. auch Jose'M. Moreira, in aaO., Bd. I, S. 295.

❷　陳淳文，再論國家緊急權──以法國法制為中心，人文及社會科學集刊，第 13 卷第 1 期增刊，2001 年，頁 111 以下，並參照 Michel Fromont, Der französische Verfassungsrat, in: Starck/Weber (Hrsg.), aaO., Bd. I, S. 329.

論：一、結構功能越是司法化，爭訟程序越是嚴格。換言之，違憲審查機關受理的事件如果都是真正有當事人對立的爭訟性質 (echte kontraditorische)，其適用的程序便屬於嚴格的訴訟手續。反之，受理的事件是政治性或不具爭訟性質，則作成裁判的過程便顯現權宜色彩，像法國憲法委員會管轄甚多政治性及諮詢性的事件，並非典型的憲法法院，其審理程序與法院的訴訟程序頗有差距：不採言詞審理、不調查證據（選舉訴訟除外），裁判只附簡短理由甚至不必附理由、裁判既判力不以當事人為限，而有拘束全國機關的效力等均是其特徵。其他國家也有類似情形，例如希臘，最高特別法院審理爭訟性事件與非爭訟性事件，其尺度就有所不同，前者應依職權盡調查能事，後者只就聲請人之主張審究❷❹。二、憲法法院成立較晚，與普通法院或行政法院相較顯然瞠乎其後，縱然憲法法院所適用的程序規定，相關法律也盡可能予以規範，其完備的程序仍不能與民事訴訟法、刑事訴訟法甚或行政訴訟法相提並論。當程序規定不完備時，憲法法院並不能自創規則，而應受一般訴訟法尤其是民事訴訟法（或行政訴訟法）的拘束，因此之故，論者遂謂憲法法院不是其程序的主宰者 (Herr des Verfahrens)❷❺。

關於程序的細節問題，各國憲法的運作基本上遵守下列原則：一、不告不理：這是司法機關的特性，憲法法院當然也只能被動的受理案件，但由於憲法爭訟攸關公益，有時並不完全受處分主義 (Verfügungsgrundsatz) 支配，有些國家（例如希臘）一旦起訴之後即不准撤回❷❻。二、不作訴外裁判：不對當事人（原告）未經聲明的事項裁判，也是司法機關應遵守的

---

❷❹　Vgl. P. Dagtoglou, aaO., S. 381.

❷❺　Vgl. K. Korinek, Die Verfassungsgerichtsbarkeit in Österreich, in: Starck/Weber (Hrsg.), aaO., S. 158f., auch K. Stern, Das Staatsrecht der BRD, Bd. II, 1980, S. 1030.

❷❻　P. Dagtoglou, Ebd.

原則，各國憲法法院的裁判亦然。三、職權調查主義：憲法法院的裁判不受當事人主張的理由所拘束，與民事訴訟的辯論主義不同。除少數事件（如選舉訴訟、國事彈劾或元首是否喪失執行職務能力等）之外，憲法法院（尤其是對規範審查事件）通常不調查事實，只就法律問題加以審究。四、以言詞審理為原則：除法國憲法委員會外，各國制度多採言詞審理，法國之最高法院（法文稱毀訴法院或破毀法院）、最高行政法院（即國政院、平政院或中央行政法院）傳統上採書面審理，憲法爭訟也不例外。五、不收訴訟費用：憲法爭訟多採免費主義，當事人不必繳納訴訟費用，但當事人濫用程序或主張權利（常見於憲法訴願）所生費用，有些國家則命該當事人負擔❷❼。

　　各國憲法法院如何構成裁判組合 (Spruchkörper)，情況相當複雜。有不分庭審理而由全院合議者，如奧國、法國、義大利、希臘等，有分庭審理者，如德國及西班牙、葡萄牙等。不分庭辦事的國家，又視案件性質有由小法庭分擔工作的設計，或者因特殊案件增加臨時法官之制。奧國憲法法院法規定全院合議庭須有主席及法官八名出席，不行言詞辯論之小法庭則由五人組成，以其中一人為主席，各種法庭均以全體過半數為可決，但人民依奧國憲法第 144 條所發動之規範審查，不受理之裁判必須小法庭評議時全體一致贊成始能通過❷❽。這種規定足以實現「勿以善小而不為」，涉及個人權利的案件不致輕易遭不合法駁回。義大利憲法法院成員十五人，作為國事法院審理總統或部長彈劾案件時，由國會推選非職業法官六名，組成二十一人之合議庭❷❾。希臘最高特別法院審理兩類案件時，㈠法院與行

---

❷❼　德國聯邦憲法法院法第 43 條第 2 項、奧國憲法法院法第 27 條，均作此規定。希臘法律（1976 年 345 號法律最高特別法院法第 22 條）則規定非由官署提起之爭訟，其敗訴當事人負擔訴訟費用，但法院得視情形免除其一部或全部。

❷❽　奧國憲法法院法第 7 條第 2 項。

❷❾　Th. Ritterspach, in: Starck/Weber (Hrsg.), aaO., S. 237.

政機關，中央行政法院或其他行政法院與民刑事法院間，審計法院與各種
法院間權限衝突事件；㈡對法律違憲或法律解釋中央行政法院、最高法院
或審計法院之裁決不一致時之爭議，依希臘憲法第 100 條第 2 項規定，應
以抽籤方式自法學院教授中選出二位參與審判。至於分庭辦事的憲法法院
也有不同類型：德國分為兩庭 (Senat)，每庭成員共八人，須過半數（即五
票）方能作成判決。並有管轄事務分工：第一庭受理基本權受侵害案件，
第二庭受理權限爭議及性質屬於國事裁判之事件。每庭又按年度分若干小
法庭 (Kammer)，小法庭成員三人以全體一致之決議篩選日益增加之憲法訴
願案件，以減輕法院負擔❸。若案件所涉之憲法問題，憲法法院已有裁判
可據，而憲法訴願又顯有理由者，小法庭亦得逕為實體判決（德國聯邦憲

❸　憲法訴願案件晚近每年約四千件（受理作成裁判者約占百分之二，亦即由小法
　　庭終結之案件占百分之九十七），占德國憲法法院收案之百分之九十以上，但
　　只有平均三十六分之一的案件獲審判庭的審理。為減輕法院之工作負擔，國會
　　數次修訂法律，但問題並未完全解決。個人向憲法法院起訴事件中，甚多不能
　　「成案」者，故收案之後只作一般登記 (Allgemeiner Register) 不正式分案，由
　　行政人員審查，不成案者即以教示性質之書面通知呈訴者，呈訴者若未依教示
　　在期間內起訴，即屬結案，每年如此了結的案件數以萬計。經初步審查能成案
　　者，始分到小法庭作程序審查，是否受理並無明確標準，以往曾被譏為當事人
　　全靠運氣的彩券遊戲 (Lotteriespiel)，以上參看 Schlaich, et al., aaO., S. 185ff.；
　　1985 年及 1993 年法律均有改革措施，現時依聯邦憲法法院法第 93 條之 1
　　(§93a) 第 2 項規定：「憲法訴願合於下列兩款規定者，應予受理並為裁判：㈠
　　以有原則性憲法上之意義者為限，㈡已指陳本法第 90 條第 1 項所稱之權利受
　　侵害者，如不予受理並為裁判將造成訴願人特別重大之不利者，亦同。」這一
　　規定的目的，在於限制憲法法院對是否受理憲法訴願的裁量權，避免像美國最
　　高法院發移審令狀 (Writ of certiorari) 全然自由判斷的現象，但是對於所謂「原
　　則性憲法上之意義」與「已指陳」(Angezeigt) 等不確定法律概念，憲法法院仍
　　有充分判斷餘地，以上參見 Maunz/Schmidt-Bleibtreu/Klein/Ulsamer, BVerfGG.
　　Kommentar, 1999, §93a, Rn. 9.18.21.

法法院法第 93 條之 3）。案件應歸何庭受理有疑義時，由院長、副院長及四名法官（每庭各二名）組成之六人小組 (Sechser-Ausschuss) 決定之。兩庭之間若法律見解不一致時，則召集全院大法庭解決，事實上這種大法庭數十年來只召開過三次❸。西班牙憲法法院也分為兩庭，各六名法官，但因為未依案件性質分工，因此各庭之間常有見解分歧，而須召集全院十二人大法庭審理（以三分之二為可決），各庭之內也有三人小法庭之設置，案件是否受理的程序審查是小法庭的主要任務❷。

　　其次，討論憲法法院的裁判問題：凡是有當事人對立的爭訟，無論哪個國家憲法法院判決的既判力，都僅在當事人間生效。但如果判決涉及法規的違憲問題，則有對世效力即拘束人民及機關的效力。換言之，這類判決在性質上已非單純的產生既判力，而具有類似法律的拘束力。憲法法院除作為國事彈劾的懲戒法院或特別的行政法院（例如奧國審理公法上給付案件）外，憲法法院不審查事實問題，也是各國通例，故判決書沒有事實欄的記載。既判力的範圍理論上僅及於訴訟標的 (Streitgegenstand)，而憲法爭訟類型繁多，相關之訴訟標的學說更是莫衷一是❸。以人民因終審法

---

❸　Siehe H. Maurer, Staatsrecht, 1999, S. 653.

❷　有關規定見諸西班牙憲法法院法第 10 條、第 11 條、第 12 條、第 13 條，並參照 Franciso r. Llorente, in: Starck/Weber (Hrsg.), aaO.，據統計各類案件不受理的比例約百分之六十七至百分之七十六。

❸　憲法爭訟之訴訟標的理論，自然不能脫離來自民事訴訟或行政訴訟的影響。民事訴訟之訴訟標的的理論可大別為兩派學說：一是認為訴訟標的乃是就原告聲請法院予以裁判的訴求 (Begehren)，而原告支持其訴求係屬正當則繫於主張的事實 (Tatsache)，故此說將原告之訴求與主張之事實結合於訴訟標的之概念之內。另一說則認為原告所主張的事實關係，與原告請求保護實體權利或法律關係應予區分，事實關係攸關原告能否獲得勝訴判決，但並非訴訟標的，只有權利或法律關係訴求（或稱權利主張 (Rechtsbehauptung)）才是訴訟標的，蓋事實關係理論上已個別化為原告之權利 (individualiertes Recht)。以上兩說研究訴訟法

院判決所依據之法律違憲而提起的爭訟而言，其訴之聲明為撤銷或廢棄原判決，但所依據的法律是否違憲才是勝敗的關鍵，也是起訴之目的 (Klageziel)。憲法法院主文廢棄原判決同時一併撤銷違憲的法律，自無疑問，若主文只針對原判決違法不當而製作，則在理由欄所敘述作為先決問

的學者間各有堅持。就行政訴訟而言，以後說為通說，故撤銷訴訟之訴訟標的乃原告對行政處分違法並損害其權利之主張，行政處分僅是爭執的客體 (Streitobjekt)，而非訴訟標的，確認訴訟及課予義務訴訟等也是如此。憲法爭訟宜採與行政訴訟相同之觀點：憲法爭訟之爭訟標的也是特定之訴求或主張 (ein bestimmtes Begehren)，與行政訴訟所不同者，憲法爭訟提起之當事人（例如發動規範審查之國家機關或國會黨團），有時本身並無權利損害，而行政訴訟之原告則通常是公權力作為或不作為之權利受損害者。憲法爭訟之訴訟標的理論與其他訴訟（尤其是民事訴訟）最顯著的差異在於：民事訴訟之訴訟標的完全掌握於原告之手，民事法院應受其拘束，憲法爭訟則否，法院並不受當事人所提訴訟標的之拘束，憲法法院有權對訴訟標的作出與該當事人不同的判斷。以上參照 Maunz/Schmidt-Bleibtreu/Klein/Ulsamer, aaO., §13 III Rn. 15ff.; C. H. Ule, Verwaltungsprozessrecht, 9. Aufl., 1987, S. 215ff.；吳庚，行政爭訟法論，七版，元照出版，2014 年，頁 90 以下。又訴訟標的與憲法法院管轄權限的關聯，亦有各種不同主張：第一說認為憲法法院只就原告或聲請人所提出，用以支持其訴求或聲請之事實關係加以判斷，德國聯邦憲法法院曾採此見解 (BVerfGE 1, 406ff.)，第二說主張憲法法院應將支持其聲請之事實關係抽離，俾獲知其確切的訴求或聲請意旨之所在，而為判斷 (Vgl. Schätzel, Prozessuale Fragen des Bundesverfassungsgerichts, AöR 78, S. 228ff.)，第三說主張：憲法法院依其管轄權限，不僅判斷原告或聲請人之訴求或聲請，也應就整個爭訟事件之性質，按個案具體情況而判斷，憲法法院實務及學說上均有採用此說者 (BVerfGE 2, 159; 3, 12ff., vgl. auch Willi Geiger, Gesetz über das Bundesverfassungsrecht, Kommentar, 1952, S. 50)，遇有數種聲請相競合或聲請人誤將爭訟隱藏於他種聲請之中時，憲法法院有義務發現其爭執真正或重要性質 (überwiegende Charakter) 之所在 （Th. Maunz 即採此說，見 Maunz u. a., BVerfGG. Kommentar, aaO., §13 Rn. 21.）。

題的法律違憲，也應認為有拘束力；或者憲法法院審理各類案件，依職權在理由中宣告原本應適用的法律違憲，亦應有同樣效果。總之，此類事件應承認判決理由 (ratio dicidendi) 具有拘束力❸❹。

　　關於裁判效力最值得研究者，當推宣告法令違憲或違反其他上位規範的問題，而奧地利與德國正好代表兩個不同的類型。奧國受克爾生及墨克爾等所謂維也納學派之影響，認為一旦生效則對其效力的否定，只能向將來失效，不能使該下位法規自始的溯及既往失其效力，故無論由立法、司法或行政部門擔負規範審查，宣告法規違憲或違法都是撤銷而非無效。蓋法規一旦公布不問有何瑕疵，它已是生效的法規，克爾生以希臘神話中的國王麥得斯 (Medias) 得了手指點物成金魔力作比喻，不問是不是手指該碰的物體，一旦碰到就會成金（麥得斯竟不慎碰到了自己的女兒）❸❺。有瑕疵的法規因未被撤銷而繼續生效，如同違法的判決因未提起上訴而發生既判力 (res judicata)。既判力原本是只適用於法院裁判的概念，因墨克爾的提倡成為應用於各種法律規範的目的概念，墨克爾認為：實證法的功能就是要在維護法律秩序安定之條件下，設定法律內容變更的條件，故「確定力（既判力）乃法在概念上不可或缺的特質❸❻。」這種確定力理論對奧國法制影響甚大，1925 年制定之一般行政程序法，對於有重大明顯瑕疵之行政處分採取所謂宣告無效的制度，而非自始且當然的無效，與前述克爾生等人之理論幾乎相同。又奧國憲法第 139 條第 5 項，對憲法法院宣告法律及

---

❸❹　Vgl. Manuel M. C. da Costa, Die Verfassungsgerichtsbarkeit in Portugal, in: Starck/Weber (Hrgs.), aaO., Bd. I, S. 300.

❸❺　Kelsen, Reine Rechtslehre, 2. Aufl., 1960, S. 282.

❸❻　Merkl, Die Lehre von Rechtskraft, 1923, S. 245, zitiert nach Antoniolli/Koja, Allgemeines Verwaltungsrecht, aaO., S. 66. 並參照吳庚，純粹法學與違憲審查制度，收於：施茂林主編，當代法學名家論文集，法學叢刊出版，1996 年，頁 98 以下。

命令違憲之裁判，規定其效力自裁判宣示後向將來發生效力，但憲法法院亦得定期（命令通常為 1 年，法律最長為 2 年）使法規在期間經過之後，方始失效，這種制度有維護法律秩序安定的功能，但於個人權利救濟則有所不足，因此奧國又有引發事件 (Anlassfall) 之例外，即對當事人據以發動規範審查的案件，無效宣告溯及既往生效，俾該當事人獲得救濟❸，也為其他國家所模仿。我國大法官釋憲的效力，便是一例，容後再予論述。德國之制，宣告無效之違憲法律溯及既往的發生效力，憲法法院的判決乃確認判決，與奧國的形成判決性質不同。一旦法律經宣告無效，則與該違憲法律相關而發生連鎖效應，德國聯邦憲法法院法第 79 條訂定有解決之道：㈠已確定的刑事判決，被告得聲請再審。㈡其餘之各種法院判決及行政處分已確定者，不受影響，但不得強制執行。㈢未確定的判決及行政處分，應依憲法法院宣告無效之意旨處置。㈣在例外情形，憲法法院宣告法律違憲或與憲法尚有不符 (nicht vereinbar)，但不使其無效，並給予過渡期間；或者要求立法者依判決意旨修改法律，這種判決學者稱之為警告性裁判或課予義務宣告 (Appellentscheidung oder Verpflichtungserklärung)❸。歐洲其他憲法法院也有採用前述德國制度者，葡萄牙 1976 年憲法第 282 條關於違憲或違法宣告之判決，其效力規定，大致上與德國聯邦憲法法院判決相當。德國憲法爭訟中尚有一項特殊的救濟方法，類似民事訴訟的假處分稱為暫時命令 (einstweilige Anordnung)，規定於德國聯邦憲法法院法第 32 條：為防止重大之不利、避免外力威脅或其他基於公益原因之急迫需要，憲法法院就已繫屬案件得依聲請或依職權，作成暫時命令之裁判，其效力以 6 個月為限❸。歐洲其他國家尚無相同的立法例。

---

❸　Vgl. Adamovich/Funk, aaO., S. 291.

❸　M. Schulte, Appellentscheidungen des BVerfGE, DVBl, 1988, S. 1200–1206; auch H. Maurer, Staatsrecht, aaO., S. 683ff.

❸　H.-U. Erichsen, Die einstweilige Anordung, in: Fs "Bundesverfassung-sgericht und

●第四節 憲法爭訟制度的發展

一、憲法法院行使積極的「立法權」

憲法法院主要的一項功能為法規的違憲審查，亦即將違憲的法規宣告無效或予以撤銷，這就是克爾生視憲法法院為國會的第三院，行使消極立法權（否決其他兩院的法律）之原因❹，就憲法法院原始設計及傳統角色而言，這種主張自屬言之成理。然而新近的發展，使憲法法院角色變遷，成為代位的立法者 (Ersatzgesetzgeber)，不僅有權否決法律❹，還可以行使積極立法權。提出代位立法者一詞之 A. v. Brünneck，其說辭認為：憲法法院透過警告性判決或其他形式的裁判，宣示法律內容如何與憲法意旨不符（法國憲法委員會之用語為 non conforme à la Constitution），或指示立法機關應如何修改法律始屬合憲，乃是各國憲法法院習見的運作方式❹。葡萄牙憲法進一步將這項功能條文化表現出來，其第 283 條規定：「應共和國總統、監察使，或區立法議會議長以侵犯自治權為由所提出之聲請，憲法法院對由於未採取使憲法規範得以落實所必要之立法措施，因而出現不遵守

GG" I, 1976, S. 170ff.; Schlaich et al., aaO., S. 313ff.

❹ Cf. Kelsen, Judicial Review of Legislation. A Comparative Study of the Austrian and the American Constitution, The Journal of Politics, Bd. 4 (1942), pp. 183–200; dazu auch Michel Troper, Kelsen und die Kontrolle der Verfassungsmässigkeit, in: A. Carrino, Günther Winkler (Hrsg.), Rechtserfahrung und die Reine Rechtslehre, 1995, S. 18f.

❹ 憲法法院有權宣告法律違憲，所以首創設置憲法法院的克爾生認為憲法法院行使消極立法權。時至今日，還有學者使用消極立法者一詞，解釋何以憲法法院的判決為何能使法律失效，見 Schlaich/Korioth, Das Bundesverfassungsgericht, 9. Auflage, 2012, S. 335.

❹ Brünneck, aaO., S. 168ff.

憲法之不作為情況，應予審議、確認，並給予立法機關指示。」立法機關遇此情形即有義務依憲法法院指示，制定相關法律❸。除此之外，還有另一種行使積極立法權的方式，即德國出現對立法不作為（或稱立法怠惰 (gesetzgeberisches Unterlassen)）的若干補救措施中所發展成功的事例。質言之，由憲法法院認定系爭法律存有瑕疵（例如違反平等原則），一面宣告其與憲法意旨不符，一面將原條文擴張適用於本來遭排除適用者，或者自行創設新的規範❹。這是憲法法院在作消極的合憲性控制之外，衍生的法官續行造法 (richterliche Rechtsfortbildung) 功能，歐洲國家普遍奉行成文法優位及相信法典化的嚴整，產生這種現象值得高度重視。在我國釋憲實務中，這類功能的發揮，也不遑多讓。

二、憲法法院作為代位制憲者

所謂代位制憲者 (Ersatzverfassungsgeber) 也是 Brünneck 對憲法法院功能的描述，意謂憲法法院經由判決創設許多憲法位階的規範，有如美國最高法院以往所扮演的角色❺，其實這就是人們所熟知的最高法院被稱為經常集會之制憲會議 (continuous convention) 的原因。德國最著名的案例是1983 年聯邦憲法法院對戶口普查案所作的判決，在本件判決中新增一項基本法所無的基本權項目：個人的資訊自主權 (das Recht auf informationelle Selbstbestimmung)❻。又譬如法國，除革命時期 1789 年法國人權宣言外，

❸　J. M. M. C. da Casta, aaO., S. 292f.

❹　參照陳愛娥，立法怠惰之回應，憲政時代，第 21 卷第 1 期，1995 年，頁 46 以下；林佳和，西德之立法者不作為之憲法訴願之研究，憲政時代，第 16 卷第 3 期，1991 年，頁 27 以下。

❺　Brünneck, aaO, S. 170ff.

❻　戶口普查案 (BVerfGE 65, 1－Volkszählung) 審查的對象是 1983 年的一項法律（簡稱戶口普查法），該法規定政府得進行國勢調查，而人民有提供各種資訊包括丁口、住宅、職業狀況等之義務。不願接受調查者紛紛提起憲法訴願。聯

自 1791 年之後歷次共和憲法皆未有人民權利的規定，但憲法委員會的裁決認定上述法國人權宣言仍具有憲法效力❹，都是顯著的事例。

　　本書認為憲法法院從作為法律違憲的審查機關，擴張功能取得對違反憲法之憲法規範 (verfassungswidriger Verfassungsnorm) 的審查權，更足以表現其代位制憲者的角色，德國、義大利及土耳其等國都發生過實際案例，本書第一編第二章曾有詳細的敘述（包括我國的實例），於此不再重複。

三、憲法法院在兩元法律體系中的角色

　　戰後歐洲逐步走向統合：從歐洲煤鋼共同體、歐洲原子能共同體、歐洲經濟共同體（共同市場）而發展成歐洲聯盟。歐盟的法規可以分為兩大類，所謂基礎法 (primär-Recht) 及附屬法 (sekundär-Recht)。前者指產生共同體等國際組織的條約而言，其拘束對象為締約國；後者是共同體立法或行政部門制定的法規，可直接適用於締約國人民。除此之外，尚有獨立的法庭受理歐洲人民的案件。憲法法院原本就有這一類職掌：裁判國際法是否為國內法之一部分（例如德國基本法第 100 條第 2 項、希臘憲法第 100 條第 1 項第 5 款），或者審查條約是否違憲（例如奧國憲法第 140 條之 1、法國憲法第 54 條，憲法對此無明文規定的國家，一般條約既與法律同等位

───────────────

邦憲法法院認為在現今的資訊社會，資訊科技裝置的發達，個人資訊的取得、擴散及濫用是瞬間的事，為保障人格權及人性尊嚴，個人應享有資訊自主權。但資訊自主權並非絕對的權利，在兩項條件之下得予以限制：㈠法律明確規定使用資訊之目的，並就不符目的使用定出對公權力的防範措施；㈡為統計目的而取得資訊，雖不必有法律依據，但仍應對採樣所得的原始資料給予特別保護，若將資訊進一步運用仍應符合法律規定的要件。憲法法院據此宣告戶口普查法並不違憲，國會也根據上述判決的意旨於 1977 年制定了資訊保護法，參照 Richter/Schuppert, Casebook Verfassungsrecht, 2. Aufl., 1991, S. 81ff.

❹　參照鍾國允，法國合憲性審查之研究，台大國發所博士論文，2001 年，頁 115 以下。

階，自然也受憲法法院審查）。關於共同體法（簡稱歐洲法）尤其是前述附屬法，與得受憲法法院審查的一般條約不同，其位階與國內法比較何者較高？各國法制並不一致。在奧國基本上認為歐洲法高於國內法，非憲法法院審查的對象，既不得宣告其違法也不得宣告其違憲 ❹。因為本質上歐洲法與國內法是兩個並行的法律體系，故奧國學者認為自從該國成為歐體的成員國後，奧國乃是雙重憲法國家 (Doppelverfassung) ❹。歐洲法中的基礎法（即加入歐盟的條約），在奧國被視為憲法位階的規範，不生牴觸憲法問題，附屬法雖位階較低，但仍非憲法法院違憲或違法審查之對象，唯一的例外是：當附屬法侵害人民的基本權利時，對奧國國家機關不具拘束力，可見奧國對歐洲（附屬）法效力高於個別憲法條文，尚可接受，惟不容其違背憲法基本秩序 ❺。法國的情形則與奧地利相反，中央行政法院 (Conseil d'Etat) 在實務上認為法國憲法的位階高於歐洲法，歐洲法與國內法不一致時，倘若歐洲法生效在前而國內法制定在後，則不承認歐洲法有優先效力 ❺。德國加入歐盟也是以修改憲法為依據 ❺，原則上承認歐洲法優先於國內法，國內法不能撤銷或變更歐洲法，但歐洲法不得違反德國基本法第 79 條第 3 項所指的憲法基本原則。基本權利的保障是基本原則不可缺的部分，然而德國基本法與歐盟皆有其各自的人權清單，適用時難免有不一致的情形產生，德國聯邦憲法法院為解決這項問題，曾有兩次先例：第一次為 1974 年 5 月 29 日的裁判，認為只要共同體法關於基本權利的保

---

❹　Th. Öhlinger, Verfassungsfragen einer Mitgliedschaft zur Europäischen Union, 1999, S. 67ff.; H. Schäffer, in Rill u. Schäffer, Bundesverfassungsrecht, Kommentar, 2001, Art. 140 Rn. 98.

❹　P. Pernthaler, Die neue Doppelverfassung Österreichs, in: Festschrift für G. Winkler, 1997, S. 773ff.

❺　Öhlinger, aaO., S. 70f.

❺　Ebenda, S. 68.

❺　Hesse, aaO., S. 46.

障，尚未達到與德國基本法相當的程度，憲法法院就有權受理案件，並作實體審查❸。這項見解如果持續採取，共同體法的優先性將無法保持，因此引起各方批判，於是 1986 年 10 月 26 日的裁判改變見解：只要歐洲法庭對也屬於德國基本法上的基本權利，判命共同體的公權力主體採取有效的保障，德國的法院及官署即應以之為準，憲法法院不得再行使審判權，也不能以基本法上基本權利作為衡量標準❹。從此憲法法院對歐洲法庭及其適用之共同體法，給予更多的尊重，避免行使審判權。

四、憲法法院作為公共理性的論壇

違憲審查制度有多種功能：從法的觀點，違憲審查確保憲法建構原則 (Strukturprinzipien) 及各種價值的貫徹，諸如權力分立及制衡、規範位階秩序、水平及垂直的權限劃分、維護個人權利等。從政治的觀點而言，憲法法院扮演公共理性範例 (Exemplar of Public Reason) 的角色。這一稱呼原是當代美國思想家羅爾斯，肯定美國聯邦最高法院其司法審查職掌而作的描述❺。公共理性是一項不易解說的理念，大體而言，公共利益的實質原則就是政治性的正義概念 (political conception of justice)，其次公共利益也涵蓋實踐實質原則的程序。政治的自由主義主張以立憲政治落實公共理性。羅爾斯認為立憲主義又包含五項原則：㈠人民制憲的力量建立了政府，而使日常的政治活動由官吏及選舉人分擔，這是源於洛克在政府二論 (Two Treaties) 中所建構的理論。㈡區分位階較高法律 (higher law) 與通常法律 (ordinary law)，前者是全體美國人的意志 (the will of we the People)，後者是國會及選舉人的意志，通常法律應受較高法律的拘束。㈢民主憲法的原則諸如正當法律程序與受法律的平等保護，以及政府的組成架構都融合於

---

❸　BVerfGE 37, 271f. (= Solange I.)

❹　BVerfGE 73, 339f. (= Solange II.)

❺　John Rawls, Political Liberalism (New York, 1996), pp. 231ff.

政治價值及公共理性之中。㈣經民主方式產生的憲法及權利清單，形成公民團體的憲法精義 (constitutional essentials)，這些權利保證了法律的制定能夠符合自由、獨立之公民的意願。㈤立憲政府最終的權力既不屬立法部門也不屬於最高法院。最高法院雖是憲法的最高詮釋者，但國家最終的權力應適當的分配予三個部門，並均對人民負責❺❻。美國的立憲主義依羅爾斯的看法是兩元民主：由全民制憲權力所產生位階較高法律即憲法，與國會平日制定的通常法律兩個層次構成。最高法院便是保障位階較高法律的機制，可以防止國會中短暫形成的多數，或用議事技巧所通過的法律破壞政治價值及公共理性。以表面上看，法院宣告法律違憲是違反多數決的，但是如果法院的判決是符合較高的憲法便不能視為違反多數決，因為公共理性提供了最高法院解釋的基礎，並獲得比國會更高的權威即全民的支持。因此羅爾斯強調，大法官們不可訴諸個人的理想、道德信念，也不應受自己或他人宗教或哲學的觀點所左右，大法官應該設想什麼是最符合全民信仰的公共理性及正義所應有之政治價值。羅爾斯認為最高法院是最高的憲法解釋者但不是最後的解釋者 ，所以他將一句膾炙人口的話 ： "We are under the Constitution but the constitution is what the judges say it is." 更改為 ： "The constitution is not what the Court says it is. Rather it is the people acting constitutionally through the other branches eventually allow the Court to say it is." ❺❼。憲法並不是最高法院說它是什麼便是什麼，最高法院所述說的憲法，最終仍須經人民依憲法程序透過其他部門予以認可。這段話的用意在強調：最高法院作為公共理性的範例，固然是指大法官們依其憲法的專業知識、有關的先例以理性的意見 (reasoned opinions) 對憲法作出最佳的解釋。但是在民主的社會最高法院仍不能獨行其是，還要受民意的制約，因此美國最高法院的判決與美國憲法增修條文不一致，或與新產生的政治

---

❺❻　Ibid.

❺❼　Ibid., p. 237.

上多數意見相反時，如同羅斯福總統推行新政 (New Deal) 時期所發生的事件，最高法院便不能堅持己見。如果有一天通過新增修條文，將憲法增修條文第 1 條廢止，為美國建立國教要求人民信仰，或廢止第 14 條法律平等保護、第 5 條正當法律程序條款，最高法院有義務遵守嗎？羅爾斯說：這樣的修憲已牴觸二百年來的憲法傳統，「這不是單純廢止或保留，假如發生這種情況，即不難想像，政治權力如此行使的結局便是：導致憲法的破毀，或者正確的講是革命，而不是有效的修改憲法❺❽。」

　　西方國家的民主政治重心在議會政治、議員定期改選，使議會組成有民主正當性，議會議事公開，幾近於在全民監督下進行，議事程序從提案、討論到表決須經過各種讀會，頗為慎重，尤其黨團對立相互辯詰，有如邏輯的辯證過程。這樣通過的法案照理不致悖離公共理性。其實不然，因法案必須取決多數，多數人的利益並不等於公共理性，何況政黨為一時選舉利益甚至犧牲某些公益，或犧牲少數族群的權益以取悅多數，有時政客基於私利合縱連橫成為議會多數，議決完全棄公益於不顧的法案，也不是罕見的事。這種多數原則的浮濫 (Missbrauch des Mehrheitsprinzips)❺❾，使得

---

❺❽　Ibid., p. 239. 原文為 "They may be amended, in the ways mentioned above but not simply repealed and reversed, should that happen and it is not inconceivable that the exercise of political power might take that turn, that would be constitutional breakdown, or revolution in the proper sense, and not a valid amendment of the constitution."

　　羅爾斯是哲學家並非憲法學者，而美國人也不在意「憲章與憲法」的二分法，更不會知道我們釋字第 499 號解釋那套理論，卻一樣的出現憲法破毀的結論，足證當年以美國修憲可以毫無限制作為支持國民大會的論調之不能成立。不過在羅爾斯之前，已有學者提出相同見解，See Samuel Freeman, "Original Meaning, Democratic Interpretation, and the Constitution," Philosophy and Public Affairs 21 (1992), pp. 41f.

❺❾　Vgl. Brünneck, aaO., S. 139 ff.

公共理性的維護，必須另闢蹊徑。在各種憲法機制之中，憲法法院或美國式的最高法院似乎是唯一可信賴的機構❻。德國在傳統的憲法爭訟種類之外，依德國基本法第 93 條第 1 項第 2 款及德國聯邦憲法法院法第 13 條第 6 款、第 76 條第 1 項規定，首創三分之一國會議員對於不贊成的法案，即可簽署送請憲法法院作違憲審查之制度（德國後來又將門檻降低為四分之一國會議員），德國制度不久即為奧國、法國及若干亞洲國家（包括我國）所採用❻。如此設計有意將政治爭端轉化為法律訴訟，脫離國會議場，以憲法法院作為追求公共理性的論壇。

---

❻ 美國最高法院與歐洲的憲法法院構造及職權皆不同，但主要都在扮演解釋和守護憲法的角色。美國人並未羨慕歐洲的制度，但有一事值得記述：民國 78 年 8 月中旬本書著者吳庚與翁岳生、鄭健才、張特生及楊建華諸位大法官連袂訪問華府，於最高法院拜會方卸任院長職務的柏格 (Warren Burger)，柏格於交談中表示，希望有朝一日最高法院能夠名實相符改成像歐洲的憲法法院。

❻ 不論是德國、奧地利，還是法國，對於國會議員連署聲請釋憲的規範方式皆十分簡潔，僅規範門檻與對象。例如德國基本法第 93 條第 1 項第 2 款及德國聯邦憲法法院法第 13 條第 6 款規定，聯邦政府、邦政府或聯邦眾議院三分之一議員，就聯邦法或邦法與基本法在形式上及實質上有無牴觸；或邦法與其他聯邦法有無牴觸發生歧見或疑義時，得聲請聯邦憲法法院審理之。奧地利憲法第 140 條第 1 項第 2 句規定，聯邦憲法法院依聯邦政府之聲請，審理邦法律是否違憲；依邦政府、國民眾議院三分之一議員或聯邦參議院三分之一議員之聲請，審理聯邦法律是否違憲。法國第五共和憲法第 61 條第 2 項規定法律在公布之前，六十名參議員或國民議會議員連署，得聲請憲法委員會為違憲審查。從前述各國規範來看，門檻一定是國會「少數」，即便少數連署未必是少數黨之連署。其次，對象一定法律或邦法。綜上而言，此類規範之真諦就是讓對多數所通過之法律有歧見者，得尋求憲法審判機關再為裁判，以抑制多數暴力與強化公共理性；故其規範目的是「保護少數」。不過必須再次強調，針對特定法律持反對意見者，未必盡皆為少數黨之成員；即使在大多數情況下，「保護少數」與「保護少數黨」幾乎可以劃上等號。

第三章　我國憲法訴訟制度

我國憲法本文規定司法院大法官負責解釋憲法與統一解釋法律與命令，憲法增修條文進一步將大法官之人數固定為十五人，並增列由大法官組成憲法法庭，負責審理違憲政黨解散案件與正副元首彈劾案件。由於解釋憲法是前述職權中最重要的一項，論及大法官便令人想到解釋憲法，故大法官釋憲或釋憲制度成為大法官職權活動的通稱，即便其職權內容不僅止於釋憲而已。然因憲法訴訟法自民國 111 年 1 月 4 日生效，過去通稱的釋憲制度亦可配合新法而稱為憲法訴訟制度；但因憲法法庭之主要職權皆與「是否牴觸憲法」相關，故「釋憲」一詞仍可繼續沿用，用以概稱憲法法庭之審判活動。

我國釋憲制度在發展過程中深受歐洲憲法法院的影響，若干運作的方式更是亦步亦趨，有軌跡可循。司法院大法官本身對此也不諱言，而作自覺性的宣布：「我國法制以承襲歐陸國家為主，行憲以來，違憲審查制度之發展，亦與上述歐陸國家相近。」（見釋字第 371 號解釋理由書第 1 段）然而在制定憲法之初，大法官釋憲的設計，並非以歐洲憲法法院為榜樣。因為依照指導制憲之政治協商會議決議，「司法院即為最高法院，不兼管司法行政」，故行憲之初，民國 36 年 3 月 31 日公布之司法院組織法，司法院除設大法官會議外分設民事庭、刑事庭、行政裁判庭及公務員懲戒委員會，大法官行使解釋憲法及統一解釋法律命令之權，各庭則分掌不同種類案件之審理。上述法律並未正式實施，又改為訓政時期的制度，只增設了大法官會議。所謂「一元多軌」、「司法院審判機關化」等司法改革方案在組織形態上頗有重回民國 36 年方案的意味。以最高司法機關解釋憲法，固為國民政府成立以來歷次宣布之憲法草案所訂定，民國 18 年廣州國民政府的憲草，甚至還有出現設置國事法院的字樣，惟實際上均未公布實施。在現行憲法施行前，我國可謂並無由司法機關釋憲的先例，即使在歐洲，除奧地

利在兩次大戰之間短暫設立憲法法院外，並不算有真正的憲法法院成立。所以大法官釋憲制度固然是模仿歐陸，同時也是延伸國民政府時代司法院統一解釋法令之餘緒而來。大法官會議設置之初，其運作規範是司法院於民國 37 年自行訂定的大法官會議規則，所規定的大法官職掌不外對憲法疑義、各級規範與憲法有無牴觸的解釋以及法令之統一解釋。直到民國 47 年司法院大法官會議法制定為止，似無人質疑大法官會議的職掌過狹，或未賦予人民聲請解釋憲法以維護個人權益等等，與制憲本意不符。

　　大法官釋憲制度逐漸以歐陸國家憲法法院之發展為取向，可說是三項因素影響的結果：一是司法院大法官會議法以及後續的司法院大法官審理案件法先後實施；二是德奧等國憲法法院的發展日益完備；三是威權解構，使得憲法的常態適用成為可能。民國 81 年修憲時又仿效德國制度，在憲法增修條文增設由大法官組成之憲法法庭，審理政黨違憲解散案件，前述司法院大法官會議法並在民國 82 年經修訂為司法院大法官審理案件法。不過跟歐洲設有憲法法院的國家相比，無論在組織架構及審理程序上，都不夠完善。民國 91 年以後，幾次修法提案大法官可能以憲法法庭的形態行使職權，進一步「法院化」，終於在民國 108 年 1 月 4 日總統公布新的憲法訴訟法，用以取代現行的審理案件法。新的憲法訴訟法企圖實現「法院化」與「司法化」的想法，改以憲法法庭來審理案件，本已不太使用的「大法官會議」成為歷史名詞；且新法以「裁判」來取代「解釋」，過去長期慣用的「大法官解釋」亦將漸成明日黃花。

●第一節　憲法法庭的組織及運作

　　我國憲法上的五院中，行政院、立法院、考試院及監察院四院除正副院長之外，分別設有政務委員、立法委員、考試委員及監察委員，其中固有獨任制（行政院）、合議制（考試院）、集體行使職權（立法委員）、有時可單獨行使職權（監察委員）之分別，但頗為對稱，而且都有共同組成行

使職權的機制：院會。唯獨司法院設大法官，不見「司法委員」。尤其特殊者在於民國 92 年 10 月第六屆大法官卸任前，司法院院長雖然是大法官會議主席卻不具大法官身分（副院長也非大法官），所以主席無從參與大法官們的討論及表決❶。目前司法院組織雖甚龐大，真正行使司法權者僅大法官而已，其餘人員除大法官書記處配置於大法官外，都是在院長指揮下辦理司法行政事務。依照釋字第 175 號解釋：「司法院⋯⋯就其所掌有關司法機關之組織及司法權行使之事項，得向立法院提出法律案」，司法院所設司法院會議主要職權就是審議這類法律草案❷，雖然如此，仍無損於在處理司法行政事務上，司法院是以院長為首長的獨任制機關。

　　過去大法官以會議方式，行使解釋憲法及統一解釋法令之職權，關於政黨違憲解散案件則組成憲法法庭審理。所以大法官會議只是大法官行使憲法第 78 條權限的方式，而非組織形態。自司法院大法官審理案件法公布

❶　從憲法本文並看不出司法院院長、副院長一定不具有大法官身分，何以當年之司法院組織法卻規定設大法官十七人，不含正、副院長，造成主持大法官會議者卻非大法官的奇特制度（民國 92 年 10 月起正副院長亦具大法官身分）。記得楊與齡大法官曾對著者吳庚說，資深立法委員告以，為不讓司法院院長權力太大，所以不使其有大法官身分。不過，立法委員的說詞我卻不相信，因為在實施審（院）檢分隸前，司法院在司法行政事務上，幾可垂拱而治，無須顧慮院長權力過大。著者吳庚猜想，我國立法工作一向欠缺精準，行政院院長、副院長、考試院院長、副院長法律都未規定具有政務委員或考試委員身分，仍照樣主席兼委員，司法院院長也就想當然爾。立法之際根本未考慮司法機關講求法庭組織之合法，與行政機關並不相同。

❷　過去司法院組織法上並無院會即「司法院會議」的規定（司法院組織法第 17 條），因為在民國 69 年 7 月 1 日實施審檢分隸之前，高等法院以下各級法院都隸屬於行政院之司法行政部，司法院所屬三所審判機關又都各自獨立，自行處理其行政事務，司法院規模甚小，無開院會的必要。審檢分隸之後，司法院乃以內規設置院會。

施行以後，司法院正式文書就避免使用大法官會議的字樣。在審理案件法時期，依該法第 10 條規定，司法院接受聲請解釋案件，應先推大法官三人審查，通稱三人小組，每一小組成員由提名擔任大法官時不同資格者組成，但依吾人經驗，三人小組之作用不大。大法官辦理案件可分為三個階段：小組討論、全體審查會及正式大會。大法官依次輪分案件，與個人專長無關，第一階段由分到案件的大法官擬具解釋文及解釋理由書草案，與小組成員討論後共同簽名提交審查。第二階段為全體審查會的作業，以小組提出的草案為基礎，先通過解釋原則，再就文字逐段討論，同仁之間有辯論、有詰難，字斟句酌、反覆推敲，過程慎重而緩慢，有經過三、四十次審查會始定案者❸，因此審查會通過的草案，未必就是承辦小組的原案。審查會討論的過程有如 20 世紀的哲學大師海德格 (M. Heidegger) 及加達默 (H. G. Gadamer) 所講的詮釋循環（見本書前身憲法的解釋與適用第四編第二章第四節）。在案件審查中若認為有行言詞辯論的必要，則依司法院大法官審理案件法第 13 條，準用憲法法庭相關規定，行言詞辯論，或者邀請聲請人、相對人、有關機關或專家學者到會說明。審查會通過的解釋文及解釋理由書仍屬草案性質，須提交大會討論表決。審查會在院長不具大法官身分的時期，由大法官輪流擔任，效率頗受影響。

　　現行憲法訴訟法已更改過去三人小組的作法，於該法第 3 條明定憲法法庭設若干由三人組成之審查庭，由院長、副院長及資深大法官出任審查

---

❸　大法官對案件的審理、討論可以說是最充分的合議，每位大法官手上都有全案卷宗資料，並不受小組意見的拘束，因此小組的功能並不是很顯著，小組成員通常多尊重執筆人的意見，不過遇有重大疑難的案件，小組內部也會熱烈討論形成共識。最值得稱道的是：過往最高法院採秘密分案的作法（最高法院秘密分案已於民國 101 年廢止），在大法官是不存在的，只是會議（評議）及其紀錄尚未公開而已。其實重大案件或有學術價值的案件，不少大法官會發表個人協同意見書或不同意見書，有時發表者幾達半數，近年竟達九成，大法官評議的立場已透露殆盡。

庭審判長，負責案件的初步篩選工作。依該法第 15 條第 2 項及第 61 條第 2 項之規定，審查庭得以一致決方式裁定不受理；前者處理聲請不合法之案件，後者則篩選案件是否具憲法重要性，或為貫徹基本權利所必要者。除篩選案件外，審查庭尚有諸如指定當事人或許可閱覽卷宗等權。由於現行法賦予審查庭「選案」的職權，影響至為重大，故規定審查庭之組成每 2 年調整一次。若審查庭無法達成不受理之共識，案件就送入憲法法庭，經大法官現有總額三分之二以上參與評議，並經參與大法官過半數同意者，案件始得受理。

案件一經受理後，憲法訴訟法規定憲法法庭首應將聲請書送達相對人，並限期命相對人以答辯書陳述意見（第 17 條）；爾後須將聲請書與答辯書一併於憲法法庭網站上公開（第 18 條）。在審理過程中如有必要，憲法法庭得依職權或依聲請通知當事人或關係人到庭說明或陳述意見。此外，憲法法庭也可指定專家學者、機關或團體提供專業意見或資料。專業意見提供者必須揭露其與當事人、關係人或代理人之互動關係與利害關係（第 19 條）。另外憲法訴訟法也建立類似美國法上的「法庭之友」(Amicus Curiae) 制度，凡經憲法法庭裁定許可者，當事人以外之其他人民、機關或團體亦得提出相關專業意見或資料供憲法法庭參考。這些法庭之友所提供之意見或資料若經當事人引用者，即視為當事人之陳述（第 20 條）。

案件審理是否必須經過言詞辯論？憲法訴訟法第 25 條第 1 項規定，總統副總統彈劾案件與政黨違憲解散案件等兩類案件必須進行言詞辯論，至於其他類型案件則可不經言詞辯論作成判決。憲法法庭舉行言詞辯論必須有現有總額三分之二以上大法官出席，未參與之大法官即不得參與該案之評議與裁判。

另依釋字第 585 號解釋所揭示之憲法上保全制度，憲法法庭得依聲請或依職權作出暫時處分。憲法訴訟法第 43 條對於暫時處分詳為規範：首先，就作成暫時處分之法定要件有三：一，於案件繫屬中，為避免憲法所

保障之權利或公益遭受難以回復之重大損害；二，必須有急迫必要性；三，必須無其他手段可資防免時。其次，暫時處分得適用之範圍包括：與案件相關之爭議，法規範之適用，或原因案件裁判之執行等三種事項。最後，憲法法庭於裁定前，得命當事人或關係人陳述意見，或為必要之調查，裁定並必須附具理由。

　　憲法法庭表決之可決人數有各種不同規定❹：㈠裁判：大法官現有總額三分之二以上參與評議，出席，現有總額過半數同意（第 30 條）；㈡裁定：現有總額過半數參與評議，參與大法官過半數同意（第 31 條第 1 項）；但審查庭之裁定，則以過半數之意見決定之；㈢受理之評決：大法官現有總額三分之二以上參與評議，參與大法官過半數同意；未達同意門檻即應裁定不受理（第 32 條）；㈣暫時處分之裁定：現有總額三分之二以上參與評議，現有總額過半數同意（第 43 條第 3 項）；㈤統一解釋：受理及評決須現有總額過半數參與評議，參與大法官過半數同意，未達受理門檻者即應裁定不受理（第 87 條）；㈥彈劾案或政黨解散案件：現有總額三分之二以上同意，彈劾案成立或解散政黨（第 75 條第 1 項、第 80 條第 1 項）。

　　有關憲法法庭與審查庭作成判決與裁定的方式，憲法訴訟法亦詳為規定。先就裁定而言，原則上得不附具理由，但不受理裁定與暫時處分裁定則必須附具理由。此外，不受理裁定應記載參與大法官之姓名及同意與不同意之意見（第 32 條第 3 項）。再就判決而言，現行法除將判決書格式改成與一般法院相似，不再用過去解釋文與解釋理由書的呈現方式外，最重

---

❹　在司法院大法官會議法適用之時期，大法官會議解釋憲法須出席大法官四分之三之可決，困難度甚高，效率大受影響，尤其第四屆（自民國 74 至 83 年）其公布之解釋，幾乎固定有兩位大法官寫不同意見，其形成可決多數之難，可以想見。於是第 596 次會議決議，如果釋憲案的結論是：尚不發生牴觸憲法問題，只要出席大法官過半數同意即可。第四屆有一、二案件曾用這種表決人數作成解釋。此後大法官即未再使用，蓋頗有規避法定人數之嫌。

要的變革是採主筆大法官顯名制，以及參與審判大法官的投票意向（第33條）。此舉與德美等國制度相似，有助於大幅提升司法的透明度。

●第二節　大法官與憲法法庭的權限

憲法第79條第2項及第78條、憲法增修條文第5條第4項對大法官的權限僅作原則性的規定，其實施仍有賴其他法律為進一步規定。基於朝向司法化的發展方向，大法官大部分的法定職權皆以憲法法庭之方式行使，現已規範於憲法訴訟法中；惟大法官仍有少許職權不在憲法法庭內行使。憲法訴訟法第1條將憲法法庭的權限分成六大類型：㈠法規範憲法審查及裁判憲法審查案件；㈡機關爭議案件；㈢總統、副總統彈劾案件；㈣政黨違憲解散案件；㈤地方自治保障案件；㈥統一解釋法律及命令案件。但是若以憲法規範為基礎，實則可以將前述六大類型化約為三大類型，並再增一類雖非憲法所規定，但亦為大法官之職權事項。

一、解釋憲法

㈠國家最高機關，因本身或其下級機關行使職權，就所適用之法規範認有牴觸憲法者（憲法訴訟法第47條第1項）。

㈡國家最高機關，因行使職權，與其他國家最高機關發生憲法上權限爭議，雙方就爭議事項協商未果者（憲法訴訟法第65條第1項）。

㈢依中央行政機關組織基準法所定相當二級之獨立機關，行使其獨立自主之職權，就所適用之法規範認有牴觸憲法者（憲法訴訟法第47條第3項）。

㈣地方自治團體之立法或行政機關行使職權，就所應適用之中央法規範認有牴觸憲法，且對其受憲法所保障之地方自治權有造成損害之虞者（憲法訴訟法第82條第1項）。

㈤立法委員現有總額四分之一以上，就其行使職權，認法律位階法規

範牴觸憲法者（憲法訴訟法第 49 條）。

㈥各級法院審理案件時，對裁判上所應適用之法律位階法規範，依其合理之確信，認為有牴觸憲法，且於該案件之裁判結果有直接影響者（憲法訴訟法第 55 條）。

㈦人民憲法上所保障之權利遭受不法侵害，其依法定程序用盡審級救濟之案件，對於受不利確定終局裁判所適用之法規範，認有牴觸憲法者（憲法訴訟法第 59 條第 1 項）。

㈧人民憲法上所保障之權利遭受不法侵害，其依法定程序用盡審級救濟之案件，對於受不利確定終局裁判之判決本身，認有牴觸憲法者（憲法訴訟法第 59 條第 1 項）。

㈨地方自治團體就其依法定程序用盡審級救濟而受不利確定終局裁判，認此終局裁判損害其憲法所保障之自治權者（憲法訴訟法第 83 條第 1 項）❺。

二、統一解釋

㈩人民就其依法定程序用盡審級救濟而受不利確定終局裁判，認該裁判對其所適用法規範所表示之見解，與不同審判權終審法院之確定判決適用同一法規範已表示之見解有異者（憲法訴訟法第 84 條第 1 項）。

三、高度政治性案件

(十一)政黨違憲解散案件（憲法增修條文第 5 條第 4 項、憲法訴訟法第 6 章）。

---

❺ 依憲法訴訟法第 83 條第 1 項之規定，地方自治團體所提之裁判憲法審查案件，僅限於下列三種情況：一、自治法規遭監督機關函告無效或函告不予核定；二、地方立法機關議決之自治事項經監督機關函告無效；三、地方行政機關辦理自治事項，經監督機關撤銷、變更、廢止或停止其執行者。

　　㈢總統、副總統彈劾案（憲法增修條文第 2 條第 10 項及第 5 條第 4
　　　項、憲法訴訟法第 5 章）。

四、其他事項

　　㈢總統副總統就職監誓（總統副總統宣誓條例第 4 條）。
　　㈣憲法法庭審理規則之訂定（憲法訴訟法第 4 條）與大法官自律案件
　　　之審議（司法院大法官自律實施辦法）。
　　若與舊的審理案件法相比較，現行憲法訴訟法有以下幾項改變特點值
得注意：
　　首先，過去長期存在的憲法疑義解釋已被新法所廢止，大法官過去受
理這類案件為數甚多，但也是最受各方批評的釋憲類型❻。從憲法第 78 條
的文本「解釋憲法」而言，憲法疑義解釋本不生問題，大法官會議成立之
初作成的釋字第 2 號解釋即稱：「憲法第一百七十三條規定憲法之解釋由司
法院為之，故中央或地方機關於其職權上適用憲法發生疑義時，即得聲請
司法院解釋。」但適用憲法的機關就如同適用法律的機關一樣，對條文的
涵義應自行理解，不應請其他機關解釋，尤其司法機關應避免接受這種任
務，以免成為法律諮詢機關而有損其地位。所以每逢修法就有將憲法疑義
解釋予以刪除的建議，結果都未成功，何以故呢？大概與我們特殊的國情
脫離不了關係，像終止資深中央民代的釋字第 261 號解釋，和否定國大修
憲的釋字第 499 號解釋，都是立法委員主張有憲法疑義而提出聲請，如果
沒有疑義可以聲請釋憲的機制，則後果如何令人難以想像，而誰能保證將
來憲政上絕對不會再出現類似這兩號解釋所涉及的現象呢？
　　其次，憲法涵義爭議解釋已不復存在。所謂憲法涵義爭議，係指對憲
法涵義之理解國家機關之間存有爭執聲請解釋而言。憲法涵義爭議與機關

---

❻　參照吳信華，憲法的直接適用性與「憲法疑義」的訴訟類型，月旦法學教室，
　　第 117 期，2012 年，頁 78–84。

間之統一解釋頗為相像，不同之處僅在憲法理解上的不同（爭議），與法令理解上的不同而已。具體案例如釋字第 151 號遺失查帳徵稅代用空白完稅照，得否比照遺失查驗證補徵稅款解釋案，即是監察院對於以類推比照方式課稅有違憲法第 19 條租稅法定主義，與行政法院及行政院意見不一致之聲請案。又如副總統可否兼任行政院院長，也是立法部門與行政部門對憲法的理解不同（釋字第 419 號解釋）。至所謂憲法爭議並不限於對憲法條文的本身，也包括對大法官與憲法相關的解釋在內。例如釋字第 282 號解釋關於國民大會代表為「無給職」及「集會行使職權時，所得受領之報酬」國民大會及立法院均認為有疑義及爭議，分別聲請解釋，經大法官受理並作成釋字第 299 號解釋。

再者，新制對於機關具體行為之違憲審查亦無法發動。所謂機關具體行為包括積極作為與消極不作為，前者如總統提名大法官再任，是否違反禁止連任之爭議；後者如立法院消極不行使監察委員同意權。先就前述總統的提名行為是否違憲而言，係涉及對憲法條文涵義的理解。若依過去審理案件法第 5 條第 1 項第 3 款之規定，立法委員得以「適用憲法發生疑義」為由連署聲請釋憲。但現行憲法訴訟法第 49 條對於立法委員連署聲請釋憲限制在「認法律位階法規範牴觸憲法者」，而此大法官再任提名案並無任何法律位階法規範被質疑違憲。再者，本案也非第 65 條的機關爭議案件，因提名權為總統所獨享，並無任何權限爭議。綜上，類似總統行使提名權之機關具體行為，在現行憲法訴訟法下已無違憲審查之可能。同樣的，釋字第 632 號解釋的爭議核心是立法院多數黨在程序委員會中，以決議方式將總統所提交之監察委員提名名單暫緩編列議程報告事項，也就是暫不將人事同意權案排入議程，遲遲不行使國會同意權。當時的少數黨即以多數黨濫用議事程序，不當阻撓立法院同意權之行使，逾越議會自律範圍，導致癱瘓監察權之運作，動搖權力分立制度與危害民主憲政之虞等理由連署聲請釋憲，大法官則以本案屬立法委員行使職權，適用憲法發生疑義為由受

理該案並作出解釋。本號解釋之不同意見書認為該案屬「機關之具體行為」，固屬的論，但應不受理的理由不單僅因係屬機關具體行為而已❼；更重要的是因遲遲不排入議程的「擱置行為」，其既非消極不行使同意權，亦非拒絕行使同意權；只是「未適時」行使同意權而已。然而「擱置多久」可以被認定為等於或形同「不行使同意權」？這才是本案不應受理的核心問題。

　　事實上在審理案件法時期，早有不少憲政爭議皆涉及機關具體行為，然大法官受理與否卻標準不一。如總統批示同意國家統一委員會終止運作與國家統一綱領終止適用之行為❽，行政院指示將「中華郵政」正名為「台灣郵政」之行為❾，近期更有民進黨以立法院多數黨之姿突然提案停止監察委員被提名人之說明及答詢，並決議逕行提報院會，以無記名投票表決；隨後於次日無視其他政黨之反對即逕行投票通過監察委員人事案，這些案件大法官均不予受理。特別是監察委員未經審查即通過人事案一例，其不

---

❼　詳見釋字第 632 號解釋彭鳳至、余雪明兩位大法官的不同意見書，以及余雪明大法官的部分不同意見書。

❽　民國 95 年 4 月 21 日大法官第 1282 次會議不受理決議案就立法委員呂學樟等一百零一人聲請解釋，總統批示同意「國家統一委員會」終止運作及「國家統一綱領」終止適用，違反憲法增修條文前言部分，大法官認為「行政機關之相關行為，並非本院得為違憲審查之客體（司法院大法官審理案件法第五條第一項第三款參照）」，故該案應不受理。

❾　民國 96 年 7 月 13 日大法官第 1308 次會議不受理決議案就立法委員李復甸等一百零四人聲請解釋行政院指示中華郵政股份有限公司，經董事會決議更改公司名稱為台灣郵政股份有限公司，並且經申請經濟部變更公司登記准許，已與法律授權執行郵政業務機關組織之內容相悖，違反權力分立原則，逾越行政權本質而侵害立法權，明顯與憲法相牴觸一案，大法官認為「聲請人係指摘行政院之行為本身牴觸憲法，卻未具體指明立法委員行使預算審議權而適用憲法發生如何之疑義」，故該案不予受理。

屬完全不具形成效果的議事杯葛抗爭行為，而是具形成效果且直接違反立法委員職權行使法之行為，大法官拒絕受理之態度顯與釋字第 632 號解釋迥然不同 ❿ 。

　　最後，憲法訴訟法第 1 條第 2 項原規定：「其他法律規定得聲請司法院解釋者，其聲請程序應依其性質，分別適用解釋憲法或統一解釋法律及命令之規定。」於此衍生諸如公民投票法或地方制度法等規定得以聲請釋憲之情況，與憲法訴訟法何者優先適用的問題。對此問題，大法官於萊豬案予以闡述 ⓫ ，後再經立法院修法予以確認。現行憲法訴訟法第 1 條第 2 項已改為應適用「本法所定相關案件類型與聲請要件之規定」。基此，地方制度法聲請釋憲之管道已被憲法訴訟法所取代。憲法訴訟法首先排除地方自治團體聲請統一解釋之可能性。其次，雖地方自治團體亦得提出裁判憲法審查，但僅限於三種上級機關之監督處置，顯然過於窄化；尤其是地方自

---

❿　民國 110 年 2 月 5 日大法官 109 年度憲一字第 5 號不受理決議謂：「惟查，系爭決議一（取消被提名人接受立委實質審查之決議）並非行政命令，且命令亦非得為立法委員聲請解釋之客體；又系爭決議一及二（逕行表決通過監委人事案）係立法院內部之議事行為，並未直接對外發生效力，均不具法律性質及位階，自不得據以聲請解釋。是本件聲請核與大審法第 5 條第 1 項第 3 款規定不合，依同條第 3 項規定，應不受理。……系爭決議一及二均係國會議事規範之踐行屬國會內部事項，其尚無明顯牴觸憲法之重大瑕疵，依國會自律原則，釋憲機關自應予以尊重。」

⓫　憲法法庭 111 年憲判字第 6 號判決謂：「按憲訴法第 1 條第 2 項規定之文義及立法意旨係指，縱使其他法律（如地制法第 30 條第 5 項、第 43 條第 5 項及第 75 條第 8 項、公民投票法第 30 條第 3 項等規定）另有得聲請司法院解釋之規定，然於憲訴法施行後，除本庭就憲訴法無明文規定之訴訟型或程序（如不涉及變更先前解釋或判決之聲請補充等），仍得本於程序自主權而受理外，其他法律所定得聲請司法院解釋者，仍須符合憲訴法所定之各該訴訟類型及其要件，始得受理。」（理由書第 41 段）

治團體不得針對確定終局判決所依據之法規範提出法規範憲法審查❷，亦屬限縮之舉。最後，若不將憲法訴訟法第 59 條之「人民」解釋為包括地方自治團體，則地方自治團體與自治監督無關之私法上權利（如財產權）或公法上之權利（如訴訟權）之權利爭執事件，若依憲法訴訟法亦無釋憲之可能。

●第三節　聲請要件

除前述第四類其他事項不具訴訟性質外，前三類共十二項具訴訟性質之案件，憲法法庭本於司法機關「不告不理」的被動特性，必須有符合要件的聲請案件，始能行使職權。以下將就十二項職權中性質相近者，合併敘述其聲請的法定要件：

一、憲法爭議及法令牴觸憲法之聲請案件（憲法訴訟法第 47 條、第 49 條、第 65 條、第 82 條第 1 項）

㈠有聲請權者為國家最高機關或地方自治團體、立法委員現有總額四分之一以上

這類爭訟是典型的客觀爭訟，即有資格提出釋憲聲請者，並不以本身憲法上的權利受損害為前提，所發生者為客觀上的適用憲法爭議或下位階法規範與憲法發生衝突。所謂國家最高機關係指憲法所明文設置之憲法機關，包括五院及總統。總統雖為自然人，但當其行使法定職權時，亦為憲法上的機關。總統府固為機關性質之組織體，但其首長是秘書長而非總統❸。蓋總統為國家元首，不是某個機關的首長而已。至於非國家最高機關之其他機關若欲聲請釋憲，應報請其上級機關，由其所隸屬之最高機關

---

❷　黃錦堂，地方制度法論，元照出版，頁 478 以下。

❸　總統府秘書長是機關首長，但只是總統的幕僚，並無憲法上的職權，可否向司法院聲請釋憲，頗有爭議，見釋字第 541 號解釋，劉鐵錚大法官一部不同意見書。

負責提出聲請。在此上下隸屬之層級概念下，地方自治團體之行政機關在辦理中央所交付之委辦業務時，其地位乃屬受中央指揮監督之下級機關，其就委辦業務之爭議欲提釋憲，仍應報請中央，由中央決定是否聲請。至於地方自治團體辦理自治事項時，因憲法保障地方自治，故此際地方自治團體之行政機關或立法機關皆非中央之下級機關，其亦有自主提出釋憲聲請之地位。不過因憲法地方自治保障之範圍僅包括省、縣及直轄市而不及於鄉鎮市；故鄉鎮市無權自主提出釋憲聲請，其與地方行政機關之下級機關相當，須報請其上級機關聲請釋憲。另依中央行政機關組織基準法所設之相當二級機關地位的獨立機關，在其獨立自主之職權範圍內亦相當於國家最高機關之地位，亦可直接聲請釋憲。

立法委員現有總額三分之一（新法四分之一）以上也可作為單獨的聲請主體，這是民國 82 年將司法院大法官會議法修改為司法院大法官審理案件法時，仿德國制度所增列。這種規定自有一定的功能，在本編第二章已有敘述。所以，立法委員欲聲請釋憲有兩種途徑可循：一是委員過半數通過決議，以立法院名義（即國家最高機關之地位）聲請；一是總額四分之一以上委員之連署提起聲請。但這一規定過去常對大法官造成困擾，因為允許四分之一的立法委員聲請釋憲，本意是使不贊成多數（過半數）通過法案的立法委員，仍有機會表達其反對意見，緩和多數決可能產生的弊端，然而國會表決未必都是多數黨與少數黨黨團的對立，如又不採記名表決，可能出現舉手贊成法案通過，又連署聲請釋憲，違反禁反言原則的情形，但司法院卻無從查核❶❹。其實過去「三分之一」的門檻根本上是過於嚴苛，不能達到保護少數的目的；即使現行法已將其改為「四分之一」，仍嫌門檻過高❶❺。

---

❶❹　參照王和雄，違憲審查制度與司法院大法官審理案件法，法學叢刊，第 182 期，2001 年，頁 38。

❶❺　詳見陳淳文，釋憲趨勢與半總統制的制度韌性，政治科學論叢，第 72 期，2017 年 6 月，頁 46 以下。

(二)須與其他機關發生適用憲法之權限爭議，或適用法律與命令發生有牴觸憲法之疑義

權限爭議與法規範違憲審查是兩種迥然不同的釋憲案型，前者要處理的是權限歸屬問題，釋憲機關最終要決定的是「爭議權限究竟應由何機關享有」。至於後者則是涉及規範秩序問題，釋憲機關審查的內容是「特定法規範是否牴觸憲法」。然現行憲法訴訟法卻打破二者應有之藩籬，出現十分矛盾的情狀。以下就此兩類案型分別討論：

1.憲法權限爭議案件：憲法上之權限爭議可分為垂直權限爭議與水平權限爭議等兩種類型，前者涉及中央與地方之權限劃分，後者涉及憲法機關間之權限分配；現舉兩個過去釋憲案例來說明此二者之不同。釋字第307號解釋係由地方議會提出聲請，議會於審查年度預算時發現地方總預算中警察部門預算資本門及部分經常門預算，係由中央直接編列，議會認為此舉無異剝奪地方政府編列預算與地方議會審議預算之權，有牴觸憲法第109條之嫌而聲請釋憲。本案的爭議重點是：地方部分預算可否由中央直接代為編列？大法官的回答是：若屬執行中央委辦事項，自可由中央編列預算；若屬地方自治事項，自不得由中央代為編列預算。若屬需全國一致之事項，中央得規定一致性標準，並於必要時補助地方不足之處。在本案中聲請人並未質疑法律違憲，大法官也未宣告特定法律合憲或違憲❻，僅闡明權限歸屬；如此的確符合憲法訴訟法第67條規定。但是憲法訴訟法第82條卻規定垂直的權限爭議一定要以規範衝突的方式呈現，顯然與前述案例大異其趣，造成體系矛盾。

再以釋字第627號解釋作為水平權限爭議之案例。該案聲請人為總統，其爭執焦點有二：一是總統於任職期間可否以犯罪嫌疑人或被告身分受偵查、起訴與審判等刑事司法程序？二是總統可否拒絕提供與案情相關之資料或文件？而此二焦點又都與憲法第52條之涵義相關，並不生特定法規範

---

❻　本案涉及當時的警察法第16條，但沒有人質疑該法違憲。

與憲法是否相牴觸之問題。又如釋字第 729 號解釋涉及立法調查權可否調閱檢察機關之偵查卷證?其屬立法權與檢察機關之偵查權的權限衝突問題。大法官在此號解釋延續釋字第 585 號解釋已提出之協商要求❼,今成為憲法訴訟法第 65 條新創的協商機制,其要求爭議機關於聲請釋憲前應先進行協商,協商未果才能提出聲請,以免憲法法庭過早介入爭議。然若將前述總統刑事豁免權案例放入新法的協商框架下,即會出現地方法院審理案件欲傳喚被視為犯罪共同正犯的現任總統出庭遭總統拒絕時,是要地方法院審判庭自己與總統協商?還是要透過國家最高機關司法院來協商?然各級法院間並無「司法一體」之上下隸屬關係,適合由司法院出面協商嗎?又檢察官若欲訊問總統遭拒,應出面協商的是「檢察一體」之檢察總長?還是「行政一體」之行政院長?協商機制究竟有何功效?以及要如何順暢運作?尚留有諸多疑問。

憲法訴訟法規定權限爭議案件僅能由國家最高機關提出聲請,表現上看似十分合理,其實卻存有嚴重瑕疵。以行政、立法兩權之權限爭議來說,經民主選舉運作之後,已非僅有兩權各自為維護其權力的權限爭執而已,更重要的是執政黨與在野黨的競爭與制衡。如執政黨同時掌握行政權與立法院之多數席次,則行政、立法兩權相互牽制制衡的權力分立理想即難以發生功效;此際尤賴國會在野黨透過議會程序與違憲審查機制來節制執政黨與國家權力。然國會在野黨通常無法取得國會過半席次,故在野黨既不

---

❼ 釋字第 729 號解釋理由書第 6 段謂:「立法院行使文件調閱權,如與受調閱之機關發生諸如:所調閱之事項是否屬於國家機關獨立行使職權受憲法保障之範疇、是否基於與立法院憲法上職權之特定議案有重大關聯、是否屬於法律所禁止調閱之範圍、是否依法定組織及程序調閱、以及拒絕調閱是否有正當理由等爭議時,立法院與受調閱之機關,宜循協商途徑合理解決,或以法律明定相關要件與程序,由司法機關審理解決之。相關機關應儘速建立解決機關爭議之法律機制,併此指明。」

能啟動憲法訴訟法第 47 條，也不能啟動第 65 條；因為其條件就是要立法院過半席次同意，然後立法院以國家最高機關之名發動違憲審查。僅餘的憲法訴訟法第 49 條竟又將聲請要件限縮於「認法律位階法規範牴觸憲法者」，遠比審理案件法第 5 條第 1 項第 3 款之「適用憲法發生疑義或適用法律發生有牴觸憲法之疑義者」要窄化許多。經此大幅限縮之後，過去由三分之一立法委員連署聲請的解釋，如涉及條約之國內法化的釋字第 329 號解釋，屬於憲法涵義的解釋，以及諸如釋字第 342 號與第 499 號等涉及議事程序爭執之案件，爾後將投訴無門；民主多數暴力的危險勢必更難期待能透過違憲審查制度予以馴服。

　　2.法令牴觸憲法疑義的案件：此類案件由機關提起為數不多，蓋法律或多數由行政機關或考試機關起草，經立法院通過，這三個機關殊少可能主張法律違憲，因行政命令發布之機關不得違反禁反言原則而發動違憲審查，而其他機關基於相互尊重的立場，也不輕易聲請解釋。因此可能提出聲請者只有期待職司風紀的監察院，或者對法律案原持反對意見的部分立法委員（即總額四分之一）。著名的釋字第 166 號解釋宣告違警罰法有關拘留罰役規定違反憲法第 8 條第 1 項的釋憲案，就是監察院所提出的聲請；釋字第 436 號解釋，宣告軍事審判法不許判決有期徒刑以上之罪向普通法院上訴之規定為違憲的案件，則是由部分立法委員提出的聲請案。

　　法規範違憲審查本應具客觀訴訟之色彩，以維護客觀法秩序為最主要目的。但憲法訴訟法第 82 條將中央與地方之垂直權限爭議案型規定為法規範違憲審查，其矛盾情形已如前述。依此條文規範，地方立法或行政機關若欲提出法令牴觸憲法之聲請案件，須滿足以下兩個要件：一是要適用中央法規範，包含法律或中央所訂定之命令；二是要該法規範對其憲法所保障之地方自治權有造成損害之虞，亦即損害未實際造成之前即能發動違憲審查機制，於此展現出其客觀訴訟之性格。不過，此訴訟不單僅為「維護客觀法秩序」，更重要的是要「維護其受憲法所保障之自治權」，故亦含有

濃厚的主觀訴訟色彩。

　　憲法訴訟法第83條新增裁判憲法審查案型，其既以裁判為對象，看似與抽象法規範無關，故似非法令牴觸憲法之法規範憲法審查案型。然地方為維護其自治權所生之爭訟案件，多因法規範而起：或因中央依中央法令所為之行為侵害自治權，此屬中央法令違憲之情形；或因地方依地方法規範所為之行為逾越自治權之範疇，此屬地方法規範違憲之情形。以釋字第553號解釋為例，北市以「特殊事故」為由延後辦理里長選舉之決定遭中央撤銷，雙方爭執焦點在「是否存有特殊事故」，此係涉及具體事實認定與法規解釋問題。但市府聲請書仍認為地方制度法第75條第2項賦予中央得撤銷地方自治事項之決定，侵害憲法保障之自治權。換言之，地方自治保障案件常與法規範衝突脫離不了關係。然憲法訴訟法第83條第3項卻規定此類案件要具憲法重要性或為貫徹聲請人憲法保障之自治權所必要者，方才受理；如此賦予大法官寬廣的選案空間。在另一方面，確定終局判決所適用之法規範亦不得被納入違憲審查之範圍。此設計方式強化裁判憲法審查的主觀色彩，卻嚴重弱化地方自治權的保障強度。

　　以上憲法權限爭議或法令牴觸憲法疑義，有時區分並不明顯❶⓼；如釋字第553號解釋文第1段即謂：本件事關修憲及地方制度法制定後，地方與中央權限劃分及紛爭解決機制之釐清與確立，非純屬機關爭議或法規解釋之問題，亦涉及憲法層次民主政治運作之基本原則與地方自治權限之交

---

❶⓼　論者曾將機關爭議而生之違憲審查，加以統計分類，認為有七種之多：1.憲政機關制定之抽象規範內涵，發生牴觸憲法之爭議者。2.機關適用法令所為之個案規範內涵，發生牴觸憲法之爭議者。3.立法院刪除預算，發生牴觸憲法之爭議者。4.機關職務上行為或措施，發生牴觸憲法之爭議者。5.機關非職務上行為或措施，發生牴觸憲法之爭議者。6.機關之不作為，發生牴觸憲法之爭議者。7.其他憲法義務主體之行為，發生牴觸憲法之爭議者。見李念祖，大法官從事個案違憲審查之憲法解釋實例研究，收於：翁岳生教授七秩誕辰祝壽論文集：當代公法新論，上冊，元照出版，2002年，頁831以下。

錯……。

㈢須為行使職權

1.立法委員行使職權之認定：在憲法訴訟法施行前，無論憲法疑義、憲法爭議或法律牴觸憲法疑義解釋，提出聲請的機關或立法委員都必須是行使職權，適用憲法。其聲請是基於行使何項職權，如何適用憲法並應在聲請書中敘明，否則即欠缺受理之要件。民國 86 年國民大會修憲，將行政院院長由立法院行使同意權之規定刪除(即同年 7 月 21 日公布之憲法增修條文)，三分之一以上立法委員提出釋憲聲請，質疑修憲之正當性，並未說明其聲請時行使何種職權，故不予受理。民國 83 年 7 月立法委員一百四十餘人認為民法第 1089 條「父母對未成年子女權利之行使意見不一致時，由父行使之」的規定，有違憲之嫌，準備修正但不知方向如何，聲請解釋，大法官審理結果認為與要件不符，不予受理，大法官認為此屬預備行使職權，而非正在行使職權（見釋字第 365 號解釋理由書末段）。釋字第 364 號解釋則是立法院審議廣播電視法修正草案之際，對憲法第 11 條發生疑義，以院會通過決議方式聲請解釋，獲得受理並作成解釋。至於釋字第 436 號解釋也是立法委員三分之一以上，認為軍事審判法規定，軍人犯罪以軍事審判機關為終審有違憲疑義，聲請解釋，其聲請書並未說明行使何項職權，但仍為大法官所受理。從以上所舉案例，可見大法官對立法委員行使職權之認定，似有出入。為求一致，大法官乃於民國 88 年第 1123 次大會決議：「今後凡立法委員於法律制定、修正之審議中，或法律修正草案尚在立法委員研擬中，發生違憲疑義而以聲請憲法解釋之方式預先徵詢本院意見者，以不受理為原則❶❾。」

---

❶❾　大法官可否以自行決議（即所謂內規）方式，作為行使職權及受理案件之依據，並非毫無爭議，姚瑞光大法官在釋字第 158 號解釋不同意見書中，就曾對這種決議的合法性大表質疑。不過，大法官在此之前及其後，仍作成不少這類決議。我們認為，大法官受理案件之程序問題，法律之規定既不能鉅細靡遺，

關於立法委員聲請釋憲之所謂行使職權，不分以院會決議或三分之一（新法為四分之一）以上連署方式提出，都是指集體行使職權而言，若立法委員個人行使之職權（如向行政院提出質詢，未獲滿意答復）；或主張委員個人權益遭受損害（如全國不分區委員因遭所屬政黨開除黨籍，致喪失委員資格），均不得以集體方式聲請釋憲❷❹。

對於立法委員行使職權的認定，近來爭議不少。如大法官在其第 1476 號會議對會台字第 13668 號聲請案（即前瞻特別預算審查程序違憲爭議案）作出不受理決議，其主要理由是：聲請人三十八人中有一人並未參與表決，其既未行使職權，即不得計入聲請人人數。此不受理決定一方面將「行使職權」的概念限縮在「出席會議並投反對票」，另一方面也要求不得「先投票支持後又連署聲請釋憲」，此限縮解釋方式是否合憲？不無討論空間。首先是涉及權力分立問題，審理案件法是立法院所制定，本案是立法委員連署聲請案，大法官不應也不能透過解釋「增加法律所無之限制」，也就是將原條文「就其行使職權」透過解釋變成「就其行使職權並投反對票」。其次，涉及民主運作問題，大法官將「退席抗議」視為「未行使職權」，此亦違反民主國家國會運作的通常理解。事實上，個別或集體地不出席作為抵制或杯葛會議的手段，在民主國家十分常見，如何能將之解釋成「未行使職權」，並進而剝奪立法委員之聲請釋憲權呢？最後，此不受理案不僅違反歷來大法官的受理案例，且司法院自己早已草擬審理案件法之修法，將門

大法官本應自行解決，如有通案性質者，作成決議若與法律並無牴觸，應無不當之處。根據前述決議，賴勁麟等立法委員關於國籍法（見司法院大法官第 1124 次會議：案次廿一），穆閩珠等立法委員關於大學法之聲請（見司法院大法官第 1144 次會議：案次一），均不予受理。

❷❹ 實際均有這類案件。值得注意者，司法院大法官第 1123 次大會決議只是作為原則，並不排除出現例外，況且案件受理與否都是逐案討論，取決於過半數大法官。

檻放寬至「四分之一」已是既定政策，為何在前瞻基礎建設特別條例預算案中，大法官反而是進一步限縮「三分之一」的門檻？

　　從民國105年第三次政權輪替起，執政的民進黨同時掌握行政立法兩權，民主監督因出現「一致型政府」或「多數政府」而變得更加困難，因為在野的少數黨根本無法阻止執政黨的各種作為。在此情況下，立法委員連署聲請釋憲的權力變得格外重要，因為它是阻止發生多數暴力的重要機制。但民國105年新政府上台後，以立法院多數席次強勢表決通過各類法案實不勝枚舉，除前瞻案外，尚有一例一休案、軍公教年金改革案以及以轉型正義為名的黨產條例與促轉條例等案。然而以國民黨立法委員為主體連署聲請的前瞻案、由監察院聲請的黨產案，以及由國民黨執政之地方政府聲請的年改案，乃至退休軍公教人民聲請的年改案，大法官通通不受理。大法官為何如此配合執政黨之意志，全面緊縮釋憲聲請之門，對在野黨及人民所質疑之前述各項政策皆緘默不語？

　　2.監察委員行使職權之認定：監察委員認為有憲法疑義，或法律牴觸憲法，在第四屆大法官以前聲請解釋者為數甚多。例如釋字第86號解釋高等法院以下法院的隸屬問題、釋字第165號解釋地方議員免責權問題、釋字第166號解釋違警罰法違憲案等，據公開刊載的聲請書，沒有一句陳述其行使何種職權適用憲法，結果也都受理作成解釋。第五屆以後，這類由監察院提出聲請的案件，幾乎不再發生。究其原因，與監察院結構功能改變頗有關係，而第四屆大法官在不同意見書中對監察院聲請資格，表示質疑也不無影響。第六屆大法官對機關聲請受理要件的審查漸趨嚴格（見前段關於立法委員聲請的敘述），可能也是使有意發動聲請者卻步的原因。然而自總統開始直選並出現中央政權輪替後，行政立法兩權的互動關係不同於以往，監察院在憲政運作中也可有新的角色㉑，黨產條例案（會台字第

㉑　例如羅昌發大法官在釋字第743號解釋之協同意見書中表示，該解釋建構行政、監察與司法三權之新關係。

13398 號）即為適例。民進黨於民國 105 年政權輪替取得政權後，迅速在同年 8 月以多數席次強勢通過針對國民黨的「政黨及其附隨組織不當取得財產處理條例」（簡稱黨產條例）。在野的國民黨認為該條例係針對在野黨的違憲立法，但因其在立法院席次太少，根本無法連署聲請釋憲。面對其財產被黨產會凍結，黨務運作幾乎停擺，欲透過法院救濟很可能緩不濟急，若要等到數年後確定判決出爐再聲請釋憲，大選不知已舉行幾次？國民黨可能早已瓦解。在此情況下，透過監察院或是由法官發動違憲審查權，成為得以檢視黨產條例是否為多數暴力下之違憲法律的重要機制。法官透過個案發動違憲審查權，受限於個案爭執焦點，可能僅限於特定幾個條文，若透過監察院則可以全盤檢視黨產條例整體的合憲性。然而大法官在其第 1482 次會議一改過去的受理標準，以監察院既未行使職權，也未適用法律為由，不受理監察院所提之黨產條例案。對於執政黨具高度爭議性之法案，大法官先後駁回立法院與監察院之釋憲聲請案，關閉司法解決之門，在釋憲史上創下新紀錄。其對我國憲政法治發展將產生何種影響？目前看來，實難以樂觀期待❷❷。尤其憲法訴訟法第 47 條所規定的聲請要件是「行使職權，就所適用之法規範認有牴觸憲法者。」其顯然亦遠比審理案件法第 5 條第 1 項第 1 款更為狹窄。在此新法框架下，一旦嚴格詮釋監察院聲請要

❷❷　此不受理決議的主要論點如下：(1)依憲法文義與制憲意旨，監察院並無針對法律是否違憲之釋憲聲請權。換言之，監察院之釋憲聲請權必須與其憲法法定職權連結在一起，不得獨立行使釋憲聲請權。(2)對過去監察院聲請案件採寬鬆態度，實因舊制使然，修憲改制後的監察院角色已有不同，舊例不必繼續沿用。(3)監察院調查權之發動，必須以彈劾、糾舉或審計等目的性權力為前提。(4)本案透過發動調查權而及於黨產條例，但此調查權並不以彈劾或糾舉為目的，亦即監察院根本不能彈劾制定黨產條例的立法委員，故本案調查權之行使超出監察院之憲法權限範圍，不符「行使職權」之要件。(5)黨產條例也不是監察院行使調查權時所需適用之法律，故本案亦不符「適用法律」之要件。對於前述論點的詳細分析與批判，請參見湯德宗大法官於本案所提之不同意見書。

件，則其不僅不能發揮前述憲政運作關係之新角色，連過去屢屢為民發聲而聲請釋憲之舉，頗有西方護民官或人權監察使之姿的優良傳統，也將難以再現。

3.其他機關行使職權之認定：中央最高層級之機關——五院及總統府理論上及實際上都曾提出聲請案。立法院、監察院兩院已如上述，在憲法上行政院職權廣泛，考試院也有固定職掌，通常提出之聲請案，不生是否與行使職權及適用憲法有關的問題。司法院也曾向大法官聲請解釋，有受理者（釋字第 175 號解釋關於向立法院提案權的解釋），也有不受理者❷。易有爭議的是總統府的聲請案，前面說過，總統府的首長是總統府秘書長，對外行文通常也是用總統府秘書長的名義，但總統府及其秘書長均非憲法上機關，總統府秘書長之職務不外承總統之命綜理府內行政事務（見中華民國總統府組織法第 9 條第 1 項），幾無行使職權直接適用憲法的機會，然釋字第 76 號解釋及釋字第 470 號解釋均是秘書長提出聲請而作成解釋的案件，迨釋字第 541 號解釋時，才改為秘書長代理總統提出聲請，但有大法官持反對意見，認應由總統直接具名聲請❷。最後討論國民大會的地位問題，在民國 89 年 4 月修憲後，國民大會性質從憲法本文的「常設但不經常集會」，變成「非常設的任務型集會」，遇有修憲案、領土變更案及總統、副總統彈劾案發生，才以比例代表方式選出，集會 1 個月。以往國民大會通過決議經由其秘書長聲請釋憲，經受理的案例甚多，甚至也有由秘書長逕行聲請解釋的案件。照理除非國民大會已經選出，並在集會行使職權期間，否則似無聲請之適格，目前國民大會已被廢除，此類問題不復存在。

---

❷ 司法院於民國 84 年 5 月 5 日發布法官兼庭長職期調任實施要點，部分庭長指其違憲，推行遭遇困難，司法院遂向大法官聲請解釋（會台字第 6085 號），大法官以聲請機關既認其發布之要點並未違憲，又自行聲請解釋，與要件不符，未予受理。

❷ 見釋字第 541 號解釋劉鐵錚大法官之一部不同意見書。

㈣聲請機關有上級機關者，其聲請應經由上級機關層轉

上級層轉於審理案件法第 9 條已有規定，現規定於憲法訴訟法第 47 條第 2 項，其目的乃是為了避免聲請的浮濫。蓋上級機關對下級機關適用憲法及法規之疑難，在職權範圍內有予以解答的義務。依此規定總統及五院是最高層級機關不生轉請的問題，其他中央機關都須經過轉請。地方行政機關在體系上屬於行政部門，理論上應經層層轉報至最高行政機關行政院由其轉請，否則無從聲請，而地方政府聲請解釋憲法常與中央地方權限劃分有關，中央政府既為爭端的另一造當事人，卻規定須由其核轉，殊不合理。故實例上有一變通辦法，無論憲法解釋或統一解釋由地方議會提出聲請時，不須核轉，因為民意代表機關沒有上級機關可言。例如高雄市議會主張財政收支劃分法將地方稅之立法權及稅款之統籌分配，歸中央立法有違憲疑義，聲請釋憲，經大法官受理作成釋字第 277 號解釋；又如關於警察預算依憲法權限劃分，中央有無編列之權限？台北市議會認有牴觸憲法之處，提出聲請，這就是釋字第 307 號解釋的來歷。但在早期，縱由民意機關聲請，仍由行政院核轉，釋字第 38 號解釋便是縣議會的聲請案。如前所述，地方行政機關的聲請如須由上級監督機關核轉，根本喪失發生中央與地方（執行事項）權限衝突時，由司法院以釋憲方式解決之機會，故釋字第 527 號解釋明白釋示，關於自治事項、自治法規有無違憲，中央與地方發生爭議時，由地方自治團體之行政機關或立法機關逕行聲請解釋。有關全民健保保費分擔的釋憲案，性質上屬於中央與地方之權限爭議，聲請機關台北市政府仍報請行政院核轉，經拒絕後台北市政府方提出聲請㉕。憲法訴訟法第 82 條第 1 項已將釋字第 527 號解釋之意旨予以明文規定，地方立法或行政機關就自治權保障事項得逕行聲請法規範憲法審查。

㉕　見釋字第 550 號解釋案，台北市政府之聲請書及附件，收於：司法院大法官解釋續編㈩，司法院，2002 年，頁 414。

二、法官認為法令牴觸憲法之聲請釋憲案件（憲法訴訟法第 55 條及相關解釋）

　　法官受理之案件，對所適用的法律或命令，確信有牴觸憲法時，舊的法律（即司法院大法官審理案件法第 5 條第 2 項）原本規定，只有終審法院（即最高法院及最高行政法院）法官得以裁定停止訴訟程序，並以各該院的名義聲請大法官解釋。釋字第 371 號解釋認為只有上述終審法院法官可以發動違憲審查，顯與憲法第 80 條規定一般法官均獨立審判的意旨不符，遂仿德國之制，擴大解釋各級法院法官均得以法律違憲為由聲請解釋❷⑥。該號解釋設定的聲請要件如下：㈠法官須於審理案件時應就適用之法律（特定條文非整部法律）是否違憲，作為該待審案件之先決問題，㈡法官須提出客觀上形成確信法律為違憲的具體理由，㈢先裁定停止訴訟。釋字第 371 號解釋開放一般法官聲請與前述司法院大法官審理案件法的規定有二點不同：一是法官以個人名義（獨任審判時）或合議庭名義（三人共同簽名）提出聲請即可，不必由所屬法院核轉，甚至由法院發函也非必要，因為審判上的事項法官完全獨立行使職權；二是釋字第 371 號解釋只限於法律違憲，命令違憲法官得逕行拒絕適用，不須聲請解釋，司法院大法官審理案件法第 5 條第 2 項，將命令也包括在內，是指欲使違憲命令完全失效而言，而非單純拒絕適用。自釋字第 371 號解釋公布以來，法官聲請已有多起，像釋字第 392 號解釋關於檢察官羈押權，釋字第 554 號解釋關於通姦罪除罪化等案件都是法官所聲請者。惟若提出的聲請理由不夠具體或不足以表明客觀上所形成的違憲確信時，也常有不予受理的情形。總之，在法制上未開放法官對法律也有違憲審查權之前，為維持剛性憲法的效力，使憲法的效力深入生活領域，釋字第 371 號解釋的觀點值得稱道。

　　這號解釋的適用，其後釋字第 572 號解釋與釋字第 590 號解釋加以予

---

❷⑥　如行政訴訟法在民國 103 年修正增訂第 178 條之 1。

補充。釋字第 590 號解釋說明「法官於審理案件時」這句話中的「案件」包括刑事案件、行政訴訟事件、民事事件及非訟事件。所以裁定停止前揭各類訴訟或非訟程序，乃法官聲請釋憲必須遵守的程序。至於釋字第 572 號解釋，其補充的用意，在防備法官的聲請浮濫而嚴其要件。該號解釋的要旨如下：㈠第 371 號所謂「先決問題」指審理原因案件之法院，確信所適用（即系爭）法律違憲，顯然與該案件之裁判結果有影響而言。㈡所謂「提出客觀上形成確信法律為違憲之具體理由」，指法院法官應於聲請內詳敘其對系爭法律之闡釋，最終並應「提出其確信系爭法律違反該憲法規範之論證，且其論證客觀上無明顯錯誤者，始足當之。」根據釋字第 371 號解釋及釋字第 572 號解釋，法官發動違憲審查須符合嚴格的要件，大法官才能受理，這是因為法官是精通法學之人，也避免法官將案件的難題，借違憲之名推給大法官處理，與一般機關或人民聲請釋憲只需有相當理由主張法律可能違憲的情形，大不相同。又這一制度是來自德國，故有進一步參考德國相關的理論及實踐的必要。德國基本法第 100 條第 1 項前段規定：「一項法律為法院據以作成裁判者，經法院認為違憲時，應停止審判程序，就該法律是否違反憲法，取得聯邦憲法法院之裁判。」這項規定德國又稱之為具體規範審查。為實施上述基本法的要求，德國聯邦憲法法院法第 80 條第 2 項作成更詳細之規定：「各法院向聯邦憲法法院提出時，在理由中應敘明其裁判之作成如何依附於該法律規定之有效性及該法律規定如何與上位規範不符合之處，提出時並應檢附卷宗。」

　　依照上述兩項規定，有違憲疑義的法律，必須是各法院據以裁判或裁判所依附，因而實務上發展出「裁判重要關聯性」(Entscheidurgserheblichkeit) 理論，所謂裁判重要關聯性簡單言之，「即該據以裁判或為裁判所依附之法律無效，則原法院所作之裁判，將不同於該法律有效所作成者」，這是憲法法院諸多判決所建立的規則[27]。憲法法院並要

---

[27]　Meang u. a., BverfGG. Kommentar, Bd. II, aaO., §80 Rn. 242.

求原提出之法院，在其中斷訴訟程序之裁定書中說明已兼顧不同之法律立場，並包括在學術文獻及司法實務上，與提請解釋的該規範有關的法律見解❷❸。在上述許多條件下，德國法官顯比釋字第 371 號解釋及釋字第 572 號解釋更不易取得其憲法法院的解釋。換言之，憲法法院受理或駁回自有相當的彈性。釋字第 535 號解釋正式引進「裁判重要關聯性」理論，但實際運用之情形與德國頗有差異，下文會再作說明。

除此之外，舊行政訴訟法第 178 條規定：「行政法院就其受理訴訟之權限，如與普通法院確定裁判之見解有異時，應以裁定停止訴訟程序，並聲請司法院大法官解釋。」釋字第 540 號解釋便是台北高等行政法院根據本條聲請而作成，這號解釋並創設無審判權的法院應依職權移送的法則。相關法律也業已按照本號解釋意旨修正，現已規定於法院組織法中。

三、人民聲請釋憲之案件（憲法訴訟法第 59 條）

㈠聲請主體為自然人、法人、政黨及非法人團體

過去的司法院大法官審理案件法第 5 條第 1 項第 2 款前段的文字：「人民、法人或政黨於其憲法上所保障之權利」，是修改司法院大法官會議法而來，後者只用「『人民』於其憲法上所保障之權利」的字樣。現在的憲法訴訟法第 59 條第 1 項又回到大法官會議法時期的文字，亦即僅用「人民」二字。其實在司法院大法官會議法有效適用期間，聲請主體（人民）早已包括法人及非法人團體在內。蓋判斷得否聲請釋憲並具有憲法爭訟的當事人能力，實務上取決於兩項標準：一是視主張受損害的權利的性質而定，若非自然人則不能享有的基本權（如選舉、罷免、服公職等），法人或團體當然無當事人能力；性質上屬於國民權利而非人類權利者，外國人自亦不得提出爭訟。二是受審級救濟訴訟能力之影響，在審級救濟中有當事人能力，續行的憲法爭訟通常也有當事人能力，但也有例外，例如依刑事訴訟法第

---

❷❸　Schlaich/Korioth, aaO., S. 119.

233 條第 1 項被害人之配偶可以單獨上訴，取得確定終局判決之後，該配偶則不得以自己之名義聲請釋憲，因為非受損害的基本權主體，故不得聲請。這種情形在行政訴訟確定後提出聲請者，較少發生，蓋公法上的權利種類多為一身專屬的性質㉙，有行政訴訟的當事人能力，通常也具備憲法爭訟的當事人能力。

　　法人當然包括公法人與私法人，私法人的爭訟能力不生問題，公法人則有待進一步說明。現行制度公法人有國家、各級地方自治團體（即直轄市、縣（市）、鄉鎮市）、行政法人（即行政法上所稱的一部分營造物）與原住民族部落（參見原住民族基本法第 2 條之 1），故應分別而論。⑴國家不可能與國家本身進行憲法訴訟，縱國家機關在某些情形下，作為原告進行民事訴訟（私經濟行為之爭執）或行政訴訟（例如中央機關違反廢棄物清理法遭罰鍰處分），但最後該國家機關仍不得依憲法訴訟法第 59 條第 1 項提起爭訟，蓋國家機關無基本權利能力。⑵地方自治團體作為私法上權

㉙　憲法法庭 111 年憲判字第 20 號判決係針對最高行政法院 103 年 8 月份第 1 次庭長法官聯席會議決議：「外籍配偶申請居留簽證經主管機關駁回，本國配偶……提起課予義務訴訟，行政法院應駁回其訴」所提起之憲法訴訟。由於該決議所提及之部分，僅就得否提起「課予義務訴訟」進行決議，而依課予義務訴訟請求相關機關核發簽證之權利，屬於持外國護照者「專屬之權利」，本國籍配偶並無代替其提起該課予義務訴訟之權。因此大法官在本判決中認為：該最高行政法院決議並未與憲法保障人民婚姻自由與訴訟權之意旨相牴觸。依本判決之意旨，拒發簽證之處分係屬具侵害人民權利或法律上利益之「不利處分」，因同時會影響本國籍配偶之婚姻自由，故其仍可依行政訴訟法第 4 條提起「撤銷訴訟」以保障其訴訟權。換言之，對於外國籍配偶申請來台簽證遭否准處分時，本國籍配偶可提起「撤銷訴訟」，但無權替其配偶提起「課予義務訴訟」。蔡明誠大法官在本判決之不同意見書表示：「聲請人就系爭決議聲請釋憲之目的，既在於法院就課予義務訴訟之拒絕，實不宜僅因其另有其他訴訟類型得以主張，即認系爭決議未構成憲法保障前開權利之侵害。」

利義務主體時，與私法人同等對待，私法人得為基本權主體者，具有公法人資格的地方自治團體亦同，但地方自治團體作為公權力主體時，難認為也有基本權利能力 ❸。訴願法第 1 條第 2 項規定：「各級地方自治團體或其他公法人對上級監督機關之行政處分，認為違法或不當，致損害其權利或利益者，亦得提起訴願。」就私法上的權利或利益而言，完全有其適用。若公法上的權利或利益，則地方自治團體本身即公權力主體，乃人民以訴願聲明不服的對象，公權力主體也有訴願能力，理論上則有疑義，公法上爭議以客觀的機關爭訟解決較為適宜。為維護地方自治團體的權益，並考量「武器平等」的原則，在比較法上有將上級監督機關，對地方自治團體所為的各種監督措施視為行政處分 (Massnahmen der Rechtsaufsicht als Verwaltungsakt) 的制度 ❸，釋字第 553 號解釋台北市里長延任釋憲案，也是採取類似的見解 ❸。現行憲法訴訟法第 83 條第 1 項規定，即採將上級監督措施視為行政處分的作法，其爭議在歷經行政訴訟後得提起裁判憲法審

---

❸ 在本書第二編第一章第六節第一目中曾經說明，我國這種理論與奧國憲法法院的作法相同，而與德國有別，縱然在私法關係上，德國之公法人不能與私法人的基本權能力等量齊觀，參照 H.- U.Gallwas, Grundrechte, 2. Aufl., 1995, S. 17.

❸ R. Stober, Kommunalrecht in der Bundesrepublik Deutschland, 3. Aufl., 1996, S. 155.

❸ 里長延任案，爭點是里界調整是否相當於地方制度法第 83 條第 1 項所稱的特殊事故，而屬台北市政府有權決定的自治事項？釋字第 553 號解釋其中一項意旨是：行政院撤銷台北市政府延任決定的行為乃行政處分，台北市如有不服應提起行政爭訟謀求解決。嚴格講，里長延期選舉與否？與台北市之自治事項的權限有關，是否侵害公法人之權利，頗有商榷餘地。多數意見認為台北市有權利保護之必要，得提起撤銷訴訟。在比較法上也有類似理論，德國聯邦與各邦之權限爭議 (歸聯邦憲法法院審判)，學者稱為權限爭議的主觀化 (Subjektivierung von Kompetenz)，參照 Maunz u. a., Bundesverfassungsgerichtsgesetz. Kommentar, aaO., §13 Rn. 78.

查。(3)過去曾具公法人地位的農田水利會，其與行使部分統治權的公權力主體不同，因此就憲法上權利的保護必要 (Schutzbedürfnis) 而言，理論上應與私法人大體相當。但現因農田水利會組織通則被廢止，農田水利會不復存在。反對農田水利會改制者，正以農田水利會之財產基於其歷史形成之事實，係屬人民之財產而非公產，應受憲法上財產權之保護。不過，此見解為大法官所否決；大法官認為「公法人之財產，非憲法保障之財產權❸。」至於行政法人與原住民族部落法人目前尚未有憲法爭訟案件發生，未來如何處理，還有待實務進一步形塑。

(二)聲請人須以案件具憲法重要性，或為貫徹聲請人之基本權利所必要

在舊法時期，審理案件法第 5 條第 1 項第 2 款文本稱：「人民、法人或政黨於其憲法上所保障之權利，遭受不法侵害」，這句話的規範意義是：人民聲請釋憲案件是憲法爭訟中的主觀爭訟，即聲請人與民事或行政訴訟的原告一樣，應具有權利保護必要的要件。詳言之，聲請人遭受不法侵害通常是公權力所加害，但也不排除他人的加害（例如雇主違反男女平等的解僱事件）。這類侵害是因為確定終局裁判適用違憲的法規所致，且侵害對聲請人而言，必須是本人直接受害，並現時尚持續者而言。假如審查結果認為系爭的法規違憲，若聲請人不具有法的利益，仍應不予受理。此外，聲請人應明確指陳憲法上何種權利遭受侵害，若不能具體說出憲法第 7 條至憲法第 21 條中哪一條的權利，則不妨歸之於憲法第 22 條的範疇。憲法上

---

❸ 有關農田水利會改制案，憲法法庭 111 年憲判字第 14 號判決謂：「作為為人民服務之國家，本質上既不可能擁有如人民般得自由發展之人格，亦不可能如人民般享有得自由追求之私益，只能追求公益，以執行公共任務為職志，從而，國家自無受憲法第 15 條保障財產權之基本權利。公法人既為分擔國家任務而存在，其財產之取得，如本於公法人之地位而取得，自亦不受憲法第 15 條規定所保障。」（理由書第 59 段）

權利與法律上權利在概念上有別，但實際上甚難區分，尤其迄今為止我國尚未發展出嚴謹的各種基本權概念，例如只要與土地、錢財、物品有關者，不問其來源性質，也不論其受私法抑公法所支配，都可認為屬於憲法第15條的財產權。這種寬鬆的憲法上權利認知，與若干歐洲國家不同，但卻有利於人民尋求救濟。

現行憲法訴訟法第59條第1項已改為與前述舊法相同：「人民於其憲法上所保障之權利遭受不法侵害」，呈現以人民權利受侵害為基礎的主觀訴訟特質。但是在第61條第1項又規定案件受理條件是「具憲法重要性」或「為貫徹基本權利所必要」；其中具「憲法重要性」又具有客觀訴訟的色彩。甚者，此二受理要件賦予大法官很大的選案空間，只要大法官認為案件不具憲法重要性，即便有牴觸憲法，甚至有侵害權利之事實，仍可裁定不受理。其次，「貫徹基本權利」的法條用語也深值玩味。舊法「憲法上所保障之權利」的用語雖然寬泛已如前述，但至少還以「憲法」作為明確的範圍；新法「基本權利」之用語則無邊無際❸❹，賦予大法官無比寬廣的選案裁量空間。為避免大法官選案過於恣意專擅，但同時又要強化選案的效率以處理將可能大量湧入的案件，憲法訴訟法規定由三人組成之審查庭作初步快速篩選，並在第61條第2項及第3項設置保險機制，以調和審查庭可能過於主觀的危險。

至於聲請人是否確有權利遭受侵害？或是何種權利遭受侵害？實務常

---

❸❹　憲法訴訟法第7章涉及地方自治保障案件，法條用語清楚明白地用「受憲法所保障之地方自治權」，而不是用概括寬泛的「地方自治基本權利」。另，德國法用「基本權利」一語，係指「基本法所保障之權利」，也就是德國憲法所保障之權利的意思。我國憲法不稱為「基本法」，「基本權利」一語的概念範圍就可與我國憲法脫鉤。不過憲法訴訟法第60條第1項第5款又在聲請格式上要求聲請書須註明「所涉憲法條文或憲法上權利」，此用語又回到前述審理案件法時期與新修訂之憲法訴訟法第59條第1項之用語。

見分歧。例如有關未成年子女之改定親權事件，憲法法庭 111 年憲判字第8 號判決認為：⑴未成年子女之陳述意見權具憲法重要性；⑵此類事件之父母及未成年子女皆為實質當事人；⑶父母之一方得以未成年子女權利受損為由，提出憲法訴訟❸❺。反對受理本案的意見則以：⑴未成年子女於本案中既非當事人，也非聲請人；⑵未成年子女之權利（如人格權）並不能擴及其父母，故父母無權代為主張其未成年子女之權利；⑶親權改定涉及父、母及子女三方，父母任一方之利益未必與子女一致，父母任一方無權逕為主張未成年子女之權利；更何況本案聲請人並未提及其親權遭致侵害❸❻。若進一步與親權酌定事件常相牽連的裁判離婚事件作比較，現行法

❸❺ 111 年憲判字第 8 號判決謂：「系爭裁定三涉及法院為跨國父母交付未成年子女之暫時處分時，如何根據憲法課予國家對兒童之保護義務規定，判斷未成年子女之最佳利益，以及於此程序中，是否應給予未成年子女如何之陳述意見機會，始符憲法正當程序要求等基本權。又此等問題於往後案件均可能一再發生，且無法從憲法規定文字直接獲得解答，是有澄清必要，因而具憲法重要性。再者，法院酌定或改定父母對於未成年子女權利義務之行使或負擔之程序，或於此程序中所為交付子女之暫時處分程序，固不必出於父母一方之聲請（民法第 1069 條之 1 準用第 1055 條規定參照），惟一旦發動該程序，父母及該未成年子女，即為該程序之實質當事人（家事法第 97 條準用非訟事件法第10 條規定參照）。於父、母之一方對於確定終局裁定聲請憲法審查者，該未成年子女應受憲法保障之基本權，亦在審查範圍內。本件裁判憲法審查聲請，除涉及聲請人受憲法保障之親權外，亦涉及未成年子女丙○○受憲法保障之人格權及人性尊嚴之基本權利。」（理由書第 21 段）

❸❻ 111 年憲判字第 8 號判決林俊益等五名大法官共同不同意見書謂：「本件聲請人未具體敘明其究有何等基本權利遭受相關裁判之侵害，與聲請裁判憲法審查之要件不合，本件聲請應不受理。然本號判決僅以『系爭裁定三為確定終局裁定』以及系爭裁定三合於憲訴法第 61 條規定所稱兩種情形，並自行認定『本件裁判憲法審查聲請，除涉及聲請人受憲法保障之親權外，亦涉及未成年子女丙○○受憲法保障之人格權及人性尊嚴之基本權利』，即認『系爭裁定三憲法

並未規定離婚決定應考量子女意願，也未將子女陳述意見機制視為是正當程序的一環。倒是對於民法第 1052 條第 2 項規定：一律不許唯一有責之配偶一方請求裁判離婚，大法官認為此規定完全剝奪有責配偶之離婚機會，而可能導致個案顯然過苛之情事，於此範圍內，與憲法保障婚姻自由之意旨不符❸❼。事實上，對於由父母與子女共同組成的家庭結構而言，家庭之解構同時涉及父、母與未成年子女三方之利益。透過法院實現家庭解構之離婚與親權酌定等兩種裁定，是否皆需同時審酌三方各自之意願與利益？

審查之聲請，符合憲訴法第 59 條第 1 項及第 61 條第 1 項之規定，應予受理』，其受理之理由，不但嚴重混淆裁判憲法審查聲請之合法性要件審查事項與實體審查事項，於聲請案是否受理之審查時，即逕以憲法法庭依職權認定之實體審查基準（如聲請人並未主張之『聲請人受憲法保障之親權』）為據，論斷聲請案是否合於法定要件，且完全忽略人民聲請裁判憲法審查，應主張其基本權利遭受裁判之侵害而違憲之要求。作為憲訴法修正施行以來第一件裁判憲法審查判決，其對聲請裁判憲法審查之「聲請權能」(Beschwerde-befugnis) 之忽視，實令人憂心！」（意見書第 7 段）

❸❼ 憲法法庭 112 年憲判字第 4 號判決謂：「就有責配偶而言，無論其曾有何等可歸責之事由，當婚姻關係發生破綻已至難以維持而無回復可能性之情況，一方當事人（甚或雙方當事人）已無意願繼續維持婚姻時，系爭規定限制唯一有責配偶不得請求裁判離婚，其所保障者往往僅存維持婚姻之外在形式，而已不具配偶雙方互愛或相互扶持依存之婚姻實質內涵，亦可能不利長期處於上開狀態下之未成年子女身心健全發展。 系爭規定不分難以維持婚姻之重大事由發生後，是否已逾相當期間，或該事由是否已持續相當期間，一律不許唯一有責之配偶一方請求裁判離婚，形同強迫其繼續面對已出現重大破綻難以維持之漸行漸遠或已處於水火之中之形骸化婚姻關係，實已造成完全剝奪其離婚之機會，而可能導致個案顯然過苛之情事。於上開個案顯然過苛情形，其對有責配偶請求裁判離婚之限制，與憲法所保障之無責配偶維持婚姻之自由間，自有求其衡平之必要。是系爭規定對唯一有責配偶請求裁判離婚之限制，於有上開顯然過苛情事之範圍內，自難謂其與憲法第 22 條保障婚姻自由意旨相符。」

(三)須指摘確定終局裁判所適用之法規範，或該裁判本身，有牴觸憲法者

過去因不許裁判憲法審查，故聲請釋憲必須指摘法令違憲，而不是確定終局裁判本身認事用法違憲，故大多數不受理的案件，都是因為聲請人不諳箇中道理之故。以下分作幾點討論：

1.聲請人指摘法令牴觸憲法須達到何種程度？舊審理案件法時期之法條文字是：「發生有牴觸憲法之疑義」，似乎只是在聲請狀中泛指法令有違憲之嫌即可，實務上並不然 ❸。而當事人違法或違憲的指摘向來有主張說 (Schlüssigkeitstheorie) 與可能說 (Möglichkeitstheorie) 之別，前者謂只要聲請人（或原告）所提出的聲明中，已斷然主張 (schlüssige Behauptung) 法令違憲便可；後者謂聲請人僅有主張違憲尚有不足，須從其主張中顯示法令有違憲的可能，始足相當。在行政訴訟原告指摘原處分違法而提起撤銷之訴，通常採主張說，對人民較為有利 ❸。從上述實務上要求聲請人對法令之違憲，應作客觀上具體之指摘而論，顯然超越主張說，而屬於可能說。何以如此？涉及我們的訴訟法制整體問題，法律審上訴以第二審判決違背法律為限，最高法院對於違背法令的指摘一向認為：「上訴論點，並未具體指出原審認定事實有如何違反法令情事，更未指明其所違反法令之條項或

---

❸ 大法官在無數的不受理案件的決議中，多以「聲請人無非以個人觀點主張如何如何，並未指摘某法律條文客觀上有何牴觸憲法之處」，或類似的文字作為不受理之理由。

❸ 關於主張說及可能說參照吳庚，行政爭訟法論，七版，元照出版，2014年，頁158。德國聯邦憲法法院法第90條第1項有關人民提起憲法訴願的規定，其用語為：主張其基本權或基本法上其他權利受公權力之侵害。所謂主張依聯邦憲法法院的見解，須有實質意義的主張 (substantierte Behanptung) 即從原告所提出之陳述中，基本權有受侵害的可能 (BVerfGE 53, 30, 51)。換言之，是採難度較高的可能說，參照 Schlaich/Korioth, Das Bundesverfassungsgericht, aaO., S. 154f.

內容。僅泛稱原審判不當，違背法令等語，自不得謂已合法表明上訴理由，本件上訴，顯難認為合法。」（參見 70 年台上字第 720 號判例） ❹ 法律審上訴仍是審級救濟的一環，對判決的違法應作具體明確的指陳，憲法爭訟既為審級救濟以外的非常救濟，則主張法令違憲者其應表明的責任不應低於法律審的上訴人。

2.法規範在此作何解釋的問題：法規範係指法律與命令而言。法律無疑是指形式意義的法律（即憲法第 170 條與中央法規標準法第 2 條所指的法律）。命令則指中央或地方機關發布的一切具抽象拘束力或得反覆引用作為處理具體個案的規章、例規、函釋等在內（參照釋字第 374 號解釋之解釋理由書）可細分為(1)中央法規標準法第 3 條所列各種名稱之行政命令（包括法規命令及行政規則）、(2)上開條文名稱以外之行政命令，如要點、注意事項等、(3)行政規則而不使用名稱者：例如以普通公文方式由財政部對所屬稽徵機關下達的有關各種稅法的解釋函、(4)考試機關發布之招生簡章（應考須知），其法律性質難於歸類，也屬於此所謂命令（釋字第 205 號解釋之審查對象即是這一類）、(5)最高法院、最高行政法院之判例（見釋字第 154 號解釋、釋字第 185 號解釋）、公務員懲戒委員會得作為先例引用之案例（釋字第 395 號解釋）、最高法院民、刑庭會議之決議、行政法院庭長法官聯席會決議（釋字第 374 號、釋字第 420 號解釋）、(6)訓政時期司法院解釋及大法官的解釋，也是此處所稱的法令，均可作為審查標的，但對大法官解釋聲請變更或補充解釋，另有規定。

3.何謂確定終局裁判所適用之法規範？所謂適用是指裁判的依據或裁判之獲致結論（主文），與引用系爭的法令有密切相關。裁判書中雖然寫到某一法令，但不一定為此處所謂的適用。至於在裁判書「據上論結」中引用，或在理由書其他段落引用，在所不問。引用時通常都會寫明法令名稱

---

❹　最高法院 71 年台上字第 314 號判例、71 年台上字第 480 號判例均有相似意旨，參照吳庚，行政爭訟法論，七版，元照出版，2014 年，頁 235 以下。

與條次，判例或決議的號碼、日期或函釋的發文文號，若裁判書只引用法令或判例等內容，而不直接寫出名稱或號碼時，仍然視為已經引用該法令或判例（釋字第 192 號解釋對最高法院判例的審查，便是如此）❹。關於確定終局裁判所適用法令的認定，有三種特殊情形值得注意：

⑴並非與判決有密切相關或影響判決形成，並經判決書引用的行政機關函令，都可作為審查對象。例如國稅局為處理某一稅捐減免事件，向財政部請示，經財政部以公函指示其如何辦理，國稅局據此作成處分行為，這時財政部的這類公函常被誤作審查對象，而聲請釋憲，其實財政部的公函與國稅局的處分已經合而為一，在行政法上稱為多階段處分 (mehrstufiger Verwaltungsakt)，在提起行政訴訟時，均為行政法院應予審查的標的，但不是違憲審查的對象❷。反之，財政部的函令雖是對處理事件的具體指示，但屬於過去且為他案所作成，如果後來又為所屬稽徵機關引用作為依據時；性質便有所不同，得成大法官審查標的❸。

⑵法官於審判案件時，對法規的涵義應自行解釋，若法官就法規的具

❹ 大法官這種自行認定確定終局裁判是否已實質適用判例的作法，會引起終審法院的不滿。釋字第 582 號解釋終於引起軒然大波，最高法院強烈「反彈」，並開研討會批判大法官以解釋權侵害審判權，參看徐璧湖，司法院大法官審理案件法第五條第一項第二款規定「所適用」之研析，月旦法學雜誌，第 222 期，2013 年 11 月，頁 136 以下。「實質適用」或「實質援用」是大法官在許多解釋中所用的詞句，見釋字第 622 號解釋、釋字第 698 號解釋、釋字第 713 號解釋等。

❷ 民國 80 年 7 月份審查通過的會台字第 3896 號案件，便屬於這類以行政處分當作確定終局判決所適用的法令而聲請，經決議不予受理，見司法院公報，第 33 卷第 10 期，1991 年。

❸ 釋字第 496 號解釋引發釋憲的事實，是稽徵機關引用財政部民國 59 年的令與民國 77 年的函釋，作為處理民國 80 年度獎勵投資免稅事件之依據，屬於這類。

體適用見解，函請該項法規主管機關解釋，然後據以作成裁判，則主管機關這項函釋是否屬審理案件法所指的法令，實務上採否定見解❹。諒是認為主管機關的函釋既經法官採用，便應視為法官個人的法律見解，且有審級制度可資救濟。

⑶雖非作為裁判依據的法規，但與確定終局裁判有重要關聯性者，亦得為聲請釋憲的客體，此即為裁判重要關聯性理論。裁判重要關聯性理論是在釋字第 535 號解釋關於警察勤務條例違憲案，首次使用的理論。釋字第 535 號解釋，引發的刑事判決的事由是妨害公務，據以判決的法律是刑法第 140 條第 1 項，惟聲請人（即被告）是否成立於公務員依法執行職務時當場侮辱罪，係以該受侮辱之公務員（即警察人員）是否依法執行職務為前提（見該號解釋理由書第 1 段），因而認為警察勤務條例與判決有重要關聯性❹。在釋字第 535 號解釋之後，引用裁判重要關聯性理論❹或是重要關聯性❹的解釋甚多。除此之外，未使用重要關聯性另以某條文與作為

---

❹　民國 79 年 12 月審查通過不予受理的會台字第 3694 號案件，以教育部答復承辦法官的函作為聲請釋憲對象（載司法院公報，第 33 卷第 4 期，1991 年）。

❹　裁判重要關聯性原則，近年大法官經常引用，以致於被批評為借此類似實質適用擴張審理範圍，不無訴外審判之嫌，見吳信華，大法官規範審查中「擴張審理標的」之研究──以「重要關聯性」的探究為中心，東吳法律學報，第 24 卷第 4 期，2013 年 4 月，頁 1 以下。

❹　如釋字第 558 號、釋字第 576 號、釋字第 580 號、釋字第 709 號、釋字第 739 號、釋字第 781 號、釋字第 782 號、釋字第 783 號、釋字第 785 號、釋字第 803 號、釋字第 806 號解釋等。

❹　如釋字第 776 號解釋湯德宗大法官部分協同意見書註 15 謂：本院解釋歷來以「重要關聯性」為由，將聲請人原未聲請解釋之法規，一併納入審查者，其關聯之態樣約有四種：一、與（確定終局）「裁判」相關聯（參見本院釋字第 535 號、第 569 號、第 576 號解釋）；二、與（系爭）「事件」相關聯（參見本院釋字第 445 號、第 580 號解釋）；三、與（系爭規定之）「適用」相關聯（參

聲請實體之條文密切相關而一併審理作成解釋者，如釋字第 445 號解釋及釋字第 644 號解釋等❽。在此特加說明，德國憲法法院運用裁判重要關聯性的實例，有兩項特點：一是只限於法官聲請，其他類型的訴訟都不適用。二是聯邦憲法法院不得主動依職權以重要關聯性作為決定違憲審查的客體，因為重要關聯性是憲法法院用以判斷提出釋憲聲請案之法院所指陳的法律是否合乎審查客體的要件。

而我國大法官引用裁判重要關聯性理論恰與德國相反：(1)大法官將這理論用在人民聲請案件，前面所引解釋案號中只有釋字第 558 號解釋為法官提出聲請。(2)重要關聯性都是大法官依職權用於將審查客體擴及聲請人所指違憲法條以外的條文，在實際上固有必要，但仍被指摘為擴權❾。

㈣須用盡審級救濟程序

在舊法審理案件法時期，使用「確定終局裁判」一詞，其在訴訟法的意義與終審確定裁判不同，終局裁判是針對中間裁判（如訴訟過程中的裁定）而言，終局是指終結該審級的裁判，故地方法院對「本案」的判決而生既判力者（譬如未提上訴），也是確定終局裁判。若按照文義解釋則第一審判決確定之後，即可聲請釋憲❺，如此第二及第三審之救濟功能何在？

見本院釋字第 664 號、第 709 號、第 739 號解釋）；四、與（系爭規定）「意涵」相關聯（參見本院釋字第 737 號、第 747 號、第 776 號解釋）。

❽ 徐璧湖，釋憲實務有關「重要關聯性」理論之研析，月旦法學雜誌，第 228 期，2014 年 5 月，頁 74–88。

❾ 吳信華，大法官規範審查程序中「擴張審理標的」之研究──以「重要關聯性」的探究為中心，東吳法律學報，第 24 卷第 4 期，2013 年 4 月，頁 1–63；楊子慧，裁判重要關聯性作為憲法訴訟中限制的程序要件（下），憲政時代，第 31 卷第 3 期，2006 年 1 月，頁 261–286；徐璧湖，釋憲實務有關「重要關聯性」理論之研析，月旦法學雜誌，第 228 期，2014 年 5 月，頁 74–88。

❺ 涂浩如，司法院大法官會議法釋論，法學叢刊，第 13 期，1959 年，頁 50，就採取這種見解。

我們懷疑當初立法院自行起草大法官會議法時誤解了訴訟法的用語。因此在釋憲實務上，司法院大法官第 1125 次會議決議將「經法定程序提起訴訟，對於確定終局裁判」解釋為：「就其立法及制度設計之意旨，係指聲請人已依法定程序盡其審級救濟之最終裁判而言。聲請案件如在憲法上具有原則之重要性，且事實已臻明確而無爭議餘地者，得經個案決議受理之」。這種決議符合各國同類爭訟的常規，自屬正確。故放棄上訴機會或遲誤上訴期間使案件確定，藉此提出釋憲皆不許可。不過，所謂用盡審級救濟程序，並不包括再審程序在內，所以終審法院判決確定後，即可提出聲請，不必再經再審判決；又提起上訴經不合法駁回，也視為審級救濟已用盡❺❶。現行憲法訴訟法第 59 條第 1 項明確規定：用盡審級救濟程序所受之「不利確定終局裁判」，而同法條第 2 項規定：「用盡審級救濟之最終裁判」，亦即終審法院之最終裁判包括以不合法或無理由駁回以致原因案件裁判終局確定。此外，於通常情形，案件上訴第三審，經審理結果認為第二審的判決並無違誤之處，而駁回上訴，但第三審的判決未必引用被指摘為牴觸憲法的法規，遇此情形第二審判決所適用的法規，仍然是確定終局裁判所依據的法規❺❷。

　　依前述大法官第 1125 次會議決議，雖未用盡審級救濟，若案件具有原則重要性者，也可例外加以受理，然迄目前為止還未有過例外出現❺❸。德國之例用盡審級救濟方能提出憲法訴願，要求非常嚴格，相較於我國可謂

❺❶　釋字第 290 號劉俠女士聲請解釋公職人員選舉罷免法有關學經歷規定為違憲案，便是一例。

❺❷　釋字第 220 號解釋關於動員戡亂時期勞資糾紛處理辦法限制提起訴訟，有違憲疑義解釋案，宣告行政法院 60 年判字第 528 號判例違憲，不再適用，但引用該號判例者是高等法院，最高法院駁回上訴的判決，並未引用判例。

❺❸　釋字第 435 號解釋為針對立法委員免責權範圍所作的解釋，最先聲請者在刑事法院第一審判決後即提出，雖有憲法上原則重要性的意味，但未有受理先例，隨後立法院也聲請解釋，是否應予受理的問題遂迎刃而解，見該號解釋理由書末段。

有過之而無不及，凡公權力對基本權的侵害，經由各類法院（行政、財政、社會、勞工等法院）的審級有獲得救濟之可能者，都不得提起憲法訴願，對仍得提起再審之類非常救濟途徑的案件，其憲法訴願亦將不予受理。惟依德國之制，不必用盡審級訴訟程序，得逕向聯邦憲法法院起訴的例外情形有：1.事件具有一般重要性 (allgemeine Bedeutung)、2.不予受理對原告 (Beschwerdeführer) 有重大及不能克服之不利益 (ein schwerer und unabwendbarer Nachteil)、3.其他救濟途徑已無期待可能性 (Unzumutbarkeit)，前兩種是德國聯邦憲法法院法第 90 條第 2 項明文規定，第三種是憲法法院的先例所建立，其運用情形值得我們參考❺❹。

　　用盡審級救濟途逕有利也有弊，有利之處主要是避免人民聲請釋憲之泛濫，並維護審級制度完整，使大法院不致於取代各級法院；弊端則是法律是否違憲，人民必須走完漫長途徑直到取得終審法院的裁判，艱辛而漫長。若最後法律經大法官認定違憲則以前纏訟經年豈不是「走冤枉路」。至於司法院民國 102 年所提之大法官審理案件法修正案，採取法國新創之「優

---

❺❹　所謂一般重要性與重大之不利益，其實例如下：原告指摘某邦的宗教稅法違憲，而各邦幾乎都有類似立法，也會發生同樣的合憲性爭議；或者在原告所屬法院轄區內，有不少與其相同的違反該稅法罰則的案件待審，都算是具有一般重要性 (BVerfGE, 19, 268, 273; BVerfGE 62, 338, 342)。而政黨提起憲法訴願，指摘公營電台以截止時間已到，拒絕播放其為即將來臨的選舉所製作的宣傳節目，聯邦憲法法院認為若用盡審級救濟，該政黨即有難於回復之利益 (BVerfGE 63, 230, 242)。至於無期待可能性，是指對法規提出憲法訴願（即指摘法規違憲，有別於指摘法院裁判等公權力行為違憲），因依該法規作成的裁判或處分行為已經執行，無從循各種審級程序獲得有效救濟，並且依聯邦憲法法院本身的先例，同樣情況若是指摘確定終局裁判或其他公權力行為，將構成違憲，已足認符合憲法訴願要件 (BVerfGE 70, 108, 145f.)，以上參照 Schlaich/Korioth, aaO., S. 175f.; Maunz u. a., BVerfGG. Kommentar, aaO., Art. 90 Rn. 199, 203.

先之合憲性問題」(Question prioritaire de constitutionnalité)[55]制度。上述修正草案第62條第1項：「人民、法人或政黨就其為當事人之訴訟案件或非訟事件，認裁判所應適用之法律位階法規範牴觸憲法，得於法院審理程序，提出向憲法法庭聲請違憲判決之書狀。法院如認其主張有相當理由時，應轉送憲法法院。」但應注意「法院如認其主張有相當理由」，即應轉送憲法法庭，當事人可以作為訴訟技巧用以滯延案件審理，法官也很容易將一般案件轉化為憲法爭訟案件，以「減輕負擔」；而以大法官近年之審理效率，若採取此制，則如潮水般案件是否會衝垮憲法法庭？或許正是基此考量，憲法訴訟法不採前述跳躍聲請釋憲制度。

最後，憲法訴訟法第62條第1項規定裁判憲法審查之結果若為裁判違憲，則必須發回管轄法院，由其再審。此規定免除人民於釋憲成功後還要提出再審或非常上訴的麻煩，但同時也強調憲法法庭並非第四審，案件最終仍須由原管轄法院審理。

四、統一解釋

統一解釋是國民政府訓政時期遺留下來的制度，在其他國家甚少有這種機制。統一解釋在第四屆大法官（民國65年至74年）以前，是主要受理並作成解釋的來源，因為當時憲法解釋只有國家機關得以聲請，違憲宣告更是鳳毛麟角，統一解釋既屬解決適用法令的歧見，便無政治敏感性可言。憲法訴訟法之統一解釋規定於該法第8章，僅餘人民可提出此項聲請。至於機關聲請統一解釋的途徑，憲法訴訟法將此類案件視為是機關權限爭

[55] 有關法國新制的介紹請參見陳淳文，人民聲請釋憲制度的改革展望，政大法學評論，第142期，2015年9月，頁281–343；紀和均，簡介法國違憲先決問題審查新制（上）、（下），司法周刊，第1680、1681期，2014年1月；Gérard Marcou著，李鋒漖譯，法國「違憲先決問題」之制度與實務，憲政時代，第38卷第4期，2013年4月，頁515以下。

議，改由機關權限爭議機制去解決（憲法訴訟法第 4 章）。以下先簡述審理案件法第 7 條機關聲請統一解釋案件之運作情形，再談憲法訴訟法之人民聲請統一解釋的規定內容。

㈠舊法時期之機關聲請統一解釋

1.有權聲請者為中央或地方機關

中央機關當然指五院及其所屬機關，也不排除總統府及其所屬機關，有聲請統一解釋的可能；地方機關指地方自治團體的行政或立法機關而言，均已見前述。

2.須聲請機關就其職權上適用法律或命令所持見解，與本機關或他機關適用同一法律或命令時所已表示之見解有異

所以稱為統一解釋者，就是對適用同一法律或命令的規定，聲請機關所持見解，與他機關先前已對外表示的見解發生歧異，而有加以統一的必要。至於舊法條文尚有「與本機關」見解有異，非常費解，通常本機關既有權表示見解在先，自有權變更其見解於後，不必也不許聲請解釋。若謂終審法院與其本機關先前的法律見解不同，則由各該終審法院自行變更判例或召集會議變更決議，也無從聲請司法院解釋。所以「本機關」如果不是贅文，則似有一種情形可以相當：即司法院辦理司法行政事項，發現適用法令所持見解與舊有司法院解釋（特別是訓政時期所作的解釋），見解相異，而以院長或秘書長名義聲請解釋。至於大法官對這項要件的審查，與聲請解釋憲法相比較，似屬寬鬆。

3.聲請機關須非依法應受本機關或他機關見解之拘束或得變更其見解者

在機關的組織體系中，下級機關應受上級機關見解之拘束，上級機關也可變更下級機關的見解，下級機關幾無聲請統一解釋的機會，故行政院各部會不得主張其見解與行政院有異而提出聲請，但教育部則可因見解與考試院先前已表示之見解相左，而聲請統一解釋。惟有一種例外情形，如

下級機關具有準司法性質，其行使職權雖上級機關亦不得干涉時，應認該下級機關與上級機關見解不同時，得聲請統一解釋，例如公務人員保障暨培訓委員會辦理申訴及復審事件之見解，即不受考試院之拘束，又如審計長之於監察院也有類似情事，然受官場文化的影響，實際上不易發生這類案件。在組織體系之外，尚有功能體系，就是組織上雖無隸屬關係，但功能上卻有上下之分，例如行政院對訴願事項所持的見解，與行政法院相異時，應受行政法院的拘束；行政院人事行政總處也不得主張適用考銓法規與考試院不一致，而聲請統一解釋。

在司法審判體系下級審之見解應受上級審拘束，更無聲請之餘地。檢察官應受法院見解之拘束，如有不服只能循上訴或抗告程序，直達終審法院為止。在第四屆以前，有兩類「非常態」的統一解釋案件：一是當檢察系統，尤其是檢察長（現改稱檢察總長）提起非常上訴，其見解不被最高法院所採，乃經司法行政部（現稱法務部）轉行政院，以行政院的名義提出統一解釋的聲請，以便扭轉最高法院的見解，釋字第 145 號解釋及釋字第 146 號解釋，就是這種來源下作成。二是人民遭受敗訴判決確定，向監察院陳情，監察院調查結果認同陳情人的見解或同情其處境，遂以監察院之委員會決議方式，用院函聲請統一解釋，釋字第 151 號解釋便是典型的案例，近 30 年來上述兩類案件已不再出現。

釋字第 743 號解釋開啟另一種統一解釋的類型，值得注意。本案源自於台北市政府以大眾捷運法為基礎，將徵收之土地以聯合開發模式興建住、商、辦大樓，並出售私人所有。監察院認為：大眾捷運法並未明文規定得以「一般徵收」方式徵收人民土地後，以聯合開發方式將土地移轉為私有，台北市政府將徵收土地移轉為私有，有違重要事項應由法律明定之原則，提案糾正台北市政府，並要求行政院轉飭所屬確實檢討改善。然交通部引台北高等行政法院 99 年度訴字第 1587 號判決，認為台北市政府並無不法。另，核准土地徵收之機關內政部認為，以徵收取得之聯合開發土地移轉予

私人所有，並無疑義。後監察院詢問行政院之立場，行政院對交通部及內政部之前述意見，表示「尊重相關權責機關研處情形」；且其所稱「尊重」，就是「並無不同意見」之意。基此，監察院認為其與行政院各就適用大眾捷運法，顯然發生見解歧異而聲請統一解釋。第 743 號解釋認定其與司法院大法官審理案件法第 7 條第 1 項第 1 款規定之要件相符，受理本案並作出解釋。然而，大眾捷運法（第 6 條及第 7 條）是監察院職權上得以適用之法律嗎？行政院在本案中真的有表達相異之見解嗎？監察院要求行政院督促台北市政府確實檢討改善，行政院若認為北市府並無不法而從督促改善，則監察院難道不是該進一步糾正行政院，或甚至糾舉彈劾行政院相關人員嗎?前述質疑的確涉及違憲審查權與監察權及行政權之相互互動關係，值得予以深究❺❻。

4.聲請解釋機關有上級機關者，其聲請應經由上級機關層轉

這項要件在機關聲請解釋憲法中，已有說明，不再贅述。值得討論的案例為釋字第 553 號解釋，聲請機關台北市政府主張，對地方制度法第 83 條第 1 項「特殊事故」的見解與內政部及行政院相異，未經核轉逕依司法院大法官審理案件法第 7 條及地方制度法第 75 條第 8 項聲請解釋，大法官以符合地方制度法該條項規定而受理。依照先前有關委辦事項與自治事項應有區別的說明，對自治事項的見解中央與地方機關不一致時，地方並非當然受中央的拘束，地方政府聲請解釋無論是依前述司法院大法官審理案件法或地方制度法，都不宜由爭議的另一造中央機關核轉。如果某一事項究竟是委辦事項抑自治事項先就存在爭議，這一問題的本身即應允許聲請解釋。至於鄉鎮（市）與縣市政府間的權限爭議，尚不得比照上述理論，由大法官統一解釋，而須由上級監督機關內政部或更上級之行政院解決。

憲法訴訟法刪除機關聲請統一解釋之機制，改以其第 4 章之機關爭議

---

❺❻　相關質疑請參見本號解釋黃璽君大法官所提出之不同意見書，林俊益大法官之部分不同部分協同意見書。

案件與第 7 章地方自治保障案件之程序來處理，其內容已如前述。

(二)人民聲請統一解釋之案件（憲法訴訟法第 84 條第 1 項）

1.聲請主體為人民、法人、政黨或非法人團體

其涵義與憲法解釋相同，不另敘述。

2.須有不同審判權終審法院之確定終局裁判，適用同一法規範已表示見解有異之情事

所謂不同審判權終審法院是指不同審判系統的終審法院而言，典型的例子為最高行政法院與最高法院之間，或不得上訴法律審案件某高等行政法院與高等法院之間，若台灣高等法院台南分院與高雄分院之間則非此處所謂不同審判權之法院。此外，聲請人應用盡救濟之審級程序受不利裁判，方得提出聲請。故假設聲請人受高等法院的判決，發現與最高行政法院適用同一法令見解相異，即放棄上訴，聲請統一解釋，應不予受理。又其他審判機關確定終局裁判的見解，須對聲請人有利，也是解釋聲請要件時應作的詮釋，若對聲請人毫無利益可言，亦不應許其聲請解釋。最後，若本來確有見解歧異的情形，但人民尚有其他依法定程序表示聲明不服的管道，或是後裁判已變更前裁判之見解者，不得聲請統一解釋，乃屬當然。

事實上，凡採取兩元或多元審判系統的建制，都會發生審判權衝突，即各類法院間權限爭議事件，各國為解決此項問題設有不同的機制❺❼。人民聲請統一解釋，原本也具有解決權限衝突的功能，試以釋字第 305 號解釋為例：其爭點是公營公司員工與公司間的涉訟，行政法院與民事法院均以無審判權駁回，構成消極的審判權衝突，當時適用的司法院大法官會議法尚無人民聲請統一解釋的規定，所幸確定終局判決引用一項行政法院判例，遂以審查判例違憲為由（見解釋理由書第 1 段），對審判權歸屬作成該號解釋。目前行政訴訟法及相關法律對於上述衝突情形，已有由各該法院停止訴訟聲請解釋的設計，較為便捷。人民聲請統一解釋為民國 82 年制定

---

❺❼　參照吳庚，行政爭訟法論，元照出版，第二編第一章第三節審判權之衝突。

大法官審理案件法時所增訂，歷年以來受理而作解釋的案件，幾乎沒有，以致於民國91年起司法院歷次向立法院提出的司法院大法官審理案件法修正案皆將其加以刪除。但憲法訴訟法在刪除機關聲請統一解釋的同時，反而保留人民聲請統一解釋。不過，如前所述，既然審判權衝突問題已經在各訴訟法有所解決，未來此類案件亦將可能十分罕見。

3. 須於裁判確定 3 個月內提出聲請

憲法訴訟法第 84 條第 3 項規定 3 個月的聲請期限。所謂裁判確定後當然是指聲請人所受不利的確定終局裁判，並非其他審判機關的裁判。在比較法上，如果單純的規範審查，例如邦主張聯邦的法律違憲之類，通常未定期限，反之，若涉及人民權利及確定裁判（或行政官署之裁決）者，鮮有不定起訴期限者，德國的憲法訴願為自終審法院送達 1 個月內，奧國類似的憲法爭訟則為 6 個星期。憲法訴訟法對於人民聲請法規範或裁判憲法審查案件，訂有 6 個月之期限。二者之差別理由乃在於裁判憲法審查之原因案件當事人非僅限於聲請人一方，尚有受有利判決之對照當事人可能受影響。反之，統一解釋案件僅屬法院間之見解歧異，且經憲法法庭統一後之新見解也不影響各法院已確定裁判之效力，故聲請期限可較短於裁判憲法審查。憲法法庭統一後之新見解如係有利於聲請人，憲法訴訟法第 88 條延續釋字第 188 號解釋之意旨，賦予聲請人得依法再行提出救濟之權利；檢察總長亦得據以提起非常上訴。

五、判決變更與補充解釋

釋字第 185 號解釋及憲法訴訟法第 38 條皆清楚闡明大法官所為之裁判有對世效力，拘束全國各機關及人民。同法亦規定不得對憲法法庭及審查庭之裁判聲明不服（第 39 條），亦不得更行聲請（第 40 條及第 42 條第 1 項）。然法與時轉，法安定性與法變動原則❺❽必須相互調和，故憲法訴訟

---

❺❽　參見陳淳文，既得權、變動原則與年金改革，收於：台灣行政法學會主編，年

法第 42 條第 2 項及第 3 項針對法規範憲法審查與機關權限爭議設有變更判決之聲請途徑。對於已宣告為合憲之法規範，或機關爭議已經憲法法庭為特定內容之宣告者，該特定法規範或特定爭議本應不得再行聲請。但若裁判作出後因：(1)憲法或相關法規範有所修正，或(2)相關社會情事有重大變更者；有權聲請者如認大法官有重行認定與判斷之必要時，得分別依法規範及裁判憲法審查與地方自治保障（第 3 章或第 7 章）或機關爭議（第 4 章）等程序，提出變更判決之聲請。於此應特別注意者乃國家機關或立法委員如對法規範之合憲性，因釋憲後法令變更或情事重大變更而再生違憲疑義時，應本於其職權提出修法或其他適當措施，故不賦予變更判決之聲請權。

　　補充解釋不是過去審理案件法中的分類，憲法訴訟法對之亦未為規定。依過去經驗，補充解釋是因現實運作而產生，以之作為一項特殊類別，是由於補充解釋所發展出來的要件，與司法院大法官審理案件法所規定的憲法解釋與統一解釋均不盡相同，有加以分別的必要❺❾。先是民國 41 年大法官在台北復會之初，第九次會議作成決議：中央或地方機關對於行憲前司法院所為之解釋發生疑義聲請解釋時，得認為合於司法院大法官會議規則第 4 條之規定，依此決議隨後並公布釋字第 5 號解釋。到民國 48 年第 118 次會議又再決議重申上述意旨，並據此作成釋字第 82 號解釋，這兩次決議適用的案件，分別是行政院及最高法院對行憲前的司法院解釋有疑義，而提起聲請。頒布憲法之後，國家法制結構有根本性的改變，宜准許國家機關對行憲前的解釋提出聲請，但大法官已於釋字第 185 號解釋確認：「其所為之解釋，自有拘束全國各機關及人民之效力，各機關處理有關事項，應

　　金改革實施後若干憲法問題之研究，元照出版，2019 年，頁 50 以下。

❺❾　晚近學者已注意到補充解釋的特殊性，並有專文探討，見吳信華，論大法官釋憲程序中的「補充解釋」，收於：翁岳生教授七十誕辰祝壽論文集：當代公法新論，上冊，元照出版，2002 年，頁 796 以下。

依解釋意旨為之」，對大法官解釋自應遵行，似不宜再有疑義。然而事實上，前述兩次決議也適用於大法官所作的解釋，換言之，其他機關與大法官已公布的解釋意見不一致時，也可假補充解釋為名，聲請再作解釋。實則釋憲機關是仲裁者，所謂適用法律與其他機關見解相異，或與其他機關發生憲法爭議，其他機關並不應包括釋憲機關本身在內。較為合理的方式，應該是發生符合聲請要件的原因事實時，重新聲請解釋。

　　對於人民聲請補充解釋，則較機關聲請嚴格甚多。民國 67 年第 607 次會議決議：「人民對於本院就其聲請解釋案件所為之解釋，聲請補充解釋，經核確有正當理由應予受理者，得依司法院大法官會議法第四條第一項第二款之規定，予以受理」（司法院大法官會議法第 4 條第 1 項第 2 款即相當於司法院大法官審理案件法第 5 條第 1 項第 2 款）。從此之後，凡人民聲請補充解釋不問是否前案之聲請人或他人，聲請對某號解釋作補充解釋者，都必須再踐行法定程序，取得終審的判決，其聲請才可能受理。（第一件人民聲請補充解釋的案件是釋字第 156 號解釋，提出聲請者是原釋字第 148 號解釋的聲請人，因向行政法院提出再審遭駁回確定後，再次聲請）爾後可參考之案例甚多，如釋字第 795 號解釋理由書第 2 段再次重申：「按當事人對於確定終局裁判所適用之本院解釋，發生疑義，聲請補充解釋，經核確有文字晦澀不明、論證不周或其他正當理由者，應予受理。」

六、暫時處分

　　依憲法訴訟法第 43 條規定，憲法法庭得依職權，或依聲請人附帶聲請在解釋時先行作成暫時處分。暫時處分 (einstweilige Anordnung) 是一種暫時權利保護，行政訴訟法及民事訴訟法都有明文規定。德國聯邦憲法法院法第 32 條仿上述二種訴訟將之訂定於該條。我國法律對大法官釋憲並無此項規定，也未授與大法官這種職權。但是大法官們仍利用解釋之便創設新的制度，最早在釋字第 585 號解釋，其解釋文最後一段提出暫時處分的想

法，但大法官仍不敢貿然行使，因為釋字第 585 號解釋乃針對三一九槍擊案而作，政治上十分敏感。經過半年後，大法官終於在蓋指紋換發身分證案中，即釋字第 599 號解釋正式使用，其文字除重引釋字第 585 號解釋文字外，並將暫時處分之聲請要件及實際上之必要性予以詳細闡明；並同時宣示，暫時處分屆滿 6 個月失效。不管贊成與否，自釋字第 599 號解釋起即建立此項釋憲制度中原本沒有的機制。

暫時處分，在德國憲法訴訟實例上，已行之有年，並且將這種處分的過程，視為速審程序 (Eilverfahrem)，其性質與其他訴訟上的假處分或假執行（尤其是行政訴訟程序）相同。速審程序仍應作總括的審查，也如同其他訴訟一樣，本案訴訟不得提起或顯無理由者不得聲請暫時處分❻。暫時處分有兩項功能：一是保障功能，確保本案判決得予執行或實現判決所欲建立的結果；二是暫時穩定功能，也就是定臨時狀態，停止至本案判決之間的事物變換❻。當然也有許多缺點（反功能），諸如：造成對行政、立法部門及其他法院的妨害，以本案判決的結果為取向、速審程序難免考慮不周，在實務上出現各種沒有效果的暫時處分❻。

釋字第 599 號解釋在沒有法律依據之下，大法官們自創暫時處分，頗多可資商榷之處。首先，在概念上「解釋」是抽象有一般拘束力的裁決，「處分」是具體個案的措施，如何在解釋之中又有處分？大法官不是法院或法庭，其審理結果尚且不稱為裁判，何來假處分、假扣押之權能？德國憲法法院行使這項權限，不僅於法有據，法院也極為審慎，還飽受批評❻。

❻ Maunz et al., BVerfGG. Kommentar, 1999, §32 Rn. 14.

❻ F. Schoch, Einstweilige Anordung, in: Festschrift 50 Jahre BVerfGG (B). herausg. v. Badura u. Dreier, S. 700.

❻ Schoch 上引論文中，舉例甚多，諸如醫學院學生入學的暫時處分，使學校不致延期開學，但學生的資格問題，並未解決。又如對禁止集會遊行作出暫時處分，但時間過後，集遊仍被禁止。

❻ Schoch, aaO., S. 708 ff.

現憲法訴訟法第 43 條已對暫時處分予以明文規範，解決前述質疑。新法不僅將前述第 585 號及第 599 號之內涵予以成文法化，並增加憲法法庭得以依職權為暫時處分。其聲請要件為：⑴須為避免憲法所保障之權利或公益遭受難以回復之重大損害；⑵須有急迫必要性；⑶須無其他手段可資防免。再就其效力而言，暫時處分裁定滿 6 個月後失效；或聲請案件業經裁判者，暫時處分因失所附麗亦失效力；或憲法法庭得以情勢變更或其他原因裁定撤銷暫時處分。

憲法訴訟法上路後的第一件暫時處分案件，引發諸多爭議。首先，有關家事事件法的暫時處分本身，因其將隨本案確定而失其效力，故此類暫時處分僅具附隨性，是否仍屬確定終局裁判？憲法法庭認為不論是本案或非本案裁判，包括暫時處分裁定在內，只要對當事人或關係人之權益有所影響，且已用盡審級救濟程序，皆屬裁判憲法審查之客體❻❹。其次，因涉及跨國父母，暫時處分可能使未成年子女離境，造成日後跨國訴訟之困難，故憲法法庭認為其具急迫性與必要性，且無其他手段可資防免❻❺。事實上，有關將未成年子女交付父或母任一方之暫時處分本身，並必不必然對未成年子女身心健全發展造成難以回復之重大損害。本案的真正理由，純粹是因跨國問題。最後，本案最嚴重的問題在於不論是暫時處分還是本案裁判，憲法法庭都深入個案事實，宛若事實審。特別是判決之多數意見指摘法院有關子女最佳利益判斷有應審酌而未審酌之情形，且其適用法律之見解亦牴觸憲法，儼然成為上級審法院❻❻。

❻❹　參見憲法法庭 111 年憲判字第 8 號判決理由書第 13–16 段。

❻❺　參見憲法法庭 111 年憲暫裁字第 1 號判決理由書第 4 段。

❻❻　在親權酌定或改定事件，家事事件法第 108 條第 1 項本已規定法院應讓未成年子女有以適當方式表達意願與陳述意見之機會，必要時，得由專業人士協助。同法第 91 條第 4 項則明文賦予抗告法院得裁量不予陳述意見。此種規範方式與少年事件處理法未予被害人陳述意見機會而被釋字第 805 號解釋以不符憲

七、政黨違憲解散案件

　　民國 81 年 5 月公布的憲法增修條文第 13 條第 2 項及第 3 項（即現行憲法增修條文第 5 條第 4 項及第 5 項）規定，由大法官組成憲法法庭，審理政黨違憲之解散案件。所謂違憲指「政黨之目的或其行為，危害中華民國之存在或自由民主之憲政秩序」。這種制度完全仿傚德國而來，連政黨違憲的定義都是原封不動的翻譯。

　　關於政黨解散，依政黨法第 26 條規定，須由內政部檢具相關事證移送憲法法庭審理，憲法法庭判決政黨應予解散須有大法官現有總額三分之二同意行之，未獲上述人數同意時，應為不予解散之判決。違憲政黨解散是西德戰後初期，為制止極右及極左對西方民主制度懷有敵意的政黨而設，也曾用以解散過一、二個政黨，但自 1955 年以後，即不曾發生這類案件。在民主理念之下，只要不是採取武裝暴力推翻政府，任何政黨都可以提出主張，供人民選擇，這種所謂「憲法的自我防衛機制」，德國學者曾批評為「過時」之物❻❼。我國過去為抑制當時在野黨主張分裂國土的困境，而特設違憲政黨解散機制，但迄今從未運作過，看來已經過時。在民主法治價值與自由多元理念已深入人心的背景下，違憲政黨解散機制將來似乎也只是聊備一格罷了。

　　　法正當程序要求而違憲的情況迥然不同。然而在未宣告家事事件法任何條文因違反憲法正當程序而違憲的情況下，憲法法庭 111 年憲判字第 8 號判決卻認為「法院應於法庭內、外，直接聽取未成年子女陳述的意見」且「不得因法院已選任程序監理人，或程序監理人已為陳述，即可取代未成年子女之陳述」。憲法法庭此舉已將其自身化身為家事事件之抗告法院的上級審法院，故遭本判決不同意見書所嚴厲批判。

❻❼　Vgl .H. Hofmann, in: ders., Recht-Politik-Verfassung, 1986, S. 258；由於 1990 年代及 2001 年又各發生解散政黨案件（但憲法法院均認為不能成案），所以也有認為並未過時，Vgl. Schlaich/Konoth, aaO., S. 231.

八、總統、副總統彈劾案

對總統副總統之罷免與彈劾乃是選舉之外的課責手段，憲法本文即有規定，且二者意義不同。罷免屬於政治責任之追究，由國民大會議決罷免案；彈劾案則以違法失職為前提（憲法第 97 條第 2 項），由監察院經調查審議後提出彈劾案，再由國民大會議決（憲法第 100 條）。現行憲法增修條文第 2 條第 9 項及第 10 項將正副元首之彈劾罷免都改由立法院發動，只是罷免案須再經人民投票，而彈劾案則移送大法官審理。雖然制度有所變革，但罷免與彈劾二者屬性之不同並沒有改變，新制改由大法官來審理彈劾案，正足以說明彈劾案所涉及的仍是法律責任。

然而依憲法第 52 條規定及釋字第 627 號解釋之意旨，彈劾案應以總統副總統觸犯內亂罪或外患罪為其前提。至於行使職權所引發的法律責任，透過憲法第 37 條的副署機制，已經移轉至行政院長或其他部會首長身上。

憲法訴訟法第 5 章對於彈劾案之審理程序有詳細規定，舉其要者有：(1)彈劾案受理後，不因被彈劾人卸任、立法院解散或該屆立法委員任期屆滿而受影響；但若被彈劾人於裁判宣示前辭職、去職或死亡者，應裁定不受理（第 69 條）；(2)彈劾案得於裁判宣示前經立法院三分之二以上決議撤回（第 70 條）；(3)彈劾案的審理期限為 6 個月，以免政局動蕩不安（第 76 條）；(4)憲法法庭作出彈劾案成立與否的門檻要求是大法官現有總額三分之二同意，未達門檻即彈劾不成立（第 75 條）。基於現行憲法對於總統職權的明確限縮，以及行政院仍是國家最高行政機關的背景下，總統觸及內亂或外患罪的機會十分微渺，彈劾規定應該也是備而不用的制度。

九、聲請案之程式與聲請案之撤回

聲請解釋的程式過去規定在司法院大法官審理案件法第 8 條，其條文內容初看沒有問題，實則根本不是正確的法律用語，尤其不是訴訟法或程

序法應有的表達方式，試以第 8 條第 1 款「聲請解釋之目的」來看，每一件聲請案不都是一樣：「希望大法官採納聲請人的立場與見解」嗎？也就是目的在「打贏憲法官司」；所以司法院屢次提修法期予以改正。此外，不合聲請程序者，通常由大法官書記處發函定期限命聲請人補正，逾期不補正者，不予受理；但審理案件法並無補正制度相關規定，至於一旦提出釋憲聲請案後能否撤回？審理案件法亦隻字未提。

憲法訴訟法對於前述問題已有明顯改變，先就聲請格式而言，其分別規定於各類聲請案件，基本上皆要求提及違憲情形、所涉及之憲法條文或憲法上權利，以及聲請人所持之見解等。至於補正的規定，憲法訴訟法亦有所規定。有關聲請案之撤回，憲法訴訟法第 21 條第 1 項規定在裁判宣示或公告前，聲請人得撤回其聲請之一部或全部；但憲法法庭若認為該案「於憲法上具原則重要性」，得不准許其撤回；賦予大法官寬泛的決定權。在釋憲實務中，釋字第 750 號對於撤回問題即曾如此表示：「惟本案業經受理，且人民聲請解釋憲法，除為保障其憲法上之權利外，並涉及法規違憲與否，攸關憲法秩序之維護，具公益性，核有作成憲法解釋之價值，應不予准許撤回。」（解釋理由書第 2 段）然而憲法訴訟法第 22 條規定憲法法庭審理案件不徵收裁判費，又容許聲請人得就撤回時點與撤回範圍有廣泛的決定權，從避免司法資源遭濫用的觀點去看，頗顯未洽。

法國憲法委員會對於撤回問題採取最嚴格的態度，案件一旦移送至憲法委員會後，即不可改變也不可分割。實務上有原本連署聲請釋憲的國會議員，事後欲撤回連署而為憲法委員會所拒❻❽。在引進人民聲請釋憲之後，

---

❻❽　法國憲法規定須六十名國會議員連署方得聲請釋憲，即使撤回原已連署之議員人數導致連署總人數低於六十人之釋憲門檻，憲法委員會仍認為一旦提出聲請之後，聲請案即不得改變。另外，聲請人也不得撤回部分違憲主張；因為聲請案一經提出即不得分割。唯一可以撤回的例外是聲請內容有實質錯誤，或是連署為造假或同意連署之同意有誤，詳見 CC 30 décembre 1996, n°1996-386 DC.

法國更修改憲法委員會組織法，在其第 23 條之 9 明定：「人民提出『優先之合憲性問題』（即違憲先決問題）聲請後，不論基於何種原因導致原因案件訴訟程序之終止，對於違憲審查程序沒有任何影響。」綜上，不論是由政治部門提出，或是由人民提出，法國違憲審查程序一經發動，即不能停止，不能改變也不能分割。如此一方面排除違憲審查機關的選案裁量空間，以免因撤回之許可與否而遭致物議；另一方面也讓各類聲請人以更加嚴肅的態度面對違憲審查程序。

第四節　審理原則、審查基準及審查密度

一、審理原則

　　大法官審理案件所依循的原則與前述歐陸各國憲法法院所奉行者大致相當，換言之，也就是一般訴訟程序所採行的原則。值得特別說明的有下列二項：㈠不告不理：這是一切法院皆應遵守的信條，但憲法本文卻有一項特殊設計，即憲法第 114 條之規定：「省自治法制定後，須即送司法院。司法院如認為有違憲之處，應將違憲條文宣布無效」，在並未有違憲之聲請及疑義下，即由司法院主動予以審查，在各國法制上實屬罕見。但行憲以來，從未有省自治法的出現，目前省實質上已不存在，上述憲法條文可視為歷史文件。㈡限制訴外裁判：法院不得對當事人未請求或聲請之事項，予以裁判，也是一般常規。但在有關憲法爭議的訴訟標的理論中，我們曾謂：憲法爭訟與民事訴訟不同，憲法法院並不受當事人聲明標的之拘束，而有權作與該當事人不同的判斷。下述兩類案件可以佐證大法官對釋憲案件的審理，不能與民事訴訟等量齊觀：一是引用裁判重要關聯性理論，將審查對象擴及非確定終局裁判所適用的法律，實際案件為釋字第 535 號解釋等多號解釋案件。二是明白宣稱：「大法官解釋憲法之範圍，不全以聲請意旨所述者為限」，得就當事人所聲請之「該具體事件相關聯且必要之法條內容有無牴觸憲法情事而

為審理」（引自釋字第 445 號解釋理由書第 7 段）。除釋字第 445 號解釋以外，釋字第 216 號解釋、釋字第 289 號解釋、釋字第 394 號解釋及釋字第 436 號解釋等也有類似情形。至於其他職權主義、書面審理為原則，言詞辯論為例外、無償主義（不收取費用）等，均易理解，此處不再多加敘述。

二、審查基準與審查（或控制）密度

當法律或命令受指摘違憲時，法令的規定內容成為審查對象 (Prüfungsgegenstand)，而法令的上位規範則成為用以審查這一對象之標準，也稱為據以審查之規範 (Prüfungsmaßstab)。而許多論著將憲法法院或大法官對法令違憲與否，審查的寬嚴態度稱為審查基準或稱審查密度、控制密度 (Kontrolldichte)。以下先就據以審查之規範加以說明，再就違憲審查機關對法令的審查基準或密度作簡要分析。

三、大法官據以審查法令的規範

大法官據以審查的規範因審查對象不同，以及發動審查的聲請人抑或機關而有別，分項敘述如下：

㈠憲法增修條文作為審查對象時，據以審查之規範並不是憲法本文的個別規定，而是憲法本文整體所表現的基本原則，這是釋字第 499 號解釋所建立的準則。與德國聯邦憲法法院對修改基本法的法律，審查所憑據者頗有不同：因為德國基本法第 79 條第 3 項有不許用修憲法律變更德國基本法的規定❻❾，故審查修憲法律的合法性，便以「審查其是否違反第 79 條第 3 項」為據以審查之規範。奧國的國會得以特別多數通過修憲的法律，但如果修憲法律涉及改變憲法的建構法則 (Baugesetze)，便視為憲法的重新制

---

❻❾　德國基本法第 79 條第 3 項條文全文如下：「對本基本法的修改不得影響聯邦由各州組成的事實，不得影響各州參與立法及基本法第 1 條和第 20 條所規定的原則。」

定，應提交公民複決，所謂建構法則就是憲法的指導原則 (leitende Grundsätze der Bundesverfassung)❼⓪，所以這些指導原則便是審查修憲法律據以審查的規範。

㈡法律與命令有無牴觸憲法，無論是各機關、立法委員、法官提出聲請，這時作為據以審查的規範除了形式意義的憲法、憲法位階的一般法律原則以及超越實證法之外的法理均屬之。所謂憲法位階的一般法律原則，或有憲法條文之依據，例如平等原則來自憲法第 7 條，比例原則包含在憲法第 23 條之中，憲法第 19 條之租稅法定主義；或基於憲法的精神而來，例如信賴保護原則、法律明確性原則等。超越實證法的法理在大法官解釋中常出現者如事物之本質 (natura rerum, Natur der Sache) 便是一例❼①。又大法官在許多解釋中，常作法理上原則的宣示，有時在我們的成文法上確實找不到直接的依據，或遭學者批評這種論述是「從天上掉下來的」❼②，實則釋憲機關除了遵守憲法、本身的解釋先例外，訴諸超實證的法理，就如同各種國際法庭對國際法的造法功能一樣，何足為奇呢❼③？

至於憲政慣例可否作為違憲審查的規範？則不可一概而論，憲政慣例在英國這種不成文憲法國家，有強大的拘束力為世所共知，即使成文憲法

---

❼⓪　B-C. Funk, Einführung in das österreichische Verfassungsrecht, aaO., Rn. 7.

❼①　例如釋字第 330 號解釋認為遺產稅法規定，繼承人申報遺產應於被繼承人死亡之日起，6 個月內為之，其受死亡宣告者，該法施行細則規定自判決宣告日起算，符合立法目的及事件之事物本質（見理由書）；又釋字第 555 號解釋，對戒嚴時期人民受損權利回復條例，關於回復資格公務人員與軍職人員有不同之規定，與事物本質相當，也是認為不違憲的理由之一。

❼②　蘇永欽，立法裁量與司法審查，收於：司法院主編，司法院大法官八十九年度學術研討會紀錄，司法院出版，2001 年，頁 200。

❼③　Georg Potyka, Rechtssetzung und Entscheidung im Völkerrecht, English Summary: Law-making and Decision-making in International Law, 2000, pp. 99–118.

國家違背憲政慣例，也有嚴重的後果，但是否可作為據以違憲審查的規範則屬另外一事。大法官解釋案例中，至少有兩件涉及憲政慣例的問題，一是釋字第 419 號解釋，關於副總統兼任行政院院長是否合憲案，我國憲政史上曾有兩任副總統兼任閣揆之例，但只見該號解釋從權力分立及憲法上職位是否相容為立論基礎，未論及兼任之先例，似無承認其為憲政慣例之意，否則結論將有不同。另一例是釋字第 499 號解釋，國民大會於民國 88 年 9 月 4 日通過之憲法增修條文，其程序瑕疵原因之一就是其讀會採無記名投票方式，「與行憲以來修憲程序之先例不符」（見該號理由書第 6 段），顯然是以憲政慣例作為一項審查的不成文規範。

　　㈢審查法令違憲除上位規範之外，尚有範圍 (Umfangreich) 的問題，這裡所講的範圍，專指得作為據以審查的規範，發動違憲審查者固然應具體指出成為審查對象的法律條文有如何牴觸憲法的疑義，這種情形在法官或人民聲請時尤為嚴格，提出聲請的法官應敘明對法律有合理的違憲確信，人民則應明確陳述憲法上哪一項基本權受侵害，在本章第三節業已說明。但聲請機關、法官或人民所提出的違憲主張大法官並不受其拘束，釋憲機關自得就憲法整體規定即所謂實質的憲法規範 (materielle Normen der Verfassungsrecht) 的觀點加以審查，而不是侷限於形式上的憲法法典或個別條文。是以特定法條遭指摘違背憲法某一條文，但審查結果雖與該憲法條文不符，然卻為其他憲法規範意旨所允許時，仍不應宣告違憲。例如憲法第 133 條：「被選舉人得由原選舉區依法罷免之」，而公職人員選舉罷免法第 69 條第 2 項規定（此條規定現今移至第 75 條第 2 項）：「全國不分區及僑居國外國民立法委員選舉之當選人，不適用罷免之規定」，並不因與上開憲法第 133 條牴觸而無效，就是基於這個道理。（參照釋字第 331 號解釋）反之亦然，即聲請者指摘法律違反憲法某條文，審查結果認為並非如此，不過卻發現有其他違憲情事時，結論仍是該法律違憲❼❹。以上所述，

❼❹　釋字第 242 號解釋鄧元貞重婚案，聲請人主張舊民法第 992 條違反憲法第 23

也是德、奧等國憲法法院所採的審查範圍理論，我國亦然。

　　㈣審查對象大法官應以受聲請者主張所拘束為原則，無論機關、法官或人民等聲請案件，其主張甲法規 A 條規定違憲，即應以之為審查對象，不能依職權變為審查甲法規 B 條，更不能涉及未經聲請的乙法規，在其他國家也是如此❼。不過在我國釋憲實務上曾出現例外案例：釋字第 445 號解釋，聲請人因室外集會遊行未依集會遊行法第 9 條第 1 項規定於 6 日前，向主管機關聲請，致未獲許可，竟引導車隊及群眾遊行，經主管機關命令解散而不服從，並由刑事法庭以違反集會遊行法第 29 條之罪處以刑罰。基於這種緣由，該號解釋遂從解釋先例中演繹出：「大法官解釋憲法之範圍，不全以聲請意旨所述者為限」，並進而說明：「其牽涉之問題實係集會遊行法第八條第一項前段規定室外集會、遊行應向主管機關申請許可及相關規定是否牴觸憲法所發生之疑義，殊難僅就同法第九條第一項所定申請期限是否違憲一事為論斷」（理由書第 7 段）。換言之，聲請的解釋對象是集會遊行法第 9 條第 1 項，大法官將之擴及同法第 8 條第 1 項及相關之第 11 條第 1 款（即所謂不得主張共產主義及分裂國土），並宣告其違背憲法第 11 條保障人民言論自由的規定。這種基於整體評價之需要而擴及具關聯性之法條的案例不少，如釋字第 737 號及釋字第 747 號解釋❼。

　　　條，逾越該條所稱之必要限度，解釋結果則認為違反憲法第 22 條，未提及第 23 條。

❼　德國聯邦憲法法院有兩項判決；BVerfGE 65. 1——戶口普查法違憲案，BVerfGE 66, 39——北大西洋公約軍備案，都說明應受當事人主張之審查對象拘束。

❼　「惟人民聲請憲法解釋之制度，除為保障當事人之基本權利外，亦有闡明憲法真義以維護憲政秩序之目的，故其解釋範圍自得及於該具體事件相關聯且必要之法條內容，而不全以聲請意旨所述或確定終局裁判所適用者為限（本院釋字第四四五號解釋參照）。如非將聲請解釋以外之其他規定納入解釋，無法整體評價聲請意旨者，自應認該其他規定為相關聯且必要，而得將其納為解釋客

㈤審查法令違憲的步驟，應先審查訂定法令的機關有無權限，再審查其產生程序是否合乎上位規範的規定，最後審查其內容實質上有無牴觸上位規範。以法律為例，若立法院根本無權制定某種法律，則程序及內容均無須審究，例如民國 79 年間各方要求實施省（直轄市）長民選，當時為化解抗爭，行政部門草擬動員戡亂時期台灣省政府組織條例及動員戡亂時期台灣省議會組織條例，送立法院審議，準備採省主席由行政院長提名，省議會同意後任命，代替省長民選的方案，後經釋字第 260 號解釋，認為依照憲法規定中央無權對特定省分制定其省政府或議會組織法律，可視為一例。 又審查對象須經立法院通過總統公布者才能稱為法律 （憲法第 170 條），如果不符合這項程序要件，則審查對象根本「非法律」，也就不必進一步檢討其程序及內容是否違憲。惟憲法法院或釋憲機關對法律作程序上審查時，應受國會自律（或國會自治）原則的制約，具體的講就是國會在制定法律過程中，不因單純違背其議事規則而影響法律的效力，例如是否踐行三讀程序，抑或只進行一次讀會或兩次讀會？表決時是否符合法定人數？若法律已經公布又沒有黨團對程序表示異議，均應認為法律仍然有效。必須程序的瑕疵已經到達違反憲法規定的程度，法律才視為無效。以德國為例，應經參議院同意始能生效的法案（譬如德國基本法第 81 條的立法緊急狀態宣告法案），或須經聯邦政府（即內閣）同意（譬如增加支出的法案），未經參議院或內閣同意者，眾議院通過法案，自屬無效❼❼。民國 83 年初立法院在一片混亂中通過「國安三法」，當時的朝野黨團都聲請釋憲，釋字第 342 號解釋也以國會自律為基礎，對立法程序的審查提示幾項原則：⑴就立法程序而言，議會（國會）自律事項包括：議會有權自行訂定議事規則。⑵議事規則的踐行，除有違反憲法上法律成立基本規定的重大明顯瑕疵外，不影響法律之生效。⑶立法程序之瑕疵未達重大明顯而無效者（指

體。」（第 737 號解釋理由書第 6 段，第 747 號解釋理由書第 2 段）

❼❼ Maunz u. a., BVerfGG. Kommentar, aaO., §80 Rn. 123ff.

立法委員言論表決對外不受追究），或瑕疵須經調查始能認定者，釋憲機關之調查權限既受限制，仍應由議會自行認定後予以補正。值得注意者，本號解釋將判斷具體行政行為無效的重大明顯瑕疵理論 (Gravitäts-bzw. Evidenztheorie)，用在立法行為的審查上，後來的解釋更進一步認為重大明顯瑕疵可作為判別其他公法（即憲法）上行為的標準，並在釋字第 419 號解釋副總統兼任行政院院長案及釋字第 499 號國民大會修憲案的解釋中，反覆引用 ❼❽。論者對援用重大明顯瑕疵作立法（制憲）行為的判斷尺度，有贊成者，也有持反對見解者 ❼❾，反對者認為大法官並未觸及法律之實質

---

❼❽ 釋字第 499 號解釋公布後，時論就以釋字第 342 號解釋所涉立法院的議事瑕疵，與國民大會修憲程序的瑕疵作比較，認為釋憲機關厚彼薄此，以不同的標準作判斷。兩案之判斷標準容或有程度上差別，但就二者案情客觀分析，也有下列四點差異：㈠修憲程序與立法程序在不少歐洲國家（如德、奧、義等國），基本上是相同，所差者只是國會表決時的可決人數。在我國則完全分離，修憲與立法分別由不同的機關以各自的程序進行。事實上國民大會對議事程序的踐行亦遠較立法院為嚴格。況憲法是根本大法，以較嚴的標準審查其制定過程，並非不合理。㈡立法院是經常集會的常設機關，國民大會召集的任務完了即行解散，程序的瑕疵難於補正，立法院則不同，國安三法在釋字第 342 號解釋公布後，立法院實際上曾作補正。㈢修憲門檻極高，只要四分之一的國大代表採消極態度（不出席或不贊成），則有重大瑕疵的修憲條文，將永久生效，後果不堪設想。㈣釋字第 342 號解釋，立法院各黨團分別聲請，對瑕疵程度又各執一詞（見一併公布之聲請書），議事錄又未經確定（見理由書）；國大的修憲程序，釋字第 499 號解釋理由書從其議事錄中歷數其瑕疵之「重大及明顯」，情況自不同。

❼❾ 法國憲法委員會對於議事爭執亦採尊重議會自律，但制裁重大明顯瑕疵的作法。此外，其又提出三個得以制裁議事行為的概念，包括「扭曲背離程序」，「濫用權力」與欠缺「議會論辯之清晰性與真誠性」等，詳見陳淳文，議事阻撓與少數保障之憲法規範初探，政大法學評論，第 159 期，2019 年，頁 115 以下。

內容，豈能逕認法律違憲或更進一步宣告法律無效。實則引用重大明顯瑕疵原則的案例不少，例如釋字第 342 號解釋原本只涉及程序瑕疵部分，與實質無關，釋字第 477 號解釋認為立法缺漏顯屬立法上之重大瑕疵，釋字第 499 號解釋則認定增修條文之制定程序及實質內容均有重大瑕疵。釋字第 419 號解釋目的在闡明違憲行為也有程度的不同，以支持該號解釋的主旨：有瑕疵但未明顯違憲而已。

　　㈥如本章第二節所述，依照地方制度法規定，因辦理自治事項由地方自治團體訂定之自治法規（包括自治條例、自治規則）有牴觸憲法之疑義，由上級監督機關逕行函告自治法規無效時，地方自治團體得聲請解釋（參照釋字第 527 號解釋），這時憲法（實質的憲法規範）、法律、中央法規（包括法規主管機關的函釋）及其他上位規範，都可能成為據以審查的規範。如果地方自治團體辦理自治事項，適用法令與上級監督機關見解相左，上級監督機關所發布的函釋，對被監督的地方自治團體則不當然具有拘束力（如引發釋字第 553 號解釋之原因事實），遇此情形上級監督機關的見解，也同時成為審查對象而非據以審查的規範。

四、審查密度問題

㈠美國及德國的經驗

　　審查密度在這裡界定為：憲法法院或最高法院運用審查基準對作為審判對象的規範，所採取寬嚴不同的判斷尺度而言。通常對審查密度的研究多屬學者根據判決或解釋的先例，分析其趨勢而嘗試性的歸納出若干準則❽⓿。但有時法院本身或法官個人在判決中也宣稱，自己採用的是何種判斷標準。以美國最高法院為例，最早 1938 年大法官 H. F. Stone 在一項案

---

❽⓿　國內已有這類論著，例如李建良，論基本權位階秩序與司法審查標準，收於：劉孔中、陳新民主編，憲法解釋之理論與實務，第三輯，上冊，中研院社科所出版，2002 年，頁 121–191。

件判決的附註中，提出「合理關聯性審查標準」與「嚴格的審查標準」，即所謂雙重基準 (double standard) 理論⓷ 。關於言論自由的保障，美國最高法院案例甚多，所曾運用過的判斷標準也不在少數，試將言論自由的規制，區分為針對言論內容的規制 (content-based regulations) 及非針對言論內容的規制 (content-neutral regulations)，法院對前者採嚴格的審查態度，後者則較為寬鬆，憲法學者遂稱之為雙軌理論 (the two-track theory)⓸ 。晚近又發展出所謂三重理論，即在上述合理關聯及嚴格的審查之外，加上中度審查標準，視個案情形而運用⓹ 。

　　德國聯邦憲法法院較為特殊，既審理法規的違憲也審理各種專業法院裁判的違憲，這兩類案件的審查基準及審查密度（判斷尺度）完全不同。先就裁判的違憲審查作簡要說明。

　　當事人主張法院裁判違憲而提起判決的憲法訴願（即是我國的裁判憲法審查），通常應先經過終審（法律審）法院的判決，就此而言，憲法訴訟程序頗像終審之上的超級法律審 (Superrevision)，但聯邦憲法法院經過自我調整之後，終於拒絕扮演這項角色⓺ 。所謂「超級法律審法院」指將終審

⓷　即 Stone 大法官在 United States v. Carolene Products Co., 304 U. S. 144 (1938) 之 footnote 4，參照林子儀，言論自由的限制與雙軌理論，收於：現代國家與憲法：李鴻禧教授六秩華誕祝賀論文集，月旦出版，1997 年，頁 656 以下；法治斌，人權保障與釋憲法制——憲法專論，月旦出版，1993 年，頁 257。

⓸　參照林子儀，言論自由的限制與雙軌理論，收於：現代國家與憲法：李鴻禧教授六秩華誕祝賀論文集，月旦出版，1997 年，頁 656 以下；李建良，論基本權位階秩序與司法審查標準，收於：劉孔中、陳新民主編，憲法解釋之理論與實務，第三輯，上冊，中研院社科所出版，2002 年，頁 149。

⓹　林子儀，言論自由的限制與雙軌理論，收於：現代國家與憲法：李鴻禧教授六秩華誕祝賀論文集，月旦出版，1997 年，頁 649 以下。

⓺　Vgl. Schlaich/Korioth, aaO., S. 223；中文著作見劉淑範，憲法審判權與一般審判權間之分工問題，收於：劉孔中、李建良主編，憲法解釋之理論與實務，第

法院違反法律的判決視為同時也違反憲法而言。德國聯邦憲法法院早在 1950 年代 Elfes（一位納粹政客申請出國護照遭拒發）案中❽，就採取終審法院的判決，如果違法，也當然違反基本權的觀點❽，直到 1960 年一項有關專利案件❽的裁判，聯邦憲法法院才明確的表示：判決的違法不屬該院審查的範圍，只有達到違反特別憲法 (spezifisches Verfassungsrecht)，該院才能基於受理憲法訴願而加以干預。舉凡程序的進行、事實認定、法規解釋及涵攝等都是專業法院的權限，不受憲法法院的審查。這段判詞由名叫赫克 (Karl Heck) 的法官執筆，所以上述意旨被稱為赫克公式 (Hecksche Formel)❽。至於「特別憲法」簡單講就是特定的基本權條文，如果未與特定之基本權條文的構成要件相符，則至少是屬於一般行為自由（基本法第 2 條第 1 項）的保障範圍。至於如何判斷單純的違法或者已構成基本權的侵害，不是容易解答的問題。曾經有一位名叫舒曼的學者，提出一項原則企圖解決此一難題，即為所謂的舒曼公式 (Schumannsche Formel) 便是：「造成一項縱然立法者依通常立法程序也不得制定規範而產生結果，竟然因系爭的法官判決而出現，就構成基本權的侵害❽。」例如立法者不得禁

一輯，中研院社科所出版，1998 年 6 月，頁 220。

❽　BVerfGE 6, 30.

❽　Elfes 案將德國基本法第 2 條第 1 項自由發展人格的權利，解釋為一般行為自由的保障，所以違法即同時違反基本權，至少違反了第 2 條第 1 項，參照 Wolf R. Schenke, Verfassungsgerichtsbarkeit und Fachgerichtsbarkeit, 1987, S. 27. Richter u. a., Casebook Verfassungsrecht, aaO., S. 68f., 76f.

❽　BVerfGE 18, 85.

❽　參照劉淑範，憲法審判權與一般審判權間之分工問題，收於：劉孔中、李建良主編，憲法解釋之理論與實務，第一輯，中研院社科所出版，1998 年 6 月，頁 218。

❽　Schumann, Verfassungs- und Menschenrechtsbeschwerde gegen richterliche Entscheidungen, 1963, S. 207, zitiert bei Pieroth/Schlink, Grundrechte Staatsrecht

止公務員於公務之餘傳教，而懲戒法庭竟因傳教而懲罰公務員，那麼法庭的判決即違反基本權的保障。舒曼公式還是過於抽象，我們還可從聯邦憲法法院的判決觀察得出，有下列情形應視為非單純的違法，而屬於違反基本權 ❾⓪：1.法官對法的見解，不受法律拘束。 2.法官濫用程序，並恣意的運用心證、認定事實。 3.對自由權侵害的嚴重性，以致於應視為違反「特別憲法」。

　　我國的釋憲機關過去不能審查判決的違憲，事實上約略有過半數以上的聲請案，是當事人指摘判決違憲，結果當然是不予受理。完整的憲法審判權除了法規的憲法訴訟之外，允宜包括裁判的憲法訴訟，今憲法訴訟法已建置裁判憲法審查機制，則前述德國的經驗或可供作參考。

　　其次，關於德國聯邦憲法法院對法律違憲的審查密度，迄今為止，最著名的當推該法院在員工參與決策案中 ❾①所提出的三種審查密度，不妨稱為三層次理論 (Drei-Stufen-Lehre) ❾② ：

　　1.明顯性審查 (Evidenzkontrolle)：其代表案例如兩德基礎條約案 ❾③，貨車運輸法違憲案 ❾④。在這項控制密度審查之下，除非違憲情節明顯可見，否則應尊重立法機關的判斷。上述兩德基本條約是否違憲涉及兩德統一的重大政治議題，應尊重立法及行政部門的處理，憲法法院採寬鬆的審查態

II, 13. Aufl., aaO., S. 294.

❾⓪　Pieroth/Schlink, aaO., S. 294f.

❾①　BVerfGE 50, 290-Mitbestimmung.

❾②　討論這一問題的中文著作有許宗力，憲法與政治，收於：現代國家與憲法：李鴻禧教授六秩華誕祝賀論文集，月旦出版，1997 年；盛子龍，比例原則作為規範違憲審查之準則，台大法研所碩士論文，1989 年。Mitbestimmung 案判決的中譯文見黃瑞明譯，共同決定法，德國聯邦憲法法院裁判選輯㈨，司法院出版，2000 年，頁 364 以下。

❾③　BVerfGE 36, 1－Grundvertrag.

❾④　BVerfGE 40, 196－Güterkraftverkehrsgesetz.

度，可想而知。至於貨車運輸法因為設定最高運輸量，若已達到則不再核發貨車營業執照，引起侵害職業自由的憲法訴願，聯邦憲法法院則認為該法是基於維護對重大公共利益之危害而設，並不違憲。

2.可支持性審查 (Vertretbarkeitskontrolle)：其代表案例為經濟穩定法❾⑤，立法者為穩定經濟之目的，基於預測的結果，採取立法措施，不問是否達成預期目標，均不認為違憲。企業員工參與決策案本身也是採可支持性的判斷尺度而認定員工參與決策法並不違憲，其理由不外：關於經濟秩序基本法並未建立一套經濟憲法 (Wirtschaftsverfassung)，而是賦予立法者廣大的自由形成空間，立法者既已盡可能根據可獲取的資訊，作成預估判斷，這屬於憲法允許立法者握有的預估特權 (Einschätzungsprärogative)，這種立法與基本法並不違背❾⑥。

3.嚴密的內容審查 (intensivierte inhaltliche Kontrolle)：以藥房案❾⑦為例，巴伐利亞邦藥房法第 3 條第 1 項規定，申請開設藥房，須符合公益且不妨害現有藥房的經營基礎始予許可，某小鎮人口六千，已有一家藥房，申請新開者遂遭拒絕。聯邦憲法法院審理結果，認為德國基本法第 12 條第 1 項所保障的職業選擇 (Berufswahl) 與職業活動 (Berufs ausübung) 兩項自由，性質不同，前者是人格自由發展所必須，應給予最大限度的保障，後者因與公益有關，得受較嚴格的規範。限制職業選擇的自由須有特別重要的公益上理由始足相當，非如此加以限制否則公益難以維護，且限制措施應採最輕微者為之❾⑧，因而宣告該邦藥房法第 3 條第 1 項違反德國基本法而無效。另一案同樣採嚴密內容審查的著名案件，便是墮胎案❾⑨，憲法法

---

❾⑤　BVerfGE 30, 250.

❾⑥　BVerfGE 50, 290, 322ff.

❾⑦　BVerfGE 7, 377－Apothekenurteil.

❾⑧　BVerfGE 7, 377, 404ff.

❾⑨　BVerfGE 39, 1.

院揭櫫基本法保障生命（包括已經形成，但未出生者在內）的崇高價值，作為審查的基準，認為禁止墮胎的刑法條文，並不違憲。

由上所述，對法律違憲的審查密度由寬入嚴，由立法行為到立法結果（如員工參與決策案），看似層次分明，然則其所謂寬嚴的判斷標準何在？在員工參與決策案的判決中聯邦憲法法院對此曾有簡短的說明：立法不外是對未來的預估，憲法法院對立法者預估的審查，取決於系爭事物的性質、有無充分可能性形成一項判決、所涉及法益的重要性 (die Eigenart des in Rede stehenden Sachbereichs, den Möglichkeiten, sich ein hinreichend sicheres Urteil zu bilden, und der Bedeutung der auf dem Spiele stehenden Rechtsgueter über.) 等因素。這些雖是影響判斷的因素，但欲從這些因素之中，得出階段分明的三層次理論則嫌勉強。K. Schlaich 就曾指出：「聯邦憲法法院的許多判決，就很難分辨到底用的是何種審查密度；而所謂明顯性審查與可支持性審查，其實並無差別；審查密度無非是問題傾向 (problembezogen dosiert)，也就是取決於問題所涉及憲法規範的性質及嚴重性❿。」總之，憲法法院或釋憲機關對違憲法規的審查，並沒有明確的判斷標準，不僅美國、德國如此，其他國家恐怕也是這樣⓫。

(二)我國釋憲機關的審查密度

承接上述，想要從大法官解釋的案例中，尋找其審查密度的準則，雖非不可能，但不易得到完整的答案。大法官從事法律與命令違憲審查，與行政法院從事命令的違法審查，性質相似。我們研究行政法院以往眾多的案例，就未能從中發現其寬嚴之間的明確準則，只好借用康德哲學的術語：嚴格主義 (Rigorismus) 與無差別主義 (Indifferentismus) 加以歸類⓬，前者代表

---

❿　Schlaich/Korioth, aaO., S. 325ff.

⓫　許宗力，從大法官解釋看平等原則與違憲審查，收於：李建良、簡資修主編，憲法解釋之理論與實務，第二輯，中研院社科所出版，2002 年，頁 120。

⓬　吳庚，行政法之理論與實用，增訂十四版，三民書局出版，2016 年，頁 99。

認真且嚴密的內容審查，後者表示寬鬆甚至放任行政機關作為的態度。當然行政法院分庭辦案，法官人數眾多，流動率也大，案件種類多又複雜，與大法官運作方式有很大的差異，要求行政法院有統一的判斷準則，難度更高。

大法官並非沒有注意到這個問題，在受理案件中遇到最多的違憲疑義，就是法令是否符合憲法第 23 條的法律保留原則及比例原則？包括命令內容是否已損害人民的自由權利？命令在程序上是否應有法律的授權？授權的法律有無違反授權明確性的要求？法律的本身是否已侵犯憲法保留的範圍？大法官在上述這類項目上作成不少解釋，諸如釋字第 251 號解釋（違警罰法違憲案）、釋字第 268 號解釋（考試法施行細則違反母法）、釋字第 313 號解釋（民用航空法違反授權明確性）、釋字第 367 號解釋（以買受人為納稅義務人違法案）、釋字第 384 號解釋（檢肅流氓條例違憲案）、釋字第 392 號解釋（檢察官羈押權及提審法違憲案）、釋字第 394 號解釋（營造業管理規則違憲案）等解釋。終於在釋字第 443 號解釋（見理由書第 1 段）總結式的建構層級化之保留體系：憲法保留、絕對法律保留、相對法律保留及非屬法律保留的事項，我們已屢加引述、讀者諒也耳熟能詳。這種理論基本上與前述德國聯邦憲法法院以事物性質及法益重要性決定其審查密度相當。換言之，憲法保留及法律保留是據以審查的原則，系爭的法令是審查對象，審查密度的準則取決於所涉及問題的重要程度。

關於命令的違法或違憲，在本書第二編第一章第六節第五目，討論限制基本權的法律及其相關的明確性問題時，曾歸納為三種不同的審查密度，於此不再贅述。下面仍然根據事物的性質及所涉及法益重要性兩項主要因素，嘗試對大法官審查法律的密度或準則，加以探討：

1.嚴格審查：採嚴格審查的事項又可分為下列四類

㈠限制人身自由的法律，以憲法第 8 條「非由法院依法定程序，不得審問處罰」的規定作為據以審查的規範 (Prüfungsmassstab)，對多項法律作嚴格的合憲性監督，先後宣告違憲者有：違警罰法有關拘留、罰役及矯正

（管訓）處分的規定（釋字第 166 號解釋、釋字第 251 號解釋）；檢肅流氓條例（第一次是釋字第 384 號解釋宣告該條例第 6 條、第 7 條、第 12 條、第 21 條違憲，第二次是釋字第 523 號解釋宣告同條例第 11 條第 1 項有關留置規定違憲）；刑事訴訟法（關於檢察官羈押權、提審法關於提審要件的規定，釋字第 392 號一併將之宣告違憲）；台灣地區與大陸地區人民關係條例有關於收容規定違反憲法第 8 條正當法律程序（釋字第 710 號解釋）；槍砲彈藥刀械管制條例（第 19 條一律宣付強制工作的規定，違反比例原則，釋字第 471 號解釋認為牴觸憲法第 23 條）；對人身自由有重大影響的解釋，如釋字第 68 號解釋、釋字第 129 號解釋關於參與犯罪組織行為繼續之認定，以及舉證責任分配之釋示，釋字第 556 號解釋予以變更，也是基於人身自由法益之重要性而作成。

㈡限制訴訟權的法律或判解，對人民程序基本權有嚴重影響，大法官也採嚴格審查的態度，蓋程序基本權是實現其他基本權的手段，唯有程序上的權利受到保障，其他實體權利才有實現可能。其中最顯著的案例當數推翻特別權力關係事項，不得爭訟的十餘號解釋❸，此外尚有釋字第 224 號解釋、釋字第 321 號解釋、釋字第 439 號解釋分別宣告稅捐稽徵法、關稅法及海關緝私條例，須繳納部分罰鍰或保證金始准提起行政救濟的規定違憲；釋字第 436 號解釋認為軍事審判法平時不許軍人向普通法院上訴，與憲法第 16 條訴訟權保障不符，亦是基於同一理由。

㈢有關憲法第 7 條男女平等的貫徹，也是嚴格審查的事項：民法第 1089 條父母對未成年子女權利行使不一致時，以父之意見為準的規定，釋字第 365 號解釋宣告其違憲，又釋字第 410 號解釋有關夫妻財產制、第 452 號解釋有關夫妻住所之設定，均在強調男女平等原則。

---

❸　打破特別權力關係不得爭訟的藩籬的解釋例中，包括釋字第 295 號解釋對會計師法不許受懲戒的會計師提起行政訴訟的規定，運用合憲性解釋，不宣告法條違憲，而「轉換」使其得依法續行訴訟。

㈣限制言論自由，尤其是限制政治性言論自由的法律，也採用嚴格的審查，釋字第 445 號宣告集遊法第 11 條各款違憲，便是明顯的事例。而若是涉及到言論自由的事前審查制度，大法官採取嚴格審查中最嚴格的極端審查態度，釋字第 744 號解釋即為適例。

綜上，自釋字第 744 號解釋出現之後，嚴格審查尚可細分成兩個次類型：一個是較少採用的「極端嚴格審查」，另一個則是一般常見的「一般嚴格審查」。就「極端嚴格審查」而言，基本上是「推定違憲」，除非被審查之法律所追求之目的是「特別重要之公共利益」，且所採取之手段與目的之達成具有「直接且絕對必要之關聯」，並且在制度上尚配有「即時司法救濟機制」，原先之違憲推定才有可能被推翻。（詳見釋字第 744 號解釋理由書）至於一般嚴格審查，規範所追求之目的必須是「重要或重大公共利益」，手段與目的之達成具有「實質關聯性」，如此才有可能被視為是合憲。（如釋字第 748 號解釋、釋字第 749 號解釋）

2.中度審查

此類案例為數不少，諸如與財產權保障息息相關的規定，如土地徵收及公共設施保留地的法律 ， 大法官都曾作程序及內容的審查 （如釋字第 409 號解釋、釋字第 400 號解釋及釋字第 336 號解釋），其中有關解釋公共設施保留地問題，涉及之補償經費上看數兆元，釋憲機關一旦考慮這一事實，即無從強制行政立法部門應於如何的期間內加以解決，頗類似前述德國憲法法院所考慮的因素：「有無充分可能性形成一項判決」。可歸為中度審查密度者還有：猥褻性言論（釋字第 407 號解釋）、商業廣告言論（釋字第 414 號解釋），這類言論與政治性言論相較，顯然屬於低價值的言論，頗似美國最高法院所採的判斷尺度 ❿ 。涉及訴訟權行使的次要事項，如公務

---

❿　參照李建良，論基本權利的位階次序與司法審查標準，收於：劉孔中、陳新民主編，憲法解釋之理論與實務，第三輯，上冊，中研院社科所出版，2002 年，頁 177 以下。

員懲戒法有關懲戒程序及懲戒方式的規定（釋字第 396 號解釋、釋字第 433 號解釋）；又如對兵役法及兵役法施行法的規定（釋字第 490 號解釋、釋字第 517 號解釋），均可視為中度審查的案例。最後，關於租稅法律主義（憲法第 19 條）的實踐，究竟是採取何種審查密度，相當難予歸類。有時採嚴格審查尺度，將稅法施行細則、財政部發布的辦法，函釋宣告違憲（釋字第 218 號解釋、釋字第 650 號解釋、釋字第 657 號解釋、釋字第 703 號解釋、釋字第 705 號解釋等）。更多情形鑑於稅務行政牽涉廣泛，法律本身之規定，既不能鉅細靡遺，主管機關為執行稅法所發布的各種規定，又常採低度審查維持其合憲或合法性（釋字第 195 號解釋、釋字第 361 號解釋、釋字第 441 號解釋、釋字第 500 號解釋、釋字第 519 號解釋、釋字第 698 號解釋、釋字第 713 號解釋等），從比例原則的觀點去看，大法官顯露其採中度審查的用語常是「目的正當或合理正當」，手段與目的之達成具「合理關聯性」（釋字第 745 號解釋、釋字第 751 號解釋）。

3.低度審查

釋字第 342 號解釋對立法程序的審查，相較於釋字第 499 號解釋對修憲程序的嚴格審查而言，顯然是低度審查；可列入低度審查者還有：台灣地區與大陸地區人民關係條例（釋字第 475 號解釋、釋字第 618 號解釋）、特別刑法的死刑規定（釋字第 194 號解釋、釋字第 263 號解釋、釋字第 476 號解釋）、道路交通管理處罰條例對行人的罰則（釋字第 417 號解釋）等所涉的合憲性、若干未直接影響人民權利，僅具有組織法意義的規範，如釋字第 481 號解釋對省縣自治法的審查。大法官常見的用語是「目的合理正當」，手段「仍在必要且合理之範圍內」，且「尚無明顯而重大之瑕疵」（釋字第 618 號解釋文）。

以上三種審查密度的分類，應附帶說明四點，第一，區別的標準並非十分明確，容有仁智之見，尤其中度審查與低度審查之間，也可能遭到德國學者對其憲法法院所謂明顯性審查與可支持性審查，界限不清的批評。

第二，同性質的事項，有時會採取不同的密度，例如特別權力關係中，已改變公務員身分損及其服公職的基本權（釋字第 243 號解釋）或其他重大影響（釋字第 298 號解釋），若不予公務員訴訟救濟的機會，即構成憲法第 16 條訴訟權的違反，反之，其他較輕的法益侵害如記過、調職等便屬於低度的審查。第三，學生身分的爭訟也從退學或開除學籍處分，始可爭訟，放寬到釋字第 684 號解釋輕微處分也可起訴，審查的尺度的改變，尤其明顯。第四，審查密度不是一成不變，隨著客觀環境的變遷或釋憲機關成員的更動，昔日合憲者，今朝也許變成違憲。事實上，已經有這樣的案例：海關緝私條例規定須繳納部分罰鍰或保證金始得聲明異議的規定，釋字第 211 號解釋認為合憲，而釋字第 439 號解釋則變更為違憲。藥品廣告的事前審查制度釋字第 414 號解釋認為合憲，但釋字第 744 號解釋則將化妝品廣告之事前審查制度宣告為違憲。

●第五節　解釋的效力

一、大法官對審查法令結果宣告的方式

　　大法官解釋的效力與其對法令審查結果宣告方式，有密切關係，因此有先予敘述的必要。依照歷來大法官解釋所發展出來的模式，有下列多種類型[105]：

(一)單純合憲宣告

　　作為審查對象的法令，屬於制定機關的權限，制定的程序也無重大瑕疵，內容則與上位規範並無牴觸者，自應認定其合憲，這類案件占大法官

---

[105]　對大法官所為法令違憲審查結果的類型化，學者各有不同的分類，見法治斌，與大法官共治，難嗎？憲政時代，第 26 卷第 3 期，2001 年，頁 80 以下；李建良編，憲法理論與實踐(一)，新學林出版，1999 年，頁 503 以下；許志雄，憲法秩序之變動，自版，2000 年，頁 333。

違憲審查的絕大部分。

(二)保留性合憲宣告

「保留性合憲宣告」也可稱為「有條件之合憲宣告」，是法國憲法委員會十分常用的解釋方法❿。基於合憲解釋原則，在被審查法令本身有多種解釋可能的情況下，大法官選擇其中一種符合憲法的解釋，並宣告僅有依此種解釋方法，被審查的法規範方屬合憲。此種解釋方法還可細分成「指示性保留解釋」、「建設性保留解釋」與「限縮性保留解釋」等三種次類型。指示性保留之合憲宣告並未增添或限縮被審查法規範本身之內涵，而是因法條不夠清晰而予以闡明，或是強調一些原本已存在的憲法規範精神或一般法律原則。例如在釋字第 736 號解釋中，大法官對於過去實務以教師法第 33 條為依據，但卻把公立學校教師看成公務員，一體適用公務員救濟法制的情形予以矯正。該號解釋並未宣告教師法第 33 條違憲，僅是說明該法並未將公立學校教師看成公務員，而是可以與一般人民一樣享有相同之司法救濟權利：「本於憲法第十六條有權利即有救濟之意旨，教師認其權利或法律上利益因學校具體措施遭受侵害時，得依行政訴訟法或民事訴訟法等有關規定，向法院請求救濟。教師法第三十三條規定：『教師不願申訴或不服申訴、再申訴決定者，得按其性質依法提起訴訟或依訴願法或行政訴訟法或其他保障法律等有關規定，請求救濟』。僅係規定教師權利或法律上利益受侵害時之救濟途徑，並未限制公立學校教師提起行政訴訟之權利，與憲法第十六條保障人民訴訟權之意旨尚無違背。」（解釋文第 1 段）

建設性保留之合憲宣告則係透過增添方式，讓原本可能違憲的法規範因為大法官的增添而變成合憲。例如在釋字第 585 號解釋中，對於真相調查委員會如何獨立行使職權，以及委員如何被免職的部分，原條例規定經過大法官增添部分內容之後，宣告其合憲（見解釋文第 3 點）：

---

❿ 參見陳淳文，法國憲法委員會違憲審查決定之拘束力，收於：司法院編，司法院大法官九十一年度學術研討會紀錄，2003 年，頁 178–184。

同條例第四條規定「本會及本會委員須超出黨派以外，依法公正獨立行使職權，對全國人民負責，不受其他機關之指揮監督，亦不受任何干涉」，其中「不受其他機關之指揮監督」係指「不受立法院以外機關之指揮監督」之意；第十五條第一項「本會委員有喪失行為能力、違反法令或其他不當言行者，得經本會全體委員三分之二以上同意，予以除名」，關於真調會委員除名之規定，並非排除立法院對真調會委員之免職權，於此範圍內，核與憲法尚無違背。

又如在釋字第 665 號解釋中，對於刑事訴訟法第 101 條第 1 項第 3 款有關重罪羈押的規定，大法官一改過去僅係觸犯重罪即得羈押的實務操作方式，在解釋中增加重罪羈押的法定要件後作合憲宣告（見解釋文第 2 點）：「刑事訴訟法第一百零一條第一項第三款規定，於被告犯該款規定之罪，犯罪嫌疑重大，且有相當理由認為有逃亡、湮滅、偽造、變造證據或勾串共犯或證人之虞，非予羈押，顯難進行追訴、審判或執行者，得羈押之。於此範圍內，該條款規定符合憲法第二十三條之比例原則，與憲法第八條保障人民身體自由及第十六條保障人民訴訟權之意旨，尚無牴觸。」

限縮性保留之合憲宣告則是以限縮解釋的方式，透過解釋去除被審查法規範內含的違憲成分，而使本來可能違憲的法規範變成合憲。在解釋的用語上「在……範圍內已構成違憲，應不予適用」或是「在……範圍內尚不構成違憲」都是限縮性保留之合憲宣告的常見用語❿。例如在釋字第 732 號解釋中，對於大眾捷運法之相關規定允許主管機關得以土地開發之目的之徵收非交通事業所必須之土地，就此部分與憲法不符；至於為了交通事業之建設而徵收所必要之土地，並無違憲之虞❽。又如釋字第 735 號解

---

❿　參見釋字第 732 號解釋蘇永欽大法官之協同意見書。

❽　釋字第 732 號解釋理由書第 3 段謂：系爭規定以使土地所有權人遭受特別犧牲之方式，徵收非交通事業所必須之土地進行開發，並非達成土地資源有效利用、地區發展並利國家建設經費之取得目的所不得不採之必要手段，且非侵害

釋，對於立法院組織法第 6 條第 1 項限制臨時會議決事項之範圍而排除在臨時會處理不信任案的部分，大法官認為應不予適用。但此並不意謂著今後立法院臨時會可隨意處理任何議案，而使臨時會與常會無異❿。

㈢合憲非難

合憲非難指對受審查的法規，一面認為尚不違憲，同時又指摘其不當，並要求制定法規的機關檢討改進（案例甚多，如釋字第 270 號解釋、釋字第 277 號解釋、釋字第 290 號解釋、釋字第 396 號解釋、釋字第 441 號解釋等），論者皆謂其情形與德國聯邦憲法法院的所謂警告性判決 (Die sog. Appellentscheidung) 相當❿。其實我國的合憲非難與警告性判決有相當程度的差異：1.合憲非難，其前提是合憲，非難並沒有拘束力；警告性判決則是避免立刻宣告違憲，對系爭法規勉強認為目前尚屬合憲 (noch verfassungsmässig)，判決的主旨仍然確定系爭的法規未來牴觸基本權

最小之方式。其許主管機關為土地開發之目的，依法報請徵收非交通事業所必須之土地，於此範圍內，不符憲法第二十三條之比例原則，與憲法保障人民財產權及居住自由之意旨有違，應自本解釋公布之日起不予適用。

❿ 釋字第 735 號解釋理由書第 1 段謂：憲法第六十九條規定：「立法院遇有左列情事之一時，得開臨時會：一、總統之咨請。二、立法委員四分之一以上之請求」。僅規範立法院臨時會召開之程序，並未限制臨時會得審議之事項。基於儘速處理不信任案之憲法要求，立法院於臨時會審議不信任案，非憲法所不許。惟立法院組織法第六條第一項規定：「立法院臨時會，依憲法第六十九條規定行之，並以決議召集臨時會之特定事項為限」。未許於因其他特定事項而召開之臨時會審議不信任案，與上開憲法規定意旨不符，就此部分，應不再適用。系爭憲法規定既未限制不信任案之提出時間，如於立法院休會期間提出不信任案，立法院自應即召開臨時會審議之。

❿ 陳瑞堂，違憲解釋之將來效力與警告性判決，司法院大法官釋憲四十週年紀念論文集，司法院出版，1988 年，頁 354；王和雄，違憲審查制度與司法院大法官審理案件法，法學叢刊，第 182 期，2001 年，頁 20。

(Feststellung eines Grundrechteverstossest erst für zukünftigen Zeitpunkt) ⑪　。

2.警告性判決的理由中必須敘明其實質違憲及何以暫不宣告違憲的理由⑫，而合憲非難通常只說：「易滋誤解」、「未盡相符」、「宜由立法為適當之裁量」 等語 。 3.警告性判決構成對制定法規機關的一項憲法委託(Verfassungsauftrag)，有遵守的義務，所以有時聯邦憲法法院並明定其修改法規的期限⑬。合憲非難並沒有相同的拘束力，大法官也從未定期使原來規定失效，或明定「日出期限」。我們認為真正與警告性判決相當者，倒是早期的兩號解釋：釋字第 86 號解釋（高等法院以下各級法院隸屬案）及釋字第 166 號解釋（違警罰法違憲疑義案），不明白宣告法律違憲，但要求有關機關作符合憲法意旨的修改，否則未來將遭違憲失效的命運，數年後釋字第 251 號解釋也真正定期使違警罰法失效。

㈣違憲但不失效

違憲但不失效指作為審查對象的法規，經認定違憲或與憲法意旨不符，但未使其立即失效或定期失效，只要求檢討改進，遂形成違憲法規仍長期有效的局面。論者通常以釋字第 86 號解釋及釋字第 166 號解釋作為舉例，我們並不贊成⑭，但仍列為一類。

---

⑪　引自加值營業稅法案之判決 (BVerfGE 21, 12, 39-Umsatzsteuergesetz), vgl. auch Maunz u. a., BVerfGG. Kommentar, aaO., §95 Rn. 37.

⑫　警告性判決的性質雖有各種不同的學說，中文著作見陳愛娥，大法官解釋之界限，收於：大法官釋憲五十週年學術研討會記錄，司法院出版，1999 年，頁 356 以下；我們所引的是德國聯邦憲法法院所持見解，並為一般所採納，Vgl. Schlaich/Korioth, aaO., S. 298ff.

⑬　BVerfGE 39,169——寡婦年金案便是例子。

⑭　若干討論大法官解釋效力的文章，也將釋字第 86 號及第 166 號解釋歸類為單純違憲宣告，或違憲而不失效，若違憲而又無限期的繼續適用，實質上無非警告而已。參與這兩號解釋的林紀東大法官也指出：基於種種考慮，解釋文用語和緩並未宣告各該法律違憲 ， 見其所著，大法官會議憲法解釋析論，五南出

(五)違憲並立即失效

法規違反上位規範究竟產生何種效果，大抵有三種不同的法則：拒絕適用主義、撤銷主義或無效主義 (Verwerfungs-, Aufhebungs- oder Nichtigkeitsgrundsatz)：對於規範審查之效果，各國法制分別有此三種不同之處理模式。所謂拒絕適用主義係美、日之制度，各級法院僅在個案中不適用認為違憲之法律，但該項法律仍然存在，若經終審法院（最高法院）確認其違憲，則實際上亦失其效力。我國各級法院對命令的審查，也屬於拒絕適用主義。撤銷主義謂憲法法院對於有瑕疵之法令，宣告其違憲時，自此刻起 (ex nunc) 發生效力。換言之，自裁判生效日起或在裁判中定相當期間，於期間經過後，法令失其效力，奧國即採此制度。無效主義則指法令經宣告牴觸上位規範者，自始 (ex tunc) 並溯及既往的失效，德國原則上採此制度，但頗多例外情形。

本編先前已經約略說過，奧國憲法法院判決法規違憲採撤銷主義（或稱宣告無效說 (Vernichtbarkeitslehre)），是受維也納學派的克爾生及墨克爾的影響，認為違憲的法規在未被宣告違憲之前，它是合憲的法規，就如同有瑕疵的法院判決，若未提起上訴則永為合法的判決，任何人都不能否定其效力，因之違憲宣告只能向將來 (pro futuro) 生效。德國有瑕疵的法規採無效主義（或稱當然無效說 (Nichtigkeitslehre)），在威瑪共和時期就已經形成，戰後對憲法法院判決效力究採何種法則，學者間也有不同的主張❶❺，由於德國基本法第 100 條明定，法官認為牴觸憲法的法律，不得適用，應

版，1983 年，頁 95、141。真正單純違憲宣告者，是系爭的法令在解釋公布時已經廢止或修改等原因而失效，自不必再宣示其失效時點，如釋字第 288 號解釋。

❶❺ H. Götz, Wirkungsgrad verfassungswidriger Gesetze, NJW 1960, S. 1177ff.; Ch. Pestalozza, Dir Geltung verfassungswidriger Gesetze, AöR 96 (1971), 27; Maunz, in: Mauz/Dürig, GG. Kommentar, aaO., Art. 93, Rn. 34.

提交憲法法院裁判，顯與奧國的理論不同。加上德國聯邦憲法法院法第 79 條對判決的溯及效力有所限縮（稍後說明），自始無效對法安定性的影響不致擴大，因此目前德國採無效主義已是定論❶。不過德國聯邦憲法法院依聯邦憲法法院法第 78 條的規定，又發展出兩種不同模式的判決主文：一是無效宣告 (Nichtigerklärung)；一是與德國基本法不符 (Unvereinbarkeit)。無效或不符都是認定法規違憲 (Verfassungswidrigkeit)，所不同者在於對某些受違憲宣告法律的影響：例如以法律違反憲法上平等原則者（德國基本法第 3 條第 1 項），這時為保障受不平等對待群體的利益，而宣告其無效，則原來受益者也完全失去保障，反之，若宣告其與基本法不符，立法者如修改法律使其與判決意旨相符，有充分自由形成空間，而非一律無效，這是憲法法院自行建立的理論❶。

違憲法規自始的溯及失效，或向將來失效，關係一項重大價值判斷問題：究竟法安定性抑法正確性何者重要？德國之制以自始的當然的失效為原則，顯然正確性較為優先，例外情形顧及法的安定。這種例外規定於德國聯邦憲法法院法第 79 條：以違憲法律為依據的刑事確定判決，得以再審救濟，若是民事確定判決則不受影響，但不得執行；若在強制執行中則受執行之債務人或第三人得提起異議之訴；若已執行完畢則不生不當得利問題。這種設計，目的在求取價值的均衡，但仍然發生許多不合理情形❶。因此，多數國家採奧地利模式，向將來發生效力，義大利憲法第 136 條第 1 項、土耳其憲法第 93 條第 1 項第 2 款及第 100 條，均採自憲法法院判決

❶ Schlaich/Korioth, aaO., S. 274ff.

❶ BVerfGE 33, 349 —— 救貧法案件，Vgl. auch Maunz u. a., BVerfGG. Kommentar, §78 Rn. 12ff.

❶ Vgl. Ch. Pestalozza, Verfassungsprozessrecht, 3. Aufl., 1991, §20 Rn. 76ff. 德國也有人主張，採奧國向將來定期失效方式，運用較為靈活，但須有憲法依據，方屬可行，Siehe Schlaich, aaO., S. 222.

公布後失效；南斯拉夫 1964 年憲法最為特殊：「經憲法法院認定違憲的法律，國家應於裁判公布起 6 個月內修正使其符合憲法，逾期法律失其效力⑲。」我國憲法訴訟法第 52 條規定若憲法法庭判決法規範違憲且應失效者，該法規範自判決生效日起失效；但主文若有諭知溯及失效或定期失效者，依其諭知。

　　關於大法官解釋的效力，歷來各種規範大法官行使職權之法規，都未作規定。憲法第 171 條第 1 項：「法律與憲法牴觸者無效」、憲法第 172 條：「命令與憲法或法律牴觸者無效」，這兩項規定旨在強調憲法具有最高效力⑳，尚不能從中獲致我國釋憲機關解釋的效力採無效主義。在這種法制不完備的情形下，大法官解釋的效力，全賴其解釋例創設㉑。並發展成為與奧地利極為相似的模式（見該國憲法第 140 條），表現於釋字第 188 號解釋前段：「中央或地方機關就其職權上適用同一法律或命令發生見解歧異，本院依其聲請所為之統一解釋，除解釋文內另有明定者外，應自公布當日起發生效力。」解釋文雖僅指統一解釋，事實上憲法解釋亦同：自公布當日生效，但解釋文另定者，從其規定。因此，若解釋文的內容是宣告某項法律條文違憲，且未定該法律條文失效日期者，當然隨解釋生效之當日起失其效力。通常解釋文的用語：「自本解釋公布日起不再適用」、「應即失其效力」、「應不予適用」等，效果並無不同。據以聲請解釋的案件及同類案件，尚未處理終結或確定時，當然應遵照大法官解釋意旨處理，這便是釋字第 188 號解釋中段：「各機關處理引起歧見之案件及其同類案件，適用是

⑲　Zitiert bei Maunz u. a., BVerfGG. Kommentar, §78 Rn. 9.

⑳　關於憲法上無效應作何解釋，學者有不同意見，見林紀東，中華民國憲法逐條釋義(三)，三民書局出版，1993 年，頁 82；同著者，大法官會議憲法解釋析論，五南出版，1983 年，頁 14 以下；朱武獻，公法專題研究(一)，自版，1986 年，頁 104。

㉑　翁岳生，司法院大法官解釋效力之研究，收於：公法學與政治理論：吳庚大法官榮退論文集，元照出版，2004 年 10 月，頁 1–38。

項法令時，亦有其適用」的意旨所在。

　　大法官解釋效力向將來發生的原則，有一重要例外，這是釋字第 177 號解釋所建立：「本院依人民聲請所為之解釋，對聲請人據以聲請之案件，亦有效力。」人民據以聲請案件都是用盡訴訟途徑，經確定終局裁判的案件，解釋對之亦有效力，當然屬於溯及生效。該號解釋理由書對此曾進一步闡示：「人民聲請解釋，經解釋之結果，於聲請人有利益者，為符合司法院大法官會議法第四條第一項第二款，許可人民聲請解釋之規定，該解釋效力應及於聲請人據以聲請之案件，聲請人得依法定程序請求救濟。」換言之，聲請人得依法提起再審或非常上訴。前述釋字第 188 號解釋之後段，又重申相同的意旨：「惟引起歧見之該案件，如經確定終局裁判，而其適用法令所表示之見解，經本院解釋為違背法令之本旨時，是項解釋自得據為再審或非常上訴之理由。」這項制度也是起源於奧國的「引發案件」（我國大法官稱之為「原因案件」(Anlassfall)）之例，使抽象的法規解釋兼有個案救濟的功能，更是促使人民聲請釋憲的誘因，對落實基本權直接發揮保障功能，有重大貢獻，為我國法制的一大進步。對本號解釋各終審法院並不願意配合❶❷，最高行政法院並作成判例（最高行政法院 97 年判字第 615 號判例）認為釋字第 177 號解釋及釋字第 185 號解釋所稱「對聲請人據以聲請之案件，亦有效力」，須解釋文未另定違憲法令失效日者，對聲請人方有溯及效力，若解釋文認定法規違憲，且另定失效期間，亦即該法規在一定期間內仍屬有效者，並不能溯及對過往聲請案件生效，也就無從提再審之訴。此項判例與大法官前開解釋的本旨不符。對此問題，釋字第 725 號解釋宣告前述最高行政法院 97 年判字第 615 號判例，應不再援用。至於聲請人提起再審的法定期間計算，依釋字第 209 號解釋應自解釋公布當日起

❶❷　上述解釋作成，最高法院並不樂意接受，最初聲請人據以向最高法院提起再審，甚至遭不合法駁回，後經監察院提起彈劾，受彈劾的合議庭法官雖經公懲會決議不予懲戒，但據以聲請案件有溯及力的制度終於建立。

算，釋字第 800 號解釋進一步闡明：確定終局裁判所適用之法令，經司法院宣告違憲，各該解釋聲請人就其原因案件依法提起再審之訴者，各該聲請案繫屬本院期間，應不計入法律規定原因案件再審之最長期間。

　　我國對據以聲請案件的溯及效力，雖是仿自奧國引發事件，但兩者仍有不同。舉例明之：同樣因違憲法規而受不利益確定判決之人民，只有據以聲請案件之聲請獲得救濟，對其他情形相同者顯失公平（其他情形相同的當事人若重複聲請解釋，將因一事不再理而遭駁回），奧國為緩和上述缺點，依憲法法院的判例，凡與引發案件相同而在言詞辯論開始前，不經言詞辯論之案件則在評議開始前，已繫屬於憲法法院或行政法院（因為行政法院最可能受理這類事件）的案件，一律視同引發案件，為宣告法規違憲的判決效力所及❿。我國沒有這種擴張溯及效力的法則，原本只有一種情形，即不同聲請案件分別對同一法規指摘違憲，均符合受理要件，後聲請者可併入先聲請者併案審理，若結論是法規違憲，則各個聲請人都可受益，這種機會實際很少發生。釋字第 686 號解釋作出之後，情形已有改變；該解釋擴大釋字第 177 號解釋之引發案件的範圍（即大法官常用的據以提起解釋之案件，經解釋違憲者，聲請人得提起再審等救濟），也擴張釋字第

---

❿　Vfslg 10616, 10736, zitiert bei Öhlinger/Hiesel, Verfahren vor den Gerichtshofen des öffentlichen Rechts, Bd. I, 2. Aufl., 2001, S. 74, 136.

　　在德國經聯邦憲法法院宣告法律與基本法不符時，對引發事件也有其效力，前文已有說明。這種情形，如由當事人用盡審級救濟之後，向憲法法院提出判決的憲法訴願 (Urteilsverfassungsbeschwerde)，憲法法院自得同時將專業法院的判決一併撤銷。若引發事件是各專業法院停止審判提交聯邦憲法法院專就法律作違憲審查者，該法院通常應繼續停止審判，俟立法機關依聯邦憲法法院判決意旨修改法律後，再作成判決。在等待立法機關制定或修改法律的過渡期間，與引發事件案情相同而已繫屬於各該專業法院的案件，也應停止審判，直到新法公布為止，這是聯邦憲法法院透過先例建立的法則，學者稱之為平行事件 (Parallelfälle)，Siehe Schlaich/Korioth, aaO., S. 289f.

193 號解釋之「聲請人以同一法令牴觸憲法疑義而已聲請解釋之各案件，亦可適用」，即同一聲請人之各案均視為引發案件。而釋字第 686 號解釋則擴其範圍至聲請人以外之人，但有兩條件： 1.須針對與聲請人同一法令而提之釋憲案。 2.其聲請解釋符合釋憲聲請之受理要件為限。此外，基於人民訴訟權之保障，以及釋憲聲請人維護憲法之貢獻，釋字第 741 號解釋讓所有曾提釋憲案者，在法令被宣告定期失效的「定期期間」，皆可提出再審或其他救濟。

　　憲法訴訟法將前述解釋意旨予以成文法化，其第 53 條第 1 項規定：法規範遭憲法法庭宣告立即失效或溯及失效者，於憲法法庭前述宣告前已繫屬於各法院而尚未終結之案件，應依憲法法庭所宣告之意旨而為裁判。同條第 2 項規定，在憲法法庭宣告立即失效前，依據此應立即失效之法規範所作成之確定裁判，除法律另有規定外，其效力不受影響。同條第 3 項則規定，對於依據被宣告為溯及失效之法規範所作成之確定裁判，得依法定程序或憲法法庭裁判意旨而提出救濟；若屬刑事確定裁判，檢察總長得提起非常上訴。

　　憲法訴訟法第 24 條第 1 項規定：對於分別提起之數宗案件，憲法法庭得合併審理，並得合併裁判。若不同案件聲請審查之法規範或爭議同一時，憲法法庭應就已受理之案件合併審理。又憲法訴訟法第 41 條第 1 項規定，憲法法庭應以裁定宣告判決效力及於其他以同一法規範或同一爭議聲請而未及併案之案件，但這些其他聲請案必須在判決宣示或公告前已向憲法法庭提出聲請，且符合受理要件者為限。

　　又奧國之制，憲法法院對用盡審級救濟途徑所發動的規範審查，若已確定的行政法院（現為最高行政法院）判決或獨立行政裁決庭（現改為第一審行政法院）的裁決❷，是基於違憲的法規所為者，除由當事人循法定

---

❷　參照吳庚，奧國行政訴訟的沿革及最新發展，憲政時代，第 38 卷第 3 期，2013 年 1 月，頁 296–314。

訴訟途徑（如再審）救濟外，憲法法院在例外情形，也有將確定判決逕予撤銷的先例 [125]，這種例外在我國並不存在。

㈥違憲定期失效

違憲定期失效第一件案例是釋字第 218 號解釋，認為財政部規定出售房屋未能自行申報或提示證明文件者，「一律以出售年度房屋評定價格之百分之二十計算財產交易所得」的函釋，不問年度、地區、經濟狀況以固定不變的百分比推計課稅，有失公平合理，宣告其違憲，「應自本解釋公布之日起六個月內停止適用。」其後釋字第 224 號解釋開始對法律違憲定期失效，該號解釋審查對象為稅捐稽徵法，所定失效期間為 2 年。從此之後，法律失效期間最長為 2 年，命令為 6 個月或 1 年，若違憲狀態既可以制定法律排除，也可以依現行法律發布授權命令加以解決時，則諭知其期間為 1 年 [126]。這種宣告方式也是起源於奧國憲法的規定：法律失效期間為 1 年（1996 年修憲改為 1 年 6 個月），命令失效期間為 6 個月。這種模式除有利於法秩序安定外，最主要的考慮是給制定法規機關過渡時間，使其修改或重新訂定法規。大法官解釋在明定失效期間之外，還有指明特定日期者：如釋字第 251 號解釋民國 79 年 1 月 19 日公布，指定違警罰法相關規定於民國 80 年 7 月 1 日失效，計算起來大約是 1 年 6 個月，可能基於 2 年太長，1 年嫌短的考慮。為求取一致，憲法訴訟法第 52 條第 2 項明定命令位階法規範違憲失效期間不得逾 1 年，法律位階法規範違憲失效期間不得逾 2 年。

大法官除作出違憲定期失效之宣告外，為避免立法者因怠惰或因政治現實而未即時修法，以至於出現法律空窗期，或是在修法之前先行修補違憲部分以保障人權，在定期失效宣告之外有時還會諭知處理方式 [127]。憲法

---

[125]　Öhlinger/Hiesel, aaO., S. 74.

[126]　釋字第 455 號解釋是第一次，明確引用審理案件法第 17 條第 2 項「諭知」有關機關的作為義務。

[127]　例如釋字第 523 號解釋、釋字第 559 號解釋、釋字第 583 號解釋或釋字第 641

訴訟法第 54 條第 1 項規定在法規範定期失效前，除判決主文另有諭知外，法院仍應適用該法規範。但若法院審酌人權保障及公共利益之均衡維護，於必要時應依職權或依當事人之聲請，裁定停止審理程序，俟該法規範修正後，再依新法續行審理。此外，該條第 2 項特別規定，若法院裁定駁回暫停審理之聲請，當事人對該裁定得提出抗告。

(七)代替立法者彌補漏洞的宣告

所謂代替立法者彌補漏洞的宣告，指法律內容因立法者明顯的不作為有重大瑕疵，由大法官在解釋文逕行宣示準用其他條文予以彌補漏洞，釋字第 477 號解釋戒嚴時期人民權利受損回復條例解釋案就是典型的案例。這類案件通常是現有條文規定不公平，對某類人員形成不平等待遇，但又不能宣告條文違憲，否則一切受益者都喪失回復權利的益處，等待立法者修法補充，又緩不濟急而採取之不得已措施，以補充規定代替宣告法律違憲。釋字第 471 號解釋關於犯槍砲彈藥刀械管制條例之罪一律宣付強制工作的規定，也採用上述方式給予補充規定，供刑事法院審判上適用。這種補充立法者不作為理論，德國實務上早已存在，不過德國憲法法院不願逾越權力分立的界限，通常僅明確指示立法不作為係屬違憲，並課予立法者一定的作為義務，盡量避免逕行以判決補充漏洞❷❸。

號解釋都有附隨諭知。以釋字第 641 號解釋為例：「系爭規定修正前，依該規定裁罰及審判而有造成個案顯然過苛處罰之虞者，應依菸酒稅法第二十一條規定之立法目的與個案實質正義之要求，斟酌出售價格、販賣數量、實際獲利情形、影響交易秩序之程度，及個案其他相關情狀等，依本解釋意旨另為符合比例原則之適當處置，併予指明」(解釋文最後 1 段)。又如在偵查階段之羈押審查程序中，被告(犯罪嫌疑人)及其辯護人可否檢閱卷宗及證物，大法官在釋字第 737 號解釋中給予肯定的答案，但附有條件限制。若修法逾期未完成，大法官亦諭知處理方式。

❷❸ Vgl. Schlaich/Korioth, aaO., S. 288.

二、全部無效與一部無效

　　所謂全部無效指憲法法院或釋憲機關審查結果，認整部法律（或法規）均無效，若只有法律中的特定條文無效稱為一部無效 (Teilnichtigkeit)。事實上，規範審查絕大多數都是一部無效，全部無效限於超越權限的立法行為，或嚴重違反立法程序而通過的法律，德國 1981 年國家責任法（即國家賠償法 (Staatshaftungsgesetz)）屬於因為聯邦欠缺立法權限而全部無效的少數案例❽。一部無效又可分為量的一部無效及質的一部無效，前者謂指明一個或數個條文無效；後者又稱不變動條文文字的一部無效 (Teilnichtigkeit ohne Normtextreduzierung)，指系爭的條文並未被宣告無效，但其規範意義已經轉換而與原有涵義不同，習見於合憲性解釋方法的運用。以我國的釋憲為例，釋字第 260 號解釋否定中央有權制定某一省之省議會及省政府組織法，便是全部無效的例子，釋字第 295 號解釋未宣告會計師法第 44 條、第 46 條違憲，但變更不許受懲戒會計師提起行政訴訟的實務上見解，即所謂質的一部無效。我國還有一種狹義的一部無效，就是對某一條文不宣告其整條或整項違憲，而只說與解釋意旨不符部分無效❾。

三、大法官解釋的效力範圍

　　德奧的憲法法院本身是完全的法院，所以其判決與其他專業法院一樣，具有形式確定力 (formelle Rechtskraft)：憲法法院自己也受拘束，不可變更判決，當事人也不得再對判決聲明不服。原則上也具有實質既判力 (materielle Rechtskraft)。特別是不涉及法規違憲，單純以專業法院判決為對象之「判決的憲法訴願」，憲法法院的判決確定力，與其他專業法院相

---

❽　BVerfGE 16, 149.

❾　例如釋字第 371 號解釋就司法院大法官審理案件法第 5 條第 2 項所作的解釋。

似，至於「法規的憲法訴願」，則問題較為複雜❸。因為依實質既判力的正常說法，客觀上以判決主文為範圍，理由並沒有既判力；主觀上指在實體法，判決所形成的法律關係當事人與參加人（即所謂：inter pares），及其權利義務之繼受人應受拘束，在程序法上法官也應受判決的拘束，就同一訴訟標的各種法院均不得更為裁判。憲法法院對法規作違憲審查的判決，其效力卻與上述實質既判力理論不盡相同：第一、客觀上發生效力不限於主文，也包括構成主文的理由 (tragende Gründe)❸，否則制定法規的機關無從另定符合憲法意旨的新法規，蓋主文只寫違憲或與憲法不符。第二、主觀上效力及於未參與訴訟程序者（即對世效力），這稱為憲法法院關於法規審查判決的一般拘束力 (Allgemeinverbindlichkeit)，對一切國家機關產生與法律相同的拘束力。行政機關及各種專業法院受憲法法院判決的拘束，較無問題，發生疑問的是立法機關，也就是被聯邦憲法法院宣告無效的法

❸　德國制度參照 Ch. Pestalozza, Verfassungsprozessrecht, aaO., §20 Rn. 49, 52, et passim, Schlaich/Korioth, aaO., S. 321ff.；中文論著參照蕭文生，法規違憲解釋的效力；陳愛娥，德國聯邦憲法法院裁判的拘束力；李震山，疑義解釋與爭議裁判之拘束力的異同；陳英鈐，憲法訴願解釋的效力，收於：司法院大法官九十一年度學術研討會紀錄，司法院出版，2003 年，未編頁碼。

❸　構成主文的理由也有拘束力，是德國聯邦憲法法院的先例所建立（最早在 1950 年代 BVerfGE 1, 14 (37)──西南邦案件中出現，後繼尚有若干案件），憲法法院自己認為是憲法的守護者，在判決中對憲法所作的有權解釋 (authentische Interpreten)，包括構成主文的理由，甚至其他對憲法的觀點，都應對其他憲法機關有拘束力。但是德國聯邦憲法法院法第 31 條第 2 項明文規定判決主文應由司法部刊登聯邦公報並有法律效力，則有拘束力理應限於主文（參照 Maunz u. a., BVerfGG. Kommentar, §31 Rn. 10f.），因之對憲法法院的擴張效力不少學者持反對意見（參照 Schlaich, aaO., S. 451f.），至於何謂構成主文的理由 (tragende Gründe)？我們認為當然不是旁論 (obiter dicta)，旁論不具拘束力，也與判決理由 (ratio dicidendi) 有別，判決理由涵義較廣，應解釋為「沒有這些理由，判決主文就不能成立」，所以我們譯作構成主文的理由。

律，國會可否重新制定內容相同的法律，這即是所謂規範再定之禁止 (Normwiederholungsverbot) 問題。弔詭的是聯邦憲法法院兩個庭的見解，正好相反❸，第一庭認為該院的判決充其量有法律效力 (Gesetzkraft)，但國會只受憲法秩序的拘束，國會本身是立法者，法律對之應無拘束力，如果國會認為有必要，當然可以重新制定與被宣告無效的法律內容相同之新法；第二庭則堅持規範再定之禁止，因為憲法法院的判決拘束包括國會在內的一切憲法機關。學者間的意見也仍分歧，所以目前尚屬有待解決的問題。

　　過去大法官釋憲採抽象的規範審查，所以解釋的效力與法規憲法訴願的判決相似，客觀上不以解釋文的拘束力為限，也包括除旁論之外的解釋理由，不過解釋文越來越長，與理由書幾無差別，所以解釋理由有無拘束力現時並不重要；主觀上釋字第 185 號解釋也建立一般拘束力的原則：「司法院解釋憲法，並有統一解釋法律及命令之權，為憲法第七十八條所明定，其所為之解釋，自有拘束全國各機關及人民之效力，各機關處理有關事項，應依解釋意旨為之。」到現在為止凡是大法官定期使法律失效的解釋，立法院都能遵守期限及時修訂法律，若大法官僅合憲非難，促其檢討改進則效果不彰。至於有無禁止制定重複規範原則之適用，就迄今出現的案例，在我國應採肯定說。緣釋字第 278 號解釋，對民國 79 年 12 月 19 日修正公布之教育人員任用條例以前，未經考試及格而進用的公立學校職員，釋示「僅能繼續在原學校任職」，但立法院在民國 83 年 7 月 1 日又修正上述條例，在第 21 條第 2 項中明定「並得在各學校間調任」，經考試院聲請解釋，大法官作成釋字第 405 號解釋，宣告立法院新修正的法條違憲並立即失效。其理由為：憲法設大法官掌理解釋憲法，「足見憲法賦予大法官維護規範位階及憲政秩序之重大職責。是司法院大法官依司法院大法官審理案件法之規定，就憲法所為之解釋，不問其係闡明憲法之真義、解決適用憲法之爭

---

❸　Vgl. Schlaich, aaO., S. 273f.

議、抑或審查法律是否違憲，均有拘束全國各機關及人民之效力，業經本院釋字第一八五號解釋在案。立法院行使立法權時，雖有相當廣泛之自由形成空間，但不得逾越憲法規定及司法院所為之憲法解釋，自不待言。」這號解釋乃是對立法權重大的限制，但從公布以來從未見立法委員反對的聲音，是不知呢？或不能呢？如果釋字第 405 號解釋所持見解不變，「規範再定之禁止」原則將成為定則。果真如此，國會基於其民主正當性，盱衡變動不居的社會情勢，仍不得重新立法推翻大法官的解釋，則我國釋憲機關的「強勢」，為美、德諸國所望塵莫及了 ❸。

　　行政機關與司法機關對大法官解釋效力遵行的情形如何？大體而言，行政規章經宣告違憲或違法者，各級行政機關都會遵守，若干高度政治性的爭議案件，如釋字第 419 號解釋副總統兼任行政院院長案，釋字第 520 號解釋停建核能四廠案，最後也都接受大法官的釋示。發生問題的是多如牛毛的函釋，尤其是稅法方面的函釋，宣告一件違憲或違法，稅捐稽徵機關有時卻引用內容相似但文號不同的函釋，作為處理依據，甚至在其他新的函釋中夾雜已遭否定效力的舊見解 ❸。至於法院也有類似情形，相同內容的判例往往不只一、二則，宣告其中之一違憲，終審法院就引述未經宣告者，這就是大法官推翻不許公務員提起行政訴訟的行政法院判例，一再作成多達十餘號解釋的原因之一。我們還發現解釋文若宣告判例一部違憲，通常用語是：「與本解釋意旨不符部分，應不再援用」，但卻常出現行政法院未深究案情，體會解釋意旨，繼續引用甫經宣告違憲的判例，理由是該判例只有一部違憲。 只要看釋字第 323 號解釋宣告行政法院 59 年判字第 400 號判例不再援用，釋字第 338 號解釋又再次釋示同一判例不再援用，

---

❸　關於美國最高法院判決的效力及與國會的關係，參看法治斌，前述司法院大法官九十一年度學術研討會紀錄，司法院出版，2003 年，頁 1–20。

❸　這是台北市會計師公會理事們，根據承辦稅務案件的經驗，向著者（吳庚）的訴苦。

便可明瞭。

憲法訴訟法施行後，大法官之主要職權皆透過憲法法庭行使，其判決書已經裁判化，有清楚的主文與理由，而其判決既判力自當以主文為範圍。

四、大法官解釋的執行問題

大法官所為解釋，並非都需要付諸強制執行，疑義解釋、統一解釋通常不生執行問題。從事規範審查，宣告法規合憲是確認性質，宣告法規違憲則屬形成性質，通常也無待執行。如果解釋中要求有關機關依照解釋意旨採取一定作為，相當於對該機關的一項憲法委託，例如釋字第 455 號及釋字第 535 號解釋，便有這種委託的意旨。憲法訴訟法第 33 條第 3 項：「判決得於主文諭知執行機關，執行種類及方法。」這項規定有兩種意義：一是對判決的執行，與強制執行法或行政執行法所稱的執行不同。後者先有執行名義存在，執行標的是財產、權利、作為、不作為，執行的方法包括直接強制、間接強制、查封、拍賣等；解釋的執行是以適當的方法實現解釋意旨所要求的法律狀態，不可不察。二是憲法法庭自行決定由誰執行及如何執行，與德國聯邦憲法法院所採的方法相同。學者遂稱憲法法院本身就是強制執行的主宰 (Herr der Vollstreckung)[136]。

---

[136] Vgl. Schlaich/Korioth, aaO., S. 321.

憲法條文索引

本索引整理書中曾述及的我國憲法條文，分成本文和增修條文兩大部分。

註：各頁腳註的文字亦納入本索引之頁數中。

憲法增修條文

司法院釋字索引

本索引整理了書中曾述及的司法院釋字。

註：各頁腳註的文字亦納入本索引之頁數中。

憲判字索引

本索引整理了書中曾述及的憲法法庭憲判字。

註：各頁腳註的文字亦納入本索引之頁數中。

名詞索引

本索引整理摘錄了書中曾出現的重要名詞、人名、法規名稱（大法官解釋系爭法規範、國內外立法例）、重大社會議題等。

註：各頁腳註的文字亦納入本索引之頁數中。

十五劃

十六劃

行政法之理論與實用

吳庚、盛子龍　著

《行政法之理論與實用》一書，其中「理論」是指
中外最新之學說（以通說為主）、立法例之解說；
「實用」則是以司法院大法官解釋及各級行政法院
有關裁判見解為敘述重點；又因我國主要行政法典
類多襲自德國，故彼邦實務上之發展，本書亦不能
忽略。本書體系完整、內容豐富、文字精練且與時
俱進之鉅著。適合作為教學或研究用書、國考必備
書籍及公務或法務上之參考用書。

案例憲法Ⅰ：導論

李念祖、李劍非　編著

案例憲法，是憲法教科書的另一種型態嘗試。如何
實踐憲法所欲提供的人權保障，則是統一貫串本書
的中心思想。法律是實用之學，憲法亦不能例外。
與其他法律學門相比，憲法學更殷切地需要尋找落
實人權保障抽象規範的有效方法，憲法解釋則是驗
證憲法實用價值的最佳紀錄與佐證。一個一個詮釋
憲法精義的案件，累積集合起來的憲法圖像，就是
真正具有生命力的憲法。本書透過憲法案例，拼集
出司法殿堂中由真人真事交織而成的憲法圖像，對
於憲法的生命力從事有系統的巡禮，也檢驗出「人」
對憲法的需要，以及憲法對「人」的價值。

取法哈佛 2.0：時空交錯的哈佛法學院學思之旅
李劍非、黃海寧　著

從申請學校、負笈美國、到返鄉繼續投入法律工作，本書記錄了兩位台灣律師，李劍非及黃海寧，各自於 2012-2013 年及 2018-2019 在美國哈佛法學院攻讀 LL.M.（法學碩士）的留學時光，以及哈佛法學院帶給他們關於自我定位的重塑。我們如何從被動地由時代賦予價值，到能主動地定義我們自己的時代？本書詳實、真摯地記錄了兩位作者留學哈佛的心路歷程與體悟。

本書亦特別附上作者筆談，討論年輕學子面臨「是否留學？」這個大哉問背後的各種抉擇與考量，以及作者申請美國法學院的珍貴經驗分享，供有志赴美國讀書的讀者參考。

最新綜合六法全書
陶百川、王澤鑑、葛克昌、劉宗榮　編纂

三民書局綜合六法全書嚴選常用法規近七百種，依憲、民、民訴、刑、刑訴、行政及國際法七類編排，條號項下參酌立法原意，例示最新法規要旨，重要法規如民、刑法等並輯錄立法理由、修正理由、相關條文及實務判解。並於每類法規首頁設計簡易目錄、內文兩側加註條序邊款及法規分類標幟，提高查閱便利。另蒐錄最新司法院大法官解釋等資料，可以說是資料最豐富、更新最即時、查閱最便利的綜合六法全書，適合法學研究、實務工作、考試準備之用，為不可或缺之工具書。

新基本小六法

三民書局編輯委員會　編

本書蒐錄常用之基礎法規逾一百種，在分類上依法規之主要關聯區分為十大類，除傳統熟悉之憲法、民法、商事法、民事訴訟法、刑法、刑事訴訟法、行政法規外，亦蒐錄智慧財產權法規及國際法規等新興法學之領域，並於書末臚列司法院大法官會議解釋及憲法法庭裁判彙編。

全書除法規條文外，更擇要加註重要條文之修法理由及舊條文，除供有志研習法律者於比較分析之查詢對照外，冀望對於掌管基礎法令之實務工作者亦有助益。

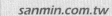

國家圖書館出版品預行編目資料

憲法理論與政府體制／吳庚,陳淳文著.——增訂八版
一刷.——臺北市:三民,2023
　　面;　　公分

　　ISBN 978-957-14-7669-8　(平裝)
　　1. 中華民國憲法 2. 文集

581.27　　　　　　　　　　　　112011674

憲法理論與政府體制

作　　者	吳　庚　陳淳文
責任編輯	陳瑋崢
美術編輯	李珮慈

發 行 人	劉振強
出 版 者	三民書局股份有限公司
地　　址	臺北市復興北路 386 號 (復北門市)
	臺北市重慶南路一段 61 號 (重南門市)
電　　話	(02)25006600
網　　址	三民網路書店 https://www.sanmin.com.tw

出版日期	初版一刷 2013 年 9 月
	增訂七版一刷 2021 年 9 月
	增訂八版一刷 2023 年 9 月
書籍編號	S580450
I S B N	978-957-14-7669-8

三民書局